跳出井底

人类发展与社会文化（第三版）

【美】杰弗瑞·简森·阿奈特（Jeffrey Jensen Arnett）
琳娜·阿奈特·简森（Lene Arnett Jensen） 著

李嫣 等译

中国出版集团 现代出版社

版权登记号：01－2022－3050
图书在版编目（CIP）数据

跳出井底：人类发展与社会文化 /（美）杰弗瑞・简森・阿奈特，（美）琳娜・阿奈特・简森著；李嫣等译．— 北京：现代出版社，2022.10
ISBN 978-7-5143-9930-1

Ⅰ．①跳… Ⅱ．①杰… ②琳… ③李… Ⅲ．①社会心理学－研究 Ⅳ．①C912.6-0

中国版本图书馆 CIP 数据核字 (2022) 第 098892 号

跳出井底：人类发展与社会文化

著　　者：[美] 杰弗瑞・简森・阿奈特　琳娜・阿奈特・简森
译　　者：李　嫣　等
策划编辑：杨　静
责任编辑：赵海燕　王　羽
出版发行：现代出版社
通信地址：北京市安定门外安华里 504 号
邮政编码：100011
电　　话：010-64267325　64245264（传真）
网　　址：www.1980xd.com
印　　刷：北京瑞禾彩色印刷有限公司

开　　本：889mm × 1194mm　1/16
印　　张：51.25　　字　　数：1387 千字
版　　次：2022 年 10 月第 1 版　　印　　次：2022 年 10 月第 1 次印刷
书　　号：ISBN 978-7-5143-9930-1
定　　价：248.00 元

译者序

读者朋友：

您好！

当您即将开启本书的阅读之旅时，首先邀请您思考一个问题：一个人从出生到自然死亡会有怎样的经历？要回答这个问题，我们需要将人的一生分为若干个阶段。人的一生按照年龄一般划分为婴儿期（出生—1岁）、幼儿期（2—4岁）、儿童期（5—11岁）、少年期（12—18岁）、青年期（19—35岁）、中年期（36—59岁）、老年期（60岁以后）。然而这种传统的划分似乎已经不能适应时代的发展变迁。比如，目前在中国的城市地区，“适婚”男女等到30岁甚至更晚成家、生子或者选择不婚、丁克的情况已经司空见惯。这说明人生发展阶段的传统划分正经历着巨大变化、面临着猛烈冲击。我们迫切需要《跳出井底：人类发展与社会文化》这本书帮助我们重新架构对人生各个阶段的认知与理解。

本书的作者——美国当代心理学家阿奈特教授夫妇（Jeffrey Jensen Arnett & Lene Arnett Jensen）是美国乃至世界知名的心理学家。阿奈特教授（Jeffrey Jensen Arnett）不仅敏锐地捕捉到社会发展对人生发展阶段的影响，率先于2000年在心理学界权威刊物《美国心理学家》（*American Psychologist*）中发表文章，提出了成人初显期（emerging adulthood）的概念和理论，即青少年晚期到二十几岁这一个时期（重点为18—25岁），个体已经离开青春期，但还没有进入完全承担责任的成人期。与人生的任何时期相比，这个时期独立探索生命可能性的范围最大。不仅如此，他还将成年期细分为“成人初显期”“成年早期”“成年中期”和“老年期”。另外，阿奈特教授也将0—6岁进行了更加合理的划分，把学步期（toddlerhood）从婴儿期和幼儿期中剥离出来。如此细密的划分不仅为发展心理学提供了新的理论框架，也帮助普通读者对人生各个阶段进行了更加精确的定位。

相较于第二版，这一版简森博士（Lene Arnett Jensen）的加入为本书带来了不同的文化视角。她丰富的旅历、开阔的眼界、开放的态度，为读者展现了不同文化模式中的不同表现。本书除了呈现不同文化下的研究证据，还展现了以往西方经典教材中较少被关注的，如集体主义文化下的人类发展模式等。世界文化是多元的。每一种文化都有其合理存在的社会历史和现实基础。本书的文化视角将时刻提醒读者关注文化的多样性与发展的多元化、人类发展既有共同性也有多样性的事实。用费孝通先生的话来形容本书再好不过了：“各美其美，美人之美，美美与共，天下大同。”

如果您细读本书，就可以发现阿奈特教授夫妇对于中国文化的尊敬与喜爱。例如，原著封面的图片展示的是一只青蛙。为什么选择青蛙这样的动物呢？阿奈特教授夫妇借用了中国“井底之蛙”的故事，寄希望于本书能帮助读者升出井口、跳出局限，通过采取文化研究的方法来理解人类发展、人类一生的成长和变化的方式。阿奈特教授夫妇将成为读者的青蛙伙伴、向导和同伴，将与读者一起走出井口，凝视人类旅程中广阔、多样、迷人的文化全景。2019年阿奈特教授夫妇应中国矿业大学公共管理学院段鑫星教授的邀请一起到访中国，当时译者有幸结识并接待了两位。两周多的随行翻译，让我对两位心理学界大咖的了解从一本本经典著作的文字转化成了更立体丰满的认识。阿奈特教授高大帅气、为人随和；简森教授小鸟依人、知性美丽。两个人在工作中相互扶持鼓励，在生活中相互尊重关爱，真是一对神仙眷侣！在华期间，两位教授对中国悠久深厚的文化十分着迷，对中国改革开放以来取得的巨大进步表示赞赏、对中国人民表达了诚挚的祝福。

本书将最新的研究成果、详细的图文资料、简练流畅的表达有机结合，将理论性、科学性和人文关怀融为一体。全书框架清晰、语言简练。本书一共有十三章节。每一章节都列有学习目标，这些学习目标有助于读者更好地组织和理解材料；每一章还有“文化焦点”“研究焦点”等板块对每一章节的主题进行详细的例证与描述，包括介绍研究假设、研究方法、研究结果和局限、某种主题在某种文化模式中的呈现路径以及如何使用该主题进行研究等；每一章节还设有“思考题”来帮助学生对某个主题进行更深入、批判性的思考。本书既可以作为我国大学心理系的教学与学习参考书，也可以作为各种培训的教材。而对于绝大多数不太懂专业心理学的普通读者，尤其是处于人生拐点的青年朋友以及关注生命健康的中老年朋友，它也有重要的阅读和参考价值。

以下人员在本书的翻译及校对过程中做出了重要贡献：中国矿业大学公共管理学院段鑫星教授为本书翻译统筹协调、整体把关。

此外，张亚琼（第一章、第二章、第三章、第四章）、左博韬（第五章、第六章、第七章）、吕凯淇（第八章）、谢幸福（第九章及术语）、孙恬恬（第十章、第十一章）、苏楚轩（第十二章、第十三章）。感谢他们在学习工作之余，抽出大量时间进行翻译校对工作，反复推敲、不厌其烦地修改，过程十分艰辛！

人生转瞬即逝，珍惜当下。祝愿读者在人生的各个阶段都能从容于表、淡然于心！

李嫣　副教授
中国矿业大学
2020 年 10 月

前　言

欢迎阅读《跳出井底：人类发展与社会文化》第三版！第三版更新了版面、介绍了最新的相关研究成果、聚焦了世界文化的多样性。在这一版的修订过程中，我们与培生出版商密切合作，因此本书在内容和文化视角上更加引人入胜。在本书中，您可以阅读到互动性更强的图片和数据表格以及显示反馈结果的自我测验等。

基于文化视角

本书与众不同之处在于为读者呈现的独特的文化视角。虽然我们教授人类发展课程已经多年，并熟读该领域现有的几乎所有著作，但是我们惊诧于这些著作视角的狭窄：这些著作聚焦美国国内的人类发展，对其他地区的情况介绍仅寥寥数笔，好似美国的情况适用于全球每一个角落。如果你仅靠读一本书来获取知识，那么你得出的结论很可能是全球95%的人口都居住在美国！事实上，美国人口仅占全球人口不到5%，世界绝大部分的人口和文化同美国大相径庭，甚至就连美国国内的文化多样性也不可能在一本书里完全展现出来。

因此本书采用了文化视角来论述来自各个国家民族智慧的文化模型，当然这么做并不是要贬低生物学的重要性。跳出生物学的局限，让学生们更多地从文化角度进行思考，可以帮助他们理解人类的进化是成为特殊的文化种族的过程。在介绍全球在该领域的各项研究成果时，我们的目标是引导学生如何基于文化视角进行思考。在他们未来的工作和人生中，他们会意识到，无论何时何地，人类发展都存在一个文化基础。文化视角也告诉我们如何批判性地对待那些一定程度上有抑或没有采取文化理论的研究。我们的批判思想在文中比比皆是，学生们会在学习完本书之后学会如何使用批判性思维来思考问题。

根据我们的教学经验，我们了解到学生对于学习不同文化中的人类发展模式表示欢迎。除此之外，从文化的角度来学习还对生活实践大有裨益。在当今这个经济全球化与全球疾病、气候变化等机遇与问题并存的时期，学生比任何时刻都亟须汲取更广泛的知识。无论日后他们是否会踏出国门，在这个文化多样性、世界全球化的时代，他们会遇到各种来自不同文化背景的人——家人、朋友、邻居、同事、工作伙伴……能够以文化发展的眼光看世界必将使学生获益。

中国有则成语叫作“井底之蛙”，描述的是莫以自己的认知来判定世界。但是我们多多少少都像那只青蛙。我们生长在某种文化下，我们以某种方式看待生命，却忽视了真实世界的广阔。

文化的视角使本书与其他有关人类发展的教材有很大的差异，这从一开篇就体现出来了。第一章不仅介绍了重要的发展理论和研究方法，而且描述了人类如何进化成无法比拟的文化物种及各种多元文化如何与社会经济、种族、性别进行互动。

重新思考人生的各个阶段

另外，本书还有其他与众不同的特征：本书的特色是将学步期（人生的第二年和第三年）作为独立章节。我们一直很困惑为何其他教材都将人生的第二年归纳到“婴儿期”，将人生的第三年归纳到“童年早期”中。父母们都有切身体验，孩子两三岁时和之前或之后的情况有很大的差异。作为一对双胞胎的父母，我们深有体会。婴儿不会说话、走路，但一旦他们在两三岁时学会了说话和走路，他们及他们周围的人的生活体验将会产生巨大变化。学步儿同其他年长一点的幼儿也不同，他们的情绪自我调节和对自身文化的可接受或不可接受的认知都有很大局限。

这本书和其他教材不同的地方还在于，它将成年阶段细分为成人初显期、成年早期、成年中期和老年期。成人初显期（大致是18—25岁的年龄范围）是最近这50年来出现在发达国家的一个新的人生阶段。因为人们履行绝大多数文化中的成年阶段职责（如结婚、为人父母、从事稳定的工作）的时间已被推迟。一些教材将18—40岁的整个阶段称为“成年早期”是毫无意义的，因为在发达国家，18—29岁的人同30—40岁的人相比有着天壤之别。杰弗瑞在2000年时首次提出“成人初显期”这一理论，如今这一理论已被广泛应用于社会科学领域。成人初显期是一个美妙的、动态的时期，我们了解到学生对于学习它的热情，因为他们中的很多人可能正值或者刚刚经历过这个时期。

还有些教材确实也包含了成人初显期，但是却将成年早期和成年中期混为一谈，统称为“成年期”，这么做也没有多少意义。因为这意味着将25—60岁视为一个人生阶段。由于我们正处于成年中期的末端，我们能敏锐地意识到成年发展这一进程经历了多少改变。更笼统地说，随着全球人口寿命持续延长，成年人人口比例持续增长，充分了解成年时期的变化与文化差异对于学习者来说越发重要。

另外这本书比其他关于人类发展著作的篇幅要短。每个章节介绍一个人生阶段，总计13章。每章分为三个部分，即生理发展、认知发展和情绪与社会性发展。本书以介绍为主，它的目标不是教会读者有关人类发展的整体知识，而是希望能激发他们了解其他学科甚至人生知识的兴趣并得到启示。

第三版有哪些新颖之处？

第三版教材有一位新作者加入，同时也补充了学生们一些新的学习经历。除此之外，还有以下一些重要补充。

琳娜·阿奈特·简森（Lene Arnett Jensen）

从名字就可以看出我们一家人（当我们结婚时，我们彼此将对方的姓当成我们的中间名）。除了互为夫妻和为人父母之外，我们也有长达 20 多年合著的经历。我们首次共同著作的《儿童发展》就是在 1993 年基于丹麦青少年冒险行为的文化基础上完成的。我们最新出版的作品是儿童发展专题的第一版——《全球儿童发展：基于文化视角》(*Child Development Worldwide: A Culture Approach*)(Pearson，2018)。

琳娜·简森博士毕业于芝加哥大学比较人类发展系，该系以关注文化而闻名。她的研究聚焦于包括美国在内，多个国家中多民族群体的道德发展。她在全球化视野下身份发展领域也有广泛的研究。同杰弗瑞一样，琳娜也在多所高校教授过各种发展心理学课程。

我们对于文化的关注不仅限于我们的教学和研究经历，也源自我们的生活。琳娜生长在丹麦和比利时，而我成长在美国。结婚后，我们一同在丹麦、法国、印度、美国生活过。双胞胎孩子出生后，我们尽享天伦之乐（两个孩子现在都已 18 岁了），孩子们同我们周游世界，但是他们却把自己看作美国人和丹麦人。

几十年来，我们一直珍惜共同写作的机会。现在我们希望用生动、清晰和连贯的语言让学生们能集中精神思考。本书中我们提问题、举例子、使用主动语态，也谨慎地选择了一些有关我们双胞胎的故事。虽然我们的童年经历不同，研究领域也有所不同，但我们都用文化的视角理解人类发展，因此也希望学生们能通过我们二人的文字真正获益。

更加强调文化的多样性

第三版增加了新的互动研究插图。在上一版的基础上，我们继续整合数字和表格，以帮助学生欣赏美国国内存在的多样性，并帮助他们理解文化、种族、社会经济地位等要素在人类发展中的作用。

新研究内容提要

我们在第三版中投入了大量的精力，对每一章都进行了修订。该版本纳入了最新和最重要的人类发展研究，并保留了现有的材料。虽然我们不能在这里对每个更新都进行分类说明，但我们将突出每个章节的两个关键更新。

第一章　文化视角下的人类发展

• 关于全球人口差距的新数据。

• 区分研究测量和再测量搜索设计，以及新的汇总表。

第二章　遗传学和产前发育

• 辅助生殖技术的最新统计、发达国家的生存能力年龄和不同国家的出生性别比。

• 新的术语表术语和神经发生的描述语，多因素疾病和产妇血液筛查。

第三章　分娩与新生儿

• 各国父母亲产后抑郁症的情况。

• 美国国内各州外阴切开术的最新统计数据。

第四章　婴儿期

• 当代认知发展中令人兴奋的、有关跨物种的客体永久性的研究，以及咿呀声、打手势等在婴儿语言发展初期的作用（为此删除了皮亚杰感觉运动阶段的子阶段）。

• 文化对社交微笑发展的影响。

第五章　学步期

• 更新有关亲子关系的最新信息，包括关于早期依恋长期影响的元分析的结果、关于父亲参与的研究，以及斯堪的纳维亚鼓励父亲照顾幼儿的公共政策。

• 修改了自闭症谱系障碍 (ASD) 的术语和诊断标准。

第六章　童年早期

• 关于美国儿童饮食的信息，包括社会经济地位、种族和移民一代对其所起的作用。

• 增加一个关于心理理论的内容，包括不同的测量技术如何对儿童获得心理理论知识方面产生不同的结果。

第七章　童年中期

• 增加一个关于儿童中期执行功能的内容，包括体育锻炼和多语言能力如何影响其发展。

• 解释修正后的韦氏儿童智力量表。

第八章　青少年期

• 关于发展中国家青少年工作的新资料。

• 更新青少年使用数字设备的统计数据和相关研究。

第九章　成人初显期

• 关于成人初显期睡眠的重要信息，包括睡眠延迟综合征和睡眠缺失的概念，以及睡眠卫生习惯的提示。

• 新增了在线学习的机会和局限性，以及混合式学习，即学生部分通过在线学习，部分通过课堂上的面对面学习。

第十章　成年早期

• 关于神经心理学的新观点。

• 结婚时机与离婚风险之间的关系。

第十一章　成年中期

• 关于使用免疫疗法治疗癌症令人兴奋的新研究。

• 增加了“做母亲的代价”这一重要概念。这一概念在须照顾一个或多个孩子的中年女性中尤为明显。

第十二章　老年期

• 有关 *ApoE* 基因和阿尔茨海默病风险的最新研究。

• 引入过渡性工作的概念。意思是年龄较大的工人减少工作时间，但仍留在劳动力队伍中，或者他们接受另一份要求较低、每周工作时间较少的工作。

第十三章　死亡与哀悼

• 最新统计数据显示，美国各族裔的心脏病发病率持续大幅下降。

• 增加了“延长哀伤障碍”的概念，包括检测“延长哀伤障碍”的难易度。

教与学辅助

学习目标

每一章和每一节的学习目标分别标注在每章、节标题下。根据布鲁姆分类法，这些有编号的学习目标可以帮助学生更好地组织和理解材料。每节结束时的总结，以及所有的补充材料和评估材料，也都是围绕这些目标组织的。

将重点关注 18—25 岁的青年。

成人初显期的五大特征

学习目标 9.1　能够阐述导致“成人初显期”兴起的四次革命，以及“成人初显期”特有的五种发育特征。

在发达国家之中，成人初显期作为标准人生阶段出现的一大指标，或许就是结婚年龄和生育年龄相比以往有所提高。在 1960 年，大多数发达国家居民平均结婚年龄是 20 岁出头：女性是 21 岁左右，男性在 23 岁左右（Douglass，2005）。现如今，美国人大多选择在 27 岁左右结婚（如图 9.1 所示），但其他发达国家，大多数平均结婚年龄在 30 岁左右（Arnett，2015）。生育年龄和其有着类似的增长模式。

结婚和生育这两个典型年龄阶段升高的原因是什么？这要追溯到发生在 20 世纪 60—70 年代的四大变革——科技革命、性解放、妇女运动和青年运动，这四大变革为成人初显期的出现奠定了坚实基础（Arnett，2015）。

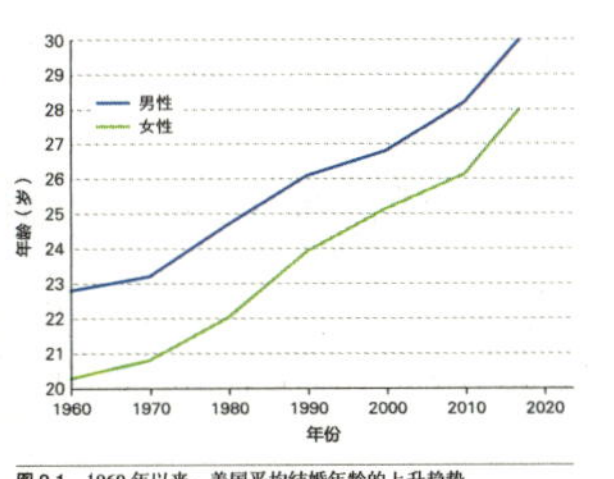

图 9.1　1960 年以来，美国平均结婚年龄的上升趋势

资料来源：美国人口普查局（2004，2010，2017）.

章节总结

章节总结是根据学习目标进行组织的，出现在每个主要部分的末尾。

小结：生理发展

学习目标 9.1　能够阐述导致“成人初显期”兴起的四次革命，以及“成人初显期”特有的五种发育特征。

成人初显期的兴起源于 20 世纪 60—70 年代开始的四场革命：科技革命、性解放、妇女运动和青年运动。它的五个特征包括探索、不稳定性、自我关注、纠结和有无限可能。

学习目标 9.2　能够参照欧洲和亚洲国家去描述不同文化中成人初显期出现的一些不同方式。

时起床，有规律的锻炼，限制咖啡因和酒精的摄人。

学习目标 9.5　能够解释年轻司机撞车概率最高的原因，并提出降低事故发生率的有效方法。

由于缺乏驾驶经验和酒后超速等危险驾驶行为，青少年和刚成年的人的车祸死亡率很高。影响新一代成年人危险驾驶的因素包括寻求刺激和攻击性以及同龄人对危险驾驶的认同。通过 GDL 程序，新手司机的死亡人数大大减少。

练习小测验和章节小测验

每一章的结尾处还有一个多项选择题测试。

文化焦点：跨文化下的母乳喂养方式

几乎在整个人类历史中，直到最近几十年，母乳喂养在所有的文化中都被作为在婴儿生命早期为其提供营养的方法。新生儿一出生就可以对其进行母乳喂养。吸吮反射和觅食反射在出生后 30 分钟达到最强（Bryder，2009）。正如本章前面所述，新生儿在几天之内就能识别出母亲的气味和声音，这有助于他们进行进食。

母乳喂养不仅能提供营养，还能在婴儿痛苦时安抚他们。即使在他们不饿的时候，婴儿也会从吮吸母亲的乳房以及母乳喂养期间感受到的亲密和温暖中获得安慰。

复习题：

你是否惊讶地发现，许多女性都有类似的母乳喂养原因（无论她们的文化背景如何）？她们提到了母乳喂养的哪些好处？

致 谢

我们感谢所有为了这第三版的成功出版而做出贡献、有才华、有奉献精神的人们。我们特别要感谢高级采购编辑——安布尔·周（Amber Chow）、高级制作人兼战略经理——凯利·司崔比（Kelli Strieby），是他们热情地支持我们第三版的梦想，并调动了所有必要的资源使之成为现实。黛比·康尼戈里奥（Debbie Coniglio）——执行总编，她把特有的细致、全部的精力和组织能力带到整个项目中。作为高级开发编辑，尼克·艾伯特（Nic Albert）表现出色，他反复审查并改进每一章的写作、美术等各方面内容。我们也要感谢培生的丽萨·马夫瑞克（Lisa Mafrici）和 Integra 软件服务的埃利森·坎普贝尔（Allison Campbell），是他们协调了该书出版的方方面面。克里斯托弗·布朗（Christopher Brown）——高级产品营销经理，负责该书的营销，并组织焦点小组。里斯·金凯德（Liz Kincaid）发现照片很好地反映了文字的文化方法，Pentagram/ Lumina Datamatics 公司为我们设计了封面。我们还想感谢诺姆巴（Noma Bar）提供的封面插图，以及路易斯·费罗（Louis Fierro）协调评论。最后，我们要感谢数百位在出版过程中章节和其他材料的审阅者。我们从他们的建议和修改中获益匪浅，现在阅读该书的师生也将会受益。

人类发展学：文化视角

这第三版是在市场同类图书中有史以来涉及面最广的尝试。《跳出井底：人类发展与社会文化》凝集了作者、编辑和审稿人团队的无数时间和艰辛的努力。他们共同的愿景不仅是提供独特的人类发展学著作，而且是对市场上目前同类图书的最全面、完整的补充。超过 250 个审稿人提供了宝贵的建议，使这部图书能尽可能容易地被学生接受。每一章还由一个主题专家小组进行审查，以确其保准确性和通用性。许多焦点小组的参与者参与指导了该项目的各个方面，从内容到美术风格和设计，再到补充的配置等。事实上，一些焦点小组的参与者对这个项目非常投入，以至于他们自己也成了补充团队的成员。数十名学生将手稿与他们现有的教科书进行了比较，并提出了改进文章和设计的建议。不论哪种方式，我们感谢每一个参与者，并希望您也像我们一样对该图书感到满意！

作者简介

杰弗瑞·简森·阿奈特（Jeffrey Jensen Arnett）是美国马萨诸塞州伍斯特市克拉克大学心理学的著名教授。1986 年他在弗吉尼亚大学获得发展心理学博士学位，在芝加哥大学从事了三年的博士后工作。从 1992 年到 1998 年他在密苏里大学人类发展与家庭研究系担任副教授，每学期为 300 名学生讲授毕生发展心理学课程。2005 年秋，他成为丹麦哥本哈根大学的富布莱特访问学者。

在过去的 20 年里，阿奈特博士的主要学术兴趣一直集中在成人初显期。他是成人初显期的奠基人，其理论在全球心理学界和社会学界具有广泛的影响力。他对成人初显期的一系列广泛主题进行了大量的研究。阿奈特博士现在是成人初显期研究协会（The Society of the Study of Emerging Adulthood, SSEA；www.ssea.org）的创始主席和常务理事。2005—2014 年他担任《青少年研究杂志》（*The Journal of Adolescent Research*）的编辑。目前他是该杂志及其他 5 本期刊的编委。他在由同行评审的期刊上发表了多篇有关成人初显期的理论文章和研究论文，他还出版了很多图书，如《长大成人：你所要经历的成人初显期》（*Emerging Adulthood*: *The Winding Road from the Late Teens Through the Twenties*）（2015）。想了解更多作者信息，请登录 www.jeffreyarnett.com。

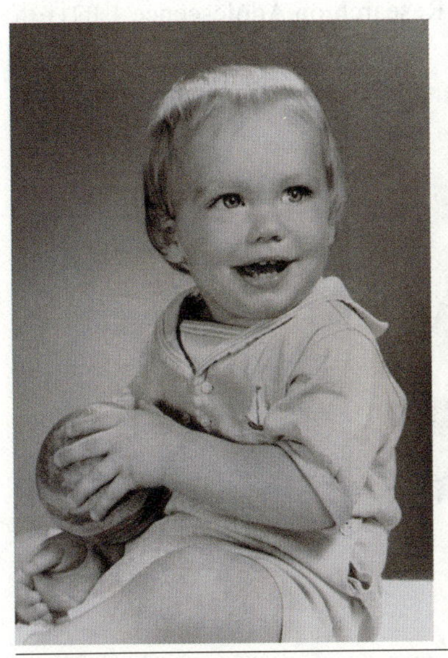

图 8 个月的杰弗瑞、6 岁的杰弗瑞、12 岁的杰弗瑞

琳娜·阿奈特·简森（Lene Arnett Jensen）是美国马萨诸塞州伍斯特市克拉克大学心理学的副教授。她于 1994 年在芝加哥大学获得发展心理学的博士学位，之后在加州大学伯克利分校进行了一年的博士后工作。在克拉克大学任教之前，她还在密苏里大学、美国天主教大学工作。她也是斯坦福大学、丹麦奥尔堡大学、印度巴罗达大君大学、法国波尔多大学的客座教授。

简森博士致力于通过学术研究和专业合作来打破心理学的学科壁垒，从而实现更普遍、更有文化性的认知，她将其称作“文化发展视角”。她的研究更关注道德发展和文化身份的形成。她的研究团队已在丹麦、印度、泰国、土耳其、美国进行了国别研究。她的著作包括：合著图书《发展理论与研究的新视野》（*New Horizons in Developmental Theory and Research*）（2005）、《移民参与：新译》（*Immigrant Civic Engagement：New Translations*）（2008）、《文化心理学与发展心理学的桥梁——新理论、新研究与新政策》（*Bridging Cultural and Developmental Psychology：New Syntheses for Theory, Research and Policy*）（2011）、牛津大学出版社出版的《人类发展与文化手册》（*Handbook of Human Development and Culture*）（2015）、《全球道德发展：文化视角》（*Moral Development in a Global World：Research from a Cultural-Development Perspective*）（2015）以及即将由牛津大学出版社出版的《牛津大学道德发展手册》（*Oxford Handbook of Moral Development*）。

2004—2015 年简森博士一直同瑞德·拉森（Reed Larson）担任期刊《儿童与青少年发展新方向》（*New Directions for Child and Adolescent Development*）的主编。她曾担任两年举办一次的 2012 年青少年研究协会（Society for Research on Adolesence）会议的执行主席，目前是儿童发展研究协会（Society for Research on Child Development）、青少年研究协会（Society for Research on Adolescence）的评审

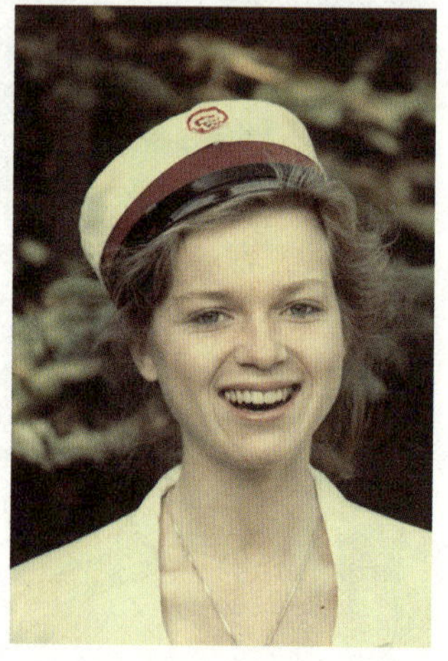

图　3 岁的琳娜、11 岁的琳娜、17 岁的琳娜

作者分别与处于学步期和成人初显期双胞胎的合影

委员。想了解更多作者信息，请登录 www.lenearnettjensen.com。

阿奈特夫妇及双胞胎子女迈尔斯（Miles）和帕里斯（Paris）一同居住在美国马萨诸塞州伍斯特市。

杰弗瑞·简森·阿奈特

琳娜·阿奈特·简森

目 录

第一章 文化视角下的人类发展

第一节 人类发展的现状与起源 003
人类发展的现状：人类的人口统计概况 003
人类起源：文化和全球物种的崛起 009
第二节 人类发展理论 017
人类发展的古代思想 017
人类发展的科学观念 020
第三节 如何研究人类发展 030
科学方法 030
研究测量、设计和研究伦理 032

第二章 遗传学和产前发育

第一节 遗传对发育的影响 045
遗传基础 045
基因与环境 050
基因与个体发育 056
第二节 产前发育和产前护理 061
产前发育 061
产前护理 065
第三节 妊娠问题 072
产前问题 072
不孕症 076

第三章 分娩与新生儿

第一节 分娩及其文化背景 083
分娩过程 083
分娩的历史和文化差异 086
第二节 新生儿 095
新生儿的健康 095
新生儿的身体机能 100
第三节 新生儿的护理 108
营养——“母乳”是最好的吗 108
新生儿护理的社会性和情感方面 113

第四章 婴儿期

第一节 生理发展 123
婴儿期的生长与变化 123
婴儿的健康 133
动作与感觉的发展 137
第二节 认知发展 144
皮亚杰的认知发展理论 144
婴儿期的信息加工 148
婴儿发展的评估 151
语言的开端 153
第三节 情绪与社会性发展 159
气质 159
婴儿的情绪 163
婴儿的社交世界 166

第五章 学步期

第一节 生理发展 173
2 岁和 3 岁的成长和变化 173
社会化的生理机能：如厕训练与断奶 180
第二节 认知发展 184
认知发展理论 184
语言发展 188
第三节 情绪与社会性发展 199
学步儿的情绪发展 199
依恋理论与相关研究 206
学步儿的社交世界 214

第六章 童年早期

第一节 生理发展 226
3 岁到 6 岁的成长 226

运动发育 232
第二节 认知发展 235
认知发展理论 235
童年早期的教育 241
语言发展 246
第三节 情绪与社会性发展 250
情绪调节与性别社会化 250
父母的教育 257
儿童不断扩展的社交世界 266

第七章 童年中期

第一节 生理发展 279
童年中期的成长 279
健康问题 283
第二节 认知发展 289
认知发展理论 289
语言发展 301
童年中期的学校生活 304
第三节 情绪与社会性发展 312
情绪与自我发展 312
童年中期的社会和文化背景 318

第八章 青少年期

第一节 生理发展 336
蜕变：青春期的生物学变化 336
青少年期的健康问题 344
第二节 认知发展 349
青少年的认知 349
教育与工作 354
第三节 情绪与社会性发展 361
情绪与自我发展 361
文化信仰：道德和宗教 366
青少年的社会文化环境 370
问题 382

第九章 成人初显期

第一节 生理发展 390
成人初显期的出现 390
成人初显期的生理变化 397
危险行为与健康问题 399
第二节 认知发展 408
教育和工作 408
第三节 情绪与社会性发展 417
情绪和自我发展 417
文化信仰 426
成人初显期的社会文化背景 429

第十章 成年早期

第一节 生理发展 442
向成年期的过渡 442
生理健康 446
第二节 认知发展 452
成人智力 452
成年早期认知能力的提高 454
第三节 情绪与社会性发展 458
成年早期的情感发展 458
成年早期的社会与文化背景 461

第十一章 成年中期

第一节 生理发展 486
成年中期的生理变化 486
健康与疾病 490
第二节 认知发展 499
智力、专业能力与职业发展 499
成年中期的信息加工 505
第三节 情绪与社会性发展 509
情绪与自我发展 509
成年中期的社会与文化性发展 515

第十二章 老年期

第一节 生理发展 533
有关老年期的文化信仰 533
生理变化 538
老年健康 543
第二节 认知发展 551
认知的变化与衰退 551

关于认知变化的不同观点 557
第三节 情绪与社会性发展 562
情绪和自我发展 562
老年期的社会和文化背景 565

第十三章 死亡与哀悼

第一节 生物学上的死亡 584
死亡和衰老的生物学过程 584
死亡的社会文化背景 592
第二节 对死亡的情绪反应 599
丧亲和哀伤 599
面对死亡 602
第三节 关于死亡和来世的信仰 605
毕生发展的死亡信仰 605
关于来世的信仰和哀悼仪式 607

后记 616

术语 618

参考文献 641

答案 797

感谢以下指导专家和编写人员 798

第一章

文化视角下的人类发展

第一节　人类发展的现状与起源

人类发展的现状：人类的人口统计概况

- 人口增长与变化
- 各国之间的差异
- 国家内部的差异

人类起源：文化和全球物种的崛起

- 人类进化的开端
- 文化和文明的起源
- 当今人类的进化与发展

第二节　人类发展理论

人类发展的古代思想

- 三种传统的发展观

人类发展的科学观念

- 弗洛伊德的性心理理论
- 埃里克森的社会心理理论
- 布朗芬布伦纳的生态学理论
- 本书的文化发展模型

第三节　如何研究人类发展

科学方法

- 科学方法的五个步骤

研究测量、设计和研究伦理

- 研究测量
- 研究设计
- 人类发展研究中的伦理道德

中国有一则成语，描述的是我们所有人学会看世界的方式都是有限的——井底之蛙，意思是“在井底的青蛙”。这个成语来自一则寓言，讲述了一只青蛙一生都生活在井底的故事。青蛙认为世界很小，它不知道世界真正有多大。当一只路过的海龟向青蛙描述了东方大海的辽阔时，青蛙才意识到这个世界远远超乎它的想象。

我们所有人就像那只青蛙。经受文化的熏陶，通过直接和间接的方式学习，从我们最熟悉的视角来看待世界。因为我们周围的人通常都持有相同的观点，因此我们很少质疑它。就像那只青蛙一样，我们很少怀疑人类这一物种到底有多么庞大、多么复杂。

本书的目的是让我们升出井口，通过采取文化研究的方法来理解**人类发展**（**human development**）、人类一生的成长和变化的方式。这意味着本书的重点在于人如何发展为某种文化的成员。**文化**（**culture**）是一个群体的习俗、信仰、艺术和科技的总体模式。换句话说，文化是一个代代相传的群体共同的生活方式。从我们出生的那一天起，我们所有人都经历着作为一种文化成员（有时不止一种）的生活，这深刻地影响着我们的发展方式、行为方式、思维方式、世界观以及如何体验生活。

当然，生物学也很重要，我们将多次讨论生物学和文化影响之间的相互作用。然而，虽然各个地方的人类都有基本相同的生物结构，但他们的生命历程却因其发展所处的文化背景而显著不同。

作为本书的作者，我们将成为你们的青蛙伙伴、你们的向导，陪伴你们一起走出井口，凝视人类旅程中广阔、多样、迷人的文化全景。本书将向您介绍人类发展和文化实践的许多变化，而这些变化可能是你以前所不知道的，这可能会引导你以全新的视角看待自身的发展和文化实践。我们还会根据研究是否考虑了文化因素来分析和批判研究。当你读完这本书时，你应该能够从文化的角度来进行思考。

人类发展的领域不同于地质学或天文学领域，因为研究人类发展的每个人都有直接的个人经验。作为两个正在发展的人类，年龄分别为 60 岁（Jeff）和 51 岁（Lene），我们当然会借鉴我们的生活经验来理解人类发展，并将在本书中呈现给你们。我们的文化经历是多样的：我们当中的一个人琳娜（Lene）在丹麦长大，另一个人杰弗（Jeff）则在美国长大，之后我们一起在美国、丹麦、法国和印度生活过。作为一对 18 岁双胞胎——帕里斯（Paris）和迈尔斯（Miles）的父母，我们还会偶尔跟你们分享孩子们的童年故事来帮助你们理解书中的概念。我们还将强调，尽管个人经验在洞悉人类发展时起了很大作用，却可能无法反映现在或过去大多数人类的发展情况。事实上，如果你在美国、加拿大或欧洲长大，你就会发现你的经历在很多方面与其他大多数人相比都非常不同。在本书的结尾，我们希望带你到达这个井口，而一旦你到达那里，就会看到人类在发展方式上的惊人变化，你会为之感到不可思议，并被其吸引。

在本章中，我们将为整本书奠定基础。第一节对当今世界的人类生活进行了广泛的概述，并考察了文化是如何从我们共同的进化史中发展而来的。在第二节中，我们将探讨人类发展理论概念的历史，并提出了一种新的文化发展模式作为本书的框架。最后，第三节把人类发展作为一个科学领域进行概述。我们回顾了科学方法的步骤和工具，也回顾了开展不同文化间的人类毕生研究所面对的独特的机遇与挑战。

第一节 人类发展的现状与起源

学习目标

1.1 能够描述人口数量在过去一万年的变化，并解释美国人口发展路径之所以不同于其他国家的原因。

1.2 能够区分发达国家和发展中国家在收入、教育和文化价值观方面的统计学特征。

1.3 能够定义社会经济地位（SES）一词，并解释为什么社会经济地位、性别和种族是各国人类发展的重要指标。

1.4 能够解释自然选择的过程，并追溯人类物种的进化起源。

1.5 能够总结旧石器时代晚期以来人类文化的主要变迁。

1.6 能够将有关人类进化的信息应用于解释当今人类发展的方式。

人类发展的现状：人类的人口统计概况

本书的目的是让你了解世界各地文化中人类发展的方式，让我们从21世纪初的世界人口统计概况开始吧。

人口增长与变化

学习目标1.1　能够描述人口数量在过去一万年的变化，并解释美国人口发展路径之所以不同于其他国家的原因。

人类发展：人一生中成长和变化的方式；包括生理、认知、心理和社会功能的发展。

文化：一个群体的习俗、信仰、艺术和科技的总体模式。

或许当今人类最显著的人口特征就是庞大的人口规模。因为在很长的一段时间里，世界人口总数都不足1000万（McFalls，2007）。妇女通常会生育4—8个孩子，但大多数孩子死于婴儿期或童年期，根本活不到生育年龄。随着农业和动物驯化的发展，人类人口在大约一万年前开始显著增加（Diamond，1992）。

在随后的几千年中，人口增长非常缓慢，直到大约400年前，世界人口才达到5亿。自那时以来，尤其是在20世纪，人口以惊人的速度增长着。如**图1.1**所示，总人口在1800年左右突破了10亿大关。随着20世纪医学水平的提高，天花、斑疹伤寒、白喉以及霍乱等已不再是威胁人类生命的致命疾病。随后，到1927年，人口总数达到20亿，到1999年，人口增长到3倍，达到60亿。而突破70亿大关仅在12年后的2011年初。截至2018年，全球总人口约为76亿。

人口将会增长到多少？这很难说，但大多数预测表明，到2100年，这一数字将上升到110亿，此后将趋于稳定，或许还会略有下降（United Nations，2017）。这个预测是基于近年来全球范围内出生率的下降而得出的结

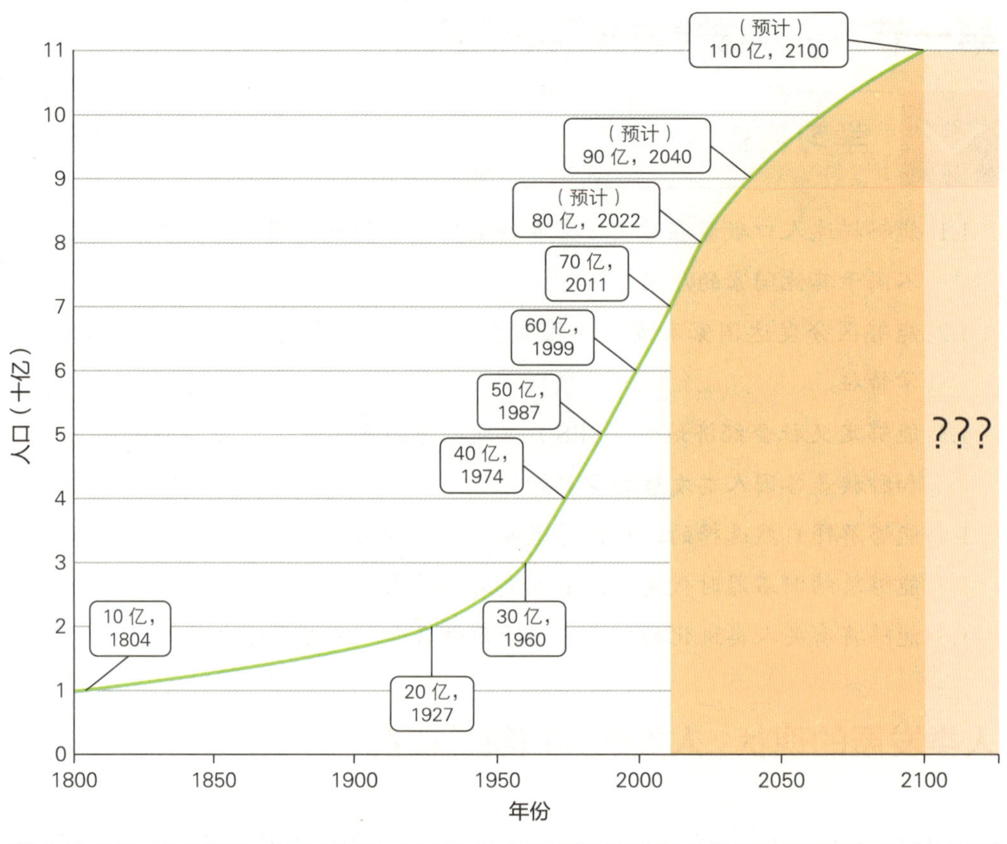

图 1.1　世界人口增长

人类近代史上发生了什么，导致人口急剧增长？
资料来源：United Nations（2017）.

总生育率（TFR）：总人口中每名妇女生育的人数。

从现在到 2100 年，几乎所有的世界人口增长都将发生在发展中国家。下图为印度焦特布尔的一条繁忙的街道。

论，**总生育率（total fertility rate, TFR）**，指每名妇女生育的人数。目前为 2.5，明显比稳定人口的更新率 2.1 要高得多。然而，总生育率在过去的十多年里一直在急剧下降，照此趋势下去，到 2050 年将跌至 2.1（Population Reference Bureau，2014）。

从现在到 2090 年的人口增长在全球范围内并不会均衡发展。与之相反，在占世界人口不到 20% 的富裕、经济发达国家和占世界人口大多数的经济发展中国家之间存在着明显的“全球人口鸿沟”（Haub & Gribble，2011）。在未来几十年中，几乎所有人口的增长都将发生在发展中国家。相比之下，在此期间及以后，几乎所有富裕国家的人口都将会减少，因为它们的生育率远低于更新率。

为了更好地呈现本部分的内容，我们将使用**发达国家（developed countries）**一词来指代世界上富裕的国家。尽管划分发达国家的标准各不相同，但发达国家通常包括美国、加拿大、日本、韩国、澳大利亚、新西兰、智利以及绝大多数的欧洲国家［Organization for Economic Cooperation and Development（OECD），2014］。（“西方国家”一词有时被用来指大多数发达国家，因为它们位于西半球，但日本和韩国除外，它们被认为是东方国家。）在我们的讨论中，发达国家将与**发展中国家（developing countries）**进行对比，后者的财富比发达国家少，但随着发展中国家加入全球化经济，它们正在经历着经济的快速增长期。今天，许多发展中国家正在迅速变化着。例如，印度是一个发展中国家，其大多数人每天的收入不足两美元［United Nations Development Program（UNDP），2018］。大约一半的印度儿童体重不足和营养不良（World Bank，2011；UNICEF 2017）。只有不到一半的印度青少年完成了中学学业。只有大约一半的成年妇女和大约 3/4 的成年男子接受过教育。尽管有大量人口从农村迁移到城市，并且其中大多数是年轻人，但是印度仍有大约 2/3 的人口居住在农村。然而，印度经济在过去 20 年里一直蓬勃发展，使数亿印度人摆脱了贫困（UNDP，2018）。印度目前是世界制造业、电信业和服务业的领先者。如果其经济继续以目前的速度增长，到 2050 年印度将在经济生产方面处于世界领先地位（Price Waterhouse Coopers，2011）。印度人的生活瞬息万变，今天出生的孩子可能会经历与其父母或祖父母所知的截然不同的经济和文化背景。

发达国家：世界上经济发达和富裕的国家，收入和教育的中位数水平高。

发展中国家：收入和教育水平低于发达国家，但经济正在快速增长的国家。

文化焦点：尼日尔和荷兰——聚焦人口鸿沟

将尼日尔和荷兰进行比较，就可以明显看出人口差异。2013 年这两个国家的人口数量都接近 1700 万。到 2050 年，尼日尔的人口预计将翻两番，达到 6600 万，而荷兰的人口则会非常缓慢地增长至 1800 万。造成这一差异的主要根源是每名妇女的平均生育人数和育龄人口比例的差异。如**表 1.1** 所示，尼日尔妇女的总生育率是荷兰妇女的 4 倍多。此外，尼日尔有一半的人口不足 15 岁，相比之下，荷兰人口的这一比例为 17%。

复习题：

一个国家，儿童与成人的高比例会给心理发展带来怎样的影响？

表 1.1 人口鸿沟：尼日尔和荷兰

	尼日尔	荷兰
2013 年人口	1700 万	1700 万
预计 2050 年人口	6600 万	1800 万
总生育率	7.6	1.7
每年总出生人数	845000	176000
每年总死亡人数	195000	141000
15 岁以下人口占比	50%	17%
出生时预期寿命	57 岁	81 岁
每 1000 名婴儿的死亡率	51.0	3.7

资料来源：Population Reference Bureau（2013）.

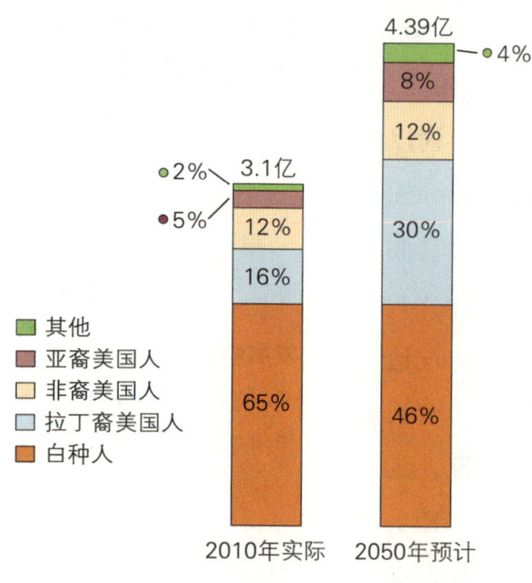

图 1.2 预计到 2050 年美国人口的种族变化

在未来的几十年里，美国哪个种族预计会变化最大，为什么？

资料来源：Kaiser Family Foundation（2013）.

目前发展中国家人口约 63 亿，约占世界总人口的 80%，发达国家人口约 13 亿，约占世界总人口的 20%（UNDP，2018）。在未来几十年里，美国是少数几个人口不减反增的发达国家之一。截至 2018 年，美国约有 3.25 亿人口，但到 2050 年将达到 4 亿。预计从现在到 2050 年，几乎所有其他发达国家的人口数量都将会减少。而由于较低的生育率和实际上的零移民，预计到 2050 年，日本人口将会从当前的 1.2 亿降至 9700 万，成为人口数量降幅最大的国家（OECD Insights，2016）。

美国走上一条不同于大多数发达国家的人口发展路径的原因有两个。首先，美国的总生育率为 1.8，略低于 2.1 的更新率，但仍高于其他大多数发达国家的总生育率（World Bank，2017）。其次，更重要的是，与其他大多数发达国家相比，美国允许更多的合法移民，当然还有数百万非法移民（Suárez-Orozco，2015）。到 2050 年，移民将拉动美国人口的增长（Martin & Midgley，2010）。美国的合法移民与非法移民虽然有不少来自亚洲和世界其他地区，但主要还是来自墨西哥和拉丁美洲。因此，如**图 1.2** 所示，预计到 2050 年，美国拉丁裔人口的比例将从 16% 上升到 30%。加拿大也有相对开放的移民政策，因此加拿大也可以避免大多数发达国家预计的人口下降（DeParle，2010）。

> **批判性思考题**：从现在到 2050 年，美国需要如何调整公共政策，以应对 7500 多万移民和拉丁裔人口比例上升到 30% 的情况？

各国之间的差异

学习目标 1.2　能够区分发达国家和发展中国家在收入、教育和文化价值观方面的统计学特征。

发达国家和发展中国家在人口统计学方面的差异显著，这种差异不仅表现在人口数量上，而且在收入和教育资源方面也有天壤之别。在收入方面，世界上约有 40% 的人口每天收入不足 2 美元，全世界约有 80% 的人口每年家庭收入低于 6000 美元（Population Reference Bureau，2014）。一个极端情况是发达国家中 90% 的人位于全球收入分配的前 20%。而另一个极端情况发生在非洲南部，那里有一半人口占据了全球最低收入的 20%。非洲经济在过去的十年中发展强劲，但仍然是世界上最贫穷的地区（McKinsey Global Institute，2010；UNDP，2015）。

在教育方面，发达国家和发展中国家存在着类似的差距。在世界上的大多数地区，能够接受大学教育都是一种十分罕见的特权。在发达国家，几乎所有的儿童都接受了小学和中学教育，约 50% 的儿童能继续接受高等教育（大学或其他高等教育培训）。然而，在发展中国家，约 20% 的儿童不能完成小学教育，只有约一半的儿童可以继续进入中学学习（UNDP，2018），而大学或其他高等教育只面向富有的精英开放。

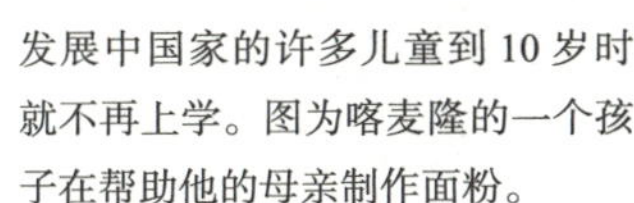
发展中国家的许多儿童到 10 岁时就不再上学。图为喀麦隆的一个孩子在帮助他的母亲制作面粉。

发达国家和发展中国家之间也存在广泛的文化差异，尽管每个方面的差异都不同。其中一个重要的区别是，发达国家，尤其是西方发达国家的文化倾向于建立在独立和自我表达等**个人主义（individualistic）**价值观的基础上（Greenfield，2005；Hermans，2015）。相比之下，发展中国家则倾向于推崇**集体主义（collectivistic）**价值观，例如服从和群体和谐（Sullivan & Cottone，2010）。这并不是相互排斥的范畴，每个国家都在个人主义和集体主义价值观之间寻求一种平衡（Kağitçibaşi & Yalin，2015）。大多数国家的文化都不是单一的，个人主义和集体主义可能都是相对而言的，但是二者的区别有助于研究文化群体之间的异同。

个人主义：独立、自我表达等文化价值观。

集体主义：服从、群体和谐等文化价值观。

在发展中国家，农村地区和城市地区之间也常常存在较大的差距。城市居民收入较高，教育和医疗资源更丰富。通常发展中国家中产阶级的生活方式与发达国家相似，但有别于本国的农村地区（UNDP，2018）。本书所提及的**“传统文化”（traditional culture）**一词，是指发展中国家农村地区的人，较之生活在城市的人而言，他们更倾向于继承其文化的历史传统。传统文化往往比其他文化更有集体主义的倾向，部分原因是，在农村地区，与他人的密切联系通常是一种经济需求（Gaskins，2018；Sullivan & Cottone，2010）。

传统文化：指发展中国家农村地区的人，他们较生活在城市的人而言，更倾向于继承其文化的历史传统。

当今人类的人口统计资料表明，如果你想了解人类发展，那么了解占世界人口大多数的发展中国家人民的生活是至关重要的。如今，社会科学的研究趋势，尤其是心理学，在追求普遍发展原则的基础上忽视或剥离了文化的作用（Jensen，2011；Rozin，2006）。大多数关于人类发展的研究都是针对占世界人口 18% 的发达国家的人口，尤其是仅占世界人口 5% 的生活在美国的人，因为研究需要经费，而发达国家比发展中国家能够负担得起更多的研究经费（Arnett，2008）。这种情况正在改变，近年来心理学家和其他社会科学家更加关注文化在人类发展中的作用（Bornstein，2010；Goodnow & Lawrence，2015；Jensen，2015）。到目前为止，研究人员已经报告了世界各地人类发展的基本情况，并且研究美国社会的研究人员已经越来越多地关注美国白人中产阶级之外的其他亚文化。

全球化：世界各地在贸易、旅游、移民和通信等方面的联系日益紧密。

提高我们对人类文化多样性的认识也有很多应用价值。正如社会哲学家马歇尔·麦克卢汉（Marshall McLuhan）（1960）在半个多世纪前所预言的那样，世界正逐渐形成地球村。近几十年来，**全球化**（globalization）进程正在加速发展，世界各地在贸易、旅游、移民和通信等方面的联系日益紧密（Arnett，2002；Hermans，2015；Jensen et al.，2012）。因此，无论你生活在世界的哪个角落，在你的个人生活和职业生涯中，你都有可能接触到来自不同文化背景的人。或许有一天，你们当中成为护士的人可能会面对来自亚洲或南美有着不同文化背景的患者。那些从事教育事业的人，很可能会教那些从非洲或欧洲国家移民过来的学生。你的同事、邻居，以及你的朋友和家人，也可能是来自不同文化背景的人。通过互联网，你可以用电子邮件、脸书、视频网站以及未来会出现的新型社交媒体与世界各地的人们进行联系。因此，了解人类发展的文化途径可能对生活的各个方面都很有用，可以帮助你在一个多元化、全球化的世界中与不同的人交流并理解他们的观点。

国家内部的差异

学习目标 1.3 能够定义社会经济地位（SES）一词，并解释为什么社会经济地位、性别和种族是各国人类发展的重要指标。

这本书中经常会出现发达国家与发展中国家的对比，这是一种阐述两种类型的国家中人类发展状况差异的普遍方法。然而，应该注意的是，发达国家与发展中国家在各自类型中都有实质上的差异。所有发达国家都是相对富裕的国家，但是日本的人类发展却不同于法国或加拿大。所有发展中国家都不如发达国家富裕，但中国的人类发展也不同于巴西或尼日尔。通过本书，我们将在发达国家和发展中国家这些宽泛的类别之间探索人类发展的差异。

主流文化：在一个国家中，制定规范和标准并掌握一定的政治、经济、知识地位，以及媒体权威的文化群体。

人类发展不仅在发达国家和发展中国家的每个类别中存在显著的差异，而且在每个国家内部也存在着其他差异。当代大多数国家都以一种**主流文化**（majority culture）为主导，设定规范和行为标准，并掌握一定的政治、经济、知识地位以及媒体权威（García Coll et al.，1996；Marks et al.，2015）。此外，还存在许多从种族、宗教、语言或其他特征上定义的少数文化。

情境：对人类发展的差异有影响的外部条件或周遭环境，包括社会经济地位、性别和种族，以及家庭、学校、工作、宗教机构和媒体。

人类发展的差异还可能因为国家内部个人生活环境和条件的差异而不同。这些导致人类发展途径变化的环境和条件称为**情境**（contexts）。情境包括环境背景，如家庭、同伴、学校、工作、宗教机构和媒体等，所有这些都将在本书中进行讨论。另外三个需要强调的重要差异来源分别是社会经济地位、性别和种族。

社会经济地位：人的社会阶层，包括受教育程度、收入水平和职业地位。

社会经济地位（socioeconomic status, SES）一词通常用于指一个人的社会阶层，包括受教育程度、收入水平和职业状况。对于儿童和青少年来说，由于他们尚未成年，还谈不上什么社会等级，因此社会经济地位通常用来指他们

少数民族文化往往保留着独特的仪式。上图是一名拉丁裔女孩和她的家人在美国庆祝她的成人礼（成年）。

父母的教育、收入和职业水平。在大多数国家，社会经济地位对塑造人类发展至关重要。它影响着方方面面，从婴儿死亡的风险，到儿童教育的质量和时长，到成年人从事的工作类型，再到成年后期获得医疗保健的可能性。在发展中国家，社会经济地位的差异极其显著（UNDP，2018）。在印度、埃及或秘鲁这样的国家，社会经济地位较高的精英阶层与相对贫穷的群体成员所占有的教育和医疗资源是不均衡的。然而，在整个人类发展过程中，即使在发达国家，也会因个体社会经济地位悬殊发生资源分配不均的状况。例如，在美国，低社会经济地位家庭的婴儿死亡率高于高社会经济地位家庭，部分原因是低社会经济地位的母亲接受产前检查的可能性很小（Elder et al.，2016）。

在所有文化中，性别（gender）都是影响生命发展的关键因素（UNDP，2018）。文化对男性和女性的期望从他们出生的时候就各不相同（Hatfield & Rapson，2005），而且不同文化之间的差异程度也不尽相同。在当今的大多数发达国家中，男性和女性从事许多相同的工作，穿着许多相同的衣服（例如牛仔裤、T恤衫），并且享受许多相同的娱乐活动，因此性别差异比较模糊。如果你在一个发达国家中长大，你会惊讶地发现，性别差异在其他文化中十分明显。然而，正如我们将看到的那样，发达国家中也存在针对性别的不同期望。

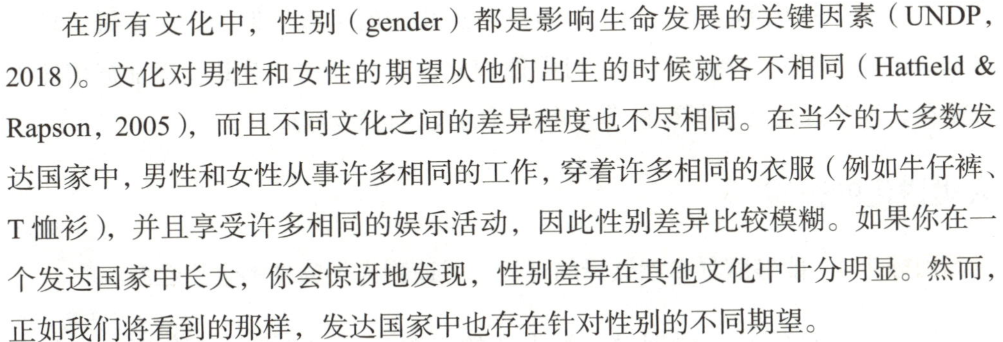

种族：一种群体认同，包括文化起源、文化传统、民族、宗教以及语言等。

最后，**种族（ethnicity）**也是人类发展的一个关键部分。种族由文化起源、文化传统、民族、宗教和语言等部分构成。少数民族群体通常由移民产生，也有一些国家的少数民族长期存在，甚至早于多数民族。例如，在第一批欧洲殖民者到达之前，澳大利亚的原住民已经在此生活了数千年。许多非洲国家是在19世纪由欧洲殖民列强建立起来的，因此那片土地上生存着不同种族的人，并繁衍至今。通常，一个国家的少数民族往往具有不同于多数民族的独特文化模式。例如，在加拿大的主流文化中，婚前性行为很普遍，但是加拿大的亚裔少数民族文化却持相反的观点，他们认为女性在婚前应当保持贞操（Sears，2012）。在许多发达国家，少数民族群体价值观较之多数民族而言，更注重集体主义而非个人主义（Suárez-Orozco，2015）。

人类起源：文化和全球物种的崛起

从文化的视角来研究人类发展，我们将会看到人类的生活方式极具多样性。但是这种多样性是如何产生的呢？人类起源于同一个物种，那么形式多样的生活方式是从何发展而来的呢？

生态位：一个特定物种进化所处的环境条件。

根据生物学家的说法，所有的动物都已经进化到适应**生态位**（ecological niche）的条件，即在特定的地点和时间里的一系列环境条件。例如，蜂鸟已经进化出细长的喙，从而使它们能够从长而薄的花朵深处获取花蜜。你会发现蜂鸟只会生活在能让它们生存和繁殖的生态位中，通过食用花蜜来满足其进化的能力。如果由于某种原因这些花消失了，蜂鸟就必须进化以适应其他食物来源，或者走向灭绝。

唯一不局限于任何特定生态位的物种是我们人类。我们将很快看到，人类最初是在一个生态位上进化的，即非洲大草原。然而，我们在这一生态位背景下形成的特征，特别是我们异常庞大的大脑，让我们能够创造出文化知识和习俗，最终使我们能够在任何地方生活，从非洲大草原到南美洲的热带雨林，再到亚洲的沙漠，以及这之间的任何地方（Harari，2015；Tomasello，2010）。我们进化成为一种文化物种，最终使我们成为全球物种。在我们关注个体发展，也就是**个体发育**（ontogenetic）之前，先来了解**系统发育**（phylogenetic），也就是人类的发展。现在，让我们简要浏览一下人类进化史，以此作为了解文化的诞生和当今人类发展史的基础。对于持有反对进化论的宗教信仰的学生来说，理解这部分的内容是具有挑战性的，可即便如此，熟悉进化论及其支撑证据依然十分重要，因为这是几乎所有科学家都认可的人类起源观点。

个体发育：一个物种中个体发展的典型模式。

系统发育：关于一个物种的发展。

人类进化的开端

学习目标 1.4　能够解释自然选择的过程，并追溯人类物种的进化起源。

探索进化论的基本原理对了解人类的起源是很重要的。查尔斯·达尔文（Charles Darwin）于 1859 年在《物种起源》一书中首次提到进化论，其核心是所有物种都在**自然选择**（natural selection）的过程中进化。在自然选择的过程中，一个物种的幼崽儿生来就具有不同的进化特征，比如一些幼崽儿较之其他幼崽儿更加强壮且成长的速度更快等。在年轻一代中，那些最有可能存活并繁衍后代的，就是最适应环境变化的。

自然选择：一种进化过程，其中最能适应环境的后代会生存下来并繁衍自己后代的进化过程。

人类进化是什么时候开始的？根据进化生物学家的研究，在 800 万年前到 600 万年前，人类、黑猩猩和大猩猩起源于同一个灵长类祖先（Shreeve，2010），后来逐渐形成了这三种不同的物种进化路线。而人类进化的过程被称为**原始人类路线**（hominin line）。人类与黑猩猩和大猩猩共同的祖先一同生活在非洲。

原始人类路线：导致现代人类出现的进化路线。

约 20 万年前，早期原始人类已经进化成**智人**（Homo sapiens）（Shreeve，2010；Wilson，2012）。在形成智人的数百万年进化过程中，有几个特征使我们有别于早期原始人类和其他灵长类动物。

智人：现代人类。

1. 更大的大脑。这一时期最显著和最重要的变化是早期智人大脑的大小，它的体积是早期古人类大脑的两倍多，如**图 1.3** 所示［大脑体积以立方厘米（cc）表示］。

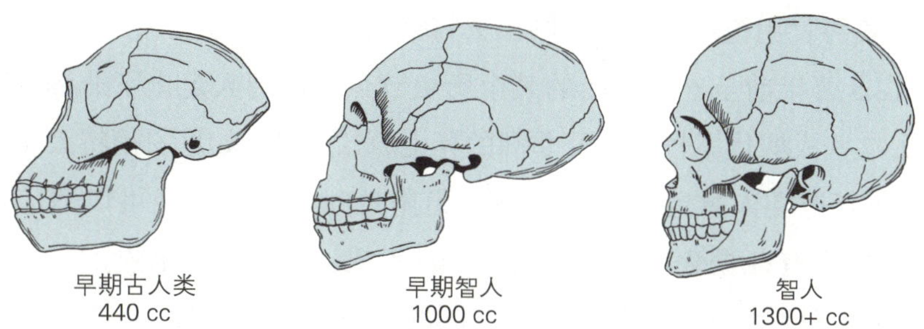

图 1.3　早期人类大脑体积的变化

2. 更宽的女性骨盆。早期智人女性的骨盆变得更宽，以便大脑体积较大的婴儿顺利出生。

3. 更长的依赖时间。与早期原始人类相比，早期智人婴儿的大脑较大，大脑发育不够成熟，导致婴儿和儿童对养育者的依赖时间更长。

4. 工具的开发。工具的发明使得早期智人能成功获取食物，最早的工具是用一块石头撞击另一块石头来打磨锋利的刀刃。这些工具会被有目的地使用，比如切肉，或者将木头削尖来打猎。

5. 对火的控制。对火的控制和使用，使我们早期的祖先能够烹煮食物，因为比起生的食物，身体更能有效地吸收和利用烹煮过的食物，这导致了大脑体积的迅速增加（Wrangham，2009）。

婴儿长期的依赖可能使早期智人的母亲难以长途跋涉以陪伴男性进行狩猎或觅食探险（Wrangham，2009）。因此，一种以**狩猎采集（hunter-gatherer）**为主的生活方式发展起来了，即女性留在一个相对稳定的家庭基地，在基地照顾

狩猎采集：经济生活以狩猎（主要为男性）和采集可食用植物（主要为女性）为基础的社会经济体系。

如左图所示，人类进化到可以在广泛的环境中生存。

孩子并采集可食用植物，而男性则出去打猎或觅食。

在 12.5 万年前至 6 万年前的某个历史节点中，智人走出了非洲。随着时间的推移，这些人取代了较早离开非洲的其他原始人类，如尼安德特人（Meredith，2011）。在其他类人猿近亲还生活在赤道附近时，人类已经可以适应不同的环境了。例如，有证据表明，至少在 4.5 万年前，人类在北极生活过（Gibbons，2016）。从非洲到北极，要想在截然不同的环境中生存下来，人类大脑需要具备高度灵活的认知技能。接下来将会讲到，人类要想在全球范围内生存繁衍，还需具备形成文化社区以及复杂社会机构的能力（Tomasello，2010）。

文化和文明的起源

学习目标 1.5　能够总结旧石器时代晚期以来人类文化的主要变迁。

旧石器时代晚期：从 5 万年前到 1 万年前的人类历史时期，在此期间不同的人类文化开始发展。

从 20 万年前至今，智人在生理方面几乎没有发生变化，而大约在距今 5 万年前至 1 万年前，人类这一物种在**旧石器时代晚期**（**Upper Paleolithic period**）发生了巨大变化，如**图 1.4** 所示（Ember et al.，2011；Wilson，2012）。艺术首次出现了：乐器，洞穴壁画，衣服上的小象牙珠子，用骨头、鹿角或贝壳制成的装饰物，用象牙或黏土雕刻的人和动物形象。

除了开始艺术创作之外，旧石器时代晚期还发生了其他一些重要的变化。

- 人类开始埋葬他们的死者，有时还在坟墓里埋葬艺术品。
- 贸易在人类群体之间也逐渐发展起来。
- 工具迅速发展，包括弓箭、投矛器和鱼叉。
- 第一艘船被发明出来，使得人类能够到达并居住在澳大利亚和新几内亚。
- 人类群体之间的文化差异首次显现，主要体现在他们的艺术、工具和埋葬习俗上。

为什么人类这一物种在旧石器时代晚期发生了突变？并没有那个时期表明大脑或身体发生变化的证据呀！对此，人们给出了许多解释，但几乎没有明确的证据（Wrangham，2009）。因此，到目前为止，旧石器时代晚期发生革命性变化的起因仍然是个谜。

新石器时代：人类历史上的一个时期，从 1 万年前到 5000 年前的人类历史时代，动植物首次被驯化或培植。

下一个剧烈变化的时期，是 1 万年前至 5000 年前的**新石器时代**（**Neolithic period**）（Johnson，2005）。在此期间，人类通过培育植物和驯养动物，拓展了食物的来源。气候变化是导致其发生变革的关键因素。旧石器时代晚期是最后一个冰河时代，当时全球平均气温比现在低约 10 摄氏度。冰河覆盖着整个欧洲（南端至现在的柏林）、北美（南端至现在的芝加哥）。一直到了新石器时代，气候才逐渐回暖。

随着气温的上升和空气的湿润，可供人类食用的农作物越来越多，同时人类也可以生产出更符合自己口味的粮食作物。旧石器时代晚期，或许是因为过

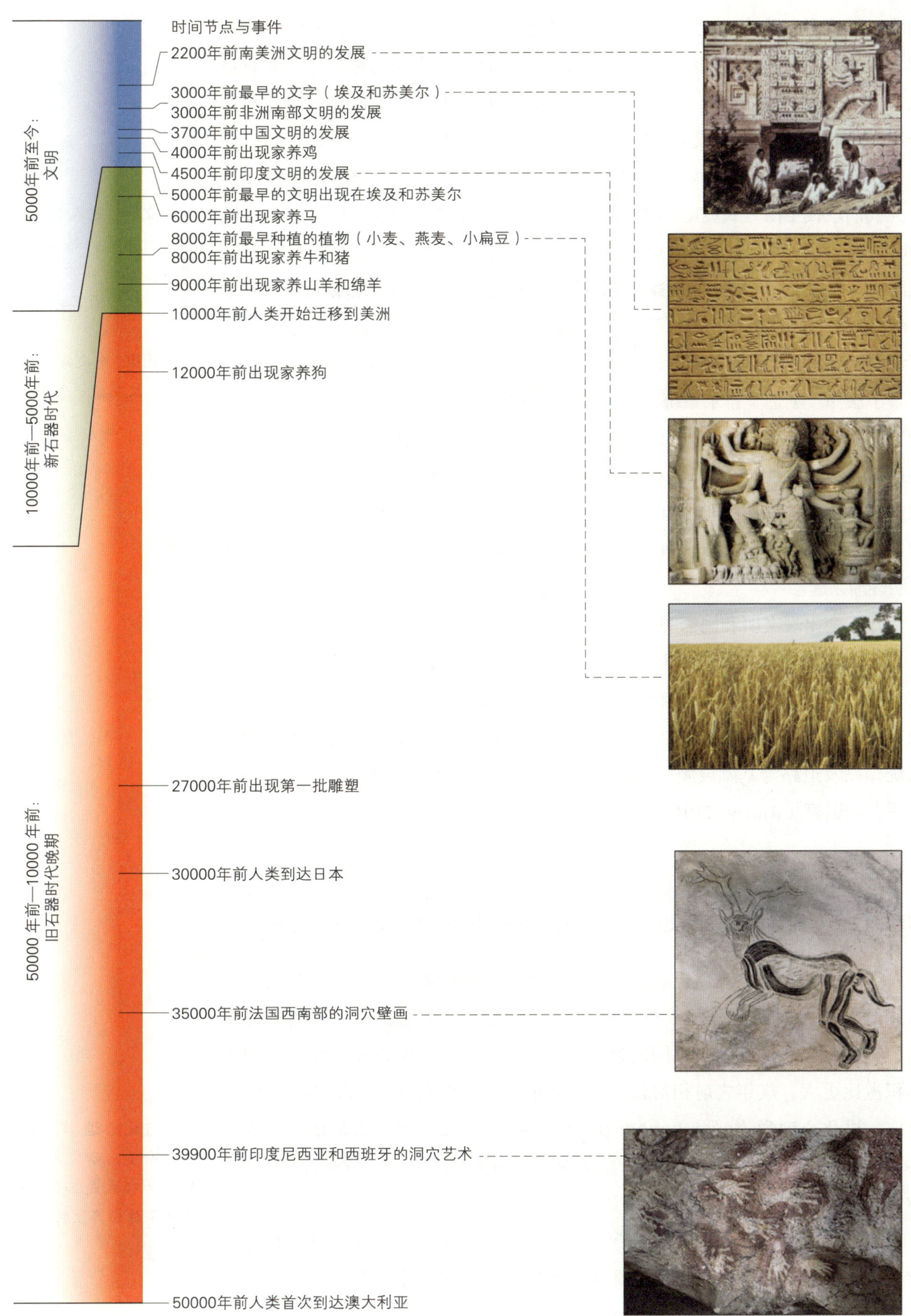

图 1.4　近 5 万年来人类物种发展的主要变化

度捕猎，抑或是因为大型动物不能适应气候变化而逐渐灭绝（Diamond，1992）。因此，饲养的动物逐渐发展成一种食物来源，以取代灭绝的动物。伴随着农业的发展和动物饲养的发展，新的工具诞生了，例如用于加工农作物的研钵和研杵，以及将棉花和羊毛织成衣物的纺锤和织布机。人类还建造了宏伟牢固的住宅，以及床和桌子等家具，为了种植农作物和饲养动物，人类开始了定居生活。

为我们现代生活方式奠定基础的最后一个重大历史变迁始于5000年前的**文明（civilization）**发展（Ridley，2010）。其标志性特征为城市、文字、社会分工、财富和地位阶层，以及中央集权——**国家（state）**等的出现。第一次文明浪潮同时席卷了埃及和苏美尔（现在伊拉克的一部分）地区，由于有文字记录了他们的生活，并生产了许多商品，因此我们掌握了许多有关他们生活方式的信息。那个时期，他们已经编纂了法律、创造了排水系统，而且出现了社会阶层，包括牧师、士兵、工匠、政府工作人员，以及奴隶。他们还为领袖建造了纪念碑，今天屹立在埃及的金字塔就是最好的见证。他们还生产各种各样的商品，有珠宝、雕塑、帆船、轮式马车以及刀剑等。后来在印度（约4500年前）、中国（约3700年前）、非洲南部（约3000年前）、地中海地区（约2700年前的希腊和罗马）以及南美洲（约2200年前）等地的文明逐渐兴起。

文明：是人类社会生活的一种形式，始于大约5000年前，包括城市、文字、职业专门化和国家的出现。

国家：中央集权的政治制度，是文明的一个基本特征。

为什么会出现文明和国家呢？随着农业生产效率的提升，特别是灌溉技术的兴起，不再需要所有人都从事粮食生产。这使得群体中的部分成员可以居住在城市，远离农作物种植区，从而分化为商人、艺术家、官员、宗教人员、政治领袖等。此外，由于灌溉技术的发展以及贸易的扩张，需要国家建立统一的监管系统，以及道路等基础设施。贸易将文化群体中的成员更密切地联系在一起，从而联合成国家（Ridley，2010）。

当今人类的进化与发展

学习目标1.6　能够将有关人类进化的信息应用于解释当今人类发展的方式。

人类的物种发展史对今天的人类发展有什么启示？第一个关键点是它让我们认识到今天的发展部分基于进化史。我们与我们的祖先和近亲仍然有许多相同的特征，当然也有很多不同之处，例如，相对于我们的体型来说，我们大脑体积占比更大，成年之前相对较长的童年依赖期，以及在社会群体生活中互相合作。**进化心理学（evolutionary psychology）**领域的研究人员认为，人类的许多特征都受到进化史的影响，包括攻击性和择偶等（Crawford & Krebs，2008）。我们将在本书中研究他们的说法。

进化心理学：心理学的一个分支，研究人类的功能和行为模式是如何通过适应进化条件而产生的。

人类进化史上第二个关键点在于，自20万年前智人出现以来，从生物学的角度来讲，人类几乎没有变化，但是我们的生活方式却发生了翻天覆地的变化（Ridley，2010；Wilson，2012）。尽管我们有同样的祖先，他们都起源于非洲的草原和森林，但现在我们生活在世界的不同地区，从高山到沙漠，从热带丛林到北极。虽然人类逐渐进化，并生活在一个由几十个人构成的小群体当中，但现在我们大多数人都和数以百万计的其他人一起生活在城市中。尽管以前女性至少能孕育8个孩子，而且历史上大多数时候都是如此，但现在多数女性只生育1—3个孩子，甚至一个也不生。

值得注意的是，像我们这样的动物，在非洲进化并通过自然选择适应了狩猎和采集的生活方式，在过去的5万年来发展出一系列令人吃惊的文化，其中大部分与我们的狩猎采集的起源毫无相似之处。一旦人类最独特的大脑（这个与其他物种最具有区分性的特征）得到开发，我们就有能力改变环境，因此，决定我们如何生存的不再是自然选择，而是我们创造的文化。据可识别的化石记录所知，早期原始人类的生活方式相同（Shreeve，2010）。即便是不同的早期智人，以小群体的形式狩猎和采集在旧石器时代晚期的生活方式也是大同小异。

当今世界各地有数百种不同的文化，都是人类社会的组成部分，但每种文化都有其独特的生活方式。我们的生活方式存在广泛的文化差异，比如我们照顾婴儿的方式、我们对孩子的期望、我们适应青春期的方式以及我们如何看待老年人。作为智人的后代，我们拥有相似的生物学特征，但文化将我们引入截然不同的发展路径。

文化将我们塑造成独一无二的物种，而其他物种进化的方式则是适应特定的环境条件。当然，学习将贯穿他们的一生，但范围却是有限的（Haun，2015）。当环境发生变化时，他们要想存活下来就必须学习新的技能以适应环境，并通过自然选择的过程，将那些最优质的基因遗传至后代，反之则不能。

相比之下，人类进化出了发达的大脑，可以通过发明和学习新的生存技能、方法来适应任何环境，并将其作为一种文化生活方式传播出去。即使在与我们的进化适应环境截然不同的条件下，我们也能够生存和发展，因为我们的文化学习能力如此之强，与其他动物相比，本能不再是生存与发展的决定因素。

小结：人类发展的现状与起源

学习目标 1.1　能够描述人口数量在过去一万年的变化，并解释美国人口发展路径之所以不同于其他国家的原因。

在大多数历史时期中，人口总数都不足1000万，但从1927年的20亿增加到2011年的70亿，预计到2100年将增加到110亿。与大多数发达国家不同，21世纪美国人口预计有所增加，主要归因于移民。

学习目标 1.2　能够区分发达国家和发展中国家在收入、教育和文化价值观方面的统计学特征。

大多数发展中国家的人比发达国家的人更贫穷，

更有可能生活在农村地区，但发展中国家正在经历经济的快速发展和向城市地区大规模迁移的过程。此外，发展中国家的年轻人接受的教育水平越来越高。一般来说，发达国家的文化价值观更重视个人主义，发展中国家的文化价值观更推崇集体主义。

学习目标 1.3　能够定义社会经济地位（SES）一词，并解释为什么社会经济地位、性别和种族是各国人类发展的重要指标。

社会经济地位包括受教育程度、收入水平和职业状况。社会经济地位将影响教育、医疗等资源的分配。在大多数文化中，性别影响人生期望和机遇。种族往往被视为一种独特的文化认同。

学习目标 1.4　能够解释自然选择的过程，并追溯人类物种的进化起源。

自然选择会导致物种变化，因为能适应环境的年轻一代是最有可能存活并繁衍后代的。人类起源于早期的原始人类，并发展出一些独有的特征，如更大的大脑、依赖时间更长、使用工具、对火的控制。智人首次出现在大约 20 万年前。

学习目标 1.5　能够总结旧石器时代晚期以来人类文化的主要变迁。

旧石器时代晚期（50000 年前—10000 年前）是人类文化在艺术和工具上首次有所区别的时期。在新石器时代（10000 年前—5000 年前），人类第一次培育了植物、驯化了动物。大约 5000 年前的第一批文明，其主要的标志性特征为文字、社会分工以及中央集权——国家的出现。

学习目标 1.6　能够将有关人类进化的信息应用于解释当今人类发展的方式。

人类是一个物种，自文化诞生以来，人类群体发展出各种各样的生活方式。我们出色的大脑使我们能够创造文化实践，从而使得我们能够生活在广泛的自然环境中。

第二节 人类发展理论

学习目标

1.7 能够对比三种有关人类毕生发展的古代思想。

1.8 能够总结弗洛伊德关于人类发展的性心理理论，并描述其主要局限性。

1.9 能够描述埃里克森关于人类发展的社会心理理论的八个阶段。

1.10 能够定义布朗芬布伦纳生态学理论的五个系统，并解释它与阶段论的不同之处。

1.11 能够概述建构本书的文化发展模式，并描述成人初显期这个新的生活阶段。

人类发展的古代思想

尽管人类发展是一门年轻的社会科学，但人们对一生中人类随着年龄的变化发展已经进行了长期的思考（Arnett，2017）。在这一节中，我们将探讨三种古老的人类发展思想，如**图 1.5** 所示。当你阅读这些思想时，请注意这三个思想都是由男性所编写，并且内容仅针对男性。女性在人类发展概念中的缺席反映了这样一个事实，即在历史上的大多数文化中，男性掌握着大部分权力，并经常将女性排除在宗教领导和哲学等产生人生阶段概念的领域之外。

三种传统的发展观

学习目标 1.7 能够对比三种有关人类毕生发展的古代思想。

最古老的生命历程思想来自印度教的神圣法典——《摩奴法典》(*Dharmashastras*)，大约在 3000 年前开始撰写（Kakar，1998；Rose，2004）。其中阐释了人的一生分为四个阶段，每个阶段持续约 25 年，理想寿命为 100 年。

1. 学徒（Apprentice），0—25 岁
2. 户主（Householder），26—50 岁
3. 隐居者（Forest dweller），51—75 岁
4. 断念者（Renunciant），75—100 岁

学徒阶段包括童年和青少年期。这是一个男孩依赖父母的阶段，随着他的成长，他学会了成年人生活所需的技能。

在户主阶段，年轻男子结婚，并掌管自己的家庭。从供养妻子和家庭，到

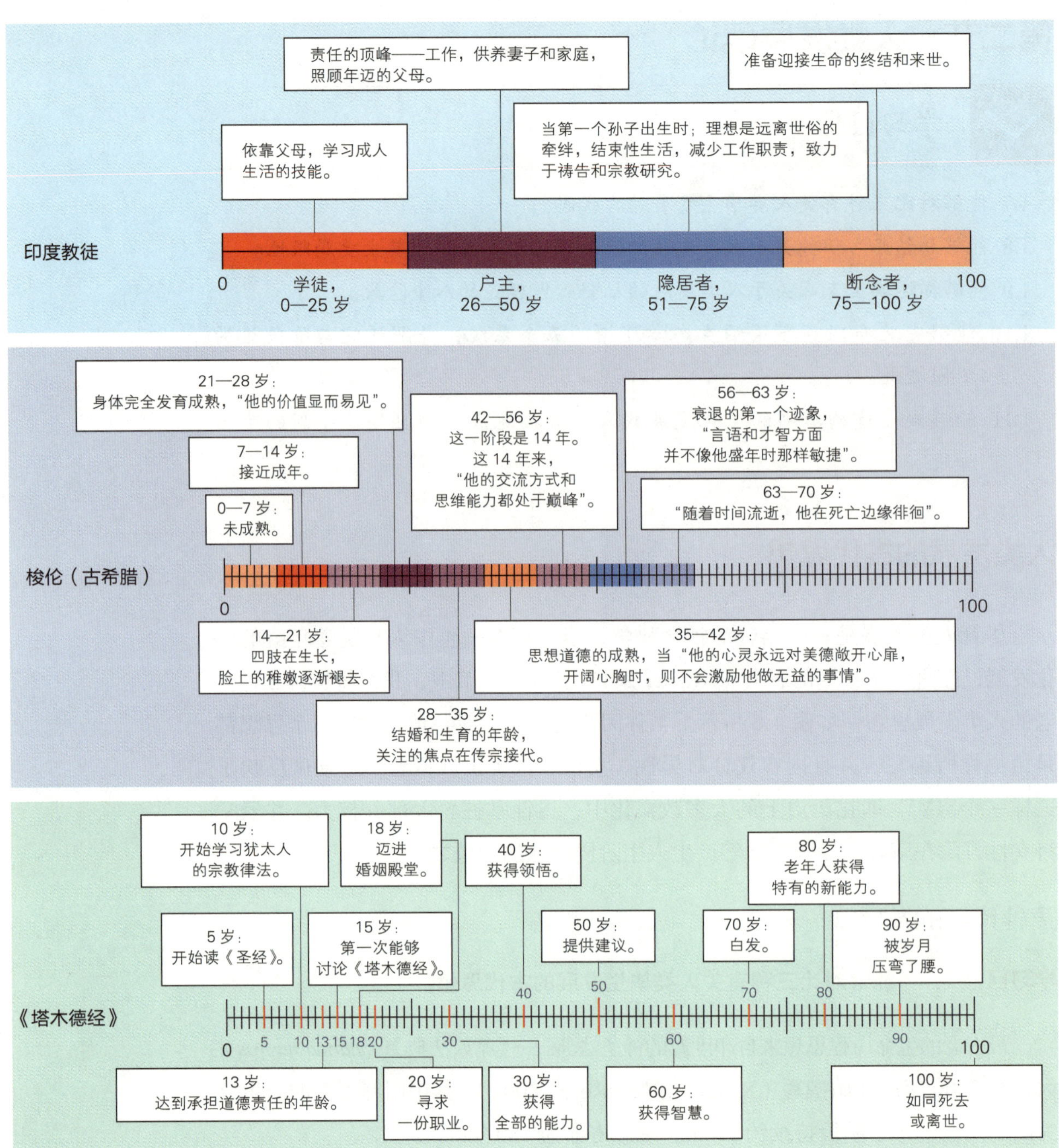

图 1.5　三种传统的人生阶段

照顾年迈的父母，再到从事生产性的工作，这个时期他需要承担许多责任。

第三阶段为隐居者阶段，是从第一个孙子出生开始。这一阶段的宗教理想是远离世俗，隐居在山林，致力于祈祷和宗教研究以及培养耐心和同情心。虽然很少有印度教徒真正地退居山林，但是那些留在社会中的印度教徒也应该开始远离世俗的牵绊。这意味着性生活的终止，工作职责的减少，并开始将家庭责任转交到儿子身上。

人生的最后阶段是断念者，断念者比隐居者更加懂得如何拒绝世俗的接触，这个阶段的生活目标只是准备迎接生命的终结和来世（印度教徒相信轮回转世）。当然，请记住，这个阶段始于 75 岁，这个年龄在几千年前《摩奴法典》编写时，很少有人能达到，直到现在，对于大多数达到这一年龄的人来说，他们也只能活过这个年龄的很短一段时间。

另一个生命阶段的思想是由约 2500 年前古希腊哲学家梭伦（Solon）提出的（Levinson，1978）。梭伦将生命周期从出生到 70 岁，共分为 10 个 7 年的阶段。

0—7 岁："未成熟"阶段。

7—14 岁：即将成年的迹象，"在萌芽状态"。

14—21 岁：他的肢体在生长，下巴"毛茸茸的"，脸上的稚嫩逐渐褪去。

21—28 岁：身体完全发育成熟，"他的价值显而易见"。

28—35 岁：结婚和生育的年龄，"他认为这是求爱的季节，他认为儿子可以延续他的血统"。

35—42 岁：思想道德的成熟，当"他的心灵永远对美德敞开心扉，开阔心胸时，则不会激励他做无益的事情"。

42—56 岁：这一阶段是 14 年。这 14 年来，"他的交流方式和思维能力都处于巅峰"。

56—63 岁：衰退的第一个迹象，"他是有能力的，但是在言语和才智方面并不像他盛年时那样敏捷"。

63—70 岁：生命的尽头。此时，"随着时间流逝，他在死亡边缘徘徊"（Levinson，1978，p. 326）。

关于生命历程的第三个古老思想来自犹太人的圣书《塔木德经》（*Talmud*），著于 1500 年前（Arnett，2017）。像《摩奴法典》（*Dharmashastras*）一样，《塔木德经》中所描述的人生历程可以持续到 100 岁，但年龄间隔较小。

5 岁是开始读《圣经》的年龄。

10 岁是开始学习犹太人宗教律法的年龄。

13 岁是承担道德责任的年龄。

15 岁是第一次能够讨论《塔木德经》的年龄。

18 岁是迈进婚姻殿堂的年龄。

20 岁是寻求职业的年龄。

30 岁是获得全部的能力的年龄。

根据《塔木德经》中描述的人生历程，13 岁是承担道德责任的年龄。

40 岁是获得领悟的年龄。

50 岁是给人提供建议的年龄。

60 岁是成为长者并获得智慧的年龄。

70 岁是满头白发的年龄。

80 岁是获得老年人特有的新能力的年龄。

90 岁是被岁月压弯了腰的年龄。

100 岁是如同死去或离世的年龄。

虽然以上三种关于人类发展的思想写于不同的地方和时代，但它们具有某些相似之处（Arnett，2017）。这些都是理想的思想，是我们一切顺利的情况下如何发展的写照：年轻时做好生活准备，成年后获得技能和专业知识，在中年达到影响力和地位的顶峰。这三种思想都将人生的最后阶段视为隐退和衰落的时期。

三种人类发展的古代思想之间的一个重要区别是，它们用不同的方式来划分生命周期，从《摩奴法典》的四个阶段到《塔木德经》中的十四个阶段。这都有力地提醒我们，人类的生命周期不能完全以生物学为基础划分得那么清晰、明确，不能像把昆虫划分为幼虫、茧和成虫那样。相反，人类发展的概念只能部分生物学化，比如世界各地的婴儿都不会走路或说话，世界各地的青少年都会经历青春期。要记住，我们还有文化和社会基础。

人类发展的科学观念

人类发展的科学研究出现的时间相对较短，只有大约 120 年的历史。在此期间，人类发展观有三种：性心理理论、社会心理理论和生态学理论。

弗洛伊德的性心理理论

学习目标 1.8　能够总结弗洛伊德关于人类发展的性心理理论，并描述其主要局限性。

人类发展的科学理论最早是由奥地利维也纳的医生西格蒙德·弗洛伊德（Sigmund Freud, 1856—1939）在 19 世纪末提出的（Breger，2000）。在对患有各种精神疾病的人的治疗工作中，他得出一个结论，那就是患者似乎在童年时期经历过某种创伤事件。这些创伤被埋藏在他们的潜意识中，或者被压抑到他们的潜意识当中。即使他们已经不记得了，这些创伤仍会继续影响他们的人格和精神功能。

为了解决他们的问题，弗洛伊德发展出第一种心理治疗方法，称为精神分析（psychoanalysis）。精神分析的目的是在精神分析学家的指导下，让患者讨论自己的梦境和童年经历，将患者被压抑的记忆从潜意识中带入意识。根据弗洛伊德的说法，只要能让被压抑的记忆有意识，就可以治愈患者。

性心理理论：弗洛伊德的性心理理论认为性欲是心理发展的驱动力。

作为精神分析学家，弗洛伊德的临床经验为**性心理理论**（psychosexual theory）的发展奠定了基础。他认为性欲是人类发展的驱动力。性欲起源于弗洛伊德心理学中，称为本我（id）的部分，遵循着快乐原则（pleasure principle），也就是说它不断地寻求即时的、不受约束的满足。然而，从孩童时期开始，成年人就会教导孩子培养一种良心或超我（superego），这种良心让孩子因不服从而产生罪恶感，从而限制了对欲望的满足。在超我发展的同时，介于本我和超我两者之间的自我也在发展。自我遵循现实原则（reality principle），使孩子能够在超我施加的约束下寻求满足。

弗洛伊德认为，成长过程中的每个重要瞬间都发生在童年时期。事实上，弗洛伊德认为 6 岁时人格已经趋于完整。虽然在弗洛伊德的理论中，性欲是人类一生发展的驱动力，但在早期发育过程中，性欲表现在不同的身体器官上。**表 1.2** 总结了弗洛伊德性心理理论的各个阶段。婴儿期为口唇期（oral stage），这一时期婴儿的性感觉主要集中于口腔，通过咬、吮吸以及咀嚼获得快感。下一个阶段，大约从一岁半开始，是肛门期（anal stage）。此时的性感觉集中在肛门，学步期的孩子在排便时获得快感，并对粪便感兴趣。在 3—6 岁的性器官时期（phallic stage），是弗洛伊德理论中最重要的阶段。这个阶段生殖器成为性敏感区，性满足来源于对异性父母的性幻想。弗洛伊德提出，所有的孩子都有恋母情结（oedipus complex），在这种情结中，他们渴望取代自己的同性父母，与异性父母亲近，就像著名的希腊神话中的俄狄浦斯一样。

表 1.2　弗洛伊德的性心理发展阶段

年龄阶段	性心理阶段	主要特征
婴儿期	口唇期	婴儿的性感觉主要集中于口腔；通过咬、吮吸以及咀嚼获得快感
学步期	肛门期	性感觉集中在肛门；对粪便感兴趣；在排便时获得快感
童年早期	性器官期	性感觉转移到生殖器；对异性父母的性欲望和对同性父母的恐惧
童年中期	潜伏期	压抑性欲望；专注于学习社交、提高智力技能和认知技能
青少年期	生殖期	性冲动再次出现，指向家庭以外的人

根据弗洛伊德的理论，当孩子对异性父母产生乱伦的欲望，由于害怕受到惩罚，他们会压抑欲望，转而认同同性父母并努力变得与他们更加相似。由此而来，俄狄浦斯情结就会消除。经历以上过程后，他们则会开启性心理发展的第四阶段，即潜伏期（latency stage），从 6 岁持续到青少年期。在此期间，他们会压抑性欲，并专注于学习社交、提高智力技能和认知技能。

弗洛伊德理论的第五个也是最后一个阶段，是从青少年期开始的生殖期（genital stage）。这一时期性冲动再次出现，但这次是以超我认可的方式，指向家庭以外的人。

从我们今天的角度来看，很容易发现性心理理论中存在的漏洞（Breger，2000）。性当然是人类发展的重要组成部分，但人类的行为是复杂的，不能归结为单一动机。此外，尽管弗洛伊德的理论强调生命的前 6 年至关重要，但他从未研究过儿童。他对童年的看法是基于来找他做精神分析的患者的回溯性分析，这些患者主要是维也纳上流社会的妇女。然而，具有讽刺意味的是，他的性心理理论强调男孩的发展，而实际上忽略了女孩。尽管如此，弗洛伊德的性心理理论仍然是 20 世纪上半叶心理学的主流观点（Robins et al.，1999）。如今，人们在研究心理学时，很少会坚持弗洛伊德的性心理理论，即便对精神分析学家来说也是如此（Grunbaum，2006）。

埃里克森的社会心理理论

学习目标 1.9　能够描述埃里克森关于人类发展的社会心理理论的八个阶段。

尽管弗洛伊德的理论在心理学领域占据主导地位长达半个多世纪，但从一开始，就有许多人反对过分强调性驱力作为一切发展的基础这一理论。埃里克·埃里克森（Erik Erikson，1902—1994）就是其中之一。虽然他在维也纳被培训成为一名弗洛伊德学派中的精神分析学家，但他对弗洛伊德的性心理理论的有效性表示怀疑。埃里克森提出了一种发展理论，与弗洛伊德的理论有两个重要区别，这就是**社会心理理论（psychosocial theory）**。首先，这是一种社会心理理论，其发展背后的驱动力不是性，而是融入社会和文化环境的需要。其次，埃里克森将发展视为贯穿整个生命周期的连续过程，而不是像弗洛伊德的理论那样仅仅由最初那几年来决定。

社会心理理论：埃里克森的理论，认为人类的发展是由融入社会和文化环境的需要所驱动的。

埃里克·埃里克森是第一个提出人类发展生命周期理论的人。

埃里克森（1950）提出了一系列关于发展的八阶段理论，如**图 1.6** 所示。每个阶段都有个人必须解决的特定的发展挑战或“危机”，成功地解决危机可以为个人向下一个阶段发展做好准备。然而，如果某一阶段的危机没有解决好，则进入下一阶段会伴随同样不能成功解决危机的高风险，因为前一阶段的危机都没成功解决。无论好坏，各个阶段是相互影响的。

第一个阶段，在婴儿期，发展挑战是“信任与不信任”（trust versus mistrust）。如果婴儿得到爱护和照顾，会对周围环境产生一种信任感，认为世界是一个美好的地方，不需要害怕。如果在婴儿时期没有得到很好的爱护，婴儿便会不信任他人，怀疑生活是否有价值。

第二阶段，在学步期，发展挑战是“自主与羞耻和疑虑”（autonomy versus shame and doubt）。在此阶段，儿童发展出与他人不同的自我意识。如果给孩子一些选择的空间，就会出现一种健康的自主感。但是如果过分地约束或惩罚，孩子就会感到羞耻，对自己的能力有所怀疑。

第三阶段，在童年早期，发展挑战是“主动与内疚”（initiative versus guilt）。在这个阶段，孩子能够有目的地计划活动。在这种新能力的鼓励下，主动性会发展起来，但是如果孩子受到挫折和严厉的对待，那么就会出现内疚感。

第四阶段，在童年中期，发展挑战是“勤奋与自卑”（industry versus inferiority）。在这个阶段，孩子们扩大了自己的社交范围，并开始学习他们所需的文化知识和技能。如果一个孩子受到良好的鼓励和教育，就会产生勤奋感，包括对学习的热情和对掌握所需技能的信心。反之，就会产生自卑感。

第五阶段，在青少年期，伴随着“自我同一性与自我同一性混乱”（identity versus identity confusion）的发展挑战。这一时期青少年必须认识到他们是谁，他们的能力是什么，以及他们在文化中占据的位置。对于那些无法做到这一点的人来说，可能会导致自我同一性混乱。

第六阶段，“亲密与孤独”（intimacy versus isolation）的发展挑战，发生在成年早期。在这个阶段，年轻人面临的挑战是通过建立一段忠诚的亲密关系（通常是婚姻）来形成新的身份。那些无法或不愿让自己受伤害的人最终会被孤立起来，没有亲密关系。

第七阶段，也就是成年中期，发展挑战是“繁殖与停滞”（generativity versus stagnation）。成年中期的人关注的是如何通过为他人提供照顾和关怀，促进后代的健康成长。反之，只专注自己最终会处于一种停滞状态。

婴儿期：信任与不信任
主要的发展挑战是与可信赖的看护人建立联系。

青少年期：自我同一性与自我同一性混乱
主要的发展挑战是建立安全、一致的自我认同感。

学步期：自主与羞耻和疑虑
主要的发展挑战是培养一种健康的且有别于他人的自我意识。

成年早期：亲密与孤独
主要的发展挑战是建立忠诚的长期恋爱关系。

童年早期：主动与内疚
主要的发展挑战是有目的地开展活动。

成年中期：繁殖与停滞
主要的发展挑战是关爱他人及促进后代健康成长。

童年中期：勤奋与自卑
主要的发展挑战是开始学习文化知识和技能。

老年期：自我整合与绝望
主要的发展挑战是评估人生，接受人生的本来面目。

图 1.6 埃里克森社会心理发展理论的八个阶段

最后，第八阶段，老年期，发展挑战是“自我整合与绝望”（ego integrity versus despair）。这是一个回顾和反思自己生活经历的阶段。能够接受生活所提供的一切，无论其好与坏，并得出结论认为生活过得不错的人，可以被认为是具有自我完整性的人。若达不到这个目的，就会厌恶人生，对此绝望。

埃里克森的社会心理理论比弗洛伊德的性心理理论更具有说服力。如今，几乎所有研究人类发展的研究人员都赞同这个观点，即发展是终身的，生命的各个阶段都会发生重要变化（Baltes，2006；Jensen，2015；Lerner，2006；Lerner et al.，2013）。同样，当今几乎所有研究人类发展的研究者都认同埃里克森的观点：重视社会和文化基础对发展的影响。然而，埃里克森提出的所有人生阶段并非都是有效的或有价值的。正是他关于青春期自我同一性和成年中期繁殖感的观点激发了研究人员的极大兴趣和关注（Clark，2010）。我们将在接下来的章节中研究这些想法以及它们所激发的研究。

> **批判性思考题：**根据你自己的经验，你认为哪种人类发展理论更有效，是埃里克森的理论还是弗洛伊德的理论？

布朗芬布伦纳的生态学理论

学习目标 1.10　能够定义布朗芬布伦纳生态学理论的五个系统，并解释它与阶段论的不同之处。

生态学理论：布朗芬布伦纳的理论认为，人类发展是由社会环境中 5 个相互关联的系统构成的。

布朗芬布伦纳的**生态学理论（ecological theory）**是关于人类发展的新理论之一（Bronfenbrenner，1980，1998，2000，2005）。与弗洛伊德和埃里克森提出的理论不同，布朗芬布伦纳的理论并不是人类发展的阶段论，他的理论侧重于强调社会环境对塑造人类发展的多重影响。

布朗芬布伦纳理论的提出是由于他认为发展心理学领域太过强调直接环境，特别是母子关系。布朗芬布伦纳承认，直接环境固然很重要，但在儿童的成长过程中，环境的作用远不止于此。布朗芬布伦纳的理论旨在提醒人们注意在成长过程中所经历的更广泛的文化环境，以及不同层次之间的社会环境相互作用的方式。在后来的著作中，布朗芬布伦纳在其框架中增加了生物学方面的内容，现在有时被称为生物生态学理论（bioecological theory），但该理论的独特贡献仍然是其对社会环境的描述（Bronfenbrenner，2000，2005；Bronfenbrenner & Morris，1998）。

布朗芬布伦纳认为，有五个关键层面或系统在人类发展中发挥着作用，如**图 1.7** 所示。

1. 微系统（microsystem）是直接环境的术语，即人们体验日常生活的环境。在大多数文化中，微系统包括与父母、兄弟姐妹的关系，或许还包括与大家庭的关系；与同龄人和朋友的关系；与老师的关系；以及与其他成年人（如教练、宗教领袖和雇主）的关系。布朗芬布伦纳强调，孩子是微系统中的活性剂。例如，孩子受到父母的影响，但是孩子的行为也影响父母；孩子会受到朋友的影响，但他们也会选择与谁交朋友。微系统是大多数发展心理学研究的重点。然而，当今大多数发展心理学家使用“情境”而不是微系统来指代直接环境背景和关系。

2. 中间系统（mesosystem）是各种微系统之间的互联网络。例如，受到父母虐待的儿童可能难以处理与老师之间的关系；或者，如果一个雇主要求成年人延

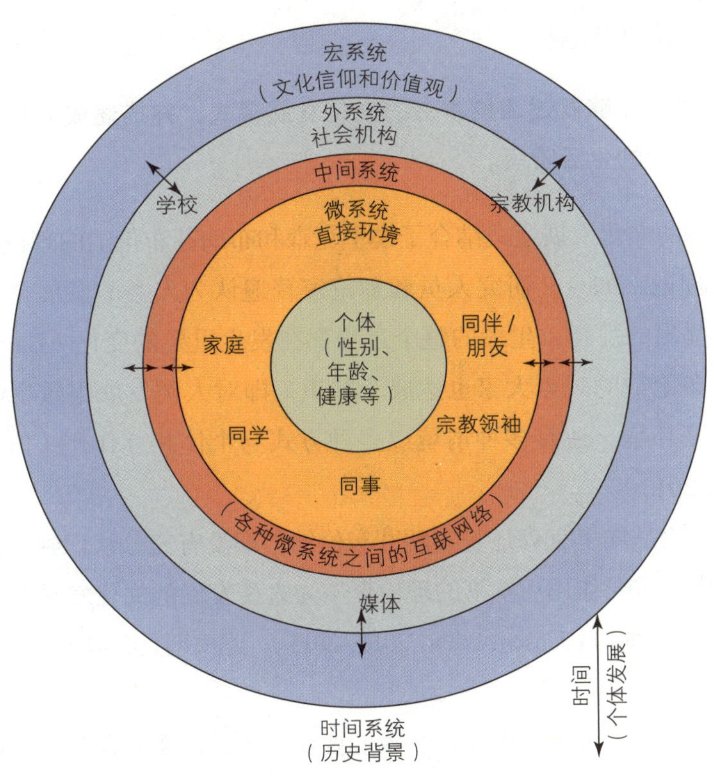

图 1.7　布朗芬布伦纳生态学理论中的系统

长其工作时间，则该成年人与家庭成员的关系可能会受到影响。

3. 外系统（exosystem）是指对发展具有间接和重要影响的社会机构。按照布朗芬布伦纳的理论，这些机构包括学校、宗教机构和媒体。例如，在韩国等亚洲国家，进入大学的竞争非常激烈，主要取决于青少年在高中毕业时参加国家考试的成绩；因此，高中是一个学业压力极大的时期。

4. 宏系统（macrosystem）是指广泛的文化信仰和价值观体系，以及建立在这些信仰和价值观之上的经济和政府体系。在大多数发达国家，对个人自由价值的信仰反映在自由市场经济体制和代议制民主的政府体制中。这些宏系统构成了个体从童年到成年的发展基础。

5. 时间系统（chronosystem）是指在发展环境中随着时间的推移而发生的变化，体现在个人发展和历史变化上。例如，关于个人发展，15 岁失业与 45 岁失业是两种不同的体验。就历史变化而言，与半个世纪前相比，当今许多国家向年轻妇女开放的职业机会要多得多。

布朗芬布伦纳的生态学理论中有许多特点，对本书的研究方法具有重要的指导意义。正如我们在本书中将要看到的那样，该理论认识到历史背景对人类发展的影响。布朗芬布伦纳还强调，儿童和青少年是其发展的积极参与者，而不仅仅是外部影响的被动接受者，这一点也将在本书中被反复提到。

本书的文化发展模型

学习目标 1.11　能够概述建构本书的文化发展模式，并描述成人初显期这个新的生活阶段。

本书建构的文化发展模式结合了埃里克森和布朗芬布伦纳的理论要素，并超越了这两种理论。如今，研究人员和理论家普遍认为人类的发展是终身的，正如埃里克森提出的那样，生命的整个过程都在发生重要的变化（Baltes，2006）。关于布朗芬布伦纳的观点大家也达成了共识，即对人类发展很重要的因素不只是直接的家庭环境，还有多种情境以多种方式与个体相互作用（Lerner，2006；Lerner et al.，2013）。

然而，无论是埃里克森还是布朗芬布伦纳，都没有充分认识到文化在塑造人类一生发展中的重要作用。本书的理论框架为人类发展的**文化发展模型（cultural-developmental model）**（Jensen，2008，2011，2015）。此模型具有以下三个基本特征。

文化发展模型：一个理解人类发展的模型，包括三个原则：①人类总是在一种文化中发展；②为了全面理解人类发展，有必要研究不同文化中的人；③当今世界各地的人们文化身份变得更加复杂。

1. 人类总是在一种文化中发展。我们要认识到，从婴儿期到老年期的整个生命过程中，人们都生活在文化社会中。人们在其中不断与传播文化信仰、技能和知识的人进行交流和协商。在发展过程中，人们学习并回应其文化方式，成为塑造未来文化的参与者。人类发展的生物学基础在许多方面都很重要，但文化决定了我们学到了什么，我们渴望成为什么，以及我们如何看待自己与世界的关系。

2. 研究不同文化下的人类发展是非常有必要的。根据文化发展模型，要想全面理解人类发展，就需要用跨文化的视角来进行研究。因为我们是一个文化物种，并且发展出许多不同的生活方式。心理学和社会学等人类科学的大部分研究都发生在富裕国家，因为这些国家拥有更多的研究经费（Arnett，2008）。然而，随着心理学和社会学的研究日益国际化，人类学已经开展了持续一个多世纪的文化多样性研究。文化发展模式需要借鉴整个生命周期中的各种文化实例，来强调不同文化背景下个体发展的不同方式。

3. 当今文化瞬息万变，对许多人来说，文化身份变得更加复杂。文化发展模式还强调，在当今全球化的世界中，文化变化会非常迅速。尤其是在发展中国家，文化变化发生得如此之快，以至于当今的孩子们可能会经历与其父母或祖父母截然不同的文化生活。例如，在中国，直到大约 40 年前，大多数人像他们的祖先一样都在农村的小农场工作，但今天这些村民的许多儿女都生活在大城市，在工厂里工作或者去上大学（Arnett & Zhong，2014）。

此外，由于世界范围内移民数量的增加，如今个人认同多种文化的情况并不少见。让我们用一个小的家庭故事来说明这一点。2005 年，我们带着 6 岁的双胞胎从美国搬到丹麦度假。在此期间，我们也去了哥本哈根，我们发现了一家不错的印度餐厅。点完菜后，我们用丹麦语和英语互相交谈着，这时服务员慢悠悠地走到我们的桌子旁边，他面带微笑地用英语问道："你们是哪里人？"我们的儿子迈尔斯解释说，他的母亲是丹麦人，父亲是美国人。服务员回答说："哦，所以你有一半丹麦血统，一半美国血统。"迈尔斯立刻反驳道："哦，不，我是100% 的丹麦人，也是 100% 的美国人。"这当然并不是一个数学错误（他的朋友都称他为"人类计算器"），而是对文化的一种热情的肯定，因为他不认为自己是任何事物的一半，而是拥有两种文化的整体。

在本书中，人类发展的阶段将被划分为如下几个阶段：

- 胎儿发育期，从怀孕到出生
- 婴儿期，从出生到 12 个月
- 学步期，12—36 个月
- 童年早期，3—6 岁
- 童年中期，6—9 岁
- 青少年期
- 成人初显期
- 成年早期
- 成年中期
- 老年期

除了成人初显期之外，你可能对其他阶段的术语都很熟悉。**成人初显期（emerging adulthood）**是介于青少年期和成年早期之间的一个新的人生阶段，近几十年来主要发生在发达国家（Amett，2011，2014，2015）。这一新生活阶段的兴起反映了这样一个事实，即大多数发达国家的人到 20 多岁还会继续接受教育，并在 20 多岁或 30 岁出头开始结婚生子，而不是像半个世纪前那样在 20 岁或 20 岁出头时这么做（Schwartz，2016；Syed，2015）。成人初显期是一个人生阶段，在这个阶段，大多数人不再像在童年期和青少年期那样依赖父母，但也不能像成人那样承担婚姻和工作中的责任。这种新的生活阶段主要存在于发达国家，因为对发展中国家的大多数人来说，青少年期之后则不再继续接受教育，结婚生子开始于青少年晚期或 20 岁出头（Arnett，2015）。然而，成人初显期在发展中国家正变得越来越普遍（Jensen et al.，2012）。

成人初显期：主要存在于发达国家，介于青少年期和成年早期之间，人们逐渐在爱情和工作中承担起成年人的责任。

人生早期阶段的年龄划分很明确，但后期阶段的年龄范围则变得更加模棱多变。青少年期始于青春期的最初征兆早到 9—10 岁，晚到 15—16 岁，这取决于文化环境。成人初显期存在于某些文化中，而在其他文化中则不存在。因此，年轻人可能早在十几岁或晚至 30 岁出头就开始承担诸如婚姻和工作的责任。成

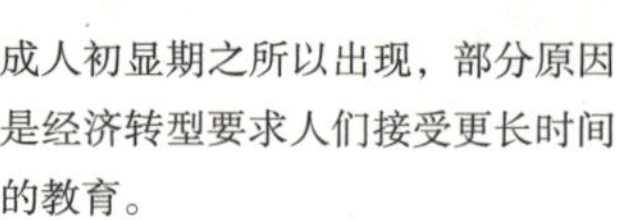

年中期和老年期的年龄划分也是不断变化的，主要取决于特定文化中的预期寿命。

这些阶段都是将人类发展概念化的有效方式，因为这可以使我们关注各个年龄段的独特特征，有助于我们了解人类如何随着时间的推移而发生变化。人类的生命阶段是文化的发明创造，具有文化差异，不具有普遍性和生物基础（Arnett，2017）。另外，请记住，在大多数情况下，两个阶段之间没有明显的断裂。例如，学步期和童年时期在许多重要方面都不同，但34个月大的婴儿与37个月大的婴儿并没有明显的不同。36个月大的时候没有什么神奇或戏剧性的事情发生，来标志着一个阶段的结束和下一个阶段的开始。同样，在特定年龄段也没有确定的事件可以标志着成年早期的结束和成年中期的开始。换句话说，人类发展的学者通常认为发展是连续的而不是非连续的（Baltes，2006）。

成人初显期之所以出现，部分原因是经济转型要求人们接受更长时间的教育。

小结：人类发展理论

学习目标 1.7 能够对比三种有关人类毕生发展的古代思想。

几千年前，印度教、希腊文化和犹太文化提出了生命周期的阶段概念。印度教中的概念分为四个阶段，希腊文化分为十个阶段，犹太文化则分为十四个阶段。这三种思想都只涉及男性而忽略了女性的发展。这三种古老的思想都是理想化的，因为它们都认为每个人都会生活得很好，并且持续到老年。所有思想都将青年视为准备和不成熟的时期，将成年阶段视为担负重大责任和成就卓越的时期，将人生的最后阶段视为迎接死亡的时期。

学习目标 1.8 能够总结弗洛伊德关于人类发展的性心理理论，并描述其主要局限性。

弗洛伊德的性心理发展理论强调性欲是人类行为的主要驱动力。他提出了性心理发展的五个阶段——口唇期、肛门期、性器官期、潜伏期和生殖期——但他认为早期阶段至关重要，而后期发展的大部分是由人生的前六年决定的。

学习目标 1.9 能够描述埃里克森关于人类发展的社会心理理论的八个阶段。

埃里克森提出了人类发展的社会心理理论，该理论强调社会和文化对人类发展的影响，并提出人类整个生命周期都会发生重要的变化。在他的八阶段理论中，每个阶段都有一个独特的“危机”，有两种解决方案，一种是健康的，另一种则是不健康的解决方法。

学习目标 1.10 能够定义布朗芬布伦纳生态学理论的五个系统，并解释它与阶段论的不同之处。

布朗芬布伦纳的生态学理论强调了五种不同的系统在人类发展过程中的相互作用：微系统、中间系统、外系统、宏系统和时间系统。该理论并不属于阶段论，而是侧重于强调社会环境对塑造人类发展的多重影响。

学习目标 1.11　**能够概述建构本书的文化发展模式，并描述成人初显期这个新的生活阶段。**

文化发展模型包括三个原则：①人类总是在一种文化中发展。②研究不同文化下的人类发展是非常有必要的。③当今世界各地的文化身份变得更加复杂。在本书中，生命周期分为十个阶段，从孕期发育到老年期。大多数阶段发生在所有文化中，但成人初显期是介于青少年期和成年早期之间的一个新的人生阶段，主要发生在发达国家，但在发展中国家这种现象越来越普遍。在成人初显期，大多数人不再那么依赖父母，但也不能像成人那样承担婚姻和工作中的责任。

第三节 如何研究人类发展

学习目标

1.12 回顾科学方法的五个步骤。

1.13 能够总结人类发展研究中的主要测量方法。

1.14 能够区分不同类型的研究设计，包括人类发展研究中的两种主要类型。

1.15 能够确定人类发展研究的一些关键道德标准。

科学方法

人类发展领域是以科学研究为基础的，了解本书所提出的研究，重要的是要知道研究中包含的基本要素。在本节中，我们首先来看看科学方法的五个基本步骤。

科学方法的五个步骤

学习目标 1.12　回顾科学方法的五个步骤。

科学方法：科学研究的过程，包括确定研究问题、形成研究假设、选择测量方法和制订研究设计方案、收集和分析数据、得出结论这一系列步骤。

科学方法（scientific method）包括五个基本步骤：①确定研究问题；②形成研究假设；③选择测量方法，制订研究设计方案；④收集数据以检验假设；⑤得出结论并发现新问题、形成新的研究假设。**图 1.8** 总结了这些步骤。

步骤 1：明确一个有科学价值的研究问题。所有的科学研究都始于研究问题（Machado & Silva，2007）。研究人员需要用科学方法找到问题的答案，例如，在人类发展研究中，研究问题可能是“母乳喂养的婴儿在身体和社会性发展上与奶

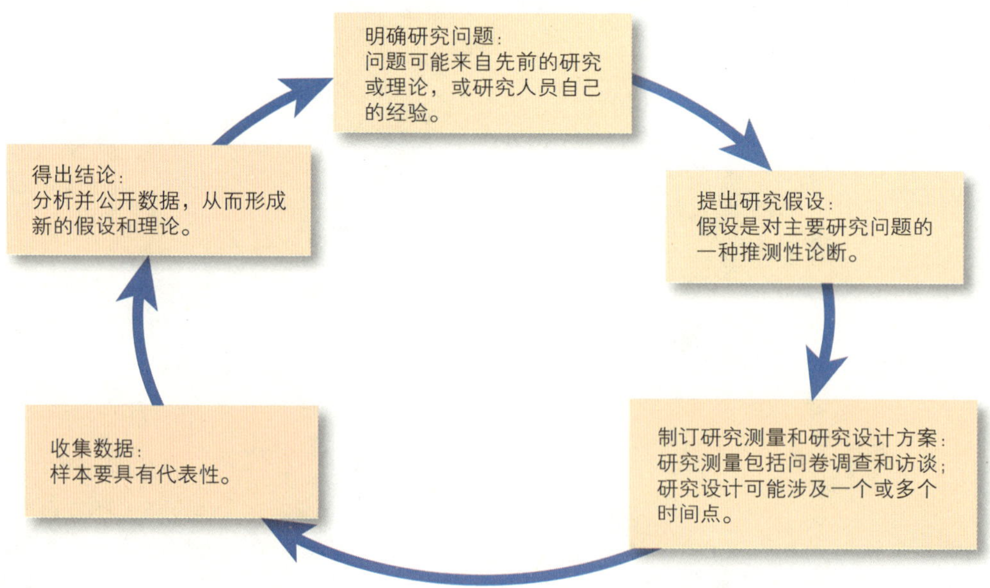

图 1.8　科学方法的基本步骤

瓶喂养的婴儿有何不同？”或“处于青春期的男孩女孩玩电子游戏的动机相似吗？”或者“成年后期影响身心健康最重要的决定因素是什么？”有价值的研究问题既可能通过梳理先前理论和研究成果而得出，也可能来源于个人观察和经历。

步骤 2：形成研究假设。为了得到答案，研究者会提出一个或多个假设。**假设**（hypothesis）是研究人员对所研究的问题做出的一种推测性论断。比如，就上述的青少年玩电子游戏的问题，研究者可能会假设“处于青春期的男孩女孩玩电子游戏的动机相似，或者男孩通过玩电子游戏来发泄愤怒的情绪”，接下来，研究者会制订研究设计方案来验证这一假设。研究问题和假设都至关重要，因为它们会影响研究测量、研究设计、样本选取、数据分析以及数据解释。

假设：研究人员对所研究的问题做出的一种推测性论断。

步骤 3：选择测量方法，制订研究设计方案。提出假设后，研究者就需选择一种测量方法并制订研究设计方案（Salkind，2016）。**研究测量**（research measurement）是收集数据的方法。人类发展研究领域中常见的测量方法有问卷调查法、访谈法和观察法。**研究设计**（research design）是为收集数据的时间、地点、对象而制订的总体计划，例如，决定是在一个时间点还是多个时间点收集数据。后面会详细展开说明。

研究测量：收集数据的方法。

研究设计：为研究收集数据的时间、地点、对象而制订的总体计划。

步骤 4：收集数据以检验研究假设。完成以上三个步骤后，研究人员就需确定**样本**（sample），即参与研究的群体。样本需要具有代表性，也就是说样本能够代表**总体**（population）的全部特征。例如青少年玩电子游戏的动机的例子，所有青少年是总体，而参与这项研究的青少年则是样本。

样本：科学研究中收集数据人群的子集。

总体：在研究中，接受调查的全部群体并从中选择样本。

我们的目标是寻找一个能代表相关人群的样本（Cozby & Bates，2015）。继续我们的示例，如果感兴趣的人群通常是青少年，则最好通过学校或电话调查从社区随机选择住户进行抽样。另外，如果研究人员对热衷于电子游戏的青少年玩电子游戏的动机感兴趣，那么游戏室才是寻找样本的好地方。这取决于研究人员要调查的总体和期望解决的问题。样本应该具有代表性和普遍性，这样才能将来自样本的研究结果推广到总体。换句话说，从样本得出的研究结果不仅代表样本本身，还需能够应用到样本想要代表的更大范围的群体中。

过程：逐步进行研究和收集数据的方式。

研究**过程**（procedure）按照循序渐进的方式进行。在收集数据之前，研究人员必须征得被调查者的同意且不得带有偏见。例如，在访谈或问卷调查的过程中，他们必须小心解释问题，以免诱导被调查者说出期望的答案。

如果在游戏大会上找到了样本，那么代表的是什么总体？

步骤 5：得出结论并发现新问题、形成新假设。收集完数据后，则需进行统计分析，以检验数据不同部分之间的关系。通常，数据分析由假设来决定。例如，研究人员假设“处于青春期的男孩女孩玩电子游戏的动机相似，或者男孩通过玩电子游戏来发泄愤怒的情绪”，然后对不同性别的孩子玩电子游戏的动机进行比较并确认动机是否与发泄愤怒有关，最后通过统计分析来检验假设。接下来就是解释数据。当科学家把他们的研究结果发表在科学杂志上时，他们会根据相关理论和先前的发现来解释研究结果。

研究人员通常会写一篇文章来描述研究方法、数据分析的结果以及对结果的解释，然后将稿件交给专业期刊杂志社，编辑再将稿件发送给其他研究人员审议，也就是通过**同行评议**（peer reviewed）保证其科学性、可信性和对某个领域所做贡献的重要程度。编辑根据同行评议的结果决定能否发表，如果稿件通过同行评议，那么则可以刊登在期刊上。除了研究型论文外，大多数期刊也发表理论型文章以及整合其他研究成果的综述性文章。研究人类发展的学者还通过同行评议将他们的调查结果集合成图书出版。

同行评议：在科学研究中，邀请其他研究学者审阅稿件，判断其研究价值、发表价值的制度。

研究结果会引发理论的发展或修正。好的**理论**（theory）是一个框架，它以一种新颖的方式呈现出一套相互关联的思想，并有助于进一步深入研究。理论和研究有着内在联系，理论产生了需要在研究中进行检验的假设，而研究则促进理论的完善，从而催生新的假设和进一步的研究。

理论：是一个框架，它以一种新颖的方式呈现出一套相互关联的思想，并有助于进一步深入研究。

本书没有一个关于理论的单独章节，因为理论与研究相辅相成。此外，早期的人类发展研究被一些关键理论和研究问题所主导，并取得了长足的进步。接下来的章节将介绍理论和所涉及的研究以及深入研究提出的问题。

研究测量、设计和研究伦理

尽管所有的人类发展研究者都遵循某种形式的科学方法，但仍有许多调查研究问题和收集数据的方法。接下来，我们将回顾在人类发展领域中使用的主要研究测量方法和研究设计类型。最后，我们将重点放在研究人员所遵循的伦理准则上。

研究测量

学习目标 1.13　能够总结人类发展研究中的主要测量方法。

人类发展研究遍布一系列学科领域，包括心理学、社会学、人类学、教育学、社会工作、家庭研究以及医学。每种测量方法都有其优缺点，我们将介绍用于人类发展研究的主要测量方法以及信度、效度。

问卷调查。在社会科学研究中，最常用的测量方法是**问卷调查**（questionnaire）（Salkind，2016）。问卷通常采用封闭式问题（closed question），被调查者只需从提供的答案中选择即可（Shaughnessy et al.，2011）。有时也会设置开放式问题（open question），即被调查者根据问题陈述自己的看法。封闭式问题的优点是，通过相同的选项回答相同的问题，可以在较短的时间里收集并分析大量数据。因

问卷调查：一般为书面问题，被调查者通常从研究人员提供的答案中选择。

此封闭式问题常用于大规模样本量的调查。

尽管问卷调查是研究人类发展常用的测量方法之一，但其也有自身的局限性（Arnett，2005）。当我们使用封闭式问题时，被调查者必须从我们提供的指定选项中做出回答。研究人员试图涵盖那些看起来最可信、最可能发生的答案，但仅仅通过一些简短的选项，是不可能公平地评价人类经验的纵深性和多样性的。例如，如果问卷中有这样一项，“你和你配偶的关系有多亲近？ A. 非常亲近；B. 比较亲近；C. 不是很亲近；D. 一点也不亲近”。选择“非常亲近”的人确实比选择“一点也不亲近”的人更加亲近他们的婚姻伴侣，但是仅仅凭借这一点，还不能说明婚姻关系的复杂性。

访谈。访谈（interview）的目的是弥补问卷中的不足，从而获取更有个性、更深层面的信息。在访谈中，被调查者可以用自己的语言表述他们的答案，使得描述具有独特性和丰富性。访谈能使研究人员较为全面地了解被调查者，以及他们生活的各个部分是如何交织在一起的。例如，关于青少年的家庭关系的访谈中，可能会反映出青少年与母亲的关系是如何影响他和父亲的关系，以及失业、心理问题、医疗问题、药物滥用等特殊事件对家庭关系的影响。

访谈：被调查者通常可以自由地提供他们自己的答案。

访谈提供**定性**（qualitative）数据资料，而不是**定量**（quantitative）数据资料（数值），定性数据资料知识性和趣味性并存。定性数据是非数值的，不仅包括访谈信息，还包括来自其他非数值方法的数据，例如描述性观察、影像记录。然而，与问卷调查一样，访谈也有自身的局限性（Shaughnessy et al.，2011）。由于访谈不像问卷那样，提供指定的答案，因此必须根据分类对访谈提纲进行编码。例如，如果你问一个年轻人“你认为成年的标志是什么”，可能会得到一系列有趣的答案，如“年满 18 岁”“有了第一个孩子”或“独立做决定”。但是想让这些数据变得有意义且以一种科学的形式呈现出来，你必须对其进行某种程度上的编码分类——法律标记、社会标记、性格品质以及生理特征等。只有这样，你才能分析出样本的反应模式。对获取的数据进行编码需要花费时间、精力和金钱，这也是访谈不被经常使用的原因之一。

定性数据：收集到的非数值型数据。

定量数据：收集到的数值型数据。

观察法：通过视频或书面记录观察和记录人们的行为。

观察法。研究人员了解人类发展的另一种方式就是**观察法**（observations），可用于观察人的行为举止并通过录像或书面的方式进行记录。自然观察法（naturalistic observations）是指在自然环境中观察。例如，对儿童攻击性行为的研究可能在学校的操场进行观察。而结构化观察法（structured observations）则发生在实验室里。

访谈通常会提供丰富的数据。你认为被访谈者可能会受到访谈者哪些方面的影响？

相比问卷调查和访谈法，观察法更侧重于实际行为而不是自我报告，因此它有其自身的优势。那些自我报告自己行为的人可能并不总是正确地记住或理解自己的动机。此外，研究人员甚至可以观察胎儿期、婴儿期和学步期的行为，而问卷和访谈只能用于能够进行口头或书面表达的孩子。然而观察法的缺点是，被观察者可能因为知道被观察而有意识地改变自己的行为，从而造成结果偏差。例如，在实验室情境中观察父母对孩子的态度要比他们在家时更有耐心。人们的社交行为也适用于问卷调查和访谈，大家更倾向于表现社会认同的行为，而规避一些不良行为（Bou Malham & Saucier，2016）。

生物测量：包括基因、激素和大脑活动的测量。

生物测量。生物变化是人类发展的核心部分，因此研究包括**生物测量法**（biological measurements）。这包括发育的基础研究、激素功能研究以及大脑的功能研究。遗传学研究越来越多地涉及直接检测基因的化学结构。对脑功能的研究常常涉及不同行为进行期间脑活动的测量，比如解决一个数学题。脑电图（electroencephalogram）被广泛使用，用以测量大脑皮层下的电活动（人类大脑中最特殊的部分，我们将在下一章中介绍）。每当一个突触被触发时，就会释放出一股微弱的电流，这使得研究人员能够测量大脑皮层的整体活动和特定部分的激活。另一种常见的方法是功能性磁共振成像（functional magnetic resonance imaging），它要求被调查者躺在一台机器里，该机器利用磁场记录大脑在受到不同类型的模拟（例如音乐）时血液流动和供氧变化。与脑电图不同的是，功能性磁共振成像可以检测大脑任何部位的活动，而不仅仅是大脑皮层。

生物测量可以提供许多关于人类生物功能方面的精确信息，这使得研究人员可以探索生物发育与认知、社会以及情绪之间的关系。然而，生物测量需要配备昂贵的设备。虽然生物测量是准确的，但它们与其他功能之间的联系常常并不明确。例如，如果某种激素水平与攻击性行为呈现正相关，那么就有可能是这种激素引发了攻击性行为，也可能是攻击性行为促使激素水平上升。在大脑研究中，通过检测大脑的电信号或记录大脑在进行不同活动时的图像，可以获取数据，但是这些数据却很难解释（Schwartz et al.，2016）。

信度：在科学研究中不同情况下测量结果的一致性。

信度和效度。在科学研究中，信度和效度十分重要。**信度（reliability）**有多种类型，但通常指测量产生一致结果的程度（Salkind，2016）。例如，某一问卷要求就读高三的女生回忆月经初潮的时间，如果大多数女孩第一次的回答与六个月后的回答一致，那么该调查问卷则被认为是可信的（这被称为重测信度）。又如，两个不同的观察者对某种行为是否具有攻击性进行观察并编码分类，如果二者始终采用相同的分类方式，编码则是可信的（这被称为评判间信度）。

效度：在科学研究中某种测量方法能够测量出所测量事物的程度。

效度（validity）是指测量的真实性（Shaughnessy et al.，2011）。如果测量的结果正是想要考察的内容，则是有效的。例如，智商测试通常被用来检测智力，但是正如在第七章将要看到的那样，这种说法是有争议的。批判者声称智力测量是无效的（它们根本测不出其宣称能够测量的内容）。

正如信度一样，效度也有很多类型。在跨文化的人类发展研究中，**生态效**

度（ecological validity）至关重要。如果测量方法与被研究人员的日常生活之间存在契合度，则该测量方法是具有生态效度的。例如，在一些文化中，与陌生人进行一对一的访谈很常见，而在另一些文化中却不常见（Briggs，2003）。如果一种测量方法不能合理地适用于不同文化背景的被调查者，则它不能为这些被调查者测量相同的变量。某种测量方法只在一种文化中具有生态效度，在其他文化中不具有生态效度。如果是这样的话，那么研究结果没有可比性。

生态效度：测量方法与被研究对象的日常生活之间的契合程度。

如果测量方法不可靠，它就不可能有效。但是请注意，即使测量方法是可靠的，它也不一定是有效的。如果两次智商测量的得分大致相同，那么智商测量则被认为是可信的，但是其效度却存在争议。一般而言，效度比信度更难建立。在接下来的章节中，我们将详细讨论信度和效度。

表 1.3 罗列出了我们讨论过的每种研究方法的优势和局限性。

表 1.3　研究测量：优势和局限性

测量方法	优势	局限性
问卷调查	测量大样本，快速地收集数据	回答已经预先设定，没有深度
访谈	能反映个性和复杂性	编码需要时间和精力
观察	能够获得测量实际行为	被观察者可能会改变行为
生物测量	精确的数据	费用昂贵；与行为之间的关系可能不清晰

研究设计

学习目标 1.14　能够区分不同类型的研究设计，包括人类发展研究中的两种主要类型。

研究设计规定了何时、何地以及与谁一起合作研究的测量方法。研究人员做出决定，例如是一次性收集数据还是多次收集，是在实验室中进行还是在自然环境下进行，被调查者是单独的个体、一组还是多个组。研究设计还涉及研究人员是否对被试实施某种治疗或干预。

实验设计。实验设计（experimental design）是许多科学研究中使用的一种方法。最简单的形式是，将研究被调查者随机分配到接受某种干预的**实验组**（experimental group）或不接受干预的对照组（control group）（Cozby & Bates，2015）。实验中设有自变量和因变量。**自变量**（independent variable）被用于区分实验组和对照组的那个变量，**因变量**（dependent variable）是由实验变量而引起的变化或结果。例如，阿尔伯特·班杜拉（Albert Bandura）和他的同事们做过一个经典实验（1961），给实验组的孩子们看一部有成年人攻击性行为的电影，给对照组的孩子看没有攻击性行为的电影，自变量是放映的电影内容。在接下来的游戏环境中，相比对照组，实验组的孩子对充气娃娃波波（Bobo）表

实验设计：将接受某种干预的实验组与未接受任何干预的对照组进行比较。

自变量：在实验中，自变量被用于区分实验组和对照组。

因变量：在实验中，通过对比实验组和对照组来计算实验的测量结果。

实验方法用于干预。上图中，一群孩子参加了一个反欺凌项目。

现出更多攻击性。这个实验的因变量是孩子的攻击性。由于儿童是被随机分配在实验组或控制组中的，可以合理地假设两组在实验前没有差异，因变量（攻击性）的差异是由自变量（电影内容）引起的。

人类发展研究领域中，另一个常见的实验研究方法是**干预**（intervention）。干预是旨在改变被调查者态度或行为的方案。例如，已经发展出一系列预防青少年吸烟的方案，通过加强对香烟广告的批判性思维或者尝试改变与同伴接纳有关的吸烟态度（e.g., Haug et al., 2017）。参与这项研究的青少年被随机分配到实验组或对照组。在干预后，对两组患者的吸烟态度和行为进行评估。如果干预起效，实验组应当比控制组有较少支持吸烟的态度或行为。

干预：改变被调查者态度或行为的方案。

自然实验：在自然的情况下进行的实验，为观察者提供有科学价值的信息。

实验方法的优点在于允许研究者对被调查者的行为进行高度控制。研究人员通过设置实验组和对照组，改变正常的行为模式，而不是对自然发生的行为进行监测。相比常规状态下，这样可以得到更清晰、更明确的效果测量。然而，其不足之处是，由于实验操作改变了被调查者的行为，所以很难说实验结果是否具有普遍性。例如，在日常生活中，儿童通常不会单单观看具有攻击性行为的电影片段，而是观看完整的电影剧情。因此，媒体呈现的具有攻击性行为的内容是否会产生与实验室中单独的攻击性片段相同的效果，还有待观察。

自然实验。自然实验（natural experiment）是在自然的情况下进行的实验，换句话说，研究人员不会施加干预，它为观察者提供了有科学价值的信息（Cozby & Bates, 2015）。还有些情况是研究人员无法从道德角度施加干预，如早产或进行大手术。在人类发展研究中常用的自然实验是收养。与大多数家庭不同的是，收养家庭中的孩子由与他们没有任何基因关系的成年人抚养，因此，一组父母提供基因，另一组提供成长环境，这使得检验基因和环境对儿童发展的相对影响成为可能。由于没有血缘关系，所以养父母和领养儿童之间的相似性很可能是由环境造成的，而被收养的孩子与其亲生父母之间的相似性却是由基因决定的，因为孩子的成长环境与其亲生父母无关。

民族志研究需要生活在人们感兴趣的文化中。下图中，著名的人类学家玛格丽特·米德与生活在巴布亚新几内亚马努斯文化中的一位母亲交谈。

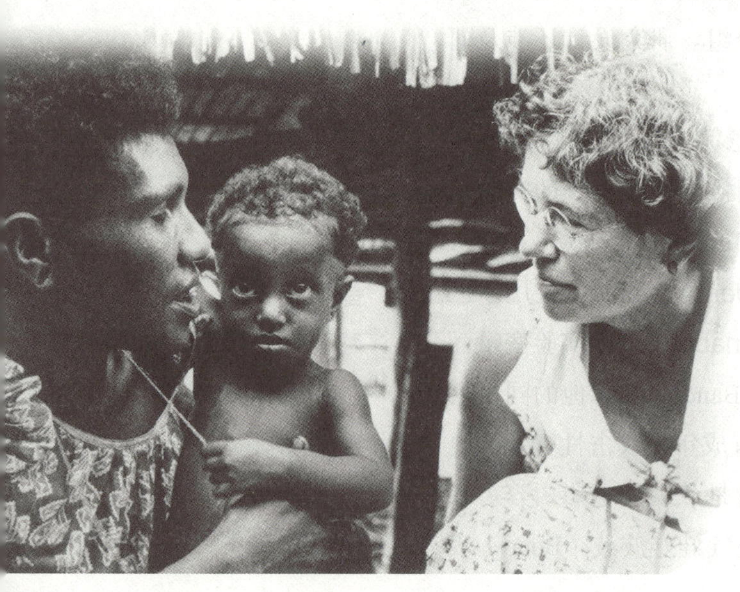

自然实验的优势使我们能够对基因与环境之间的关系加以透析。例如，关于收养的实验，在基因和环境的相互作用方面取得了丰硕的研究成果。但也有其弊端，例如收养儿童的家庭是自愿的，不是随机选择的，并且需要经过广泛的筛选过程。这使得收养研究很难推广到亲生家庭中。此外，自然研究并不常见，能否出现不可预知，因此，这样的研究能够回答的问题范围是有限的。

民族志研究。研究人员也通过**民族志研究**（ethnographic research）人类发展（Hammersley，2016）。这种研究方法需要研究人员花费大量时间，通常是跟被调查者生活在一起。在民族志研究中，研究者通过观察、经验和与研究对象的非正式对话来获取信息。人类学家往往采用民族志研究方法来研究非西方文化。人类学家通常将研究成果发表在民族志（ethnography）上，该书介绍了人类学家对特定文化生活的观察。民族志也被社会学家用于社会学研究（e.g.，Douglass，2005）。

民族志研究：一种将在研究对象中花费大量时间的研究设计。

民族志研究方法的主要优点是可以让研究者了解人们在日常生活中的行为。其他方法只能捕捉人们几周或几年的生活片段，但民族志研究的方法提供了被调查者完整的人生经历跨度的见解。民族志研究方法的主要缺点是，它需要研究人员投入大量的时间、精力，这会令研究人员做出很大的牺牲——必须放弃自己的生活，从几周到几年不等，以便与他们希望了解的人们生活在一起。此外，民族志研究者可能会与被研究对象建立某种关系，这可能会带着主观臆想去解释结果。

案例研究。**案例研究**（case study）方法需要对一个人或少数人的生活进行详细的考察。有关这种方法的更多信息，以及一项著名研究的例证，请阅读下文的“研究焦点”。

案例研究：对一个人或少数人的生活进行详细的考察。

相关设计。在**相关设计**（correlational design）中，研究人员评估变量之间的关系，目的是试图通过一个变量来预测另一个变量。例如，基于锻炼能促进身体健康的假设，研究人员让中年人样本填写问卷，报告他们的身体健康状况

相关设计：在单一场合收集变量的数据。

研究焦点：案例研究——达尔文日记

案例研究通常是对一个人或少数人的生活的详细探究。案例研究的优势在于，当研究对象只有一个人或几个人时，获取的信息才更全面、更丰富。其缺点是仅根据一个或几个人的经验而得出的结论很难推广到更大的群体中去。

在人类发展研究的历史中，最具影响力的都出自案例研究。例如，让·皮亚杰（Jean Piaget）对婴儿认知发展的研究最初是基于他对自己三个孩子的观察。此外查尔斯·达尔文也记录了他儿子多迪早年的大量案例研究。

达尔文的代表作是1895年出版的《物种起源》。该书提出了进化论，极大地改变了人类看待自身与自然的关系的方式。但是，在达尔文发表《物种起源》之前的20年，他开始了另一个项目。

他决定用日记记录第一个孩子多迪的成长过程。达尔文还对动物物种之间的差异产生了极大兴趣，不断探索产生这种差异的方式及其原因。通过记录多迪的成长过程，达尔文期望找到这些问题的答案，比如：什么是与生俱来的，什么是后天习得的？幼童时期什么年龄会习得什么技能？以及人类的孩子与

其他幼小的灵长类动物有什么区别？

在他的日记中，达尔文观察并记录了关于多迪的认知、语言、社交以及道德发展的观察和见解。

达尔文注意到，在多迪的认知发展过程中，他在4个月时能够协调简单的动作：他把自己的手从嘴里拿出来，将我的手放进他的嘴里，这不是偶然，因此是一种推理。

某种方式的协调动作被心理学家视为早期认知发展的重要标志。

关于社交发展，达尔文观察到，多迪最初的微笑是一种内在状态的表达，而不是为了沟通，这一结论也被后世的研究者证明。当多迪不足五周大时，微笑不是出于快乐，在接下来的几个月里，达尔文记录了微笑如何从一种内心情绪表达转变为社交行为。

达尔文还注意到了多迪的攻击性行为，多迪13个月大的时候，某次一个护士试图从他身边拿走一块蛋糕，多迪变得很生气，他想打护士的脸，自己的脸也涨得通红并尖叫着不停地摇头。因为多迪从来没有受到过身体上的惩罚，因此，达尔文断定这种攻击性行为是出于本能而不是后天习得的。

现在，案例研究法也被用于心理健康研究，以形象地记录不寻常的情况或心理健康问题的具体特征。当然也可与其他研究方法结合使用，作为记录完整的生命感知的一种方式。

复习题：

1. 达尔文记录其儿子多迪成长的目的是什么？

A. 探究他是喜欢母乳喂养还是奶粉喂养

B. 探究他对家里宠物的态度

C. 确定哪些行为或技能是天生的，哪些是后天习得的

D. 指导父母如何安抚哭泣的孩子

2. 根据达尔文的日记，多迪13个月大的时候，生动地表达出了哪种情绪？

A. 愤怒　　B. 悲伤

C. 好奇心　　D. 恐惧

和运动量。然后经过数据分析，检测身体健康状况是否与运动量有关。**图1.9**显示了二者间的关系。

相关性：两个变量之间的统计关系，通过一个已知变量可预测另一个变量。

相关性研究的主要优势在于不需要花费大量时间和金钱，一次性收集数据，然后完成研究，这也是相关性研究被广泛应用的原因。

然而，它也有局限性——相关性可能难以解释。**相关性（correlation）**是两个变量之间的一种统计关系，因此通过其中一个变量就可以预测另一个变量。正相关（positive correlation）是指，当一个变量增加或减少时，另一个变量的变化方向相同；负相关（negative correlation）意味着当一个变量增加（减少）时，另一个变量却减少（增加）。在上述例子中，研究者可能会发现锻炼和身体健康状况之间呈正相关关系。但这是否意味着锻炼必然促使身体健康，还是身体健康状况极佳的人更倾向于运动？仅根据上述相关研究是无法断定的。

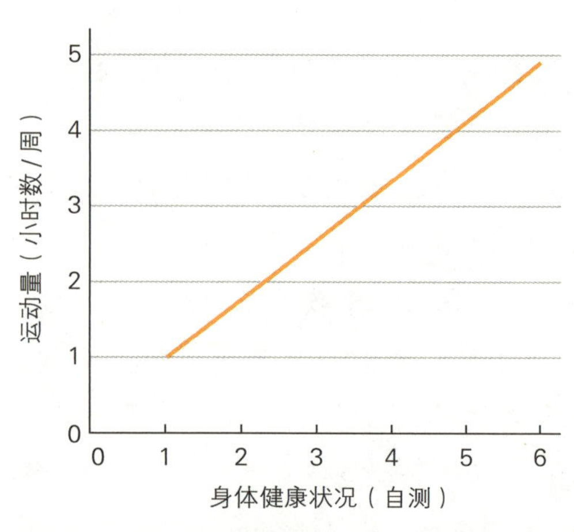

图1.9　身体健康状况和运动是相关的，但哪个导致了哪个？

相关性并不表示因果关系，这是科学研究的一个基本统计原则，即当两个变量相互关联时，并不代表一个变量导致了另一个变量。然而，这一原则在人类发展研究中经常被忽视。例如，数百项研究表明父母的行为与孩子的成长有关联性，而这种相关性经常被

纵向研究对同一人进行一段时间的跟踪调查。上图为一个美国女孩的照片，分别为学步期、童年早期、童年中期和青少年期。

解释成因果关系，即父母的行为促使孩子以某种方式成长，但实际上，这种相关性本身并不能证明这一点（Pinker，2004）。抑或是孩子的特征导致父母以某种方式行事，也可能是第三种变量影响父母和孩子的行为，如社会经济地位、文化背景。我们将在后续的章节中讨论这个问题以及其他相关性与因果关系的问题。

人类发展研究的关键是研究变量如何随年龄的增长而变化，并为此制订了特殊的研究设计方案。人类发展中的两种主要研究设计类型包括横向研究和纵向研究。

横向研究。两种人类发展研究设计中最常见的是**横向研究**（cross-sectional design）。横向研究是一种特定类型的相关设计，年龄是关键的自变量。在横向研究中，需要在同一时间点收集不同年龄人群的数据（Cozby & Bates，2015）。然后，研究人员需要调查年龄和因变量之间的关系，例如，研究人员可能想比较年轻人、中年人和老年人的宗教信仰。

横向研究：在同一时间点收集不同年龄段人的数据。

横向研究的优缺点与相关性研究设计相似。其主要的优点是费用低，用时少。一个关键的缺点是，该设计只能显示年龄和因变量之间的相关性，而不能建立因果关系。

纵向研究。研究人员通常会采用**纵向研究**（longitudinal design）来弥补横向研究的缺陷，即在不同的时间节点追踪同一个被试，并多次收集数据。纵向研究的时间跨度很大，从几周或几个月到几年，甚至几十年不等。大多数的纵向研究都是在相对较短的时间内完成的，一年或者更短，但也有些研究是从婴儿到老年，贯穿整个生命周期（Friedman & Martin，2011）。

纵向研究：在不同的时间节点追踪同一个被试，并多次收集数据。

纵向研究的最大优势在于，它使研究人员可以研究人类发展研究的核心问题："人们如何随着时间变化而变化？"此外，研究者还可借助纵向研究深入探究相关性和因果关系。假设一组年轻人、中年人和老年人的横向研究表明年龄和宗教信仰之间的相关性：年龄越大的人越忠于自己的宗教信仰。**图 1.10** 是对这种关系模式的一种假设性解释。但这是否意味着随着年龄的增长，人们会变得更加虔诚？从横向研究来看，我们无从得知。这也可能是文化因素导致的，相比年轻人来说，老年人生活在更具有宗教色彩的时代。这种由年龄引起的差异被

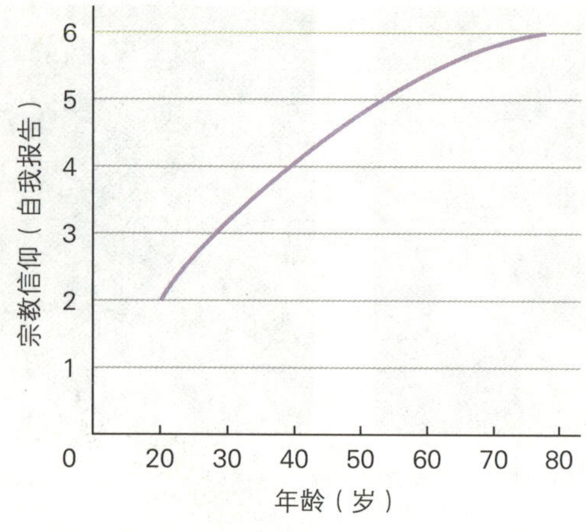

图 1.10 宗教信仰随着年龄而变化，但这是年龄效应还是同辈效应？

同辈效应：在科学研究中，根据不同年龄段的人在不同群体或历史群体中成长这一事实来解释他们之间的群体差异。

称为**同辈效应**（cohort effect），不同年龄阶段的人之所以会有差别是因为他们生活在不同的同辈群体或历史阶段中（Cozby & Bates，2015）。然而，采用纵向研究跟踪被调查者，从青年成长到老年，那么就可以探究他们是否随着年龄的增长而变得更加虔诚，从而得出明确的结论。

纵向研究设计也有缺点。重要的是，其相比于横向研究，需要花费大量的时间、精力和金钱。研究者要持续到数周、数月甚至很多年以后才能了解其假设的调查结果。随着时间的推移，一些人不可避免地由于这样或那样的原因中途退出研究，这种情况被称为损耗（attrition）。因此，研究人员在阶段 1 所设定的样本可能与阶段 2 和阶段 3、阶段 4 所保留的样本不同，这就使得结论具有局限性。多数研究结论显示，社会经济地位较低的群体辍学率较高，这意味着纵向研究持续的时间越长，代表整个人群的社会经济地位范围的可能性就越小。

在本书中，将介绍各种各样的研究设计，以上描述的设计为你介绍了最常用的方法。**表 1.4** 概述了这些设计的主要特点。

表 1.4 研究设计：优势与局限性

设计类型	优势	局限性
实验	控制，确定因果关系	可能无法反映现实生活
自然实验	阐明自然事件之间的关系	异常情况；罕见
民族志	整个日常生活	研究人员必须生活在被调查者之间；可能的偏见
案例分析	丰富，详细的数据	结果难以推广
相关性	快速且便宜	相关性可能难以解释
横向	检查年龄与其他变量之间的关系	只能显示年龄和其他变量之间的相关性，不能显示因果关系
纵向	监控随着时间的变化	时间、费用、损耗

人类发展研究中的伦理道德

学习目标 1.15　能够确定人类发展研究的一些关键道德标准。

想象一下，你是一位对亲子关系感兴趣的人类发展研究人员，你设计了一个实验场景，让幼儿与陌生人独处一段时间，当父母出现时孩子的反应表明亲子关系的亲密程度。那么这个实验合乎伦理准则吗？

想象一下，你是一名人类发展研究人员，对婚姻持久与否的问题感兴趣。所以，你设计了一项研究，邀请一些 30 多岁的夫妇进入实验室，给他们提供一份可能的秘密清单，让他们在被研究人员拍摄的同时，选择其中一个进行讨论。那么这项研究设计合乎伦理吗？

想象一下，你是一名人类发展研究人员，正致力于开发一种药物来预防老年人记忆丧失。在老鼠身上进行的实验表明，这种药物可以增强记忆，因为在服用了这种药物后，老鼠跑迷宫的成功率有所提高。但是，接受该药物的老鼠也比对照组的大鼠更早死亡。对老年期的人类进行研究，其中一组接受了药物，而另一组没有，那么这样做是否合乎伦理？

这些都是人类发展研究过程中出现的伦理问题。为了防止违反伦理准则的情况的发生，多数受资助的研究机构，如大学和研究机构，都会被要求研究计划书必须得到机构审查委员会（Institutional Review Board, IRB）的批准，机构审查委员会的评审专家有丰富的研究经验，可以判断该研究是否遵循伦理准则。除了机构审查委员会，诸如儿童发展研究协会（SRCD）和美国心理协会（APA）等专业组织也会制定专门的伦理准则供研究人员参考。

机构审查委员会以及其他专业组织制定的伦理准则通常包括以下内容（Fisher，2003；Rosnow & Rosenthal，2005；Salkind，2016）。

1. 保护被调查者免受身心伤害。人类发展研究中最重要的考虑因素是参与研究的人员不会受到伤害。

2. 征得被调查者的知情同意。人类发展研究的一项道德标准是征得被调查者的**知情同意**（informed consent）。任何科学研究的被调查者都应在参与前提交一份同意书。对于18岁以下的未成年人，则需征得其父母或其他监护人的同意。同意书通常包括以下内容：项目负责人、研究目的、研究内容、研究风险（如果有的话）以及收获回报等。同意书通常还包括一项声明，表明是自愿参与研究的，且可以随时退出。在这方面，事实证明，除非研究者反复重申退出的自由，否则儿童往往不愿停止参与某些研究，例如明确指出如果“儿童停止参与，没有人会不高兴”（Abramovitz et al.，1995）。

知情同意：科学研究中的标准程序，要求告知被调查者将涉及的内容，包括任何可能的风险，并给予他们是否选择参与的机会。

3. 保密性。研究者需要采取措施以确保所有被调查者在人类发展研究中提供的信息都不会被泄露，这意味着信息不会被其他人获取，研究结果也不会指明任何被调查者的姓名。

4. 欺瞒和事后解说。有时人类发展研究涉及“欺瞒”。例如，先让孩子玩游戏，但要采取措施确保有人会输，因为这项研究的目的是考察孩子在输掉游戏时的反应。机构审查委员会要求研究者证明研究中的隐瞒不会对被调查者造成伤害。同样，道德准则要求必须对被欺骗的被调查者进行汇报，这意味着必须告知被调查者研究的真正目的和欺骗的原因。

批判性思考题：上述三个假设性研究中，你认为哪个可能获得机构审查委员会的认可，哪个不可能？

随着人类发展领域越来越涉及世界范围的研究，研究人员越来越多地关注研究群体的不同文化信仰、价值观以及行为时出现的伦理问题。例如，在知情同意准则中，不在中途退出的倾向更具文化一致性特征，即个体愿意服从研究者的权威（Miller et al.，2015）。关于伤害，把孩子留在陌生人的房间里的实验，目的是唤醒孩子轻微的痛苦。但通常情况下，这种痛苦是可以承受的，以深入了解亲子间的关系，这被称为陌生情境法（Strange Situation），在美国通常能得到机构审查委员会的认可。然而，日本研究人员指出，日本的母亲们很少将孩子交由他人照看，甚至是其他家庭成员。在一项对 12 个月大的婴儿进行的陌生情境研究中，孩子表现出的最多的是焦虑（Takahashi，1986）。阅读完本节，我们鼓励你从发展和文化的视角构建研究的伦理准则体系。

小结：如何研究人类发展

学习目标 1.12 回顾科学方法的五个步骤。

科学方法的五个步骤：①确定研究问题；②形成研究假设；③选择测量方法，制订研究设计方案；④收集数据以检验假设；⑤得出结论并发现新问题、形成新的研究假设。假设是研究人员对所研究的问题做出的一种推测性论断。样本是指参与研究的群体，能够代表总体。过程是进行研究和收集数据的方式，应遵循避免以对结果造成偏倚的方式进行。

学习目标 1.13 能够总结人类发展研究中的主要测量方法。

在人类发展领域，研究人员采用多种测量方法，包括：问卷调查、访谈、观察法以及生物测量。每种测量方法都有优缺点，重要的是要保证测量具有信度（一致性）和效度（真实性）。

学习目标 1.14 能够区分不同类型的研究设计，包括人类发展研究中的两种主要类型。

研究设计规定了何时、何地以及与谁一起合作研究的测量方法。研究设计的主要类型有：实验设计、自然实验、民族志研究、案例研究、相关设计。在人类发展研究中，两种主要类型的研究设计是横向研究和纵向研究。这两种研究的特点是年龄是自变量。在横向研究中，在单个时间点收集不同年龄人群的数据。在纵向研究中，随着时间的推移，将跟踪同一个人，并收集两次或两次以上的数据。每种类型的研究设计都有其优势和局限性。

学习目标 1.15 能够确定人类发展研究的一些关键道德标准。

人类发展的研究人员必须遵循由专业组织制定、机构审查委员会执行的伦理准则，包括：保护被调查者免受身心伤害、征得被调查者的知情同意、保密性，以及参与后的事后解说（如果使用了欺瞒手段）。

第二章

遗传学和产前发育

第一节 遗传对发育的影响

遗传基础

基因型和表现型

性染色体

基因与环境

行为遗传学原理

基因—环境相互作用：表观遗传学和反应范围

基因型→环境效应理论

基因与个体发育

精子和卵子的形成

怀孕

第二节 产前发育和产前护理

产前发育

胚芽期（前 2 周）

胚胎期（第 3—8 周）

胎儿期（第 9 周—出生）

产前护理

产前护理的差异

致畸物

第三节 妊娠问题

产前问题

染色体疾病

产前诊断

不孕症

心理和社会影响

原因和治疗方法

对于全世界的准妈妈来说，怀孕往往伴随着喜悦、希望和恐惧。然而，与人类发展的其他方面一样，女性在这方面的经验往往因经济环境和文化背景的不同而存在很大差异。对发展中国家农村地区的大多数妇女来说，促进胎儿健康发展的技术或医疗手段很少。相反，孕妇往往依靠民间信仰、助产士多年的经验，以及来自大家庭的社会支持。对发达国家的大多数妇女来说，在怀孕期间可以享受政府提供的医疗护理和技术援助。然而，许多准父母也往往面临着改变自己生活方式的挑战，以便在继续追求职业生涯的同时，满足抚养小孩的需求。

世界各地的准父母都以不同的方式经历着怀孕阶段，但无论在哪里，这都是一个重大事件。在本章中，我们研究了产前发育的过程，从遗传学开始直到怀孕的最后几个月。本章的第一节介绍了遗传学的基本知识以及一个新生命是如何诞生的。你可能会惊讶地发现，一个独特的人类早在卵子和精子结合之前就开始形成了。在第二节中，我们将审视孕妇和胎儿的产前发育和产前护理，以便提高顺产的可能性。有时孕妇会在怀孕初期或怀孕过程中出现问题，因此，本章最后一节描述了产前并发症和不孕症，以及不孕症的治疗方案。

第一节 遗传对发育的影响

学习目标

2.1 能够区分基因型和表现型，并识别基因遗传的不同形式。

2.2 能够描述性染色体，并找出它们与其他染色体的不同之处。

2.3 能够解释行为遗传学家是如何在他们的研究中使用遗传力估计和一致率的。

2.4 能够解释表观遗传学和反应范围的概念是如何解决基因—环境之间的相互作用的。

2.5 能够解释基因型→环境效应理论如何为先天—后天之争提供新思路。

2.6 能够概述生殖细胞形成中的减数分裂过程，并具体说明男女的减数分裂过程有何不同。

2.7 能够描述受精和怀孕的过程。

遗传基础

在包括人类在内的所有生物体中，个体发育都有一个基因起点。要理解遗传学在人类发展中的作用，重要的是要了解、掌握有关基因及其功能的基本知识。

基因型和表现型

学习目标 2.1　能够区分基因型和表现型，并识别基因遗传的不同形式。

人体几乎所有细胞都含有 46 条**染色体**（chromosomes），共 23 对。如**图 2.1** 所示，每对染色体中有一条染色体遗传自母亲，另一条染色体遗传自父亲。

染色体由**脱氧核糖核酸**（deoxyribonucleic acid，DNA）的复杂分子所组成，如**图 2.2** 所示。染色体中的 DNA 片段被称为**基因**（gene），它们是遗传信息的基本单位。基因包含一种叫作核苷酸（nucleotides）的化学物质的成对序列，这些序列包含了细胞功能和复制的指令。在我们的 46 条染色体中，即人类**基因组**（genome）中约有 19000 个基因，总共约有 30 亿对核苷酸（Ezkurdia et al., 2014）。

并不是 19000 个基因都在发育过程中得到表达。个体基因的总和是**基因型**（genotype），而人的实际特征则为**表现型**（phenotype）。在某种程度上，基因型和表现型的差异是环境造成的。例如，不同的人处于不同的环境中，如果你生来就有一种蕴含音乐潜能的基因型，但如果你所处的环境无法提供任何乐器或音乐指导，那么这种天赋可能永远也不会被开发出来。因此，你的基因型中预设的音乐能力在你的表现型中并不明显。另一方面，如果你的

染色体：细胞核中呈香肠状的结构，包含成对的基因，生殖细胞除外。

脱氧核糖核酸（DNA）：一种呈长链状的细胞物质，储存和传递所有生命形式中的遗传信息。

基因：DNA 片段，包含生物体生长和功能的编码指令。

基因组：生物体遗传信息的全部存储。

基因型：生物体独特的基因遗传。

表现型：生物体的实际特征，来源于它的基因型。

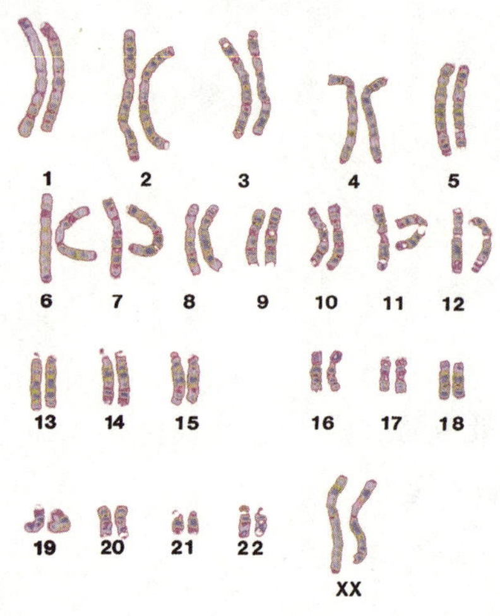

图 2.1 人类基因组

人类基因组中的 46 条染色体被分为 23 对。这是一个女性的基因组。在男性中，第 23 对染色体是 XY 而不是 XX。

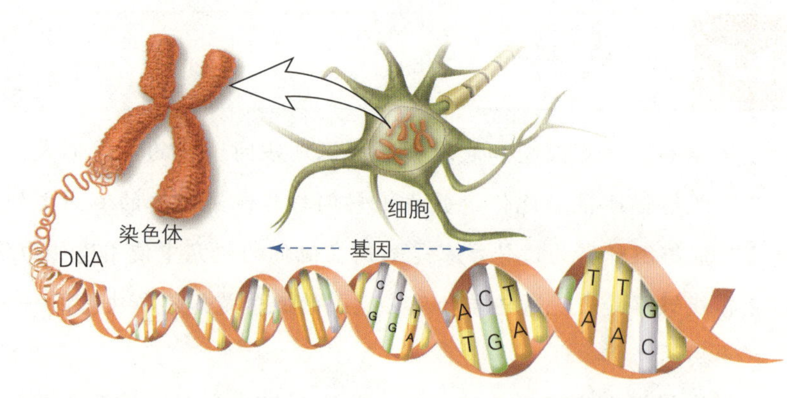

图 2.2 DNA 的化学结构

DNA 由核苷酸对所组成。

父母在你很小的时候就已经为你提供乐器和培训，那么你的音乐潜能很可能就会表现出来。

显性—隐性遗传：一种遗传模式，一对染色体中包含一个显性基因和一个隐性基因，但只有显性基因在表现型中表达。

等位基因：位于一对同源染色体相同位置上控制同一性状不同形态的基因。

影响基因型和表现型关系的另一个遗传功能是**显性—隐性遗传**（**dominant-recessive inheritance**）（Jones & Lopez，2014）。每对染色体上都有两种基因，一部分遗传自妈妈，另一部分遗传自爸爸。每种形式的基因都被称为**等位基因**（**allele**）。显性—隐性遗传发生在这些许多对等位基因上。这意味着只有一个基因（显性基因）影响表现型，而隐性基因，尽管它也是基因型的一部分，却不影响表现型。例如，如果你从父母一方那里继承了鬈发的基因，而从另一方中继承了直发的基因。那么，你可能是鬈发，因为鬈发是显性基因，直发是隐性基因。隐性基因仅在与另一个隐性基因配对时才在表现型中表达。一个明显的显性—隐性遗传模式对于单个基因的决定性是显而易见的，但并不是大多数的特性，我们很快就会看到这一点。其他显性和隐性特征的例子见**表 2.1**。

表 2.1 单基因显性—隐性遗传性状

显性	隐性
鬈发	直发
深色头发	金色头发
面部有酒窝	没有酒窝
正常听力	耳聋（某些类型）
正常视力	近视视力
雀斑	没有雀斑
有耳垂	无耳垂
可以将舌头卷成 U 形	不能将舌头卷成 U 形

该表清楚地展示了显性和隐性基因的不同，但有时也存在**不完全显性**（incomplete dominance），表现型主要受到显性基因的影响，但不完全受其控制。一个不完全显性的例子与镰状细胞的特征有关，这种特征在非洲黑人和非裔美国人等相关人群中很常见。大多数血细胞呈圆盘状，但当一个人遗传了两种镰状细胞隐性基因时，血细胞就会变成镰刀状，就像镰刀的刀刃一样，从而使人容易患上镰状细胞性贫血的疾病。镰刀状的血细胞会阻塞血管，并引起疼痛、易患疾病，甚至早逝。大约每 500 名非洲人（以及非裔美国人）中就有 1 人患有这种疾病。那些祖先来自印度、沙特阿拉伯，以及地中海地区、中南美洲的人也会患有这种疾病（但并不常见）[World Health Organization（WHO），2017]。

不完全显性：一种显性—隐性遗传形式，其表现型主要受显性基因的影响，但也在一定程度上受隐性基因的影响。

然而，如**图 2.3** 所示，如果一个人仅遗传了镰状细胞性状的一个隐性基因以及一个正常的显性基因，那么这种显性基因是不完整的，并且该人的一部分（但不是全部）血细胞将呈镰刀状。这一部分不足以引起镰状细胞贫血，但足以使人对疟疾（一种由蚊子传播的血液疾病）产生抗药性。疟疾通常是致命的，

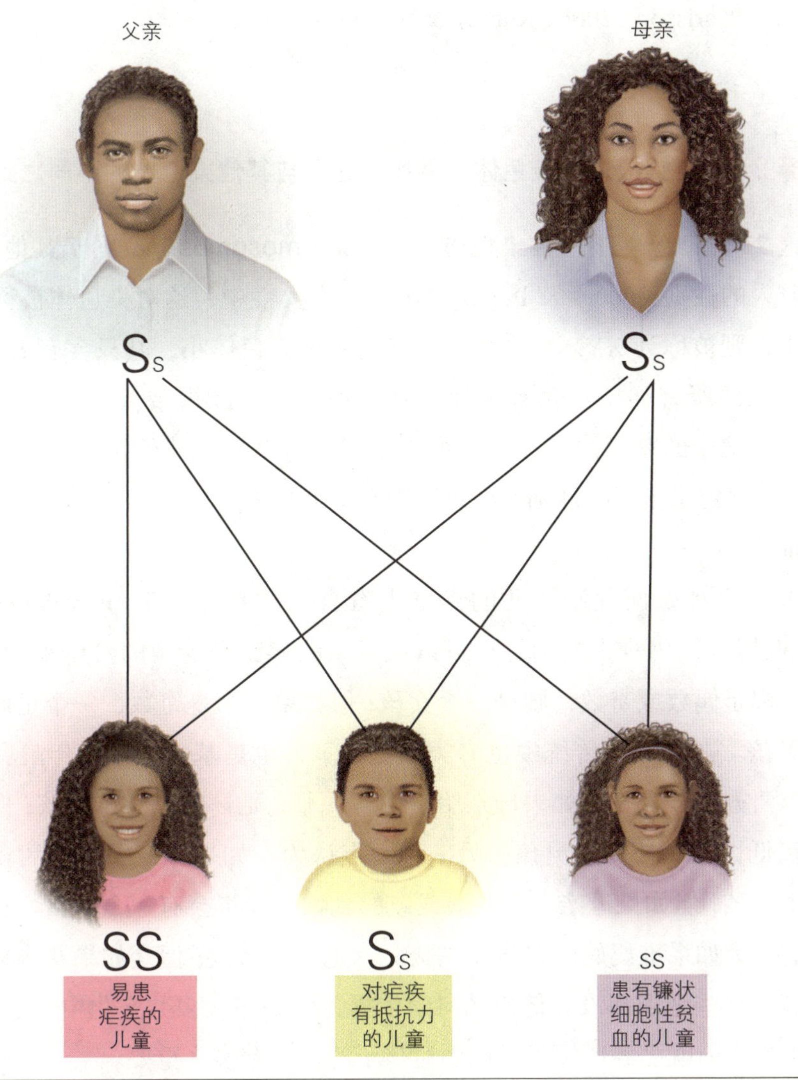

图 2.3 镰状细胞遗传的不完全显性

注：S= 正常显性基因，s= 镰状细胞性状隐性基因。

即使不是致命的，它也可能导致大脑损伤和其他持久性的健康问题。它发生在世界各地的发展中国家，但在非洲尤为常见，每年造成100多万人死亡。在许多中非国家，超过50%的儿童受到疟疾的影响（WHO，2013）。这就解释了为什么镰状细胞的特性从非洲人中进化而来。因为感染疟疾的影响非常严重，所以从进化的角度来看，具有镰状细胞性状来抵御疟疾是一种遗传优势，即使它也增加了镰状细胞性贫血的风险。

多基因遗传：由于多个基因相互作用而引起表现型特征的表达。

人类发展中的大多数特性并不仅仅由一对基因所决定。尽管你可能听说过"同性恋基因""再基因"或"犯罪基因"的存在，但现实中并没有发现这样的基因，它们也不可能被发现（Pinker，2004；"Special report on the human genome"，2010）。虽然单基因有时在发育过程中起着关键作用，如镰状细胞贫血一样，但基因的影响通常是**多基因遗传（polygenic inheritance）**的结果，即多个基因之间的相互作用，而不仅仅是一个基因的作用（Lewis，2005）。这适用于身高、体重和肤色等身体特征，以及诸如智力、个性和对各种疾病的易感性等特征（Franic et al.，2015；Karlsson，2006；Rucker & McGuffin，2010）。

性染色体

学习目标 2.2 能够描述性染色体，并找出它们与其他染色体的不同之处。

性染色体：决定生物体是女性（XX）还是男性（XY）的染色体。

在这23对染色体中，**性染色体（sex chromosomes）**不同于其他染色体，它决定着人的性别（Jones & Lopez，2014）。在女性中，这对染色体被称为XX，在男性中，则被称为XY。Y染色体明显比其他染色体小，其只含有1/3的遗传物质。母亲的所有卵子都含有X染色体，但精子可能携带X染色体或Y染色体。所以，父亲的精子决定了孩子的性别。具有讽刺意味的是，许多文化错误地认为女性决定了孩子的性别，如果她没有生出儿子，就会受到责备（Gottlieb & DeLoache，2017）。

许多文化对如何预测婴儿的性别也有自己的看法（Gottlieb & DeLoache，2017）。根据古代玛雅人的信仰，可以从母亲的年龄和受孕的月份来预测性别：如果两者都是偶数或奇数，则是一个女孩；但如果一个是奇数，一个是偶数，则是一个男孩。在中国的传统中也有类似的计算，也是基于母亲的年龄和受孕月份。当今西方许多人相信如果母亲胎位很高，那么她怀的是一个女孩；但如果母亲胎位很低，那么怀的是男孩。另一种观点认为，如果母亲渴望吃甜食，她将生下一个女孩；但如果母亲渴望吃酸或咸的食物，她将会有一个男孩。在一些国家，人们认为如果准妈妈的右胸比左胸大，她会生男孩；但是如果左胸较大，则会生女孩。这些观点都没有任何的科学依据，但是在大多数文化中它们证明了，甚至在出生之前就已经证明了，性别对孩子的未来有多么重要。

许多文化都偏爱男孩，人们提前了解孩子的性别并选择性堕胎，以确保生出男孩。结果导致性别比例偏向男孩，特别是在亚洲文化中，这种偏见尤其明显（Abrejo et al.，2009）。

虽然许多国家的性别比例仍然是男婴大于女婴，但人口普查数据显示，对女婴的偏见正在减少（Economist，2017）。在中国，男女出生比从 2004 年 121∶100 的峰值降至 2015 年的 114∶100。在韩国，这一比例从 1990 年的 116∶100 下降到 2015 年的 105∶100。事实上，韩国目前的比例是完全正常的，因为即使没有选择性堕胎，性别比率也是倾斜的。男女性别比通常是 105∶100。显然，这是弥补男性遗传脆弱性的自然方式（WHO，2017）。

批判性思考题：为什么偏爱男孩的亚洲国家出生率非自然地下降？

只有一条 X 染色体使男性比女性更容易受到与 X 染色体相关的各种隐性疾病的影响（Narayanan et al.，2006）。原因是，如果女性有一条 X 染色体含有导致疾病的隐性基因，那么这种疾病可能不会出现在她的表现型中，因为她另一条 X 染色体上的显性基因会阻止它的表达。她将成为致病基因的携带者，且有可能遗传给

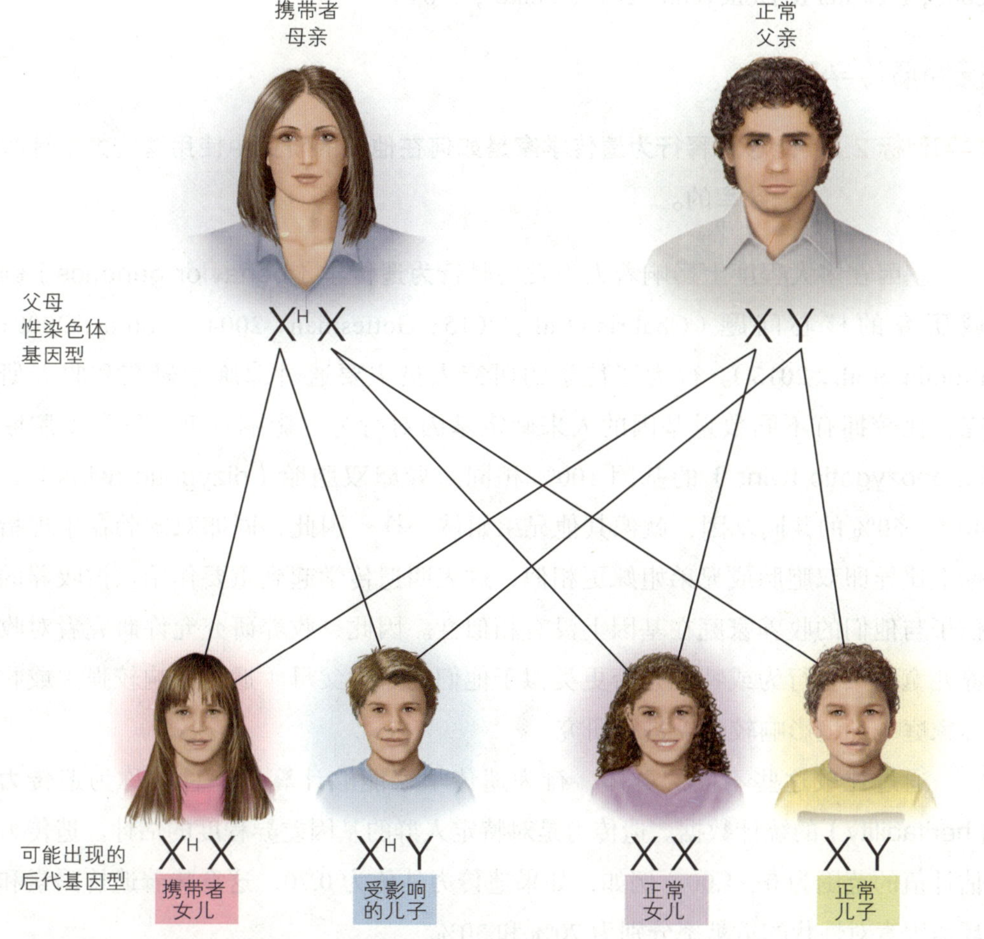

图 2.4　血友病的 X 连锁遗传

为什么男性更容易易患上 X 染色体携带的隐性疾病？

下一代，但她自己不会患有该疾病。相反，如果一名男性的 X 染色体携带隐性疾病基因，那么他肯定会患有这种疾病，因为他没有其他可能包含显性基因的 X 染色体来阻止它的表达。他的 Y 染色体不能起到这个作用。血友病的这种 **X 连锁遗传（X-linked inheritance）**模式的例子如**图 2.4** 所示，血友病是一种血液不能正常凝结的疾病，甚至可能会因轻伤而流血致死。由于 X 染色体连锁遗传，男性更可能患基因疾病，包括学习障碍和智力残疾（Halpern，2000；James et al.，2006）。

X 连锁遗传：一种在男性的 X 染色体上携带隐性特征的遗传模式。

基因与环境

毫无疑问，基因影响着人类的发展，但影响程度有多大呢？长期以来，学者们一直在争论基因和环境在人类发展中的相对重要性。在这场**先天与后天之争（nature-nurture debate）**中，一些学者声称发育可以用基因（先天）来解释，而环境则无关紧要，而另外一些学者则声称发育主要取决于环境因素（后天）（比较 Baumrind，1993；Scarr，1993）。近年来，尽管人们仍在争论先天和后天，但大多数学者已达成共识，即基因和环境在人类发展中均起着关键作用（Dodge，2007；Lickliter & Honeycutt，2015；Pinker，2004）。

先天与后天之争：学者们争论人类发展主要受到基因（先天）还是环境（后天）的影响。

行为遗传学原理

学习目标 2.3　能够解释行为遗传学家是如何在他们的研究中使用遗传力估计和一致率的。

基因在多大程度上影响着人类发展是**行为遗传学（behavior genetics）**领域研究的核心问题（Chabris et al.，2015；Gottesman，2004；Plomin，2009；Plomin et al.，2013）。行为遗传学的研究人员主要通过双胞胎研究和收养研究，比较拥有不同数量基因的人来确定基因对行为的影响程度。**同卵双胞胎（monozygotic twins）**的基因 100% 相同。**异卵双胞胎（dizygotic twins）**有 40%—60% 的共同基因，就像其他兄弟姐妹一样。因此，同卵双胞胎在生理指标上比异卵双胞胎或兄弟姐妹更相似，这表明遗传学起到重要作用。被收养的孩子与他们的收养家庭在基因上没有相似性。因此，收养研究允许研究者对收养儿童的某些行为或特征是否更类似于他们的亲生父母（遗传影响较强）或收养家庭（环境影响较强）进行研究。

行为遗传学：人类发展研究领域中的一门学科，主要通过比较拥有不同数量基因的人来确定基因对行为的影响程度。

同卵双胞胎（MZ）：具有完全相同基因型的双胞胎。

异卵双胞胎（DZ）：一个女性排出两个卵子，并且两个卵子都被精子受精，称为异卵双胞胎。

通过比较这些不同的群体，行为遗传学家能够计算出一种被称为**遗传力（heritability）**的统计数据。遗传力是对特定人群的基因差异程度的估计。遗传力估计值的范围为 0—1.00。例如，如果遗传力估值为 0.70，这意味着遗传因素和环境因素对性状的贡献率分别为 70% 和 30%。

遗传力：基因在多大程度上决定了特定人群中不同个体之间的差异，数值范围为 0—1.00。

行为遗传学在过去的 20 年中蓬勃发展，并已经计算出各种特征的遗传力估计值。在智力方面，儿童和青少年的遗传力估计值约为0.50，这意味着其智商得分的大约一半的变化归因于遗传影响（Turkheimer et al.，2009）。就人格特征而言，遗传力估计值在0.40—0.50，涉及一系列广泛的特征，如社交能力、活动水平甚至宗教信仰（Bouchard & McGue，2003；Vukasović & Bratko，2015）。

同卵双胞胎有相同的基因型。

然而，遗传力估计一直受到批评，因为它给出了遗传对发育影响的误导性印象（Collins et al.，2000；Lerner，2015）。批评者认为，声称一个特性是可遗传的，这意味着我们能精确地知道有多少基因对其发育产生了作用，但事实并非如此。遗传力估计仅仅是基于对具有不同数量遗传物质的人进行比较而得出的估算，而不是对基因活性的直接测量。遗传力估计不仅是衡量遗传影响的一个指标，也是衡量环境允许基因表达程度的一个指标。换句话说，遗传力测量的是表现型而不是基因型。

从研究中可以看出，智力的遗传性从童年到成年都在增加（Franić et al.，2015；McGue & Christensen，2002）。显然，基因在这段时间内不会改变，但是随着儿童成长到青春期并变得越来越有能力选择自己的环境（例如课余活动和同龄人），环境会发生变化以允许更多地表达遗传潜能。重要的是，研究还表明，中产阶级家庭的智力遗传力高于贫穷家庭（McCartney & Berry，2009；Turkheimer et al.，2009）。这并不是因为中产阶级家庭与贫困家庭具有不同的基因，而是因为中产阶级家庭拥有更多的经济资源，使得儿童的智力基因型潜力更有可能在

贫困家庭的儿童往往缺乏充分发挥其遗传潜力的资源。左图为布隆迪的一个男孩。

其表现型中表达。例如，中产阶级家庭更有可能负担得起书籍、棋盘游戏、电子设备和课外活动，以支持儿童智力潜力的发展。他们也更有能力把孩子送到运作良好的儿童保育机构和提供许多学习机会的学校。

一致率：用百分比来表示家庭成员在表现型上的相似程度。

行为遗传学中遗传影响的另一个统计数据是**一致率**（concordance rate）。这是一个表明家庭成员之间表现型的相似程度的百分比。一致率的范围为0—100%，一致率越高，表示样本内的相似人群越多。

许多研究都对同卵双胞胎和异卵双胞胎的一致率进行了比较。当同卵双胞胎之间的一致率高于异卵双胞胎时，这表明该性状的基础部分具有遗传性。例如，精神分裂症（一种严重的精神障碍，包括幻觉和思维行为模式紊乱）的一致率在同卵双胞胎中为50%，在异卵双胞胎中为18%（Insel，2010）。这意味着，当一对同卵双胞胎中有一个患有精神分裂症时，另一个也患有精神分裂症的可能性为50%。对于异卵双胞胎来说，当其中一个患有精神分裂症时，另一个患病概率只有18%。收养研究有时也会使用此统计数据，用于比较父母与被收养子女，父母与亲生子女以及收养或同胞兄弟姐妹之间的一致率。

基因—环境相互作用：表观遗传学和反应范围

学习目标 2.4　能够解释表观遗传学和反应范围的概念是如何解决基因—环境之间的相互作用的。

表观遗传学：发育过程中，基因与环境之间持续的相互作用。

遗传力的研究表明，不仅基因影响发育，环境也影响基因的表达方式。一个相关的概念是**表观遗传学**（epigenetics），即发育是基因型和环境之间相互作用的结果（Gottlieb，2004，2007；Naumova & Taketo，2016）。根据表观遗传学理论，遗传活动不断地对环境的影响做出反应。

这是一个表观遗传学的例子。女孩通常在11—16岁开始月经，往往身体健康的女孩来月经较早，而营养不良或身患疾病的女孩来月经较晚（Neberich et al.，2010）。很显然，在这个年龄范围内开始月经是人类女性基因型的一部分，开始时间受环境条件的影响。此外，当女孩的环境条件改变时，她们的月经周期也可能会发生改变。体重严重减轻的女孩经常会停止月经（Roberto et al.，2008）。如果她们的营养摄入量有所改善，就会再次开始月经。这证明了基因型和环境之间存在着持续的相互作用，月经在青春期时通过基因“开启”，但在环境恶劣时“关闭”，一旦营养环境改善，月经就会再次“开启”。

反应范围：基因建立的可能发育路径范围；环境决定了在该范围内发育的位置。

如上面的例子所示，当基因影响人类发育时，它是通过为环境影响划定界限，而不是指定一个精确的特征。换句话说，基因建立了表达的潜在**反应范围**（reaction range），而环境决定了人的表现型将落入该范围的何处（McCartney & Berry，2009）。再举个例子，众所周知，基因影响着身高。你可能只需要看自己与家人其他成员的身高，就能知道这一点。然而，决定身高的基因仅仅确定了反应范围的上下边界，一个人的实际身高（表现型）是由营养和疾病等环境影响决定的。

在 20 世纪里，世界各地的身高变化模式清楚地表明了这一点。在大多数西方国家，随着营养和保健水平的改善，平均身高在 20 世纪上半叶稳步上升（Freedman et al., 2006）。他们种群的基因不可能在一两代内就发生改变，相反，不断改善的环境使他们能够在身高的遗传反应范围内达到更高的水平。在其他国家，比如中国和韩国，营养和医疗保健的改善是在 20 世纪后半叶才开始的，因此这些国家的平均身高最近才出现增长（Wang et al., 2010）。然而，人们不可能长到 3 米或 6 米那么高。近几十年来，西方国家的平均身高变化不大，这表明这些国家的人口已经达到了其身高反应范围的上限。

基因确定了身高的反应范围，而环境决定了一个人的身高在该范围内的位置。上图是埃塞俄比亚哈默尔部落的一对姐妹，该部落以身材高大而著称。

基因型→环境效应理论

学习目标 2.5　能够解释基因型→环境效应理论如何为先天—后天之争提供新思路。

行为遗传学中一个有影响力的理论是由桑德拉·斯卡尔（Sandra Scarr）和凯瑟琳·麦卡特尼（Kathleen McCartney）提出的**基因型→环境效应理论（theory of genotype → environment effects）**（Plomin, 2009；Plomin et al., 2013；Scarr, 1993；Scarr & McCartney, 1983）。根据这一理论，基因型和环境对人类发展都做出了重要贡献。然而，遗传学和环境的相对优势是很难解释的，因为我们的基因实际上影响着我们所经历的环境。这就是“基因型→环境效应”一词中箭头出现的原因。基于我们的基因型，我们在很大程度上创造了自己的环境。

基因型→环境效应理论： 该理论认为基因影响我们所经历的环境。

基因型→环境效应有三种表现形式：被动效应、唤起效应和主动效应。

被动基因型→环境效应（passive genotype → environment effects）发生在生物学意义上的家庭中，因为父母为子女提供了基因和环境。这可能看起来很显而易见，但它对我们如何看待儿童发展有着深远的影响。以一对父女为例，父亲从小就擅长画画，现在他是一名平面艺术家。他送给女儿的第一份生日礼物是一套蜡笔和彩色铅笔。随着她的成长，他也教她一些绘画技巧，因为女儿似乎准备学习这些技能。她上了大学，并攻读建筑学，然后成为一名建筑师。在一个如此激励她提升绘画能力的环境下，很容易看出她是如何变得擅长绘画，对吗？

被动基因型→环境效应： 在基因型→环境效应理论中，这种类型是在一个生物学意义的家庭中，父母为他们的孩子提供了基因和环境而产生的。

先别急。父亲的确为女儿提供了一个有益的环境，但与此同时他也为女儿提供了一半的基因。女儿很有可能从父亲那里遗传了有关绘画能力的基因（如空间推理和精细运动协调能力等）。关键是，在一个生物学意义的家庭中，很难将遗传影响与环境影响区分开，因为两者都是由其父母提供的，而且他们很可能提供一种环境，来强化他们通过基因向子女提供的发展倾向。

因此，当你阅读那些声称父母的行为导致了其亲生子女特征的研究时，你应该持怀疑态度。我们在第一章说过：相关性并不意味着因果关系。父母的行为与其子女的特征之间存在着一定的相关性，但这并不意味着父母的行为导致了孩子具有这些特征。可能涉及因果关系，但是在生物学意义的家庭中很难说清楚。解决这一难题的一个好方法是研究被收养的孩子。这些研究避免了被动基因型→环境效应的问题，因为一组父母提供了孩子的基因，而另一组父母提供了环境。我们将在“研究焦点：双胞胎研究——奥斯卡和杰克的故事”专题中探讨一个不同寻常的收养案例。

唤起基因型→环境效应： 在基因型→环境效应理论中，当一个人的遗传特征引起环境中其他人的反应时所产生的类型。

当一个人的遗传特征引起周围人的反应时，**唤起基因型→环境效应**（evocative genotype → environment effects）就发生了。如果你的儿子从 3 岁就开始喜欢上阅读，你可能会带他去图书馆或者给他买更多的书。如果你的女儿在 12 岁时就能投出 6 米高的跳投，你可能会带她去当地有篮球场的公园，或者安排她去参加篮球夏令营。你有没有当过保姆或者在有很多孩子的地方工作过？如果有，你可能会发现孩子们在社交、合作和顺从方面都有不同。而且你可能会发现你对他们的反应有所不同，具体取决于他们的性格特征。这就是唤起基因型→环境效应的含义，同时还有一个至关重要的假设，即阅读能力、运动能力和社交能力等特征至少部分是基于遗传学。

主动基因型→环境效应： 在基因型→环境效应理论中，当人们寻找符合他们基因型特征的环境时所产生的类型。

当人们寻找符合他们基因型特征的环境时，**主动基因型→环境效应**（active genotype → environment effects）就发生了，这一过程被称为生态位选择（niche-picking）。比同龄人跑得快的孩子可能更有动力参加运动队的选拔；对音乐敏感的青少年可能会要求上钢琴课；对于那些阅读困难的准成年人来说，他们可能更愿意在高中毕业后开始全职工作，而不是去高等院校；在成年早期，一个高度善于交际的人可能会寻求一份整天与他人打交道的职业。这体现的是人们会被与他们的遗传倾向相匹配的环境所吸引。

父母和孩子之间的相似之处有多少是由基因决定的，有多少是由环境决定的？

三种类型的基因型→环境效应贯穿整个童年期、青少年期和成年期，但它们的相对平衡随着时间的推移而变化（Plomin，2009；Plomin et al.，2013；Scarr，1993）。在童年期，被动基因型→环境效应的影响尤为明显，而主动基因型→环境效应的影响则相对较弱。这是因为孩子年龄越小，父母越能控制孩子所经历的日常环境，而孩子寻求家庭之外环境影响的自主权就越小。

然而，这种平衡会随着孩子进入青少年期和成年期而改变。父母的控制逐渐减少，因此被动基因型→环境效应的影响也会减少。自主性增加，因此主动基因型

→环境效应的影响也在增加，被动基因型→环境效应的影响几乎完全消退（除非在人们成年后仍继续与父母生活在一起的文化中），而主动基因型→环境效应则占据重要地位。唤起基因型→环境效应从童年到成年都保持相对稳定。

批判性思考题：想想你的一种能力，并描述不同类型的基因型→环境效应是如何影响你的能力发展的。

研究焦点：双胞胎研究——奥斯卡和杰克的故事

基因与环境之间的相互作用是人类发展研究中最重要、最复杂和最吸引人的课题。一个有助于阐明这些相互作用的方法是双胞胎研究，特别是研究那些早年分开并在不同环境中长大的双胞胎。对分开抚养的双胞胎进行研究为自然实验提供了一个很好的例子，这种实验不需要研究人员的干预，并且可以提供有价值的科学信息。

由托马斯·布查德（Thomas J. Bouchard，Jr.）领导的美国明尼苏达大学团队开展了一项关于被分开抚养的双胞胎的研究。他们自1979年以来一直在研究被分开抚养的双胞胎，其研究结果具有开创性，甚至是令人震惊的。

在明尼苏达大学的研究中，杰出的案例之一是同卵双胞胎奥斯卡和杰克的故事。他们于1933年出生在特立尼达和多巴哥共和国，但不到6个月他们的父母就离婚了。奥斯卡跟随信奉天主教的母亲去了德国，而杰克则留在特立尼达和多巴哥，由他的犹太父亲照顾。因此，与大多数分开的双胞胎（至少留在相同的文化和国家内）不同，虽然奥斯卡和杰克在成长过程中有着相同的基因型，但两个人却拥有不同的文化背景，身处不同的国家并有着不同的宗教信仰。此外，奥斯卡随母亲在1933年移居德国，那一年纳粹党上台执政。杰克是作为犹太人长大的，而当时犹太人是纳粹党屠杀的目标。

在某些方面，这对双胞胎的童年家庭环境相似，同样很悲惨。奥斯卡的母亲很快搬到了意大利，并把他留在德国由其严厉的祖母照顾。杰克的父亲时而无视他，时而殴打他。尽管有这些相似之处，但他们的文化却千差万别。奥斯卡是希特勒青年团的活跃成员，他学会了鄙视犹太人并隐藏自己的半犹太背景。杰克是作为犹太人长大的，16岁时他被父亲送往以色列加入海军，在那里他遇见一名美国犹太人并与之结婚。21岁时，他和妻子移居美国。

在这两个人的成长过程中，这种非同寻常的自然实验产生了什么结果？明尼苏达的研究小组收集了大量数据，其中包括为期一周的测试和对这两位男子的访谈，以及对他们的家人和其他亲近的人进行访谈，这些数据表明，他们的成人性格非常相似。两人都被自己和其他人描述为脾气暴躁、要求苛刻、心不在焉。此外，他们有着一系列不同寻常、古怪的个人习惯。两个人都习惯从后往前阅读，都喜欢在电梯里大声打喷嚏，喜欢在手腕上戴橡皮筋，还喜欢给钢笔和铅笔缠上胶带，以便更好地握住笔。

然而，鉴于他们成长于截然不同的文化背景，他们的文化身份和世界观与人们想象的相去甚远。奥斯卡对自己成年后加入希特勒青年团感到后悔，并哀叹纳粹统治在大屠杀中夺走数百万犹太人的生命。但奥斯卡则认为自己是德国人，他和杰克在“二战”期间实施的轰炸和其他战争行为的观点上有强烈的分歧。因此，尽管他们在性格上很相似，但由于他们所处的文化环境不同，他们最终有着截然不同的身份——对自己是谁以及如何融入周围的世界有着完全不同的理解。正如奥斯卡在他们成年后再次见面时告诉杰克的那样，“如果我们被调换了，我会是犹太人，而你会是一个纳粹”。

复习题：

1. 对被分开抚养的双胞胎的研究提供了一个什么例子？

A. 可靠性而非有效性

B. 有效性而非可靠性

C. 实验研究

D. 自然实验

2. 以下哪一项不是奥斯卡和杰克的相似之处？

A. 两个人都心不在焉

B. 两个人都脾气暴躁

C. 两个人都有强烈的犹太信仰

D. 两个人都喜欢从后往前阅读

基因与个体发育

人类个体发育是从何时开始的？答案可能会让你大吃一惊。人类形成的过程实际上早在精子和卵子结合之前就开始了。精子和**卵子**（ovum）本身也经历了一个发育过程。在这一节中，我们将从精子和卵子的形成开始，探讨产前发育的遗传基础。

卵子：在卵巢中发育的成熟生殖细胞，大约每28天发育一次。

精子和卵子的形成

学习目标 2.6 能够概述生殖细胞形成中的减数分裂过程，并具体说明男女的减数分裂过程有何不同。

除卵子和精子外，人体内所有其他细胞均含有 46 条染色体（排列成 23 对）。这些细胞通过**有丝分裂**（mitosis）过程进行复制，其中染色体首先复制自身，然后细胞分裂成两个新细胞（Pankow，2008）。

有丝分裂：细胞复制的过程，其中染色体相互复制，细胞分裂为两个细胞，每个细胞具有与原始细胞相同数目的染色体。

卵子和精子，也称为**配子**（gametes），由 23 条单染色体组成。配子通过**减数分裂**（meiosis）在女性卵巢和男性睾丸中形成，如**图 2.5** 所示，这是有丝分裂过程的一个变化。在减数分裂中，以 23 对染色体开始的细胞首先分裂成 46 条单染色体，然后自我复制并分裂成两个细胞，每个细胞都有 23 对染色体，就像原始细胞一样。到目前为止，这个过程就像有丝分裂一样。但是，随后这对染色体分裂成单条染色体，再次进行分裂，这次变成配子，有 23 条未配对的染色体，而不是原来的 46 条。因此，在减数分裂过程的后期，从睾丸或卵巢的原始细胞中产生了 4 个新的细胞，每个细胞都有 23 条染色体。

配子：两性特有的参与生殖的细胞（女性卵巢中的卵细胞和男性睾丸中的精子）。

减数分裂：产生配子的过程，通过染色体对的分离和复制，从原始细胞中产生 4 个新的配子，每个配子的染色体数目是原始细胞的一半。

减数分裂过程中存在一些重要的性别差异（Jones & Lopez，2014）。对于男性来说，减数分裂是在精子释放之前完成的，但对于女性来说，减数分裂的最后阶段只有在卵子被受精时才会发生。此外，男性减数分裂的结果是产生 4 个可存活的精子，而女性减数分裂只产生 1 个可存活的卵子和 3 个不能存活的极体（polar bodies）。卵子本身拥有大量的**细胞质（cytoplasm）**，这将是受孕初期主要的营养来源，而极体中几乎没有什么营养物质。

你是否曾想过，尽管你和你的兄弟姐妹们都有来自父母的 23 条染色体，但为什么你们还如此不同？作为父母，我们经常惊讶于我们的双胞胎的差异。下面是对同胞多样性的解释。减数分裂过程开始时会发生一些令人着迷且不寻常的事情。在染色体第一次分裂和复制之后，但在细胞分裂之前，每一对等位基因之间交换遗传物质，这个过程称为**交叉（crossing over）**，如**图 2.5** 所示。交叉混合了染色体中的基因组合，从而使来自父母的遗传物质几乎以无限种方式重新排列（Pankow，2008）。你的父母可能有几十个、几百个，甚至是百万个孩子（理论上如此！），而他们中没有一个与你的基因完全一样（除非你有一个同卵双胞胎兄弟姐妹）。

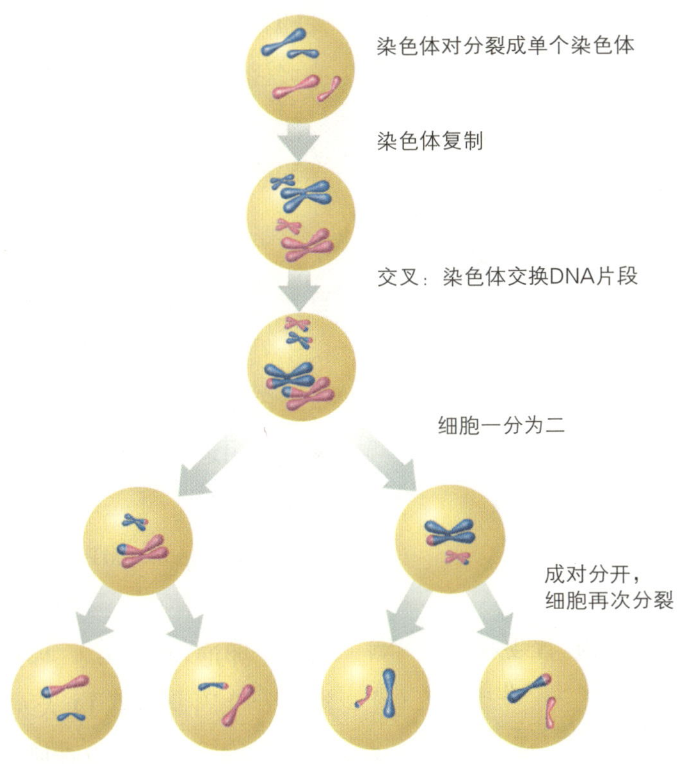

图 2.5 通过减数分裂产生配子

减数分裂和有丝分裂有什么不同？

关于配子的产生，还有一个有趣的事实。进入青春期后，男性开始每天产生数百万个精子。男性每次射精中有 1 亿—3 亿个精子（Johnson，2016）。相比之下，女性在她们还在母亲的子宫里的时候就已经具备了所有的卵子。因为卵子产生时就开始了交叉，这意味着个体在其出生之前就开始发育出独特的基因型。

细胞质：卵子中的一种液体，如果卵子受精的话，这种液体为受精卵前两周的生长提供营养，直到它到达子宫并开始从母体吸取营养。

交叉：在减数分裂开始时，成对染色体之间遗传物质的交换。

女性出生时大约有 200 万个卵子，但到青春期这一数字下降到约 30 万个，其中约 400 个卵子将在女性育龄期成熟（Johnson，2016；Moore et al.，2015；Norman，2014）。大多数女性在 40 多岁的时候卵子就会耗尽，但男性在整个成年时期都会产生精子（正如我们将在本章后面看到的那样，精子的数量和质量

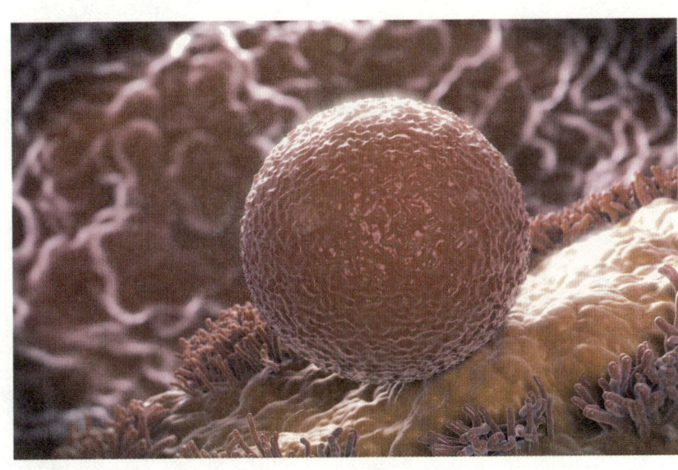

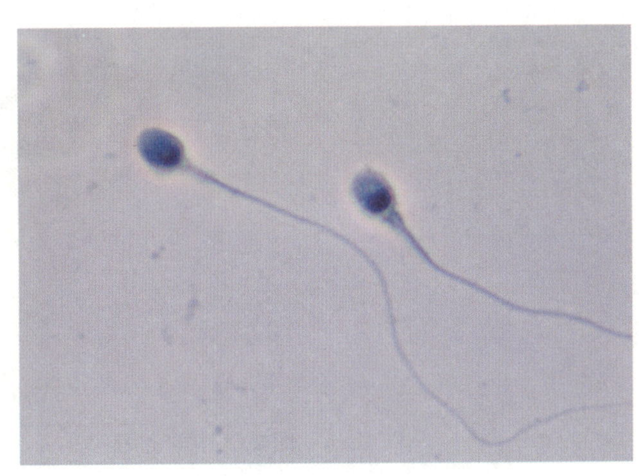

卵子和精子被称为配子，每一个都有 23 条单染色体。

会随着年龄的增长而下降）（Finn，2001）。

怀孕

学习目标 2.7　能够描述受精和怀孕的过程。

当男女发生性交时，来自男性的数百万个精子开始通过女性的生殖器官——首先进入阴道，然后穿过子宫颈和子宫，沿着输卵管向上到达卵巢。数以亿计的精子看起来似乎绰绰有余，但是请记住，精子是由单个细胞组成的，无非是 23 条染色体和一条尾巴，因此它们并不完全擅长导航。对于像精子这样的小物体来说，从阴道到卵巢的距离是非常远的。此外，女性的身体会对作为外来物质的精子做出反应，并立即开始杀死它们。通常只有几百个精子进入输卵管进行受精（Jones & Lopez，2014）。

卵泡：在女性生理周期中，由卵子以及围绕卵子并提供营养的其他细胞组成。

在女性体内，有两个卵巢轮流释放卵子。在女性生理周期的早期，卵子成熟为一个**卵泡**（**follicle**）。卵泡由卵子以及围绕卵子并提供营养的其他细胞组成。大约在女性周期的第 14 天左右，成熟的卵泡破裂，随着卵子被释放到输卵管，开始发生排卵，如**图 2.6** 所示。卵子比精子大 2000 倍，因为它含有大量的细胞质（Johnson，2016）。如果卵子受精，细胞质将为其提供前两周生长所需的营养物质，直到它植入子宫并开始从母亲那里吸取营养。

只有在卵子进入输卵管后的前 24 小时内，才能进行受精。精子需要几个小时到一整天的时间才能进入输卵管，因此，如果在排卵日或前两天发生性交，则最有可能受精成功（Wilcox et al.，1995）。精子进入女性体内后最长可存活 5 天，但大多数精子存活时间不超过 2 天（Johnson，2016）。

当精子到达卵子时，它们开始渗透到细胞表面，借助精子顶端的化学物质溶解卵膜。一旦精子穿过卵膜，精子的头部就会脱离尾部，继续向细胞核移动，而尾部则留在细胞外面。当精子穿透卵子的那一刻，卵细胞膜就会发生化学变化，

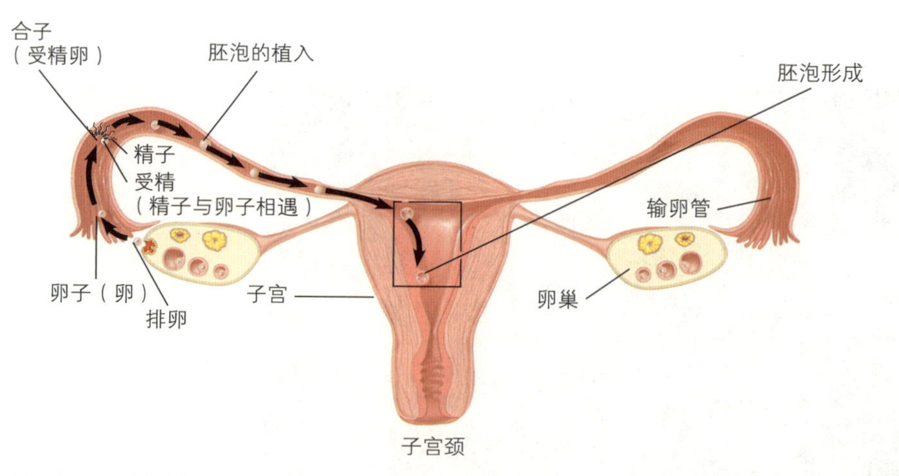

图 2.6　排卵过程

两个卵巢在每个月的周期中交替排卵。

阻止其他精子进入。

当精子头部到达卵子的细胞核时，减数分裂的最后阶段在卵子中被触发（Johnson，2016）。当来自卵细胞的 23 条染色体与来自精子的 23 条染色体配对时，受精就发生了，两个配子形成了一个新的细胞——**受精卵（zygote）**。受精卵的 46 条染色体构成了新生物体独特的基因型，其在受孕的那一刻就确定下来。

非洲是异卵双胞胎发生率最高的地方。

受精卵：受精后，精子与卵子结合形成的新细胞。

虽然这是受孕通常发生的方式，但偶尔也会有变化。较常见的变异之一是，女性的卵巢排出两个卵子，而不是一个，精子使两个卵子都进行受精，从而形成异卵双胞胎（请回想一下，DZ 代表双合子——两个受精卵）。虽然存在很大的种族差异，例如，从尼日利亚每 25 个新生儿中就有 1 例，到日本每 700 个新生儿中就有 1 例（Gall，1996），但总体上大约每 60 个新生儿中就有 1 个出现这种情况。一般来说，亚洲人生出的异卵双胞胎的比例最低，而非洲人最高（Mange & Mange，1998；Smits & Monden，2011）。除了种族背景之外，增加异卵双胞胎可能性的其他因素是双胞胎的家族史、年龄（年龄较大的女性更有可能同时释放两个卵子）和营养（健康饮食的妇女更有可能怀上异卵双胞胎）（Bortolus et al.，1999；Rhea et al.，2017）。今天，不孕症的治疗也可能会导致异卵双胞胎的增加，我们将在本章后面更详细地讨论。

一个刚刚开始细胞分裂过程的受精卵分裂成两个单独的细胞簇，产生同卵双胞胎（请回想一下，MZ 代表单合子——一个受精卵）。相比于同卵双胞胎，异卵双胞胎则更为常见。大约每 285 个新生儿中就有一例同卵双胞胎（Zach et al.，2001）。与异卵双胞胎相比，同卵双胞胎在某些种族中并不比其他种族更普遍。它们在世界各地发生的频率相同（Quinn，2013）。与异卵双胞胎不同的是，同卵双胞胎不受年龄和营养的影响，也不会在家族中遗传。

小结：遗传对发育的影响

学习目标 2.1 能够区分基因型和表现型，并识别基因遗传的不同形式。

人体中几乎所有细胞都含有 46 条染色体，分为 23 对。46 条染色体中大约有 19000 个基因。这些基因构成一个人的基因型。一个人实际表达出来的特征称为表现型。由于显性—隐性遗传、不完全显性和环境影响，基因型和表现型可能有所不同。大多数人类特征都是多基因的，这意味着它们受多个基因的影响，而不仅仅是一个基因。

学习目标 2.2 能够描述性染色体，并找出它们与其他染色体的不同之处。

性染色体决定一个人是男性还是女性。与其他染色体对不同，男性 Y 染色体并不会阻止 X 染色体上隐性特征的表达。因此，只有一条 X 染色体的男性比女性更容易受到与 X 染色体有关的各种隐性疾病的伤害。

学习目标 2.3　能够解释行为遗传学家是如何在他们的研究中使用遗传力估计和一致率的。

遗传力指的是某一特征受特定种群内基因差异程度的估计。它不会直接分析基因，而是根据表现型特征估计其影响。一致率表示样本中拥有不同数量共同基因的人之间的相似程度，例如同卵双胞胎和异卵双胞胎。遗传力和一致率都能使行为遗传学家估计遗传学对给定性状的影响。

学习目标 2.4　能够解释表观遗传学和反应范围的概念是如何解决基因—环境之间的相互作用的。

行为遗传学家能够通过遗传力和一致率估计遗传学对某一性状的影响。表观遗传学认为发育是基因型和环境之间双向作用的结果。反应范围的概念还涉及基因与环境的相互作用，因为这意味着基因为发育设定了一个范围，而环境决定了发育在这个范围内的位置。

学习目标 2.5　能够解释基因型→环境效应理论如何为先天—后天之争提供新思路。

该理论并没有把先天和后天视为两种不同的影响力，而是提出基因通过三种类型的基因型→环境效应影响环境：被动效应（父母为子女提供基因和环境）；唤起效应（个人在其社交环境中唤起他人的回应）；主动效应（个人寻找与其基因型相对应的环境）。这三种类型的影响贯穿整个生命过程，但它们的相对平衡随着时间而变化。

学习目标 2.6　能够概述生殖细胞形成中的减数分裂过程，并具体说明男女的减数分裂过程有何不同。

在减数分裂中，以 23 对染色体开始的细胞反复进行分裂和复制，直到形成 4 个配子，每个配子都具有 23 条独立的染色体。在男性中，减数分裂的结果是产生 4 个可存活的精子，但对于女性来说，减数分裂只产生一个可存活的卵子。此外，男性从青春期开始每天产生数百万个精子，而女性在母亲子宫中时就会产生所有的卵子。

学习目标 2.7　能够描述受精和怀孕的过程。

在女性生理周期的第 14 天左右，卵子被释放到输卵管中。在接下来的 24 小时内，受精可能会发生，其中卵子的 23 条染色体与精子的 23 条染色体配对，并且由两个配子形成一个新的细胞合子——受精卵。受精卵的 46 条染色体构成了新生物的独特基因型，其在受孕的那一刻就确定下来了。

第二节　产前发育和产前护理

学习目标

2.8 能够描述在胚芽期形成的结构，并确定何时着床。

2.9 能够概述胚胎期的主要标志，并确定何时发生。

2.10 能够描述胎儿期的主要标志，并确定生存能力何时发生。

2.11 能够对发展中国家和发达国家的产前护理进行比较。

2.12 能够确定发展中国家和发达国家的主要致畸物。

产前发育

当精子和卵子结合成为受精卵时，一个有趣的过程就开始了。如果一切顺利，大约 9 个月后，一个完全成形的人类将会诞生。现在我们将仔细观察从怀孕到出生这一产前过程，如**图 2.7** 所示。

胚芽期（前 2 周）

学习目标 2.8　能够描述在胚芽期形成的结构，并确定何时着床。

受精后的前 2 周称为**胚芽期**（germinal period）（Jones & Lopez，2014）。这是受精卵沿着输卵管进入子宫并植入宫壁的时期。当它移动时，细胞开始分裂和分化。直到受孕后 30 个小时才发生第一次细胞分裂，但是此后，细胞分裂速度开始加快。怀孕后的第 1 周，会形成一个约有 100 个细胞的球状**囊胚**（blastocyst）。囊胚分为 2 层。最外层的细胞称为**滋养层**（trophoblast），将形成提供保护和营养的结构。**胚盘**（embryonic disk）是细胞的内层，在受孕后的第 2 周将成为新生命的胚胎。

在受孕后的第 2 周，囊胚牢固地嵌在子宫内膜上，就会发生着床。自从卵子从卵巢释放出来后，被释放的卵泡就一直在产生激素，这使得子宫为接受囊胚做好了准备，形成了血液充盈的内膜。现在，囊胚正是被这种血液所滋养。

滋养层在第 2 周开始分化成几个结构。它的一部分形成了一层膜，即**羊膜**（amnion），包裹着正在发育的胎儿并充满了液体，有助于保持该生物体的稳定温度并防止母亲运动所造成的摩擦（Johnson，2016）。在子宫壁和胚胎盘之间的一个圆形结构，即**胎盘**（placenta），开始发育。胎盘将使营养物质从母体传递到发育中的有机体，并清除废物。它还起着看门人的作用，保护发育中的胎儿免受母亲血液中的细菌和废物的侵害。胎盘还产生维持子宫内膜血液和使母亲乳房产生乳汁的激素。**脐带**（umbilical cord）也开始发育，连接胎盘和母亲的子宫。

胚芽期：受孕后的前 2 周。

囊胚：约 100 个细胞组成的球状物，在受孕后 1 周左右形成。

滋养层：在囊胚中，细胞的外层将继续形成，为胚胎提供保护和营养的结构。

胚盘：在囊胚中，细胞的内层会继续形成胚胎。

羊膜：子宫内充满液体的保护膜，保护子宫内正在发育的有机体。

胎盘：在子宫中，是母亲和胎儿之间的“守门人”，保护胎儿免受母亲血液中的细菌和废物的侵害，并产生维持子宫内膜血液和使母亲乳房产生乳汁的激素。

脐带：连接胎盘和母亲子宫的结构。

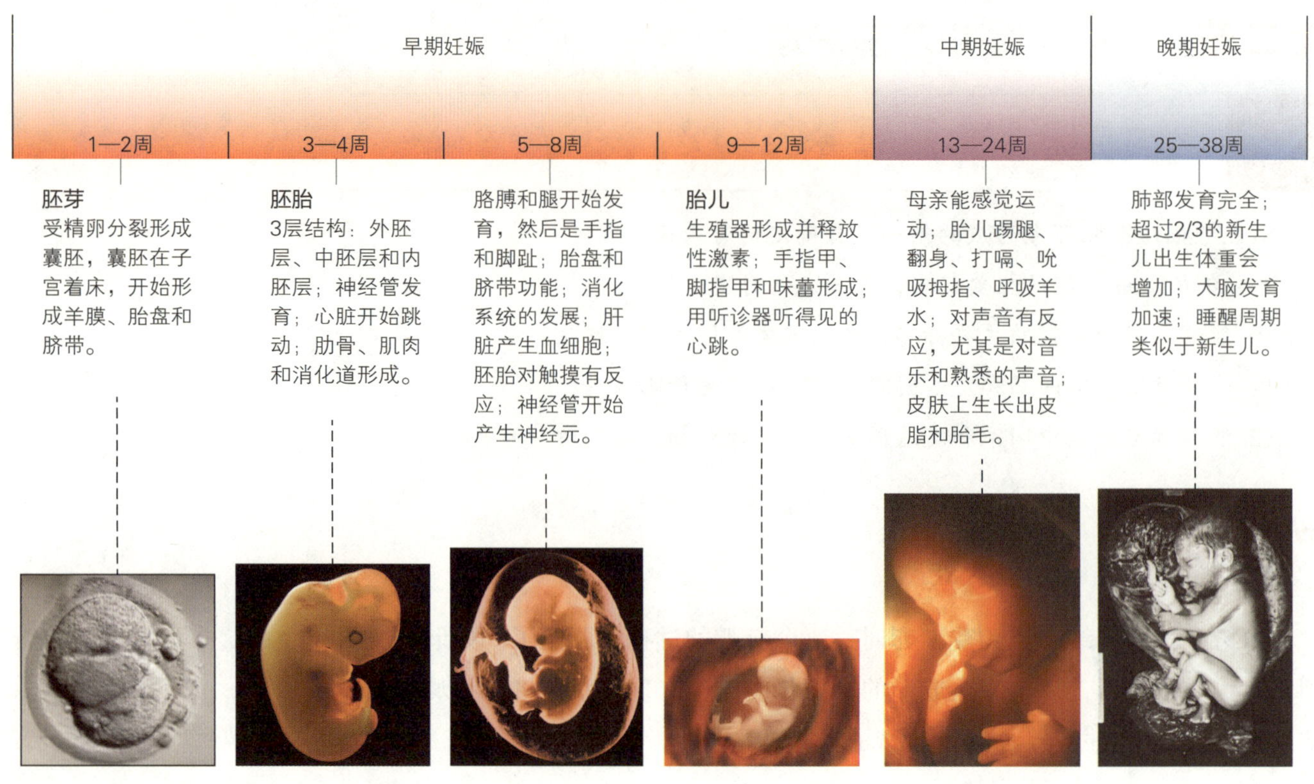

图 2.7　产前发育的标志

如果一切顺利，着床是胚芽期顺利发育的结果。然而，据估计，半数以上的囊胚未能成功着床，这通常是由于染色体出现问题导致细胞分裂减慢或停止（Johnson，2016）。如果着床失败，囊胚将在下一次月经期间连同带血的子宫内膜一起离开女性的身体。

胚胎期：产前发育的第3—8周。

妊娠：产前发育阶段，从受孕开始经过的时间。

外胚层：胚胎时期细胞的外层，最终将发育成皮肤、头发、指甲、感觉器官和神经系统（大脑和脊髓）。

中胚层：胚胎时期细胞的中间层，最终将发育成肌肉、骨骼、生殖系统和循环系统。

内胚层：胚胎时期细胞的内层，最终将发育成消化系统和呼吸系统。

胚胎期（第 3—8 周）

学习目标 2.9　能够概述胚胎期的主要标志，并确定何时发生。

在胚芽期，滋养层的分化速度快于胚胎盘，从而形成了在怀孕期间保护和滋养有机体的结构。但现在，胚盘迅速发生分化。在**胚胎期**（embryonic period）的 6 周内，或**妊娠**（gestation）的第 3—8 周内（自受孕以来的时间），几乎所有的主要器官系统都形成了（Fleming，2006）。

在胚胎期的第 1 周，即妊娠期的第 3 周，胚胎盘形成 3 层，分别为：外层，即**外胚层**（ectoderm），将发育成皮肤、头发、指甲、感觉器官和神经系统；中层，即**中胚层**（mesoderm），将发育成肌肉、骨骼、生殖系统和循环系统；内层，即**内胚层**（endoderm），将发育成消化系统和呼吸系统。

神经系统是第一个也是发育最快的系统（Johnson，2016）。到第 3 周末（从受孕开始)，部分外胚层发育成**神经管**(neural tube)，最终发育成脊髓和大脑。神经管在第7周开始产生**神经元**(neurons)(神经系统的细胞)(Stiles & Jernigan，2010)，这种**神经发生**(neurogenesis)的数量巨大。关于成年人大脑中平均含有多少神经元的估计，已经随着时间的推移发生了变化，但是一项使用改进测量技术的研究将其估计为860亿(Herculano-Houzel，2009)。此外，研究表明，婴儿出生时比成年人拥有更多的神经元(Abitz et al.，2007)。这些数以亿计的神经元中大部分产生在产前发育中期(Stiles & Jernigan，2010)。在第四章中，我们将深入研究大脑的发育，你会发现几乎所有在出生前开始的神经生物学发育过程，在出生后仍在继续发育。

神经管：胚胎期外胚层的一部分，它将发育为脊髓和大脑。

神经元：神经系统的细胞。

神经发生：神经元的产生。

在第4周，胎儿头部的形状变得更加明显，眼睛、鼻子、嘴和耳朵开始形成。与此同时，胚胎心脏开始跳动，肋骨、肌肉和消化道都开始显现。到第4周结束时，胚胎虽然只有0.63厘米长，但已经有了显著的分化。尽管如此，即使是一位胚胎学专家都难以判断这个胚胎是鱼、鸟，还是其他哺乳动物。

在第5—8周，胚胎将继续快速生长。在第5周，将成为手臂和腿的肉芽发育成有蹼的手指和脚趾，在第8周时这些蹼将会消失。胎盘和脐带完全正常。在第6—8周，消化系统开始发育，肝脏开始产生血细胞。心脏发育出独立的心室。神经管的顶部继续发育进入大脑，但它的底部在第5周时看起来像一条尾巴，到第8周，它逐渐缩小到看起来更像一条脊髓。

在胚胎期结束时，即妊娠8周时，胚胎的长度仅为2.5厘米，重量约为1克。然而，除了性器官外，其他主要器官和主要身体部位都已经成形。此外，微小的胚胎对触摸产生反应，尤其是在其嘴周围，并且可以移动(Moore et al.，2015)。现在，胚胎明显变成了人类(Johnson，2016)。

胎儿期(第9周—出生)

学习目标2.10 能够描述胎儿期的主要标志，并确定生存能力何时发生。

在**胎儿期**(fetal period)，从受孕后的第9周一直持续到出生，器官继续发育。婴儿的体形也在急剧增长，从胎儿期开始时的1克和2.5厘米长，到出生时平均体重(在发达国家)3.4千克和平均身高51厘米。

胎儿期：产前发育阶段，从第9周到出生这段时期。

到第3个月末，生殖器已经形成。从那时起，生殖器释放出的激素会影响胎儿的其他发育，包括大脑组织、身体大小和活动水平，男孩变得更大，更活跃(Cameron，2001；DiPietro et al.，2002)。同样在第3个月，手指甲、脚指甲和味蕾开始发育。心脏已经发育到足以通过听诊器听到心跳的状态。

3个月后，普通胎儿重约3盎司，长3英寸。记住这一点的好方法是“3个3”——3个月，3盎司，3英寸。或者，你可以将其视为100天，100克，100毫米。产前发育分为3个为期3个月的孕期，称为**一个妊娠期**(trimester)，第3个月

一个妊娠期：产前发育的三个月期之一。

的结束标志着第一个孕期的结束。

妊娠中期，胎儿开始变得活跃并对其周围环境做出反应（Henrichs et al.，2010）。到第 4 个月末，母亲可以感觉到胎儿的运动。在妊娠中期，胎儿的活动逐渐变得多样化。到中期末，胎儿可以将羊水吸入和排出，然后开始能够踢腿、翻身和打嗝，甚至可以吸自己的拇指。胎儿还能对声音（包括声音和音乐）做出反应，表现出对熟悉声音的偏爱（心跳加快），尤其是母亲的声音。一种叫作**胎儿皮脂**（vernix）的白色黏滑物质覆盖在皮肤上，保护它不受羊水的影响，还有一种叫作胎毛的绒毛帮助皮脂附着在胎儿皮肤上。胎儿出生时胎毛通常会脱落，但有时婴儿出生时胎毛还在，然后在出生后的最初几周就脱落了。

胎儿皮脂：婴儿出生时，身上覆盖着这种油性的奶酪状物质，可以保护他们的皮肤在子宫内不会发生皲裂。

在怀孕 6 个月后，中期妊娠结束时，胎儿大约 36 厘米长，体重约 0.9 千克，尽管它的行为似乎在许多方面都很成熟，但它的生存能力仍然存在问题，这意味着即使有最先进的技术援助，在 22 周前出生的婴儿离开母体存活的机会很少。24 周的存活率为 50%，26 周的存活率为 80%。然而，在 22—26 周出生的幸存者往往患有残疾，包括听力和视力问题、智力障碍和脑瘫（包括众多的身体和神经残疾）（Carlo，2016；Hille et al.，2007；Tyson et al.，2008）。这些存活率只适用于在发达国家出生的婴儿或在发展中国家富裕家庭出生的婴儿。在世界大多数地区，孕中期结束前出生的婴儿往往因为得不到先进的医疗护理而无法存活（OECD，2009）。

在晚期妊娠的初期，胎儿存活所面临的主要障碍是肺发育不成熟。肺是发育的最后一个主要器官，即使是在 7 个月或 8 个月初出生的婴儿也可能需要呼吸机才能正常呼吸。体重增加也很重要。在妊娠的最后 3 个月中，普通胎儿体重增加了 2.3 千克以上，而这种额外增加的体重有助于维持生命。出生时体重低于 2.5 千克的婴儿仍面临着一系列问题的风险，我们将在第三章中看到。

到了妊娠晚期，当胎儿的大脑发育已经到 28 周时，胎儿的睡眠—觉醒周期与新生儿的睡眠—觉醒周期相似。胎儿也会对其内部环境做出反应。当母亲高度紧张时，胎儿的心跳加快，身体运动增加（DiPietro et al.，2002）。

随着妊娠晚期的发育，胎儿也越来越能感知外部环境（James，2010）。母亲们被要求在怀孕的最后 6 周内，每天给她们的胎儿读苏斯博士的《戴帽子的猫》（*The Cat in the Hat*）（DeCasper & Spence，1986）。在婴儿出生后，他们更喜欢母亲在他们吸吮塑料乳头时打开《戴帽子的猫》的录音。在听到《戴帽子的猫》的时候，他们的吮吸要比听到母亲朗读他们从未听过的类似韵律的故事时更有力量。

研究还表明，新生儿更喜欢他们在子宫内所经历的味道、气味、声音甚至语言（Mennella et al.，2001；Moon et al.，1993；Varendi et al.，2002）。即便是在出生前，胎儿也在学习和记忆，他们正在形成最初的文化偏好，比如对辛辣或温和口味的偏好，以及对法语或俄语的偏好。

产前护理

因为产前发育对母亲和胎儿都有风险，所有的文化都有一套完善的习俗和惯例来保证顺利生产。首先，我们来看一下传统文化中产前护理的一些实践，然后我们来看一下最近发展起来的科学产前护理方法。

产前护理的差异

学习目标 2.11 能够对发展中国家和发达国家的产前护理进行比较。

所有文化都有关于女性在怀孕期间应该做什么和不应该做什么的建议（Gottlieb & DeLoache，2017）。你听到过什么样的指导方针或建议？你也可以问问你的母亲、你的祖母和其他母亲，看她们遵循了哪些建议，以及从何处获得这些建议。

有时，一些关于怀孕的建议似乎实用且明智。这些实用的建议反映了女性基于自身经历而代代相传的智慧。其他时候，这些建议看起来似乎很奇怪，特别是对于特定文化之外的人。有些让外人感到奇怪的习俗之所以会出现是因为怀孕对孕妇和胎儿都有危险。有些文化出于确保怀孕成功的强烈愿望而发展成产前习俗，但没有能够确保万无一失的科学依据。

这里有几个例子。在西非国家象牙海岸的人，建议孕妇在怀孕初期避免饮用棕榈酒（Gottlieb，2000）。这是从怀孕期间妇女饮酒导致不幸结果的经验中得出的明智而实用的建议。这里的人们还建议准妈妈在怀孕期间不要吃羚羊肉，并警告准妈妈说，如果她吃了，她的宝宝可能会变得像羚羊一样。

在数千英里之外的印度尼西亚巴厘岛，孕妇在怀孕期间要避免吃“热性”食物，包括茄子、杧果和章鱼（Diener，2000）。此外，怀孕的母亲不应该接受“不纯洁”的人给的食物，例如月经来潮的妇女或最近家中有人去世的人。当地人认为女巫特别爱吸孕妇及其未出生的孩子的血液，因此建议孕妇求取护身符并将其戴在腰带上或挂在院子的门上，以保护她们。

这些产前习俗的例子可能会让你感到奇怪，但是当人类试图控制非常重要但又神秘的事件时，这些行为是可以理解的。即使在拥有悠久科学传统的发达国家，直到最近几十年才从科学的角度了解产前护理。早在 20 世纪中期，发达国家的医生就建议女性在怀孕期间增加的体重不要超过 6.8 千克（Warsh，2011）。到目前为止，科学研究表明，女性在怀孕期间通常会增重 11—15 千克。孕期增加的体重低于 9 千克的女性有早产和低出生体重儿的风险（Ehrenberg et al.，2003）。对于体重增加过多的妇女，她们的孩子有可能在童年时期变得超重或肥胖，并在以后的生活中容易患上糖尿病、高血压或心脏病［Centers for Disease Control and Prevention（CDC），2017］。从最近一项针对美国孕妇的大规模调查中

文化焦点：不同文化的怀孕和产前护理

尽管许多文化中关于怀孕的民间信仰并没有科学或实践依据，但大多数文化中也具有使孕妇真正得到缓解的习俗。按摩是许多传统文化中一种有益的产前护理方法（Field，2010；Jordan，1994）。产前按摩通常由**助产士（midwife）**（协助孕妇怀孕和分娩的人）在探望孕妇的过程中进行。进行按摩时，助产士向妇女询问有关怀孕情况的各种问题。作为按摩的一部分，助产士会探查胎儿在子宫中的位置。如果胎儿处于不利的位置，他的脚可能会先出来而不是头先出来，助产士会尝试倒置将胎儿的头部转向阴道口。这有时会很痛苦，但是对于婴儿和母亲而言，头部先生出来比脚先生出来安全得多。

产前按摩在许多文化中都有着悠久的历史（Jordan，1994）。近年来，发达国家的助产士、护士和医生也开始使用产前按摩。到目前为止，已有大量的研究可以证明按摩对母亲和胎儿的益处。对母亲的益处包括降低背痛的可能性，减少关节肿胀和拥有更好的睡眠（Field，2004，2010）。母亲接受产前按摩后产出的孩子在生命的最初几周，其身体和社会功能方面得分也较高（Field et al.，2006）。

发现，约 20% 的人体重增加过少，而近 50% 的人体重增加过多（Deputy et al.，2015）。

在其他领域，近几十年来也积累了大量关于产前保健的科学知识。这些研究的一个关键结论是，妇女在怀孕后应该定期接受专业医疗机构的产检，以监测母亲和胎儿的健康状况，并确保孕期进展顺利。发达国家的大多数妇女都可以接触到能够提供良好产前护理的医生、护士或经过认证的助产士。但是，一些贫困妇女可能无法获得这种护理，特别是在美国。美国女性从妊娠早期开始进行产前检查的比例因种族和社会经济状况而异。

助产士：协助孕妇产前护理和分娩过程的人。

与发达国家的孕妇相比，发展中国家的孕妇接受熟练护理工作者产前护理的可能性要小得多。世界卫生组织的“让孕期更安全”项目致力于与各国政府合作，为孕妇提供此类护理的计划（WHO，2009）。目前 99% 的孕产妇和婴儿死亡发生在发展中国家，只有 1% 发生在发达国家，世界卫生组织的计划侧重于关注死亡率最高的 70 个国家，主要是非洲和南亚。

产前保健指南主要关注 3 个关键领域：饮食、运动和避免所谓的致畸物等潜在有害影响。**表 2.2** 提供了一个总结（WHO，2009）。

批判性思考题：在你们的文化中，有没有关于女性在怀孕前或怀孕期间应该吃什么或者应该避免吃什么的观念吗？从怀孕到怀孕期间，同样的观念也适用于男性吗？

表 2.2 产前护理要点

在怀孕前
· 医疗服务。进行体检，确保没有可能影响产前发育的疾病，并讨论孕前保健（CDC，2017）。如果完全没有接种疫苗，就需要接种疫苗以预防可能损害产前发育的疾病，如风疹。（怀孕期间接种疫苗可能不安全）每天服用叶酸维生素，可以帮助预防新生儿大脑和脊柱的重大出生缺陷。
· 药物。避免吸烟、饮酒和其他药物，这些可能会使怀孕变得更加困难，并损害产前发育。
在怀孕期间
· 饮食。保持均衡的饮食，包括蛋白质、谷物、水果和蔬菜。避免摄入过多的脂肪和糖，并摄入足量的铁和碘。增重 11—15 千克；避免节食和体重过度增加。女性在怀孕期间也应该比平时补充更多的水分，因为胎儿需要水分来促进健康发育，孕妇的身体也需要更多的水分。
· 锻炼。定期进行轻度至中度运动，包括有氧运动，刺激循环和肌肉系统，以及用于加强阴道肌肉的凯格尔运动（Kegel exercises）。有氧运动，如散步、慢跑或游泳，可以刺激女性身体的循环和肌肉系统。但是，重要的是要避免剧烈运动和高风险运动，如长跑、接触运动、高山滑雪、滑水和骑马。
· 致畸物。避免吸烟、饮酒和其他毒品。避免接触 X 射线、危险化学品和传染病。

适度运动是产前护理的重要组成部分。

致畸物

学习目标 2.12 能够确定发展中国家和发达国家的主要致畸物。

良好的产前护理的一个重要部分是避免**致畸物（teratogens）**，致畸物是可能对发育中的有机体造成有害影响的行为、环境和身体条件（Haffner，2007）。一般来说，发育中的有机体接触的致畸物越多，身体状况就越差。此外，男性比女性更容易受到致畸物的影响。就时间而言，胚胎和胎儿都容易受到各种致畸物的影响。胚胎期是产前发育的关键时期，这意味着在这个时期致畸物可能对后期发育产生特别深远而持久的影响，如**图 2.8** 所示。这是因为胚胎期是所有主要器官系统快速形成的时期。然而，某些致畸物也会在胎儿期对其造成损害，主要的致畸物包括营养不良、传染病、酒精和烟草。让我们逐一仔细探究。

致畸物：会对产前发育造成有害影响的行为、环境或身体状况。

营养不良。营养不良可能是世界上最常见的致畸原因。医学专家建议，中等体形的妇女在怀孕期间体重应当增加 11—15 千克，并建议她们的饮食要健康均衡，包括补充蛋白质、谷物、水果和蔬菜（CDC，2017）。然而，如果你回想一下第一章，世界上 40% 的人口每天的生活费不足 2 美元。你可以想象，这 40%

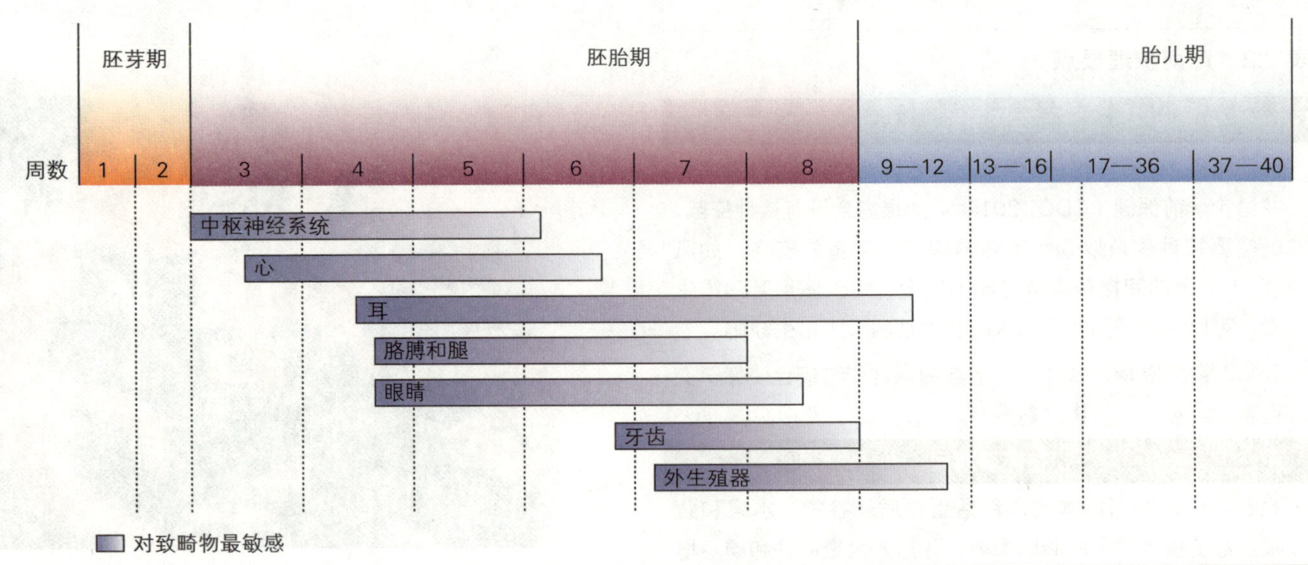

图 2.8　畸形发生的时间

在胚胎期最容易受到致畸物的影响。
资料来源：Moore（1974）.

人口里的孕妇，她们的产前饮食水平远远低于理想标准。

此外，世界上约有一半的农村人口。农村人口的饮食往往因季节而有很大差异。在夏秋两季，由于庄稼提供食物，他们的饮食可能相当好，但在冬季和春季，由于缺乏新鲜食物，他们吃得不太好。因此，产前健康可能在很大程度上取决于怀孕的时间。

近几十年来，中国已有证据证明了这一影响。在 20 世纪 80 年代，中国是世界上两种严重的产前疾病发病率最高的国家，一种是无脑症（anencephaly），即部分大脑缺失或畸形；另一种是脊柱裂（spina bifida），这是一种脊柱形状的极端畸形（Berry et al., 1999）。研究发现，这两种疾病的主要致病原因是缺乏叶酸，叶酸是一种主要存在于水果和蔬菜中的营养物质。此外，研究人员发现，中国的传统婚期是 1 月和 2 月，大多数夫妇都希望在婚后尽快怀孕。因此，怀孕的最初几个月通常发生在冬季和早春，这个时期农村妇女最不可能在饮食中摄入水果和蔬菜。发现这一现象后，中国政府在全国范围内开展了向母亲提供叶酸补充剂的计划，从那时起，无脑症和脊柱裂的发病率大幅下降（CDC, 2011）。

许多其他国家也已采取措施减少孕妇的叶酸缺乏症。在研究证实叶酸是预防无脑症和脊柱裂的关键物质之后，许多国家的政府制定了相关的法律，要求在谷物、面包、面食、面粉和大米等粮食产品中添加叶酸。此后，这两种疾病的发病率骤降（Honein et al., 2001）。医学权威现在建议妇女即使在准备怀孕的时候也要服用叶酸补充剂，多吃水果和蔬菜，因为缺乏叶酸的危害可能发生在怀孕的最初几周，在妇女确切知道自己怀孕之前（CDC, 2017; de Villarreal et al., 2006）。

另外两种常见的孕期营养不良是缺乏铁和碘。牛肉、鸭肉、土豆（包括土豆皮）、菠菜、干果等含铁量高的食物对于增强母亲和胎儿的血液供应非常重要。世界卫生组织估计，全世界近一半的妇女缺铁，这使她们面临早产和低出生体重儿的风险（WHO，2009，2015）。即使有健康的饮食，包括富含铁的食物，各地卫生组织也建议从怀孕第 12 周开始补充铁。

碘也是至关重要的，因为怀孕期间碘摄入量较低会增加流产、死产和胎儿大脑发育异常的风险。发达国家的食盐从 20 世纪 20 年代就开始加碘，因此妇女可以从正常饮食中获得足够的碘。然而，发展中国家的大多数妇女不食用碘盐，因此她们经常出现碘缺乏症。世界卫生组织和其他主要卫生组织最近也在大力推动为发展中国家提供碘补充剂（WHO，2017）。

发展中国家的妇女在怀孕期间通常营养不足。上图是印度的一个女人。

传染病。传染病在发展中国家比在发达国家更为普遍（WHO，2009）。这些疾病中有许多会影响产前发育。风疹（也称为德国麻疹）是流行和严重的疾病之一。胚胎期是容易得风疹的关键时期。在此期间患病的母亲中，超过半数的婴儿有严重问题，包括失明、失聪、智力残疾以及心脏、生殖器或肠道系统异常（Eberhart-Phillips et al.，1993）。在胎儿期，风疹的影响较轻，但仍会造成体重过轻、听力障碍和骨骼缺陷等疾病（Brown & Susser，2002）。自 20 世纪 60 年代末以来，一种给儿童接种的疫苗使风疹在发达国家变得罕见，女孩在成年后怀孕时一直保留着免疫力，发展中国家的儿童不太可能接种疫苗，风疹仍普遍存在（Plotkin et al.，1999；WHO，2017）。

另一种常见的产前传染病是**艾滋病，又名获得性免疫缺陷综合征（acquired immune deficiency syndrome，AIDS）**，这是一种由人类免疫缺陷病毒（HIV）引起的性传播感染（STI），会损害人类的免疫系统。在产前发育期间，艾滋病毒/艾滋病可以通过血液、分娩或母乳由母亲传染给孩子。艾滋病毒/艾滋病会在胎儿出生前损害其大脑发育，感染艾滋病毒的婴儿不可能活到成年，除非对他们进行昂贵的药物治疗，而在艾滋病最常见的发展中国家，这些药物却很少见。在发展中国家，近年来主要通过以下 3 项战略大大减少了艾滋病毒/艾滋病的母婴传播：①母亲在分娩前服用有效药物；②对感染艾滋病的母亲进行剖宫产；③用婴儿配方奶粉代替母乳喂养（WHO，2010）。然而，95% 的艾滋病毒感染发生在非洲，很少有非洲母亲或婴儿能够有机会获得有效防治艾滋病毒/艾滋病的这 3 项战略。

艾滋病（AIDS）：获得性免疫缺陷综合征，这是一种由人类免疫缺陷病毒（HIV）引起的性传播感染（STI），会损害人类的免疫系统。

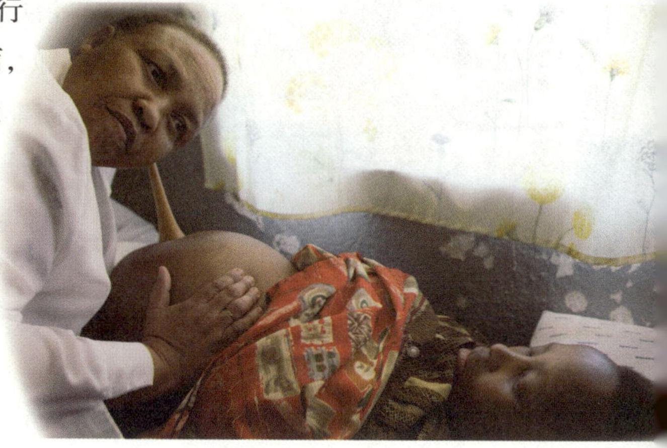

发展中国家患有艾滋病的孕妇很少得到适当的治疗。图为一名妇女在莱索托一家艾滋病毒/艾滋病患者诊所接受治疗。

酒精。在发达国家，对产前发育造成最广泛损害的致畸物是酒精（Mattson et al.，2010；Sokol et al.，2003）。尽管过去的人们认为，孕期适量饮酒不会对孕妇造成伤害，但最近的研究表明，孕妇唯一安全的饮酒量就是完全不喝酒。即使是一周甚至几天喝一两杯，也会使发育中的孩子在出生时面临低身高、低体重和头围较小的风险，以及在儿童期也会面临智力低下和攻击性较高的风险（Mamluk et al.，2016）。

胎儿酒精谱系障碍（FASD）：孕妇在怀孕期间大量饮酒导致的一系列问题，包括面部畸形、心脏问题、肢体畸形，以及各种认知问题。

当母亲在怀孕期间大量饮酒，她们的婴儿就有可能患上**胎儿酒精谱系障碍（fetal alcohol spectrum disorder）**，其中包括面部畸形、心脏问题和肢体畸形，以及各种认知问题，如智力残疾、注意力和记忆力缺陷（CDC，2017；Mattson et al.，2010）。患有胎儿酒精谱系障碍的婴儿将会面临一生的麻烦，他们的母亲在怀孕期间饮酒越多，他们的问题可能就越严重。对 25 项研究的回顾发现，在子宫中就开始接触酒精的青少年更容易存在认知、行为、社会和情感问题（Irner，2012）。这些问题非常严重，会使得青少年很难在学业或社交上取得成功（Mattson et al.，2010）。在一些酗酒盛行的美洲原住民和加拿大第一民族社区，胎儿酒精谱系障碍的发病率尤其惊人，高达 10%（Caetano et al.，2006；Tough et al.，2007）。

烟草。孕妇吸烟会对产前发育造成严重的损害。怀孕期间吸烟的妇女流产和早产的风险较高，而且吸烟是发达国家婴儿低出生体重的主要原因（Espy et al.，2011）。母亲吸烟会增加婴儿健康问题的风险，例如心脏功能受损、呼吸困难甚至死亡（Jaakkola & Gissler，2004）。产前吸烟会诱发儿童和青少年阶段的一系列问题，包括语言技能缺陷、注意力和记忆力问题以及行为问题（Cornelius et al.，2011；Sawnani et al.，2004）。

二手烟：吸烟者附近的人吸入的烟。

来自父亲和其他人的**二手烟（secondhand smoke）**会增加低出生体重和儿童癌症的风险（Rückinger et al.，2010）。发达国家的吸烟率普遍高于发展中国家，但随着经济增长，全球发展中国家的吸烟率正在迅速上升（WHO，2011）。

其他致畸物。虽然营养不良和传染病是发展中国家最常见的致畸原因，而酒精和烟草是发达国家最常见的致畸物，但还有许多其他致畸物。其中包括：

空气污染是一种致畸物，图为在新加坡雾霾指数达到临界水平的一天，一名孕妇在街上行走。

- 药物（酒精和尼古丁除外）。母亲使用可卡因、海洛因和大麻等药物会引发婴儿的身体、认知和行为问题（Messinger & Lester，2008）。某些处方药也会对婴儿造成伤害。例如，一种用于治疗严重痤疮的药物 Accutane，在胚胎发育期间会对胎儿的大脑和心脏等主要器官造成毁灭性的损害（Honein et al.，2001）。即使是非处方药，如感冒药，也可能对产前发育造成损害，因此怀孕或备孕的妇女应该经常向医生咨询她们可以服用的药物（Morgan et al.，2010）。
- 特殊工作。怀孕期间最好避免接触致畸物，如从事接触 X 射线、危险化学品或传染病的工作。
- 孕妇压力大。遭受严重压力（如配偶或近亲死亡）的孕妇有早产和低出生体重儿的风险（Class et al.，2011）。

• 环境污染。这包括食物、水或空气中的毒素。一项研究发现，在新泽西州和宾夕法尼亚州的高速公路上安装自动收费系统后，它可以缓解交通状况并改善空气质量。因此，在距收费站约 1.6 公里内居住的孕妇中，早产率下降了 8.6%，低出生体重率下降了 9.3%（Currie & Walker，2011）。

小结：产前发育和产前护理

学习目标 2.8　能够描述在胚芽期形成的结构，并确定何时着床。

受精后的前 2 周称为胚芽期。在此期间，受精卵发育成被称为囊胚的细胞球，并在子宫内膜着床。囊胚有两层：一层是胚盘，它将成为新生物的胚胎；另一层是滋养层，它将形成羊膜、胎盘和脐带的支撑结构。着床发生在第 2 周。

学习目标 2.9　能够概述胚胎期的主要标志，并确定何时发生。

在胚胎期（受孕后第 3—8 周），首先胚盘形成 3 层，即外胚层、中胚层和内胚层。然后，神经系统在第 3 周开始形成，心脏在第 4 周开始跳动，在第 5 周开始出现胳膊和腿。最后，在第 6—8 周，消化系统开始发育，肝脏开始产生血细胞，心脏发育出独立的腔室。到怀孕第 8 周时，胚胎只有 2.5 厘米长，但是除了性器官以外，所有主要器官系统都已经初步形成。

学习目标 2.10　能够描述胎儿期的主要标志，并确定生存能力何时发生。

在胎儿期（第 9 周—出生），器官系统继续发育，体积也有较快的增长。到第 3 个月末，生殖器已经形成，手指甲、脚指甲和味蕾也开始发育。到 28 周时，胎儿的睡醒周期与新生儿相似，可以记住声音、味道和母亲的动作并做出反应。22 周以前出生的婴儿很少能够存活下来，而在发达国家 26 周以前出生的存活率为 80%。在 22—26 周出生的幸存者通常患有残疾。

学习目标 2.11　能够对发展中国家和发达国家的产前护理进行比较。

出于确保怀孕顺利进行的强烈愿望，各文化发展出产前习俗。在传统文化中，产前护理通常包括按摩和民间知识，这些知识可能有实际影响，也可能没有。例如，许多文化建议孕妇避免食用某些食物。发达国家产前护理的基本要素包括由保健专业人员进行定期评估，以及制订有关饮食、锻炼和避免致畸物的指南。

学习目标 2.12　能够确定发展中国家和发达国家的主要致畸物。

发展中国家胎儿的主要致畸原因是营养不良和传染病，发达国家胎儿的主要致畸物是酒精和烟草。一般来说，发育中的有机体接触的致畸物越多，身体状况就越差。此外，男性比女性更容易受到致畸物的影响。就时间而言，胚胎期是容易受到致畸物影响的关键时期，因为所有的主要器官系统都在此时快速地形成。

第三节　妊娠问题

学习目标

2.13 能够解释染色体疾病是如何发生的。

2.14 能够描述产前检查和诊断的四种主要技术，并解释一些准父母寻求遗传咨询的原因。

2.15 能够描述不孕症的心理和社会影响。

2.16 回顾不孕症的主要原因和治疗方法。

产前问题

大多数女性在怀孕过程中不会出现大的问题，最终，她们会诞生一个健康的婴儿。但是，在产前发育过程中可能存在隐患。在本节中，我们将研究一些常见的染色体疾病，然后介绍产前检查和遗传咨询的方法。我们将以介绍不孕症包括治疗的选择来结束这一章。

染色体疾病

学习目标 2.13　能够解释染色体疾病是如何发生的。

在减数分裂配子形成过程中有时会出现错误，从而导致染色体不能正常分裂。因此，每个细胞不再有 46 条染色体，而是有 45 条或 47 条染色体（甚至在极少数情况下有 48 条或 49 条），这样问题就出现了。据估计，多达一半的受精卵都含有过多或过少的染色体，但是大多数受精卵要么从未开始发育，要么在怀孕初期自然流产（Borgaonkar，1997；Johnson，2016）。每 200 个活产儿中平均就有 1 个孩子有染色体疾病。染色体疾病有两种主要类型：①涉及性染色体的疾病；②发生在第 21 对染色体上的疾病，这种疾病被称为唐氏综合征。

性染色体异常。性染色体特别容易出现染色体异常，一个人可能有一条额外的 X 染色体（导致 XXX 或 XXY），或者一条额外的 Y 染色体（XYY），或者可能只有一条 X 染色体而没有第 2 条性染色体。大约每 500 个婴儿中就有 1 个患有某种类型的性染色体疾病。

性染色体异常有两种常见的后果（Batzer & Rovitsky，2009）。一种是该人患有某种类型的认知缺陷，例如智力障碍（从轻度到重度）、学习障碍或语言障碍。另一种问题是该人在青春期的生殖系统发育中有一些异常，例如男孩的睾丸和阴茎发育不全或女孩无法排卵。性染色体的功能之一就是指导性激素的产生，性染色体过少或过多会破坏这一过程。但是，使用激素补充剂进行治疗通常可以有效地解决这个问题。

唐氏综合征。当第 21 对染色体上出现多余的染色体时，这种情况被称为**唐氏综合征**（Down syndrome）或 21 三体综合征。唐氏综合征患者具有明显的身体特征，包括身材短小结实、面部扁平、舌头粗大、眼睑有额外的皮肤皱褶。他们也有认知缺陷，包括智力残疾和语言问题（Bartesaghi et al.，2015；Pennigton et al.，2003）。许多人在身体发育方面也存在问题，如听力障碍和心脏缺陷。

唐氏综合征患者通常会面临一系列的身体和认知问题。

唐氏综合征：第 21 对染色体上携带了一条额外的染色体而导致的遗传疾病。

唐氏综合征患者的社会发展差异很大。一些患有唐氏综合征的孩子并不像其他人那样容易微笑，并且很难进行眼神交流，但另一些儿童则特别快乐和充满爱心。擅长支持和鼓励孩子的父母能够帮助唐氏综合征儿童获得更好的成长（Hodapp et al.，2012；Sigman，1999）。婴儿期和学龄前的干预方案已被证明可以提升唐氏综合征儿童的社交、情感和运动技能（Carr，2002；Hodapp et al.，2012）。成年后，只要有足够的支持，许多人就能够从事一份结构严谨、任务简单的工作。

唐氏综合征患者比其他人衰老得更快（Berney，2009）。他们的大脑总容量在 20 多岁时就开始下降。其他人在成年后期可能患有的各种身体疾病，唐氏综合征患者则在 30 多岁和 40 多岁的时候就开始患有这些疾病，主要包括白血病、癌症、阿尔茨海默病和心脏病（Coppus，2016；Hassold & Patterson，1999）。因此，他们的预期寿命远远低于普通人群。然而，通过药物治疗，大多数人至少可以活到 50 岁或 60 岁（Hodapp et al.，2012）。

父母的年龄和染色体疾病。患有染色体问题的儿童几乎总是出生于父母无过往病史的家庭中（Batzer & Rovitsky，2009）。发生染色体问题并不是因为父母有遗传问题，而是受父母年龄的影响，尤其是母亲的年龄。例如，孩童患唐氏综合征的风险随着母亲年龄的增加而增加，患病概率从 20 岁时的 1/1900 增加到 45 岁时的 1/30（Meyers et al.，1997）。如**图 2.9** 所示，对于 20 多岁的母亲来说，孩子患有染色体疾病的风险非常低，到 30 多岁时仅略有上升，但在 40 岁以后会急剧上升（Umrigar et al.，2014）。

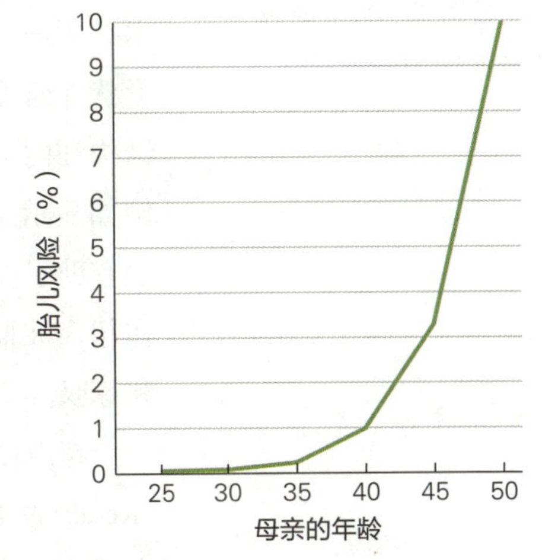

图 2.9 唐氏综合征与孕妇年龄

为什么 40 岁之后的孕妇患病风险会急剧上升？

资料来源：Umrigar et al.（2014）.

回想一下，女性还在自己母亲的子宫里时就开始产生卵子。年龄越大，卵子在卵巢中的时间就越长。当发生受孕并且减数分裂的最后部分在卵子中完成时，女性年龄越大，染色体不能正常分离的可能性就越大，因为它们在减数分裂的最后阶段被停留了很长时间。在 5%—10% 的病例中，父亲的精子是导致染色体疾病的原因，但尚不清楚该风险是否随父亲的年龄而增加（Crow，2003；Fisch et al.，2003；Muller et al.，2000）。

多因子：包括遗传因素和环境因素的结合。

然而，最近的研究表明，父亲的年龄与**多因子**（multi-factorial）疾病有关，如自闭症谱系障碍。多因子病涉及遗传和环境因素。在瑞典进行的一项针对1973—2001年出生的所有人的研究发现，与20多岁的父亲所生的孩子相比，45岁及以上的父亲所生的孩子在各种认知和心理健康方面面临的风险更高。瑞典的这项大规模研究进行了许多分析，包括比较同一父亲在不同年龄出生的兄弟姐妹，因此提高了其有效性。例如，父亲的年龄与双相情感障碍、注意力缺陷/多动障碍、自闭症谱系障碍和药物使用问题有关（D'Onofrio et al.，2013）。尽管其病因机制有待进一步研究，但假设是精子中的基因突变也参与其中（Carey，2014）。**基因突变**（genetic mutation）是构成基因的DNA序列的永久性改变。随着年龄的增长，他的精子中含有更多的突变；也就是说，在减数分裂期间的精子会产生更多的遗传错误。这些突变导致了发育过程中的问题。

基因突变：构成基因的DNA序列的永久性改变。

产前诊断

学习目标2.14　能够描述产前检查和诊断的四种主要技术，并解释一些准父母寻求遗传咨询的原因。

在产前发育过程中，人们使用了各种技术来监视胎儿的健康状况。怀孕前，一些有遗传疾病风险的准父母会寻求产前遗传咨询。

产前监测技术：包括超声波、母体血液筛查、羊膜穿刺术和绒毛取样（CVS），它们能够监测胎儿的生长和健康情况，并发现产前问题。

超声波：利用声波产生孕期胎儿图像的机器。

产前监测技术。在发达国家，可以使用多种**产前监测技术**（techniques of prenatal monitoring）来监测胎儿的生长和健康，并发现产前问题。常见的方法包括超声波、母体血液筛查、羊膜穿刺术和绒毛取样。

超声波。在**超声波**（ultrasound）中，高频声波被导向子宫，当它们从胎儿身上反射时，便会被计算机转换成可以在屏幕上观看的图像。近年来，超声技术有所进步，三维和四维（3D和4D）超声波图像清晰，足以测量胎儿的大小和形状并监测其活动（Merz & Abramowicz，2012）。三维（3D）超声波可以将胎儿结构和内部解剖结构可视化为三维图像。四维（4D）超声波增加了实时图像流，例如显示了心脏瓣膜的运动和血液流动。研究还发现，在出生前观看超声图像也有助于促进父母的参与感和依恋感（Righetti et al.，2005）。我们还清楚地记得在超声波监视器上看到我们的双胞胎从两个细胞团成长为成熟的胎儿时的激动和惊叹。

超声波有时被用于筛查唐氏综合征，可在产前发育的13周内将其检测出来（Reddy & Mennui，2006）。它也被用于检测多胎妊娠，因为这些是高危妊娠，其中某些胎儿的发育通常较其他胎儿不利。然而，在发达国家，超声波越来越多地被用于检查正常妊娠，而不仅仅用于检查高危妊娠（Merz & Abramovicz，2012）。它便宜、方便、安全；它使医生得以监测胎儿的生长；它给父母带来了欣赏胎儿在子宫中发育的乐趣。如果父母愿意的话，还可以在孩子出生前知道孩子的

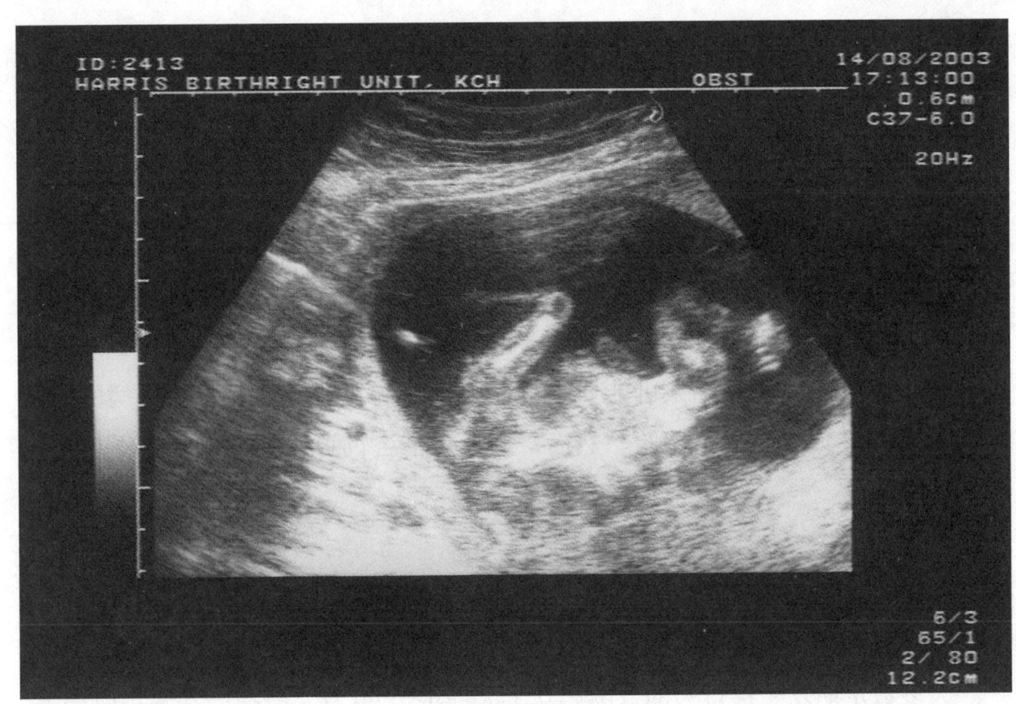

进行羊膜穿刺术时，将一根针插入子宫以抽出羊水。注意左侧进入子宫的针。

性别。

母体血液筛查：通过检测胎儿的蛋白质、激素和DNA片段来检测各种风险因素，包括脊柱裂和唐氏综合征。

母体血液筛查。**母体血液筛查（maternal blood screening）**测试相对来说是无创的，而且准确率也很高。它们在妊娠早期或中期使用，有时与超声波结合使用。检测母亲血液样本中的不同物质，如蛋白质、激素和胎儿DNA的遗传片段（Better Health Channel，2017；Brody，2013）。这些测试筛选出各种风险因素，包括脊柱裂和唐氏综合征。它们被认为是筛查工具，但不是诊断工具。例如，唐氏综合征的阳性测试需要通过我们接下来描述的两种测试之一来进行确认（Brody，2013）。

羊膜穿刺术：一种产前检查方法，用针从胎盘中抽出含有胎儿细胞的羊水样本，以便检测出可能的产前问题。

羊膜穿刺术。在**羊膜穿刺术（amniocentesis）**中，将一根长长的空心针插入孕妇的腹部，并利用超声图像指导从胎儿周围的胎盘中取出羊水样本（Alfirevic et al.，2017）。这种液体含有胎儿在发育过程中脱落的胎儿细胞，可以用来检测胎儿的基因型信息。羊膜穿刺应在怀孕15—20周时进行，它只适用于因家族史或年龄（35岁及以上）有产前问题风险的妇女，因为它引发流产的风险很小（Bakker et al.，2017）。它可以100%准确地检测40种不同的胎儿发育缺陷（Alfirevic et al.，2017；Brambati & Tului，2005）。

绒毛取样：用于诊断遗传问题的产前技术，包括在怀孕5—10周时通过在子宫中插入一根管子来采集细胞样本。

绒毛取样。与羊膜穿刺术一样，**绒毛取样（chorionic villus sampling，CVS）**需要对发育早期的细胞进行取样和分析，以检测可能出现的遗传问题（Bhatt，2017）。CVS在怀孕的5—10周时进行；样本取自开始形成脐带的细胞。在超声波的引导下，将一根管子通过阴道插入子宫以获得细胞样本。CVS有轻微的流产或对胎儿造成损害的风险，因此仅在有遗传异常家族史或女性年龄在35岁以上的情况下使用（Bhatt，2017）。其诊断遗传问题的准确率高达99%。

那些处于高危风险的准父母可以接受产前遗传咨询，以帮助他们获得医学信息并了解自己的选择［National Center for Biotechnology Information（NCBI），2017］。即使在怀孕之前，有遗传病的准父母也可以寻求遗传咨询，这包括分析准父母的家族史和基因型，以确定可能存在的风险（Coughlin，2009）。那些存在风险并值得咨询的人群主要包括可能在他们的家庭或种族中有遗传疾病的人；有遗传病或先天缺陷的子女或亲属的父母；有流产或不孕史的夫妇；以及高龄夫妇（35 岁以上的女性和 40 岁以上的男性）（NCBI，2017）。是否采纳遗传咨询的意见其实很难决定，最终结果可能要求夫妇在怀孕和冒着孩子患上遗传病的风险之间做出选择，或者决定堕胎。然而，通过遗传咨询可以使人们能够做出更加明智的决定。

不孕症

大多数定期发生性行为的育龄妇女（大约 15—40 岁）将在一到两年内怀孕。然而，对于有些夫妇来说，怀孕却是一个大问题。这对他们的心理和社会健康产生了很大影响。

心理和社会影响

学习目标 2.15　能够描述不孕症的心理和社会影响。

不孕症：经过至少一年的规律性交后仍不能怀孕。

不孕症（Infertility）的定义是在不采取避孕措施的情况下，经过至少一年的有规律性交后仍不能怀孕的情况。在过去的一个世纪里，美国不孕率一直保持在 10%—15%（Johnson，2016；Marsh & Ronner，1996）。在 1990—2010 年对不孕症进行的一项全球评估还发现，发病率一直保持在 9%—13%（Mascarenhas et al.，2012）。

在不同的文化中，大多数人都希望有孩子，而不孕症则被视为沮丧和困扰的源头（Balen & Inhorn，2002）。但是，人们对不孕症的重视程度以及社会上对不孕症的看法存在着明显的文化差异。在崇尚个人主义的西方，不孕夫妇常常会感到悲伤和失落。在瑞典的一项研究中，寻求治疗不孕症的夫妇经常会因为错过了生活的主要焦点而感到沮丧，他们的性关系也受到了负面影响（Hjelmstedt et al.，1999）。他们觉得自己无法满足社会和个人对孩子的期望。其他研究发现，不孕症往往会导致婚姻关系紧张。但从长远来看，大约有一半的夫妇报告说，不孕不育的经历使他们的关系更加紧密和牢固（Schmidt et al.，2005）。

在西方国家之外的国家，文化往往更具有集体主义色彩。患不孕症的社会后果往往更为深刻，不孕症常常受到严重的歧视。对女性来说尤其如此，她们通常被指责为造成这一问题的罪魁祸首，对于她们来说，做母亲对她们的身份和她们在社会中的地位至关重要（Inhorn & Balen，2002；Sembuya，2010；Stellar et al.，2016）。在许多文化中，不孕症的含义不仅涉及夫妻双方，还意味着将没有人继承祖先的家族传统，而这一责任往往落在长子身上，特别是在亚洲和非洲文化中则更是如此。这也可能意味着妻子相对于丈夫、公婆和社区的地位降低了，因为不孕症更多地被视为妻子的问题。即使女性已经有了一个女儿，但如果她不能生出一个儿子来，她仍然会被认为是不称职的。

为了治疗不孕症，妇女会尝试中年妇女提供的草药疗法。有些地区的妇女可能会寻求超自然疗法。例如，在加纳，妇女经常咨询萨满（被认为具有特殊能力的宗教领袖），萨满致力于试图平息众神的愤怒，这些神将不孕不育作为一种惩罚（Leonard，2002）。在许多文化中，如果不孕症一直未被治愈，它将被视为丈夫与妻子离婚或另娶妻子的理由。例如，在越南，人们普遍认为，如果一个男人的妻子不能生育，他就会试图与另一个"妻子"生孩子，尽管一夫多妻制的行为实际上是非法的（Pashigian，2002）。在喀麦隆，如果一对夫妇不能怀孕，丈夫的家人可能会鼓励他离婚，并要求归还他们结婚时支付给妻子家人的"彩礼"（Feldman-Saverlsberg，2002）。

原因和治疗方法

学习目标 2.16　回顾不孕症的主要原因和治疗方法。

在人类历史的大部分时间里，不孕症几乎被视为女性独有的问题（Marsh & Ronner，1996）。在西方，从公元前 4 世纪到 19 世纪，超过 2000 年的时间里，不孕症的主流解释基于这样一种理论：女人和男人都必须产生一粒种子才能受孕，而种子是通过性高潮释放出来的。因为男性通常比女性更容易达到性高潮，所以给不育夫妇的主要建议是，丈夫要多注意如何给妻子带来性快感。正如一位作家在 1708 年所说，"子宫必须处于兴奋的状态"，否则性爱将是徒劳的（Marsh & Ronner，1996，p.15）。虽然这个理论是错误的，但至少它没有造成任何伤害。其他治疗不孕症的方法不仅无效，而且对女性健康有害，包括对女性生殖器官进行手术和放血（这听起来很像：在手臂上切开血管，让血液流失，直到所谓的失衡恢复）。

原因。我们现在知道，不孕症的原因男性和女性生殖系统问题大约各占一半。这个知识是最近才获得的，仅在过去的 50 年中才出现。男性不育症有 3 个主要原因（Jequier，2011）：①可能产生的精子量太少；②由于睾丸内精子生成过程中的疾病或缺陷，精子质量可能较差；③精子的活力（运动）较低，因此无法顺利通过输卵管。这些问题可能是遗传的，也可能是由于吸毒、酗酒或吸烟等行为引起的。也可能仅仅是由于年龄的原因，40 岁以上的男性要比 25 岁以下的男性多花 3 倍的时间来使伴侣受孕，因为精子的数量和质量会随着年龄的增长而下降（Patel & Niederberger，2011）。

图 2.10 生育率和产妇年龄

在一年内有规律性交而不采取避孕措施的情况下，怀孕概率的百分比。为什么 25 岁以后生育率会下降？

资料来源：Maheshwari et al.（2008）.

在女性中，不孕症通常是由排卵问题引起的（U.S. Department of Health and Human Services，2017）。无法排卵可能是由疾病引起的，也可能是由滥用药物，酗酒或吸烟，或者体重过轻或过重引起的。然而，年龄是无法排卵的最常见原因（Maheshwari et al.，2008）。正如你在本章开始了解到的那样，女性天生具有卵巢中所有的卵子，并且这些卵子的质量在青春期后会逐渐下降。女性在 20—30 岁生育能力会缓慢下降，但 40 岁以后下降尤其明显，这一年龄段的女性更有可能出现没有排卵的月经周期。**图 2.10** 说明了该模式。

治疗：辅助生殖技术。在 20 世纪，不孕症的治疗变得更加科学，技术也更加先进。如今，人们有各种各样的方法来治疗不孕症。例如，不孕夫妇以及性少数的夫妇和单身妇女都使用这些方法。治疗不孕症的各种相关方法归类为“**辅助生殖技术**”（assisted reproductive technologies，ART），包括人工授精、生育药物和体外受精（IVF）。辅助生殖技术方法用于应对男性或女性生殖系统或两者兼而有之的各种不孕问题（CDC，2011；U.S. Department of Health and Human Services，2017）。

辅助生殖技术（ART）：治疗不孕症的方法，包括人工授精、生育药物和体外受精。

在讨论各种辅助生殖技术方法之前，我们必须指出，发展中国家很少有人能够获得生育药物和体外受精等生殖技术。而发达国家内部也存在差距。使用辅助生殖技术可能非常昂贵，能否获得这一技术援助取决于患者的收入和医疗保险的覆盖范围（Resolve，2016）。

人工授精：将精子直接注入子宫的过程。

治疗不孕症最古老而有效的方法是**人工授精**（intrauterine insemination，IUI），即将男性的精子直接注射到女性的子宫里，注射时间的安排将与她的排卵期相吻合（Schoolcraft，2010）。人工授精的方法最早出现于 19 世纪，当时的医生认为不孕的主要原因是子宫颈过紧（阴道和子宫之间的开口）。如今，由于丈夫或伴侣的精子生成存在问题，人们可能会选择供体人工授精，即由丈夫或伴侣以外的一位男性为女性提供精子，但如今越来越多的女同性恋夫妇或单身妇女希望有个孩子而选择这种方式（Monseur et al.，2017）。在进行人工授精之前，首先对精子进行“清洗”，以去除剩余的精液，从而提高成功的可能性（“成功”被定义为活产）。人工授精是最简单、最便宜的生殖技术，每项试验的成功率为 10%—20%（Thijssen et al.，2017）。在几次试验中，成功率因年龄而异，25 岁以下妇女的成功率

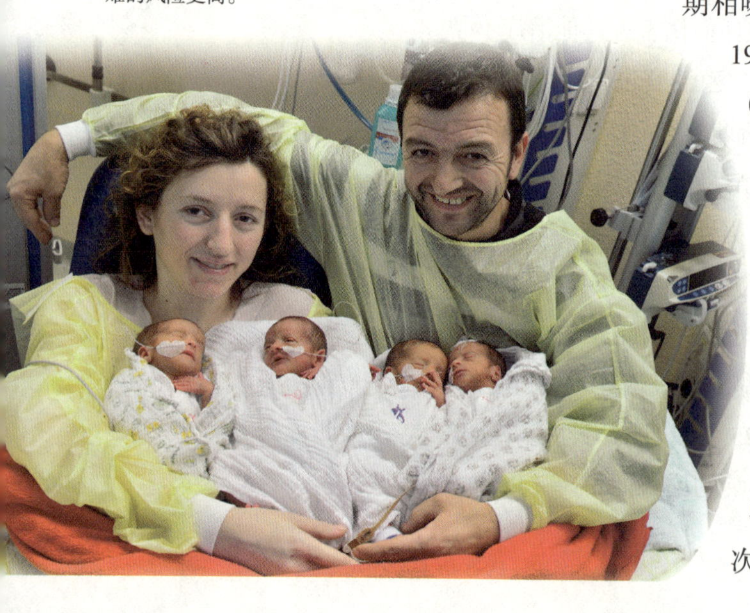

多胞胎常引起媒体的广泛关注，但是这种分娩的后果往往是悲剧性的，因为流产、早产和严重发育困难的风险更高。

接近 40%，42—43 岁妇女的成功率则为 15%（Schorsch et al.，2013）。

如果不孕的主要问题是女性不能正常排卵，最常见的方法是通过生育药物刺激排卵。这些药物模拟了正常情况下激发排卵的激素的活动。通常，生育药物在每个周期都能刺激卵泡的质量和数量。最近在美国 12 个地区进行的一项大型研究表明，怀孕成功率（多达 4 次试验）在 22%—35%，具体取决于所使用的药物（Diamond et al.，2015）。生育药物对许多不孕女性都很有效，但也有严重的风险，包括血液凝块、肾脏损伤和卵巢损伤，因此使用这些药物的女性应该受到医生的密切监测（Schram，2016）。这些药物的目的是刺激卵巢中卵泡的发育，但通常会引起多个卵泡同时发育，从而释放出 2 个、3 个或更多的卵子。因此，使用生育药物会导致较高的多胎率，根据使用药物的不同，多胎率为 10%—25%（Diamond et al.，2015；Schoolcraft，2010）。通常这意味着双胞胎，但也有可能是三胞胎或更多。你可能在杂志或电视节目中看到过六七个或八个婴儿的多胞胎故事，以及他们是多么可爱，但是多胞胎的结果往往是悲惨的。同时受孕的婴儿越多，流产、早产和严重发育障碍的风险就越高。

如果生育药物不能帮助女性成功怀孕，辅助生殖技术的下一步就是**体外受精**（**in vitro fertilization，IVF**）。在体外受精中，会在使用生育药刺激女性卵巢中大量的卵泡生长之后，从女性体内提取成熟的卵子并与男性的精子结合在一起，从而进行受精。几天后就可以分辨出哪些受精卵已经发育，哪些没有，因此将最有希望的两个或三个受精卵移入女性的子宫内，以希望其中一个能继续发育。

体外受精（IVF）：这是一种治疗不孕症的方法，包括使用药物刺激卵巢中多个卵泡的生长，从中提取卵子并将其与精子结合，然后将最有希望的受精卵移入子宫。

> **批判性思考题**：由于生育药物经常会导致多胎出生，因此在使用方法上是否应有法律限制？

1978 年，当第一个试管授精婴儿出生时，有人担心以这种方式受孕的婴儿可能在某些方面是不正常的。然而，到目前为止，许多这种婴儿都已经顺利长大成人。近年来，体外受精的成功率稳步提高。对于 35 岁以下的女性来说，一次试管婴儿成活的可能性接近 50%［Society for Assisted Reproductive Technology（SART），2017］。然而，对于年龄在 38—40 岁的女性来说，成功率会随着年龄的增长而下降到 24%，而 42 岁及以上的女性，成功率仅为 4%。如今，每年数千例怀孕都是体外受精促成的，由于其所需的技术和费用，几乎完全发生在发达国家。

小结：妊娠问题

学习目标 2.13 能够解释染色体疾病是如何发生的。

当染色体在减数分裂过程中不能正常分裂时，就会发生染色体异常。这些疾病可能与性染色体有关，也可能发生在第 21 对染色体上，导致唐氏综合征。患染色体疾病的风险随着父母年龄的增长而增加。

学习目标 2.14 能够描述产前检查和诊断的四种主要技术，并解释一些准父母寻求遗传咨询的原因。

产前检查和诊断的主要方法有超声波、母体血液筛查、羊膜穿刺术和绒毛取样。可能患有高风险遗传疾病的准父母有时会在备孕前寻求遗传咨询。那些需要进行遗传咨询的风险人群主要包括有遗传疾病的人或有遗传疾病的近亲属；有流产或不孕史的夫妇；高龄夫妇（35 岁以上的妇女和 40 岁以上的男子）。

学习目标 2.15 能够描述不孕症的心理和社会影响。

在全球范围内，9%—13% 的夫妻患有不孕症。这意味着他们在不采取避孕措施的情况下有规律进行性交至少一年之后仍无法怀孕。不孕症的心理和社会影响因文化而异。其中包括个人的悲伤和失落，以及在某些传统文化中对妇女的侮辱和排斥。

学习目标 2.16 回顾不孕症的主要原因和治疗方法。

在不孕症的原因中，男女双方的生殖系统问题大约各占一半。女性不孕最常见的原因是排卵问题，而男性不育的原因可能是精子太少、精子质量差或精子活性低。不孕症的治疗称为辅助生殖技术（ART），包括人工授精（IUI）、生育药物和体外受精（IVF）。

第三章

分娩与新生儿

第一节 分娩及其文化背景

分娩过程

分娩过程的阶段

分娩并发症和剖宫产

分娩的历史和文化差异

西方有关分娩的独特历史

跨文化中的分娩：谁来帮助

跨文化中的分娩：旨在减少分娩危险和痛苦的实践

新生儿及产妇死亡率的文化差异

第二节 新生儿

新生儿的健康

新生儿健康状况的测量

低出生体重

新生儿的身体机能

新生儿的睡眠模式

新生儿的反射

新生儿的感觉

第三节 新生儿的护理

营养——“母乳”是最好的吗

母乳喂养的历史文化视角

母乳喂养的好处

新生儿护理的社会性和情感方面

哭泣与安抚

联结：神话和真理

产后抑郁症

在不同的文化中，新生命的诞生往往被视为一件值得庆祝的喜事。与此同时，对于儿童和母亲来说，分娩往往是一个对身体具有挑战性并存在潜在危险的过程，在没有现代医疗援助的情况下尤其如此。在这一章中，我们首先研究分娩过程的生理阶段。由于分娩不仅仅是一个生理过程，因此我们也考虑了分娩在信仰和习俗方面的历史和文化差异。正如你将看到的那样，关于分娩有各种各样的观念。其中一些可能看起来很合理，有些则可能看起来很奇怪甚至很荒谬，但是我们鼓励你思考一下其背后潜在的心理原因。此外，我们还将讲述已被证明能有效提高母婴安全分娩概率的方法。然后，本章着重介绍新生儿的身体特征，将在最后提出有关新生儿和母亲护理的科学建议。

第一节 分娩及其文化背景

学习目标

3.1 能够描述分娩过程的三个阶段。

3.2 能够列举两种常见的分娩并发症，并解释如何克服这些并发症。

3.3 回顾产科的出现对婴儿和母亲的成本和收益。

3.4 能够描述关于谁来协助分娩的文化差异。

3.5 能够描述在减少分娩期间的危险和缓解分娩疼痛方面的文化差异。

3.6 能够总结发达国家和发展中国家内部以及两者之间产妇和新生儿死亡率的差异。

分娩过程

怀孕末期，孕妇体内激素的变化引起了分娩的开始。最重要的是，女性的脑垂体会释放**催产素**（oxytocin）。当孕妇血液中的催产素含量达到一定的阈值时，她的子宫开始频繁而有规律地收缩，如此，分娩过程就开始了。

催产素：由脑垂体分泌的激素，会引起分娩。

分娩过程的阶段

学习目标 3.1 能够描述分娩过程的三个阶段。

如**图 3.1** 所示，分娩过程一般分为三个阶段：阵痛，娩出，胎盘和脐带的排出（Mayo Clinic Staff，2011；Simkin，2013）。女性在这一过程的时间长度和难度方面存在着巨大差异，这主要取决于女性的体形和婴儿的大小。但一般来说，女性在生育第一个孩子时所需的时间更长，难度也更大。

第一阶段：阵痛（labor）。这是时间最长和最费力的阶段，女性第一次分娩平均需要 12 小时，随后的分娩平均需要 6 小时（Simkin，2013）。在分娩过程中，子宫中的肌肉收缩会导致产妇的子宫颈扩张（打开），为婴儿的分娩做好准备。在分娩的早期，当宫颈打开时，可能会有一股黏稠的、带血的分泌物从阴道流出，通常被称为"见红"（bloody show）。分娩结束时，宫颈张开约 10 厘米。在分娩过程中，子宫的肌肉会随着强度、频率和持续时间的增加而收缩，从而扩张子宫颈，使胎儿沿着子宫颈向下移动，并穿过阴道。子宫的收缩像抽筋一样疼痛（疼痛原因相同），疼痛是由于肌肉长时间剧烈收缩引起的。在宫缩的高峰期，宫缩会持续 60—90 秒。随着分娩的持续进行，女性经常会遭受严重的背痛。恶心和腿发抖也很常见。

阵痛：分娩过程的第一个阶段。在此阶段子宫颈扩张，子宫肌肉收缩以推动胎儿进入阴道朝向子宫颈。

第二阶段：娩出（delivery）。这通常需要半小时到一个小时，但娩出同样存在很大差异（Mayo Clinic Staff，2011；Murkoff & Mazel，2016）。在这一阶段，母

娩出：分娩过程的第二阶段，在此期间胎儿被推出子宫颈并通过产道。

第一阶段：阵痛

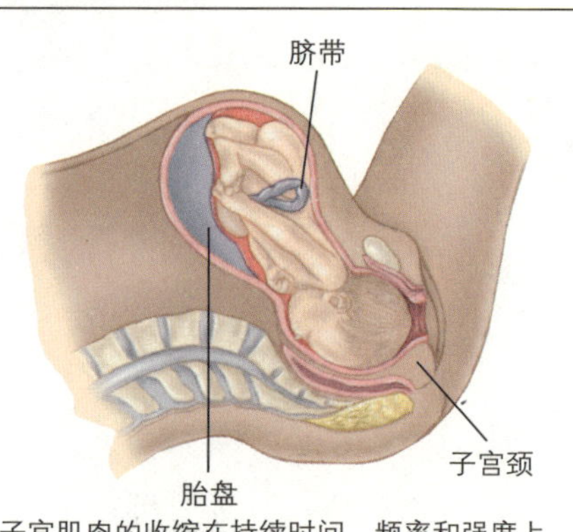

子宫肌肉的收缩在持续时间、频率和强度上持续增加，导致子宫颈的扩张。

第二阶段：娩出

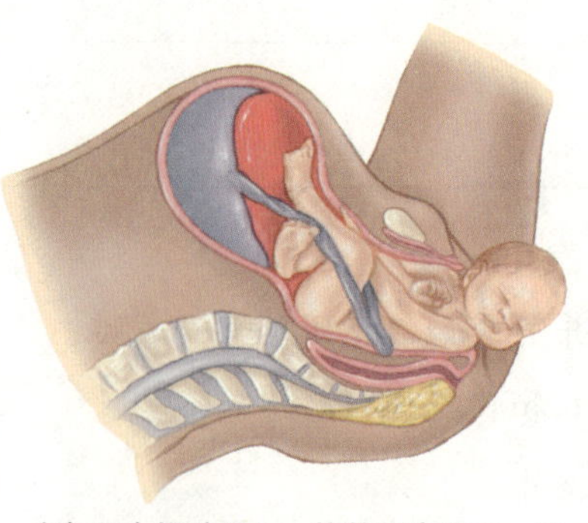

产妇用力推动婴儿，使其露出头顶，然后离开产道来到世上。

第三阶段：胎盘和脐带的排出

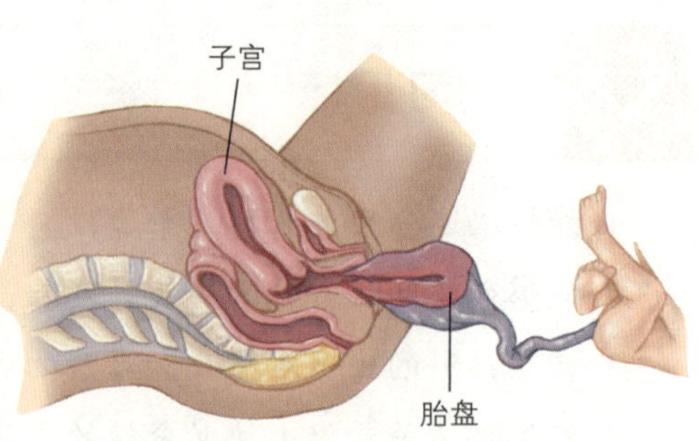

宫缩仍然继续进行，直到胎盘和脐带被排出体外。

图 3.1 分娩过程的三个阶段

哪一阶段用时最长，分娩最困难？

亲努力推动胎儿移动，使其通过子宫颈并离开子宫。宫缩也继续起作用，但对大多数女性来说，尽管宫缩仍然长达 60—90 秒，但现在已经不那么频繁了。在宫缩期间，女性通常会有强烈的推挤冲动。

分娩的最后会出现著冠（crowning），这意味着胎儿的头部出现在阴道的外部开口处。当胎儿头顶出来时，妇女的阴道口常有刺痛或灼热的感觉。此时，如果她在医院分娩，可能会接受**外阴切开术（episiotomy）**，这是一个能使阴道口变更大的切口手术。其目的是在胎儿出头时减少母亲阴道撕裂的可能性，并将这部分分娩过程缩短 15—30 分钟。然而，一些外阴切口手术的批评者们认为，此手术通常是不必要的，并且由于这种批评，美国的外阴切开手术率从 1970 年的约 90% 下降到 2012 年的 15%（Cassidy，2006；Frankman et al.，2009；Friedman et al.，2015）。在美国，外阴切开术的发生率与种族有关。2012 年，8% 的非洲裔美国妇女进行了外阴切开术，而其他族裔妇女的这一比例为 15%—16%（Friedman et al.，2015）。

外阴切开术：分娩过程中，为了扩大阴道口的切口手术。

在发达国家，丈夫或其他家庭成员经常协助制定策略，以减轻分娩过程的压力。

当胎儿从阴道出来时，分娩阶段就结束了，但分娩过程还没有结束。

第三阶段：胎盘和脐带的排出。第三阶段也是最后阶段，随着胎盘和脐带从子宫排出，宫缩继续发生（Simkin，2013）。这个过程通常发生在几分钟内，最多半小时。宫缩逐渐平和，每次持续约一分钟。在这一阶段，孕妇必须注意要将整个胎盘娩出，否则子宫将无法正常收缩，母亲将继续出血，甚至可能危及生命。母亲开始母乳喂养新生儿时会引发宫缩，这有助于排出胎盘。当拥有先进的医疗护理时，母亲可能会注射合成催产素以达到同样的目的。

如果母亲做过外阴切开术或在分娩过程中阴道撕裂，此时便需要进行缝合。在这一点上，脐带也必须剪断和绑扎。关于剪断脐带和处理胎盘有许多有趣的文化信仰，我们将在本章后面看到。

分娩并发症和剖宫产

学习目标 3.2 能够列举两种常见的分娩并发症，并解释如何克服这些并发症。

我们刚刚研究了分娩一切顺利的整个过程，但是很多时候分娩并非一帆风顺。两种最常见的分娩并发症是难产（failure to progress）和臀位（breech presentation）分娩。

难产和臀位分娩。“难产”意味着女性已经开始了生育过程，但时间却比正常情况要长。产妇可以通过四处走动、打个盹儿或洗个热水澡来刺激分娩的进展，也可以通过被注射合成催产素来刺激她的宫缩。如果是在医院里进行分娩，并且婴儿已经在产道中，则可以将**产钳（forceps）**或“真空”（吸气装置）连接到婴儿的头部，以帮助将婴儿从阴道中拉出来。

产钳：分娩时用来将婴儿头部从子宫中拉出的钳子。

臀位（breech presentation）是指胎儿转过身来，使脚或臀部的位置首先从产道出来，而不是头部先出来。大约4%的胎儿出现了臀位状况（Weiniger et al.，2016）。臀位分娩对婴儿来说是很危险的，因为先出脚或臀部会导致分娩过程中脐带收缩，这可能导致胎儿在几分钟内氧气不足或大脑损伤。因此，通常要尽量避免出现臀位。助产士可能会按摩孕妇的腹部，并试图将胎儿从臀位转向头位。医生通常也会在孕妇怀孕的第37周左右采用按摩的手段并配合放松子宫肌肉的药物来转动臀位（de Gregorio et al.，2017）。然而，在发达国家，大多数出现臀位的病例都会导致剖宫产，下面会对此进行描述。

臀位：分娩时胎儿的体位，脚或臀部先从产道出来的体位，而不是头部先出来。

剖宫产。如果胎儿未能成功进入产道，或者胎儿臀位未能成功转位，或者在分娩过程中出现其他问题，则可能采取**剖宫产（cesarean delivery, or C-section）**（Weiniger et al.，2016）。剖宫产是指剖开母亲的腹部，直接从子宫中取出婴儿。剖宫产已经存在了很长一段时间——传说它是以罗马皇帝尤利乌斯·恺撒（Julius Caesar）的名字命名的，据说他大约在2000年前就是通过这种方法出生的，但即使婴儿得救了，母亲们几乎都死于剖宫产，这一情况直到最近几十年才改变。现如今，虽然剖宫产比顺产需要更长的时间来愈合，但它已经非常安全（MedlinePlus，2016）。对婴儿来说，剖宫产通常也是非常安全的，如果母亲患有艾滋病或生殖器疱疹等性传播疾病，剖宫产比顺产更安全，因为剖宫产可以保护婴儿在分娩过程中不受感染疾病的风险。

剖宫产：一种分娩方式，即剖开母亲的腹部，直接从子宫中取出胎儿。

各国的剖宫产率存在很大差异，这似乎与世界区域或经济发展水平无关

[World Health Organization (WHO), 2014]。为了降低孕妇和新生儿死亡率，理想的剖宫产率是多少？世界卫生组织建议，任何国家的剖宫产率均不能超过10%—15% (WHO，2009，2015)。最近对全球数据的分析表明，最理想的比例可能高达 19% (Molina et al.，2015)。许多国家（包括美国）都超过了这些比例。

一些剖宫产率最低的国家，孕妇患上分娩并发症的概率也很低。这表明，在高剖宫产率的国家进行的许多剖宫产是没有必要的 (WHO，2015)。具体而言，出生率问题最低以及剖宫产率最低的国家是北欧，在那里，医生和准父母都有一种文化信仰，即产妇应该自然分娩，手术干预只有在绝对必要时才应该进行 (Pyykönen et al.，2017；Ravn，2005)。然而，在印度和非洲大部分国家，剖宫产率也很低，这是因为那里许多人无法获得必要时可以提供剖宫产的医疗设施 (WHO，2014)。

对于经历过剖宫产手术的女性来说，母亲有可能通过阴道分娩的方式来生产第二个孩子，也就是所谓的剖宫产后顺产 (vaginal birth after cesarean section，VBAC)。2010 年，美国国立卫生研究院 (National Institutes of Health，NIH) 小组审查了有关剖宫产后顺产的证据，并宣布该过程几乎对所有女性来说都是安全的 (Shorten，2010)。

分娩的历史和文化差异

怀孕后大约 9 个月，在经历了令人惊奇的、戏剧性的，有时甚至是危险的胚芽期、胚胎期和胎儿期，一个新生儿便诞生了。对于已经安全度过这 9 个月的胎儿来说，危险还远远没有结束。在每一种文化中，出生都能激发人们强烈的信念，因为对母亲或胎儿或两者而言，分娩往往是一个困难的过程，有时甚至是致命的。分娩过程的困难和危险是人类所独有的 (Cassidy，2006)。平均体重为 227 千克的北极熊妈妈产下的幼崽儿的头比刚出生的人类的头还要小。即使是与我们关系最近的灵长类动物之一大猩猩，其婴儿出生时的平均体重仅为母亲体重的 2%，而人类则为 6%。回顾第一章，在人类进化史上，大脑的体积会增加 3 倍多。然而，女性身体的其余部分并没有增长 3 倍，女性的骨盆也没有得到相应增长。因此，人类的分娩问题比其他任何动物都要严重，因为大脑袋的胎儿通过产道来到世上的难度持续增加。

人类通过发展文化信仰和实践来应对这一危险，这些文化信仰和实践试图解释分娩如此困难的原因，以及如何减轻分娩的痛苦和提高母婴的安全性的问题。其中一些信仰和做法确实是有益的；而有些则毫无疑问是非常有害的。从 18 世纪到 20 世纪中叶，那些最有害的信仰和做法源于西方，直到过去的 50 年，由于医学界的干预，基于科学的医学知识才发展出在分娩过程中对母亲和婴儿真正有益的方法。

西方有关分娩的独特历史

学习目标 3.3 回顾产科的出现对婴儿和母亲的成本和收益。

同其他地方的文化一样，在西方的大部分历史中，助产士是分娩时最常见的助手（Ehrenreich，2010）。助产士受到了广泛的重视和尊重。尽管家庭通常会在孩子出生后送给助产士们一份礼物，但大多数助产士的工作报酬很低，甚至没有报酬。到了15世纪，随着一股猎巫热潮席卷了欧洲，这种情况开始发生改变。1486年，两位僧侣出版了一本颇有影响力的猎巫手册，宣称“没有人比助产士对天主教信仰的伤害更大”（Cassidy，2006，p. 33）。人们普遍怀疑助产士是女巫，其中许多助产士被处死。在猎巫热潮过去后，助产士重新活跃起来，但为了清除其余的女巫，助产士必须持有由天主教教堂颁发的许可证方可执业。

在18世纪早期，助产士的地位受到了新的挑战。随着欧洲各地医学院的建立，分娩和孕妇护理成为医学界的一个独特领域，称为**产科（obstetrics）**。到了19世纪，在西方国家，请医生帮忙接生变得越来越普遍。

产科：专注于产前保健和分娩的医学领域。

不幸的是，当时的医疗培训和知识储备往往不足。例如，所有的医生都是男性，在许多医学院里，男性在任何情况下都不能看到女性的生殖器。医学生仅仅通过阅读书籍和参加讲座来学习如何协助分娩（Cassidy，2006）。因此，产科护理存在很大的风险。到19世纪末，美国有一半的新生儿在出生时使用产钳（Ehrenreich，2010）。在经验丰富的医生手中，产钳通常是安全的，但在那个时候，产钳的频繁使用也会对婴儿或母亲造成伤害。

比缺乏实践培训更糟糕的是缺乏有关感染的知识。在20世纪之前，医生对在检查患者之前要洗手以避免传播感染性疾病的必要性了解有限。因此，医院成了疾病传播工厂。因为医生在进行尸体剖解后不洗手就直接帮助孕妇分娩（Nuland，2003），以至于大量妇女在分娩后死于所谓的产褥热（childbed fever）或产后败血症（puerperal sepsis）。实际上是死于医生在协助分娩时无意中传播的一系列感染。记录显示，在19世纪的欧洲和美国许多医院中，大约每20个母亲中就有1个死于产褥热，而且在偶尔发生流行病时，这一比例则更高（Nuland，2003）。1883年，波士顿一家医院的记录显示，约75%的产妇患有产褥热，并有20%的产妇死于此病（Cassidy，2006）。直到20世纪40年代，随着产科医生在检查妇女时必须洗手和戴橡胶手套成为标准，美国和欧洲才最终消除了产褥热。与此同时，抗生素的开发也已经能够成功治愈产褥热（Carter & Carter，2005）。

19世纪使用产钳的插图。

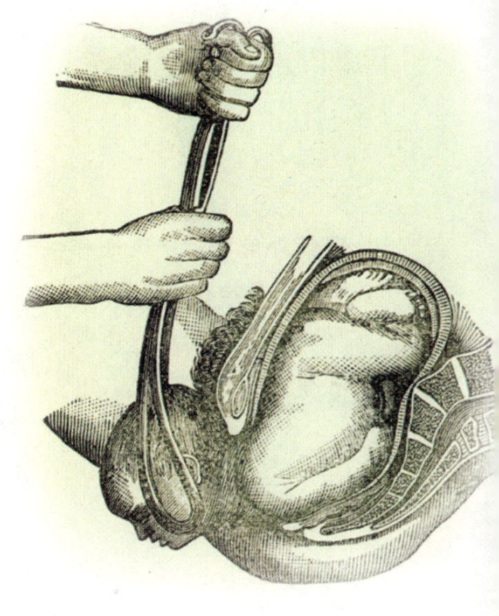

在19世纪，医生们越来越多地依赖药物来减轻分娩时的疼痛，但是这些药物（如乙醚和氯仿）有许多危险的副作用，可能会导致产妇出血和婴儿呼吸困难。在20世纪早期，医学界开发了一种新的药物，从而使得产妇产生

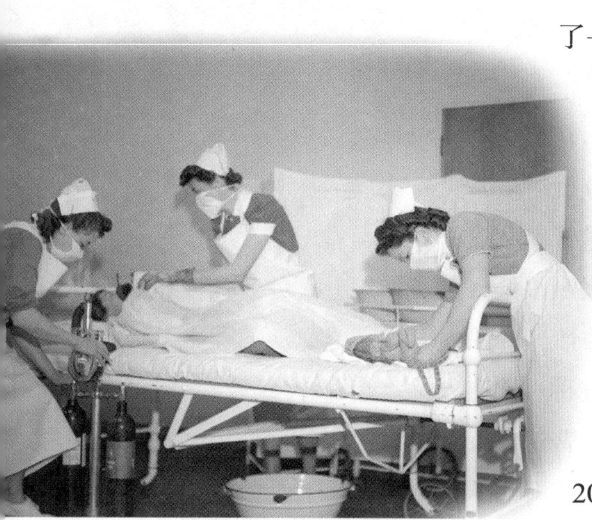

在20世纪中叶，发达国家的分娩通常是在“半麻醉”的状态下进行的，在这种情况下，母亲需要服用大量的药物。这里显示的是一张1946年的照片，一位新妈妈在伦敦一家医院分娩后处于镇静状态。

了一种被称为“半麻醉”（twilight sleep）的状态（Cassidy，2008）。在注射麻醉剂（主要是吗啡）后，在“半麻醉”中分娩的妇女受到的抑制作用较小，这有助于她在收缩期间放松并促进她的子宫颈扩张，从而减少使用产钳的可能性。但女性仍然能感受到痛苦（事实上，尖叫和捶打在半麻醉状态下仍是非常常见的现象，以至于女性经常戴着头盔、戴着手铐躺在产床上），但事后她们却什么都不记得了。从20世纪30年代到60年代，使用麻醉剂和其他药物是西方国家医院里普遍接受的做法。

20世纪60年代后期，人们开始反对出生的医学化（Lyon，2007）。批评人士称，使用药物干预、产钳和外阴切开术等医疗程序是没有必要的，医学界创造这些程序主要是为了让分娩更有利可图。这些批评人士主张选择**自然分娩（natural childbirth）**。自然分娩的方法在细节上各不相同，但都拒绝使用医疗技术和干预手段，并认为它们对分娩过程无益反而有害。自然分娩包括准父母学习分娩过程的课程，主要有如何通过放松、呼吸技巧以及依赖配偶或伴侣或其他人的身体和情感支持来控制疼痛。只要分娩是发生在必要时可以进行医疗干预并且卫生设施齐全的环境中，那么在自然分娩和医疗方法之间并没有发现产妇和新生儿健康结果方面存在差异（Bergström et al.，2009）。

自然分娩：一种避免医疗技术和干预措施的分娩方法。

虽然自然分娩可以提高母亲的分娩经验，但一些研究表明，“在家分娩”的效果较差。最近的一项研究赢得了全国认证助产士协会和美国妇产科医师学会的称赞（Belluck，2015）。这项研究发现，婴儿在家分娩且在分娩过程中或在第一个月死亡的概率尽管很小，也比住院分娩的产妇高2.4倍（Snowden et al.，2015）。在家分娩会增加新生儿患癫痫的风险，也会增加新生儿需要呼吸机的可能性，还会增加母亲需要输血的可能性。另外，在家分娩所涉及的医疗干预更少，需要剖宫产的可能性更低。不建议有高危妊娠或已有病史的产妇在家分娩，如果发生并发症，建议女性制订转移到医疗机构的计划。在发达国家，在家分娩仍然很罕见。例如，在家分娩的人口占美国所有出生人口的1%多一点（Belluck，2015）。

虽然自然分娩方法在当今仍然很受欢迎，特别是在北欧，但医疗干预也很常见。例如，分娩中的妇女会接受**硬膜外麻醉（epidural）**，即将麻醉剂注入脊髓液中以帮助她们在保持警觉的同时控制疼痛（Murkoff & Mazel，2016）。如果使用正确的剂量，硬膜外麻醉可以保留足够的感觉，以便女性在时机成熟时可以用力向前推动婴儿。有时医生必须使用合成催产素来刺激宫缩，因为硬膜外麻醉可能导致宫缩缓慢。在发达国家，顺产妇女接受硬膜外麻醉的比例差别很大——例如，美国为76%，瑞典为52%，加拿大为45%，新西兰为24%（Lane，2009）。造成这些差异的原因尚不清楚。

硬膜外麻醉：分娩过程中，将麻醉剂注入脊髓液中，以帮助母亲控制疼痛，同时保持警觉。

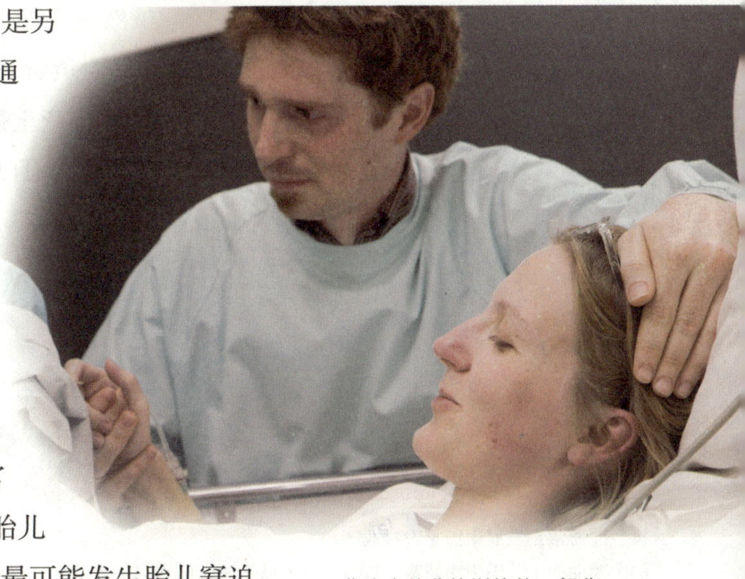

作为自然分娩训练的一部分，一对夫妇正在学习呼吸和放松技巧。

电子胎儿监护（electronic fetal monitoring，EFM）是另一种常见的现代医学技术。电子胎儿监护可以从外部通过母亲的腹部跟踪胎儿的心跳，也可以通过将导线穿过子宫颈并将传感器放在胎儿的头皮上直接跟踪。在美国，约 85% 的新生儿使用过电子胎儿监护（Martin et al.，2015；Paterno et al.，2016）。电子胎儿监护有助于提高孩子和母亲在分娩过程的安全性。胎心率的变化可能预示着胎儿窘迫并需要进行干预。然而，心率变化并不容易解释，它并不一定代表着分娩过程有困难，因此使用电子胎儿监护可能会增加不必要的剖宫产率（Molina et al.，2005；Paterno et al.，2016）。电子胎儿监护特别适用于早产或其他高危分娩的情况，因为此时最可能发生胎儿窘迫。

电子胎儿监护（EFM）： 一种跟踪胎儿心跳的方法，可以通过母亲的腹部从外部进行跟踪，也可以通过将导线穿过子宫颈并将传感器放在胎儿的头皮上进行直接跟踪。

现如今在发达国家，无论是对母亲还是婴儿来说，分娩过程比以往任何时候都要顺畅。自然分娩运动对主流医学如何协助分娩产生了许多积极影响。尽管在发达国家中，大多数分娩仍在医院进行，但分娩已不再像医生那样进行手术，而更多的是医生、护士（通常包括助产护士）和母亲之间的配合过程。此外，父亲、伴侣以及其他家庭成员和朋友现在也经常参与其中。当父亲参与到分娩过程中时，母亲的分娩时间会略微缩短，并且对分娩过程更为满意（Hodnett et al.，2007）。对于父亲来说，新生儿的出生能唤起他们强烈的感受和爱意（Erlandsson & Lindgren，2009）。但是，一些父亲也会对母亲和婴儿的健康和幸福感到十分担忧（Eriksson et al.，2007）。

> **批判性思考题：** 如果你怀孕了，或者你的伴侣怀孕了，你希望生孩子的过程保持多大程度的“自然”，为什么？

跨文化中的分娩：谁来帮助

学习目标 3.4　能够描述关于谁来协助分娩的文化差异。

在谁来协助分娩的这个问题上，传统文化之间的差异相对较小。几乎所有主要的助手都是老年妇女（Bel & Bel，2007）。在一项关于 60 种传统文化中生育习惯的早期研究中，其中 58 种文化中的老年妇女都提供了生育帮助（Ford，1945）。例如在墨西哥和菲律宾的某些地区，很少发现男性是主要的助产士。更典型的情况是，所有男性在分娩时都不允许在场，更不用说担任主要助手（Newton & Newton，2003）。然而，有时父亲会在母亲倾身、站立或蹲下分娩时搀扶着她。

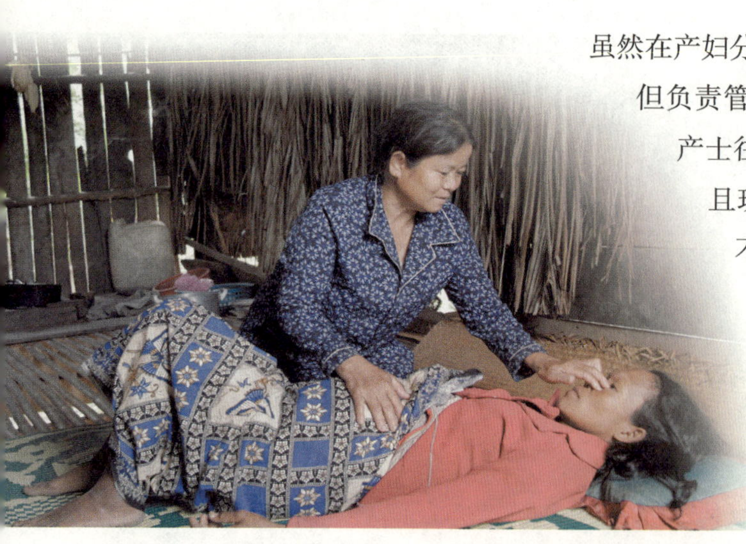

接生婆通常是发展中国家农村地区的主要助产士。图为柬埔寨乡村的一位助产士在照顾一位孕妇。

虽然在产妇分娩时通常有各种各样的女性在场，尤其是产妇的亲属，但负责管理分娩过程的女性通常为具有特殊地位的助产士。助产士往往是年纪较大的妇女，她们已经有了自己的孩子，并且现在已经超过了生育年龄。她们有分娩的直接经验，也不再需要照顾年幼的孩子，因此她们在需要时可以随时待命。

女性可以通过多种方式成为一名助产士（Cosminsky，2003）。在某些文化中，比如危地马拉和美洲原住民的奥吉布瓦部落，有些女性在梦中或幻觉中接收到一种被她认为是超自然的召唤，使得她成为一名助产士。在其他文化中，助产士的职位会从母亲传承给女儿。还有一些文化允许妇女自愿成为一名助产士。不论她是如何获得这个职位，她通常都需要花几年时间向更有经验的助产士进行实习，然后带头协助分娩。通过学徒制，她学习了基本的卫生原则、缓解分娩的方法以及产前和产后护理的做法。

在当今的发展中国家，助产士仍然是分娩时最常见的助手。在社会经济地位最高的人群中，分娩越来越多地在有条件的医疗环境中进行，并由医务人员监督（Montagu et al.，2011）。然而，在较不富裕的家庭中，不管有没有助产士在场，在家分娩仍然是一种常态。

在发达国家，助产士在近几十年来有所复兴。1973 年，美国只有 1% 的分娩由助产士协助，目前这一比例约为 10%（Cassidy，2006；Hamilton et al.，2015；MacDorman et al.，2010）。如今，许多人能够接受正规培训，并获得护士助产士的认证和许可，而不是像过去那样简单地从老年助产士那里学习她们的技能。在欧洲，助产士比美国更常见，特别是在北欧。在挪威，几乎所有分娩都由助产士协助完成（Cosminsky，2003；Scarf et al.，2016）。

跨文化中的分娩：旨在减少分娩危险和痛苦的实践

学习目标 3.5　能够描述在减少分娩期间的危险和缓解分娩疼痛方面的文化差异。

也许是因为分娩往往存在着风险，许多传统文化已经形成了一种观念，即分娩会使女性变得精神上不纯洁（Newton & Newton，2003）。在某些文化中，分娩必须远离大多数人居住的地方，这样其他人不会受到污染。例如，新几内亚的阿拉佩什地区，女性只被允许在村庄的郊区进行分娩，那里是专门保留排泄和月经等其他污染活动的地方。许多文化也认为母亲在分娩后很长时间内仍然不洁净，并且为了自己和女性自身的缘故，必须远离她们或者对她们进行仪式性的净化（Newton & Newton，2003）。例如，直到最近几十年，天主教教堂才有专门的仪式供新妈妈们来净化自己。

正如我们所看到的那样，胎盘的排出存在潜在的危险，这可能就是为什么许多文化都认为胎盘本身具有潜在的危险性，必须妥善处理以免造成不良后果（Jones & Kay，2003）。据说，如果不这样做，会造成小到导致婴儿患上丘疹，大到会导致婴儿死亡的后果。在某些文化中，处理胎盘的方法简单明了：埋葬、焚烧或将其扔在河里，或将其保存在专门保留胎盘的地方（Selander，2011）。在其他文化中，关于胎盘的传统更为复杂。例如，在世界上的一些地方，包括印度尼西亚、加纳和马来西亚，胎盘被视为婴儿的半个人类同胞（Cassidy，2006）。分娩后，助产士清洗胎盘并将其埋葬，就像对待夭折的婴儿一样。在一些文化中，葬礼包括向胎盘祈祷，祈求胎盘不伤害新生儿或母亲。

为什么人们会认为胎盘和新妈妈是危险的？文化信仰发展的一个常见动机似乎是控制欲（Jones & Kay，2003）。分娩往往充满着危险，面对这种不好的前景，人类逐渐形成了自己的观念，希望她们能够避免危险或至少将危险最小化。令人欣慰的是，如果举行了某些仪式，母亲、婴儿和其他所有人都会毫发无损地度过这一过程。

有趣的是，在某些地方，胎盘被认为具有特殊的价值，可以作为激素和营养素的来源。发达国家的医院将胎盘给予研究人员，或者给化妆品制造商用于制造护发素等产品（Jones & Kay，2003）。西方国家的一些人甚至主张食用胎盘，在“胎盘比萨”上配放部分胎盘，或者混合成“胎盘鸡尾酒”（Weekley，2007）！也许这解释了为什么胎盘这个词来源于拉丁语中的“蛋糕”？当然，也可能不是。更可能的是，这种（罕见的）做法是受许多其他哺乳动物母亲的启发，从老鼠到猴子都食用胎盘。胎盘富含营养物质，可以为疲惫的新生儿母亲提供营养以应对即将来临的哺乳。它还含有催产素，有助于预防产后出血。然而，食用胎盘的习俗在人类文化中并不常见。

除了旨在降低出生风险之外，文化还衍生了许多尝试减轻分娩过程中的痛苦和困难的传统方法。这些方法各不相同，但是有一些共同的主题。例如，这些策略早在分娩前就开始了。如第二章所述，通常助产士来产前检查是为了提供建议和进行腹部按摩以缓解不适，同时也会向母亲提供饮食和运动方面的建议。在亚洲和南美的许多文化中，食物被归类为“热”或“冷”（一种文化定义，而不是根据实际上是冷还是热），母亲被禁止吃“热”食物（Cosminsky，2003）。这些食物分类并没有科学依据，但是它们可以帮助准妈妈消除分娩过程中的疑虑，增强她的信心。

当产妇开始分娩时，通常会叫来助产士进行协助，准妈妈的女性亲戚也会聚集在她的身边。有时助产士会给准妈妈服用药物，以减轻分娩和产后的疼痛。许多文化都使用草药，但在乌克兰，传统上助产士到达分娩妇女家中时的第一步是给她一杯威士忌（Newton & Newton，2003）。孕妇可能会被喂一些特殊的食物来增强她们的体力，以便迎接分娩的到来。随着分娩的继续，助产士和其他陪产的妇女通常会在子宫收缩时用“分娩谈话”来敦促她，并大声鼓励和指导她，如果她叫声太大或抱怨太多，有时甚至会受到责骂（Bergström et al.，2009，2010）。随着分娩的进一步发展，许多文化都采用了某种直立的姿势。为了更好地利用重力加快分娩速度，母亲通常会跪下、蹲下或站立（Newton & Newton，2003）。

分娩时间越长，母亲就会越疲惫，对母亲和孩子的潜在危险就越大。因此，文化创造了各种各样旨在加速分娩的做法。在世界各地的文化中，最普遍的方法是使用某种与开放或驱逐相关的意象或隐喻（Bates & Turner，2003）。例如，在菲律宾，人们会在分娩妇女的枕头下面放一把钥匙（用于“打开”子宫颈）和一把梳子（用于“解开”脐带）。在其他文化中，人们会解开绳索，打开瓶塞，或者把动物从围栏里放出来。在某些传统文化中，助产士需要萨满巫师的精神帮助。萨满是一种宗教领袖，据说他们对精神世界具有特殊的力量和知识。例如，在库纳印第安人中，根据传统信仰，难产是由子宫的灵魂“Muu”造成的，“Muu”可能会（无明显原因）决定抓住胎儿并阻止其脱落（Levi-Strauss，1967）。萨满的工作是召唤魔法，通过唱一首歌，让灵魂进入子宫与“Muu”战斗，从而将胎儿从“Muu”的掌握中解救出来。

这些传统习俗对难产的妇女有好处吗？从医学的角度来看，大多数情况下都没有什么好处，但在我们轻易地忽略萨满之歌的影响之前，请务必谨慎。因为有大量证据表明这具有安慰剂效应，这意味着有时候如果人们相信某件事情会影响他们，那么它的确会产生影响，这就是信仰的力量。在一个经典的例子中，如果给人们服用不含药物的糖丸，并告知它是止痛药，那么他们中的许多人会报告说疼痛减轻了（Balodis et al.，2011）。并不是糖丸减轻了他们的痛苦，而是他们相信糖丸会减轻他们的痛苦。在萨满助产的情况下，母亲可能会感到真正的解脱，不仅因为她相信萨满之歌，而且因为萨满的存在所代表的情感和社会支持（Bates & Turner，2003）。

目前，发达国家卫生专业人员对如何以非医学方式处理分娩疼痛的建议类似于跨文化使用的一些做法。这些非医疗策略包括（Mayo Clinic Staff，2017）：

- 经常改变出生姿势，包括直立和行走。
- 听音乐。
- 调整到最舒适的方式，以稳定的节奏，快速或慢速呼吸。
- 淋浴或洗澡。
- 在宫缩时进行按摩。

需要重点指出的是，一些剪断或处理连接胎盘和婴儿脐带的传统习俗在无意中会产生危险（Cosminsky，2003）。例如，用来切断脐带的工具包括竹子、贝壳、碎玻璃、镰刀和剃刀，它们可能并不干净，从而将疾病传播给婴儿。在印度北部的一个地区，治疗脐带切割的方法包括将焚烧过的牛粪灰与泥土混合而成的灰烬，现在已知这种方法会大大增加婴儿患破伤风的风险。有时，文化习俗可以促进健康；但有些时候，即使它们是减少而不是提高了新生儿生存的机会，文化习俗仍会代代相传。

新生儿及产妇死亡率的文化差异

学习目标 3.6　能够总结发达国家和发展中国家内部以及两者之间产妇和新生儿死亡率的差异。

发展中国家的婴儿和产妇死亡率远高于发达国家。在全球部分地区，分娩仍然充满了风险。不过，也有一些令人乐观的迹象。在过去 30 年中，由于营养水平的提高和卫生保健服务的改善，发展中国家的孕产妇死亡率大幅下降（Hogan et al.，2010；UNICEF，2014）。**新生儿期（neonatal period）**，即婴儿出生后的头 28 天，仍然是孩子生存最脆弱的时期（UNICEF，2014）。为了降低发展中国家的新生儿死亡率，联合国儿童基金会（2015）建议每个新生儿：

新生儿期：婴儿出生后的头 28 天，也是孩子生命最脆弱的时期。

1. 在紧急情况下可以接受医院治疗；
2. 在出生时，安排训练有素的助产士等熟练人员在场；
3. 在出生时，准备基本物品，如清洁脐带护理的药物。

发达国家之间的新生儿和产妇死亡率也存在很大差异。例如，美国的新生儿死亡率大约是捷克共和国、芬兰、日本和葡萄牙等国家的两倍（MacDorman et al.，2014）。

在美国，非裔美国人的新生儿死亡率是白人的两倍多，主要原因是非裔美国人的贫困加剧和获得高质量医疗服务的机会减少［Centers for Disease Control and Prevention（CDC），2017］。然而，自 1980 年以来，美国各族裔的新生儿死亡率已骤降了近一半。目前拉丁裔和亚裔美国人的这一比例与白人相似（CDC，2017）。相比之下，自 1980 年以来，孕产妇死亡率一直在稳步上升，但原因尚不清楚（MacDorman et al.，2016）。

小结：分娩及其文化背景

学习目标 3.1 能够描述分娩过程的三个阶段。

分娩过程的三个阶段是阵痛、娩出、胎盘和脐带的排出。子宫肌肉的收缩导致母亲的子宫颈扩张，为胎儿的娩出做准备。到分娩结束时，子宫颈已张开约 10 厘米。在分娩过程中，产妇将胎儿从子宫颈推出子宫。在分娩的最后阶段，宫缩仍然继续进行，直到胎盘和脐带排出。

学习目标 3.2 能够列举两种常见的分娩并发症，并解释如何克服这些并发症。

两种常见的分娩并发症：一种是难产，即分娩时间长于正常分娩时间；另一种是臀位分娩，这意味着胎儿转过身来，使脚或臀部先从产道出来。解决这两种并发症的一种方法是进行剖宫产手术。在某些臀位的病例中，可以通过按摩和药物结合来扭转胎儿使其头部朝前。

学习目标 3.3 回顾产科的出现对婴儿和母亲的成本和收益。

18 世纪早期，产科成为医学的一个领域。然而，在 18 世纪和 19 世纪，双手不干净的医生经常将感染性疾病传播给母亲。在 20 世纪初期，由于医生和医院接管了分娩工作，而忽视了产妇的经验，这使分娩变得更加安全，也变得过于医学化。在过去的 50 年里，大多数西方国家都采取了一种中间立场，即尽量减少医疗干预，但在必要时提供医疗干预。

学习目标 3.4 能够描述关于谁来协助分娩的文化差异。

在发展中国家，老年妇女和受过训练的助产士是最常见的分娩助手。然而，对于具有高社会经济地位的群体而言，这一情况正在发生变化，越来越多的人选择在有条件的医疗环境中进行分娩，并且由医务人员监督。在发达国家，大多数婴儿出生在医院，但助产士也正在复兴。在欧洲，助产士比美国更常见，特别是在北欧。

学习目标 3.5 能够描述在减少分娩期间的危险和缓解分娩疼痛方面的文化差异。

由于分娩往往存在风险，许多传统文化已经形成了一种观念，即分娩会使女性处于不洁净状态，并且必须对她进行仪式性清洗或将其排除在日常活动之外。此外，在传统文化中，胎盘经常被小心处理，因为人们认为胎盘具有潜在危险甚至被视为婴儿的半个人类同胞。在传统文化中，助产士通常旨在通过按摩技术、安抚和草药来缓解分娩疼痛。在当今的发达国家中，缓解分娩不适的建议和策略包括改变分娩姿势、听音乐以及在宫缩期间进行按摩。

学习目标 3.6 能够总结发达国家和发展中国家内部以及两者之间产妇和新生儿死亡率的差异。

近几十年来，在发达国家，尽管种族之间存在很大差异，但出生已经变得更加安全和人性化。尽管由于营养水平的提高和卫生保健服务的改善，死亡率正在下降，但在几乎没有任何医疗干预的发展中国家，分娩仍然存在很大的风险。自 1980 年以来，由于未知的原因，美国的产妇死亡率一直在上升。

第二节　新生儿

学习目标

3.7 能够识别最常用于评估新生儿健康的两种主要量表的特征。

3.8 能够识别低出生体重的新生儿分类，并描述其后果和主要治疗方法。

3.9 能够描述新生儿的醒来和睡眠模式，包括这些模式在不同文化中的差异和原因。

3.10 能够说明新生儿的反射，包括有功能目的的反射和没有功能目的的反射。

3.11 能够描述新生儿的触觉、味觉、嗅觉、听觉和视觉等方面的感官能力。

新生儿的健康

经过大约9个月的时间，宝宝终于降世了。普通**新生儿**（neonate）长约50厘米，重约3.4千克。如果你从一开始就希望婴儿非常可爱有趣，那么你可能会大失所望。

新生儿：从出生到4周大的婴儿。

婴儿的头部可能会因为被产道挤压而有点畸形。从进化的角度来看，让头部较大的胎儿从子宫中出来的一种解决方案是在胎儿颅骨尚未融合成一块骨头之时娩出。胎儿的头骨由几块松散连接的骨头组成，可以根据需要在分娩过程中进行移动。这些骨头之间有两个被称为**囟门**（fontanel）的软点，一个在头顶，另一个在后脑勺。大约需要18个月的时间，颅骨的各个部分才能牢固地接合在一起，而囟门也会消失。

囟门：颅骨上的软点，在出生过程中颅骨松散地连接在一起，以帮助新生儿通过产道。

新生儿的皮肤上可能覆盖着一层被称为胎毛的细小绒毛，它是我们毛茸茸灵长类祖先的遗留物。幸运的是，几天后这些细小绒毛就会脱落。新生儿的皮肤上还覆盖着一种油性、干酪质的白色物质，叫作胎儿皮脂，这种物质可以保护胎儿皮肤在子宫里不会皲裂。大约一半的新生儿在出生的头几天会出现皮肤和眼球发黄的现象。这种情况被称为**新生儿黄疸**（neonatal jaundice），通常是由于肝脏发育不成熟而导致的（U.S. National Library of Medicine，2017）。在大多数情况下，随着肝脏开始正常运作，新生儿黄疸会在几天后消失，但如果黄疸持续几天以上，就需要接受治疗，否则可能导致脑损伤［American Academy of Pediatrics（AAP），2011］。最有效的治疗方法是一种简单的光疗法，即将新生儿暴露在彩色光线下，其中蓝光照射最有效（AAP，2011）。

新生儿黄疸：由于肝脏不成熟，在生命的最初几天，新生儿的皮肤和眼球会出现发黄的症状。

新生儿健康状况的测量

学习目标 3.7　能够识别最常用于评估新生儿健康的两种主要量表的特征。

胎儿从子宫内部环境来到外部世界的过程中，最初的几分钟至关重要。对于新生儿来说，在通过母亲的脐带获得氧气数月后，开始自主呼吸变得尤为重要。即使在切断脐带之前，大多数新生儿一旦暴露在空气中就会开始呼吸。但

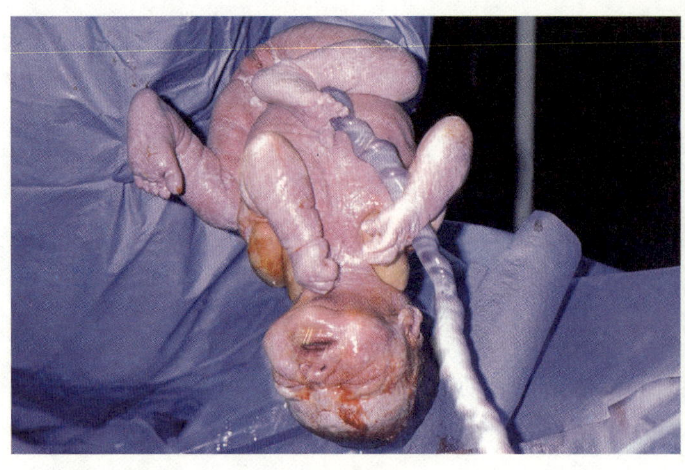
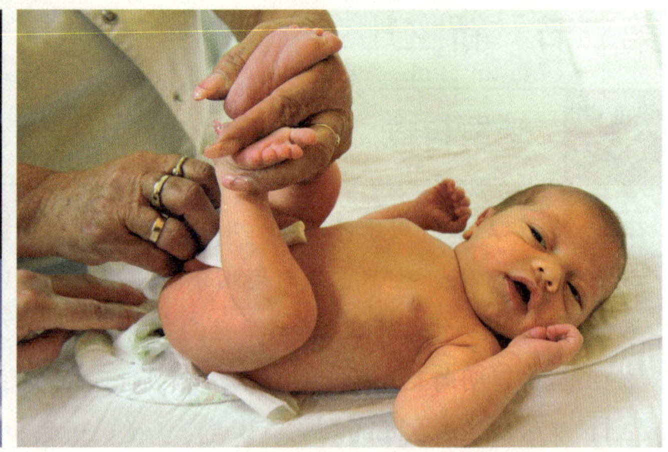

新生儿的外观受到皮脂（左）和新生儿黄疸（右）的影响。

缺氧症：分娩过程或分娩后不久因缺氧而造成的严重的神经损伤。

是，如果他们不会自主呼吸，那么后果很快就会变得很严重。一种称为**缺氧症**（anoxia）的症状会迅速导致脑细胞大量死亡。如果新生儿缺氧几分钟，就可能对他们造成永久性的认知损伤。

由于从子宫内部环境到外部世界的过渡至关重要，并且偶尔会出现问题，因此人们已经开发出用于评估新生儿健康的方法。在西方国家，使用最广泛的两种方法是阿普加量表和布雷泽尔顿新生儿行为评估量表。

阿普加量表：一种新生儿健康评估量表，包括肤色（身体颜色）、脉搏（心率）、对刺激的反应（反射性反应）、肌张力（肌肉紧张性）和呼吸（呼吸强度）。

阿普加量表。阿普加量表（Apgar scale）是以儿科医生弗吉尼亚·阿普加（Virginia Apgar）（1953）的名字命名的。如**表 3.1** 所示，她巧妙地使用了她的姓氏。字母 APGAR 分别对应 5 个分量表，包括肤色（身体颜色）、脉搏（心率）、对刺激的反应（反射性反应）、肌张力（肌肉紧张性）和呼吸（呼吸强度）。新生儿按照这五个分量表分别进行评分，分项得分为 0、1 或 2 分，总分为 0—10 分。对新生儿进行两次评估，第一次是在出生后 1 分钟左右进行评估，第二次是在 5 分钟后，因为有时新生儿的状况会在这段时间内迅速好转或者恶化。

表 3.1　阿普加量表

分量表	0 分	1 分	2 分
肤色（身体颜色）	青紫或苍白	身体呈粉红色，但四肢发青	全身粉红
脉搏（心率）	无	慢于每分钟 100 次	快到每分钟 100—140 次
对刺激的反应（反射性反应）	毫无反应	轻微皱眉	咳嗽、打喷嚏或哭泣
肌张力（肌肉紧张性）	四肢松弛	四肢略有屈曲	四肢活动有力
呼吸（呼吸强度）	超过 1 分钟没有呼吸	呼吸不规则且缓慢	呼吸正常，哭声正常

总分：7—10 分 = 健康状况良好；4—6 分 = 需要呼吸协助；3 分或以下 = 有生命危险。

资料来源：Apgar（1953）.

总分在 7—10 分意味着新生儿状况良好。超过 98% 的美国婴儿都在此得分范围内（Martin et al., 2003）。如果总分在 4—6 分，则新生儿可能会出现缺氧状况，需要帮助才能开始呼吸。如果总分在 3 分或以下，新生儿则有生命危险，需要立即进行医疗救助。除了在宝宝出生后立即能发挥作用外，阿普加量表还可以预测新生儿和婴儿死亡的风险（Iliodromiti et al., 2014）。这是非常重要的信息，因为它会提醒医生必须进行仔细的监测。在我们的双胞胎出生后，我们首先要问的一个问题是关于他们的阿普加分数，这无疑证明了我们作为发展心理学家的背景，也证明了我们第一次做父母的焦虑。即使很多年后，我们仍然记得那些分数以及两个简单的数字（8 和 9）所带来的巨大欣慰。

布雷泽尔顿新生儿行为评估量表。另一种被广泛使用的新生儿功能量评估表是**布雷泽尔顿新生儿行为评估量表（Brazelton Neonatal Behavioral Assessment Scale，NBAS）**。新生儿行为评估量表包含 27 个题目，分别为评估反射（reflexes）（比如眨眼）、身体状态（physical states）（比如敏感性和兴奋性）、对社会刺激的反应（responses to social stimulation），以及中枢神经系统的不稳定性（central nervous system instability）（如震颤的症状）。根据这 27 个题目的得分情况，新生儿的总体评级定为“令人担忧”“正常”“优越”（Nugent & Brazelton, 2000; Nugent et al., 2009）。

布雷泽尔顿新生儿行为评估量表：包含 27 个题目，总体评级定为“令人担忧”“正常”“优越”。

与出生后立即使用的阿普加量表相比，布雷泽尔顿新生儿行为评估量表通常在婴儿出生后一天内使用，但也可以在婴儿出生的头 2 个月内随时使用。如果能在婴儿出生后的第一天以及出生后大约一周的时间内进行两次评估，新生儿行为评估量表能够最有效地预测未来的发展。新生儿被评估为正常或优越的两个点或新生儿的评估显示从令人担忧到正常或者优越的“恢复曲线”，在接下来的几年中都能够良好地成长。然而，当新生儿的两次评估从正常或者优越下降到令人担忧时，就意味着他们存在早期非正常发育的风险（Ohgi et al., 2003）。

对于高危新生儿和其他新生儿而言，新生儿行为评估量表可以促进父母与其婴儿之间关系的发展。在一项针对巴西母亲的研究中，与只接受一般医疗护理信息的对照组母亲相比，那些在婴儿出生几天后参加新生儿行为评估量表指导的母亲，其婴儿在一个月后更有可能微笑、发声并能建立眼神接触（Wendland-Carro et al., 1999）。在美国一项关于足月儿和早产儿的研究中，参加新生儿行为评估量表计划的两组父母与未参加该计划的父母相比，他们与婴儿互动时更有信心（Eiden & Reifman, 1996）。

新生儿行为评估量表也被用于研究不同文化的新生儿之间的差异，以及这些差异如何与育儿实践相互作用（Nugent et al., 2009）。例如，通过比较亚裔新生儿和美国白人新生儿在新生儿行为评估量表中的研究发现，亚裔新生儿比较镇静，不易怒（Muret-Wagstaff & Moore, 1989）。这种差异可能在一定程度上受生物学的影响，但似乎也与育儿方式的差异有关。亚裔母亲倾向于对新生儿的痛苦做出快速的反应并试图安抚他们，而白人母亲则更有可能让新生儿先小闹一会儿再去安抚他们。在另一项研究中，赞比亚的许多新生儿在出生时体重较轻，在出生后一天就根据新生儿行为评估量表评为令人担忧的新生儿（Brazelton et al., 1976）。然而，一周后，大多数令人担忧的新生儿在新生儿行为评估量表的评估变得正常或优越。研究人员将这一变化归因于赞比亚母亲的习惯，她们几乎一整天都把婴儿抱在自己身边，这能够为婴儿提供舒缓的安抚感和感官刺激。

低出生体重

低出生体重：新生儿体重低于 2.5 千克。

早产儿：怀孕 37 周或以下出生的婴儿。

足月小样儿：出生体重不足同胎龄新生儿平均体重的 90% 的新生儿。

极低出生体重：指新生儿出生时体重低于 1.5 千克。

超低出生体重：指新生儿出生时体重低于 1 千克。

学习目标 3.8　能够识别低出生体重的新生儿分类，并描述其后果和主要治疗方法。

婴儿出生时的体重是衡量其生存和健康发展的重要指标之一。出生时体重低于 2.5 千克的新生儿被认定为**低出生体重（low birth weight）**。一些低出生体重的新生儿属于**早产儿（preterm）**，这意味着他们比最佳出生时间 40 周早出生 3 周或 3 周以上。另一些低出生体重的新生儿为**足月小样儿（small for date）**，这意味着他们的出生体重不足同胎龄（从受孕后经历的周数）新生儿平均体重的 90%。足月小样儿尤其危险，其死亡率是早产儿的 4 倍（Arcangeli et al., 2012）。

世界各地区的低出生体重儿比率差异很大（UNICEF，2014）。全球的总比率为 15%。亚洲和非洲的发病率最高，而欧洲发病率则最低。目前美国（8%）和加拿大（6%）的比率低于世界发展中国家和地区，但高于欧洲。在美国，非裔美国人的低出生体重率大约是其他族裔的 2 倍，原因可能包括较少的产前护理的可能性和较高的压力（Casey Foundation，2010；Giscombe & Lobel，2005）。

低出生体重的原因在世界各地区也存在很大的差异。在发展中国家，低出生体重的主要原因是母亲经常营养不良、健康状况不佳且无法接受产前保健。在发达国家，低出生体重的主要原因是母亲吸烟、酗酒和使用其他药物（Child Health USA，2014；Rűckinger et al., 2010）。其他导致低出生体重的原因是多胞胎（在子宫中的婴儿越多，出生体重就越低）和产妇年龄（17 岁以下或 40 岁以上）（Gavin et al., 2011）。

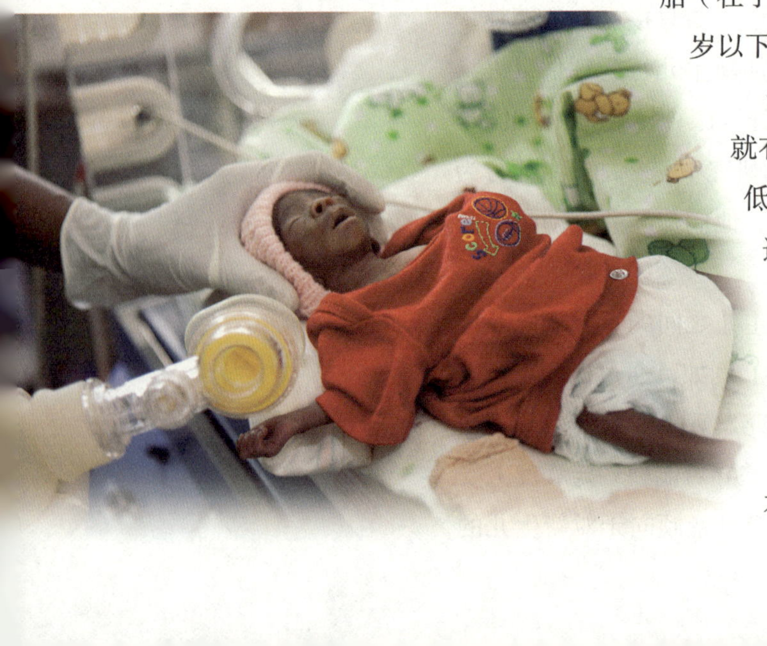

低出生体重儿会面临各种疾病的风险。与乌干达的这名新生儿不同，发展中国家的大多数低出生体重儿都无法获得先进的医疗护理。

低出生体重的后果。低出生体重儿在出生后的第一年内就有很高的死亡风险。即使在医疗水平较高的发达国家，低出生体重也是导致婴儿死亡的第二大常见原因，仅次于遗传疾病（CDC，2017）。对于那些出生时体重不足 1.5 千克的**极低出生体重（very low-birth-weight）**新生儿和出生时体重低于 1 千克的**超低出生体重（extremely low-birth-weight）**新生儿来说，他们夭折的风险较高（Tamaru et al., 2011）。即使在拥有世界上最先进医疗技术的美国，体重不到 1.5 千克的新生儿中也有 24% 在第一年死亡，相比之下，体重在 1.5—2.5 千克的新生儿只有 1% 死亡（Child Trends，2014）。在低出生体重最常见的发展中国家，由于出生体重低而导致新生儿死亡的比率总体较高。

为什么低出生体重新生儿的死亡风险如此之高？如果婴儿不足月出生，则可能是受到产前发育因素的影响，如孕产妇营养不良、母体生病或患有某些疾病，或接触尼古丁和酒精等致畸物（见第二章）。因此，他们出生时身体健康状况已不如其他新生儿，这便加大了他们的死亡风险。

在大多数情况下，低出生体重儿出生在足月前几周里。对于早产儿来说，他们的生理系统在出生时还没有发育完全。它们的免疫系统发育也尚不成熟，易受感染（Stoll et al.，2004）。此外，新生儿的中枢神经系统也不成熟，这使他们很难执行诸如吮吸等基本动作来获取营养。他们幼小的身体没有足够的脂肪来隔热，因此他们有死于体温过低的危险。最重要的是，他们的肺部发育不成熟，因此他们有可能因无法正常呼吸而死亡。发育成熟的肺部会被一层名为**表面活性剂（surfactant）**的物质所包裹，这种物质帮助他们呼吸，防止肺泡破裂，但早产儿通常还没有发育出表面活性剂，这是一个致命的缺陷（Porath et al.，2011）。在可以提供先进医疗护理的地方（主要是发达国家），早产儿往往在出生时就服用表面活性剂（通过呼吸管），这大大提高了他们存活的可能性（Nouraeyan et al. 2014）。

表面活性剂：肺部的一种物质，可促进呼吸并防止肺泡塌陷。

袋鼠式护理：相关专家建议母亲或父亲在早产儿和低出生体重儿出生后的最初几周内，每天将婴儿贴在胸前 2—3 小时。

低出生体重儿的治疗。对于低出生体重的婴儿，我们还能做些什么呢？在发展中国家，很少有人接受治疗，传统的婴儿护理方法很有帮助。在许多传统文化中，婴幼儿在日常生活中大部分时间都被紧紧地绑在母亲的身上（Small，1998）。在西方，这种方法被称为**“袋鼠式护理”（kangaroo care）**，相关专家建议母亲（或父亲）在婴儿刚刚出生的最初几周内，每天将早产儿贴在胸前 2—3 个小时，让其充分享受肌肤之亲（Warnock et al.，2010；Srinath et al.，2016）。

袋鼠式护理对低出生体重的婴儿有很多好处。

研究表明，袋鼠式护理对新生儿功能大有裨益。它有助于稳定并调节新生儿的身体机能，如心率、呼吸、体温和睡醒周期（Ludington-Hoe，2013；Reid，2004）。与其他早产儿相比，接受袋鼠式护理的早产儿更有可能活过第一年，而且他们的睡眠时间更长，哭泣次数更少，体重增加更快（Charpak et al.，2005；Cho et al.，2016；Kostandy et al.，2008）。母亲们也能够从中受益：袋鼠式护理让她们更有信心照顾自己脆弱的小宝宝，从而在母乳喂养方面取得更大成功（Feldman et al.，2003；Ludington-Hoe，2013）。袋鼠式护理对低出生体重儿的影响已得到充分证实，以至于现在美国 3/4 以上的新生儿重症监护室都使用“袋鼠式护理”，北欧地区的母亲几乎也使用“袋鼠式护理”来护理早产儿（Ludington-Hoe，2013）。

另一种有助于低出生体重婴儿的传统护理方法是婴儿按摩（infant massage）。这是亚洲和非洲一个普遍的习俗，不仅仅适用于脆弱的婴儿，也适用于所有的婴儿（Badr et al.，2015；McClure，2000）。在西方，婴儿按摩的发展是因为低出生体重的婴儿通常被放置在早产婴儿保育箱（isolette），这是一个有盖的无菌室内，可为婴儿提供氧气并控制温度。早产婴儿保育箱可以保护新生儿免受感染，但同时也阻断了他们与感官和社会刺激的联系。蒂凡尼·菲尔德（Tiffany Field）和她的同事们在西方开创了婴儿按摩法（Field，1998；Field et al.，2010），旨在缓解新生儿的孤独感。

目前，已有研究证明了按摩在促进低出生体重儿健康发育方面的有效性。在出生后的第一天，每天接受 3 次 15 分钟按摩的早产儿比其他早产儿体重增加得更快，而且他们更活跃、更机敏（Field，2001；Field et al.，2010）。按摩的作用是通过触发激素的释放来促进体重增加、肌肉发育和神经发育（Dieter et al.，2003；Ferber et al.，2002；Field，2014；Field et al.，2010）。在美国，38% 的医院在新生儿重症监护病房会对婴儿进行按摩（Field et al.，2010）。

虽然袋鼠式护理和按摩可能对新生儿有所帮助，但低出生体重儿在整个童年期、青少年期和成年期都面临着各种问题的风险。在童年时期，低出生体重预示着身体问题，如哮喘和认知问题，包括语言迟缓和学习成绩差（Davis，2003；Marlow et al.，2005）。在青少年期，低出生体重预示着相对较低的智力测试分数，孩子留级的可能性也更大（Martin et al.，2008）。在成年期，低出生体重预示着大脑异常、注意力缺陷和受教育程度低的情况（Fearon et al.，2004；Hofman et al.，2004；Strang-Karlsson et al.，2008）。

出生体重越低，问题就越严重。对于大多数出生时体重为 1.5—2.5 千克的新生儿来说，只要他们能够接受充分的营养和医疗护理，几年后可能不会出现重大损伤，但体重低于 1.5 千克的新生儿，即极低出生体重和超低出生体重的婴儿，很可能在多个方面都存在着问题（Child Trends，2014；Davis，2003）。在非常健康和富裕的环境中，即使是极低出生体重的婴儿，也可以避免低出生体重带来的一些负面后果（Doyle et al.，2004；Martin et al.，2008）。然而，在发达国家和发展中国家，低出生体重婴儿最有可能出生于无法提供这种环境资源的家庭中（UNICEF，2014）。

新生儿的身体机能

与其他生命阶段相比，出生后最初几周的身体机能在某些重要方面有所不同。与我们相比，新生儿睡眠时间更长，反应能力也更强。虽然听觉和视觉还需要几周时间才能发育成熟，但他们的感官在出生时就已经发育良好。

新生儿的睡眠模式

学习目标 3.9 能够描述新生儿的醒来和睡眠模式，包括这些模式在不同文化中的差异和原因。

正如第二章所讨论的那样，即使婴儿在子宫里也有觉醒和睡眠的周期，大约从妊娠 28 周开始。大多数新生儿出生后的睡眠时间多于清醒时间。新生儿每天的平均睡眠时间为 16—17 个小时，但也存在着很大差异，从大约 10 小时到 21 小时不等（Peirano et al.，2003）。

新生儿不仅大部分时间都在睡觉，而且其睡眠方式和质量也和婴儿期以及以后的阶段有所不同。他们并不是一觉睡 16—17 个小时，而是睡几个小时，醒来一会儿，再睡几个小时，然后再醒来。他们的睡眠—觉醒模式受到饥饿感的影响，而不是取决于白天还是黑夜（Davis et al.，2004）。当然，新生儿的睡眠—觉醒模式与大多数成年人睡眠方式不太吻合，所以父母经常在孩子出生后的最初几周里感到睡眠不足（Burnham et al.，2002；Stremler et al.，2013）。到了大约 4 个月大的时候，大多数婴儿已经开始长时间的睡眠，通常是晚上连续睡 6 个小时，他们每天的总睡眠时间已经减少到 14 个小时。

新生儿睡眠的另一个独特之处在于，他们的**快速眼动（rapid eye movement，REM）睡眠**时间占据其睡眠时间很大一部分。之所以称为“快速眼动睡眠”，是因为在这种睡眠中，人的眼球在眼皮下快速来回移动。快速眼动睡眠中的人也经历其他生理变化，例如不规则的心率和呼吸以及（在男性中）勃起。

快速眼动（REM）睡眠： 睡眠周期的一个阶段，人的眼睛在眼皮下快速来回移动。处于快速眼动睡眠状态的人还会经历其他生理变化。

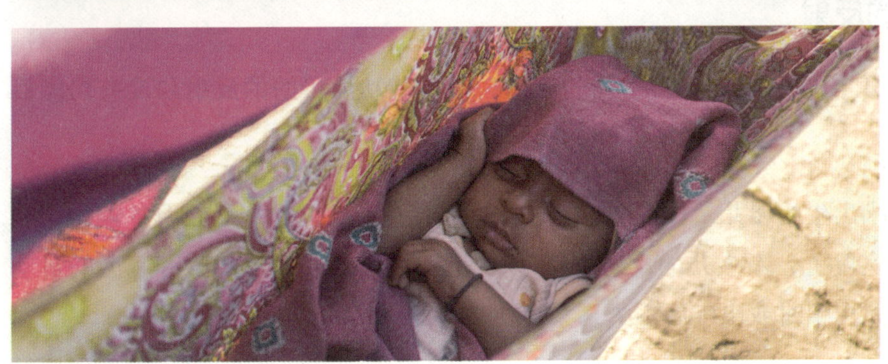

婴儿经常睡觉，他们几乎可以在任何地方睡觉。

成人的快速眼动睡眠时间约占其睡眠时间的 20%，但是新生儿的快速眼动睡眠时间大约占其睡眠状态的一半（Burnham et al.，2002）。此外，成年人在入睡后大约一小时才进入快速眼动睡眠，但新生儿几乎立即进入快速眼动睡眠。大约 3 个月大，快速眼动睡眠时间已降至 40%，婴儿不再以此开始睡眠周期。

成人做梦往往发生在快速眼动睡眠阶段。新生儿在快速眼动睡眠期间会做梦吗？很难说，当然他们也无法告诉我们，但该领域的研究人员普遍认为答案是否定的。新生儿在快速眼动睡眠期的脑波模式与成人不同。

对于成年人来说，快速眼动睡眠期的脑电波看起来类似于唤醒脑电波，但对于婴儿而言，快速眼动睡眠期的脑电波与唤醒或非快速眼动睡眠期间的情况不同（Arditi-Babchuk et al.，2009）。研究人员认为，快速眼动睡眠能够刺激新生儿大脑发育（Dereymaeker et al.，2017；McNamara & Sullivan，2000）。这似乎得到了研究的支持。研究表明，胎儿的快速眼动睡眠比例甚至高于新生儿，早产儿的快速眼动睡眠比例高于足月新生儿（Arditi-Babchuk et al.，2009；de Weerd & van den Bossche，2003）。

除了新生儿独特的睡眠模式外，他们还有其他频繁变化的唤醒状态。当他们不睡觉的时候，他们可能是警觉的，但也可能昏昏欲睡、头晕目眩、大惊小怪，或者处于睡眠—觉醒的过渡阶段。

到目前为止，这种对新生儿睡眠—觉醒模式的描述是基于西方国家的研究，但婴儿护理是一个存在广泛文化差异的领域，而不同的文化差异可能会影响婴儿的睡眠—觉醒模式。在许多传统文化中，新生儿和幼儿几乎经常地与母亲进行身体接触，这对婴儿的清醒状态和睡眠—觉醒模式状态有重要影响。例如，在肯尼亚的吉卜赛人中，母亲在婴儿出生后的前几个月将其绑在背上，进行日常工作和社会活动（Anders & Taylor，1994；Harkness et al.，2015；Super & Harkness，2009）。婴儿们舒适地躺在妈妈的背上，白天睡觉打盹儿的时间长于发达国家的婴儿。到了晚上，吉卜赛婴儿不会被放在一个单独的房间里，而是和母亲一起睡觉，所以他们可以随时被哺乳。因此，在出生后的第一年里，无论白天还是晚上，他们很少连续睡觉 3 个小时。相比之下，到 8 个月大的时候，美国婴儿通常在晚上睡 8 小时左右而不会醒来。

新生儿的反射

学习目标 3.10　能够说明新生儿的反射，包括有功能目的的反射和没有功能目的的反射。

反射：对某种刺激的自动反应。

看着刚出生的婴儿，你可能会想，除了躺在那里，要过好多个月才能做很多事情。但实际上，新生儿的**反射（reflex）**范围很广。反射是对某种刺激的自动反应。婴儿出生时或出生后不久总共存在 27 种反射（Futagi et al.，2009）。

一些反射具有明显的生存价值。吸吮反射（sucking reflexes）和吞咽反射（swallowing reflexes）使新生儿能够从母亲的乳房获得营养。**觅食反射（rooting reflex）**有助于新生儿找到母亲的乳房，因为它会在乳房触碰孩子脸颊或嘴角时，让孩子转动脑袋并张开嘴巴。当有东西放在他们的手掌上时，抓握反射（grasping reflex）有助于新生儿抓住东西。**莫罗反射（Moro reflex）**也有类似的功能，当新生儿感觉到向后跌倒或听到巨大的声音时，他们会弓起背部，伸出手臂，然后迅速将手臂合在一起。咳嗽、呕吐、打喷嚏、眨眼和发抖这类反射可以调节新生儿的感觉系统，帮助他们避开环境中可能不健康的东西。

觅食反射：该反射会帮助新生儿找到乳房。新生儿在脸颊或嘴巴侧面被乳房触碰时，它会使其转过头并张开嘴巴。

莫罗反射：当新生儿感觉到向后跌倒或听到巨大的声音时，他们会弓起背部，伸出手臂，然后迅速将手臂合在一起。

有些反射是随意运动的前兆。婴儿出生后1个月左右，通过将婴儿抱在怀里，让其双脚刚好接触到地面，就可以观察到这种跨步反射（stepping reflex）。大约2个月后，跨步反射就消失了，但当婴儿在1岁左右开始尝试走路的时候，跨步反射会以随意运动的形式再次出现。游泳反射（swimming reflex）是最令人吃惊和最不同寻常的反射之一。在1个月大的时候，将婴儿脸朝下放在水里，他会自动屏住呼吸并开始做协调的游泳动作。4个月后，这种反射消失了，多年后才会变成自主性的游泳动作。

除了娱乐价值外，其他的反射没有明显的目的。在巴布金反射（Babkin reflex）中，敲打婴儿的手掌，他们会张大嘴巴、紧闭双眼、头部向前倾斜。在巴宾斯基反射（Babinski reflex）中，当人们敲打新生儿的脚底时，婴儿会将脚向内扭转，同时将脚趾向外展开（Singerman & Lee，2008）。

大多数新生儿反射在几个月后逐渐消退，因为反射会被自主行为所取代。然而，在出生后的最初几周，反射是评估新生儿正常发育和健康功能的重要指标（Schott & Rossor，2003）。阿普加量表和新生儿行为评估量表都包括关于反射反应的项目，作为新生儿神经发育的间接测量。**表3.2**概述了各种反射及其消失的时间。

表 3.2 新生儿反射

反射	刺激	反应	消失
跨步反射	把婴儿抱在怀里，双脚触地	做跨步运动	2个月
莫罗反射	突然向下倾，或有巨响	背部弓起，双臂和双腿向外伸展，双臂迅速合在一起	3个月
巴布金反射	按压并敲打手掌	嘴巴张开，眼睛闭上，头部向前倾斜	3个月
吮吸反射	吸嘴中的物体或物质	吮吸	4个月
觅食反射	触碰脸颊或嘴巴	转向触碰	4个月
抓握反射	放在手掌中的物体	紧紧抓住	4个月
游泳反射	将婴儿浸在水中	屏住呼吸，用胳膊和腿游泳	4个月
巴宾斯基反射	敲打脚底	脚向内扭转，脚趾向外展开	8个月

新生儿的感觉

学习目标 3.11　能够描述新生儿的触觉、味觉、嗅觉、听觉和视觉等方面的感官能力。

在新生儿出生时，他们的感官发育程度存在很大差异。触觉和味觉在子宫里就已经发育完全，但视觉直到出生后几个月才发育成熟。让我们从最发达的感官到最不发达的感官看看新生儿的每一个感官。

触觉。触觉是发育最早的感官。即使在产前，早在妊娠 2 个月时，就会出现觅食反射。在足月出生前两个月，即妊娠 7 个月时，胎儿的所有身体部位都会对触摸产生反应（Tyano et al., 2010）。大多数新生儿反射都包括对触觉的反应。

触觉在出生时发育得如此之早和如此之发达，但令人惊讶的是，直到最近几十年，大多数医生都认为新生儿无法感受到疼痛（Noia et al., 2008）。实际上，新生儿手术通常无须麻醉。医生们认为，即使新生儿能感受到疼痛，他们也只是感觉到微弱的疼痛，并且医生们认为这种疼痛带来的伤害比不上给小孩服用麻醉药所带来的危险。这种观念之所以形成，可能是因为经历过疼痛的新生儿（例如，接受过包皮环切手术的男孩）通常要么在术后不久就能迅速恢复正常，要么在术后立即进入深度睡眠，以此作为一种保护性反应。此外，对于某些类型的疼痛（如脚后跟被刺痛），与发育几个月后相比，新生儿的反应时间（几秒钟）则更长（Tyano et al., 2010）。

到目前为止，研究已经清楚地表明新生儿能感觉到疼痛。他们对疼痛的生理反应与其他年龄段的人的反应非常相似：他们的心率和血压升高，手掌出汗，肌肉紧张，瞳孔扩大（Warnock & Sandrin, 2004；Williams et al., 2009）。他们甚至会发出一种特定的高音调、强烈的哭声来表示疼痛（Simons et al., 2003）。证据还表明，经历剧烈疼痛的新生儿会释放干扰睡眠和进食的应激激素，并增强其对以后疼痛的敏感性（Mitchell & Boss, 2002）。基于这些原因，医生组织建议对正在经历痛苦医疗过程的新生儿采取措施以缓解疼痛（Keels et al., 2016；Noia et al., 2008）。为了最大限度地减少用药的危险，可以使用局部麻醉而不是全身麻醉。此外，让新生儿吮吸和饮用糖水的组合具有 5—8 分钟的止痛效果，可用于诸如血液测试和眼睛检查之类的轻微诊治（Holsti & Grunau, 2010）。

味觉和嗅觉。像触觉一样，婴儿的味觉在子宫里也发育良好。胎儿周围羊水里的味道和母亲日常饮食的味道一样，新生儿对出生前母亲饮食中独特的味道和气味表现出偏爱（Schaal et al., 2000）。在一项研究中，当孕妇在怀孕期喝胡萝卜汁时，她们的新生儿更有可能喜欢胡萝卜的味道（Menella, 2000）。感受到母亲羊水气味和另一名女性羊水气味，新生儿会将注意力转向自己母亲的羊水（Marlier et al., 1998）。事实上，新生儿发现母亲羊水的气味时会感到舒缓，而且减少哭泣（Varendi et al., 1998）。

新生儿除了对子宫中熟悉的事物表现出早期偏爱外，对气味和味道也有一系列的先天反应。像大多数儿童和成年人一样，新生儿更喜欢甜味，而不喜欢苦味或酸味（Booth et al.，2010）。如果他们闻到或尝到苦味或酸味，他们的鼻子会皱起来，额头也会皱起来，嘴巴会露出不高兴的表情（Bartoshuk & Beauchamp，1994）。

新生儿和婴儿喜欢甜味而不喜欢酸味。

新生儿对甜味的偏爱在出生前就已经存在了。当把人工甜味剂添加到羊水中时，胎儿的吞咽会变得更加频繁（Booth et al.，2010）。出生后，婴儿对甜味的偏好会通过面部表情表现出来，他们会看起来很愉悦，并渴望获得更多的甜食。正如刚才所提到的那样，品尝甜食可以对处于痛苦中的新生儿起到镇定作用。对甜味的偏好可能是适应性的，因为母乳略带甜味（Porges et al.，1993）。享受母乳的甜味可能会使新生儿更容易被哺乳成功。

除了先天偏好之外，新生儿在出生后很快就开始辨别气味。在出生后 2 天，母乳喂养的新生儿对母亲的乳房气味和另一个哺乳期母亲的乳房气味的反应没有什么差异，但 4 天后，他们更倾向于母亲的气味（Porter & Reiser，2005）。

听觉。听觉是另一种在出生前就发育良好的感官。如第二章所述，胎儿会逐渐熟悉母亲的声音和其他声音。出生以后，他们能够识别自己在子宫中听到过的声音。

从出生开始，新生儿对人类语言有一种与生俱来的敏感性（Vouloumanos & Werker，2004）。关于这一主题的研究通常根据新生儿吮吸塑料乳头的力度来评估他们的偏好；他们吮吸的频率越高，则对声音的偏好或注意力就越强。通过这种方法，研究发现新生儿更喜欢母亲的声音而不是其他女性的声音，更喜欢母亲的语言而不是外语（Vouloumanos et al.，2010）。然而，与其他男性的声音相比，他们并不偏爱父亲的声音（Belluck，2015；Kisilevsky et al.，2003；Lee & Kisilevsky，2014）。这可能是因为他们在子宫里听到父亲的声音较少，部分是因为新生儿通常更喜欢高音而不是低音。

新生儿能分辨出语音的细微变化。在一项研究中，给新生儿一种特殊的乳头，每次吸吮它时都会发出一个人说“ba”的声音（Aldridge et al.，2001）。他们热情地吸了一分钟左右，然后他们的吸吮速度会因为他们习惯了声音而放慢，也许是因为厌烦听到这个声音。但当声音变成“ga”的时候，他们加快了节奏，这表明他们能识别出声音中的细微变化，并对这种新奇感做出了反应。新生儿吮吸方式的变化表明，他们也能识别双音节词和三音节词之间的差异，以及重音的变化，例如当 ma-*ma* 改变为 *ma*-ma 时（Sansavani et al.，1997）。

除了对语言的敏感性外，新生儿还表现出对音乐的早期敏感性（Levitin，2007）。只有几天大的时候，当一系列音符从升序变为降序时，他们就会做出反应（Trehub，2001）。几个月后，婴儿会对六音符旋律中一个音符的变化和音乐按键的变化做出反应（Trehub et al.，1985）。一项研究甚至发现，与摇滚乐相比，新生儿更喜欢古典音乐（Spence & DeCasper，1987）。显然，对婴儿来说，莫扎特的音乐很具有震撼性。

就像语言意识一样，音乐意识始于胎教。新生儿更喜欢母亲在怀孕期间为他们唱的歌曲，而不是母亲在其出生后第一次为他们唱的歌曲（Kisilevsky et al.，2003）。新生儿对音乐的反应可能只是反映出他们对出生前所听到声音的熟悉程度，但也可能表明人类天生对音乐有反应（Levitin，2007）。音乐通常是人类文化仪式的一部分，对音乐的天生反应可能有助于增强人类文化群体的凝聚力。

尽管新生儿的听力在许多方面都很不错，但是他们的听觉能力也受到一些限制，这些限制在 2 岁以后才能有所改善（Tharpe & Ashmead，2001）。导致这些局限性的原因之一是婴儿出生后需要一段时间才能将羊水从耳朵中排出。另一个原因是，他们的听觉系统直到 2 岁左右才在生理上发育成熟。

声音定位：辨别声音来源的感知能力。

成年人可以听到的一些非常柔和的声音，新生儿是无法听到的（Watkin，2011）。总体而言，他们对高音的听力要好于中音或低音（Aslin et al.，1998；Werner & Marean，1996）。他们在**声音定位（sound localization）**方面也有困难，即很难分辨声音来自何处（Litovsky & Ashmead，1997）。事实上，他们的声音定位能力实际上在出生的前 2 个月变得更差，但随后迅速提高，到 1 岁时达到成人水平（Watkin，2011）。

视觉。正如味觉和听觉一样，新生儿表现出天生的视觉偏好（Colombo & Mitchell，2009）。"偏好"是通过他们观看某种视觉刺激的时间长短来衡量的。他们看的时间越长，就能推断出他们更喜欢哪种刺激物。甚至在出生后不久，他们喜欢规则图案多过不规则图案，喜欢曲线多于直线，喜欢三维物体而不是二维物体，喜欢彩色的图案而不是灰色的图案（Csibra et al.，2000）。

尽管如此，视觉是新生儿最不发达的感官（Atkinson，2000）。眼睛的几个关键结构在出生时尚不成熟，特别是：①晶状体（lens）的肌肉，它根据与物体的距离调整眼睛的焦点；②视网膜（retina）细胞，位于眼睛后部的一层薄膜，主要负责收集视觉信息并将其转换成可传递给大脑的形式；③视锥（cones）细胞，用于识别颜色；④视觉神经（optic nerve），用于将视觉信息从视网膜传递到大脑。

在出生时，新生儿的视力估计在 20/200—20/600，这意味着新生儿看 6 米远物体的清晰度和准确性，相当于一个视力正常的人眺望 60—182 米远的物体（Cavallini et al.，2002）。在 0.2—0.3 米的视距时，他们的视敏度（visual acuity）（或视力清晰度）是最好的。随着他们的眼睛发育成熟，视力稳步提高，并在半岁后的某个时候达到正常。他们的双目视觉（binocular vision）能力，即将双眼信息整合起来感知深度和运动的能力，出生时也是有限的，但在 3—4 个月大的时候会迅速成熟（Atkinson，2000）。色觉以相同的速度发育成熟。新生儿能够区分红色和白色，但不能区分白色和其他颜色，可能是因为视锥细胞尚未发育成熟（Kellman & Arterberry，2006）。到 4 个月大时，婴儿对颜色的感知与成年人相似（Alexander & Hines，2002）。

批判性思考题：鉴于你已经在这里了解到关于新生儿视觉偏好的知识，你会如何为新生儿的房间设计一款移动装置？

小结：新生儿

学习目标 3.7　能够识别最常用于评估新生儿健康的两种主要量表的特征。

阿普加量表需要在婴儿出生后立即使用，医生通过 5 个分表对婴儿进行评估：肤色（身体颜色）、脉搏（心率）、对刺激的反应（反射性反应）、肌张力（肌肉紧张性）和呼吸（呼吸强度），总分为 1—10 分。布雷泽尔顿新生儿行为评估量表（NBAS）在头两个月内可以随时使用，包括 27 个题目来评估反射（如眨眼）、身体状态（如敏感性和兴奋性）、对社会刺激的反应以及中枢神经系统的不稳定性（如震颤的症状），并将婴儿总体评级定为“令人担忧”“正常”或“优越”。

学习目标 3.8　能够识别低出生体重的新生儿分类，并描述其后果和主要治疗方法。

低出生体重的新生儿体重小于 2.5 千克，极低出生体重的新生儿体重小于 1.5 千克；超低出生体重的新生儿体重不足 1 千克。低出生体重与各种各样的身体、认知和行为问题有关，这些问题不仅在婴儿期存在，而且会贯穿一生。密切的身体接触和为婴儿按摩可以帮助缓解这些问题。

学习目标 3.9　能够描述新生儿的醒来和睡眠模式，包括这些模式在不同文化中的差异和原因。

新生儿每天的平均睡眠时间为 16—17 个小时（每隔几个小时），其中大约 50% 处于快速眼动睡眠期。到 4 个月大时，婴儿每 24 小时中睡 14 小时，包括夜间连续睡约 6 小时，快速眼动睡眠的比例下降到 40%。由于育儿方式的不同，比如母亲抱孩子的时间长短，这些模式在不同的文化中也有所不同。

学习目标 3.10　能够说明新生儿的反射，包括有功能目的的反射和没有功能目的的反射。

新生儿在出生时或出生后不久总共存在 27 种反射，包括一些与早期生存有关的反射（如吸吮反射和觅食反射），以及其他没有明显功能的反射（如巴布金反射和巴宾斯基反射）。大多数新生儿的反射在几个月后就会消失，取而代之的是自主行为。

学习目标 3.11　能够描述新生儿的触觉、味觉、嗅觉、听觉和视觉等方面的感官能力。

触觉和味觉在很大程度上在产前开始发育，新生儿的能力与成年人相似。新生儿在出生后很快就开始辨别气味，表现出对母亲乳房气味的偏好。听力在出生时也相当成熟，相比于其他音调的声音，新生儿更能听到高音调的声音，并且他们定位声音的能力直到 1 岁左右才成熟。由于视觉系统发育不成熟，视觉在出生时是最不发达的感官，但在 1 岁时就发育成熟。

第三节 新生儿的护理

学习目标

3.12 能够描述不同文化和历史背景下母乳喂养的文化习俗。

3.13 能够找出母乳喂养的优势以及这些优势最大的益处。

3.14 能够描述新生儿的哭闹类型以及不同文化中哭闹方式和安抚方法的差异。

3.15 批评人类母亲与新生儿“联结”的说法。

3.16 能够描述产后抑郁症的原因及其对儿童的影响。

营养——“母乳”是最好的吗

关于新生儿，研究较多的话题之一是应该如何喂养他们。具体地说，人们关注的焦点在于是否应该向所有儿童推荐母乳喂养，如果是，建议母乳喂养多长时间。在这里，我们研究了母乳喂养的进化和历史基础，母乳喂养有益的证据以及在发展中国家为推广母乳喂养所做出的努力。

母乳喂养的历史文化视角

学习目标 3.12 能够描述不同文化和历史背景下母乳喂养的文化习俗。

乳腺：在女性体内，分泌乳汁以喂养婴儿的腺体。

放乳反射：当母亲看到婴儿哭闹、张开的嘴巴，甚至想到母乳喂养时，在体内发生的一种能使乳汁释放到乳头末端的反射。

奶妈喂养：在人类历史上一种很常见的文化习俗，即雇用哺乳期妇女而不是母亲来喂养婴儿。

母亲和婴儿在生理上都已准备好进行母乳喂养。在母亲体内，准备工作早在婴儿出生前就开始了。在妊娠早期，随着乳汁分泌细胞的增殖和成熟，乳房中的**乳腺**（mammary glands）会大大膨胀。怀孕 4 个月时，乳房就可以产奶了。分娩时，母亲的乳房内会发生**放乳反射**（let-down reflex），即无论何时听到婴儿的哭声，看到婴儿张开嘴，甚至一想到哺乳，乳汁就会被释放到乳头尖端（Walshaw，2010）。

有考古和历史证据表明，在人类历史的大多数文化中，婴儿以母乳为主要食物喂养 2—3 年，然后再偶尔哺乳 2—3 年。这里有一个能帮助你理解和记住这一点的方法——许多语言中的“婴儿牙齿”被称为“乳牙”。乳牙在儿童 6 岁时才开始逐渐脱落（American Dental Association，2006）。

也有迹象表明，人类过去经常进行母乳喂养。在中非的昆申人（一种现代狩猎—采摘文化）中，婴儿出生后的第一年平均大约每 13 分钟吃一次妈妈的奶。在传统文化中，婴儿几乎不分昼夜地与母亲待在一起，这样就可以频繁地喂食。这使得人类学家得出结论，母乳喂养可能是 99% 的人类历史发展模式（Small，1998）。

当然，这种频繁的喂养对母亲的要求非常高，许多文化已经开辟出减轻这种负担的方法。一种常见的方法是**奶妈喂养**（wet nursing），这意味着雇用一名

奶妈喂养在欧洲有着悠久的历史。1895 年，法国的一位奶妈和一个婴儿的合影。

哺乳期妇女而不是母亲来喂养婴儿。奶妈喂养是一种广泛存在的习俗，人类历史上早有记载。欧洲的记录表明，到 1705 年，一些国家的大多数妇女会雇用奶妈来哺乳婴儿（Fildes，1995）。另一种方法是用其他物种的奶代替母乳，特别是奶牛或山羊。这两种动物在许多文化中都被驯化了，因此很容易获得。根据美国儿科学会的研究，由于喂养牛奶和羊奶会导致婴儿营养不均衡且有消化不良的风险，因此不应向婴儿喂牛、羊奶（American Academy of Pediatrics，2011；Basnet et al.，2010）。

19 世纪末，炼乳和淡奶等人造替代品开始在西方进行开发和销售（Bryder，2009）。销售这些产品的公司（虚假地）声称，他们的母乳替代品不仅比母乳更方便，而且更清洁、更安全。医生们也被销售公司说服了，反过来劝新妈妈们使用母乳替代品，这在一定程度上要归功于公司的慷慨支付。到 20 世纪 40 年代，美国只有 20%—30% 的婴儿进行母乳喂养，这个比例一直保持到 20 世纪 70 年代（Small，1998）。近年来，由于政府发起了宣传母乳喂养有益健康的活动，美国和加拿大的母乳喂养率已上升至 70% 以上。在北欧，母乳喂养几乎已经普及（CDC，2014；Ryan et al.，2006）。

在发达国家，母亲的年龄、教育水平和社会经济地位越高，她就越有可能母乳喂养婴儿（Schulze & Carlisle，2010）。在美国，种族也与母乳喂养有关。拉丁裔（80%）和白人（75%）的母乳喂养率高于非裔美国人（58%），但近年来所有族裔的母乳喂养率都有所上升（CDC，2013，2014）。应当指出的是，这些比率适用于任何时间的母乳喂养；在不同种族中，只有不到一半的婴儿在 6 个月大时仍然进行母乳喂养。

文化焦点：跨文化下的母乳喂养方式

几乎在整个人类历史中，直到最近几十年，母乳喂养在所有的文化中都被作为在婴儿生命早期为其提供营养的方法。新生儿一出生就可以对其进行母乳喂养。吸吮反射和觅食反射在出生后 30 分钟达到最强（Bryder，2009）。正如本章前面所述，新生儿在几天之内就能识别出母亲的气味和声音，这有助于他们进行进食。

母乳喂养不仅能提供营养，还能在婴儿痛苦时安抚他们。即使在他们不饿的时候，婴儿也会从吮吸母亲的乳房以及母乳喂养期间感受到的亲密和温暖中获得安慰。

复习题：

你是否惊讶地发现，许多女性都有类似的母乳喂养原因（无论她们的文化背景如何）？她们提到了母乳喂养的哪些好处？

母乳喂养的好处

学习目标 3.13 能够找出母乳喂养的优势以及这些优势最大的益处。

近几十年的科学研究已证明母乳喂养具有很多好处？**表 3.3** 概述了母乳喂养对婴儿和母亲的主要好处。如你所见，这些都与身体和认知健康有关。然而，没有证据表明母乳喂养会影响婴儿的情感发展或母婴之间的社会关系（Schulze & Carlisle，2010）。

表 3.3 母乳喂养的好处

给婴儿带来的好处	
· 疾病预防	降低患白喉、肺炎、耳部感染、哮喘和腹泻等疾病的风险
· 认知发展	改善认知功能，尤其是对于早产或低出生体重的婴儿
· 减少肥胖	如果母乳喂养至少 6 个月，则可以降低儿童肥胖的可能性
· 长期健康	促进长期的健康，包括增强骨密度、视力和心血管功能
给母亲带来的好处	
· 子宫健康	减少产后子宫出血，使子宫恢复到原来的大小
· 重量	提高恢复怀孕前体重的可能性
· 长期健康	促进长期的健康，包括增加骨密度，降低患卵巢癌和乳腺癌的风险
	母乳喂养不会影响婴儿的情感发展和母婴之间的社会关系

资料来源：AAP Section on Breast-feeding（2016），Feldman & Edelman（2003），Gibson et al.（2000），Ip et al.（2007），Kramer et al.（2008），Owen et al.（2002），Schultze & Carlisle（2010），Shields et al.（2010）.

母亲应该用母乳喂养婴儿多久？世界卫生组织（WHO）建议母乳喂养持续 2 年的时间，在 6 个月大的时候可以加入固体食物来补充母乳。如今很少有女性母乳喂养时间能长达 4 个月。实际上，即使在很短的时间内，全世界大约只有一半的婴儿是用母乳喂养的（UNICEF，2011）。

即使在出生后几天开始喂母乳，对婴儿也有重要的好处。母亲初次产的奶被称为**初乳（colostrum）**，这是一种黏稠的淡黄色液体，含有极其丰富的蛋白质和抗体，可以加强新生儿的免疫系统能力（Hua et al.，2016；Napier & Meister，2000）。初乳对新生儿来说尤其重要，但它仅持续几天。也许是因为初乳外观奇特，在许多文化中人们错误地认为它对婴儿有害。例如，在印度，许多母亲避免给她们的婴儿喂初乳，而是用她们认为更健康的黄油和蜂蜜的混合物来代替初乳（Small，1998）。

初乳：哺乳动物母亲在婴儿出生后的头几天里分泌的黏稠的黄色液体，富含蛋白质和抗体，可以增强婴儿的免疫系统能力。

在卫生保健普及的发达国家，人们普遍认为母乳喂养对婴儿和母亲都有益。然而，母乳喂养的优势并不突显（Colen & Ramey，2014）。正如我们将在“研究焦点：母乳喂养的好处——分离的相关性和因果关系”中看到的那样。相比之下，母乳喂养对发展中国家来说至关重要，因为发展中国家患多种疾病的风险更高，

研究焦点：母乳喂养的好处——分离的相关性和因果关系

大量研究发现，母乳喂养在很多领域对儿童和母亲都有好处。在发展中国家，母乳喂养对婴儿健康至关重要，因为这些人群很少获得疫苗和其他医疗手段来保护他们免受众多疾病的侵袭。但是在发达国家呢？母乳喂养对儿童的长期发育有何影响？

在对母乳喂养研究进行的最全面的总结分析（也称为荟萃分析）中，Stanley Ip 及其同事（2007）筛选了 9000 多项研究，并选择了近 500 项符合其有效研究方法和设计标准的研究。他们对 500 项研究结果进行分析，得出本章所述的结论，即母乳喂养对婴儿和母亲都具有多种益处。但是，作者也告诫读者不要推断因果关系。为什么不呢？因为大多数关于母乳喂养好处的研究都发现母乳喂养与其带来的好处之间存在相关性，但相关性并不意味着因果关系。

对母乳喂养研究中因果关系持怀疑态度的一个原因是，母乳喂养状态基于自我选择，这意味着女性自主地选择（或不选择）母乳喂养，而选择母乳喂养的女性往往在许多方面与不选择母乳喂养的女性不同。最值得注意的是，作者观察到，母乳喂养的女性通常受教育程度更高，智商也更高。因此，两组之间由于母乳喂养而产生的差异实际上可能是由于她们在教育和智商上的差异。教育也往往与母亲生活的许多其他方面联系在一起，比如对产前护理的关注、获得保健资源的机会、拥有稳定伴侣的可能性、吸烟的可能性以及家庭收入等。母乳喂养和婴儿发育之间的相关性可以通过这些差异的任意组合来解释。

那么，怎样才能准确地找出母乳喂养对婴儿和母亲的影响有多大呢？道德标准禁止研究人员将新妈妈分成母乳喂养组和非母乳喂养组。然而，加拿大研究人员迈克尔·克雷默（Michael Kramer）和他的同事在东欧的白俄罗斯进行的一项研究与这种设计相似。研究人员获得了 31 家妇产医院和诊所的合作，这项研究涉及 17000 多名女性，她们仔细地陈述了自己母乳喂养的意图。

克雷默和他的同事们将这些女性随机分为两组，其中一组接受旨在支持和促进母乳喂养的干预，研究人员向她们提供建议、信息和指导，而对照组的女性则不接受任何干预。随后，克雷默和他的同事们对这些妇女及其孩子进行了 7 年的跟踪调查（到目前为止）。在第一年的时间里，干预组的妇女更有可能进行纯母乳喂养，而这一组的婴儿发生胃、肠道感染的可能性也更小。在 6 岁时，干预组儿童的智商明显高出 6 分。这一点尤其值得注意，因为大多数关于母乳喂养对认知影响的研究发现，在控制了教育和其他混杂变量后，除非婴儿出生时早产或出生体重过低，否则没有任何影响。最重要的是，它显示了因果关系，而不仅仅是相关性，因为母亲和婴儿被随机分配到两组，因此可以假设，除了他们的小组分配之外，他们在所有方面都或多或少是相似的。

复习题：

1. 根据 Stanley Ip 的研究总结，以下哪一项不是区分母乳喂养母亲和不母乳喂养母亲的特征之一？

A. 更高的智商

B. 怀孕期间运动更加活跃

C. 更有可能拥有稳定的伴侣

D. 更有可能接受产前护理

2. 克雷默的研究将母亲们分成干预组和对照组，前者为母亲们提供母乳喂养建议和指导，后者没有接受母乳喂养干预。在孩子 6 岁时，主要的研究发现是什么？

A. 干预组中的儿童患病频率更高

B. 干预组中的儿童与妈妈的依恋程度更高

C. 干预组中儿童的智商平均高出 6 分

D. 干预组中儿童的智商平均高出 16 分

婴儿可能无法像发达国家那样接受常规的疫苗接种。在发达国家，母乳喂养有助于婴儿避免诸如胃、肠道感染等轻微疾病，但是在发展中国家，母乳喂养实际上可能是一个生死攸关的问题。联合国儿童基金会估计，发展中国家每年有150万名婴儿死于奶瓶喂养而不是母乳喂养（UNICEF，2011）。这不仅仅是因为新生儿失去了母乳喂养的优势，还因为人们会使用不洁净的水来制作婴儿配方奶粉。

母乳喂养有哪些障碍？有些妇女进行母乳喂养存在着困难，要么是因为她们的婴儿不能正确地吮吸（通常是低出生体重婴儿的问题），要么是因为她们的母乳不足（Bryder，2009）。当然，这也存在许多其他障碍。在发达国家，许多母亲在外工作，这使得母乳喂养更加困难（但并非不可能）；有些人在没有母乳的情况下使用吸乳器来挤出母乳。母乳喂养也使父亲更难以参与喂养（除了通过抽取母乳喂养外），也使父亲和母亲更难以平等地分担对婴儿的照顾，而这正是许多发达国家的夫妇所希望的（Genesoni & Tallandini，2009；Wolf，2007）。当父亲能够喂养新生儿时，有助于母亲从分娩的生理压力中恢复过来（Simkin，2013）。

在发展中国家，母亲有时患有可通过母乳传播的传染病，如艾滋病毒/艾滋病、结核病或西尼罗河病毒，因此她们不被建议进行母乳喂养（CDC，2015，2016）。但是，只有少数的妇女患有此类疾病。造成母乳喂养率低的一个更大原因是，许多发展中国家的母亲被销售婴儿配方奶粉的公司的营销活动所说服，认为配方奶粉实际上比母乳更适合婴儿。这是一种错误的观点。如今的婴儿配方奶粉比一个世纪前经常使用的炼乳或淡奶更好，因为它含有许多健康的成分，但即使是今天最好的婴儿配方奶粉也不如母乳对婴儿有益。更糟糕的是，婴儿配方奶粉通常会与水混合，而在许多发展中国家，可用的水尚未净化，其中可能含有导致婴儿生病的物质。因此，用配方奶粉喂养的婴儿不仅错过了母乳对其健康的好处，而且他们会受到与配方奶粉混合的水中可能含有的疾病的威胁。

在早期发育风险较高的发展中国家，母乳喂养尤其重要。图中，委内瑞拉的一位母亲在哺乳她的婴儿。

针对这种情况，世界卫生组织和联合国儿童基金会于20世纪90年代初在全球范围内开展了一项促进母乳喂养的工作（UNICEF，2011；WHO，2000）。这些组织试图向妇女宣传母乳喂养对她们及其婴儿的好处。他们还与医院进行合作，让母乳喂养在新生儿出生后的最初几天有一个良好的开端。在这项“爱婴医院倡议”中，医院工作人员对母亲进行产前母乳喂养教育，帮助她们在婴儿出生后不久进行第一次母乳喂养，向她们展示如何维持哺乳（乳汁流动），并组织她们成立母乳喂养支援小组（Merewood et al.，2005；Merten et al.，2005）。

世界卫生组织和联合国儿童基金会的倡议取得了成功，无论在哪里实施，母乳喂养率都在上升（UNICEF，2011）。然而，由于目前发展中国家的大多数分娩都在家中进行，大多数母亲不太可能接触到爱婴医院的倡议。哪怕只是在近期，全世界也只有一半的母亲对婴儿进行母乳喂养，显然还有很大的改善空间。2017 年，联合国儿童基金会和世界卫生组织发起了全球母乳喂养集体组织的活动，这是由 20 个国际机构组成的伙伴关系，旨在提高全球母乳喂养的流行率和持续时间（UNICEF，2017）。

批判性思考题：鉴于发达国家母乳喂养的好处是真实存在的，但作用却很小，因此公共政策是否应鼓励或劝阻更多的妇女进行母乳喂养呢？想想母乳喂养会使妇女难以重返工作场所，也使父母难以平等分担照顾婴儿的责任这一论点。

新生儿护理的社会性和情感方面

没有什么比生孩子更能改变一个成年人的生活了！我们两个人生下双胞胎的年龄相对较高（那时我已经 33 岁，先生已经 42 岁了），我们已经一起生活超过了 10 年。我们习惯于较晚才开始晚餐，并且习惯在周末睡懒觉，读几个小时的书，一起散步。当双胞胎出生时，一切都改变了。在最初的几周里，我们似乎整天（以及半个晚上）都在哺育、换衣、穿衣、带他们散步，向他们表达爱意。

新生儿不仅需要保护和营养，还需要社会和情感关怀。在这里，我们研究了新生儿的哭闹模式及各文化发展出的安抚方式，以及新生儿与他人之间的第一次社会接触，这种社会接触有时被称为“亲密关系”。在本章的最后，我们研究了新生儿父母有时会经历的产后抑郁症。

哭泣与安抚

学习目标 3.14 能够描述新生儿的哭闹类型以及不同文化中哭闹方式和安抚方法的差异。

由于人类新生儿在刚出生的头几个月里非常不成熟并依赖他人的照顾，他们需要以某种方式向照顾他们的人传达他们的需求，而使用最频繁和最有效的信号就是哭泣。成年人往往会觉得婴儿的哭声令人难以忍受，所以他们发明了许多有创意的方法来安抚他们。

哭闹。人们已经识别出 3 种不同的哭闹信号（Wood & Gustafson，2001）：

烦躁（fussing）：这是一种预热性质的哭闹，此时婴儿只是轻微的不舒服。如果没有立刻得到回应他们就会大哭起来。此时的哭声在音量上相当柔和，是一种不稳定的呜咽声，不时伴有停顿和长时间的吸气。

愤怒的哭泣（anger cry）：一种通过声带排出大量空气的哭法。

痛苦的哭泣（pain cry）：突然开始哭泣，没有烦躁的预兆。婴儿深吸一口气，

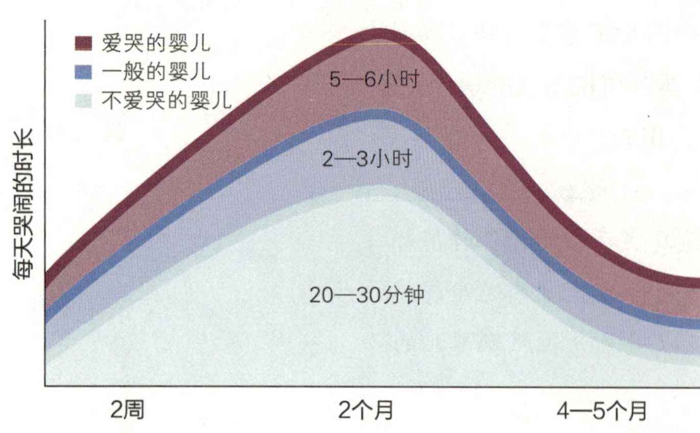

图 3.2 美国婴儿最初几个月每天哭闹的持续时间

在婴儿出生后的头几个月，他们经常会无缘无故地哭闹。

资料来源：Barr（2009）.

屏住呼吸，然后再呼出。

大多数父母在婴儿大约一个月大的时候就能分辨出愤怒的哭泣和痛苦的哭泣（Zeskind et al., 1992）。然而，导致婴儿会哭泣的原因还有很多，例如饥饿、孤独、潮湿或弄脏的尿布，疲倦、不舒服、太热、太冷或任何其他类型的沮丧，通常没有独特的哭声。属于这一范畴的哭泣通常被称为基本哭闹（basic cry）或沮丧哭闹（frustration cry）（Wood & Gustafson，2001）。

在不同的育婴实践文化中，哭闹频率遵循所谓的"哭闹曲线"：每天的哭泣时长稳步上升，并在第二个月末达到峰值，随后下降（Barr，2009）。**图 3.2** 显示了美国婴儿的哭闹模式。

有时候哭闹会有一个明确的原因，但在出生后的头几个月里，很多婴儿会无缘无故地哭闹。这一点对父母来说很重要，因为新生儿的痛苦往往会引发他们周围人的痛苦（Out et al.，2010）。**表 3.4** 提供了一种记住婴儿出生后头 3 个月哭闹特征的方法。

表 3.4　最初几个月的哭泣

P 峰型	在婴儿两个月大时哭泣时间最长，随后逐渐下降
U 不可预测	最初的几个月里，婴儿的哭泣经常会莫名其妙地来了又去，没有任何明显的原因
R 抵抗安慰	尽管父母尽了最大的努力安抚婴儿，但他们仍可能继续哭泣
P 痛苦的脸	哭泣的婴儿可能看起来很痛苦，尽管他们可能并不痛苦
L 持续长久	最初几个月里婴儿的哭泣时间更长，有时会哭 30—40 分钟或者更长
E 晚间哭闹	婴儿通常在下午和晚上哭得最厉害

资料来源：Barr（2009）.

对哭闹的安抚和反应。虽然在不同的文化中，所有的婴儿在出生后的头几个月里每天都会哭闹，但婴儿哭闹的持续时间和强度却存在很大差异。在婴儿经常被单独留下、被抱着四处走动的时间相对较少的文化中，婴儿哭闹的时间更长、强度更激烈。4/5 的美国婴儿在出生后的头几个月里，每天都有至少 15 分钟没有任何明显原因的哭闹（Dayton et al.，2015）。相比之下，在一天中大部分时间都抱着婴儿的文化中，婴儿很少出现长时间的哭闹（Harkness et al.，2015）。例如，在一项比较韩国和美国婴儿的研究中，美国婴儿哭闹的时间更长，这似乎是由于父母养育方式的差异（Small，1998）。韩国婴儿独处的时间短于美国婴儿独处的时间；韩国母亲每天抱婴儿的时间是美国母亲的 2 倍；韩国母亲对婴儿的哭声立即做出反应，而美国母亲则常常让婴儿“哭出来”。

父母教养方式与婴儿哭闹之间的关系也得到了实验证明。在一项研究中，研究人员将美国母亲及其新生儿分为两组（Hunziker & Barr，1986）。A组的母亲被要求每天至少抱孩子3小时，B组的母亲没有得到任何特别的指示。两组的母亲都记录了宝宝哭闹的次数和时长。当婴儿为8周大时，两组婴儿的哭闹频率相同，但是A组婴儿的哭闹时长仅有B组婴儿的一半。

在新生儿一天中大部分时间都独自待着的文化中，其哭闹时间更长、更激烈。

在传统文化中，通常婴儿一天中的大部分时间都由他们的母亲或另一名成年妇女或姐姐抱着。在传统文化中，当新生儿哭闹时，两种常见的反应是母乳喂养和用襁褓包裹（Gottlieb & DeLoache，2017）。哭闹通常是饥饿的信号，所以给婴儿喂奶可以安抚婴儿，但即使婴儿不饿，他们也可以通过吮吸得到安慰，就像发达国家的婴儿用奶嘴安抚一样。

在**襁褓**（swaddling）中，婴儿被紧紧地包裹在布中，以使其手臂和腿无法移动。照料者通常将婴儿放在摇篮上，并将布包裹在婴儿床周围以及婴儿周围。襁褓是一种古老的习俗，有证据表明它可以追溯到6000年前（DeMeo，2006）。从中国到土耳其再到南美，襁褓早已在许多文化中被广泛使用，他们相信襁褓能让新生儿感到舒适，帮助他们入睡并确保他们的肢体正常生长（van Sleuwen et al.，2007）。但它在17世纪的西方文化中并不流行，当时，它被认为是残忍和不自然的。然而，襁褓最近在西方变得越来越普遍，因为有研究表明，它能减少婴儿哭泣并且不抑制婴儿的运动发育（Meyer & Erler，2011；Thach，2009）。

襁褓：一种婴儿护理方法，包括用布或毯子紧紧地包裹婴儿。

父母和其他照看者还能做些什么来安抚哭闹的新生儿呢？首先，当然应该解决所有明显的需求，以防婴儿饥饿、寒冷、疲倦、不舒服、受伤或需要换尿布。对于没有明显来源的哭泣，父母已经设计了一系列的方法来安抚婴儿，例如（Dayton et al.，2015）：

- 把宝宝抱起来，放在肩膀上；
- 用重复的动作进行安抚，如来回轻轻摇晃或带婴儿乘坐汽车或放在婴儿车里推着走；
- 用声音进行安抚，例如唱歌，风扇或吸尘器的声音，或者诸如沙滩上的浪花等大自然声音的录音；
- 给婴儿洗个热水澡；
- 让婴儿吸吮奶嘴或手指；
- 用新的视觉或声音分散婴儿的注意力。

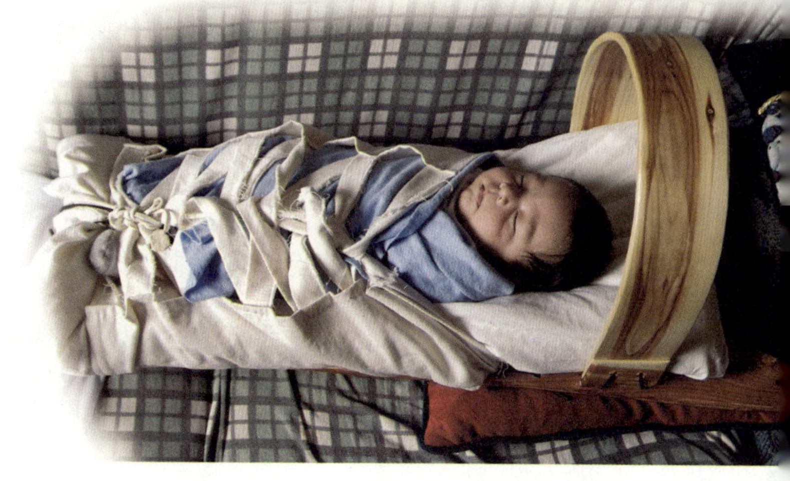

在许多文化中，用襁褓包裹婴儿以减少哭闹是一项悠久的传统。图为亚利桑那州的一个纳瓦霍婴儿被襁褓包裹在传统的摇篮上。

这些方法的共同点似乎是提供一种新的感官刺激源，特别是一些轻微重复的刺激。当我们的双胞胎刚出生时，我们通常把他们抱在肩膀上或者给他们唱歌来安抚他们，但是如果这些方法不起作用的话，哭闹的婴儿几乎总会被俗称“摇摆椅”的电动婴儿座椅所安抚，因为座椅的动作很轻柔。新生儿的父母通常会竭尽全力让他们停止哭闹，所以现在市场上有很多这样的产品可以帮助父母实现这个目标。

还有一种选择是，在婴儿停止哭闹之前，照看者不对哭声做出反应。几十年来，发展心理学家一直在争论忽略婴儿哭闹是件好事还是坏事。一些人认为忽视婴儿哭闹是一个好主意（除非婴儿显然需要食物或其他照顾），因为父母做出回应会强化婴儿的哭闹，从而使婴儿在下次需要关注时更容易哭闹（Crncec et al.，2010；Gewirtz，1977；van IJzendoorn & Hubbard，2000）。另一些人认为忽视婴儿哭闹是一个坏主意，因为哭声被忽视的婴儿会为了得到他们需要的关注而哭得更厉害（Bell & Ainsworth，1972；Lohaus et al.，2004）。不同的研究报告了不同的发现，所以在这一点上能得出的结论是，对哭闹的反应似乎与婴儿的发育没有密切的关系（Alvarez，2004；Hiscock & Jordan，2004；Lewis & Ramsay，1999）。

疝气：每当小孩子在哭闹、剧烈活动、咳嗽和便秘时，由于腹腔内的压力增加，肠管等内容物自内环口进入腹股沟甚至阴囊从而形成。

还有大约 10% 的西方婴儿会发生“过度”哭泣的情况，这种情况则有可能是发生了**疝气（colic）**。如果婴儿的哭闹情况符合“三三法则”，则被认为患有疝气痛（Barr, 2009; Zeifman & St. James-Roberts, 2017）：即婴儿每天哭闹 3 个小时，每周至少 3 天，持续时间超过 3 周。疝气通常在出生后第 2—3 周开始出现，在第 6 周时达到顶峰，此后逐渐下降，到 3 个月大的时候消失（Barr & Gunnar, 2000; St. James-Roberts et al., 2003）。

造成疝气的原因尚不清楚，但疝气主要存在于西方文化中。在西方文化中，监护人照看婴儿的时间相对较短（Richman et al.，2010）。疝气的治疗方法也不为人知（Hall et al.，2011）。患有疝气的婴儿是无法被安抚的，以上所述的安抚方法对他们都不起作用。幸运的是，疝气似乎对婴儿的生理、情绪或社会性发展并没有什么长期的影响。然而，对于父母来说，这可能并不能让他们感到多少安慰，因为他们必须忍受一个长时间哭闹的婴儿。疝气是父母虐待婴儿的一个风险因素（Flaherty et al.，2010；Zeifman & St. James-Roberts，2017）。因此，当父母感到自己快要崩溃时，及时寻求支持是非常重要的。

联结：神话和真理

学习目标 3.15　批评人类母亲与新生儿“联结”的说法。

如果你浏览育儿网站，你很快就会发现这样的建议：宝宝出生后的最初几周为你们的关系奠定了基础；或者“尽快和宝宝进行亲密接触”；或者“我建议父母花尽可能多的时间与孩子进行肢体接触和眼神交流——我称为出生时的母婴联结”。真的有一种东西叫作联结吗？这种亲密关系要求母亲和婴儿在出生后尽快接触？

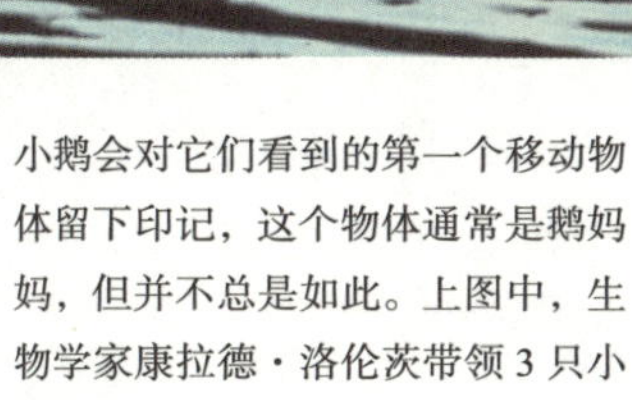

小鹅会对它们看到的第一个移动物体留下印记，这个物体通常是鹅妈妈，但并不总是如此。上图中，生物学家康拉德·洛伦茨带领 3 只小鹅游泳。

但对某些物种来说确实如此，比如鹅。鹅会与它第一个看到的活动物体即刻建立一种持久的联结，这种现象被称为**印刻**（imprinting）。通常第一个对象是它们的母亲，当然，迅速在其身上留下印刻可以促进它们的生存，因为它们在出生后不久就开始蹒跚而行，它们会跟随母亲到处走动。康拉德·洛伦茨（Konrad Lorenz）（1957）最先发现了印刻过程。他发现鹅在出生后不久就会在它们看到的任何移动物体上留下印记，其中就包括他本人，正如你在照片中看到的那样。

一些医生得知这项研究后，匆忙将它应用于人类，并断言，人类出生后的最初几分钟和几个小时对母婴**联结**（bonding）也至关重要（Klaus & Kennell, 1976）。这些医生称，如果婴儿在出生后没有及时与母亲建立联结，这将危及婴儿的未来发育。然而，当对这一假设进行系统研究时，却发现这一假设并不成立（Lamb, 1994; Redshaw, 1997; Weinberg, 2004）。人类不是鸟类，即使没有在出生后最初几分钟，甚至几天里与照看者建立联结，他们也不会面临日后情感和社会性问题的风险。事实上，父母和孩子有充足的时间来建立一种积极的亲子关系。

印刻：与出生后看到的第一个移动物体形成的瞬间而持久的联系，常见于鸟类。

联结：人类出生后的最初几分钟和几个小时对母婴关系至关重要。

然而，这种错误的想法却产生了良好的效果。如本章前面所述，到 20 世纪五六十年代，发达国家的分娩过程已过度医学化。尽管关于母婴联结的说法是错误的，但这促使世界各地的医院重新审视他们的政策。当时的政策是让母亲服用镇静剂，并在孩子出生后立即将母子分开（Lamb, 1994）。随后，在 20 世纪 70 年代及之后，医院的政策发生了变化，母亲、孩子甚至父亲都可以在出生后与孩子保持密切接触。这可能不是婴儿后期成功发育所必需的，但也没有理由不允许这样做。此外，有证据表明，它有助于减轻父母的焦虑感，并增强他们照顾新生儿的热情和信心（Bergstrom et al., 2009）。更多有关亲子关系发展的内容将在第四、第五和第十章中介绍。

产后抑郁症

学习目标 3.16 能够描述产后抑郁症的原因及其对儿童的影响。

虽然孩子的出生通常都会带来喜悦，但有些父母在孩子出生的最初几个月里会经历一段情感上的困难。母亲产后情绪低落可能是由于体内激素迅速变化所

产后抑郁症：有新生儿的父母，其悲伤和焦虑情绪强烈到会影响他们完成简单日常工作的能力。

致，因为母亲体内高浓度的雌激素和黄体酮恢复到正常水平。然而，**产后抑郁症**（**postpartum depression**）更为严重并且持续时间长久。悲伤和焦虑的感觉变得如此强烈，以至于影响了她们完成简单日常任务的能力。其他症状包括食欲急剧变化和睡眠困难。

在美国，产后抑郁在产后第四周最为严重，此时母亲的激素水平已经恢复正常很久了。据估计，有 9%—16% 的母亲会在分娩后的头 6 个月内患上产后抑郁症。超过一半的患产后抑郁症的女性在一年后仍有此症状（American Psychological Association，2014；Clay & Seehusen，2004）。在发达国家，患病率约为 7%—13%。最近在发展中国家进行的研究表明，各国的患病率存在很大差异，从尼泊尔的 5% 到圭亚那的 50%。但总体而言，发展中国家的患病率高于发达国家（Parsons et al.，2012）。

为什么有些女性会患上产后抑郁症，而有些人则不会呢？发达国家的研究表明，如果妇女有任何精神病理学史（包括以前发生过的产后抑郁症），则她们患产后抑郁症的风险更高（Leung et al.，2017；Parsons et al.，2012）。这表明，对于产后抑郁症，就像其他形式的抑郁症一样，某些人在面对强烈的生活压力时可能会因基因易损性而变得抑郁。如果女性缺乏社会支持（Iles et al.，2011；Leung et al.，2017）或婚姻或伴侣关系较差（Parsons et al.，2012），她们也更有可能患上产后抑郁症。因此，即使母亲对抑郁症具有基因易损性，但也未必会显现，除非她也经历过缺乏社会支持的社会和文化背景。对父亲而言，产后抑郁症可能是由于在兼顾个人和工作需求与做父亲的要求方面遇到了挑战（Genesoni & Tallandini，2009；Ramchandani et al.，2005）。瑞典、英国和美国的研究报告显示，4%—6% 的父亲在孩子出生后的几个月内经历过产后抑郁症（Dennis，2004；Massoudi et al.，2016；Ramchandani et al.，2005）。

在发达国家和发展中国家，产妇产后抑郁症和贫困以及经济不景气有关，发展中国家较高的贫困率可能是其产后抑郁症发病率总体较高的原因之一。在发展中国家，感染艾滋病毒 / 艾滋病的妇女也更容易患上产后抑郁症，在重男轻女的国家，生女孩的妇女也更容易患上产后抑郁症（Parsons et al.，2012）。与发达国家一样，缺乏社会支持或经历婚姻或家庭冲突的妇女也更容易患产后抑郁症（Parsons et al.，2012）。

在一项包括来自四大洲 11 个国家的新妈妈的研究中，人们普遍认为来自伴侣和家庭的行动和情感支持对于克服产后抑郁症至关重要。在发达国家，产后抑郁症也经常被视为一种需要卫生专业人员进行干预的疾病，而美国是唯一提及使用抗抑郁药的国家（Oates et al.，2004）。

一项对大多数研究（大部分研究在美国进行）的回顾表明，心理疗法通常是有效的，在和其他支持性干预，如同伴支持、健康访问者的咨询和伴侣支持等相结合使用的情况下来说更是如此（Fitelson et al.，2011）。抗抑郁药物可能有帮助，但对其有效性的研究有限。应当提醒哺乳期的母亲注意抗抑郁药可能会通过母乳传播给婴儿，尽管某些抗抑郁药似乎比其他抗抑郁药对婴儿更安全。其他缓解产后抑郁症的方法包括运动、针灸、强光疗法和按摩，但尚无足够的证据证明它们的有效性。

就产后抑郁症对儿童发育的影响而言，母亲和父亲的产后抑郁症与儿童在婴儿期及以后的发育问题相关。几乎所有这些研究都是在发达国家进行的（Parsons et al.，2012）。通过对这些国家患有产后抑郁症的母亲进行的大量研究发现，她们的婴儿比其他婴儿更容易出现烦躁、饮食和睡眠问题以及更难以形成依恋关系（Herrera et al.，2004；Martins & Gaffan，2000）。在发育后期，孩子们会有孤僻或表现出反社会行为的风险（Nylen et al.，2006）。如果父亲患有产后抑郁症，其孩子也有类似的发育风险（Kane & Garber，2004；Ramchandani et al.，2005）。

当然，所有这些研究都受到我们在第二章中讨论的被动和唤起基因型→环境效应的研究设计的影响。也就是说，这些研究中的孩子不仅处在父母所建立的环境中，而且携带他们的遗传基因，这是为了分辨他们的问题与父母抑郁的关系是由于基因还是环境（被动基因型→环境效应）。此外，研究通常假设母亲的抑郁症影响了孩子，但母亲的抑郁症在一定程度上也有可能是因为她们的婴儿特别易怒和难以相处造成的（唤起基因型→环境效应）。然而，对产后抑郁症的母亲进行的观察性研究发现，与其他母亲相比，她们较少与自己的婴儿进行交谈和注视，也较少触摸婴儿和对婴儿微笑（Righetti-Veltema et al.，2002）。这表明，即使涉及被动基因型→环境效应和唤起基因型→环境效应，抑郁症母亲的行为在影响婴儿的方式上也是不同的。

小结：新生儿的护理

学习目标 3.12　能够描述不同文化和历史背景下母乳喂养的文化习俗。

有证据表明，在人类历史的大多数文化中，儿童至少要母乳喂养 2—3 年。为了减轻频繁喂奶的负担，奶妈喂养（雇用母亲以外的哺乳期妇女来喂养婴儿）是一种广泛存在的习俗，人类历史上早已有记载。使用动物替代品（牛奶或羊奶）也有很长的历史，但最近的研究表明，动物替代产品的营养成分不足，会导致婴儿消化不良。19 世纪末，炼乳和淡奶等人造替代品开始在西方开发和销售。现代婴儿配方奶粉包含的营养物质比过去的替代品更健康，但母乳仍然是喂养婴儿的最佳选择。在发展中国家尤其如此，在那里母乳提供的免疫保护可能会挽救生命，而且奶粉可能会与不干净的水混合。

学习目标 3.13　能够找出母乳喂养的优势以及这些优势最大的益处。

母乳喂养与儿童健康的认知发展、减少肥胖、预防婴儿期疾病以及在儿童期和成年期更好的健康状况有关。对于母亲来说，母乳喂养可以帮助她们的身体在生产后恢复正常。这种优势在发展中国家最为明显。然而，即使在近期，全世界仅约一半的婴儿是母乳喂养。

学习目标 3.14　能够描述新生儿的哭闹类型以及不同文化中哭闹方式和安抚方法的差异。

人们已经识别出 3 种不同的哭闹信号：烦躁、愤怒的哭泣和痛苦的哭泣。哭泣频率在最初几周稳步上升，到第二个月末达到峰值，随后逐渐下降。这种模式在不同的文化中是相似的，但在那些白天和晚上大部分时间都抱着婴儿的文化中，婴儿哭泣的持续时间和强度较低。大约 10% 的西方婴儿会发生“过度”哭泣的情况，这种情况被称为疝气。

学习目标 3.15　批评人类母亲与新生儿“联结”的说法。

一些医生在动物研究的基础上声称，出生后的最初几分钟和几个小时对母婴之间的“联结”至关重要。这种说法现在已被证明是错误的，但它产生了有益的影响，它改变了医院的政策，允许母亲、父亲和新生儿之间进行更多的接触。

学习目标 3.16　能够描述产后抑郁症的原因及其对儿童的影响。

随着激素恢复到正常水平，许多母亲在出生后的几天里会经历情绪波动，但也有一些母亲会经历较长时间的产后抑郁。发展中国家的产后抑郁患病率高于发达国家。一些父亲也会经历产后抑郁症。父母的产后抑郁症与儿童在婴儿期及以后的发育问题有关，其中包括难以形成依恋关系和反社会行为。

第四章

婴儿期

第一节　生理发展

婴儿期的生长与变化

生长模式

大脑发育

睡眠变化

婴儿的健康

营养需求

婴儿死亡率

动作与感觉的发展

动作发展

感觉发展

第二节　认知发展

皮亚杰的认知发展理论

认知发展的基本概念

感知运动阶段

婴儿期的信息加工

信息加工取向

注意力

记忆力

婴儿发展的评估

发展评估的方法

媒体能够促进婴儿的认知发展吗？“小小爱因斯坦”的神话

语言的开端

第一个声音和单词

儿向语

第三节　情绪与社会性发展

气质

气质的概念

适配度

婴儿的情绪

基本情绪

婴儿的情绪感知

婴儿的社交世界

婴儿社交生活的文化主题

社会性发展的基础：两种理论

相对于生命中的其他阶段，婴儿的日常生活具有很多相似性。在所有文化中，尽管婴儿有多种交流方式，但他们的行动能力有限且尚未开始使用语言［“婴儿”（infant）一词的字面意思是“不会讲话”（without speech）］。在所有的文化中，婴儿在很大程度上依赖于他人的照顾和保护。然而，即使在婴儿期，婴儿发展也存在很大的文化差异。在一些文化中，婴儿白天大部分时间都被抱着，经常被母乳喂养；而在另一些文化中，他们白天和晚上有很大一部分时间都是独自躺着的。在本章中，我们将探讨婴儿发展过程中的文化相似性和差异性。从本章开始，贯穿全书的其余部分（直到最后一章），各章节将分为三个主要部分：生理发展、认知发展、情绪与社会性发展。

第一节 生理发展

学习目标

4.1 能够描述婴儿在第一年所发生的身体变化，并解释其身体生长的两个基本原则。

4.2 能够识别大脑的关键部分，并描述大脑在生命最初几年里是如何变化的。

4.3 能够描述婴儿在第一年的睡眠变化情况，并评估导致婴儿猝死综合征（SIDS）的危险因素，包括与父母同床睡的研究证据。

4.4 能够描述婴儿在出生后第一年的营养需求变化，并识别婴儿期营养不良的原因和后果。

4.5 能够列出导致婴儿死亡的主要原因和预防方法，并描述在一些文化中人们保护婴儿的方法。

4.6 能够总结婴儿期大肌肉和精细动作发展的主要变化。

4.7 能够描述婴儿何时以及如何发展深度知觉和知觉统合。

婴儿期的生长与变化

我们从研究身体发育（身高和体重）、第一颗牙齿的出现和婴儿大脑的发育作为本节内容的起点。然后，我们将研究睡眠模式的变化、婴儿猝死综合征的悲剧，以及婴儿睡眠的文化差异。

生长模式

学习目标 4.1 能够描述婴儿在第一年所发生的身体变化，并解释其身体生长的两个基本原则。

婴儿在第一年的生长速度比以后任何时候都要快（Adolph & Berger，2005；Murkoff & Mazel，2014）。在婴儿 5 个月大时，他们的出生体重增加了 1 倍，到 1 岁末时，出生体重则增加了 3 倍，平均体重约 10 公斤。如果按这个速度再长 3 年，那么 4 岁儿童的平均体重将达到 272 公斤！不过体重增长速度在第一年结束后就会急剧下降。

婴儿在出生的头几个月里特别容易长胖，这有助于维持体温恒定。6 个月大时，营养良好的婴儿看起来胖嘟嘟的，但 1 岁时，他们的“婴儿肥”减掉了很多，这种体脂较低的趋势将持续到青春期（Fomon & Nelson，2002）。

出生第一年，婴儿的身高也急剧增加，从 50 厘米左右增长到 75 厘米左右，每月长 2.5 厘米。与体重不同，他们在第一年的身高生长不均衡，会出现爆发式

大多数婴儿都体形丰满，头部与身体成比例。

增长。对身高进行密切监测的研究发现，婴儿可能会在几天甚至几周内长得很少，然后仅仅一两天就突然增长 1 厘米（Lampl et al.，2001）。

婴儿发育不均匀的另一种方式是，它往往从头部开始发育，然后向下延伸到身体的其他部分（Adolph & Berger，2005）。这被称为**头尾原则**（**cephalocaudal principle**）（在拉丁语中的意思是“从头到尾”）。例如，如**图 4.1** 所示，头部是新生儿身体长度的 1/4，但只有成人的 1/8。此外，身体从中部开始向外生长，这就是**近远原则**（**proximodistal principle**）（在拉丁语中的意思是“由近到远”）。例如，躯干和手臂比手和手指长得快。

婴儿期也会发生其他生理变化，包括牙齿的生长。对大多数婴儿来说，第一颗牙会在 5—9 个月大的时候长出来，并会引起不适和疼痛，这被称为**出牙期**（**teething**）。从持续的疼痛到完全没有不适感，婴儿在出牙时也存在很大的差异。第一颗牙齿和臼齿往往特别疼。

在出牙期，婴儿经常会抓住机会咬东西，如果没有别的东西，就会咬自己的手，因为咬东西的反压力会减轻他们的疼痛（Trajanovska et al.，2010）。所以小心你的手指！你可能会惊讶于一个出牙婴儿的咬合力有多强。

无论在任何年龄，我们当中没有多少人会在遭受疼痛时而变得更加快乐，因此出牙期的婴儿会变得易怒也就不足为奇了。有些婴儿可能不愿意接受母乳喂养或奶瓶喂养（幸运的是，大多数婴儿在开始长牙时也可以吃固体食物）。当然，他们更有可能在晚上因长牙疼痛而醒来。庆祝孩子在 4 个月大时开始“整晚安睡”的父母通常会发现，这只是暂时的转变，而不是永久的转变，因为宝宝现在醒来后会哭喊着以缓解出牙的疼痛（Murkoff & Mazel，2014；Sarrell et al.，2005）。

头尾原则：生物发育原则，即生长倾向于从头部开始，然后向下延伸到身体的其他部分。

近远原则：从身体中部向外生长的生物发育原则。

出牙期：婴儿长出新牙齿时所经历的不适和疼痛时期。

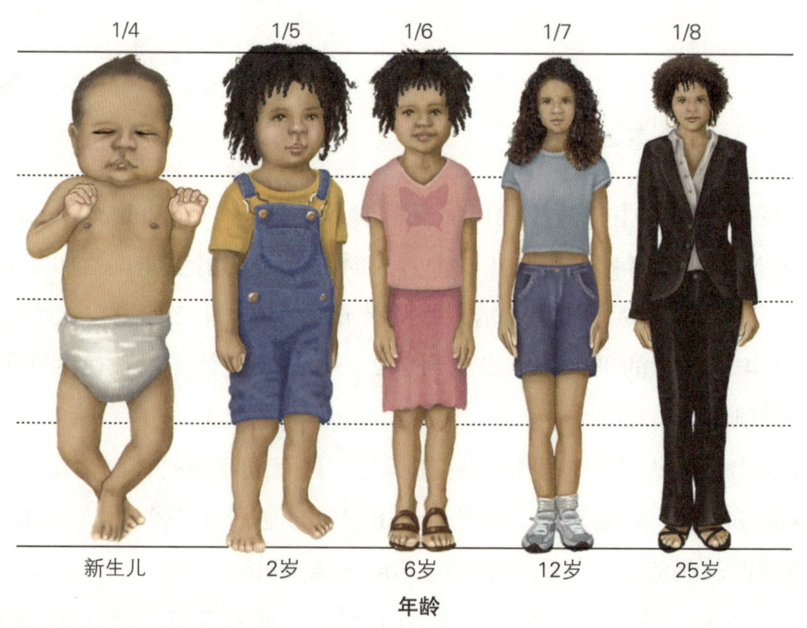

图 4.1 身体生长的头尾原则

发育从头部开始，然后向下延伸到身体的其他部分。

幸运的是，有一系列的策略可以缓解婴儿出牙期的疼痛（Trajanovska et al., 2010）。一些可以咬或咀嚼的东西，比如一块湿毛巾或一个“磨牙环”，可以对牙龈产生反压力，帮助缓解疼痛。涂在牙龈上的局部止痛药也会有效。

对于一些儿童可以使用的所有非处方药，包括那些“天然”药物，我们强烈建议在使用药物前咨询儿科医生。儿童之间也存在个体差异。此外，市场上有一些产品没有经过科学测试，也有一些产品没有经过食品和药物管理局的批准（Kaplan, 2017）。因此，无论父母多么想尽快减轻孩子的痛苦，但寻求专业建议和信息都是最明智的做法。

当第一颗牙长出来时，咬磨牙环可以缓解婴儿的不适感。

大脑发育

学习目标 4.2 能够识别大脑的关键部分，并描述大脑在生命最初几年里是如何变化的。

回顾第三章，人类出生时的大脑相对于其他动物来说比较大，这便使得母亲的分娩过程变得更加痛苦和危险。即使人类的大脑在出生时相对较大，但发育也相对不成熟（Johnson, 2016）。我们选择出生是因为如果我们再等下去，我们的大脑就会因为太大而无法通过产道。因此，人类大脑的基本发育绝大部分发生在出生后的第一年。例如，值得我们关注的是：其他动物在出生时或几天或几周之内就会活动，但人类在大约 6 个月的时间内甚至不能爬行，直到一岁结束时才会走路。

在这里，我们将首先研究婴儿大脑发育的基本情况，然后研究大脑不同部分的特殊功能。然后，我们将探讨婴儿期大脑发育的特殊敏感性。

大脑发育。神经元的产生始于产前发育的第 7 周，一个人具有数以亿计的神经元，而大多数的神经元都产生于产前发育的中期（Stiles & Jernigan, 2010）。然而，在产前发育的末期，特别是在生命的第一年，大脑恢复了它的爆炸性增长方式。新生儿大脑体积约是成人的 25%，到 2 岁时，这一比例变成 70%。

在婴儿出生后的第一年，虽然大脑的发育包括产生越来越多的神经元，但这不是主要的。相反，第一年是神经元之间联结发展的高峰期。神经元与身体中的其他细胞的不同之处在于它们之间没有直接的联系。取而代之的是，被称为**突触**（synapse）的微小缝隙隔开，通过突触来进行交流。如图 4.2 所示，突触的形成始于产前发育，并在发育的第一年继续活跃（Markant & Thomas, 2013）。

突触：神经元之间的微小缝隙，通过这些缝隙进行神经交流。

神经递质：能使神经元在突触之间进行交流的化学物质。

神经元通过释放和接收一种被称为**神经递质**（neurotransmitter）的化学物

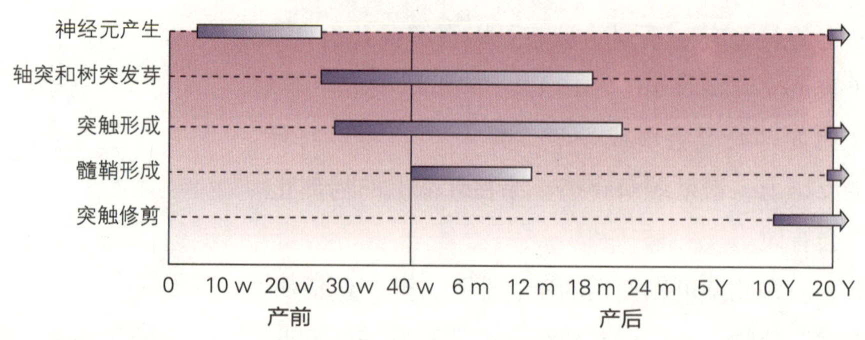

图 4.2 大脑内神经过程的时序

注：虚线表示发育活跃期，粗线（紫色）表示发育变化高峰期。
资料来源：Markant & Thomas（2013）.

轴突：神经元的一部分，负责传递电脉冲并释放神经递质。

树突：神经元的一部分，负责接收神经递质。

过度生成/突触繁茂：在神经元之间的树突联结爆发性生成。

髓鞘化：神经元轴突周围髓鞘生长的过程。

质在突触之间进行交流。如**图 4.3** 所示，神经元的**轴突**（axon）释放神经递质，**树突**（dendrite）接收神经递质。树突是一排看起来像树枝的短纤维。轴突是很长的连接纤维。如果你再看一看**图 4.2**，你会发现从产前开始出现的树突和轴突，在第一年仍以最快的速度继续发育着。树突和轴突之间联结的巨大激增也被称为**过度生成**（overproduction）**或突触繁茂**（synaptic exuberance）（Kostovic & Vasung，2009；Stiles & Jernigan，2010）。婴儿出生时，神经元的联结相对较少，但到 2 岁时，每个神经元都与数百甚至数千个其他细胞相联结。最大的联结密度出现在学步期。

在婴儿期不仅建立了大量的神经联结，而且交流的速度也提高了。从胎儿期的早期开始，大约在第 14 周，轴突就被一种叫作髓鞘（myelin sheath）的白色脂肪物质包裹着。**髓鞘化**（myelination）的这一过程提高了神经元之间的交流速度（Gale et al.，2004）。髓鞘化在婴儿出生后的第一年特别活跃，不过会以相对较慢的速度一直持续到 40 岁左右（见图 4.2）（Markant & Thomas，2013）。

随着神经元创建巨大的树突网络来联结其他神经元，于是开启了一个能够

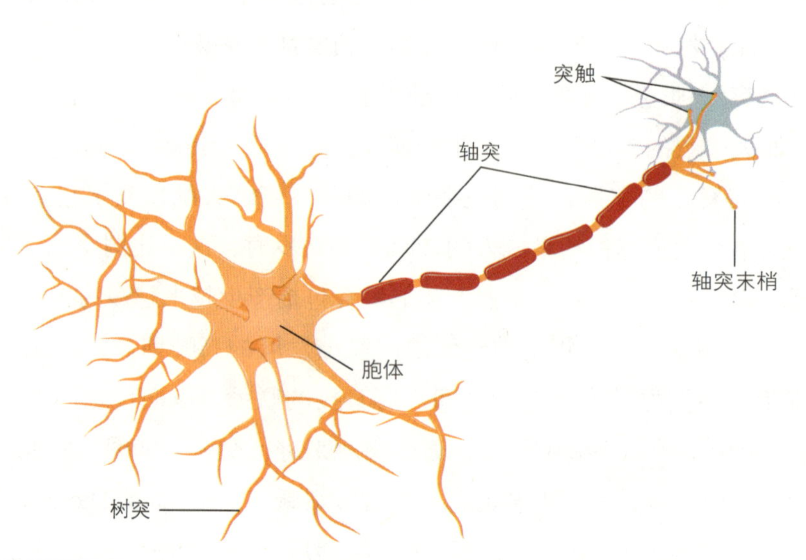

图 4.3 突触

提高联结准确性和效率的过程。“要么使用它，要么失去它”是应用的一个原则，因为使用的突触联结会变得更强更快，而未使用的突触联结在一个称为**突触修剪（synaptic pruning）**的过程中而逐渐消失（Kostovic & Vasung，2009；Stiles & Jernigan，2010）。如果你在后院的花园里种植胡萝卜，并且你已经播下了数千粒种子，你将如何确保它们茁壮生长？最好的办法是把较弱的枝条修剪掉，让较强的枝条有更多的空间和资源继续生长。这就是大脑突触修剪的作用。有趣的是，突触修剪发生在整个童年时期，是青少年期和成人初显期大脑发育的一个显著特征（Markant & Thomas，2013）。

突触修剪：在大脑发育过程中，被使用的树突联结变得更强、更快，而那些未被使用的联结会逐渐消失。

大脑专门化。尽管整个大脑由神经元组成，但是大脑不同部位的神经元具有特定的功能。总体而言，大脑分为 3 个主要区域：后脑（hindbrain），中脑（midbrain）和前脑（forebrain）。在产前发育早期，这 3 个区域的神经元开始分化。后脑和中脑最早发育成熟，执行生命所必需的基本生物学功能。它们能让你的肺部保持呼吸，心脏保持跳动，身体运动保持平衡。

前脑分为两个主要部分：边缘系统和大脑皮层。边缘系统（limbic system）的结构包括下丘脑、丘脑和海马体。**下丘脑（hypothalamus）**很小，大约只有花生那么大，但在监测和调节我们的基本生理功能如饥饿、口渴、体温、性欲和激素水平等方面起着关键作用。**丘脑（thalamus）**是将感觉信息从身体接收，并转发给大脑其他部分的传递中心。**海马体（hippocampus）**对于记忆十分重要，尤其对长期记忆来说至关重要。

下丘脑：大脑边缘系统中类似花生大小的结构，负责调节饥饿、口渴、激素和性欲。

丘脑：大脑边缘系统的一部分，专门接收感觉信息并将其从身体传递到大脑。

海马体：大脑边缘系统的一部分，将信息从短时记忆转换为长时记忆。

人类大脑中最独特的部分是前脑的最外层，即**大脑皮层（cerebral cortex）**。人类大脑的这一部分比其他动物的要大得多。例如，成年人类的体重约等于成年黑猩猩，但大脑皮层却比成年黑猩猩大 3—4 倍（Haun，2015；Wrangham，2009）。大脑皮层占大脑总重量的 85%，大脑的大部分发育发生在出生后。大脑皮层是人类特有能力的基础，包括言语表达和理解能力，解决复杂问题的能力及根据概念、想法和符号进行思考的能力。

大脑皮层：大脑的外部，包括两个半球和四个具有不同功能的区域。

大脑皮层的不同部分具有两种不同的特性。第一，大脑皮层被划分为左右两个半球，两者由一束叫作胼胝体（corpus callosum）的神经纤维连接起来，使两个半球能够进行信息交换。**偏侧化（lateralization）**是形容大脑两个半球专门化的术语。通常，大脑的左半球专门负责语言及逐步、序列式的信息加工（Harnad，2012）。大脑的右半球专门负责空间推理以及全盘、整合式的信息加工。然而，大脑半球的专门化不应该被夸大，因为两者共同致力于语言、情绪和行为的大部分方面。没有人是“左脑”或“右脑”思想家。

偏侧化：大脑两个半球功能的专门化。

第二，大脑皮层在每个半球也都有专门化，分别拥有 4 个功能不同的区域或脑叶，如**图 4.4** 所示。位于每个半球后部的枕叶（occipital lobes）处理视觉信息。位于大脑半球下方的颞叶（temporal lobes）主要负责处理听觉信息，包括对口语的理解。位于颞叶上方的顶叶（parietal lobes）负责处理来自身体的感觉信

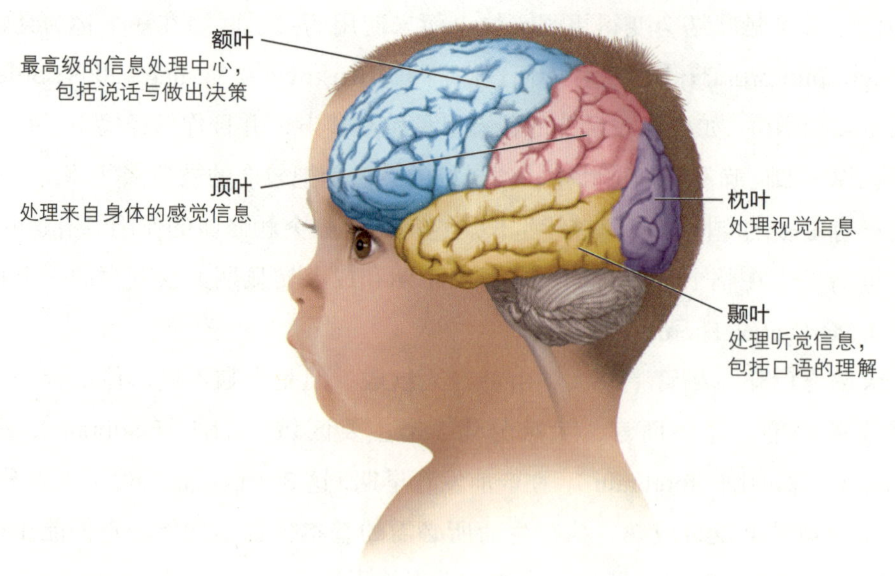

图 4.4 大脑的脑叶

每个脑叶的不同功能是什么？

息。位于前额后方的额叶（frontal lobes）是人脑最高级的信息处理中心，包括说话和做出决策。前额叶皮层（prefrontal cortex）是额叶最重要的部分，也是最新进化出来的部分，具有规划和组织信息以指导行为的特殊能力。脑叶和大脑半球一样，重要的是不要夸大其专门化的程度，因为大多数大脑功能都不止一个脑区参与（Harnad，2012；Knect et al.，2003）。

婴儿大脑的可塑性。在婴儿出生之前，大脑就已经按照刚才描述的方式朝着专门化的方向进行发育。但是，婴儿的大脑皮层在许多方面尚未发育成熟。由于婴儿的大脑并不像在发育后期那样专门化，所以它具有高度的**可塑性**（plasticity），这意味着它对环境具有高反应性。

可塑性：发展受环境影响的程度。

婴儿大脑的高可塑性使其适应性强，但也容易受到伤害（Gale et al.，2004；Ismail et al.，2017）。这种情况的益处在于，如果大脑的一部分在婴儿期因意外或疾病而受损，大脑的其他部分通常可以接管受损部分的功能，而一旦大脑的专门化程度较高，这在以后的发育中就不太可能了。不利的一面是，如果环境剥夺发生在婴儿期，可能会产生永久性影响，而后来的影响则不会那么深远或持久。

想象一下，从明天开始，你将在极度贫困的环境中生活 3 年，没有食物，很少与他人交流，也没有什么有趣的事情可以做。最后，你可能会备受饥饿的煎熬并且郁郁寡欢，但是一旦你脱离这种环境后，你的体重可能很快就会恢复正常，并且你的智力和能力不会受到影响。这就是经常发生在战俘身上的事情，因为他们一直处于如此恶劣的条件下（Moore，2010）。

如果同样的情况发生在你刚出生的前 3 年，后果将更加严重并且更加持久。

30年前在罗马尼亚进行的一个可怕的自然实验就证明了这一点。20世纪90年代初，前往罗马尼亚的西方游客对该国孤儿院的条件感到震惊。孤儿院的婴幼儿几乎没有获得营养物质，更没有得到爱、关注和认知刺激。他们被关在昏暗而简陋的大房间里，由少数冷漠的看护人照料。为了回应公众的愤怒，孤儿院很快被关闭了，孩子们被其他国家的家庭所收养，这些家庭主要来自加拿大和英国。

这些孩子们都曾被抛弃，但他们在不同的年龄段被其他人收养。在接下来的几年里，我们可以看到被收养时的年龄对他们的认知发展有多大的影响（O'Connor et al.，2000；Rutter et al.，2004）。

被收养的罗马尼亚孤儿的认知恢复在很大程度上取决于被收养时的年龄。

被收养时的年龄对其认知发展造成了巨大的差异。在新家生活一到两年后，所有孩子的体形都有了显著的恢复，但认知能力的恢复很大程度上取决于被收养时的年龄。如**图4.5**所示，到6岁时，6个月以下被收养的罗马尼亚儿童的认知能力与在同龄被收养的英国儿童没有差异（Beckett et al.，2006）。然而，6—24个月龄被收养的罗马尼亚儿童的认知能力明显低于早前被收养的罗马尼亚儿童或英国儿童，24—42个月龄被收养的罗马尼亚儿童认知能力仍然较低。这表明，在大约6个月大后，即使长期暴露在更刺激的环境中，早期剥夺对大脑造成的损害也往往无法完全消除。婴儿大脑的可塑性很高，但在生命的最初几年里会急剧下降。

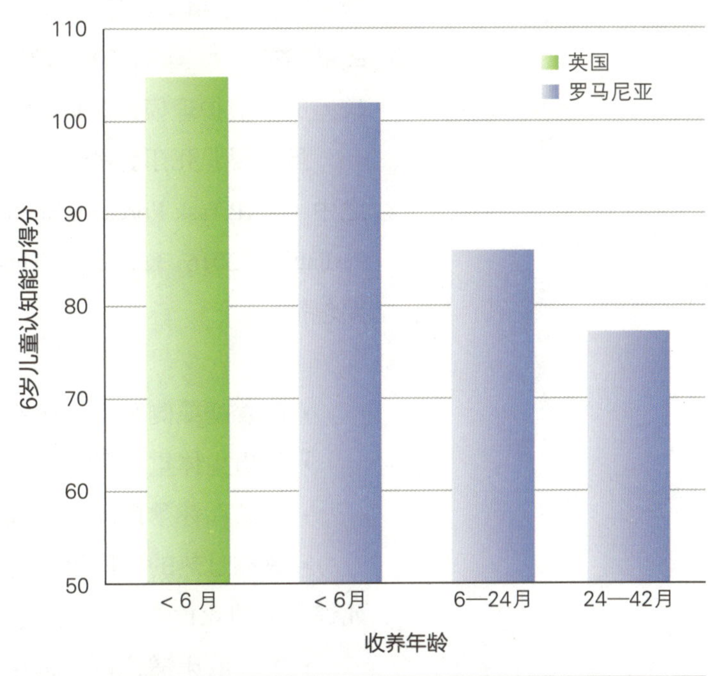

图4.5 罗马尼亚被收养者的认知能力，按被收养年龄进行划分

收养的年龄越晚，他们的认知能力就越低。

资料来源：Beckett et al.（2006）.

睡眠变化

学习目标4.3 能够描述婴儿在第一年的睡眠变化情况，并评估导致婴儿猝死综合征（SIDS）的危险因素，包括与父母同床睡的研究证据。

如第三章所述，新生儿每天的睡眠时长为16—17个小时，每次睡几个小时，其中大约一半的时间处于快速眼动睡眠期。到3—4个月大的时候，婴儿的睡眠周期变长，晚上能睡6—7个小时，快速眼动睡眠已下降到约40%。到6个月大时，文化习俗会影响婴儿的睡眠时长。美国婴儿在这个年龄段每天睡眠约14小时，包括白天的午睡（Murkoff & Mazel，2014）。然而，在查尔斯·休珀（Charles Super）和萨拉·哈克尼斯（Sara Harkness）（1986）研究的肯尼亚基普西吉斯人群中，6 个月大的婴儿每天只睡 12 个小时。也许是因为他们整天的大部分时间都被“绑”在母亲或年长的兄弟姐妹身上，所以他们比美国婴儿更温暖，也更安静，且因此消耗的能量更少。休珀及其同事（1996）还研究了荷兰的婴儿，并将他们的睡眠模式与美国婴儿进行了比较。由于荷兰的文化信仰强调幼儿的休息和早睡，荷兰婴儿在 6 个月时每天要睡 16 个小时，比美国婴儿多睡 2 个小时。

有关婴儿期睡眠的两个重要问题是睡眠中死亡的风险和婴儿应该和谁睡觉的问题。在这两个问题上都存在着重要的文化差异。

婴儿猝死综合征（SIDS）： 因不明原因在出生后第一年内死亡，无明显疾病或紊乱。

婴儿猝死综合征（SIDS）。 当婴儿 2—4 个月大时，他们患**婴儿猝死综合征（sudden infant death syndrome，SIDS）**的风险最高。死于婴儿猝死综合征的婴儿没有任何明显的疾病或障碍，他们只是睡着了，却再也没有醒来。婴儿猝死综合征是发达国家 1—12 个月婴儿死亡的主要原因（OECD，2014）。与欧洲或非洲血统的婴儿相比，亚洲血统的婴儿死于婴儿猝死综合征的可能性较小，而非裔美国人和印第安人的风险尤其高，其死亡率是美国白人的 4—6 倍（Pickett et al.，2005）。非裔美国人和印第安人婴儿猝死综合征发病率较高，部分源于其较差的产前护理模式，以及在出生后的一年内更有可能受到伤害。

虽然婴儿死于猝死综合征的原因不明，但已知会有几个因素将婴儿置于危险之中（AAP Task Force on Sudden Infant Death Syndrome，2011；American Academy of Pediatrics，2016；Kinney & Thach，2009；Li et al.，2003；Rechtman et al.，2014），主要包括：

- 趴着睡或侧卧睡，而不是平躺睡；
- 低出生体重、阿普加量表的评分低；
- 母亲在怀孕期间吸烟或婴儿长期处在吸烟的环境中；
- 睡在过热的房间里，或者睡觉时穿两层或两层以上的衣服（大多数婴儿猝死综合征的死亡事件发生在秋天和冬天）；
- 柔软的床铺，包括睡在沙发上。

一种理论认为，婴儿在 2—4 个月大时对婴儿猝死综合征的易感性反映了婴儿的反射行为到有意行为的转变（Lipsitt，2003）。在婴儿出生后的头两个月，当他们的呼吸受到阻碍时，反射会使他们摇头，将手放在脸上，并消除阻碍呼吸的因素。2 个月大后，一旦反射消失，大多数婴儿能够有意识地、习得性地进行这种行为，但有些婴儿无法完成这种转变，部分原因可能是由于婴儿的呼吸和肌肉的脆弱性。当这些婴儿在睡眠中出现呼吸困难，而又无法摆脱这种困难时，他们就会死亡。

可以肯定的是，仰卧而不是俯卧或侧卧对降低婴儿猝死综合征的风险有巨大的影响。1994 年，随着越来越多的研究证据表明趴着睡觉有风险，美国儿科医生发起了一场大型的“仰睡”运动，帮助父母和健康专家明白婴儿仰卧睡觉的重要性。在接下来的十年里，美国婴儿中趴着睡的比例从 70% 下降到 20%，婴儿猝死综合征的死亡率下降了近一半（AAP Task Force on Sudden Infant Death Syndrome，2011；National Center for Health Statistics，2005）。针对其他国家的类似活动，婴儿猝死综合征在英国下降了 90%，在其他许多发达国家下降了 50% 以上，如**图 4.6** 所示（National Sudden and Unexpected Infant/Child Death & Pregnancy Loss Resource Center，2010）。

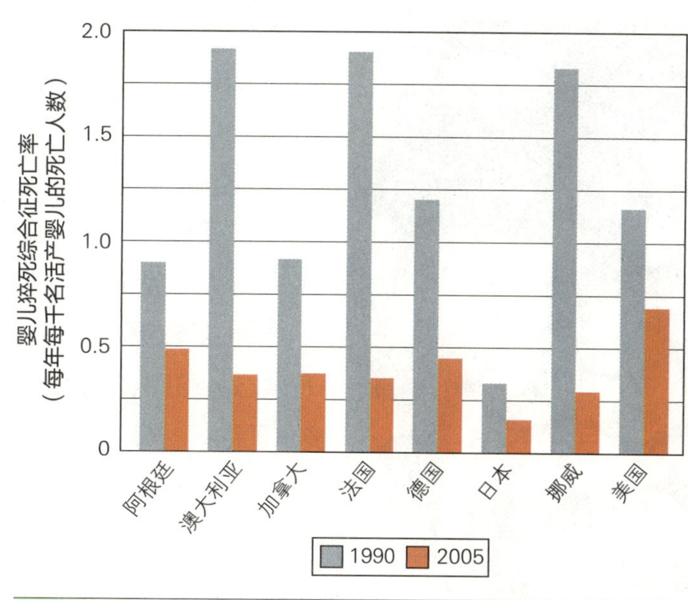

图 4.6 预防运动对婴儿猝死综合征发生率的影响

为什么在此期间婴儿猝死综合征的比率下降得幅度如此之大？

资料来源：National Sudden and Unexpected Infant/Child Death & Pregnancy Loss Resource Center（2010）.

同床睡：对婴儿有益还是有害？婴儿应该和谁睡觉？他们应该自己睡在婴儿床上，还是睡在自己的房间里？还是应该与父母或兄弟姐妹一起睡觉？

如果你是西方文化的一员，你可能会认为婴儿在出生后几周或几个月内拥有自己的婴儿床和房间比较好，这样他们就可以学会独立，父母还可以在不受干扰（或至少不受太多干扰）的情况下享受婚姻的亲密关系。美国和其他西方国家的著名儿科医生和卫生部门警告父母不要和婴儿**同床睡（cosleeping）**，即婴儿与父母同睡一张床。因为他们认为同床睡会导致婴儿过度依赖父母，并可能危及婴儿的情绪健康，甚至可能导致婴儿猝死综合征（American Academy of Pediatrics，2016；AAP Task Force on Sudden Infant Death Syndrome，2011；Spock & Needleman，2004）。

同床睡：一种文化习俗，也被称为同床共枕，指婴儿或年龄稍大的孩子同父母一方或双方睡在一起。

然而，这只是本书中提到的许多问题之一，在西方国家看似正常、健康和“自然”的东西，在世界范围内却是极不寻常的。在西方国家之外，许多文化在婴儿期都实行同床睡（Mileva-Seitz et al.，2017；Small，2005）。

在这些文化中，许多父母将西方每晚让婴儿独自睡觉的做法视为“一种忽视儿童或更糟的形式”（Gottlieb & DeLoache，2017，p.16-17）。他们认为婴儿很容易受伤、生病和死亡，为了保护他们，有必要睡在母亲身边。这种安排也会使婴儿在夜间必要时易于进行母乳喂养，只需轻微地唤醒母亲，而不会打扰到其他人。通常情况下，孩子会睡在母亲身边，直到下一个孩子出生，这个时间通常是在孩子 2—4 岁的时候。

在一项比较危地马拉玛雅人和美国白人关于睡眠安排的研究中，所有的玛雅母亲都陪伴着婴儿入眠，直到下一个孩子出生为止，随后孩子将与父亲一起睡，

同床睡在非西方国家很常见，图中是印度的一个家庭。

或者睡在母亲和新生儿旁边的床上（Morelli et al.，1992）。母亲解释说，孩子与父母一起睡有助于促进亲子之间的亲密关系，这在她们的集体文化中得到了高度重视。当玛雅的母亲们得知美国婴儿通常都是独自睡觉时，她们感到既惊讶又震惊，并认为这种做法既冷酷又残忍。相比之下，很少有美国母亲会和自己的孩子睡在一起，她们解释说，她们希望孩子变得更加独立，并且孩子与父母睡在一起会在某种程度上造成情感上不健康的依赖。

但这不仅仅存在于像危地马拉玛雅人这样的传统文化中，同床而睡是一种常态。在日本、韩国这两个发达国家，婴儿经常和他们的母亲睡在一起，许多孩子继续与母亲或其他家庭成员一起睡，直到青春期（Mindell et al.，2010；Mileva-Seitz et al.，2017）。与玛雅母亲一样，亚洲母亲也根据集体价值观来证明他们同床睡的习惯是正确的，并解释说，这是让孩子从小就懂得他们与其他人是紧密联系在一起的，是相互依存和相互负责的关系。

关于婴儿睡眠安排的文化习俗就是**习俗情结（custom complex）**的一个很好的例子；也就是说，一种基于潜在文化信仰的独特文化行为模式。同床睡倾向于反映集体主义的信念，即文化成员彼此之间紧密相连（Small，1998）。相比之下，让婴儿独自睡觉往往反映出一种个人主义的信念，即每个人都应该学会自给自足，而不是过分依赖他人。

习俗情结：反映潜在文化信仰的独特文化行为模式。

在个人主义文化中，父母们可能会担心这种同床而睡会使婴儿和孩子们过于依赖他人。然而，与其他儿童相比，在婴儿期与父母同床睡的儿童实际上更加自立（例如，他们能自己穿衣服），在社会上也更独立（例如，可以自己交朋友）（Keller & Goldberg，2004）。

导致婴儿猝死综合征的危险因素是什么呢？如果像大多数美国儿科医生所认为的那样，同床睡是导致婴儿猝死综合征一个危险因素，那么在同床而睡的文化中不就有很高的婴儿猝死综合征发病率吗？相反，在以同床睡为常态的文化中，婴儿猝死综合征几乎不为人所知（Hewlett & Roulette，2014）。但是，在美国，大多数父母都不与孩子同床而睡，婴儿猝死综合征的发病率却是世界上最高的国家之一。

然而，并不一定是同床睡本身降低了婴儿猝死综合征发生的可能性，而是同床睡通常伴随着其他的文化习俗（Bartick，2014；McKenna & McDade，2005）。首先，在同床而睡的文化中，大多数父母和婴儿睡在相对坚硬的表面上，例如地板上的垫子或蒲团上，这就避免了父母使用有时与婴儿猝死综合征有关的床褥和沙发。其次，与单独睡的婴儿相比，与父母同床睡的婴儿接受母乳喂养的频率较高，时间也会更长，而这种在夜间频繁的唤起事件会降低患婴儿猝死综合征的可能性。最后，同床睡的母亲倾向于让婴儿仰卧，以便进行母乳喂养。因此，早在研究表明仰卧能降低婴儿猝死综合征的风险之前，出于实际原因，仰卧已发展成为众多文化中的习俗。

在美国的一些文化中，父母与婴儿同床睡的传统由来已久，这在非裔美国人和拉丁美洲人中是一种常见的做法（Barajas et al.，2011；Milan et al.，2007）。在阿巴拉契亚山脉的乡村文化中，儿童通常在出生后的头两年都睡在父母身边（Abbott，1992）。在许多发达国家，婴儿期同床睡的流行率近年来有所上升（Mindell et al.，2010；Willinger et al.，2003）。目前，研究人员在关于同床睡是婴儿猝死综合征的危险因素还是保护因素的问题上存在分歧（Ball，2017；McKenna & Gettler，2017；Mileva Seitz et al.，2017）。然而，很明显，父母应该避免在睡觉前使用柔软的床上用品，或在沙发上睡觉，或过于肥胖，或者在睡觉前饮酒或服用其他药物。

婴儿的健康

婴儿的健康在很大程度上取决于他们所处的文化、经济和社会环境。在这里，我们首先看看第一年的营养需求是如何变化的，然后看看营养不良的发生率和影响。接着，我们将研究婴儿死亡率和原因、免疫接种以及保护婴儿的文化信仰和做法。

营养需求

学习目标 4.4　能够描述婴儿在出生后第一年的营养需求变化，并识别婴儿期营养不良的原因和后果。

婴儿发育需要很多食物。事实上，在生命的第一年，每斤体重对营养能量的需求比生命中的任何时候都要大（Vlaardingerbroek et al.，2009）。婴儿在他们的饮食中也需要更多的脂肪，为身体特别是大脑的发育提供能量。幸运的是，母乳中的脂肪含量非常高（Grote et al.，2016）。

固体食物的加入。正如第三章所述，母乳是婴儿获得高脂肪营养的最好来源，对于发展中国家的婴儿来说尤为如此。婴儿在出生后的第一年也开始吃一些固体食物。在给婴儿引入固体食物的时间上，也存在很大的文化差异，有的在婴儿出生几周后就开始添加固体食物，有的等到一岁半才开始添加。在4—5个月添加固体食物是很常见的，部分原因是这个年龄段的婴儿可以在有支撑的情况下坐下来，也就是在这个年龄段婴儿经常开始对别人吃的东西表现出兴趣（Small，2005）。

4—5个月大的婴儿仍有呕吐反射（gag reflex），这使他们会吐出任何进入他们嘴里的固体食物。因此，一开始他们吐的食物比吃进去的多。直到半岁后，婴儿的咀嚼和吞咽能力才得以发展（Napier & Meister，2000）。

西方儿科医生通常建议在婴儿4—6个月大时开始摄入固体食物（Mayo

Clinic, 2017)。通常婴儿摄入的第一种固体食物是由米粉或单一谷物与母乳或配方奶粉混合在一起的食物。婴儿自第一次食用这种固体食物时需要进行稀释，随着婴儿习惯食用后逐渐变稠。半岁以后，婴儿会吃更多的食物，但都是吃些易消化的软食物，比如胡萝卜泥或苹果酱。

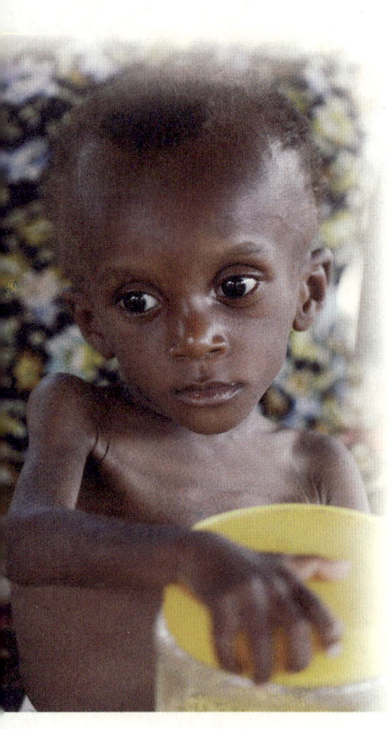

患有消瘦症的婴儿由于缺乏营养而消瘦，就像利比里亚的这个男孩一样。

在传统文化中，首次添加的辅食通常被捣碎、碾成泥，或提前被咀嚼。例如，在印度尼西亚的巴厘岛人中，即使在婴儿出生的头几周，母亲也会给他们的婴儿吃一些事先咀嚼过的软食物，如香蕉，以补充母乳（Diener, 2000）。在第一年里，提供给婴儿的食物种类越来越多，但是母亲通常都会事先咀嚼下食物。

婴儿期营养不良。在发展中国家，营养不良是常态而不是特例。由于婴儿有如此巨大的营养需求，而且他们的大脑和身体生长速度比任何时候都要快，因此婴儿时期营养不良对他们的影响尤其严重且持久。婴儿在出生几个月后主要靠母乳和少量固体食物才能茁壮成长，因此婴儿期的营养不良通常是由于母亲无法或不愿母乳喂养。普遍出现的一个问题是母亲本身病情严重或营养不良，以至于无法提供足够的母乳；或者，母亲可能患有会通过母乳传播的疾病，比如肺结核或艾滋病，所以医生建议她不要用母乳喂养。正如我们在第三章中所讨论的那样，她可能会误认为婴儿配方奶粉比母乳对婴儿更好，因此她停止了母乳喂养而以配方奶粉代之，而这种替代品所含的营养成分可能是远远不够的。如果婴儿的母亲去世了（在世界上营养不良最为普遍的地区，这种情况并不罕见），可能就没有其他人可以给婴儿喂奶或提供足够的营养。

消瘦症：由于缺乏营养而使身体消瘦的疾病。

营养不良的婴儿有患**消瘦症（marasmus）**的危险，这是一种由于蛋白质和卡路里不足而导致身体萎缩的疾病。身体停止生长，肌肉开始萎缩，婴儿变得越来越容易昏睡，最终导致死亡。即使在存活的婴儿中，也会因营养不良而影响未来几年的正常发育（Galler et al., 2010; Nolan et al., 2002; Tennant et al., 2014）。然而，危地马拉和其他几个国家的研究发现，为贫困家庭的婴儿提供营养补充剂对他们的身体、认知和社会性发展都具有持久的有益影响［Pollitt et al., 1996; World Health Organization (WHO), 2014］。

婴儿死亡率

学习目标 4.5 能够列出导致婴儿死亡的主要原因和预防方法，并描述在一些文化中人们保护婴儿的方法。

生命的第一年一直是人类的危险时期。从十几岁到三十多岁，人类女性的生殖跨度通常至少为 20 年。如果发生有规律的性行为，大多数人在这段时间内至少会有 3—7 个孩子。然而，正如我们在第一章中所看到的那样，直到最近，总人口几乎没有增加。这意味着许多儿童未达到生育年龄就死亡了，根据目前的模式，他们中的许多人似乎很有可能是在婴儿期死亡的。即使在当今时代，在全世界范围内出生的第一年仍是整个生命周期中死亡风险最高的时期（GBD 2013 Mortality and Causes of Death Collaborators，2014）。

婴儿死亡的原因及预防。实际上，大多数的婴儿死亡率是新生儿死亡率。也就是说，死亡发生在新生儿出生后的第一个月，通常是严重的出生缺陷或早产并发症造成的，或者是母亲在分娩时死亡的间接后果（UNICEF，2014）。发展中国家的新生儿死亡率远高于发达国家。联合国儿童基金会（2015）发布了降低发展中国家新生儿死亡率的建议清单。这些措施包括提供更多经过培训的助产士来协助分娩，以及在出现并发症或紧急情况时能够前往医院就诊。

与新生儿死亡率一样，发展中国家的婴儿死亡率比发达国家要高得多。一岁以内，除了营养不良造成的死亡外，疾病是造成全世界婴儿死亡的另一个主要原因。呼吸道感染主要是由肺炎球菌和 B 型流感嗜血杆菌（H. influenzae）（细菌类型）引起的，是导致婴儿死亡的主要原因（GDB 2013 Mortality and Causes Death Collaborators，2014）。疟疾是一种由蚊子传播的血液病，是导致婴儿死亡的另一个主要原因，主要发生在非洲（Finkel，2007）。在生命早期发生腹泻也是非常危险的。腹泻的婴儿会流失水分，如果不及时治疗，最终会因脱水而死亡。引起腹泻的主要原因是饮水不安全，卫生条件不足和卫生状况不佳［Centers for Disease Control（CDC），2017］。这通常是在不卫生的条件下用奶瓶喂养的结果。在发展中国家，用奶瓶喂养的婴儿死亡率比用母乳喂养的婴儿死亡率高 5 倍（Lamberti et al.，2011）。而且许多婴儿的死亡是将配方奶粉与不干净的水混合而引起的腹泻。

腹泻可以通过简单、廉价的**口服补液疗法（oral rehydration therapy，ORT）**轻松治愈。口服补液疗法包括让腹泻的婴儿喝一种盐和葡萄糖与（干净的）水混合的溶液。自 1980 年以来，世界卫生组织（WHO）实施了一项通过提供口服补液疗法来减少婴儿死亡的国际援助，该努力已将全球因腹泻导致的婴儿死亡数额从每年 450 万降至约 50 万（WHO，2017）。然而，这一数额仍每年高达 50 万的原因是，即使是现在，在世界上婴儿腹泻最常见的地区，这种简单、廉价的治疗也常常无法获得。

口服补液疗法（ORT）：一种治疗婴儿腹泻的方法，包括饮用盐和葡萄糖与净水混合的溶液。

尽管全世界每年都有数以百万计的婴儿因缺乏适当的营养和医疗服务而死亡，但在过去的半个世纪里，由于免疫疫苗的提供，以前导致婴儿和幼儿死亡的许多疾病已经被减少甚至消除。天花已被根除，麻疹和小儿麻痹症已在世界大部分地区被消灭，白喉、破伤风和黄热病的流行率也因免疫计划而大大降低（Population Reference Bureau，2014）。

通常，儿童在出生后的第一年或第二年接种这些疾病的疫苗。然而，在世界范围内，儿童接种疫苗的可能性存在很大的差异。截至 2016 年，全球婴儿主要疫苗的接种覆盖率约为 90%，但在一些非洲国家，接种覆盖率低于 50%（WHO，2017）。近年来，世界卫生组织、联合国儿童基金会和私人基金会为所

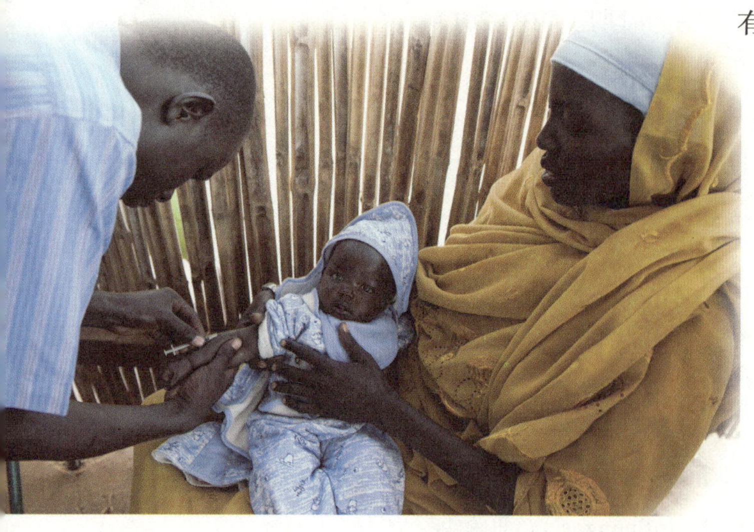

在全世界范围内，婴儿接种疫苗的普及大大降低了婴儿死亡率。上图为苏丹南部的一名婴儿正在接种疫苗。

有儿童提供免疫接种付出了巨大的努力，免疫接种率一直在上升（UNICEF，2013；WHO，2017）。

尽管有传言说，接种某些疫苗可能会对儿童造成伤害，例如引发自闭症谱系障碍或导致婴儿猝死综合征，但这些说法并没有明显的科学依据（CDC，2010；Pluviano et al.，2017；Rodier，2009；Wessel，2017）。不幸的是，一些父母被这些说法欺骗了，并因此拒绝为他们的孩子接种疫苗，将他们的孩子和其他人的孩子置于感染传染病的真正危险之中。这种做法真是令人讽刺也令人悲哀。

保护婴儿的文化信仰和做法。也许在传统文化中，婴儿社会环境最显著的特征或许就是父母敏锐地意识到婴儿的脆弱性，并希望保护他们免受死亡的伤害。在婴儿出生后的最初几周就把他们包裹起来，与他们同睡，并不断地抱着他们，这种文化习俗是人类经历了漫长而痛苦的高婴儿死亡率后而逐渐形成的。

从历史看，父母没有为他们的婴儿接种疫苗或提供其他医疗护理，但他们经常竭尽全力地保护他们的婴儿。虽然他们对疾病的生理原因知之甚少或一无所知，也没有有效的药物治疗，但他们仍在尝试想出能够使婴儿避免伤害的做法。例如，在中世纪的欧洲，据估计每三个婴儿中就有一个在周岁前夭折，人们普遍认为出牙是导致婴儿死亡的常见原因（Fontanel & d'Hartcourt，1997）。这是第一章所讨论的人类普遍倾向于混淆相关性和因果关系的一个例子。出牙期通常发生在婴儿半岁左右。当他们的婴儿在出牙后开始出现发烧和腹泻等症状时，他们的父母断定出牙是主要病因，却不知道这些症状的真正来源是疟疾、斑疹伤寒或霍乱等疾病。因此，他们通过在孩子的脖子上戴上符咒或护身符，或者在孩子的牙龈上放上水蛭来治疗这种疾病，可惜并没有什么效果（Reese，2000）。

许多文化群体中的父母都会使用魔法来保护他们的婴儿。下图中，一名来自埃塞俄比亚哈默尔部落的婴儿戴着母亲为她佩戴的首饰以抵御疾病。

如今，在缺乏医疗措施来治愈婴儿疾病的文化中，父母经常诉诸魔法来保护他们的婴儿免受疾病和死亡的伤害。如今，在那些几乎无法获得医疗服务的地方，人们看到了许多令人心酸的例子，观察到许多旨在保护婴儿的文化习俗。例如，印度尼西亚巴厘岛的人们认为婴儿应该被当作神来对待，因为他们刚刚从神灵居住的精神世界来到这里（Diener，2000）。因此，出于对其虔诚地位的尊重，婴儿应该经常被抱着，不应该接触地面。如果婴儿死亡了，这通常被解释为婴儿没有得到应有的尊重，因此决定返回精神世界。

西非的富拉尼人认为，应该始终把锋利的刀放在婴儿附近，以抵御试图夺走婴儿灵魂的女巫和邪恶的幽灵（Johnson，2000）。而且人们无论如何都要避免赞美孩子，因为赞美只会让孩子看起来更有价值，更漂亮，从而对邪恶的灵魂更具有吸引力。相反，富拉尼人认为父母应该给婴儿起一个没有吸引力的昵称，比如“牛粪”，这样恶魔就会认为这个婴儿不值得被带走。

最后，密克罗尼西亚的伊法鲁克人（Ifaluk）认为，在新生儿出生后几周内应该用布覆盖婴儿以促进出汗，他们认为这有助于婴儿的正常生长（Le，2000）。人们应该在每天早上、中午和下午清洗婴儿三次，但不要在晚上清洗，因为晚上是邪灵出没的时间。任何时候，只要婴儿暴露在外部环境中，人们都应该用布蒙住他们以免被恶灵窥探。

批判性思考题：你能想到在你的文化中有哪些信念和行为反映了一种根深蒂固的愿望，以保持婴儿和幼儿的健康并防止他们的死亡吗？

动作与感觉的发展

人类新生儿显著的特征之一就是他们几乎不能到处活动。即使你把新生儿抱起来，他们的头也会耷拉到一边，因为他们的颈部肌肉还没有强壮到能够支撑起他们的大脑袋。但经过一年的成长，婴儿会具有高度的移动性，这对于他们以及照顾他们的人来说，都是一个巨大的变化。第一年，婴儿在感觉上的发展比较微小，但在视觉方面的发展仍取得了进步。

动作发展

学习目标 4.6　能够总结婴儿期大肌肉和精细动作发展的主要变化。

在婴儿出生后的第一年里，他们的动作发展取得了显著进步。这种变化体现在**大肌肉动作发展**（gross motor development）过程中，包括平衡和姿势，以及爬行这种全身运动；也发生在**精细动作发展**（fine motor development）过程中，这需要更精细地调整手部运动，如抓握和操纵物体。

大肌肉动作发展：运动能力的发展，包括平衡和姿势，以及爬行这种全身运动。

精细动作发展：运动能力的发展，包括精细调节的手部动作，如抓取和操纵物体。

大肌肉动作发展。如果询问一个婴儿的父母最近有什么新鲜事，你很有可能会听到一些关于大肌肉动作发展的新成就。“艾玛现在可以自己坐起来而不会摔倒了！”或者“胡安突然在房子里爬来爬去了！”或者“玛鲁昨天迈出了她人生的第一步！”在第一年里，大肌肉动作发展取得了很多成就，包括在没有支撑的情况下抬起头、翻身、坐着、爬行、站立、巡航（扶着东西走路）和（对一些人来说）走路。大多数孩子按此顺序掌握这些技能，尽管有时掌握技能的顺序会有所不同，有时孩子会跳过该顺序中的步骤。大肌肉动作发展过程中的每个标志在时间上比顺序上更易变。每个标志都有几个月的正常变化范围。婴儿可以在这些范围内的任何时间获得这些标志，并且仍然发育正常。

婴儿的大肌肉动作发展有多少是由于个体发育（ontogenetic）的（也就是说，它是由于先天的、基于基因的个人时间表而发生的），又有多少是由于经验和学习？大多数发展心理学家认为，大肌肉动作在婴儿期的发展是由遗传时间表、大脑成熟、成人为发展这些技能提供的支持和帮助以及儿童自身努力练习这些技能综合作用的结果（Adolph & Berger，2006；Adolph & Robinson，2013；Thelen，2001）。换句话说，就像发展的大多数方面一样，遗传和环境都参与其中。尽管如此，早期的大肌肉动作发展主要是由个体发育而形成的。当然，高度一致的大运动标志序列表明个体发育的时间表。也有证据表明遗传群体存在差异性，非洲血统的婴儿比其他婴儿更早达到大多数运动的标志（Kelly et al.，2006）。

观察不同文化背景下婴儿的大肌肉动作发展，为我们生动地描绘出遗传与环境是如何相互作用的，但通常遗传具有更大的影响力。成人在多大程度上促进婴儿大肌肉动作技能的发展存在很大的文化差异。在许多传统文化中，因为母亲们从事着照看庄稼、准备食物和其他工作的日常事务，所以婴儿经常被绑在母亲的背上（Pretorious et al.，2002；Super & Harkness，2015）。正如我们在第三章中看到的那样，在一些文化中，婴儿出生几个月后的常见照料方式是用襁褓包裹。如果婴儿大部分时间都被绑在母亲的背上或裹在襁褓中，他们在发展大肌肉动作技能方面几乎得不到练习。这些限制措施在一定程度上是为了让母亲可以自由地工作，但用襁褓包裹婴儿的文化也相信襁褓可以保护婴儿免受疾病和其他健康威胁（Gottlieb & DeLoache，2017）。

即使他们在大约 6 个月大的时候学会了爬行，在大约一岁的时候学会了走路，传统文化中的婴儿也无法锻炼这些新的动作技能。如果允许他们爬行并探索，他们可能会在烹饪的炉火边上徘徊，或者会被牲畜踩踏，或者从悬崖上跌落下来，或者其他任何不好的事情会发生在他们身上，所以人们认为保证他们人身安全的最好的办法是一直把他们抱在怀里。例如，在肯尼亚的古西文化中，婴儿头 6 个月有 80% 的时间是抱着或背着的，从 6—12 个月开始有 60% 的时间是抱着或背着的，到第二年结束时逐渐下降到不足 10%（LeVine et al.，1994）。

相反，一些文化则积极地促进婴儿大肌肉动作的发展。例如，肯尼亚的基普西吉斯人很早就开始鼓励婴儿培养大肌肉运动技能（Super & Harkness，2015）。父母把婴儿放在浅洞里，用卷好的毯子让他们保持直立，几个月后他们就能自己独自坐着了。大约在相同的年龄，父母开始鼓励他们的婴儿练习走路，把他们抱起来，让他们的脚在地上弹跳。同样，在牙买加，母亲从婴儿早期就开始按摩和伸展婴儿的胳膊和腿，以促进四肢的成长和增强四肢的力量。就像基普西吉斯人一样，从2—3个月大开始，母亲就帮助婴儿练习走路（Hopkins & Westra，1990）。在一些西方国家，儿科医生现在建议婴儿使用“俯卧时间”训练法，也就是说，每天让他们俯卧一段时间，以鼓励他们学会俯卧、翻身、坐起来和站立（Iannelli，2007）。相比于过去，现在人们认为仰卧时间更加重要，因为现在应该让婴儿仰卧睡觉，以降低婴儿猝死综合征的风险，因此他们减少让孩子趴着的时间。

在许多传统文化中，婴儿一天中的大部分时间都被绑在母亲的背上。图为越南农村的母亲和婴儿。

归根结底，文化实践到底是阻碍还是促进了婴儿大肌肉动作发展，这之间又有多大关系呢？也许从短期来看有点关系，但从长远来看，这种关系却不那么紧密。在大多数情况下，被绑在母亲背上或用襁褓裹着的婴儿学习爬行和行走的年龄与那些既不束缚婴儿也没有特别努力支持大肌肉动作发展文化中的婴儿年龄大致相同（Adolph et al.，2010）。其中南美印第安文化的阿契人是个例外（Kaplan & Dove，1987）。阿契人的母亲与她们的婴儿有极其密切的接触，白天93%的时间和晚上100%的时间都用带子绑着、抱着婴儿。因此，阿契儿童通常要到2岁左右才开始走路，比其他文化的正常年龄晚一年。然而，这似乎是因为阿契人的婴儿非常喜欢被抱着四处走动，以至即使他们已经能够走路了，他们也经常拒绝走路！但在任何情况下，阿契儿童在6岁时大肌肉动作的发展与限制较少的文化中的儿童相比并没有什么区别。

在积极促进大肌肉动作发展的文化中，婴儿的发育可能略早于那些父母没有特别努力促进大肌肉动作发展的文化中的婴儿。在一项比较英格兰的牙买加移民婴儿和英国本土母亲的研究中，牙买加移民婴儿走得稍微早一些，显然是因为他们的母亲鼓励他们走路并与他们一起练习，但两组在他们开始爬行时没有什么不同（Hopkins & Westra，1990）。在一些积极促进大肌肉动作发展的非洲文化中，婴儿开始走路的时间比西方儿童早几周（Adolph et al.，2010）。然而，到6岁时，在促进早期运动成就的文化中与那些没有促进的文化中，儿童在大肌肉动作发展方面没有差异。因此，文化实践似乎能稍微加快或减缓婴儿大肌肉动作发展的个体发育时间表，但环境对这一特定发育区域的影响相对较小且短暂。

精细动作发展。对生拇指（opposable thumb）是人类在构造上有别于其他动物的一种遗传发展；也就是说，我们的拇指可以与其他四指对合（现在把你的拇指放在你的其他手指上，你就会明白我们的意思）。相对的拇指是精细动作发展的基础，手的灵活运动使我们能够制造工具、捡起小物件或穿针引线。在出生后的第一年，婴儿在精细运动技能方面取得了相当大的进步。

对生拇指：拇指可以与其他四指对合（人类独有），可以进行精细的运动。

在 1 岁之后，婴儿在探索物体时变得更善于抓住物体。

婴儿期精细动作发展的主要标志是伸手够（reaching）和抓握（grasping）。但奇怪的是，婴儿在出生后的第一个月比两个月大时更擅长伸手够东西（Spencer et al., 2000）。新生儿会笨拙地向一个有趣的物体伸出手臂，这个动作被称为“前伸够”（prereaching）。尽管它更像是一次挥杆或摆动，而不是一次协调一致的伸手。但到两个月的时候，前伸够就消失了（Lee et al., 2008）。前伸够是对出现在眼前的物体做出的一种反射，与其他反射一样，在婴儿出生几个月后就会消失。

在大约 3 个月大时，前伸够会重新出现，但比之前更加协调和准确。前伸够在出生第一年会继续发展，变得更加平稳、更为直接、更能够适应物体运动和位置的变化（Berthier & Carrico, 2010）。

抓握也是一种新生儿反射，这意味着它不受有意控制（Schott & Rossor, 2003）。新生儿会自动抓住放在他们手中的任何东西。就像伸手一样，抓握在第一年也会发育得更有目的、更为准确，因为婴儿甚至在手接触到物体之前就学会了调整手指和拇指的位置，一旦抓住物体，就会根据物体的大小、形状和重量进一步调整（Daum & Prinz, 2011）。在 1 岁时，婴儿已经能够很好地掌握勺子，开始自己吃饭。

婴儿在伸手够和抓握能力取得进步的同时，也在学习如何协调这两种能力。触碰和抓握是精细动作技能进一步发展的基础，也是人类运动技能的一个基础。他们利用这种组合来帮助他们探索周围的环境。5 个月大的时候，一旦他们能够到并抓住一个物体，他们可能会用一只手握住它，同时用另一只手去探索它，或者将其从一只手转移到另一只手上（Keen, 2005）。

学会伸手够和抓握是精细运动技能进一步发展的基础，也是人类运动功能的重要组成部分。然而，在婴儿期，它也可能是一种危险的能力。从 4—5 个月大的时候开始，婴儿伸手并抓握一个物体后要做的第一件事是什么？当然是把它放进嘴里，不管这种物体到底能不能吃（这种倾向是如何在自然选择中幸存下来的，这是一个很好的问题）。在这个年龄段，他们主要能抓到一些没有危险的物体，因为他们的抓握能力还不够好，还不能抓住那些吃下可能会让他们窒息的东西。然而，到了 9—12 个月大的时候，婴儿就学会了“钳状抓握”（pincer

文化焦点：跨文化下婴儿精细动作的发展

婴儿期的精细动作发展主要包括学习如何伸手够和抓握，以及如何更好地协调两者。世界各地的婴儿都需要学习如何进行这些简单但基本的活动，不同国家的婴儿在精细运动技能的发展上具有相似之处。

复习题：

你能想出钳状抓握可能是什么相关技能的先兆吗？那么与抓握相关的技能呢？在哪些方面，这些原始技能会在不同文化中发挥重要作用？

grasp)，这种方法可以让他们用拇指和食指抓住一个小东西，比如大理石、硬币或蜡笔（Murkoff & Mazel，2014）。这使得他们可以开始吃小块的食物，但是在他们这个年龄段，即使是无法食用的食物，也倾向于尝一尝，所以养育者必须特别警惕地监视婴儿伸手够、抓握和放在嘴里的东西。

感觉发展

学习目标 4.7　能够描述婴儿何时以及如何发展深度知觉和知觉统合。

感官在出生时的发育程度各不相同。味觉和触觉几乎成熟，听觉在大多数方面都发育良好，而视觉是最不成熟的感官。

深度知觉。婴儿期视觉发展的一个重要方面是**深度知觉(depth perception)**，即辨别环境中物体相对距离的能力（Kavšek & Bornstein，2010）。深度知觉的关键是**双目视觉(binocular vision)**，即把两只眼睛的图像组合成一个图像的能力。因为我们的两只眼睛在我们的脸上略微分开，它们对眼前视野有略微不同的视角，两者结合起来的图像就能够提供有关物体深度或相对距离的信息。也就是说，它表明了物体相对于观察者的位置，以及相对于视野中其他物体的位置。双目视觉在婴儿 3 个月大的时候开始发育（Brown & Miracle，2003；Slater et al.，2002）。

深度知觉：辨别环境中物体的相对距离的能力。

双目视觉：将两只眼睛的图像合并成一个图像的能力。

一旦婴儿开始活动，深度知觉就变得尤为重要。在此之前，他们缺乏深度知觉能力是无害的，但是一旦他们开始爬行然后走路，如果没有利用深度知觉对危险做出预判，他们可能会撞到物体，或从物体的边缘掉下去。

埃莉诺·吉布森（Eleanor Gibson）和詹姆斯·沃克（James Walk）（1960）的经典实验首次证明了这一点。吉布森进行这项实验的灵感来自最近的一次大峡谷之旅。在那里，她担心年幼的孩子会从悬崖边跌倒，这激发了她的思考：孩子们什么时候会发展出一种深度意识，从而使得他们能够避免这样的灾难呢？回到实验室，她和沃克设计了一个巧妙的实验。他们制作了一张玻璃覆盖的桌子，在玻璃下面有一个方格图案，但是桌子的一半方格图案正好在表面之下，而另一半则放在大约 60 厘米之下，让人感觉桌子中间有一个“视觉悬崖”。

研究中的婴儿（6—14 个月大）乐于在悬崖的“浅”侧爬来爬去，即使是他们的母亲站在悬崖的另一边招手鼓励他们，大多数婴儿也不会爬到悬崖的“深”侧。这表明他们已经发育出了深度知觉。然而，新生儿比有经验的爬行者更有可能冒险爬入悬崖“深”侧（Bertenthal & Campos，1984）。这表明了知觉和运动发展之间存在双向关系：我们感知的东西会影响我们的运动，但我们在从事身体活动时也会获得新的知觉认识（Adolph & Robinson，2013；Savelsbergh et al.，2013）。

知觉统合：各种感官信息的整合和协调。

知觉统合。对婴儿感觉能力的研究通常试图分离出一种感觉，以便可以在

婴儿不愿意爬过“视觉悬崖”，表明他们已经具有深度知觉的能力。

不受其他感觉干扰的情况下对其进行研究。当然，这并不是感觉在现实生活中的运作方式。在6个月大的婴儿面前摇一个摇铃，他就能看到它，听到它，伸手触摸它，然后品尝它，毫不费力地同时协调了他所有的感觉。

感觉信息的整合与协调被称为**知觉统合（intermodal perception）**（Lewkowitz & Lickliter，2013）。新生儿也具有这种能力的基本形式。当他们听到声音时，他们会看向声音发出的方向，这表示视觉反应和听觉反应是协调的。在第一年的过程中，知觉统合进一步发展。1个月大的婴儿会认出他们已放在嘴里但以前从未见过的物体，这表明触觉和视觉是统一的（Schweinle & Wilcox，2004）。4个月大的婴儿在观看一个随着音乐上下跳跃的木偶的视频时，比观看同一个木偶跳跃、与音乐不匹配时看得时间更长，这表明视觉和听觉刺激的对应关系吸引了他们（Spelke，1979）。到8个月大的时候，当面孔和声音因年龄和性别而不同时，婴儿甚至可以将陌生人的面孔与正确的声音相匹配，这表明婴儿协调视觉和听觉信息的能力正在发展（Patterson & Werker，2002）。因此，知觉统合的早期发展可以帮助婴儿了解他们的物理世界和社交世界（Lewkowitz & Likliter，2013）。

小结：生理发展

学习目标 4.1　能够描述婴儿在第一年所发生的身体变化，并解释其身体生长的两个基本原则。

婴儿的身体发育包括体重增加3倍，身高每月增长2.5厘米。头尾原则指的是身体的生长趋向于从头部开始，然后向下延伸到身体的其他部分。近远原则是指从身体中部开始向外生长。大多数婴儿在5—9个月大的时候长出第一颗牙齿。出牙疼痛可以通过咬东西或咀嚼东西来缓解，或者通过饮用或吃一些冷的东西，或者通过使用局部药物来缓解。

学习目标 4.2　能够识别大脑的关键部分，并描述大脑在生命最初几年里是如何变化的。

大脑分为3个主要区域：后脑、中脑和前脑。人类前脑的最外层，即大脑皮层，比其他动物要大得多。大脑皮层分为左右两个半球，由胼胝体连接。大脑的两个半球各有四个功能不同的脑叶。婴儿期是大脑建立神经联结的高峰期。这包括突触的形成（突触发生）和髓鞘形成。对被抛弃的婴幼儿的研究表明，大脑在出生后的第一年尤其脆弱。

学习目标 4.3　能够描述婴儿在第一年的睡眠变化情况，并评估导致婴儿猝死综合征（SIDS）的危险因素，包括与父母同床睡的研究证据。

婴儿第一年的睡眠需求下降。婴儿猝死综合征最常见于2—4个月大的婴儿。仰卧而不是俯卧或侧卧可以大大降低婴儿猝死的风险。如果他们的父母肥胖，或者父母在睡觉前饮酒或服用其他药物，滚到婴儿身上而没有被吵醒，那么同睡的婴儿可能有发生婴儿猝死综合征的风险。在历史上和当今世界范围内，母婴共睡或同床睡比让婴儿睡在自己的房间里更为普遍。在一些文化中，婴儿与母亲一起睡在相对坚硬的表面上，发生婴儿猝死综合征的风险非常低。

学习目标 4.4 能够描述婴儿在出生后第一年的营养需求变化，并识别婴儿期营养不良的原因和后果。

婴儿在婴儿期获得高脂肪营养的最佳途径是母乳。从出生的头几周到一岁半后的某个时间，固体食物的加入时间因文化而异。婴儿期的营养不良通常主要是由于母亲无法或不愿意进行母乳喂养，并可能导致消瘦症，这种疾病可能会导致婴儿死亡。即使存活下来，婴儿也会因营养不良而影响未来几年的正常发育。

学习目标 4.5 能够列出导致婴儿死亡的主要原因和预防方法，并描述在一些文化中人们保护婴儿的方法。

发展中国家的婴儿死亡率比发达国家高得多，但近几十年来已大幅下降。营养不良是造成婴儿死亡的常见原因。此外，疟疾、呼吸道感染和腹泻也是导致婴儿死亡的其他主要原因。腹泻可以通过口服补液疗法（ORT）来进行治愈，然而在世界的某些地区，这种治疗也常常无法获得。在婴儿出生后的最初几周就把他们包裹起来，与他们同睡，并不断地抱着他们，这种文化习俗是人类经历了漫长而痛苦的高婴儿死亡率后而逐渐形成的。

学习目标 4.6 能够总结婴儿期大肌肉和精细动作发展的主要变化。

婴儿期大肌肉动作发展的成就包括翻身、爬行和站立。限制或促进大肌肉动作发展的文化实践在大肌肉动作成就的时间上略有不同，但从长远来看差别不大。伸手够和抓握是婴儿期精细动作发展的两个主要标志。

学习目标 4.7 能够描述婴儿何时以及如何发展深度知觉和知觉统合。

婴儿 3 个月大时，双目视觉的适应能力逐渐增强，使婴儿在第一年内就可以形成深度知觉。当婴儿开始活动时，深度知觉尤其重要。婴儿也变得更擅长利用知觉统合，或协调他们的感官，特别是他们的视觉能力和听觉能力。

第二节　认知发展

学习目标

4.8 能够解释成熟、图式、同化和顺应的含义。

4.9 能够描述感知运动阶段，解释婴儿在出生后第一年里客体永久性是如何发展的。

4.10 能够描述认知功能的信息加工取向的基本思想。

4.11 能够解释婴儿期注意力和习惯的变化。

4.12 能够解释婴儿期短时记忆和长时记忆是如何发展的。

4.13 能够概述贝利婴儿发育量表（BSID-III），并解释如何使用习惯化评估来预测婴儿日后的智力。

4.14 能够评估有关教育媒体促进婴儿认知能力发展的说法。

4.15 能够描述婴儿在出生后第一年的语言发展过程。

4.16 能够比较不同文化在促进语言发展方面的差异。

皮亚杰的认知发展理论

毫无疑问，从婴儿期到青春期最具影响力的认知发展理论是由瑞士心理学家让·皮亚杰（Jean Piaget，Pea-ah-SHJAY）提出的，他生于1896年，于1980年逝世。皮亚杰的观察研究使他相信，不同年龄孩子的思维方式不同，并且认知发展的变化也贯穿于不同的年龄阶段（Piaget，1954）。

认知发展的基本概念

学习目标 4.8　能够解释成熟、图式、同化和顺应的含义。

心理结构：在皮亚杰的认知发展理论中，主要指思维组织成连贯模式的认知系统，从而所有的思维都具有相同的认知功能水平。

认知发展方法：重点关注认知能力如何随着年龄的发展而变化，由皮亚杰首创，后来被其他研究人员采用。

成熟：一种认为先天的、以生物学为基础的程序是发展背后的驱动力的概念。

皮亚杰理论的每个阶段都涉及不同的世界观。认知阶段的概念意味着每个人的认知能力都被组织成连贯的**心理结构**（mental structure）；一个在生活的某个特定阶段内进行思考的人也应该在生活的其他方面进行思考，因为所有的思考都是同一心理结构的一部分（Collins & Hartup，2013；Keating，1990）。皮亚杰的研究焦点是认知如何随着年龄增长而发展变化，他的方法（以及其他基于他的理论研究出的方法）被称为**认知发展方法**（cognitive-developmental approach）。

根据皮亚杰的观点，从一个阶段发展到下一个阶段背后的驱动力是**成熟**（maturation），即一种生物驱动的发展变化程序（Inhelder & Piaget，1958；Piaget，2002）。我们每个人的基因型中都有一个关于认知发展的管理，为我们在特定年龄的特定变化做好准备。认知发展需要一个合理的正常环境，但环境的影响是有限的。不管你的教学技巧有多高超，你都不能教会 1 岁的孩子去学习只有 4 岁时才能学会的东西。而等他长到 4 岁时，其成熟的生物学过程将使他很容易理解世界，无须进行特殊的教学。

随着孩子的成熟，皮亚杰强调认知发展是由孩子理解和影响周围环境的努力所驱动的（Demetriou & Raftopoulos，2004；Piaget，2002）。孩子们积极地构建他们对世界的理解，而不仅仅是环境影响的被动接受者。皮亚杰的观点与行为主义者（皮亚杰之前的主要理论家）形成鲜明对比，后者认为环境通过奖惩作用于儿童，而不是将儿童视为积极的推动者。

皮亚杰提出，儿童对现实的建构就发生在**图式**（**schemes**）运用过程中，图式是用来处理、组织和解释信息的认知结构。对婴儿来说，图式建立在感觉和运动过程中，如吮吸和抓握。但婴儿期之后，图式会变得更具象征性和代表性，这包括词语、观点和概念。比如，所有的名词都是图式。狗会唤起一种认知结构，让你能够加工、组织和解释信息。例如，像"椅子"和"狗"这样的词语会唤起认知结构，使你能够处理、组织和解释信息。那个在人行道上全速向你跑来的家伙，是只狗吗？这是什么狗？到底是不是友好的那种？这些问题可能会使你形成部分关于狗的图式，你对这些问题的回答将为你提供一些反馈信息。

图式：处理、组织和解释信息的认知结构。

图式的运用涉及同化和顺应两个过程：**同化**（**assimilation**）和**顺应**（**accommodation**）。当新的信息被更改以适应现有图式时，同化就发生了。相比之下，顺应需要改变原有图式以适应新的信息。同化和顺应通常在不同程度上同时发生；就像认知硬币的正反两面（Flavell et al.，2002，p.5）。例如，一直接受母乳喂养的婴儿在学习从奶瓶上的乳头吸吮时，可能主要使用同化，略微使用顺应；但如果吸吮牙刷柄或父母的手指，婴儿主要使用顺应，而较少使用同化。

同化：改变新信息以适应现有图式的认知过程。

顺应：指改变原有图式以适应新的信息。

其他年龄段的人在处理认知信息时也会同时使用同化和顺应。一个例子就在你面前，比如在你阅读本书过程中，读到和你自己的经验相似的知识时，你就可以很轻松地把它们纳入你已有的知识库。但其他不熟悉的信息，尤其是来自其他文化的信息，可能会和你生活中已经形成的图式相悖，就需要运用顺应来拓展你的知识和理解人类发展的整个生命周期。

> **批判性思考题**：举一个例子，4 岁的孩子可以很容易地学会一些东西，但 1 岁的孩子即使通过特殊的教学也始终无法学会。

感知运动阶段

学习目标 4.9 能够描述感知运动阶段，解释婴儿在出生后第一年里客体永久性是如何发展的。

皮亚杰基于自己的研究和与同事巴贝尔·英赫尔德（Barbel Inhelder）的合作，设计了一种认知发展理论来描述儿童思维所经历的阶段（Inhelder & Piaget, 1958; Piaget, 1972）。**表 4.1** 提供了概述。在本章中，我们将开始关注第一个阶段，并将在接下来的章节中继续描述其他阶段。

感知运动阶段： 在皮亚杰的理论中，这一阶段发生在出生后头两年，其认知发展包括学习如何协调感官活动和肢体运动。

感知运动阶段。 皮亚杰将出生后的头两年称为**感知运动阶段（sensorimotor stage）**（Piaget, 1952, 1954）。这一阶段的认知发展包括学习如何协调感官的活动（比如，看着一个物体在你的视野中移动）和肢体运动（比如，伸手去抓物体）。

在婴儿期，一个主要的认知成就是感觉运动从反射行为发展为有意行为。正如我们在第三章中看到的那样，婴儿来到这个世界上具有许多反射能力，比如吮吸反射、觅食反射和抓握反射。反射是图式的一种，因为它们是处理和组织信息的一种方式。反射图式更偏重于同化，因为它们并不能很好地适应环境。

然而，在最初的几个月中，婴儿的活动越来越少地依靠反射，而是更加自愿和有目的性。例如，皮亚杰记录了他 4 个月大的女儿露西安娜（Lucienne）有一天不小心踢了挂在她婴儿床上方的一部手机。这引起了她的兴趣，现在她故意一遍又一遍地重复这种行为，每次都笑得尖叫起来（Crain, 2000）。根据皮亚杰的研究，到 1 岁时，婴儿的行为已经变成了有意识而非反射性，他们仍然在同化信息，例如，吸吮各种东西（安抚奶嘴、毯子或拇指）以安抚自己。但他们也会根据新的信息调整自己的图式，例如，变得不再简单地对任何人微笑，而是开始区分熟人和陌生人。

表 4.1 皮亚杰的认知发展阶段论

年龄	阶段	特征
0—2 岁	感知运动阶段	能够协调感官活动和肢体运动
2—7 岁	前运算阶段	能够进行符号表征，比如语言；但使用脑力运算的能力有限
7—11 岁	具体运算阶段	能够进行心理运算，但只能在具体的、直接的经验中使用，难以进行假设性思考
11—15 岁以上	形式运算阶段	具有逻辑和抽象思维能力；能够提出假设并系统地检验它们；思维更加复杂，包括思考能力（元认知）

客体永久性： 能够意识到即使我们没有与客体（包括人）有直接的感官或运动接触，客体（包括人）也会继续存在。

客体永久性。 婴儿期第二个重要的认知进步是对**客体永久性（object permanence）**的初步理解。这是一种意识，即使我们与客体（包括人）没有直接的感官或运动接触，客体（包括人）仍将继续存在。

皮亚杰从他的观察和简单的实验中得出结论，婴儿在 1 岁的大部分时间里对客体永久性知之甚少（Piaget，1952）。4个月以下的婴儿扔掉东西时，他们不会去看它掉到哪里去了。皮亚杰对此的解释是，眼不见心不烦。意思是当他们看不见或摸不到这个物体时，他们就会认为物体不复存在。在4—8个月大的时候，掉落物体的婴儿会短暂地看一下它的去向，但只是短暂地看一下，皮亚杰将此解释为他们不确定该物体是否仍然存在。如果给这个年龄段的婴儿看一个有趣的东西（皮亚杰喜欢用他的怀表），然后把这个东西放在毯子下面，他们不会掀起毯子去找它。

只有在8—12个月的时候，婴儿才开始表现出对客体永久性的发展性觉察。现在，当他们看到一个有趣的物体，然后消失在毯子下面，他们会掀起毯子找到它。然而，根据皮亚杰的说法，他们在这个年龄段对客体永久性的掌握仍处于初级阶段。为了说明这一点，他把任务稍微复杂化了一点。在一个8个月大的婴儿多次成功地找到了放在毯子下的物体后，皮亚杰在第一张毯子旁边放了第二张毯子，向婴儿展示了该物体，这一次把它放在第二张毯子下。然后，这个年龄段的婴儿开始寻找这个物体，但不是在他们刚刚看到的第二张毯子下面寻找，而是在他们之前发现它的第一张毯子下面开始寻找。

皮亚杰称为"A非B错误"（A-not-B error）。婴儿们习惯于寻找毯子A下的物体，即使他们看到了隐藏在毯子B下的物体，他们仍继续寻找毯子A下的物体，而不是毯子B下的物体。对皮亚杰来说，这个错误表明婴儿认为自己在毯子下面寻找的行为是物体再次出现的原因。他们不能够理解无论他们的行为如何，客体都是存在的，所以他们还没有完全理解客体永久性。事实上，尽管A非B错误在学步期没有在婴儿期那么常见，但寻找错误在儿童早期（4岁和5岁）仍时有发生（Newcombe & Huttenlocher，2006）。显然，皮亚杰的这项测试评估的不仅仅是客体永久性，因为4—5岁的孩子肯定知道物体的存在，即使他们看不见它们。

运动协调与客体永久性。近几十年来，测试婴儿认知能力的方法变得更为先进。婴儿的运动发育伴随着他们的认知发展，所以当他们无法在毯子下面寻找隐藏的物体时，会不会是他们缺乏寻找物体的动作协调能力，而不是他们认为物体已经不见了呢？雷尼·拜爱宗（Renée Baillargeon）和他的同事用"违背预期法"（violation of expectations method）对这一假设进行了检验。这种方法不需要对婴儿进行任何精细和大肌肉动作发展。相反，它依赖于测量婴儿观看模式的技术。假

文化焦点：跨文化下的客体永久性

就像精细运动技能的发展一样，客体永久性的知识是所有幼儿都需要学习的。

复习题：

客体永久性在不同的文化中都是普遍存在的。为什么这将是孩子们要获得的重要概念？它的实际作用是什么？

设婴儿会对那些违背他们预期的事件注视更长的时间。如果婴儿对一个违背客体永久性规律的事物注视了更长的时间，这就表明他们对客体永久性有一定的理解。例如，在 5—6 个月大的时候，当婴儿看到藏在沙箱里的玩具在另一个地方出现时，他们会看得更久一些（Baillargeon，2008；Newcombe & Huttenlocher，2006）。这似乎表明婴儿期望它应该像一个永久的物体一样从同一地点出现。在 2—3 个月大的时候，婴儿就会比较长时间注视那些在自己身上不可能出现的事物（Wang et al.，2005），这表明他们对物体的理解比皮亚杰预测的要更加深刻。到目前为止，有大量证据表明年幼的婴儿认为物体是永久的和完整的（Johnson，2013）。

来自其他文化的发现也支持这样的论点，即对客体永久性的某些理解要早于皮亚杰。世界各地的婴儿都喜欢“躲猫猫”游戏。在这种游戏中，成年人用手或物体（如布）遮住脸，然后突然露出脸来。一项研究发现，不同文化背景下的成年人和婴儿都玩这个游戏，包括巴西、希腊、印度、印度尼西亚、伊朗、南非和韩国（Fernald & O'Neill，1993）。世界各地的婴儿都很喜欢这个游戏，并且不同文化背景下的婴儿在发育上也有不同的变化。在出生后的头几个月里，婴儿只有在对方的面孔再次出现时才会做出反应。从大约 5 个月大的时候开始，婴儿甚至在另一个人再次出现之前就开始微笑和大笑，这表明他们正在期待这一事件。换句话说，他们似乎期望那个人的脸仍然在那里。他们一定还在期待它的重新出现。到 12 个月大时，随着他们的运动和认知能力的进一步发展，婴儿们会把一块布举到成年人的脸上，或者把它盖在自己的脸上自娱自乐。

我们还发现，客体永久性并不是人类所特有的。例如，在皮亚杰任务的不同版本和扩展中，已经证明黑猩猩、狗和吃腐肉的乌鸦也具有客体永久性（Call，2001；Collier-Baker & Suddendorf，2006；Hoffmann et al.，2011；Miller et al.，2009）。由于了解物理世界的永久性对于在该世界中正常运转至关重要，因此人类与其他动物都拥有这种能力并且发展得非常早，也就不足为奇了（Brownell & Kopp，2007）。

婴儿期的信息加工

皮亚杰的理论及其启发主要集中于思维是如何伴随年龄而发生变化。皮亚杰认为，我们不仅仅是在发展的过程中扩展了我们的认知能力，实际上我们在人生的每个阶段都有不同的想法。正如你将在下面看到的，信息加工取向对认知发展有不同的看法。

信息加工取向

学习目标 4.10　能够描述认知功能的信息加工取向的基本思想。

与其他把认知发展看作非连续（discontinuous）的观点不同，也就是说，皮亚杰提出的**信息加工取向**（information processing approaches）将认知发展分成了不同的阶段，这种变化是连续的、渐进的和稳定的。它的研究重点是心理能力和心理历程如何随着年龄的增长而逐渐变化，例如，记忆是如何在童年时期变得更快、更准确、具有更大容量。

信息加工取向的原始模型是计算机（Hunt，1989）。与将计算机的功能分解为注意力（attention）、信息加工（processing）、记忆力（memory）等功能一样，信息加工取向研究者和理论家试图将人类的思维分解为几个不同的部分。在客体永久性的情况下，有些人认为该信息加工取向可以研究婴儿如何将他们的注意力集中到问题的最关键方面，处理每次试验的结果，记住每次试验的结果，通过前面的试验，将先前研究的结果与最近的试验进行比较。

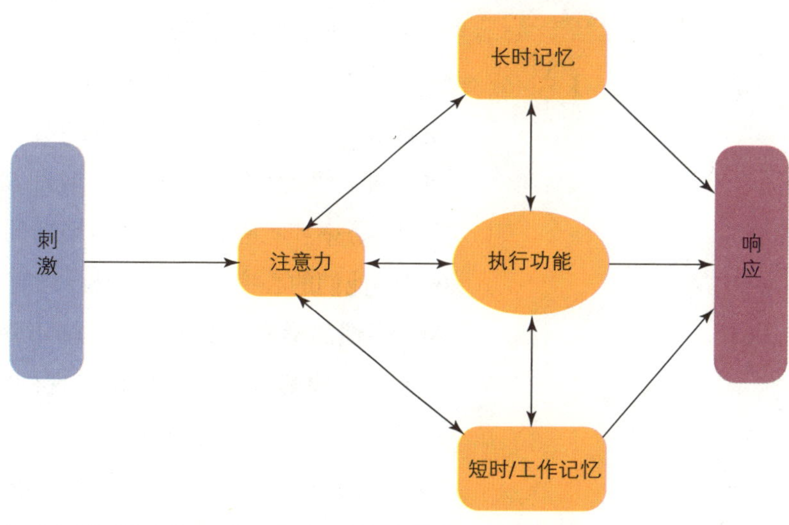

图 4.7 信息加工模型

模块中的各个成分会同时运行。

信息加工取向：一种理解认知功能的方法，侧重关注存在于所有年龄段的认知过程，而不是从不连续的阶段来看待认知发展。

最近的信息处理模型已经不再是简单的计算机类比，而是认识到了大脑比任何一台计算机都要复杂得多（Ashcraft，2009）。如**图 4.7** 所示，在人类思维中的不同组成部分是同时工作的，而不是像计算机那样采取一步一步的方式进行工作。近几十年来，信息加工的研究人员一直在研究注意力和记忆力。最近，他们也研究了执行功能（executive function），即一种整合注意力和记忆的能力，这种能力在幼儿时期急剧增强，我们将在后面的章节中进行介绍（Carlson et al.，2013）。让我们看一下婴儿期注意力和记忆的发展情况。

注意力

学习目标 4.11　能够解释婴儿期注意力和习惯的变化。

信息加工始于输入感觉器官的刺激信息，但你所看到、听到和触碰到的大部分信息都没有被进一步加工。例如，当你阅读这本书时，你可能会听到环境中的声音，你视野中会出现其他的景象，以及你坐在阅读座位上的身体感觉，但如果你专注于你正在阅读的东西，这些信息中的大多数只会进入感觉记忆。你唯一要处理的信息就是你所关注的信息。

对婴儿注意力的研究主要集中在**习惯化**（habituation）上，即一个刺激多次重复出现以后，婴儿对它的注意力会逐渐下降。例如，婴儿第一次看玩具时看的时间会比第四次或第五次长。另一个相对应的概念是**去习惯化**（dishabituation），即当一个新异刺激紧接着一个先前多次呈现的刺激出现时，会重新获得婴儿的

习惯化：一个刺激多次重复出现以后，对它的注意力会逐渐减弱。

去习惯化：在习惯化之后，当出现新的刺激时，婴儿的注意力就会恢复。

关注。例如，如果你连续几次向婴儿展示同一张脸的照片，然后呈现一张新面孔，他们通常会对新面孔产生去习惯化；也就是说，相对于旧面孔，他们会更多地关注新面孔。习惯化和去习惯化可以通过监测婴儿的注视行为来研究，但即使婴儿注意到了什么，他们也很少长时间躺着不动。因此，便有了另外两种经常使用的方法：心率和吮吸频率。当出现新的刺激时，婴儿的心率会下降，而随着习惯的发生，他们的心率会逐渐上升。当有新的刺激出现时，婴儿吮吸奶嘴的频率增加，随着习惯的形成，吮吸频率逐渐下降。

人生的第一年，习惯化出现的时间非常少。当呈现一个视觉刺激时，新生儿可能需要几分钟才能表现出习惯化的标志（通过他们的注视时间、心率或吸吮频率的改变），4—5 个月大时，在类似的实验中，习惯化只需 10 秒左右，7—8 个月大时只需几秒（Domsch et al.，2010；Kavšek & Bornstein，2010）。这种变化的发生是因为婴儿能够更加有效地感知和加工刺激。

即使是同龄的婴儿，习惯化发生的频率也不相同，个体差异会随着时间推移逐渐趋于稳定。有些婴儿在信息加工方面比其他婴儿更有效率，因此，他们习惯得更快。对于那些习惯化形成相对较慢的婴儿来说，似乎并不是因为他们特别善于保持注意，而是因为他们陷入刺激之中，并且难以自拔才使得习惯化的形成较为缓慢。习惯化的速度可以预测婴儿在其他任务中的记忆能力，以及后来在智力测试中的表现（Courage et al.，2004；Cuevas & Bell，2014；Rose et al.，2005）。

共同关注在婴儿 1 岁时逐渐发展起来。

6—12 个月，婴儿的注意方式变得逐步社会化。他们并不只是关注那些最有刺激性的感觉，还会注意到周围的人正在关注的事物，即共同关注（joint attention）。到一岁时，他们经常会注意到他们周围的重要人物在关注什么，并且会看着或指向同一个方向（Meltzoff & Williamson，2013）。一项实验表明，10 个月大的婴儿在成年人闭上眼睛或蒙上眼睛的情况下，不太可能注视或指向他们面对的方向，这表明婴儿知道成年人的注意模式，并将自己的注意模式与成年人的注意模式相匹配（Brooks & Meltzoff，2005）。

共同关注不仅是婴儿信息加工发展的基础，也是语言和情感交流的基础（Friedlmeier et al.，2015；Goldin-Meadow & Alibali，2013；Parish-Morris et al.，2013）。这一说法有据可循。婴儿和儿童学习新单词的一个方法就是在他们使用词语时，观察别人正在做什么或者正在看什么。这种情况通常发生在婴儿与他人之间的社会互动中，但也可能发生在婴儿观察另一个人的注意力指向的时候。正如我们将在本章后面更详细看到的那样，并非所有的文化都鼓励与婴儿进行语言交流。对这一问题的文化分析表明，在与成年人言语互动有限的文化中，婴幼儿通过观察成年人的语言运用和“倾听”来学习大量的语言，即使用共同关注来辨别单词的含义（Akhtar，2005）。

记忆力

学习目标 4.12　能够解释婴儿期短时记忆和长时记忆是如何发展的。

出生后的第一年里，婴儿的记忆能力得到了极大的发展，包括长时记忆和短时记忆。**短时记忆（short-term memory）**是指在短时间内保留信息的能力。婴儿客体永久性的进步就是短时记忆发展的一个反映。回想一下，客体永久性是对短期记忆的测试，也是对物体属性知识的测试。使用客体永久性任务进行的记忆研究表明，婴儿能够记住并寻找隐藏物体的地点数量的能力在 6—12 月内急剧增加（Morra et al.，2008）。

短时记忆：短时间内保留信息的能力。

长时记忆（long-term memory），即随着时间的推移积累和保留的知识，在出生后的第一年里也会显著提高。在一个实验中，研究人员把一根绳子绑在 2—6 个月大的婴儿的脚上，教他们通过踢腿来移动挂在婴儿床上方的一部手机（Rovee-Collier，1999）。2 个月大的婴儿在一周内忘记了训练内容，当绳子绑在他们的腿上时，他们不再来回踢手机，但是 6 个月大的婴儿记住了大约 3 周，表现出更好的长时记忆。

长时记忆：随着时间的推移积累和保留的知识。

实验进一步表明了，再认记忆（recognition memory）和回想记忆（recall memory）之间存在着有趣的区别（Hildreth et al.，2003）。当踢手机的把戏似乎从婴儿的记忆中消失后，研究人员通过移动手机来给婴儿一个暗示。一个月后，尽管婴儿无法回忆起之前的记忆，但他们还是识别出了这个线索，并开始再次踢腿让手机动起来。婴儿年龄越大，提示的效果越好。从婴儿期开始，再认记忆对我们来说比回想记忆要容易（Danckert & Craik，2013）。

婴儿发展的评估

考虑到婴儿在出生后的第一年里会发生许多显著的发育变化，研究人员一直对评估婴儿是否发育正常很感兴趣。人们还通过媒体刺激努力改善婴儿的认知发展。

发展评估的方法

学习目标 4.13　能够概述贝利婴儿发育量表（BSID-III），并解释如何使用习惯化评估来预测婴儿日后的智力。

目前，已经建立了评估婴儿认知能力和发育的量表，部分目的是预测婴儿日后的智力。

贝利婴儿发育量表。南希·贝利（Nancy Bayley）出版了**贝利婴儿发育量表（Bayley Scales of Infant Development，BSID–III）**。目前已出版了第三版

贝利婴儿发育量表：广泛应用于 3 个月至 3 岁半婴儿的发育评估。

（Bayley，2005）。贝利婴儿发育量表可以评估婴儿 3 个月至 3 岁半的发育情况。贝利量表包括 3 个主要的分量表。

认知量表（cognitive scale）：测量注意和探索的心理能力。例如，对于 6 个月大的婴儿，它会评估婴儿是否会看书中的图片；在 23—25 个月大的时候，它会评估婴儿是否能将相似图片进行配对。

言语量表（language scale）：测量语言的使用和理解。例如，在 17—19 个月大的时候，它会评估婴儿是否能识别图片中的物体，在 38—42 个月大的时候，它会评估婴儿是否能说出 4 种颜色。

动作量表（motor scale）：测量精细运动能力和大肌肉动作能力。例如，6 个月大的时候婴儿是否能自己独坐 30 秒，或者婴儿在 38—42 个月大的时候是否能单脚跳两次。

发育商（DQ）：婴儿发育的评估总分表明了发育的进展。

贝利量表产生一个**发育商（developmental quotient，DQ）**作为婴儿发育进程的总体衡量标准。然而，贝利量表并不能很好地预测婴儿日后的智商或在学校的表现（Hack et al.，2005）。如果你再看看上面的例子，这就不足为奇了，因为贝利量表所衡量的能力与后来的智商测试所衡量的语言和空间能力，以及学校作业所需要的语言和空间能力截然不同。（让我们面对现实吧，除非你成为一名芭蕾舞演员，否则单脚跳不太可能预示着你在学校的表现或你成年后可能从事的任何工作。）唯一的例外是极端情况。贝利量表得分很低的婴儿可能有严重的发育问题（Kim & Shin，2015）。因此，贝利量表主要被用来作为一种筛查工具，以识别那些有严重问题需要立即关注的婴儿，而不是作为正常范围内儿童未来发展的预测因子。

婴儿评估的信息加工取向。利用信息加工取向来预测未来智力的努力已经显示出很光明的前景。这些方法的重点是习惯化。如前所述，婴儿习惯于新的刺激（例如视力或声音）需要多长时间。有些婴儿是短时注视者，产生习惯化很快；有些则是长时注视者，产生习惯化之前需要更多时间和更多的刺激手段。习惯化花费的时间越短，婴儿的信息加工能力效率就越高。短时注视者寻找的时间较短，因为他们花费较少的时间进行刺激信息的输入和加工。

纵向研究发现，婴儿期的短时注视者在发育后期的智商得分往往高于长时注视者（Cuevas & Bell，2014；Kavšek，2004；Rose et al.，2005）。在一项研究中，婴儿期的短时注视者在 20 年后的成人初显期接受跟踪调查时，结果发现，他们的智商和受教育程度都更高（Fagan et al.，2007）。婴儿期的习惯化评估也有助于识别有发育问题的婴儿（Kavšek & Bornstein，2010）。此外，习惯化评估往往比贝利量表的发育商评估更为可靠；也就是说，在多个情况下进行测量时，它们更有可能保持一致（Cuevas & Bell，2014；Kavšek，2004）。最新版本的贝利量表现在包括习惯化的测量（Bayley，2005），这相比以前的版本提高了测量的信度和预测效度。

媒体能够促进婴儿的认知发展吗？“小小爱因斯坦”的神话

学习目标 4.14 能够评估有关教育媒体促进婴儿认知能力发展的说法。

针对婴儿的教育媒体产品尚未被证明可以促进认知发展。

除了努力评估婴儿的认知能力外，人们也努力提高婴儿的认知能力。在一些发达国家，婴儿教育媒体产品已经成为一种流行的强化措施。

在 20 世纪 90 年代早期，一项研究声称听莫扎特的音乐可以增强认知功能（Rauscher et al., 1993）。这项研究是针对大学生而不是婴儿进行的，其“效果”仅持续了 10 分钟，随后的研究甚至无法重现 10 分钟的效果（Rauscher, 2003）。尽管如此，这项研究还是受到了全世界的关注，并催生了大量声称能促进婴儿认知发展的教育媒体产品。

它们有用吗？答案是否定的。许多研究表明，教育媒体产品对婴儿的认知发展没有影响。事实上，一项针对 8—16 个月大婴儿的研究发现，每天看一个小时教育 DVD，看 DVD 的孩子能比不看 DVD 的孩子少理解 8—16 个单词（Guernsey, 2007）。作者解释说，这一令人惊讶的发现是因为看 DVD 的孩子与周围人互动的时间更少了。也就是说，婴儿用 DVD 取代了社会交往，而观看 DVD 并不能弥补社会交往的缺损。另一项研究也发现了类似的结果（DeLoache et al., 2010）。幸运的是，国家研究发现，在美国只有 10% 的婴儿使用教育媒体产品（Rideout, 2013）。

这些发现表明，皮亚杰的观点是正确的，儿童的认知成熟具有自己与生俱来的时间表，加速认知成熟度的尝试都是徒劳的（或有害的）。那么你能做些什么来促进婴儿健康的认知发展呢？跟他们讲话，给他们读书，给他们回应，要有耐心。他们很快就会长大的。

语言的开端

根据非洲象牙海岸的人传统信仰，在精神世界里，所有的人都能理解所有的语言（Gottlieb, 2000）。婴儿刚出生时来自精神世界，所以他们能听懂任何语言所说的一切。然而，在出生后的第一年里，婴儿对其他语言的记忆都消失了，他们只能听懂他们周围听到的语言。除了关于精神世界的部分，这实际上是一个非常准确的科学总结，它描述了婴儿在出生后的第一年语言是如何发展的，我们下面会讲到。**表 4.2** 概述了婴儿语言发展的标志。

表 4.2　婴儿语言发展的标志

年龄	标志
2 个月	咕咕声（说话前的声音和咯咯声）
4—10 个月	咿呀声（重复的辅音—元音组合）
8—10 个月	第一个手势（例如，“再见”）
10—12 个月	理解单词和简单句
12 个月	说出第一个单词

注意：每个标志都有一个正常的范围，而那些稍晚达到标志的婴儿仍然可能有正常的语言发展。

第一个声音和单词

学习目标 4.15　能够描述婴儿在出生后第一年的语言发展过程。

咕咕声：婴儿在 2 个月大的时候就会发出“呜呜”“啊呼”“咯咯”的声音。

咿呀声：重复的前语言辅音—元音组合，如“ba-ba-ba”或“do-do-do”，婴儿大约 6 个月大时开始发出此类声音。

婴儿很早就开始发出声音，并最终发展成语言（Waxman & Lidz，2006；Parish-Morris et al.，2013）。首先是**咕咕声（cooing）**，婴儿从大约 2 个月大的时候就开始发出“呜呜”“啊呼”“咯咯”的声音。咕咕声通常发生在与他人的互动中，没有互动时也会出现，好像婴儿正在挖掘自己的发声器官，并尝试发出声音。

4—6 个月大的时候，咕咕声会发展成**咿呀声（babbling）**、重复的辅音—元音组合，比如“ba-ba-ba”或“do-do-do”。当我们的儿子迈尔斯 4 个月大的时候，他经常重复“啊—哈”的声音，以至于我们有一阵子叫他“啊哈先生”。咿呀学语似乎在婴儿中是普遍存在的现象。事实上，无论所处文化使用的语言是什么，世界各地的婴儿在一开始似乎都用同样的声音咿呀学语（Lee et al.，2010）。接触手语的失聪婴儿也有一种咿呀学语的形式，他们用手代替声音（Goldin-Meadow & Alibali，2013；van Beinum，2008）。然而几个月后，婴儿的咿呀声开始出现文化差异，婴儿不会再发出周围人不使用的声音。到婴儿大约 9 个月大时，未经训练的听者就能分辨出婴儿的咿呀声是来自阿拉伯语、汉语还是法语（Oller et al.，1997）。

研究表明，咿呀学语可能会引发婴儿和看护人之间的轮流说话。此外，当一个成年人对婴儿的咿呀学语做出反应，立即给一个物体贴上标签时，与没有在咿呀学语时给一个物体贴上标签相比，婴儿更容易学习这个单词的含义（Goldstein et al.，2010）。咿呀学语可能是婴儿准备进行（各种）对话和学习单词含义的信号。

在 8—10 个月时，婴儿开始使用手势进行交流（Goldin-Meadow，2009）。他们可能会举起双臂表示他们希望被抱起，或者指向他们想要的物品，或者拿出一个东西给别人，或者挥手说再见。在婴儿仍不能说话的时候，使用手势进行沟通是一种唤起他人行为的方式（例如，举起双臂后请求抱起来），也是一种激发他人言语反应的方式（例如，在婴儿做手势告别时说一声“再见”）。当照顾者将婴儿的手势转化为语言时，这些语言很可能在很短的时间内便成为婴儿口语词汇的一部分（Goldin-Meadow et al.，2007；Goldin-Meadow & Alibali，2013）。这表明婴儿用他们的手告诉他们的看护者应该说什么。婴儿的手势和咿呀学语都能吸引看护者的注意力，并促进他们学习单词。

在许多文化中，成年人使用音调高、语调夸张的婴儿导向语。

婴儿开始说话通常是 1 岁前后。典型的第一个词包括重要的人（“妈妈”“爸爸”），熟悉的动物（“狗”），移动的物体（“车”），食物（“牛奶”），问候或告别（“嗨”“拜拜”）（Waxman & Lidz，2006）。

大多数婴儿在 1 岁时最多只能说几个单词，但他们能听懂的单词比他们能说的单词要多得多。在所有的年龄段，语言理解（comprehension）（我们理解的词汇）都要超过语言生成（production）（我们使用的词汇），但这种差异在婴儿期尤其显著。甚至在 4 个月大的时候，婴儿就能认出自己的名字（Mandel et al.，1995）。到 1 岁生日时，虽然婴儿只能说一两个词，但他们能听懂大约 50 个词（Menyuk et al.，1995）。

语言理解的基础很早就很明显，这是因为婴儿具有识别声音变化的能力（Werker & Fennell，2009）。为了测试这种能力，研究人员反复为婴儿播放一种语音（“ba，ba，ba，ba”），然后稍微改变（“pa，pa，pa，pa”）。当声音发生变化时，如果婴儿朝声音的方向看去，就表示他意识到了声音的变化。即使只有几周大的婴儿也表现出这种意识（Saffran et al.，2006）。

此外，就像咿呀学语一样，婴儿对简单声音的辨别在一开始具有普遍性，但在婴儿 1 岁快结束时，对其文化语言的辨别就变得更加专业化。一项研究比较了美国和日本婴儿在 6 个月和 12 个月时的情况（Iverson et al.，2003）。在 6 个月大时，美国婴儿和日本婴儿对“ra”和“la”的区别反应相同，尽管日语中没有“r”或“l”音，所以日本的婴儿以前不会听到这种区别。然而，到 12 个月大的时候，美国婴儿仍然能够识别“r”和“l”的区别，但日本婴儿不能识别，因为在这个时候，他们的语言技能更专业于自己的语言。尽管这种消失的能力看起来似乎是一种损失，但它是孩子们能够熟练掌握母语的一个重要组成部分（Kuhl，2011）。

儿向语

学习目标 4.16 能够比较不同文化在促进语言发展方面的差异。

假设你对一个成年人说：“你想吃点什么吗？”你会怎么说呢？现在想象一下对一个婴儿说同样的话。你会改变你说话的方式吗？

儿向语：许多文化中成年人对婴儿的一种特殊讲话形式，这种讲话的音调比正常讲话的音调高，语调夸张，单词和短语被重复。

在许多文化中，人们会用特殊的方式和婴儿进行交谈，这称为**儿向语**［infant-directed（ID）speech］（Bryant & Barrett，2007；Spinelli et al.，2017）。在儿向语中，音高要比正常交谈高，语调被夸大，语法也得到了简化，并且单词和短语比正常讲话更容易重复。儿向语的话题通常与物体（“看小鸟！看到小鸟了吗？”）或者情感交流（“多好的女孩呀！你把苹果酱吃了！”）有关。

为什么人们经常对婴儿使用儿向语？原因之一是婴儿似乎很喜欢它。即使儿向语使用的是他们不懂的语言，婴儿在 4 个月大的时候也会表现出对它的偏好，这表现在他们更关注陌生语言中的儿向语，而不是同一语言中的非儿向语。

为什么婴儿会喜欢这种儿向语？有一种理论认为，婴儿之所以会喜欢这种儿向语，是因为它比其他言语更能激发情绪（Trainor et al.，2000）。此外，在语言对他们来说还是一个新事物的时候，儿向语能够帮助婴儿解开语言的奥秘。词语的夸张和重复提供给婴儿有关词语含义的线索（Soderstrom，2007）。通过夸大造词时使用的声音，儿向语为婴儿提供了有关他们将在其文化语言中使用的语言构建模块的信息（Kuhl，2004；Ma et al.，2011；Spinelli et al.，2017）。儿向语的夸张也比一般言语更清楚地将言语区分为具体的词和短语（Thiessen et al.，2005）。

儿向语在西方文化中很常见（Bryant & Barrett，2007）。研究还发现，儿向语在日本也很普遍（Mazuka et al.，2008）。然而，在发达国家之外，儿向语则存在很大差异。一些传统文化中使用儿向语，如西非的富拉尼人，他们从婴儿出生的第一天起就对他们说单个的单词和短语，以此来努力促进他们的语言发展（Johnson，2000）。然而，在其他传统文化中，父母不使用儿向语，也不会特别努力地与婴儿进行交谈。例如，在肯尼亚的古西人中，父母对婴儿说话的次数远远少于美国父母（LeVine et al.，1994；Richman et al.，2010）。就像许多传统文化中的人一样，古西族人几乎经常带着他们的婴儿四处走动，并与他们进行大量的身体接触，包括晚上一起睡觉，但他们认为没有必要与婴儿进行交谈，也认为这样没用。同样，密克罗尼西亚的伊法鲁克人认为，与婴儿交谈是没有意义的，因为他们无法理解你所说的话，也不能回应你所说的话（Le，2000）。然而，尽管没有儿向语，这些传统文化中的孩子们也可以在几年内流利地学习他们的语言，同有儿向语文化中的孩子一样。

这是否意味着在你的文化中，你不需要和自己的婴儿进行交流？当然不。在古西和伊法鲁克等文化中，虽然父母可能不会经常性地与婴儿进行直接的交谈，但婴儿整天都待在语言丰富的环境中。虽然没有人直接与婴儿说话，但他们周围都是母亲、姐姐和其他亲戚的谈话。传统文化中的婴儿通常身边有许多成年人和孩子，而不是像儿向语文化中的婴儿那样，只与父母或者兄弟姐妹待在一起。家庭规模较大时，或者家庭成员居住在同一个家庭或附近，与其他社区成员的互动就更为普遍（Akhtar & Tomasello，2000）。尽管没有儿向语，传统文化中的儿童仍在学习语言方面取得了成功，这表明在语言丰富的环境中聆听他人的对话也是获得语言的有效途径（Akhtar，2005）。

到 1 岁末时，婴儿已经奠定了重要的语言基础，可以理解许多单词，但是他们的语言能力仍然非常有限。语言发展的真正激增发生在婴儿出生后的第二年，因此在下一章中，我们将更详细地研究语言的开端和发展。

小结：认知发展

学习目标 4.8 能够解释成熟、图式、同化和顺应的含义。

成熟是以生物学为基础的发育过程。皮亚杰提出，儿童对现实的建构就发生在图式运用过程中，图式是用来处理、组织和解释信息的认知结构。使用图式涉及的两个过程分别是同化和顺应。当新的信息被更改以适应现有图式时，同化就发生了。相比之下，顺应需要改变原有图式以适应新的信息。

学习目标 4.9 能够描述感知运动阶段，解释婴儿在出生后第一年里客体永久性是如何发展的。

皮亚杰将出生后的头两年称为感知运动阶段。这一阶段的认知发展包括学习如何协调感官的活动和肢体运动。在婴儿期，一个主要的认知成就是感觉运动从反射行为发展为有意行为。婴儿期第二个重要的认知进步是对客体永久性的初步理解。皮亚杰认为，只有在大约 2 岁的时候，儿童才能完全理解客体永久性。然而，使用“违背预期法”的最新研究表明，即使是年幼的婴儿也认为物体是永久的和完整的。

学习目标 4.10 能够描述认知功能的信息加工取向的基本思想。

与皮亚杰提出的将认知发展分为不同阶段的认知发展方法不同，信息加工取向研究的内容是发生在各个年龄段的认知功能过程。其研究的重点是认知功能的组成部分，尤其是注意力和记忆力。

学习目标 4.11 能够解释婴儿期注意力和习惯的变化。

婴儿更加关注他们从未见过的刺激。习惯化在出生后第一年中发展较快；在任何给定的年龄，习惯化的速度与后来的认知成就呈正相关。在出生后的第一年，婴儿越来越多地通过与他人的共同关注来学习。

学习目标 4.12 能够解释婴儿期短时记忆和长时记忆是如何发展的。

短时记忆和长时记忆在第一年中都有显著的改善，然而再认记忆比回想记忆更容易，在以后的年龄里也是如此。

学习目标 4.13 能够概述贝利婴儿发育量表（BSID-III），并解释如何使用习惯化评估来预测婴儿日后的智力。

贝利婴儿发育量表包括认知量表、言语量表、动作量表。贝利量表被广泛用于测量婴儿的发展，除非婴儿有严重的缺陷，否则贝利量表的分数并不能预测婴儿以后的认知发展。利用信息加工取向来预测未来智力的努力已经显示出很大的前景。这些评估通过区分“短时注视者”和“长时注视者”来衡量习惯化，短时注视者的智商更高。

学习目标 4.14 能够评估有关教育媒体促进婴儿认知能力发展的说法。

许多研究已经得出结论，教育媒体产品对婴儿的认知发展没有益处，甚至可能是有害的。

学习目标 4.15 能够描述婴儿在出生后第一年的语言发展过程。

婴儿在大约两个月大时开始咕咕叫。6 个月大的婴儿开始咿呀学语时，会发出各种各样的声音，但在几个月后，他们更多地使用他们听到的主要语言来发出声音。婴儿通常在 1 岁左右说第一个单词，但此时婴儿已经能理解大约 50 个单词。

学习目标 4.16 能够比较不同文化在促进语言发展方面的差异。

许多文化都使用儿向语，而婴儿似乎也很喜欢听这种语言。然而，即使在不使用儿向语的文化中，由于婴儿每天都沉浸在语言丰富的文化环境中，儿童在几岁时也能熟练地使用语言。

第三节 情绪与社会性发展

学习目标

4.17 能够定义婴儿的气质及其主要维度。

4.18 能够解释适配度的概念以及适配度是如何与家庭和文化层面的气质相关联的。

4.19 能够识别婴儿的初级情绪，并描述他们在婴儿期是如何发展的。

4.20 能够描述婴儿的情绪感知，以及他们的情绪如何在出生后第一年变得越来越社会化。

4.21 能够列出不同文化背景下婴儿社交世界的主要特征。

4.22 能够比较婴儿社会性发展的两大理论。

气质

你有过作为保姆、哥哥姐姐或父母照顾婴儿的经验吗？如果有的话，你可能已经观察到他们对你和环境的反应与早期有所不同。作为父母，我们确实在我们的双胞胎身上观察到了这一点，他们几乎一生都生活在相同的环境中，但他们的情绪反应和表达却截然不同。当你询问任何有多个孩子的父母时，他们可能也会讲述类似的故事（Horwitz et al.，2010）。

在人类发展的研究中，这种情绪性差异被视为**气质（temperament）**的指标。气质包括活动水平、安抚性、恐惧性和注意广度等品质特征。你可以认为气质是人格的生物学基础原材料（Fox et al.，2013；Goldsmith，2009；Rothbart et al.，2000）。

气质：对物理环境和社会环境的先天反应，包括活动水平、易怒性、安抚性、情绪反应和社交能力。

气质的概念

学习目标 4.17　能够定义婴儿的气质及其主要维度。

气质研究人员认为，所有的婴儿在出生时都有一定的行为和人格发展倾向，而环境又在发展过程中塑造了这些倾向。**表 4.3** 概述了两种概念化气质的方法。

最初，气质是由亚历山大·托马斯（Alexander Thomas）和斯特拉·切斯（Stella Chess）提出的一个心理学概念。他们于 1956 年开始了纽约纵向研究（NYLS）。研究要求父母根据活动水平、适应能力和情绪质量等维度来评估他们的宝宝。在此基础上，托马斯和切斯将婴儿分为三类：容易型、困难型和迟缓型。

容易型（easy）（40%）的婴儿情绪通常是积极的，他们能够很好地适应新环境，情绪反应总体上是比较温和的，并不会有极端的情绪反应。

困难型（difficult）（10%）的婴儿不能很好地适应环境，会比其他儿童更加频繁地出现强烈的消极情绪。

迟缓型（slow-to-warm-up）（15%）的婴儿在活动水平上明显较低，对新环境反应消极，但较少出现特别积极或特别消极的情绪。

表 4.3 婴儿两种概念化气质的方法

托马斯和切斯		罗斯巴特	
品质	描述	品质	描述
活动水平	活动时间与非活动时间之比	活动水平	大肌肉动作活动的频率和强度
注意广度	在进行下一项活动之前，用于该活动的时间长度	注意广度/坚持性	对单一活动的注意力持续时间
反应强度	情感表达，如哭泣和大笑	害怕性	对新奇的或强烈的刺激做出恐惧/悲痛的反应
节奏性	进食、睡眠等身体机能的规律性	易怒性	沮丧时痛苦的表情
注意分散度	外部刺激干扰当前行为的程度	积极情绪	表达快乐和其他积极情绪的频率
趋避性	对新物体或人的反应	自我调节	能够抑制对情况的初始反应并执行更具适应性的反应
适应性	适应日常生活中的变化		
反应阈	引起一个反应所需要的刺激		
心境质量	快乐情绪和不快乐情绪的总体水平		

资料来源：Rothbart et al.（2000）；Thomas & Chess（1977）.

通过对这些婴儿进行纵向研究，托马斯和切斯的研究表明婴儿期的气质在某些方面可以预测日后的发展（Chess & Thomas，1984；Ramos et al.，2005；Thomas et al.，1968）。在他们的研究中，困难型的婴儿在童年期面临着较高的风险问题，比如攻击行为、焦虑、社交退缩。迟缓型的婴儿在童年早期似乎很少出问题，但进入学校，由于反应相对缓慢，他们有时会感到恐惧，在学业和同伴关系上可能出问题。

也许你注意到了，在经典的托马斯和切斯研究中，这三种类型的婴儿加起来只占总婴儿的 65%，另外有 35% 的婴儿无法归入以上三类。把这 35% 的婴儿排除在外显然是个问题，所以其他气质研究人员避免了分类，而是根据气质特征对所有婴儿进行评分。

玛丽·罗斯巴特（Mary Rothbart）和她的同事们保留了托马斯和切斯的一些气质特质，例如活动水平和注意广度，但也增加了自我调节的气质特质（Gartstein et al.，2016；Rothbart，2004；Rothbart et al.，2001）。罗斯巴特和她的同事指出，

研究焦点：测量气质

1956年，亚历山大·托马斯（Alexander Thomas）和斯特拉·切斯（Stella Chess）开始了纽约纵向研究（NYLS），通过判断活动水平、适应性、反应强度和情绪质量等品质来评估婴儿的气质。这项研究的目的是观察婴儿的先天倾向如何在童年和青春期的发展过程中形成个性。当托马斯和切斯开始研究气质时，还没有可用的生物学测量数据，所以他们利用父母对婴儿行为的报告作为气质分类的来源。即使在今天，大多数关于婴儿气质的研究都是基于父母的报告。

使用家长报告有一些明显的好处。毕竟，父母在很长一段时间内每天都会在许多不同的情况下观察到他们的婴儿。相比之下，如果研究人员根据婴儿在实验室执行任务的表现来评估其气质，那么他只会看到婴儿在某一场合的表现。由于婴儿的状态变化如此频繁，研究人员可能会将婴儿的气质评估为"困难型"，而实际上婴儿只是处于暂时的痛苦状态，他们可能是饿了，或者累了，或者冷了，或者热了，或者需要换尿布了。然而，父母并不能准确地评估婴儿的行为。例如，抑郁的母亲更有可能对婴儿的气质进行消极评价，母亲和父亲对婴儿气质的评价只表现出较低或中等程度的认同，父母倾向于认为他们的双胞胎或其他兄弟姐妹在性格上不如研究人员所认为的那样相似，这表明父母可能夸大了孩子之间的差异。

除了父母的报告，还有什么选择？托马斯和切斯建议研究人员观察婴儿在自然环境中的行为（比如在家里或公园），以避免在婴儿情绪异常糟糕或良好的情况下只观察一次的问题。当然，这比简单的父母调查表要花费更多的时间和金钱，甚至一系列的观察结果也可能不如父母照顾孩子几个月积累的经验有效。另一种方法是让父母每天记录婴儿的行为（记录他们睡觉、烦躁或哭闹的时候）。基于父母的报告或实验室任务的执行情况，使用这种方法的报告已显示出与气质评级有很好的相关性。

气质的生物学评估也很有用，因为气质被人们认为是基于生物学而发展起来的。测量婴儿气质的一个简单而有效的生物学指标是心率。与其他孩子相比，极度害羞的孩子往往会始终保持较高的心率，并且心率会对新的刺激做出反应（例如新的玩具，新的气味或新的朋友）。关于气质的其他生物学评估也已经开发出来，包括对大脑活动的测量（Fox et al., 2013）。

虽然婴儿的气质在一定程度上可以预测其日后的发展，但在2岁以后对气质进行评估时，预测会更准确。在婴儿期，大惊小怪、哭闹和情绪的快速变化在很多婴儿身上都很常见。只有在2岁以后，孩子的情绪和行为才会进入更稳定的模式，从而预测他们以后的发展。但是，在经历了2年或更长时间的环境后，我们还能假设气质是先天的和基于生物学的吗？

复习题：

1. 尽管父母的报告经常被用来评估婴儿的气质，但是使用父母报告的一个缺点是：

   A. 母亲和父亲的报告经常不一致

   B. 父母往往夸大孩子之间的差异

   C. 抑郁的母亲在评价婴儿的气质时往往更消极

   D. 以上皆有

2. 测量气质最简单有效的生物学指标是：

   A. 血压

   B. 心率

   C. 脑电波强度

   D. 激素稳定性

孩子们在如何调节或管理他们最初的反应方面存在着差异。例如，当有东西吓到他们时，婴儿不会马上哭出来，而是会向父母寻求如何回应的线索。反过来，他们可能会依赖父母的行为来调节自己的情绪。转移注意力和情绪控制是自我调节的关键。

与托马斯和切斯一样，罗斯巴特及其同事在根据婴儿气质预测儿童日后的功能方面也取得了一定的成功。正如“研究焦点：测量气质”专题中所显示的那样，由于婴儿的情绪状态变化非常频繁，所以研究气质在测量方面存在着挑战。

适配度

学习目标 4.18　能够解释适配度的概念以及适配度是如何与家庭和文化层面的气质相关联的。

适配度：一种理论原则，即如果儿童气质与环境需求匹配恰当，儿童就会发展得很好。

所有测量气质的方法都把气质视为人格的原始材料，然后由环境塑造。托马斯和切斯（Thomas & Chess，1977）提出了**“适配度”（goodness-of-fit）**的概念，即儿童的气质与环境需求匹配恰当，而且这意味着儿童发展的最佳状态。在他们看来，困难型和迟缓型的婴儿需要父母了解他们的气质，并愿意特别耐心地教养他们。

随后的研究也支持了“适配度”的观点，研究发现，如果父母能够给予理解和包容，那么具有消极气质的婴儿在3岁时就能更好地控制自己的情绪反应（Warren & Simmens，2005）。其他研究表明，如果父母以愤怒和沮丧来回应困难型的婴儿，他们很可能会发现婴儿变成了一个挑衅和不听话的孩子，这会给父母和孩子带来进一步的冲突和挫折感（Chang & Shaw，2016）。

考虑到不同的文化对人格特质的价值（例如活动水平和情感表现力）有不同的看法，可能还存在一些类似于文化契合度的东西。总体而言，与美国和加拿大的婴儿相比，亚洲婴儿的活跃性和烦躁程度较低，而且似乎更早和更容易地学会调节自己的情绪（Chen et al.，2005；Lewis et al.，1993，2010）。这种气质上的差异可能在一定程度上是童年后期差异的基础，比如亚洲儿童更有可能害羞。然而，与北美人认为害羞是需要克服的问题相反，在亚洲文化中，人们对害羞的看法更为积极。听而不讲的儿童和成年人都会受到尊重和钦佩。因此，对中国儿童的研究表明，害羞与学业成功和受到同龄人的喜爱有关（Chen et al.，1995）。当今，中国在文化和经济上变化如此之快，有证据表明害羞正在变得越来越不受重视，并且与贫穷有关，而不是与童年时期的有利适应有关（Chen，2011；Chen et al.，2016）。对此，我们将在后面的章节中详细介绍。

“困难型”的婴儿需要特别有耐心和爱心的父母。

婴儿的情绪

表达和理解情绪是我们深层次的生物特征。正如查尔斯·达尔文（Charles Darwin）在 1872 年的《人与动物的情感表达》一书中所观察到的那样，人类与其他哺乳动物的情绪表达之间有着强烈的相似性，这表明人类的情绪表达是漫长进化历史的一部分。老虎在咆哮，狼在咆哮，黑猩猩和人类也一样，露出牙齿尖叫。达尔文还观察到，不同文化中的人类情绪表达非常相似。最近的研究证实，不同文化中的人都能轻松识别其他文化中的人的情绪表达（Ekman，2003；Ekman et al.，2013）。

基本情绪

学习目标 4.19 能够识别婴儿的初级情绪，并描述他们在婴儿期是如何发展的。

婴儿生来就拥有有限的情绪，在最初几年中会逐渐分化出更多的情绪。情绪发展的研究将情绪分为两大类（Lewis，2008）。**初级情绪（primary emotions）**是最基本的情绪，是我们与动物共有的情绪，比如愤怒、悲伤、恐惧、厌恶、惊讶、高兴。初级情绪在出生后的第一年里很明显。**次级情绪（secondary emotions）**是需要在社会和文化中学习的情绪，比如尴尬、羞愧、内疚。次级情绪也被叫作社会道德情绪，因为婴儿并非天生就知道什么是尴尬或丢脸，而是必须从所处的社会环境中进行学习。次级情绪主要是在 1—2 岁开始发展，所以我们将在第五章探讨次级情绪的发展。

初级情绪：基本的情绪，比如愤怒、悲伤、恐惧、厌恶、惊讶和快乐。

次级情绪：需要在社会和文化中学习的情绪，如尴尬、羞愧和内疚，也被称为社会道德情绪。

三种初级情绪在出生后的前几周就很明显：痛苦，兴趣，愉快（Lewis，2008，2002）。痛苦在哭泣中显而易见。当然，我们已经看到如何从婴儿出生的第一天开始，通过他们的注意力转向哪里来评估他们的兴趣。在第三章中，我们还看到新生儿品尝甜味物质时会表现出愉快的表情。在出生后的最初几个月里，这三种情绪逐渐分化为其他主要情绪：痛苦分化成愤怒和恐惧，兴趣分化成惊讶，愉快分化成高兴；厌恶很早就出现了，但不同于痛苦、兴趣和愉快，它不会分化成更复杂的形式。让我们来看一下其他初级情绪在出生后第一年中的发展情况。

正如第三章所描述的那样，愤怒很早就以一种独特的愤怒哭声的形式表达出来，但作为一种不同于哭泣的情绪表达，它显示了婴儿在出生后第一年的发展过程（Dodge et al.，2006；Lewis，2010）。在一项针对 1、4、7 个月大婴儿的研究中，人们压住婴儿的前臂让他们在几分钟内都无法移动，并观察他们的反应，结果发现他们对这种做法都很排斥（Oster et al.，1992）。1 个月大的婴儿表现出明显的痛苦，但是评分者（他们不知道这项研究的假设）没有将他们的痛苦反应归类为愤怒。4 个月大的婴儿也很痛苦，但大约有一半的婴儿在面部表情上表现出明显的愤怒。到 7 个月大的时候，几乎所有的婴儿都表现出明确的愤怒反应。另一项研究也观察到 7 个月大的婴儿在被拿走一个有吸引力的物体时会表现出明显的愤怒（Stenberg et al.，1983）。随着婴儿在半岁后具备了有意行为的能力时，当现实与他们的意向相反时，他们常常会表现出愤怒（Chaplin et al.，2017；Izard & Ackerman，2000）。

陌生焦虑：对不熟悉的人的恐惧反应，通常 6 个月大的婴儿表现明显。

除了那些母亲抑郁的婴儿之外，悲伤在婴儿出生后的第一年很罕见。当母亲在婴儿 2—3 个月大的时候感到抑郁时，婴儿们也会表现出悲伤的表情（Herrera et al.，2004）。这可能属于被动基因型→环境效应的情况吗？在这样的家庭中，婴儿和母亲都可能具有悲伤的遗传倾向。这是需要考虑的问题，但在一项研究中，非抑郁症的母亲被要求在与她们的婴儿进行 3 分钟互动时要表现出抑郁的样子（Cohn & Tronick，1983）。婴儿的反应是悲伤，这表明目睹母亲情绪低落的婴儿正在对母亲的悲伤做出反应，而不是天生就倾向于表达悲伤的情绪。

婴儿普遍表现出主要的情绪。你能说出每张照片代表的是哪种主要情绪吗？

恐惧在婴儿 6 个月大的时候出现（Gartstein et al.，2010）。到那时，婴儿会表现出恐惧的面部表情，例如当一个玩具突然出乎意料地向他们移动时，他们便会感到非常恐惧（Buss & Goldsmith，1998）。随着婴儿开始对陌生的成年人表现出**陌生焦虑**（**stranger anxiety**），恐惧在这个年龄也开始变得社会化（Grossman et al.，2005；Tsola & Hadjicharalambous，2011）。陌生焦虑表明婴儿已经开始对熟悉的人产生依恋，我们将在第五章详细讨论这个话题。

惊讶的表现是张开嘴巴和眉毛抬高，大约在婴儿半岁后第一次显现出来（Camras et al.，1996）。这种表现通常是由婴儿感知世界中违反预期的东西引起的（Stahl & Feigenson，2015）。例如，玩偶盒里的玩偶可能会让人感到惊讶，尤其是当玩偶第一次跳出来的时候。

最后，婴儿在最初几个月里的微笑和笑声的变化可以明显看出快乐情绪的发展。几周后，婴儿在喂食、排尿或抚摸脸颊后开始对某种感官刺激产生微笑反应（Murkoff & Mazel，2014）。然而，直到出生后的第二或第三个月，第一次**社交微笑**（social smile）才出现，这是一种与他人互动时表达快乐的方式（Fogel et al., 2006）。第一次大笑发生在第一次微笑后一个月左右（Nwokah et al., 1999）。从大约 4 个月大开始，社会互动和感官或知觉事件，如挠痒痒、亲吻或玩躲猫猫之类的游戏，都能引起微笑和大笑（Fogel et al., 2006）。到第一阶段结束时，婴儿会对不同的人和不同的情况做出不同的微笑反应（Bolzani et al., 2002）。

文化研究表明，婴儿参与社交微笑的程度取决于他们的看护者（Super & Harkness, 2010）。在一项纵向研究中，德国婴儿和来自喀麦隆婴儿在 6 周时社交微笑率相似。然而，到第 12 周时，德国婴儿的微笑次数要多于喀麦隆婴儿。如**图 4.8** 所示，德国婴儿的母亲也比喀麦隆婴儿的母亲更多地对婴儿微笑（Wörmann et al., 2012）。研究人员指出，德国母亲通过微笑来表达对婴儿的关爱，而喀麦隆母亲则通过身体接触和身体刺激来表达关爱。这些不同的育儿方式似乎在婴儿早期就导致了不同的情绪表达。

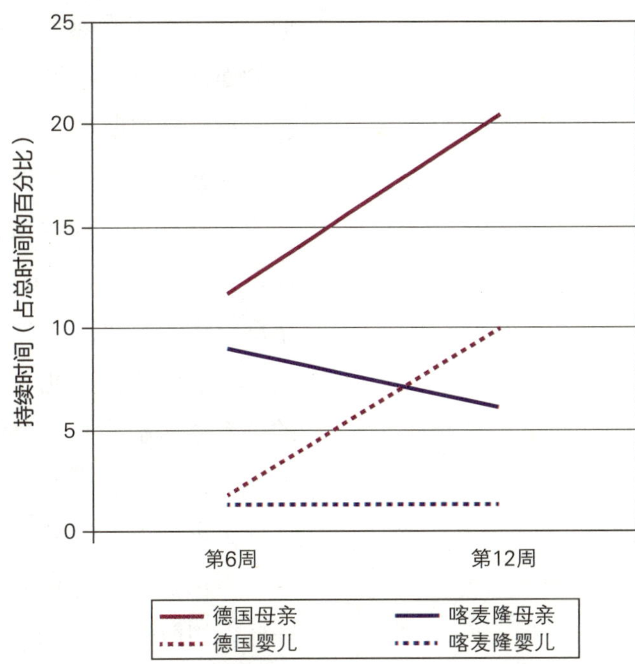

图 4.8 德国和喀麦隆婴儿与母亲之间的社交微笑

资料来源：Wörmann et al.,（2012）.

社交微笑：与他人互动时的快乐表现，首次出现在婴儿 2—3 个月大的时候。

婴儿的情绪感知

学习目标 4.20 **能够描述婴儿的情绪感知，以及他们的情绪如何在出生后第一年变得越来越社会化。**

婴儿不仅从出生后的第一天就开始表达情绪，他们还能感知他人的情绪。刚出生几天的婴儿，如果听到另一个婴儿的哭声，他们自己也会开始哭起来，这种现象被称为**情绪感染**（emotional contagion）（Geangu et al., 2010）。这种反应表明他们能将哭泣识别为一个悲伤的信号并做出反应。此外，他们更有可能对其他新生儿的哭声做出反应，而不是对年龄较大婴儿的哭声、黑猩猩的哭声或自己哭声的录音做出反应，这表明他们在区分哭声方面具有非常敏锐的判断力。

情绪感染：婴儿在出生几天后，听到另一个婴儿的哭声时自己也会哭。

首先，与视觉相比，婴儿更善于通过听觉来感知情绪。请记住，他们的听觉系统在出生后的最初几周比他们的视觉系统更发达。当新生儿在最初几周看到面孔时，他们倾向于主要看边界和边缘，而不是像嘴巴和眼睛这样最有可能表达情感的内部特征。在 2—3 个月大的时候，婴儿的视力有了很大的改善，他们能够辨别高兴、悲伤、生气的面孔（Haan & Matheson, 2009; Hunnius et al., 2011）。为了验证这一点，研究人员经常使用一种习惯化方法，即反复向婴儿展示同样的照片、同样的面部表情，直到他们不再表现出任何兴趣；也就是说，他们变得习惯了。然后，向他们展示具有不同面部表情的同一张脸。如果他们在新的面部表情上停留的时间更长，这表明他们已经注意到了不同之处。

另一种表明婴儿情绪感知的有趣方式是根本不表露情绪。在婴儿2—3个月大的时候，当研究人员要求父母在与婴儿互动时暂时不表露出情绪时，婴儿就会出现悲伤的反应（Adamson & Frick，2003；Tronick，2007）。这种被称为"冷面范式"（still-face paradigm）的方法表明，婴儿很快就学会了对他人的特定情绪反应产生预期，特别是他们熟悉的人（Mesman et al.，2009）。

一般来说，婴儿对冷面范式的反应从很早就开始了，情绪体验源于与他人的关系，而不是源于个体内部（Tronick，2007）。在出生后的最初几周，婴儿的微笑是由内部状态激发的，哭泣可能是由于饥饿、疲劳或寒冷，但很快婴儿就学会了识别他人的情绪，并调整自己的情绪做出回应。在婴儿2—3个月大的时候，当他们发出声音或微笑时，他们希望自己认识和信任的其他人能够像过去一样以相似的方式做出反应，这就是为什么冷面范式会让婴儿感到如此不安。

第一年里，情绪感知发展的另一个指标就是婴儿对听觉上和视觉上的情绪进行匹配的能力。在这方面的研究中，研究人员向婴儿展示了两张情绪明显不同的照片，比如快乐和悲伤。然后，研究人员播放一段与其中一种面部情绪相匹配的录音，并监视婴儿的注意力。当婴儿7个月大时，婴儿会更多地看着与声音情绪相匹配的脸，这表明他们希望这两者能够结合在一起（Kahana-Kalman & Walker-Andrews，2001；Soken & Pick，1992）。

社会参照：一个人善于观察他人对不确定情况的情绪反应，并利用这些信息来塑造自己的情绪反应。

在第一年里，婴儿逐渐变得更善于观察他人对模棱两可情况的情绪反应，并利用这些信息来塑造自己的情绪反应。这被称为**社会参照**（social referencing），这是婴儿了解周围世界的一种重要方式。在测试社会参照能力的研究中，研究人员通常会在实验室环境中给母亲和婴儿一个不熟悉的玩具进行玩耍，然后指示母亲对这个玩具表现出积极或消极的情绪。随后，如果母亲对玩具表现出积极情绪，婴儿一般会去玩玩具；如果母亲对玩具表现出消极情绪，婴儿会避开玩具。这种反应通常出现在婴儿9—10月大的时候（Schmitow & Stenberg，2013）。最近的一项研究提出，社会参照是幽默感发展的基础，幽默感也是在半岁后才开始形成的（Mireault et al.，2014）。当父母在意想不到的事情上微笑或大笑时，婴儿也会这样做。

婴儿的社交世界

婴儿的社交世界是理解婴儿发展的关键部分，因为它会影响婴儿从身体和运动到认知、情绪各个方面的发展，当然还有社会性发展。人类从一出生就存在于社会互动和社会关系之中，你已经了解了很多这样的例子。人类婴儿在出生的头几天就能识别母亲的气味和声音。当他们哭泣的时候，通常是某种社交互动来抚慰他们。婴儿通过共同关注和社会参照来了解世界。

随着人们进入学校、社区和工作场所等新环境，人类的社会环境在发展过程中逐渐变得更加复杂。在婴儿期，社会经验和社会性发展发生在一个相对小的圈子里，这个圈子是婴儿日常生活环境的一部分，通常会有一个人给婴儿提供最充分的关爱和照顾——母亲（通常但并非总是如此）。在这里，让我们首先看看婴儿社交世界的广泛文化模式，然后看看关于婴儿社会性发展的两个理论。

婴儿社交生活的文化主题

学习目标 4.21　能够列出不同文化背景下婴儿社交世界的主要特征。

虽然不同的文化在照顾婴儿的习俗上各有不同，但有几个主题经常发生在不同的文化中。如果我们将当今学者从观察各种不同文化中的婴儿所获得的知识，以及其他学者通过研究人类进化史和人类社会历史所获得的知识结合起来，一幅关于婴儿社交世界的共同图景就出现了（Friedlmeier et al.，2015；Gottlieb & DeLoache，2017；Leakey，1994；LeVine et al.，1994；LeVine & LeVine，2016；Richman et al.，2010；Small，2005），特点如下。

1. 婴儿在出生后的最初几个月几乎一直和母亲在一起。几乎所有的文化中在婴儿出生后都有一段时间（通常是 1—6 个月），在这段时间里，母亲和婴儿几乎什么都不做，而是一起休息和进行产后恢复。休养期结束后，婴儿经常被绑在母亲的背上，使母亲能够继续进行日常工作。

2. 大约 6 个月后，大多数日常婴儿护理工作都是由年龄较大的女孩而不是由母亲来完成。当婴儿长到 6 个月大时，照顾他们的工作将转移给年龄较大的女孩（通常为 6—10 岁），以便母亲可以将精力和注意力投入工作当中。在大多数情况下，这个女孩是姐姐，但也可以是其他人，比如哥哥、祖母、阿姨或从外面雇来的女孩。然而，婴儿晚上通常睡在母亲身边。

3. 一天之中，婴儿经常和许多其他人待在一起。除了母亲和 6 个月大时接手的看护人之外，婴儿还会和其他许多人待在一起，比如兄弟姐妹、姨妈、堂兄弟姐妹、祖父母和邻居。

4. 婴儿几乎总是被背着或抱着。在许多传统文化中，婴儿在出生后的最初几个月很少接触地面。这种做法源于这样一种信念，即婴儿非常脆弱，必须保护他们免受危险。紧紧抱住他们是保护他们的一种方式，也是让他们感到舒适、安静和易于掌控的一种方式。

5. 父亲在第一年通常不在家或者缺席。在大多数

在许多文化中，成年人的生活围绕着婴儿打转。但是成年人与婴儿在互动的程度方面存在差异。图中体现了在肯尼亚的桑布鲁文化中，两位母亲和她们的孩子与其他家庭成员和朋友待在一起。

文化中，分娩时只允许妇女进行观察和协助，而这种排斥男子的现象往往在婴儿出生后的第一年继续存在。父亲很少直接照顾婴儿，部分原因是母亲经常用母乳喂养婴儿，但也因为照顾婴儿通常被认为是女性的职责，而不是男性的职责。

这些特征在全球发展中国家仍占主导地位（Gottlieb & DeLoache，2017；Richman et al.，2010；Small，2005）。但在19—20世纪，发达国家的模式已经变得非常不同，尤其是在西方国家。当今西方国家婴儿的典型社会环境是由母亲、父亲（可能）和一个兄弟姐妹（可能）组成的“核心家庭”。西方国家的大多数婴儿从出生起就单独睡在一个房间里（Goldberg & Keller，2007）。母亲和婴儿在很多时间里都是独自一人，婴儿可能大部分时间被留在婴儿床、婴儿车或婴儿座椅上。如今，发达国家的父亲更多地参与到婴儿护理中，尽管照顾的频次仍然比不上母亲（Hawkins et al.，2008；Lewis et al.，2009；Schwalb et al.，2013）。

就像发展中国家的婴儿一样，发达国家的婴儿在成长过程中也能够在其文化中发挥良好的社交功能。他们与同龄人建立友谊；与家庭之外的成年人建立关系，比如老师；他们长大成人，与家庭之外的人建立工作关系和亲密关系，大多数人最终建立了自己的新家庭。显然，婴儿在不同的文化背景下都能很好地发展社交能力。对于不同文化背景下婴儿的社会性发展而言，至关重要的一点是与一个致力于照顾他们的人建立一种社会关系，我们将在接下来的内容中看到。

批判性思考题：上述关于婴儿社交世界的五个特征中，有多少与你所处的文化相似，又有多少与你所处的文化不同？你认为应该如何解释这种差异呢？

社会性发展的基础：两种理论

学习目标 4.22　能够比较婴儿社会性发展的两大理论。

埃里克·埃里克森（Erik Erikson）和约翰·鲍尔比（John Bowlby）提出了两个最有影响力的婴儿社会性发展理论。正如第一章所介绍的那样，埃里克森提出了生命周期的八阶段理论，每个阶段都有一个特定的发展挑战或“危机”。在婴儿期，埃里克森理论的核心危机是**信任与不信任（trust versus mistrust）**（Erikson，1950）。埃里克森认识到婴儿必须依赖他人才能得以存活，而这种依赖正是信任与不信任这一概念的核心。因为婴儿需要他人来满足他们的需求，所以他们必须有一个可以信任的人来照顾他们，并成为他们营养、温暖、爱和保护的可靠来源。在大多数文化中，这个照顾者通常是母亲，但也可以是父亲、祖母、姐姐或其他始终如一地给予爱和关怀的人。重要的不是生物联系，而是情感和

信任与不信任：在埃里克森的心理社会理论中，婴儿期是发展的第一阶段，其中的主要危机是婴儿需要与对其爱护、养育的照顾者建立稳定的依恋关系。

社会联系。

当婴儿有了这样的照顾者，他们就会在社交世界中建立起基本的信任。他们开始相信别人是值得信赖的，也相信他们值得被爱。然而，如果在婴儿出生后的第一年就缺乏爱和关怀，婴儿不仅可能会不信任他们的第一个照顾者，而且可能会怀疑他们社交世界中的其他人。他们认识到自己不能指望别人的善意，并可能会在一个看似残酷和不友好的世界里逃避社会关系。这种基本的信任或不信任会持续很长时间。请记住，在埃里克森的理论中，无论好坏，每个阶段都建立在前几个阶段的基础上。婴儿期形成的信任为将来的社会性发展奠定了坚实的基础，如果形成不信任，就会导致婴儿期问题，还会造成未来人生阶段的问题。

埃里克森和鲍尔比都认为第一次的依恋关系对婴儿未来情绪和社会性发展至关重要。

约翰·鲍尔比（1969）也提出了类似的婴儿社会性发展理论。与埃里克森的理论一样，鲍尔比的**依恋理论**（attachment theory）关注的是婴儿与最初照顾者之间关系的重要性。与埃里克森一样，鲍尔比认为，这种重要的社会关系的质量不仅影响婴儿期的情绪和社会性发展，而且影响其后期阶段的发展。鲍尔比认为信任是婴儿第一次与他人形成依恋的关键问题。用鲍尔比的话来说，如果最初照顾者在照顾婴儿时敏感且反应迅速，那么婴儿就会认为其他人也是如此，能够信任社会关系。但是，如果最初照顾者缺乏这些品质，那么婴儿（在婴儿期和以后的发展中）就会认为其他人也是不可靠的社会伙伴。

依恋理论：鲍尔比的情绪与社会发展理论，强调婴儿与最初照顾者之间关系的重要性。

这两种理论之间也有重要的区别。埃里克森的心理社会理论与弗洛伊德的性心理理论形成了鲜明的对比。鲍尔比的理论有着十分不同的理论起源，体现在进化理论及动物母子关系研究两个方面。此外，鲍尔比的理论启发了评估婴儿—照顾者关系的方法，从而形成了包括数千项研究的研究文献（Cassidy & Shaver，2008；Grossman et al.，2005；Morelli，2015；Mountain et al.，2017）。这项研究大多数是针对学步期的小孩，而不是婴儿，因此我们将在下一章对鲍尔比的理论及其所产生的研究进行详细的分析。

小结：情绪与社会性发展

学习目标 4.17 能够定义婴儿的气质及其主要维度。

气质包括活动水平、注意广度和情绪质量等品质。托马斯和切斯通过将婴儿分为容易型、困难型和迟缓型来定义气质。其他理论家根据维度而不是类别来评价气质。玛丽·罗斯巴特及其同事们还增加了自我调节的维度，即自我管理情绪和反应的能力。然而，在所有的研究中，由于婴儿状态的频繁变化，很难测量婴儿的气质。

学习目标 4.18　能够解释适配度的概念以及适配度是如何与家庭和文化层面的气质相关联的。

适配度高意味着如果孩子的气质与环境需求之间存在“良好的契合”，孩子就会发展得很好。在家庭层面上，研究表明，当父母以宽容而不是愤怒的态度回应婴儿时，困难型的婴儿会从中受益。鉴于不同文化对情绪表达等个性特征的价值有不同的看法，适配度在不同文化中也不尽相同。

学习目标 4.19　能够识别婴儿的初级情绪，并描述他们在婴儿期是如何发展的。

最初的痛苦、兴趣和快乐的主要情绪在出生后几个月内发展成愤怒、恐惧、惊讶和快乐，但悲伤往往在婴儿期之后才出现。

学习目标 4.20　能够描述婴儿的情绪感知，以及他们的情绪如何在出生后第一年变得越来越社会化。

婴儿从出生的第一天起就对他人的情绪产生社会意识，并能够对他人的痛苦做出痛苦的反应。快 1 岁时，他们会从别人对模棱两可的情绪反应中获取情绪线索，这个过程被称为社会参照。

学习目标 4.21　能够列出不同文化背景下婴儿社交世界的主要特征。

婴儿通常由母亲（在最初几个月）照顾，然后由年长的兄弟姐妹照顾。婴儿的周围通常有其他人，他们经常被背着或抱着。在西方发达国家，婴儿的社交世界较小，独处时间更长，但他们也学会了社交。

学习目标 4.22　能够比较婴儿社会性发展的两大理论。

埃里克森和鲍尔比认为，健康社会性发展的关键在于婴儿对最初照顾者形成强烈、可靠的依恋。这些理论的起源各不相同，鲍尔比的理论启发了评估婴儿—照顾者关系的方法和数千项研究。

第五章

学步期

第一节 生理发展

2 岁和 3 岁的成长和变化

身体成长

大脑发育

睡眠变化

运动技能的发展

社会化的生理机能：如厕训练与断奶

如厕训练

断奶

第二节 认知发展

认知发展理论

学步儿的认知发展：皮亚杰理论

维果茨基的认知发展文化理论

语言发展

语言的生物学和进化学基础

学步儿语言发展的标志：从第一个词到流利表达

社会文化背景下的语言学习

第三节 情绪与社会性发展

学步儿的情绪发展

学步儿的情绪

自我的诞生

性别认同与性别发展的生物学研究

依恋理论与相关研究

依恋理论

依恋质量

学步儿的社交世界

父亲的角色

更广阔的社交世界：兄弟姐妹、同伴和朋友

自闭症谱系障碍：社交发展的中断

学步期的媒体使用

学步期即出生后的第二、第三年，这一阶段的发展要比婴儿期的发展更加重要。在婴儿 1 岁时，他们中大多数在没有帮助的情况下都无法走路；而在他们 3 岁时，大多数学步儿可以跑、跳、爬楼梯。1 岁的婴儿只会说很少的几个字；到了 3 岁的时候，他们就已经能够流利地使用本土语言来进行交流，并且几乎可以理解与谈论这世间的任何话题。1 岁婴儿的情绪调节能力较弱，他们放纵地表达愤怒和亢奋。3 岁的学步儿已经开始很好地掌握其文化的道德观、世界观，并表现出内疚、尴尬、羞耻等社会道德情绪。大多数 1 岁婴儿的社交世界仅限于父母、兄弟姐妹，也许还包括一些大家庭的成员；但是到了 3 岁的时候，学步儿的社交世界得到了很大的扩展。人类学家玛格丽特·米德（Margaret Mead）（1930/2001）把从婴儿到学步儿的转变描述为从一个“膝上儿童”（几乎不间断地与母亲进行身体接触）成为一个“膝童”（虽然依恋母亲，但同时也会在更广泛的社交圈中花费大量时间，尤其是与兄弟姐妹和年长的孩子一起，成为年龄混合的游戏小组的一员）。如今，在大多数发达国家，父亲在育儿过程中比过去参与得更多，学步儿的社交世界通常不仅包括兄弟姐妹和邻里玩伴，还包括同样坐在儿童椅里的同龄人和广泛使用的电子媒体。

第一节　生理发展

学习目标

5.1 能够描述学步期生理发展的典型变化，并解释营养不良对学步儿成长的不利影响。

5.2 能够总结学步期大脑发育的变化，并介绍两种最常用的测量大脑活动的方法。

5.3 能够描述学步期睡眠模式和睡眠计划的变化。

5.4 能够描述学步期运动技能的发展。

5.5 能够比较发达国家和发展中国家如厕训练的过程和时间。

5.6 能够区分婴儿早期的断奶过程和学步期的断奶过程。

2 岁和 3 岁的成长和变化

在学步儿 2—3 岁时，身体的生长速度较第一年开始放缓，但仍然比生命中后面任何时期都要快。这对身体生长和大脑发育也是如此。在 2 岁和 3 岁时，睡眠模式也发生了很大的变化。学步期也是一个在大肌肉运动和精细运动发展方面都取得巨大进步的时期。

身体成长

学习目标 5.1　能够描述学步期生理发展的典型变化，并解释营养不良对学步儿成长的不利影响。

在学步期，身体的生长迅速且稳定。**图 5.1** 展示了婴儿从出生到 5 岁的身高

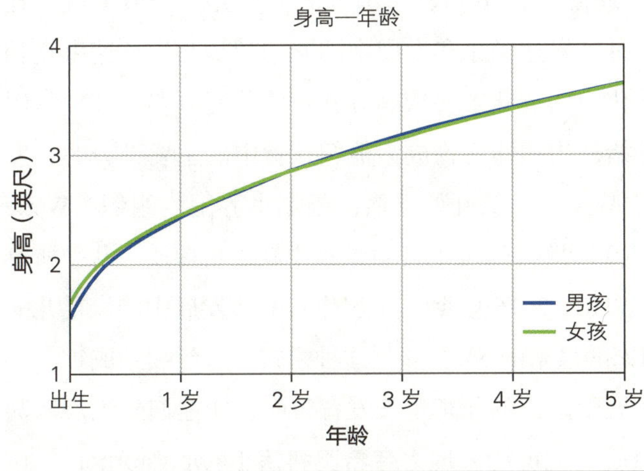

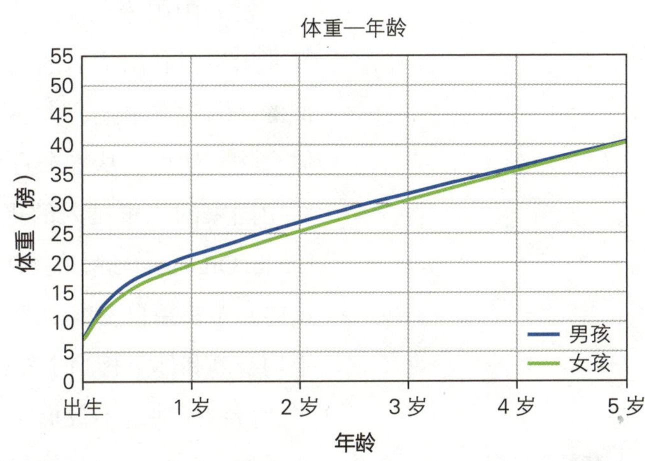

图 5.1　从出生到 5 岁的身高和体重变化

从婴儿期到学步期，身体增长速度放缓，但仍然很快。

资料来源：World Health Organization（2006）.

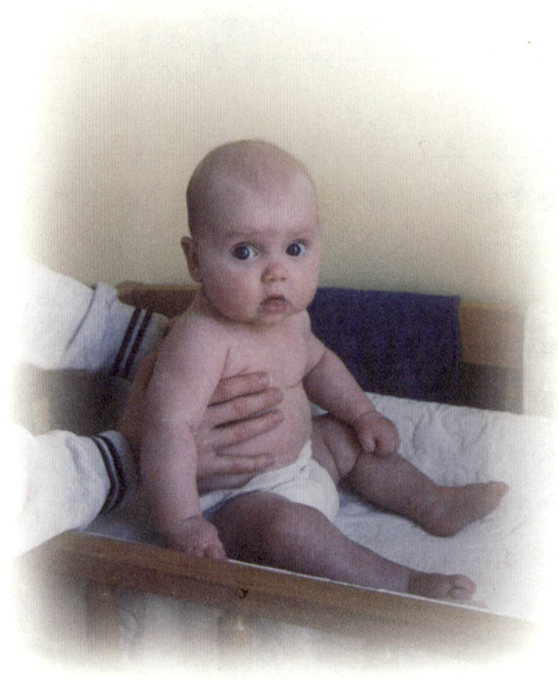

学步期的孩子会减掉很多“婴儿脂肪”，而且随着年龄的增长，他们通常会变得更瘦更高。这是我们的女儿帕里斯在 4 个月大和 18 个月大时的照片。

和体重变化，该图基于一个包括来自巴西、加纳、印度、挪威、阿曼和美国的儿童的国际样本（World Health Organization，2006）。我们可以发现婴儿在第一年的身体生长是多么迅速，然后在学步期以及之后的时间里逐渐变缓。

在学步期，孩子们会减掉婴儿时期的“婴儿肥”，变得更瘦、更高（Fomon & Nelson，2002；Murkoff & Mazel，2011）。他们不再需要那么多脂肪将身体保持在恒定的温度。此外，头部是新生儿身高的 1/4，但只是 2 岁孩子身高的 1/5。身体的其余部分将以更快的速度继续生长，到成年时头部的长度将是整个身体长度的 1/8。

发展中国家的学步儿生长速度往往不如发达国家的学步儿。一般来说，在婴儿出生时和出生后的前 6 个月，发达国家和发展中国家的学步儿生长速率是相似的，因为在早期，大多数文化中的婴儿主要依靠母乳或婴儿配方奶粉和少量固体食物。然而，从 6 个月大开始，当固体食物成为他们饮食中的主要部分时，发展中国家的儿童摄入的蛋白质减少，生长开始滞后。根据世界卫生组织（World Health Organization）的数据，全世界约有 1/4 的儿童饮食中缺乏蛋白质，几乎所有这些儿童都来自发展中国家（WHO，2016）。到了 1 岁生日时，发展中国家婴儿的平均身高和体重相当于发达国家的最末的 5%，并且这种模式一直延续到成年。

夸希奥科病：儿童的蛋白质缺乏症，导致嗜睡、易怒、头发稀疏、身体肿胀等症状，如果不加以治疗可能致命。

蛋白质缺乏不仅抑制了发展中国家的儿童生长发育，而且使他们易患疾病甚至夭折。学步儿一旦缺乏蛋白质，就可能表现为**夸希奥科病（kwashiorkor）**。该症状由蛋白质缺乏所导致，并显示出如嗜睡、易怒和头发稀疏，身体尤其是腹部经常水肿等症状（MedlinePlus，2016）。患有夸希奥科病的学步儿或许能够吃到足够的淀粉类食物，如米饭、面包或土豆，但没能摄入足够的蛋白质。夸希奥科病会降低免疫系统的功能，使儿童更容易感染疾病，久而久之会导致昏迷甚至死亡。提高蛋白质摄入量可以缓解肌肉萎缩的症状，但该疾病对身体和认知发展的损害很可能是永久性的（Tennant et al.，2014）。

除了蛋白质外，学步儿还需要富含**微量元素**（micronutrients）的饮食，如铁、锌和维生素 A、维生素 B_{12}、维生素 C 和维生素 D。也许全世界最严重的微量元素缺乏症是碘元素缺乏症。世界上约 1/3 的人口有碘缺乏症，特别是在非洲和南亚（WHO，2016；Zimmermann et al.，2008）。学步儿碘元素的缺乏会抑制认知发展，导致智商减低 10%—15%，这是一个很大的差距。碘元素的缺乏也会阻碍身体生长。但幸运的是，在饮食中添加碘很简单，而且价格便宜，每人每年只需几美分。不幸的是，世界上 1/3 的儿童仍然缺乏这种简单的微量元素。

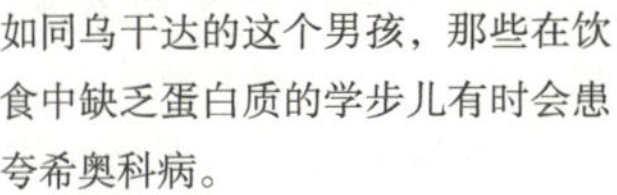

如同乌干达的这个男孩，那些在饮食中缺乏蛋白质的学步儿有时会患夸希奥科病。

发达国家的一些儿童也缺乏足够的微量元素。一项针对美国学步儿的全国性研究发现，总体而言，缺铁元素的患病率约为 7%，拉丁美洲学步儿缺铁患病率（12%）是非裔美国白人学步儿缺铁患病率（平均为 6%）（Brotanek et al.，2007）的 2 倍。铁元素缺乏会使学步儿感到疲倦和易怒。

微量元素：人类身体生长所必需的元素，包括碘、铁、锌和维生素 A、维生素 B_{12}、维生素 C 和维生素 D。

大脑发育

学习目标 5.2　能够总结学步期大脑发育的变化，并介绍两种最常用的测量大脑活动的方法。

在学步期，大脑继续快速发育。如第四章所述，新脑细胞的产生并非大脑的早期发展的标志。事实上，2 岁时大脑的神经元数量只有出生时的一半。早期大脑发育最显著的特征是**突触密度**（synaptic density），即神经元间突触联结数量的急剧增加（Huttenlocher，2002；Markant & Thomas，2013）。这些联结在学步期大量增加，尤其是额叶部位。你或许还记得，额叶是我们大脑的一部分，是人类最独特的认知品质的所在地，比如推理、计划和创造力。学步期，额叶皮层中的新突触以每秒 200 万个的惊人速度产生，到 2 岁时数量超过 100 万亿个之多（Hill et al.，2010）。**图 5.2** 提供了图例。

突触密度：脑内神经元突触密度，3 岁左右达到高峰。

随着突触密度的增加，漫长的突触修剪的过程也开始发生，神经元之间的联系越来越少，但效率却越来越高，使用的突触越来越发达，而未使用的突触则逐渐消失。从儿童早期到青少年期，突触修剪将移除额叶皮质中约 1/3 的突触。青少年期新的突触密度爆发后，从青少年期至成年期突触修剪的过程将以较慢的速度持续进行（Markant & Thomas，2013）。

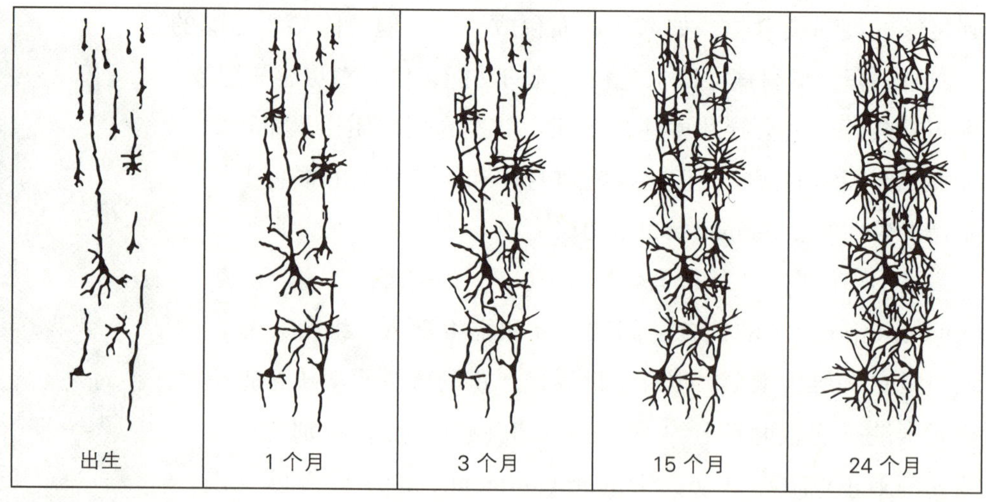

图 5.2 从出生到 2 岁突触密度的变化

突触联结在出生后的头两年里不断增加，在学步期末达到最大密度。

资料来源：Conel（1930/1963）.

测量大脑活动的方法为学步儿大脑快速发育提供了证据。一种被广泛使用的方法，即**脑电图**（**electroencephalogram，EEG**）用来测量大脑皮层的电脉冲活动。每当一个突触被激活时，它就会发出一个微小的电脉冲，这使得研究人员能够测量大脑皮层的整体活动以及特定区域的活动。对学步儿的脑电图研究发现，从 18 个月到 24 个月，大脑皮层的整体活动急剧增加（Bell & Wolfe，2007），这反映了学步儿在认知和语言发展方面的重要进展，我们将在本章中对此进行检验。另一种常见的方法，**功能性磁共振成像**（**functional magnetic resonance imaging，fMRI**），要求一个人躺在一台机器内，根据不同种类的刺激，如音乐，利用磁场记录脑血流和氧气消耗变化。与脑电图不同，功能性磁共振成像可以检测到大脑的任何部位，而不仅仅是大脑皮层的活动。功能性磁共振成像方法不常用于学步儿，可能是因为他们过于活跃，无法保持静止（Graham et al.，2015）。然而，一项研究通过测量睡眠中的婴幼儿（21 个月大）和 3 岁学步儿来解决这个问题，并发现婴幼儿在对他人的交谈进行反应时表现出比 3 岁儿童更活跃的额叶活动，这说明了学步期大脑为快速学习语言做好了准备（Redcay et al.，2008）。

脑电图（EEG）：测量大脑皮层电脉冲活动的装置，使研究人员能够测量大脑皮层的整体活动，以及特定部位的活动。

功能性磁共振成像（fMRI）：一种监测大脑活动的方法，即一个人躺在一台布满磁场的机器里，以记录在不同的刺激下大脑中血流量和氧气消耗的变化。

睡眠变化

学习目标 5.3　能够描述学步期睡眠模式和睡眠计划的变化。

新生儿的睡眠时间为每天 16—18 小时，到 1 岁时下降到每天 15 小时左右，到 2 岁时进一步下降到 12—13 小时。学步儿不仅比婴儿睡得少，而且有着更多的“夜间睡、白天醒”的睡眠模式。大多数学步儿到 18 个月大时，白天只睡一次觉，而婴儿通常一天有两次或两次以上的睡眠（Iglowstein et al.，2003；Murkoff & Mazel，2011）

然而，这并不意味着学步期的孩子可以一觉睡到天亮。一项对澳大利亚和以色列学步儿的研究发现，1 岁半到 2 岁的学步儿夜间醒来的频率增加了（Scher et al.，

2004）。这有两个原因，首先，在 13—19 个月大的时候，学步儿牙齿会再次萌发。这一次长出的是臼齿（口腔后部的大牙），比婴儿时期长出来的牙齿更大，也会更痛苦。其次，孩子在接近 2 岁时对自己和他人有了更明确的认识，如果他们和父母分床睡，那么他们就会更加在意这种分离，并更有意地通过召唤父母中一方或是进入父母的房间来缓解分离焦虑。

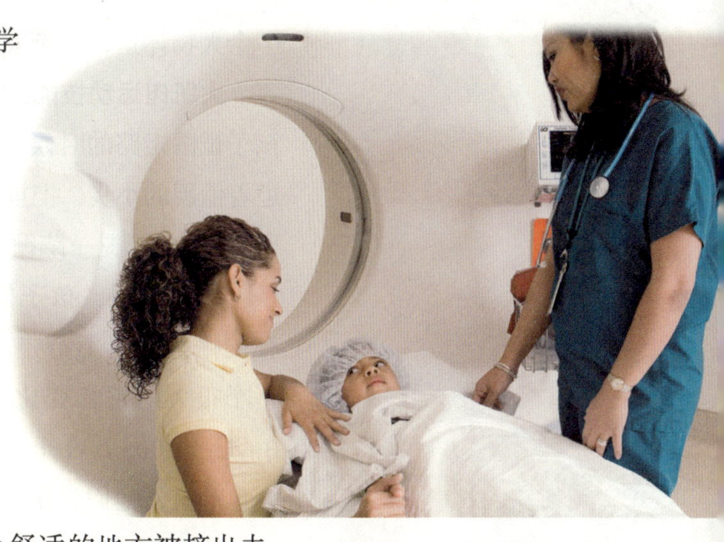

直到学步期后，大多数孩子才有足够的高度，能够躺着进行功能性磁共振成像。

那么那些传统文化中的从婴儿时期就一直和母亲同睡的孩子又如何呢？这种睡眠安排将持续整个学步期，但不会永远持续下去。当母亲怀上另一个孩子时，通常是第一个孩子 2 岁或 3 岁时，孩子会从母亲身边那个舒适的地方被挤出去，为新出生的孩子腾出空间。然而，这并不意味着孩子们将独自睡觉。他们会睡在姐姐哥哥、父亲或祖父母身边。在传统文化里，独睡在其一生中都是罕见的（LeVine & LeVine，2016）。

运动技能的发展

学习目标 5.4　能够描述学步期运动技能的发展。

学步期是一个在运动技能发展方面取得巨大进步的时期。没有什么生理发展能比从勉强站着到走路、跑步、爬山和跳跃更能展现体格变化的了，所有这些运动技能发展都发生在学步期。关于精细运动发展，学步儿从能够把所有物体放在

在 12—18 个月大的时候，许多学步儿几乎不能走路，但到了 3 岁时，他们就能又跑又跳了。

一个大物体里，逐渐发展到能够拿着一个杯子和建造一座玩具大楼。

大肌肉运动技能：从蹒跚到奔跑、跳跃和攀爬。下次当你看到一个大约 1 岁的孩子试图走路的时候，请注意观察：当孩子们第一次开始走路时，他们把脚分开，迈着僵硬的小步，把重心从一条腿转移到另一条腿上。简言之，他们在蹒跚学步。事实上，这就是“蹒跚学步”这个词的由来，指的是他们试探性的、不固定的站姿。

平均来说，孩子们在 11 个月大即将进入学步儿阶段的时候，就开始在没有支撑的情况下行走。但是在这个平均值的上下，即从 9 个月到 17 个月，有一个很大的正常变化范围（Adolph & Berger，2006；Adolph & Robinson，2013；Bayley，2005），9 个月走路的孩子并不比 17 个月走路的孩子更有可能成为奥运会运动员，他们只是有不同的生物时间表来学习走路。

到了 15 个月，大多数学步儿都可以站立并开始攀爬，但一旦他们爬上了某物，就不太能够爬下来了。举例来说，大多数人在这个年龄能爬上楼梯，但不能（安全地）爬下来。到 18 个月大时，大多数学步儿都能跑起来，尽管一开始他们会表现出和刚学走路时一样的僵硬的腿和宽腿站姿。到了 24 个月大时，他们可以踢球或扔个小东西，而且他们跑步时将变得更加灵活和流畅。在这个年纪，他们可以从楼梯上爬下来，且他们早就学会了爬上楼梯：他们可以一次蹲几分钟，踮起脚尖，上下跳跃。学步期的孩子们能够到处走动，他们有太多新的能力去尝试也就不足为奇了！

到 3 岁时，学步儿的大肌肉运动技能随着他们获得更多的灵活性和平衡性而不断发展。他们更善于利用视觉信息来调整他们的行走和跑步，以应对地面的变化，因此他们逐渐变得不太可能被绊倒和摔倒（Berger et al.，2005）。**表 5.1** 总结了在学步期大肌肉运动技能的重要发展标志。

表 5.1 学步期大肌肉运动技能的重要发展标志

年龄（月）	重要标志
9—16	独自站立
9—17	无支撑行走
11—19	单腿站立
11—21	爬上椅子、床、楼梯等
13—17	倒走
14—22	跑步
17—30	原地跳
16—30	踮脚走路
22—36	上下楼梯

注：显示的年龄范围是 90% 的学步儿所能达到的重要阶段的年龄段。

资料来源：Adolph & Berger（2006），Bayley（2005），Coovadia & Wittenberg（2014），Frankenburg et al.（1992），Murkoff et al.（2006）.

文化焦点：跨文化中的大肌肉运动技能发展

刚刚描述的这项研究基于对西方的学步儿的研究，其大多数为美国学步儿。那么传统文化国家中的学步儿情况如何呢？正如您在第四章中所记得的，传统文化国家中的婴儿大部分时间都被怀抱着或牵着以保证他们的安全。传统文化国家中的学步儿仅被允许有轻微的活动——因为要让学步儿保持静止比让婴儿保持不动要困难得多，但在他们醒着的时间里仍然被怀抱着或背着（LeVine & LeVine，2016；Morelli，2015）。然而即便如此，他们的大肌肉运动技能与发达国家的学步儿相当。事实上，非洲的学步儿（以及非裔美国人）往往比欧洲的学步儿更早达到大肌肉运动技能的重要发展阶段（Kelly et al.，2006）。

限制学步儿活动的原因与限制婴儿活动的原因是一样的：确保他们的安全，远离伤害。在传统文化国家的农村地区火灾尤其危险，因为家庭常常在白天做饭或夜间取暖，此时炉火会持续燃烧。其他常见的潜在危险如从悬崖上掉下、掉进湖里或河里、或被所饲养的牲畜踩踏。抱着这些刚学会走路的孩子以度过他们醒着的大部分时间，这样就不太可能发生意外。

出于类似的安全原因，当发达国家的孩子变得灵活、会去移动一些锐器和其他潜在的伤害源时，他们的父母同样会进行“婴儿防护”（baby proof）（Murkoff & Mazel，2014）。学步儿的家长经常在楼梯顶部设置大门，以防止孩子摔倒，在装有尖锐物品和家用化学品的橱柜上加锁，安装电源盖以防止触电，并采取其他措施以防止潜在的伤害来源（CDC，2015）。

复习题：

当自己的孩子比其他孩子需要更长的时间来达到某一个大肌肉运动技能的发育阶段，比如学会走路时，父母是否应该担心呢？原因是什么呢？

精细运动功能开发：从涂鸦到搭建积木。学步儿在精细运动方面的发展并不像在大肌肉运动方面的发展那样具有颠覆性，但在12个月大的时候，他们就取得了实质性的进展（他们在婴儿时期就已经取得了很大的进步）。他们可以一手拿着一个物体，另一手拿着一个物体做动作，例如，他们可以用右手拿着一个容器，用左手将石头放进去（Murkoff & Mazel，2014）。在12个月大时，大多数学步儿都会表现出在给自己喂食的时候用右手或左手的偏好，并且在接下来的6个月里，他们会尝试用各种各样的握姿来握住勺子，直到他们找到一种握姿可以使他们持续地使用勺子。他们也会在学步期的第一年里学习拿住杯子，用铅笔或蜡笔涂鸦，用3—4个积木建塔，以及翻开书页（Murkoff & Mazel，2011）。

学步儿能够用勺子进食，并表现出对自己进食时使用右手或左手的偏好。

学步期的第二年，即从2—3岁时，学步儿所习得的主要功能较少，更多的是增进前一年习得的能力。如搭一座塔的积木数量从8个上升到10个，涂鸦熟练到能够画出一条类直线，以及在看到一些像圆圈的东西时试图摹画一个圆圈（Murkoff & Mazel，2014）。3岁的学步儿可以在一些帮助下自己刷牙。**表5.2**

总结了学步期精细运动功能发展的重要标志。

表 5.2 学步儿精细运动发展的重要标志

年龄（月）	重要标志
7—15	手握书写工具（如铅笔、蜡笔等）
8—16	协调双手的动作
10—19	用两块积木搭一座塔
10—21	活泼地涂鸦
12—18	自己用勺子吃饭
15—23	用 3—4 个积木建塔
20—28	在纸上画直线
24—32	刷牙
16—34	用 8—10 个积木建塔
29—37	画圆

注：显示的年龄范围是 90% 的学步儿所能达到的重要阶段的年龄段。

资料来源：Adolph & Berger（2006），Bayley（2005），Coovadia & Witenberg (2014)，Frankenburg et al.（1992），Murkoff & Mazel（2011）.

社会化的生理机能：如厕训练与断奶

进食和排泄是人类与其他动物共有的两种生理功能，但对人类来说，这些功能从很小的时候就变得社会化了。让我们来看看学步儿是如何进行如厕训练和断奶的。

如厕训练

学习目标 5.5 能够比较发达国家和发展中国家如厕训练的过程和时间。

近几十年来，如厕训练的方法已经发生了变化，专家们现在推荐一种以“孩子为中心”的方法。

在学步期，大多数孩子首先学会如何控制排尿和排便，并接受“如厕训练（toilet training）”。在过去的半个世纪里，美国人对学步儿自主排便的期望值已经发生了实质性的变化（Blum et al.，2004）。20 世纪中叶，儿科医生提倡如厕训练应越早越好。1957 年一项研究报告称，92% 的美国学步儿在 18 个月大的时候就接受过如厕训练（Goode，1999），但儿科医生和家长逐渐得出结论，没有什么理由要求孩子这么早接受如厕训练。最近的研究发现，只有 25% 的学步儿在 18 个月大时接受过如厕训练，而在 3 岁生日时，只有 60% 的学步儿接受过如厕训练（Barone et al.，2009；Schum et al.，2001）。然而，不同社会阶层的情况也有不同。父母受教育程度越高，他们的孩子就倾向于越晚接受如厕训练（Horn et al.，2006）。今天，大多数美国儿科医生认为，对学步儿在如厕训练方面的进步最好保持耐心，并根据学步儿的准备情况进行如厕训练的计划安排［American Academy of Pediatrics（AAP），2016］。大多数学步儿在18—30个月大的时候都会表现出准备就绪的迹象，这些关键的迹象是：

- 一天内尿布保持“干燥”一两个小时；
- 每天大约在同一时间有规律地排便；
- 通过眼神或言语表达对如厕这件事的更多期待；
- 直接要求上厕所，或者要求穿内裤而不是尿布。

虽然如厕训练通常在学步期开始，但很少能一蹴而就。这通常是一个持续数周、数月甚至数年的过程。这可能不仅涉及父母，还涉及保姆等人（Kaerts et al.，2014）。如厕训练越早开始，其完成训练的时间就越长（Blum et al.，2004）。孩子们能够控制排尿和排便之后，他们可能偶尔会在特别疲倦、兴奋或压力时“发生意外”（Murkoff & Mazel，2011）。即使孩子们在白天不“发生意外”，在晚上他们也可能无法持续控制排便。为此，孩子们在进行如厕训练后，通常会在穿尿布和穿内裤之间穿上一段时间的“训练裤”。即使在5岁的时候，大约1/4的儿童偶尔也会发生“意外”，通常是在晚上（Fritz & Rockney，2004），7岁之前偶尔尿床也不值得担心（Mayo Clinic，2017）。

在发达国家，主要由父母负责指导和监督学步儿的如厕训练过程，但对于发展中国家中的学步儿，兄妹和其他年长的孩子往往起到引导作用。在发展中国家中，如厕训练可能不是用来指代这一过程的恰当术语，我们称它为“控制排便”。到2岁或3岁时，发展中国家中的大多数学步儿将他们醒着的大部分时间都花在了与不同年龄的孩子群体的一起玩耍中，他们通过观看和模仿其他孩子学会了控制排便（Edwards et al.，2015；LeVine，1994）。父母也可能参与其中。例如，在密克罗尼西亚太平洋岛屿上的伊法鲁克人中，当学步儿达到2岁左右时，他们的父母会鼓励他们在附近的潟湖里而不是在房子里或房子附近进行排便，如果他们不这样做将会被训斥（Le，2000）。

批判性思考题：一种文化的个人主义或集体主义价值观是如何影响如厕训练习俗的呢？

断奶

学习目标 5.6 能够区分婴儿早期的断奶过程和学步期的断奶过程。

如第三章所述，不同的文化在母亲是否母乳喂养和时长方面有着很大的差

在传统文化国家中，母乳喂养通常持续到学步期。乌干达的一位母亲正在喂养她的学步儿。

异。然而，根据我们对人类历史和发展中国家中习俗的了解，很明显的一点就是母乳喂养 2—3 年一直是人类最典型的习俗，直到最近才有所变化（Small，1998）。

如果母乳喂养在婴儿期只有几周或几个月的时间，那么从母乳到奶瓶喂养的过渡通常会相当顺利，尤其逐渐使用奶瓶喂养的时候（Murkoff & Mazel，2016）。然而，当母亲决定孩子应当停止喝母乳时，在学步期母乳喂养持续时间越长，**断奶（weaning）**面临的挑战就越大。学步期的孩子比婴儿更善于交际，更有能力进行有目的的行为。学步期的孩子也可以大声说话，用一种婴儿无法做到的方式，提出要求和抗议断奶。

断奶：停止母乳喂养。

因此，大多数发展中国家中都有让孩子在学步期断奶的习惯做法。通常，这种方法在一开始是温和渐进的，但如果学步儿抗拒，就会变得更加强硬。例如，在巴厘岛（印度尼西亚的一个岛屿），人们从婴儿出生的头几天就开始给他们喂一些固体食物，并从 2 岁左右开始尝试逐渐断奶。然而，如果这种渐进的方法不起作用，母亲们会在胸部涂上有苦味的药草（Diener，2000）。同样地，土耳其农村的孩子在 2 岁左右就断奶了，但是如果他们坚持母乳喂养，母亲们会在她们的胸部涂上番茄酱。孩子们通常会哭闹和抗议，但这种方法是成功的（Delaney，2000）。

另一些文化会在断奶期间将母亲和学步儿分开，这样学步儿就别无选择，只能习惯于没有母乳喂养的生活。在西非的富拉尼人中，幼童在断奶期间会被送到祖母家。如果孩子抱怨没有母乳喂养，祖母可能会提供自己的乳房，然后孩子很快就会失去兴趣，因为他 / 她会发现并没有母乳（Johnson，2000）。

小结：生理发展

学习目标 5.1　能够描述学步期生理发展的典型变化，并解释营养不良对学步儿成长的不利影响。

学步儿的身体发展速度从婴儿期开始就有轻微的下降，但速度仍然比人生中的其他时期都快。发展中国家的学步儿经常遭受蛋白质缺乏症和微量元素缺乏症的困扰。学步期蛋白质缺乏症的后果是营养不良，甚至可能导致死亡。碘元素缺乏症是最常见且对认知和身体发展最具破坏性的微量元素缺乏症之一。

学习目标 5.2　能够总结学步期大脑发育的变化，并介绍两种最常用的测量大脑活动的方法。

神经元间的突触联结数目在学步期时有很大的变化，尤其是在额叶。在突触密度蓬勃发展的同时，一个漫长的突触修剪过程也在进行，这使得大脑能够更有效地运作。测量大脑活动的两种最常用的方法是脑电图和功能性磁共振成像。

学习目标 5.3 能够描述学步期睡眠模式和睡眠计划的变化。

学步期打盹儿的次数减少，但在 18—24 个月时，学步儿在夜间醒来的次数增加，部分原因是臼齿的生长。在传统文化中，在下一个孩子出生之前，学步儿与母亲一同睡觉，在下一个孩子出生之后，学步儿与其他家庭成员一同睡觉。

学习目标 5.4 能够描述学步期运动技能的发展。

在学步儿的大肌肉运动技能发展时期，他们会学习走路、跑、爬、踢球。传统文化国家中的学步儿，家庭成员为了保护他们免受危险，通常会限制他们的行动，特别是防止烹饪用火造成的危险。精细运动功能的发展进步包括拿住一个杯子和搭建一座积木塔。在学步儿 3 岁时，可以在一些帮助下自己刷牙。

学习目标 5.5 能够比较发达国家和发展中国家如厕训练的过程和时间。

孩子们学习如厕的时间有着很大差异，但大多数孩子都是在学步期结束前接受如厕训练的。即使如厕训练已经完成，在 7 岁之前偶尔发生意外（尤其是晚上）都是正常的。在发达国家，家长通常监督如厕训练。在发展中国家中，学步儿通常通过观察和模仿大一点的孩子来学习控制排便。

学习目标 5.6 能够区分婴儿早期的断奶过程和学步期的断奶过程。

当断奶发生在婴儿早期的几个月时通常不会有问题，在发达国家通常都是这样做的。但当断奶发生在 2 岁或 3 岁时，学步儿往往会反抗。在发展中国家中，促进学步儿断奶的习俗包括送孩子到亲戚家待一段时间或在母亲的乳房上涂一层学步儿不喜欢的物质。

第二节 认知发展

学习目标

5.7 能够概述皮亚杰理论中学步期的认知发展成就。

5.8 能够解释维果茨基的认知发展的社会文化理论，并与皮亚杰的理论进行对比。

5.9 能够总结语言的生物学和进化基础的依据。

5.10 能够描述学步期语言发展的重要标志。

5.11 能够区分父母对学步儿语言的刺激在不同文化间的差异，并评估这些差异与学步儿语言发展的关系。

认知发展理论

正如我们在第四章所看到的，皮亚杰认为婴儿处于认知发展的感觉运动阶段。现在我们来看看这个阶段是如何延续到学步期的，我们也将皮亚杰的理论与维果茨基提出的儿童认知发展的文化视角进行了比较。

学步儿的认知发展：皮亚杰理论

学习目标 5.7 能够概述皮亚杰理论中学步期的认知发展成就。

皮亚杰提出，在 0—2 岁时，儿童处于感觉运动阶段。新生儿拥有的反射范围十分广泛，很少会有意地对自己的行为进行控制。到了 1 岁左右时，婴儿就会失去绝大部分的反射，他们的动作开始变得更加主观和有目的性。在学步儿 2 岁时，感觉运动阶段结束了。根据皮亚杰的理论，学步儿开始发展心理表征，而这反过来为学步儿开辟了包含不同认知可能性的新世界。

心理表征。根据皮亚杰的说法，学步期的孩子会成为好奇的“小科学家”，在他们周围的物体上做实验。当我们的“小科学家”17 个月大的时候，我们和他们一起经历了这样一件事。有一天，我们的双胞胎很好奇：如果不断地往马桶里塞大量的厕纸，然后不断冲水，会发生什么事？在楼上的浴室里，他们不断地冲水，直到马桶的冲水功能坏了，水开始不断溢出。当时我们正坐在楼下，突然水从天花板上的通风口呼啸而出！我们冲上楼去，发现这对双胞胎正站在 8 厘米深的水中，高兴地咯咯笑着，非常开心。当时我们不会想起皮亚杰的理论，但他或许会对此事感到欣慰。

心理表征：皮亚杰提出的感觉运动发展阶段的一项关键成就。在这一阶段，学步儿首先考虑可能性的范围，然后采取最有可能达到预期效果的动作。

皮亚杰认为，是学步儿的好奇心促使他们进行**心理表征**（mental representations）。在 18—24 个月的年龄范围里，学步儿开始思考可能性并且会选择最有可能达到愿望的行为。皮亚杰用他的女儿露西安举例：露西安想从火柴盒里拿出一条小链子。她先是把盒子翻过来，然后试图把手指塞进盒子里，但这两种方法都不管用。她停顿了一会儿，拿着火柴盒，专心地思考着。接着她时而张嘴，时而闭嘴，然后她突然滑开火柴盒的盖子，链条露出来了（Crain，2000）。对皮亚杰来说，张嘴和闭嘴的过程表明她在思考潜在的解决方案，然后尝试实施她所想到的解决方案。

心理表征是认知发展的一个关键标志，因为它是人类最重要、最明显的认知能力（包括语言）的基础。我们所说的这个词代表着对物体、人、行为和事务的心理表征。心理表征对皮亚杰所提出的延迟模仿和分类也起到了积极影响。让我们来看看这些认知模式的表现。

延迟模仿。行为的心理表征还产生了**延迟模仿**（deferred imitation），也就是说，能够重复先前观察到的行为。皮亚杰最爱的有关延迟模仿的例子是他的女儿杰奎琳，她目睹了另一个孩子在公共场合发脾气，第二天她在家里也发了脾气（Crain，2000）。延迟模仿对于学习来说是一种非常重要的能力，因为它意味着当我们观察到一些重要的东西时，我们可以在之后进行自我重复。延迟模仿是学步儿假装游戏中经常出现的一部分，因为他们观察到其他儿童或成人的一些动作（如做饭、喂孩子、挖洞），然后他们就会在游戏中模仿这些动作（Lillard，2015）。

延迟模仿：能够重复先前观察到的行为。

学步期的游戏往往基于延迟模仿。图中一个秘鲁的儿童在用瓶子喂她的玩偶。

皮亚杰提出延迟模仿始于婴儿 18 个月左右，但随后的研究表明，延迟模仿的发展比他想象的要早得多（Bauer，2006）。早在婴儿 6 周大的时候，就有研究发现当婴儿看到陌生成年人的不寻常面部表情后，当第二天这个陌生成年人再次出现时，他们就会模仿这种不寻常的表情（Meltzoff & Moore，1994；Waismeyer & Meltzoff，2017）。在 6 个月大时，婴儿可以在一系列简单的事件发生一天后进行模仿，比如摘下木偶的手套，摇晃它，让手套里的铃铛响起来（Barr et al.，2003）。

但如果存在更长时间的延迟模仿，那就说明学步儿的延迟模仿比婴儿更加熟练。在一个系列研究中，研究人员向 9 个月、13 个月和 20 个月大的孩子展示了一个分为两步的实验：把一辆车放在轨道上让其亮起灯，然后推动一根杆子使车开下坡道（Bauer et al.，2000，2001，2003）。1 个月后，研究人员给孩子们展示出相同的材料，9 个月大的孩子只有不及半数能够模仿他们之前看到的步骤，而 13 个月大的孩子大约有 2/3 能够模仿他们之前看到的步骤，20 个月大的孩子几乎所有人都可以模仿那些步骤。其他研究表明，学步儿比婴儿更擅长延迟模仿的主要原因可能是大脑成熟度的提高。具体而言，海马体是大脑中在长期记忆编码和回忆功能中特别重要的一部分，其在婴儿期仍处于极度不成熟的发育状态，但在学步期时极为成熟（Bauer et al.，2010；Insel，2013；Liston & Kagan，2002）。

分类。皮亚杰还认为，学步儿的心理表征是分类的基础。例如，一旦我们能够对一座房子的图像进行心理上的表征，我们就可以理解“房子”这个类别，并且理解不同的房子都是这个类别的一部分。这些类别反过来成为语言的基础，因为每个名词和动词代表一个类别（Waxman，2003）。单词“卡车”（truck）表示包含所有卡车种类在内的“卡车”类别；单词“跑”（run）表示包含各种形式的“跑”的类别；等等。

同样，最近的研究实验似乎也表明皮亚杰低估了孩子们的能力。只有几个月大的婴儿就已经展示出对分类的初步理解。这可以通过他们观看一系列图像的反应来证明。正如我们所知，婴儿倾向于更长时间地看新颖的或不熟悉的图像，他们对图像的注意力经常被用于研究，以推断他们知道和不知道的东西。在一项研究中，给 3 个月和 4 个月大的婴儿看了猫的照片（Quinn et al.，1993）。之后，给婴儿们展示了两张新的照片：一张是猫，一张是狗。他们看狗的照片时间更长，这表明他们一直在形成“猫”这个类别的概念，并且看狗的照片时间更长，因为它不属于“猫”这一类别。

然而，研究普遍证实了皮亚杰的观点，即学步期的分类能力更强（Bornstein & Arterberry，2010）。例如，一项研究比较了 9 个月、12 个月和 18 个月大的婴儿（Gopnik et al.，1999），给他们 4 匹不同的玩具马和 4 支不同的铅笔。在 9 个月大时，孩子们会玩这些东西，但不会尝试把它们分成不同的类别。在 12 个月大时，一些孩子会把物体分类，而有些则不会。在 18 个月时，几乎所有的孩子都会有系统地、有意识地将物体分为“马”类和“铅笔”类。

到 2 岁时，学步儿可以根据物体的外表、功能或质量对其进行分类。在一项测试这种能力的研究中，研究人员向 2 岁的儿童展示了一台机器和一组看起来一样的积木块（Gopnik et al.，1999）。然后他们展示了放两个积木块可以让机器“亮起来”，而其他的积木则不可以。研究人员拿起一个让机器亮起来的积木说：“这是其中一个薄饼，你能告诉我另一个薄饼在哪吗？”2 岁的孩子都能够选择出另一个让机器亮起来的积木，尽管它看起来和没有这种效果的积木一样。虽然“薄饼”这个词是儿童从未听过的，但他们仍然能够理解“薄饼”这一类别是通过使机器亮起来定义的。

维果茨基的认知发展文化理论

学习目标 5.8　能够解释维果茨基的认知发展的社会文化理论，并与皮亚杰的理论进行对比。

尽管大多数关于学步儿认知发展的研究很少关注文化因素，但文化对认知的影响已经越来越受到人类发展学者的关注。这种方法是建立在俄罗斯心理学家维

维果茨基认为，学习通常具有社会性和文化性。

果茨基（Lev Vygotsky，1896—1934）的思想基础上的。维果茨基在 37 岁时死于肺结核，几十年后，他的认知发展思想才被俄罗斯以外的学者翻译和认可。直到最近几十年，他的作品才在西方学者中产生广泛的影响。即便如此，随着人们对理解认知发展的文化基础的兴趣不断增长，他的影响力也在不断增强（Gauvain & Nicolaides，2015；Maynard & Martini，2005）。

维果茨基的理论通常被称为社会文化理论，因为在他看来，认知发展是一个社会性和文化性的过程（Daniels et al.，2007）。

认知发展的社会性源于孩子往往通过与他人的互动和需要他人的帮助才能学习他们需要知道的东西。而其文化性源于孩子们需要知道的是由他们所处的文化决定的。维果茨基认识到，从亚洲农村的农耕技能到东非的养牛技能，再到西方学校传授的语言和科学推理技能，孩子们必须掌握的知识有着明显的文化差异。这与皮亚杰的理论非常不同，皮亚杰的理论强调儿童与物理环境的单独相互作用，并把不同文化中的认知发展看作相同的。

最近发展区。维果茨基最具影响力的两个理念是最近发展区和支架理论（Gauvain & Nicolaides，2015）。**最近发展区（zone of proximal development）**是指儿童能够单独完成的技能或任务与在成人或更娴熟的同伴指导下所能完成的技能或任务之间的差距。维果茨基认为，如果提供的教育指导在最近发展区内，那么儿童能够学得很好，所以儿童在最开始的时候需要帮助，但是会逐渐变得能够自己胜任任务。例如，如果完全依靠自己学习乐器，他们可能会失败或感到不知所措，但如果由已经知道如何演奏乐器的人指导，则可以取得进步。

最近发展区：儿童能够单独完成的技能或任务与在成人或更娴熟的同伴指导下所能完成的技能或任务之间的差距。

当他们在最近发展区内学习并与指导他们的人交谈时，孩子们会以自我引导或自我指导的方式跟自己对话，先是大声说话，然后自言自语。维果茨基称为**“自我言语”（private speech）**（Wisler et al.，2009）。随着孩子们对所学的东西越来越娴熟，他们将会整合自我言语，并逐渐减少使用。学步期和儿童早期是自我言语研究的关键时期，因为在此阶段儿童最有可能使用自我言语，并从大声说出过渡到内心默念（Feigenbaum，2002）。然而，自我言语贯穿生命的始终。维果茨基认为，自我言语是所有高阶认知功能所必需的。近年来的研究表明，

自我言语：在维果茨基的理论中，当孩子们在最近发展区学习并与指导者交谈时，他们会以自我引导或自我指导的方式自言自语。先是大声说话，然后自言自语。

青少年和成人在执行任务时都会使用自我言语（Medina et al.，2009）。与维果茨基相比，皮亚杰认为大声对自己说话是一种自我中心主义的表现。这是学步儿才会做的事，因为他们没有考虑到其他人是否感兴趣或能否理解他们所说的话（Piaget，1923）。

批判性思考题：你有没有对自己大声说话？如果有的话，请思考其发生的时间、地点以及影响。

支架理论：为学习者在最近发展区内提供的帮助，随着学习者技巧的娴熟而逐渐减少。

维果茨基理论的第二个主要观点是**支架理论（scaffolding）**，旨在向处于最近发展区的儿童提供援助。维果茨基认为，随着孩子们在一项任务中变得越来越熟练，支架作用逐渐减弱。当孩子最开始学习一项任务时，他们需要成年人或更熟练的同龄人的大量指导和参与；但随着他们获得相应的知识和技能后，指导者应逐渐减少对其的帮助，例如，学步儿需要父母的帮助才能穿好衣服。随着年龄和经验的增长，他们自己逐渐有能力做更多的事情，直到他们可以独立完成一些事情。支架理论适用于学习技能或知识的任何年龄阶段。

在维果茨基的理论中，支架理论和最近发展区这两个概念强调了学习的社会性。在他看来，学习总是通过一个社会过程，即通过拥有知识的人和正在获得知识的人之间的互动来进行。最近发展区和支架理论也被应用到了年龄更大的儿童的学习中，并将在后面的章节中进一步阐述。

引导性参与：当两个人（通常是成人和儿童）参与一项具有文化价值的活动时的互动，由经验丰富的一方引导经验不足的一方。

引导性参与。芭芭拉·罗戈夫（Barbara Rogoff）是一位在扩展维果茨基理论方面起到了重要作用的学者（1990，1995，1998，2003）。她提出了**引导性参与（guided participation）**的概念，是指两个人（通常是成年人和儿童）在参与有文化价值的活动时的互动。这种引导是由“文化、社会价值观以及社交伙伴”在学习过程中提供的（Rogoff，1995）。罗戈夫（2003）讲述了一个关于引导性参与的例子，描述了中国台湾地区的学步儿和保育员一起在学校里“做游戏”的场景。作为游戏的一部分，保育员会教学步儿在上课开始和结束时要站起来向老师鞠躬。教育的过程不仅是课堂内的日常活动，而且包括尊重教师的文化价值。指导性参与的教学也可能是间接的。例如，罗戈夫（2003）通过对危地马拉的玛雅人的深入研究，描述了学步儿是如何观察并试图模仿母亲制作玉米饼。母亲们会给孩子们一小块面团，并引导他们把面团揉成一个球并压平。如果不存在引导性参与，母亲则不会提供明确的教学，而只是让学步儿通过观察和模仿母亲的行为来学习。

语言发展

在人类区别于其他动物的所有特质中，语言可能是最重要的一项。其他物种也有它们自己的交流方式，但是语言的存在使人类能够交流更广泛的话题。通过使用语言，人类不仅可以谈论正在观察的东西，就像其他动物在环境中与食物或捕食者交流的方式一样，还可以谈论远超此时此刻的事物之外的无限范围的事物。通过使用语言，我们不仅可以谈论存在着的事物，而且可以谈论可能存在的事物，例如那些我们所想象的事物。正如语言学家德里克·比克顿（Derrick Bickerto）所言，“只有语言才能突破直接经验的牢笼，使我们得到释放，并进入了无限的空间和时间自由，而其他生物则被关在其中”（Leakey，1994，p.119）。

在学步期，语言的发展最为迅速且最为重要。学步儿 1 岁生日时只能说几句话，到 3 岁生日时已成为语言的流利使用者。让我们来看看这一项重大成就的实现过程，首先看看语言的生物学和进化基础，然后是学步期的具体语言发展标志，最后是学步儿使用语言的文化和社会背景。

语言的生物学和进化学基础

学习目标 5.9 能够总结语言的生物学和进化基础的依据。

你可能听说过一些灵长类动物学会了如何使用语言。尝试教会黑猩猩使用语言在社会科学中有着悠久的历史，可以向前追溯半个世纪。在最初的尝试中，研究人员以最接近照顾人类婴儿的方式照顾黑猩猩幼崽儿，并让黑猩猩作为家庭的一分子生活在研究人员的家中，每天努力教黑猩猩说话。但多年的努力只收获了一个词“妈妈”以及一个严重混乱的家庭。后来研究人员发现，黑猩猩和其他非人类的灵长类动物一样，缺乏像人类一样说话的发声器官。

无限生成性：能够掌握某种语言的单词符号，并以几乎无限多的新方法将之组合起来的能力。

20 世纪 60 年代，研究人员有了教授黑猩猩手语的聪明想法。这一尝试要成功得多。一个著名的黑猩猩华秀（Washoe）学会了大约 100 种手语，其中大部分手语涉及请求食物（Small，2001）。她甚至学会了讲笑话。然而，她从未学会进行原创的手势组合（除了一个可能的例外，当她第一次看到一只鸭子时，她做出了“水鸟”的手势）。大多数情况下，华秀和其他学过手语的灵长类动物都只是模仿人类老师教给它们的手语。它们缺乏人类语言最重要和最显著的特征，那就是**无限生成性（infinite generativity）**，即接受某种语言的单词符号并将它们以几乎无限的方式组合起来的能力。

黑猩猩能以有限的方式学会使用某种手语，但它们缺乏人类语言的无限生成能力。

人类的各种生物学特征表明我们是为语言而生的，尤其是以下三种（Kenneally，2007）。

发声器。人类有独特的发声器官。我们能够发出比其他灵长类动物更广泛的声音，因为对我们来说，喉部位于喉咙较低的位置，在声带上方形成了一个巨大的声腔，即咽。我们也有一个相对较小并且可移动的舌头，它

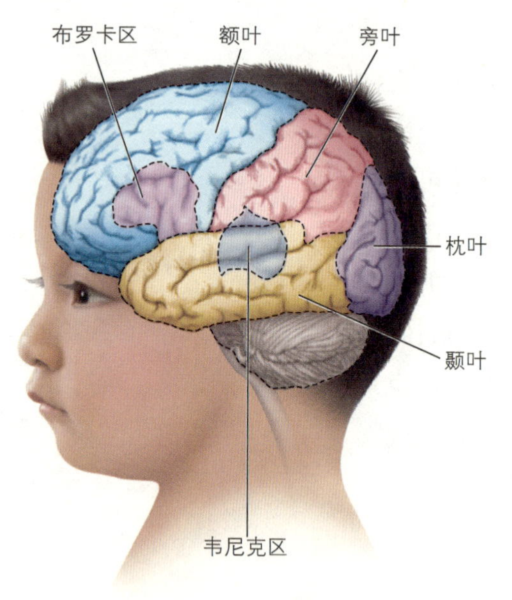

图 5.3　布罗卡区和韦尼克区所在的脑叶

能以各种方式推动空气通过喉头发出不同的声音。我们的嘴唇也非常灵活，能够停止和启动空气的流通。

大脑专门化。人脑左半球的两个区域专门负责语言功能（Nakano & Blumstein，2004；Pizzamiglio et al.，2005），如**图 5.3** 所示，左额叶的**布罗卡区（Broca's area）**专门负责语言生成，左颞叶的**韦尼克区（Wernicke's area）**专门负责语言理解。如果这些区域中的某个区域在无意中受到损害，该区域专门负责的语言功能也会受到损害；但是，如果损伤发生在儿童时期，大脑的其他区域可以进行相应补偿——儿童发生脑损伤时的年龄越小，大脑得到的补偿越多（Akshoomoff et al.，2002；Huttenlocher，2002）。除了布罗卡区和韦尼克区外，大脑的许多其他区域也对语言的使用起到了作用（Keunen et al.，2017）。事实上，一些语言学家认为，与其他物种相比，人类的大脑较大主要归功于语言的进化（Pinker，2004）。

布罗卡区：人类大脑左额叶中专门生成语言的部分。

韦尼克区：人类大脑左颞叶中专门负责语言理解的部分。

特定基因。负责语言发展的基因最近被发现（Gazzaniga，2008；Mcmurray，2016）。因为布罗卡区和韦尼克区早就被认为是大脑解剖的一部分，所以语言的遗传基础十分明确。然而，识别出语言的特定基因强化了我们对语言在人类（物种）系统发育发展中的认识（Sun et al.，2006；Tomblin-Mueller，2013）。

虽然现代人类在生物学上具备了语言的能力，但我们祖先早期却没有这项能力。早期人类的喉部位置与现代非人灵长类动物相似，因此肯定没有语言能力（Leakey，1994）。喉的位置明显降低是从 200 万年前开始的，而 20 万年前最早的智人开始有了一种与现代人类并无多大区别的发声器官。毫无疑问，语言的发展给了人类一个重要的进化优势（Small，2001）。语言可以使人们更容易地交流食物来源的位置和如何制造工具，而这反过来又能提高生存率。如果你的家族能制造出更好的长矛，你杀死那些能提供人类必要营养的猎物概率就更高了。在当地的食物枯竭时，如果你的团队能建造一艘船，你就有机会去寻找新的食物来源。

许多进化生物学家认为，语言也因其社会功能而使掌握者具有进化优势。在人类进化的过程中，人类群体的规模逐渐增加（Leakey，1994），这导致人们对交流的需求增加，从而使他们能够有效地发挥机能。因为语言能力提高了群体活动的效率，所以在语言方面表现出色的群体比其他群体更有可能生存和繁衍后代。在群体内部，有效地使用语言也会在获得配偶、食物和地位方面取得优势，因此在人类发展进化的整个历程中自然选择站在语言能力强的这一边（Pinker，2004）。

学步儿学习其语言规则的惊人能力是语言的生物学、进化基础的又一力证。半个世纪前，许多心理学家认为语言并没有生物学起源，孩子们仅仅通过模仿和父母的强化来学习语言。语言学家诺姆·乔姆斯基（Noam Chomsky）（1957，1969）抗议说，语言太复杂，无法通过这种方式学习。他观察到所有的孩子都在2—3岁的时候学习所处语言的基本语法规则。乔姆斯基提出，孩子出生时就有一种**语言习得机制**（language acquisition device，LAD），使他们能够快速感知和掌握所处语言的语法规则。如今，语言研究人员普遍认为，语言的发展具有生物学潜力，然后在社会互动中不断发展，不过关于语言的生物学基础的性质以及语言发展所需的社会刺激的种类仍然存在激烈的争论（Fitneva & Matsui，2015；Hoff，2009）。

语言习得机制：乔姆斯基认为，大脑具有一种先天机能，它使儿童能够快速地感知和掌握所处语言中的语法规则。

批判性思考题：语言如何赋予了早期人类在获得配偶、食物和地位方面的进化优势？

学步儿语言发展的标志：从第一个词到流利表达

学习目标 5.10 能够描述学步期语言发展的重要标志。

学步儿在语言方面的发展最初十分缓慢，但随后急剧上升，因此在不到两年的时间里，他们就从只能说几句话变成了高度熟练的语言使用者。尤其值得注意的是学步儿在18—24个月内语言的爆发式发展。

12—18个月：缓慢发展。在学步期的前6个月，语言的发展速度是稳定而缓慢的。在美国的研究中，学步儿从12—18个月每周学会说1—3个新单词，到15个月大时平均达到10个单词，到18个月大时达到50个单词（Bloom，1998）。在这些平均值附近存在一个较大的变化范围。学步儿在13—19个月大的时候能够说出10个单词，14—24个月大的时候能够说出50个单词，在这些范围内被认为是正常的，就像迈出第一步的时间点与以后的运动能力没有关系一样，说出第1个、第10个或第50个单词的时间与后来的语言能力同样没有关系。

前50个单词往往来源于学步儿的日常生活（Waxman & Lidz，2006），包括：

- 重要人物（“妈妈”“爸爸”）；
- 熟悉的动物（“狗”“小猫”）；
- 身体部位（“头发”“肚子”）；
- 移动物体（“汽车”“卡车”）；
- 食物（“牛奶”“饼干”）；
- 动作（“吃”“洗澡”）；
- 家用物品（“杯子”“椅子”）；

中国学步儿所掌握的第一批词汇往往包括“爷爷”和“奶奶”。

- 玩具（“球”“熊”）；
- 问候或道别（“嗨”“再见”）。

学步儿最早学会的单词在不同的文化中有相似之处。例如，一项研究发现，学习汉语和英语的学步儿中，最早学会的单词包括妈妈、爸爸、“嗨”等。然而，也有一些差异暗示了学步儿日常生活的多样性。例如，中国学步儿比美国学步儿更倾向于学会父母以外的家庭成员词汇，例如兄弟、奶奶和爷爷。而美国的学步儿会说“奶瓶”这个词。（Tardif et al.，2008）。

学步儿首先学会与周围的人沟通交流所需的单词，通常属于共同生活的一部分（Waxman & Lidz，2006）。在这个年龄段，他们通常用不完整的词来说话，例如用“bah”代表鸟，用“meh”代表牛奶，或用“na-na”代表香蕉。

单词句：用单独的词汇来代表一个完整的句子。

从 12 个月到 18 个月，大多数学步儿在一段时间内只使用同一个词，但同一个词可能有不同的含义。学步期的孩子所说的单独词语被称为**单词句（holophrase）**，这意味着一个单词可以用来表示不同的句子形式（Flavell et al.，2002）。例如，“杯子”可能意味着“给我的杯子里灌满果汁”，或者“不要把杯子掉在地上”，或者“把杯子递给我，我够不着它”，或者“来，拿着这个杯子”，这取决于它是何时、以什么方式和对谁说的。

过度延伸：用一个单独的词来代表各种相关的事物。

学步儿充分利用其有限词汇量的另一种方法是让一个单词代表各种相关的对象，这被称为**过度延伸（overextension）**（Bloom，2000）。例如，当两个语言学家的儿子知道了毛茸茸的宠物犬名字叫 Nunu 时，他不仅将这个单词用于称呼最初的那只狗，还用于称呼其他所有的狗以及其他毛茸茸的物体，如拖鞋，甚至还有一碗有着大黑橄榄的沙拉，这显然是因为沙拉让他联想起了 Nunu 的鼻子（de Villiers & de Villiers，1978）。

延伸不足：将一个泛指的词用于形容一个具体的事物。

学步儿也会表现出**延伸不足（underextension）**，即将一个泛指的词语应用于特定的物体（Woodward & Markman，1998）。例如，一个孩子认为“熊”一词只指她的填充玩具。延伸不足通常是这样发生的，学步儿先是将一个新词应用于某个特定的对象，然后再学习将其应用于某一类别的对象。

对此，和所有年龄段的人一样，在语言发展过程中，产出（说话）落后于吸收（理解）。尽管学步儿直到 18 个月大时才能说出 50 个单词，但他们通常在 13 个月大时就可以理解 50 个单词（Menyuk et al.，1995）。在学步儿时期，吸收能力比产出能力更能预测后期的言语智力（Parish-Morris et al.，2013；Reznick et al.，1997）。

18—24 个月：命名爆炸。经过第二年的前半段时间学步儿学习单词的速度放缓后，学步儿的单词产出在 18—24 个月内突然激增。学习新单词的速度翻倍，从每周 1—3 个单词，到每周 5—6 个单词（Kopp，2003），这被称为命名爆炸（naming explosion）或词汇激增（vocabulary spurt）（Bloom et al.，1985；Goldfield & Reznick，1990）。在被告知一个物体的名称后，这个年龄段的学步儿将很快地学会并记住它，这一过程称为**快速映射（fast mapping）**（Gopnik et al.，1999；Markman & Jaswal，2004；Yow et al.，2017）。快速映射的出现不仅仅因为学步儿记忆能力的增强，还缘于孩子们能够基于单词在句子中的使用方式以及这些单词与孩子所掌握单词之间的联系来快速推断单词的含义（Dixon et al.，2006）。到 2 岁时，学步儿的平均词汇量约为 200 个单词（Dale & Goodman，2005）。这种快速的学习和记忆单词的速度将持续数年，但在 18—24 个月时尤其引人注目，因为这是快速映射的开始期（Ganger & Brent，2004）。这一时期，女孩的词汇量比男孩的词汇量增长更快，由此引发了语言能力的性别差异，而这种差异将贯穿一生（Lovas，2011）。

快速映射：在被告知一个物体的名称后，能够很快学会并记住代表这个事物的单词。

学步儿在学步期学习的两个最显著的词是“不见了”和“不”。“不见了”的使用反映了他们对事物永久性的增长性认识，因为这表明某些东西已经从他们视野中消失，但仍然存在于某个地方（Gopnik et al.，1999）。学习反映了他们逐渐萌芽的自我意识（“我”和“我的”在这个年龄也常被使用）。说“不”可以表达“你可能想让我这么做，但我不想这么做”。当然，在这个年龄段，他们也开始听到“不”。因为这时，他们的机动性和好奇心驱使着他们做出周围的成年人认为危险或具有破坏性的行为。在这 18—24 个月的时间里，他们可以学会说出 1 种或 2 种颜色、至少 6 种身体部位以及诸如“累了”和“疯了”之类的表达情绪状态的词语（Koop，2003）。

电报式言语（telegraphic speech）：省略连接词（如“和”）的两个词汇组合。

在 18—24 个月的这一阶段末期，学步儿第一次在说话中使用结合词语。他们所说的第一个结合词语通常是两个单词的组合，即所谓的**电报式言语（telegraphic speech）**（Bloom，1998；Brown，1973；Edmonds，2011）。从英语到德语，从芬兰语到萨摩亚语，在许多语言中都存在着类似电报式讲话的形式：“看小狗”“大汽车”“我的球”“还要饼干”“妈咪走了”（Bochner & Jones，2003；Slobin，1972）。就像过去的电报一样，电报式言语去掉了类似“那个”“和”等连接词，直接使用名词、动词和修饰语来表达其要义。

通过电报讲话，一个学步期的孩子可能会说“想要布丁”代表“我现在就想要那个布丁”。

电报式言语有着一个有趣的特点，它已经展现出了对语法（语序）的初步了解。学步期的孩子会说“看见小狗”，而不是“小狗看见”；他们会说“我的球”，而不是“球我的”，类似于之前使用的单词句，电报式言语用更加明确的表述表明了对语言的更深刻理解："大汽车"的意思是"看那辆大汽车"，"我的球"的意思是"这是我的球"，等等。

在 18—24 个月中，学步儿的口头表达能力有着最显著的进步，而且随着学步儿处理单词的速度和效率的提高，理解能力也有了显著的提高。在一系列的实验中，研究人员给 15—24 个月大的学步儿同时展示两个物体的图片、一个被录好的声音"在哪里"以及其中一个物体的名称（Fernald et al., 2006）。在 15 个月大的时候，学步儿会一直等到整个单词都说出来了，再看向单词所指的对象；但是到了 24 个月，学步儿能够在单词还没完全说出之前，就转移视线看向单词所指的对象，比如一听到"sh"的声音就看"鞋"（shoe）。

24—36 个月：语言娴熟。在第三年里，学步儿继续以 18—24 个月的学习速度扩展他们的口语词汇。他们学习使用介词，如 under、over 和 through（Bornstein et al., 2004）。他们也逐渐学会使用一些需要对类别进行复杂理解的词汇。例如，他们知道熊不仅是一只熊，也是一类动物（Kopp, 2003）。

他们依然会表现出过度延伸和延伸不足，但随着词汇量的扩大，这些现象的出现频率逐渐降低。他们依然会使用电报式言语，但现在用的是 3 个字和 4 个字的语句（如"床下的球！"）。在第三年里，他们开始用简短完整的句子说话，而不是两个单词。在这个年纪，我们的儿子迈尔斯会指着月亮并抗议道："太高了！"然后看着我们，好像期望着我们做点什么。

到第三年结束时，大多数学步儿都成为熟练的语言使用者。他们可以就各类话题与他人展开交流，可以谈论现在的事情，也可以谈论过去和将来的事情。在讲汉语的家庭中长大的学步儿已经学会了提高或降低某一词语的音调会改变其含义。法国学步儿已经学会了如何发出鼻音，并说"你好"。博茨瓦纳的昆申族（Kung San）的学步儿已经学会了如何用舌头敲击他们口腔内的各个部位来发出他们语言中的单词（Small, 2001）。虽然这时他们的单词发音并不像之后那样准确，但到了 3 岁时，大多数学步儿都能表达清楚任何他们想表达的东西。

此外，在没有任何明确指导的情况下，到 3 岁末时，学步儿已经学会了他们的语言规则，尽管那些规则在不懂其语言的人看来多复杂。土耳其语的句法规则（语序）与英语完全不同。例如下面这个例子（Slobin, 1972, 2014）：在英语中，"The girl fed the dog"与"The dog feed the girl"有着完全不同的含义。主语（girl）应该前置，然后是动词（fed），然后是宾语（dog）。然而，在土耳其语中，宾语不是通过语法而是通过附加后缀 u 来表示的。因此，"girl fed the dog-u"与"the dog-u fed the girl"的意思相同。土耳其学步儿在第三年就可以正确使用 u 的语法规则，就像说英语的孩子在第三年就能够学会正确使用英语语法一样。

学步儿对语言的掌握不仅体现在他们对语言规则的运用上，还体现在他们犯的错误上。当他们学习语法时，他们会犯一些**过度规范化**（overregularization）的错误，即将语法规则应用到规则以外的词语当中去。

过度规范化：把语法规则应用到规则以外的词语当中。

有两个来自英语的过度规范化的例子。第一个例子，名词可以用单数形式加 -s 来表示，但是也有例外，比如“mice”是“mouse”的复数，“feet”是“foot”的复数。在第三年里，学步儿有时会犯这类词的错误，他们会说“mouses”而不是“mice”，会说“foots”而不是“feet”。第二个例子，英语动词的过去时态的规则是在结尾加 -ed，但也有例外，例如“went”作为“go”的过去时态，“threw”作为“throw”的过去时态。在第三年里，学步儿有时会犯这类例外词语的语法错误，说 Mommy goed to the store”或“I throwed the ball”。然而，如果到了第三年这类错误却很少见，即证明了学步儿对语言的精通与掌握（Bochner & Jones，2003）。

社会文化背景下的语言学习

学习目标 5.11　能够区分父母对学步儿语言的刺激在不同文化间的差异，并评估这些差异与学步儿语言发展的关系。

人类在生物学基础上有着学习语言的天赋，这种天赋并不仅仅针对学习某一特定的语言。世界上大约有 7000 种不同的人类语言（Rubenstein，2017），但没有一种语言是预先刻在我们大脑中的。我们所学的任何语言都必须来自我们的社会和文化环境。

这一点在 800 年前进行的一个奇怪的实验中首次得到了证实。神圣罗马皇帝弗雷德里克二世（Frederick II，1194—1250）想要知道，如果任由婴儿自然发展，他们会“天生”地说什么语言。他挑选了一群孤儿院的新生儿，并要求他们的看护人不要在他们面前说话。婴儿会自发地说什么语言呢？会不会是拉丁语，当时学者的语言？是德语，弗雷德里克二世的母语？还是（上帝不允许的）法语，他的当时的主要竞争对手的语言？

正如你可能已经猜到的，以上答案都不对。不幸的是，所有的婴儿都夭折了。这深刻说明了人类需要学习语言以成为所处社会环境的一部分，以及人类需要通过语言来实现自身发展，不仅是在语言方面发展，更是在社会中发展。

学步儿需要什么样的社会环境来发展他们的语言技能呢？在美国的一项研究中，重点研究了父母是如何促进学步儿语言的发展的。在美国和其他发达国家，父母经常给他们的学步儿朗读书籍，并解释书中所使用的词语的含义（Fitneva & Matsui，2015）。这是让孩子们准备好迎接未来社会的一种方法，在未来社会，理解和使用信息的能力将是至关重要的。在大众文化中的父母比少数民族文化中的父母更可能为他们的学步儿朗读书籍，从而在孩子的整个学习生涯中奠定语言发展的早期优势（Driessen et al.，2010）。

有几项研究考察了不同社会阶层的父母对孩子语言发展的刺激的差异，以及这种差异与学步儿语言发展速度的关系。父母的社会阶层越高，他们就越有可能给学步儿阅读（Fitneva & Matsui，2015）。社会阶层地位也与父母对孩子说话的次数有关。例如，一项研究记录了低收入家庭、中等收入家庭和高收入家庭中的亲子互动次数。从孩子7—9个月大开始，一直持续记录到他们大约30个月大（Hart & Risley，1999）。对不同收入水平的家庭而言，父母对孩子的说话次数有显著差异。高收入家庭的父母和孩子交谈最多，平均每分钟35个单词左右；中等收入家庭的父母平均每分钟20个单词左右；低收入家庭的父母对孩子的语言发展的刺激最少，每分钟只有10个单词左右。到30个月大时，学步儿的词汇量具有了很大的差异，高收入家庭的孩子平均词汇量为766个单词，低收入家庭的孩子平均词汇量只有357个单词。最近的一项研究得出了类似的结论（Weisleder & Fernald，2013）。

当然，在这样的研究中存在着研究设计方面的问题，因为父母不仅为他们的孩子提供环境，而且为他们提供基因。这被称为被动基因型→环境效应，正如在第二章中所提及的那样。在对家庭中的父母和孩子的研究中，基因和环境是混合在一起的，它们密切相关，难以分离。然而，在学步期及以后，教师的语言使用为儿童语言发展的影响研究提供了更确切的证据。这也侧面证明了环境效应，因为教师和儿童之间没有遗传关系（Huttenlocher et al.，2002）。

除了对学步儿说和读之外，婴儿指向型言语（infant directed speech）也可以促进学步儿语言的发展，至少对一些学步儿来说是这样。正如我们在第四章中看到的，当成年人对学步儿使用婴儿指向型言语时，他们会简化语法，提高音调，并重复单词和短语。最近一项使用了实验心理设计的研究提供了令人信服的证据，并证明了婴儿指向型言语的益处，因为它不仅仅体现了看护者的语言使用和婴儿语言学习之间的相关性（Ma et al.，2011）。在这项研究中，学步儿被随机分为两组。母亲们会在这两组人中说出新编造的单词，如“modi”和“blick”。不同的是，一组母亲对他们的学步儿使用婴儿指向型言语，而另一组母亲则使用正常的成人语言。研究结果显示，21个月大、词汇量小的学步儿在婴儿指向型言语下能够比在常规成人语言下学习到更多的新词。相反，21个月大、词汇量大的孩子在这两种语言条件下学习得同样好。而27个月大的所有学步儿，无论词汇量的大与小，都能在两种语言条件下学习得同样好。研究结果表明，对于词汇量相对较小的学步儿来说，婴儿指向型言语可能有一个特别有益的语言学习的时间窗口。

家长经常使用婴儿指向型言语与他们的学步儿交流。

文化焦点：跨文化中的语言发展

语言的发展显然有其生物学基础，但文化也起着重要的作用。由于大多数关于语言发展的研究都是在发达国家进行的，因此这类研究的一个假设是，学步儿大多数的语言使用发生在父母—学步儿之间——并且只在他们二者之间发生。这一假设对于目前所研究的发达国家家庭来说可能是正确的，但是世界上大多数学步儿所经历的社会环境与此相差甚远，因此他们的语言环境也不同。

一旦学会走路并开始说话，大多数文化中的学步儿大部分时间都不与父母在一起，而是与其他年龄段的儿童待在一起，如姐姐，通常主要由姐姐负责照顾（Edwards et al.，2015）。当学步儿和父母在一起时，通常还有很多其他人在身边，比如兄弟姐妹、大家庭成员和邻居。这就形成了一个丰富的语言环境，因为他们身边几乎总是有人在场。然而，他们与学步儿的谈话相对较少，因为周围有太多其他人，而且这些人并不能认识到与学步儿的直接交谈能够促进他们的语言发展（Fitneva & Matsui，2015）。

事实上，学步儿社交环境中的其他人甚至会认为经常和学步儿说话是一种不好的教育方式。肯尼亚的古西人（Guiss people）就认为鼓励学步儿说话是一个错误，因为这会使学步儿长大后变得自私和不听话（LeVine et al.，1994）。他们的孩子学习古西语就像说英语的孩子学英语一样熟练，但他们是通过在成年人和大龄儿童使用语言时不断学习，而不是通过与父母频繁的日常互动直接刺激他们的语言发展。

这种学步儿语言发展的方法不仅在发展中国家的农村文化中被发现，在强调集体主义而非个人主义的发达国家中也同样存在。一项研究比较了日本母亲和加拿大母亲与孩子间的互动（Minami & Mccabe，1995）。在日本文化中，健谈的人被认为是不礼貌和不受欢迎的，尤其是对男性而言，因为日本人认为与其把注意力放在自己身上，不如与群体和谐相处（Henrich et al.，2010；Rothbaum & Wang，2011）。因此，日本的母亲们会劝阻孩子们不要说话。相比之下，加拿大的母亲们则会鼓励孩子们多说话，并通过向他们提问和建议以提供更多交流机会。研究人员将这种方法解释为一种基于个人主义和自我表达的信仰体系。

小结：认知发展

学习目标 5.7　能够概述皮亚杰理论中学步期的认知发展成就。

皮亚杰认为，心理表征能力在学步儿第二年下半年发展，是之后学步儿认知功能的重要基础，包括问题解决能力和语言能力。皮亚杰认为，心理表征能力也形成了延迟模仿和分类的基础。

学习目标 5.8　能够解释维果茨基的认知发展的社会文化理论，并与皮亚杰的理论进行对比。

与皮亚杰和其他大多数认知理论家和研究者不同，维果茨基强调儿童认知发展的文化基础。他提出了“最近发展区”和“支架理论”两个概念来描述儿童如何从成人那里获得文化知识。这两个概念都把认知发展看作一个社会过程，因为它总是发生在一个拥有知识的人和一个想要获得知识的人之间。认知发展也是一个文化过程，因为它总是需要学习与文化相关的信息。

学习目标 5.9　能够总结语言的生物学和进化基础的依据。

从解剖学上讲，语言能力似乎是从 200 万年前的早期人类身上不断发展起来的。人类的喉部比其他物种的喉部要低，这使得说出语言成为可能。大脑中也有专门负责人类语言的区域。此外，在人类身上也发现了关于语言发育的基因。

学习目标 5.10　能够描述学步期语言发展的重要标志。

从第二年的上半年起，学步期的孩子们开始学着慢慢地说单词，这时他们的单词量突然开始增长。在 18 个月大的时候，大多数学步儿能够说大约 50 个单词，通常会说单词句。到了 24 个月，大多数学步儿能够说 200 个单词，并在电报式言语中结合一些单词。到 3 岁时，大多数学步儿都能轻松地用母语说出完整句子。

学习目标 5.11　能够区分父母对学步儿语言的刺激在不同文化间的差异，并评估这些差异与学步儿语言发展的关系。

文化很大程度上影响了学步儿的语言发展，从直接的互动（如阅读和婴儿指向型言语）以刺激语言的使用，到允许学步儿参与成年人会谈，却不会与学步儿多说话，而这实际上阻止了他们语言发展。不管文化习俗如何，学步儿一般在 3 岁时都能学会他们文化的语言。

第三节 情绪与社会性发展

学习目标

5.12 能够描述学步期情绪发展是如何变化的，并确定文化对这些变化的影响。

5.13 能够描述在学步期发生的自我发展变化。

5.14 能够区分“性”和“性别”，总结性别发展的生物学基础的依据。

5.15 能够描述依恋理论的基本特征，并确定依恋的四种类型。

5.16 能够找出影响学步儿依恋母亲质量的关键因素，并解释依恋质量对学步儿发展的影响。

5.17 能够比较传统文化和发达国家中父亲参与婴幼儿教育的典型模式。

5.18 能够描述学步儿与兄弟姐妹、同伴和朋友的关系。

5.19 能够确定自闭症谱系障碍的特征，并具体说明它如何影响儿童长大成人。

5.20 能够确定学步儿观看电视的典型比率，并解释学步儿看电视的一些后果。

学步儿的情绪发展

在学步期，学步儿第一次开始学习如何调节自身情绪。在这一过程中，他们将学习诸如羞耻和内疚等情绪，这些情绪体现了他们对他人期望和要求的反应。

学步儿的情绪

学习目标 5.12　能够描述学步期情绪发展是如何变化的，并确定文化对这些变化的影响。

随着学步儿的自我意识逐渐增强，他们会意识到在自己所处的文化环境中，一些行为是好的或对的，另一些行为是坏的或错的。当他们做了一些被视为坏的或错的事情时，他们会产生消极情绪。他们也因此开始学习如何调节自己的情绪。

情绪自我调节。从婴儿出生的最初几个月起，他们往往会表现出他们的高兴或悲伤、饥饿或生气，他们会让你明确地知道他们的感受。逐渐地，在第一年里，婴儿逐渐构建出情绪调节的基础。他们开始学会将注意力从不愉快的刺激中转移开（Axia et al.，1999）。他们周围的人用拥抱和分散注意力等策略来减轻他们的负面情绪。在许多文化中，喂乳被用作一种情绪调节手段，每当婴儿开始吵闹时就通过喂乳以使他们安静下来（Gottlieb & DeLoache，2017；LeVine & LeVine，2016）。

在学步期，情绪自我调节的进步体现在以下四个方面（Kopp，1989；Miller，2014；Thompson & Goodvin，2007）。

1. 学步儿的行为可以帮助他们调节情绪。例如，受到惊吓的学步儿可能会跑到一个值得信任的成年人或年长的兄弟姐妹身边，或者紧紧抓住一条毛毯或一个毛绒玩具。

2. 学步儿会使用语言来实现情绪的自我调节。正如本章前面提到的，大约 18 个月大的学步儿就开始使用词汇来表达和谈论他们的情绪。在学步期及以后，谈论与他人的感受可以增强孩子对自己和他人情绪的理解，进而促进他们的情绪自我调节（Bugental & Grusec，2006；Parke & Buriel，2006）。

3. 来自其他人的外部要求扩展了学步儿情绪自我调节的能力。在学步期时，父母开始传输并强化学步儿自我调节情绪的准则：无论你多生气都不要打别人，无论你多么高兴都不要在桌子上跳来跳去，等等（Calkins，2012）。不同文化对情绪自我调节的要求不同，中国和日本等集体主义文化倾向于比西方的个人主义文化提出更严格的要求（Bornstein，2006；Laible，2004；Shweder et al.，2006）。

4. 社会道德情绪的发展也会促进学步儿的情绪自我调节（Brownell & Kopp，2007）。内疚感、羞耻感和尴尬感的产生促使学步儿调整这些不愉快的情绪，因为他们可能会因情绪表达过于强烈（例如，在杂货店愤怒地大喊大叫）或是在错误的环境中进行情绪表达（例如，在安静的餐厅里大声笑）被训斥。他们开始学习情绪的自我调节，并以此来赢得他人的认可和避免受到他人的批评。

如果情绪自我调节能力从婴儿期到学步期不断增强，那么为什么学步期的孩子依旧会发脾气呢？为什么 2 岁在某些文化中会被称为“可怕的 2 岁？”也许是因为，对于学步儿来说，情绪自我调节的能力会增加，但家长对其情绪控制的期望也会增加。因此，当学步儿有短暂而强烈的愤怒、哭泣和痛苦并爆发出来时，会比婴儿频繁地爆发出相应的情绪更容易引起家长的注意（Calkins，2012）。而这或许是因为学步期的孩子有了更清晰的自我意识，可以在某件事没有得逞时发脾气抗议（Grolnick et al.，2006）。

还有一种文化解释。在西方国家，如英国和美国，人们普遍认为学步儿发脾气是正常的，甚至是不可避免的（Potegal & Davidson，2003）。一本写给学步儿家长的畅销书称：“发脾气是学步儿生活中的一个事实，几乎是一种非常普遍的行为……它会把小天使变成小怪物（Murkoff et al.，2003，p.336）。”然而在西方国家以外，很少有人提及学步儿发脾气，学步期也不会被视为“可怕”的年龄段。在非洲和亚洲文化中，当学步期到来时，儿童已经学会了控制自己的情绪和行为，并且实现了情绪的自我控制（Holodynski，2009；Miller，2014；Miller et al.，2012）。看来，发脾气和所谓的“可怕的 2 岁”终究不是“普遍的”，而是西方文化对自我价值表达的信仰，孩子们在学步期就已经很好地学会了这一点。

学习社会道德情绪。不同文化的婴儿在生命之初就会表现出一系列可识别的初级情绪（primary emotions），包括愤怒、恐惧和幸福。而学步期会出现新的情绪，包括内疚、羞耻、尴尬、嫉妒和骄傲。这些情绪被称为次级情绪（secondary emotions），因为它们在初级情绪之后出现，并且它们基于学步儿在社会环境中的经历（Cummings et al.，2010）。所有学步期的孩子都有发展次级情绪的能力。事实表明，这些情绪会出现在不同的文化中，并伴随着特征性的肢体动作，如羞耻：眼睛向下看、低头或用手捂住脸（Barrett & Nelson-goens，1997）。然而，什么能够唤起这些次级情绪取决于学步儿在他们的社会和文化环境中受到了什么样的教育。

学步期的孩子会产生诸如羞耻之类的社会道德情绪。

次级情绪被称为**社会道德情绪（sociomoral emotions）**，因为它们是基于学步儿习得的、所处文化的对错标准而产生的（Friedlmeier et al.，2015；Mascolo & Fischer，2007）。当学步期的孩子们感到内疚、羞耻或尴尬时，这不仅仅是因为将“自己所做的行为”和“别人对他们的期望”进行了认知比较，也因为当他们的行为符合文化的预期标准时，他们就会感觉良好，而当他们的行为不符合文化的预期标准时，他们就会感觉较差。因此，到 2 岁时，大多数学步儿已经开始形成一套内化的道德标准来指导他们的行为和情绪（Jensen，2015；Kochanska，2002；Thompson，2006）。

社会道德情绪：基于后天习得的和所处文化的是非标准而引发的情绪，也可称为次级情绪。

另一种重要的也在学步期开始发展的社会道德情绪是**同理心（empathy）**，即理解他人痛苦并对其做出提供帮助反应的能力，即使是新生儿也有同理心的早期形式。当他们听到另一个婴儿的哭声时也会哭就表明了这一点。在 1 岁时，婴儿对他人的悲伤反应是自己也会产生悲伤。然而，真正的同理心需要理解自我是与他人相独立的，因此它在学步期随着自我意识的发展而发展（Gopnik et al.，1999）。只有到 2 岁，特别是 3 岁，学步儿才有清楚的自我意识来理解他人的悲伤并做出积极回应，而不是让自己也变得悲伤，而是通过帮助他人以缓解他们的悲伤（Malti et al.，2018）。在一项研究中，学步儿对研究人员假装悲伤的反应是拥抱、安慰性的话或是给他自己最喜欢的动物玩具或婴儿床（Hoffman，2000）。其他研究表明，学步儿会捡起成年人“不小心”掉下来的物品，为成年人打开橱柜的门，为看起来苦恼或困惑的成年人解决问题（Warneken & Tomasello，2006，2007）。这表明了**亲社会行为（prosocial behavior）**的出现——旨在帮助或造福他人（Svetlova et al.，2010）。研究还表明，学步儿能够清楚地评估成年人的情绪和需求，例如，他们不会帮助故意扔东西的成年人（Warneken & Tomasello，2006，2007）。

同理心：理解并对他人的痛苦做出有益回应的能力。

亲社会行为：旨在帮助或造福他人的行为，包括善良、友好和分享。

虽然社会道德情绪的触发因素是从社会环境中学习到的，但有些因素可能是普适性的。世界各地的儿童似乎都被教导不要伤害周围的人，不要损坏或毁坏周遭事物（Rogoff，2003）。然而，即使在学步期，社会道德情绪的形成方式也存在文化差异。在骄傲和羞耻的情感方面，文化差异尤为明显。例如一个人对个人成就的感觉如何，以及羞耻感是如何快速地、轻易地、经常性地被唤起。在西方国家，特别是在美国，人们对骄傲的看法往往是积极的（Bellah et al.，1985；Twenge，2006），孩子们会因为自己的成就而受到表扬和鼓励，比如击球、在表演中跳舞或学习新东西。与此相反，羞耻感的应用往往带有犹豫，因为父母和其他人担心羞耻感会损害孩子自尊的发展。

然而，在大多数非西方文化中，相比羞耻，骄傲被视为更大的危险。例如，在日本文化中，儿童从小就被教导不要过度关注自己，也不要在成功时表现出自豪感（Akimotok & Sanbonmatsu，1999；Miller，2014）。

自我的诞生

学习目标 5.13 能够描述在学步期发生的自我发展变化。

即使在婴儿出生的最初几周，也有证据表明婴儿具有自我意识，即感觉到自己与外界环境的不同。第四章关于婴儿期的许多话题反映了自我意识的开始。婴儿在出生后的几天内就能识别出母亲乳房的气味和她的声音，这表明婴儿意识到自己的气味和声音与其他人的不同。在第一个月里，婴儿会对他人对自己脸颊的触碰表现出比自己触碰时更强烈的觅食反射（Rochat & Hespos，1997）。一两个月后，他们开始通过微笑、移动和在与其他人的互动中做出回应，从而表明自己和他人是不同的社会伙伴的意识（Rochat，2013）。到了 1 岁多时，当别人叫自己的名字时，他们会听出并回应自己的名字，这标志着以名字为基础的身份的出现。在快 2 岁时，他们会寻找隐藏的物体，检查物体并把它们放进嘴里，所有的这些行为都表明他们意识到自己和外部世界存在着区别（Harter，2006；Thompson，2006）。

自我认知：一种认出镜子里的映像是自己的能力。

虽然自我意识在婴儿期就开始发展，但它在学步期的发展也极为重要。孩子们在出生后的第二至第三年里首次出现**自我认知（self-recognition）**。这在一个经典的实验中得到了证明。在这个实验中，研究人员偷偷地在孩子的鼻子上抹上一个红点，然后把他（她）放在一个镜子前（Lewis & Brooks-Gunn，1979）。当 9—12 个月大的婴儿看到镜子里红鼻子的孩子时，会将其视作他人并伸手去摸镜子。但到 18 个月大时，大多数学步儿都会揉自己的鼻子，并认出那是自己的鼻子。

自我反省：像思考其他人和其他物体一样思考自己的能力。

大约在自我认知（如红鼻子测试所示）首次出现的同一时间，学步儿也开始首次使用人称代词（“我”“我的”），他们开始用自己的名字来称呼自己（Lewis & Ramsay，2004；Pipp et al.，1987）。这些发展表明，到了第二年的下半年，学步儿已经开始进行**自我反省（self-reflection）**，即有能力像思考其他人和其他物体一样思考自己。自我反省促使学步儿发展先前提到的社会道德情绪。随着学步儿的自我意识增强，他们会明白在他们的文化环境中人们期望着何种行为，以及当他们做了被定义为不好的或错误的事情时，他们会产生消极情绪。在学步期，自我成为反思和评价的对象。

性别认同与性别发展的生物学研究

学习目标 5.14 能够区分“性”和“性别”，总结性别发展的生物学基础的依据。

学步期自我发展的另一个方面是**性别认同（gender identity）**的形成。在18—30个月大的时候，学步儿将第一次学会区分自己和他人的性别（Kapadia & Gala，2015）。在2岁时，他们也会用性别术语如男孩和女孩、女人和男人等称呼其他人（Campbell et al.，2004；Raag，2003）。

性别认同：意识到自己是男性或女性。

在进一步论述之前，让我们先区分一下“性”和“性别”之间的区别。一般来说，社会科学家使用**“性（sex）”**这个术语来指代男性和女性的生物学性状（Hines，2015）。相比之下，**“性别（gender）”**指的是男性和女性的文化类别（Tobach，2004）。使用“性”一词意味着男性和女性的生物学特征，使用“性别”一词意味着男性和女性的特征可能是由于文化和社会信仰、影响和感知而产生的，例如，男性的体形普遍比女性高大，这就是性的差异。而在许多文化中，女孩的头发比男孩长，这就是一个性别差异。我们将在本章和其他章节中看到，性的差异和性别差异之间的区别并不像这些例子中那样清楚。男女在生物或文化上的差异程度是社会科学中一个非常重要且引起了激烈争论的话题（Leaper，2015）。

性：男性和女性的生物学性状。

性别：男性与女性的文化分类。

性别社会化在所有文化中很早就开始了。

即使在学步期之前，在不同文化中的人们就会通过不同的着装、不同的交谈方式和不同的玩耍方式向男孩和女孩传达性别期望（Hatfield et al.，2015；Leaper，2015）。在一项经典的实验研究中（Sidorowicz & Lunney，1980），研究人员要求成年人和一个他们不认识的10个月大的婴儿玩耍。所有的成年人都和同一个婴儿玩耍，但有些人被告知婴儿是女孩，有些人被告知婴儿是男孩，还有一些人没有得到关于其性别的信息。房间里有一个足球、一个玩偶以及一个有牙胶环，当成年人认为孩子是男性时，50%的男性和80%的女性选择了和孩子玩足球。当成年人认为孩子是女性时，89%的男性和73%的女性选择与孩子玩玩偶。

在人生早期，主要由父母传达文化的性别信息（Kapadia & Gala，2015；Ruble et al.，2006）。他们给自己的孩子起名字，通常名字都具有明显的男性或女性色彩，他们给男孩和女孩穿不同的衣服，给他们提供不同的玩具（Bandura & Bussey，2004）。玩具是与性别有关的文化复合体，它代表了基于所属文化基本信仰的不同行为模式，如第四章中所讨论的那样。男孩的玩具（如枪支、汽车和用于体育运动的球）反映了人们对男孩的期望，即男孩应当是积极主动、富有攻击性和竞争性的。女孩的玩具（比如玩偶、珠宝以及游戏屋）反映了人们对女孩的期望，即女孩应当表现得有教养、有协作力和有吸引力。孩子们在婴儿期就开始学习有关性别的文化信息，到了学步期，家长会帮助孩子强化其性别角色。然而，性别发展也有其生物学基础，性和性别是相互交织的。让我们看看性别发展的生物学基础。在第六章我们将深入探讨性别社会化。

性别与生物学。性的差异有时是性别差异的基础，但并非总是如此。性别发展的生物学基础有三个要素：进化论、动物行为学和激素。

从进化论的观点来看，男性和女性的发展是不同的，因为人类几千年的进化过程中，促进男性和女性生存的特征是不同的（Buss，2003，2007）。进取心、竞争性和支配性促使男性生存下来。与其他男性相比，具有这些特征的男性更有可能获取到稀缺资源，也更有可能获得与女性的性接触。因此，他们更有可能繁衍后代。通过这种自然选择的过程，这些性格逐渐成为一种男性的标准。婴儿期至学步期男孩的攻击性和竞争性是长期进化历史的产物。

对于女性来说，在几千年的进化过程中，孕育、合作和对其他人的情感反应促使女性生存下来。具有这些特征的女性比其他女性更容易吸引男性，因为男性会保护她们并供养她们。女性需要男性来保护自己不受其他男性的伤害，因为她们经常怀孕或需要照顾幼儿。女人有了这些品质才能更有效地照顾幼儿，而这也源于幼儿所特有的脆弱性和依赖性。因此，她们的后代也更有可能存活到生育年龄，通过自然选择，这些品质逐渐形成了人类遗传以及生物学上的倾向。婴儿期至学步期女孩的合作性和情绪反应性也是长期进化的结果。

动物行为学：研究动物行为的学科。

动物行为学（ethology）。对动物行为的研究，也为人类性别差异的生物学基础提供了证据。男性和女性之间存在的许多差异，在与我们最接近的灵长类和哺乳动物近亲上也有所体现（Diamond，1992；Pinker，2004）。与男性人类一样，与我们关系密切的那些物种中的雄性也比雌性更具攻击性、竞争性和支配性；而这些品质最为明显的雄性会获得更多与雌性的性接触。像女性人类一样，在与人类相近的物种中，雌性也比雄性更具养育性和合作精神，它们也承担着照顾学步儿的主要责任。和人类的孩子一样，人类近亲物种的幼崽儿也会在同性群体中玩耍。

激素的证据也支持了人类性别差异的生物学基础。在整个生命周期中，男性和女性的激素平衡甚至从出生前开始就有所不同，男性拥有更多的雄激素，而女性拥有更多的雌激素。事实上，男性在母亲腹中的第三个月时必须接受大量的雄激素才能发育出完整的男性生殖系统。这些激素的差异影响着人类的发展和行为。最有力的证据是对激素异常儿童的研究。与同龄人相比，在子宫内接触了高水平雄激素的女孩在儿童早期表现出更高概率的男性游戏行为，包括玩卡车等“男性”玩具以及喜欢和男生一起玩耍。与同龄人相比，在子宫内接触了高水平雌激素的男孩有在儿童早期表现出更高概率的女性游戏行为，包括玩玩偶等“女性”玩具以及喜欢和女生一起玩耍（Knickmeyer & Baron-Cohen，2006）。在动物研究中也有类似的发现，在实验中具有高水平雄激素的雌性动物会表现出比同龄人更强的攻击性和更活跃的玩耍行为，其对照顾后代的兴趣也更小（Maccoby，2002）。

批判性思考题：激素异常的儿童为什么会成为一项自然实验的例证呢？作为一个自然实验，它存在哪些问题？

生物学的局限。综上所述，进化论、动物行为学研究和激素异常的研究为人类性别差异的生物学基础提供了有力的证据。然而，我们依然应当保持怀疑和警惕的态度（Fine，2010；Kapadia & Gala，2015）。在人类历史的进程中，特别是在20世纪，尽管并没有发生生物学上的改变，性别角色却已经发生了巨大的变化（Wood & Eagly，2012）。仅仅在100年前，女孩们还被排除在各项运动之外，因为人们认为她们在生理上不适合剧烈的体育活动。妇女被排除在接受高等教育和从事几乎所有职业之外。人们普遍认为，女性在生理上无法从事艰苦的脑力工作。

与100年前不同，现在的女性活跃在各类激烈的体育运动中。

如今，在大多数国家，女性的大学入学率超过男性，在医学、法律、商业和其他领域获得研究生学位的人数接近或等于男性（Arnett，2015）。女性能够担任首席执行官、政府领导人、科学家和大学校长，所有这些工作都曾被认为是她们所无法胜任的。在我们断言当今儿童的性别差异的生物学基础是无可争辩的之前，这一事实令我们暂停这种看法。在过去的几个世纪里，妇女角色的变化说明了文化对人类发展中的生物学基础产生了巨大影响。在人类发展的生物学基础保持不变的情况下，随着文化的变化，性别角色依旧会发生变化。许多被人们认为是性的差异的男女差别，最终被证明是性别差异。

另一个值得注意的问题是，当我们谈论性别差异时，我们是在比较人类的一半与另一半，即38亿人与另外38亿人的区别。即使是那些被公认为性别差异的事实，在某一具体的人的学步期及以后也存在着许多的例外。每种性别内部的差异往往比两种性别之间的差异更大。因此，我们应当谨慎，不要让我们对性别差异的看法预先影响了我们对每个男人、女人、男孩、女孩的素质或能力的评判。

依恋理论与相关研究

从婴儿期到学步期，学步儿的社交世界不断扩展。这两个生命阶段对孩子的社会发展至关重要，而这源于与一个特殊的人的关系，一位为孩子提供值得信赖的爱和照顾的人（这个人是母亲，也不总是母亲）。在人类发展领域，对于婴儿期和学步期内的这一关系的研究主要集中在依恋理论和基于这一理论的相关研究上。

依恋理论

学习目标 5.15　能够描述依恋理论的基本特征，并确定依恋的四种类型。

由于儿童的长期依赖性是人类物种的一个显著特征，人类儿童与成人之间的依恋关系如何发展一直是人类发展学者们十分关心的问题。在第四章对婴儿社会发展的讨论中，第一次引入了依恋理论。在这一章内，我们将更详细地介绍依恋理论的特点，以及评价亲子依恋质量的方法和对依恋理论的批判。

鲍尔比理论（Bowlby's theory）。在 20 世纪的大部分时间内，人们的共识是：人类婴儿之所以依恋母亲，是因为母亲为他们提供食物。饥饿是一种令人痛苦的状态，特别是对婴儿来说，因为他们生长迅速，亟须被喂养。而母亲们通常会缓解这种痛苦的状态，并提供喂养时的乐趣。随着时间的推移，婴儿开始把母亲与减轻痛苦和体验快乐联系在一起。这种联系成为婴儿对母亲的爱的基础。这是 20 世纪上半叶心理学的主流观点。然而，大约在 20 世纪中叶，英国学者约翰·鲍尔比（John Bowlby）（1969）开始观察到，许多研究结果与这一共识并不相符。

鲍尔比有以下三个重要发现。

1. 收容所的婴儿。法国精神病学家雷内·斯皮茨（René Spitz）（1945）的报告显示，在收容机构里的婴儿，即便他们得到良好的喂养，他们的身体和情感发展也会受到影响。斯皮茨研究了一些在 3—12 个月大时进入孤儿院的婴儿。尽管受到了体贴的照顾，这些婴儿体重还是减轻了，而且显得无精打采和情绪被动，斯皮茨称之为依恋型抑郁（anaclitic depression）。斯皮茨把婴儿出现的情况归咎于一个护士要照顾 7 个婴儿，护士除了给他们喂奶和换尿布外，他们几乎没有时间陪伴他们（anaclitic 的意思是“依恋”，斯皮茨选择这个术语是因为婴儿没有可以依恋的人）。即使护士给他们提供营养，婴儿也不会对护士产生积极情绪。其他对收容婴儿的研究也得到了类似的结果（Rutter，1996）。

2. 恒河猴。第二项发现质疑了“喂食是婴儿母子关系的基础”，这项发现与灵长类动物特别是恒河猴相关。在一项经典的研究中，哈里·哈洛（Harry

Harlow）（1958）把小猴子和两种人造“母亲”放在笼子里，其中一个母亲是用铁丝网做的，另一个是软毛巾做的。哈洛发现，即使他把奶瓶放在了“铁丝妈妈”身上，但小猴子却将几乎所有的时间都花在了“布妈妈”身上，去“铁丝妈妈”那里只是为了进食。由此，进食和母子情感关系之间的简单联系似乎受到了质疑。

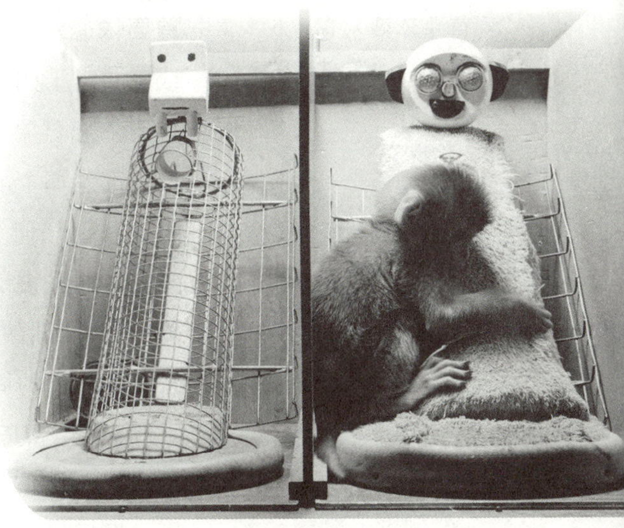

哈洛的研究表明，依恋并不是基于喂养行为。如图所示，尽管“铁丝妈妈”提供了营养，但小猴子更喜欢“布妈妈”。

3. 印刻。鲍尔比的第三项发现是他的理论中最重要的部分。这些发现来自动物行为学领域，正如我们所指出的，动物行为学是研究动物行为的。动物行为学家认为，对一些动物来说，新生儿和其他人之间的联系是在出生后立即发生的。德国动物学家康拉德·洛伦兹（Konrad Lorenz）（1965）指出，新生的小鹅在孵化后会与他们看到的第一个移动物体产生联系，并紧跟其后，这种现象被他称为印刻。对洛伦兹和其他人类学家来说，物种幼崽儿与其母亲之间的纽带基础不是喂养，而是保护。对母亲的印刻会使幼崽儿主动靠近母亲，从而避免伤害。

在对这三项研究发现进行思考后，鲍尔比得出结论：孩子和母亲之间的情感纽带是基于孩子多年来对保护和照顾的需要而产生的。因此，正如鲍尔比所描述的那样，在儿童和照顾儿童的成年人之间形成的依恋是一种情感纽带，这种情感纽带在儿童最易受伤害的岁月里，为他们提供保护并促使他们生存下来。儿童

文化焦点：跨文化下的陌生人焦虑

虽然婴儿从出生开始就可以辨别环境中不同人的气味和声音，但在婴儿出生的头几个月里，他们被一些熟悉或不熟悉的人抱着和照顾时并不会反抗。然而，到了1岁多时，这种情况开始改变。渐渐地，他们开始变得有选择性，更偏向喜欢那些熟悉的、照看过他们的人。当被他们不认识和不信任的人接近、拥抱甚至朝他们微笑时，陌生人焦虑（stranger anxiety）就会出现。陌生人焦虑在各种文化中都存在。陌生人焦虑大约从6个月大开始出现，并在随后的几个月里变得更加强烈（Super & Harkness，1986）。所以，如果一个婴儿或学步期的孩子对你友善的示好做出转过身去、皱起眉头或是大哭一场的反应时，他不是故意要这样做的！

根据鲍尔比（1969）的研究，陌生人焦虑大约在学步儿6个月大时出现，是有进化论基础的。这是婴儿第一次可以自己“移动”的年龄，学习爬行使他们能够开始探索环境，但这也带来了可能陷入大麻烦的风险。学会与熟悉的人待在一起，避开不熟悉的人，有助于婴儿靠近那些会保护他们并能确保他们安全的人。因此，当学步儿开始走路时，陌生人焦虑会在其12个月大时达到高峰。然而，陌生人焦虑程度的文化差异取决于学步儿经历了多少不同的看护者（LeVine & LeVine，2016）。

首要依恋对象：当儿童在环境中经历某种痛苦或威胁时所寻找的人。

首要依恋对象（primary attachment figure）是指当儿童在环境中经历某种痛苦或威胁时（如饥饿、痛苦、面对陌生的人或不熟悉的环境时）所寻找的人。通常，首要依恋对象会是父母，而且大多数情况下是母亲。因为在几乎所有的文化中，母亲都是那个最关心婴儿的人。然而，首要依恋对象也可能是父亲、祖父母、姐姐或其他任何一个最关心婴儿的人。对孩子来说，与首要依恋对象分离是一种威胁。而失去最初的依恋对儿童的发展来说则是一场灾难（Bowlby，1980）。

安全基础：首要依恋对象所起到的作用；其使得孩子能够探索世界，当威胁出现时，孩子会向首要依恋对象寻求安慰。

与负责照顾孩子的成年人保持亲密关系不仅有助于孩子的生存，还有助于孩子了解他们的周围世界。在正常情况下，学步儿会将他们的首要依恋对象作为探索周围环境的**安全基础**（secure base）（Bowlby，1969）。如果在周围环境中出现威胁，依恋行为则会被激活，儿童会寻求与其首要依恋对象的直接身体接触。

根据鲍尔比理论，依恋在生命的头两年里逐渐形成，最终形成一种目标修正型（goal-corrected）的伙伴关系。在这种伙伴关系中，孩子会用语言来表达自己的需求，而首要依恋对象也会用语言做出相应的回应。随着时间的推移，孩子越来越不需要首要依恋对象的照顾和保护。然而，即使到了成年期，人们也会在危机时刻寻找自己的首要依恋对象以寻求安慰。

不同的依恋：陌生情境法。鲍尔比是一个理论家，而不是一个研究人员，他没有进行实证研究来检验他的理论。玛丽·安斯沃思（Mary Ainsworth）开创了依恋研究（Ainsworth & Bell，1969；Ainsworth et al.，1978）。安斯沃思遵循鲍尔比的理论，认为孩子的依恋行为在与首要依恋对象的分离反应中最明显。为了唤起孩子们的依恋行为，安斯沃思设计了一个她称为**陌生情境法**（Strange Situation）的实验室程序（Ainsworth et al.，1978）。陌生情境法包括一系列的介绍、分离和团聚行为，其中的人物包括孩子、母亲和一个陌生人。它是为12—24个月大的学步儿设计的，因为在这个年龄段，依恋行为已经发展到可供评估的程度。

陌生情境法：依恋关系的实验评估，用来研究婴儿在陌生的环境中与母亲分离后的行为和情绪表现。

根据学步儿对陌生情境的反应，研究人员提出了四种依恋类型（Ainsworth et al.，1978；Ammaniti et al.，2005）。安斯沃思提出了前三种，后来的研究人员又增加了第四种（Main & Solomon，1990）。

安全型依恋：亲子依恋最健康的类型。在这种依恋类型中，孩子把父母视为安全基础，在与父母分开时抗议，在父母回来时感到高兴。

1. **安全型依恋**（secure attachment）。这一类型的学步儿会将母亲视为安全基础，在第一环节内（母亲在场的情况下）探索陌生情境。而在与母亲分开后，待在陌生人身边的学步期的孩子通常会哭或大声抗议。而当母亲重新回来时，他们会愉快地向她示意，微笑着走向她并拥抱她。

不安全—逃避型依恋：亲子依恋的一种类型。母亲和孩子之间的互动相对较少，孩子对于母亲离去的反应甚微，而当陌生人抱起他们时，孩子可能会拒绝被抱起。

2. **不安全—逃避型依恋**（insecure-avoidant attachment）。当母亲在场时，这一类型的学步儿很少或根本不会与母亲互动。对于母亲的离去或归来，他们也不会做出什么反应。当这些学步期的孩子在被陌生人抱起时，他们可能会立即想要挣脱下来。

3. 不安全—反抗型依恋（insecure-resistant attachment）。当母亲在场时，这一类型学步儿玩玩具的次数和时间比其他类型的学步儿少。当母亲离开房间时，他们会比其他类型的学步儿更加悲伤。当母亲回来的时候，他们又会表现出矛盾的情绪，看似轻松地跑去迎接母亲，但当母亲试图安慰或抱起他们时，却推开母亲。

不安全—反抗型依恋：亲子依恋的一种类型。当母亲在场时，孩子很少会进行探索行为，当母亲离开房间时会表现出极大的悲伤，而当母亲回来时表现出矛盾心理。

4. 混乱—迷茫型依恋（disorganized-disoriented attachment）。这一类别的学步儿在陌生情境时会表现出极端的、不平常的行为（Ammaniti et al.，2005；van IJzendoorn et al.，1999；Padrón et al.，2014）。当母亲离开房间时，学步儿会显得茫然和冷漠，但也会爆发出愤怒。当母亲回来后，他们却显得有些害怕。有些学步儿会突然停止他们的动作。这一类的依恋尤其会出现在有其他严重问题的学步儿身上，如自闭症谱系障碍或唐氏综合征，以及那些遭受过严重虐待或忽视的学步儿。

混乱—迷茫型依恋：亲子依恋的一种类型。当母亲离开房间时，孩子可能会感到茫然和冷漠，也会爆发出愤怒，而在母亲回来时孩子会表现出恐惧。

虽然依恋的分类是基于整个陌生情境中的行为，但安斯沃思认为学步儿的团聚行为是衡量依恋质量的最佳指标。即当母亲再次进入房间时，学步儿会做什么？安全型依恋的学步儿会很高兴在经历分离后再次见到他们的母亲，并想要与母亲进行身体接触。相反，不安全型依恋的学步儿要么对母亲的回归反应不大（逃避型），要么对母亲的回归感到宽慰且愤怒（反抗型），要么对母亲的回归感到恐惧（迷茫型）。

依恋质量

学习目标 5.16　能够找出影响学步儿依恋母亲质量的关键因素，并解释依恋质量对学步儿发展的影响。

如果学步儿在依恋质量上存在差异，那么是什么导致了这些差异呢？学步期的依恋质量会对以后的发展产生什么影响？

依恋质量的决定因素。安斯沃思的早期研究表明，大约 2/3 的学步儿与母亲之间是安全型依恋关系，其余 1/3 的孩子要么是不安全—逃避型依恋，要么是不安全—反抗型依恋（Ainsworth et al.，1978）。此后，许多其他对美国和欧洲儿童的研究也发现了类似的结果（NICHD & Early Child Care Research Network，2006；van IJzendoorn & Sagi-schwartz，2008）。混乱—迷茫型依恋是很少见的。

但是，是什么决定了学步儿对他人依恋的质量？在安斯沃思的早期研究中，她和同事们进行了家庭观察，包括在实验室内使用陌生情境法去观察同一对母子（Ainsworth，1977）。家庭观察是长期持续的：每 3 周一次，每次持续 4 小时，从孩子 3 周大持续观察到 1 岁。

依恋行为在学步儿悲伤时尤其活跃。

在考虑了母子在家中的互动与他们在陌生情境实验中的行为之间的关系后，安斯沃思得出结论，依恋的质量主要取决于母亲的敏感性和灵敏性。敏感意味着要善于判断孩子在任何时候需要什么。例如，敏感的母亲可以分辨出他们的孩子什么时候吃饱了，而不敏感的母亲会在孩子还饿的时候就停止喂食，或者在孩子看起来已经饱了之后继续喂他们。灵敏是指在孩子需要帮助或抚慰的时候迅速做出反应。例如，灵敏的母亲会在孩子感到悲伤的时候迅速拥抱、抱起孩子或说话安慰他们，而不灵敏的母亲则会让他们哭一会儿再去帮助他们。

根据依恋理论，基于母亲在孩子 1 岁期间敏感和灵敏行为的程度，孩子们会形成一个内部工作模式（internal working model），即在需要的时候，对于母亲的可助性和支持性的判断（availability and supportiveness）（Bowlby，1969，1980；Bretherton & Munhland，1999）。安全型依恋的孩子会形成一种内在的工作模式，即母亲是可以依赖的，并且会提供帮助和保护。不安全型依恋的孩子不确定母亲在他们需要她的时候是否会来。他们也会形成一个内在的工作模式，即母亲是一个无法预测的人，无法始终信任她。陌生情境的反应在学步期而不是在婴儿期被首次发现的一个原因是，只有在学步期，儿童的认知能力才相对成熟，从而能够形成对他们首要依恋对象的内部工作模式（Ainsworth et al.，1978；Bowlby，1969）。

依恋质量与后期发展。根据鲍尔比的观点（1969），婴儿期和学步期所形成的主要看护者的内部工作模式也适用于其他人际关系。因此，在生命的前两年所形成的对主要看护者的依恋会影响对其他人的期望和互动行为，而且这种影响会持续一生。从朋友到老师，从浪漫的伴侣到自己未来的孩子。安全型依恋的孩子之所以能够爱和信任他人，是因为他们在早年可以爱和信任他们的主要看护者。不安全型依恋的孩子在其他人际关系中会表现出敌意、冷漠或过分依赖他人，因为他们很难相信别人会给予他们爱和信任（Morelli，2015）。

这是一个大胆而有趣的结论，它能够被研究所证实吗？许多关于依恋的纵向研究已经跟踪了从学步期到青春期或成年期的样本，它们为依恋理论的预测提供了不同的参考。有一些纵向研究表明，学步期所评估的依恋质量与后来的情绪和社会发展之间存在关系，但其他研究没有得出类似的结论（Egeland & Carlson，2004；Fraley et al.，2013）。一项综合了 127 项纵向依恋研究结果的分析得出结论，婴儿和学步儿的依恋类型的预测准确性随着时间的推移而减弱，并且大多在青少年期和成人初显期逐渐消失（Pinquart et al.，2013）。目前的观点认为，婴儿期和学步期的依恋质量可能会被童年、青少年期和以后的经历所改变，并且从理论上讲，早期建立的内部工作模式可能会因之后的经历而发生实质的变化。

不过，也有例外。混乱—迷茫型依恋的学步儿会在学步早期和中期表现出高度的敌意和攻击性，并且很可能存在认知问题（Ammaniti et al.，2005；van IJzendoorn et al.，1999；Winfield et al.，2004）。在青少年期及以后，混乱—迷茫型依恋的学步儿更容易出现行为问题和精神病理学问题（van IJzendoorn et

研究焦点：早期的儿童保育及其后果

“美国儿童健康与人类发展国家研究所（NICHD）早期儿童保育研究”始于1991年，在美国的10个地点对1300多名学步儿（从婴儿期到学步早期）进行了调查。

对这些儿童及其家庭进行了为期7年的纵向跟踪调查（NICHD，2005）。调查样本在社会经济背景、种族和地理区域上各不相同。这项研究采用了多种方法来评估这些孩子和他们的家庭，包括观察、访谈、问卷调查以及标准化测试。

同时，这项研究对儿童接受保育的多个方面进行了调查，包括数量、稳定性、质量和类型；并对儿童各方面的发展情况包括生理、社会、情感、认知和语言发展等方面进行了调查研究。

在这项研究中有许多显著且有启发性的发现。大约3/4的学步儿在4个月大时开始接受“非母亲照看”（nonmaternal）的儿童保育。在婴儿期和学步期，这类保育工作大都由亲属来完成，但在学步期之后以及2岁以上时，大多数儿童被送去了儿童保育中心，这也使得大多数接受非母亲照看的儿童都在儿童保育中心。婴儿和学步儿接受非母亲照看的时长为平均每星期33小时。非裔美国婴儿和学步儿每周接受非母亲照看的时间最长，白人婴儿和学步儿每周接受非母亲照看的时间最短，拉丁裔婴儿和学步儿每周接受非母亲照看的时间介于两者之间。

对于婴儿和学步儿而言，研究的重点是儿童保育安排与依恋的关系。根据依恋理论，研究人员观察并测量了保育员对孩子的敏感度和灵敏度，这是依恋质量的两个最重要的决定因素。

在使用陌生情境法测量后，结果表明接受非母亲照看的学步儿对母亲的依恋程度与只接受母亲照看的学步儿没有什么不同。然而，如果非母亲照看的质量低，或是每周非母亲照看时长超过10小时，或是母亲对学步儿的敏感性较低，则不安全型依恋更容易产生。

这是一个令人印象深刻且发人深省的研究，但即使是这项研究也有局限性。最应当注意的是，这些儿童并没有被随机分配到各个儿童保育组。关于他们接受的护理质量和每周接受多少小时的护理的决定是由他们的父母做出的，而不是研究人员。因此，儿童保育经历的结果与许多其他变量交织在一起，如父母的收入、教育和种族。这也侧面证明了，社会科学家很少能够在他们的研究中创造出一个理想的实验环境，但他们必须研究所发现的人类行为，并尽最大努力去解开令人生畏的现实生活的复杂性。

复习题：

1. 以下哪项不是这项研究中所使用的研究方法？
   A. 问卷法
   B. 神经学测试
   C. 访谈法
   D. 观察法
2. 以下哪个因素与学步儿的不安全型依恋有关？
   A. 低质量的非母亲照看
   B. 每周非母亲照看的时长超过10小时
   C. 母亲照看的敏感性低
   D. 以上都是

高级儿童保育中心的学步儿和在家看护的学步儿同样有可能获得安全型依恋。

al., 1999）。但这种依恋类型通常被认为是由于神经发育异常所致。只有极少数情况下（如虐待儿童），主要看护者的行为会导致这种依恋类型（Barnetet et al., 1999；Macfie et al., 2001）。自安斯沃思的经典研究之后，研究人员还研究了学步儿对父亲和其他非母性照顾者的依恋。例如上页的例子“研究焦点：早期的儿童保育及其后果”。

对依恋理论的批判。依恋理论无疑是人类发展领域内具有影响力的理论之一。自从鲍尔比在 40 多年前首次提出后，依恋理论已经会聚了成千上万的研究学者参与相关研究（Atkinson & Goldberg, 2004；Cassidy & Shaver, 2010；Mountain et al., 2017；Sroufe et al., 2005）。然而，它也受到了学者的批判，部分学者指出了它的局限性。其中有两个方面特别值得注意：儿童效应和文化差异批判。“儿童效应”（child effect）是对依恋理论常见的批判之一。它认为，鲍尔比的理论夸大了母亲的影响，而低估了孩子对依恋质量的影响。正如我们在第四章中所看到的，孩子天生就有不同的气质。在陌生情境中，如果学步儿在母亲离开房间时感到非常焦虑，并在母亲回来时带有攻击性地推开她，这可能是不同的气质所致，而不是由于母亲不够敏感和灵敏（Groh et al., 2016；Van Ijzendoorn et al., 2004）。

与这一观点相关的是，近几十年来，人类发展研究者们一直强调亲子关系是互惠或双向的。例如，一位混乱—迷茫型依恋的学步儿的母亲在陌生情境中的表现与其他母亲不同。当她们学步期的孩子感到悲伤时，她们可能不会做出反应，或是在抱起孩子时，她们可能只是用手臂把孩子抱起，而没有搂在怀中来安慰孩子（Lyons-Ruth et al., 1999；van IJzendoorn et al., 1999）。这些母亲有时会显得困惑、沮丧或不耐烦。这种结果的出现可能是因为母亲不够敏感和灵敏，也许是母亲正在对学步儿的行为困难做出相应的反应（Barnett et al., 1999）。最可能的是，母亲和混乱—迷茫型依恋的学步儿在双向的负面循环中相互影响（Lyons-Ruth et al., 1999；Symons, 2001）。简言之，随着时间的推移，孩子和母亲相互影响彼此的行为。

依恋理论和研究的第二个批判指向了文化差异。自从鲍尔比提出他的理论之后，经过几十年的研究，一些研究者得出结论：儿童的依恋行为在不同文化中是“可见且一致”的（Cassidy & Shaver, 2010, p. xiii）。其他研究人员指出了一些可能存在的问题，既包括跨文化使用陌生情境的问题，也包括将西方的人际关系观融入依恋理论中的问题。

依恋的某些方面可能是普遍一致的。在所有文化中，婴儿和学步儿都会对周围提供关爱和保护性护理的人产生依恋感（Van Ijzendoorn & Sagi-Schwartz, 2008）。如果孩子与他们的首要依恋对象分开，他们都会经历痛苦。正如我们所看到的，在传统文化中，断奶是学步儿生活中的一个重要事件，它可能会对依恋的安全感造成影响。在安斯沃思（1977）最早的一项关于乌干达的母子依恋的研究中，她观察到乌干达的学步儿在断奶后，依恋关系往往会发生改变，体现为不安全感的急剧增加，包括“对陌生人的恐惧显著增加”。

早期的依恋是未来爱情关系的基础吗？

还有证据表明，在许多文化中，父母对于什么是安全型依恋的孩子有着相同的看法。一项涉及中国、哥伦比亚、德国、以色列、日本和美国 6 种文化中孩子的母亲的研究表明（Posada et al.，1995），在不同的文化背景下，母亲们会用类似的语言来描述一个“理想中的有安全感的”孩子，就像依恋理论所描述的那样，比如在需要帮助的时候会依靠母亲，但是也愿意去探索周围的世界，把母亲作为一个安全基础去探索周围世界。其他涉及多种文化的研究发现，安全型依恋是迄今为止所有文化研究中最常见的分类（van IJzendoorn & Sagi-schwartz，2008）。

然而，文化差异也确实存在（Morelli，2015）。一项研究比较了美国、日本和几个北欧国家学步儿的陌生境遇（van IJzendoorn & Krooneberg，1988）。如**图 5.4** 所示，在所有国家中的大多数学步儿都是安全型依恋。然而，美国和北欧的学步儿比日本的学步儿更容易被归为不安全—逃避型依恋。与其他国家的学步儿相比，日本学步儿的不安全—反抗型依恋尤为普遍。这些差异都归因于看护模式的文化差异。具体而言，美国

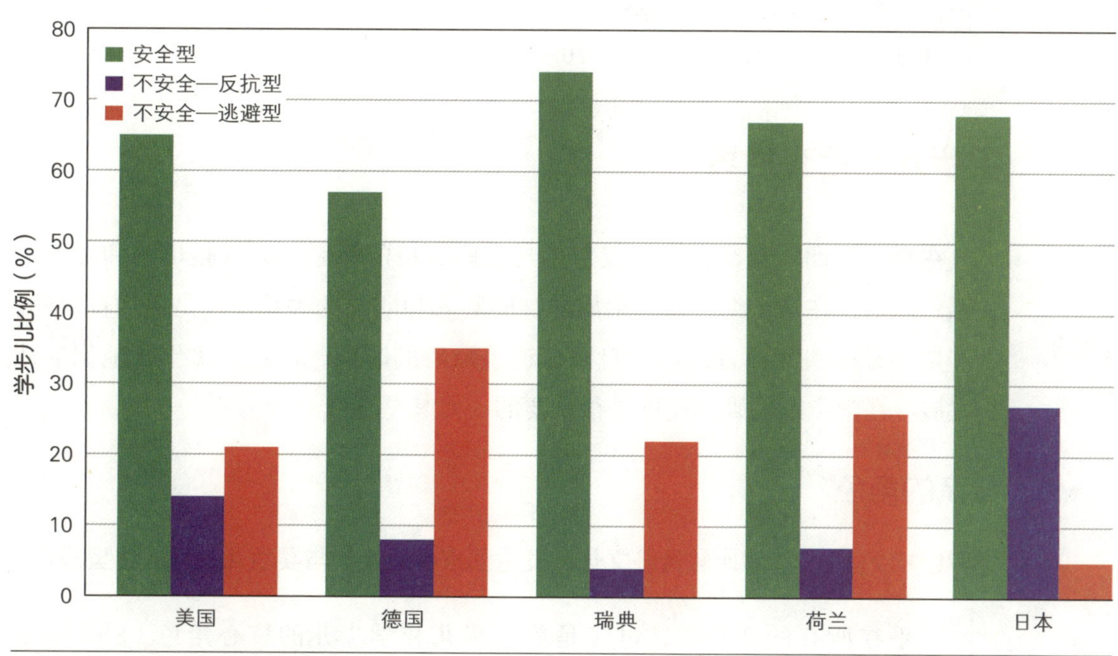

图 5.4 陌生情境中的文化差异

资料来源：van IJzendoorn & Krooneberg（1988）.

在日本，母亲和孩子的关系往往非常密切。

和北欧文化中对独立的重视更可能导致不安全—逃避型依恋。相反，日本母亲则很少与孩子分开，并且日本的文化会鼓励孩子形成对母亲的高度依赖。因此，日本的孩子在陌生情境中可能会产生比欧洲或美国的孩子更大的压力，这也使得日本孩子更有可能被划分为不安全—反抗型依恋。正如我们在第一章中所讨论的，如果一种研究方法对不同的文化群体意味不同，这就对研究的生态有效性提出了疑问。

依恋理论的文化批判家认为，传统的、非西方母性护理观比依恋理论更强调相互依赖和集体主义（Morelli，2015；Rothbaum et al.，2000）。依恋理论家强调，敏感和反应灵敏的母爱应该提供爱和照顾，同时也应鼓励自我表达和独立，但这种母爱并非存在于所有甚至大多数文化中。在许多强调和维护社会和谐的传统文化和非西方文化中，母性护理观往往包括控制孩子的行为，预计孩子的需要，减少强烈的情感表达（Morelli，2015），罗斯鲍姆（Rothbaum）和他的同事（2007）描述了日本的 amae（ah-may-uh）概念，它是指母亲与学步儿之间亲密的、宽容的关系。这种关系在日本是理想的，但是对于依恋理论的研究人员来说，它符合不安全—抗拒型依恋的描述（George & Solomon，1999）。此外，研究人员还描述了安全型依恋的学步儿如何成长为自立、社交自信、自尊心强的孩子，但这些特质并不是所有文化中的美德（Rothbaum et al.，2000；Sullivan & Cottone，2010）。

学步儿的社交世界

在婴儿时期，社交世界仅仅包括与家庭成员的联系，尤其是母亲和父亲的关系。然而，在学步期，与兄弟姐妹、同龄人和朋友的关系往往是更加重要的。学步期也是一些儿童首次出现自闭症谱系障碍的时期，这会严重干扰他们的社交发展。在学步期的媒体使用是很重要的，尤其是电视。

父亲的角色

学习目标 5.17　能够比较传统文化和发达国家中父亲参与婴幼儿教育的典型模式。

几乎在所有的文化中，母亲是照顾婴儿和学步儿的核心角色（Shwalb & Shwalb，2015）。正如我们所看到的，传统文化中的父亲在孩子出生过程中是被完全排除在外的；在孩子出生后的几周内，新生儿通常与母亲在一起，而父亲可能参与婴儿的保育，也可能不参与。母亲一直是婴幼儿的主要照顾者，原因有两个：首先是生物学因素。因为母乳通常是人类婴儿半岁前的主要营养来源，所以母亲往往比其他人更关心婴儿。因此，学步期之前，母亲通常是婴幼儿的首要依恋对象（Bowlby，1969；Cassidy & Shaver，2010）。

其次是文化因素。在贯穿于人类历史的大多数文化中，女性和男性的性别角色是分开且不同的（Gilmore，1990；Hatfield et al.，2015；Kapadia & Gala，2015）。在成人角色中，女性被期望负责家务和照顾孩子，而男性则被期望保护和供养家庭（Arnett，1998）。在闲暇时间，女人和孩子、其他女人一起放松，男人和其他男人一起放松（Gilmore，1990）。因此，在有史以来的大多数文化中，父亲一直处于儿童情感生活的边缘。

传统文化中的父亲。虽然在传统文化中，父亲很少参与儿童的日常保育，但他们仍然是儿童社交环境的一部分。例如，在亚洲，父亲的传统角色是“家庭供养者”和“严厉的人”（Ho，1987）。照顾孩子和养育孩子的角色则留给母亲。在拉丁美洲也是一样，父亲负责供养家庭，并且对他们的孩子而言父亲有着不置可否的权威，但在许多拉丁美洲文化中，这种父亲角色与子女之间温暖、亲切的关系并存（Halgunseth et al.，2006）。非洲的许多文化中都有**一夫多妻制（polygyny）**的传统，这意味着男性通常有不止一个妻子（Westoff，2003）。家庭由每个妻子和她的孩子组成，父亲要么分开住要么轮流住在一起。在这种文化中，父亲的角色也是家庭供养者和严厉的人，孩子们通常在情感上不会亲近他（Nsamenang，1992）。近几十年来，一夫多妻制已经不那么普遍了，但在撒哈拉以南的非洲，大约 1/3 的婚姻中仍然存在这种现象（Riley Bove，2009）。

一夫多妻制：男性可以有不止一个妻子的文化传统。

尽管全世界最常见的文化模式是父亲充当家庭供养者，往往不参与婴幼儿的情感生活，但也存在着例外（Shwalb & Shwalb，2015）。有研究发现，在一些非洲猎人聚集的社区中，父亲对婴幼儿保育的参与程度很高（Marlowe，2000）。

中非国家的父亲角色就是很好的例子。他们一天中有一半以上的时间都待在婴儿身边（Hewlett & MacFarlan，2010）。在一些传统的社区中，父亲往往在婴儿期之后才参与对孩子的照顾。在玛格丽特·米德（Margaret Mead）（1930/2001）所研究的新几内亚的马努斯人中，婴儿和母亲几乎经常在一起，而父亲只是偶尔参与。然而，一旦孩子进入学步期并开始走路，父亲就接管了大部分的育儿工作。学步期的孩子和父亲睡在一起，和父亲一起玩，骑在他的背上，每天与他一起去钓鱼。在学步期后期，如果父母吵架并分居，孩子们往往选择和父亲待在一起，这说明在那时父亲已经成为首要依恋对象。

发达国家的父亲。在某些方面，如今发达国家的父亲角色与以往传统社会

现代发达国家的父亲比过去更多地照顾孩子，但仍然不如母亲。

中的角色模式是一致的。在发达国家，与母亲相比，父亲与婴儿和学步儿的互动更少，提供的照顾也更少，比如洗澡、喂食、穿衣和安抚（Chuang et al., 2004; Lamb & Lewis, 2010; Shwalb & Shwalb, 2015）。在美国，大约 1/3 的学步儿与单身母亲生活在一起；不居住在家中的父亲比常住在家中的父亲更不愿意照顾自己的学步儿。但对比白人而言，非裔美国人或拉丁美洲人的不常住在家中的父亲对学步儿保育的参与度更高（Cabrera et al., 2008）。当父亲与他们的婴幼儿互动时，往往是在玩游戏而不是在照顾孩子，特别是那些身体上的高刺激性的玩闹游戏（Lamb & Lewis, 2010; Paquette, 2004）。父亲往往会把孩子扔到空中，并接住他们，或与他们摔跤；而不是给孩子喂苹果酱、换尿布或是擦眼泪。

然而，随着性别在发达国家变得更加平等（Pleck, 2010），父亲逐渐参与到照顾孩子中来的趋势开始变得明显（Pleck, 2010）。美国父亲花在照顾孩子上的时间约为母亲的 85%，加拿大父亲花在照顾孩子上的时间约为母亲的 75%（Lamb, 2010）。当母亲和父亲在外工作的时间相同，并且婚姻满意度较高时，父亲更可能为学步儿提供与母亲近乎同等的照顾（Lamb & Lewis, 2010; NICHD, 2000）。

斯堪的纳维亚半岛的一些国家（Scandinavian countries）制定了相关政策，鼓励父亲参与婴儿护理，并为所有父母提供同等的平衡工作和婴儿护理的机会。在斯堪的纳维亚国家，育儿假政策提供了至少是一年工资 80%—100% 的补偿金（Haas & Hwang, 2013）。为了鼓励父亲利用这些福利，挪威和瑞典通过试行延长父母双方都享有的家庭带薪育儿假政策，并取得了一些成功（Edwards et al., 2015）。像马努斯人的例子一样，最近发达国家中父亲对学步儿照顾的变化表明，养育子女在很大程度上是一种后天习得的行为模式，而不是天生的行为模式。并且随着文化的变化，这种行为模式也会发生变化。

更广阔的社交世界：兄弟姐妹、同伴和朋友

学习目标 5.18　能够描述学步儿与兄弟姐妹、同伴和朋友的关系。

在学步期的社交发展研究中，重点是与父母的关系，尤其是对母亲的依恋。然而，许多研究表明了学步期与婴儿期不同，学步儿的社交世界开始扩大到包括更多的人，包括兄弟姐妹、同龄人和朋友。

兄弟姐妹：年幼和年长。我们已经了解了在传统文化中，亲密关系对学步儿是多么重要。在传统文化中年长的兄弟姐妹，通常是姐姐，往往从母亲那里接过照顾孩子的主要责任。这些文化中的学步儿肯定会对照顾他们的哥哥姐姐产生依恋，但从现有的有限证据来看，这似乎是一种次要的依恋，而不是首要

的依恋（Ainsworth，1977；LeVine et al.，1994）。也就是说，在大多数情况下，学步期的孩子满足于接受哥哥姐姐的照顾，但在危急时刻，他们更希望得到母亲的照顾和安慰。

同样也有研究表明，发达国家的学步儿对其兄弟姐妹存在依附关系（Shumaker et al.，2011）。一项研究使用了陌生情境法来考察美国学步儿对其哥哥姐姐们的依恋（Samuels，1980）。2 岁的学步儿和他们的母亲会来到一个陌生的家庭后院，有时会带着一个 4 岁的哥哥或姐姐，有时却没有。当没有年长的哥哥或姐姐出现时，大多数的孩子会对母亲的离去感到不安，对母亲的归来会感到如释重负，就像他们在通常情况下所表现的那样。然而，当哥哥姐姐和孩子在一起，而母亲离开后院时，学步儿就很少表现出悲伤。年长的哥哥姐姐提供了情感上的安慰和安全感，使陌生境遇中的母亲离开少了些陌生和可怕。

学步儿通常对弟弟妹妹的出生持消极反应。

大量关于学步儿与兄弟姐妹关系的研究都集中在年长的孩子对弟弟妹妹出生的反应上。总的来说，他们的反应往往是消极的（Boer et al.，2013）。通常，在新婴儿出生后，学步儿与母亲的依恋关系会从安全型依恋变为不安全型依恋，因为他们会感受到父母的关注都被新生婴儿所吸引（Teti et al.，1996；Volling，2012）。这时，某些学步期的孩子会出现一些行为问题，比如对他人的攻击性增加，或者变得越来越爱发牢骚、苛求和不听话（Hughes & Dunn，2007）。他们在如厕训练或自我喂食方面可能会出现退行。有时，在照顾孩子和新生婴儿的压力下，母亲对大孩子会缺乏耐心和反应能力（Dunn & Kendrick，1982）。

父母能做些什么来使学步儿度过这一段过渡期呢？研究表明，如果母亲在新生儿出生前特别关注学步儿，并在婴儿出生后向学步儿解释婴儿的感受和需求，学步儿对他们的弟弟妹妹的反应会更加积极（Boer et al.，2013；Howe et al.，2001；Hughes & Dunn，2007）。然而现实往往是，在不同文化中的童年和青少年时期，兄弟姐妹之间的冲突比任何其他关系冲突都更为常见，我们将在第六章中更详细地讨论这一点。

如果学步儿是弟弟妹妹而不是哥哥姐姐呢？这既有好处，也有坏处。好的一面是，如果年幼的弟弟妹妹不是婴儿，而是学步期的孩子，他在假装游戏中培养了说话、走路和分享的能力，年长的孩子就不会表现出怨恨的情绪，也会更有兴趣和他们一起玩（Hughes & Dunn，2007）。到了第二年，学步儿会经常模仿他们的哥哥姐姐，根据线索寻找哥哥姐姐在做什么以及是如何做的（Barr & Hayne，2003）。

而不利的一面是，随着学步期的孩子越来越有能力维护自己的利益和欲望，兄弟姐妹间的冲突就会加剧。在一项跟踪学步儿及其稍年长的孩子的研究中，对

发达国家的学步儿会与朋友们进行高级形式的游戏。

14—24个月大的学步儿的家庭观察结果显示，兄弟姐妹间的冲突不断增加，而且更多地体现为身体上的冲突（Dunn & Munn，1985）。在另一项观察研究中表明，15—23个月大的学步儿非常容易惹恼他们的哥哥姐姐（Dunn，1988）。例如，一个学步期的孩子和其哥哥姐姐吵架时，会去破坏哥哥姐姐所珍视的某个物体；另一个学步期的孩子会跑去找一个玩具蜘蛛，把它丢到哥哥姐姐的脸上，因为他知道哥哥姐姐害怕蜘蛛！

同伴和朋友。在大多数文化中，学步期是第一个在家庭之外形成社会关系的时期。在传统文化中，这通常意味着一个同伴游戏小组的形成，这个游戏小组通常包括亲兄弟姐妹、表兄弟姐妹以及其他同龄的孩子（Gaskins，2015）。这些游戏小组通常包括不同年龄段的儿童，但学步期是学步儿在经历了以母亲照顾为主的婴儿期后第一次进入群体的时期。

在发达国家，学步儿的同伴关系也在学步期扩大，通常表现在某种集体形式的学步儿保育中（Rubin et al.，2006）。在这类环境中对学步儿进行观察研究发现，他们与同伴之间的游戏互动相比之前研究的报告更为积极。之前的某项具有影响力的研究报告称，学步儿只会独自一人玩游戏（solitary play），或是和其他儿童一同玩游戏，他们会玩同一个游戏，但不会结识彼此（Parten，1932）。然而，最近的研究发现，学步儿不仅会参与单独游戏和集体游戏，而且在简单的社交游戏中，他们会相互交谈、微笑、给予并接受玩具，甚至在合作假装游戏（cooperative pretend play）中会共享某一个想法，如假装成动物（Hughes & Dunn，2007；Lillard，2015）。

此外，彼此熟悉的学步儿会比彼此不熟悉的学步儿更倾向于参与更高级的游戏。在一项对同一家托儿所学步儿进行的研究中，即使是年幼的学步儿（16—17个月大）也会进行简单的社交游戏（Howes，1985）。到24个月时，有一半的学步儿一起进行了合作假装游戏，而30—36个月的学步儿都会进行合作假装游戏。这与对彼此不熟悉的学步儿的研究结果形成了鲜明的对比，彼此不熟悉的学步儿大多数只是独自玩或者各玩各的，至少到3岁时才会一起玩合作假装游戏（Howes，1996；Hughes & Dunn，2007）。

很明显，学步期的孩子可以以各种方式相互玩耍，但他们真的能建立起友谊吗？大量且不断增长的研究表明，他们确实可以（Goldman & Buysse，2007）。他们的友谊与其他年龄段的友谊具有许多相同的特征，例如，合作、彼此影响和情感上的亲密（Lillard，2015）。即使在1岁后不久，相比于其他人，学步儿也会更喜欢他们托儿所或游戏小组的同伴，并在一起时寻找他们作为彼此的陪伴者（Shonkoff & Phillips，2000）。和年龄较大的孩子甚至成年人一样，学步儿选择彼此作为朋友的部分原因是相似性，比如活动水平和社交能力（Rubin et al.，2006）。成为朋友的学步儿们会在一同玩耍时爱上同一款游戏

（Howes，1996）。学步期的朋友之间会比与非朋友间更频繁地分享彼此的情感。他们笑得更多，但也有更多的冲突，不过学步儿之间的冲突比非朋友之间的冲突温和，解决得也更快（Ross & Lollis，1989）。友谊确实会随着年龄的增长而改变，正如我们将在后面的章节中介绍的，但是即使在学步期，友谊的任何特征都是显而易见的。

学步期的儿童与伙伴在一起时会比与其他非伙伴的人在一起有更多的笑脸与笑声。如图所示，三个南非的男孩正在欢声笑语。

自闭症谱系障碍：社交发展的中断

学习目标 5.19 能够确定自闭症谱系障碍的特征，并具体说明它如何影响儿童长大成人。

1938年，一位著名的儿童精神病医生接到了一位家长的来访，令家长十分担忧的是他们的小儿子唐纳德（Donald）（Donovan & Zucker，2010）。根据父母的说法，唐纳德在婴儿时期就表现出对父母“没有明显的感情”，直到现在依然如此。在与他们分开时，孩子从不哭泣，也不希望得到他们的安慰。他似乎也不喜欢其他成年人或儿童，似乎只“活在自己的内心”，不需要社会关系。此外，唐纳德的语言使用也很独特。他常常对父母的指令和要求不闻不问，甚至对自己的名字都没有反应。然而却有一些不同寻常的词会使他着迷，他会一遍又一遍地重复它们：喇叭藤、生意、菊花。他不仅仅喜欢这些奇怪的词语，还喜欢重复一些奇怪的动作，比如旋转一些圆形的物体。

这一描述是对现在所称的**自闭症谱系障碍**（autism spectrum disorder，ASD）的初步诊断的基础。如今，对于该症状的主要特征与当时对唐纳德的诊断相同：①在不同情境的社会交流和人际互动中始终存在缺陷，包括缺乏社会—情感间的相互作用和理解。②重复性和限制性行为，如不断做可预测的常规动作（American Psychiatric Association，2013）。有些人还具有特殊的、独有的心理技能。例如，唐纳德可以在大脑中完成大数字的速算，但这实属罕见。大多数自闭症儿童都表现为智力低下，甚至表现出一定程度的智力残疾（Lord & Bishop，2010）。自闭症可能会伴有语言障碍，或是完全缺失语言功能。

自闭症谱系障碍：一种发展性障碍，表现为对社交关系缺乏兴趣、语言发展异常和重复性动作。

在美国，每68名儿童中就有1名符合自闭症诊断标准的儿童（CDC，2017）。虽然各地区所使用的诊断标准有一些差异，但这一比例与亚洲、欧洲和北美地区是一致的（CDC，2017）。这种疾病的起因尚不清楚。有人认为自闭症是有遗传基础的，因为后来会发展成自闭症的儿童大脑中往往会出现大脑的异常症状（Hadjikhani et al.，2004），尤其是在患有自闭症的学步儿中，杏仁体会异常大（Schumann et al.，2009）。也有人提出了各种环境因素将会导致自闭症，包括饮食因素和疫苗，但并没有相关研究证实饮食和疫苗对其的影响。然而，一项对 2000 名儿童（从出生前开始）进行的纵向研究发现，自闭症与产前暴露在污染环境中的风险呈正相关。自闭症与污染之间的联系在妊娠晚期比在妊娠的前两个月更明显（Raz et al., 2014）。

近几十年来，发达国家的自闭症发病率有所上升，但对其原因尚未达成共识（CDC, 2017）。可能是由于对精神分裂症或精神发育迟滞的疾病的认识不断提高，而这些症状现在往往会被诊断为自闭症（Donovan & Zucker, 2010），然而 2017 年之前这些症状并不会被划为自闭症。

通常对自闭症的诊断是在学步期，即 18—30 个月（American Psychiatric Association, 2013）。然而，对后来被诊断为自闭症的婴儿的家庭录像进行分析的研究表明，自闭症的迹象在婴儿期就已经出现了（Dawson et al., 1998; Werner et al., 2000）。之后被诊断为患有自闭症的婴儿在 8—10 个月大的时候，也很少或根本没有表现出正常社交行为的迹象。他们不会引起父母的注意，也不会指着一些想要或给别人展示的东西，不会看别人，也不会对自己的名字做出反应。在婴儿期，一些类似的行为还可以归因于气质的差异，但在学步期，对于自闭症的诊断会变得更加明确。

自闭症儿童长大后会怎么样？在美国，85% 的自闭症儿童长大后继续与父母、兄弟姐妹或其他亲属住在一起（Donovan & Zucker, 2010）。有些人住在政府资助的集体式家庭里，在极少数情况下，他们能够像唐纳德（现在 70 多岁）那样，有足够的能力独自生活。在某些方面，患有自闭症的成年人比自闭症儿童更容易出现问题，因为患有自闭症的成年人和患有自闭症的儿童一样缺乏情绪调节，但他们的能力更大，可能会造成更多的混乱。他们也会出现性欲，但却不知道表达这些欲望的适当方式。自闭症没有治愈的方法，也没有什么有效的治疗方法。但是在别人的帮助下，许多患有自闭症的儿童和成年人可以学习一些日常生活技能，比如穿衣服、问路（然后跟着别人的指示走）、记账。研究表明，早期干预可以改善自闭症儿童的部分功能缺失（CDC, 2015），这也使得对学步期的孩子进行自闭症评估更加重要。

学步期的媒体使用

学习目标 5.20　能够确定学步儿观看电视的典型比率，并解释学步儿看电视的一些后果。

在大多数国家，媒体的使用（尤其是看电视）是日常生活的一个重要部分，甚至在学步期也是如此。在一项基于美国家庭的全国性抽样调查中，调查报告展示了人们第一次在家中使用不同媒体时的年龄（Rideout, 2013）。调查结果显示，89% 的人在 9 月龄就看过电视，85% 的人在 11 月龄就看过光盘或录像带。

在美国，有 37% 的婴儿和 73% 的学步儿每天都看电视，30% 的婴儿和 44%

的学步儿卧室里甚至有电视（Rideout，2013）。非裔美国人和拉丁裔学步儿比白人学步儿看电视的时间更多，这一种族间的差异模式将贯穿一生。电视在各个年龄段都非常受欢迎，同样数码设备也越来越受欢迎，即使在学步儿中也是如此。

2017 年的一项全国性调查发现，2—4 岁的儿童中，平均每天使用数码设备的时间为 58 分钟，43% 的人拥有自己的平板电脑（Rideout，2017）。现在，还有大量为婴儿和学步儿提供的 App（电子应用软件），包括教育应用软件、游戏应用软件、艺术和音乐应用软件。

关于媒体使用效果的研究大多聚焦在电视上。在刚出生的第二年，学步儿已经开始明白电视屏幕上的图像并不是真实的。在一项研究中，分别向 9 月龄的婴儿、14 月龄和 19 月龄的学步儿展示了一个视频，内容是一名妇女演示如何玩各种各样的学步儿玩具（Pierroutsakos & Troseth，2003）。婴儿们会把手伸向屏幕，试图抓住、撞击或摩擦玩具，但学步儿们却没有。然而，其他研究表明，学步儿有时会通过与电视图像交谈来与电视图像互动，这表明对于学步儿来说，他们对电视与现实的界限并不完全清楚（Garrison & Christakis，2005）。

看电视会对学步儿产生什么影响呢？调查表明，大多数美国父母担心电视可能会伤害他们的小孩（Rideout，2017；Woodward & Gridina，2000）。然而，与我们将在之后章节中研究的其他媒体一样，电视的影响在很大程度上取决于媒体内容（Kirkorian et al.，2008）。在一项美国的研究中，一组 2 岁的孩子观看了电视节目《巴尼和朋友们》（*Barney and Friends*），巴尼是一只紫色的、会说话的大恐龙。它鼓励友善和分享等亲社会行为。研究将这一组人与另一组没有看过该节目的自由玩耍的 2 岁儿童进行比较（Singer & Singer，1998）。看过《巴尼和朋友们》的学步儿会表现出更多的亲社会行为和较少的攻击性，同时更倾向于参与象征性游戏（symbolic play）。在一项美国全国性的研究中，70% 的 3 岁以下儿童的父母反应，他们的孩子模仿了在电视上看到的积极行为，例如分享或帮助。而只有 27% 的 3 岁以下儿童的父母反映说孩子们模仿了攻击性行为，如打或踢（Rideout & Hamel，2006）。

带有亲社会因素的电视节目可以激发学步儿的亲社会行为。

关于看电视对认知发展的影响，研究结果各不相同。一些研究表明看电视有助于学步儿扩展他们的词汇量。而另一些研究报告说，看电视可能会对语言发展有害。同样，电视的内容很重要。一项研究调查了从 6 个月到 30 个月期间学步儿所观看的电视节目（让父母每 3 个月报告一次），然后评估孩子 30 个月时的语言发展情况（Linebarger & Walker，2005）。与观看其他节目相比，观看诸如《爱冒险的朵拉》（*Dora the Explorer*）这样的教育类节目，学步儿能够获得更丰富的词汇量和更高的语言表现成绩。其他研究发现，电视可以激发学步儿的想象力

（Weber，2006）。我们很清楚地记得，当我们的双胞胎还在学步期时，他们是如何看电视节目或视频，然后精心设计出一些游戏，假装自己是看过的电视节目中的角色，比如电视节目《天线宝宝》（*Teletubbies*）或《彼得·潘》（*Peter Pan*）。我们甚至给他们买了天线宝宝玩偶以方便他们做游戏。

位移效应：在媒体研究中的词汇，代表着媒体的使用占用了可能花在其他事情上的时间。

即使电视有时会激发学步儿的亲社会或创造性行为，但对于学步期观看电视的持续关注催生出了**位移效应（displacement effect）**的概念，即花在看电视上的时间不会花在其他活动上，如阅读或与其他孩子玩耍（Blom et al.，2016；Weber，2006）。美国儿科学会（American Academy of Pediatrics）建议 18 个月以下的儿童完全不看电视或其他娱乐媒体，18 个月至 5 岁的儿童每天不得花费超过 1 小时观看高质量的娱乐媒体（AAP，2016）。这项建议的一个关键依据就是位移效应，即儿童从游戏和体育锻炼中获益更多。需要补充的是，在许多家庭中几乎整天都在播放电视，因此，即使是学步儿也会接触《巴尼和朋友们》之外的内容（Rideout，2017）。

小结：情绪与社交性发展

学习目标 5.12 能够描述学步期情绪发展是如何变化的，并确定文化对这些变化的影响。

学步期的社会道德情绪包括内疚、羞耻、尴尬、嫉妒、移情和骄傲。这些情绪被称为社会道德情绪，它们表明学步儿已经开始学习他们文化中的道德标准。在西方文化中，学步儿偶尔会发脾气，也许是因为他们比婴儿有更强烈的目的意识，因此更容易在受挫时抗议。然而，在非西方文化中，学步儿很少发脾气，因为非西方文化不太重视自我表达。

学习目标 5.13 能够描述在学步期发生的自我发展变化。

有证据表明，婴儿在生命的最初几周就有了自我意识，即意识到自己与周围事物和人不同。到了 18 个月时，大多数学步儿开始表现出自我认知。在这一年龄段，他们也开始自我反省，即像思考其他人和其他物一样反思自己的能力。他们也开始使用人称代词，如“I”和“me”，并用名字来指代自己。

学习目标 5.14 能够区分“性”和“性别”，总结性别发展的生物学基础的依据。

性是男性和女性的生物学性状，而性别指的是男性和女性的文化分类。性别认同首先在学步期形成，因为儿童开始将自己和他人识别为男性或女性。性别的生物学基础在进化论、动物行为学研究和激素研究中得到证实。然而，近年来男性和女性角色的变化表明，男女角色可以在较短的时间内发生巨大变化，因此，对性别的生物学假设应该持怀疑态度。

学习目标 5.15 能够描述依恋理论的基本特征，并确定依恋的四种类型。

在阐述依恋理论时，鲍尔比强调进化促使人类在脆弱的生命早期需要他人的保护和照顾。安斯沃思将陌生境遇应用在了依恋质量的评估上，并得出了不同类型的依恋，分别为：安全型依恋，不安全—逃避型依恋和不安全—反抗型依恋。后来的研究人员补充了第四种依恋类型，即混乱—迷茫型依恋。

学习目标 5.16 能够找出影响学步儿依恋母亲质量的关键因素，并解释依恋质量对学步儿发展的影响。

依恋理论认为，依恋的质量主要取决于母亲对孩子的敏感程度和反应灵敏程度。研究表明学步期的依恋质量与以后的发展有一定的关系，但也表明学步期建立的内部工作模式可以随着经历的变化而改变。依恋质量还受婴儿气质、亲子相互作用、文化等因素的影响。

学习目标 5.17 能够比较传统文化和发达国家中父亲参与婴幼儿教育的典型模式。

在传统文化中，父亲通常是家庭的顶梁柱，但他们远离学步儿的情感生活，尽管也有例外。在不同的文化中，父亲往往比母亲提供更少的身体和情感照顾，但也随着性别角色和工作责任变得更加平等而发生变化。这一改变在发达国家正在发生。

学习目标 5.18 能够描述学步儿与兄弟姐妹、同伴和朋友的关系。

在不同的文化背景下，学步儿通常会对弟弟妹妹的出生做出消极反应。当学步期的孩子是弟弟妹妹的时候，他们的哥哥姐姐会比他们小的时候更愿意和他们一起玩，但是冲突也往往出现在学步期，因为学步儿越来越能够表达自己的需要。有了朋友之后，学步儿的游戏形式有多种，包括独自玩游戏、各自玩各自的游戏、简单的社交游戏和合作假装游戏。学步儿友谊与更大年龄儿童的友谊大致相同，包含着陪伴、互相喜爱和情感亲近。

学习目标 5.19 能够确定自闭症谱系障碍的特征，并具体说明它如何影响儿童长大成人。

自闭症谱系障碍是一种发育障碍，其特征是在社会交流和跨情境互动中始终存在缺陷，并表现为重复性和限制性行为。一小部分自闭症孩子会具有特殊的，甚至唯一的心理能力。患有自闭症的成年人通常与家人住在一起或住在政府资助的房屋中。研究表明，早期干预可以改善自闭症儿童的功能缺失，这也使得儿童期的评估变得更加重要。

学习目标 5.20 能够确定学步儿观看电视的典型比率，并解释学步儿看电视的一些后果。

许多国家的学步儿每天都会看电视，几乎一半的美国学步儿的卧室里都有电视。虽然电视是最受欢迎的媒体，但数码设备在学步儿中也变得越来越普遍。在学步期，如果电视内容是亲社会的，那么看电视可能会促进亲社会行为。但也有人提出了位移效应的担忧，尤其对于 18 个月以下的儿童来说。

第六章

童年早期

第一节 生理发展

3 岁到 6 岁的成长

身体成长

大脑发育和“婴儿型”失忆症

童年早期的健康与安全

运动发育

大肌肉运动和精细运动的发育

利手

第二节 认知发展

认知发展理论

皮亚杰认知发展的前运算阶段

幼儿的社会认知：“心理理论”的发展

童年早期的文化学习

童年早期的教育

学前教育质量的重要性

学前教育下的认知干预

语言发展

词汇和语法的进步

语用学：语言的社会文化规则

第三节 情绪与社会性发展

情绪调节与性别社会化

情绪调节

道德发展

性别发展

父母的教育

育儿“方式”

纪律与惩罚

儿童不断扩展的社交世界

米德的儿童社会化阶段划分

兄弟姐妹与“独生子女”

同伴与朋友

童年早期的媒体使用

一天早上，在丹麦奥尔堡的 ADAY 保育中心，4 岁的拉尔斯·奥尔森在母亲上班并顺道送他去学校的路上见到了他的朋友，他十分激动。学校将会有很多游戏可玩，老师会给孩子们讲故事，开始教孩子们辨认字母。直至下午，拉尔斯的母亲才把他接回家。很快，他的父亲也下班回家了，拉尔斯会在父母准备晚餐的时候看一会儿电视。晚饭后，拉尔斯还可以在父母收拾桌子的时候再看一会儿电视，然后和父亲下一盘棋。晚上 8 点他将准时就寝，妈妈会让他躺在床上，给他读睡前故事，亲吻他一下，并对他说“晚安”。

与此同时，在危地马拉的一个玛雅文化的村庄里，5 岁的玛丽在妈妈做饭时正帮助妈妈做玉米饼，玛丽会把一个面团压成一个个的玉米饼。之后，玛丽会照看她 2 岁的弟弟罗伯托，和他一起玩，因为她妈妈要出门工作一天，稍后她会帮妈妈打水和烧柴。她的哥哥姐姐们不久将会放学，她的父亲也将下班回家，一家人晚上将在他们简陋的住所里围着炉火吃饭，而玛丽坐在父亲的膝上。不久，她就睡着了。到了第二天早上，她不记得昨晚父亲对姐姐说的话，也不记得自己是在姐姐身边睡着的。

正如我们在前两章中所看到的，从出生开始，儿童的发展会因其文化的不同而截然不同。在童年早期，正如拉尔斯和玛丽的故事所显示的那样，文化背景会以不同的形式作用于儿童发展。孩子们将通过与父母和兄弟姐妹一起参与某些文化中的日常琐事，学习文化中的不同特殊技能，如玛丽一样；或者通过另一些文化中的儿童保育和学前教育，来学习文化中的不同特殊技能，比如拉尔斯。他们的游戏包括假装游戏，假装游戏的材料来自他们的文化环境，如拉尔斯的电视机、玩具和电子游戏，以及玛丽的玉米饼。他们也会越来越意识到所处文化对男孩和女孩的不同性别期望，并且开始形成其所处的文化的价值观和道德秩序。拉尔斯会一个人睡在自己的卧室里，这是在学习个人主义的文化价值观；通过与其他人睡在一起，玛丽也将了解到她总是与其他人相互帮助并履行义务。

我们将在本章中探讨所有上述领域。首先，我们将研究童年早期生理和运动发育的变化。

第一节　生理发展

学习目标

6.1 能够总结童年早期身体成长的变化。

6.2 能够描述童年早期的大脑发育变化并能够解释“婴儿型”失忆症的大脑发育因素。

6.3 能够确定发达国家和发展中国家的孩子在童年早期的营养不良情况以及受伤、疾病和死亡的主要原因。

6.4 能够详细说明童年早期大肌肉运动和精细运动能力的主要变化。

6.5 能够描述利手的发展过程，阐述左利手的后果和文化观点。

3 岁到 6 岁的成长

从学步期到童年早期，身体生长的速度继续下降，就像从婴儿期到学步期一样。尽管大脑发育还将继续，但此时大脑的各个部分都已取得了关键性的进步。身体和大脑的最佳发育需要足够的健康和营养，然而世界上许多地区孩子在童年早期都缺乏所需的营养。

身体成长

学习目标 6.1　能够总结童年早期身体成长的变化。

在发达国家，大多数 3 岁到 6 岁的孩子每年长 5—7 厘米，体重增加 2.3—3.2 千克。大多数 3 岁儿童身高约 89 厘米，体重约 13.6 千克；大多数 6 岁儿童身高约 114 厘米，体重约 20.4 千克。在童年早期，儿童的体重比身高增长要快，且大多数儿童的肌肉多于脂肪。从学步期到童年早期，大多数儿童都会褪去他们仅存的“婴儿肥”，身材比例会变得更接近成人。

由于更高的营养不良率和患病率，发展中国家孩子童年早期的平均身高和平均体重要低得多。**发育迟缓（stunting）**是指儿童比其所处年龄段的平均身材更矮小（UNICEF/WHO/World Bank Group，2017）。发育迟缓有长期的生理和认知影响。在全球范围内，23% 的 5 岁以下的儿童发育迟缓，但在某些地区这一比例超过 30%。

发育迟缓：营养不良的儿童所经历的过程，比其所处年龄段的平均身材更矮小。

在发展中国家，社会经济地位的差异也会影响童年早期孩子身高和体重的增长。如前几章所述，发展中国家的经济差异往往很大；大多数国家的中上层阶级相对较少，低收入人口众多。富裕的家庭更有可能获得营养食品，因此他们的孩子也会比同龄的穷孩子更高、更重（UNICEF，2016）。考虑到营养和保健水平大致相同，童年期身高和体重增长的个体差异也会受遗传因素影响（Chambers et al., 2001）。世界各地的身高和体重增长的个体差异也有基因差异的影响。

满 3 岁时，大多数孩子都会长出完整的 20 颗牙齿（American Dental Association, 2017）。这些是他们的乳牙或“童牙”。在童年期，大约从 6 岁开始，这些牙齿将被 32 颗恒牙取代。然而，这种替换过程是缓慢的，会持续到 13 岁左右，所以孩子们要使用他们的乳牙长达 10 年，并且必须学会如何保护牙齿以预防蛀牙。

在发达国家，儿童通常会在 3 岁时首次看牙医（Bottenberg et al., 2008; Chi et al., 2011）。大多数儿童在童年早期就学会了如何刷牙，在发达国家，越来越多的儿童牙科护理开始使用含氟漱口液和防蛀牙密封剂（窝沟封闭治疗）。一些国家和地方还会向供水系统中添加氟化物，这大大降低了儿童的蛀牙率。然而，近 30% 的美国 2—5 岁的儿童至少有一颗蛀牙（NIDCR, 2017），这主要是由于不同的牙科护理水平和饮食所导致糖和淀粉的大量摄入。来自低社会经济水平家庭的孩子比高社会经济水平家庭的孩子会有更多的蛀牙，他们也可能有更多未经治疗的蛀牙。

发展中国家的幼儿身材通常相对矮小，比如菲律宾的这对姐妹。

在发展中国家，儿童的饮食中不太可能含有糖类和淀粉，但他们的水系统中也不太可能含有氟化物，更不会获得定期的牙科护理、含氟漱口液和防蛀牙密封剂（窝沟封闭治疗）。总体而言，大多数发展中国家的儿童比发达国家的儿童在童年早期龋齿更多（WHO, 2017）。

大脑发育和“婴儿型”失忆症

学习目标 6.2 能够描述童年早期的大脑发育变化并能够解释“婴儿型”失忆症的大脑发育因素。

在童年早期，大脑形态将继续变大。3 岁时，儿童大脑的重量约为成人大脑重量的 70%，而 6 岁时儿童大脑的重量约占成人大脑重量的 90%（Haun, 2015）。相比之下，6 岁儿童的平均体重不到成年体重的 30%，因此大脑的发育速度超过了身体其他部分的发育。

在童年早期，额叶的生长速度比大脑皮层的其他部分要快（Markant & Thomas, 2013）。额叶的发育是学龄前阶段运动调节、预判行为和计划行为发展的基础（Carlson et al., 2013）。3—15 岁大脑皮层的生长不是逐渐发生的，而是在一段时间内不同脑叶迅速生长，随后则是剧烈的突触修剪期（Hill et al., 2010）。

尽管神经元数量减少，但在童年早期，大脑的大小和重量增加仍是因为神经元间突触联结的增加和髓鞘的形成。如**图 6.1** 所示，在童年早期，大脑四个部分的髓鞘形成尤为显著。

胼胝体：连接大脑两个半球的神经纤维带。

在**胼胝体**（corpus callosum）中，即连接大脑皮层左右半球的神经纤维带，

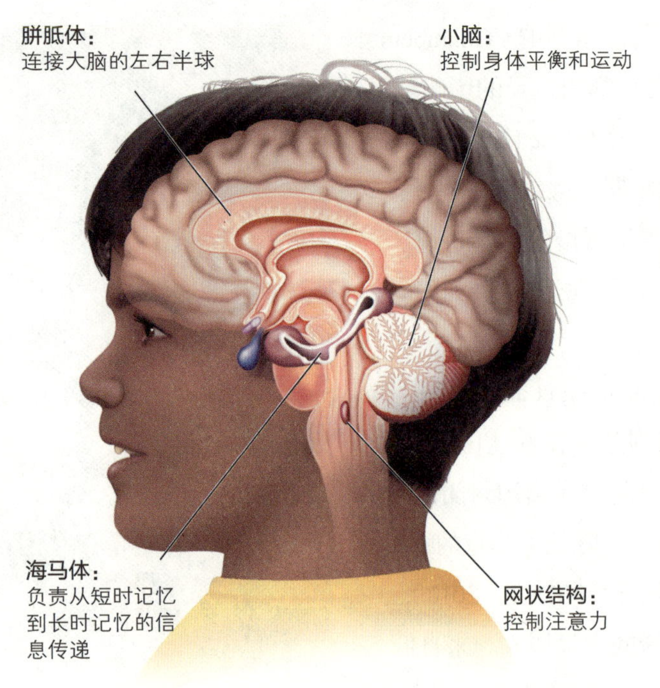

图 6.1 童年早期（5 岁前）的大脑发育形成了哪些髓鞘结构？

髓鞘发育在童年早期达到高峰，而在青春期仍将持续但速率缓慢。胼胝体使得大脑两半球之间的活动能够协调，因此大脑这一区域髓鞘的增加提高了整个大脑皮层的运作速度。**小脑**（cerebellum）的髓鞘发育在童年早期也会发生，小脑是大脑底部负责平衡和运动的结构。髓鞘的增加增强了小脑和大脑皮层之间的联系。这种变化是孩子跳跃、奔跑、攀爬和投球能力不断增强的基础。

在**网状结构**（reticular formation）中，即大脑中与注意力有关的一部分，髓鞘在 5 岁时就完成发育了，这有助于解释童年早期注意力持续时间的增加。例如，在 4—5 岁的时候，大多数孩子可以在学前班里乖乖地坐上 10—15 分钟，同时大声朗读一个故事，而大多数学步期的孩子却无法安静地坐着，也无法集中注意力这么长时间。同样，海马体的髓鞘在 5 岁时就完成发育了。海马体负责大脑记忆，特别是长期记忆。记忆研究者提出，我们对生命最初几年记忆的丧失与海马体的变化有关。

网状结构：大脑下部的一部分，参与控制注意力。

小脑：大脑底部与平衡和运动有关的结构。

婴儿健忘症：无法记住 4 岁或 5 岁之前发生的事情。

4 岁或 5 岁之前的信息记忆丧失被称为**婴儿健忘症**（infantile amnesia）（Insel，2013），但并不是说我们什么都忘了。我们会保留 4 岁以前学过的语言、习惯和常识，这就是所谓的语义记忆。例如，到了 4 岁，你可能知道狗会叫，鸟会飞，并且永远都不会忘记。然而，并非所有的记忆都是独特的事件。这就是所谓的情景记忆（Tulving，1983；Tustin & Hayne，2016）。例如，如果你在幼儿园参加了一个难得的活动、一场戏剧或音乐会，你现在就不太可能记得它了（除非你以后被提醒过）。另一种特定类型的情景记忆被称为自传记忆，它是指对特定个人经历的回忆（Courge & Cowan，2009）。例如，你在 3 岁的时候在幼儿园的音乐表演中扮演了一个特殊的角色，你可能已经忘记了，除非你的父母为你录制了下来。

对婴儿健忘症的解释多种多样。一些研究者提出，长期记忆的保持需要语言和自我意识，而自我意识只有在童年早期才得以充分发展。然而，其他动物也会表现出“婴儿健忘症”，因此这并不是主要原因。记忆研究人员将其归因于海马体的发育，海马体位于大脑的下方（Josselyn & Frankland，2012）。海马体在出生时是不成熟的，在其发育的早期神经元激增。增加如此多的新神经元可能会干扰现有的记忆回路。因此，随着海马体中的神经元充分发育，在童年早期海马体内的神经元产量下降之前，长期记忆是无法形成的（Insel，2013）。

然而，这一领域仍然存在着许多问题，例如，婴儿期和学步期对于创伤性事件的记忆是否不同。在一项研究中，一些 2—3 岁的因紧急医疗情况而住院的儿童 5 年后接受了采访（Peterson& Whalen，2001）。即使是受伤时只有 2 岁的孩子，5 年后也准确地回忆起了他们在医院经历的主要情况，而 3 岁的孩子能够记得更多的细节。有趣的是，神经学研究表明压力会导致神经元的数量减少。然而，这是否涉及童年早期创伤的记忆的保留仍有待研究（Insel，2013）。

文化在自传记忆中同样扮演着重要角色（Leichtman，2011）。在一项比较成年人自传记忆的研究中，英国和美国白人成年人所能记忆的 5 岁之前的事件比中国成年人多，他们关于最早记忆的平均值为 6 个月前后（Wang，2013）。作者提出的解释是，英国和美国文化中的个人主义促使孩子对个人经历有更多关注，从而有了更多、更早的自传记忆。

童年早期的健康与安全

学习目标 6.3　能够确定发达国家和发展中国家的孩子在童年早期的营养不良情况以及受伤、疾病和死亡的主要原因。

到了童年早期，儿童不再像在婴儿期和学步期那样容易受到健康威胁（UNICEF，2014）。然而，这一时期仍然存在许多健康和安全问题。适当的营养对儿童的健康发展至关重要，然而在发展中国家，营养不良率却高得惊人。发展中国家的儿童仍然容易患某些疾病和恶疾。与其他生命阶段相比，全世界的儿童在童年时期受伤的比率都很高。

营养与营养不良。随着童年早期身体生长速度减慢，食物消耗也随之减少。孩子们可能会几餐甚至一整天都不吃东西（Mascola et al.，2010），这可能会让父母感到担忧，但只要这种情况并非长期发生并且没有伴随可能表明疾病或恶疾的症状就不必太过担忧。在童年早期，孩子每天的胃口都不一样，5 岁的孩子可以几乎不吃晚饭，也可以吃得和爸爸妈妈差不多。

孩子们通常会逐渐爱上在其所处环境中的成年人为他们提供的食物。印度的孩子会用辣酱汁拌米饭，日本的孩子喜欢吃寿司，墨西哥的孩子喜欢吃辣椒。然而，在北美国家的众多父母中，一个荒诞的说法是：童年早期的孩子应只吃少量高脂肪和高糖的食物，如汉堡、热狗、炸鸡和通心粉以及奶酪（Zehle et al.，2007）。这种错误的信念逐渐变成了一个自我遵循的预言，即吃高糖和高脂肪食物的儿童会不喜欢吃健康食品（Black et al.，2002；Reynolds et al.，2017）。假设幼儿只喜欢高脂肪和高糖的食物，这也导致父母只能靠诱导来让他们的孩子吃更健康的食物——“如果你再吃三口胡萝卜，那么你就可以吃一些冰激

尽管食物丰富，发达国家的许多儿童却营养不足。图为一个孩子正在吃高脂肪和高糖的快餐。

凌了”——这导致孩子们将健康食品视为一种尝试，把不健康的食物视为奖励（Birch et al., 2003）。在许多发达国家，这些文化信仰导致儿童肥胖率居高不下，我们将在第七章中更清楚地看到这一点。

由于发达国家的儿童经常吃太多不健康的食物，而健康的食物吃得太少，因此尽管生活在食物丰富的文化中，他们中的许多人还是有某些元素的营养不足症。在美国，钙缺乏是常见的营养缺乏症状，1/3 的美国 3 岁儿童的钙摄入量低于卫生当局建议的摄入量（Wagner & Greer, 2008）。钙对骨骼和牙齿的生长特别重要，存在于豆类、豌豆、西蓝花和乳制品中。在过去的 30 年里，由于孩子们喝的牛奶越来越少，喝的软饮料却越来越多，童年早期缺钙变得越来越普遍（Thacher & Clarke, 2011）。

在美国，童年早期饮食质量在不同种族和移民群体中存在差异。一项对 700 多名 3 岁儿童的研究发现，与白人儿童相比，非裔和拉丁裔儿童的钙摄入量更低（de Hoog et al., 2014）。同时，他们的饮食中包含了更多的软饮料和快餐。这些种族间的差异只在一定程度上取决于儿童所处家庭的社会经济地位。当研究人员使用一项统计技术来保持各组的社会经济地位不变时，差异仍然存在。研究还表明，母亲出生在美国以外的移民儿童的饮食比母亲出生在美国本土的儿童更健康。移民儿童吃快餐少，吃豆类和蔬菜等营养食品多。

在发展中国家，营养不良是一种常态，而不是例外。世界卫生组织估计，发展中国家约 80% 的儿童缺乏足够的食物或基本营养素（WHO, 2016）。两种最常缺乏的营养元素为蛋白质和铁。全世界约有 25% 的 5 岁以下儿童患有蛋白质缺乏症，并可能导致第四章和第五章所述的两种致命疾病：消瘦（婴儿期）和夸希奥科病（学步期和童年早期）。发展中国家大多数 5 岁以下儿童都患有缺铁症，或称为**贫血症（anemia）**（Balarajan et al., 2012）。贫血会导致疲劳、注意力涣散，进而导致认知和社会发展方面的问题（Black et al., 2011）。富含铁的食物包括大多数肉类，还有土豆、豌豆、甜菜等蔬菜，以及燕麦和糙米等谷物。如果不吃健康食品，发达国家的幼儿也可能患上贫血症（Brotanek et al., 2007）。

贫血症：饮食中缺铁会引起疲劳、易怒和注意力不集中等问题。

> **批判性思考题**：想想你经常在餐馆的“儿童菜单”上看到的食物。这些菜单怎样反映出人们对食物的文化信仰？

疾病和恶疾。在发展中国家，童年早期死亡的原因通常是疾病和恶疾，尤其是肺炎、疟疾和麻疹（UNICEF, 2016）。儿童期营养不良的一个间接原因是缺乏强大的免疫系统。近几十年来，全球在降低 5 岁以下儿童的死亡率方面取得了显著进展（GDB 2013 Mortality and Causes Death Collaborators, 2014）。如**图 6.2** 所示，在世界上许多最贫穷的国家，5 岁以下儿童的死亡率从 1990 年到 2015 年下降了一半以上。这种下降是多种因素造成的，尤其是发展中国家粮食生产的改善和儿童疫苗接种的普及率增加。

在发达国家，大多数儿童会接种疫苗，并能获得足够的食物和医疗保健，威胁生命的疾病很少出现。尽管如此，小病在童年早期还是很常见，大多数儿童每年都会生 7—10 次小病（Kesson，2007）。小病有助于增强孩子们的免疫能力，随着年龄的增长，孩子们经历这些疾病的频率也会降低。

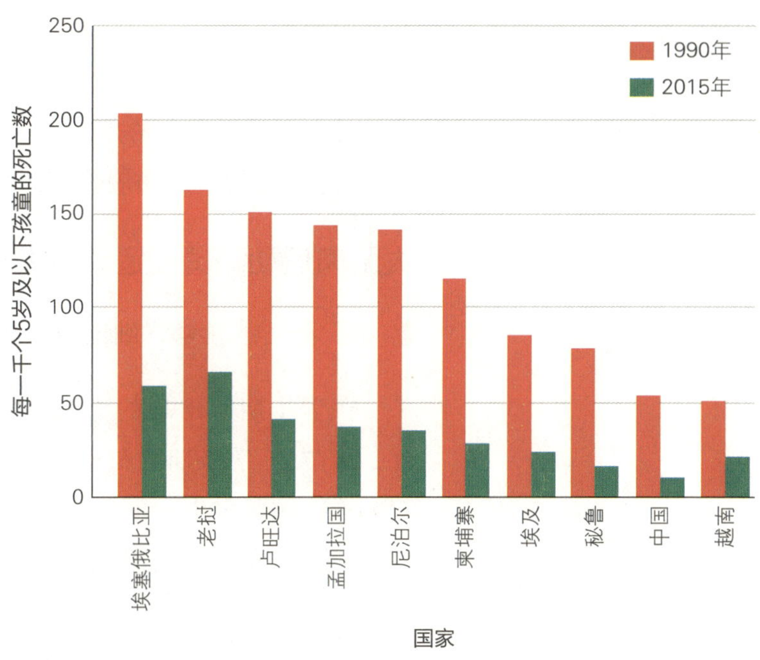

图 6.2　各国幼儿童年早期的死亡率

资料来源：UNICEF（2017）.

受伤。你还记得你童年时期受过的伤吗？你肯定不是唯一一个还能记起来的。大多数年幼的孩子——以及他们的父母——都不在乎童年的某一段时间内会受伤。如果他们够幸运的话，受的伤可能只是小小的“轻伤”，但在某些情况下，情况会严重得多。幼儿的活动水平较高，他们的运动系统得到了充分的发育，使他们能够跑、跳、爬，但他们的认知发展并不足以让他们预测到可能存在的危险情况。童年早期最常见的受伤是跌倒，其次是被物体击中或被动物或昆虫咬伤，被割伤或刺穿（Childstats.gov，2017）。男孩比女孩更容易受伤，因为他们的游戏往往更激烈，身体更活跃。

在发展中国家，童年早期幼儿受伤和因事故而导致的死亡率更高（GDB 2013 Mortality and Causes Death Collaborators，2014；WHO，2008）。例如，南非 1—14 岁儿童的意外伤害率是发达国家的 5 倍；越南的这项数值为 4 倍，中国为 3 倍。这是由于发达国家更严格的安全法规，如要求汽车内安装儿童座椅，严格的建筑防火规范，以及在可能发生溺水的公共游泳区设置救生员。一家名为全球儿童安全（Safe Kids Worldwide，2017）的组织正在致力于为发达国家和发展中国家的幼儿宣传安全措施。目前在中国、巴西、印度、加拿大等 30 多个国家设有分会，并在稳步发展。

发展中国家的童年早期死亡风险较高，但由于儿童接种疫苗的机会增加，发病率正在下降。如图所示，一位来自象牙海岸的女孩正在接种疫苗。

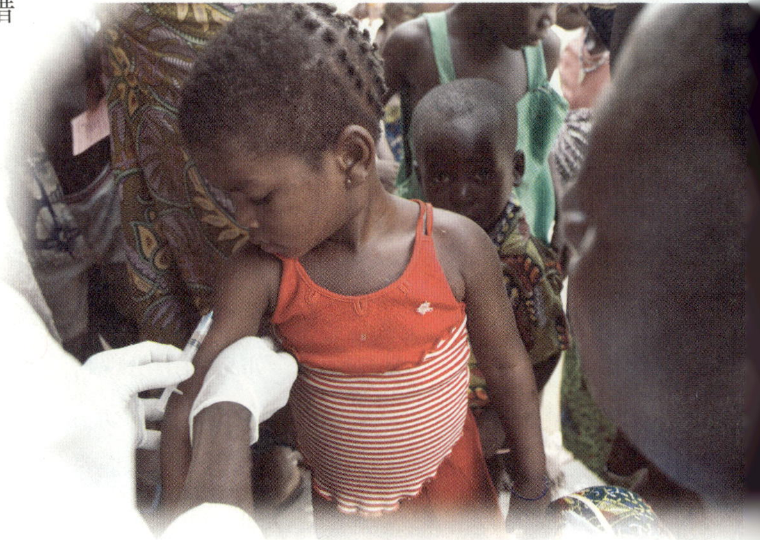

发展中国家的儿童意外受伤率很高，但疾病和恶疾的危险要大得多，患上恶疾的儿童约有 95% 会死亡（GDB 2013 Mortality and Causes Death Collaborators，2014）。相比之下，尽管发达国家的意外受伤率比发展中国家低得多，但意外受伤仍是发达国家幼儿死亡的主要原因，因为很少有儿童死于疾病或恶疾。

运动发育

有一点可以肯定的是，童年早期的运动活动有很多。这个年龄段的孩子经常运动，享受并不断拓展他们新的运动能力。

大肌肉运动和精细运动的发育

学习目标 6.4 能够详细说明童年早期大肌肉运动和精细运动能力的主要变化。

在学步期所出现的大肌肉运动能力在童年早期得到了继续发展（Kit et al.，2017）。学步期的孩子可以双脚跳一两步，但 3—6 岁的孩子已经学会了双脚连续跳更多步，也学会了用一只脚走路。学步期的孩子可以跳跃，但 3—6 岁的孩子学会了立定跳远，并且可以边跑边跳。学步期的孩子开始学习爬楼梯，但 3—6 岁的孩子可以在没有支撑的情况下爬楼梯，并且可以交替双脚爬楼梯。学步期的孩子可以投球，但 3—6 岁的孩子们可以把球扔得更远、更准确，同时他们也变得更善于接球。他们还提高了他们的跑步速度和急停或转弯的能力。

童年早期的精细运动发展是学步期所出现的精细运动的延伸，同时也会发展出一些新技能。在学步期，孩子已经可以用两根手指捡起一个小物体，但现在他们学会了更快更精确地捡起物体。学步期的孩子只会拿着蜡笔在纸上乱涂乱画，但在童年早期，他们能够画一些别人能认出的东西，比如人、动物或建筑，到了 6 岁他们甚至可以画出形状，比如圆圈或三角形，以及他们所认识的第一个字母和一些简短的单词，也许包括他们自己的名字。新的精细运动技能使孩子们能够做很多父母一直在为他们做的事情，包括穿上衣服和鞋子，用剪刀，刷牙，用刀切软食物（Piek et al.，2008）。

利手

学习目标 6.5 能够描述利手的发展过程，阐述左利手的后果和文化观点。

利手：在大肌肉运动和精细运动中使用左手或右手的偏好。

一旦儿童在童年早期开始画画或写字，他们就表现出明显的使用右手或左手的偏好，但**利手（handedness）**在童年早期之前就出现了（Rodriguez et al.，2010）。事实上，即使是在产前，胎儿也会表现出明确的偏好来吮吸右手或左手的拇指，其中 90% 的人更喜欢用右手拇指（Hepper et al.，2005）。在大多数文化中，90% 的右利手持续到儿童期和成年期（Hinojosa et al.，2003）。

如果利手出现得这么早，那一定意味着它是由基因决定的，对吧？事实上，在这个问题上，研究结果并不一致。一方面，被收养的孩子更有可能像他们的亲生父母，而不是养父母，这表明利手的遗传来源（Carter-Saltzman，1980）。另一方面，同卵双胞胎比普通兄弟姐妹更有可能在利手上有所不同，尽管同卵双胞胎的基因型完全相同，而其他兄弟姐妹只有 50% 左右的相似（Derom et al., 1996）。这似乎是由于双胞胎在子宫内通常以相反的方式躺着，而大多数单胞胎则向左躺着。朝一边躺着可以让另一边的手有更好的运动，从而使另一边的手有更大的发展，所以大多数双胞胎一个是右利手，一个是左利手，而大多数独生子女是右利手。这表明产前环境对利手也是有影响的。

为什么这么多的文化将左利手视为恶魔和危险人物?

此外，文化也是其中一个重要的影响因素。从历史上看，许多文化认为左利手是危险和邪恶的，并抑制了其在儿童中的发展（Grimshaw & Wilson, 2013）。在西方语言中，“不祥的”这个词来源于拉丁语，意思是“在左边”，西方艺术中的许多画作都把恶魔描绘成左利手。许多亚洲文化认为，左手仅是用来排便后擦拭的，其他所有活动都主要由右手来完成。在非洲，许多文化从儿童时期开始就禁止使用左手，在一些非洲国家左利手的比例低至 1%，远低于左利手被接受的文化中 10% 的比例（Provins, 1997）。同样，在中国的调查报告显示，左利手占比低于 1%（Kushner, 2013）。

为什么这么多的文化如此恐惧和轻视左利手？也许是由于人们注意到左利手可能与各种问题的关联性更大，所以对左利手产生了消极的文化观念。左利手婴儿更容易早产或难产，有证据表明，产前或分娩期间的脑损伤可能导致左利手（Powls et al., 1996）。在童年早期和中期，左利手更有可能在学习阅读和其他语言学习方面出现问题（Knaus et al., 2016; Natsopoulos et al., 1998）。这可能与一个事实有关，即大约 1/4 的左利手往往用两个半球处理语言，而并非主要使用左半球（Knecht et al., 2000）。成年后，左利手的预期寿命较低，更容易死于事故（Grimshaw & Wilson, 2013）。

然而，这一解释并不完全令人信服，因为左利手不仅更可能与某些问题有关，而且可能预示着某些领域的优秀甚至天赋异禀。左利手儿童更有可能表现出非凡的语言和数学能力（Bower, 1985; Flannery & Leiderman, 1995）。左利手尤其有可能拥有强大的视觉空间能力，因此他们比右利手更有可能成为建筑师或艺术家（Grimshaw & Wilson, 2013）。西方传统中一些最伟大的艺术家都是左利手，包括达・芬奇、米开朗琪罗和毕加索（Schacter & Ransil, 1996）。值得注意的是，大多数左利手的认知发展处于正常范围，既没有表现出不寻常的问题，也没有表现出不寻常的天赋。因此，普遍存在的对左利手的文化偏见仍然是个谜。

小结：生理发展

学习目标 6.1　能够总结童年早期身体成长的变化。

童年早期的身体发育的速度减慢了。在发达国家，大多数 3—6 岁的孩子，每年长高 5—7 厘米，体重增加 2.3—3.2 千克。在发展中国家，由于营养不良、儿童恶疾和发育迟缓的概率较高，童年早期的儿童的平均身高和体重都较低。

学习目标 6.2　能够描述童年早期的大脑发育变化并能够解释"婴儿型"失忆症的大脑发育因素。

童年早期大脑发育最显著的变化发生在神经元之间的联结生长，胼胝体、小脑、网状结构和海马体的髓鞘形成。研究表明，婴儿失忆症，也即无法记住 4 岁或 5 岁以前发生的具体事件和个人经历，主要是由于海马体的不成熟。

学习目标 6.3　能够确定发达国家和发展中国家的孩子在童年早期的营养不良情况以及受伤、疾病和死亡的主要原因。

发展中国家约 80% 的儿童经历营养不良，但发达国家的儿童中营养不良也有着令人惊讶的高比例。钙缺乏是美国最常见的营养缺乏症，而发展中国家最常见的两种营养不良类型是缺乏蛋白质和铁。发展中国家幼儿死亡率远高于发达国家，这主要是由于传染病流行率较高，但近年来已大幅下降。在发达国家，童年早期受伤最常见的原因是跌倒，这是由于大肌肉运动技能的限制。

学习目标 6.4　能够详细说明童年早期大肌肉运动和精细运动能力的主要变化。

3—6 岁，幼儿学会连续多次跳跃，单脚跳跃；立定跳远和边跑边跳；在没有支撑的情况下，交替双脚爬楼梯；可以将球扔得更远、更准确；更善于接球；提高了他们的跑步速度和他们的急停和转向的能力。在精细运动技能发育的过程中，孩子们学会了更快更精确地捡起小物体，画出他人可以辨认的东西，写出他们所学的第一个字母和一些简短的单词，穿上衣服，脱掉衣服，用剪刀，用刀切软食物。

学习目标 6.5　能够描述利手的发展过程，阐述左利手的后果和文化观点。

大约 10% 的孩子是左利手。利手主要是由于胎儿在子宫中的方向，尽管也有一定的基因影响。左利手在许多文化中都受到了歧视，尽管原因尚不清楚。尽管大多数左利手都在正常的发育范围内，但左利手也与更高概率的发展问题相关，同时也与特殊的语言、数学和视觉空间能力有关。

第二节 认知发展

学习目标

6.6 能够解释皮亚杰认知发展前运算阶段的特点。

6.7 能够解释什么是“心理理论”以及它在童年早期发展的证据。

6.8 能够确定文化学习在童年早期发生的方式。

6.9 能够找出在学前教育质量中最重要的特征，并解释它们如何反映文化价值观。

6.10 能够总结早期干预计划及其结果。

6.11 能够解释词汇和语法在童年早期是如何进步的。

6.12 能够具体说明儿童在童年早期如何学习语用学，并确定社会规则的文化基础。

认知发展理论

在童年早期，儿童的认知发展有许多显著的进步。几种理论阐明了儿童认知发展，包括皮亚杰的前运算阶段；研究儿童如何思考他人想法的心理理论；强调幼儿获得文化知识和技能的文化学习理论。这些理论相辅相成，为幼儿认知发展提供了一个全面的图景。

皮亚杰认知发展的前运算阶段

学习目标 6.6 能够解释皮亚杰认知发展前运算阶段的特点。

在皮亚杰的理论中，幼儿时期是儿童认知发展的一个关键转折点，因为这个阶段儿童的思维变得具有代表性（Piaget，1952）。人生的前两年，即感觉运动阶段，思维主要与感觉运动的活动有关，如伸展和抓握。随着感觉运动阶段的结束，接下来的半年，儿童开始将其感觉运动活动的图像内化，这标志着代表性思维的开始。

然而，在童年早期，我们才成为真正的思考者。该阶段语言能力发展迅速，需要学习通过词汇来象征性地描述世界的能力。一旦我们能够通过语言来描述世界，我们就摆脱了短暂的感觉运动阶段的体验。借助语言，我们不仅可以展现现在，也可以反映过去和想象未来，不仅展示着我们面前的世界，还能够展现我们以前经历过的世界和将来的世界——即将到来的寒冷或温暖的季节，食物或水的供应量下降，等等。我们甚至可以通过脑海中的想法来表现前所未有的世界——飞翔的猴子、会说话的树和拥有超人力量的人。

前运算阶段：根据皮亚杰的理论，从2岁到7岁这一年龄区间的认知阶段称为前运算阶段，在这一阶段内儿童能够象征性地描述世界（例如，通过语言的使用），但进行心理运算的能力有限。

守恒：能够理解即使物质的物理外观发生变化，其数量仍保持不变的思维能力。

可逆性：大脑逆转行为的能力。

中心化：皮亚杰提出的术语，指幼儿的思维仅仅集中在认知问题的某一个显著方面，而往往忽视其他重要方面。

自我中心主义：无法区分自己的视角和他人的视角的认知困难。

这些都是了不起的认知成就。然而，令皮亚杰着迷的不仅仅是处于童年早期的孩子的认知能力，还有这些孩子所犯下的错误。皮亚杰将**前运算阶段**（preoperational stage）的年龄范围限定在2—7岁，并强调这个年龄段的儿童还不能进行心理运算，即能够遵循特定逻辑规则的认知程序。对此，皮亚杰详细地列出了一些具有幼儿特征的前运算阶段的认知错误，包括守恒、自我中心主义和分类。

守恒（conservation）是一个原则，指即使物质的物理外观发生变化，其数量仍保持不变。皮亚杰认为童年早期缺乏这种理解。皮亚杰的经典案例是，他向幼儿展示了两个相同的杯子，杯子里装着等量的水，并问他们两个杯子里的水是否相等。孩子们通常回答“是”，他们能够理解这点。然后皮亚杰把其中一个杯子里的水倒进一个更高、更窄的杯子里，又问孩子们两杯水是否相等。此时，大多数孩子都回答“否”。他们不明白尽管水的外观已经改变了，但水的量是不变的。皮亚杰还用固体物质来证明这一问题的存在。

皮亚杰将儿童在守恒问题上的认知错误归因于两种认知缺陷。其一是缺乏**可逆性**（reversibility），即在大脑中逆转一个行为的能力。在守恒问题中，当水从原来的玻璃杯倒入更高的玻璃杯时，任何一个能够在大脑中逆转这个动作的人都会认为水的量是一样的。幼儿不能进行可逆性的心理运算，因此他们错误地认为水量已经改变。另一个是**中心化**（centration），这意味着幼儿的思维仅仅集中在认知问题的某一个显著方面，而往往忽视其他重要方面。如在液体守恒的问题中，幼儿仅仅注意到了水倒入更高的玻璃杯后水高度的变化，但忽略了水宽度的变化。

自我中心主义。皮亚杰认为，前运算阶段的另一个认知局限是**自我中心主义**（egocentrism），即无法区分自己的视角和他人的视角。为了证明这一点，皮亚杰和他的同事巴贝尔·因赫尔德（Barbel Inhelder）（1969）设计了“三座大山”的实验，如**图6.3**所示。该实验向孩子展示了三座大小不同、特征不同的山峰的黏土模型，如积雪、一根柱子、一个十字架。孩子绕着桌子走来走去，观察山在各个角度是什么样的，接着孩子坐下来，让专家将一个娃娃放置在桌子周围的不同的点上。在每个娃娃所在的地方，向孩子展示一系列的照片，并询问他们哪一张是娃娃的视角。在前运算阶段的早期，孩子们倾向于选择符合自己视角的照片，而不是娃娃的。

图6.3 皮亚杰的“三座大山”实验

这项任务的表现如何展现自我中心主义？

批判性思考题：你理解中心化与自我中心主义之间的联系吗？请解释一下。

自我中心主义的一个表现是**泛灵论**（animism），即倾向于将人类的思想、情感和力量赋予到无生命的物体上。皮亚杰认为，当孩子将雷声赋予愤怒情绪色彩或者认为月亮在跟着他们时，这反映了他们的泛灵论思想。把自己的思想和感情赋予无生命的事物也反映了他们的自我中心主义。

泛灵论：倾向于将人类的思想、情感和力量赋予到无生命的物体上。

孩子们玩毛绒玩具和洋娃娃是体现泛灵论思想的一个范例。当他们玩这些玩具的时候，孩子们经常把一些人类的思想和情感（通常是他们自己的思想和情感）赋予它们。这虽然只是在玩，但这是一种他们认真对待的玩耍方式。5 岁时，我们的女儿帕里斯有时会在我们的门廊里"偶遇"一只毛茸茸的小狗或小猫玩具，她会把它当作宠物对待。如果你幽默地说这可真是一只特别容易照顾的宠物（正如我们某天所犯下的错误），她会非常生气，并坚持说这是一只真正的动物。对她来说，在那一刻，它就是宠物。

分类。除了缺乏守恒思想和自我中心主义，皮亚杰认为，前运算阶段的儿童也缺乏**分类**（classification）能力。这意味着他们很难理解物体可以同时分属多个类或组。他给孩子们看了一幅由 4 朵蓝色的花和 12 朵黄色的花组成的图画，并问道："黄花更多还是花更多？"处于童年早期的孩子们通常会回答"黄花更多"，因为他们不明白黄花可能既是黄花类的一部分，也是花类的一部分。

分类：理解物体可以同时分属多个类或组的能力，例如，一个物体既可以被归为红色物体类，也可以被归为圆形物体类。

对此，皮亚杰认为，正如守恒一样，中心化的认知局限和思维的不可逆性是前运算阶段认知局限的根源所在。导致年幼的孩子忽视黄花是花的原因是他们仅关注了黄花是黄色的这一事实。他们也缺乏可逆性思维，因为他们无法完成先将黄、蓝花归入"花"类，然后将它们分别移回"黄花"和"蓝花"类的心理运算。

评价皮亚杰理论。皮亚杰关于童年早期处于前运算阶段的理论在他提出后的几十年里受到了挑战。对这一理论有两个关键性的批评：①它低估了儿童的认知能力；②它夸大了儿童认知发展的阶段性而非持续性。

过去几十年的研究表明，2—7 岁的儿童的认知能力超过了皮亚杰所认为其应有的认知能力。对于自我中心主义，当"三座大山"实验使用孩子们熟悉的实验道具时，他们则会更容易理解他人的视角（Newcombe & Huttenlocher，2006）。采用不同实验方法的研究也表明，2—7 岁的儿童比皮亚杰所认为的更少出现自我中心。例如，当孩子们思考自己能做些什么来激怒兄弟姐妹时，他们就开始展现出了理解他人观点的能力（Dunn，1988）。对于积极的方面，幼儿也会自发地帮助他人以实现自身的目标（Warneken & Tomasello，2006）。4 岁的孩子在与幼儿或婴儿交谈时会使用简短的句子，这表明他们可以站在较小的幼儿的视角交流，

小孩子经常把人类的思想和感情赋予动物，甚至是毛绒玩具。

具有非自我中心的能力（Bryant & Barrett，2007）。

关于皮亚杰的阶段理论，研究表明，童年时期认知能力的发展不像皮亚杰所认为的那样具有阶段性，而是更具持续性（Bibok et al.，2009）。请记住，皮亚杰的阶段理论认为，从一个阶段到另一个阶段的转变代表了一种整体性的认知转变，不仅仅是在特定认知能力上的改变，还包括孩子的思维方式。在这个观点中，2—7 岁的孩子不能进行心理运算，然后在下一个阶段，他们就可以这样做了。然而，研究表明，进行心理运算的能力在童年时期是逐渐变化的。

幼儿的社会认知："心理理论"的发展

学习目标 6.7　能够解释什么是"心理理论"以及它在童年早期发展的证据。

心理理论：理解自己和他人思维过程的能力。

目前对幼儿认知发展的研究已经不仅仅有皮亚杰理论。近年来，一个流行的研究领域是**心理理论（theory of mind）**，即借助自身或他人的心理状态来理解不同于自己的信仰、意图和观点的能力（Schug et al.，2016；Slaught，2015；Wellman，2017）。

理解他人的思维方式，即使是对成年人来说也算是一项挑战，但心理理论的首次表征却非常早，甚至在婴儿期就已经出现了。例如，婴儿会通过联合注意（joint attention）和使用前语言发声（the use of prelanguage vocalizations）等行为，表现出他们理解其他人的心理状态，比如他们的意图（Slaughter，2015；Tomasello & Rakoczy，2003）。在 12 个月大时，婴儿会指向他人没有意识到的事件或物体，以引起他们的注意（Liszkowski et al.，2007）。到了 2 岁，随着婴儿开始使用语言，他们越来越能够意识到别人的想法和情绪可以与他们自己的想法和情绪进行对比（例如，"那个人疯了"或者"我喜欢苹果酱，但哥哥不喜欢苹果酱"）。2 岁的孩子开始使用表示心理过程的词汇，例如"思考""记住""假装"等（Flavell et al.，2002）。到了 3 岁，孩子们就知道他们和其他人一样能够想象不存在的东西（比如冰激凌蛋卷）。他们可以想象某一事件真的发生了并对此做出反应，并且他们意识到其他人也可以这样做（Giminez-Dasi　et al.，2016；Suminar et al.，2016）。这种理解成为未来多年后的假装游戏的基础。

测试幼儿心理理论的常用方法是"错误信念任务"。在一项对"错误信念"理解的实验中，孩子们将看到这样一段动画："一个名叫马克西的男孩将巧克力放在橱柜里，然后离开了房间（Amsterlaw & Wellman，2006）。接着，马克西的母亲进入房间，把巧克力移到不同的地方。然后她询问孩子们：'马克西回来后会在哪里找巧克力呢？'"大多数 3 岁的孩子都回答错误，认为马克西会在他母亲存放巧克力的新地方寻找巧克力。相比之下，大多数 4 岁的孩子都能意识到马克西会错误地相信巧克力就在他放巧克力的柜子里。在儿童 5 岁时，正确理解这一点的比例将上升到很高水平。而到了 6 岁时，几乎所有发达国家的儿童都能轻易地解决错误信念的问题。

在发展中国家很少有关于错误信念的研究。但一些研究发现，一些儿童在学会错误信念推理的方面存在延迟现象。然而，错误信念的研究是一项高度依赖语言能力发展的任务，比如关于马克西和他母亲的故事。研究还取决于孩子们是否愿意回答有关他人心理状态的问题。从生态学的观点上来看这些研究可能是无效的（参考第一章），因为在测量方法和被试者的日常生活之间存在着误差。在一项研究中，丹尼尔·豪恩（Daniel Haun）和他的同事设计了一个非语言游戏来测试错误信念，结果发现来自德国、纳米比亚和萨摩亚的4—7岁儿童表现出相同的水平（Haun，2015）。

研究人员不仅开发了跨文化的错误信念的新测试方法，而且对婴幼儿进行了错误信念的研究（Slaughter，2015）。正如第四章所述，芮妮·贝拉吉恩（Renée Baillargeon）和她的同事通过测量婴幼儿的视觉行为来检验他们的认知发展。你或许还记得，他们的研究表明，儿童获得物体持久性的时间要早于皮亚杰根据从掀开毯子获得物体的任务所得出的时间。皮亚杰的任务要求儿童心理和运动能力的协调，而贝拉吉恩的测量则完全依赖儿童的视觉行为。

贝拉吉恩是众多研究人员中的一员，他们使用“违反预期”的任务来测试儿童对一个对物体位置有错误看法的人会在哪里搜索物体的理解。研究人员不会要求儿童用语言说明人（如马克西）会在哪里寻找物体（如巧克力），他们仅仅测量孩子们的观察行为。例如，孩子们看到一个人把玩具放在一个黄色的盒子里。人离开后，玩具被移到了一个绿色的盒子里。当这个人回来找东西的时候，孩子们会看向哪里呢？如果孩子们理解人们会产生错误信念，他们会期待那个人看向那个原先装玩具的黄色盒子。如果那个人看向了绿色盒子，那么这就是违反预期。

研究结果表明，15个月大的孩子看人在绿色盒子里寻找玩具的时间会明显长于看人在黄色盒子里寻找玩具的时间（Onishi & Baillargeon，2005）。这表明即使对15个月大的孩子来说，在绿盒子里搜索玩具也是违反预期的。他们很惊讶，也因此看得更久。其他一些研究也表明，孩子在2岁时就可以理解他人会产生错误信念。

然而，研究人员发现不同年龄的儿童在对错误信念的理解程度和深度上仍存在差异。有些研究人员认为依靠幼儿的视觉行为进行的研究所测试的是“隐性知识”，他们认为，对错误信念的明确和全面理解只在童年早期才会产生（Perner & Roessler，2012；Slaughter，2015）。

心理理论的研究将继续蓬勃发展。目前可以确认的是，洞察他人的思想是一种挑战。人们的信念和意图是多样的，人们对于自己想法的表达程度取决于不同的情境。以下是一个例证，来自一位母亲和一个5岁的孩子在纽约地铁上的对话。

孩子："为什么他们都这么伤心？"（指了指她对面的人）

妈妈："哦，他们不难过。他们本来就是这副模样。"（Gilbert，2015）

童年早期的文化学习

学习目标 6.8　能够确定文化学习在童年早期发生的方式。

在皮亚杰对认知发展的描述中，幼儿就像一个孤独的小科学家，逐渐掌握了守恒和分类的概念，克服了自我中心主义和泛灵论的错误。维果茨基（Vygotsky）的社会文化学习理论采取了截然不同的方法，把认知发展看作一个社会和文化过程。孩子们的认知发展不是通过他们各自与环境的互动，而是通过引导参与的社会过程，因为在日常活动中，他们会与所处文化中掌握更丰富知识的成员（通常是年长的兄姐或父母）产生互动。

幼儿的文化学习在童年早期就开始凸显出来（Gauvain & Nicolaides，2015）。与学步期相比，此时的幼儿有了学习特定文化技能的能力。以本章开头的玛雅人为例。一个 5 岁的孩子可以很容易地学会制作玉米饼所涉及的技能，而 2 岁的孩子则没有所需的学习能力、运动技能或控制冲动的能力（Rogoff，2003）。在许多文化中，童年早期（5—6 岁）的儿童开始第一次在家庭中承担食物准备、儿童保育和动物护理的重要责任（LeVine & LeVine，2016）。在童年早期，他们进行了履行这些职责所必需的文化学习，有时是通过他人的直接教导，但更多的是通过观察和参与成年人的活动。

在传统文化与其他文化中，文化学习都可以通过引导参与进行。例如，一个经济发达国家的孩子可能会帮助父母准备一份购物清单，并在这个过程中学习具有文化价值的技能，如阅读、利用清单作为组织和计划的工具以及计算总支出（Rogoff，2003）。西方国家也鼓励孩子们表达自己和与人交谈。例如，在晚餐时，美国父母经常问他们的孩子一系列的问题（"你在学前班唱过什么歌？""你吃了什么零食？"）。这也为孩子们在童年中期正式进入小学的问答结构形式做好了铺垫（Martini，1996）。这与其他许多更重视倾听的文化形成了鲜明的对比，这种对比在儿童身上尤其可以体现出来（Rogoff，2003）。在一项针对伯利兹、肯尼亚、尼泊尔和美国萨莫人的四种传统文化的研究中，研究人员分析了 3—5 岁儿童的近 3000 句话。与对美国儿童的研究相比，研究人员发现这四种传统文化的儿童话语中几乎没有一句话（4.5%）是关于"为什么"的问题（Gauvain et al.，2013）。

图中的文化学习是如何进行的？

以下两个因素使得发达国家的文化学习不同于传统文化国家中的文化学习。一是发达国家的儿童在学校或其他集体保育环境

文化焦点：跨文化中的引导参与

童年早期是进行文化学习的重要时期。父母、兄弟姐妹、幼儿教师和其他人都将教导孩子学习文化中有价值的技能。这种教导通常包括让孩子们一同参与，将一项任务分解成多个步骤，并让孩子们集中精力完成任务。成年人也会试图减轻孩子在完成新任务时可能遇到的挫折，他们也会鼓励孩子继续学习和提高。

中，一天中的大部分时间内都与家人分离。文化学习会发生在学龄前的环境中（回想一下本章开头的拉尔斯的例子）。对这些孩子来说，文化学习更多地以更为直接的教育进行（例如，学习字母），而不是通过参与家庭日常活动而进行。二是在复杂的经济社会中，成年人所从事的日常活动相比儿童通过引导参与在传统文化所学习的活动（如儿童保育、照料动物和准备食物）要更加复杂，也更难学习。在复杂的经济社会中，大多数工作都需要高级的信息分析和技术应用技能，儿童无法通过引导参与来学习这些技能，特别是在童年早期。

童年早期的教育

在许多文化的传统中，正式教育大约从 7 岁开始。7 岁是孩子有能力学习阅读、写作和数学技能的年龄。然而，由于现代信息经济对学习如何使用单词和数字的需求如此强烈，许多国家的学校都会提前进行教育。在发达国家，大约 3/4 的 3—5 岁儿童在集体托儿所、学前班或幼儿园就读（OECD，2013）。在发展中国家，这一比例较低，但仍在上升。如今，美国约有一半的州为 4 岁儿童提供某种类型的学前教育计划，通常关注低收入家庭的儿童。然而，美国的学前教育参与率却仍然几乎落后于其他发达国家（OECD，2013）。例如，在日本、瑞典和英国，几乎所有 4 岁的孩子都在读幼儿园。而在美国，大约有 70% 的 4 岁儿童会上幼儿园。

学前教育质量的重要性

学习目标 6.9　能够找出在学前教育质量中最重要的特征，并解释它们如何反映文化价值观。

参加学前班对儿童的认知以及所产生的社会影响是什么？在大多数情况下，上学前班对幼儿是有益的。参加学前教育的认知益处包括获得更高的语言和数学技能，以及对记忆力和理解能力的更强表现（Clarke-Stewart & Allusen，2002；Yoshikawa et al.，2013）。来自低收入家庭背景的儿童从幼儿园获得的认知能力的提升往往比来自中产阶级家庭的儿童更多（Love et al.，2013；Yoshikawa et al.，2013）。换句话说，上过学前班的孩子比没有上过学前班的相似背景的孩子在学校入学考试中会表现得更好。

参加学前班还有社会收益。参加学前班的儿童通常比留在家中的儿童更加独立和自信［National Institute of Child Health and Human Development（NICHD）Early Child Care Research Network，2006］。然而，这也存在一定的社会成本。据观察，上幼儿园的孩子不太顺从他人，对成年人的尊重程度较低，而且比其他孩子更具有侵略性（Jennings & Reingle，2012）。此外，这些负面影响可能会在学龄前长期存在。美国进行的一项大型全国性纵向研究中发现，每周学时超过10小时的儿童入学后在课堂上的破坏性更大，且会一直持续到6年级（NICHD Early Child Care Research Network，2006）。

然而，这些与学前教育相关的总体积极或消极结果的发现可能会产生误导。学前教育计划的质量差异很大，许多研究发现学前儿童教育质量比儿童是否上过幼儿园这一事实更重要（Clarke-Stewart & Allhusen，2002；NICHD Early Child Care Research Network，2006；Vardell et al.，2016）。文化也是一个重要因素。最近挪威的一项全国性研究发现，是否接受幼儿园教育与儿童的攻击行为之间没有关系（Zachrisson et al.，2013）。挪威具有高质量的学龄前儿童教育，从1岁起，挪威的幼儿就习惯于与其他非家庭保育的孩子在一起。

在为孩子寻找高质量的学前教育体验时，父母应该考虑哪些因素？童年早期发展的学者们普遍认为，最重要的特征包括以下几点（Lavzer & Goodson，2006；NAEYC，2010；Vandell et al.，2005；Yoshikawa et al.，2013）。

- 教师的教育和培训。与高年级教师不同，学前教师通常不需要接受专门针对幼儿教育的培训或取得证书。接受过幼儿教育培训的学前教师可以为幼儿提供一个更好的社会和认知环境。

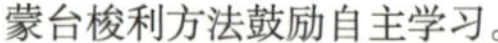
蒙台梭利方法鼓励自主学习。

- 班级规模和师生比例。专家建议，一个教室里的儿童不超过20人，儿童与学前教育教师的比例不高于每名教师照看5—10名3岁儿童或每名教师照看7—10名4岁儿童。
- 符合年龄的学习资料和活动。在幼儿时期，儿童通过积极接触材料而不是通过正规的课程或死记硬背来学习。
- 师生互动。老师们应该把大部分时间花在与孩子们的互动上，而不是彼此之间。他们应该在儿童中互动，提出问题，提供建议，并在必要时帮助他们。

需要注意的是，高质量幼儿园的标准不包括严格的学术指导。在这里，童年早期学者们普遍认为，学前教育应该基于发展适当的教育实践（NAEYC，2010）。学龄前的学习应该涉及探索和发现。通过相对非结构化的亲身体验来学习——例如，通过在水中或沙地上玩耍来了解物质世界，或通过歌曲和童谣学习新单词。

日本的幼儿园强调团体游戏和合作。

以高质量和发展适当的实践而闻名的学前教育计划之一是蒙台梭利教育计划（Montessori program）。发展心理学家安吉丽娜·利拉德（Angeline Lilard）的研究证明了蒙台梭利方法的有效性（Lilard，2008；Lilard & Else-Quest，2006）。利拉德（Lilard）对两组 3—6 岁儿童进行了比较。其中一组儿童曾就读于蒙台梭利幼儿园，另一组儿童则上过其他类型的幼儿园。非蒙台梭利小组的所有儿童最初都申请蒙台梭利学校，但由于地区限制而无法进入，最终通过随机抽签确定入学。这是研究设计的一个重要方面。你知道为什么吗？如果研究人员简单地将蒙台梭利学校的儿童与非蒙台梭利学校的儿童进行比较，那么任何差异都难以解释，因为这两类学校的儿童家庭之间可能存在其他许多差异。例如，蒙台梭利学校的孩子的父母可能社会经济地位更高。由于非蒙台梭利学校的儿童家庭也申请让他们的孩子进入蒙台梭利学校，并且这些家庭是通过随机抽签选择的，因此可以假设两组儿童的背景相似。

在蒙台梭利幼儿园就读的学龄前儿童，其认知和社会发展水平均高于其他学龄前儿童。从认知角度看，蒙台梭利儿童在阅读和数学能力测试中的得分高于其他儿童。从社会角度看，在操场观察中，蒙台梭利儿童更多地选择参与合作游戏，而不是粗暴、混乱的游戏，如摔跤。总而言之，蒙台梭利方法似乎为儿童提供了一种鼓励自主学习和积极学习的方法，从而促进认知和社会发展。

虽然接受幼儿园教育已成为发达国家的共识，但各国在幼儿园的结构和幼儿所学习的内容上仍有很大差异。在大多数国家，父母希望从学前班获得社会收益，但各国对认知和知识收益的期望各不相同。在一些国家，如中国和美国，学习基本的学术技能是让孩子上幼儿园的主要目标之一（LeVine & LeVine，2016；Tobin et al.，2009）。但在其他国家，如日本和大多数欧洲国家，学习技巧的掌握在幼儿园中并没有那么重要（Hayashi et al.，2009）。相反，学前教育主要是学习社交技能的阶段，例如学习如何发挥团队成员的作用。

日本对这一领域特别感兴趣，因为日本学生长期以来一直是各国中学生里阅读、数学和科学方面的佼佼者（NCES，2014）。那么，你可能会认为，这种成功的原因之一是日本比其他国家更早对孩子进行学习指导。但事实恰恰相反，在一项针对美国父母和幼儿园老师的研究中，只有 2% 的日本人把“给孩子一个良好的学习开端”列为送幼儿去上幼儿园的三大原因之一（Tobin et al., 2009）。相反，超过一半的美国人将其列为三大原因之一。对“给孩子一个成为小组成员的经历”选项的赞同与前者产生了鲜明对比，相比 60% 的日本父母和老师支持这一选项，仅有 20% 的美国人对此表示赞同。

日本的幼儿园不教授任何与阅读和数字相关的内容。相反，他们的关注点在于团体游戏，因此孩子们将在幼儿园学到合作与分享的价值。幼儿园孩子穿着相同的制服，用不同的颜色代表他们的班级。他们每个人在各自的抽屉里拥有相同的装备。通过在幼儿园了解这些文化实践，孩子们也学习到了集体主义的日本价值观。

学前教育下的认知干预

学习目标 6.10　能够总结早期干预计划及其结果。

早期干预计划：针对那些入学后可能出现问题的幼儿，旨在防止问题的扩大。

早期干预计划（early intervention program）是一种集中关注认知发展的学前教育方式。这些计划针对那些后期入学后有问题风险的儿童，他们往往来自低收入家庭。早期干预计划旨在为这些儿童在童年早期提供额外的认知刺激，以使他们一进入学校就有更高的成功机会。

到目前为止，美国最大的早期干预计划是开端计划（Head Start）。该计划始于 1965 年，目前该计划仍然在火热进行，每年约有 100 万的美国儿童入学（Head Start, 2015）。该计划为 4—6 岁的儿童提供 1 年或 2 年的学前教育及其他服务。参加该计划的儿童可获得免费的午餐和保健服务。家长可以获得医疗保健和就业培训服务。家长也可直接参与开端计划，为制定政策的理事会提供服务，有时还会担任任课教师。加拿大也有一个类似的项目，他们重点关注原住居民儿童，因为这些儿童入学后往往会有问题风险。

然而这些项目真的有用吗？对此很难回答。美国设立开端计划的主要目的是提高低收入家庭背景孩子的智力，增强他们入学后的学习表现。与同样家庭背景、没有参加计划的孩子相比，参加开端计划的孩子在智商测试和学习成就上有很大提升，所以在这方面，项目确实起到了作用。然而，开端计划和其他许多早期干预项目的共同点是智力测试和成就收益会在进入小学后 2 年或 3 年内消退（Barnett & Hustedt, 2005; Yoshikawa et al., 2013）。这并不奇怪，因为参加该项目的儿童通常会进入资金不足、教学质量低劣的公立学校。然而，最初取得的成效的消失是人们所不期望的，这也没能达到该计划的最初目标。

然而，开端计划也取得了一些有效的成果（Brooks-Gunn, 2003; Jekins et

al., 2016; Resnick, 2010)。参加开端计划的儿童不太可能接受特殊教育或重复读一个年级。应该牢记的是，开端计划是一个拥有成千上万个孩子的项目，其质量参差不齐（Resnick, 2010; Zigler & Styfco, 2004）。

开端计划旨在为4—6岁的儿童提供服务，并让他们在入学准备方面处于领先地位，20世纪90年代，为低收入家庭及其3岁以下的儿童启动了一个新的项目，即提前开端计划（Early Head Start, EHS）（Raikes et al., 2010）。该计划的目标是探究在较早年龄开始干预是否会对儿童认知和社会发展产生更大的影响。研究表明，到5岁时，参与过提前开端计划的儿童比起来自相似家庭的对照组会表现出更好的注意力和更少的行为问题（Love et al., 2013）。同样，这些儿童的妈妈们的心理健康和就业问题也会受益。然而，对于儿童来说，在提前开端计划中学习并没有影响他们的早期学业成绩，除非在3—4岁时接受学前教育课程。

一些小规模、密集的早期干预项目显示出更广泛的持久影响。其中最著名的是高范围学前项目，即一项针对低收入家庭儿童的为期2年的全日制学前项目（Schweinhart et al., 2004）。与对照组相比，参与了高范围学前项目的儿童在智力测试和学业成绩上表现出了一种类似的增长模式，这种模式会在最初增长，随后出现下降。但与对照组相比，该增长模式证明了该计划的许多其他益处。在青春期，女孩怀孕的可能性较小，男孩犯罪的可能性较小，男孩和女孩从高中毕业和上大学的可能性更大，如**图6.4**所示。27岁时，高范围学前项目的参与者结婚和拥有自己的房子的可能性更大，犯罪的可能性更小，他们的月收入也更高。在40岁的时候，高范围学前项目的参与者仍然在包括收入和家庭稳定在内的广泛领域受益。该计划表明，高强度、高质量的早期干预计划可以带来深远和持久的益处。

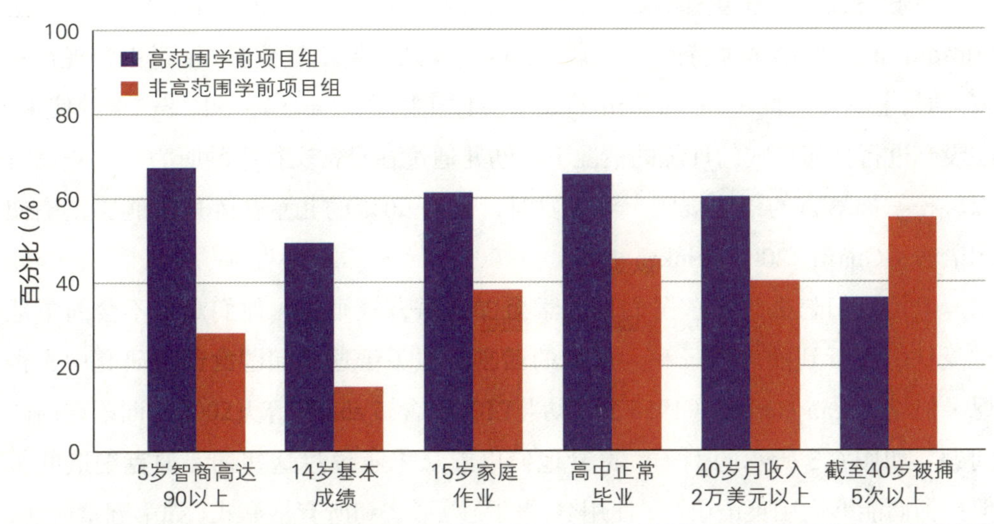

图6.4　高范围学前项目研究的主要发现

资料来源：Schweinhart et al.（2005）.

语言发展

正如我们在第五章中所看到的，到3岁时，孩子们已经能非常熟练地使用语言了。从3—6岁，他们在词汇、语法和语用学等领域都取得了飞速的发展。

词汇和语法的进步

学习目标 6.11 能够解释词汇和语法在童年早期是如何进步的。

童年早期在语言方面最惊人的进步也许就是幼儿词汇的增长。3岁儿童的平均词汇量约为1000个单词；而到6岁时，他们的平均词汇量已增至2500多个单词（Bloom，1998）。

敏感时期：在发展过程中，某一特定领域的学习能力特别突出的时期。

语法：语言独特的规则系统。

他们是怎么做到的？显然，儿童的大脑是为学习语言而建立的，童年早期是语言发展的**敏感时期（sensitive period）**，学习新单词的能力尤其突出（Pinker，1994；Vias & Dick，2017）。幼儿通过一种被称为快速映射的过程进行新词的学习（Ganger & Brent，2004；Swingley，2010）。这意味着，当他们学习新单词时，他们会先形成一个相互连接的各单词类别的心理图。当他们第一次听到一个单词时，他们会根据这个单词在句子中的用法以及这种用法与他们已经知道的单词之间的关系，立即将单词与已知类别中的一个联系起来，以帮助自己辨别单词的意思。

儿童最早进行快速映射的词汇类型取决于所说语种。学习东方语言的儿童，如汉语、日语和韩语，一开始学习动词往往多于名词，因为句子往往强调动词，只暗示名词或根本不说（Fitneva & Matsui，2015；Kim et al.，2000）。相反，学习英语和其他西方语言的孩子更容易快速地映射名词，因为名词在这些语言中很突出。在东西方语言中，修饰语（如large、narrow、pretty、low）的学习速度比名词和动词都慢（Mintz，2005；Parish-Morris et al.，2013）。

当孩子们学习新单词、增加词汇的同时，他们也会继续学习**语法（grammar）**，即语言独特的规则体系。这些规则包括单复数形式；过去、现在和将来时；语序；冠词（如“a”和“the”）和介词（如“under”和“by”）的使用。在没有进行任何形式的训练的情况下，幼儿通过在日常交往中的听力和运用就可以轻松掌握语言的语法规则。到4岁时，大约90%的儿童在陈述中能够正确使用语法（Guasti，2000；Pinker，1994）。

这是一个fup。

现在又多了一个，这里有两个。
现在有了两个________。

图6.5 伯克的语言研究

这个场景与伯克的研究中孩子们面对的场景很相似。伯克的研究结果是如何显示出幼儿对语法的掌握的？

资料来源：Adapted from Berko（1958）

但是我们怎么知道孩子们真的学会了其语言规则呢？他们难道不会简单地重复他们所听到的大孩子和大人说的话吗？在关于这一问题的经典研究中，吉恩·伯克（Jean Berko）（1958）让幼儿回答包含“wug”等无意义的词语在内的问题。如**图6.5**所示的例子。尽管他们以前从未听说过这些词（伯克编造的），但孩子们能够运用英语语法，使用名词的复数形式和所有格形式。如第五章所述，儿童学习语法的预备状态表明他们拥有乔姆斯基（Chomsky）（1969）所称的语言习得装置（Language Acquisition Device，LAD），即一种快速掌握语言规则的内在能力。

语用学：语言的社会文化规则

学习目标 6.12 能够具体说明儿童在童年早期如何学习语用学，并确定社会规则的文化基础。

为了有效地使用语言，儿童不仅要学习词汇和语法，而且要学习在与人互动中使用语言的社会规则或**语用学（pragmatics）**。儿童所需要掌握的语用学知识包括何时说话、说什么和如何说、向谁说，以及如何解释所说话语的不同的意思。

语用学：语言的社会和文化背景，规定了人们在特定的社会环境中应当说什么和不应当说什么。

儿童在开始说话之前就开始接触语用学了，例如，当某人离开时，他们会用手势向人挥手以示“再见”。到 2 岁时，他们就学会了对话的基本语用学，包括轮流说话（Goldstein et al.，2010；Pan & Snow，1999）。然而，在这个年龄段，他们还没有掌握维持一段对话在某一主题上的语用学，他们往往会在新事物出现时迅速改变谈话主题，而且很少会意识到其他人的感受。

到 4 岁时，孩子们对谈话伙伴的特点更加敏感，并会相应地调整他们的言论。在一项使用玩偶的研究中，4 岁的孩子在表演不同的木偶角色时使用了不同的语言（Anderson，2000）。在扮演教师或医生等主导性的社会角色时，他们经常使用命令性语句，而在扮演学生或患者等从属性的社会角色时，他们会更礼貌地说话。

语用学的使用不仅展现了社会理解，也展现了文化知识。所有文化都有自己的语言规则，在什么样的情况下使用哪种语言。例如，一些文化要求儿童向成年人表示尊敬，如用“Mr.”称呼成年男性，用“Dr.”称呼大学教授。许多文化都有被归类为“禁忌语”的词语，人们（尤其是儿童）不应该说出这些词语。

学习说什么和不说什么是理解语用学的重要部分，同时也和对社会角色与社会关系的理解有关。许多对不同文化的研究发现，儿童在 2—5 岁制定了具有文化特异性的礼貌用语规则（Fitneva & Matsui，2015）。例如，美国中产阶级的妈妈们常常教她们的孩子礼貌表达和语言规范。他们经常教孩子说“请”“谢谢”“请原谅”（Gleason et al.，1984）。很多欧洲国家的语言具有两种形式的“你”，一种是对陌生人和地位较高的人使用的，另一种是对朋友和地位相同的人使用的。诸如日语之类的一些语言有着大量的需要注意的礼貌交流方式，包括句子的长度，敬辞的使用，涉及他人的各种动词形式的使用（Fitneva & Matsui，2015）。日本所需注意的礼貌交流方式如此之多，原因之一可能是日本父母和幼儿教师会明确教导儿童礼貌用语和日常生

在这类游戏中如何通过语言使用体现出对语用学的掌握？

活行为习惯，这也解释了为什么日本的学龄前儿童会提示同伴如何礼貌地说话（Burdelski，2012）。

要学习的语用学知识是如此之多，学习过程中会出现一些尴尬（和搞笑）的时刻也就不足为奇了。在我们的女儿帕里斯大约3岁的时候，我们正在杂货店排队结账，这时她向店员宣布："等我长大了，我就要在肚子里生个孩子了！"还有一次，我们的儿子迈尔斯说他计划要活到100岁，并问杰弗瑞那时是否还会活着。"可能不会，"杰弗瑞说，"你才4岁，而我46岁了。"迈尔斯用真诚关切的声音说："哦！那你年岁不多了！"成年人会凭直觉理解到年幼的孩子缺乏语用意识，因此他们会认为这样的时刻是有趣的而非被冒犯。在童年中期，大多数孩子学会了以恰当的方式表达自己的想法，也明白了什么时候才是表达的最好时候。

批判性思考题： 你能举例说明与一个世纪之前相比，你所处文化中的语用学发生了什么样的改变吗？

小结：认知发展

学习目标 6.6　能够解释皮亚杰认知发展前运算阶段的特点。

皮亚杰认为处于认知发展前运算阶段（2—7岁）的儿童有能力进行心理表征，但容易出现各种错误，包括中心化、缺乏可逆性、自我中心主义和泛灵论。但研究表明皮亚杰低估了幼儿的认知能力。

学习目标 6.7　能够解释什么是"心理理论"以及它在童年早期发展的证据。

心理理论是一种将心理状态赋予自己和他人，并理解他人的信念、意图和观点与自己不同的能力。"错误信念任务"是一套测试心理理论的常用方法，研究表明大多数4岁儿童都符合心理理论。然而，使用其他方法的研究表明，1岁的孩子对其他人可能持有错误信念也有一定的理解。

学习目标 6.8　能够确定文化学习在童年早期发生的方式。

许多文化学习发生在童年早期，学习的方式是观察和与父母或兄弟姐妹一起工作。在许多文化中，儿童在这一年龄段开始为家庭做出重要的工作贡献。在发达国家，儿童也在学龄前环境中进行文化学习。

学习目标 6.9　能够找出在学前教育质量中最重要的特征，并解释它们如何反映文化价值观。

儿童大都会从学前教育中受益，特别是在其课程质量高的情况下。高质量学前教育项目的关键点在于教师的教育和培训、班级规模和幼儿教师比例、适龄材料和活动以及师生互动的质量。美国和中国的学前教育通常包括学业准备，但日本的幼儿园更注重集体游戏，以强化日本集体主义的价值观，如合作和分享。

学习目标 6.10 能够总结早期干预计划及其结果。

早期干预计划通常会导致智商的短期提高，几年后就会消失。一些高质量早期干预措施不仅在儿童期表现出积极的社会和行为结果，而且会延续到成年期。

学习目标 6.11 能够解释词汇和语法在童年早期是如何进步的。

儿童的词汇量在童年早期有很大的扩展，从 3 岁时的约 1000 个单词增加到 6 岁时的约 2500 个单词。到 4 岁时，孩子们会很轻松地掌握他们文化的语法规则，而且几乎没有错误。

学习目标 6.12 能够具体说明儿童在童年早期如何学习语用学，并确定社会规则的文化基础。

语用学指导我们如何在社交场合中使用语言。4 岁时，孩子们就会对他们聊天对象的特点具有敏感度，并会相应地调整自己的言辞。所有的文化都有自己的语言规则，即什么样的语言可以在什么样的情况下使用，以及对谁使用。

第三节 情绪与社会性发展

学习目标

6.13 能够确定童年早期在情绪理解和自我调节方面的进步。

6.14 能够描述童年早期的道德发展，包括同理心、模仿和文化学习中的道德。

6.15 能够总结父母和同伴在性别社会化中所扮演的角色，并解释性别图式如何导致自我社会化。

6.16 能够详细说明四种类型的育儿“风格”，并确定这一模式的文化局限性。

6.17 能够描述父母管教孩子的文化差异，并解释文化如何影响孩子对纪律的反应。

6.18 能够解释米德从婴儿期到童年早期的社会阶段理论的意义。

6.19 能够确定世界范围内兄弟姐妹关系中最常见的特征，并描述独生子女与其他孩子的区别。

6.20 能够解释从学步期到童年早期友谊的质量是如何变化的，并描述玩耍和攻击性行为对幼儿友谊的作用。

6.21 能够确定童年早期每天使用媒体的时间和后果。

情绪调节与性别社会化

经历了学步期的情绪波动和情绪紧张后，童年早期的幼儿情绪自我调节能力有了很大的提高。在这段时间里，情感发展的显著特点包括同理心增强，对文化中的道德体系有了更深刻的理解，而情感发展的学习方式是模仿生活中重要人物的行为。对性别发展而言，童年早期也是一个非常重要的生命阶段，儿童对性别观念和所处文化对性别观念的期望有了更充分的了解，并开始将这些性别观念强加给他人和自己。

情绪调节

学习目标 6.13 能够确定童年早期在情绪理解和自我调节方面的进步。

在幼儿的情感理解中，幼儿能够熟练地理解他人表达的情绪来源（Eisenberg & Fabes，2006）。在研究中，孩子们用卡片来描述表达的情绪，到了 5 岁时，孩子们通常能准确地解释这种情况下的情绪（例如，“她因为收到礼物而高兴”，或“他因妈妈责骂他而伤心”）。他们还善于理解情绪状态是后续行动的基础，例如，愤怒的孩子更容易撞到人（Kagan & Hershkowitz，2005）。

年幼的孩子不仅更善于理解别人的情绪，而且更善于控制自己的情绪。事实上，**情绪自我调节（emotion self-regulation）**能力发展是童年早期的主要发展任务之一（Bridgett et al., 2015；Grolnick et al., 2006；Montroy et al., 2016）。发展情绪自我调节能力是维持社会关系的关键，因为维持和谐的社会关系常常要求我们克制自己的即时冲动（例如，排队，在游戏中让他人先行或在谈话中让他人先说，或者少吃几块我们十分想要的糖果）。在不同的文化中，童年早期是他人对儿童的情绪自我调节能力期望值增加的时期（LeVine & LeVine 2016；Whiting & Edwards，1988）。从 2 岁到 6 岁，极端的情绪表达，如大发脾气、哭泣和身体攻击性行为会减少（Alink et al.，2006；Carlson，2003；Leaper，2013）。在大脑中，额叶皮质的发育促进了这一过程，额叶皮质是大脑中参与情绪自我调节的最重要部分（Markant & Thomas，2013）。

情绪的自我调节能力在童年早期开始发展。

情绪自我调节：控制自己情绪的能力。

情绪爆发在童年早期减少的另一个关键原因是，儿童开始学习调节情绪的技巧（Grolnick et al.，2006）。实验研究已经发现了幼儿在面对会引起情绪性波动的情境时所使用的策略，例如在儿童认为自己将会获得一个非常有吸引力的奖项后被授予一个令人失望的奖项（Eisenberg & Fabes，2006）。最有效的策略包括：离开处境；自言自语；把注意力转移到不同的活动上；从依恋的人身上寻求安慰。这些策略是研究人员称为“努力控制”的一部分，即此时孩子们会把注意力用于控制自身情绪（Cipriano & Stifter，2010）。父母可以帮助幼儿发展有效的情绪控制能力，方法包括在孩子感到不安时提供情绪和身体上的安慰，为孩子提供可行的情绪管理策略，或是让孩子模仿自己的情绪控制方法（Katz & Windecker-nelson，2004；Tiberio et al.，2016）。

幼儿在童年早期实现情绪自我调节的成功率各不相同，这取决于他们的气质类型以及父母和他人提供的社会化过程。童年早期有**自控问题（undercontrol）**的儿童往往情绪自我调节能力不足。这些儿童在童年早期及以后也会有**外化问题（externalizing problems）**的风险，例如攻击行为或与他人发生冲突（Cole et al.，2003；Eisenberg et al.，2010）。然而，**过度控制（overcontrol）**也是一个问题，即一种过度的情绪自我调节。这可能导致童年早期及以后的**内化问题（internalizing problems）**，如焦虑和抑郁（Eisenberge et al.，2010；Grolnick et al.，2006）。在一生中，内化问题在女性中更为常见，而外化问题在男性中更为常见（Frick & Kimonis，2008；Morelen et al.，2012；Ollendick et al.，2008）。

自控问题：情绪自我调节不足的表现。

外化问题：涉及他人的问题，比如攻击行为。

过度控制：表现为过度的情绪自我调节。

内化问题：将痛苦向内转化为自我的问题，如抑郁和焦虑。

成功的情绪调节需要发展出介于两个极端之间的自我情绪控制水平。正如埃里克森（1950）提出幼儿早期是**主动性对抗内疚感（initiative versus guilt）**的阶段，孩子需要学习情绪控制，但没有受到严格的控制，他们又会感到过度内疚，

主动性对抗内疚感：在埃里克森的生命周期理论中，代指童年早期的阶段。在这一阶段中，孩子们开始有目的地计划活动，又因过度内疚而影响主动性。

以至于他们进行自发性活动的能力受到削弱。但是不同的文化对情绪控制的最佳水平有不同的看法（Chen et al.，2007）。在一种文化中被视为是缺乏自控的行为在另一种文化中可以被视为自信的健康表现，至少对男孩来说是如此（LeVine & New，2008；Morelen et al.，2012）。在一种文化中被视为过度控制的行为在另一种文化中可以被视为沉默的美德（Chen，2011；Rogoff，2003）。

道德发展

学习目标 6.14　能够描述童年早期的道德发展，包括同理心、模仿和文化学习中的道德。

如第五章所述，学步期是社会道德情绪最初体现的时期，如内疚、羞耻、尴尬和骄傲。即使在学步期，文化标准也会形成社会道德情绪。幼儿会在违反了他们所处的社会环境中对行为的预期标准时感到内疚、羞耻或尴尬；或当遵守了行为的预期标准时感到自豪。

一种对童年早期道德发展特别重要的社会道德情绪是同理心。正如我们所见，学步儿甚至婴儿都会表现出同理心，但同理心的能力在童年早期得到了进一步发展（Eisenberg & Valiente，2004；Uzefovsky & Knafo-Noam，2017）。童年早期的孩子们有着更好的视角以及理论，能够理解他人的想法和感受，这使得他们更具同理心。同理心可以促进亲社会行为，例如举止大方和助人为乐。它有助于孩子们理解避免伤害和保持公平等道德准则，因为通过同理心，孩子们能够理解他们的行为会给另一个人带来什么样的感受。童年早期随着同理心的增强，亲社会行为也会增加（Eisenberg et al.，2010；Malti et al.，2019）。

在童年早期，随着儿童对其文化的规则和期望有了更详细和更复杂的理解，道德发展会进一步推进（Jensen，2015）。学步期的孩子知道别人对他们所做的事情是赞同还是不赞同，他们通常会以适当的社会道德情绪来回应。然而，在童年早期，孩子们对道德规则与将引发赞同或不赞同的文化期望有了更深的认识。此外，童年早期的幼儿比学步期的幼儿更能预测其行为的潜在后果，并避免做出在道德上不被认可的行为（Grolnick et al.，2006）。

孩子们并非天生就知道自身所属文化的规则与期望，所以他们必须学习这些规则。有时他们会在不知不觉中违反这些规则，然后观察他们的父母和其他人在他犯错误时的反应。例如，当我们的双胞胎大约 4 岁的时候，有一天，他们在地下室的洗衣房里拿了几杯液体洗涤剂，把它洒在地下室的家具上，沙发、桌子、CD 播放器都被毁了。但我们不认为他们有任何意图或者意识到自己做错了。更可能的是，他们认为他们提供了帮助，因为我们鼓励他们在洗衣服的时候往洗衣机里加几杯洗涤剂。当我们知道他们做了什么之后，他们从我们痛苦的反应中知道他们不应该再这样做了。后来他们再也没有这样做过。

道德教育常常通过故事来传达。如图所示，坦桑尼亚的某个村落中，一位老人正在给孩子们讲故事。

社会化（socialization）是人们在现实生活中理解他们所属文化的行为和信仰的过程，它对道德准则和期望的理解非常重要（Grusec & Hastings，2007；Grusec et al.，2014）。理查德·施维德（Richard Shweder）的研究就是文化内道德学习的一个很好的例子，他比较了印度和美国的儿童、青少年和成人（Shweder，2009；Shweder et al.，1990；Shweder & Menon，2014）。施维德发现，孩子们在 5 岁时就能够理解其所处文化内的道德准则，并且这种认识从儿童期至青少年期再至成年期都很少会改变。施维德还发现，印度和美国童年早期的道德观有一些相似之处，但也有很多不同之处。两国的孩子在 5 岁时就认识到，拿走别人的财产（"从邻居的花园里偷花"）或故意伤害他人（"踢一只睡在路边的狗"）是错误的。然而，由于孩子们生活地点的不同（无论是在印度还是在美国生活），他们对许多问题的看法也有所不同。美国的小孩认为吃牛肉是可以接受的，而印度的小孩则认为这是错误的。印度的小孩认为把更多的遗产留给儿子而不是女儿是可以接受的，但在美国，年幼的孩子们会认为这是错误的。两种文化中的幼儿都有能力理解其文化的道德准则，尽管他们在幼儿时期学到的道德准则是非常不同的。

社会化：人们在现实生活中理解他们所属文化的行为和信仰的过程。

孩子们是如何在这么小的时候就学会道德准则的？有以下几种方法。有时候，道德准则的教导非常明确。例如，一些家长会在日常关于道德问题的谈话中提醒孩子犹太教或基督教的十诫（Fasoli，2017；Hickman & Fasoli，2015）。有时道德是通过故事来传授的。芭芭拉·罗格夫（Barbara Rogoff）（2003）给出了不同文化中以讲故事来进行道德教育的例子，包括加拿大原住民、印第安人和南非科萨人。在科萨人中（读音为 ZO-sa），长者通常通过讲故事来传授道德，故事已经讲了很多遍，甚至年幼的孩子能够很快学会并参与到叙述当中。

批判性思考题：讲述一个你所在文化中的童年故事或童话传说，它传达了什么样的道德教育？

幼儿也通过民俗情结学习道德。请记住，民俗情结的本质是每一种文化中的习俗行为，其不仅包含习俗行为本身，还包含隐含的文化信仰，往往还包括道德信仰。施维德（Shweder et al.，1990）给出了一个关于印度道德学习的例子。和许多文化中的人一样，印度人有一个传统，认为女性的经血具有潜在的危险力量。因此，月经期的女人不应该做饭，也不应该和丈夫睡在同一张床上。施维德发现，印度儿童在童年早期就已经知道，月经期的女性不仅不做饭，也不与丈夫睡在同一张床上（这是一种文化习俗），而且如果她不遵守这一习俗的话，会是错的（这是一种道德信仰）。

在美国的模仿研究中可以发现一种民俗情结的变体。几十年来的研究表明，年幼的孩子倾向于模仿他们所观察到的其他人的行为（Bandura，1977；Bussey & Bandura，2004）。这些研究大多是实验性的，孩子们将观察其他孩子或成人的行为，这些行为会表现出攻击性或善良、自私或慷慨；然后观察儿童在类似实验情境下的行为。如果某一个人的行为得到了奖励，孩子们非常有可能模仿这个人的行为。此外，他们更有可能模仿那些热情、反应灵敏或被视为有权威或有威望的成年人。根据模仿理论，儿童在多次观察他人的行为受到奖励或惩罚后，得出这样的结论：受到奖励的行为在道德上是可取的，而受到惩罚的行为是禁止的（Bandura，2002）。因此，通过观察行为（及其后果），他们学会了自己文化中道德行为的基本原则。就像在民俗情结中，文化模式化的行为暗示着隐含的道德信仰。

儿童不仅是道德社会化的接受者，也是他人的社会化的推动者，进而加强自己对道德准则和期望的遵守。回想一下，幼儿和学龄前儿童会和其他孩子一起使用羞辱性的语言，而年幼的儿童则会参与讲述具有道德含义的故事。一项针对 3 岁儿童的实验研究表明，当他们看到一个木偶破坏了另一个木偶的画作时，他们会表示抗议（“你不能这样做！”）。孩子们也会告诉成年人关于破坏性的木偶的故事，他们表现得更亲近社会，以避免成为犯错误的木偶（Vaish et al.，2011）。

童年早期的幼儿除了掌握文化中的道德原则外，还展现出道德推理的雏形。到 3 岁或 4 岁时，儿童就能够做出涉及公正和公平的道德判断（Killen & Smetana，2015）。到 4 岁时，他们能够明白说真话和撒谎的区别，他们认为即使说谎者没有被抓住，也不应该说谎（Busser，1992）。然而，在这个年龄段，他们的道德推理趋于僵化。相较于大一点的孩子来说，他们认为偷窃和撒谎总是错误的，而从不考虑环境（Lourenco，2003）。此外，他们的道德判断往往更多地基于对惩罚的恐惧，而年龄较大的儿童和成年人并非如此（Gibbs，2003；Jensen，2015）。随着年龄的增长，他们的道德推理会变得更加复杂。

教授道德准则是培养幼儿的一个重要部分。最难的问题往往在于直言事实。当我们的双胞胎 4 岁大的时候，我们买了一把漂亮的皮椅放在起居室内，我们当时在想，他们已经长大了，应该知道温柔地对待一件漂亮的家具。错了！不到两周，他们就在上面划伤了几处。当面对他们时，他们先是坦白了，但随后又撤回了供词，并寻找不在场证明。“辩护律师”帕里斯说：“我们没有这么做。”“那是谁干的？”我们询问道。她垂下眼睛，似乎要痛苦地揭露出真正的罪犯。“是圣诞老人。”她“坦白”道。

性别发展

学习目标 6.15 能够总结父母和同伴在性别社会化中所扮演的角色，并解释性别图式如何导致自我社会化。

在所有文化中，性别是社会生活的基本组织原则。所有的文化对女性和男性都有不同的角色和期望，但不同文化对女性和男性的角色和期望差别却很大。当然，其他动物，包括哺乳动物以及灵长类近亲动物，它们在典型的行为和发育模式上也有着雌雄差异。人类与其他动物与众不同的地方在于，我们需要文化来告诉我们男性和女性应有的行为方式。

性别认同与性别社会化。在性别发展方面，童年早期是一个特别重要的时期。回想一下早些时候，2 岁的儿童就有了性别认同能力；也就是说，他们知道自己是女孩还是男孩（Kapadia & Gala，2015）。然而，在童年早期，性别问题会加剧。3—4 岁的孩子们会把各种各样的东西与男性或女性联系在一起，包括玩具、游戏、衣服、家居用品，甚至颜色。

此外，他们对女性和男性的看法往往是固执而僵化的，例如，否认扎马尾辫的男孩仍然是男孩，或者否认狂野玩游戏的女孩仍然是女孩（Blakemore，2003）。在这个年龄段内，幼儿之所以会产生性别的固执观念，可能是认知方面的原因。直到 6 岁或 7 岁，儿童才会表现出**性别恒常性（gender constancy）**，认为性别是一种生物性特征，无法改变（Halim et al.，2014）。孩子们之所以如此坚持对**性别角色（gender roles）**的错误看法，是因为他们认为改变衣服或发型等外在特征会导致性别的改变（Leaper，2015）。

性别恒常性：认为性别是一种生物性特征，无法改变。

性别角色：对男性或女性特有的外表和行为的文化期望。

不同文化背景下儿童的性别观念和性别行为惊人地相似，而性别差异也有着生物学基础。然而，所有文化中的儿童也都要接受性别社会化。

性别社会化。父母在向孩子传递文化信息方面扮演着重要的角色（Leaper，2013；Liben et al.，2013）。他们给孩子起不同的女孩名或男孩名，给孩子选择与性别相适应的服装颜色和服装风格，并给孩子们买汽车或玩偶。

童年早期，父母在性别社会化中的重要作用仍在继续。他们继续给孩子们他们认为符合性别的衣服和玩具。当孩子的行为符合性别特征时，父母表示赞同，当孩子的行为违反性别期望时，父母会担忧（Kapadia Gala，2015）。在交谈中，父母有时会直接传达性别期望（例如，“不要哭，你不是小女孩，你是吗？”）。他们也会间接地在交谈中通过认可或反驳孩子关于性别的相关问题来表达性别期望（孩子会说“妈妈，只有男孩才能成为医生”）。父母还会通过他们自己的行为、语言、仪表，为男性和女性在各自文化中的差异提供参照（Bandura & Bussey，2004）。

父亲对童年早期及以后的性别社会化尤为重要。与母亲相比，他们更坚持遵循性别观念，尤其是对男孩而言（Lamb，2010）。他们也许不想让他们的女儿玩狂野的游戏，但他们坚信他们的孩子不是“胆小鬼”。一些持性别平等观点的母亲会向 3—7 岁的孩子进行一些反常规的性别观点表达，但母亲对女儿的这种表达会比儿子多（Friedman et al.，2007）。正如我们将在后面的章节中看到的，在许多文化中，男性对违反性别观念的恐惧会贯穿一生。

同伴也是童年早期性别社会化的主要方式之一。一旦孩子们学会了性别观念和期望，他们不仅会把它们应用在自己身上，还会应用到同伴身上。他们会强化彼此的性别适应行为，并拒绝跟违反性别观念的同伴一起玩（Leaper，2013；Matlin，2004；Zosuls et al.，2016）。在这方面，人们对男孩的性别期望会比对女孩的性别期望更严格（Liben et al.，2013）。容易哭的男孩或者喜欢和女孩一起玩并参与女孩游戏的男孩很可能会被其他男孩排斥（David et al.，2004）。

性别图式：基于性别的组织和处理信息的认知结构，包括对男性和女性的外貌和行为的期望。

性别图式与自我社会化。作为性别社会化的结果，从童年早期开始，儿童就会使用**性别图式（gender schema）**来理解和解释他们周围的世界。回想一下，图式是皮亚杰指代组织和处理信息的认知结构的术语（scheme 和 schema 在心理学中可以互换使用）。性别图式是一种基于性别的组织和处理信息的认知结构（Martin & Ruble，2004）。

根据性别图式理论，从童年早期开始，性别就成为我们最重要的图式（Liben et al.，2014）。到了童年后期，在社会化的基础上，我们就已经学会了对各种各样的具有“男性”和“女性”特征的活动及事物进行分类。这不仅包括外在的性别特征（女性的阴道，男性的阴茎），还包括很多内在的性别特征。但人们从来没有告诉过孩子们这些事物具有性别特征。例如，在中国传统文化中，月亮有“女性”色彩，太阳有“男性”色彩；蓝色是“男孩的颜色”，粉色是“女孩的颜色”（在韩国，粉色是“男孩的颜色”，这表明了不同文化的不同内涵）。有些语言，如法语和西班牙语，会给每个名词设定阴性或阳性的词性。

父亲比母亲更倾向于促进孩子对性别观念的认同。

性别图式影响着我们如何解释他人的行为以及我们对他人的性别期望（Frawley，2008）。在童年早期，儿童认为他们自己的偏好与自己同性别的其他人都是一致的（Liben et al.，2013）。例如，一个不喜欢豌豆的男孩可能会声称“男孩不喜欢豌豆”。儿童也倾向于用反映他们性别图式的方式来记忆。在一项研究（Liben & Signorella，1993）中，那些观看过违反了典型性别观念的图片的儿童（例如，一个开卡车的女人）会倾向于根据他们的性别图式来记忆这些图片（是一个男人开着卡车，而不是女人开着卡车）。在我们一生中，我们都会更容易注意到符合我们性别图式的信息，忽视或忽略与之不一致的信息（David et al.，2004）。

一旦幼儿拥有了性别图式，他们就会寻求保持图式与行为之间的一致性，这一过程称为**自我社会化（self-socialization）**。男孩会坚持做他们认为是男孩该做的事情，并避免做女孩会做的事情；女孩也同样会避免做男孩会做的事情，做她们认为适合女孩该做的事情（Bandura & Bussey，2004；Tobin et al.，2010）。因此，根据一位著名的性别学者的说法，"文化神话成为自我实现的预言"（Bem，1981，p.355）。童年早期结束时，性别观念的形成不仅通过来自他人的社会化，也通过自我社会化来实现，因为儿童会努力符合他们在所处文化中所感知到的性别期望。

通过性别自我社会化，"文化神话变成了自我实现的预言"。

自我社会化：人们寻求保持性别图式和行为一致性的过程。

父母的教育

无论在哪里，父母都是孩子们生活的关键部分，但是父母如何看待他们的角色以及父母的管教和惩罚方式却千差万别。首先，我们将了解一个具有影响力的基于美国父母的育儿风格的模型，然后我们将继续了解其他文化中父母的育儿观点。

育儿"方式"

学习目标 6.16　能够详细说明四种类型的育儿"风格"，并确定这一模式的文化局限性。

也许你听过这样一个笑话，一个男人在他有孩子之前，会有 6 个关于他们将如何抚养孩子的理论。而 10 年后，他有了 6 个孩子，却没有任何一个理论实施了。笑笑之余，大多数父母确实有关于如何最好地抚养孩子的想法，即使他们早已经有了孩子（Harkness et al.，2015；Tamis-LeMonda et al.，2008）。在研究中，对这一主题的调查通常涉及父母**育儿风格（parenting styles）**的研究，即父母与子女相关的实践以及这些实践的理念。这项研究起源于美国，展示了不同的育儿风格正以不同的方式影响着儿童。然而，研究还表明育儿风格的文化背景对儿童发展也至关重要。

育儿风格：父母对孩子表现出的行为，以及他们对这些行为的信念。

四种育儿风格。50 多年来，美国学者致力于对这一主题的研究，结果非常一致（Bornstein & Bradley，2014；Collins & Laursen，2004；Maccoby & Martin，1983）。事实上，所有研究过亲子教育的著名学者都从两个方面来描述亲子教育：

要求：父母为孩子的行为制定规则和期望的程度，并要求他们遵守这些规则。

反应能力：父母对孩子需求的敏感度，以及表达爱、温暖和关心的程度。

要求和反应能力（也称为控制和温暖等术语）。父母的**要求**（demandingness）是父母对行为制定规则和期望的程度，并要求他们的孩子遵守这些规则。父母的**反应能力**（responsiveness）是指父母对孩子需求的敏感度，以及表达爱、温暖和关注的程度。

学者们将这两个维度结合起来形成了不同种类的育儿风格。多年来，最著名和最广泛使用的亲子教育的分类方式是戴安娜·鲍姆林德（Diana Baumrind）（1968，1971，1991）所阐述的概念。根据她对美国中产阶级的白人家庭的研究，以及受她的思想启发的相关学者研究，学界划分了四种不同的亲子教育方式（Collins & Laursen，2004；Maccoby & Martin，1983；Pinquart，2017；Steinberg，2000）。

权威型父母：在育儿风格分类中，要求高、反应能力强的父母。

权威型父母（authoritative parents）的要求很高，并且反应能力很强。他们为孩子制定了明确的规则和期望。此外，他们明确说明如果孩子不遵守会产生什么后果，他们会在必要时坚持这些规则。然而，权威型父母不仅仅是简单地“制定法律”，还会严格执行。权威型父母的一个显著特点是他们解释了他们的规则和期望的原因，并愿意与他们的孩子讨论纪律问题，有时还会谈判或妥协。例如，一位权威型的父母不会简单地告知一个想吃一整袋糖果的孩子“不可以”，而是会说“不，这样不健康，对你的牙齿也不好”。权威型的父母也对孩子充满爱和温暖，他们回应孩子的需要和愿望。

专制型父母：在育儿风格分类中，要求高、反应能力低的父母。

专制型父母（authoritarian parents）的要求很高，但反应能力却很低。他们要求孩子服从自己，当孩子不服从时会毫不妥协地惩罚。专制型父母不允许像权威型父母口头的给予和索取。他们希望孩子在没有争议或异议的情况下遵守自己的命令。继续拿糖果举例子，专制型父母回应孩子对一袋糖果的要求仅仅是简单地说一个“不”而没有任何解释。而且，专制型父母很少表现出对孩子的爱或温暖。他们的要求很高，没有反应能力，表现出很少的情感依恋，甚至可能是敌对的。

宽容型父母：在育儿风格分类中，要求低、反应能力强的父母。

宽容型父母（permissive parents）要求低，反应能力强。宽容型父母对孩子的行为几乎没有明确的期望，很少对他们进行纪律处分。相反，这类父母的重点是响应能力。他们相信孩子需要真正“无条件”的爱。他们可能会将纪律和控制视为有可能阻碍孩子发展创造力和表达自己愿望的阻碍。他们为孩子提供爱和温暖，并给予孩子很大的自由，使其随心所欲。

脱离型父母：在育儿风格分类中，要求和反应能力都很低的父母。

脱离型父母（disengaged parents）在要求和反应能力方面都很低。他们的目标可能是为了尽量减少耗费在养育子女上的时间和情感。因此，他们几乎不需要他们的孩子，也很少费心去纠正他们的行为或设置明确的限制去允许孩子做什么。他们也很少表达出对孩子的爱或关心，似乎对孩子没有什么情感依恋。**表 6.1** 总结了四种育儿风格。

父母育儿风格对儿童的影响。关于养育方式如何影响儿童的发展方面已经有了大量的研究。一般而言，权威型父母育儿至少按照美国标准与最有利的结果相关。拥有权威型父母的儿童往往是独立的、自信的、有创造力的和具有社交技能的（Baumrind，1991；Collins & Laursen，2004；Steinberg，2000；Williams et al.，2009）。他们也倾向于在学校里表现良好，与同伴和成年人相处得很好（Hastings et al.，2007；Spera，2005）。权威型父母帮助儿童发展乐观的心态和自我调节能力等，从而对行为产生广泛的积极影响（Jackson et al.，2005；O'reilly & Peterson，2014；Purdie et al.，2004）。

表 6.1　育儿风格及育儿风格的两个维度

父母反应		父母要求	
		高	低
	高	权威型父母	宽容型父母
	低	专制型父母	脱离型父母

所有其他养育方式都会有一些负面效果，尽管其所产生的负面效果各不相同（Baumrind，1991；Pinquart，2017）。与其他孩子相比，专制型父母的孩子往往不那么自信，缺乏创造力和社交能力。有着专制型父母的男孩往往更具攻击性且更加难以管理，而有着专制型父母的女孩更常焦虑和不快乐（Bornstein & Bradley，2014；Russell et al.，2003）。宽容型父母的孩子往往不成熟，缺乏自我控制。由于他们缺乏自我控制能力，所以他们与同伴和老师相处得很困难（Linver et al.，2002）。脱离型父母的孩子往往是冲动的。一方面是由于孩子本身的冲动，另一方面是由于脱离型父母几乎没有监督过孩子的活动。脱离型父母的孩子往往还会有较多的行为问题（Pelaez et al.，2008）。**表 6.2** 总结了美国白人中产家庭中四种育儿风格可能导致的不同儿童行为。

表 6.2　美国白人中产家庭中的不同育儿风格所导致的不同结果

权威型父母	专制型父母	宽容型父母	脱离型父母
独立	依赖	不负责任	冲动
有创造力	被动	难以管理	行为问题
自信	难以管理	不成熟	过早性行为、吸毒
有社交技能			

更复杂的育儿影响。虽然父母无疑通过育儿风格对孩子产生了深刻的影响，但这个过程并不像刚才描述的因果模型那么简单。有时父母的育儿风格听起来好像是养育方式 A，却自动且不可避免地培育出了类型 X 的儿童。但是，现在已经有充足的研究表明了育儿风格与儿童发展之间的关系要复杂很多（Bornstein & Bradley，2014；Lamb & Lewis，2005；Parke & Buriel，2006；Pinkart，2017）。不仅是父母会影响孩子，孩子也会影响父母。随着时间的推移，父母和孩子会共同决定彼此的行为。这一原则被学者称为父母与子女之间的**相互或双向效应**（reciprocal or bidirectional effects）（Combs-Ronto et al.，2000）。

相互或双向效应：在两个人之间的关系中，他们相互影响的原则。

回想一下我们在第二章中讨论的唤起基因型→环境效应。孩子们并不像台球那样可以预测被推进的方向。他们将自己的个性和愿望带到了亲子关系中。因

相互效应如何使父母育儿风格的影响复杂化？

此，儿童可能会从父母那里唤起某些行为。一个特别好斗的孩子可能会唤起专制型养育；父母也许发现自己对规则的权威性解释被孩子忽略了，而且由于孩子反复的不服从和破坏性，父母的反应能力减弱了。一个特别温和的孩子可能会引起宽容型养育，因为父母可能认为没有必要为一个不会做任何错误事情的孩子制定具体的规则。

这项研究是否证实育儿风格影响儿童的观念是错误的呢？并不是，但是这项研究确实改变了这一观念。父母当然会形成关于什么对孩子是最好的信念，并且他们会努力通过他们的育儿行为来表达这些信念（Alwin，1988；Harkness et al.，2015；Way et al.，2007）。但是，父母的实际育儿行为是他们所坚信的最好的，也是受孩子在他们面前的行为和养育方式的回应所共同影响的（Knafo-Noam et al.，2019）。如果您的孩子会对您的要求做出回应并对您的反应感到理解与爱，成为一名权威型父母是非常简单的。如果你的爱被拒绝了并且你提供给他们的规则和原因被拒绝了，成为一名权威型父母就不那么简单了。那些试图通过讲道理和谈话来劝说他们孩子的父母，如果孩子置若罔闻，父母就可能会生气，这可能会使父母不顾一切地要求服从（变得更加专制）或放弃努力（变得宽容或脱离）。

全球育儿风格。到目前为止我们已经了解了基于美国白人的中产阶级家庭的育儿风格研究。在其他文化的研究中，育儿风格和其影响在童年早期是如何表现的呢？

一个重要发现是权威型育儿风格在西方以外的文化中是十分罕见的（Bornstein & Bradley，2014；Harkness et al.，2015）。权威型父母的一个显著特点是他们不依赖父母角色的权威来确保孩子遵守他们的命令和指示。他们不是简单地宣布规则并且期望其规则被遵守。相反，权威型父母解释他们希望孩子这么做的原因，并参与讨论孩子的行为准则（Baumrind，1971，1991；Steinberg & LeVine，1997）。

然而，在西方以外地区，这是一种非常罕见的养育方式。在传统文化中，父母期望他们的权威得到服从，没有问题也不需要解释（LeVine et al.，2008；LeVine & LeVine，2016）。这不仅适用于几乎所有发展中国家，也适用于西方以外的发达国家，尤其是日本和韩国等亚洲国家（Tseng，2004；Zhang & Fuligni，2006）。亚洲文化中有**孝顺（filial piety）**的传统，这意味着孩子应该在一生中都尊重、服从他们的父母（Lieber et al.，2004；Lum et al.，2016）。在这些文化中，父母角色会比西方的父母角色更具有内在的权威。父母不会说明为什么应该尊重和服从父母。他们是父母的简单事实就已经被视为他们权威的充分理由。

孝顺：孩子应该尊重、服从他们的父母，这在亚洲文化中很常见。

在拉丁美洲文化中，父母的权威也被视为至高无上的。拉丁裔文化信仰体系重视“respeto”的观念，这一概念强调对父母和长辈，特别是对父亲的尊重和服从（Cabrera & Garcia Coll，2004；Espinoza-Hernández et al.，2017）。父母的角色具有直接的权威，不需要向子女解释他们的规则。拉丁裔文化信仰的另一个支柱是**家庭主义（familismo）**，它强调拉丁美洲人的家庭生活的爱、亲密和相互义务（Halgunseth et al., 2006）。

这是否意味着西方以外的文化中的专制育儿风格是典型的呢？并不是，虽然学者们有时会得出这个错误的结论。更准确地说，育儿风格模型本身就是一种植根于美国多数文化的文化模式，并不适用于其他不同文化。当然，世界各地的儿童都需要父母或其他照顾者在童年早期及以后为他们提供照顾，并且不同文化中的父母都会提供一些类似的温暖和控制。然而，"回应"明显是一种美国式的温暖，强调赞美和身体的感情，而"要求"明显是一种美国式控制，强调解释和谈判，而不是强调父母的权威。每种文化都有基于自己的文化基础的温暖和控制形式。但在全球不同的文化中，很少会有文化采用赞美形式的美国式温暖，也很少会有文化采用解释和谈判形式的美国式控制（Harkness et al., 2015；Matsumoto & Yoo, 2006；Miller, 2004；Wang & Tamis-LeMonda, 2003）。

在大多数文化中，父母希望得到尊重和服从而不必为自己的行为正言。

家族主义：拉丁美洲人的文化信仰，强调家庭成员之间的爱、亲密和相互义务。

即使在美国社会中，权威型育儿风格也只是在中产阶级的白人家庭中占主导地位（Bornstein & Bradley, 2014）。大多数美国少数民族文化，包括非裔美国人、亚裔美国人和拉丁美洲人，被研究人员列为"专制者"，但这是不准确的，因为对他们进行定义的模型基于大多数的白人文化（Chao & Tseng, 2002）。而这些少数民族文化有自己独特温暖的形式，但都倾向于强调服从父母的权威而不是鼓励解释和谈判。因此，美国白人中产阶级家庭的育儿风格模型并不适用于他们。

在各个文化群体中，育儿风格取决于父母的个性、父母为孩子定下的目标以及可能会唤起特定育儿风格的孩子的反应。总的来说，不同文化中的育儿风格反映了潜在的文化信仰，例如相互依赖与独立的价值、父母权威与儿童间的地位（Giles-Sims & Lockhart, 2005；Harkness et al., 2015；Hulei et al., 2006）。关于育儿风格的文化信仰是如此至关重要，以至于两种不同文化中看起来相似的育儿行为会产生两种截然不同的效果，我们将在下一节中看到。

纪律与惩罚

学习目标 6.17　能够描述父母管教孩子的文化差异，并解释文化如何影响孩子对纪律的反应。

在许多文化中，自童年早期起，家长开始对孩子的不受欢迎的行为进行纪律约束。正如我们所看到的，不同文化中的家长对婴儿和学步儿的纵容是很常见的，因为他们还太幼小，不能进行过多的判断和自我控制。但到了童年早期，孩子们的情绪和行为自我调节能力增强，当他们不服从或蔑视他人时，人们会认为他们有足够的理解力并知道自己在做什么，应该为后果负责。因此，童年早期通常是儿童第一次受到惩罚的年龄，因为他们开始违背期望或不做家长所要求他们去做的事。

管教的文化差异。所有文化都要求孩子们学习并遵循文化规则和期望，并且所有文化都有针对一些不当行为的管教制度。然而，不同文化中的管教在本质上差异很大，而且管教方式取决于潜藏于该方式背后的文化信仰。

在西方文化中，对童年早期的孩子的管教往往强调解释不良行为会导致的后果和管教的原因（Huang et al., 2009; Tamis-LeMonda et al., 2008）（“亚历克斯，如果你不停止把那个玩具撞到椅子上我将会把它拿走！好吧，现在我要把它拿走了，直到你好好玩它并且保证不会损坏家具”）。西方父母也倾向于对顺从和服从的行为进行赞美（“哇，乔丹，你把桌子摆得真好”）。这是值得注意的，因为在西方以外的文化中使用赞美是非常罕见的（LeVine & LeVine, 2016; Whiting & Edwards, 1988）。对于不当行为的管教可能包括取消特权或**关禁闭**（**time out**），即要求儿童在指定地点静坐一段时间，通常只有几分钟（Morawska & Sanders, 2011）。关于在正常家庭环境下关禁闭的有效性研究很少，但已经证明它对有行为问题的幼儿十分有效（Everett et al., 2007; Fabiano et al., 2004）。

关禁闭：要求儿童在指定地点静坐一段时间的管教策略。

除了使用关禁闭之外，育儿研究人员还建议：①解释管教的原则；②管教行为要保持一致，以便管教后果对儿童是可预测的（或可避免的）；③在不当行为出现时（不是之后）进行管教，以便明确二者间的联系（Klass, 2008）。一种通用方法是，如果父母对幼儿的要求被忽略了或是不服从，则父母会发出警告：“一——二——三。”如果到“三”要求不被服从，则该孩子将被关禁闭，关禁闭的时间是他们年龄，一岁一分钟（Phelan, 2010）。我们发现，在童年早期，父母的计数和怀双胞胎一样神奇，父母们几乎从来没有数到过“三”。

“关禁闭”是一种很受美国中产阶级父母欢迎的管教策略。

不同的文化有不同的管教方法。日本提供了一个有趣的例子。在日本文化中，羞耻和对爱的撤回是童年早期管教的核心。回想一下，第五章中介绍的 amae 是一个日语单词，用来描述母亲和孩子之间的亲密依恋（Rothbaum et al., 2007; Rothbaum & Wang, 2011）。在婴儿时期，amae 采取的形式是日本母亲和她的孩子之间的情感宽容和身体亲密的关系。然而，在学步期和童年早期，amae 增加了一种新的方式（羞耻和爱的撤回）。日本母亲很少用大声谴责或体罚回应她们的孩子的不当行为。相反，她们会表达失望并暂时撤回她们的爱。这让孩子感到羞耻，这是一种强大的诱因使孩子们不会再次违抗母亲。

这种童年早期的社会化方式似乎在日本效果良好。日本儿童的行为问题比例低，学业成就率高（Hatano et al., 2016；Takahashi & Takeuchi, 2007）。他们成长为具有低犯罪率、社会问题少、经济生产力高的日本成年人，使日本成为世界上稳定、经济成功的国家之一。

然而，相同的育儿行为似乎在西方国家会产生不同的甚至更负面的影响。美国研究人员使用术语**心理控制（psychological control）**（Barber, 2002）描述利用羞耻感和爱的撤回来影响孩子行为的育儿策略。美国的研究发现，这种育儿策略与童年早期及以后的消极结果有关，包括焦虑、退缩、攻击性行为，以及与同伴相处的问题（Barber et al., 2005；Silk et al., 2003；Werner et al., 2015）。在芬兰，一项从童年早期开始的纵向研究发现，心理控制能够导致儿童晚期和青少年时期的负面行为，特别是当心理控制与身体情感相结合时，就像在 amae 中一样（Aunola & Nurmi, 2004）。

心理控制：利用羞耻感和爱的撤回来影响孩子行为的育儿策略。

如何解释这种差异？为什么 amae 似乎在日本效果良好，但是在西方却不可行？这很难回答，因为这个问题没有被直接研究过。但答案可能是父母行为与文化信仰体系之间的某种相互作用。在日本，amae 完全符合其文化信仰体系，即对他人的责任和义务，特别是对家庭的责任和义务（Marshall et al., 2011）。在西方，心理控制与追求思想和行动的独立性的文化信仰形成了鲜明对比和剧烈碰撞。育儿实践和文化信仰之间的摩擦可能会导致负面结果，而不是育儿实践本身。

身体惩罚及其后果。对身体惩罚的研究，也称为**体罚（corporal punishment）**研究表明了父母育儿实践与文化信仰之间的类似互动。在世界大部分地区，对幼儿进行身体惩罚很常见（Curran et al., 2001；LeVine & New, 2008）。这种惩罚方法历史悠久。世界上大多数国家的大多数成年人都记得自己是孩子时曾遭受过体罚。尽管大多数国家仍允许父母打屁股，但仍然存在着非法的殴打和其他严厉的体罚，史料显示这些行为在大约 100 年前就已经非常普遍（D'Souza et al., 2016；Straus & Donnelly, 1994）。

体罚：对儿童的身体惩罚。

体罚对幼儿是否有害？或者这是一种教导幼儿尊重和服从成年人的教学形式？和 amae 一样，答案似乎因文化而异。美国和欧洲的许多研究发现，体罚与儿童的各种反社会行为包括说谎、与同伴打架以及不服从父母等存在相关性（Alaggia & Vine, 2006；Gershoff, 2016；Kazdin & Benjet, 2003）。此外，一些纵向研究报告称，童年早期的体罚会增加青少年欺凌和犯罪的可能性，并且会增加成人期攻击性行为（包括虐待配偶）的发生概率（Ferguson, 2013）。在这些研究的基础上，一些学者得出结论，童年早期的体罚在短期内会增加儿童的依从性，但从长远来看会损害他们的道德感和心理健康（Amato & Fowler, 2002；Rowland et al., 2017）。

然而，对于更多文化的研究提出了更加复杂的发现。在一项纵向研究中，对非裔美国人和白人家庭的处于童年早期的孩子和 12 年后处于青春期的孩子进行了研究（Lansford et al., 2004）。白人儿童表现出了类似结果：儿童时期的体罚预示着青少年的侵略性和反社会行为。然而，对于非裔美国儿童来说，早期的体罚会使得青少年时期的侵略性和反社会性行为减少。其他研究也发现了类似结果（Bluestone & Tamis-Lemonda，1999；Brody & Flor，1998；Steele et al.，2005）。同样，对传统文化的研究发现，这些文化中的许多父母都对年幼的孩子进行体罚，然而这些孩子却成长为了乖巧、有责任心、精神健康的成年人（LeVine & LeVine，2016；Whiting & Edwards，1988）。

与关于 amae 的调查结果一样，有关体罚的调查结果也显示了文化影响对幼儿应对父母行为方面的重要作用。在美国白人和欧洲文化中，体罚通常不被大众认可，并且没有被广泛或频繁使用（Bornstein & Bradley，2014）。在这些文化中，体罚可能会伴随着愤怒（Ferguson，2013）。相比之下，在非裔美国人和传统文化中，对童年早期儿童使用体罚是很普遍的（Ispa & Halgunseth，2004；Simons et al.，2013）。通常情况下，这些文化中的体罚程度十分温和，并非伴随着愤怒，而是以冷静和严厉的方式进行，是一种“无声无息”的育儿风格（Brody & Flor，1998）。体罚通常与温暖的育儿风格相结合，这样孩子们就不会将父母的行为理解为惊吓和恐吓，而是旨在教导他们实践的对错以及服从父母的重要性（Gunnoe & Mariner，1997；Mosby et al.，1999）。这些文化中体罚的意义和后果似乎与美国和欧洲的白人文化大不相同。

虐待和忽视儿童。尽管在育儿风格和父母对儿童的管教和惩罚方法方面存在显著的文化差异，但今天的人们普遍认为，儿童不应该受到身体伤害，父母有责任满足子女的生理和情感需求。然而，世界上有各种各样的父母，在众多文化中，有些父母无法满足这些基本要求。**虐待儿童（child maltreatment）**行为包括虐待和忽视儿童，特别是：

虐待儿童：忽视或虐待儿童，包括身体虐待、情感虐待和性虐待。

- 身体虐待，即通过击打、踢、咬、灼烧或摇晃儿童，对儿童造成身体伤害；
- 情感虐待，包括嘲笑和羞辱以及导致儿童情绪创伤的行为，例如将他们锁在黑暗的衣橱里；
- 性虐待，意味着与未成年人的任何性接触；
- 忽视，即无法满足儿童对食物、住所、衣服、医疗和监督的基本需求。

大多数研究都关注于身体虐待。各种身体虐待的风险因素已经被确定，包括儿童的特征以及父母的特征。如果幼儿在性格上存在问题，或者他们异常好斗或活跃，父母因此感到难以控制，他们就有遭受身体虐待的风险（Li et al.，2010）。父母对儿童进行身体虐待的高危因素包括贫困、失业和单身母亲，所有这些都会导致压力，进而引发虐待行为（Geeraert et al.，2004；Zielinski，2009）。继父比亲生父亲更容易虐待儿童，并且虐待儿童往往伴随着虐待配偶行为，这表明施虐者在愤怒管理和自我控制方面存在问题，这种问题会表现在多个方面（Asawa et al.，2008）。虐待儿童的父母经常把虐待归咎于孩子的不服从或“不好”又或是认为孩子不对任何事情做出回应，就应该受到虐待（Bugental & Happaney，2004）。在大约 1/3 的案例中，虐待子女的父母曾被自己的父母虐待过（U.S. Department of Health & Human Services，2016）。

身体虐待以多种方式对幼儿产生消极影响。它损害了情感的自我发展，包括自我调节、同理心和自我认知发展（Haugaard & Hazan，2004）。它对社交技能的发展也是有害的，因为受虐待的孩子很难再去相信他人（Elliott et al.，2005）。它还会影响孩子在学校的表现，因为受虐待的孩子的学习动机往往很低，在课堂上也常会表现出行为问题（Boden et al.，2007）。此外，受虐待的儿童在青春期及以后会面临情感、社交和学业问题（Fergusson et al.，2008，2013；Herrenkohl et al.，2004）。

我们可以做些什么来帮助受虐待的孩子呢？在大多数文化中，当父母虐待儿童时，都会存在着一种机制使孩子远离父母的照顾。在传统文化中，该机制往往是非正式的。受到父母虐待的孩子可能会与更积极、更少冲突关系的亲戚一起生活（LeVine et al.，2008）。在西方国家，干预虐待儿童案件的往往要通过正规的法律制度。某个国家机构会调查虐待报告，如果报告得到确认，则将孩子从家中带走。

然后，该机构可将被虐待儿童**寄养（foster care）**，由机构批准的成年人接管照顾（Pew Commission on Children in Foster Care，2004；Turney & Wildeman，2017）。在美国，大约 1/4 的寄养儿童是通过正规系统寄养在亲属那里的（Child Welfare Information Gateway，2013）。此外，据估计，与传统文化的非正式制度类似，在没有机构干预的情况下，与非亲属生活在一起的寄养儿童人数是其他亲属寄养儿童的 3 倍。有时寄养的孩子会在一段时间后返回家中，有的孩子会被寄养家庭收养，有的孩子在 18 岁时会“结束”寄养（Smith，2011）。寄养儿童面临学术、社交和行为问题的高风险，特别是当他们经历了多个寄养家庭时（Crum，2010；Nadeem et al.，2017；Plant & Siegel，2008）。另一种选择是让儿童住在一个由监督虐待和忽视儿童的国家机构工作人员组成的集体家庭里（Dunn et al.，2010）。集体家庭通常只是一个临时性的替代方案，直到孩子可以被寄养或与亲属在一起。

寄养：由经过国家机构批准的成年人接管对受虐待儿童的照顾。

还有其他一些防止虐待儿童的项目。美国的护士家庭伙伴关系（Nurse Family Partnership，NFP）就是一个非同寻常的项目，该计划在 40 多个州、美属维尔京群岛和几个部落社区设有办事处（Nurse Family Partnership，2014；Olds，2010）。在这个项目中，许多有虐待风险因素的母亲会接受经过培训的护士定期上门拜访。从怀孕第 28 周开始每周或两周进行一次探视，一直持续到孩子 2 岁。护士会提供信息和建议，教会母亲如何处理危机，如何管理儿童的行为而不是一味地暴力惩罚，以及如何访问为家庭提供服务的社区机构（Olds，2010）。在一项为期 15 年的跟踪调查中，将参与 NFP 的家庭与其他具有类似风险的家庭进行比较，NFP 组的儿童虐待和忽视减少了 79%（Eckenrode et al., 2001）。

儿童不断扩展的社交世界

在不同的文化中，社会环境在童年早期就有了很大的扩展。婴儿和幼儿需要大量的护理，他们通常被安排在离护理人很近的地方。护理人通常是母亲，有时母亲也会与孩子的父亲、祖母、姑姑或哥哥姐姐一同护理。然而，在童年早期，孩子们会进入更广阔的世界。

米德的儿童社会化阶段划分

学习目标 6.18　能够解释米德从婴儿期到童年早期的社会阶段理论的意义。

当孩子们进入幼儿早期时，他们仍然需要相当多的照顾，但已不再需要被他人持续关注。人类学家玛格丽特·米德（Margaret Mead）（1935）在几十年前提出了一个总体方案，它仍然适用于世界上大多数儿童如何经历童年时代的社会变化。她的方案即**表 6.3** 所示。回顾一下第五章，米德将 0—2 岁的儿童指定为“膝上儿童”，以表示他们几乎始终需要依赖于他人的照料和监控。在学步期末期，孩子们仍然需要大量的照顾，但他们不再需要一直被别人照看。对于童年早期，米德提出了两个术语。膝下儿童，一般在 3—4 岁，仍然主要由母亲照顾，但也会有时间和其他孩子玩耍。庭院儿童，一般在 5—6 岁，他们有了更多的空间去冒险，进入了所谓的“院子”，也就是说，进入一个父母在身边但并不总是直接在场的社会环境。

表 6.3　米德对童年社会阶段的划分

年龄	时期	特征
0—2 岁	膝上儿童	需要每时每刻的照顾，被他人监管着
3—4 岁	膝下儿童	仍然被母亲看护，但会有更多的时间与其他儿童一起玩耍
5—6 岁	庭院儿童	与同性伙伴一起玩耍，有时不被监管

玛格丽特·米德的方案是比阿特丽斯·怀廷（Beatrice Whiting）和卡洛琳·爱德华兹（Carolyn Edwards）（1988）对不同文化背景的儿童进行的一项经典研究的基础。怀廷和爱德华兹研究了世界上 12 个不同地方的 2—10 岁儿童，包括非洲、亚洲、北美洲和南美洲。他们的目标是研究不同文化背景下的儿童在社会环境中存在着什么样的相似性和差异性。

他们发现，世界各地的文化在如何促进儿童社会化以及构建他们的社会环境方面有很多相似之处。当一个孩子从“膝上”到“膝下”，再到“庭院”，最后进入学校或更广泛的社区时，其对母亲的依赖会逐渐减弱，逐渐进入同伴和

在不同的文化背景下，儿童在童年早期被赋予了更多的自主权和更多的责任。如图所示，一个危地马拉的女孩正在家里洗碗。

年龄较大的孩子的社交圈子。膝上儿童和膝下儿童从他们的母亲和较年长的孩子那里得到很多的养育，但膝下儿童比膝上儿童需要的养育更多。人们往往希望膝下儿童不再接受母乳喂养，并且尽可能地减少与母亲的身体接触。父母和年长的孩子都希望膝下儿童做些小家务，有基本的礼貌，比如排队等候，和其他孩子融洽相处。相比膝上儿童，大一点的孩子对膝下儿童可以行使更多的支配权，因为人们认为膝下儿童更能理解和遵循命令。

庭院儿童比膝下儿童有更多的自由。庭院儿童和膝上儿童一样，大部分时间都待在家里，但有 20% 的时间在其亲属的管辖范围之外玩耍或做事。然而，大多数文化都认为孩子要到 6 岁左右才能很好地自理，也因此限制了院子里的孩子离开家或视野范围。

米德、怀廷和爱德华兹所研究的文化大多在发展中国家，但许多相同的模式也适用于发达国家。在不同的国家和文化背景下，童年早期的社会环境不断扩大，包括拥有更多时间来与同伴、朋友以及来自家庭之外的成年人的互动。在发达国家，媒体世界也在扩大，因为儿童不仅如他们从婴儿时期就开始的那样继续看电视，而且许多儿童还开始玩电子游戏。

兄弟姐妹与“独生子女”

学习目标 6.19　能够确定世界范围内兄弟姐妹关系中最常见的特征，并描述独生子女与其他孩子的区别。

在全世界范围内，两个孩子出生的时间间隔通常为 2—4 年。在发展中国家，尤其是在农村地区，母乳喂养通常至少持续 2 年，母乳喂养通过抑制母亲排卵而成为一种天然的避孕措施（尽管它不是 100% 有效）。在经济发达的国家，父母通常选择将两个孩子的出生间隔延长 2—4 年（也许他们需要花那么长时间以忘记照顾一个婴儿是多么辛苦）。因此，儿童通常在童年早期会迎接一个弟弟或妹妹的出生。

年幼的孩子对弟弟或妹妹有什么反应？最初，嫉妒是最主要的情绪。在怀廷和爱德华兹对 12 种文化的研究（1988）中，他们发现在大多数问题上都存在很大的差异性，但在所有 12 种文化中，嫉妒是儿童对弟弟妹妹出生的一种普遍反应。尽管如此，父母对幼儿嫉妒的反应有很大的差异，从非洲的体罚到美国试图安慰和安抚嫉妒的孩子。在最一开始，儿童们对弟弟妹妹既有爱又有嫉妒。儿童和其他年龄段的人一样，他们也喜爱膝上儿童。最近的美国相关研究表明，美国的儿童也存在着对弟弟妹妹的矛盾情绪。攻击和报复性行为很常见，但帮助、分享和教学也很常见（Lamb & Sutton-Smith，2014；Natsuaki et al.，2009；Navarro et al.，2017）。

而当弟弟妹妹处于童年早期时，哥哥姐姐们就处于童年中期了，他们的矛盾心理也会随着年龄的增长而变化。童年中期的哥哥姐姐会关心和照顾他们的弟弟妹妹，但也会指挥和支配他们，有时还对他们进行身体惩罚（Howe & Recchia，2009；Pike et al.，2005；Recchia & Witwit，2017）。弟弟妹妹敬佩他们的哥哥姐姐，并会模仿他们的行为，尝试学习做哥哥姐姐所做的事情，虽然有时也会对他们的无能为力感到愤恨。但兄弟姐妹之间即使是冲突也会产生积极的影响。研究表明，有哥哥姐姐的孩子比没有哥哥姐姐的孩子更容易掌握心理理论（Mcalister & Peterson，2013；Randell & Peterson，2009）。对此的一种解释是，当兄弟姐妹之间争吵、竞争和合作时，他们会理解他人的想法，并接受他人的观点可能与自己不同。

独生子女（only child）：没有兄弟姐妹的子女。

那没有兄弟姐妹的孩子会怎么样呢？在过去的半个世纪里，随着全世界出生率的下降，独生子女的成长变得越来越普遍。在美国，约有 20% 的儿童没有兄弟姐妹。在欧洲和亚洲的一些地区，每名妇女平均只生育 1.1—1.4 个孩子，这意味着没有兄弟姐妹的孩子比有兄弟姐妹的孩子更多（Population Reference Bureau，2014）。做**独生子女（only child）**的感觉怎么样呢？

由于 1982—2015 年的计划生育政策，现在中国有很多孩子没有兄弟姐妹。

有兄弟姐妹的感觉往往十分复杂，没有兄弟姐妹也是如此。一般来说，“独生子女”并不会比那些有兄弟姐妹的孩子差（Brody，2004；Sandler，2014）。他们的自尊、社会成熟度和智力往往比有兄弟姐妹的孩子高一些，可能是因为他们与成年人有更多的互动（Dunn，2004）。然而，在美国的研究中，独生子女在与同伴的社交关系方面却不太成功，也许是因为有兄弟姐妹的孩子进行了更多的同伴间的社会关系互动（Kitzmann et al.，2002）。

在近几十年的中国，独生子女是尤为常见的。1982 年，为了应对人口过剩的问题，中国开始实施计划生育政策，即号召一对夫妇只生一个孩子。有人担心这一政策会产生过于放纵和自私的“小皇帝和小公主”的一代人，但这种担忧似乎是毫无根据的。与美国的独生子女一样，中国的独生子女比有兄弟姐妹的孩子表现出一些优势，包括更高的认知发展、更高的情感保障和更容易讨人喜欢（Jiao et al.，1996；Wang & Fong，2009；Yang et al.，1995）。与美国的独生子女不同，中国独生子女在社交技能或同伴接纳方面没有任何缺陷（Hart et al.，2003）。独生子女政策的一个意想不到的好处是，中国传统中不受青睐的女孩比以往更容易获得教育方面的机会（Fong，2002）。中国在 2015 年优化了计划生育政策，提倡一对夫妇生育两个孩子，原因是担心如果出生率始终保持在较低水平，人口老龄化问题会给年轻人及社会带来较大的压力。然而，一些人口统计学家预测中国的出生率不太可能上升，因为人们已经形成了只生 1—2 个孩子的期望（Schiermeier，2015）。

同伴与朋友

学习目标 6.20 **能够解释从学步期到童年早期友谊的质量是如何变化的，并描述玩耍和攻击性行为对幼儿友谊的作用。**

如第五章所述，学步期的儿童就拥有了友谊（Dunfield & Kuhlmeier，2013；Goldman & Buysse，2007；Palmadottir & Johansson，2015）。他们以彼此的陪伴为乐，喜欢共同的活动，乐于为彼此提供友谊和情感支持。在童年早期，友谊也有这些品质，但童年早期的孩子们比学步期的孩子们更能理解和描述友谊的含义。他们认为朋友是你喜欢和喜欢你的人，是和你一起玩、和你分享玩具的人（Hartup & Abecasis，2004），在 5 岁或 6 岁时，他们也明白友谊的特征是相互信任和支持，朋友是你可以长期依赖的人（Bagwell & Schmidt，2013）。

区分朋友和同伴是很重要的。正如你所知，朋友是与你有着重要相互关系的人。而**同伴（peers）**是在某些方面有共同点的人，如年龄。因此，在人类发展学的社会科学研究中，孩子的同伴往往是日常生活环境中的同龄人，比如孩子的同学和邻居，其中一些孩子可能成为朋友，另一些可能不会。孩子的朋友通常都是同伴，但并非所有的同伴都能成为朋友。

同伴：在某些方面有共同点的人，如年龄。

不同的文化背景中，在童年早期，与同伴和朋友的关系往往因性别而有所不同。男孩更多的时候把男孩当作同伴和朋友，女孩更多的时候把女孩当作同伴和朋友。然而，不同文化中的同伴群体在年龄上有很大差异。传统文化和西方文化在幼儿同伴关系方面的一个显著差异是，在西方，年龄各异的同伴游戏小组相对较少。到 3 岁或 4 岁时，大多数儿童至少有一部分时间处于学前教育阶段，如按年龄分组的学前教育班。相比之下，传统文化中的儿童通常在年龄各异的小组中玩耍，其中可能包括学步期、童年早期和童年中期的儿童（LeVine & LeVine，2016）。

关于童年早期同伴和朋友的两个最受关注的研究问题是童年的玩耍和攻击。

童年的玩耍。玩耍在儿童时期有多种用途，包括锻炼、学习和磨炼技能，与之相伴的积极情绪可能会促进孩子学习和尝试新事物（Konner，2010）。在学步期和童年早期，有几种不同类型的游戏，包括独处游戏、平行游戏、简单社交游戏和合作假装游戏。从学步期到童年早期，独处游戏和平行游戏有所下降，而简单社交游戏和合作假装游戏有所增加（Hughes & Dunn，2007）。合作假装游戏在幼儿时期会变得更加复杂，儿童的想象力会更加丰富，他们会变得更加有创造力，善于使用符号，例如用木棍代表一把剑，用毯子盖在两把椅子上代表一座城堡（Dyer & Moneta，2006）。像学步期的孩子一样，大多数幼儿会展示出各种类型的游戏，参与一段时间的合作游戏，然后过渡到独自游戏或平行游戏（Robinson et al.，2003）。

在童年早期及以后，孩子们越来越以性别划分玩耍群体（Gaskins，2015）。在怀廷和爱德华兹（1988）的针对12种文化的研究中，2—3岁的孩子有30%—40%的时间在同性群体中玩耍。到11岁时，孩子们90%以上的时间与同性同伴玩耍。

美国的研究报告了类似的结果（Granger et al.，2017；Martin et al.，2013）。在一项观察性研究中，4岁和6岁的孩子在同性群体中玩耍的时间比例分别为45%和73%（Martin & Fabes，2001）。此外，许多研究发现，男孩通常进行高强度、攻击性、竞争性、粗野和打闹的游戏，而女孩的游戏往往更安静、需要合作，更可能涉及想象和角色扮演（Hines，2015）。

从婴儿期开始，孩子们的社交能力就各不相同，到童年早期，孩子们在使用群体游戏所需的社交技能方面的成功程度存在明显差异。学龄前社会生活往往奖励那些勇敢的孩子，而羞怯的孩子在学龄前花很多时间看着别人玩耍，自己却不参与（Coplan et al.，2004；Rubin et al.，2002；Walker et al.，2015）。然而，对于一些孩子来说，他们只是需要时间来适应学前的社会环境。学龄前儿童的经历越多，他们在参与社会游戏方面就越成功（Dyer & Moneta，2006）。有时，孩子们把观察其他孩子的表现作为自己进入游戏的前奏（Lindsey & Colwell，2003）。另外，有些孩子只是喜欢自己玩。他们可能比其他人花更多的时间独自玩耍，但这可能预示着孩子异常活跃和具有创造性的想象力，而不是简单的被孤立或排斥的现象（Coplan et al.，2015；Lillard，2015）。同伴对童年早期羞怯的看法也存在文化差异，正如你将在“研究焦点：文化解读——中国和加拿大的羞怯”中看到的那样。

童年早期的玩耍在不同的文化中普遍存在，尤其是在生命阶段的最初几年（Gaskins，2015）。在一项比较来自巴西、肯尼亚和美国的3岁儿童的研究中，这几个国家的儿童玩游戏的时间比其他任何活动都要多（Tudge et al.，2006）。然而，人类学家也发现了一些儿童即使在童年早期也很少玩耍的文化，例如利比里亚的科佩尔文化和危地马拉的玛雅文化（Gaskins，2015）。总体而言，父母做的工作越多，他们让孩子参与工作的时间就越早，孩子玩耍的时间就越少（Rogoff，2003），然而，传统文化中的儿童大都有一些玩耍的时间。他们的游戏通常是由年龄各异的同伴小组中较大的儿童组织和引导的。在西方以外的文化中，很少有儿童会与成年人一起玩（LeVine & LeVine，2016）。

在大多数文化中，同性间玩耍的比例在童年早期上升。如图所示，印度的年轻女孩们在一起玩击掌游戏。

有时，儿童游戏包括模仿成人活动，比如去市场购物（Rogoff，2003；Roopnarine et al.，1994）。其他时候，玩耍纯粹是为了开心。例如，在印度，年轻女孩玩的游戏是在歌曲响起时及时拍手。她们一边唱歌一边用复杂的拍子拍手，并随着歌声越来越快。这首歌共有11段歌词，描述

研究焦点：文化解读——中国和加拿大的羞怯

在西方对幼儿的研究中，羞怯一直与诸如焦虑、不安全和社会无能等消极特征有关。人们发现胆怯的孩子在与同伴的关系中会遇到问题，容易产生消极的自我认知和抑郁情绪。西方研究人员认为幼儿羞怯是一个亟待解决的问题。

但在其他文化中呢？陈新英认为羞怯在中国文化中有着不同的含义，并着手比较了中国和加拿大儿童羞怯的后果（Chen et al., 2005）。

在陈新英和他的同事进行的一项研究中，中国和加拿大的 4 岁儿童被邀请进入一个实验室，进行两个 15 分钟的自由玩耍互动，研究人员在一旁观察。

那些花大量的时间在一旁看他人活动或是有着放空自己的行为（独自在房间里闲逛或坐着什么也不做）的人被视为羞怯的孩子。通过这个过程，研究人员发现 200 名中国儿童中有 50 名"羞怯的孩子"，而 180 名加拿大儿童中有 45 名"羞怯的孩子"。尽管在这两个国家，羞怯儿童与不羞怯儿童的比例大致相同，但同伴间对羞怯儿童的反应却大相径庭。当羞怯的加拿大孩子试图与他们的同伴交流时，他们的同伴通常会做出消极的反应（例如，说"不"或者"不会"），很少会做出积极的反应，如给予鼓励和支持。

相比之下，当中国的羞怯的孩子主动接触同伴时，同伴的反应要积极得多，他们通常邀请他们玩耍或允许他们再次加入。总的来说，加拿大的同伴倾向于对羞怯的孩子持敌对或忽视的态度，而在中国，同伴倾向于对羞怯的孩子采取支持与合作的态度。

然而，陈新英和他的同事在中国从事这项研究已经超过 20 年了，据他们记录，在这段时间里，羞怯对中国儿童的社会影响发生了显著的变化。近几十年来，中国社会发生了翻天覆地的变化，中国迅速从计划经济体制转变为社会主义市场经济体制。这种转变也导致了中国自决和独立的个人主义价值观的上升。

这种价值观的变化反映在陈的研究中，例如同伴对羞怯的中国孩子的回应上。在 1990 年陈新英研究的样本中，羞怯与一些积极影响（包括同伴的接受、领导能力和学术成就）有着密切联系。然而，直到 2002 年陈重复这项研究时，这种相互关系已经发生了转变。

现在羞怯与消极影响密切相关，包括同伴排斥和自我抑郁。在短短的 12 年时间里，羞怯的文化含义发生了逆转。

复习题：

1. 20 世纪 90 年代对中国幼儿的研究和后来的研究表明，在这段时间内：（ ）

    A. 经济动荡导致羞怯行为的上升

    B. 向市场经济过渡期间，攻击性增加

    C. 羞怯变得缺乏文化价值

    D. 女孩的攻击性大幅上升

2. 在中国，下列哪一项的增长使羞怯在文化上的价值观发生了变化？

    A. 在学校上学的人数

    B. 对儒家哲学的兴趣

    C. 个人主义

    D. 集体主义

了一个女孩在每个年龄段可能经历的人生历程，最后变成了一个灵魂。在童年早期，女孩们首先通过观察和聆听年长的女孩们的演奏来学习，然后逐渐地自己参与拍手歌。

童年的攻击。童年早期是儿童攻击性增强的重要时期。随着幼儿更多地进入同伴的世界，他们在资源方面会遇到更多的竞争——玩具、玩伴、成年人的注意力、最后一块曲奇——这种竞争有时会导致冲突和攻击（Rubin & Pepler，2013）。

学者们区分了几种不同类型的攻击（Underwood，2003）。当一个孩子想要一些东西（玩具、食物、注意力）并使用攻击性的行为或语言来获得它时，**工具性攻击（instrumental aggression）**就会发生。孩子也可能表现出愤怒的迹象，并欲对他人造成痛苦或伤害，这就是所谓的**报复性攻击（hostile aggression）**。工具性攻击和报复性攻击都可以用以下几种方式表达。身体攻击包括打、踢、推或用物体打击他人。言语攻击指的是用言语伤害他人，包括对他人大喊大叫、称呼恶名或恶意的取笑。**关系攻击（relational aggression）**（或社会攻击）包括通过社会排斥和恶意中伤损害他人在同伴中的声誉。

工具性攻击：当孩子想要某样东西时，会用攻击性的行为或语言来得到它的一种攻击类型。

报复性攻击：一种带有愤怒迹象的攻击行为，并欲对他人造成痛苦或伤害。

关系攻击：通过社交排斥和恶意八卦损害他人在同龄人中的声誉的一种攻击。

童年早期的身体攻击一直是大量研究的对象。有大量证据表明，学步期和童年早期的身体攻击行为会达到顶峰（Alink et al.，2006）。著名的攻击行为研究者理查德·特伦布雷（Richard Tremblay）（2002）进行了从婴儿期到成人期的纵向研究，并发现了一种常见的现象，即身体攻击在24—42个月时达到高峰，即学步期的第二年和童年的第一年，然后开始下降。在儿童早期和整个生命周期中，男孩的身体攻击性始终高于女孩（Hines，2015；Leaper，2013）。

然而，与平均值不同，每个具体的人有着很大的上下变动范围。不是所有的男孩在童年早期都有攻击性，也不是所有的男孩和女孩在3岁以后都会出现攻击性下降的情况。美国的一项全国性研究对2—9岁儿童进行了纵向研究，追踪了身体攻击的过程（NICHD，2004）。研究人员在攻击性方面设置了5个不同的“轨迹组”，其中最大的一组显示2—9岁身体攻击急剧下降。然而，也有两个“低轨迹”组从未表现出太多的身体攻击性。一个“中轨迹”组的身体攻击性保持稳定，一个“高轨迹”组的身体攻击性保持较高。

身体攻击在童年早期达到顶峰。

一般而言，身体攻击的个体差异在不同时间内保持稳定。也就是说，在童年早期很少表现出身体攻击性的儿童不太可能在童年中期和青少年期表现出来，而在童年早期具有很强攻击性的儿童在后期也往往比同伴更具有攻击性（Lansford et al.，2006；Schaeffer et al.，2003；Tremblay et al.，2017）。然而，纵向研究表明，那些有耐心、细心，并且积极参与的父母可以将童年早期的高攻击性降低到童年早期的中攻击性（Nichd，2004；Rubin & Pepler，2013）。童年早期是减少身体攻击的关键时期，因为童年后期的高攻击性是之后青少年和成人攻击性行为的一个重要征兆（Loeber et al.，2005；Tremblay et al.，2017）。

在不同的文化中，攻击往往是童年早期和童年中期游戏中的一部分，尤其被看作男孩的游戏（Edwards，2005；Gaskins，2015）。在学校和操场上，同年龄的男孩在一起时，摔跤等身体上的“粗野”游戏很常见（Scott & Panksepp，2003）。这种攻击性的游戏也发生在其他哺乳动物身上，是它们建立支配等级的一种方式（Hassett et al.，2008）。攻击性的游戏反映了谁在最上层，谁不在上层，有助于避免群体内更严重的攻击。

与身体攻击相反，言语攻击常在童年早期出现，至少适用于做过这项研究的西方国家（Dodge et al.，2006；Underwood，2003）。随着孩子们越来越熟练地使用词汇，他们就能够将自己的语言能力运用到各种各样的目的中，包括攻击他人。此外，在童年早期，随着儿童意识到成人认为对同伴的身体攻击是不可接受的，而且儿童越来越能够抑制他们的身体攻击冲动，语言攻击已经取代了身体攻击（Tremblay，2002；Tremblay et al.，2017）。男孩在言语攻击方面的可能性略高于女孩（Leaper，2013）。

和语言攻击性的增加一样，关系攻击性的增加也反映了儿童认知和社会理解能力的提高。他们越来越能够理解社会关系的复杂性，也越来越意识到如何运用社交武器伤害他人和获得社会地位。他们了解到，打在肩膀上的伤痛并没有造成太大的疼痛，远不如成为唯一一个没有被邀请参加生日聚会或者是成为令人讨厌的谣言对象所带来的痛苦那么大，持续那么久（Murray-Close et al.，2007；Nelson et al.，2005）。女孩之间的关系攻击比男孩之间的关系攻击更为常见，但这一差异比男孩和女孩在身体和言语攻击性方面的差距要小（Leaper，2013）。

童年早期的媒体使用

学习目标 6.21 能够确定童年早期每天使用媒体的时间和后果。

童年早期是儿童传媒世界大发展的时期，发达国家儿童尤其如此。从学步期到童年早期，许多类型的媒体使用都在增加。你还记得你第一次看电视的时候多大吗？第一次使用电脑是多大呢？第一次在手持设备上玩游戏呢？

美国 2—8 岁儿童每天使用媒体的总时间约为 3 个半小时（Common Sense Media，2017）。童年早期使用的主要媒体类型是电视、电子游戏和录制音乐。

电视使用的负面影响：暴力与广告。电视受到了全世界人民的欢迎，包括孩子。在美国，2—8 岁的儿童平均每天观看电视、DVD 和视频约两小时（Common Sense Media，2017）。儿童中最受欢迎的节目是那些专门为儿童制作的节目，如卡通和教育节目，如《芝麻街》（*Sesame Steet*）（Blumberg & Fisch，2013；Rideout，2013）。

尽管电视因其娱乐价值而在世界各地广受欢迎，但许多人都担心电视的负面影响，尤其是可能引发儿童的暴力方面的负面影响。经过对电视内容的分析发现，儿童节目比成人节目更暴力。一项研究发现，2/3 的儿童节目都包含暴力内容，大约一半的暴力内容发生在卡通片里（Aikat，2007）。2/3 的情况下，暴力被描绘成滑稽可笑的行为，受害者不会经历痛苦，施暴者也没有受到惩罚。

目睹如此多的电视暴力对儿童的发展有何影响？50 年来这个问题已被研究了超过 300 多次，并已经在学者中形成了一个强烈的共识，即观看电视暴力会增加儿童的攻击性（Bushman et al.，2015）。孩子们越有攻击性，他们就越喜欢看电视暴力。而且对那些通常不具有攻击性的孩子而言，电视暴力也会激发孩子们的攻击性思想和行为。实验研究表明，电视暴力与儿童攻击行为具有因果关系，而不仅仅是相关性。例如，在一项早期的研究中，学龄前儿童被随机分为两组（Steur et al.，1971）。在 11 天的时间里，一组观看暴力动画片，另一组观看无暴力片段的动画片。在 11 天的实验后，看过暴力动画片的儿童比观看无暴力片段的动画片的儿童更有可能殴打同伴。

3—6 岁的幼儿特别容易受到电视暴力的影响（Bushman & Chandler，2007；Coyne et al.，2017）。他们比年幼或年长的孩子更有可能模仿他人的行为，如电视角色的行为。而且，他们比大一点的孩子更无法清楚地理解想象和真实之间的界限，因此更可能相信他们在电视上看到的是真实的。

电视对童年早期的儿童的另一个重要影响是广告。在美国，每个孩子平均每年看到大约 40000 个电视广告，主要是玩具、谷类食品、糖果和快餐（Scheibe，2007）。童年早期的儿童特别容易接受广告，因为他们对广告意图的了解程度低于年长儿童（Dixon et al.，2017）。大多数人直到 5 岁左右才意识到节目和广告之间的区别（Gennings，2007）。小孩子看电视越多，他们就越试图说服父母购买广告产品（Valkenburg & Buijzen，2007）。由于儿童看到的广告产品大多是不健康食品，人们越来越担心电视广告是国际上日益流行的儿童肥胖现象的一个潜在影响因素（Bergstrom，2007；Ferguson & Iturbide，2015）。

教育电视节目的积极影响。人们还发现电视对幼儿有一些有益的影响。一些教育节目如今已经广受幼儿欢迎。其中最受欢迎的是《芝麻街》节目，它在全球 150 个国家播出（Sesameworkshop.org，2017；Truglio，2007）。该课程的内容基于发展心理学的知识，即什么对幼儿最具吸引力，如何最有效地教授幼儿学前学习技能（Bergstrom，2007；Fisch，2014）。节目内容会根据所处文化进行调整，例如，解决南非艾滋病的歧视问题，促进中东地区儿童的跨文化尊重和理解（Fisch et al.，2010；Truglio，2007）。

广告商通常通过电影中的产品摆放来吸引儿童。图中是电影《自由鸟》中的一幕。

研究表明，观看《芝麻街》和其他教育节目对儿童的发展产生了显著的积极影响。在一项研究中，2岁和3岁观看过《芝麻街》电视节目的儿童，在5岁时的语言发展和数学技能测试中的得分会更高，甚至会显著影响父母的教育和收入（Scantlin，2007）。在另一项纵向研究中，5岁看过《芝麻街》电视节目的儿童在15岁和19岁时的英语、数学和科学成绩都高于对照组的儿童（Anderson et al.，2001）。针对《芝麻街》和其他教育节目的研究表明，这些节目还有其他积极的效果，例如促进有想象力的游戏和合作（Bergstrom，2007；Fisch，2014；Scantlin，2007）。

发达国家的大多数幼儿每天都听音乐。

电子游戏和音乐。尽管大多数关于儿童的媒体研究的焦点都集中在电视上，但其他媒体对他们的生活也很重要，特别是电子游戏和电子音乐。美国2—4岁的儿童玩电子游戏的总时间为平均每天21分钟，到5—8岁时翻了一番，达到42分钟（Common Sense Media，2017）。总的来说，男孩玩电子游戏的次数比女孩多，而且他们喜欢的游戏种类也不尽相同，男孩更喜欢格斗等体育游戏，女孩更喜欢冒险和学习游戏（Kubisch，2007）。这些性别差异贯穿于整个儿童和青少年时期。

在发达国家，听音乐也是大多数儿童日常媒体使用的一部分。超过半数的美国儿童家长每天都会为孩子唱歌或演奏音乐（Kinnally，2007）。2—8岁的儿童每天平均听音乐约16分钟（Common Sense Media，2017）。3—5岁的孩子最喜欢听儿歌，但到了6岁，孩子们更关注流行音乐，开始认识和喜欢当今最新的"热门歌曲"。

音乐甚至能引起婴儿的积极反应，但童年早期是发展对音乐反应的一个特别重要的时期（Kinnally，2007）。正是在童年早期，孩子们首次将音乐声音与特定的情感联系起来，例如，把主调的歌曲视为快乐，将小调子中的歌曲视为悲伤。到5岁时，孩子们对协调而节奏稳定的音乐有明显的偏好。到了这个年龄，音乐也有了社会性的一面。4岁和5岁的孩子会更喜欢和自己听同样歌曲的同伴一起玩耍（Soley & Spelke，2016）。

小结：情绪与社会性发展

学习目标 6.13　能够确定童年早期在情绪理解和自我调节方面的进步。

童年早期是情绪自我调节能力发展的关键时期，因为儿童在努力进行自我控制。儿童对他人情绪来源的理解能力也有所提高。有自控问题的儿童容易产生外化问题，而过度控制的儿童有可能产生内化问题。

学习目标 6.14　能够描述童年早期的道德发展，包括同理心、模仿和文化学习中的道德。

童年早期儿童的同理心增强，进而导致亲社会行为的增加。儿童学习道德的一部分途径是通过模仿，即观察他人的行为及其后果。童年早期也是孩子们逐渐学会道德准则并践行其文化中的道德准则与信念的时期。

学习目标 6.15　能够总结父母和同伴在性别社会化中所扮演的角色，并解释性别图式如何导致自我社会化。

孩子们在 2 岁时就有了性别认同，但直到 6 岁或 7 岁才开始理解性别恒常性。在童年早期，他们对性别角色的看法往往变得僵化。家长是性别社会化的关键因素，对儿子而言父亲的作用更加明显。同伴也会强迫儿童遵守性别规则。一旦幼儿产生了性别图式，他们就会试图保持他们的性别图式和他们的行为之间的一致性，这个过程被称为自我社会化。

学习目标 6.16　能够详细说明四种类型的育儿“风格”，并确定这一模式的文化局限性。

美国的育儿研究强调了要求和反应的维度，这两种维度形成了四种“育儿风格”：权威型、专制型、宽容型和脱离型。按美国标准，权威型育儿风格与儿童发展之间的关系是复杂的，因为父母与子女之间存在着相互作用。此外，育儿风格对幼儿的影响实质上取决于文化背景。权威型育儿风格在非西方文化中非常罕见，因为父母希望他们的权威能够得到服从。

学习目标 6.17　能够描述父母管教孩子的文化差异，并解释文化如何影响孩子对纪律的反应。

在西方文化中，儿童早期的管教方法倾向于强调权威性的方法来解释不良行为的后果和管教的原因，而在西方文化之外，家长的角色更具权威性，家长期望孩子们服从于他们。体罚和心理控制对儿童的影响因文化背景而异。

学习目标 6.18　能够解释米德从婴儿期到童年早期的社会阶段理论的意义。

根据玛格丽特·米德的说法，在不同的文化背景下，幼儿通常需要从 3—4 岁的“膝下儿童”发展到 5—6 岁的“庭院儿童”，随着年龄的增长，孩子们可以在没有监督的情况下与同伴玩耍。

学习目标 6.19　能够确定世界范围内兄弟姐妹关系中最常见的特征，并描述独生子女与其他孩子的区别。

冲突与兄弟姐妹之间的帮助和分享一同出现，这在世界范围内都很普遍。独生子女通常不会差于有兄弟姐妹的孩子，即使在中国依旧是这样。

学习目标 6.20　能够解释从学步期到童年早期友谊的质量是如何变化的，并描述玩耍和攻击性行为对幼儿友谊的作用。

儿童游戏在童年时期更显性别差异。从学步期到童年早期，独处游戏和平行游戏逐渐减少，而简单社交游戏和合作假装游戏则逐渐增加。身体攻击在学步期和童年期的第一年达到高峰，然后随着言语和关系攻击的上升而下降。

学习目标 6.21　能够确定童年早期每天使用媒体的时间和后果。

在美国，童年早期儿童平均每天媒体使用时间约为 3 个半小时。大量证据显示暴力电视节目会诱发幼儿的攻击行为。男孩们最常玩的电子游戏包括格斗类等体育游戏，而女孩们更喜欢冒险类和学习类的游戏。童年早期是发展对音乐的反应的重要时期，因为此时孩子们开始把音乐声音和特定的情感联系起来。

第七章

童年中期

第一节　生理发展

童年中期的成长

- 身体成长与感官发育
- 运动发育

健康问题

- 营养不良和肥胖
- 疾病与受伤

第二节　认知发展

认知发展理论

- 具体运算阶段
- 信息加工理论
- 智力和智力测试

语言发展

- 词汇、语法和语用学
- 多语言

童年中期的学校生活

- 学校经历和学业成就
- 学校所学习的认知技能：阅读与数学

第三节　情绪与社会性发展

情绪与自我发展

- 一帆风顺：情绪自我调节的进步
- 自我理解
- 性别发展

童年中期的社会和文化背景

- 家庭关系
- 朋友和同伴
- 工作
- 媒体使用

在不同的文化背景下，从童年早期到童年中期的转变常常被视为儿童发展的重要转变，因为童年中期的儿童有着更强的认知能力，也更能够意识到个人责任。

根据罗伊·安德拉德（Roy D'Andrade，1987）的观点，儿童在童年中期开始逐渐掌握**文化模式（cultural models）**，即与共同活动有关的认知结构。在发展中国家，童年中期的儿童第一次被赋予重要的家庭职责，例如照顾弟弟妹妹、买卖商品、生火或是饲养家畜（Gaskins，2015；Lancy，2016）。无论是发达国家还是发展中国家的儿童，都会在童年中期开始接受正规教育，学习包括“认真听老师讲课”“没轮到你之前请等待”“做家庭作业”等文化模式。儿童在学步期就开始学习文化模式，但到了童年中期，随着对文化模式的理解越发深刻，他们能够承担更多任务（Gaskins，2015）。

童年中期是一个比以往更健康、更不易受伤害的年龄段，也是人生中最快乐的一段时光。此时，儿童的社交世界大大扩展，远非童年早期可比，他们会花费更多的时间在朋友和媒体使用上。当然，与人类生命周期中的其他阶段一样，我们如何经历生命的某个阶段在很大程度上取决于文化背景。在本章中，我们将探讨儿童童年中期经历的各种文化差异。

第一节　生理发展

学习目标

7.1 能够确定童年中期发生的身体成长和感官发展的变化。

7.2 能够解释童年中期的运动功能是如何发育的，以及这些发育进展为何与新技能、参与游戏和运动有关。

7.3 能够描述营养不良和肥胖对身体发育的负面影响，并确定肥胖的原因。

7.4 能够解释童年中期患病率和受伤率相对较低的原因，以及哮喘发病率上升的原因。

童年中期的成长

童年中期的成长不如童年早期那么快，但孩子们的身高和体重仍在继续增加。有些孩子会在童年中期近视，开始需要配戴眼镜。

文化模式：与共同文化活动有关的认知结构。

身体成长与感官发育

学习目标 7.1　能够确定童年中期发生的身体成长和感官发展的变化。

在儿童中期，身体生长速度缓慢但稳定，身高每年增长 5—8 厘米，体重每年增加 2—3 千克［Centers for Disease Control and Prevention（CDC），2017］。童年中期有可能是男孩和女孩最苗条的时期（CDC，2017），在整个生命周期的所有年龄组中，6—10 岁的儿童的**身体质量指数（body mass index，BMI）**最低，身体质量指数（BMI）是衡量体重与身高比例的一个指标（Guillaume & Lissau，2002；U.S. Department of Health and Human Services，2017）。

身体质量指数（BMI）：测量体重与身高的比值。

童年中期有可能是人们一生中最苗条的时期。

在童年中期，男孩的肌肉仍然会比女孩多一些，但女孩的身体脂肪比男生更多。然而，这并不会导致力量上的差异。一项针对美国儿童和青少年的全国性研究发现，在 6—11 岁的青少年中，上半身及下半身力量并不存在性别差异。只有到了 11 岁，进入青春期，男孩才会比女孩强壮（Ervin et al.，2013）。

到童年中期，男孩和女孩的身体都有了显著的成长。例如，10 岁的孩子投球的平均距离是 6 岁孩子的 2 倍。随着肺活量的扩大，童年中期儿童的跑步速度越来越快，时长也越来越长

（Ervin et al.，2013；Malina et al.，2004）。

从 6 岁到 13 岁，孩子的 20 颗“乳牙”会逐渐脱落，由新长出的恒牙代替。通常是最先长出两颗上门牙。恒牙是成人大小的牙齿，一旦长出来就基本不会变化了。当童年中期的孩子们露出牙齿微笑时，这些牙齿相对于他们的嘴巴来说就会显得有些大了。

听力和视力在童年中期都会发生变化，听力通常会变好，而视力可能会变差。听力通常会进步，因为在学步期和童年早期，内耳道的生理结构很容易导致耳朵感染，而童年中期内耳道已经发育成熟，比以前更长更窄（NIH，2017）。这种结构变化降低了含液体的细菌从口腔流向耳朵的可能性，从而降低内耳感染的可能性。

近视：不能清楚地看到远处物体的视觉状态，也称为近视眼。

视力方面，**近视（myopia，也称 nearsighted）**的发病率在童年中期呈上升趋势。近视在发达国家比在发展中国家更普遍。在发展中国家，近视的患病率很低，例如，在印度和尼泊尔，9—10 岁的青少年近视率不到 5%。但在发达国家，近视率较高，而且在不同国家之间差别很大。在爱尔兰和美国，9—10 岁儿童中有 20% 患有近视，而在新加坡，9—10 岁儿童中有 50% 患有近视（Pan et al.，2012；Rudnicka et al.，2016）。

儿童读写和使用电脑的次数越多，他们患近视的可能性就越大。研究还表明，每天在户外活动的儿童患近视的可能性较小。发达国家的儿童近视率最高是因为发达国家的儿童最有可能接触到书籍和电脑，并且很少会在户外活动。美国验光协会（The American Optometric Association，2017）建议儿童参加户外活动，并遵循 20-20-20 规则：每阅读或使用电脑 20 分钟，花 20 秒看至少 20 英尺远的物体。近视也有部分遗传因素，因为同卵双胞胎同时患近视率比异卵双胞胎高（Pacella et al.，1999；Tsai et al.，2009）。

运动发育

学习目标 7.2　能够解释童年中期的运动功能是如何发育的，以及这些发育进展为何与新技能、参与游戏和运动有关。

在童年中期，儿童的大肌肉运动和精细运动发育都取得了进展，其精细运动能力接近于成年人。孩子们变得更强壮、更敏捷。随着大肌肉运动技能的发展，他们会把更多的时间花在活跃游戏和有组织的运动上。他们也能进行复杂的精细运动，比如写作。

大肌肉运动发育和身体活动。在小学操场上观察一群孩子，你会看到很多不同的身体活动。在一个角落里，一群女孩正练习从电视节目中学到的舞蹈。在另一个角落，男孩们正在一个四方形区域玩踢球游戏，试图通过把球击到对方区域来防守己方区域。在中间，一群男孩和女孩玩着“抓人”游戏，这是一个长期以来最受欢迎的游戏。

从童年早期到童年中期，孩子们的大肌肉运动技能在很多方面都取得了发育。孩子们的平衡能力得到了改善，他们可以在一块木板上行走。他们变得更强壮，能够跳得更高，把球踢得更远。他们的协调性也提高了，因此可以进行游泳和滑冰等需要不同身体部位同步活动的运动。他们也有了更强的灵活性，从而可以更快、更准确地移动，例如他们能在踢足球时快速改变方向。最后，他们的反应速度也变得更快，这促使他们对变化的信息做出快速反应，例如把网球打过网、接住或击打棒球（Kail，2003）。连接大脑两半球的胼胝体髓鞘的增加加快了童年中期大肌肉运动和精细运动任务的反应速度（Roeder et al.，2008）。

随着大肌肉运动技能的发育进步，孩子们可以进行各种各样的游戏和运动。在世界各地，童年中期是一个与兄弟姐妹和朋友们进行体育交流的时间段，从抓人游戏到捉迷藏再到足球、板球、棒球和篮球。他们的游戏大多是非正式的，大都在街上、公园里或学校的院子里进行，几个孩子聚在一起就可以开始游戏了（Gaskins，2015；Kirchner，2000）。然而，童年中期也是儿童最有可能参与有组织的体育运动的时期。例如，世界上 75 个国家都有针对童年中期儿童的联盟棒球赛。在美国，66% 的男孩和 52% 的女孩在 5—18 岁至少参加过一次有组织的体育运动（Statistic Brain，2014）。尽管男孩在童年中期参加运动队的可能性略高于女孩，但近几十年来，世界范围内女孩的体育运动参与率有所上升，尤其是足球、游泳、体操和篮球等体育运动。

然而，在公共健康倡导者看来，儿童并没有得到他们本应得到的更多大肌肉活动，而这导致了儿童高肥胖率居高不下。童年中期正是大肌肉运动能力大发展的时期，但如今体育运动受到了电视、网络视频和电子游戏的影响（Roberts et al.，2017）。在一些地方，学校不像过去那样成为体育活动的场所。在美国，童年中期参加日常“体育”项目的儿童比例从 1969 年的 80% 下降到 2005 年的 8%（CDC，2006）。卫生当局建议 6—17 岁的儿童每天运动 60 分钟，但只有大约 20% 的美国儿童能做到（CDC，2017）。

女孩比过去更有可能参加一些有组织的运动。

体育锻炼对认知功能也同样有益处。一项实验研究已经证明了这一点，在这项研究中，200 多名 7—9 岁的儿童被随机分配到为期 9 个月的课外体育活动（PA）项目中，或是参加另一个对照组（Hillman et al.，2014）。儿童在每天放学后进行 2 个小时体育活动项目。孩子们首先进行大约一小时的中等强度到剧烈的体育活动，然后休息大约 15 分钟，吃一份健康

如果你要对学校的体育活动政策和实践提出一系列改进建议，你会提出什么建议呢？

执行功能：在不分心的情况下解决认知问题的能力，以及随着问题性质的变化调整自己策略的能力。

的零食，然后再花 45 分钟左右的时间参加有组织的游戏，这些游戏提供了一个完善运动技能的机会。所有的孩子都在项目开始前进行了前测，并在 9 个月后进行了后测。两组孩子的有氧健身水平都有所提高，这说明了童年中期身体能力的正常发展。然而，这种增长在参加过体育活动项目的儿童中更为显著。

体育活动组儿童的认知能力也优于对照组。研究者评估了这些儿童的**执行功能**（executive function），即在不分散注意力的情况下解决认知问题的能力，以及随着问题性质的变化而调整策略的能力。在针对执行功能的后测中，体育活动组儿童的得分高于对照组。根据研究结果，研究人员得出结论："为了提高学业成绩而减少在校期间（如课间休息）开展体育活动的机会的政策可能会产生意想不到的后果。事实上，目前的数据不仅为体育活动对认知和大脑健康的有益影响提供了理论支撑，而且为完善当代教育政策和实践提供了依据，并指出年轻人应该得到每天进行体育活动的机会（Hillman，2014，p. 1070）。"

精细运动的发展。从童年早期到童年中期，儿童精细运动的发展也取得了很大的进步。3—4 岁的孩子很少能自己系鞋带，但几乎所有 8—9 岁的孩子都能自己系鞋带。在亚洲文化中，只有大约一半的 4 岁儿童能够很好地使用筷子与成人一起吃饭，但对于 6 岁及以上的儿童来说，使用筷子吃饭已经轻车熟路（Wong et al.，2002）。在许多发展中国家，儿童在童年中期就担任了工厂工人的工作，因为他们有能力完成复杂的精细运动任务，如编织地毯［International Labor Organization（ILO），2013］。

在不同的文化中，精细运动的发展在绘画和写作两个方面尤为明显。在童年早期，孩子的绘画技巧仅限于画一些二维图形。然而，在童年中期，儿童学

图 7.1　从童年早期到童年中期，儿童绘画能力的变化

随着童年中期的精细运动的发展，绘画变得越来越具有真实性。上图分别展示的是我们的女儿帕里斯 3 岁（左）、5 岁（中）和 7 岁（右）的画。

会通过重叠物体和让近处物体比远处物体更小，来体现三维空间（Braine et al., 1993）。如**图 7.1** 所示，他们还学会画物体的更多细节，并在绘图时调整物体的大小和关系，使它们组合成一个连贯的整体（Case & Okamato，1996）。

在写作方面，大多数儿童在童年早期就学会了粗略地写几个字母和数字，但在童年中期，写作技能会大大提高（Berninger & Chanquoy，2012）。到了 6 岁，大多数孩子就能写出字母表中的字母、自己的名字和数字 1 到 10。在接下来的几年中，随着他们精细运动能力的发展，他们能够写出更小、更整洁的字母，字母的高度和间距也更加一致。到八九岁时，大多数孩子都能学会写连笔字。到童年中期结束时，他们的精细运动能力已经接近成人，而大肌肉运动技能将在之后的许多年里继续发展。

健康问题

童年中期是一个非常健康的时期。然而，近几十年来，肥胖症在发达国家越来越普遍，尤其对童年中期的儿童而言。

营养不良和肥胖

学习目标 7.3　能够描述营养不良和肥胖对身体发育的负面影响，并确定肥胖的原因。

到了童年中期，孩子们已经长大了，却比以前更容易受到营养不良的影响。营养不良会在童年中期产生持久的负面影响。

营养不良。正如我们在前几章中所看到的，童年早期发育中的营养不良常常导致疾病或死亡。在童年中期，食物缺乏的影响却没有那么严重，因为这个时候身体更强壮，更有抵抗性，免疫系统也更发达。3 岁以后的营养不良似乎不会导致永久性的认知或行为缺陷（Galler et al., 2005）。

然而，对于那些在童年早期就营养不良的儿童来说，他们的身体和认知发展的损害在童年中期会持续增加（Kitsao-Wekulo et al., 2013）。危地马拉的一项纵向研究表明，在童年早期被归类为"高营养水平"的儿童比"低营养水平"的儿童更有可能在童年中期探索新的环境，比"低营养水平"的儿童更可能在持续沮丧的环境中生存（Barrett & Frank，1987）。在加纳的另一项研究也报告了类似的结果：与饮食营养健康的儿童相比，在童年中期经历轻度到中度营养不良的儿童在标准化测试和教师评分中的认知发展水平较低（Apph & Krekling，2004）。营养不良的儿童也可能会被老师评定为"焦虑""悲伤""孤僻"的孩子。

肥胖。发达国家的儿童有一个不同类型的营养问题：摄入的卡路里并非太少，而是太多。在最富裕的地区（北美和欧洲）**超重（overweight）**和**肥胖（obesity）**

超重：在儿童中，BMI 超过 18 被定义为超重。

肥胖：在儿童中，BMI 超过 21 被定义为肥胖。

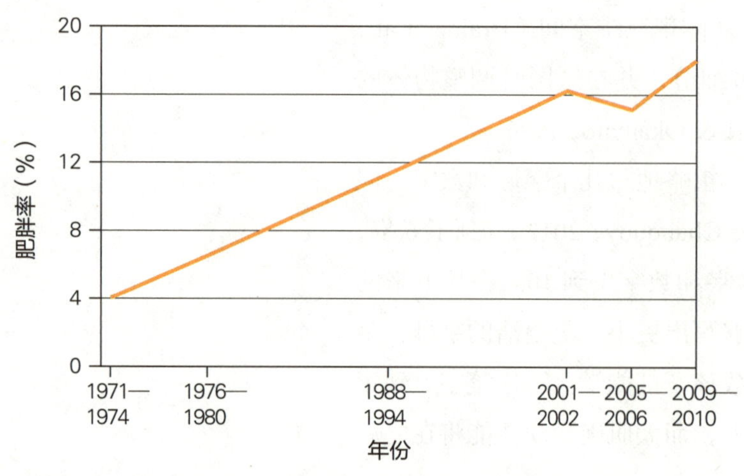

图 7.2 美国 6—11 岁儿童肥胖率的上升图

资料来源：Ogden et al.（2014）.

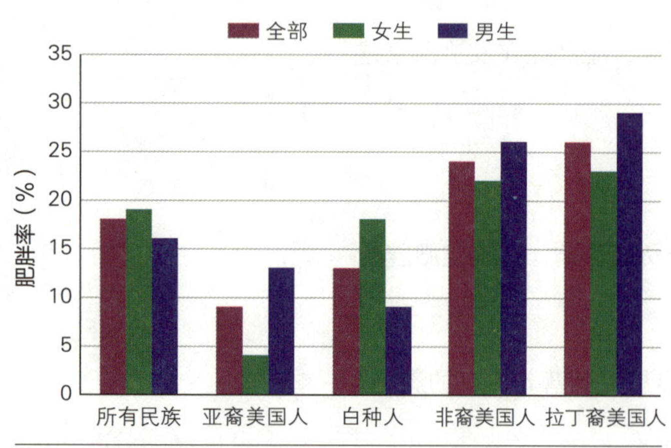

图 7.3 按种族划分的美国儿童的肥胖率图

资料来源：Ogden et al.（2014）.

的比率最高，而在最贫穷的地区（非洲和东南亚）则较低［World Heath Organization（WHO），2017］。然而，在最近几十年变得更加富裕的国家，如中国、韩国和沙特阿拉伯，超重和肥胖儿童的比例正在上升（Ahmad et al.，2010；Cui et al.，2010；OECD Obesity Update，2014）。世界卫生组织（2017）宣布儿童肥胖为“21 世纪最严重的公共健康问题之一”。

美国的超重和肥胖儿童的比例比大多数国家都高。**图 7.2** 显示了自 20 世纪 70 年代以来美国儿童肥胖症的增长情况。如**图 7.3** 所示，最不富裕的少数民族群体儿童的肥胖率尤其高，包括非裔美国人和拉丁美洲人（Ogden et al.，2014）。

各方面变化导致了儿童肥胖的增加（Ogden et al.，2014）。最重要的是饮食的改变。近几十年来，人们越来越不愿意在家里做饭，更愿意点外卖在家吃，尤其是高脂肪含量的“快餐”，如汉堡、薯条和比萨，并佐之含糖量高的软饮料。在非裔美国人和拉丁美洲家庭中长大的儿童特别喜欢快餐和软饮料（de Hoog et al.，2014），这解释了他们高肥胖率的原因。

儿童饮食结构的变化也反映了其他社会变化：因为单亲家庭或双薪家庭的比例比过去更高了，父母在家里做饭的次数也减少了。双薪家庭的家庭聚餐也有所减少，而家庭聚餐与健康食品的消费、较低的儿童超重和肥胖率往往呈正相关（Berge et al.，2014）。在发展中国家，超重和肥胖的比例正在上升，部分源于他们的饮食习惯越来越像发达国家的人（Gu et al.，2005；Popkin，2010）。

另一个原因是电视的使用。在大多数发达国家，大多数儿童每天至少看 2 小时电视（Rideout，2013）。在一项对美国 4—11 岁儿童进行的纵向研究中，看电视次数的增加预示着体脂的增加（Proctor et al.，2003）。在研究过程中发现，每天看电视至少 3 小时的儿童比每天看电视少于 1.5 小时的儿童增加了 40% 的脂肪。其他研究表明，儿童看电视的时间越长，他们花在体育锻炼上的时间就越少（Tremblay et al.，2011）。看电视也会让孩子们接触到大量高脂肪、高糖食品的广告，然后他们会说服父母去购买这些食物（Kelly et al.，2010）。超重和肥胖在非裔美国人和拉丁美洲儿童中的比例尤其高，部分原因是他们也是每天看电视时间最长的孩子（Rideout，2013）。

最近的研究表明，产前环境的变化也可能导致肥胖。对进入童年中期的儿童的纵向研究发现，孕期中期和晚期接触抗生素会增加肥胖的风险（Mueller et al.，2014）。自1948年发现抗生素以来，在人类和动物的研究中，抗生素都与体重增加有关（Kennedy，2014），然而，其因果机制仍有待解释，并且怀孕期间需要抗生素的母亲不可避免要使用抗生素。

遗传因素也会导致肥胖。同卵双胞胎同时肥胖的概率高于异卵双胞胎。领养儿童的体重指数往往更接近亲生父母，而非养父母（Whitaker et al.，1997）。研究甚至发现了一种叫作FTO的特殊基因，它会大幅增加儿童肥胖的风险（Brecher，2016）。

由于饮食习惯逐渐变得和发达国家一样，发展中国家的肥胖率正在上升。这张照片拍摄于墨西哥，墨西哥是世界上儿童肥胖率最高的国家之一。

然而，仅靠遗传学无法解释肥胖率的上升。一个令人信服的解释来自对亚利桑那州和墨西哥的皮马印第安人的自然主义研究（Gladwell，1998）。墨西哥的皮马人生活在一个偏远的地区，仍然保持着他们的传统饮食方式，即一种高蔬菜、低脂肪和低糖的传统文化饮食。相比之下，亚利桑那州的皮马人在最近几十年发生了变化，他们的饮食习惯变得与美国主流饮食类似。因此，他们的平均身体质量指数（BMI）比墨西哥的同龄人高出50%，尽管这两个群体的基因非常相似。

肥胖对儿童的社交和身体都有影响。肥胖会增加儿童被社交排斥的可能性，使他们成为同龄人嘲笑的对象（Harrist et al.，2016；Puhl et al.，2010）。其他孩子倾向于将肥胖与懒惰、邋遢、丑陋和愚蠢等不良特征联系在一起（Tiggemann & Anesbury，2000）。到童年中期，儿童肥胖是各种情绪和行为问题的诱发因素（Harrist et al.，2016；Puhl et al.，2010）。

从生理上讲，肥胖的后果同样严重。即使是在童年中期，肥胖也可能会加剧患糖尿病的风险，最终导致失明、肾功能衰竭和中风等问题（CDC，2017）。从童年到成年，肥胖问题很难改变。大约80%的肥胖儿童在成年后仍然超重（Ogden et al.，2014；Oken & Lightdale，2000）。对于成年人来说，肥胖导致的健康问题更大，包括高血压、心脏病和癌症，致命率也更高（Ng et al.，2014）。

那么，怎样才能扭转儿童肥胖问题急剧增加的趋势？第一步是认识到问题所在。也许因为肥胖儿童的父母都比较肥胖，研究表明，不到一半的肥胖儿童的家长会认为他们的孩子已经超重了（Jeffrey，2004；Sugiyama et al.，2016）。公共政策已经开始着手解决儿童肥胖问题。在美国，几十年来学校午餐的不健康一直被诟病，但是在2010年对国家标准重新进行了修订，以提供脂肪和糖含量更低的更健康的学校午餐（Jalonick，2010）。

文化焦点：当代美国文化是不是引发肥胖的基因绊索？

尽管单凭遗传学无法解释近来肥胖率的上升，但事实上，肥胖可能是遗传与环境相互作用的结果。2007 年，研究人员发现，拥有 FTO 变种基因的人往往比没有这种基因的人体重更重。然而，事实证明，这只适用于第二次世界大战后出生的人。

詹姆斯·尼尔斯·罗森奎斯特（James Niels Rosenquist）和他的同事（2015）最近在检查马萨诸塞州一项长期研究的数据时发现了这一点。1948 年，一些健康研究招募了超过 5000 人作为实验对象。1971 年，这些实验对象的孩子加入了这项研究，到 2002 年，他们的孙辈也加入了这项研究。这项研究收集了各种生理和生物测量数据，包括参与者的身体质量指数（BMI）和他们的基因信息。罗森奎斯特和他的同事们发现，在 20 世纪 40 年代早期之前出生的具有 FTO 基因变体的人并不比没有这种基因变体的人重。但这种情况在 20 世纪 40 年代早期以后发生了变化，携带这种风险基因变体的人开始变得相对更重。参与者出生的时间越晚，肥胖的风险就越大。

简言之，环境中的某些因素似乎触发了肥胖的基因绊索。具体涉及哪些环境因素还不清楚。这可能与体力活动的减少有关。这也可能由于现代饮食的兴起。当研究比较吃油炸食品和喝含糖饮料的人时，那些有 FTO 基因变体的人比没有 FTO 基因变体的人增重更多（Zimmer，2014）。

复习题：

对于为什么 FTO 基因能够预测出生于 20 世纪 40 年代早期之后的人的肥胖问题，有哪些可能的解释？

批判性思考题：尽管国际上高收入国家的超重和肥胖率最高，超重和肥胖问题在低收入的美国少数民族中却很常见，你认为原因是什么？

疾病与受伤

学习目标 7.4　能够解释童年中期患病率和受伤率相对较低的原因，以及哮喘发病率上升的原因。

从众多方面来看，童年中期是生命中最安全、最健康的时期。在发达国家和发展中国家，童年中期的死亡率低于任何其他生命周期（GBD，2013；Mortality and Causes Death Collaborator，2014）。在发达国家，到了童年中期，几乎所有的儿童都已接种了预防早期致命疾病的疫苗，如天花、斑疹伤寒和白喉。在发展中国家儿童在婴儿期、学步期和童年早期接种疫苗的比例也在不断增加（WHO，2017）。即使没有接种疫苗的儿童，在童年中期也比童年早期更不容易患上致命疾病。随着他们免疫系统的逐渐强大，他们的身体会越来越强壮，越来越灵活。

在发达国家，近几十年来，由于公共卫生政策的影响，童年中期的轻度疾病发病率也有所下降。随着时间的推移，食品生产变得更加清洁和安全，食品成分也受到了政府机构更严格的监管。由于法律和政府的限制，发达国家的空气和水变得更清洁了。例如，一项美国全国性的研究显示，1978年，近30%的5—10岁儿童血液中的铅含量达到了危险的水平，这可能会导致脑损伤；到2001年，这一比例下降到了1%［Morbidity and Mortality Weekly Report（MMWR），2005］。这种下降源于政府在汽油和家用油漆中禁用铅的政策。

童年中期的健康发展趋势的一个例外情况是**哮喘**（asthma），一种以喘息、咳嗽和气短为特征的肺部慢性疾病。哮喘患者会由周期性的“哮喘发作”而导致呼吸困难（Israel，2005；Mayo Clinic，2017）。哮喘发作的诱因包括寒冷的天气、运动、疾病、过敏和情绪压力（CDC，2017）。哮喘发作可以通过使用药物注射和吸入器来缓解。

哮喘：一种慢性肺部疾病，发病特征为气喘、咳嗽和呼吸短促。

哮喘的发病率在童年中期最高，而在全世界范围内发病率也在攀升（Greenwood，2011）。男孩的患病率高于女孩，但原因尚不清楚（CDC，2017）。其他危险因素包括出生体重低、父母吸烟、生活贫困和肥胖（Beasley et al.，2015；Saha et al.，2005）。哮喘的易感性也有基因遗传因素的影响（Bosse & Hudson，2007）。

为什么现在的哮喘发病率比过去高？发达国家的答案似乎不同于发展中国家。在发达国家，一些当今家庭的共同特征会导致哮喘，包括地毯、毛茸茸的宠物和密闭的窗户（Tamay et al.，2007；WHO，2017）。还有一个“卫生学假说”认为，高标准的清洁和卫生条件使儿童很少接触病毒和细菌，因此他们在幼年所患疾病较少，而这些疾病会增强儿童的免疫系统，使他们不易患哮喘（Lautenbacher & Perzanowski，2017）。在发展中国家，由于工业化程度的提高，空气污染变得更严重，而空气污染往往会引发哮喘。蒙古的一项研究比较了农村和城市地区的人群，发现城市地区哮喘发病率高，主要是因为空气质量较差（Vinanen et al.，2007）。

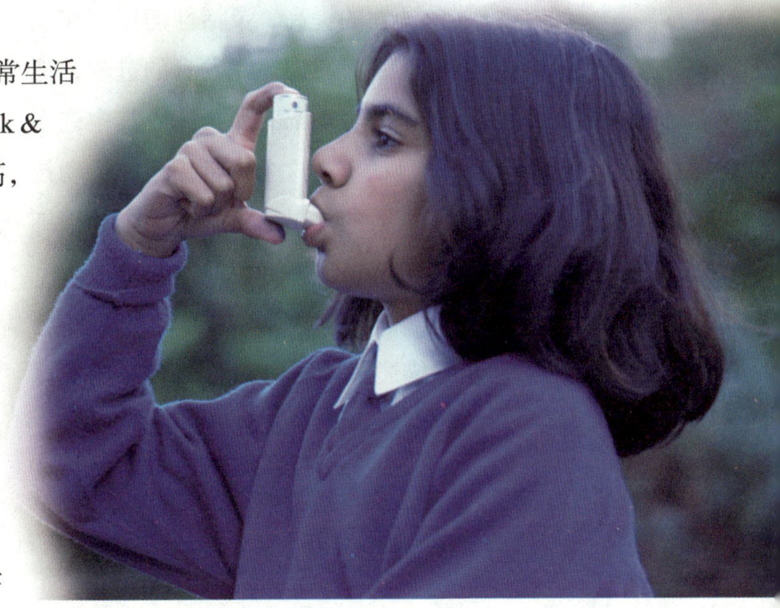

童年中期是哮喘发病率最高的时期。这个印度女孩正在用吸入器来缓解疼痛。

美国黑人儿童的哮喘发病率特别高，因为他们经常生活在空气质量较差的城市郊区（Pearlman et al.，2006；Sack & Goss，2016）。非裔美国人患哮喘的风险因素也特别高，危险因素如出生体重低和肥胖。然而，一项研究发现，在患有哮喘的儿童中，非裔美国儿童的家庭比白人家庭更有可能采取措施并改变环境以减少可能诱发哮喘发作的风险因素，这些措施包括使用床垫套、使用枕头、避免吸烟、不养宠物、移除地毯（Roy & Wisnivesky，2010）。

与疾病发生率类似，受伤率在童年中期也相对较低（Hyder & Lunnen，2011）。童年中期的儿童比学步期更灵活，更善于预测可能造成的伤害；与年龄较大的儿童相比，他们待在离家较近的地方，因此不太可能遭遇危险。童年中期最常见的受伤原因与童年早期差不多，如跌倒、被人或物体撞击、被动物或昆虫咬伤，但发生率较低，尤其是跌倒的情况（Childstats.gov, 2017）。近几十年来，童年中期的儿童使用自行车头盔已十分普遍，这也使得这一年龄段内经历头部创伤的人数急剧减少（Miller et al., 2012）。

小结：生理发展

学习目标 7.1　能够确定童年中期发生的身体成长和感官发展的变化。

在童年中期，身体的生长速度缓慢而稳定，身高每年增长 5—8 厘米，体重每年增加 2—3 千克。儿童的 20 颗乳牙全部脱落，恒牙开始生长。儿童的听力改善了，视力却变差了。具体而言，近视问题变得越来越普遍，尤其是在发达国家的儿童中，这是因为他们的阅读和电脑使用量增加，户外活动时间减少。

学习目标 7.2　能够解释童年中期的运动功能是如何发育的，以及这些发育进展为何与新技能、参与游戏和运动有关。

儿童大肌肉运动技能的提高是由于平衡能力的提高、力量的增强、协调性的提高、灵活性的提高和反应速度的加快。随着儿童大肌肉运动发育的进步，他们在各种游戏和运动中的表现都有所提高，其中许多人都参加了有组织的运动。在这个年龄，精细运动技能的发育几乎达到了成人的水平，不同文化中的精细运动进步在两个方面尤为明显：绘画和写作。

学习目标 7.3　能够描述营养不良和肥胖对身体发育的负面影响，并确定肥胖的原因。

研究表明，营养良好的儿童在一系列认知测量中比营养不良儿童显得更有活力，更不会焦虑，表现出更积极的情绪，得分也更高。在世界范围内，儿童超重和肥胖的比率正在上升。这一比率在最富裕的地区（北美和欧洲）最高，在最贫穷的地区（非洲和东南亚）最低。肥胖与产前（接触抗生素）和产后（饮食和媒体）因素有关。一种被称为“FTO”的特殊基因会急剧增加儿童患肥胖症的风险。在社交上，肥胖会增加孩子被同龄人排斥和嘲笑的可能性。从生理上讲，肥胖会导致童年早期的儿童患糖尿病，最终可能导致失明、肾功能衰竭和中风等问题。

学习目标 7.4　能够解释童年中期患病率和受伤率相对较低的原因，以及哮喘发病率上升的原因。

在发达国家和发展中国家，由于儿童免疫系统的加强，疾病和恶疾的发生率较低，童年中期是身体健康状况良好的时期。而且最近由于接种免疫率的提高和公共卫生政策的改善，儿童的健康状况已有所改善。在发达国家，由于地毯、宠物和密闭窗户，哮喘发病率上升；在发展中国家，由于空气污染恶化，哮喘发病率上升。与年幼的孩子相比，童年中期的孩子更灵活，更善于预测可能导致的伤害。

第二节 认知发展

学习目标

7.5 能够解释儿童在皮亚杰理论中具体运算阶段的主要认知进步。

7.6 能够描述从童年早期到童年中期，注意力、记忆力和执行能力的变化，并确定患有多动症的儿童的特征。

7.7 能够描述智力测试的主要特点和相关批评，并比较加德纳和斯滕伯格的智力概念。

7.8 能够确定在童年中期的儿童词汇、语法和语用学方面的进步。

7.9 能够解释学习多语言对儿童认知发展的影响。

7.10 能够总结世界范围内童年中期儿童的入学、社会化实践以及学业成就的变化。

7.11 能够描述从童年早期到童年中期的阅读和数学能力的发展，以及有关这些能力的教学方法的变化。

认知发展理论

正如我们在前几章中所描述的，皮亚杰认知发展理论和信息处理理论提供了两种不同但互补的理解认知发展的视角。首先，我们将研究皮亚杰关于具体运算阶段的理念，然后我们再讨论信息处理理论中儿童注意力、记忆力和执行力方面的进展。

具体运算阶段

学习目标 7.5 能够解释儿童在皮亚杰理论中具体运算阶段的主要认知进步。

如果你在西方国家长大，那么你小时候或许会相信圣诞老人。这个童话故事讲到，在圣诞前夜，圣诞老人会驾着雪橇、乘着驯鹿在世界各地飞驰，在每家每户停留并从烟囱口爬下来，把玩具送给所有的好孩子。你还记得当你不再相信它是什么时候吗？对于大多数孩子来说，一旦他们到了7—8岁，这个故事就显得有些牵强了（Sameroff & Haith，1996）。即使有会飞的驯鹿，一个人怎么能在一个晚上环游世界？拖着满满一袋玩具，怎么能从狭窄的烟囱里爬下来？如果没有烟囱呢？对这个神话的质疑反映了认知发展的进步，因为孩子们对世界的理解变得更加真实。

童年中期，孩子们对物质世界的真实情况有了更好的把握，例如，什么是可能的，什么是不可能的。回想一下，根据皮亚杰的认知发展理论，童年早期处于前运算阶段。在皮亚杰的理论中，幼儿最显著的认知特征是他们不能做什么，例如，他们不能进行心理运算，也无法意识到他们所犯的各种错误。

具体运算阶段：皮亚杰的理论认为儿童能够进行有系统、有逻辑的心理活动的认知阶段。

皮亚杰认为 7—11 岁的孩子处于**具体运算阶段（concrete operations stage）**。在这个阶段，孩子们能够进行心理运算，这意味着他们能够在大脑中加工和处理信息，而不是依靠身体和感官的联系。根据皮亚杰的观点，具体运算阶段的认知进步体现在执行守恒、分类和序列化任务所需要的新能力上。

具体运算阶段的认知进步。如第六章所述，7 岁之前的儿童在解决需要理解守恒（conservation）的问题时通常会出错。理解守恒是认知发展的一个重要里程碑，因为它使儿童能够感知自然世界的规律和法则，这是能够有逻辑地思考世界如何运作的基础。

具体运算阶段的第二个重要认知成就是分类（classification）。尽管在童年早期，幼儿可以将具有共同特征的物体或事件归为同一类，如红色、圆形或甜类。也可以将一些类别组合为一大类，例如，大象和兔子都是“动物”类的一部分。但当一个分类问题需要心理运算时，他们就会遇到困难。例如，在一个实验中，皮亚杰向一个 5 岁男孩展示了 12 个女孩和 2 个男孩的图片，并伴随着下面这段对话（Piaget，1965，p.167）。

皮亚杰：女孩多还是孩子多？
男孩：女孩多。
皮亚杰：难道女孩不是孩子吗？
男孩：是呀。
皮亚杰：孩子多还是女孩多？
男孩：还是女孩多。

毫无疑问，在这个年纪时这一问题显得很有趣。但是如果你仔细想想，回答这一问题需要进行相当具有挑战性的心理运算，至少对一个 5 岁的孩子来说是这样。他必须把女孩和男孩分成两类（女孩和男孩），把他们加到一个更大的类别里（孩子），并明白较多的类别（孩子）可以再次分为每个小类（女孩和男孩）。最重要的是，这必须在心理上完成。女孩的数量可以在视觉上与男孩的数量进行比较，但是孩子的数量与女孩的数量却不能进行视觉比较，因为女孩是孩子的一部分。由于这个原因，5 岁的孩子通常难以解答这个问题，但到了 8 岁或 9 岁时，大多数孩子都能轻松地进行这种心理运算。

序列化：按逻辑顺序排列事物的能力，如从最短到最长、从最薄到最厚或从最亮到最暗。

序列化（seriation）是皮亚杰强调的第三个具体运算阶段的成就，是将事物按逻辑顺序排列的能力（例如，从最短到最长、从最薄到最厚、从最亮到最暗）。皮亚杰发现，前运算阶段的儿童对“长”或“小”等概念的掌握不完全。例如，当被要求从最短到最长排列一组木棍时，处于前运算阶段的儿童通常会从一根短木棍开始，然后选择一根长木棍，然后再选择另一根短木棍，然后再选择另一根长木棍，并以此继续。然而，到7岁时，大多数儿童可以准确地按长度排列6—8根棍子。

这种序列化的任务可以在视觉上完成，也就是说，它不需要进行心理运算。但皮亚杰发现，在具体运算阶段，孩子们的连续推理思维能力进一步发展。以下面这个问题为例：如果布瑞尔比安娜高，安娜比莉莉亚高，布瑞尔比莉莉亚高吗？要正确回答这个问题，孩子必须能够从思维上对高度进行排序：布瑞尔，安娜，莉莉亚。皮亚杰认为，完成这类心理运算的能力是学习逻辑和系统思考的关键部分。

评价皮亚杰的理论。如第六章所述，对皮亚杰理论的研究发现，具体运算阶段如前运算阶段一样，在皮亚杰所认为的年龄之前，儿童就已经能够完成一些任务了（Marti & Rodriguez，2012；Vilette，2002）。然而，皮亚杰认为，一个孩子仅仅掌握守恒、分类和序列化的能力是不够的，还必须完全掌握与该阶段相关的每一项任务（Piaget，1965）。因此，皮亚杰和他的批评者在这点上的分歧更多地体现为一个定义的问题即“是什么使一个孩子有资格成为一个具体运算阶段的思考者”，而非研究结果。

皮亚杰还认为，教会孩子们进行具体运算是行不通的，因为他们对该阶段基本原则的掌握必须在与环境的自然互动下发生（Piaget，1965）。然而，许多研究表明，通过培训和指导，7岁以下的儿童可以学习解决具体运算阶段的任务，充分了解该阶段的基本原则，并将其应用于新任务（Marti & Rodriguez，2012；Parameswaran，2003）。

信息加工理论

学习目标 7.6　能够描述从童年早期到童年中期，注意力、记忆力和执行能力的变化，并确定患有多动症的儿童的特征。

你有没有和一个3岁的孩子玩过棋盘游戏？如果你玩过，那游戏一定非常简短。但是到了童年中期，孩子们可以玩各种各样的成年人也喜欢的棋盘游戏，因为他们的注意力和记忆力都提高了。这反映了童年中期的信息加工能力是如何发展的。由于大脑髓鞘的增加，尤其是连接两个半球的胼胝体的增加，儿童信息处理速度加快（Roeder et al.，2008；Scantlebury et al.，2014）。因此，在童年中期，完成各种任务所需的时间减少。信息处理能力的三个关键方面也取得了进展：注意力、记忆力和执行能力。

注意力与多动症。在童年中期，儿童的**选择性注意力（selective attention）**有所提高（Goldberg et al.，2001；Janssen et al.，2014）。例如，在一项早期实验中，研究人员向不同年龄的儿童出示了一系列卡片，每张卡片上都有一只动物和一件

选择性注意力：能够将注意力集中在相关信息上，不会被不相关的信息干扰。

家庭用品，并告知他们尽量记住每张卡片上动物的位置（Hagen & Hale，1973），但不提及家庭用品。之后，当被问及每张卡片上动物的位置时，年长的孩子比年幼的孩子表现得更好。然而，当被问到他们能记住多少家庭用品时，则年幼的孩子表现得更好。年长的孩子能够专注于他们被要求记住的与动物的位置相关的信息，并且能够忽略无关紧要的家庭用品的信息。相比之下，年幼的孩子在辨认动物的位置方面表现较差，一部分原因是他们被家庭用品分散了注意力。

一旦孩子在 6 岁或 7 岁左右进入学校，保持注意力就变得尤为重要，因为学校环境要求孩子们注意老师的指令。难以保持注意力的儿童可能会被诊断为**注意力缺陷 / 多动障碍**（attention-deficit/hyperactivity disorder，ADHD），表现为注意力不集中、多动症和冲动等问题。患有多动症的儿童很难做到遵循指令并耐心等待。在美国，据估计，8% 的 5—9 岁儿童被诊断患有多动症（CDC，2017）。男孩患多动症的概率是女孩的 2 倍多。儿科医生通常在对孩子进行评估并咨询家长和老师后做出诊断（Sax & Kautz，2003；Power et al.，2017）。

注意力缺陷 / 多动障碍（ADHD）：诊断包括注意力不集中、多动症和冲动等问题。

在美国，大多数被诊断为多动症的儿童和青少年会接受哌醋甲酯或其他药物治疗，抑制多动症以帮助他们更好地集中注意力（CDC，2017）。药物治疗通常能有效地控制多动症的症状，70% 的用药儿童在学习成绩和伙伴关系方面都有所改善（Prasad et al.，2013）。然而，也有人担心药物治疗的副作用，包括身体增长缓慢和抑郁风险较高（Golmirzaei et al.，2016）。行为疗法同样是有效的，药物疗法和行为疗法的结合比仅使用一种治疗方法更有效（American Academy of Pediatrics，2011；Hoza et al.，2008）。

大多数关于多动症的研究都在美国进行，但欧洲的一项大型研究包括了 10 个国家的 1500 多名儿童和青少年（6—18 岁）（Rothenberger et al.，2006）。在这项欧洲注意力缺陷 / 多动障碍观察性研究（ADORE）中，欧洲各地的儿科医生和儿童精神病医生在两年多的时间里收集了 7 个时间点的儿童和青少年的观察性数据，包括诊断、治疗和结果。家长参与的评估结果与儿科医生和儿童精神病医生的评估结果一致。与美国的研究一样，这项注意力缺陷 / 多动障碍观察性研究发现男孩的多动症发生率高于女孩，但比率在不同国家的差异很大，差异从 3∶1 到 16∶1（Novik et al.，2006）。但男孩和女孩的多动症症状相似。然而，患有多动症的女孩比男孩更容易出现情感问题或被同龄人欺凌，而男孩更有可能存在行为性问题。无论男女，多动症都会导致他们与同伴、老师以及父母的关系经常出现问题（Coghill et al.，2006）。家长说，他们经常因孩子的多动症行为而感到压力和紧张，包括家庭活动的中断和对未来的担忧（Riley et al.，2006）。欧洲的多动症治疗方法是多种多样的，包括药物治疗（25%）、心理治疗（19%）、药物和心理组合治疗（25%）、其他治疗和无治疗（21%）（Preuss et al.，2006）。

记忆力。在童年早期，记忆往往是短暂的。这点父母们都亲身体验过，尤其当他们问自己 4 岁的孩子：“那天早上你戴出去的新手套哪里去了？”“手套？

什么手套？”

在童年中期，**工作记忆（working memory）**的能力不断变强。工作记忆和短期记忆一样，都包含着短时间内存储信息的能力。区别在于工作记忆中的信息不是简单地被保留，而是以某种方式被重新处理。例如，测试短期记忆的标准方法是听一串数字（例如3、5、1、8、9），然后按照它们出现的顺序重复它们。然而，要使它成为一项工作记忆任务，需要测试者以相反的顺序（9、8、1、5、3）重复它们。

工作记忆：信息的短暂保留和处理。

重要的是，童年中期也是孩子们第一次学会使用**记忆法（mnemonics）**（或称记忆策略）的时期，如复诵法、分类法和细致化处理法。**复诵法（rehearsal）**即反复重复相同信息，是一种简单但有效的记忆法。当你新认识的人第一次告诉你他们的名字时，你或许会默默使用这种方法。一项经典的研究表明了复诵法是如何作为一种记忆法在童年中期出现的（Flavell et al.，1966）。研究人员让5岁和10岁的孩子戴上带有深色遮阳板的太空头盔，并在他们面前展示了7张熟悉物体的照片。研究人员告知每个孩子，他们将依次指向孩子需要记住的3个物体，然后拉下太空头盔的遮阳板以使孩子们在15秒内无法看见，接着抬起遮阳板，让孩子指出这3个物体。在15秒的延迟时间内，几乎所有的10岁儿童会动嘴唇或大声朗诵物品的名字，但只有少数5岁的儿童会动嘴唇或大声朗诵物品的名字，而这表明他们正在复诵。在每个年龄段，复诵者都能够比不复诵者更加准确地回忆起记忆对象。

记忆法：记忆策略，如复诵法、分类法和细致化处理法。

复诵法：一种反复重复相同信息的助记法。

分类法（organization）是另一种在童年中期更常用的有效记忆方法（Bauer，2013；Schneider，2015）。研究通常通过给孩子们一张需要记忆的物品清单来测试这种能力，例如鞋子、斑马、棒球、奶牛、网球拍、衣服、浣熊、足球球门、帽子。许多研究表明，如果给孩子们一张需要记忆的物品清单，童年中期的孩子比幼儿时期的孩子更有可能将它们分为不同的类别，如衣服、动物、运动用品（Sang et al.，2002）。分类法是一种非常有效的记忆方法，因为每个类别都将成为类别中各个项目的检索提示。因此如果能够记住类别，那么类别中的所有项目也更容易被记住（Bauer，2013；Schneider，2015）。

分类法：一种助记的方法，包括把事物进行有意义的分类。

第三个出现在童年中期的记忆法是**细致化处理法（elaboration）**，即通过增强转译信息各部分的联系，从而达到助记的方法（Terry，2003）。例如，孩子音乐课上高音谱号的英语教学法，EGBDF：Every Good Boy Does Fine。或者，如果你要去杂货店，想记住购买的黄油（butter）、生菜（lettuce）、苹果（apple）和牛奶（milk），你可以把每件商品的第一个字母排成一个单词，BLAM。单词BLAM中每一个字母都表示某一物品的检索提示。虽然细致化处理法出现在童年中期，但在青少年时期更为常见（Bauer，2013）。

细致化处理法：一种通过增强转译信息各部分的联系，从而达到助记的方法。

尽管孩子们在童年中期比在学步期更容易使用记忆法，但在童年中期及以后却很少有人会定期使用这种记忆方法。相反，他们往往使用更具体、更实用的方法。在一项研究中，幼儿园、一年级、三年级和五年级的孩子被问到，他们将如何记住第二天需要带着溜冰鞋去参加派对（Kreutzer et al., 1975）。三个年龄段的孩子们都想出了一些聪明的方法，比如把溜冰鞋放在容易看见的地方，给自己写一张便条，或是在自己的手指上系一根绳子。

除了使用记忆法之外，记忆力从童年早期发展到童年中期的另一个原因是儿童知识库的扩大。你知道得越多，那么记住与你所知道的有关的新信息就会越容易。在一项经典研究中，10 岁的国际象棋大师和大学生国际象棋新手玩家就记忆棋子布局能力进行了比较（Chi, 1978）。尽管大学生新手玩家在回忆一系列随机数字时表现得比 10 岁的国际象棋大师更为优秀，但对于棋盘上记忆棋子布局能力，10 岁的国际象棋大师们的表现比大学生新手玩家要好得多。在另一项研究中，9 岁和 10 岁的孩子被分为两组，一组是“足球专家”组，另一组是“足球新手”组，要求他们尝试记住足球项目和非足球项目的列表清单（Schneider & Bjorklund, 1992）。足球专家组的孩子记住的足球清单上的项目比非足球清单上的项目要更多。

元记忆：对记忆如何进行的理解。

童年中期不仅是记忆力提高的时期，也是**元记忆（metamemory）**时期。在 5 岁或 6 岁时，大多数儿童都掌握了元记忆（Kvavilashvili & Ford, 2014）。孩子们将认识到，记住昨天发生的事情比记住很久以前发生的事情要更容易，短清单比长清单更容易记住，熟悉的项目比不熟悉的项目更容易记住。然而，他们往往会夸大自身的记忆能力。当处于童年早期和童年中期的孩子们看到一系列的 10 张照片时，并被询问他们是否能记住所有照片时，超过一半的童年早期的孩子与少数童年中期的孩子会声称他们能够全部记住（但实际上他们中没有一个能做到！）（Flavell et al., 1970）。一般来说，童年中期的儿童对自己的记忆力有更准确的评估（Schneider, 2015）。

执行能力。执行能力是指解决问题的能力。如前所述，它包括控制力，即专注于手头的任务而不分心的能力，以及灵活性，即随着任务性质的变化调整策略的能力（Carlson et al., 2013）。一个常见的衡量执行能力的方法是维度变化卡片分类法（dimensional change card sort, DCCS）（Zelazo et al., 2014）。该任务卡片显示结合了两个维度的图像，如红色圆圈和蓝色正方形（Espy, 1997）。首先要求孩子们根据一个维度（如“颜色”）进行分类，然后切换到另一个维度（如“形状”）进行分类，分类条件的转换需要强大的执行力。

为什么年轻的象棋大师比年长的新棋手更能记住象棋的布局？

维度变化卡片分类法的相关研究表明，当要求 3 岁的孩子切换到第二个维度进行分类时，他们会继续根据第一个维度进行分类。而相比之下，大多

数 5—6 岁儿童能够抑制继续做他们一直在做的事情的倾向，并灵活地开始按照新的要求分类。如**图 7.4** 所示，执行能力在童年早期显现，然后在童年中期持续上升（Zelazo & Carlson，2012）。

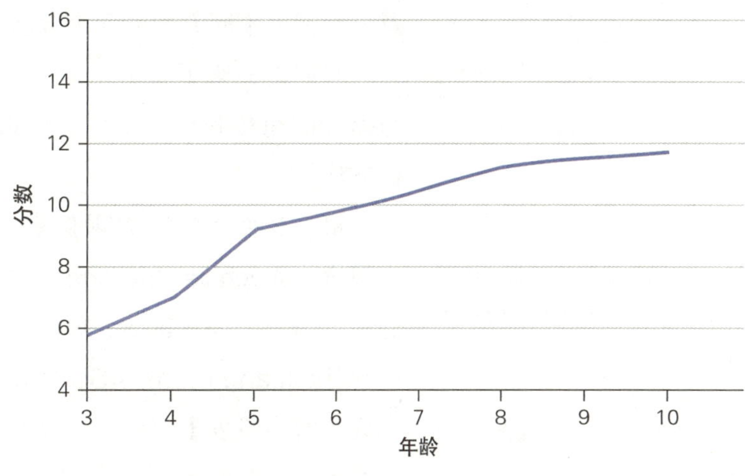

图 7.4 3—10 岁儿童的执行能力

资料来源：Zelazo & Carlson（2012）.

除了用维度变化卡片分类法测试儿童的执行能力外，研究人员还调查了儿童使用了多少种不同的解决问题的策略。例如，一项研究测试了二年级、三年级和四年级儿童在进行一项记忆任务时的表现，发现他们所使用的记忆方法的数量随着年龄的增长而稳步增加（从 1.6 到 1.9 再 到 2.4）（Coyle & Bjorklund，1997）。在童年中期，儿童不仅使用了大量的问题解决策略，而且使用了更有效的策略。一系列经典的研究表明，5 岁的孩子通常会使用各种方法来解决皮亚杰的数字守恒问题。进入童年中期后，他们更善于选择更有效的解决方法。他们之所以能够这样做，不仅因为他们拥有更多的知识，而且因为他们能够以更灵活的方式处理新的信息（Siegler，1995，1996）。

到目前为止，关于跨文化执行功能的研究还不多，但是比较亚洲和西方儿童的研究普遍表明，亚洲儿童在执行能力上更显优势（Lahat et al.，2010；Lan et al.，2011；Sabbagh et al.，2006）。例如，一项比较日本和美国 4—9 岁儿童的研究发现，日本儿童在维度变化卡片分类法测试上得分较高（Imada et al.，2013）。这是一个新的研究领域，造成这些差异的原因尚不清楚。

智力和智力测试

学习目标 7.7 能够描述智力测试的主要特点和相关批评，并比较加德纳和斯滕伯格的智力概念。

皮亚杰认知发展理论研究方法和信息处理研究方法都描述了认知发展的一般模式，旨在适用于一般儿童。然而，任何年龄段的儿童在认知功能上都存在个体差异。在任何一组同龄儿童中，有些表现相对较好，有些则相对较差。在婴儿期、学步期和童年早期，个体在认知发展方面的差异也很明显，例如儿童会在不同的时间达到不同的认知里程碑，比如说出第一个单词。然而，当童年中期的儿童进入正式的学校并开始定期接受测试和评估时，个体差异变得更加明显和重要。

智力：获取知识、推理和解决问题的能力。

在人类发展研究中，认知发展的个体差异主要体现在**智力**（intelligence）的测量上。智力的定义各不相同，人们通常认为智力是一个人获取知识以及推理和解决问题的能力（Sternberg，2004）。智力测验通常给出一般智力的总分，以及反映智力不同方面的几个分项分数。

我们首先来了解一个最广泛使用的智力测验的特点，接下来介绍对个体智力差异的遗传和环境来源的探索。最后，我们将介绍两种理解和衡量智力的替代方法。

最广泛使用的智力测验是韦氏量表。在这里，我们将重点研究**韦氏儿童智力量表（Wechsler Intelligence Scale for Children，WISC）**，它适用于6—16岁的未成年人（Wechsler，2014）。此外，**韦氏学前和小学智力量表（Wechsler Preschool and Primary Scale of Intelligence，WPPSI）**适用于3—7岁儿童，**韦氏成人智力量表（Wechsler Adult Intelligence Scale，WAIS）**适用于16岁及以上的人。

韦氏儿童智力量表：适用于6—16岁的未成年人的智力量表。

韦氏学前和小学智力量表：适用于3—7岁儿童的智力量表。

韦氏成人智力量表：适用于16岁及以上的人的智力量表。

WISC-V（第五版）从五个指标评估儿童的认知能力：

1. 语言理解指数；
2. 视觉空间指数；
3. 流体推理指数；
4. 处理速度指数；
5. 工作记忆指数。

下面我们将举例说明各项能力测量所包含的任务类型，语言理解指数包含一项词汇任务，要求孩子定义不同的单词（例如，什么是菱形）。处理速度指数包含一个被称为符号搜索的任务，即要求孩子尽可能快地指出一个符号是否存在于符号列表中（例如，一个△与△□○◇）。工作记忆指数包括一个数字跨度任务，要求孩子重复一系列数字（例如，5、1、8、2）。研究结果提供了**智商分数（intelligence quotient）**，即IQ，它是相对于其他同龄人的表现计算得出的，**中位数（median）**为100分。

智商分数：通过智力测验得出的智力得分，相对于同龄人的表现计算得出。

中位数：在数据分布中，该分数正好位于中间，一半分布在上面，一半在下面。

韦氏智力测试的有效性如何呢？智商测试最初是为了测试孩子们入学时的能力，而智商也已经被证明是孩子们学习成绩的一项良好预测因子。一项针对46个国家儿童的研究发现，在不同的国家，智商得分和学业成绩得分高度相关（Lynn & Mikk，2007）。智商测试分数也可以很好地预测成年后的职业成功和心理健康水平。

然而，智商测试受到了各种各样的批评。批评人士认为，智商测试只评估了一小部分能力，而忽略了智力的一些重要的方面，比如创造力。研究人员也批评了智商测试有文化偏见，因为一些词语和常规知识项目对于那些属于主流文化的人来说更为熟悉（Ogbu，2002）。然而，试图进行“文化公平”的测试发现了与标准智商测试相同的群体差异（Johnson et al.，2008）。开发一个“文化公平”或无文化影响的智商测试是不可能的，因为当人们能够参加测试时，他们的认知发展是被生活中的特定文化和社会环境所塑造的。虽然智商测试的目的是测试原始智力，但除非每个人在参加测试之前的几年里都处于基本相同的环境中，否则测量原始智力并无可能。然而，研究智力的新方法为我们在智商测试中表现出的遗传学和环境之间的关系提供了重要参考，对此我们将进一步讨论。

智力的影响因素。基于人群样本的智商得分通常属于**正态分布**（normal distribution），即钟形曲线，其中大多数人处于正态分布的中间点附近，极低或极高的智商得分比率较低，如**图 7.5** 所示。智商低于 70 的人被归类为**智力障碍**（intellectual disability），智商高于 130 的人被归类为**天才**（gifted）。但是，是什么决定了一个人的分数是低、是高，还是处于中等水平呢？智力是一种遗传特性，还是主要由环境塑造呢？

正态分布：群体特征的典型分布，呈现为一个钟形曲线，其中大多数接近中间，比例在低极值和高极值处下降。

智力障碍：智商测验成绩在 70 分以下的人的认知能力水平。

天才：在智商测试中，智商得分高于 130 分的人。

越来越多的社会科学家认为，关于先天因素和后天因素的争论是毫无意义和过时的。几乎所有人都承认基因和环境都对人的发展产生了影响，包括智力的发展。在过去的 30 年里，各种各样的新发现揭示了基因和环境是如何相互作用的，以及它们是如何对智力做出贡献的。这些研究大多采用领养研究或双胞胎研究的自然实验，以避免被动基因型→环境效应的问题：当父母同时提供基因和环境时，就像大多数家庭所做的那样，很难判断他们二者的相对贡献。而领养和双胞胎研究有助于解开这个谜团。

从领养儿童和双胞胎研究中得出的一个重要结论是，一个家庭中两个人的基因越相似，他们的智商相关性就越高（Brant et al., 2009）。如**图 7.6** 所示，没有共同基因型的被领养的兄弟姐妹的智商相关性相对较低，约为 0.24。环境影响是显而易见的（通常情况下，两个基因无关的孩子之间的智商相关性为零），但也十分有限。父母和他们的亲生子女有一半的基因相同。但与父母住在一起的孩子的智商会略高于与父母分开住的孩子。亲生兄弟姐妹的智商相关性更高，约为 0.50。而异卵双胞胎的相关性更高。亲生兄弟姐妹与父母之间和异卵双胞胎与

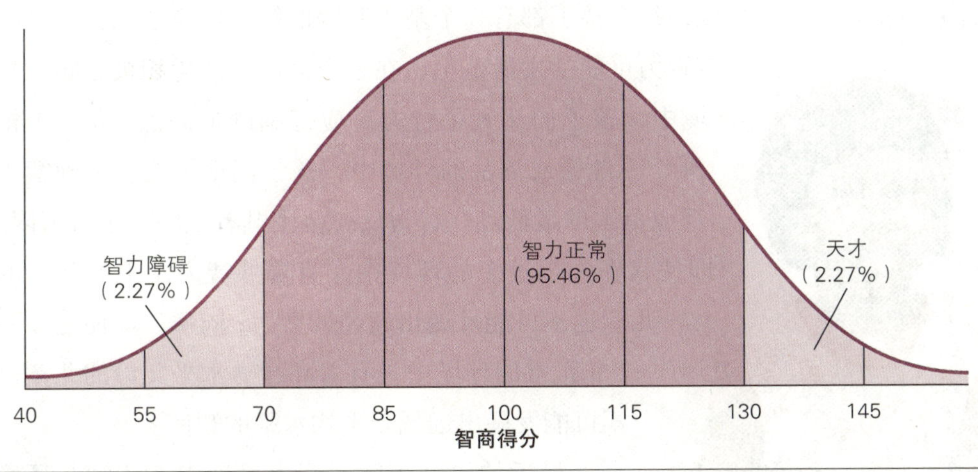

图 7.5 智力的钟形曲线

基于人群样本的智商得分通常属于这种模式。

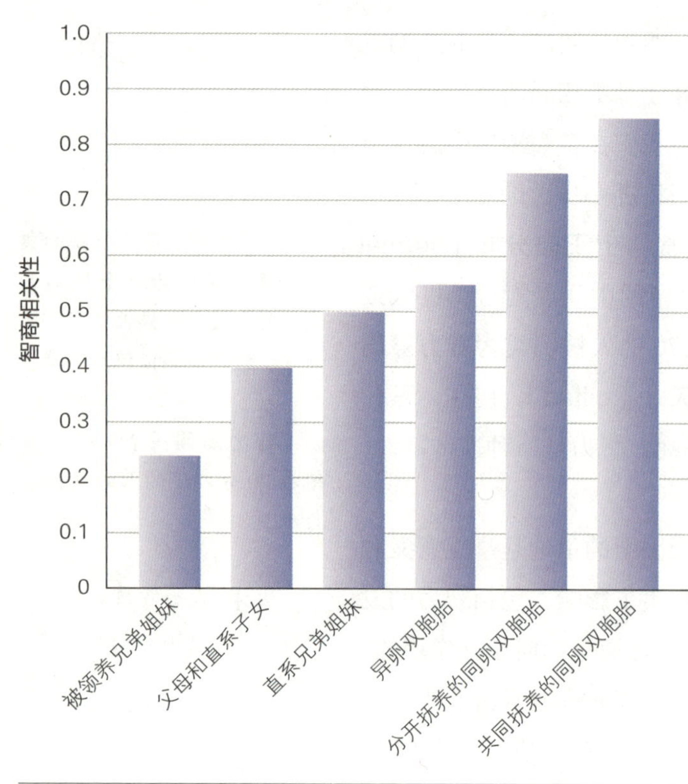

图 7.6 智商与基因

基因关系越相近，智商值就越相关。
资料来源：Brant et al.（2009）.

父母之间几乎拥有相同的基因型比例（同样是大约一半），所以异卵双胞胎的智商相似性更大可能是由于从子宫开始，他们的成长环境就更相似。智商相关性最高的是同卵双胞胎，约为 0.85，他们的基因型完全相同。即使是被不同的家庭收养和分开抚养，同卵双胞胎的智商相关性也在 0.75 左右（Brant et al.，2009）。

这些研究的结果毫无疑问地表明，基因对智商有很大的影响。尤其令人惊讶的是，在同一家庭、同一社区、同一所学校长大的被收养的兄弟姐妹，其智商的相关性要比在不同环境中长大甚至从未互相认识的同卵双胞胎低得多。

然而，其他对于领养儿童的研究表明，环境和遗传都对智力有很大影响。在一项研究中，研究人员研究了一些领养儿童，其亲生母亲的智力处于两个极端，智商低于 95 或高于 120（记住，100 是智商的中位数）（Loehlin et al.，1997）。所有的孩子都在出生时被另一父母所领养，养父母的教育和收入都高于平均水平。在童年中期进行测试时，两组儿童的智商均高于平均水平。如果我们假设高收入的养父母为领养的孩子们提供了一个健康、稳定的环境，这表明环境对那些亲生母亲的智商低于 95 的孩子都有很大的影响。平均而言，由于高学历、高收入的家长所提供的环境优势，孩子的智商都超过了 100。然而，尽管两组儿童都受到了环境的积极影响，亲生母亲智商高于 120 的儿童的智商显著高于亲生母亲智商低于 95 的儿童，这表明遗传学仍然具有重大影响。

总之，针对领养和双胞胎儿童的智商研究表明，遗传和环境都有助于个体智力的发展。具体来说，每个孩子都有一个基于基因的智力反应范围，这意味着智力可能的发展范围。在一个健康、产生积极影响的环境中，孩子们达到了智力反应范围的最高点；在一个糟糕、不健康或混乱的环境中，孩子们很可能发展到智力反应范围的最低点。智力反应范围既有上限，也有下限。即使是在一个理想的环境中，有着低智力水平的父母的儿童也不可能发展出超高的智力；同样，即使是在一个非正常的环境中，有着高智力水平父母的儿童也不可能发展出远低于平均水平的智商。

同卵双胞胎即使被分开抚养，智商也相似。下图中，6 岁的泰国同卵双胞胎姐妹在对着相机微笑。

最近的研究表明了智力发展中遗传学与环境之间的新型关系。具体而言，研究表明，相比

富裕家庭的孩子，穷困家庭的孩子的智商会受到更大的环境影响（Nesbitt，2009；Turkheimer et al.，2009）。环境的刺激越少，基因对智商的影响也就越小，因为在没有刺激的环境中，儿童的发展潜能会受到抑制。相反，一个刺激充足的环境通常会使儿童接受必要的认知刺激，以达到他们的智力反应范围的最高点。

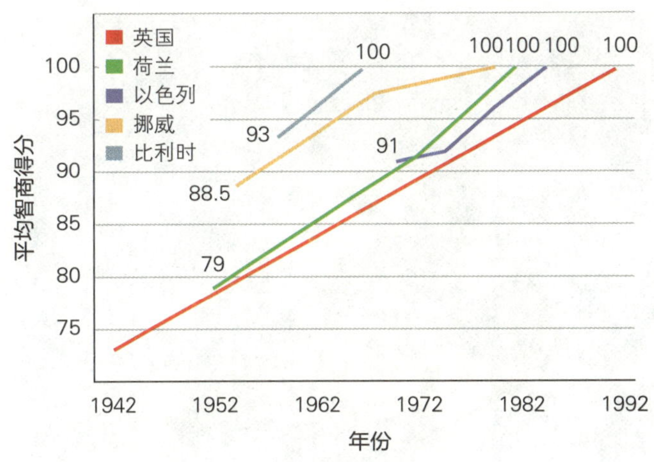

图 7.7　弗林效应

20 世纪末发达国家的智商上升。
资料来源：Flynn（1999）.

另一个证明环境对智力影响的重要性发现，是西方国家的智商中位数在 20 世纪急剧上升，这一现象被称为**弗林效应（Flynn effect）**，它以最先注意到这一现象的学者詹姆斯·弗林（James Flynn）（1999，2012）的名字命名。从 1932 年到 1997 年，美国儿童的智商中位数上升了 20 分（Howard，2001）。这是一个巨大的改变。这意味着，1932 年孩子的智商平均数远远低于今天的平均水平。这说明以 1932 年的标准，如今有一半的儿童的得分至少为 120 分，他们处于“高智力”的范围内。同样，以 1932 年的标准，如今将有大约 1/4 的儿童将被认为具有“超高智力”，而这一类别在 1932 年只有 3% 的儿童能够达到（Horton，2001）。如**图 7.7** 所示，在其他国家也发现了类似的结果（Flynn，1999，2012）。

弗林效应：在 20 世纪的西方国家，人们智商得分的中位数急剧上升。以第一次发现这一现象的学者詹姆斯·弗林的名字命名。

弗林效应的解释是什么？原因一定是环境，而不是基因——在如此短的时间内，人类基因不可能发生如此剧烈的变化。但是，20 世纪的环境是如何改善的呢？如何解释智商分数的中位数的急剧上升？有以下几种可能性（Rodgers & Wanstrom，2007；Trahan et al.，2014）。首先，现在的产前护理比 20 世纪初更好，更好的产前护理可以给孩子带来更好的智力发展，包括获得更高的智商。其次，现在的家庭规模通常比 20 世纪初更小，一般来说，一个家庭中的孩子越少，孩子的智商就越高。最后，现在进入幼儿园学习的人数远远超过 1932 年，学前班增强了幼儿的智力发展。甚至有人提出，电视的发明可能是弗林效应的产生因素之一。虽然电视和其他媒体经常被指责为社会弊病，但有充分的证据表明，观看教育节目会增强幼儿的智力发展（Fisch，2014；Scantlin，2007）。

最近的一个解释更加具有说服力：传染病的减少（Eppig et al.，2010）。克里斯托弗·埃皮格（Christopher Eppig）和他的同事们指出，大脑需要大量的身体能量——新生儿占 87%，5 岁儿童占近 50%，成人占 25%。在大脑快速生长发育的岁月里，传染性疾病会通过激活人体免疫系统和干预身体对食物的处理来争夺这种能量。如果这个理论是真的，那么智商值和传染病发病率之间应该是一个反比关系。如**图 7.8** 所示，这一反比关系在研究人

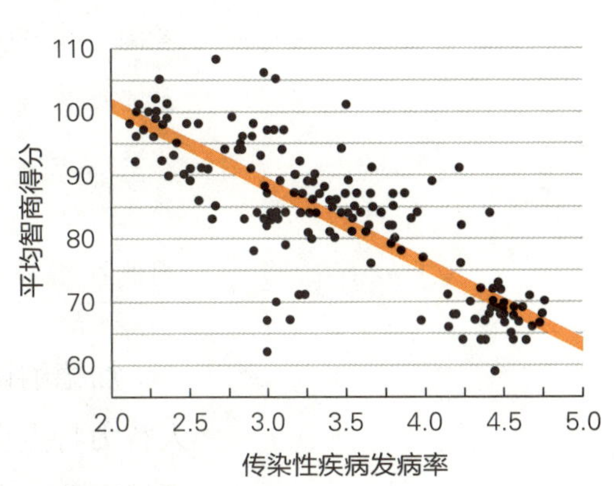

图 7.8　智商与疾病的反比关系

这可以解释弗林效应吗？
资料来源：Eppig et al.（2010）.

员对113个国家的数据分析中得到了证实。一个国家的传染病风险越高，该国的平均智商就越低。因此，弗林效应可能主要是由于发达国家消除了主要传染病。而发展中国家要想迎来弗林效应必须着手减少和消除传染病。

其他智力观点：加德纳和斯滕伯格的理论。大约一个世纪以来，智商测试一直主导着儿童智力发展的研究。然而，近几十年来，关于智力的其他理论被提出。这些理论试图提出一个比传统理论更为宽泛的智力概念。霍华德·加德纳（Howard Gardner）和罗伯特·斯滕伯格（Robert Sternberg）提出了两种最具影响力的智力替代理论。

图中的这类能力能够作为智力的一部分吗？

多元智力理论：加德纳的理论，其认为有八种不同类型的智力。

如**表7.1**所示，加德纳（1983，2004）**多元智力理论（theory of multiple intelligences）**包括八种类型的智力。在加德纳看来，智力测试只评估其中的两种：语言智力和逻辑/数学智力。其他智力分别是空间（三维思维的能力）、音乐、身体协调（如运动员和舞者所擅长的）、自然主义（理解自然现象的能力）、人际关系（理解和与他人互动的能力）和个人内心（自我理解的能力）。作为这些不同类型智力存在的证据，加德纳认为，每一种智力都涉及不同的认知技能，每一种都会因大脑某一特定部位的损伤而被摧毁，并且都将会导致天才和智力障碍的极端情况出现。

表7.1　加德纳的多元智力理论

智力类型	描述
语言	使用语言的能力
音乐	创作或表演音乐的能力
逻辑/数学	理性思考和解决数学问题的能力
空间	理解物体在空间中的方向的能力
身体协调	速度、敏捷性和大运动控制的能力
人际关系	对他人的敏感度和理解他人的动机的能力
个人内心	理解人的情绪以及情绪如何影响行为的能力
自然主义	能够识别自然界中的不同模式的能力

加德纳认为，学校应该更多地关注八种智力的发展，并根据每个孩子的个人智力特点设计相应的课程。他提出了评估不同智力的方法，比如通过让人们尝试唱歌、演奏乐器或编排旋律来测试音乐智力（Gardner，1999，2011）。然而，到目前为止，加德纳和其他任何人都没有开发出可靠有效的方法来分析他所提出的智力。加德纳（2011）将继续发展他的理论和方法用以智力评估。

> **批判性思考题：** 你同意加德纳所描述的所有智力都是不同类型的智力吗？如果不同意的话，你会删除哪种类型？还有其他类型的智力可以添加进去吗？

三元智力理论： 斯滕伯格的理论认为，智力有三种不同但相关的形式。

斯滕伯格（1983，1988，2002，2003，2005，2015）的**三元智力理论（triarchic theory of intelligence）**包括三种不同但相关的智力形式。分析智力是斯滕伯格对智商测试所测量的智力的定义，它包括获取、存储、分析和检索信息的能力。创造智力包括以原始方式结合信息，产生新的见解、想法和解决问题的策略的能力。实践智力是将信息应用于日常生活中所面临的各种问题和解决这些问题的能力，包括评估社会状况的能力。斯滕伯格已经进行了大量研究并开发出能够测量这三种智力的智力测试。这些测试包括解决问题、应用知识和制定创造性策略。斯滕伯格对美国人的研究表明，每个人对可以评估的三种智力都有不同的看法（Sternberg，2005，2007）。他提出，智力的三个组成部分是国际通用的，并且有助于测量所有文化中的智力表现（Sternberg，2005），但迄今为止，除美国以外，这一理论几乎没有得到过验证。斯滕伯格和加德纳的智力测试在心理学界中都没有被广泛使用，原因之一是它们比标准的智商测试需要更长的时间来测量和计分。

判断其他智力理论的根本问题是应如何定义智力。如果智力被简单地定义为在学校取得成功所需的心理能力，那么传统概念和测量智力的方法应当是成功的。然而，如果有人想更广泛地定义智力，即人类的全部能力范围，那么传统的方法可能就过于狭隘，而加德纳或斯滕伯格的方法可能更为可取。

语言发展

在童年中期，语言发展的进步或许不像童年早期那样引人注目，但仍然进步巨大。童年早期儿童的词汇、语法和语用学都有重要的进步。学习多语言的儿童在语言发展方面面临着特殊的挑战，但也从中受益。

词汇、语法和语用学

学习目标 7.8　能够确定在童年中期的儿童词汇、语法和语用学方面的进步。

一旦他们在 5—7 岁时进入正规学校并开始阅读，孩子们的词汇量将以前所未有的方式扩大，因为他们不仅从对话中学习新单词，还可以从书本中学习新单词。在 6 岁时，孩子平均掌握了大约 10000 个单词，但是到了 10 岁或 11 岁，该数字扩大了 4 倍，达到了大约 40000 个单词（Fitneva & Matsui，2015）。

词汇量的增长部分源于孩子们逐渐理解了单词的不同形式。学习过某一单词基本形式含义的孩子现在能够理解其动词形式、名词形式，以及反义词形式的含义（Anglin，1993）。

童年中期的儿童所使用的语法变得更加复杂。例如，他们比幼儿更会使用条件句，如“如果你让我和你一起玩玩具的话，我就和你分享我的午餐”。

童年中期语言发展的另一个重要方面是语用学，即语音的社会语境和语言习惯。在童年早期，孩子们就已经开始学习语用学了。例如，孩子们会意识到人们所说的并非仅仅是字面意思，而需要进一步解释。他们会逐渐明白“我要告诉你多少次不要把你盘子里的食物喂给狗”并不是一个真正的数学问题。在童年中期，孩子们对语用学的理解有了实质性的增长（Ishihara，2014）。这一点体现在儿童对幽默的运用上。童年时期的大量幽默涉及违反语用学设定的期望。例如下面这个古老的笑话，当我们 8 岁的儿子迈尔斯第一次明白这个笑话时，他哈哈大笑：

> 餐馆里的顾客：“服务员，为什么有只苍蝇在我的汤里游来游去？”
> 服务员：“我想它是在仰泳，先生。”

为了使这个笑话有趣，你必须理解语用学。具体来说，你必须理解顾客为什么会问“为什么有只苍蝇在我的汤里游来游去？”顾客的意思是“你会拿这只令人作呕的苍蝇怎么办？”然而，服务员的回答要么是没有很好地掌握语用学，要么是巧妙地进行了讽刺。令人感到有趣的是，你对语用学的理解使你期望得到解决问题的实际回答，而不是关于苍蝇行为的字面回答。通过用意料之外的意思替换问题的实际意义，这个笑话就创造了一种幽默的效果（至少 8 岁的人才能理解）。

语用学总是以文化为基础，这也是笑话在不同文化之间无法传播的原因之一。要了解一种语言的语用学，你必须了解使用该语言的人的文化。例如，许多语言中都有两种形式的“你”，一种用于亲密关系（如与家人和亲密朋友），另一种用于不熟悉的人和与一些相关但没有私人关系的人（如雇主或学生）。要知道什么时候和对谁使用“你”的哪一种形式，不仅需要对语言有更深刻的理解，还需要了解在适当的社会环境中使用这两种形式的文化规范。

多语言

学习目标 7.9　能够解释学习多语言对儿童认知发展的影响。

多语言：能够使用两种或两种以上的语言。

全世界越来越多的儿童在成长过程中学会了两种或两种以上的语言，也就是说，他们会使用**多语言（multilingual）**（McCabe et al.，2013）。造成这一趋势的原因有两个。首先，随着国家间移民的增加，儿童更可能早早接触到两种语言，一种是在家里说的语言，另一种是与朋友、老师和其他人在家外交谈的语言。其次，学校越来越多地开始教孩子们第二语言，以提高他们参与全球经济事务的能力。因为美国是世界经济中最具影响力的国家，英语是全世界儿童最常用的第二语言（McCardle，2015），在中国，很多孩子都从小学开始学习英语（Chang，2008），由于近几十年来大量人口移民至美国，美国境内也有了许多多语言的家庭，他们说多种语言。

就像我们在前几章已经看到的，孩子们对于学习一门语言驾轻就熟。但是当他们同时学习两种语言时会发生什么呢？多语言是否会促进或阻碍他们的语言发展？

当儿童同时学习两种语言时，他们通常可以熟练地掌握两种语言（Baker，2011；Ishihara，2014）。他们会明白他们学习的不仅仅是一种语言，学习第二语言时并不妨碍掌握第一语言（Lessow-Hurley，2005；Meisel，2011）。从出生起学习两种语言的儿童能够精通两种语言，就如同单语种儿童精通一种语言一样（Albareda-Castello et al.，2011）。

在童年早期，多语言儿童有时会混淆不同语言的语法（Mccabe et al.，2013；Yip & Matthews，2000）。例如，在西班牙语中，在一个句子中省略主语在语法上是正确的，就像在“no quiero it”（“我不想去”）中一样。如果一个会多语言的孩子把这个规则应用于英语，结果是“no want go”，这是不正确的。然而，到了童年中期，孩子们可以很轻松地使用不同语言，尽管有时他们会故意混合不同的语言。当孩子们用一种语言说话时，他们会结合另一种语言中的一些单词，从而创造出“西班牙式英语”（西班牙语和英语的混合体）或“中式英语”（汉语和英语的混合体）或“法式英语”（法语和英语的混合体）（Crystal，2013；Suarez-Orozco，2004）。

当孩子熟练掌握第一语言后再去学习第二语言时，他们需要更长的时间掌握第二种语言，通常需要 3—5 年（Baker，2011；Hakuta，1999）。即便如此，在童年早期和童年中期学习第二种语言比在之后学习会容易得多。例如，在一项研究中，不同年龄移民至美国的中国或韩国的成年人接受了英语语法知识测试（Johnson & Newport，1991）。那些在童年早期或童年中期就移民美国的参与者在测试中与以英语为母语的人得分一样高，但在童年中期以后移民的人，移民时间越往后，所掌握的语法知识就越少。其他研究表明，超过 12 岁，人们就很难学会一门新语言并且做到不带口音（Birdsong，2006）。很明显，儿童具有学习新语言的生物学基础，而这在成年人身上是缺乏的。这种学习能力会从童年时期一直稳步下降，直到成年。

学会多种语言有很多好处。会说两种语言的儿童比只会说一种语言的儿童拥有更好的**元语言技能**（**metalinguistic skills**），这意味着他们对语言的潜在结构

元语言技能：在语言理解中，认识语言潜在结构的技能。

学习多语言对童年中期的认知发展有好处。图中菲律宾的孩子们在学习英语的同时也在学习他们的母语。

有更深的认识（Schwartz et al.，2008）。在一项早期研究（Oren，1981）中，研究人员比较了4—5岁的多语言和单语言儿童的元语言技能，通过使用无意义的单词来表示熟悉的物体（例如，dimp代表狗，tug代表汽车），并问他们关于改变物体名称的相关问题（如果我们称狗为奶牛，它会产奶吗）。多语言儿童在元语言理解方面一直优于单语种儿童。具体地说，他们更擅长将语法规则应用于无意义的单词（一个wug，两个tugs），并且更善于理解单词只是物体的名词（称狗为奶牛并不会让它产奶）。其他研究也证实了，多语言儿童比单语言儿童更容易发现语法和语义上的错误（Baker，2011；Bialystok，1993，1997）。

多语言儿童在认知能力测量上的得分也普遍更高，这表明学习多语言会给认知带来许多益处（Bialystok，1999，2001；Swanson et al.，2004）。在执行能力测试中，如中文DCCS任务涉及保持注意力集中和转换解决策略，多语言儿童的表现优于单语言儿童（Bialystok & Martin，2004；Carlson & Choi，2009）。

多语言儿童和单语言儿童在执行能力上的差异可能与他们的大脑发展方式不同有关。神经学研究表明，掌握两种语言的儿童具有更密集的脑组织，不仅表现在语言相关的领域中，还与注意力和记忆力有关（Mechelli et al.，2004）。这种特殊情况只表现在5岁之前学习了不同语言的儿童上。

学习多语言有风险吗？研究并未发现显著的风险。然而在美国，多语言儿童往往来自比例不一的低收入移民家庭。他们进入幼儿园时往往讲母语，而英语水平却有限。多年来，他们经常无法与只说英语的同龄人保持语言发展同步（McCabe et al.，2013）。然而，风险并不是因为在多语言环境中成长，而是因为贫穷。正如我们在第五章所看到的那样，来自低收入家庭的单语言儿童也难以跟上语言发展的正常步伐。

童年中期的学校生活

在当今世界的大多数地方，童年中期的日常生活都是在学校里度过的。学校是儿童开始学习认知技能的地方，尤其是在阅读和数学方面，这将使他们能够在成年时参与经济生活。

学校经历和学业成就

学习目标 7.10　能够总结世界范围内童年中期儿童的入学、社会化实践以及学业成就的变化。

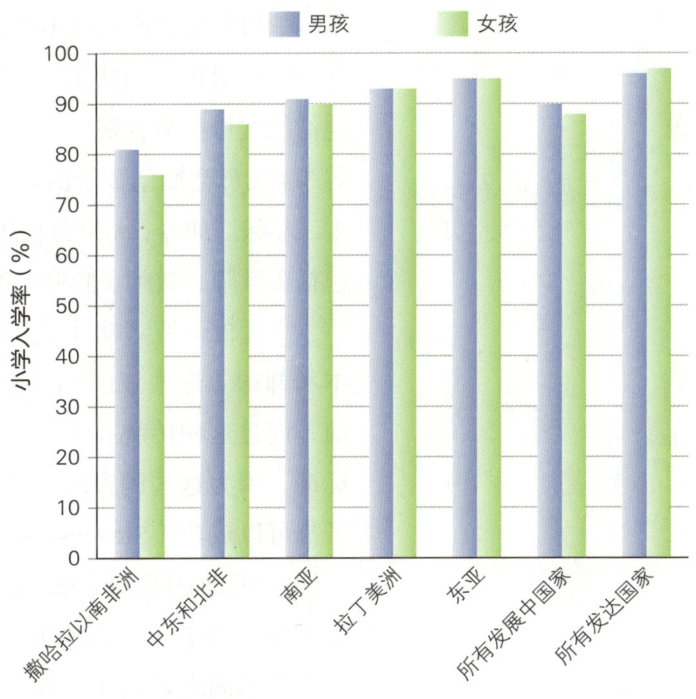

图 7.9　世界各地的小学入学率

上小学是普遍现象，但并未实现全球化。

资料来源：联合国教科文组织（2017）.

对于那些将上学视作童年中期儿童发展日常的人来说，上学似乎是再正常不过的事情了。许多发展心理学家将童年中期的儿童称为“学龄儿童”，就好像上学是 6 岁或 7 岁的孩子的普遍和不可避免的一部分。但是在大多数国家，上学成为儿童生活中的一个典型部分只有不到 200 年的历史。例如，在美国，在 1800 年前只有大约一半的孩子能上学，那些孩子即使上学，也只持续了几年（Rogoff et al., 2005）。在 19 世纪，工业化的发展需要更多识字的人参与就业，人们从农场迁移到城市地区，入学人数稳步增加。到 1900 年，大多数孩子都完成了几年的学业。19 世纪末，上学的时长仍然很短，主要发生在冬季，因为那时农场不需要童工。1870 年，入学儿童平均每年只上学 78 天，教室里经常有各个年龄的孩子。

如今，上学已经成为童年中期的典型活动，但它仍然还未实现全球化，如**图 7.9** 所示（UNESCO, 2017）。在大多数发展中国家，11% 的 6—10 岁儿童没有上小学，而在撒哈拉以南非洲，19% 的 6—10 岁男孩和 26% 的 6—10 岁女孩没有上小学。然而，近几十年来，所有发展中国家的小学入学率急剧上升。

在许多发展中国家，童年中期儿童的日常生活迅速转变为以学校为主导（Gaskins, 2015）。例如，在危地马拉，巴巴拉 · 罗戈夫（Barbara Rogoff）在同一个村庄里进行了 30 多年的民族志研究。在这一代人的发展过程中，儿童的经历发生了变化（Rogoff et al., 2005）。例如，如**表 7.2** 所示，如今没有一个村落女孩会编织，尽管几乎所有的母亲在儿童时期都是会编织的。对于男孩来说，帮助照顾年幼儿童的比例从 53% 下降到了 7%，而这一比例的变化仅仅用了一代人的时间。帮助农场工作的男孩比例也从父辈时的高比例下降到了现在的较低比例。因为现在孩子们大部分时间都在学校里，女孩

表 7.2　一代人从工作到上学的差距：危地马拉父母和儿童

	父母（%）	儿童（%）
女孩学习编织	87	0
希望像成人一样去农场工作（男孩）	77	22
男孩做农场工作	57	36
男孩学会照顾年幼的孩子	53	7
希望像成年人一样做编织工作（女孩）	43	15
希望学历超过六年级（男孩）	7	71
希望学历超过六年级（女孩）	3	76

资料来源：Rogoff et al.（2005）.

不再学习编织，男孩也不再在农场工作了。

人们对孩子们从工作到上学的关注反映了期望值的变化。在父母们这一代，他们的父母很少会期望孩子的教育能超过六年级；但对于今天的孩子来说，有大约 3/4 父母会期望孩子的教育超过六年级，超过一半的父母期望孩子的教育超过十二年级。如今，无论男孩还是女孩，他们的未来职业规划都超出了父母的想象，包括会计师、教师、牧师和医生。

大量的研究考察了美国和亚洲国家的学校教育中的文化差异，如中国、日本和韩国。这些亚洲国家强调教育的重要性的文化传统可以追溯到 2000 多年前，而且这种传统在今天依然影响强大。这些国家中的父母会对儿童都施以高标准，因为这些国家的人认为教育成功主要源于努力学习，任何努力学习的孩子都可以成功（Stevenson et al.，2000；Sun et al.，2013）。这样的信仰也是亚裔美国家庭的特征（Fuligni et al.，2005）。相比之下，大多数美国人认为教育成功主要归功于天生的能力。当孩子表现不佳时，他们往往认为很难进行干预。另一个不同之处在于，大多数亚洲儿童认为学习不仅仅是为自己，而且是对其家庭的道德义务（Sun et al.，2013）。相比之下，大多数美国儿童将学业成绩视为个人成功的标志。

亚洲学校的几个特点体现了服从和合作的集体主义文化信仰。孩子们被要求穿校服，这是一种典型的文化习惯，象征着个性的削弱和群体的一致性。孩子们也被要求帮助维持学校的整洁和秩序，强调集体主义的文化价值，即为社区的福祉做出贡献。此外，孩子们经常以小组为单位工作，掌握了一个概念的学生会指导那些尚未掌握概念的学生（Shapiro Azuma，2004）。与此相反，美国学校的孩子们通常不穿校服（除了在一些私立学校），不需要帮助学校打扫卫生，并且花更多的时间独自工作。

许多亚洲国家的孩子都被要求穿校服。穿校服的要求是怎样成为复杂的文化习惯的？

亚洲国家和美国在教学时间和学校结构方面还存在其他重要差异。与美国儿童相比，亚洲儿童在学习学术课程上花费的时间更多，而美国儿童花在艺术、音乐和体育课上的时间更多（Shapiro & Azuma，2004）。在亚洲国家，上学时间和学年都更长。美国的学年是 180 天，而韩国是 220 天，中国是 245 天（Luckie，2010）。

这些学校社会化和结构的差异与儿童的学业成绩有何关系？近年来，一些优秀的跨国家学习成绩研究定期进行，包括国际阅读素养研究进展（PIRLS）和国际数学与科学研究趋势（TIMSS）。研究结果显示，四年级儿童的学习成绩似乎主要与国家的经济发展有关，而不是与文化信仰和（因此所导致的）教育实践的差异有关

文化焦点：跨文化中的童年中期学校与教育

上小学几乎成了童年中期儿童的普遍经历。然而，在一些国家，许多孩子只上几年学，因为他们的劳动力是家庭经济生存所急需的。所有的小学都教儿童阅读、写作和数学，但是在教学方式和学校对儿童的期待方面有着很多不同。

一直以来，男孩比女孩更容易上小学。在许多国家，上学需要学费，一些贫困家庭会将他们有限的资源用于男孩的教育。女孩们经常被关在家里，因为人们相信男孩接受教育对家庭更有好处。然而，近年来，这种性别差异已经消失，现在男孩和女孩接受小学教育的机会同样大（UNICEF，2014）。

（NCES，2016）。学业成绩表现最好的国家的教育方法差异很大，但都有很高的经济发展水平。因为这些国家最有能力提供有利于提高学业成绩的资源，从良好的产前护理到高质量的学前教育，再到资金充足的小学。

在国家内部，家庭的经济背景也对儿童的学习成绩有很大的影响，在美国尤其如此。学校的资金主要来自地方财产税，而不是国家政府的拨款结果，富人越来越富，穷人也越来越穷：最贫困地区的学校为贫困家庭的孩子提供的资源最少，最富裕地区的学校则拥有最多的资源，而就读于这些学校的儿童（主要来自富裕家庭）也将从中获益。鉴于这一体系，来自低收入家庭的儿童在学业成绩测试中的得分通常比高收入家庭的儿童低也就不足为奇了（NCES，2018）。同样，美国最富裕的州在学业成绩测试中得分最高，最穷的州得分最低。

学校所学习的认知技能：阅读与数学

学习目标 7.11　能够描述从童年早期到童年中期的阅读和数学能力的发展，以及有关这些能力的教学方法的变化。

在大多数文化中，童年中期的孩子会第一次学习如何阅读和做数学题。然而，在不同的文化中，教授这些技能的时间或是方法都有差异。

阅读方法。孩子们学习语言的能力非同寻常，往往不需要接受明确的教导或指导，仅仅是通过与其他使用这种语言的人在一起并与他们互动而学习。然而，当他们进入童年中期时，他们必须通过阅读来学习一种全新的语言处理方式，而对于大多数儿童来说，学习阅读需要直接的指导。

学会阅读是人类历史上最近才取得的发展。直到大约 200 年前，大多数人一生都是文盲。例如，1800 年，在美国只有大约一半的陆军新兵能够在征兵文件上签名（Rogoff et al.，2005）。因为那时大多数人的经济活动都涉及简单的农业、狩猎或捕鱼，所以对大多数人来说，学习阅读是不必要的。他们可以通过观察别人和与他们一起工作的人来学习与了解他们需要知道的信息。但是今天，在一个全球化、信息化的经济体中，学习阅读对于大多数跨文化的经济活动来说是一项必不可少的技能。因此，几乎每个地方的孩子都在上学时学习阅读，通常从 6 岁或 7 岁左右开始。

想一想阅读所需的认知技能，这样你就可以了解它是多么复杂和具有挑战性。为了阅读，你必须认识到字母是声音的符号，然后将语音与每个字母或字母组合相匹配；你必须知道整个单词的含义，一开始是一两个，然后是几十个，然后是几百个，最后是几千个；在阅读句子时，你必须在工作记忆中保留单个单词或单词组合的含义，同时继续阅读句子的其余部分；在句子结尾处，你必须将所有单词和短语的含义放在一起，形成一个整体句子的连贯意义；你必须将句子组合成段落，并从句子之间的关系中得出段落的含义；然后结合段落以获得更深层次的理解；等等。

经过这么多年的阅读，这个过程对你来说无疑是非常自然的。我们会在阅读几年后自动执行复杂的认知任务，而不考虑其中的成分。但是，教那些第一次学会阅读的孩子最好的方法是什么？多年来，教育研究中出现了两种主要方法。**自然拼读法**（phonics approach）提倡通过将单词分解成其组成的声音（称为音标），然后把音标组合成单词来教孩子（de Joyce & Feez，2016；Gray et al.，2007）。这种方法的阅读包括逐渐学习更复杂的单元：音标，然后是单个单词，然后是短句，然后是较长的句子，等等。在掌握了音标并能阅读简单的单词和句子之后，孩子们开始阅读较长的材料，如诗歌和故事。

自然拼读法：一种阅读教学方法，提倡把单词分解成它们的组成音，称为音标，然后把音标组合成单词。

整体语言教学法：一种阅读教学方法，其重点是强调书面语言在整个段落中的意义，而不是将单词分解成最小的成分。

整体语言教学法（whole-language approach）强调了整个段落中书面语言的含义，而不是将每个单词分解为最小的组成部分（de Joyce & Feez，2016；Donat，2006）。这种方法提倡教孩子阅读完整的书面材料，如诗歌、故事和相关项目清单。鼓励孩子们根据书面材料中单词的上下文猜测他们不知道的单词的含义。在这种观点下，如果材料是连贯的和有趣的，孩子们将尝试学习和记住他们还不知道的单词的含义。

哪种方法是教导儿童学习阅读的最好方法？

哪种方法效果最好？每个方法都有其支持者，但有证据表明，自然拼读法在教授刚会阅读的儿童时更有效（Beck & Beck，2013）。在阅读过程中，使用其他方法相对落后的儿童在使用自然拼读法时会有很大的进步。然而，一旦孩子们开始阅读，他们也可以通过整体语言教学法结合拼读法教学，强调书面语言的更深层次含义，并使用来自历史和科学等学科的教材阅读（Pressley & Allington，2014）。

虽然学习阅读在认知上具有挑战性，但大多数孩子在三年级时就能成为一个合格的读者了（Popp，2005）。但是，有些孩子认为学习阅读异常困难。影响阅读学习的一个因素是**阅读障碍（dyslexia）**，包括发音困难、难以学会拼写单词，以及可能误读单词中的字母顺序（Mayo Clinic，2017；Snowling，2004；Spafford & Grosser，2005）。阅读障碍是较常见的**学习障碍（learning disabilities）**之一，是认知障碍的一种。它阻碍了儿童学习特定技能，如阅读或数学的发展。与其他学习障碍一样，患有阅读障碍的儿童并不一定比其他儿童智力低下；他们的认知问题仅限于阅读技能的，阅读障碍的原因尚不清楚，但男孩患这种障碍的可能性是女孩的 3 倍，这表明这一问题与 Y 染色体有遗传联系（Hensler et al.，2010；Vidyasagar，2004）。

阅读障碍：学习障碍的一种，包括发音困难、拼写困难，以及对单词中字母顺序的错误理解。

学习障碍：阻碍学习特殊技能（如阅读或数学）的认知障碍。

学习数学技能。关于阅读发展的研究远远多于对数学技能发展的研究（Berch & Mazzocco，2007）。但是也有一些研究已经发现了数学技能发展的有趣方面。一是即使是一些非人类动物也具有原始的**计算能力（numeracy）**，这意味着能够理解数字的含义，正如阅读能力意味着理解书面文字的意义一样（Posner & Rothbart，2007）。人们可以教导老鼠区分双音和八音序列，即使这些序列在总持续时间上相同。猴子也可以知道数字 0 到 9 代表不同数量的奖励。人类的计算能力也出现在令人惊讶的婴儿早期。当婴儿只有 6 周大时，如果他们看到屏幕后面有一个玩具，并看到添加了第二个玩具，而当屏幕放低让他们看到一个或三个玩具而不是他们所预期的两个玩具时，他们看的时间会更长，也会显得更惊讶（Mareschal & Butterworth，2013）。

计算能力：理解数字含义的能力。

计算障碍：指在处理数字上存在神经方面的问题。

从学步期到童年中期，数学技能的发展与语言和阅读技能的发展同时进行（Dohertydells，2006；Nunes & Bryant，2015）。孩子们在 2 岁左右开始学习计数，这也正是他们的语言发展急剧加速的年龄段。他们在 5 岁左右就能够进行简单的加法和减法运算，这大约和他们经常学会读第一个单词的年龄差不多。在童年中期，随着阅读技能的成熟，他们的数学水平通常会提高，从掌握加法和减法到掌握乘法和除法，数学问题的运算速度也同时提高（Posner & Rothbart，2007）。学习阅读有困难的孩子在掌握初期的数学技能方面也有困难。有阅读障碍的儿童也可能有**计算障碍（dyscalculia）**，这意味着他们在数字处理上存在神经方面的问题（Landerl，2013）。

街上的儿童可以从他们出售物品的交易中学习数学。如图，在里约热内卢的一个公园里，一个男孩在售卖糖果。

不同文化背景下，向儿童传授数学技能的时机和方法各不相同，这对孩子的学习速度产生了影响。一项比较了中国、芬兰和英国的 5 岁儿童的数学能力的研究结果显示（Aunio et al.，2008），中国儿童得分最高，芬兰儿童第二，英国儿童第三。作者将这些差异与数学教学和推广的文化差异联系起来，中国的孩子从幼儿园就开始学习数学，并且强调数学是未来学习和成功的重要基础。相比之下，英国幼儿园通常很少尝试教孩子数学技能，因为他们认为在进入正规学校之前，孩子们还没有准备好学习数学。

大多数孩子在学校学习数学技能，但有时数学技能可以在实际环境中有效地学习。杰弗里·萨克斯（Geoffrey Saxe）（2002）发现，巴西街头卖糖果的儿童能够计算出复杂的价格和利润。他们中有些人上过学，有些人没上过学，而那些上过学的孩子虽然在一些数学技能上更领先，但在成功销售糖果所必需的技能上并不领先。

小结：认知发展

学习目标 7.5　能够解释儿童在皮亚杰理论中具体运算阶段的主要认知进步。

皮亚杰认为，儿童在童年中期从前运算阶段发展到具体运算阶段，因为他们学会更系统、更科学地思考世界如何运作，避免产生认知错误。这一阶段的认知进步包括理解守恒的能力，提高分类的能力，以及对序列化的理解。

学习目标 7.6　能够描述从童年早期到童年中期，注意力、记忆力和执行能力的变化，并确定患有多动症的儿童的特征。

在童年中期，孩子们在相关的信息上变得更能集中注意力，而不去理会当前的事情。在保持注意力方面特别困难的儿童可能会被诊断为注意力缺陷 / 多动障碍（ADHD），其中包括注意力不集中、多动症和冲动。童年中期的儿童第一次学习使用记忆策略，如复诵法、分类法和细致化处理法。他们也具有更强的执行能力，包括使用高效和多种策略来解决问题。

学习目标 7.7　能够描述智力测试的主要特点和相关批评，并比较加德纳和斯滕伯格的智力概念。

智力测试评估一系列的智力能力，包括语言、记忆和处理速度。然而，批评家们认为，智商测试只评估了一小部分能力，而忽略了智力的一些重要的方面，比如创造力。20 世纪以来，由于教育时间的延长和传染病发病率的降低，平均智商得分显著上升。在最近的十年里，有关智力的其他理论包括霍华德·加德纳的多元智力理论和罗伯特·斯滕伯格的三元智力理论。在加德纳的理论中，智力有八种类型，而斯滕伯格提出了三种类型，但两位理论家都未能找到一种有效的方法来评估他们提出的智力。

学习目标 7.8　能够确定在童年中期的儿童词汇、语法和语用学方面的进步。

一旦孩子们学会了阅读，语言的发展会继续快速进行。6—11 岁儿童的词汇量增加了 4 倍，儿童的语法使用也变得更加复杂。他们对语用学的理解在童年中期也有了长足的发展，这一点在儿童对幽默的使用和理解中表现得淋漓尽致。

学习目标 7.9　能够解释学习多语言对儿童认知发展的影响。

当孩子们同时学习两种语言时，他们明白他们正在学习不止一种语言，并且学习第二种语言并不妨碍他们掌握第一种语言。当孩子们在掌握了第一种语言之后学习第二种语言时，掌握新的语言需要更长的时间。此外，在童年早期和童年中期学习第二种语言要比在之后学习容易得多。与单语言儿童相比，多语言儿童对语言的基本结构有更深刻的认识，在认知能力的测量上得分更高。研究还没有发现多语言的显著缺点。

学习目标 7.10　能够总结世界范围内童年中期儿童的入学、社会化实践以及学业成就的变化。

上学是儿童生活中一个最近的历史性发展，即使在今天，发展中国家仍有 11% 的儿童没有上小学。学校对儿童的社会发展有着重要的影响，因为它将儿童从成人社会的世界中剥离出来，并将他们置于同龄人之中。世界各地的学校教学内容与方式各不相同，这取决于各地关于儿童应如何学习的文化观点。但主要决定儿童在国际学业考试中表现的是地区经济发展情况，而不是学校的教学理念。

学习目标 7.11 **能够描述从童年早期到童年中期的阅读和数学能力的发展，以及有关这些能力的教学方法的变化。**

大多数孩子在入学时就开始学习阅读，到三年级就能够阅读了。自然拼读法似乎是教孩子阅读最有效的方法。大多数孩子在学校里学习数学技能的速度和他们学习阅读的速度差不多，但有时数学技能在现实环境中是可以进行有效学习的。

第三节　情绪与社会性发展

学习目标

7.12 能够描述童年中期情绪自我调节和理解的主要特点，并与其他年龄阶段进行比较。

7.13 能够总结自我概念和自尊在童年中期是如何变化的，并解释不同的自我思考方式是如何根植于文化信仰中的。

7.14 能够描述童年中期关于性别的观念和行为的变化及其文化差异。

7.15 能够详细说明童年中期家庭关系的特点，并总结父母离婚和再婚的后果。

7.16 能够列举童年中期友谊的主要基础，描述同伴社会地位的四种类别以及欺凌者与被欺凌者之间的动态关系。

7.17 能够描述儿童在童年中期所做的工作类型，并解释发达国家和发展中国家之间工作模式的差异。

7.18 能够总结全球儿童每天看电视的时间，并描述电视的积极和消极影响，特别是与暴力电视节目有关的危害。

情绪与自我发展

儿童的情绪自我调节能力在童年中期有所提高，虽然有时还会有极端情绪。但此时的孩子在自我理解中成长。儿童的自尊心一般也很强，尽管这取决于文化。他们对性别角色的理解也在增长，但对于性别某些方面，他们变得更加僵化。

一帆风顺：情绪自我调节的进步

学习目标 7.12　能够描述童年中期情绪自我调节和理解的主要特点，并与其他年龄阶段进行比较。

在某种程度上，童年中期是情感上的黄金时代，是情绪波动相对较少的时期。在婴儿期、学步期甚至童年早期，儿童会有很多情绪爆发期，但也有很多情绪低谷。在生命的早期，哭闹和愤怒的爆发是相当频繁的；但是到了童年中期，这种消极情绪的频率已经下降了。在青春期，消极情绪会再次上升，但在童年中期，大多数日子中没有极端的负面情绪。

经验抽样法：一种研究方法，包括需要一个人戴着一个寻呼机，通常持续一周。寻呼机会在一天中随机发出哔哔声，研究人员会记录下他们在经历那一刻的各种特征。

关于童年中期情绪的一个可靠的信息来源即里德·拉森（Reed Larson）及其同事首创的**经验抽样法（experience sampling method，ESM）**进行的研究（Larson & Ciskszentmihalyi, 2014; Larson & Richards, 1994; Larson et al., 2002; Richards et al., 2002）。经验抽样法（ESM）研究方法包括让儿童戴上手表寻呼

机，它在白天会随机发出哔哔声，以便人们记录儿童的感受、想法和行为。每次儿童听到哔哔声时，参与者会对他们下列各方面的程度进行评分：开心到不开心、高兴到易怒、友好到愤怒以及他们感受到的匆忙、疲惫和竞争。

童年中期是人生中一个非常快乐的时期。

关于童年中期的经验抽样法（ESM）研究的总体结论是，童年中期是一个非常满足和情绪稳定的时期（Larson & Richards，1994）。当哔哔声响起时，处于童年中期的儿童认为有28%的时间“非常快乐”，这一比例远远高于青少年或成人。这个年龄的孩子大多过着“相当愉快的生活”，他们“沉浸在天真的幸福之中”（Larson & Richards，1994，p.85）。当然，他们偶尔也会感到悲伤或愤怒，但这总是由于一些具体而直接的事情，比如被父母责骂或输掉比赛，都是那些“很快就过去而被遗忘的事件”（Larson & Richards，1994，p.85）。

情绪自我调节从学步期到童年中期有所改善，部分源于环境的需要（Geldhof et al.，2010）。童年中期往往是一个进入新环境的时期：小学、公民组织（如男童子军和女童子军）、运动队和音乐团体。所有这些环境都要求情绪自我调节。孩子们被要求做他们所被告知的事情（不管他们是否愿意），等待直至轮到他们，并与其他人合作。极端情绪的表达会破坏团队的运作，并且会被他人劝阻。大多数儿童在童年中期就能够满足这些要求。

从童年早期到童年中期，情感理解能力也在发展。孩子们能够更好地理解自己和他人的情绪，他们意识到他们能够同时感受到两种相互矛盾的情绪，一种被称为**矛盾情绪（ambivalence）**的状态，例如，既高兴（因为我的团队赢了比赛）又悲伤（因为我最好的朋友输了）（Pons et al.，2003）。他们也学会了如何有意隐藏自己的情绪（Saarni，1999；Zimmer-Gembeck & Skinner，2011）。这使得他们能够表现出一种社会可以接受的情绪，比如说，当他们打开一份他们并不真正想要的生日礼物时，仍然会表现出感激之情。在亚洲文化中，童年中期的孩子已经学会了“面子”的概念，这意味着无论你的实际感受如何，都要向他人展示恰当和期望的情感（Han，2011）。

矛盾情绪：同时感受到两种相反情绪的状态。

正如孩子们能够抑制或隐藏自己真实的情绪一样，他们逐渐明白，其他人可能并不会进行他们真实感受的情感表达（Saarni，1999；Zimmer-Gembeck & Skinner，2011）。儿童对他人情绪的理解也反映在共情能力的提高上（Goldstein & Winner，2012；Malti et al.，2018）。到了童年中期，孩子们的认知能力变得更好，理解他人如何看待事件的能力也培养了他们理解自己感受的能力。

自我理解

学习目标 7.13 能够总结自我概念和自尊在童年中期是如何变化的，并解释不同的自我思考方式是如何根植于文化信仰中的。

社会学家乔治·赫伯特·米德（George Herbert Mead）（1934）区分了他所说的 I-self，即我们认为别人如何看待我们，以及 me-self，即我们如何看待自己。在童年中期，I-self 和 me-self 都会发生重要的变化。我们先讨论 me-self，然后讨论 I-self，最后再了解自我概念的文化基础。

自我概念：一个人对自己的看法和评价。

社会比较：人们如何看待自己与他人之间的地位、能力或成就。

自我概念。我们的**自我概念（self-concept）**在童年中期发生了从外在到内在，从生理到心理的变化（Harter，2015）。直到 7 岁或 8 岁，大多数儿童描述自我主要是外在的、具体的、生理的特征（“我叫伊斯莫娜，7 岁。我有棕色的眼睛和黑色的短发，我有两个小弟弟”）。他们可能会提到具体的财产（“我有一辆红色的自行车”）和他们喜欢的活动（“我喜欢跳舞”“我喜欢运动”）。在童年中期，他们会在自我描述中添加更多内在的、心理的、与个性相关的特征（“我很害羞”“我很友善”“我想要帮助你”）。他们可能还会提到不是自己的特点（“我不喜欢艺术”“我不太擅长跳绳”）。到了童年中期末期，他们的描述变得更加复杂，因为他们意识到在不同的情况下他们可能会有所不同（“大多数时候我很容易相处，但有时我会发脾气”）（Harter，2003，2015）。

在童年中期，儿童能够更加准确地比较自己与他人。

童年中期自我概念的另一个重要变化是，儿童能够进行更准确的**社会比较（social comparison）**，即将自己与他人进行比较（Guest，2007）。一个 6 岁的孩子可能会说，“我真的很擅长数学”。而一个 9 岁的孩子可能会说，“我在数学上比大多数孩子都好，尽管我们班有几个孩子比我好一点”。这些社会比较反映了连读认知能力的提高。就像孩子们在童年中期学习如何准确地从短到长地排列棍子一样，他们也学会了在能力上更准确地排列自己与其他孩子。学校的年龄分级也促进了社会比较，因为它把孩子们置于一个每天大部分时间都和同龄的其他孩子在一起的环境中。老师通过给他们打分来比较他们，孩子们彼此之间会注意到谁比较好，谁不擅长阅读、数学等。

自我概念不仅受年龄的影响，而且受社会背景的影响。在美国这样一个多元文化的社会里，主流文化的观点会影响到少数民族文化中的儿童如何看待自己。一项 1940 年的经典研究发现，当处于童年中期的非裔美国人和白人儿童可以在两个玩偶中选择一个，一个是黑玩偶，一个是白玩偶时，大多数黑人儿童都选择白色娃娃（Clark & Clark，1947）。此外，两组儿童都倾向于选择白色娃娃作为“好”娃娃，而黑色娃娃作为“坏”娃娃。最近的研究继续表明，孩子会把黑皮肤描述为“坏”，而把白皮肤描述为“好”（Adams et al.，2016；Byrd，2012）。在过去，这些发现被认为暗示黑人的自尊低于白人。然而，对261项涉及一半以上参与者的研究的回顾显示，黑人儿童和青少年的自尊高于白人儿童和青少年（Gray-Little & Haftahl，2000）。这表明自尊可能更多地依赖于与同龄人和其他直接社会群体的比较，而不是与全体社会成员的比较。

自尊（self-esteem）。是一个人的整体价值感和幸福感。在过去的50年里，大量关于美国社会中的自尊问题的文章发表了。即使是在西方国家中，美国人比其他国家的人更加重视自尊，而美国人与非西方国家关于自尊的看法更是差距巨大。例如，在日本传统文化中，自我批评是一种美德，高度自尊是一种性格问题（Heine et al.，1999；Henrich et al.，2010）。而高度自尊的价值观是美国个人主义的一部分（Bellah et al.，1985；Rychlak，2003）。

自尊：人的整体价值感和幸福感。

童年中期自尊的一个重要变化是，它变得更具差异性。孩子们在不同方面的自我概念，包括学业能力、社交能力、运动能力和生理外表，促进了其自尊的形成（Harter，2012；Harter，2015；Marsh & Ayotte，2003）。孩子们通过不同方面的自我概念形成一个整体的自尊水平。对于大多数儿童和青少年来说，外表对整体自尊的影响最大（Harter，2012；Klomsten et al.，2004）。然而在其他自我概念方面上，只有在儿童重视且表现出色的情况下，才会有助于他们提升整体自尊。例如，某一儿童可能不擅长体育运动也不关心体育运动，那么体育运动这一自我概念的自尊值较低并不会对整体自尊造成影响。

文化与自我。儿童在童年中期的自我概念在不同的文化中有很大的差异。在讨论自我概念的文化差异时，学者们通常会区分个人主义文化所提倡的独立自我和集体主义文化所提倡的相互依存的自我（Goodnow & Lawrence，2015；Henrich et al.，2010）。提倡独立、个人主义的文化促进和鼓励对自我的反思。在这类文化中，把自己看成一个独立的或者高价值的人是一件好事（当然，在一定范围内，没有任何一种文化会重视自私或自我中心主义）。美国人尤其以个人主义和重视以自我为中心而闻名。美国作为一个重视和提倡独立自我的国家而被世界其他国家所熟知（Henrich et al.，2010）。

然而，并不是所有的文化都以这种方式看待自我，也不是所有的文化都重视个人利益。在集体主义文化中，一种相互依存的自我概念盛行（Markus & Kitayama，2010）。在这些文化中，家庭、亲属、种族、民族、宗教机构等群体的利益应该优先于个人的利益。这意味着，在这些文化中，高估自己并不一定是件好事。高估自己和自尊心很强的人会威胁到群体的和谐，因为他们可能会不顾群体的利益去追求个人利益，也可能会在吹嘘自己的成就时让他人感到被贬低。一项针对中国儿童的研究发现，从 7 岁到 11 岁，儿童越来越倾向于主动地隐瞒自己的成就（Lee et al., 2001）。

自尊观的文化差异对父母的育儿方式造成了影响。在大多数地方和时间里，父母更担心他们的孩子会变得自私，而不是他们会产生低自尊。因此，作为家庭社会化的一部分，父母并不鼓励自我吹嘘（Harkness et al., 2015; LeVine & New, 2008）。然而，这类育儿方式如果是文化规范的一部分，而遇到非文化中的特殊情况时，就会产生不一样的结果。例如，来自亚洲文化的孩子如果被鼓励对自我进行高度评价，他们的学习成绩普遍较高，心理问题水平较低（Markus & Kitayama, 2010）。相比之下，对处于美国多数文化中的儿童进行批评和消极的育儿方式时，孩子们会表现出诸如抑郁和低学业成绩等负面影响（Bender et al., 2007; Dehart et al., 2006）。这或许是因为亚洲文化中的孩子在展现出高度的自尊后往往会受到批评，而他们认为这种批评是十分正常的。而美国孩子在展现出高度的自尊后期待着别人的表扬，因此，如果父母对其进行了批评，他们会比亚洲孩子感到更加难过（Rudy & Grusec, 2006）。

应当补充的是，大多数文化中的自我概念并不是纯粹的独立或相互依存，而是两种观念的混合（Kagitcibasi & Yalin, 2015）。此外，随着全球化发展，许多秉持相互依存自我观的传统文化正朝着更独立的自我观转变（Arnett, 2011）。

性别发展

学习目标 7.14　能够描述童年中期关于性别的观念和行为的变化及其文化差异。

有关性别的文化观念在童年早期结束时就已经确立了。性别角色在童年中期变得更加鲜明。在传统文化中，男人和女人的日常活动大不相同，而且随着童年中期的儿童开始从事父母的工作，男孩和女孩也会显现出更明显的性别差异。在过去，男性负责打猎、捕鱼、照顾家畜以及击退动物或人类袭击者（Gilmore, 1990）。而女性负责照顾年幼的儿童、为庄稼施肥，准备食物和照顾家庭（Schlegel & Barry, 1991）。这种模式在许多发展中国家仍然普遍存在（Gaskins, 2015）。在童年中期，男孩逐渐学会做男人做的事，而女孩逐渐学会做女人做的事。

在传统文化中，儿童在童年中期从事特定性别的工作。如图所示，孟加拉国的一个女孩正在工作。

男孩和女孩不仅在童年中期学习了具有性别差异化的任务，他们还接受了以发展个性特征为目的的社会化任务：提高男孩的独立性和坚韧性，养成女孩的依从性。在一项对 110 种传统文化的早期研究中，男孩和女孩被社会化，且几乎所有的人都具有了性别特征（Barry et al., 1957）。

最近大量对传统文化性别社会化的研究发现这些模式依然存在（Banerjee，2005；Kapadia & Gala，2015；LeVine & New，2008）。

在现代发达国家，童年中期儿童的性别观念和行为也变得越来越固化。在童年中期，儿童会将个性特征与特定的性别联系起来。像类似于“温柔”和“依赖性”的性格特征被视为女性化的特征，而“野心”和“主导性”的性格特征被视为男性化的特征（Best，2001；Lips，2017）。男孩和女孩也开始将一些职业和男性联系起来，如消防员或工程师；将另一些职业与女性联系起来，如护士或图书管理员（Liben et al.，2001；Weisgram et al.，2010）。此外，儿童会逐渐地将学校科目与男女联系起来，如将数学和科学视为男生的领域，将阅读和艺术视为女生的领域（Guay et al.，2010）。老师或许会在无意间把性别偏见带进课堂，而这将影响儿童思考哪些领域符合他们的性别认知（Kamio & Gal-Disigni，2009；Sadker & Sadker，1994）。因此，男孩变得在数学和科学方面比女孩更强，女孩在语言技能方面比男孩更强，即使他们在这些领域内的能力相同（Hong et al.，2003；Karniol & Dal-Disigni，2009）。

为什么在童年中期，男孩和女孩之间的互动经常是半浪漫半对立的？

在性别自我认知方面，男孩和女孩在童年中期会朝着不同的方向发展（Banerjee，2005；Kapadia & Gala，2015）。男孩越来越多地用“男性化”的特征来描述自己。他们开始避免参加那些可能被认为是女性的活动，因为他们的同伴越来越无法容忍任何跨越性别界限的事情。相比之下，童年中期的女孩们更倾向于把自身的“男性化”特征归因于“强势”或“自力更生”。她们会越来越愿意描述自己的“女性化”的特征，比如“热情”和“富有同情心”，并会在自我认知中增加“男性化”特质。同样，在童年中期，女孩更渴望未来从事与男性相关的职业，而男孩则不太期望未来从事与女性相关的职业（Gaskins，2015；Liben-Bigler，2002）。

在社会上，童年中期的儿童在游戏群体中的性别划分甚至比他们在童年早期更为严重。在传统文化中，游戏中性别划分是男孩和女孩在童年中期从事特定性别工作的结果。在惠廷和爱德华兹（Whiting & Edwards，1988）的 12 种文化分析中，同性游戏群体从 2—3 岁时的 30%—40% 上升到 8—11 岁时的 90% 以上。然而，在发达国家，男女生在同一所学校每天进行相同的日常活动，游戏的性别划分模式依旧发生了（Leaper，2015）。当男孩和女孩们在童年中期进行互动时，他们会表现出一种半浪漫半对立的方式，比如玩一种女孩追逐男孩的游戏，或者互相轻蔑地辱骂对方，就像我们的女儿帕里斯 7 岁时有一天回家时高呼口号：

Girls go to college to get more knowledge.

（女孩上大学是为了得到更多知识。）

Boys go to jupiter to get more stupider.

（而男孩去火星让他们变得更愚蠢。）

一些研究人员把这种性别游戏称为“划界工作”，它在儿童中期起到了划分性别界限的作用（Thorne, 1993）。这也可以看作男女朝着恋爱关系迈出的第一步。

> **批判性思考题：** 你认为为什么发展中国家的童年中期男孩和女孩的游戏团体会有明显的性别划分？

童年中期的社会和文化背景

从童年早期到童年中期，社会背景既有延续性又有相应变化。几乎所有儿童都处于家庭环境中，尽管某些文化中的家庭父母离婚或再婚可能会改变这一环境。童年中期有了一个新的社会背景，因为几乎所有文化中的儿童在这一年龄段都开始接受正规教育。对于当今发展中国家的儿童来说，童年中期也可能进入工厂等工作环境。在所有国家，媒体尤其是电视，已经成为一个重要的社会化背景。

家庭关系

学习目标 7.15　能够详细说明童年中期家庭关系的特点，并总结父母离婚和再婚的后果。

童年中期是家庭关系的一个关键转折点。在此之前，所有文化中的儿童都需要并接受来自监护人、年长兄弟姐妹，或是大家庭成员的照顾和照看。他们缺乏足够的情绪和行为自我调节能力，即使在很短的一段时间内也无法独处。然而，在童年中期，他们能够去进行一些日常活动，而不再需要别人每时每刻的监督和控制。从童年早期到童年中期，孩子不再受到父母的直接管控，而转向了**共同调节**（coregulation）模式，即父母为儿童行为提供大量指导，而儿童能够进行大量独立的、自我指导的行为（Calkins, 2012；Maccoby, 1984；McHale et al., 2003）。父母依旧提供指导和指令，他们仍然知道他们的孩子在哪里、一直都在做什么，但很少再需要直接的、即时的监控。不同的文化中都存在着这种模式。

共同调节： 父母与子女之间的关系模式，在这种关系中，父母为儿童行为提供大量指导，但儿童能够进行大量独立的、自我指导的行为。

在发达国家，研究表明，儿童在童年中期与父母在一起的时间远远少于童年早期（Parke, 2004），由于认知发展和自我调节能力的进步，儿童对父母制定的规则及其缘由的理解更深了，而父母也更多地进行解释，而较少使用体罚（Collins et al.，2002；Parke，2004）。家长们开始给孩子们布置一些简单的日常工作，比如早上自己铺床、摆桌子吃饭。

在传统文化中，父母和孩子在童年中期也趋向于共同调节模式。孩子们在童年中期就已经学会了家庭规则和家庭惯例，他们通常会在不需要父母告诉或督促的情况下履行家庭职责（Gaskins，2015；Weisner，1996）。此外，儿童在进入童年中期后，可以在家里玩耍和探索（Whiting & Edwards，1988）。男孩比女孩更多地享有这种自由，部分原因是童年中期的女孩被赋予了更多的家庭责任。但童年中期的女孩也有了更多的活动空间。例如，在贝弗利（Beverly Chiñas）（1992）描述的墨西哥村庄中，童年中期的女孩有责任每天到村里的市场去卖她们和母亲当天早上做的玉米饼。到了童年中期，她们就可以在不被成年人监督的情况下自己一个人去市场，销售玉米饼并进行计算所需零钱的货币交易。

兄弟姐妹常因互相陪伴而受益。

兄弟姐妹间的关系也会在童年中期发生变化（Bryant，2014）。有哥哥姐姐的孩子通常会从哥哥姐姐的帮助中受益，包括学业帮助、同龄人和父母事务的帮助（Brody，2004；Itturalde et al.，2013）。无论是哥哥姐姐还是弟弟妹妹都能从互相陪伴和帮助中受益。然而，第六章中描述的兄弟姐妹之间的竞争和嫉妒在童年中期仍在继续。事实上，兄弟姐妹冲突在童年中期会达到顶峰（Cole & Kerns，2001；Recchia & Witwit，2017）。在一项记录了兄弟姐妹之间冲突的研究中，他们之间的冲突频率是平均每 20 分钟一次（Kramer et al.，1999）。最常见的冲突原因是个人财产（Mcguire et al.，2000）。当某一个孩子接受了来自父母的更多的情感和物质资源时，兄弟姐妹之间的冲突尤其严重（Dunn，2004）。导致兄弟姐妹冲突的其他因素是家庭经济压力和父母的婚姻冲突（Enkins et al.，2003；Recchia & Witwit，2017）。

多种多样的家庭形式。世界各地的孩子在各种各样的家庭环境中成长。有些孩子的父母处于正常婚姻状态，也有一些孩子来自单亲家庭、离婚家庭或继父继母家庭；有些孩子由异性父母抚养，也有一些孩子由同性恋父母抚养；有些孩子与大家庭成员或多代同堂，而有些人被收养或与父母以外的亲戚住在一起。在美国，63% 的儿童与两个亲生父母或养父母生活在一起，21% 的儿童与单亲妈妈一起生活。（Childstats. gov，2017）。其余儿童则以其他家庭形式生活，如与有同居伴侣的单亲父母、祖父母或非亲属一起生活。

现在，在美国一些州、许多西欧国家、一些南美国家、南非新西兰和澳大利亚部分地区，同性伴侣可以共同领养孩子。截至 2010 年的美国人口普查显示，超过 20% 的男同性恋伴侣和 1/3 的女同性恋夫妇与孩子生活在一起，这一比例相较于过去几十年有了显著的增长（U. S. Bureau of the Census，2010）。对同性恋父母的子女的回顾性研究发现，他们在认知功能、学业成绩、情感发展、社会适应、性取向和性别取向方面与异性恋父母的孩子相似（Farr et al.，2010；Goldberg，2012）。

在过去的 50 年中，儿童出生于单身母亲家庭的情况在一些国家越来越普遍。美国是这一比例增长较快的国家之一，在美国，目前超过 40% 的分娩女性是单身母亲（CDC，2017）。非裔美国人和白人的单身母亲都在增加，但在非裔美国人中这一比例最高，超过 70% 的非裔美国孩子是由单身母亲所生。在北欧，单亲妈妈的比例也很高（Ruggeri & Bird，2014）。然而，尽管分娩时母亲和父亲可能还没有结婚，北欧国家的父亲比美国的父亲更有可能留在家中。

在单亲家庭中成长的后果是什么？由于只有一位家长负责烹饪和清洁等家务，单亲家庭的孩子往往会为家庭做出很大贡献，就像传统文化中的孩子一样。但是，在单亲家庭成长最重要的后果是，它极大地增加了孩子在贫困中成长的可能性，这反过来会对儿童产生了一系列负面影响（Harvey & Fine，2004；Spyrou，2013）。相比之下，在美国和加拿大，单身母亲家庭的贫困率特别高（约 50%），而斯堪的纳维亚半岛国家的比率要低得多（约 12%）（Legal Momentary，2017）。

单亲家庭也各有不同，许多在单亲家庭长大的孩子也发展良好。当母亲挣到足够的钱使家庭不再贫穷时，单亲家庭的孩子和双亲家庭的孩子一样正常。单身父亲家庭相对较少，但有单身父亲的儿童在社会和学业能力方面与童年中期的同龄人没有什么不同（Amato et al.，2015）。

还应注意的是，单亲并不意味着家中只有一个成年人，对于非裔美国人来说更是这样。在约 1/4 的非裔美国单身母亲家庭中，祖母往往也住在家里，她经常为单身母亲提供儿童保育、家庭帮助和经济支持（Kelch-Oliver，2011；Wilson et al.，2016）。

儿童对父母离婚的反应。在过去的半个世纪里，加拿大、北欧和美国的离婚率急剧上升。目前，在这些国家中，接近一半的儿童在童年中期时会经历父母的离婚。相比之下，在南欧和西方以外的国家，离婚仍然很少见。

孩子对于父母的离婚会有什么反应呢？大量的美国和欧洲的研究已经回答了这个问题，包括一些优秀的纵向研究。总的来说，孩子们会以各种方式表现出消极的反应，尤其是男孩，特别是在离婚后的头两年（Amato & Anthony，2014）。儿童的外化问题（如不守规矩的行为和与母亲、兄弟姐妹、同龄人和老师之间的冲突）和内化问题（如抑郁、焦虑、恐惧和睡眠障碍）的可能性都会增加（Clarke-Stewart & Brentano，2006）。他们的学习成绩也会下降（Amato & Boyd，2013）。如果离婚发生在童年早期，孩子们通常会产生自责，但到了童年中期，大多数孩子不会过多地以自我为中心，更能理解父母可能有与他们无关的离婚理由（Hetherington，2014）。

在一项著名纵向研究中探讨了童年中期的父母离婚对儿童造成的影响，研究人员发现25%的离异家庭孩子有严重的情感或行为问题，而在双亲、无离异家庭中这一概率仅为10%（Hetherington & Kelly，2002）。大多数孩子的情绪低谷出现在离婚一年后。在此之后，大多数儿童会逐渐好转。父母离婚2年后，女孩大多恢复正常。然而，即使是在父母离异5年后，男孩的问题仍然很明显。

家庭质量（family process）： 家庭成员之间关系的质量。

并非所有的孩子都会对离婚做出消极反应。即使25%的离异家庭的孩子有严重的问题，但仍有75%的人不存在问题。哪些因素会造成离婚对孩子的负面影响呢？越来越多的研究人员开始关注**家庭质量（family process）**，即离婚前、离婚期间和离婚后家庭成员之间关系的质量。在所有家庭中，无论是否离婚，父母的冲突与儿童的情绪和行为问题有关（Elam et al.，2016；Kelly & Emery，2003）。当父母在最小的冲突下离婚，或者父母能够将冲突隐瞒时，孩子们表现出的问题要少得多（Amato & Anthony，2014）。如果离婚导致从高冲突家庭到低冲突家庭的变化，孩子的各项功能往往会改善而不是恶化（Davies et al.，2002）。

强制性循环： 父母和孩子之间的一种关系模式，在这种模式下，孩子的不服从行为会引起父母的严厉反应，这反过来又使孩子对父母的控制更加抗拒，从而引起更严重的反应。

家庭质量的另一个方面是离婚后孩子与母亲的关系。在离婚后，母亲经常在许多方面感到十分痛苦（Wallerstein & Johnson-Reitz，2004）。除了离婚的情绪压力和与前夫的冲突之外，她们现在还需全权负责家务和照顾孩子。由于父亲的收入不再直接供给家庭，母亲的经济压力也越来越大。大多数国家都有法律要求父亲在离开家庭后仍然为照顾孩子做出贡献，但尽管有这些法律，母亲往往无法从前夫那里得到全部的子女抚养费（Statistics Canada，2012；United States Census Bureau，2011）。鉴于这种压力的堆积，母亲的育儿方式经常在离婚后变得更糟，变得不那么温暖，不那么始终如一，反而更具惩罚性，而这并不奇怪（Hetherington & Kelly，2002）。离婚后，男孩和母亲之间的关系尤其可能恶化。母亲和男孩的关系在离婚后有时会陷入一个**强制性循环（coercive cycle）**，男孩的不顺从会引起母亲的严厉反应，这反过来又会使男孩更加抗拒母亲的控制，从而引起更严厉的反应，等等（ChangShaw，2017；Patterson，2002）。然而，当母亲能够在压力下保持温暖和控制的健康平衡时，她的孩子对离婚的反应可能不那么严重（Akcinar & Shaw，2017；Leon，2003）。

离婚后，母子关系有时会恶化。

父亲的家庭质量在离婚后也很重要。在大约90%的案例（跨国家）中，母亲保留了孩子的监护权，因此父亲离开了家庭，孩子们不再每天都能看到他。除通过电话与父亲交谈之外，孩子们可能会在每个周末或每隔一个周末与父亲同住，也许可以在一周的某个晚上与他见面。此时的父亲必须习惯没有母亲在场，自己照顾孩子，孩子们也必须习惯两个可能有不同规则的家庭。对于大多数孩子来说，与父亲的接触会随着时间的推移而逐渐减少，只有35%—40%的由母亲作为监护人的孩子在离婚后的几年内仍然至少每周与父亲接触（Kelly，2003）。当父亲再婚时，与大多数人一样，他与第一次婚姻中的孩子的接触将急剧减少（Dunn，2002；

Ganong & Coleman，2017）。但当父亲在离婚后继续参与孩子的生活和给予关爱时，孩子的问题会更少（Dunn et al.，2004；Finley & Schwartz，2010）。

离婚调解：专业调解员与离婚父母会面，帮助他们协商达成双方都能接受的协议。

近几十年来，**离婚调解（divorce mediation）**已经发展为一种将离婚时期及之后由父母急剧冲突而导致的儿童伤害最小化的方法（Emery et al.，2005；Everett，2014；Sbarra & Emery，2008）。在离婚调解中，一位专业的调解员会与离婚父母会面，帮助他们协商达成一项双方均可接受的协议。研究表明，调解可以解决大部分会走向法庭的离婚案件，可以让离婚后的儿童更好地调节自我，并使离婚父母与子女之间的关系得到改善，即使这种调解发生在离婚的 12 年后（Emery et al.，2005）。

孩子们对父母再婚的反应。大多数离婚的人都会再婚。因此，大多数经历过父母离婚的孩子会在有继父继母的家庭度过童年的部分时光。因为在大约 90% 的离婚案件中，母亲会保留孩子的监护权，大多数母亲都会让继父进入家庭。

考虑到离婚后单亲妈妈家庭可能会面临的问题，你可能会认为继父的加入在大多数情况下会产生积极的发展。低收入是其中的一个问题，当继父进入家庭时，这通常意味着家庭总收入的增加。母亲处理所有家务和照顾儿童的压力也是一个问题，在继父进入家庭后，他也可以分担一些家务压力。母亲的情绪健康也是一个问题，她的幸福感通常会通过再婚来增强，至少最初是这样（Visher et al.，2003）。如果母亲的生活在所有这些方面都能得到改善，那孩子的生活怎么会得不到改善呢？

很不幸的是，事实并不是这样的。一旦继父进入家庭，孩子们经常会变得更糟。与非离异家庭中的儿童相比，重组家庭的儿童学业成绩较低、自尊心较低、行为问题较多（Ganong & Coleman，2017；Nicholson et al.，2008）。女孩对父母再婚的反应比男孩更为消极，这与她们对父母离婚的反应相反（Bray，1999）。如果继父也有自己的孩子，他也会把孩子带入家庭，组成一个混合家庭，这样家庭中的儿童发展情况甚至比在其他重组家庭中更糟糕（Becker et al.，2013）。

儿童对父母再婚的消极反应有很多原因。首先，再婚是对家庭关系逐渐调整的打断，因为再婚通常发生在家庭关系经历离婚后逐渐开始稳定的时间点（Hetherington，2014；Hetherington & Stanley-Hagan，2002）。其次，孩子们可能会认为继父阻隔在他们和母亲之间，女孩尤其如此，因为离婚后继父与母亲的关系显得更近（Bray，1999）。最后，也许是最重要的一点，孩子们可能会怨恨并抵制继父行使权威和惩罚的努力（Ganong & Coleman，2017；Robertson，2008）。继父可能会尝试在育儿方式方面支持母亲并体现父亲的家庭角色，但孩子们可能会拒绝将他视为“真正的”父亲，孩子们可能会认为是他取代了亲生父亲的合法位置（Weaver & Coleman，2010）。当被要求画出他们的一家人时，许多继父母家庭中的孩子确实会将他们的继父母从他们的家庭绘画中去除（Stafford，2004）。

但是，家庭质量和家庭结构一样重要。许多继父能够和继子女形成和谐、亲密的关系（Becker et al.，2013；Ganong & Coleman，2017）。如果继父对继子女热情、开放并且没有立即试图维护自身权威，那么建立起和谐关系的可能性就会增加（Visher et al.，2003）。而且，孩子越小，他们就越可能接受继父（Jeynes，2007）。继父和继子女之间发生冲突的可能性随着孩子年龄的增长而增加，从童年早期到童年中期，再从童年中期到青春期（Hetherington & Kelly，2002）。

朋友和同伴

学习目标 7.16　能够列举童年中期友谊的主要基础，描述同伴社会地位的四种类别以及欺凌者与被欺凌者之间的动态关系。

从童年早期到童年中期，朋友的重要性日益增加，因为孩子们有了更多的自由去拜访朋友并且与朋友一起玩。同时，在进入正规学校后，孩子们就脱离了家庭的社会环境，处在一个大多数时间都和其他同龄的孩子待在一起的环境中。孩子们之间的日常接触使他们有可能发展出亲密的朋友关系。我们将首先介绍童年中期的友谊特征，再介绍同伴群体的受欢迎程度和欺凌程度。

交友。为什么孩子会和某些同龄人成为朋友，而并非另一些人呢？几十年来的大量研究表明，在所有年龄段中，友谊的主要基础都是相似性（French，2015）。人们都倾向于与自己相似的人在一起，这一原则被称为**选择性交往（selective association）**（Popp et al.，2008）。我们已经看到了在童年中期，性别是选择性交往的一个特别重要的基础。男孩更喜欢和男孩玩，女孩更喜欢和女孩玩，而非和年幼或年长的孩子玩。童年中期选择性交往的其他重要标准分别是社交能力、攻击性和学业取向（Rubin et al.，2013）。社交型的孩子会彼此吸引并结为朋友，羞怯的孩子也一样；好斗的孩子往往也会与同类人建立友谊，而友好的孩子也是如此；关心学业的孩子往往会成为彼此的朋友，不喜欢学校的孩子也会成为彼此的朋友。

选择性交往：在社会关系中，人们倾向于和自己相似的人在一起。

在童年中期，信任成为友谊中的重要因素。

在童年中期，信任在友谊中也变得很重要。孩子们将同伴称作朋友的次数比在童年早期要少，但友谊持续的时间更长，通常是几年（French，2015）。你的朋友都是这样一些孩子：他们不仅喜欢做和你一样的事情，而且你可以相信他们会一直对你好，并且你可以信任他们不会向任何人透露你所说的信息。在一项针对 3—6 岁儿童的研究中，女孩对朋友保守秘密的期望从 25% 增加到 72%；而在男孩中，这一比例的增长时间相对较晚，而且比例没有上升得如此之快（Azmitia et al.，1998）。这一发现反映了许多其他研究中都发现的普遍的性别差异，即童年中期的女孩比男孩更重视友谊中的信任，而男孩更重视友谊中的共同活动，尽管对两种性别的孩子来说，信任在童年中期比在童年早期更为重要（Rubin et al., 2008）。在童年中期，随着友谊中的信任变得越来越重要，违背信任（如违背承诺或在需要时未能提供帮助）也往往会成为友谊结束的主要原因（Hartup & Abecasis, 2004；Rubin et al., 2013）。

和朋友一起玩。尽管在童年中期，信任成为友谊中更重要的一部分，但朋友们仍然喜欢在共同的活动中一起玩耍。回想一下第六章，童年早期的游戏通常采取简单社交游戏或合作假装游戏的形式。在童年中期，简单社交游戏再次流行（Manning, 1998）。根据跨文化研究，简单社交游戏，如捉人游戏和捉迷藏在童年中期普遍流行（Edwards, 2000）。孩子们也会玩一些源自其所处文化的简单游戏，比如肯尼亚男孩在饲养牛的过程中会玩放牧游戏。合作假装游戏在童年中期也仍然流行。例如，这个年龄的孩子可能会假装成动物或英雄。

童年中期游戏的新特点是更加复杂，更加规则化。儿童在童年早期可能会玩动作和数字游戏，但在童年中期，可能会有关于角色的力量和限制的详细规则。例如，在 21 世纪初，口袋妖怪（Pokémon）这类有关动作人物的日本游戏在世界各地的儿童中流行起来，尤其是在男孩中（Ogletree et al., 2004；Simmons, 2014）。这些游戏中的角色拥有各种各样的力量，让孩子们享受竞争的乐趣，掌握复杂的信息和规则。在童年早期，关于游戏角色的信息太丰富，规则太复杂，孩子们可能会无法遵循，但到了童年中期，这种认知挑战是令人兴奋和愉快的。最近，口袋妖怪也吸引了儿童（以及青少年和初显期成人）。在这个增强现实感的游戏中，玩家使用他们的移动设备来战斗、捕捉和训练口袋妖怪的角色。这些角色会在现实世界中“出现”。玩家在现实世界中四处走动，在他们的移动设备上找到这些角色（Annear, 2016）。

除了像口袋妖怪这样的游戏外，许多具有规则的游戏在认知上比幼儿玩的纸牌游戏和棋盘游戏更具挑战性，这通常要求孩子们计算、记忆和计划策略。儿童在童年时期也培养了一定的兴趣爱好，如收集一些特定的物品（如硬币、玩偶）

文化焦点：跨文化中的童年中期的友谊与游戏

尽管选择性交往是所有年龄段友谊的重要基础，但在童年时期，友谊以其他方式改变。从童年早期到童年中期的一个重要变化是活动和信任的相对平衡（Rubin et al., 2013）。在这两个阶段，朋友都喜欢共同活动，但到了童年中期，信任就变得至关重要了。朋友是当其他孩子嘲笑你或欺负你时，为你保守秘密，或为你辩护的人。

复习题：

许多接受采访的人都提到童年时期的友谊通常发生在同一性别中。你认为为什么会发生这种性别划分？

或建造东西（例如乐高积木）。而这些爱好也提供了关于组织和计划的愉快认知挑战（Mchal et al.，2001）。近年来，电子游戏在童年中期的儿童中非常流行，而且这些游戏也对认知提出了巨大的挑战（Martinovic et al.，2016；Olson，2010；Olson et al.，2008）。

受欢迎与不受欢迎。除了获得友谊之外，儿童也成为同龄人更大的社会世界的一部分，尤其是一旦他们进入小学后。学校通常都是按**年龄划分（age graded）**班级的，这意味着在某一年级的学生的年龄大都相同。当孩子们处在一个有着不同年龄段儿童的社会环境中时，年龄是决定**社会地位（social status）**的关键因素，因为年长的孩子往往比年幼的孩子更有权威。然而，当所有的孩子都差不多大的时候，他们会用其他方法来确定谁的社会地位高、谁的社会地位低。根据孩子们对同龄人喜欢或不喜欢的人的评价，研究人员划分了四类社会地位（Cillesse & Mayeux，2004；Rubin et al.，2013）：

年龄划分：基于相似年龄而分组。

社会地位：在一个群体中，每个人在他人眼中的权力、权威和影响力的程度。

- 受欢迎的孩子通常被评为“喜欢”，很少被评为“不喜欢”。
- 被排斥的孩子往往是最不受欢迎的，很少被其他孩子喜欢。通常，被排斥的孩子不受欢迎主要是因为他们过于咄咄逼人，但在10%—20%的情况下，被排斥的孩子是羞怯和懦弱的（Hymel et al.，2004；Sandstrom & Zakriski，2004）。男孩比女孩更容易被排斥。
- 被忽视的孩子很少被其他人提到喜欢或不喜欢；其他孩子很难记住他们是谁。女孩比男孩更容易被忽视。
- 有争议的孩子会受一些孩子喜欢，但不受另一些孩子喜欢。他们有时可能很好斗，但有时却很友好。

什么特征决定了孩子的社会地位？大量研究表明，对受欢迎程度影响最大的因素是**社交技能（social skill）**，如友好、乐于助人、合作和体贴（Caravita & Cillessen，2012；Chen et al.，2000）。具有社交技能的儿童善于观察，因此他们善于理解和回应其他儿童的需求和兴趣（Cassidy et al.，2003）。其他影响受欢迎程度的重要因素包括智力、外表（对男孩来说）和运动能力（Dijkstra et al.，2013；McHale et al.，2003）。尽管“书呆子”或“怪胎”被认为是不受欢迎的聪明孩子，但总体而言，在童年中期，智慧会提高孩子的受欢迎程度。有些“书呆子”和“怪胎”之所以不受欢迎，是因为他们缺乏社交技能，而不是因为他们的智慧。

社交技能：包括友好、乐于助人、合作和体贴等行为。

被排斥的孩子通常比其他孩子更具攻击性，他们的攻击性会导致冲突（Coie，2004）。被排斥的有攻击性的孩子往往过于冲动，并且难以控制他们的情绪反应，这会扰乱群体活动，使其他同龄人恼火。除了缺乏自我控制之外，他们缺乏社交技能和社交理解也会导致其与他人的冲突。肯尼斯·道奇（Kenneth Dodge）（2008）对于这一问题进行了几十年的研究，他认为被排斥的孩子在他们的**社会信息处理**

社会信息处理：在社交场合对他人意图、动机和行为的评估。

（social information processing，SIP）中经常失败。也就是说，他们倾向于将同龄人的行为理解为敌意，即使事实并非这样，而且他们也常常在发生冲突时责怪他人。

相比之下，被忽视的儿童通常适应能力很强（Wentzel，2003）。他们可能不像其他孩子那样频繁地与同龄人进行社交活动，但他们通常拥有与普通孩子同等的社交技能，并不会生活不快乐，而且也有朋友的存在。

有争议的孩子通常具有良好的社交技能，就像受欢迎的孩子一样，但他们也具有很高的攻击性，就像被排斥的孩子一样（DeRosier & Thomas，2003）。他们的社交能力使他们受到一些孩子的欢迎，而他们的攻击性使他们不受其他人的欢迎。他们可能会与一些孩子结盟，并排斥其他孩子。有时他们会以令同龄人钦佩但不敢效仿的方式挑战成人的权威（Vaillancourt & Hymel，2006）。

在同龄人中的受欢迎程度会对儿童的发展产生影响，特别是对于被排斥的儿童而言。因为其他儿童将他们排除在游戏之外，而且他们几乎没有朋友，被排斥的儿童常常感到孤独和不喜欢上学（Buhs & Ladd，2001）。他们的攻击性和冲动性也导致了他们其他社会关系的问题，不仅仅是与同龄人的关系，而且与父母和老师的冲突率比其他孩子都要高（Coie，2004）。纵向研究表明，儿童在童年中期时被排斥是青少年时期和成人初显期行为问题的征兆（Caravita & Cillessen，2012；Miller-Johnson et al.，2003），当生活中的某个问题随着时间推移演变成一系列问题时，则被称为**发展级联**（developmental cascade）（Bukowski et al.，2010）。被同龄人排斥会使孩子们更难培养社交技能，从而也更难克服攻击性倾向。

发展级联：生活中的某个问题随着时间的推移演变成一系列问题。

批判性思考题：你认为哪一类社会地位最符合你的童年中期：受欢迎的、被排斥的、被忽视的还是有争议的？你认为你同年中期阶段的社会地位是否影响了你以后的发展？

斯凌：虐待同伴的形式，包括攻击、重复和权力失衡。

欺凌者和受害者。同伴攻击的一种极端形式是**欺凌**（bullying）。研究人员认为欺凌具有三个组成要素（Olweus，2000；Volk et al.，2017）：攻击（身体或语言）、重复（不仅是一个事件，而且是一个随时间变化的模式）、权力失衡（欺凌者比受害者具有更高的同龄人地位）。欺凌的发生率在童年中期上升，在青少年期达到高峰，然后在青少年后期大幅下降（Kretschmer et al.，2017；Pepler et al.，2009）。欺凌是一种国际现象，在亚洲、欧洲和北美的许多国家都有发生（Barzilay et al.，2017；Osao & Shimada，2016；Pepler，2014）。欺凌的相关数据会因年龄和国家而异，但总的来说，大约20%的儿童在童年中期的某个时候曾被欺凌。男孩常是欺凌者，同时也会是受害者（Kretschmer et al.，2017）。男孩用身体和语言攻击来欺凌他人，女孩也会欺凌他人，但大都会使用语言攻击（Baldry et al.，2017；Forsberg，2017）。

一般有两种类型的欺凌者。被排斥的儿童既是欺凌者，也是欺凌受害者，也就是说，他们受到地位较高的儿童的欺凌，他们反过来会寻找地位较低的欺凌受害者（Pouwels et al.，2016）。欺凌受害者通常来自那些父母要求严格甚至进行身体虐待的家庭。另一种欺凌儿童是有争议的儿童。他们的外表、运动能力或社交能力可能相对于同龄人具有很高的地位，但他们也会对自己的欺凌行为感到愤怒和害怕（Palacios & Berger，2016；Vaillancourt et al.，2003）。这两种类型的欺凌者往往很难控制自己的攻击性行为，不仅对同龄人是这样，对其他人也是一样，而这一问题从童年中期到之后将会一直持续（Olweus，2000；van Dijk et al.，2017）。

受欺凌者通常有几个朋友可以提供干预。

受欺凌者通常是被排斥的孩子，他们缺乏自尊和社交技能（Pepler，2014）。因为他们没有朋友，当欺负他们的人伤害他们时，他们往往没有盟友。他们很难对欺凌做出反抗，这使得其他孩子认为他们软弱脆弱，并加深对他们的排斥。与其他儿童相比，受欺凌者更容易感到抑郁、焦虑和孤独（Baldry & Farrington，2004；Rigby，2004），他们的情绪低落和孤独可能是对被欺凌的部分反应，但这些显著的特征也可能使欺凌者把他们视为容易欺凌的目标。

当目睹同龄人被欺负时，孩子会怎么反应？一般来说，孩子们不愿意干预，因为他们担心欺凌者下一步会攻击他们（Pozzoli et al.，2016）。然而，在荷兰对3—5 年级学生进行的一项纵向研究发现，保护他人免受欺凌行为的儿童在之后会更受欢迎（van der Ploeg et al.，2017）。另外，芬兰的一项研究发现，在 20%—30% 的欺凌事件中，同龄人实际上会鼓励欺凌者，有时甚至会加入对受害者的攻击（Salmivalli & Voeten，2004）。

工作

学习目标 7.17 能够描述儿童在童年中期所做的工作类型，并解释发达国家和发展中国家之间工作模式的差异。

在童年中期，我们的双胞胎想出了越来越多的挣钱的办法，尤其是我们的女儿帕里斯。例如，她 7 岁的时候发明了一种叫作“树莓漫步”的饮料，这种饮料由苹果汁、加香料的茶和压碎的覆盆子制成。她和迈尔斯在我家前面人行道上的一个摊位上出售。同年，在去丹麦的一次旅行中，帕里斯在海滩上收集了几十块石头，并宣布她将在她的床上开设一个“岩石博物馆”，我们可以以非常合理的价格购买。埃里克·埃里克森（1950）把童年中期称为**勤奋与自卑**（industry versus inferiority）的阶段，当孩子们能够做有用的工作并且可以自我筹划项目

勤奋与自卑：埃里克森理论中的童年中期阶段，在这一阶段，儿童要学会有效地使用文化资源，但如果成人过于挑剔，就会使其产生一种无法有效工作的感觉。

时，只有当他们周围的成年人对他们的缺点过于挑剔，才可能导致他们产生自卑感。埃里克森理论的这一部分很少得到其他人的研究证实。然而，我们可以发现，不同文化中的童年中期儿童比他们在童年早期时能力更强，而且常常被赋予重要的工作责任（Gaskins，2015；Rogoff，2003）。

在发展中国家，儿童在童年中期所做的工作往往不仅仅是一种游戏形式，就像我们的女儿所做的一样，而是对家庭的一种严肃的甚至是很冒险的贡献。在大多数发达国家，雇用童年中期的儿童是非法的［United Nations Development Programme（UNDP），2010］。然而，在世界的很大一部分地区，童年中期是儿童开始工作的时候。不上学的孩子通常在农场或家庭企业为家人工作，但有时也会在工业环境中。随着世界经济的全球化，许多大公司已将大部分制造业转移到劳动力成本较低的发展中国家，而孩子们是最便宜的劳动力。在童年中期之前，孩子们太不成熟，缺乏自我调节能力，不适合制造业。他们的大肌肉运动技能有限，注意力过于分散，行为和情绪也太不稳定。然而，六七岁的孩子已经具备了大肌肉技能、认知能力、情绪和行为的自我调节能力，具备这些品质能够使其成为许多工作中的优秀工作者。

国际劳工组织（ILO）估计，全世界约有 7300 万名 5—11 岁儿童提前工作，约占该年龄组儿童总人口的 9%，95% 的童工在发展中国家（ILO，2013）。大部分儿童在亚洲、拉丁美洲和北非工作，但在撒哈拉以南非洲发现的童工数量最多。农业工作是最常见的儿童就业形式，他们通常在商业农场或种植园，与父母一起工作，但工资只有父母的 1/3 到一半（ILO，2013）。儿童可以快速掌握种植、照料和收获农产品所需的技能。

此外，这些国家的许多儿童会在工厂和商店工作，他们能够提供如编织地毯、缝纫衣服、粘合鞋子、擦亮皮革和抛光宝石等劳动。工作环境通常十分糟糕，如一家拥挤不堪的服装厂，房门紧锁，儿童（和成年人）在这里要轮班工作 14 小时；在小而昏暗的棚屋里，他们坐在织布机旁，连续编织地毯数个小时；玻璃工厂的温度高得让人无法忍受，孩子们需要把熔化的玻璃棒从一个工位搬运到另一个工位。其他儿童在城市从事各种各样的工作，包括家庭服务、杂货店产品售卖、茶摊经营以及送快递。

如果儿童的工作是困难和危险的，那为什么父母会允许他们的孩子工作，为什么政府不取缔童工呢？对于父母来说，最简单的答案是他们需要钱。如第一章所述，全世界有着数十亿人处于极度贫穷状态。发展中国家的贫困家庭往往要依靠儿童对家庭收入的贡献来获得诸如食物和衣服等基本必需品。至于政府，几乎所有国家都有禁止童工的法律，但有些发展中国家不执行这些法律，因为雇用童工的公司贿赂他们，或者因为他们不希望惹怒这些需要子女收入的父母（Chaudhary & Sharma，2007）。

尽管发展中国家对童工的剥削普遍存在，而且往往是残酷的剥削，但这种情况也有好转的迹象。据国际劳工组织称，5—11 岁的童工数量正在迅速下降（ILO，2013）。之所以出现这种下降趋势，是因为儿童和青少年劳工问题得到了世界媒体、各国政府和国际组织（如国际劳工组织和联合国儿童基金会）的关注。此外，许多发展中国家已采取立法行动，提高法律所规定的儿童上学的年限，并加强执行那些往往被忽视的禁止雇用未满 15 岁儿童的法律。尽管有了这些进步的迹象，全世界仍然有数百万名儿童在不健康的环境中工作（ILO，2013）。

媒体使用

学习目标 7.18 能够总结全球儿童每天看电视的时间，并描述电视的积极和消极影响，特别是与暴力电视节目有关的危害。

对大多数儿童来说，即使在童年早期，使用媒体已经成为日常生活的一部分。从童年早期到童年中期，媒体使用率保持不变，只是每天玩电子游戏的时间增加了，如**图 7.10** 所示（Common Sense Media，2017）。尽管电视仍然是儿童使用最多的媒体形式，但数字设备的使用在过去的 5 年内激增，即使在幼儿中也是这样。到了童年中期，大约 1/4 的儿童媒体使用涉及**媒体多任务处理（media multitasking）**，即同时使用多种媒体形式，例如一边看电视一边玩电子游戏（Rideout et al.，2010；Warren，2007）。

媒体多任务处理：同时使用多种媒体形式，例如在观看电视时玩电子游戏。

正如第五章和第六章所指出的，媒体形式和每种形式的内容都是高度多样化的，因此，把儿童时期的媒体使用定性为单一的积极或消极是错误的。看《大红狗克利弗》（*Clifford the Big Red Dog*）和看暴力电影或电视剧有很大的不同；在网娃（Webkinz）或企鹅俱乐部（Club Penguin）这样的亲社交网站上玩的孩子，与玩《雷神之锤》（*Quake*）或《格斗之王》（*Mortal Kombat*）等暴力电子游戏的孩子相比，也会有不同的反应。

总的来说，对童年中期儿童的媒体研究集中在消极影响的问题上，就像在其他年龄段一样，但是研究人员也注意到了其积极的影响，一项对 34 项研究的分析发现，儿童电视节目中的亲社会内容对儿童功能的四个方面有积极影响：利他主义、积极的社会互动、自我控制和打破消极的固化观念（Kotler，2007）。媒体亲社会内容的正面影响等于或大于暴力内容的负面影响。互联网已经被证明是一种宝贵的资源，可以让孩子们了解各种各样的主题，无论是学校课程相关知识还是仅仅为了休闲娱乐（Bulman & Fairlie，2016；Foehr，2007；Van Evra，2007）。许多儿童的媒体使用只是一些无害的娱乐活动，比如听音乐、玩非暴力电子游戏或者看儿童电视节目。

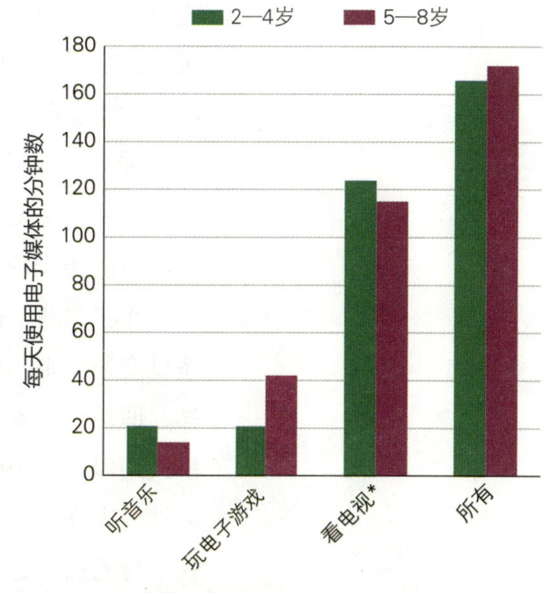

图 7.10 童年早期和中期电子媒体的使用情况

资料来源：Common Sense Media (2017).

媒体使用的后果在一定程度上取决于儿童是轻度、中度还是重度媒体使用者（Hill et al.，2017；Van Evra，2007）。轻度到中度的媒体使用通常是无害的，甚至可以是积极的，特别是当媒体内容是教育性的、亲社会的，或者至少是非暴力的时。相比之下，重度的媒体使用与童年中期的各种问题有关，包括肥胖、焦虑、学习成绩差和社交孤立。很难判断重度的媒体使用是造成这些问题的原因还是后果，或是两者都是。

与童年中期的儿童媒体使用有关的所有问题中，儿童攻击性的研究最为广泛，特别是暴力电视节目对儿童攻击性的影响。许多家长和学者对电视暴力导致儿童攻击的可能性表示担忧。尽管童年早期被认为是最易受暴力电视节目影响的年龄段，但一些最重要的研究都将暴力电视节目与童年中期的儿童攻击性联系起来，主要研究包括实地实验、纵向研究和自然实验。

在实地实验中，研究人员观察到了儿童接触暴力电视节目后的社会行为。例如，在一次实地实验中，有两组男孩参加了夏令营（Bushman & Chandler，2007）。其中一组连续五个晚上观看暴力电影，另一组在这段时间观看非暴力电影。随后，对男孩社交行为的观察表明，观看暴力电影组的男孩比观看非暴力电影组的男孩更高概率表现出身体和语言攻击。

罗威尔·休斯曼（Rowell Huesmann）和同事们的一些纵向研究表明，在童年中期的暴力电视的观看量可以在很大程度上预测后期的攻击行为（Huesmann & Eron，2013；Huesmann et al.，2003）。一项纵向研究涉及了 5 个国家的男孩和女孩：澳大利亚、芬兰、以色列、波兰和美国。研究记录了 6 岁的孩子和 5 年后 11 岁时孩子们所看的电视节目和攻击行为。研究人员对孩子在 6 岁时攻击性的初始水平进行了统计，结果显示不同国家中，孩子在 6 岁时接触高水平的暴力电视节目可以预测其在 11 岁时会有攻击性行为。其他研究人员在南非和荷兰的研究报告了类似的结果（Coyne，2007）。

休斯曼在美国进行了更长时间的纵向研究（Huesmann et al.，1984；Huesmann et al.，2003）。研究人员评估了 8 岁、19 岁和 30 岁时的电视观看模式和攻击性行为的关联。并且毫无意外地发现，在 8 岁时攻击性和观看暴力电视节目之间存在相关性。他们还发现，8 岁时观看的暴力电视节目与 19 岁和 30 岁时的攻击性行为之间存在相关性。在 8 岁时看过暴力电视节目的 30 岁男子更有可能被捕，更有可能违反交通规则，更有可能虐待他们的孩子。与休斯曼和同事们的其他纵向研究一样，即使在 8 岁时对攻击性的初始水平进行了统计学上的控制，8 岁的电视观看模式用以预测 19 岁和 30 岁时攻击性行为的结果仍然有效。这不仅仅是因为有攻击性的人在 3 个年龄段都爱看暴力电视节目，还因为 8 岁时看到了高水平暴力电视节目的孩子更可能在晚年表现得比看低水平暴力电视节目的孩子更具有攻击性。

也许最有说服力的能够表明看电视会导致儿童的攻击性行为的证据，来自加拿大一个小镇的一项自然实验。这个自然实验的研究主题是“文化焦点：看电视还是不看电视？”。

总之，我们有充分的理由担心媒体暴力内容对童年中期儿童的影响。然而，我们也应该明确，媒体也可以产生积极的影响。媒体研究的重点一般是在童年中期和其他生活阶段的负面影响上；但是对于非暴力内容，如果使用得当，媒体的使用可以成为童年中积极和愉快的一部分（de Leeuw & Buijzen，2016；Olson，2010；Van Evra，2007）。

文化焦点：看电视还是不看电视？

研究人类发展问题的人员所能使用的方法是有限的，因为他们必须考虑到与他们所研究的人的有关权利和幸福的伦理问题。例如，人类的环境不能像动物一样被改变和操纵，特别是如果这种改变会涉及一种潜在的不健康或危险的状况。研究人员能够获得人类发展信息的方法之一就是寻找自然实验的机会。自然实验是一种在没有研究人员操纵或参与的情况下进行的实验，但是它仍然为观察者提供了重要的信息。

在20世纪，研究人员用自然实验来检验电视对儿童行为的影响。自20世纪40年代电视问世后，其使用以惊人的速度传遍世界各地，但世界上仍有部分地区直到最近才开始使用电视。在80年代初，由坦尼斯·麦克白（Tannis Macbeth）领导的一组加拿大研究人员观察到，加拿大的部分地区还没有电视，虽然电视正在迅速传播。研究人员决定利用这个契机进行一次自然实验，用以观察儿童在引进电视前后的行为。这项研究包括三个城镇："Notel"（研究人员称为"Notel"），在研究开始时没有电视；"Unitel"只有一个电视频道；"Multitel"有多个电视频道。研究的对象都处于童年中期，是1—5年级的儿童。在每个镇的每个班级中，随机抽取5个男孩和5个女孩参与研究。

每个孩子的行为由一个经过培训的观察者记录，在一天中的不同时间和不同的环境（如学校和家庭）下进行21次1分钟的观察。观察者们重点关注攻击行为，使用包括14种身体攻击行为（如打、推、咬）和9种口头攻击行为（如嘲笑、咒骂和威胁）在内的检查表。无论是孩子还是家长、老师都不知道这项研究的重点是攻击性行为和电视的关联。除了观察以外，研究者们还调查了同龄人和老师对孩子们的攻击性的评价。在电视引入"Notel"的2年前研究人员记录了收视率并进行了行为观察，然后在"Notel"引入电视2年之后再一次记录和观察。在时间点1和时间点2观察的孩子是同一个孩子。

这项研究的结果清楚地表明，电视的引入使儿童变得更具攻击性。Notel儿童的身体攻击和言语攻击的发生率从时间点1到时间点2有所增加，而Unitel和Multitel的儿童没有变化。男孩和女孩的攻击性都有所增加。时间点2的三个城镇中，孩子们看的电视越多，他们的攻击性就越强。这项自然实验提供了有说服力的证据，表明儿童看电视和攻击性之间不仅存在相互关系，而且存在因果关系。将儿童置于"有电视"状态和"无电视"状态是不可取的，尤其是我们现在已经知道了电视的潜在影响，但是利用在Notel、Unitel和Multitel中进行的自然实验，研究者获得了关于电视对儿童行为影响的重要结果。

复习题：

1. 在引进电视之后，人们注意到了更大的攻击性，这一发现最好可以解释为（　　）

A. 相关性而不是因果关系

B. 因果关系，因为研究人员对引进电视前后的攻击性程度进行了评估

C. 既没有相关性，也没有因果关系，因为儿童在Notel中的行为没有改变

D. 以上都不是

小结：情绪与社会性发展

学习目标 7.12 能够描述童年中期情绪自我调节和理解的主要特点，并与其他年龄阶段进行比较。

在情感上，童年中期通常是一个特别稳定和满足的时期，因为情绪自我调节能力变得更强，情绪理解能力也提高了。孩子开始更多地参与家庭以外的环境，如学校和运动队，并且需要更高水平的情绪自我调节。

学习目标 7.13 能够总结自我概念和自尊在童年中期是如何变化的，并解释不同的自我思考方式是如何根植于文化信仰中的。

儿童的自我理解在童年中期变得更为复杂，一旦进入学校，他们会进行更多的社会比较。他们的整体自我概念是建立在其重视的特定领域的自我概念的基础上的，对大多数儿童来说，包括身体外貌。在讨论自我概念的文化差异时，学者们通常会区分由个人主义文化推动的独立自我和由集体主义文化推动的相互依存的自我。个人主义文化鼓励高度自尊，但在集体主义文化中则不鼓励。

学习目标 7.14 能够描述童年中期关于性别的观念和行为的变化及其文化差异。

儿童的任务和游戏在童年中期更加具有性别划分性，他们对性别角色的看法也更加明确。在传统文化中，男孩和女孩在童年中期从事不同的工作，但不同文化中的儿童都会在特定的性别群体中玩耍。

学习目标 7.15 能够详细说明童年中期家庭关系的特点，并总结父母离婚和再婚的后果。

儿童在童年中期会变得更加独立，因为他们和父母间倾向于共同监管，而不是只受父母的支配和控制。在这个年龄段，兄弟姐妹间的冲突达到顶峰。孩子们会在多种多样的家庭形式中成长。在美国的单亲家庭长大会大大增加贫困的可能性。反过来，在贫困中长大的孩子更容易将行为问题外化和内化，导致学业成绩低下。对同性恋父母子女的回顾性研究发现，他们在认知、情感和自我发展方面与异性父母的孩子相似。离婚在发达国家中越来越普遍，而且孩子（尤其是男孩）对于离婚的反应往往是消极的，尤其是当离婚发生在矛盾剧烈的父母之间时。父母的再婚对童年中期的儿童也会造成消极影响，即使再婚改变了家庭的经济状况。

学习目标 7.16 能够列举童年中期友谊的主要基础，描述同伴社会地位的四种类别以及欺凌者与被欺凌者之间的动态关系。

在童年中期，和其他年龄段一样，相似性是友谊的主要基础。在童年中期的友谊中，信任也变得很重要。儿童游戏在这一阶段变得更加复杂和规则化。当孩子们发展了系列化的能力，而且他们一天中不可忽视的一部分时间都花在了按年龄划分的学校里，受欢迎和不受欢迎在同龄人关系中变得突出。被排斥的儿童在同伴关系中的问题最大，社会发展的长期前景最差，主要是因为他们的攻击性。世界范围内，欺凌现象在童年中期上升，在青少年期达到高峰。

学习目标 7.17 能够描述儿童在童年中期所做的工作类型，并解释发达国家和发展中国家之间工作模式的差异。

在发展中国家，数百万名儿童在他们进入童年中期时，从事各种各样的工作，从农业工作到工厂工作，工作条件通常都很糟糕且不健康。发展中国家有工作的童年中期的儿童比发达国家多，因为他们需要为家庭收入做出贡献。

学习目标 7.18 能够总结全球儿童每天看电视的时间，并描述电视的积极和消极影响，特别是与暴力电视节目有关的危害。

从童年早期到童年中期，儿童对媒体的使用保持不变，只是玩电子游戏的时间有所增加。亲社会的电视内容促进了诸如利他主义和自我控制的品质，互联网使孩子们可以了解广阔的话题，但媒体研究的焦点主要集中在其潜在的负面影响上，特别是关于电视节目和攻击性行为。研究人员通过实地实验、纵向研究和自然实验，已经确定了暴力媒体与儿童攻击性行为之间的因果关系。

第八章

青少年期

第一节 生理发展

蜕变：青春期的生物学变化

青春期的生理变化

青春期的时间进程

文化回应：青春期仪式

青少年期的健康问题

进食障碍

物质滥用

第二节 认知发展

青少年的认知

皮亚杰的形式运算理论

信息加工：选择性注意力和记忆力提高

社会认知：假想观众与个人寓言

文化与认知

教育与工作

学校：中等教育

工作

第三节 情绪与社会性发展

情绪与自我发展

青少年期的情绪性：暴风骤雨

青少年期的自我发展

性别强化

文化信仰：道德和宗教

道德发展

宗教信仰

青少年的社会文化环境

家庭关系

同伴和朋友

爱和性

媒体的使用

问题

犯罪活动

抑郁症

青少年期是一个突出变化发生频繁的时期。其中，青春期的生理变化是最显著的，家庭关系、同伴关系、性及媒体使用等方面也伴随着突出的变化。同时，青少年思考和探索世界的角度也会发生变化。

青少年期不是单纯的生物学现象或者年龄阶段，而是文化建构的过程。青春期（puberty）是伴随着普遍存在的身体和性成熟相关的生理变化，但是青少年期不仅是青春期的各类事件发生和发展的过程。青少年期从青春期开始，一直持续到接近实现成人身份时，这期间青少年一直为即将成为所处文化中的成人角色和肩负职责做准备。这里称青少年期是文化建构的过程，是因为在定义成人身份和青少年学习履行的成人角色和职责的内容存在一定的文化差异。几乎所有的文化都存在某种形式的青少年期，但是各文化间的青少年期在周期长短、内容及日常经历方面有着极大的差异（Larson et al., 2010）。青少年期没有规定的始末时间，但通常是从 10 岁开始，直到 20 岁结束，因此它几乎覆盖了人生中的第二个十年。

目前，青少年期普遍存在两种文化形式。通常在 10 岁或 11 岁左右，发达国家的青少年进入青春期。他们每天的绝大部分时间都在学校和同伴们度过。在校外，他们的大部分课余时间也都和其他同龄人——朋友和恋爱伴侣在一起。手机、电子游戏、电视和流行音乐等媒体的使用也占据了他们日常生活中的主要部分。

然而，另外一种青少年期的文化形式在非洲、亚洲以及南美洲等发展中国家普遍存在。在这种青少年期的文化形式中，每天的大部分时间不是与同龄人在学校，而是和家庭成员一起工作（Schlegel，2010；Schlegel & Barry，2015）。女孩多数时间与母亲或其他成年女性学习其所处文化中履行女性角色所需的必要知识和技能。男孩多数时间与成年男性学习其所处文化中对男性群体要求的知识和技能，但与女性青少年相比，家长准许他们有更多的时间和朋友在一起。一些发展中国家的青少年有机会上学，但是其他的青少年则在童年结束时就告别了校园。

在本章，我们将会探讨以上两种青少年期的文化形式的内容及其存在的内在差异。我们也将会探讨发展中国家的传统文化形式随着工业化和全球化的影响而产生的改变。

第一节 生理发展

学习目标

8.1 能够阐述青春期开始时的生理变化并总结青少年期脑发育的显著变化。

8.2 能够描述青春期事件的一般时间进程、文化差异，以及早熟和晚熟对情绪与社会性发展的影响。

8.3 能够辨别世界各地青春期仪式的主要性别差异。

8.4 能够阐述进食障碍的患病率、症状和治疗方法。

8.5 能够总结青少年物质滥用的比例和趋势并将其分为四种形式。

蜕变：青春期的生物学变化

青少年期：从青春期开始到接近成年状态之间的生命周期。在此期间，年轻人准备在他们的文化中承担成人的角色和责任。

青少年期（adolescence）从青春期产生第一个突出变化时开始，在整个青春期内，身体通过多种形式产生变化并具备了性繁殖的能力。在经过儿童期稳定的成长速度后，儿童在人生第二个十年产生了明显的蜕变，包括生长发育突增、阴毛和腋毛的生长、体型的改变、女孩的乳房发育和月经初潮、男孩长出胡子等。这些改变是令人激动和雀跃的。但是青少年也会产生其他的负面情绪，例如恐惧、惊讶、烦恼和焦虑等。同时，脑发育的最新研究也探索出了一些令人惊讶的发现。

青春期的生理变化

青春期：这一时期内，个体在骨骼、生理机能和外貌上会发生变化，使得个体发展为一个在生物学意义上成熟的个体，并具备了性繁殖的能力。

学习目标 8.1 能够阐述青春期开始时的生理变化并总结青少年期脑发育的显著变化。

青春期（puberty）的英文释义需追溯到拉丁文 pubescere，其含义是“毛发生长”。这个描述十分契合，因为在青春期内，以前没有长过体毛的地方都会在某个时间点突然长出体毛。不过，青少年在青春期的变化不局限于体毛的生长。青春期是青少年在骨骼、生理机能和外貌上的一次巨大生物变革。当青少年快到 20 岁时，他们与之前相比看起来会有很大的不同，身体机能也发生了极大的改变，并且在生物学意义上已经具备了性繁殖的能力。

雌激素：从青春期开始女性具有较高水平的雌激素，主要负责促进女性第一性征和第二性征的发育。

雄激素：从青春期开始男性具有较高水平的雄激素，主要负责促进男性第一性征和第二性征的发育。

性激素的变化。在童年中期，体内脂肪比例不断提高，一旦其达到阈限水平就会引发产生于下丘脑（一个位于大脑底部的豌豆状结构）的化学活动（Livadas & Chrousos，2016；Paris et al.，2017；Plant，2015）。这些活动导致（女孩的）卵巢和（男孩的）睾丸分泌更多的性激素。

性激素分为**雌激素**（estrogen）和**雄激素**（androgen）。从青春期发育角度看，

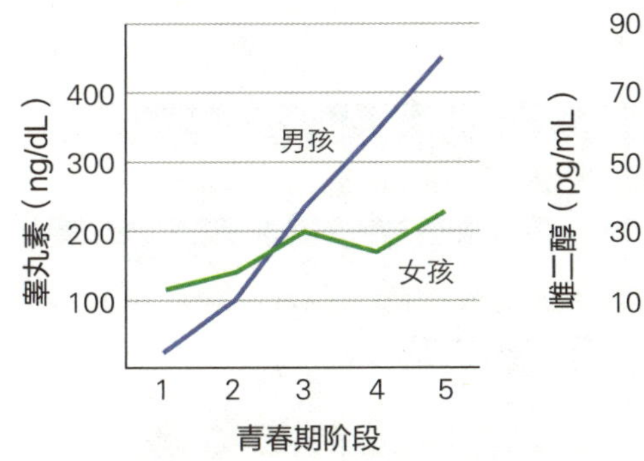

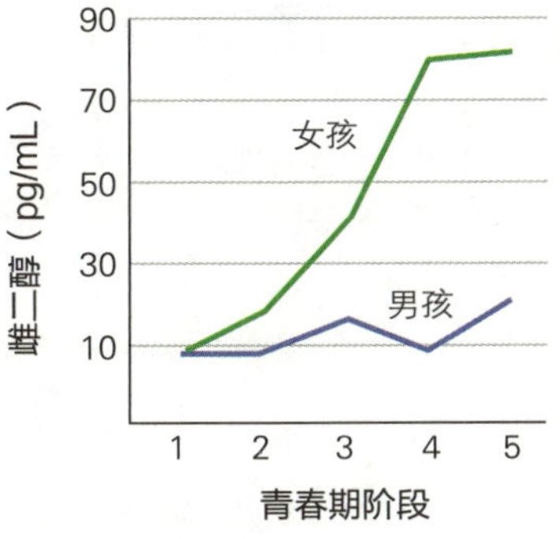

图 8.1 青春期性激素的变化

在这个人生阶段，女孩和男孩的性激素呈现出不同的发展路径。
资料来源：Nottelmann et al.（1987）.

最重要的雌激素是**雌二醇**（estradiol），最重要的雄激素是**睾丸素**（testosterone）（Herting et al.，2014；Lawaetz et al.，2015；Shirtcliff et al.，2009）。

雌二醇：女孩青春期发育中最重要的雌激素。

睾丸素：男孩青春期发育中最重要的雄激素。

在整个童年期，男孩和女孩都会产生雌二醇和睾丸素，并且其水平大致相同（DeRose & Brooks-Gunn，2016）。然而，如**图 8.1** 所示，一旦进入青春期，这种平衡就会被打破并产生显著变化。

到了 15 岁左右，女性雌二醇水平是青春期前的 8 倍，而男性的雌二醇水平是青春期前的 2 倍（Susman & Rogol，2004）。相反的是，男性到 15 岁左右时，他们的睾丸素水平大概达到了青春期前的 20 倍，然而女性的睾丸素水平也达到了青春期前的 4 倍。激素增长也引发了青春期身体第一性征和第二性征的改变。

第一性征和第二性征。**第一性征**（primary sex characteristics）与繁殖直接相关，确切地说，就是与女性卵子和男性精子的产生直接相关。正如第二章所述，卵子和精子的发育过程完全不同。女性生来就具备所有的卵细胞。到青春期时，她们的卵巢大约有 300000 个卵细胞（Noeman，2014）。女孩经历**月经初潮**（menarche）（女孩的第一次月经）并形成规律的月经周期后，大概每 28 天，一个卵泡就会发育出一颗成熟的卵子。女性在整个可生育期内大约会发育出 400 颗卵子（Moore et al.，2015）。

第一性征：卵子和精子的产生及性器官的发育。

月经初潮：女性第一次来月经。

与之相反，男性出生时睾丸内并没有精子，直到从他们 12 岁左右的第一次射精（又叫**首次遗精，**spermarche）开始，男性才会产生大量的精子。一次标准射精大概会产出 1 亿—3 亿个精子，这意味着男性平均每天产生几百万个精子。如果你是一名男性，当你在阅读这章内容的时候，即便你的阅读速度很快，也大概会产生 100 多万个精子！

首次遗精：青春期男孩睾丸中精子发育的表现。

第二性征（secondary sex characteristics）是在青春期内由于性激素增长引发的其他身体变化，其中不包含与繁殖直接关联的变化。第二性征是多种多样的，变化体现在从阴毛的生长到低沉声音的发育，再到皮肤油脂和排汗量的增

第二性征：青春期内不与生殖有直接关联的身体变化。

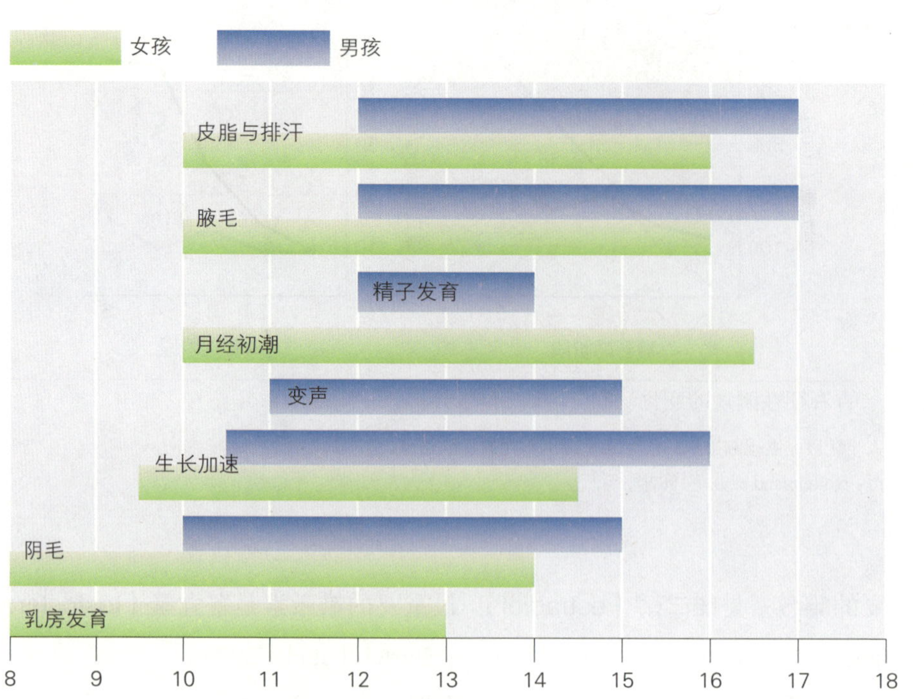

图 8.2 青春期生理变化的时间进程

注释：条形图显示了 90% 的研究对象的变化范围。

资料来源：Chumlea et al.（2003），Goldstein（1976）.

加。对第二性征的主要表现及产生时间总结如**图 8.2** 所示。

脑发育。青少年期内，除性激素变化及第一性征、第二性征的发育外，神经系统也会发生重要的改变。近年来，大量关于青少年期神经系统发育的研究不断出现（Casey et al.，2008；Giedd，2008；Taber-Thomas & Perez-Edgar，2015）。

在青春期会发生很多明显的身体变化。这是一个处于青春期的男孩与他十几岁时的对比图片。

这些新的研究发现令人十分惊叹并突破了以往认知。

我们都知道，在儿童6岁时，其脑大小已经达到了成人脑大小的95%。然而，脑发育的大小并不能代表一切。神经元之间的突触联结同样也是非常重要的。目前，科学家已经发现在青春期初期（10—12岁）突触联结急剧增加，这一过程被称作过度生成（overproduction）或突触繁茂（synaptic exuberance）。早期研究显示，过剩发育会发生在胎儿期和出生后的前三年，但是现在它被证实也会发生在青少年期（Giedd et al.，2015）。青少年期突触联结的过剩发育产生在大脑的多个区域，尤其是在额叶较为集中，额叶通常参与大脑的高级功能，例如事先计划、解决问题和道德判断。

过度发育在11岁或12岁时达到顶点，但那显然不是认知能力达到峰值的时期。接下来的几年里，大脑进行大量的突触修剪，突触过剩发育的情况明显削弱，有用的突触被保留，无用的突触则消失。实际上，12—20岁，通过突触修剪，脑体积平均下降了7%—10%（Giedd et al.，2015；Laviola & Marco，2011）。突触修剪提升了大脑的工作效率，随之大脑通路变得更加专业化。然而，在大脑变得更加专业化的同时，其可塑性和可变性也有所降低。

髓鞘化是青春期神经发育的另一个关键过程。髓鞘是包裹神经元的主要部分的脂肪，它的功能主要是加快大脑电信号的传播速度。髓鞘化与过度发育相似，之前被认为在青春期之前就已经完成，但是后来证实它会持续到青少年时期（Giorgio et al.，2010；Markant & Thomas，2013），这是大脑功能在青春期变得更快、更高效的另一个迹象。然而，像突触修剪一样，髓鞘化也会让脑功能的灵活性和多变性降低。

最后，小脑发育是让所有脑发育研究者意外的最新发现，这也许是最令人惊讶的。因为小脑是大脑下部，在大脑皮层下方的一个部分，长期以来人们一直认为小脑只有基本的功能，比如运动。然而，研究表明，小脑对于许多高级功能十分重要，例如数学、音乐、决策力甚至社交技巧和幽默理解。这也证实了小脑会继续发育到青少年期甚至延续到成人初显期，这表明这些功能持续增长的潜力（Tiemeier et al.，2009）。事实上，它是最后一个停止发育的大脑结构，直到24—25岁时才能完成过剩发育和突触修剪，甚至在额叶之后（Taber-Thomas & Perez-Edgar，2015）。

青春期的时间进程

学习目标 8.2　能够描述青春期事件的一般时间进程、文化差异，以及早熟和晚熟对情绪与社会性发展的影响。

如图8.2所示，个体会在第一性征和第二性征发育期间产生很多变化。例如，

在肯尼亚的基库尤文化中，男孩比女孩更早进入青春期阶段。

女孩最早在 10 岁，最晚在 16 岁开始长腋毛；男孩最早在 11 岁，最晚在 15 岁开始变声（Fisher & Eugster，2014）。女孩进入青春期的时间比男孩早两年。

图 8.2 中的研究对象选取自美国白人青少年和英国青少年。这个领域的科学家已经持续对他们进行了几十年的跟踪研究。不过有三项数据显示，其差异可能存在于其他族群中。与西方模式相反，肯尼亚的基库尤族男孩比同龄女孩更早出现身体变化（Worthman，1987）。在一项针对中国女孩的研究中，研究者发现大部分女孩的阴毛生长比乳房发育大约要迟 2 年，比月经初潮早几个月，而在西方模式中，女孩的阴毛发育得更早（Lee et al.，1963）。此外，在美国的一份研究中（Herman-Giddens et al.，1997；Herman-Giddens et al.，2001），发现许多非裔美国女孩开始发育乳房和阴毛的时间大大早于白人女孩。在 8 岁时，近半数的美国非裔女孩开始乳房发育或生长阴毛，或者两者都开始了；相对而言，只有 15% 的白人女孩在同年龄阶段开始乳房发育或生长阴毛。尽管美国非裔女孩和白人女孩月经初潮的年龄相似，但是上述生理变化差异仍然存在。同样，美国非裔男孩的阴毛生长和阴茎发育也早于白人男孩。以上研究显示，深入探究青春期事件在比例、时机和顺序上的文化差异是十分重要的。

在相似的文化环境下，青少年在青春期事件顺序和时间上的差异似乎是由遗传造成的。两个人的基因越相似，他们的青春期发生的时间就越相似，因此同卵双胞胎是所有种类中最相似的（Ge et al.，2007；van den Berg，2007；Willemsen & Dunger，2016）。然而，当文化环境不同时，青春期事件的出现时间也会不同，我们会在下一节深入了解。

文化与青春期的时间进程。文化包含一个群体的技术，生产技术包括食品生产和医疗保健。青春期开始的年龄很大程度上受到整个儿童时期粮食生产提供足够营养和医疗保健保护健康的程度的影响（ Eveleth & Tanner，1990；Papadimitriou，2016）。

从 19 世纪中叶至 20 世纪末，根据青春期时间进程技术的历史证据显示，如**图 8.3** 所示，西方国家女孩出现月经初潮的平均年龄逐步下降。月经初潮年龄的递减模式被称作**长期趋势（secular trend）**。在每个有历史记录的西方国家中都存在过这种模式（Sørensen et al.，2012），月经初潮并不是青春期开始的完美标志，对于大多数女孩来说，青春期的第一个外显迹象出现得更早，月经初潮不适用于男孩。然而，月经初潮是其他青春期事件出现的典型标志。既然女孩的

长期趋势：人口特征随时间出现的变化。

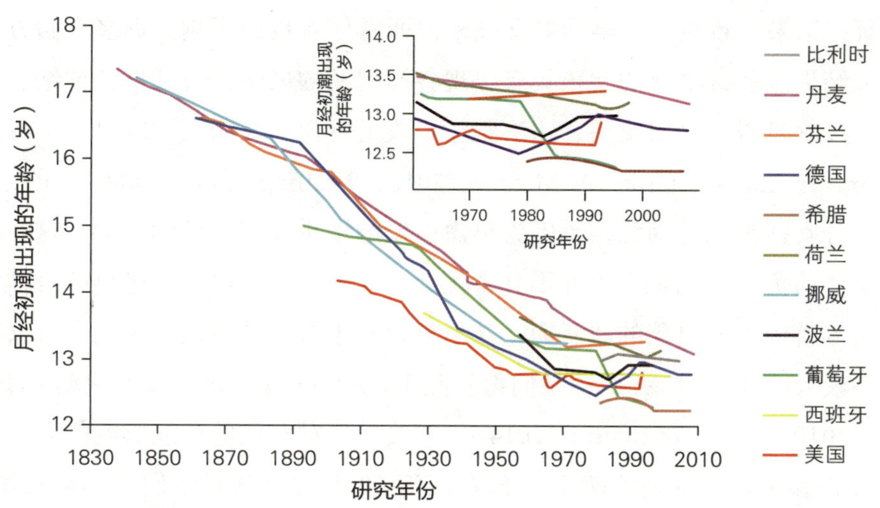

图 8.3　月经初潮年龄的时间趋势

为什么月经初潮的年龄呈下降趋势？
资料来源：Sørensen et al.（2012）.

青春期年龄开始出现了降低的趋势，那么我们有理由假设男孩也是如此。但是，月经初潮是过去几十年来研究青春期发展的唯一方向。学者们认为月经初潮年龄的下降是由于在过去 150 年里营养和医疗保健的改善（Archibald et al.，2003；Papadimitriou，2016）。如**图 8.3** 所示，1970 年以后，由于发达国家的儿童普遍可以获得充足的营养物质和医疗保健，月经初潮的年龄已经不再发生变化。

关于营养物质和医疗保健对青春期事件进程影响的进一步证据来自当前的文化比较研究。发达国家由于营养充足和医疗保健技术优越，女性月经初潮的平均年龄是最低的（当前大约为 12.5 岁）（Papadimtriou，2016；Sorensen et al.，2012）。相比之下，在营养补给有限而且医疗保健通常很少或者根本不存在的发展中国家，女性月经初潮出现的平均年龄高达 15 岁（Eveleth & Tanner，1990）。但是，最近几十年经济飞速发展的国家，例如中国和韩国，女孩月经初潮的平均年龄变低（Ji & Chen，2008；Park et al.，1999；Sohn，2017）。

社会和个人对青春期的反应。追溯青春期的过往，你最难忘的青春事件是什么？你对这些事件反应如何？你身边的人对此又做何反应？

社会和个人对青春期的反应是相互交织的，因为青少年对进入青春期的反应一定程度上取决于其他人对它的反应。在发达国家，社会和个人的反应可能取决于青少年进入青春期的时间相对于同龄人来说是更早还是更晚。由于青少年与同伴在学校里一起度过的时间较长，所以他们可以敏锐地觉察到自己相较于其他人的成熟程度。

西方国家以青少年为研究对象进行了持续了半个多世纪关于早熟和晚熟的比较研究。研究结果是复杂的：青少年之间的差别取决于性别，并且早熟和晚熟的短期影响与长期影响似乎也有所不同。

研究结果一致显示，早熟对女孩来说通常伴有负面影响。据多个西方国家的研究结果显示，早熟的女孩具有出现各类问题的风险，包括抑郁情绪、消极体象、进食障碍、物质滥用、违法犯罪、攻击行为、校园问题以及与父母的冲突（Graber，2014；Harden & Mendle，2012；Westling et al.，2008）。早熟之所以对部分女孩来说是困扰，是因为早熟引发的矮小或者肥胖的体形，这在“以瘦为美”的价值文化观念中并不具备优势。此外，由于早熟，过早的身体发育会吸引年龄较大的男孩的注意力，甚至会带来不必要的麻烦。他们会带女孩进入年龄较大的社交圈，并引诱她们物质滥用、违法犯罪及过早的性活动（Graber et al.，2010；Skoog & Stattin，2014）。有关早熟对女孩的长期影响的研究结果可谓毁誉参半，一些研究表明女孩在接近 20 岁时早熟对她们的影响会消失，而另一些研究发现消极影响会一直持续到成人初显期（Graber et al.，2010；Weichold et al.，2003）。

与女孩相反，早熟对男孩的影响既有消极的，也有积极的（Mendle & Ferreo，2012）。早熟的男孩与其他男孩相比拥有更好的外貌条件并且更受欢迎（Graber et al.，2010；Weichold et al.，2003）。胡子的出现、低沉的嗓音及其他第二性征的发育会让早熟的男孩对女孩更具吸引力。早熟的男孩可能还具备一些长期优势。一项对早熟的青春期男孩持续 40 年的追踪研究显示，早熟的男孩比晚熟的男孩在事业上取得了更大的成功并且具有更高的婚姻满意度（Taga et al.，2006）。但是，早熟的男孩不是没有缺点的。与早熟的女孩一样，他们易于较早参与违法犯罪、性活动和物质滥用（Westling et al.，2006）。

晚熟的男孩也会存在行为问题。相较于“按时”发育成熟的男孩，晚熟的男孩饮酒和违法犯罪的比例更高（Mendle & Ferrero，2012；Skoog & Stattin，2014）。他们在学校的成绩也相对较差（Weichold et al.，2003）。一些证据显示，晚熟的男孩在成人初显期会出现更多的物质滥用和违规行为问题（Biehl et al.，2007；Garber et al.，2004），晚熟女孩则相对问题较少（Weichold et al.，2003）。

文化回应：青春期仪式

学习目标 8.3　能够辨别世界各地青春期仪式的主要性别差异。

青春期仪式：标志着童年期结束和青春期开始，是存在于许多文化中的正式习俗。

犹太男孩或犹太女孩的成人仪式、天主教的确认仪式，或者拉丁美洲文化中为 15 岁女孩举行的仪式是标志着童年期的结束及青少年期的开始的**青春期仪式（puberty ritual）**。青春期仪式在传统文化中十分常见。艾丽斯·施莱格尔和赫伯特·巴里（1991）分析了 186 种传统文化中关于青少年发展的信息，发现 68% 的文化中存在男孩的青春期仪式，79% 的文化中存在女孩的青春期仪式（Schlegel & Barry，1991）。

对于女孩来说，月经初潮是青春期事件中最常见的仪式（Schlegel &

Barry，2015）。实际上，在世界各地，每个月都会举办与月经相关的仪式，这会始终存在于女性的生育期。关于经血“晦气”的负面认知在各类文化中都普遍存在（Tan et al.，2017）。人们普遍认为经血会对农作物的生长、牲畜的发育健康、猎人狩猎成功的概率及其他人尤其是来月经女性丈夫身体的健康造成威胁（Buckley & Gottib，1988；Marvan & Truillo，2010）。因此，在许多领域，来月经女性的行为举止一定程度上都会受到限制，例如食物的筹备和食用、社交活动、宗教活动、沐浴、上学和性生活行为。人们总是认为月经初潮拥有一股特殊的力量，可能因为它是女孩的第一次月经，所以其受到的限制可能更加复杂多样（Yeung & Tang，2005）。

与女性的月经初潮相比，传统的男性青春期仪式并不关注某一特殊的生物学事件，但是男性的仪式仍然出现一些共性特征。一般来讲，人们需要年轻男性展现出勇气、力量和耐力（Gilmore，1990；Schlegel & Barry，2015）。在传统文化中，年轻男人需要具备打仗、狩猎、捕鱼等能力。因此，青春期仪式的出发点是让青少年了解成为成年男人的要求，并以此检验他们是否具备通过成年期诸多挑战的能力。在过去，男孩的青春期仪式常常伴随着暴力性，有时甚至需要男孩服从安排参加各种放血活动。例如，在埃塞俄比亚的阿姆哈拉，男孩被强制要求参加鞭打比赛，比赛期间参赛的男孩会激烈对峙并划破彼此的脸和身体（LeVine，1966）。

如果你在西方国家长大，那么这些仪式对你来说听起来可能会很残忍，但是这对于身处这类文化中的男孩来说，这是他们从男孩蜕变为男人的必经阶段，是准备迎难而上、面对生活挑战的标志。然而，最近几十年，这类青春期仪式的数量都在下降，甚至归零（Schlegel，2010；Schlegel & Barry，2015）。因为在全球化背景下，传统文化为适应其外部环境而不断改变，传统的青春期仪式似乎与年轻人所期望的未来的关联度不断下降。然而，在很多非洲文化中，男性割礼仍然作为一种青春期仪式被保留至今（Schlegel & Barry，2017）。

切割或缝合外阴的青春期女性割礼，在非洲也十分普遍，许多非洲国家实施割礼的比例超过了 70%。在马里、埃及、索马里和吉布提这四个国家，这一比例甚至超过了 90%（Chibber et al.，2011；Toubia，2017）。割礼对女孩身体造成的危害比男孩要严重得多。通常情况下，割礼会导致女孩大出血，并且感染率极高。割礼之后，很多女孩在月经期或者小便的时候都会感觉到疼痛，这提高了泌尿感染和分娩并发症风险（Eldin，2009）。割礼反对者将其称为女性生殖器切割（female genital mutilation，FGM），并组织了国际运动以反抗这种行为（Barrett，2016；Odeku et al.，2009）。然而，在许多非洲文化中割礼仍然被视为年轻女性成为婚姻伴侣的必备条件（Toubia，2017）。

批判性思考题：西方文化中是否存在与传统文化中青春期仪式相对应的仪式？西方人是否应当鉴别并筛选出与当下相比更多的青春期成就呢？如果是的话，请说明原因及实施方法。

青少年期的健康问题

像童年中期一样，青少年期是身体健康状况较好的人生阶段。在童年中期和青春期，免疫系统功能比早期阶段更加健全，患传染性疾病的概率也相对较低。在成年期，类似于心脏病和癌症的疾病会变得更加常见，但这在青春期却十分罕见。然而，与童年中期不同的是青春期的问题不来自身体机能，而是源于行为问题，其中最常见的两个问题是进食障碍和物质滥用。

进食障碍

学习目标 8.4　能够阐述进食障碍的患病率、症状和治疗方法。

对于许多青少年来说，一旦对食物的看法发生改变，他们对身材的看法也会随之发生变化。尤其是女孩，进入青春期后，她们会更加关注饮食习惯，并且会担心自己吃得太多而长胖（Jones et al.，2014；Nichter，2001）。这个现象在美国尤为突出。根据医学标准，大约有 31% 的 10—17 岁的美国人超重或肥胖（Kaiser Family Foundation，2015）。但是，美国青少年中仍有 60% 的女孩和 30% 的男孩在体重正常的情况下，仍然认为自己超重（Gray et al.，2011）。

这些错误认知可能会导致青少年出现饮食失调行为（eating disorder behavior），例如，禁食一天或者更久，使用节食减肥产品、清肠（催吐或使用泻药）或服用通便产品来控制体重。在过去的一个月里，9—12 年级的美国青少年中约有 20% 的女孩和 10% 的男孩表现出了饮食失调行为（Office of Disease Prevention and Health Promotion，2017），在其他西方国家也有类似的发现。在德国一项针对 11—17 岁青少年的全国调查中发现，1/3 的女孩和 1/4 的男孩承认自己存在进食障碍的情况（Herpetz-Dahlmann et al.，2008）。在芬兰，针对 14—15 岁青少年的一项大型研究发现，24% 的女孩和 16% 的男孩均存在饮食失调行为（Hautal et al.，2008）。

神经性厌食症：以自己故意节食为特征的进食障碍。

贪食症：以自我诱导催吐为特征的进食障碍。

最常见的进食障碍类型是**神经性厌食症（anorexia nervosa）**和**贪食症（bulimia）**（暴食与清肠相结合）。大约有 3% 的美国青少年患有神经性厌食症或贪食症（NIMH，2017）。几乎 90% 的进食障碍情况都发生在女性身上。大多数进食障碍的个案都发生在女性十几岁或 20 岁出头的时候（Smink et al.，2013）。

神经性厌食症有三个主要症状：

1. 进食量比保持正常体重或者高于正常体重所需的食物量少。
2. 对体重增加感到恐惧。
3. 对个人体形和身材扭曲的意向评价。

神经性厌食症最突出的症状就是对身体意象的认知扭曲（Striegel-Moore & Franko，2006）。即使患有神经性厌食症的年轻女性已经瘦到了对生命有威胁的程度，她们仍然发自内心地认为自己太胖了。让她们站在镜子前面并指出她们的身材是有多苗条对于她们来说并没有用。因为当一个神经性厌食症患者站在镜子前，无论自己有多苗条，都只会看到一个肥胖的自己。

患有神经性厌食症的年轻女性即使她们瘦到危及生命，也会认为自己太胖。

患有贪食症的人与患有厌食症的人一样，也非常害怕自己肥胖（Campbell & Peebles，2014）。他们会暴饮暴食，也就是会在短时间内吃掉大量的食物，然后通过服用泻药或者催吐的方式清肠，把他们在暴食期间吃掉的食物都排出体外。贪食症患者由于反复呕吐，所以他们的牙齿常常会受到损伤（因为胃酸会损伤牙釉质）。与厌食症患者不同的是，贪食症患者往往能够保持正常体重，因为他们在暴食和清肠期间都存在部分规律的饮食模式（Striegel-Moore & Franko，2006）。另一个与厌食症的区别是贪食症患者并不认为他们的饮食模式是合理的。他们能意识到自己的问题并且会在暴饮暴食之后感到自责和后悔。

年轻女性的自我禁食行为在西方国家存在很长的历史，并且在几百年前曾被认为是宗教虔诚的表现（Vandereycken & van Deth，1994）。现如今，进食障碍情况在那些崇尚女性“以瘦为美”的文化中最为普遍，尤其是在西方国家（Latzer et al.，2001；Piat et al.，2015）。由于存在以苗条为理想女性身材的文化基础，当身体在生理上不再容易保持苗条、容易长胖的时候，许多年轻女性就会对自己体形变化感到沮丧，她们试图抵抗或者至少是调整这些身体变化。患有禁食障碍的年轻女性出现其他内部失调疾病风险的概率也比较高，例如，抑郁障碍和焦虑障碍（Rojo-Moreno et al.，2015；Swanson et al.，2011）。饮食失调行为也与物质滥用有关，尤其是吸烟和酗酒（Pisetsky et al.，2008）。

虽然进食障碍是西方国家存在的主要问题，但由于整个世界都在不断西化，所以它逐渐演变成一个全球性问题。例如，在斐济共和国，传统女性的理想身材是圆润的、有曲线的。然而，在1995年，电视被引入后，多数电视节目都来自美国或其他西方国家，这导致了进食障碍的发病率显著提高（Becker et al.，2007）。对斐济青少年女性的访谈表明，她们羡慕电视里西方的人物角色，并且希望可以和她们一样苗条。这个目标反过来导致了更高比例的消极体象、对体重的过度偏见及用清肠来控制体重的不当行为（Becker，2004）。

厌食症和贪食症的主要疗法是住院治疗、药物治疗或心理治疗，但是其疗效都存在局限性。大概 2/3 的厌食症患者通过住院治疗能得到改善，但是 1/3 的患者在接受治疗之后仍然存在慢性疾病（Lock，2015），同样，虽然有 50% 的贪食症个案能够成功治愈，但是另外 50% 的个案仍会旧病复发，而且通常恢复得很缓慢（Smink et al.，2012），有进食障碍病史的青少年和成人初显期的年轻人即便在进食障碍消失后，他们的心理和身心健康、自我意象及社会功能也会继续表现出明显的缺陷（Berkman et al.，2007；Rojo-Moreno et al.，2015）。约 10% 的厌食症患者最终死于体重减轻引起的身体问题，这是精神疾病死亡率最高的（Smink et al.，2012）。

物质滥用

学习目标 8.5　能够总结青少年物质滥用的比例和趋势并将其分为四种形式。

在美国社会，青少年期前几乎不存在物质滥用，但是在中学之后，物质滥用现象变得十分普遍。在 2013 年，根据“监测未来”（Monitoringthefuture.org，2017）的全国数据显示，33% 的高中生喝过酒，其中 20% 高中生在过去一个月内有过酗酒行为。2016 年，11% 的高中生在过去一个月内至少吸过一次烟。值得注意的是，电子香烟使用率的提高（约占 12%）也是吸烟率提高的原因。实际上吸食大麻的人员比例比吸烟的人还要高。在 2016 年“监测未来”项目中，23% 的美国高三学生在调查前的一个月里吸食过大麻。

一般来说，青少年的物质滥用现象在美国原住民中占比最高，其次是白人青少年和拉丁裔青少年，非裔青少年和亚裔青少年的比例最低（Patick & Schulenberg，2014；Shin et al.，2010）。酒精、烟草和大麻之外的其他种类的物质滥用在美国青少年中并不常见。美国青少年各种形式的物质滥用在 1980 年达到峰值后急剧下降（Miech et al.，2017）。

在西方国家之间，青少年期物质滥用的比例也有所不同。世界卫生组织（WHO）的一项研究考察了 41 个西方国家中 15 岁青少年的酒精和烟草使用情况（WHO，2013），研究结果如**图 8.4** 所示。美国和加拿大青少年的吸烟率要比欧洲青少年的更低，很有可能是因为美国和加拿大政府大规模地开展禁烟运动，而欧洲国家没有此类运动。年轻人吸烟现象尤其受到重点关注，因为大多数吸烟的人从十几岁就开始了，从长远视角来看吸烟是造成许多疾病和死亡的最大根源，甚至比所有毒品的总和更加严重（Johnston et al.，2014）。

年轻人物质滥用存在各种各样的目的，可分为实验性的、社会性的、医疗性的和成瘾性的（Weiner，1992）。实验性物质滥用（experimental substance use）的年轻人是出于好奇而尝试一种药物一次或几次，然后就不再使用了。社交性物质滥用（social substance use）是指与一个或多个朋友在社交活动中物质滥用。派对和舞会是青少年或初显期成人在青少年期和成人初显期常见物质滥用的环境。治疗性物质滥用（medicinal substance use）是为了缓解不愉快的情绪状态，例如悲伤、焦虑、压力或孤独。为这些目的而物质滥用被称为**"自我医疗"**（**self-medication**）（Reimuler et al.，2011）。以自我医疗为目的的年轻人会比出于实验和社交目的的年轻人更频繁地使用药物。最后，当一个人开始依赖于经常使用物质以产生身体或心理上的快感时，就会出现成瘾性物质滥用（addictive substance use）。对某种药物成瘾的人在停止服药后会出现戒断症状，例如高度焦虑和颤抖。成瘾性物质滥用是四种类型中最经常、最频繁的类型。

自我医疗：使用药物来缓解不愉快的情绪状态。

所有青少年期和成人初显期的物质滥用都被视为"行为问题"，其含义是如果年轻人参与其中，通常就会被成年人当作一种问题。然而，这里描述的四种类型表明年轻人由于对个人发展有不同深意，可以通过不同的方式滥用药物。

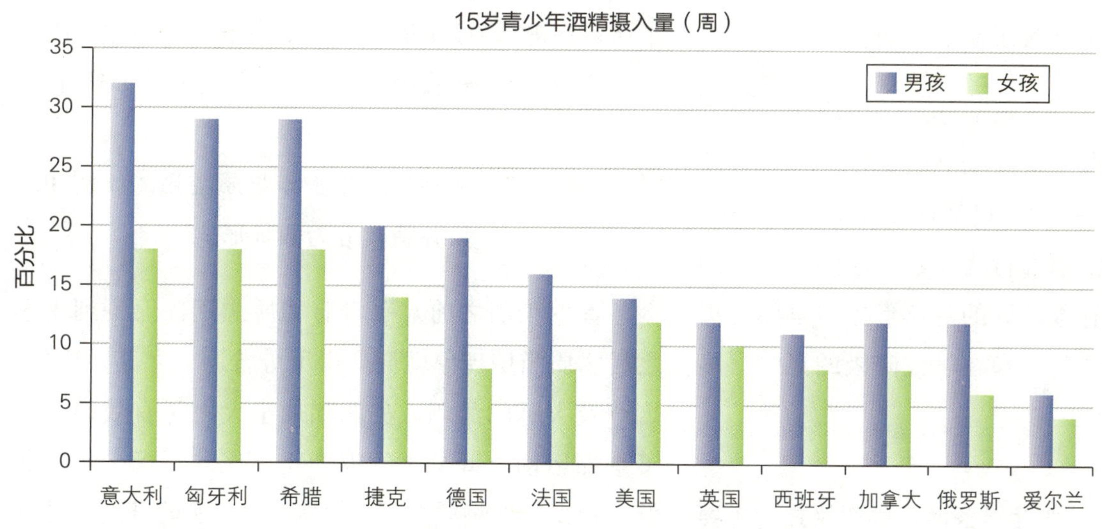

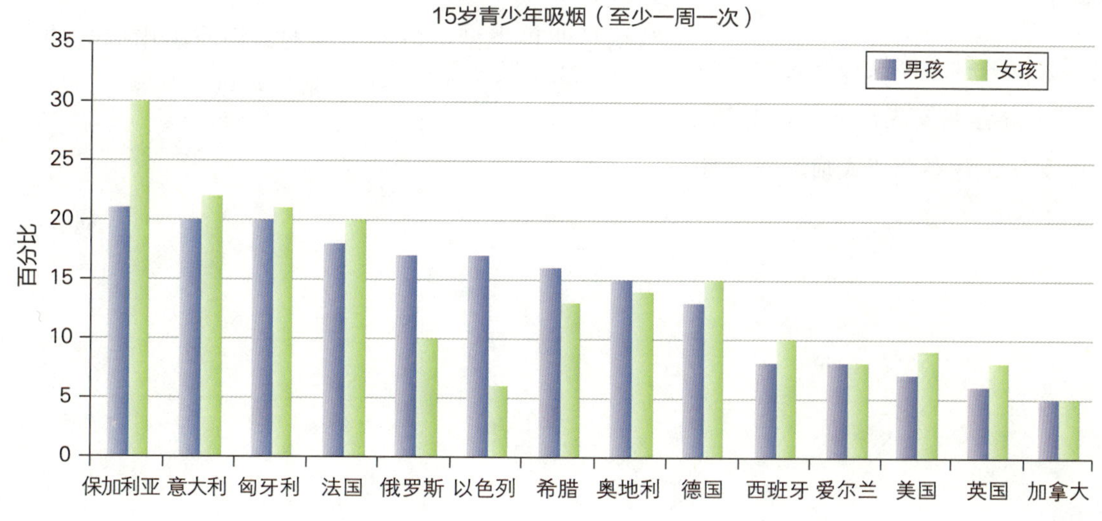

图 8.4 西方国家的物质滥用情况

资料来源：WHO（2016）.

小结：生理发展

学习目标 8.1 能够阐述青春期开始时的生理变化并总结青少年期脑发育的显著变化。

女孩的雌二醇和男孩的睾丸素的增加促使了第一性征和第二性征的发育。最新的脑研究结果显示在许多方面青少年的脑发育以令人惊讶的形式发生变化，包括过度发育（随后是突触修剪）和髓鞘化的增加。

学习目标 8.2 能够描述青春期事件的一般时间进程、文化差异，以及早熟和晚熟对情绪与社会性发展的影响。

青春期事件的时间进程部分由基因决定，但是在营养充足和医疗保健条件较好的文化中，青春期开始较早。早熟的女孩和男孩都存在发生物质滥用、违法犯罪和早期性活动等行为问题的风险。早熟的男孩和女孩不同，有着较好的身体形象。早熟的男孩会存在酗酒、违法犯罪和在学校降级的风险。早熟的女孩相对问题较少。

学习目标 8.3 能够辨别世界各地青春期仪式的主要性别差异。

大多数传统文化都会以一种集体仪式作为青春期的开始。对于男孩来说，青春期仪式常常包括勇气、力量和耐力的测试。而女孩的青春期仪式则围绕着月经初潮开展。在非洲，青春期男孩和女孩的割礼仪式十分普遍，但是其对女孩造成的生理伤害十分严重。抨击者始终试图取消女孩的割礼仪式，并将其称为女性生殖器切割。

学习目标 8.4 能够阐述进食障碍的患病率、症状和治疗方法。

进食障碍在青少年期和成人初显期最为普遍，主要发生在女性身上。进食障碍症状的普及率要比完全饮食失调的比率更高，在一些西方国家，1/3 的女孩承认存在进食障碍问题，比如，禁食一天以上、吃泻药来控制体重。进食障碍的治疗取得的成效十分有限。

学习目标 8.5 能够总结青少年物质滥用的比例和趋势并将其分为四种形式。

青少年期之前几乎没有物质滥用，但是到中学之后物质滥用现象就会变得十分普遍，尤其是酒精、烟草及大麻的滥用。美国和加拿大由于有效地开展了禁烟运动，青少年的吸烟比率比欧洲青少年的更低。青少年期物质滥用可分为四类：实验性的、社交性的、治疗性的、成瘾性的。治疗性和成瘾性物质滥用是四种类型中占比最高的。物质滥用成瘾的青少年在减少或停药后会出现戒断症状。

第二节　认知发展

学习目标

8.6 能够阐述假设演绎推理的特征并鉴别针对皮亚杰的形式运算理论的批判。

8.7 能够总结从童年中期到青少年期在注意力、记忆力以及执行能力方面发生的主要变化。

8.8 能够定义假想观众和个人寓言并解释其在青少年期如何反映自我中心主义。

8.9 能够列举涉及青少年最近发展区和支架理论的例子。

8.10 能够比较发达国家和发展中国家的中等教育体系和学业成绩。

8.11 能够总结发展中国家和发达国家青少年工作的典型形式并列举欧洲学徒制的特点。

青少年的认知

就像在早期的人生阶段一样，皮亚杰的认知发展理论在青少年期也极具影响力，但同时也受到质疑和批判。使用信息加工方法的研究记录了青少年期在注意力、记忆力和执行能力方面的提升。认知方法也适用于社会问题，如调查研究青少年如何审视自己和他人。

皮亚杰的形式运算理论

学习目标 8.6　能够阐述假设演绎推理的特征并鉴别针对皮亚杰的形式运算理论的批判。

根据皮亚杰的形式运算理论（1972），**形式运算**（formal operations）阶段大约从 11 岁开始，在 15—20 岁完成。在上一个具体运算阶段的儿童能够完成要求逻辑性及系统化思维的简单任务，而形式运算使青少年能够对涉及多个变量的复杂任务和问题进行推理。形式运算还包括抽象思维的发展，这使青少年能够思考诸如正义和时间等抽象概念，并赋予他们想象各种问题可能的解决方案的能力，即使他们对问题没有直接处理的经验。

形式运算：皮亚杰的理论中的一个阶段，青少年从 11 岁开始学会系统地思考可能性和假设的认知阶段。

假设演绎推理。形式运算的阶段包括**假设演绎推理**（hypothetical-deductive reasoning）的发展，即科学思考的能力和将严谨的科学方法应用于解决认知问题的能力。为了证明这个新能力，让我们回顾皮亚杰过去测试儿童是否从具体运算阶段发展至形式运算阶段的任务之一，即钟摆问题（pendulum problem）（Inhelder & Piaget，1985）。在这项任务中，在儿童和青少年面前放置一个钟摆（将砝码挂在一根绳子上，然后开始摆动），并为他们提供不同的砝码和不同长

假设演绎推理：皮亚杰提出的专业术语，指将科学思维应用于认知任务的过程。

度的绳子，要求找出决定钟摆摆动的速度的变量，是重物的重量、绳子的长度、重物下落的高度，还是砝码下落时施加的外力？

具体运算阶段的儿童倾向于用随机尝试的方法来解决问题，在每一次试验时，通常改变一个以上的变量。当钟摆的速度发生改变时，他们仍然很难说出产生变化的原因，因为他们在每次试验中改变了多个变量。如果他们碰巧得出了正确的答案——绳子的长度——他们会发现很难解释其中的原因。对皮亚杰来说，这是每个阶段至关重要的认知进步，它不仅反映在孩子们解决问题的答案上，也反映在他们对如何找到解决方案的阐述上。形式运算思考者系统地测试不同的可能性，每次只改变一个变量。通过这个过程，形式运算思考者得到的答案，不仅是正确的，而且能够经得起讨论和解释。

对皮亚杰的形式运算理论的批判。形式运算是皮亚杰理论中最受争议的部分（Keating，2004；Marti & Rodriguez，2012）。它的局限性主要表现在两方面：一是在形式运算过程中的个体差异，二是青少年认知发展的文化基础。

正如在第四章中提到的，皮亚杰认为人在相同的年龄经历着相同的发展阶段（Inhelder & Piaget，1958）。每个 8 岁的孩子都处在具体运算的阶段；每个 15 岁的孩子都应该成为形式运算的思考者。此外，在皮亚杰的阶段理论中，15 岁的孩子应该在生活的各个方面进行形式运算推理，因为无论问题的本质如何，其都应该适用于相同的心理结构（Keating，2004）。

大量研究明确表明以上观点是不准确的，特别是在形式运算方面（Kuhn，2008）。在青少年期和成年期，运用形式运算的人存在很大的个体差异。有些青少年和成年人能够在各类情景下运用形式运算，其他人则选择性使用，还有一些人似乎很少使用它。在任意一个皮亚杰的形式运算任务中，年龄稍长的青少年和成年人的成功率在 40%—60%，这取决于任务或者个人因素，例如教育背景（Keating，2012；Lawson & Wollman，2003）。此外，即使是那些展现出形式运算能力的人，面对经验和知识丰富的问题和情况时，也倾向于选择性地使用形式运算方法（Miller，2011）。例如，一个有修车经验的青少年可能会发现在那个领域应用形式运算的原则十分容易，但很难将它们应用于课堂。上过数学和科学课程的青少年形式运算思维能力更强（Keating，2004；Lawson & Wollman，2003）。

也有人提出了文化差异程度是否影响其成员发展至形成运算阶段的问题。形式运算思维也许是一个普遍存在的人类潜能，但在各类文化中呈现出不同的形式，这取决于在日常生活中遇到的各种问题（Maynard，2008）。例如，在卡纳迪北极地区的因纽特文化中，很多处于青春期的男孩都有学习捕猎海豹的传统（Condon，1990；Grigorenko et al.，2004）。要想成功，一个男孩必须仔细思考捕猎的环节，并且通过捕猎的实际经验来测试自身的理论知识。如果某次外出捕猎失败了，他就需要寻找自身的原因：是他选择的位置不对，随身携带的设备出了问题，使用的追踪方法不对，还是存在其他原因？在下一次捕猎时，他可能会改变其中的一个或多个因素检验成功概率是否变大。这就是假设演绎推理，通过改变和测试不同的变量来找到问题的解决方案。然而，在每一种文化中，从在各种各样的情景中展现它的人到很少或完全不表现这种思维的人能够发现，青少年和成年人表现出的形式运算思维的程度可能都存在相当大的差异。

皮亚杰的形式运算理论激发了大量关于青少年认知发展的研究。然而，信息处理研究显示了从儿童期到青少年期认知发展的其他类型的发展。

信息加工：选择性注意力和记忆力提高

学习目标 8.7 能够总结从童年中期到青少年期在注意力、记忆力以及执行能力方面发生的主要变化。

如之前的章节中提到的，注意力、记忆力和执行能力是信息处理方法认知的关键。在这三个领域，独特的认知发展萌芽于青春期。青少年在选择性和分散性注意力这两方面变得更加熟练，并且更擅长使用记忆策略。

如果有人在看电视，你能在同一房间看书吗？你能在一个充斥音乐并且周围其他对话的声音都很响亮的聚会中进行交谈吗？这些都是需要选择性注意力（selective attention）的任务，即专注于有关信息而剔除无关信息的能力。在要求选择性注意力的任务上，青少年往往比年幼的孩子表现得更好，初显期成人通常比青少年更好（Murphy et al., 2016；Sinha & Goel, 2012）。青少年也比年幼的孩子在需要**分散性注意力（divided attention）**的任务上适应性更强，比如同时读书和听音乐。但即使对青少年来说，分散注意力与专注于一件事相比也会导致学习效率低下。一项研究发现，看电视会干扰青少年做家庭作业，但听音乐不会（Pool et al., 2003）。

分散性注意力： 同一时间专注多件任务的能力。

在青少年期，记忆力也会有所提高，尤其是长期记忆。与年幼的孩子相比，青少年更加可能使用记忆策略（mnemonic device），将信息组织为一致模式（Schneider, 2010）。例如，当你坐下来阅读书目的某个章节时，想一想你在做什么。多年以来，也许你已经形成了各种各样的组织策略（如果你还没有形成，那么开发一些策略是明智的选择），例如写下章节大纲，组织信息分类，聚焦关键词，等等。通过以上方式规划阅读过程，你将会更加高效地记忆（和学习）。

青少年与儿童相比具备更多的经验和知识，并且这些优势会增加长期记忆的效率（Keating, 2004, 2012）。具备更多的知识有助于学习新的信息并在长期记忆中保留。这是短期记忆与长期记忆间的重要差异。短期记忆的容量是有限的，所以现有信息越多，新增信息就越难进入。但是长期记忆的容量是不受限的，你知道得越多，学习新知识就越容易，因为你可以将其与已有知识结合。

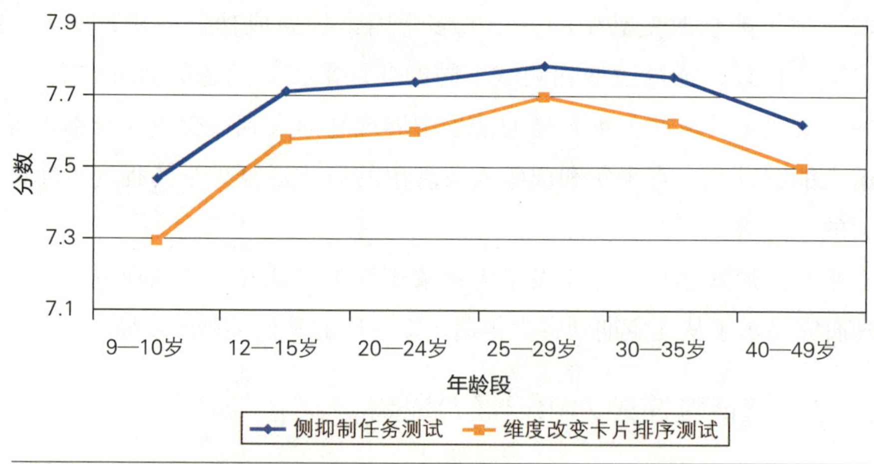

图 8.5 9—49 岁执行能力得分

资料来源：Zelazo et al.（2012）.

青少年在执行能力上也存在优势，即注意力的集中并且能够伴随问题性质变化而不断调整策略的解决问题的能力。事实上，关于执行能力的调查研究显示此现象在青春期过后继续上升，成人初显期更佳，在 25 岁左右达到顶峰（Carlson et al.，2013）。**图 8.5** 展示了 9—49 岁两项不同的执行能力测试中的发展模式。执行能力的强化使青少年和初显期成人能够完成年幼的儿童无法完成的复杂认知任务，比如驾驶汽车或在零售店当店员。

即便如此，在如何看待青少年的能力和他们被赋予的责任方面，仍然存在着明显的文化差异。在传统文化中，青少年往往被赋予重要的工作责任，因为他们的父母需要他们对家庭做出经济贡献。关于这个主题的更多内容将在后面的部分中介绍。

> **批判性思考题：**解释为什么驾驶汽车是观察执行能力的典型案例。

社会认知：假想观众与个人寓言

学习目标 8.8　能够定义假想观众和个人寓言并解释其在青少年期如何反映自我中心主义。

元认知：思考的能力。

青少年自我中心主义：一种青少年很难区分他们对自己的想法和对他人想法的自我中心主义类型。

青少年的认知发展包括**元认知**（metacognition）的发展，是一种思考的能力。这一进步不仅包括思考个人想法的能力，也包括思考他人想法的能力。青少年的元认知能力比年幼的孩子更强。然而，当青少年的元认知能力刚开始发展时，他们可能很难区分对自己的想法和对他人的想法，从而导致特有的**青少年自我中心主义**（adolescent egocentrism）。青少年自我中心主义首次由皮亚杰（1967）提出，之后由埃尔金德进一步完善发展（1967，1985；Alberts et al., 2007）。埃尔金德认为，青少年自我中心主义主要包括两个方面：假想观众和个人寓言。

假想观众：相信别人会敏锐地注意到自己的外表和行为。

假想观众（imaginary audience）。是由于青少年无法区分他们对自己的思考和对他人的思考的有限能力。因为他们总是想着自己并且敏锐地觉察到自己在他人心中的形象。他们认为肯定有其他人总是关注着自己。他们夸大了别人对他们的看法，所以他们会想象出一群总是会关注他们的外貌和行为的狂热观众。

假想观众使青少年比他们在童年中期更具自我意识。你是否记得在七年级或八年级的某天早上醒来时，发现额头上长了一个痘痘？或者发现裤子上有芥末污渍，疑惑它到底存在了多久？又或者尽管你并不想搞笑，但在课堂上说了一些让大家哄堂大笑的事情？当然，像这样的经历对于成年人来说并不有趣。但是青春期的这些经历却更加糟糕，因为假想观众的存在会让你觉得“每个人”都知道你的糗事，而且会记住很长一段时间。

当青春期结束时，假想观众不会简单地消失。在某种程度上，成年人也是以自我为中心的。成年人也会因为他人的行为而想象（有时夸大）观众。但在青少年期，这种倾向性会更加强烈，因为此时区分我们自己观点和他人观点的能力尚未发展完善（Alberts et al., 2007）。对于当今的青少年来说，这一趋势可能是由社交媒体推动的；几项研究表明，使用 Facebook 等社交媒体会加深他们处于假想观众心中的感受（Cingel & Krcmar, 2014）。

个人寓言。埃尔金德（Elkind, 1967, 1985）认为，假想观众会仔细关注你的外表和行为，这种信念会让你相信，你身上一定有某种特别的、独一无二的东西。青少年个人经历和个人命运的独特性被称为**个人寓言**（personal fable）。

个人寓言：对个人独特性的信仰，通常包括认为自己不会遭受冒险的后果。

当青少年感觉到“没有人理解我”时，这可能成为青少年痛苦的根源，因为他们独特的经历没有人可以分享（Elkind, 1978）。个人寓言可以成为远大希望的源泉，青少年想象他们独特的个人命运能够助力他们实现梦想，成为一名摇滚音乐家、一名职业运动员、一名著名的演员，或者仅仅是在他们选择的领域取得成功。它还会促使青少年做出危险的行为，他们的独特性使他们相信不采取保护措施的性行为或酒后驾车的不良后果“不会发生在我身上”。根据埃尔金德和他的同事的研究，个人寓言分数从青春期早期到中期增加，并且与参与危险行为相关（Alberts et al., 2007）。

就像假想观众一样，个人寓言会随着年龄的增长而减少，但对我们大多数人来说，它永远不会完全消失。大多数成年人都认为他们的个人经历和命运即使不是独一无二的，也一定存在一些特别之处。但是，青春期的个人寓言倾向比以后的年龄阶段更加强烈，因为随着年龄的增长，我们的经历和与他人的交流使我们意识到，我们的思想和情感并不像我们曾经认为的那样特殊（Elkind, 1978; Martin & Sokol, 2011）。

> **批判性思考题：**你是否认为你这个年纪的大多数人已经摆脱了青春期的自我中心主义？列举你在同辈中目睹或者亲身经历的假想观众和个人寓言的例子。

文化与认知

学习目标 8.9　能够列举涉及青少年最近发展区和支架理论的例子。

正如前面提到的，维果茨基的两个最有影响力的观点是支架理论和最近发展区。最近发展区指的是一个人能够单独完成的技能或任务与那些他们在有经验的人指导下能够完成的技能或任务之间的差异。支架理论指的是在最近的发展区所提供的援助的程度。在维果茨基看来，学习总是在通过拥有知识的人与正在获取知识的人之间的互动的社会过程中产生（Rieber & Robinson，2013）。

支架理论和最近发展区在青少年期也适用，这个阶段他们在学校学习成年人工作的必备技能。对非洲西部象牙海岸迪乌拉文化中男性青少年的编织技能的研究就是一个例子（Gauvain，2015；Tanon，1994）。迪乌拉经济的一个重要组成部分是制造和销售图案精美的手工织布。编织工的培训从他们10—12岁开始，并将持续几年。男孩们是看着父亲织布长大的，但他们自己也只是在青春期早期才开始学习织布技巧。教学是通过支架理论进行的：男孩尝试完成一个简单的编织图案，父亲纠正他的错误，然后男孩再尝试一次。如果男孩做对了，父亲就会给他一个更复杂的图案，从而提高了近端发展的上限，这样男孩就会继续接受挑战，相应地，他的技能也会继续提高。当男孩变得更擅长编织时，父亲提供的支架式指导相应减少。最终，男孩得到了自己的织布机，但他还是会向父亲请教几年，才能够完全由自己织布。

在传统文化中，青少年经常从父母或其他成年人那里学习技能。这是一位加纳的青少年正在学习编织篮子。

正如这个例子所说明的，青少年学习始终是一个文化过程，在这个过程中，青少年获得对他们文化有用的技能和知识。全球经济的技能和知识越来越多地涉及使用计算机和互联网等信息技术的能力。在大多数国家，收入最高的工作需要这些技能。然而，正如迪乌拉的例子所表明的那样，在发展中国家，最必要的技能和知识往往与那些参与制造家庭可以使用或其他人想要购买的东西有关（Larson et al.，2010；Rogoff et al.，2014）。

教育与工作

认知能力的进步为青少年适应新的学校和工作形式做好准备，特别是当他们进入中学时，那里的学业要求更高，而社会环境支持系统偏弱。在发展中国家，年轻人往往在青少年期就从事成人工作，而在发达国家，他们可能从事兼职工作或学徒工作，从而更好地帮助他们进入成人的工作世界。

学校：中等教育

学习目标 8.10 能够比较发达国家和发展中国家的中等教育体系和学业成绩。

对于青少年来说，升入中学是一项挑战。这通常意味着从一个小型的、个性化的教室进入一个更大的环境。一个学生不是只有一个老师，而是有五六个或更多的老师。他们的学业内容难度更高，分数也突然被视为比在小学时更重要的学业成就衡量标准。

这些学校经历的变化会增加青少年期的焦虑和与学校相关的压力。一项对超过 1500 名青少年开展的纵向研究发现，从六年级开始到八年级结束，学生对教师支持、课堂自主性和学校规章制度清晰度的看法呈稳步下降趋势（Way et al., 2007）。这些下降反过来与心理健康水平的下降和行为问题的增加有关。然而，升入中学也有好处。一项研究发现，七年级的青少年在过渡到中学的过程中给出的正面评价多于负面评价，正面评价的话题包括同伴关系（可以与更多的人“闲逛”）、学业（多样化班级）和独立性（Berndt & Mekos, 1995）。

在发达国家，如果你是一个少数民族成员，并且家庭收入较低，那么你完成**中学（secondary school）**学业的机会可能比在主流文化中要低得多（NCES, 2014）。如**图 8.6** 所示（NCES, 2017），不同种族的高中毕业率差别很大。

中学：在小学毕业后的青少年期的孩子就读的学校。

中等教育体系的国际差异。美国的不同寻常之处在于只有一种机构——“综合”学校——作为中等教育的来源。加拿大和日本也有综合中学作为标准，但其他大多数发达国家有一些青少年可以就读不同类型的学校。欧洲国家通常有三种类型的中学（Hamilton & Hamilton, 2006; Marshall & Butler, 2015）。大约有一

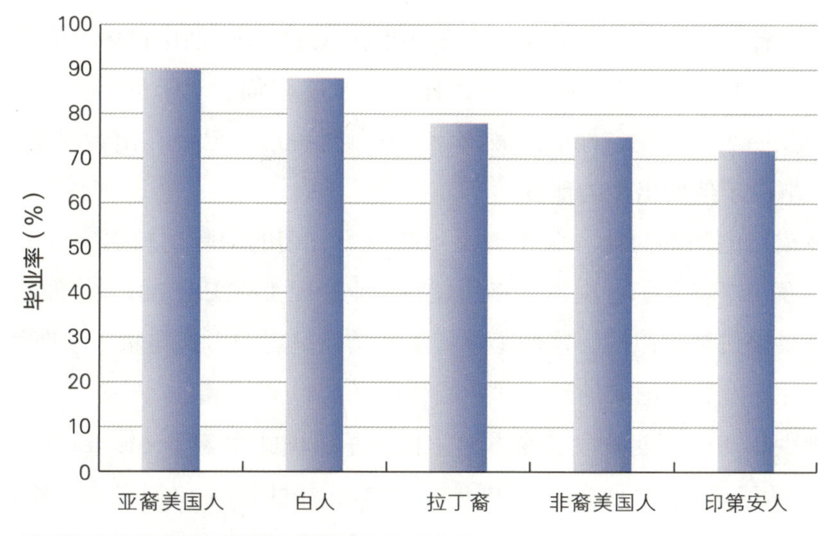

图 8.6 不同种族的美国高中毕业率

资料来源：NCES（2017）.

亚洲国家学生学习成绩的压力很大，因为利害关系大。

半的青少年就读于提供各种学术课程的大学预科学校（university-preparatory school）。学生选择一般的学习领域，如自然科学或人文社会科学，但目标是为上大学做准备，而不是为任何特定的职业培训。大约有 1/4 的青少年进入职业学校（professional school）学习特定职业的相关技能，例如管道或汽车修理师。一些欧洲国家有第三种类型的中学，一种专门用于教师培训、艺术或其他特定目的的职业学校。大约 1/4 的欧洲青少年就读于这种类型的学校。欧洲这种制度的一个结果是青少年必须在比较小的年纪就决定他们的教育或职业追求方向。15 岁或 16 岁的青少年选择进入哪种类型的中学，这个决定可能会对他接下来的生活产生巨大的影响（Collins，2014；Motola et al.，1998）。

与上学容易并且学校基础设施好的发达国家相比，在发展中国家，中学教育往往很难获得，很少有青少年能在学校一直待到毕业。而几乎发达国家的所有青少年都进入了中学。相比之下，在许多发展中国家，只有约 50% 的青少年上过中学（UNESCO，2017）。

发展中国家的中学教育中存在着一些共同的主题（Lloyd，2005；Lloyd，et al.，2008；Masino & Niño-Zarazúa，2015）。近几十年来，所有发展中国家的入学率都在上升（UNESCO，2017），这是好消息。然而，许多学校也出现了资金不足、人满为患的现象。许多国家的教师太少，而且教师培训不足。家庭通常需要支付中等教育的费用，这是他们难以负担的，此外还可能需要支付书籍和其他教育用品的费用。精英教育往往只有一种——在高级私立学校和资金充足的大学——相比之下其他人接受的教育则相差甚远。

在世界各地，从收入水平到保证身心健康，教育是生活中许多美好事物的基础（Lloyd et al.，2008；Zimmerman et al.，2015）。然而，对于世界上大多数的青少年和初显期成人来说，他们的教育命运在很大程度上已经在出生时就决定了，而这仅仅取决于他们出生的地方。

学业成绩的国际对比。关于青少年的学习成绩的国际比较研究已经持续了 30 余年。**图 8.7** 显示了各国青少年的最新学业表现（NCES，2017）。阅读和数学成绩的结果模式是相似的。这两个学科领域结果呈现的形式与童年中期相同；发达国家往往比发展中国家的学生学业成绩更好。

机械式学习：重复记忆信息的学习方式。

在青少年期的早期阶段，东方的学校注重**机械式学习（rote learning）**（通过重复记忆信息），而西方学校更注重培养批判性思维和创造力（Kember & Watkins，2010）。另一个重要的区别是，在东方，学业成绩对青少年的影响要更严肃且持久。日本和韩国的青少年在高中和大学都要参加入学考试。这两项

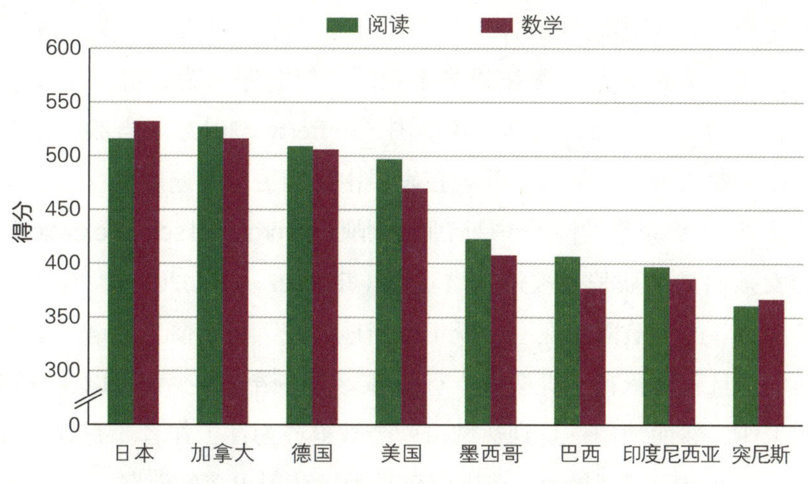

图 8.7　国际间 15 岁学生阅读和数学的学业成绩

资料来源：NCES（2017）.

考试对年轻人今后的职业生涯有着重大影响，因为在亚洲国家，就业主要取决于就读学校的层次地位。为了准备入学考试，东方国家的青少年面临着来自父母和老师的双重压力，对学校课程和家庭作业都极其专注认真。此外，从童年中期到青春期，他们中的许多人在放学后会参加“补习班”或者接受私人教师的指导（Allen，2016；Takahashi & Takeuchi，2007）。

与美国青少年相比，东方的青少年有更长的上学时间、更长的学年、补习班及私人教师，他们的课余时间及与朋友进行非正式社交活动时间相对较少（Chaudhary & Sharma，2012）。近几十年，一些亚洲国家已经缩短了上课时间，将每周的上课时间从 6 天减少到 5 天，但学校的平均上课时间仍然保持不变，大量的补习班也仍是常态（Allen，2016；Choi & Cho，2016）。

工作

学习目标 8.11　能够总结发展中国家和发达国家青少年工作的典型形式并列举欧洲学徒制的特点。

青少年年轻的身体机能、认知水平和社交能力使他们成为世界各地有价值的潜在工作者。然而，他们的工作类型在发展中国家和发达国家之间存在很大差异。

发展中国家的青少年工作。正如我们在前面的章节中介绍的，对于发展中国家的儿童来说，工作往往在青少年期之前就开始了。在家庭中，从孩提时代开始，孩子们就开始参与日常生活中所需要的工作，帮助完成如清洁、烹饪、收集柴火和照顾弟弟妹妹等任务。到了童年中期，他们中的许多人在工厂工作，从事编织地毯和抛光宝石等工作［International Labor Organization（ILO），2013；IPEC，2013］。他们也在农场和家政服务行业工作，有些人在街上卖东西。

发展中国家的青少年经常与童工一样会做一些困难、危险性高并且报酬低的工作。但是有一种工作通常从青少年期才开始，那就是卖淫。关于发展中国家的青少年性工作者的人数估测结果各不相同，但普遍认为，青少年卖淫是一个普遍问题，特别是在亚洲，尤其是在泰国（Rafferty，2013）。当然，青少年性工作者也存在于发达国家，但这个问题在发展中国家更为普遍。

商业性剥削：强迫人们从事性工作的做法。

通常青春期女孩从事的性工作是**商业性剥削（commercial sexual exploitation）**——这意味着女孩们是被欺骗或被迫从事卖淫（Jimenez et al.，2015）。有些人被绑架带到另一国家。她们被隔离在一个既不是当地公民，也不懂当地语言的国家，她们非常脆弱并且只能依赖于绑架者。有些绑架者许诺农村少女可以在餐馆或家政服务行业工作，然而她们一旦到达城市就会被迫成为性工作者。有时父母将女孩卖给卖淫者，是出于极度贫困，或者仅仅是为了获得更多的消费品（ILO，2004）。亚洲色情服务组织的嫖客中有很大一部分是西方游客，致使美国和几个欧洲国家通过了允许起诉本国公民在其他国家对年轻少女进行性剥削的法律。近年来，一个名为“禁止对儿童和青少年性剥削世界大会”的国际组织已经成立，以调节政府、非政府组织和研究人员反抗这种行为的努力（Beddoe，2015）。

发达国家的青少年工作。对发达国家的青少年来说，工作通常不是维持家庭生计的一部分，而是作为丰富课余生活的方式。在美国和加拿大，大约 80% 的青少年在高中毕业时至少有一份兼职工作（Staff et al.，2015）。他们挣的钱很少用于家庭生活开支或作为将来的教育储蓄（尽管少数民族的青少年更有可能为家庭做贡献）（Fuligni，2011）。大部分钱都花在了他们自己身上，都用在了当下：时髦的衣服、音乐、汽车分期付款和汽油、音乐会门票、电影、外出就餐、喝酒、抽烟，还有大麻（Greenberger & Steinberg，1986；Mortimer，2013；Staff et al.，2015）。

与发展中国家不同的是，发达国家的青少年所做的工作对他们成年后可能要从事的工作几乎没有帮助。例如，美国和加拿大的青少年在高中时期从事的大部分工作都是餐饮业或零售业（Mortimer，2013；Staff et al.，2015）。因此，很少有青少年将高中的工作视为未来职业的基础（Mortimer et al.，2008）。

在发达国家，兼职工作不仅对青少年没有什么好处，而且在很多方面对他们的发展有害。每周的工作时长是一个至关重要的因素。大多数研究发现，每周做 10 个小时的兼职对青少年的发展几乎没有影响。然而，如果每周超过 10 个小时，问题就会产生。如果每周超过 20 个小时，问题就会更加严重。

每周超过 10 个小时工作时长的青少年工作的时间越长，成绩就越低。家庭作业上的完成时间缩短，逃课次数增加，学业作弊行为便成为家常便饭，他们的教育期望就越低（Staff et al.，2015）。同样，每周工作超过 10 个小时的青少年报告中显示出心理症状大幅上升的现象，在每周工作 20 个小时或者更多的青少年报告中这一数字持续攀升（Lee & Staff，2007；Mortimer，2013）。加拿大的相关研究报告显示，当青少年从事高强度工作时，他们每晚会减少一个小时的睡眠，并且几乎不参加任何体育活动（Sears et al.，2007）。工作的青少年也更有可能使用酒精、香烟和其他药物，特别是如果他们每周工作超过 10 个小时的时候（Staff et al.，2015）。芬兰一项针对青少年的全国性研究也发现了每周工作超过 20 个小时带来的大量负面影响（Kuovonen & Kivivuori，2001）。

学徒制在欧洲非常普遍。这是几个学徒工正在汽车厂工作。

虽然兼职工作与各种负面结果有关，但青少年仍然可以选择兼职工作，只要每周工作时间不超过 10 个小时。青少年从工作中获得了很多好处，比如培养责任意识、金钱管理能力、社交技能以及时间管理能力（Aronson et al.，1996；Mortimer，2013）。超过 40% 的人认为他们的工作帮助培养了新的职业技能，这与青少年对工作无聊枯燥的描述形成了鲜明的对比。

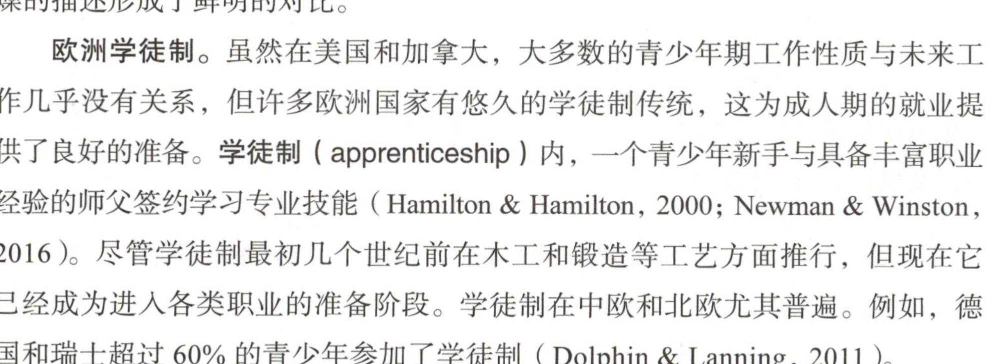

欧洲学徒制。虽然在美国和加拿大，大多数的青少年期工作性质与未来工作几乎没有关系，但许多欧洲国家有悠久的学徒制传统，这为成人期的就业提供了良好的准备。**学徒制（apprenticeship）**内，一个青少年新手与具备丰富职业经验的师父签约学习专业技能（Hamilton & Hamilton，2000；Newman & Winston，2016）。尽管学徒制最初几个世纪前在木工和锻造等工艺方面推行，但现在它已经成为进入各类职业的准备阶段。学徒制在中欧和北欧尤其普遍。例如，德国和瑞士超过 60% 的青少年参加了学徒制（Dolphin & Lanning，2011）。

学徒制：在欧洲很常见的一种培训方式，青少年新手与某一行业有丰富经验的师父签约，通过在师父手下工作，学习进入该行业所需的技能。

学徒制度的一般性特征：

- 16 岁入职，学徒期 2—3 年；
- 在学徒期间继续接受非全日制教育，学校课程与学徒期间所接受的培训紧密相连；
- 在真实的工作条件下，在工作场所中培训；
- 为从事受人尊敬的、提供丰厚报酬的职业做准备。

这种项目需要学校和雇主之间的密切协调，以便青少年在学校学到的知识补充和加强其在学徒期学到的知识。这意味着学校就工作场所所需的技能向雇主咨询，雇主为青少年学徒提供机会。在欧洲，雇主认为这是值得的，因为学徒制为他们提供了可靠的、合格的入门级雇员（Dustmann & Schoenberg，2008）。

小结：认知发展

学习目标 8.6　能够阐述假设演绎推理的特征并鉴别针对皮亚杰的形式运算理论的批判。

假设演绎推理包含系统地测试问题解决方案的能力，改变一个变量却保持其他变量不变。钟摆问题是皮亚杰测试是否发展至形式运算阶段的方法之一。皮亚杰指出，当青少年达到形式运算阶段时，他们会将其用于所有的认知活动；然而，研究表明，大多数青少年和成年人只在生活的某些方面使用形式运算方法。皮亚杰还提出，形式运算是认知发展的普遍阶段，但当用标准任务进行衡量时，它的流行程度似乎在不同的文化中有所不同，但是它可能被用于部分具有文化特殊性的活动中。

学习目标 8.7　能够总结从童年中期到青少年期在注意力、记忆力以及执行能力方面发生的主要变化。

信息处理能力在青少年期有所提高，尽管分散性注意力通常会导致效率低下，但在选择性注意力和分散性注意力方面有显著的进步。青少年比年龄更小的孩子更容易使用记忆策略，比如组织信息。执行能力在青春期开始上升，在成人初显期达到顶峰。

学习目标 8.8　能够定义假想观众和个人寓言并解释其在青少年期如何反映自我中心主义。

假想观众是一种被夸大的信念，认为其他人非常关注自己的外貌和行为。个人寓言是一种认为个人经历和命运是独特的信念。假想观众是由于青少年的自我中心意识，他们无法区分自己的想法和别人的想法。

学习目标 8.9　能够列举涉及青少年最近发展区和支架理论的例子。

当青少年正在学习成人工作的必备技能时，支架理论和最近发展区将在青少年期显现。例如，在象牙海岸的迪乌拉文化中，男性青少年首先接受简单的编织图案的指导，但随着他们的技能得到提高，在父亲的指导下，他们学会了更加复杂的图案，直到他们能够完全独立编织。

学习目标 8.10　能够比较发达国家和发展中国家的中等教育体系和学业成绩。

加拿大、日本和美国都有综合性高中，但其他发达国家大多数都有针对青春期的至少三种不同类型的中学。许多欧洲国家都有大学预科学校、职业学校和专业学校。发达国家的学习成绩普遍高于发展中国家，但在所有发达国家中成绩最高的是亚洲发达国家，那里竞争的压力很大。

学习目标 8.11　能够总结发展中国家和发达国家青少年工作的典型形式并列举欧洲学徒制的特点。

在发展中国家，青少年的工作往往是艰苦和危险的，在一些国家，少女遭受着商业性剥削。在发达国家，青少年通常会为了休闲活动而去工作赚钱，但每周超过 10 个小时的工作时间会影响他们的学习成绩、睡眠质量和心理健康。在一些欧洲国家存在学徒制，青少年一部分时间在学校，另一部分时间在工作场所接受职业培训。

第三节 情绪与社会性发展

学习目标

8.12 能够总结关于青少年情绪性经验抽样法研究的结果。

8.13 能够描述自我理解、自我概念和自尊在青春期的变化。

8.14 能够描述美国和传统文化中的性别强化假说及其支持率。

8.15 能够区分道德推理的认知发展理论和文化发展理论。

8.16 能够描述青少年时期宗教信仰的文化差异，以及宗教信仰在文化中的来源和结果。

8.17 能够总结青少年与父母、兄弟姐妹和大家庭关系的文化差异。

8.18 能够描述青少年与朋友关系的文化差异并描述其与同龄人的互动特征。

8.19 能够识别青少年恋爱和性行为的文化差异，包括怀孕和避孕措施使用的差异。

8.20 能够解释在青少年生活中媒体使用的作用，并将媒体实践模式应用于电子游戏。

8.21 能够总结年龄和犯罪行为紧密相关的原因并描述减少犯罪的多系统方法。

8.22 能够确定抑郁症的不同类型和比例并总结最有效的治疗方法。

情绪与自我发展

长期以来，青春期被认为是一个情绪涌动的时期。在这里，我们将回顾关于这个话题的历史观点以及当前研究。自我概念和自尊也是青少年发展的前沿问题，部分原因是认知发展的进步。同时，性别问题也十分突出，因为青少年群体达到了性成熟。

青少年期的情绪性：暴风骤雨

学习目标 8.12　能够总结关于青少年情绪性经验抽样法研究的结果。

青春期最古老的、最悠久的一个观察现象是：这是一个情绪高涨的时期（Arnett，1999）。2000多年前，希腊哲学家亚里士多德曾说年轻人“就像一个醉汉一样天生令人讨厌”。大约250年前，法国哲学家让·雅克·卢梭（Jean-Jacques Rousseau）曾有过类似的观察：“正如海浪的轰鸣预示着暴风雨的来临，同样，激情澎湃的低语宣告着动荡变化。”大约在卢梭写作的同一时期，一种被称为“狂飙突进运动”（sturm and drang）的德国文学逐渐进入了人们的视野，在德语中是“暴风骤雨”的意思。在这些故事中，青少年和20岁出头

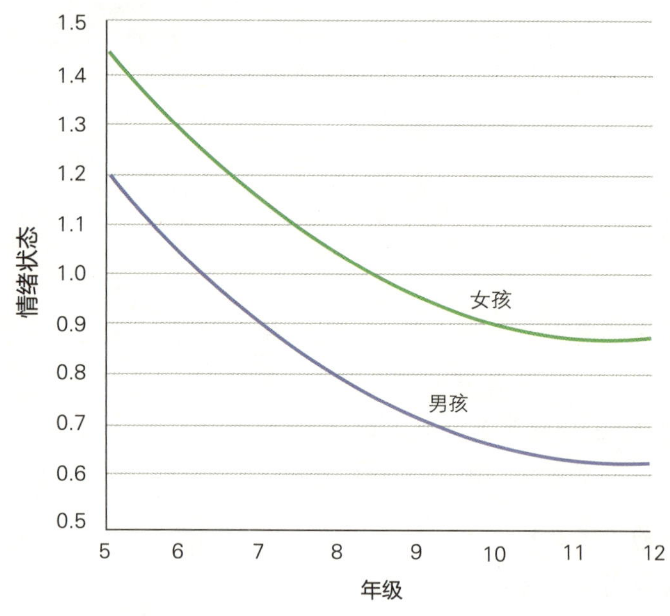

图 8.8 青春期情绪状态变化

资料来源：Larson et al.（2002）.

的年轻人经历了焦虑、悲伤和浪漫的激情等极端情绪。

现阶段的研究提供了关于青少年情绪性的历史和流行观点有效性的哪些方面？关于这个问题最好的数据来源可能是使用在第七章中介绍的经验抽样法（ESM）的研究。这涉及让人们戴着腕表式传呼机，并在白天随机传呼以记录自己的想法、感觉和行为（Csikszentmihalyi & Larson，1984；Larson & Csikszentmihalvi，2014；Schneider，2006）。经验抽样法研究也曾应用于幼儿和成人，所以如果我们比较不同群体的情绪模式，我们就能很好地了解青春期的情绪是否比童年中期或成人初显期更加极端。

研究结果表明，美国青少年通常处于情绪波动期（Larson & Csikszentmihalyi，2014；Larson et al.，1980；Larson & Richards，1994）。据报告，美国青少年感到“难为情”和“尴尬”的次数是他们父母的 2—3 倍，而且他们感到尴尬、孤独、紧张和被忽视的概率也比他们的父母高。与更年幼的孩子相比，青少年也更加情绪化。通过比较童年中期的五年级学生和青少年期的八年级学生，瑞德·拉森（Reed Larson）和玛丽斯·理查德（Maryse Richards）（1994）描述那段时间里的情感“堕落”，经历“非常快乐”的时间比例下降了 50%，感觉“很棒”“自豪”“掌控”的报告也出现了类似的下降。其结果是，随着童年的结束和青春期的开始，整个“童年快乐度有所下降”。

青春期内的情绪状态是如何变化的？四年以后，拉森评估了他们最初的五年级到八年级青少年样本，也就是在九年级到十二年级的情绪状态（Larson et al.，2002）。如**图 8.8** 所示，他们发现随着年龄的增长，人们的平均情绪状态会下降。

世界其他地区如何？青少年情绪化是美国特有的现象，还是在其他文化中也会发生呢？回答这个问题的证据是有限的。然而，有一项研究对印度的青少年及其父母使用了经验抽样法（Verma & Larson，1999）。研究结果表明，在印度和在美国一样，年轻人与他们的父母相比，存在更多的极端情绪。然而，印度青少年关于对与父母相处的时间的评价比美国青少年要积极得多。

青少年期的自我发展

学习目标 8.13　能够描述自我理解、自我概念和自尊在青春期的变化。

由于认知能力的发展，青春期的自我概念变得更加复杂。自尊心在青春期早期下降，在青春期后期和成人初显期又开始上升。

自我理解和自我概念。青少年自我概念复杂性的一个方面是他们能够区分**现实自我（actual self）**和**可能自我（possible self）**（Markus & Nurius，1986；Oyserman et al.，2015）。现实自我是个体的自我概念。可能自我是根据个人选择和经历想象自己未来可能成为的不同类型的人。学者们研究了两种可能的自我类型：理想自我和恐惧自我（Ferguson et al.，2010；Hardy et al.，2014）。**理想自我（ideal self）**是青少年想要成为的人（例如，在同龄人中很受欢迎的在体育或音乐方面很有成就的人）。**恐惧自我（feared self）**是青少年害怕成为的人（例如，酒鬼或者某个丢脸的亲戚或朋友）。两种可能自我都需要青少年抽象思考。也就是说，可能自我只是作为抽象的存在和青少年心中的观念。

青少年在与潜在的恋爱对象交往时最可能展示虚假自我。

现实自我：对真实自我的感知，与可能自我形成对比。

可能自我：对自我的潜在认识，可以包括理想自我和恐惧自我。

理想自我：想成为的人。

恐惧自我：想象可能成为害怕成为的人。

虚假自我：一个人可能会意识到自我，同时意识到这种自我并不代表他/她的实际想法和感受。

思考现实自我、理想自我和恐惧自我的能力是一项认知成就，但这种能力在某些方面可能令人不安。如果你能塑造一个理想的自我，你就能认识到现实自我和理想自我之间的差异——“你是谁？”和“你想成为谁？”之间的差异。如果差异很大，就会产生失败感、缺失感和失落感。研究发现，现实自我和理想自我之间的差异大小与青少年和即将成年的人的抑郁情绪有关（Papadakis et al.，2006；Remue et al.，2014）。此外，现实自我和理想自我之间的差异在青春期中期比在青春期早期或晚期更大（Ferguson et al.，2010）。这有助于解释青春期早期到青春期中期抑郁情绪上升以及自尊在青春期中期处于低谷的原因，我们将在后面更详细地了解。

自我概念日益复杂的一个相关方面是青少年能够意识到他们向别人展示**虚假自我（false self）**的时刻，即呈现给别人的样子不能代表他们真实的想法和感受（Harter et al.，1997；Weir et al.，2010）。你认为青少年最有可能和谁在一起会展示出他们的虚假自我——朋友、父母或潜在的浪漫伴侣？研究表明，青少年在与潜在的恋爱对象交往时最容易伪装自己，相反与亲密的朋友交往时最不可能展现；父母处于中间程度（Harter，2006；Sippola et al.，2007）。大多数青少年表示，他们有时不喜欢伪装为虚假自我，但也有很多人表示，某种程度的虚假行为是可以接受的，甚至是可取的，以便给别人留下印象，或者隐藏自己不希望别人看到的一面。近年来，脸书等社交媒体已经成为青少年构建虚假自我的场所（Michikyan et al.，2014）。

自尊。一些纵向研究表明，自尊在青春期早期下降，在青春期后期和成人初显期又开始上升（Harter，2012；Orth & Robins，2014）。**图 8.9** 演示了这个发

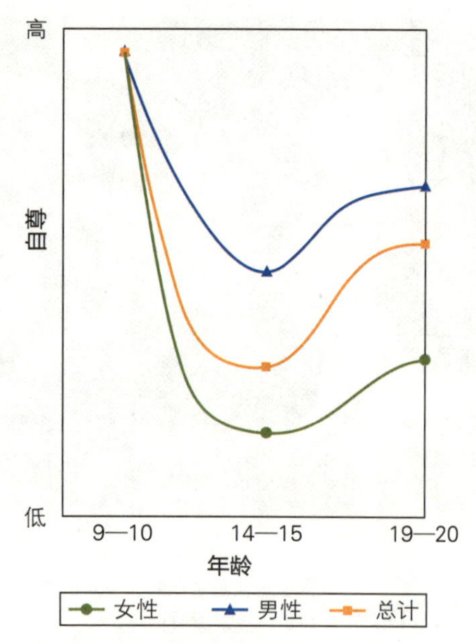

图 8.9 9—20 岁的整体自尊

资料来源：改编自 Bleidorn et al.（2016），Erol & Orth（2011），Robins et al.（2002）.

展模式。自尊心在青春期中期达到低谷存在诸多原因。“假想观众”会使青少年产生自我意识从而破坏他们的自尊（Elkind，1967，1985）。也就是说，当青少年发展出想象别人特别在意他们的外表、他们所说的话和他们的行为的能力时，他们可能会怀疑或害怕别人会严厉地评判他们。

他们也许是对的。西方文化中的青少年往往很看重同龄人的意见，尤其是在日常事务上，比如他们在社交场合的穿着和说话方式（Brown & Braun，2013）。同时，他们的同龄人也发展了新的讽刺和嘲笑的认知能力，这些能力往往被随意地施加给任何看起来古怪、笨拙或不酷的同龄人（Cameron et al. 2010；Ichikawa et al.，2015）。所以，对同龄人评价的更强烈的自我意识和同龄人潜在严厉的评价结合在一起，导致了青少年期自尊的下降。随着同龄人评价的重要性降低，自尊在青春期晚期和成人初显期开始上升（Galambos et al.，2006）。

苏珊·哈特（1990，2006，2012，2015）对青少年自尊的多个方面进行了调查。她的青少年自尊量表（Self-Perception Profile for Adolescent）在青少年自我概念方面划分为以下八个领域：

- 学业能力；
- 社会认可；
- 运动能力；
- 外貌；
- 工作能力；
- 异性吸引力；
- 行为举止；
- 亲密的友谊。

除了关于自我概念特定领域的八个分量表之外，哈特的量表还包含了一个整体自尊的分量表。她的研究表明，青少年不需要在所有领域都有积极的自我形象，也能拥有较高的整体自尊。自我概念的每一个领域对整体自尊的影响只表现在青少年认为该领域重要的程度上。例如，一些青少年可能认为自己的学习能力较低，但对于他们而言如果觉得在学校表现出色很重要的话，才会影响他们的整体自尊。

然而，对大多数青少年来说，自我概念的某些领域比其他领域更重要。哈特等人的研究发现，外貌与整体自尊最为密切，其次是同龄人的社会认可（Barker & Bornstein，2010；Harter，2015；Shapka & Keating，2005）。青春期的女孩比其他女孩更强调外表是自尊的基础。由于女孩倾向于消极地评价自己的外表，而且外表是她们整体自尊的核心，因此在青春期，女孩的自尊往往低于男孩（Steiger et al.，2014）。在女性青少年中，非裔美国的女性青少年比其他种族都有更高的自尊（Adams，2010）。这可能是因为她们不太可能消极地评价自己的外表（Epperson et al.，2016）。

性别强化

学习目标 8.14 能够描述美国和传统文化中的性别强化假说及其支持率。

心理学家约翰·希尔（John Hill）和玛丽·艾伦·林奇（Mary Ellen Lynch）（1983；Lynch，1991）指出青春期是性别社会化的一个特别重要的时期，对女孩来说尤其如此。根据**性别强化假说（gender-intensification hypothesis）**，从童年期到青春期男性和女性心理以及行为差异会更加突出，这是文化规定的性别社会认同压力不断增强的原因。约翰和林奇（1983）认为，这是一种强烈的社会化压力，而不是青春期的生理变化。这同时导致了随着年龄的增长，青春期男性与女性的差异不断加大。此外，他们还认为，青春期女性的性别社会化程度比男性要高，这表现在青春期女性发展的诸多方面。

性别强化假说：假设男女在心理和行为上的差异在青春期变得更加突出，因为要求他们遵守文化规定的性别角色的社会压力不断强化。

自约翰和林奇（1983）提出这一假设以来，其他研究也佐证了他们的观点（Galambos，2004；Priess & Lindberg，2014；Shanahan et al.，2007）。性别强化在外貌问题上表现尤为突出。一项全美纵向研究发现，青春期的男孩和女孩对青春期体重增加的反应不同，与体重增加相当数量的男孩相比，女孩表达了更多对身体的不满（Calzo et al.，2012）。在这项研究中，女孩的不满情绪随着青春期的发展而增多。到了青春期后期，即使体重增加是正常现象，很多人还是不满意。

在美国的部分少数民族文化中，性别强化可能比主流文化更为明显。例如，在拉丁裔社群中，天主教会在历史上一直很有影响力，妇女被教导要效法圣母马利亚，要顺从和克己，这种意识形态被称为马利亚主义（marianismo）。此外，妇女的角色集中在照顾孩子、照顾家庭和为丈夫提供情感支持。相反，男性的角色是由大男子主义（machismo）的意识形态所引导的，它强调男性对女性和儿童的支配和保护（Arciniega et al.，2008）。然而，性别强化现象在拉丁裔社群中一直在发生变化，至少在妇女角色方面是这样。拉丁妇女目前的就业率与白人相近，拉丁女权主义运动已经出现（Denner & Guzmán，2006；Taylor et al.，2007）。这一运动并没有反对传统中对妻子和母亲角色重要性的强调，而是寻求在扩大拉丁美洲人机遇的同时，重视这些角色（Denner & Dunbar，2004；Diaz & Bui，2017；Sanchez et al.，2017）。

在传统文化中，性别强化往往比西方文化强烈得多。传统文化中性别期望的一个显著差异是，对男孩来说，男子气概是必须获得（achieve）的。而女孩则不

学习为家庭提供经济支持是男性角色的传统组成部分。图为一对埃及父子在尼罗河上钓鱼。

可避免地获得女性气质，主要是通过生理变化体现（Leavitt，1998；Lindsay & Miescher，2003）。的确，女孩在被称为成年女性之前需要展示各种技能和性格品质。然而，在大多数传统文化中，女性气质被看作女孩在青春期自然获得的东西，当她们月经初潮时，她们无可争议地为女性气质做好了充分的准备。青春期的男孩没有类似的进入成年阶段的生物学标记。对他们来说，获得男子气概的过程往往充满了危险，并带有明确的和令人生畏的失败的可能性。

那么，在传统文化中，一个青春期的男孩必须做什么才能成为男子汉，并摆脱被视为失败男人的污名呢？人类学家大卫・吉尔莫（David Gilmore）（1990）研究了世界各地传统文化中的这个问题，并得出结论：一个青春期的男孩必须具备三种能力，才能被认为是一个男人：供给（provide）、保护（protect）和生育（procreate）。首先，他必须证明他已经掌握了经济实用的技能，这些技能能够帮助他养活妻子和孩子，这样可能被认为是一个成年人。例如，如果成年男人以捕鱼为生，一个青春期的男孩必须证明他已经学会了相关的技能以捕足够的鱼来养家。

其次，他必须在遭受敌人或动物攻击时，可以保护他的家庭、亲属、部落和其他族群。通过获得战争技能和使用武器的能力学习如何提供保护。人类群体之间的冲突在人类历史上的大多数文化中都是客观存在的事实，所以这是一个普遍的要求。

最后，他必须学习生育，在某种意义上，他必须在婚前获得某种程度的性经验。这不是为了简单地证明他的性吸引力，而是证明在婚姻中他有一定的性能力来生育孩子。

文化信仰：道德和宗教

正如我们在本章前面看到的，青春期的认知发展包括更高的抽象和复杂思维能力。这种能力不仅适用于科学和实际问题，同时也适用于文化信仰，尤其是在道德和宗教发展领域。

道德发展

学习目标 8.15　能够区分道德推理的认知发展理论和文化发展理论。

在过去半个世纪里，道德发展被视为遵循一种以认知发展为基础的普遍模式。然而，最近，道德发展被认为从根本上是由文化信仰塑造的。我们先了解一个普遍的道德发展理论，再了解一个把文化因素考虑在内的理论。

道德推理的认知发展理论。劳伦斯·科尔伯格（Lawrence Kohlberg）（1958）提出了一种有影响力的道德推理的认知发展理论，数十年来主导了这一课题的研究。科尔伯格认为道德发展基于认知发展，无论文化形式如何，道德推理会随着认知能力的发展以可预测的方式变化。

科尔伯格的研究以芝加哥地区 72 名 10 岁、13 岁和 16 岁的中产阶级和工人阶级的男孩的道德判断为开端（Kohlberg，1958）。他给男孩们展示了一系列假设的困境，每一个都为了引出他们的道德推理。例如，在一个困境中，一个男人必须决定是否要偷取一种他负担不起的药以拯救他垂死的妻子。

对科尔伯格来说，理解人们道德发展水平的关键不在于他们在困境中行为的对或错，而在于他们如何解释他们的结论；他的关注点集中在青少年的道德推理（moral reasoning）上。科尔伯格（1976）开发了一个将道德推理划分为道德发展的三个层次的系统，如下：

- **层次 1：前传统推理（preconventional reasoning）。**处于最低层次，道德推理是基于自我中心对外部奖励和惩罚可能性的感知。正确的做法是避免惩罚或获得奖励。
- **层次 2：传统推理（conventional reasoning）。**处于中等层次，道德推理自我中心意识降低，人们主张符合他人的道德期望。凡是符合传统和权威所确立的规则的东西，都是正确的。
- **层次 3：后传统推理（postconventional reasoning）。**处于最高层次，道德推理是基于个人的独立判断，而不是基于别人的看法。正确的行为来自人对关于正义和个人权利的客观普遍原则的感知，而不是基于自我中心的个人需要（像层次 1）或者群体的标准（像层次 2）。

前传统推理：科尔伯格道德发展理论的第一个层次，其道德推理以外部奖励和惩罚的可能性认知为基础。

传统推理：科尔伯格道德发展理论的第二个层次，其道德推理以他人期望为基础。

后传统推理：科尔伯格道德发展理论的第三个层次，其道德推理以个人独立判断为基础，而不是别人的看法。

之后的 20 年里，科尔伯格跟踪了他最初调查的一组青春期男孩（Colby et al.，1983），每隔三四年对他们进行一次访谈，他和他的同事还进行了许多其他关于青春期和成年期道德推理的研究。研究结果从两方面支持了科尔伯格的道德发展理论。

- 道德推理的水平往往随着年龄的增长而增长。然而，即使 20 年之后，当最初的参与者到了 30 多岁时，他们中很少有人达到了层次 3（Colby et al.，1983）。
- 道德发展是按照预期的方式进行的，也就是说，当参与者对假设困境进行推理时，他们并没有从更高的层次下降到更低的层次，而是随着时间的推移从一个层次上升到下一个更高的层次。

科尔伯格运用假设道德困境而不是让人们谈论在现实生活中遇到的道德问题的原因是，他认为道德推理的特定文化和特定个人的内容对理解道德发展并不重要。根据科尔伯格的观点，重要的是道德推理的结构。在他看来，他提出的道德推理水平揭示了跨文化个人道德发展的真实结构。

道德推理的文化发展理论。科尔伯格的理论是否能如他所愿得到普遍应用？基于科尔伯格理论的研究包含了印度、以色列、日本、肯尼亚和土耳其等国家的跨文化研究（Gibbs et al.，2007；Snarey，1985）。这些研究大多集中在青少年期和成人初显期的道德发展上。总体上，这些研究证实了科尔伯格的假设，即按照他的编码系统分类的道德推理随着年龄的增长而发展。而且，就像在美国的研究中一样，在其他文化中进行纵向研究的参与者很少发现他们的推理会倒退。然而，跨文化研究也表明，处于科尔伯格的最高推理水平的主要是社会经济地位高的青少年和美国等西方国家的成年人。

科尔伯格关于道德发展普遍模式的主张受到了挑战，其中最著名的是文化心理学家理查德·斯维德（Richard Shweder）（Shweder，2003；Shweder et al.，1990；Shweder et al.，2006；Shweder & Menon，2014）。与科尔伯格相反，斯维德认为，除非你理解道德推理背后的文化世界观，否则就不可能理解道德推理。在印度进行研究的斯维德指出，道德推理在佛法（Dharma）（责任）方面——印度教的一个重要概念——并不符合科尔伯格的分类体系。然而，这些概念是亿万个印度人道德思维的基础。从本质上说，斯维德的论点是：认知发展理论没有包括文化上不同的道德概念，它偏向于西方的世界观。

一个与科尔伯格的道德发展理论相反的文化发展理论被提出（Jensen，1997，2008，2011，2015）。根据这一理论，道德发展与文化是相互联系的。不同文化之间存在着普遍的发展模式。例如，与儿童相比，青少年不太可能以自我为中心进行推理，更可能以群体为导向考虑进行推理。然而，文化塑造了发展模式。例如，在高度重视社会和谐的集体主义文化中，以群体为导向的推理很可能在童年早期就出现，并在成年后急剧上升到一个较高的水平。在个人主义盛行的文化中，群体推理在儿童和青少年期可能不太常见，因为儿童和青少年知道：个人的权利比群体的利益更重要。

使用文化发展方法的研究人员根据根植于不同世界观的三种类型的“伦理”来编码人们对道德问题的反应。

• 自主伦理（ethic of autonomy）将个人定义为首要的道德权威。人们认为，只要个人的行为不伤害他人，他们就有权按照自己的意愿行事。

• 社区伦理（ethic of community）将个人定义为有承诺和义务的社会团体成员。在这种伦理中，家庭、社会和其他群体中的责任构成个人道德判断的基础。

• 神性伦理（ethic of divinity）将个体定义为精神实体，服从神圣权威的指示。

这种伦理包括基于传统宗教权威和宗教文献（如《圣经》《古兰经》）的道德观点。

近年来对这三种伦理的研究凸显了道德推理的文化与发展的交叉融合。例如，来自印度和泰国的青少年——两类相对集体主义的文化——经常根据社区伦理进行推理（Kapadia & Bhangaokar，2015；McKenzie，2015）。但是与他们的父母和其他成年人相比，他们很少依据社区伦理，而更多地从自主伦理出发。对来自芬兰和美国保守宗教社区的青少年的研究发现，他们更倾向于神性伦理，其次是社区伦理，最后是自主伦理（Jensen & McKenzie，2016；Vainio，2015）。美国的研究对象也包括成年人，结果显示青少年比成年人使用更多的神性伦理。最近运用这三种伦理的研究刚刚起步，在不同的文化中贯穿一生的变化方向还有待观察（Fasoli，2017；Jensen，2015；McKenzie & Jensen，2017；Padilla-Walker & Nelson，2015）。

宗教信仰

学习目标 8.16 能够描述青少年时期宗教信仰的文化差异，以及宗教信仰在文化中的来源和结果。

就像道德发展一样，宗教信仰的发展在青少年期达到了一个临界点，因为青少年期是一个涉及宗教信仰的抽象观念，是可以首先被完全掌握的时期。一般而言，发达国家的青少年和初显期成人的宗教信仰弱于发展中国家的同龄人。发达国家倾向于高度**世俗化（secular）**——基于非宗教的信仰和价值观。在每个发达国家，宗教的影响力在过去的两个世纪里逐渐消退（Bellah et al.，1985；Waston，2014）。欧洲青少年的宗教信仰和习俗特别少。例如，一项对英国、德国和荷兰青少年的调查显示，他们很少参加宗教仪式，宗教信仰在他们的生活中几乎没有扮演什么角色——移民家庭的青少年除外，他们的宗教信仰更强（De Hoon & Van Tubergen，2014）。

世俗化：基于非宗教的信仰和价值观。

美国人比其他任何发达国家的人都更虔诚，这反映在美国青少年的生活中，如**表 8.1** 所示（Smith & Denton，2005）。然而，对他们中的大多数人来说，宗教比他们生活中的其他部分，包括与学校、友谊、媒体和工作相比，重要性较低。此外，美国青少年的宗教信仰往往不遵循传统的教义，他们往往对自己声称信奉的宗教教义知之甚少。相反，他们倾向于相信关于如何成为一个好人和幸福的人的宗教信仰（Smith & Denton，2005）。

表 8.1 美国青少年的宗教信仰

信念和行为	比例
相信上帝或者宇宙神灵	84%
每周至少祷告一次	65%
相信天使的存在	63%
每个月至少参加两次宗教仪式	52%
宗教在日常生活中非常重要	51%
参与教会青年团体	38%

资料来源：Smith & Denton（2005）.

许多美国青少年信教，但也有许多人不信教。如何解释青少年在宗教信仰上的差异？家庭特征是其中一个重要的影响因素（Smith & Denton，2005）。当父母谈论宗教问题、参加宗教活动时，青少年更可能认同宗教的重要性（King et al.，2002；Layton et al.，2011）。当他们的父母关于宗教信仰意见不一致以及父母离异时，青少年不太可能信奉宗教（Smith & Denton，2005）。种族是其中的另一个因素。在美国社会，非裔美国人的宗教信仰和宗教习俗比白人多（Chatters，et al.，2008；Holt et al.，2014）。

非裔美国青少年中相对较高的宗教信仰率有助于解释他们酗酒和吸毒的比例较低的原因（Stevens-Watkins et al.，2010）。然而，虔诚的宗教信仰不仅在少数群体中对青少年有利。在美国的文化群体中，宗教信仰更强的青少年抑郁症更少，婚前性行为、吸毒和不良行为的发生率更低（King & Boyatzis，2015；Salas-Wright et al.，2014）。宗教参与的保护价值对于生活在最糟糕社区的青少年尤其明显（Bridges & Moore，2002）。信奉宗教的青少年往往与父母关系更好（Smith & Denton，2005；Wilcox，2008）。此外，重视宗教的青少年比其他青少年更有可能在他们的社区做志愿者（Flanagan et al.，2015；Hardie et al.，2014）。在美国以外，宗教参与也被发现与各种积极结果相关，例如在印度尼西亚的穆斯林青少年中就是这样（French et al.，2008）。

青少年的社会文化环境

和年幼的孩子一样，青少年通常都待在家里，他们中的大多数人还会上学。然而，青少年期同龄人的社会环境、恋爱关系、工作和媒体通常比以前更突出。此外，一些青少年出现了在之前的生活阶段很罕见的问题。

家庭关系

学习目标 8.17　能够总结青少年与父母、兄弟姐妹和大家庭关系的文化差异。

在大多数文化中，从童年中期到青春期，家庭关系都发生了深刻的变化。正如“研究焦点：青少年家庭生活的日常节奏”中所描述的那样，或许最显著的变化是与家庭成员相处时间的减少。当青少年与父母在一起时，冲突比童年中期更频繁。

与父母的冲突。许多研究表明，青少年和他们的父母在许多信仰和价值观念上是一致的，并且通常都非常爱护和尊重彼此（Kağitçibaşi & Yalin，2015；Moore et al.，2002；Smetana，2005）。然而，西方国家的研究也表明与父母的冲突在青春期早期急剧增加，尤其是在童年中期和在青春期后期衰退前的几年更是居高不下（Kağitçibaşi & Yalin，2015；Laursen et al.，1998；Van Doorn et al.，2011）。

图 8.10 显示了从童年中期到童年后期冲突的增加趋势，其来自一项观察美

研究焦点：青少年家庭生活的日常节奏

在其经典著作《不同现实：感情生活的母亲、父亲和青少年》（Larson & Richards，1994），瑞德·莱森（Reed Larson）和玛丽斯·理查德（Maryse Richards）描述了他们利用经验抽样法选取 483 名五年级到十二年级美国青少年样本，另一个是五年级到八年级的学生和他们的父母的样本研究结果。他们都是双亲白人家庭。在每个家庭中，有三个家庭成员（青少年、母亲和父亲）在同一时间提醒，在研究期内每天早上 7：30 到晚上 9：30 有 30 次。当哔哔声响起时，青少年和他们的父母停下他们手头事情，记录他们在哪里、和谁在一起、正在做什么，以及他们的感受等各种信息。

这项研究的一个惊人发现是，青少年和他们的父母平均每天只有大约一个小时共同参与活动，而他们最常见的共同活动是看电视。从五年级到十二年级，青少年和家人在一起的时间急剧减少。相应的，五年级到九年级的青少年单独待在卧室里的时间也有所增加。

这项研究还揭示了父母与青少年之间关系的一些有趣的差异。他们都认为母亲和青少年的互动大多是积极的，尤其是像一起聊天、一起出去、一起吃饭这样的经历。五年级到九年级青少年对母亲的负面情绪显著增加，与母亲的亲密感下降。至于父亲，他们往往只是微不足道地参与到青少年的生活中。在他们与青少年相处的大部分时间里，母亲则是更直接地参与其中。父亲们平均每天只有 12 分钟单独与他们青少年期的孩子在一起，其中 40% 的时间是一起看电视。

研究表明，父母往往是影响青少年情绪状态的重要因素。青少年把他们当天剩下的情绪带回家。如果他们的父母给予回应和关怀，那么青少年的情绪将得到改善，负面情绪得到缓解。相反，如果青少年感到他们的父母缺乏支持或无动于衷，他们的负面情绪会变得更糟。尽管青少年和父母在一起的时间比他们年轻时要少，但父母仍然对他们的生活有着强大的影响。

复习题：

在青少年及其父母的经验抽样法研究中，发现青少年在与 _____ 相处时拥有最积极的情绪，与 ______ 相处时有最负面的情绪。

A. 母亲；父亲　　C. 父亲；母亲

B. 母亲；母亲　　D. 父亲；父亲

国母子在 8 年内 5 次互动的录像研究（Granic et al.，2003）。加拿大的一项研究发现，40% 的青少年每周至少与父母争吵一次（Sears et al.，2007）。在青春期，母女之间的冲突尤其频繁和激烈（Collins & Laursen，2004；Hofer et al.，2013）。到了青春期中期，与父母的冲突会有所减少，但激烈程度会有所提高，而后在青春期后期频率会下降（Fingerman & Yahirun，2015；Laursen et al.，1998）。

青春期与父母发生冲突的原因有很多。首先，青春期需要达到性成熟，这意味着性问题在某种程度上可能是冲突的根源，这类问题不会在童年时期产生（Arnett，1999）。早熟的与“按时”成熟的青少年相比，更容易与父母发生冲突，这

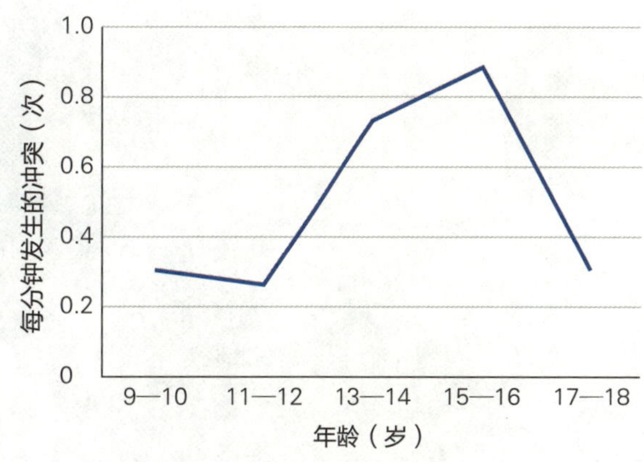

图 8.10　青春期父母冲突

为什么冲突会在 15 岁左右达到顶峰？

资料来源：Granic et al.（2003）.

可能是由于性问题出现得更早的原因（Graber，2014）。其次，认知发展的进步使青少年能够比以前更有效地反驳父母关于规则和限制的推论。最后，也是最重要的，在许多文化中，青春期是一个更加独立于家庭的时期。尽管在这些文化中的父母和青少年通常有着青春期的孩子最终会成为一个自给自足的成年人的共同目标，但是他们对于青少年发展**自主性（autonomy）**的步伐常常意见不一（Rote & Smetana，2015）。父母可能会担心青少年在性行为、机动车驾驶和药物使用方面的安全，因此他们限制青少年的行为以努力保护他们免受风险（Arnett，1999）。青少年希望在这些方面能够自己做决定，可能会对父母的约束感到不满，因此产生了冲突。

自主性：独立自主的品质以及独立思考的能力。

然而，并不是所有的文化都重视并鼓励在青春期增加自主权。

与兄弟姐妹和家庭成员的冲突。大约 80% 的美国青少年，家庭成员中还包括至少一个兄弟姐妹，其他发达国家的比例也与之相似（U.S. Bureau of the Census，2009）。这一比例在出生率较高的发展中国家甚至更高，只有一个孩子的独生子女家庭是十分罕见的（United Nations Development Programme，2016）。

在青春期时，你和兄弟姐妹相处得怎么样？对大多数人来说，在青春期与兄弟姐妹的关系往往涉及冲突。在比较青少年与兄弟姐妹关系和与父母、祖父母、老师和朋友关系的研究中，青少年与兄弟姐妹的冲突比与其他人的冲突更频繁（Campione-Barr & Smetana，2010）。常见的冲突来源包括取笑、占有（例如，未经允许借用兄弟姐妹的衣服）、家务责任、辱骂、侵犯隐私和自认的父母的不平等待遇（Noller，2005）。然而，尽管青少年与兄弟姐妹之间的冲突多于其他关系，但青春期与兄弟姐妹之间的冲突频率比小时候要低（Cicirelli，2013）。从童年时期到青春期，与兄弟姐妹的关系变得不那么激烈主要是因为青少年和兄弟姐妹相处的时间逐渐减少（Noller & Callan，2015）。

为什么与父母的冲突会从童年中期持续到青春期？

在童年中期，传统文化中的孩子通常有责任照顾年幼的兄弟姐妹，并且对于许多孩子来说，这种责任会持续到青春期（Ungat et al.，2011）。在施莱格尔（Schlegel）和巴里（Barry）（1991）的调查分析中，超过 80% 的传统文化中的青少年有频繁照顾年轻的兄弟姐妹的责任。这种责任加剧了兄弟姐妹之间的冲突，但也促进了亲密关系的联结。同性别的兄弟姐妹之间相处的时间和亲密程度都很高，主要是因为在传统文化中，日常活动往往因为性别而分开。

在传统文化中，青少年也倾向于与家庭成员保持亲近。在这些文化中，孩子们往往成长在一个大家庭中，不仅包括他们的父母和兄弟姐妹，还包括祖父母，通常还有叔叔、阿姨和堂

文化焦点：青少年与父母的冲突

在传统文化中的父母和青少年，很少出现西方文化中父母和青少年关系中常见的频繁冲突（Larson et al., 2010）。在传统文化中，父母的角色比在西方具有更大的权威，这使得这些文化中的青少年不太可能对父母表达分歧和不满（Phinney et al., 2005）。即使当他们与父母意见相左时，出于责任感和尊重，他们也不太可能表达出来（Schlegel & Hewlett, 2011）。在西方之外的国家，相互依赖比独立更重要，不仅在青春期如此，整个成年期也是同样的（Markus & Kitayama, 2010；Phinney et al., 2005）。大幅增长的自主性为在个人主义文化中的西方青少年进入成人生活做准备，学习服从父母的权威也是传统文化中的青少年在做准备，他们高度重视相互依存，并且每个人在家庭的层次结构中都有明确的位置。

复习题：

其中一个来自墨西哥村庄的女孩告诉我们相互依赖关系在墨西哥村庄十分重要。是什么经济原因使得相互依赖在这个墨西哥村庄比在美国家庭更具有适应性？

兄妹（Ochiai, 2015）。这些生活安排促进了青少年与其大家庭之间的亲密关系。在施莱格尔和巴里（1991）的跨文化分析中，在传统文化中，青少年与祖父母的日常接触和与父母的接触一样多，而且青少年与祖父母的关系通常比与父母的关系更亲密。也许这是因为父母通常倾向于对青少年行使权威，而祖父母可能更多地关注于养育和支持青少年。在西方大多数青少年的生活文化中，家庭成员也十分重要。大约 80% 的美国青少年最重要的人列表中至少有一个家庭成员。同时，青少年和祖父母的亲密程度与个人幸福感呈正相关（Pratt et al., 2010；Ruiz & Silverstein, 2007）。

同伴和朋友

学习目标 8.18　能够描述青少年与朋友关系的文化差异并描述其与同龄人的互动特征。

在大多数文化中，童年中期到青少年期，与家人相处的时间减少，与朋友相处的时间增加。朋友在青少年的情感生活中扮演着越来越重要的角色。在青春期，就像在其他年龄阶段一样，朋友的选择主要是由于相似的特征，如年龄、性别、种族、个性和兴趣爱好。

友谊：文化主题和差异。虽然家庭关系在青少年的生活中仍然很重要，但在某些方面朋友会更受欢迎。青少年表示他们对朋友的依赖大于对父母或兄弟姐妹的依赖（Chan et al., 2015；French et al., 2001；Nickerson & Nagle, 2005）。朋友是青少年最快乐的经历的源泉，是他们觉得相处最舒服的人，也是他们觉得最能敞开心扉交流的人（French, 2015；Richards et al., 2002；Youniss & Smollar,

1985）。

欧洲的研究比较了青少年与父母和朋友的关系，显示出与美国研究相似的模式。例如，一项研究采访了荷兰青少年（15—19 岁），他们会与谁来交流自己的事，包括他们的个人感受、悲伤和秘密（Bois-Reymond & Ravesloot，1996）。将近一半的青少年说出了他们最好的朋友或他们的浪漫伴侣的名字，而只有 20% 的人说出了父母中的一个或双亲的名字（只有 3% 是他们父亲的名字）。荷兰的另一项研究发现 82% 的青少年认为与朋友在闲暇时光相处是他们最喜欢的活动（Meeus，2006）。其他欧洲国家的研究证实，青少年与朋友在一起时最快乐，他们倾向于向朋友寻求社会关系和休闲娱乐方面的建议和信息，但是他们会向父母寻求教育和生涯规划方面的建议（Ravens-Sieberer et al.，2014）。

正如前面所提到的，在传统文化中，男孩的青春期往往较少地参与家庭活动，更多地参与同龄人活动，而女孩则不是这样。然而，对于男孩和女孩来说，与西方国家相比，发展中国家青少年在朋友和家庭之间的社会和情感平衡更倾向于家庭。例如，在印度，青少年倾向于把闲暇时间花在家人而不是朋友身上，不是因为他们被要求这样做，而是因为印度的集体主义文化价值观让他们享受与家人在一起的时间（Chaudhary & Sharma，2012；Larson et al.，2000）。在巴西青少年中，来自父母的情感支持高于来自朋友的（Van Horn & Cunegatto，2000）。在一项对印度尼西亚和美国青少年进行比较的研究中，与美国青少年相比，印度尼西亚青少年对家庭成员的陪伴和享受的评价更高，而对朋友的评价较低（French，2015）。然而，在两个国家中，朋友都是亲密关系的主要来源。因此，可能发展中国家的青少年在青春期与朋友发展出更亲密的关系时，仍然与家人保持亲密关系，而在西方，随着与朋友的亲密度的增加，与家庭的亲密度会减少。

亲密度：两个人分享个人知识、思想和感情的程度。

亲密关系的重要性。青少年友谊最重要的特征可能就是**亲密度（intimacy）**，也就是两个人分享个人知识、想法和感受的程度。青少年朋友之间相互倾诉希望和恐惧，互相帮助以便了解他们的父母、老师和同龄人之间发生了什么，其程度远远超过年幼的孩子。当青少年被问及他们想要什么样的朋友，或者他们如何辨别某人是他们的朋友时，他们往往会提到这种亲密关系的特征（French，2015；Radmacher & Azmitia，2006 年）。举例来说，他们认为朋友是一个能理解你的人、一个能与你分享困惑的人、一个你有重要事情要说时能够倾听的人（Bauminger et al.，2008；Way，2004）。年幼的孩子不太可能提到这些特征，而更可能强调共同的活动——都喜欢打篮球、一起骑自行车、一起玩电脑游戏等。在青少年友谊的亲密度方面存在着很大的性别差异，女孩倾向于拥有比男孩更多的亲密友谊（Bauminger et al.，2008）。女孩比男孩花更多的时间和她们的朋友交谈，并且她们更重视和朋友在一起作为友谊的一部分（Legersky et al.，2015）。与男孩相比女孩认为友谊在情感、乐于助人和教养方面更强（Bokhorst et al.，2010）。相比之下，即使是在青春期，男孩更可能强调共同参与的活动作为友谊的基础，如体育或者兴趣爱好（Radmacher & Azmitia，2006）。

小团体和群体。除了亲密的友谊，学者们通常会对青少年期的两种社交群体加以区分，即小团体和群体。**小团体（clique）**指的是一群相互熟悉的朋友，他们一起做事，形成一个固定的社会团体（Brown & Braun，2013）。小团体没有精确的规模——3—12人是粗略的范围，但是由于他们人数较少，所以这个小团体的所有的成员都互相感到十分了解，并且把自身看成一个有凝聚力的团体。有时小团体是由不同的共同参与的活动来定义，例如研究汽车、听音乐、打篮球，有时仅仅是通过分享友谊（例如，一群朋友每天在学校一起吃午饭）。

在西方文化中，青少年往往与朋友在一起时是最快乐的。

相反，**群体（crowd）**是指规模更大、以名誉为基础的青少年群体，他们不一定是朋友，也不会花太多时间在一起（Brown & Braun，2013；Brown et al.，2008；Horn，2003）。根据一项对44个青少年群体的研究综述发现，在许多学校中主要存在五种类型的群体（Susman et al.，2007）。

小团体：一群互相熟悉的朋友，一起做事，形成一个固定的社会团体。

群体：庞大的，基于声誉的青少年群体。

- 精英（又称受欢迎的人、预科生）。这群人被认为是学校里社会地位最高的人。
- 运动员（又称活跃分子）。喜欢运动的学生，通常是至少一个运动队的成员。
- 学者（又称聪明人、书呆子、知识分子）。以追求好成绩和不善社交而闻名。
- 离经叛道者（又称瘾君子、吸毒族）。脱离学校社会环境，被其他学生怀疑使用毒品及从事其他危险活动。
- 其他人（又称普通人，无名小卒）。学生在任何方面都不突出，无论是积极还是消极方面；大部分都被其他学生忽略了。

群体的功能主要是帮助青少年在中学社会结构中定位自己和他人。换句话说，群体帮助青少年定义自己的身份和他人的身份。知道别人认为你是一个“聪明人”对你的身份存在一定影响——这意味着你是那种喜欢学校的人，表现优异，同时也许在学术上比在社交上更为成功。把别人看作“瘾君子”，就能告诉你关于那个人的一些信息（不管准确与否）——他或她吸毒，当然，这种人可能穿着非常新奇，看起来似乎不太关心学校。

欺凌。菲比·普林斯15岁时随家人从爱尔兰移民到美国。一开始她喜欢她的新学校，也交了一些朋友，但是后来一个很受欢迎的男孩对她产生兴趣，她也和他约会了几次。之后，其他对这个男孩感兴趣的女孩开始骚扰她，在学校

小团体通常是围绕共同参与的活动形成的。上图中，南非青少年正享受着足球比赛。

里谩骂她，发恶毒的电子邮件散布关于她的谣言。在家人和社区没能及时提供帮助的恐惧下，她陷入绝望，最终自杀了。

这个令人震惊的现实生活中的例子表明了在青少年期受欺凌的后果是多么严重。欺凌的流行率在童年中期和青春期早期上升，然后在青春期后期显著下降（Pepler et al.，2006；Van Noorden et al.，2015）。像在第七章提到的，欺凌已经成为一种国际现象，在亚洲、欧洲和北美的许多国家都有类似情况发生（Barzilay et al.，2017；Osao & Shimada，2016；Pepler，2014）。在一项关于欺凌的里程碑式研究中，调查对象涉及全球 28 个国家超过 10 万名年龄为 11—15 岁的青少年，自我报告的被欺凌的受害者比例从 6% 的瑞典女孩到 41% 的立陶宛男孩，大多数国家的比率在 10%—20%（Due et al.，2005）。这项研究和其他研究一样，各国间的男孩总是比女孩更有可能是欺凌者和受害者。

欺凌对青少年的发展有多种负面影响。在刚刚提到的对 28 个国家的青少年欺凌的研究中，欺凌的受害者说：他们更容易出现各种各样的问题，包括头痛、背痛、睡眠障碍等身体症状以及如孤独、无助、焦虑和不快乐等心理症状（Due et al.，2005）。欺凌者自身也面临着很高的风险问题（Klomek et al.，2007）。加拿大一项关于欺凌的研究对 10—14 岁的青少年进行了长达 7 年的跟踪调查，发现欺凌者比非欺凌者表现出更多的心理问题以及与父母和同龄人的关系问题（Pepler et al.，2008）。

网络欺凌：通过电子手段在互联网上进行欺凌。

欺凌最近的一个变种是**网络欺凌（cyberbullying）**，包括通过社交媒体（如 Facebook）、电子邮件或手机进行欺凌（Kowalski et al.，2012；Thomas et al.，2015；Valkenberg & Peter，2011）。一项瑞典的针对 12—20 岁青少年的研究发现，网络欺凌的年龄模式与“传统”欺凌研究中发现的类似，青少年期的比例最高，在青春期后期和成年期出现下降趋势（Slonje & Smith，2008）。在一项针对美国六年级到八年级近 4000 名青少年的研究中，11% 的人表示在过去两个月内至少遭受过一次网络欺凌事件；7% 的受访者表示，他们在这段时间里既是网络欺凌者，也是受害者；4% 的人报告说发生过网络欺凌事件（Kowalski & Limber，2007）。值得注意的是，有一半的受害者不知道欺凌者的身份，这是网络欺凌和其他欺凌的关键区别。然而，网络欺凌通常只涉及单一事件，因此它不涉及传统欺凌标准定义中要求的反复，或许可以更好地称为在线骚扰（online harassment）（Thomas et al.，2015；Wolak et al.，2007）。

爱和性

学习目标 8.19 能够识别青少年恋爱和性行为的文化差异，包括怀孕和避孕措施使用的差异。

青春期在很多文化中是性感觉开始活跃的时期，但不是性行为开始的时候，首先让我们看一看爱，然后是性。

坠入爱河。恋爱的普遍程度在青少年期逐渐增加。根据一项美国的全国性调查显示，目前存在恋爱关系的美国青少年比例从七年级的 17% 上升到九年级的 32%，到十一年级上升为 44%（Furman & Hand，2006）。到十一年级时，80% 的青少年都有过恋爱经历。亚洲文化背景的青少年往往比非裔美国人、欧洲人或拉丁文化背景的青少年更晚开始他们的第一段恋情，因为亚洲文化的信仰不鼓励过早开始恋爱关系，鼓励婚前尽量较少或不发生性关系（Connolly & Mclsaac，2011；Trinh et al.，2014）。

不只是在西方或是发达国家，青少年才经历浪漫的爱情。相反，这种激情似乎在年轻人之间越来越普遍。一项通过分析标准跨文化样本（Standard Cross-Cultural）的研究系统地调查了这个问题，这个样本是人类学家收集的 186 种传统文化的数据，代表了世界上 6 个不同的地理区域（Jankowiak & Fischer，1992）。研究人员得出的结论是，有证据表明，在所有被研究的 186 种文化中，除一种（all but one）文化外，所有文化中的年轻人都有坠入爱河的迹象。在不同的文化中，年轻的情侣们经历着爱情带来的喜悦和绝望，讲述着著名情侣的故事，一起唱着情歌。

然而，这并不意味着所有文化中的年轻人都可以根据自己的感受行事。相反，将浪漫的爱情作为婚姻的基础是一种比较新的文化观念（Hatfield & Rapson，2005；Hatfield et al.，2016）。正如我们将在第十章中详细看到的那样，在历史上的大部分文化，乃至今天的一些文化中，父母都在包办子女婚姻，很少考虑孩子的强烈愿望。

青少年性行为的文化差异。尽管所有文化中的青少年在达到性成熟过程中都经历了类似的生理过程，但不同文化对青少年性行为的看法却大相径庭。不同国家青少年性行为的差异主要是关于对婚前性行为的可接受程度（或不可接受程度）文化信仰的差异。要理解不同国家之间的这种差异，最好的参照仍然是一本已有 60 多年历史的书——克利夫兰·福特（Clellan Ford）和弗兰克·比奇（Frank Beach）合著的《性行为模式》（Ford & Beach，1951）。这两位人类学家收集了来自 200 多种文化的性信息。在他们分析的基础上，他们阐述了三种类型的青少年性文化：宽容型（permissive）、半限制型（semirestrictive）和限制型（restrictive）。

宽容型文化（permissive culture）：容忍甚至鼓励青少年的性行为。今天北

宽容型文化：容忍甚至鼓励青少年进行性活动的文化。

在西方，大多数青少年在十几岁的时候都有一个恋爱伴侣。

半限制型文化：禁止青少年婚前性行为，但是这些禁令并没有被严格执行，而且很容易逃避。

限制型文化：强烈禁止青少年婚前性行为的文化。

欧的大多数国家都属于这一类。这些国家的青少年通常在青春期晚期就开始有主动的性行为，父母经常允许他们有男朋友或女朋友并且在外过夜（Trost，2012）。

半限制型文化（semirestrictive culture）：禁止青少年的婚前性行为。然而在这些文化中，正式的禁令执行得很松散，很容易逃避。只要年轻人相当谨慎，成年人往往会忽视婚前性行为的证据。如今大多数发达国家都属于这一类，包括美国、加拿大和大部分欧洲国家（Regnerus & Uecker，2011）。

限制型文化（restrictive culture）：强烈禁止青少年婚前性行为。通过严格的社会规范和在青春期将男孩和女孩分开来执行禁令。亚洲和南美的年轻人倾向于强烈反对婚前性行为，这也反映了他们的文化灌输给他们的观点（Regan et al.，2004；Trinh et al.，2014）。

在一些国家，对婚前性行为的限制甚至包括了体罚和公开羞辱的威胁。婚前女性的贞操不仅关系到女孩的荣誉，而且关系到她家庭的荣誉。如果她在婚前失去了贞操，男性家庭成员可能会惩罚、殴打甚至杀死她（Dorjee et al.，2013）。虽然许多文化也重视男性婚前贞操，但没有哪个文化对男性婚前性行为处罚得如此严厉。

> **批判性思考问题**：在你们的文化中，是否存在对青少年性行为的双重标准？提供一些例子来佐证你的答案。

青少年怀孕及避孕措施。尽管不同文化对青少年性行为的看法各不相同，但几乎在任何地方，婚前怀孕都是不受欢迎的。婚前怀孕率较低的国家有两种：一种是对青少年性行为宽容的国家，另一种是严格限制的国家。北欧一些国家如丹麦、瑞典和荷兰的青少年怀孕率很低，因为他们对少女的性行为很宽容（Avery & Lazdane，2008）。媒体上有明确的安全性行为宣传，青少年很容易获得各种避孕措施。父母接受他们的孩子将在青春期后期性行为变得活跃的现象（Trost，2012）。

另外，一些限制性行为的国家，如日本、韩国和摩洛哥，严格禁止青少年性行为（Davis & Davis，2012；Dorjee et al.，2013；Hatfield & Rapson，2005）。这些国家的青少年被强烈劝阻，甚至不允许约会，直到他们进入成人初显期并开始认真地寻找婚姻伴侣为止。青春期的男孩和女孩很少有单独相处的时间，更不用说发生性关系了。尽管如此，一些青少年还是遵从了人性的召唤，但违反禁忌的行为还是少数，因为禁忌实在太强，违反禁忌被曝光的羞耻感太大了。

美国的青少年怀孕率比其他任何国家都要高。如图 8.11 所示，美国青少年怀孕率高的主要原因可能是青少年性行为没有明确的文化信息（Males，2011）。

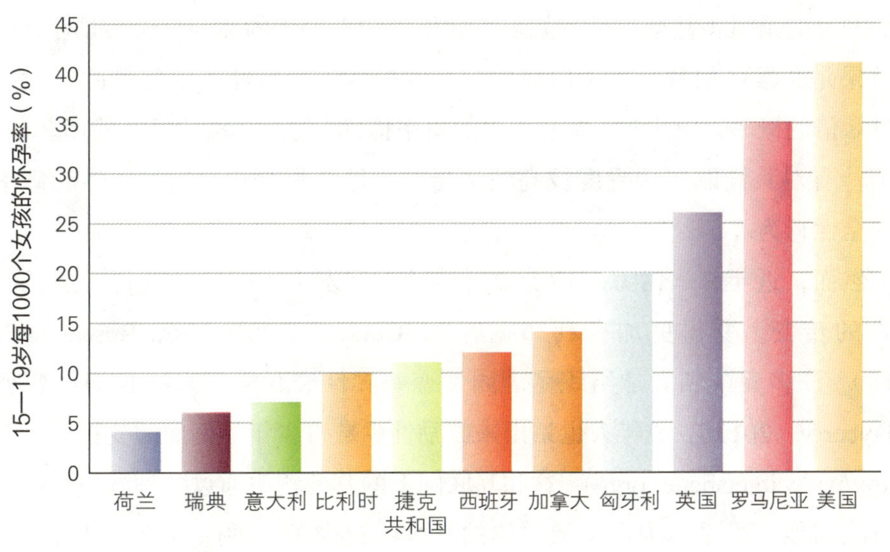

图 8.11 发达国家少女怀孕率

资料来源：WHO（2010）.

对青少年性行为的半限制性观点盛行：青少年性行为并没有被严格禁止，但也没有被广泛接受。因此，大多数美国青少年早在十几岁时就发生过性行为，但他们往往对自己的性行为感到不自在，不愿承认他们正在发生性行为，也不愿负责地通过获得和使用避孕措施为性行为做准备。然而，在过去 20 年里，美国青少年怀孕率下降了超过一半，尤其是非裔美国人（U.S. Dept. of Health and Human Services，2016）。这可能是因为艾滋病的威胁使美国人更易于接受向青少年谈论性与避孕问题以及在学校提供性教育。

性取向。青春期是大多数人第一次完全意识到自己**性取向（sexual orientation）**的时期，也就是性吸引力的倾向。在美国社会，有 2% 的青少年自认为是**性少数群体（sexual minorities）**，这一术语包括女同性恋、男同性恋、双性恋或变性人（Savin-Williams & Joyner，2014）。过去在西方文化中，甚至在当今世界上的许多文化中，大多数人会把这些认知保密，以免揭露真相后受到侮辱和迫害。然而，今天在大多数西方文化中，性少数群体通常会参与一个**“出柜”（coming out）**的过程，即一个人向朋友、家人和其他人披露自己的性身份（Morgan，2015）。对性少数群体身份的意识通常始于青春期早期，在青春期晚期或成人初显期向他人披露（Baiocco et al.，2016；Floyd & Bakeman，2006）。

性取向：一个人的性吸引力的倾向。

性少数群体：包括女同性恋、男同性恋、双性恋或变性人的术语。

“出柜”：性少数群体承认自己的性取向，然后向朋友、家人和其他人披露真相的过程。

鉴于在许多社会中无处不在的**恐同症（homophobia）**，意识到自己是性少数群体对许多青少年来说是一种创伤。当同龄人得知他们的性身份时，属于性少数群体的青少年往往成为被欺凌的目标（Mishna et al.，2009）。在美国的一项针对性少数群体青少年的调查中，82% 的人表示，在过去的一年里，他们在学校受到了由于他们的性身份而产生的言语虐待，34% 人表示受到过身体骚扰（Kosciw et al.，2012）。当父母得知他们的孩子是女同性恋、男同性恋、双性恋或变性人时，

恐同症：对性少数群体的恐惧和仇恨。

他们的反应是沮丧甚至愤怒。如果在父母得知青少年的性别身份后排斥他们，那么后果是非常可怕的。一项研究发现，性少数青少年经历了父母的反对后存在超过 8 倍的概率自杀未遂，超过 6 倍的概率抑郁，超过 3 倍的概率使用非法药物，比那些有对其性取向接受度较高的父母的同性恋青少年，超过 3 倍的概率采取不安全性行为。

然而，近年来，西方对性少数群体的态度发生了明显的变化，这是一个标志性的转变，变得更加有利和宽容（MCormack，2012；Pew Research Center，2015）。许多高中和大学组织了“同性恋—异性恋联盟”来减少同性恋恐惧症（Mayberry，2013）。成年人也站出来鼓励性少数青少年，例如“变得更好”项目（http://www.itgetsbetter.org/）。这和互联网上的其他资源通过一种看似可控和安全的方式与他人联系，为性少数群体的青少年提供了一种探索和了解自己性行为的途径（Harper et al.，2009；Silenzio et al.，2009；Ybarra et al.，2015）。

媒体的使用

学习目标 8.20　能够解释在青少年生活中媒体使用的作用，并将媒体实践模式应用于电子游戏。

现在我们的双胞胎已经 18 岁了，多媒体的使用已经成为他们日常生活的一个重要组成部分。我们的儿子迈尔斯每天都用他的 iPad 做各种事情，从完成学校作业到玩电子游戏，再到查询最新的体育新闻。对我们的女儿帕里斯来说，录制音乐是她使用多媒体的主要用途。从另类音乐到歌剧，她都喜欢跟着唱。

任何一种没有对青春期孩子们使用的多媒体的描述，都是不完整的描述。录制音乐、电视、电子游戏和互联网是几乎所有在发达国家成长的青少年日常环境的一部分（在发展中国家也越来越多）。青少年媒体传播的主要方式是通过智能手机和平板电脑等**数字设备（digital device）**。根据皮尤研究中心的一项全国调查显示，在美国，88% 的 13—17 岁的青少年可以使用数字设备（Lenhart，2015）。皮尤调查还指出，青少年平均每天发送 30 条短信——女生 40 条，男生 20 条。青少年也是社交媒体的狂热用户，比如 Facebook 和 Snapchat，数字设备让他们可以随时接触社交媒体。

数字设备：允许通过电话、短信、互联网、视频、电视和直接视频对话进行联系的电子设备。

数字设备为青少年提供了不间断访问互联网的途径。根据皮尤调查，92% 的 13—17 岁的青少年每天都上网；24% 的人表示他们“几乎一直”在上网（Lenhart，2015）。其他发达国家的比例也类似（Samkange-Zeeb & Blettner，2009；Taipale，2009）。数字设备和社会媒体可能是青少年日常多媒体生活的核心，但“传统媒体”远未消亡。欧美青少年仍然每天至少看 2—3 小时电视（Common Sense Media，2015；Rey-López et al.，2010）。总的来说，美国青少年每天使用媒体的时间约为 9 小时，其中“听音乐”是他们最喜欢的媒体活动（Common Sense media，2015）。

青少年的多媒体使用模型。每天在某件事情上花 9 个小时意味着它是你生活的重要组成部分，许多人表达了对青少年媒体使用的担忧。尽管经常有人声称媒体对青少年存在有害影响，但他们使用媒体的原因比简单的因果关系复杂得多。

简·布朗（Jane Brown）和珍妮·斯蒂尔（Jeanne Steele）提出了一种有用的模型，说明了媒体在青少年生活中的作用（Brown，2006；Brown et al.，2002；McAuslan et al.，2017；Steele，2006）。**图 8.12** 展示了他们的媒体实践模型（Media Practice Model）。如图所示，该模型指出，青少年的媒体使用活跃在许多方面。不是所有的青少年都使用同样的媒体偏好。相反，每个青少年的身份激发了媒体产品的选择（selection）。关注某一媒体产品就会与该产品产生互动（interaction），即对该产品进行评价和解读。然后，青少年参与到他们选择的媒体内容的应用（application）中。他们可能会将这些内容融入自己的身份——例如，青少年对香烟广告的反应是吸烟，或者他们可能会抵制这些内容——例如，青少年对香烟广告的反应是拒绝它们，认为它们是虚假的和误导性的。他们不断发展的身份激发他们选择新媒体。这个模型提醒我们，青少年积极地选择他们使用的媒体，并以不同的方式回应媒体内容，这取决于他们如何解释它以及它与他们个人的关系。

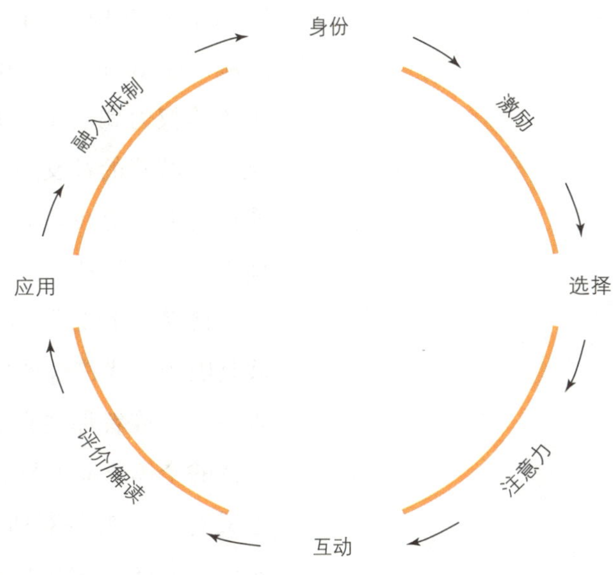

图 8.12 媒体实践模型

在这个模型中，身份是媒体使用的主要动因。

资料来源：Brown et al.（2002），p.9.

青少年使用媒体有许多不同的目的，但与较年幼的儿童一样，研究的重点是负面影响。在接下来的讨论中，我们将研究电子游戏，这已经成为令人担忧的问题。

电子游戏。青少年使用的一种相对较新的媒介是电子游戏，通常在电脑或数字设备上玩。这种形式的媒体使用在青少年中迅速流行起来，尤其是男孩。在美国的一项全国性研究中，超过 90% 的 13—17 岁的男孩和大约 70% 的女孩表示玩电子游戏（Lenhart，2015）。对他们中的许多人来说，电子游戏是他们日常生活的一部分；同样，一项在 10 个欧洲国家和以色列进行的研究中发现，6—16 岁的儿童平均每天玩电子游戏的时间超过半小时（Beentjes et al.，2001；Elson & Ferguson，2014）。

如今，数字设备已经成为许多青少年的永恒伴侣。

大多数青少年最喜欢的电子游戏都包含暴力因素（Gentile，2011）。许多研究调查了暴力型电子游戏和攻击性之间的关系（Arriaga et al.，2011；Elson &

Ferguson，2014；Gentile，2014）。一项研究询问男孩自己关于玩暴力电子游戏的影响（Olson et al.，2008）。采访显示，这些男孩（12—14岁）通过玩电子游戏来体验权力和名望，并探索他们在新环境中令人兴奋的新东西。在男孩们喜欢玩电子游戏的社交方面，和朋友们一起玩、一起谈论游戏。男孩们还说，他们通过玩电子游戏来消除愤怒和压力，而玩游戏对这些负面情绪起到了宣泄作用。他们不认为玩暴力型电子游戏对他们有负面影响。

将媒介实践模式应用于青少年对电子游戏的使用表明，青少年寻求暴力型游戏是因为游戏符合他们的某些身份；也许这些游戏吸引了那些特别好斗或好胜的青少年，或者那些喜欢社交的人。似乎电子游戏和其他暴力媒介一样，存在着广泛的个体反应差异，已经有暴力行为危险的年轻人最有可能受到游戏的影响，也最有可能被游戏所吸引（Gentile，2011；Gentile & Bushman，2012；Unsworth et al.，2007）。暴力内容很少会引发暴力行为，但它往往会影响社会态度。例如，人们发现玩暴力电子游戏会降低同理心，提高社会情境中暴力反应的可接受性（Arriaga et al.，2011；Bushman，2016；Kneer et al.，2016）。近年来，暴力型游戏在游戏爱好者中变得不那么受欢迎，因为涉及体育和音乐的游戏变得越来越受欢迎（Adachi & Willoughby，2017；Kaiser Family Foundation，2010）。

问题

在童年中期这段相对平静的时期过后，青春期出现了各种各样的问题，包括犯罪、青少年不良行为和意志消沉。但是，需要注意的是，大多数青少年都顺利度过了这一阶段，没有出现严重的问题。

犯罪活动

学习目标 8.21　能够总结年龄和犯罪行为紧密相关的原因并描述减少犯罪的多系统方法。

犯罪率在青少年中期开始上升，在18岁左右达到顶峰，然后稳步下降。绝大多数犯罪是由年轻人犯下的——大多数是12—25岁的男性（Craig & Piquero，2015）。在西方，这一发现在超过150年的时间里都保持了惊人的一致性。**图8.13**显示了两个时间点上的年龄与犯罪的关系，一个在19世纪40年代，另一个相对较近。大多数国家，在这段时间之前或之后的任何时刻，这种模式看起来都非常相似（Craig & Piquero，2015；Wilson & Herrnstein，1985）。青少年和初显期成人不仅比儿童或成年人更有可能犯罪，而且更有可能成为犯罪的受害者。

什么能够解释年龄和犯罪之间强烈而一致的关系呢？有一种理论认为，青少年与初显期成人结合在一起，既增加了相对父母和其他成人权威的独立性，也

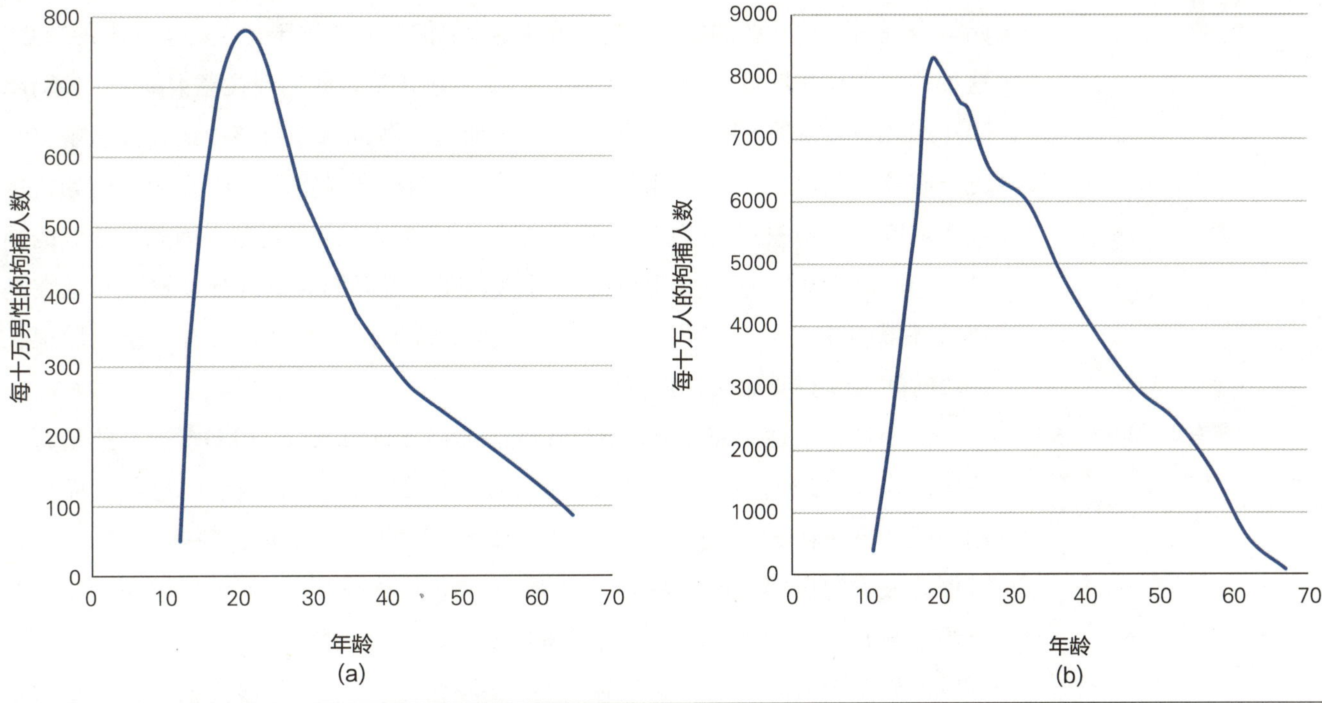

图 8.13 1842 年（a）及 2011 年（b）年龄与犯罪的关系

为什么犯罪高峰出现在青春期晚期？

资料来源：Gottfredson & Hirschi（1990），p.125；Craig & Piquero（2015）.

增加了与同龄人相处的时间（Wilson & Herrnstein，1985）。关于犯罪的研究一致发现，青少年和 20 岁出头的年轻人通常是群体犯罪，这与典型的成年人单独犯罪形成对比（Dishion & Dodge，2005；Piquero & Moffitt，2014）。犯罪是一种活动，在一些青少年小团体中会受到鼓励和钦佩（Dishion et al.，1999）。然而，这一理论并不能解释为什么主要是男孩犯罪，而女孩在青春期变得更加独立于父母，更加以同伴为导向，却很少犯罪。

大多数调查发现超过 3/4 的青春期男孩在 20 岁之前至少有过一次犯罪行为（Loebert & Burke，2011；Moffitt，2003）。然而，一两起轻微犯罪行为（如破坏公物或未成年人饮酒）与长期频繁犯罪（包括强奸、殴打等更严重的犯罪）有明显区别。10% 的年轻人犯下了超过 2/3 的罪行（Craig & Piquero，2015）。偶尔轻微违法的青少年和那些有可能有更严重的长期犯罪行为的青少年有什么区别呢？

特里·莫菲特（Terrie Moffitt）（Moffitt，2003，2007；Piquero & Moffitt，2014）提出了一个发人深思的理论，在该理论中，她对青少年有限性犯罪和生活过程—持续性犯罪进行了区分。在莫菲特看来，这是两种不同类型的违法犯罪，每一种都有不同的动机和来源。然而，在青少年期，这两种类型的人可能很难相互排斥，因为犯罪在青少年时期比在童年或成年时期更常见。莫菲特说，区分它们的方法是观察青春期之前的行为。

生活过程—持续性犯罪： 从出生开始就表现出的问题模式，并持续到成年的犯罪。

生活过程—持续性犯罪（life-course-persistent delinquent，LCPD）是从出生开

始就表现出一种问题的模式。莫菲特认为，他们的问题源于神经心理学上的缺陷，这种缺陷在婴儿期难相处的性情中很明显，在儿童时期出现注意力缺陷 / 多动障碍（ADHD）和学习障碍的可能性很高；所有这些症状在男孩中比在女孩中更常见。有这些问题的孩子也比其他孩子更有可能在高风险环境中长大（例如，低收入家庭、单亲家庭），他们的父母自己也有各种各样的问题。因此，他们的神经缺陷往往会因环境而变得更糟。当他们进入青春期时，有神经缺陷和处在高风险环境的儿童很容易从事犯罪活动。此外，他们往往会在青春期结束后很长一段时间继续犯罪活动，直至成年。

青少年有限性犯罪：未表现出问题的青少年，其青少年时期的不良行为是暂时的。

青少年有限性犯罪（adolescence-limited delinquent，ALD）遵循的是完全不同的模式。他们在婴儿期或童年时期没有表现出任何有问题的迹象，而且他们中很少有人在 25 岁之后从事任何犯罪活动。只有在青少年期——实际上是青春期和成人初显期，也就是 12—25 岁——他们才会偶尔会有一段时间出现犯罪行为，例如破坏公物、盗窃和滥用药物等。

正如我们所看到的，大脑在青少年时期的成熟之路是很漫长的。大脑的不成熟是否有助于解释为什么青少年时期的犯罪和其他类型的危险行为的比例比年轻时更高呢？这一理论是由一些研究人员提出的。他们指出，神经学研究表明，大脑额叶——负责判断和冲动控制的区域——至少在 25 岁左右才成熟；因此，青少年时期的行为更多地受情感支配，而较少受理性支配（Steinberg，2010）。然而，其他研究人员对这一结论持怀疑态度。一些研究发现，在某些方面，从事危险行为的青少年的大脑发育实际上比风险倾向较低的同龄人更为成熟（Engelmann et al.，2012）。其他人指出，大多数类型的危险行为的比率在 20 岁出头的时候继续上升；在这段时间里，大脑的发育也在进步，所以大脑的不成熟不能解释这些年来冒险行为增加的现象（Males，2010）。还应该指出的是，男孩和女孩在青春期的大脑发育高度相似，但男孩的犯罪行为要多得多。

事实证明，青少年的不良行为往往难以改变，但一个成功的方法是在多个层面进行干预，包括家庭、学校和社区。这被称为多系统方法（Borduin et al.，2003；Henggeler，2011；Wagner et al.，2014）。基于这种方法的项目包括家长培训、职业培训和职业咨询，以及社区活动的发展，如青年中心和运动联盟。目标是将青少年的精力引导到更具社会建设性的方向上。现在世界各地的青年机构都采用了多系统方法（Henggeler，2011；Schoenwald et al.，2008）。如**图 8.14** 所示，使用这种方法的程序已被证明在减少逮捕和在外的不良青年安置方面卓有成效（Henggeler et al.，2007）。此外，人们发现多系统计划比其他计划更便宜，主要是因为他们减少了不良青少年在寄养家庭、拘留中心和成年后在监狱里的时间（Alexander，2001）。一项研究比较了接受多系统治疗的高危青少年和接受个体治疗的类似的青少年（Wagner et al.，2014）。25 年后，在多系统组中，38 岁的青少年犯重罪的比例减少了一半。

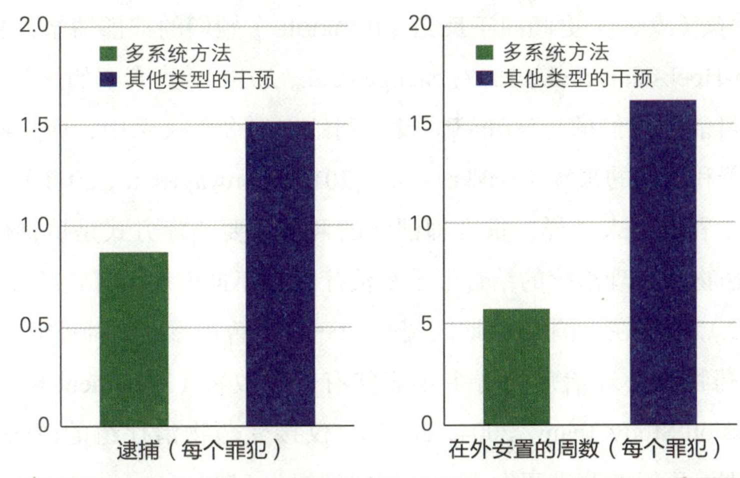

图 8.14 对违法行为的多系统方法

为什么多系统方法对违法行为的干预比其他类型的干预更有效？

资料来源：Alexander（2001），p.42.

抑郁症

学习目标 8.22 能够确定抑郁症的不同类型和比例并总结最有效的治疗方法。

你还记得在你十几岁的时候偶尔会感到沮丧吗？对青少年情感生活的研究发现，青少年经历悲伤和其他负面情绪的频率远远高于年幼的儿童或成年人。

心理学家会区分不同程度的抑郁。**抑郁情绪（depressed mood）**是指暂时的悲伤，没有任何相关症状。抑郁症最严重的形式是**重度抑郁症（major depression disorder）**，包括一段更持久的悲伤期，伴随其他症状，如频繁哭泣、疲劳、无价值感、内疚、孤独或担心。重度抑郁症还可能包括睡眠困难和食欲变化等症状［American Psychiatric Association（APA），2013］。

抑郁情绪：持续一段时间的悲伤，没有任何其他相关的抑郁症状。

重度抑郁症：临床诊断包括一系列特定的症状，如情绪抑郁、食欲障碍、睡眠障碍和疲劳。

在各种研究中，青少年的重度抑郁障碍比例从 3% 到 7% 不等（Cheung et al.，2005；Compas et al.，1993；Thapar et al.，2012），这与在成年人中发现的发病率大致相同。青少年抑郁情绪的比例要高得多（Steiner & Hall，2015）。例如，一项纵向研究发现，荷兰 11 岁青少年的抑郁情绪比例为女孩 27% 和男孩 21%，到 19 岁时上升到女孩 37% 和男孩 23%（Bennik et al.，2013）。青少年抑郁情绪最常见的原因往往是在青春期常见的经历：与朋友或家庭成员的冲突，在爱情中失望或被拒绝，以及在学校的糟糕表现（Costello et al.，2008；Larson & Richards，1994）。

女性在青春期中易患抑郁症（Thapar et al.，2012；Uddin et al.，2010）。人们提出了各种各样的解释。一些学者认为关于身材的担忧刺激了抑郁症。有大量证据表明，外在形象不佳的青春期女孩比其他女孩更容易抑郁（Graber，2014）。此外，当面对抑郁情绪爆发时，男孩（男人）更有可能分散自己的注意力（并忘记

反刍：反复思考不好的经历和感觉。

它），而女孩（女人）更倾向于**反刍（ruminate）**她们的抑郁情绪，从而放大它们（Nolen-Hoeksema et al., 2008；Stange et al., 2014）。青春期的女孩也比青春期的男孩更可能把她们的想法和感情投入到她们的个人关系中，而这些关系可能会成为痛苦和悲伤的来源（Bakker et al., 2010；Conway et al., 2011）。

青少年和成年人一样，重度抑郁症的两种主要治疗方式是抗抑郁药物和心理疗法。药物和心理治疗的结合似乎是治疗青少年抑郁症最有效的方法（Thapar et al., 2012）。根据在美国13个地区调查12—17岁曾被诊断为抑郁症的青少年中，71%受到药物和心理治疗的青少年症状有明显改善（Treatment for Adolescents with Dpression Study Team，2004，2007）。仅接受药物治疗组的改进率为61%，仅接受心理治疗组的改进率为43%，安慰剂组为35%。

然而，一些研究已经引起关注，使用抗抑郁药的青少年可能会引发自杀的想法和行为（Bridge et al., 2007）。根据一项对70项研究的回顾发现，服用抗抑郁药的儿童和青少年比服用安慰剂的儿童和青少年产生自杀想法和攻击性行为的风险要高得多（Sharma et al., 2016）。该领域的研究人员认为，当抑郁青少年使用抗抑郁药物时，父母和青少年应充分了解其可能存在的风险，并密切监测青少年的不良反应表征（FDA，2016；Fombonne & Zinck，2008；Thapar et al., 2012）。

小结：情绪与社会性发展

学习目标 8.12 能够总结关于青少年情绪性经验抽样法研究的结果。

经验抽样法（ESM）的研究表明，青春期的情绪波动比童年中期和成年期更大，不愉快情绪出现的频率更高。此外，5—12年级，学生的整体情绪状态会有所下降。

学习目标 8.13 能够描述自我理解、自我概念和自尊在青春期的变化。

青春期的自我发展是复杂的，有现实自我、可能自我、理想自我、恐惧自我，以及虚假自我。总体上，自尊心在青春期早期往往会下降，尤其是女孩。青少年自我概念包含多方面，但整体自我概念受自我对外表吸引力的感知影响较大。

学习目标 8.14 能够描述美国和传统文化中的性别强化假说及其支持率。

青春期是性别强化的时期，因为年轻人越来越意识到他们文化中的性别期望。在许多文化中，男孩如果不学会供给、保护和生育，就有可能成为失败的男人。在传统文化中，女孩子到达初潮时通常被认为已经为成为女性做好了准备。

学习目标 8.15 能够区分道德推理的认知发展理论和文化发展理论。

认知发展理论区分了道德推理的三个层次：前习俗水平、习俗水平和后习俗水平。科尔伯格认为这些水平是普遍的。道德推理的文化发展理论描述了三种伦理——自主、社区、神性，它们都是由发展和文化共同塑造的。

学习目标 8.16 能够描述青少年时期宗教信仰的文化差异，以及宗教信仰在文化中的来源和结果。

美国青少年比其他发达国家的青少年更虔诚，但宗教的重要性仍然低于学校、友谊、媒体和工作。总体来说，宗教虔诚程度高与青少年发展中的许多积极特征有关，比如与父母关系更好、药物使用率较低。

学习目标 8.17 能够总结青少年与父母、兄弟姐妹和大家庭关系的文化差异。

在提倡自主的文化中，青春期是一个与父母冲突增加的时期。兄弟姐妹之间的冲突不像以前那么严重，因为青少年离家的时间更多，但与兄弟姐妹之间的冲突比其他关系的冲突都多。在传统文化中，青少年往往关心他们的弟弟妹妹，这虽然导致了冲突，但也促成了亲密的关系。在世界范围内，与祖父母的关系往往是亲密和积极的。

学习目标 8.18 能够描述青少年与朋友关系的文化差异并描述其与同龄人的互动特征。

在大多数文化中，与童年中期相比，青少年与家人在一起的时间更少，与朋友在一起的时间更多。在青少年时期，亲密关系比早期时更重要。青少年也有一群朋友，或者叫“小团体”，他们把自己的同龄人看成是一群人。欺凌行为在青少年期早期比在其他年龄段更常见。

学习目标 8.19 能够识别青少年恋爱和性行为的文化差异，包括怀孕和避孕措施使用的差异。

不同的文化对青少年性行为的容忍度差异很大，从宽容到半限制再到限制，青少年怀孕率在高度接受青少年性行为的文化和严格禁止的文化中是最低的。美国青少年怀孕率很高，这主要是由于他们接收到的关于青少年性行为的文化信息混杂，但近几十年来，美国青少年怀孕率下降了一半。

学习目标 8.20 能够解释在青少年生活中媒体使用的作用，并将媒体实践模式应用于电子游戏。

青少年是各种媒体的热心用户，从电视、音乐到电子游戏，大多是通过他们的数字设备。根据媒体的报道，青少年不仅仅是媒体信息的被动接受者。相反，青少年制作出符合他们身份认同感的媒体节目。人们对沉迷电子游戏的潜在负面影响，主要集中在攻击性行为上，但是游戏在情绪调节等方面也产生了积极的影响。

学习目标 8.21 能够总结年龄和犯罪行为紧密相关的原因并描述减少犯罪的多系统方法。

根据一种理论，年龄和犯罪有高度的相关性，因为青少年早些时候更独立于父母，并且以同伴为导向。莫菲特的理论认为，青少年有限性犯罪在 12—25 岁发生，并且与这个年龄段之前或之后发生的问题都无关。然而生活过程—持续性犯罪通常在婴儿期伴随着神经功能缺陷及童年时困难的家庭条件发展，通常会持续到成年。预防犯罪的多系统方法需要在多个层面进行干预，包括家庭、学校和社区，研究表明这种方法非常有效。

学习目标 8.22 能够确定抑郁症的不同类型和比例并总结最有效的治疗方法。

抑郁情绪包括一段相对短暂的悲伤期，而抑郁症包含一个更持久的悲伤期加上各种各样的其他症状，如睡眠和饮食中断，尽管在青春期抑郁症是罕见的，但抑郁情绪是常见的，尤其是青春期女孩。重度抑郁症的两种主要治疗方法是使用抗抑郁药物和心理疗法，但有证据表明，使用抗抑郁药物会引发青少年的自杀想法和攻击行为。

第九章

成人初显期

第一节 生理发展

成人初显期的出现

成人初显期的五大特征

成人初显期的文化背景

成人初显期的生理变化

身体机能的巅峰

睡眠模式与睡眠缺失

危险行为与健康问题

受伤与死亡：机动车事故

药物的使用和滥用

适应能力

第二节 认知发展

教育和工作

高等教育：职业学院、综合性大学和培训项目

高等教育的数字化前景：在线学习

求职

第三节 情绪与社会性发展

情绪和自我发展

自尊

身份的发展

性别发展：文化信仰和刻板印象

文化信仰

宗教信仰发展

政治观念发展

成人初显期的社会文化背景

家庭关系

友谊

爱与性

媒体的使用

21 岁的安迪连同他女朋友合住在一间处于密苏里州中部地区的不起眼的一居室公寓中。两年后，安迪选择了从大学退学，一方面因为他想家，另一方面是因为他不能够确定自己真正想学的是什么。安迪不知道接下来的路该怎么走，就临时在一家园林公司上班，平时的工作是修剪草坪和灌木。安迪对自己的爱情也没有很大的把握，虽然他们已经处于同居状态，但搬到一起住还是因为经济原因。现如今安迪正考虑几个月后搬到旧金山，开始生活新篇章。

春明，19 岁，她近期选择离开生养她的那座小村庄，来到发展前景良好的地区——广州。尽管她父母没有同意她的决定，但春明仍认为在村子里待着没什么出路。她的一个广东表兄帮她谋求了一份在运动鞋生产工厂的工作。春明和她的 9 名年轻女同事一起住在工厂的集体宿舍。她们每天要在生产线上工作 10.5 小时，一星期要工作 5 天，外加周六半天，月收入大约 70 美元。尽管如此，她觉得自己还是很幸运。她有一个梦想，那就是能找一个温柔帅气的丈夫，或许能和他一起做点小生意，最起码也能在工厂外找一份相同的工作。

安迪和春明他们俩的生活不尽相同，但却有一个相同点：他们的生活模式与各自父母或祖父母在他们那么大的时候的经历有很大区别。过去半个世纪，全世界年轻人的生活方式产生了巨大变革。本章节便是关于成人初显期——一个因这些变化衍生出来的新阶段生活。

第一节 生理发展

学习目标

9.1 能够阐述导致“成人初显期”兴起的四次革命，以及“成人初显期”特有的五种发育特征。

9.2 能够参照欧洲和亚洲国家去描述不同文化中成人初显期出现的一些不同方式。

9.3 能够阐述成人初显期是身体机能处于巅峰期的相关指标。

9.4 能够总结大学生的睡眠模式和影响睡眠卫生习惯的主要因素。

9.5 能够解释年轻司机撞车概率最高的原因，并提出降低事故发生率的有效方法。

9.6 能够解释药物使用率在 20 岁出头达到顶峰，然后出现下降的原因。

9.7 能够确定与适应力相关的保护因素，并解释成人初显期可能是适应力的关键时期的原因。

成人初显期的出现

研究成人初显期的生理发育变化之前，我们先来详细了解一下关于成人初显期出现的源头。从传统意义上来说，人类发展理论描述了青春期、青年期（Erikson，1950；Lerner，2012）。青年期的过渡阶段被认为是成为成年人的标志，尤其结婚、为人父母和有稳定工作这些标志的出现。就大多数人来说，进入成人角色处于 20 岁左右。在他们 20 岁出头时，多数人已经形成了稳定的成人生活模式。

但是，以往的阶段分类已不再适用于多数人成长发展的经历，尤其在发达国家之中。20 岁出头并不意味着迈入稳定的职业发展期，相反，它是一个工作多变的时期。就大多数人来说，学习阶段的结束接着就是工作变动。同样地，大多数人结婚并为人父母是在 30 岁左右的时候，而不是 20 岁出头。

正因为这些变化，人类发展学家们慢慢意识到在青春期和青年期之间还有一个新的人生阶段（Padilla-Walker & Nelson，2017；Schwartz，2016；Swanson，2016）。就发达国家的多数人而言，成人初显期是一个他们正在经历着的阶段，从青少年晚期开始，到 25 岁左右，然后在 30 岁左右迈入更加稳定的成年早期（Arnett，2004，2007，2011，2015）。像美国流行的一句俚语：“30 岁是另外一个 20 岁。”

成人初显期大概是从 18 岁到 25 岁（Arnett，2015）。用 18 岁来作为青春期的结束和成人初显期的开端很恰当，因为在大多数国家，18 岁意味着成年，也意味着中学毕业。但成人初显期到底什么时候结束却很难下定论：因为它可以是第一次能完全感受到“已经成年”的时候，对于大多数发达国家中的绝大多数人来说，这个阶段是在 25 岁左右。将它这样定义——在 30 岁左右完成以上所说的成人角色转变——结婚、为人父母和工作稳定，或许比较合适。本章我们将重点关注 18—25 岁的青年。

成人初显期的五大特征

学习目标 9.1 能够阐述导致“成人初显期”兴起的四次革命，以及“成人初显期”特有的五种发育特征。

在发达国家之中，成人初显期作为标准人生阶段出现的一大指标，或许就是结婚年龄和生育年龄相比以往有所提高。在 1960 年，大多数发达国家居民平均结婚年龄是 20 岁出头：女性是 21 岁左右，男性在 23 岁左右（Douglass，2005）。现如今，美国人大多选择在 27 岁左右结婚（如图 9.1 所示），但其他发达国家，大多数平均结婚年龄在 30 岁左右（Arnett，2015）。生育年龄和其有着类似的增长模式。

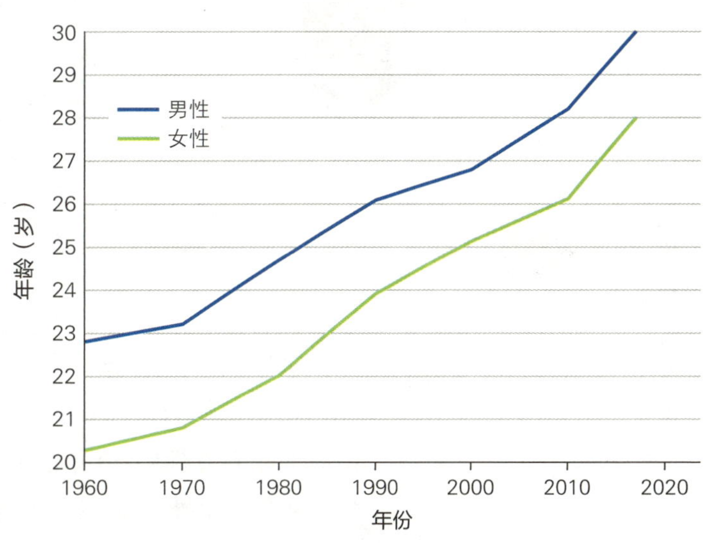

图 9.1 1960 年以来，美国平均结婚年龄的上升趋势

资料来源：美国人口普查局（2004，2010，2017）.

结婚和生育这两个典型年龄阶段升高的原因是什么？这要追溯到发生在 20 世纪 60—70 年代的四大变革——科技革命、性解放、妇女运动和青年运动，这四大变革为成人初显期的出现奠定了坚实基础（Arnett，2015）。

科技革命，这里不是说 iPad 和 iPhone 的出现，而是指改变了世界经济的一系列制造技术。过去的半个世纪，发达国家完成了从制造经济转向信息和科学技术并重的**知识经济（knowledge economy）**。在美国，近几十年中各种族高等教育（高中以后的教育培训）普及率全部升高（如图 9.2 所示）（NCES，2018）。大多数年轻人都是在毕业后才认真考虑如何履行成人职责，比如结婚、生育。对于他们很多人来说，这意味着他们要把成年人的职责推迟到 20—30 岁的后半段承担。

知识经济：以信息、技术和服务为基础的经济，大多数新工作要求人们接受中学以上的教育或培训。

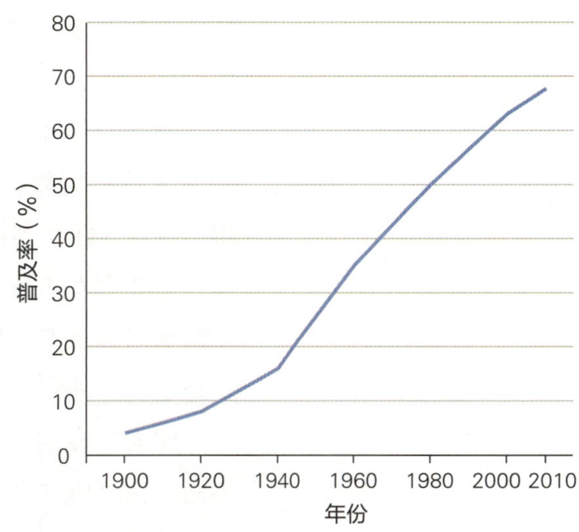

图 9.2 美国高等教育的增长趋势

该图显示了每年 18—24 岁的人接受高等教育的百分比。

资料来源：Arnett（2015）.

1960 年避孕药的发明是导致性解放运动爆发的另一重要影响因素。外加 20 世纪 60 年代和 70 年代初期性解放运动爆发不久后性道德标准的松散，意味着年轻人不必因为想拥有一个稳定的性关系去结婚。但现在多数年轻人都有婚前性行为，在保证忠诚和爱的条件下人们对于婚前性行为有很大的包容性（Arnett，2015）。

20 世纪 60—70 年代的妇女运动令提供给年轻女性的工作机会大大增多（Arneet，2015）。与 50 年前相比，女性角色发生了巨大变化，这让她们不想过早履行成人义务。20 世纪 50 年代和 60 年代初期的年轻女性，面对的择偶压力很大，因为 20 岁以后女性如果还是单身，那就表明没有社会地位。相对来说，那个时代女性很少上大学，上大学的女性也是因为择偶；年轻女性能选择的职业很窄，而且大部分都是些传统职业——秘书、服务员、教师、护士或其他职业。即便如此，对于她们而言，也被定义为临时选择，她们真正想要的还是结婚生子。

现如今的发达国家，年轻女性的受教育程度已经超过年轻男子，她们在工作方面获得了以前所没有的很多机会。

对于 21 世纪的年轻女性而言，情况发生了变化。几乎每一个发达国家，从小学到研究生的各级教育，女生的数量都比男生多，且年轻女性不再有职业限制，尽管男性在工程和一些科学领域仍占主导地位，但在获得法律、商业和医学学位方面，女性与男性是平等的。在有着丰富选择的情况下，没有了 20 岁左右结婚的压力［National Center for Education Statistics（NCES），2018］，发达国家的年轻女性跟 50 年前的生活状态相比，发生了巨大变化，已经远超以往认知。和年轻男性一样，她们一般会长时间尽可能地去做很多尝试，在最终决定前，一般是 18—19 岁，至少持续到 20—30 岁中期。

20 世纪 60—70 年代的第四大变革是青年运动，它诋毁、污蔑成年期、崇尚年轻，提倡像年轻人那样去行事。青年运动后果就是年轻人对于成长为成年人、承担夫妻、父母和员工这样的成人角色的意义和价值的观念发生了巨大变化。20 世纪 50 年代的年轻人希望成年期的到来并安定下来（Modell，1989），或许是因为他们是成长在经济大萧条和第二次世界大战的环境之中，拥有稳定工作、婚姻、家庭和孩子对他们来说很有吸引力；除此之外，他们大部分人打算生三四个甚至 5 个乃至更多孩子，所以他们更加想早点成家立业，这样才有足够时间去养育孩子们。

现在的年轻人看待成年期和成人义务的观念发生了变化。在 15—16 岁以及 20 岁出头的时候，婚姻、家庭和孩子对于大多数的年轻人而言，并非一个要获得的成就，相反他们极力排斥（Arnett，2015）。这并不是说他们最终不会成家立业和生儿育女，只是他们在想到这些问题之后会认为“还不到时候去做”。成年期的承诺提供安全感和稳定性，但也意味着无忧无虑、没有拘束的生活的结束，此外还有一种失去尝试的勇气。

成人初显期的主要特征是什么？和之前的青少年期以及青年期究竟有哪些不同？在经历方面，成人初显期存在文化差异（Arnett，2015）。但纵观发达国家，新兴的成人初显期与其他年龄阶段存在 5 个不一样的特征（Arnett，2004，2006，2015）。这些特征会在成人初显期出现前就有着出现的苗头，并且之后会越发明显，这些特征会在成人初显期成熟。具体而言，成人初显期的五大特征是：

- 一个不断探索的时期；
- 一个不稳定的时期；
- 一个自我关注的时期；
- 一个让人感觉纠结的时期；
- 一个有无限可能的时期。

成人初显期最独特的特点就在于这个年龄阶段会不断地探索自我。这意味着身处这个阶段的人们会在对爱情和工作做出最终决定前不断摸索各种可能性。通过不断尝试，身处这一阶段的人们会有着明确的自我同一性，即会在这一阶段认识自我、明确自身能力和不足、明确信仰和价值观及他们怎样去适应周围的环境。第一位提出自我同一性概念的心理学家是埃里克森（见第一章），埃里克森表明自我同一性是青少年时期会面对的一个主要问题，但那是 50 年前的观念。现如今，对于自我同一性的探索主要是在成人初显期进行（Arnett，2000，2015；Padilla-Walker & Nelson，2017；Schwartz et al.，2013）。

正因为对自我同一性的探索，使得成人初显期成为一个不稳定的年龄阶段。因为身处这一阶段的人会在爱情和工作方面不断尝试，所以生活也经常有变动。他们经常更换住所的行为便是对此很好的证明。如**图 9.3** 所示，在美国 18—29 岁的居住变化率显著高于其他任何阶段。这反映了对发生在成人初显期的自我同一性的探索。有些人在青少年后期第一次离开父母去上寄宿大学，另一些人则仅仅想一个人生活（Goldscheider & Goldscheider，1999）。如果他们从大学退学或是毕业就可能会再次搬家。他们可能会选择与恋人同居，如果恋爱关系结束还会有变动。有些人甚至会选择搬到身处国家的另外一个地方乃至其他国家去学习或工作。在美国，将

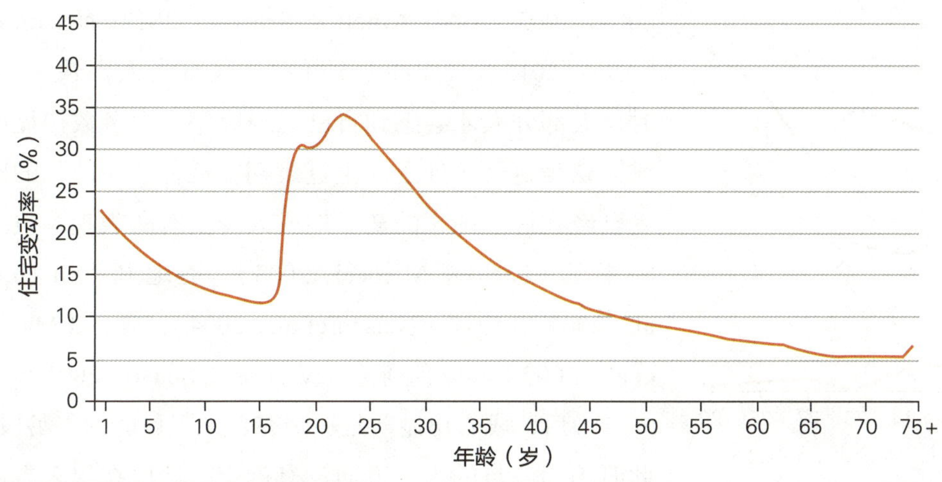

图 9.3　美国 2015 年的住宅变动率

为什么在成人初显期，居住变化率达到顶峰？

资料来源：Benetsky，Burd & Rapino（2015）.

近一半的处于成人初显期的人，他们在居住地变化的过程中至少有一次会再次搬回和父母居住一段时间（Fry，2013；Sassler et al.，2008）。在那些处于成人初显期却不会搬出去的人的国家中，如欧洲南部的大多数国家，初显期成人也可能会存在教育、工作和恋爱关系方面的一些变动（Douglass，2005，2007；Iacovou，2011；Moreno-Minguez et al.，2012）。

20 多岁以后的十年间，人们最有可能改变居住地。

成人初显期还是一个开始关注自我的年龄段，这个时期的人们不会像青少年那样依赖父母，也不需要像青年人那样在爱情和工作方面做出长远的决定，他们介于两者之间。在这个阶段，初显期成人学习成人生活知识、技能和认识自我的同时会更加关注自我。在成人初显期的整个阶段，从晚餐吃什么到是否选择与现在的恋人结婚，无论决定多小，他们都要学会一个人做出选择。

自我关注不是自私。与青少年相比，初显期成人更少出现以自我为中心的情况，处于这一阶段的初显期成人对他人观点的接纳程度也更高（Arnett，2004；Lapsley & Woodbury，2015）。学会独立生活以及成为一个自立的人，是自我关注的最终目标，但初显期成人并不认为自立是一个不变的状态。恰恰相反，他们认为这是一个必经阶段，一个自己与他人在爱情、工作等方面建立稳定关系之前的预备阶段。

成人初显期的另一大特征是会让人感到纠结。它会让人感到自己不再是青少年，但却没有完全成年。当被问到“你已经成年了吗？”的问题时，大多数初显期成人的答案既不是“是”，也不是“不是”，而是给出了模棱两可的答案：“某种程度上是，某种程度上不是（Arnett，1997，1998，2001，2003，2004；Arnett & Schwab，2012；Nelson & Luster，2015）。”如**图 9.4** 所示，只有当人们快 30 岁时，大部分人才会感到自己已经成年。大多数初显期成人认为自己正处于人生过渡期，这种“纠结”的感受已经在许多国家的初显期成人身上有所表现，包括阿根廷（Facio & Micocci，2003）、奥地利（Sirsch et al.，2009）、中国（Nelson et al.，2004）、捷克（Macek et al.，2007）和以色列（Mayseless & Scharf，2003）。

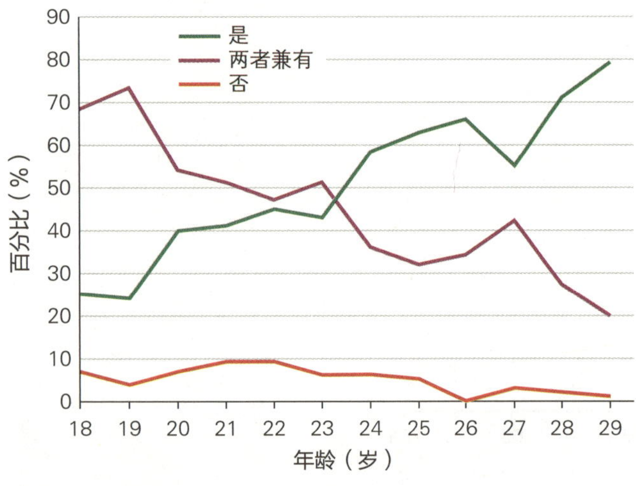

图 9.4 你觉得自己已经成年了吗？

初显期成人常常在某些方面感到自己成熟了，但在其他方面则不然。
资料来源：Arnett（2015）.

最后，成人初显期是一个有着无限可能的年龄段，此时因为各自的人生方向没有确定，所以在很多方面他们有很多可能性。这个年龄段还具备很高的期望值，因为初显期成人怀揣的梦想还没有被无情的生活破碎。

一个覆盖面达到全美的研究调查了 18—29 岁的年轻人，研究发现几乎所有的（89%）人都认可这种话："我相信最终能够过上想要的生活。"（Arnett，2015）在其他国家也发现了初显期成人身上的这种乐观精神，比如中国（Nelson & Chen，2007）。

之所以说成人初显期是一个有着很多可能性的阶段，是因为这段时期有着改变的潜能。对于那些出生在不好的家庭环境中的人们而言，这是一个让他们的人生变得更好的契机。他们不再依赖父母、不再被父母的各种问题支配、能够自己做决定，还有可能搬离一个人住或者上大学，这些都会改变他们的生活（Arnett，2015；Burt & Paysnick，2012）。即使对于那些家庭环境好的初显期成人而言，这也是一个改变自我的契机，他们不再依照父母想要的样子生活，他们可以自己决定想要成为什么样的人和想要拥有什么样的生活。在这个有限的时间里——7 年或 10 年，他们一切期望都有机会实现，因为对于大多数人而言，他们有着更大的对生活选择的余地，无论是对比以往还是未来。

成人初显期的文化背景

学习目标 9.2　能够参照欧洲和亚洲国家去描述不同文化中成人初显期出现的一些不同方式。

在日本等亚洲国家，初显期成人感到有义务照顾父母。

在发达国家中，成人初显期被视为一个人生阶段，但它却存在地域差异（Arnett，2011）。成人初显期在欧洲的定义时间最长且存在状态最悠闲。在大多数的欧洲国家，年轻人结婚和生育的中间年龄是 30 岁左右（Douglass，2007；Moreno Mínguez et al.，2012）。如今的欧洲社会是世界上最富裕、福利最好、最平等的社会，其实历史上一直如此（Arnett，2007；Rifkin，2013）。在欧洲国家，政府会为高等教育提供经费、帮助年轻人找工作并且为无业人员提供社会救助福利。在北欧，许多国家的政府还有住房保障。欧洲的初显期成人可以享受这些福利优势。

亚洲地区的发达国家初显期成人的精力与欧洲国家的初显期成人相比存在明显不同。个人主义在欧洲盛行了很长一段时间，这一现象可以向前追溯至少 500 年。现在的初显期成人继承了个人主义文化中关于自我发展和从容的部分（Douglass，2005）。尽管亚洲文化与欧洲文化存在历史交叉，但亚洲文化更加强调集体主义和家庭责任。尽管受到全球化的影响，亚洲文化在最近几十年变得更倾向个人主义，但集体主义的影子仍然在初显期成人的生活当中有所体现（Zhong & Arnett，2014）。在成人初显期，他们会像美国和欧洲的初显期成人那样寻求自我同一性探索和自我发展，但会被限制在很小的范围内。因为他们有一种对他人的责任感，尤其是对父母而言（Phinney & Baldelomar，2011）。例如，在成年的最重要标准方面，美国和欧洲一致认为经济独立是进入成人初显期的最重要的标志。但亚洲文化的初显期成人则认为是赡养父母的能力，并将其视作最重要的标准（Arnett，2003；Nelson et al.，2004；Zhong & Arnett，2014）。这种家庭责任感在某种程度上可以缩减他们对自我同一性探索的时间，因为相比之下，他们更加重视父母的期望，比如自己应该学什么、做什么工作以及想要住在哪里。

在一个国家内部和国与国之间一样，成人初显期还有着许多不同的形式，如同我们在青少年时期和儿童时期所看到的一样。在发达国家，约有一半的初显期成人会接受高等教育或是培训，但仍然有一半的初显期成人并没有，这些人在成人初显期的经历则有着很大的不同。具体而言，在一个强调教育程度的经济体制之下，他们很难找到一份体面的工作。在不同国家或是文化之间还有一些其他的重要差异，比如，对于婚前性行为和同居行为的容忍程度，我们将在后面的章节中提到。故此，全球范围内的成人初显期的表现并非一成不变，而是存在着具备很多不同文化特征的形式（Arnett，2011，2015）。

现如今在发展中国家中，处于城市和农村地区的年轻人，在成人初显期的经历可能是完全不同的。在如中国和印度这样的发展中国家中，城市地区的年轻人更加有可能经历成人初显期，因为他们会更晚地结婚生子，接受更多的教育，并且拥有比农村地区的年轻人更多的工作选择和休闲放松的机会（Nelson & Chen，2007；Zhong & Arnett，2014）。相较之下，发展中国家处于农村地区的年轻人往往受教育程度较低、很早便成家，并且大多只能够进行务农，很少有其他选择。

然而，在未来几十年，随着世界经济全球化的发展，成人初显期在全球范围内有可能会变得更加普及化（Arnett，2011）。发展中国家的高等教育普及率及结婚年龄正逐步升高，尤其是处于城市地区的中产阶级。这些改变使得成人初显期到 21 世纪末有可能会成为世界上所有年轻人都势必会经历的人生阶段，不过在国家内部或者不同国家之间仍有可能在时间长短和经历内容上存在差异。

文化聚焦：成人初显期的特征

成人初显期不是一个很普遍的人类发展阶段，而是存在于一定的条件之下，这一发展阶段直到最近才在部分文化中出现。正如我们所看到的那样，成人初显期存在的主要条件之一就是相对较高的婚育年龄——接近 30 岁乃至更晚。婚育年龄延后到接近 30 岁，使得人们在 18—19 岁，以及 20 多岁的这段时期可以用来进行其他活动，比如前文所提到的对自我同一性的探索。正因如此，成人初显期如今主要在发达国家出现，但同时也在发展中国家越发普及（Arnett，2011，2014）。

复习题：

成人初显期被描述为一个不稳定的人生阶段。谈一谈哪些例子能够佐证这一描述。

成人初显期的生理变化

在青少年后期，身体机能的很多方面都已经成熟。18 岁的时候，人们的身高会达到顶峰。当青春期结束时，性成熟已经达到了能够生育的程度。然而对于大多数人而言，20 多岁的时候力量和耐力仍然在继续增长，而且这一阶段生病的概率很低，因为免疫系统的功能达到了顶峰。与此同时，在某些方面生命安全的威胁会急剧增加，最明显的就是机动车事故和药物的滥用。

身体机能的巅峰

学习目标 9.3 能够阐述成人初显期是身体机能处于巅峰期的相关指标。

你喜欢看奥运会吗？从冬季奥运会的竞速滑冰、单板滑雪到夏季奥运会的撑竿跳、1500 米田径，运动员在比赛中体现出不可思议的身体机能和令人惊叹的技艺，很有趣。这一类竞技代表着人类运动能力的最高水平。

你是否意识到几乎所有奥运参赛运动员都是 18—29 岁的人？成人初显期的人们身体机能处于巅峰，此时身体达到了健康、力量和活力的顶峰。体能往往使用最大摄氧量，即 **VO_2 最大值**（$VO_{2\,max}$）来测量，它反映了身体吸入氧气以及将氧气传输到各个器官的能力。最大摄氧量在 20 岁出头的时候达到顶峰（Veldhuisen et al.，2014）。与之相似的**心输出量**（**cardiac output**），即从心脏输出的血液量则在 25 岁时达到顶峰（Parker et al.，2007）。人们在 20 岁出头时的反应力也比其他任何阶段都要快，男性手握力的相关研究也有类似的表征，即在 20 多岁时达到顶峰，随后逐渐下降（Dodds et al.，2014）。在这段时间里，骨骼的强度也会有所增加。即使骨骼的长度在青少年后期达到了最大长度，但骨骼的密度会继续增加并在 20 多岁时达到顶峰（Zumwalt，2008）。

VO_2 最大值：也称为最大摄氧量，指身体吸收氧气并将其输送到各器官的能力。

心输出量：从心脏流出的血液量。

并非只有奥运会运动员的表现才能够证明成人初显期是一个身体机能极佳的阶段。运动员最佳运动状态年龄段的相关研究如今已经存在（Ericsson，1990；Schultz & Curnow，1988；Stones & Kozma，1996；Tanaka & Seals，2003）。研究表明，不同的项目有着不同的巅峰年龄。例如，游泳选手的巅峰年龄最小（青少年后期），高尔夫选手的巅峰年龄最大（30 岁出头）。然而，大部分运动巅峰年龄都是在 20 多岁的时候。

成人初显期也是人一生当中最少生病的阶段（Braveman et al.，2011；Gans 1990）。这一点在现在更加明显，疫苗接种和医药治疗极大地降低了患病的风险，例如脊髓灰骨质炎，以前经常发生在这一时期。初显期成人不再轻易感染儿童期的疾病，如无意外，他们也不太容易患上在成年后期比较普遍的癌症或心脏病。这是因为免疫系统在成人初显期效能最佳，20

成人初显期是身体机能达到高峰的时期。游泳运动员迈克尔·菲尔普斯在 2008 年奥运会上以 23 岁的年龄赢得了 8 枚金牌，但在他 30 多岁的时候很难重现这一辉煌。

岁左右这段时期是一个很少出现住院治疗、在家卧床休息情况的阶段。

综合来看，成人初显期是人生当中格外健康的一个阶段。然而，这并不是绝对的。许多初显期成人的生活方式往往存在一些危害健康的因素，例如营养不良、睡眠不足以及加班和完成学业或是多份工作而出现的高强度压力（Braveman et al.，2011；Sirois，2015）。美国和芬兰的研究显示，从青少年时期到成人初显期，人们的身体活动、运动参与和身体锻炼频率都有所下降（Gordon-Larsen et al.，2004；Li et al.，2016；Telama et al.，2005）。尽管他们的身体处于最佳状态，这些生活方式经常会让他们感到疲惫、虚弱和无力。在很多国家里，20 岁左右也是最易因意外行为而致伤、死亡和疾病的阶段（Arnett，2015）。成人初显期相对于有更高危险性的领域包括机动车事故、药物滥用，以及性传染病（STIs）在内的与性活动有关的风险事件，此部分将会在本节后面进行探讨。

睡眠模式与睡眠缺失

学习目标 9.4　能够总结大学生的睡眠模式和影响睡眠卫生习惯的主要因素。

最近几天你睡眠质量如何？如果你正在读这本书，如果你是一名大学生，那你的睡眠模式理想吗？几乎所有关于成人初显期睡眠的研究对象都是发达国家的大学生，根据研究，大学生的睡眠模式会以不同方式削弱认知功能和影响情绪健康。根据调查报告，大学生患睡眠延迟综合征（Gradisar & Crowley，2013；Jaquez et al.，2017）的可能性是成年人的两倍。这种综合征包括周末或假日里的睡眠时间要比上学或工作日的睡眠时间长，导致学业或工作表现较差或是在上学、工作日过度困倦。由于睡眠时间少于所需要的时间，大学生容易形成一周的睡眠亏欠累积，然后会在空闲时间补充睡眠，但还是会给他们的认知和情感功能带来消极影响（Regestein et al.，2010）。

清晨型：喜欢早睡早起。

夜晚型：喜欢晚睡晚起。

关于大学生睡眠模式自我报告表明，睡眠问题很普遍。2/3 的学生报告说他们偶尔会存在睡眠问题，1/4 的学生报告表明他们经常存在严重睡眠困扰，例如失眠或入睡困难（Taylor et al.，2013）。睡眠困扰与很多方面有关，例如抑郁和焦虑（Millman，2005；Taylor et al.，2013）。不良的睡眠习惯也会导致注意力、记忆力和整体思维认知缺陷。

初显期成人倾向于夜晚型，这可能给早上的课程带来挑战。

大学生和其他初显期成人之所以常常出现睡眠问题，是因为他们的日常生活作息大多是由成年人安排，而成年人和大学生的睡眠偏好是不同的。研究睡眠相关的人员证实人们的睡眠模式各有不同，有的人喜欢早睡早起，即**清晨型**（morningness），有的人喜欢晚睡晚起，即**夜晚型**（eveningness）。此外，这些偏好会随着年龄的变化而变化，其根源就在于激素水平的变化。具体而言就是生长激素水平的变化，这种变化从生理上看是正常的。一项涉及 55000 多名欧洲人的针对童年期到成年期的大型研究发现：儿童更倾向于清晨型，但在青少年时期和成人初显期的初始阶段，会变成夜晚型，大约会在 20—21 岁达到顶峰（女性稍早于男性）（Roenneberg et al.，2007）。在 20—21 岁以后，又会再次转向清晨型。其他相关研究还表明年龄与睡眠倾向之间有类似关系（Jaquez et al.，2017）。你们 60 多岁的教授之所以把课程安排在上午 8 点或 8 点半，是因为这个时候是他们一天当中感到最干劲十足的时候。但是如果你 20 岁出头，那么这种时间规划会让你感到糟糕，因为在那时候你还处于困倦状态。

导致大学生产生睡眠障碍的不仅是生理变化，还有生活方式的因素，比如熬夜聚会、考试前一天开始复习。你是否有过为了备考或完成第二天的论文而熬夜？在美国的大学生中，这种“通宵”情况很常见。在一项对四年制文理学院学生的研究中表明，60% 的学生在进入大学后至少有一次通宵经历（Thacher，2008）。熬夜的人更偏向“夜晚型”，整体学习成绩差。另一项针对熬夜的研究发现，与睡 8 小时的大学生比，考前熬夜的学生认为自己考得不错，但事实上他们考试结果并不理想（Pilcher & Waters，1997）。

有关睡眠方面的专家推荐以下方法帮助睡眠（Brown et al.，2002；Horne，2014）：

- 每天定时醒来；
- 坚持锻炼身体；
- 少摄入咖啡因；
- 尽量避免酗酒；
- 晚上睡觉时关掉所有科技类产品。

这些看似是尝试，但很多人的实际表现却与之相反。许多人在白天喝咖啡以求清醒，却不知道过多地喝咖啡会容易导致失眠。许多人酗酒，不考虑睡眠卫生问题。当然，许多人发现尽管晚上要睡觉了也很难选择关掉科技类产品（Rosen et al.，2016）。

危险行为与健康问题

杰夫是一名 21 岁的匈牙利男孩，他热爱冒险，在大学三年级的暑假，杰夫决定搭车穿越美国。他从密歇根的家沿街向下走，累计 8000 英里，从密歇根西部到西雅图，途经洛杉矶，然后经过拉斯维加斯回家。没错，这是一次冒险，而且在各种意义上都是一次有趣的冒险。

但是我们现在不建议学生们参加此类冒险活动！然而，杰夫在成人初显期所经历的风险并不是个例的。成人初显期指的是生命中多种风险行为达到顶峰的时期（Arnett，2000，2015）。初显期成人与儿童和青少年不同，没有父母监督他们的行为，也没有父母为他们制定规则。与中年人和老年人不同，许多初显期成人不对伴侣和孩子的日常承担责任，也没有工作雇佣责任来约束他们。

社会控制：社会义务和关系对个人行为的约束。

通常来说，成人初显期是**社会控制（social control）**的最低点——社会义务和关系对行为的约束——个体更有可能承担某些风险（Arnett，2005；Hirschi，2002）（没人能阻止杰夫搭顺风车旅行，尽管他妈妈确实尝试过）。当然，并不是所有的初显期成人都喜欢冒险，但是某些冒险行为在这个年龄段比其他年龄段更常见。下面我们来了解一下汽车驾驶和药物使用。成人初显期也是一种生命阶段，这个阶段具有独特的适应性，所以在研究风险之后，我们考虑了适应性，以及初显期成人的行为与社会控制之间的关系。

受伤与死亡：机动车事故

学习目标 9.5　能够解释年轻司机撞车概率最高的原因，并提出降低事故发生率的有效方法。

在发达国家，对青少年和初显期成人的生命和健康最严重的威胁来自汽车驾驶（Patton et al.，2009）。在美国，在所有年龄段中，16—24 岁的年轻人发生车祸导致受伤或死亡的比例最高，如**图 9.5** 所示［National Highway Traffic Safety Administration（NHTSA），2017］。在其他发达国家，最低驾驶年龄（通常是 18 岁）和接触汽车较少这两个因素使得年轻人的交通事故和死亡率大大低于美国，但在这些国家，机动车伤害是初显期成人死亡的主要原因（OECD，2017）。

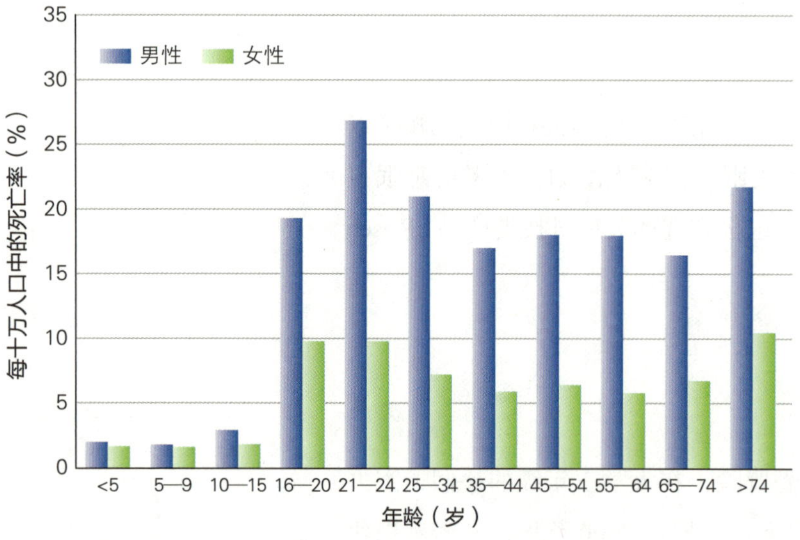

图 9.5　按年龄段划分的车祸死亡率

为什么 16—24 岁的年轻人死亡率如此之高？

资料来源：NHTSA（2017）.

是什么导致了这些可怕的统计数字？是年轻司机缺乏经验，还是他们的驾驶行为过于危险？经验不足自然是其中一个很大的原因。初显期成人在开车的前几个月中，交通事故和死亡事故的发生率非常高，但在拿到驾照一年后就会急剧下降（McKnight & Peck，2002；Valentine et al.，2013）。

我们试图厘清关于年轻司机的驾驶经验和年龄的研究，得出普遍结论——缺乏经验是造成年轻司机事故和死亡的主要原因。然而，研究也得出结论，缺乏经验不是唯一的因素。毕竟，21—24

岁的美国人的死亡率高于16—20岁的死亡率，如图9.5所示。更重要的是年轻人开车的方式和他们所冒的风险（Valentine et al.，2013）。与年长的驾驶员相比，年轻的驾驶员（尤其是男性驾驶员），更有可能超速驾驶、后挡板、违反交通标志和信号，更有可能在变道和超车时冒更大的风险，合并时间过短，不给行人让路（Bina et al.，2006；Williams & Ferguson，2002）。最近增加的一个风险是，年轻司机比年长司机更有可能一边开车一边发短信，这大大提高了他们的撞车率（Gliklich et al.，2016）。

初显期成人也比年长的司机更有可能出现醉酒驾驶。与其他年龄段的人相比，发生致命事故的21—24岁的司机更有可能在事故发生时早已处于醉酒状态（NHTSA，2018）。美国大学生报告，在过去一年中有近一半的醉酒驾驶（Clapp et al.，2005；Glassman，2010）。相比年长的司机，年轻人更不可能系安全带。在严重的车祸中，与系安全带的人相比，不系安全带的人死亡的可能性是他们的2倍，受伤的可能性是他们的3倍（NHTSA，2011）。

还有什么会导致年轻司机撞车呢？与年长的司机相比，年轻司机更可能相信他们的朋友会称赞他们危险的驾驶行为，比如超速行驶、紧跟着其他车辆、在危险的环境中超车（Chen et al.，2007；Gonzalez-Glesias，2015）。司机的性格也很重要，追求感觉和攻击性等个性特征也会导致危险驾驶和随后的车祸发生，而这些特征往往在年轻人中表现得最为突出（Cestac et al.，2011；Shope & Bingham，2008）。

> 我喜欢开快车，但过了一段时间，快车就不再能使我产生乐趣了。所以我开始在晚上不开灯开车，在大约90英里的乡村道路上行驶。我甚至找了个朋友帮忙。我们会在乡间小路上兜风，关掉灯，然后飞驰而过。这是令人难以置信的。我们会尽可能地加快速度，在晚上，没有灯光的时候，感觉就像在飞一样。
>
> ——尼克，23岁（Arnett，1996，p.79）

我们能做些什么来降低汽车事故和车祸死亡率呢？父母对青少年驾驶行为的监控已被证明在驾驶前期的几个月尤为重要，所以增加父母参与的干预措施是有效的（Simons-Morton，2007；Simons-Morton et al.，2006；Simons-Morton et al.，2008）。到目前为止，还没有研究出父母对成人初显期司机的参与能有效减少车祸的方法，尽管在美国，年轻人在成年后便开始开车的现象也越来越普遍。然而，到目前为止，有效的方法是一项名为**获取驾驶证（graduated driver licensing，GDL）**的政府计划。请查看“研究焦点：获取驾驶证”以了解更多信息。

获取驾驶证（GDL）：根据安全驾驶记录，年轻人逐步获得驾驶权，而不是一次性全部获得。

研究焦点：获取驾驶证

汽车事故是世界范围内造成伤害和死亡的一个主要原因，特别是对于年轻人来说，但为了进一步减少死亡人数，最近制定了有效的公共政策。

获取驾驶证（GDL）是政府的一项计划：人们获得双份驾驶执照，取决于安全驾驶记录，而不是一次性获得。这些项目通常包括三个阶段（Governors Highway Safety Association，2016）。学习驾驶是年轻人在有经验的驾驶员的监督下获得驾驶执照的阶段。

例如，加州的 GDL 项目要求年轻人在父母的监督下完成 50 小时的驾照培训，其中 10 小时必须在夜间完成。

第二阶段是受限驾驶时期。在这一阶段，年轻司机可以在无人监督的情况下驾驶。与成年人相比，对年轻司机的限制更严格。

最有可能使年轻司机面临撞车的危险：例如，在一些州，GDL 项目包括驾驶宵禁，除非是为了去上班等特定的目的，否则禁止年轻司机深夜开车。此外，在没有成年人在场的情况下，禁止和未成年人驾驶，要求使用安全带，以及对饮酒“零容忍”的规定。最近，美国大多数州也通过了禁止新手使用手机的法律，包括打电话和发短信。在限制阶段，任何违反这些限制的行为都可能导致吊销执照。只有在 GDL 期满后——通常不超过一年——年轻人才能获得完整的驾照，并享有与成年人相同的驾驶权利。

过去十年间的大量研究表明，GDL 计划是减少年轻驾驶员发生汽车事故最有效的方法（Zhu et al.，2015）。2007 年进行的 21 项研究得出的结论是，GDL 项目持续地将年轻司机的撞车概率降低了 20%—40%。人们发现，驾驶宵禁大大减少了年轻人的撞车事故。在过去的 10 年里，美国 16 岁司机的致命撞车事故减少了 50% 以上。这主要归功于 GDL 项目（NHTSA，2016）。许多州的立法者通过实施更多这样的项目来回应这一证据。几乎美国所有的州（50 个州中的 48 个）现在都有某种 GDL 计划，这种情况在过去的 20 年里急剧上升（Governors Highway Safety Association，2016）。加拿大和许多欧洲国家也设立了毕业驾驶执照课程（Bates et al.，2014）。研究表明，这些法律的部分作用在于让父母更容易接受。

复习题：

1. 下列哪项不是 GDL 程序的典型组成部分？
   A. 驾驶宵禁
   B. 不超过两名青少年乘客
   C. 强制使用安全带
   D. 对酒精零容忍
2. 下列哪项是美国广泛采用 GDL 计划的结果？
   A. 年轻司机的受伤人数有所下降，但死亡人数没有下降
   B. 大多数年轻司机都找到了避开这些规定的方法
   C. 16 岁青少年的车祸死亡人数大幅下降
   D. 女孩的驾驶习惯改变了，但男孩没有

药物的使用和滥用

学习目标 9.6　能够解释药物使用率在 20 岁出头达到顶峰，然后出现下降的原因。

许多类型的药物使用在成年初期达到顶峰。在一项国际化的关于预测未来的研究中，跟踪了几个从高中到中年的美国群体，研究显示各种物质使用现象在青少年晚期上升，在 20 岁出头达到顶峰，在 20 岁后期下降。如**图 9.6** 显示的

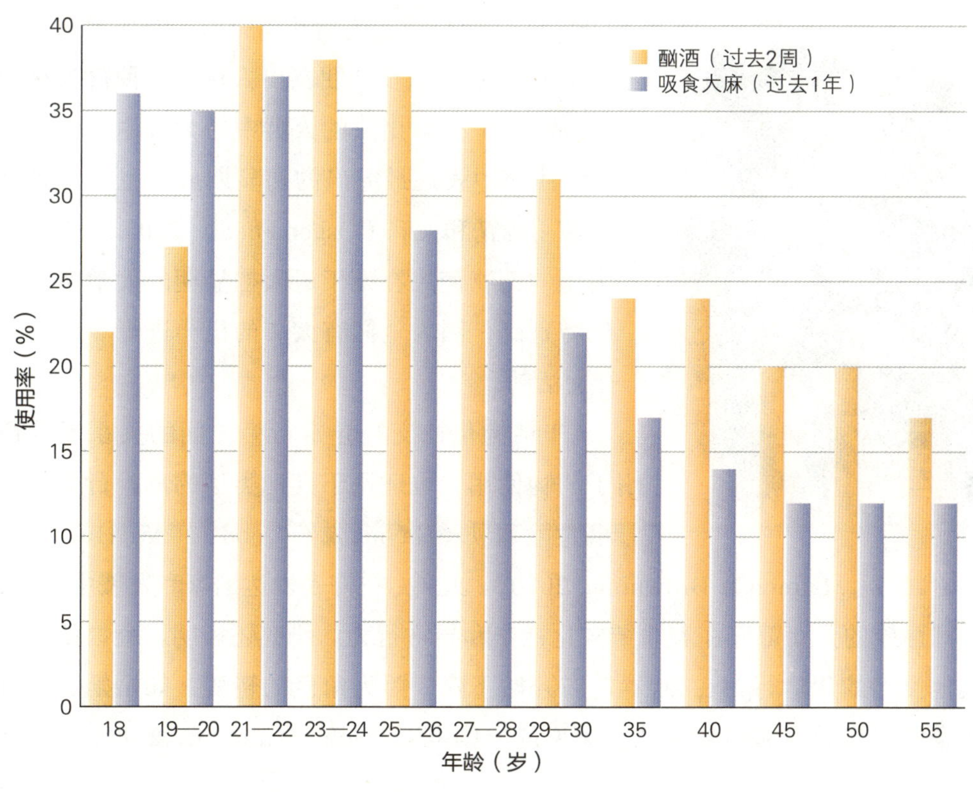

图 9.6　在 18—55 岁的人群中大麻的使用率和酗酒比例

大多数药物的使用率在 20 岁出头时达到顶峰。

资料来源：Johnston et al.（2014）.

美国各年龄段的人大麻使用率和**酗酒**（binge drinking）的比例（男性连续消费 5 杯以上，女性连续消费 4 杯以上）（Johnston et al.，2014）。滥用药物，尤其指滥用酒精（Core Institute，2013）。男性比例也比女性高一些。

酗酒：男性连续喝 5 杯以上，女性连续喝 4 杯以上。

一些证据表明，在其他发达国家的初显期成人中，药物使用率也很高。一个对西班牙 18—24 岁成年人的研究报告称，在过去的 30 天里男性酗酒率为 31%，女性为 18%，远高于其他任何年龄段（Valencia-Martín et al.，2007）。

其他欧洲国家也发现了成人初显期出现酗酒的情况（Kuntsche et al.，2004）。例如，在苏格兰的女大学生中，大多数人表示会定期在周末豪饮，并认为这是"无害的乐趣"（Guise & Gill，2007）。然而，酗酒和其他药物在成人初显期的使用与各种各样的负面事件相关，从致命的车祸到意外怀孕，从犯罪活动到肢体冲突（Jochman & Fromme，2010；Plant et al.，2010）。

如何解释初显期成人中较高的药物使用率？一个社会学研究在倾向和机会的基础上解释了非法药物使用和其他异常行为（Wilson & Herrnstein，1985）。当人们有足够的倾向性（行为不正常的动机）和足够的机会时，他们就会做出不正常的行为。与其他年龄组相比，初显期成人有非常高的机会参与药物使用和其他异常行为，这是因为他们大部分时间都花在了**非结构化社交**（unstructured socializing）活动上（Hoeben et al.，2016；Osgood，2009）。

非结构化社交：与朋友的社交没有明确的目标或活动，包括驾车兜风、参加聚会、非正式拜访朋友，以及与朋友外出等行为。

成人初显期是非法药物使用的高峰，部分原因是这段时间非结构化的社交活动最为频繁。

非结构化社交活动包括开车兜风、参加聚会、非正式拜访朋友，以及和朋友出去玩。这种行为在青少年晚期和20岁出头的人群中最为普遍，在非结构化社交中表现最突出的初显期成人也最为频繁地使用酒精和大麻（Osgood et al., 2005）。大多数类型的药物使用在处于成人初显期的大学生中比例特别高，因为他们有太多的机会进行非结构化社交活动。

非结构化社交与异常行为之间的关系不仅适用于药物使用，也适用于其他类型的危险行为，如犯罪和危险驾驶（Haynie & Osgood, 2005；Hoeben et al., 2016；Maimon & Browning, 2010）。此外，在许多发达国家和发展中国家，不同种族的男女都存在着非结构化社交和异常行为。研究还表明，药物使用和其他类型的危险行为在20岁左右开始下降，因为角色的转变，如婚姻、父母和全职工作导致非结构化社交频率的急剧下降（Johnston et al., 2014；Patrick et al., 2011）。

批判性思考题：除了非结构化社交活动外，还有什么因素可能导致成年初期的药物使用？

适应能力

学习目标 9.7　能够确定与适应力相关的保护因素，并解释成人初显期可能是适应力的关键时期的原因。

“希望有了这些经历，我能做出更好的判断，并把我的生活推向更好的方向……在我的生活中发生过很多不好的事情，我只是觉得，它们好像再也不会发生了。”

——杰瑞米，25岁（Arnett, 2015, p.297）

“妈妈擅长语言暴力，爸爸擅长身体暴力。它一直都很糟糕，现在我搬走了，它就不在那里了，我想这是好事。我不需要每天都处理它……有很多痛苦和伤害，但我真的成长了。它造就了今天的我。”

——布丽奇特，23岁（Arnett, 2004, p.302）

值得注意的是，面对异常困难的环境，如有虐待、贫困或青少年犯罪史的初显期成人，许多人都能很好地适应并发挥作用。**适应力（resilience）**是对这一现象描述的术语，定义为“尽管对适应和发展存在严重困难，但能有好的结果”（Masten，2001，p.228）。有时“好的结果”是用显著的学术或社会成就来衡量的，有时是用幸福或自尊等内在条件来衡量的，有时是用没有显著问题的指标来衡量的。适应性强的年轻人不一定是成就非凡的人。更常见的情况是，他们表现出研究者安·马斯滕（Ann Masten）所说的“普通魔力”，即尽管面对异常困难的环境，他们仍能正常工作（Masten，2001）。

适应力：克服不利的环境条件，并在这些条件下实现健康发展。

适应力由**保护因素（protective factor）**促进，使人们能够克服生活中的风险（Masten，2015；Rafaelli & Iturbide，2015；Stone et al.，2012）。在对儿童时期、青少年时期和成人初显期的适应性研究中确定的一些重要的保护因素包括：

保护因素：年轻人在经历高风险环境下与低风险问题相关的特征。

- 高智商。高智商的年轻人比其他人更有机会克服困难环境中的挑战。例如，尽管高智商的年轻人上的是低质量的学校，并且在一个混乱的家庭中长大，但高智商也许能让孩子、青少年和初显期成人在学习上取得好成绩（Masten et al.，2006）。
- 一个懂得关怀的成年人。家庭破裂和冲突是外化和内化问题风险的关键因素。然而，与父母或家庭以外的成年人的良好关系可以作为一种保护因素，使问题不太可能发生（Piko & Kovacs，2010）。尽管成长在贫困环境和生活在一个恶劣的社区，但有效的教育可以帮助孩子树立积极的自我形象和避免反社会行为的发生（Brody & Flor，1998）。一名教师可以为一个在家庭生活中被虐待或忽视的年轻人或即将成年的孩子培养高的学术目标和良好的未来规划（Rhodes & DuBois，2008）。
- 健康的学校环境。儿童和青少年大部分时间都在学校，如果学校氛围是积极的，则它可以帮助他们克服在家里可能经历的危险因素（Doll et al.，2014）。迈克尔·鲁特（Michael Rutter）和他的同事对英国学校的经典研究第一次展示了一个积极的学校环境可以是一个很好的保护因素。他们研究了伦敦 12 所学校的青少年，从 10 岁开始，跟踪调查他们 4 年。研究结果显示，学校氛围对青少年犯罪有显著影响，即使在不考虑社会阶层和家庭环境等因素的情况下也是如此。在随后的几十年里，许多其他研究都证实了学校氛围在促进适应力方面的重要性（Matthews et al.，2015）。对于初显期成人来说，上大学可能是一种保护因素（Masten，2006）。
- 宗教信仰和习俗。虔诚的宗教信仰已经被认为是一个特别重要的保护因素。拥有强烈宗教信仰的青少年和初显期成人不太可能出现诸如药物滥用等问题，即使他们

一段健康的恋爱关系可以为成人初显期的适应提供机会。

是在高风险环境中长大的（King & Boyatzis，2015；Wallace et al.，2007）。大量研究发现，宗教信仰虔诚度与青少年期和成人初显期危险行为的参与呈负相关（Nguyen & Newhill，2016；Smith & Denton，2005）。

尽管有关适应力的研究大多涉及儿童和青少年，但近年来，成人初显期被认为是适应力提高的关键时期（Arnett，2015；Burt & Paysnick，2012；Padilla-Walker & Nelson，2017）。与儿童和青少年不同，初显期成人有能力离开不健康、高风险的家庭环境。与老年人不同，初显期成人还没有做出构成大多数人成年生活的承诺。因此，成人初显期是一个做出决定的时期，这些决定可以把生活转向一个新的、更好的方向。服兵役、恋爱、上大学、宗教信仰的发展和工作机会等经历可能会在成人初显期提供转折机会（Burt & Paysnick，2012；Masten，2015；Masten et al.，2006）。

一个关于适应力的经典研究证明了成人初显期的重要性（Werner & Smith，1982，2001）。它被称为考爱岛（Ka-WHY-ee）研究，该研究是在夏威夷群岛中的考爱岛进行的。考爱岛研究集中在一组高危儿童身上，这些儿童在2岁时就有4种或4种以上的高风险因素，如身体发育问题、父母婚姻冲突、父母吸毒、母亲教育水平低和贫困。在这个群体中，有一个适应力很强的子群体，在10—18岁时表现出良好的社会和学术能力，很少有行为问题。与适应性较差的同龄人相比，适应性组的青少年受益于几个保护因素，包括一对素质良好的父母、更高的智商和更高的外表吸引力。

在考爱岛的研究中，一个令人惊讶的发现是，许多在青春期被归为“无适应力”的参与者最终在进入成人初显期时变得有适应力（Werner & Smith，2001）。研究帮助他们改善生活的科学项目包括接受高等教育，通过军队学习新的职业技能服务，并转变为提供社区的宗教信仰支持。

在刚进入成人初显期时，适应力是可能重现的，这一新的发现是令人兴奋的。也许，在成人初显期的时候，提高适应力的机会比在童年或青春期要高（Arnett，2015）。家庭高危的儿童和青少年问题往往是不稳定的和功能失调的。这使得在干预中很难获得父母的合作。然而，初显期成人从法律角度讲，是成年人，他们可以自己决定利用一个机会来改变他们的生活方向。

但问题仍然是：为什么有些人会利用并受益于成人初显期的转折机会，而另一些人却不会？一些研究表明，初显期成人适应力的关键可能在于充分的规划能力，包括现实的目标设定、可靠性和自控能力（Clausen，1991；Shigihara，2015）。然而，这回避了一个问题：为什么有些初显期成人在应对不利条件时表现出有规划的能力，而其他人却没有？初显期成人关于适应力的一些故事很吸引人，也很鼓舞人心，我们还需要从他们身上学习很多东西。

小结：生理发展

学习目标 9.1 能够阐述导致“成人初显期”兴起的四次革命，以及“成人初显期”特有的五种发育特征。

成人初显期的兴起源于 20 世纪 60—70 年代开始的四场革命：科技革命、性解放、妇女运动和青年运动。它的五个特征包括探索、不稳定性、自我关注、纠结和有无限可能。

学习目标 9.2 能够参照欧洲和亚洲国家去描述不同文化中成人初显期出现的一些不同方式。

在欧洲，成人初显期最长，教育通常持续到 20 多岁，进入婚姻和为人父母的平均年龄在 30 岁左右。在亚洲国家，初显期成人用对家庭的责任感来平衡他们的身份探索。他们希望能够赡养父母，这被视为成为成年人的一个关键标志。成人初显期在发展中国家很少见，但正在增长，尤其是在城市地区。

学习目标 9.3 能够阐述成人初显期是身体机能处于巅峰期的相关指标。

从最大摄氧量和握力等指标来看，成人初显期是身体机能达到高峰的时期。然而，由于睡眠问题和平衡学业和工作义务的压力等生活方式的因素，许多初显期成年人感到精力不足，处于亚健康状态。

学习目标 9.4 能够总结大学生的睡眠模式和影响睡眠卫生习惯的主要因素。

大学生的睡眠模式往往不规律、中断，因此他们在工作日累积了大量的睡眠债，试图在周末弥补。部分问题在于，20 多岁的年轻人更倾向于“夜晚型”，而为新晋成年人制定工作和课程时间表的老年人则倾向于“清晨型”。良好的睡眠卫生习惯包括每天按时起床，有规律的锻炼，限制咖啡因和酒精的摄入。

学习目标 9.5 能够解释年轻司机撞车概率最高的原因，并提出降低事故发生率的有效方法。

由于缺乏驾驶经验和酒后超速等危险驾驶行为，青少年和刚成年的人的车祸死亡率很高。影响新一代成年人危险驾驶的因素包括寻求刺激和攻击性以及同龄人对危险驾驶的认同。通过 GDL 程序，新手司机的死亡人数大大减少。

学习目标 9.6 能够解释药物使用率在 20 岁出头达到顶峰，然后出现下降的原因。

药物使用率在 20 岁出头达到高峰。主要是因为这一时期社会控制力最低，非结构化社交活动最高。20 多岁晚期及以上人群的药物使用减少，主要是因为他们承担了新的社会角色，比如配偶和父母，这为社会控制提供了新的来源。

学习目标 9.7 能够确定与适应力相关的保护因素，并解释成人初显期可能是适应力的关键时期的原因。

许多儿童、青少年和初显期成人尽管在高风险环境中长大，但仍表现出患有自闭症。促进恢复力的一些关键保护因素是高智商、懂得关怀的成年人、健康的学校环境、宗教信仰和习俗。成人初显期可能是表现适应力的一个特别重要的时期，因为这是一个人们最有可能拥有个人选择余地的时期，可以使他们做出决定，使他们的生活变得更好。在一项经典的纵向研究中，许多参与者在刚进入成人初显期时首次表现出了适应性，这是由于他们有接受了高等教育、参军或获得了宗教信仰等相关经历。

第二节 认知发展

学习目标

9.8 能够比较发达国家的高等教育制度和大学经验，说出高等教育的各种长期好处。

9.9 能够分析在线学习在提供高等教育方面的潜在优势和劣势。

9.10 能够描述从学校到社会工作的过渡，并解释初显期成人的失业率高于年长者的原因。

教育和工作

虽然大多数关于认知发展的理论和研究的焦点是在儿童和青少年时期，但认知发展通过参与教育和工作而在成年期继续。近几十年来，导致成人初显期发展或进入一个新的人生阶段的变化之一是：人们越来越多地参与中学以外的教育和培训。为所有想要和需要高等教育的人提供高等教育的挑战越来越大，因为要在不断变化的世界经济中取得成功，高等教育变得越来越必要。

高等教育：职业学院、综合性大学和培训项目

学习目标 9.8 能够比较发达国家的高等教育制度和大学经验，说出高等教育的各种长期好处。

高等教育：高中以上的教育培训。

随着世界经济向知识经济转型，越来越多的初显期成人进入**高等教育**（tertiary education）。许多发达国家的初显期成人现在都接受高等教育，包括中学以外的任何形式的教育或培训项目。这是一个非常迅速的历史变化过程。100年前，在任何发达国家，很少有年轻人（不到10%）接受高等教育；事实上，大多数人甚至没有上过中学。那些上过大学的大多是男性。历史上，女性被认为在认知上不如男性，因此不值得接受高等教育。100年后，高等教育已经成为一种常态，在大多数国家，女性比男性更容易接受高等教育（Arnett，2015；OECD，2016）。

发达国家在如何组织高等教育上各不相同。在欧洲，学生从进入大学开始就

文化焦点：跨文化的高等教育

随着制造业机械化程度的提高，以及在卫生、教育等领域创造的就业机会增多，高等教育在全球范围内变得越来越重要。商业社会需要年轻人获得这些领域的知识和技能。

专攻一个专业领域。传统上，欧洲的大学教育通常持续 6 年或更长，有点类似于美国的高级学位（硕士或博士学位）。然而，欧洲的体系最近已经发生了变化，慢慢接近于美国的教育体制，在大学设有独立的学士学位、硕士学位和博士学位，并促进欧洲和美国大学之间的协调发展。这也反映了教育日益全球化的趋势。这样做是为了缩短欧洲初显期成人的时间，尽管欧洲的高等学位最近发生了变化，但美国、加拿大和日本与欧洲的高等学位仍有很大的不同，大学从两年的普通教育开始，它允许探索与任何职业无关的话题，你可能是商科专业的学生，但你喜欢文学、艺术或哲学课程，这些课程会引导你探索它的各种含义。你可能是心理学专业的学生，但你会发现在天文学或化学课程中探索想法很有趣。在日本，高等教育可能是最宽松的，它要求不高。你可能会感到惊讶，因为，正如我们在第八章中看到的，拉帕尼斯中学的教育程度特别高，进入一流大学的竞争非常激烈（Fackler，2007）。除此之外，日本的工作环境也是出了名的苛刻，需要长达几个小时的上班时间和强制性的下班后社交活动。对于日本人来说，他们的休闲娱乐时间就是在他们的大学时代。一旦他们进入大学，分数无关紧要，成绩标准也很宽松。相反，他们有“四年的大学时光用来思考和探索”（Rohlen，1983，p.168；Fackler，2007）。日本大学生花大量的时间在城市里散步，一起闲逛。日本大学生的平均家庭作业时间是初高中学生的一半（Takahashi & Takeuchi，2007）。对大多数日本人来说，从童年到退休，这段短暂的成人初显期是他们一生中唯一被允许享受大量闲暇时间的时期。

欧洲的大学制度与美国的大学制度有何不同？图为英国剑桥大学的学生。

批判性思考题：一个国家的高等教育体系是如何反映其文化价值观的？

对于大多数美国年轻人来说，现在接受高等教育的时间比二三十年前要长。目前，学生获得“四年制”学位平均需要 6 年时间。此外，进入四年制学院或大学的学生中，只有 57% 的学生能在 6 年后毕业（National Center for Education Statistics，2016）。

很多因素解释了为什么学生需要长时间地学习。一些学生更愿意延长他们的大学年限以更换专业，近一半的学生从未在哈佛大学毕业前增加一个小领域的学习，或者利用实习机会及留学项目。然而对很多初显期成人来说，财务问题是对四年制学位感到为难的主要原因（Arnett & Schwab，2012）。2013 年，公立和私立大学的学费上涨到了令人震惊的程度，比 1982 年高出了 4 倍多（即使考虑通货膨

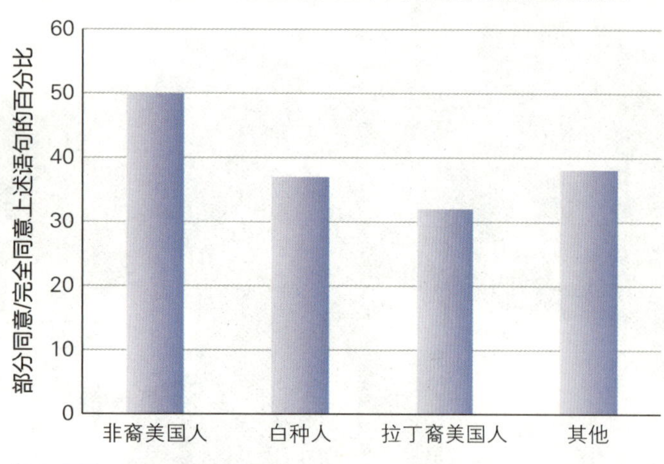

图 9.7 种族和大学负担能力

资料来源：Arnett & Schwab（2012）.

胀）（NCES，2016）。经济援助也明显从助学金转为贷款，这导致许多学生在上大学期间花很多时间工作，以避免在毕业前积累过多的债务。如**图 9.7** 所示，与亚裔美国人或白人相比，资金匮乏是非裔美国人难以取得学位的一个关键原因（McDonough & Calderone，2006）。

高等教育值得花费时间和金钱吗？这当然是一项基本的投资。参加高等教育需要大量资金，主要由美国的初显期成人及其父母支付，当然部分发达国家的政府也会承担一部分。此外，成人初显期是专注于接受高等教育的时期，他们中大部分人没有对全职经济活动做出贡献。许多发达国家的政府不仅为初显期成人的高等教育支付了大部分或全部的资金成本，还失去了初显期成人如果把时间和精力投入全职工作中所能提供的经济活动产生的税收收入。

然而，高等教育的好处是巨大的。对于社会，在以信息、技术和服务为基础的知识经济中，一个受过高等教育的人对经济增长至关重要。正因为如此，各国才愿意对初显期成人的高等教育进行如此大规模的投资。对于初显期成人来说，好处也是显而易见的。与那些不上大学的人相比，接受高等教育的初显期成人最终会有相当高的收入、职业地位和职业素养（NCES，2011；Pascarella，2006）。从一生的工作来看，拥有大学及以上学历的美国人比那些只接受过高中及以下教育的人赚得更多，如**图 9.8** 所示（Pew Research Center，2014）。大学毕业生也

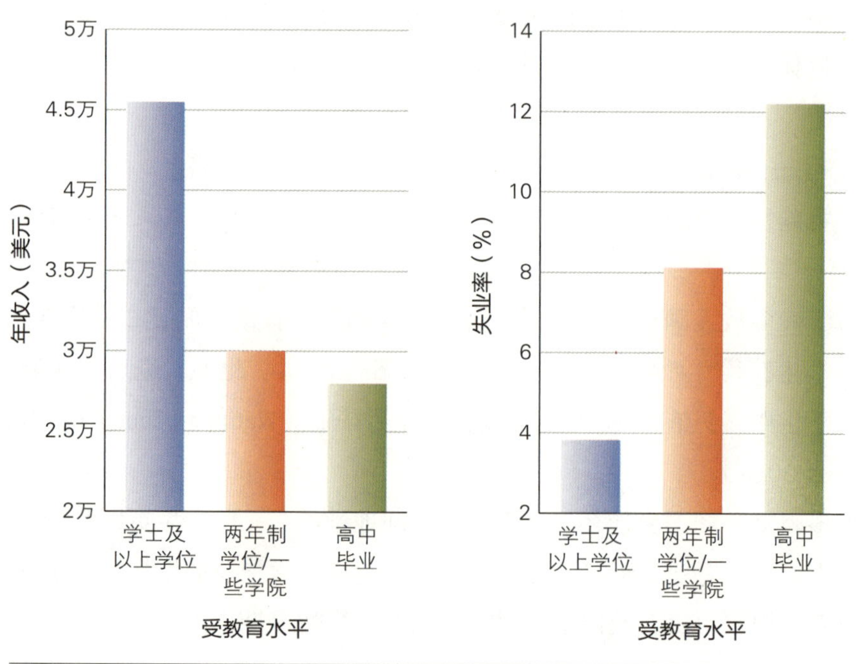

图 9.8 "奖学金"显示了高等教育的经济效益

资料来源：Pew Research Center（2014）.

更有可能因此感到快乐；他们的失业率不到拥有高中学历或更低学历人群的一半（NCES，2018）。

美国大学生普遍对他们所接受的教育质量感到满意，而且他们现在对教育的满意度比过去几十年要高。在一项针对 9000 多名学生的全国性调查中，亚瑟·莱文（Arthur LeVine）和黛安·迪安（Diane Dean）（2012）发现 87% 的学生表示他们“对学院的教学感到满意”。此外，76% 的受访者表示，他们所在大学的教师对学生的学术进步特别有兴趣；78% 的受访者表示，他们的导师对学生的学术生涯有“很大的影响”。超过一半的人觉得向导师寻求建议对个人很重要。

在各个方面，莱文及其同事在 1969 年、1976 年和 1993 年所做的调查显示，学生对大学学习经历的满意度都有所提高。虽然大多数美国学生对他们的大学教育很满意，但在小班制学院里的学生对教育的满意度会更高（Pascarella et al.，2004；Seifert et al.，2010）。大多数大学毕业生都很清楚拥有学位的好处。皮尤研究中心（2011）发现，84% 的美国大学毕业生表示，他们的学位是一项很好的投资；只有 7% 的人认为不是。有些人在毕业后的头一两年找不到合适的工作时可能会感到沮丧，但他们认识到大学教育在整个职业生涯中总是有回报的。

高等教育的数字化前景：在线学习

学习目标 9.9　能够分析在线学习在提供高等教育方面的潜在优势和劣势。

大学是有 1000 多年历史的古老的教育机构。令人惊讶的是，大学在某些方面几乎没有什么变化。教师基于被认为代表当前的知识文本，呈现着各种信息和思想。学生阅读课文、在课堂上提问、教师和学生讨论或调查关键问题。最后，教师评估学生对材料的掌握程度。

这仍然是今天大多数学院和大学教育学生的方式。然而，对于如何使高等教育更好地适应 21 世纪，有很多想法和建议。最值得注意的是，近几十年来，互联网给我们的生活带来了巨大改变，它似乎也将改变高等教育。如果教师和学生可以在线交流，学生真的有必要住在校园或校园附近而且必须去教室吗？

目前，**在线学习（online learning）**蕴含的潜力令人兴奋不已，因为所有或大部分课程内容都是通过电子方式提供的。在全球范围内，有数千万学生注册了网络大学课程，其中包括 1/3 的美国大学生（Picciano，2015）。而这仅仅是个开始。这个想法只有几年的历史，肯定会在未来的岁月里蓬勃发展。那么，这种兴奋是值得期待的吗？在线学习是否将迎来一个高等教育的新时代，即简单、廉价、几乎人人都能接受的时代？

在线学习：全部或大部分课程内容以电子方式提供的一种教育方法。

当然，在线学习提供了几个有前景的优势（Cavanaugh et al.，2016）。教师和学生可以在任何时间进行交流，而不是被限制在每周一次的特定时间和地点。

活跃的讨论可以持续整个星期，而不是局限于课堂时间。对学生学习的评估也不必以考试的形式进行，但可以在学生认为自己准备好了的时候完成。学生在课外可能更容易参与协作学习。教师可以减少或消除传统的授课形式，取而代之的是为在线场所开发创新的内容传递方法，如游戏、模拟和多用户虚拟环境。在线学习似乎也提供了极大地降低获得大学学位成本的可能性。对于那些经济能力不足的学生来说，无论他们是在发达国家的社会底层，还是生活在大学很少的发展中国家，网络学习可以为他们打开知识的大门，否则他们将不会接触到这些知识。

虽然在线学习十分新颖，但是对其有效性的研究还很少（Picciano，2015）。然而，在宣布传统的大学教学方式已经死亡、在线学习将成为未来不可避免的潮流之前，我们仍然有理由谨慎小心（Arnett，2015）。也许主要的原因是在线学习需要很强的自律能力，因为在某种程度上，学生的个人动机、专注力和自我约束能力是学生学习的重点。大多数人可能没有——尤其是在“大学时代”（也就是 20 岁出头的时候），那时他们还没有拥有成年人的责任感以及身为成年人的自觉（Nelson & Luster，2015）。在线课程确实提供了一个全新的学习方式，但有某种正式的结构，更不可能给予学生一个完整的教育过程。据估计，超过 90% 的学生注册的在线课程远未完成（Dennis，2012）。即使在那些完成了在线课程的学生中，也不清楚他们中有多少人真正阅读并理解了课程内容。这就提出了在线学习的第二个问题：评价和评估。教师如何验证参加在线课程的学生是否亲自完成了考试、项目和论文等评估，而不是让别人替他们做？即使是在有老师严密监控的传统课堂上，大学生作弊也是一个问题，所以要使在线评估方法变得有效将是一个严峻的挑战。

同时也要记住，学生们说他们在大学教育中学到的最重要的东西是人际关系（LeVine & Dean，2012）。教师不仅仅是信息的源泉，他们（至少在某些时候）是令人钦佩和令人鼓舞的人物，他们能以深刻的方式影响学生。除了课堂之外，大学还教会学生如何与他人合作、如何安排自己的时间以及如何履行责任（Magolda & Taylor，2015）。它还帮助学生找准自己的定位，列出一系列的可能性，这通常会让学生找到一个恰好适合他们能力的兴趣（Arnett，2015）。在线学习能像传统学习方式那样完成所有这些吗？也许吧，但还有待考证。网络课程的潜力对于雄心勃勃、干劲十足的发展中国家中的初显期成人来说可能是最大的，对他们来说，这类课程可能被证明是有价值的，也是通往知识的唯一道路。

混合学习：一种让学生部分在线学习，部分在课堂上面对面学习的教育方法。

考虑到这些问题，也许比完全在线获得的大学教育更有前途的是**混合学习**（blended learning）的前景，在这种学习中，学生部分通过在线学习，部分通过课堂上的面对面学习（Cavanaugh et al.，2016）。使用电子设备使传统的大学课堂更具互动性还有很大的潜力，例如让学生给教师直接的电子信息反馈。大量的教育研究表明，学生主动学习比被动地听讲座学到的更多，而电子设备可以促进主动学习（Bean，2011）。

求职

学习目标 9.10 能够描述从学校到社会工作的过渡，并解释初显期成人的失业率高于年长者的原因。

正如我们在第八章中看到的，一些发达国家的青少年尝试做兼职工作，但很少有人把他们的兼职工作视为他们希望作为成年人从事的工作的开始。相比之下，大多数初显期成人正在寻找一份可以转变为职业的工作，这份工作不仅能带来薪水，还能带来个人成就感，包括认知挑战（Arnett，2015；Taylor，2005）。

成人初显期的工作集中在身份问题上：我真正想做什么？我最擅长什么？我最喜欢什么？我的能力和愿望与我所能得到的机会有什么关系？在问自己想要做什么样的工作的同时，初显期成人也在问自己是什么样的人。在他们步入成年的过程中，他们会尝试各种各样的方法和各种工作，从而开始回答他们的身份问题，然后寻找最适合他们的工作。

工作的过渡。你 15 岁时想从事什么样的职业？许多青少年在高中时就对自己想要从事的工作领域有着诸多想法（Schneider & Stevenson，1999）。通常，这种想法在他们逐渐长大成人的过程中就会消失，因为他们有了更清晰的身份认同，并发现高中的志向与之并不一致。这将取代他们高中时代的观念，初显期成人寻求基于身份认同的工作，他们喜欢并真正想做的事情（Arnett，2015；Vaughan，2005）。对于大多数美国初显期成人来说，找到一份稳定工作之前，会做许多低收入、沉闷的工作（U.S. Department of Labor，2012）。一些初显期成人在寻找他们希望长期适应的工作时会进行系统的探索。他们会先考虑自己想做什么，然后尝试该领域的工作或大学专业，看看是否合适，如果不合适，他们会尝试其他途径，直到找到更喜欢的工作。但对其他许多人来说，用“探索”这个词来形容他们在 20 岁左右的工作经历有点过于崇高了。通常它并不像“探索”所表达的那样有系统、有组织、有重点。“漫无目的”可能是一个更准确的词，或者可以用“飘忽不定”“挣扎”（Hamilton & Hamilton，2006）。许多刚成年的人表达了一种感觉，他们并不是真的选择了现在的工作，他们只是在某一天发现自己身处其中。在对初显期成人的面试中，“我刚刚陷入了困境”是他们描述自己如何找到现在的工作时经常使用的一个短语（Arnett，2015）。然而，即使是尝试各种工作这一艰难

如今，发达国家的高新制造业工作非常稀缺。

的过程，通常也能帮助初显期成人弄清楚他们想做什么样的工作。当你从事一份没有出路的工作时，至少你会发现自己不想做什么。还有一种可能性是，当你从事各种不同的工作时，你可能会碰巧从事一种你喜欢的工作，也是一种自由的工作。

虽然发达国家至少有一半的年轻人现在接受了某种形式的第三阶段教育，但相当比例的初显期成人中学毕业后便会进入工作岗位。这些初显期成人的工作前景如何？他们能够成功地完成转型吗？

在大多数情况下，他们很难找到一份收入足以维持生活的工作，更不用说那些以身份为基础的工作了，而这种工作对于许多初显期成人来说是理想的（Silva，2013）。那些缺乏高等教育的培训、知识和证书的人在现代经济中处于非常不利的地位。到 20 世纪的最后 10 年，没有受过高等教育的初显期成人会遭遇“自由落体”（Halpern，1998，p.xii），在如今的 21 世纪，他们的前景在最初几年依旧没有得到改善。

对于没有受过高等教育或培训的初显期成人的惨淡就业前景，有什么可以做的吗？教育学者弗兰克·利维（Frank Levy）和经济学家理查德·穆尔内（Richard Murnane）研究这项工作以搞清楚初显期成人为了获取成功在工作场所需要哪些技能（Levy & Murnane，2012；Murnane & Levy，1997，2004）。利维和穆尔内在各种各样的工厂和办公室获取信息，了解现在高中毕业生可以获得的工作种类以及这些工作所需的技能。他们关注的是在不断变化的经济形势下高中毕业生能找到的最有前途的新工作——那些有职业前景的以及有中产阶级的工资水平的工作。他们得出结论，要想在这些新工作中取得成功，需要具备六项基本技能：

- 阅读达到九年级或更高水平；
- 学习数学达到九年级或更高的水平；
- 解决半结构式问题；
- 使用计算机进行文字处理和其他工作；
- 口头及书面交流；
- 在不同的小组中合作。

一个好消息是，利维和穆尔内所称的六项新基本技能都可以在青少年高中毕业时教给他们。坏消息是，现在很多美国青少年高中毕业的时候并没有学习到相应的知识。利维和穆尔内专注于阅读和数学技能，因为这是可以获得最多数据的技能。他们得出的结论是，这些数据揭示了一幅令人不快的图景：17 岁的孩子中有近一半的人无法达到在新工作中取得成功所需的阅读和数学水平。有这些技能的那一半也最有可能在高中毕业后去上大学而不是找全职工作。最近，利维和穆尔内（2012）关注计算机技能日益增长的重要性，再次得出结论，高中未能向青少年提供他们在新经济中获得成功所需的知识。最近关于这个话题的其他书籍也提出了类似的观点。

当然，这并不意味着当前的情况不能改变。当然没有理由不要求学生在毕业时掌握新的基本技能。利维和穆尔内的研究结果表明，对于高中和职业培训项目的管理者来说，修改他们的课程以适应知识经济的要求可能是明智的。除了穆尔内和利维（1997，2004）进行了以美国为重点的研究分析之外，国际上也在进行大量的思考、研究和分析，以找到帮助初显期成人为未来工作做好准备的方法。在最近出版的一本书中，费尔南多·雷蒙（Fernando Reimers）和康妮·钟（Connie Chung）(2016）研究了 6 个不同的国家：智利、中国、印度、墨西哥、新加坡和美国，已经定义了年轻人需要的核心能力和技能，以及它们如何调整他们的学校课程教学的能力和技能。国家之间有许多不同之处。例如，印度比其他国家投入更多的资源来帮助青少年获得基本的读写和算术能力，因为目前它是 6 个国家中最不发达的，拥有最薄弱的教育体系。然而，所有国家都有一种共同的意识，即未来的经济将是知识经济，所有国家如果要在未来的世纪中实现繁荣，就需要把更多的资源用于教育。

发达国家失业率。尽管大多数年轻人一旦他们离开高中或大学时能够找到工作，但这并不意味着所有人都可以。欧洲国家和美国初显期成人失业率始终高于 25 岁以上的成年人（OECD，2014）。在欧洲和美国，失业已被发现与患抑郁症的高风险有关，特别是对于缺乏父母强有力支持的初显期成人而言（Hämäläinen et al.，2005；Moore et al.，2016；Mossakowski，2009）。

失业（unemployment）意味着那些没有上学，没有工作，正在找工作的人。很大一部分 20 岁左右的年轻人正在上学，但他们没有被列为失业人群，因为他们需要让学习成为自己努力的中心，而不是工作。那些主要把时间花在照顾自己孩子上的人也不被归为失业者，美国有相当一部分年轻人是失业者。2016 年，18—21 岁的高中辍学学生中有超过一半处于失业状态（NCES，2016）。不同种族的年轻人失业情况也有所不同。**图 9.9** 显示了美国不同种族中青少年晚期和 20 岁出头的年轻人的失业率。从图中可以看出，非裔美国人的失业率尤其高。如何解释非裔美国人的高失业率？在很大程度上，这种变化的原因在于转变。

失业：成年人没有上学，没有工作的状态。

研究美国经济的就业模式。在美国，工作充足、稳定、高薪的日子一去不复返了。今天，大多数前沿的好工作，要求人们有信息技能，如数学知识和使用计算机的能力。这些技能来自教育，而年轻的非裔美国人往往比年轻的亚裔美国人、拉丁裔美国人或白人接受的教育更少（NCES，2018）。在知识经济时代，没有学历证书，就很难找到工作。

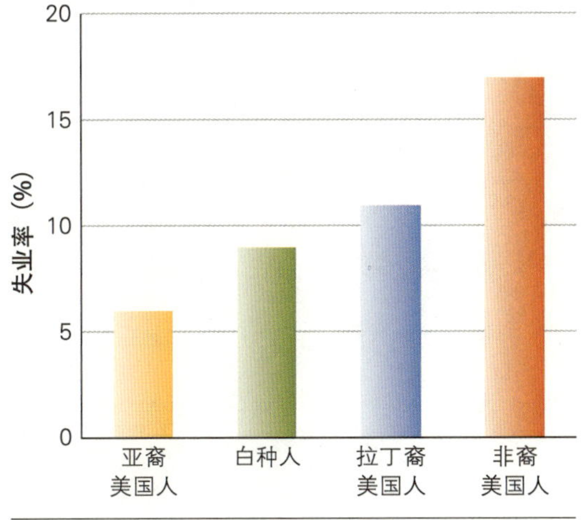

图 9.9 美国不同种族初显期成人（16—24 岁）失业状况，如何解释种族之间的差异？

资料来源：Bureau of Labor Statistics（2017）.

小结：认知发展

学习目标 9.8　能够比较发达国家的高等教育制度和大学经验，说出高等教育的各种长期好处。

近几十年来，接受高等教育的人数急剧增加。在大多数发达国家，大多数初显期成人现在都接受高等教育，女性不断获得比男性更高的教育成就。各国的高等教育体系差异很大，欧洲的教育结构最为完善，日本的教育结构最为薄弱。高等教育已经被证明有很多好处，包括更高的收入和更高的职业成就。

学习目标 9.9　能够分析在线学习在提供高等教育方面的潜在优势和劣势。

在线学习为许多无法负担课程费用的人或生活在无法接触课程的地方的人提供接受高等教育的机会。然而，根据研究，报名参加网络课程的人中只有 10% 的人完成了这些课程，而且如何验证学生独自完成了课程，教师如何评估，将是个问题。更有可能完全过渡到在线高等教育的是混合学习，它将在线学习提供的机会与传统课堂和大学经验的优势相结合。

学习目标 9.10　能够描述从学校到社会工作的过渡，并解释初显期成人的失业率高于年长者的原因。

初显期成人倾向于寻找符合自己能力和兴趣的以身份为基础的工作。在发达国家，最好的工作需要受过高等教育，而初显期成人往往在就业市场上挣扎，因为他们既缺乏基本技能，也没有学历证书。在美国，非裔美国人的失业率尤其高，因为他们更有可能缺乏学历证书。

第三节 情绪与社会性发展

学习目标

9.11 能够描述从青春期到成人初显期的自我认知过程，并解释这种模式的原因。

9.12 能够描述在成人初显期人们为发展自尊可以采取的各种形式，并考虑文化和民族身份的模式。

9.13 能够总结近几十年来美国性别观念的变化，包括对大学生性别刻板印象的研究结果。

9.14 能够总结美国初显期成人的宗教信仰和行为，并与欧洲初显期成人现状进行对比。

9.15 能够解释初显期成人经常站在政治运动前沿的原因，并将这与他们参与传统政治进行对比。

9.16 能够描述美国和欧洲初显期成人的离家模式，以及这种转变是如何影响与父母关系的。

9.17 能够描述亲密关系在初显期成人友谊中的作用以及初显期成人朋友间最常见的活动。

9.18 能够解释恋爱关系和性行为在成人初显期是如何变化的。

9.19 能够解释初显期成人如何使用社交媒体和短信来保持社交联系。

情绪和自我发展

成人初显期是一个情绪和自我发展以多种方式良性变化的时期。在青春期逐渐过去后，自尊则开始稳步上升。随着年轻人以新的方式成长为成人进入社会和开始工作，他们将在爱情和工作方面做出选择。随着初显期成人进入工作场所，他们会遇到职业性别观念，有时还会遇到性别歧视，性别问题正以新的方式面临挑战。

自尊

学习目标 9.11　能够描述从青春期到成人初显期的自我认知过程，并解释这种模式的原因。

想一下：你如今的自尊心和你年轻时的自尊心有什么不同？如前一章所述，自尊心通常在早期会下降，然而，对于大多数人来说，它会在成人初显期上升（Galambos et al., 2006; McLean & Breen, 2015; Orth & Robbins, 2014）。如图 9.10 所示。

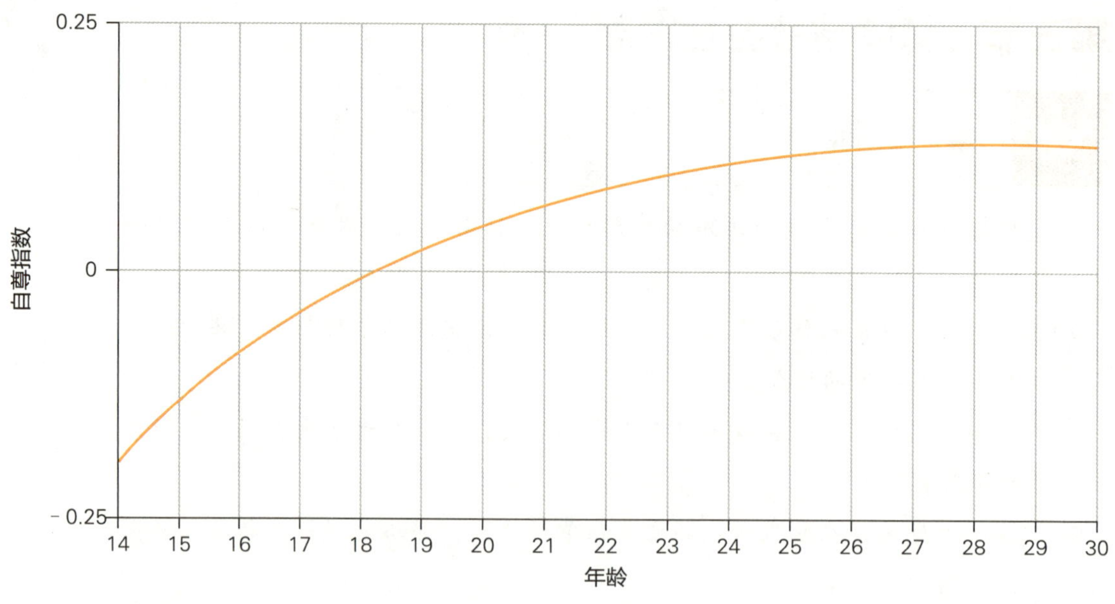

图 9.10 全球范围内，14—30 岁成人自尊变化曲线

全球视角下自尊状况为什么在成人初显期上升?

资料来源：Orth & Robbins（2014）.

自尊心在刚进入成人初显期时增强的原因有很多。外表对青少年的自尊很重要，但在进入成人初显期时，大多数人都已经度过了青春期的尴尬变化，可能对自己的外表感到更自在。此外，感觉被父母接受和认可有助于自尊提升，从青春期到成人初显期，与父母的关系普遍改善，而冲突减少（Arnett，2015；Fingerman & Yahurin，2015；Galambos et al.，2006）。同龄人和朋友对自尊也很重要，进入成人初显期意味着离开中学的社会压力，在那里，同龄人的评价是日常生活的一部分并且会很苛刻（Barry et al.，2015；Pascoe，2007）。

此外，进入成人初显期通常意味着对日常生活的社会环境有更多的控制权，这使得初显期成人有可能找到他们喜欢的环境，避免他们觉得不愉快的环境，而这是青少年所不能做到的。例如，那些不喜欢学校、成绩差的青少年除了上学别无选择，因为在学校，糟糕的成绩可能会反复削弱他们的自尊。然而，初显期成人可以离开学校，从事他们可能会觉得更令人满意和愉快的全职工作，从而增强他们的自尊心。

身份的发展

学习目标 9.12　能够描述在成人初显期人们为发展自尊可以采取的各种形式，并考虑文化和民族身份的模式。

成人初显期的一个重要特征是：这是一个身份探索的时期。成人初显期是大多数人在爱情和工作上做出明确、长期选择的时期。做这些选择通常需要考虑你是谁，你想要你的生活走向哪里，你相信什么，你的生活如何融入你周围的世界。在这段时间里，探索身份的各个方面，尤其是爱和工作，最终为成人生活奠定了基础。现在学者们普遍接受的观点是，成人初显期是人生的一个阶段，在这个阶段，身份发展发生了许多重要的变化（Luyckx，2008；McLean & Syed，2016；Schwartz，2015）。然而，在研究身份的大部分历史中，焦点主要集中在青少年身上，这主要是由于埃里克·埃里克森的影响，也因为青春期曾经是人们在爱情和工作中做出选择的人生阶段。我们将首先探讨埃里克森的理论和关于青少年身份认同的传统研究，然后讨论最近出现的成人初显期的身份发展问题。

埃里克·埃里克森的理论。在埃里克森的理论发展中，生命的每个阶段都有一个主要危机，在青春期，这个危机是**自我同一性冲突（identity versus identity confusion）**（1950）。青春期正常发展的路径包括建立一个清晰和明确的关于你是谁，以及你如何融入周围世界的感觉。不正常的状态便是身份混乱——无法形成稳定和安全的身份。认同感形成的关键领域是爱、工作和意识形态（信仰和价值观）（Erikson，1968）。在埃里克森看来，未能在青春期结束前在这些领域建立认同，便反映了身份的混乱。

自我同一性冲突：在埃里克森的理论中，人们面对青春期的危机会有两种结果：建立明确的认同；或经历认同混淆，即无法形成稳定安全的认同。

埃里克森认为，形成一种身份有三个要素。第一，青少年评估自己的能力和兴趣。在这个年龄，大多数人都越来越清楚自己的优缺点和自己喜欢与不喜欢做的事。第二，青少年反思他们在童年时期积累的认同（Erikson，1968）。孩子们在成长过程中会认同他们的父母和其他所爱的人——也就是说，孩子们会爱他们、崇拜他们，并想成为像他们一样的人。因此，青少年通过模仿他们的父母、朋友和童年时爱过的人，一定程度上创造了一种身份，不仅仅是模仿他们，而是把他们爱的人的某些行为和态度融入自己的个性中。第三，青少年评估了他们在社会中的机会。许多人梦想在体育、音乐或娱乐领域拥有辉煌的职业生涯（Schneider，2009），但在这些领域人们谋生的机会相对较少。有时候机会还会因为歧视而受到限制。直到最近，有些地方的妇女还不被鼓励从事甚至禁止从事医学和法律等职业。今天，在许多社会中，少数民族发现许多职业的大门对他们关上了。在每个社会，青少年不仅需要考虑他们想要做出什么选择，而且需要考虑哪些选择是可能的。

对于埃里克森的理论最具影响力的解释者是詹姆斯·马西娅（James Marcia）（1966，1980，1989，1999，2010，2014）。马西娅构建了一种被称为身份状态访谈的方法，将青少年划分为四种身份状态：扩散、暂停、丧失和完成。这一体系被称为**身份状态模型（identity status model）**，也被一些学者使用，他们构建了问卷来调查身份的发展，而不是用马西娅的访谈（e.g.，Adams，1999；Grotevant & Adams，1984；Kroger，2007）。

身份状态模型：埃里克森的身份发展理论研究模型将身份发展分为四类：扩散、暂停、丧失和完成。

每一种分类都涉及自我探索和认同的不同组合。扩散是一种身份状态，没有探索就没有认同。对于处于身份扩散状态的青少年来说，在他们所能做出的选择中没有任何认同。此外也没有进行任何探索。处于这种状态的人并没有认真地尝试整体潜在的选择以及形成持久的认同。

暂停阶段涉及探索但没有形成认同。这是一种积极尝试不同的个人、职业和意识形态的可能性的状态，以便让青少年决定哪一种可能性最适合他们。

处于丧失状态的青少年没有尝试过一系列的可能性，但仍致力于某些选择。认同，但没有形成认同。这通常是父母强烈影响的结果。马西娅和大多数其他学者倾向于将探索视为形成健康身份的必要部分，因此这种情况被认为是不健康的。这个问题我们稍后会进一步讨论。

最后，探索与认同相结合的分类是完成。身份完成是指年轻人在个人、职业和意识形态上取得明确的地位以及意识形态的选择。根据定义，身份完成之前有一段时间的身份暂停，在此期间，如果没有探索的认同发生，则被认为是身份丧失而不是身份完成。**表 9.1** 总结了四种身份状态。

表 9.1　四种身份状态

探索		承诺	
		是	否
	是	完成	暂停
	否	丧失	扩散

虽然埃里克森将青春期定义为身份危机的阶段，使用马西娅的模型的相关研究也大多集中在青春期，研究表明，达到身份完成比学者们预计的时间长得多，事实上，对大多数年轻人来说，达到这一状态（如果有的话）是在刚成年或成年后，而不是在年轻时。对 12—18 岁青少年进行比较研究发现，尽管青少年属于扩散型的比例随着年龄的增长而减少，而属于完成型的比例则增加，但在成年早期，只有不到一半的青少年被归类为已经达到身份完成（van Hoof，1999；Kroger et al.，2010；Meeus，2011；Waterman，1999）。

甚至在 50 年前，埃里克森就发现，在发达国家，年轻人形成身份认同的时间要长得多。他评论了在这些国家日益普遍的“延长的青春期”，以及如何导致这一段漫长的身份形成时期，“在此期间，年轻人通过自由的角色实践可能会在他的社会的某些部分找到一席之地”（1968，p.156）。考虑到自他在 20 世纪 60 年代提出这一观点以来所发生的变化，包括结婚和为人父母的年龄大大推迟以及受教育的时间更长，埃里克森的观察比当时适用于更多的年轻人（Schwartz et al.，2015）。事实上，将成人初显期视为生命中一个独特时期的概念部分是基于这样一个事实：近几十年来，青少年晚期和 20 岁出头已经成为越来越多年轻人“自由角色实验”的时期（Arnett，2000，2015）。与前几代人相比，成人身份的实现要晚一些，因为许多初显期成人利用他们青少年晚期和 20 多岁的年龄在爱情、工作和意识形态方面进行身份探索。

文化与身份。大多数受埃里克森理论启发的研究在美国、加拿大和欧洲的白人中产阶级青少年中都有一席之地（Schwartz et al.，2015）。对于其他文化中的青少年和刚成年的人，我们能说些什么呢？一种言论认为，尽管埃里克森试图将他的理论建立在历史和文化背景下，但他对身份发展的讨论仍然假定了一个独立的自我，这使得他可以在爱情、工作和思想上做出自由的选择（Erikson，1950，1968）。埃里克森身份理论的焦点是关于年轻人如何理解自己是个独立的个体。

自我是独一无二的个体。然而，正如我们在前几章中所讨论的，这种自我的概念具有鲜明的西方特色，而且在历史上是近期才出现的（Goodnow & Lawrence，2015；Markus & Kitayama，1991）。直到最近，在大多数文化中，自我仍被理解为相互依存的、与他人相关的，而不是独立的。即使在今天，埃里克森关于青少年身份问题的突出论断，可能更多地适用于现代西方青少年，而不是其他文化中的青少年。例如，在不允许约会、婚姻由父母包办或受父母强烈影响的文化中，对爱情的探索显然是有限的甚至是不存在的。在经济只能提供有限选择的文化中，对工作的探索是有限的。

发展中国家的女孩在爱情和工作两方面的探索限制往往多于男孩。在爱情方面，大多数文化中，青少年男性在一定程度上被鼓励进行性经历，但对于女孩来说，性经历更有可能被限制或禁止（Hatfield et al.，2015；Schlegel，2010）。今天的许多传统文化以及在人类历史上的所有文化中，青春期的女孩在她们的文化中，选择成为妻子和母亲，这基本上也是她们唯一的选择。

同样地，在思想方面，社会心理的暂停在人类文化中是例外而不是标准。在大多数文化中，人们要求年轻人长大后相信成年人教他们相信的东西，而不是质疑。只有在近代史上，并且主要在西方的发达国家，这些要求才发生了改变，青少年和初显期成人开始希望自己独立思考，决定自己的信仰，独立地做出人生选择（Arnett，2002；Syed，2012）。

另一个具有重要文化维度的身份问题是全球化如何影响身份，尤其是对青少年和初显期成人（Arnett，2002，2011）。由于全球化，世界各地越来越多的年轻人形成了一种**双重文化身份（bicultural identity）**，他们的认同一部分根植于当地文化，另一部分则源于他们对全球文化关系的认识。例如，印度的高科技经济部门在年轻人的带领下不断增长，充满活力。然而，即使是受过良好教育的年轻人，他们已经是全球经济中成熟的一员，仍然大多倾向于遵从印度传统的包办婚姻（Chaudhary & Sharma，2012）。

双重文化身份：身份认同有两个不同的方面，例如，一个是本地文化，另一个是全球文化；或者一个是自己的种族，另一个是其他种族。

民族认同。除了全球化带来的复杂身份问题之外，许多人还经历了身为少数民族而成长的挑战。事实上，随着近年来全球移民人数攀升至前所未有的高度，经历这一挑战的人比以往任何时候都多（Jensen，2015）。

像其他身份问题一样，种族认同在青少年时期处于最重要的地位，并在成

初显期成人往往会在进入新的环境（比如大学）时更加意识到自己的种族身份。

年后变得越来越重要（Pahl & Way，2006；Syed & Mitchell，2015）。作为他们不断增长的自我反思认知能力的一部分，青少年和处于成人初显期的少数民族成员很可能会更加清楚地意识到成为少数民族的一员意味着什么。像非裔美国人、华裔加拿大人和土耳其裔荷兰人这样的双重文化身份有了新的意义，因为青少年和初显期成人现在可以思考这些词语的含义，以及他们的种族词语如何适用于他们自己。此外，由于青少年和初显期成人越来越有能力去思考别人对自己的看法，他们会更加敏锐地意识到别人对自己种族的偏见和刻板印象。

对于初入职场的初显期成人来说，当他们进入新的社会环境比如大学和工作场所时，种族身份的问题可能会变得更加突出，因为这些社会环境通常需要结识更多来自不同种族背景的人（Phinney，2006；Syed & Mitchell，2015）。作为儿童和青少年，他们大多数生活在与自己同一种族的人周围，但成人初显期的到来可能会带他们进入新的族群多元化环境，从而增强他们对种族的认同意识（Syed & Azmitia，2010）。例如，当你进入大学环境时，你很可能会接触到有着比你以前所知道的更多的种族背景的人。

由于少数民族的青少年和初显期成人必须面对民族认同问题，他们的认同发展可能比属于多数文化的人更为复杂（Phinney，2000，2006；Syed & Mitchell，2015）。例如，思考一下在爱情领域的身份发展。对于少数民族的青少年和初显期成人来说，爱情、约会以及性是一个特别容易产生文化冲突的领域。在西方国家的大多数文化中，身份发展的一部分是通过与不同的人建立情感上的亲密关系和获得性经验来尝试在爱情中不同的可能性。然而，这种模式与某些少数民族的价值观存在着尖锐的冲突。例如，在大多数美籍亚裔群体中，人们不认可随意地约会，婚前性行为是禁忌——尤其是对女性而言（Qin，2009；Talbani & Hasanali，2000）。美籍亚裔的年轻人面临着协调他们族群在这些问题上的价值观与主流文化价值观的挑战，因此不可避免地会通过学校、媒体和同龄人接触到主流文化。

那么，作为西方社会中的少数群体成员的年轻人，身份是如何发展的呢？他们在多大程度上形成了一种反映多数文化价值观的身份，又在多大程度上保留了少数群体的价值观？美国学者简·菲尼（Jean Phinney）对这些少数民族问题做过大量的研究（Phinney，1990，2000，2006，2011；Phinney & Devich-Navarro，1997；Vedder & Phinney，2014）。基于她的研究，菲尼得出结论，少数民族的年轻人有四种不同的方式来回应他们的种族意识：

一种选择是同化，它需要抛弃自己种族群体的生活方式，接受多数文化的价值观念和生活方式。社会是一个“大熔炉”，将不同血统的人融合在一个民族文化中的观点就反映了这一选择。边缘化包括拒绝自己的本源文化，但也会感到被主流文化排斥。一些年轻人可能对他们的父母和祖父母的文化没有什么认同感，但他们也感觉不被接受以及无法融入更大的社会。分离指的是只与自己种族的成员有联系，拒绝主流文化的生活方式。双重文化涉及发展一种双重的身份，一种基于原种族群体，另一种基于多数文化。双重文化意味着在民族文化和主流文化之间来回变化，并根据情况变换身份。**表 9.2** 总结了四种民族认同状态。

表 9.2 四种民族认同状态

主流文化		民族认同	
		高	低
	高	双重文化	同化
	低	分离	边缘化

示例：

同化：我不认为自己是亚裔美国人，我只是美国人。

分离：我不属于两种文化，我只是个黑人。

边缘化：当我和我的印第安朋友在一起时，我觉得自己是白人。而当我和我的白人朋友在一起时，我觉得自己是印第安人。我觉得我不属于他们任何一个。

双重文化：既是墨西哥人又是美国人意味着两全其美。在不同的情况下，你可以汲取不同的优势。

资料来源：Phinney & Devich-Navarro (1997).

哪一种身份状态在少数民族中最常见？虽然族群认同在成人初显期可能最为突出（Phinney，2006），但迄今为止大多数研究都是针对青少年的。双重文化身份在美籍墨西哥裔、美籍亚裔以及一些欧洲少数民族如荷兰的土耳其青少年中最为普遍（Mesquita et al.，2017；Vedder & Phinney，2014；Verkuyten，2002）。然而，分离是美籍非裔青少年最普遍的民族身份状态，边缘化在美国原住民青少年中普遍存在。当然，每个族群都是多样化的，都包含着各种不同的民族身份状态的青少年。当青少年处于少数民族群体的环境中时，他们往往会更加意识到自己的民族身份。例如，在一项研究中，就读于以非拉丁裔学生为主的学校中的拉丁裔青少年种族身份显著高于以拉丁裔学生为主的学校或拉丁裔和非拉丁裔学生相当的学校的青少年（Umaña-Taylor，2005）。

种族身份与青春期和成人初显期的其他方面有关吗？一些研究发现，双重文化的或者同化的青少年有更高的自尊（Vedder & Phinney，2014）。此外，许多研究发现，拥有强烈的种族认同感与其他各种有利方面有关，如整体幸福感、学术成就和较低比例的风险行为（Giang & Wittig，2006；Syed & Mitchell，2015；Yasui et al.，2004）。

性别发展：文化信仰和刻板印象

学习目标 9.13 能够总结近几十年来美国性别观念的变化，包括对大学生性别刻板印象的研究结果。

成人初显期是性别发展的重要时期，因为这是许多人全身心投入工作的人生阶段。因此，在这一阶段他们可能会更清楚地认识到在社会中性别与职业角色、抱负的关系。

对于刚刚进入美国社会的初显期成人来说，存在着哪些关于性别的文化信仰？综合社会调查（GSS）是一项针对美国初显期成人的年度全国调查，其结果显示，近几十年来，性别态度明显趋于平等，如图 9.11 所示（Cotter et al.，2014）。与 1977 年相比，今天的美国成年人认为男人不一定是更好的政客，女人不一定是照顾家里人的角色，更多人开始相信，有工作的母亲与孩子之间的关系会更温暖，不认为如果母亲工作，学龄前的儿童将受到影响。然而，GSS 的结果还显示，相当一部分美国人——根据问题的不同，大约 1/4 到 1/3 以上——依然对性别角色拥有与我们在传统文化中看到的不一样的观念：男人应该作为一

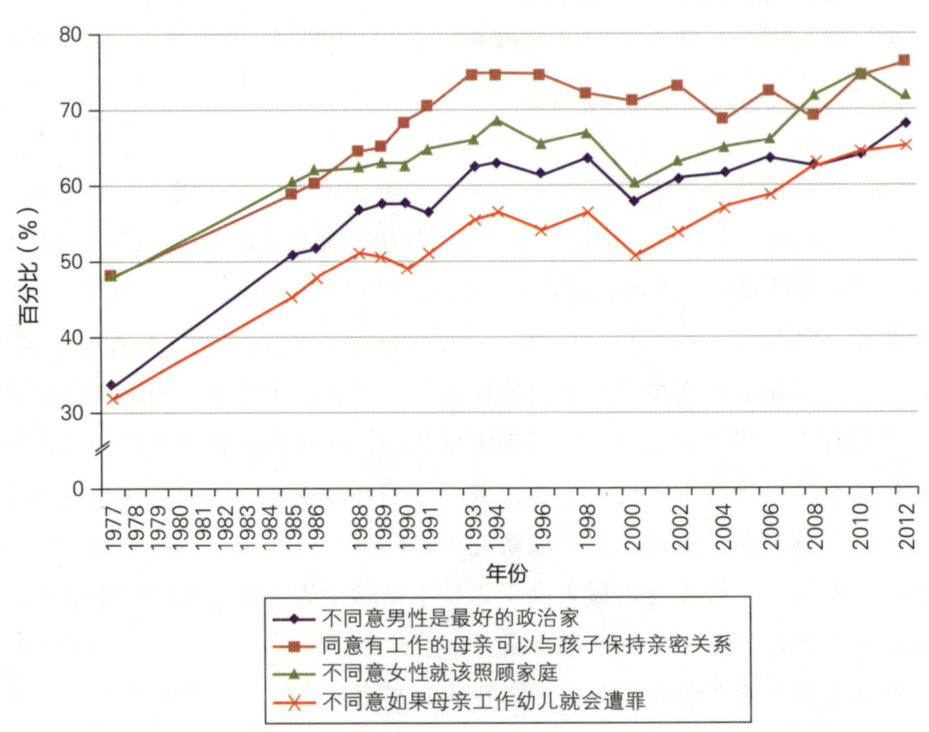

图 9.11 1977—2012 年美国性别态度变化

近几十年来，对性别角色的看法已经变得不那么传统了。

资料：Cotter et al.（2014）.

家之主掌握家庭权力并外出打拼，女人应该专注于照顾孩子和主持家务。

考虑到美国社会中人们在童年和青春期经历的不同性别的社会化，当他们刚进入成人初显期时，对女性和男性有不同的期待与要求也就不足为奇了（Norona et al., 2015）。大多数关于成人初显期性别期望的研究都是社会心理学家进行的，并且由于社会心理学家经常把大学毕业生作为他们的研究对象，所以这些研究大多与刚成年后的性别观点有关。社会心理学家特别关注性别刻板印象。当人们仅仅因为某人是某个特定群体的一员就认定其具有某种特征时，**刻板印象（stereotype）**就产生了。性别刻板印象即根据某人是女性还是男性来定义她/他的特征（Kite et al., 2008）。

你会认为女性机械师的能力不如男性机械师吗？与工作有关的性别歧视仍然很严重。

刻板印象：仅仅因为某人是某个特定群体的一员就认定其具有某种特征。

关于成人初显期的一个特别有趣的领域是对高等学校学生涉及工作方面的性别刻板印象研究。一般来说，这项研究表明大学生对女性工作绩效的评价往往不如男性。在一个经典的研究中，大学中的女性被要求评价几篇由不同领域的专业人士自行撰写的文章的质量（Goldberg, 1968）。其中一些是传统意义上的女性领域，如营养学，一些是传统意义上的男性领域，如城市规划，还有一些是中性领域。比如说，每一篇文章都有两种相同的版本，其中一种的作者是“约翰·麦凯”，而另一种的作者是“琼·麦凯”。结果表明，当女性认为作者是男性时，她们对文章的评价更高。即使是“女性”领域的文章，如果是男性写的，也会被认为更好。其他研究也有基于男性和女性大学生样本的发现（Cejka & Eagly, 1999; Paludi & Strayer, 1985）。最近的一些研究也不断发现严重的与工作有关的性别刻板印象（Cabrera et al., 2009; Grossman, 2013; Johnson et al., 2008）。虽然不是所有的研究都发现男性的工作有被更加正面评价的倾向，但当发现差异时，他们往往会支持男性。

一项研究报告称，性别刻板印象对那些在性别不一致的职业中拥有较高地位的人尤其苛刻，例如，一位女性成为工程部门的负责人（Brescoll et al., 2010）。大学生们被要求阅读描述一位领导在性别一致或性别不一致的职业中成功或失败的短文，然后评估这位领导的能力。在性别不一致的职业中失败的领导者在能力评估中被评为最低。

性别相关的评估也可能取决于评估者的年龄。一项研究比较了早期青少年、晚期青少年和大学生的男性（Lobel et al., 2004）。参与者被给出一个表现性别刻板印象的一般或杰出的男性候选人，并被要求指出他们的个人选择，来判断别人选择每一个候选人的可能性，并推测如果当选这名候选人会有多么成功。青少年比起刚成年的大学生更有可能偏爱传统性别的候选人。在青春期的两个阶段没有发现差异。这表明，从青春期到成人初显期，性别刻板印象可能会减弱。

文化信仰

儿童和青少年学习与他们的文化不同的文化信仰，当他们进入成人初显期时，他们已经形成了由这些信仰组成的世界观。然而，信仰会在成人初显期和成年后继续发展。在成人初显期，宗教、政治信仰和行为有显著的发展。

宗教信仰发展

学习目标 9.14　能够总结美国初显期成人的宗教信仰和行为，并与欧洲初显期成人现状进行对比。

克里斯蒂安·史密斯（Christian Smith）和帕特里夏·斯奈尔（Patricia Snell）的一项里程碑式的研究对此进行了更深入的分析，比之前关于美国初显期成人宗教发展的研究更详细（Smith & Snell，2010）。这项研究包括对来自 37 个州的 2500 多名初显期成人（18—23 岁）的调查数据；250 名参与者接受了采访。大多数初显期成人早在 5 年前就被纳入了一项关于青少年宗教发展的研究（Smith & Denton，2005）。

总的来说，从青春期到成人初显期，无论是在行为上还是在信仰上，对宗教的虔诚度都有所下降。只有大约 30% 的初显期成人每月至少参加一次宗教活动；超过半数的学生一年只上几次或更少的课。信仰比行为更强大；44% 的人认为宗教信仰在他们的生活中“非常”或“极其”重要，75% 的人相信上帝。然而，这些比例比他们在青春期时要低。

就像在青春期一样，在成人初显期，宗教信仰高度个性化。几乎没有初显期成人接受标准的宗教教义；相反，大多数人的宗教信仰是由自己创造的，部分是由他们从父母那里学到的，但也有许多其他来源。因此，宗教派别对他们中的大多数人来说并没有什么意义。他们可以声称自己是“天主教徒”“长老会教徒”或“犹太教徒”，但实际上并不太相信传统教义中所描述的信仰，也不参与其中。事实上，38% 的“新教徒”和 35% 的“天主教徒”表示他们从未参加过宗教服务。这种个性化的宗教方式导致了初显期成人的宗教多样性，可以将其分为四类，从最不信教到最信教。

- 不可知论者 / 无神论者（40%）：这包括不相信上帝的初显期成人（无神论者）或认为不可能知道上帝是否存在的人（不可知论者），以及声称自己对宗教没有看法或从未想过宗教的初显期成人。有些人强烈反对宗教，但对大多数这类年轻人来说，宗教与他们的生活完全无关。
- 有神论者（15%）：这类初显期成人相信“有什么东西存在”，一个上帝或某种精神力量，但除此之外，他们不确定该相信什么。

• 伊比利亚信徒（30%）：说到宗教，这些初显期成人只追求他们想要的，而忽略其他的。也就是说，他们只相信他们教派民族信仰中对他们有吸引力的部分，而且他们经常加入其他来源的元素，包括其他宗教和流行文化。

• 保守信徒（15%）：这些是初显期成人，他们持有传统的保守信仰。

与青春期一样，成人初显期时的宗教信仰往往与各种积极的特征相关联（Barry & Aboi-Zena，2015）。史密斯和斯内尔（2010）发现，初显期成人的宗教信仰和参与程度与较高的幸福感和较低的风险行为参与率有关。另一项研究比较了美籍非裔和处于成人初显期的白人，发现美籍非裔更可能依靠他们的宗教信仰来应对压力，相应地他们经历的焦虑症状比这类白人要少（Chapman & Steger，2010）。这与其他年龄段的研究一致，这些研究表明美籍非裔比白人更有宗教信仰（Dilworth-Anderson et al.，2007；King & Boyatzis，2015）。

欧洲人的宗教信仰往往比美国人少得多。在最近对丹麦初显期成人的访谈研究中表明，只有 24% 的人表示他们有宗教或精神信仰（Arnett & Jensen，2015）。其余的人要么称自己为不可知论者 / 无神论者，要么称自己没有宗教信仰。然而，62% 的丹麦初显期成人相信某种形式的来世。他们对可能采取的形式含糊其词。对一些人来说，死亡应该是存在的结束，这似乎不合逻辑（“我发现很难接受，这一切都结束了”）。对另一些人来说，相信死后没有生命在情感上是令人不快的（“我不能容忍这样的想法，如果你的家人死了，就没有别的了”）。还有一些人表示相信灵魂以某种形式存在（“我们的灵魂不可能就此消失。它会继续存在，在某个地方，但我不知道该怎么做”）。

在一项针对美国初显期成人的研究中（Arnett，2015），人们对来世的看法各不相同，但 68% 的人相信有来世，这与丹麦研究中的比例惊人地接近。其中 68% 的人信仰不同，有相信天堂和地狱的传统观念的人、有相信转世的人，也有单纯相信“灵魂会活下去”的人。

政治观念发展

学习目标 9.15 能够解释初显期成人经常站在政治运动前沿的原因，并将这与他们参与传统政治进行对比。

在大多数国家，18 岁是人们第一次获得选举权的年龄，因此，政治发展有望成为成人初显期的一个重要问题。然而，初显期成人的政治参与度往往非常低（Núñez & Flanagan，2015）。在欧洲、加拿大和美国，以投票率和政党运动的参与度等传统指标来衡量，初显期成人的政治参与度非常低（OECD，2017）。初显期成人往往有较低的政治参与度，不仅是跟成年人比较起来，跟上一代的同龄人比较起来也是如此。他们往往对政客的动机持怀疑态度，认为政党的活动与他们的生活无关。一项针对 8 个欧洲国家年轻人的研究发现，从青少年期到成人初显期，各国对政治当局和政治体系的低信任度是一致的（Hooghe & Wilkenfeld，2008）。

然而，对传统政治的拒绝不应被解释为对改善其社区、社会和世界的状况缺乏兴趣。相反，在许多国家，初显期成人比老年人更有可能参与致力于特定问题的组织，例如环境保护、反对战争和种族主义的努力（Goossens & Luyckx，2007；Meeus，2007；Núñez & Flanagan，2015）。美国的一个关于大学新生的全国性调查显示，只有 24% 的人说他们对政治感兴趣，但 84% 的人做过志愿工作，还有 50% 的人参加了政治示威（Higher Eduaction Research Institute，2011）。成人初显期也是美国人最有可能花一两年时间参加志愿活动的时期，如和平队（Peace Corps）、美国队（AmeriCorps）和美国教育（Teach For America）（Núñez & Flanagan，2015）。初显期成人常常对传统的政治进程感到沮丧，于是他们选择将精力放在对他们来说很重要的特定领域，他们认为在这些领域更有可能看到真正的进步。

此外，初显期成人容易参与政治极端运动，包括抗议、革命运动和恐怖主义。政治极端组织的领导人通常都处于中年或更大的年龄，但他们最热心的追随者往往是刚刚成年的年轻人。历史上有很多这样的例子。在美国，白人民族主义者和白人至上主义者的种族暴力大多发生在初显期成人身上（Simi，2010；Simi et al.，2016）。

这些例子涉及破坏和暴力，但初显期成人在和平政治运动中也很突出。例如，中东地区针对政府的抗议活动中，初显期成人的参与多于其他任何年龄段（Barber，2013）。

为什么初显期成人参与革命和极端的政治运动的可能性比较大呢？一个原因是：与其他年龄段的人相比，他们的社会关系和义务更少（Arnett，2015）。儿童和青少年可以被限制，不让他们的父母参与危险的活动。年轻人、中年人和老年人会因为对依赖他们的人，特别是配偶和孩子的承诺而不敢参与。然而，成人初显期是社会承诺和社会控制处于低谷的时期。初显期成人比其他年龄段的人更自由，这种自由允许他们中的一些人参与革命以及极端的政治运动。

初显期成人经常站在政治运动的最前沿。图为在埃及开罗塔里尔广场，新生代成年人参加反政府抗议活动。类似的示威导致了 2011 年政府的被推翻。

对于一些人，特别是那些在运动中提倡极端意识形态的人，他们的参与可能与身份有关，正如我们所看到的，身份探索的一个方面是思想或世界观（Arnett，2015；Erikson，1968）。成人初显期是人们寻找一种意识形态框架来解释世界的时期，有些初显期成人可能会被极端的政治活动所提供的明确答案所吸引。接受一种极端的政治意识形态可能会缓解伴随意识形态探索的不确定性和怀疑带来的不适。尽管如此，针对这些解释人们还是提出了疑问：由于只有一小部分初显期成人参与了这些极端的运动，为什么是他们而不是其他人呢？

成人初显期的社会文化背景

成人初显期是一个人生阶段，在这个阶段，社会文化背景会以一些深刻而戏剧性的方式发生变化。许多国家的初显期成人从婴儿期到青春期都生活在家庭环境中，他们离开家庭中的父母，减少父母对他们的影响，让他们对自己的日常生活有更多的控制权。朋友是非常重要的，特别是对于那些刚刚成年但还没有恋爱关系的人来说。随着亲密关系的加深，初显期成人开始向伴侣做出陪伴一生的承诺，浪漫关系有了新的重要意义。媒体仍然是娱乐和享受的一个来源，特别是新媒体，如社交媒体和短信。

家庭关系

学习目标 9.16　能够描述美国和欧洲初显期成人的离家模式，以及这种转变是如何影响与父母关系的。

在大多数西方主流文化中，大多数年轻人在成人初显期的某个时候会搬离父母家。初显期成人最常见的离家原因是去上大学、与伴侣同居，或者仅仅是想要独立（Goldscheider & Goldscheider，1999；Seiffge-Krenke，2010）。

通常情况下，一旦年轻人离开家，父母和初显期成人之间的关系就会改善。在这种情况下，分开至少会让心与心之间更亲密。许多研究已经证实，初显期成人表示，在搬出去后，他们对父母的亲密度更高，负面感觉更少（Aquilino，2006；Arnett，2015；Fingerman & Yahirun，2015）。此外，搬出去住的初显期成人往往比留在家里的人与父母相处得更好。例如，在一项针对 18—30 岁人群的研究中显示，与那些没有与父母同住的人相比，那些与父母同住的初显期成人经常对父母感到恼火，尽管他们也经常与父母有积极的经历，但仍希望他们能改变（Fingerman et al.，2016）。

如何解释这些模式？一些学者认为，离开家会让年轻人更加感激他们的父母（Arnett，2015；Katchadourian & Boli，1985）。另一个因素可能是：你更容易爱上一个不再和你住在一起的人。一旦初显期成人搬出去住，他们就不会再经历与父母日常生活中不可避免的摩擦。他们现在可以决定他们与父母互动的频率和时间，这是他们和父母住在一起时无法做到的。他们可以在周末去看望父母、一起度假或者一起吃晚餐，享受在一起的时光，同时还能完全掌控自己的日常生活。正如杰夫（Jeff）研究中的一位24岁的女性所言："我不需要在我不想跟他们说话的地方跟他们说话，只要我想，我就能做到。"（Arnett，2015，p.49）。

在美国，尽管大多数初显期成人在十几岁的时候就搬出了父母的家，但有相当一部分人（超过1/3）在20岁出头的时候一直待在家里（Arnett，2015）。美籍非裔、美籍亚裔和美籍拉丁裔比美国白人更常住在家里（Fry，2016）。造成这种情况的原因有时是经济上的，尤其是对美籍非裔和美籍拉丁裔来说，他们在刚成年时的失业率很高。然而，另一个重要的原因似乎是少数民族文化更加强调家庭的亲密和相互依赖，较少强调独立本身是一种价值。例如，在杰夫的研究中，一个正在成长的初显期成人在加州大学伯克利分校就读期间和她的美籍华裔母亲以及美籍墨西哥裔父亲住在一起。她喜欢住在家里，这使她能够和他们保持密切的联系。她说："我喜欢住在家里。我很尊重我的父母，所以和他们一起回家是我最喜欢做的事情之一。""而且，我自由了！"（Arnett，2015，P.60）对于美籍亚裔和美籍拉丁裔来说，留在家里的另一个原因是年轻女性特有的，这与婚前贞操的高度重视有关。

在美国，大约40%的初显期成人在离家后至少会回到父母身边住一次（Fingerman & Yahirun，2015）。初显期成人再次搬回家中居住的原因有很多（Goldscheider & Goldscheider，1999）。对于那些离家上大学的人而言，回到家中暂住或许可以成为他们大学毕业或是辍学的一个过渡。这给了他们一个机会去好好思考下一步该做什么，是继续完成学业、找一份离家近的工作，还是找离家很远的工作。对于那些为了独立而离家的人而言，一些人可能会觉得当照顾家庭和支付全部家庭开支的负担超出他们的心理预期时，独立的光辉会变得暗淡。过早离婚或是结束服役期是初显期成人回家的又一因素（Goldscheider & Goldscheider，1999）。在这种情况下，回家对年轻人来说也很有吸引力，比如在他们再次开启冒险之前，能够有一个缓冲的机会。

当初显期成人搬回家时，有许多可能产生的结果（Arnett，2015；Arnett & Fishel 2014）。对一些人来说，回家是件好事，过渡期很容易度过。如果父母认识到孩子成熟度的变化，并把他们当作一个成年人而不是青少年，那么成功的过渡就更有可能实现。然而，对另一些人来说，回家会有一个坎坷的过渡期，父母可能已经开始享受独居的生活了，没有了孩子的照顾和对新生代的责任感，在他们习惯管理自己的生活后，可能很难让父母重新每天监督他们。在杰夫的研究中（Arnett，2015），玛丽搬家后，她沮丧地发现，当她和男友出去时，她母亲会等她，就像重回高中时代一样。尽管他们没有公开争论，但这会让玛丽觉得"她好像在我的地盘上"（p.59）。对于许多初显期成人来说，搬回家会产生矛盾。他们对父母给予的支持心存感激，尽管他们讨厌回到子女依赖的从属地位。也许正是因为这种矛盾心理，回家的时间往往很短，2/3的初显期成人会在一年内再次搬离（Aquilino，2006）。

在欧洲国家，初显期成人和父母一起生活的时间往往比美国更长，尤其是在欧洲南部和东欧（Douglass，2005，2007；Kins et al.，2009）。**图 9.12** 显示了不同欧洲国家与美国相比之下的模式（Iacovou，2011）。欧洲的初显期成人在家待的时间更长，有许多实际原因。欧洲大学生比美国大学生更有可能在上大学期间继续住在家里。没有上大学的欧洲初显期成人很难找到自己的公寓。然而，同样重要的是欧洲的文化价值观，它强调家庭内部的互助 / 支持，同时也允许年轻人享有实质上的自主权。意大利就是一个很好的例子。

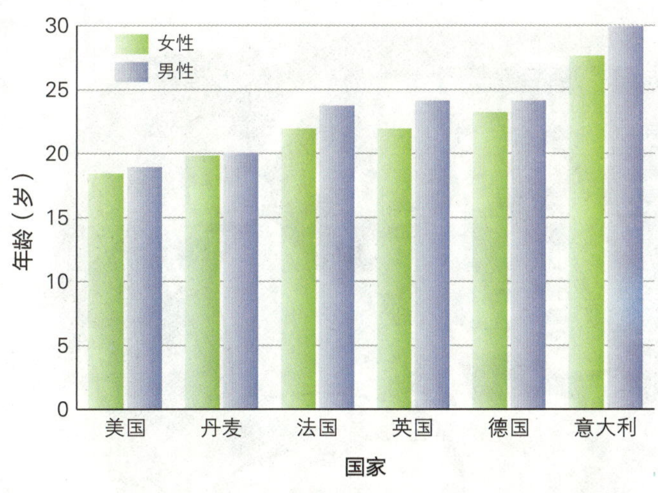

图 9.12 欧洲国家与美国相比，初显期成人平均离家年龄

资料来源：Iacovou（2011）.

在 15—24 岁的意大利人中，有 94% 的人会与父母住在一起，这是欧盟成员国（EU）中比例最高的一个，他们中的许多人在 20 多岁，甚至 30 岁出头还会继续和父母住在一起（Bonino et al.，2012）。然而，只有 8% 的人认为他们的生活现状存在问题，这一比例在欧盟国家中是最低的。许多欧洲初显期成人在 20 岁出头时仍无忧无虑地待在家里，这是个人的选择，并非必要的。

从青春期到成人初显期，与父母关系的变化不仅仅是搬出去、待在家里或搬回来的影响。初显期成人体谅父母的能力也有所提高（Arnett，2015）。青春期在某种程度上是一个以自我为中心的时期，青少年往往很难接受父母的观点。他们有时会严苛地评价他们的父母，认为他们存在不足，很容易被他们的缺点激怒。但随着初显期成人的逐渐成熟，他们自己也开始觉得自己变得更成熟，便会更能理解父母是如何看待事物的。他们立足于本身来看待父母，并开始意识到他们的父母和他们自己一样，既有优点也有缺点。

关于初显期成人兄弟姐妹间关系的研究很少（Scharf & Schulman，2015）。然而，一项针对以色列青少年和初显期成人的研究发现，与青少年相比，初显期成人花在兄弟姐妹身上的时间更少，但他们彼此间的情感却更显亲近和温暖（Scharf et al.，2005）。据报道，初显期成人比青少年时期的冲突和竞争更加激烈。定性分析表明，与青少年相比，初显期成人对他们与兄弟姐妹间的关系有着更为成熟的认知，也就是说，他们能够更好地理解兄弟姐妹间的需求和观点。

友谊

学习目标 9.17 **能够描述亲密关系在初显期成人友谊中的作用以及初显期成人朋友间最常见的活动。**

很大程度上，友谊在成人初显期可能尤其重要（Barry et al.，2015）。大多数在初显期成人的女性中，亲密关系显得尤其重要。

初显期成人离开家，便失去了他们可能从父母和兄弟姐妹那里得到的日常社会支持。即使是那些回家或留在家里的人，在他们努力实现自给自足和做出自己的决定的同时，他们对父母给予的社会支持的依赖也可能会减少（Arnett，2015）。因此，他们可能更多地求助于朋友，而不是寻求父母的陪伴和支持。

正如我们所看到的，在青少年时期，亲密关系对友谊的重要性比在童年中期更为重要，而且这种趋势可能会持续到成人初显期。一项研究中（Radmacher & Azmitia，2006）描述了早期青少年（12—13 岁）和早期初显期成人（18—20 岁）他们觉得和朋友特别亲近的一段时间。与处于早期阶段的青少年相比，初显期成人会进行更多的自我表露和更少的分享活动。在初显期成人（不包括早期青少年）中存在性别差异。自我表露促进了年轻女性的情感亲密，而对于年轻男性来说，分享活动通常是促进亲密情感的基础。

初显期成人会和他们的朋友做些什么？他们在一起的大部分时间都是非结构化社交活动，比如非正式地拜访对方或是一起出行。一些人会一起喝酒（Osgood，2009）。初显期成人也会一起参加与媒体相关的活动，比如看电视或玩电子游戏（Brown，2006）。还有许多人则喜欢一起运动（Malebo et al.，2007）。然而，在 20 多岁的时候，他们与朋友的休闲活动逐渐减少，因为初显期成人逐渐形成了亲密的恋爱关系，并开始承担起成年人的责任，比如稳定的工作、结婚生子（Barry et al.，2015）。

批判性思考题： 除了这里提到的原因之外，还有什么原因可以解释初显期成人和朋友之间的休闲活动会在进入成人初显期后逐渐减少？

爱与性

学习目标 9.18　能够解释恋爱关系和性行为在成人初显期是如何变化的。

成人初显期是在爱情和工作中逐渐建立成人生活结构的一个时期。在许多文化中，对爱情的探索是这一过程的一部分，因为初显期成人在决定生活伴侣的过程中会经历一系列的恋爱和性关系。

寻找灵魂伴侣：寻找一个爱的伴侣。 成人初显期的一个关键部分便是离开家庭，不仅仅是就地理意义上而言，而且是要在社交和情感上，转向一个新的爱情伴侣、结婚或是另一种长期的恋爱关系。詹妮弗·坦纳（Jennifer Tanner）（2006，

2015）称这个过程为“重心转移”。对于儿童和青少年来说，他们情感生活的重心是在他们的家庭之中，与他们的父母和兄弟姐妹一起。对于初显期成人来说，他们情感生活的重心通常是一个新的家庭环境，主要是和爱人一起，通常还有孩子。当情感生活的重心从最初的家庭转移到一个有着爱人的家庭时，成人初显期就开始发生变化了。当然，父母和兄弟姐妹仍然很重要。

当他们谈到他们在寻找一个爱情伴侣时，世界各地的初显期成人会提到各种各样的理想品质（Buss，2013；Gibbons & Stiles，2004；Hatfield et al.，2015）。有时候，这些都是一个人的自身品质：比如聪明、有魅力或有趣。但是他们通常也关注两个人相处时一个人给一段关系能带来良好改善的品质：比如善良、关心、友爱以及值得信赖。初显期成人希望能找到一个对他们好的人，能够与对方建立一种亲密的、深爱彼此以及持久的关系。

一段恋爱关系，就像在友谊中一样，亲密关系在成人初显期变得比在青春期更为重要（Shulman & Connolly，2014）。除了寻求亲密关系外，初显期成人还寻求在许多方面与自己相似的恋人（Shulman & Connolly，2015）。对立的事物很少互相吸引，与之相反的便是物以类聚。一系列的研究表明，与其他年龄段的人一样，初显期成人往往与性格、智力、社会阶层、民族背景、宗教信仰和外表魅力等特征相似的人确立恋爱关系（Furman & Simon，2008；Gray & Coons，2017）。

学者们把这归因于他们所说的“一致性认可”，这意味着人们喜欢在别人身上找到一个符合自己特点的共识。找到这一共识，会产生共鸣或再次证实他们看待世界的方式。你的爱人和你越相似，你们就越有可能互相产生共鸣，也就越不可能因为有不同的观点和偏好而产生冲突。

同居对于许多初显期成人来说，在与恋人形成一种排外的、持久的关系后，下一步不是结婚而是会选择同居。在美国、加拿大以及北欧国家，目前至少有2/3的初显期成人会选择婚前同居（Kroeger & Smock，2014；Manning & Stryke，2015）。这一比例在斯堪的纳维亚半岛国家最高，那里几乎所有的年轻人都在婚前同居（Syltevik，2010）。对于美国年轻人来说，**同居（cohabitation）**往往是短暂和不稳定的，很少持续超过5年（Manning & Stryke，2015）。相比之下，欧洲国家的同居恋人往往和已婚夫妇一样长时间地待在一起（Hiekel et al.，2014）。

同居：未婚恋人居住在一起。

然而，在欧洲，南北双方在同居方面存在明显差异，南欧初显期成人比北欧的初显期成人更不可能同居，南欧的大多数初显期成人结婚前都住在家里，尤其是女性（Hiekel et al.，2014；Moreno-Minguez et al.，2012），也许是由于南方的天主教宗教传统，同居会带来道德上的污名，而这在北方是没有的。同居在亚洲文化中更为罕见，因为大多数亚洲文化有着长期的性保守主义和婚姻贞洁的传统（Susuman et al.，2017）。

年轻人选择同居有时是出于实际原因，比如两个人合住比两个人分开住开销小，有时是因为他们希望提高结婚后婚姻能持续下去的可能性。事实上，在一项针对 20—29 岁的青少年的全国性（美国）调查中，62% 的人同意“婚前与某人同居是避免最终离婚的好办法”（Popenoe & Whitehead，2001）。来自离婚家庭的初显期成人更加有可能同居，因为他们很不想经历和父母类似的遭遇（Arnett，2015；Cunningham & Thornton，2007）。

尽管婚前同居是一件很麻烦的事，但同居的美国夫妇的离婚率比不同居的要高（Kroeger & Smock，2014；Manning & Stykes，2015）。这可能是因为同居的夫妇习惯于在一起生活，但同时在很多方面又维持分开的生活方式，特别是在经济上，所以他们对婚姻所要求的妥协毫无准备。此外，甚至在同居之前，同居的初显期成人往往与不同居的初显期成人有所不同，这与导致离婚风险更高有关——宗教信仰较少，对婚姻制度的怀疑程度更高，对离婚的接受程度更高（Hymowitz et al.，2013）。然而，一项分析得出结论，同居本身就增加了离婚的风险，因为它导致一些无论如何都不能相容的夫妇出于“同居惯性”而结婚（Stanley et al.，2006）。

性行为。初显期成人的性行为和他们生活的其他方面一样，在初显期成人中有很大的不同。在美国 18—23 岁的年轻人中，最常见的情形是在此前便有一个性伴侣（Claxton & van Dulmen，2015）。然而，初显期成人比年长一些的人更有可能拥有更多的性伴侣。大约 1/3 的 18—23 岁的年轻人报告说在过去有两个或更多的性伴侣，但是大约 1/4 的人在过去根本没有性行为发生（Regnerus & Uecker，2011）。在 18 岁的成人初显期，大约一半的美国人至少有过一次性经历，到了 25 岁，几乎所有的初显期成人都至少有过一次性经历，但那些第一次性经历发生较晚的人往往是“主动规避”，而不是“意外规避”（Lefkowitz，2006）。也就是说，他们保持无性经历状态的时间更长，是因为他们选择了等待，而不是因为他们没有机会。拒绝性行为的常见原因是害怕怀孕、害怕性传播疾病（STIs）、宗教或道德信仰，以及感觉自己还没有遇到合适的人（Regnerus & Uecker，2011）。成人初显期的性行为通常发生在亲密的恋爱关系中（Shulman & Connolly，2014）。然而，初显期成人比年长一些的成年人更有可能发生“出轨”或“暧昧”。在美国大学的调查中，大约 80% 的学生报告体现至少有过一次偶然的性经历，此外，约 60% 的人表示，他们与认识但没有恋爱关系的人发生过“性关系”（Claxton & van Dulmen，2015）。与年轻女性相比，年轻男性更倾向于出轨（Lefkowitz et al.，2014）。他们往往比年轻女性更愿意与认识仅几个小时的人发生性关系以及在同一天与两个不同的性伴侣发生性关系，也倾向于接受与不爱的人发生性关系（Knox et al.，2001；Maas et al.，2015）。在一项针对 18—29 岁的青少年的全国性调查中，大约一半（52%）的男性，但只有 1/3 的女性（33%）认为，两个人在没有情感基础的情况下发生性关系是能够接受的（Arnett & Schwab，2012）。

美国人对婚前性行为表示喜忧参半，因为性活跃的初显期成人往往缺乏足够的避孕知识和避孕措施。性活跃的初显期成人中只有约 10% 的人表示从未使用过避孕措施，但另有35%的人表示避孕措施不会每次使用或使用无效（Regnerus & Uecker，2011）。随着初显期成人之间恋爱关系的发展，他们从经常使用避孕套转向改用口服避孕药，因为他们认为没有避孕套的性生活感觉会更好，或者因为改用口服避孕药意味着更深层次的信任和承诺（Hammer et al.，1996；Lefkowitz，2006）。

在一些文化中，婚前性行为能够被接受，在另一些文化中则被禁止。

在许多国家进行的调查表明，世界各地对婚前性行为的文化态度存在很大差异（Hatfield et al.，2015）。澳大利亚、加拿大、美国和欧洲国家，是婚前性行为发生率最高的国家。尽管巴西和智利等国初显期成人中男性和女性婚前性行为报告的巨大差异表明，男性对性行为有些言过其实，或者女性对性行为有所隐藏，但在南美洲国家，这一比例略低。婚前性行为在亚洲是最不常见的，这些国家对婚前保持贞操的重视程度仍然很高（Davis & Davis，2012；Susuman et al.，2017）。

性传染病。西方国家的初显期成人可能会将性视为生活的一个正常和愉快的组成部分，但这并不意味着它不存在隐患。从青春期开始性行为后到成人初显期步入婚姻的漫长时期，通常包括与一系列异性发生性关系以及偶尔发生的性关系。因此，成年后是**性传染病（sexually transmitted infection，STI）**发生的高峰期，性传染病是通过性接触传播的感染，包括衣原体、人乳头瘤病毒（HPV）、带状疱疹病毒II型（HSV-2）和HIV/艾滋病。美国一半的性传染病发生在15—24岁的人群中（CDC，2013）。在美国和欧洲，成人初显期的性传染病发生率高于其他生命阶段（CDC，2015；Uuskula et al.，2010）。

性传染病（STI）：通过性行为接触传播的疾病。

为什么初显期成人特别容易患性传染病？尽管很少有初显期成人会与众多的性伴侣发生性关系，但偶尔与临时性伴侣发生性关系却是相当普遍的（Claxton & van Dulmen，2015）。即使性生活发生在一段互相承诺过的关系中，但大多数年轻的爱情关系也不会持续太久，伴侣最终会分手并继续各自的生活。通过这种方式，年轻人获得了爱和性的经验，并感受到了与不同的人交往是什么感觉。然而，与各种各样的人发生性关系，即使是在不同时间段的关系中，性传播感染也有很大的风险。

性传播感染的症状和后果千差万别，从令人讨厌的（阴虱病或称“阴虱寄生病”）到致命的（艾滋病毒/艾滋病）。一些性传播疾病，如衣原体和人乳头瘤病毒（HPV）会增加女性不孕的风险（Mills et al.，2006）。幸运的是，衣原体可以用抗生素有效地治疗。此外，HPV疫苗现已问世，许多西方国家的健康工作者正在大力提倡青少年在进行性行为之前接种疫苗。在美国，大约一半的青少年接种了HPV疫苗，欧洲的接种率甚至更高（CDC，2015；Owsianka & Ganzak，2015）。带状疱疹病毒II型是不能治愈的，但使用药物可以缓解症状，并在发作时加快愈合过程。

HIV/ 艾滋病是致命的疾病之一，它极难治疗，因为病毒能自我改变从而使药物失效。艾滋病在非洲南部地区最具破坏性，全世界每 11 例新增艾滋病毒感染者中就有 10 例发生在那里。博茨瓦纳是世界上艾滋病毒感染率最高的国家，15—49 岁的人口中有 22% 均感染了艾滋病（UNAIDS，2018）。然而，即使在博茨瓦纳和南部非洲的其他国家，艾滋病感染率也在逐渐下降，从 2000 年到 2015 年，全世界年轻人中新感染艾滋病毒的发病率下降了 35%，原因是有多个性伴侣等危险性行为的减少（UNAIDS，2016）。

近年来，人们开发了有效的药物来减缓治疗艾滋病的发病过程。这些药物治疗的成本最初非常高，但现在成本已经有所下降，甚至在发展中国家也可以通过国际援助组织广泛获得这些药物（UNAIDS，2016）。许多发展中国家开展了旨在降低青少年和初显期成人感染艾滋病毒风险的预防计划，并成功地改变了年轻人的性行为习惯，以降低他们感染艾滋病毒的风险（Pandey et al.，2015）。

媒体的使用

学习目标 9.19　能够解释初显期成人如何使用社交媒体和短信来保持社交联系。

媒体是当今初显期成人日常生活的重要组成部分。他们成长于一个媒体产品交付和消费方式创新的时代（Coyne et al.，2014）。教育家和作家马克·普伦斯基（Marc Prensky）（2010）称他们为“数据原住民”，从幼年起就完全待在数据的世界里，与他们的父母“数据移民”形成鲜明对比，他们中的许多人对所有的新媒体从来都不是很习惯。

总的来说，据估计，美国初显期成人与各类媒体的接触程度甚至超过青少年：每天 12 小时或是清醒时间的 3/4（Coyne et al.，2014）。初显期成人的媒体使用途径是多样化的，从电视和录制的音乐到电子游戏、互联网和短信，所有这些形式的内容越来越多地通过他们的数字设备来互相传递（Coyne et al.，2014；Hundley & Shyles，2010）。令人惊讶的是，很少有关于初显期成人使用电视和音乐的研究，这可能是因为人们认为这些媒体对儿童和青少年的影响更为深远。相反，相关研究主要集中在社交媒体和短信本身上。

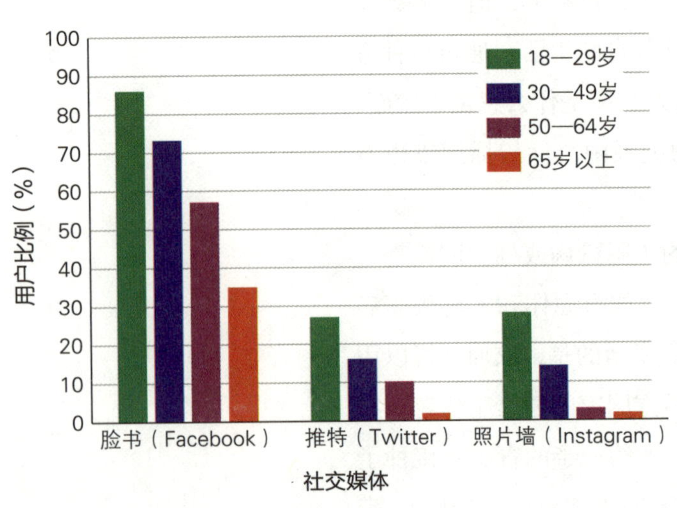

图 9.13　按年龄划分的社交媒体使用情况

资料来源：Duggan & Brenner（2013）.

社交媒体的使用。Facebook 等社交媒体的使用在初显期成人中非常流行。Facebook 最初是由大学生开发，也是基于大学生需求而开发，尽管它已经迅速被广大青少年和成年人广泛使用，但大学生和其他初显期成人仍然是主要用户。Facebook 是迄今为止最受欢迎的社交网站，2018 年全球用户超过 20

亿。如**图 9.13** 所示，美国近 90% 的 18—29 岁的年轻人使用社交网站，其比例与青少年相同，是 30 岁及以上人群的 2 倍（Duggan & Brenner，2013）。尽管 Facebook 是青少年和初显期成人中最流行的社交网络形式，但现如今它的突出地位正受到 Instagram、Snapchat、FaceTime、WhatsApp 等软件的挑战。最近的一项研究表明，许多初显期成人更喜欢 Snapchat 而不是 Facebook，因为通过 Snapchat 发送的内容只有很短的一段时间才具备访问权限（Vaterlaus et al.，2016）

在各个年龄段中，社交媒体和短信在初显期成人中最受欢迎。

社交媒体是一个展示身份的平台，这反映了身份问题在成人初显期的突出地位（Davis，2010；Yang et al.，2017）。也就是说，用户对如何在社交网站上展示自己需要做出选择，他们的选择反映了他们对自己是谁的具体看法，以及他们希望别人如何看待自己。对于青少年和初显期成人来说，社交网站为“身份游戏”提供了一个空间，他们在决定自己到底是谁的过程中尝试了不同的表现方式（Mazur Li，2016；Michikyan et al.，2015）。

一份好的个人简介也可以让用户维持和扩大他们的社交网络。初显期成人使用这些网站主要是为了与老朋友或现在的朋友保持联系并继续结交新朋友（Arnett & Schwab，2012；Ellison et al.，2007；Raacke & Bonds-Raacke，2008）。这一功能对于初显期成人而言尤为重要，因为初显期成人经常离开家，离开他们在中学时形成的朋友圈。此外，初显期成人经常改变教育环境、工作环境和住所。社交网站能够允许他们在成年后与留下的朋友保持联系，并在每个新的地方有机会结交新朋友（Mazzoni & Iannone，2014）。

短信。与社交媒体一样，短信的普及率和受欢迎程度在过去十年里直线上升，其在青少年和初显期成人中尤其流行。例如，法国的初显期成人（18—29 岁）平均每天发送近 40 条短信，是成年人的 5 倍多（Statista，2017）。短信就像社交媒体一样，是初显期成人在分开后能几乎全天保持联系的一种方式。年轻人的社交世界不再死板地分为与家人在一起的时间、与朋友在一起的时间和在学校的时间。相反，新媒体让他们朋友间的世界在他们的生活中几乎一直存在着。迄今为止的证据表明，新媒体技术通常会增强而并非取代社会关系的作用。例如，一项研究发现，社交媒体的使用或发短信的时间平均每增加一小时，面对面的社交互动便平均增加 10—15 分钟（Jacobsen & Forste，2011）。一项针对瑞典初显期成人的研究报告显示，他们整天都在通过短信与朋友和家人联系（Axelsson，2010）。在一项针对美国 18—29 岁青少年的全国性研究中，51% 的人认为“我非常依赖电子邮件、短信和社交网站来和家人保持联系”（Arnett & Schwab，2012）。

文化焦点：跨文化视域下初显期成人的媒体使用

在全世界，电子媒体已经成为初显期成人日常生活的重要组成部分。他们利用媒体学习如何与他们关心的人接触、找到和他们有共同兴趣爱好的人。

搬出父母家的初显期成人经常使用数字设备与父母保持联系。在一项针对美国初显期成人及其父母的全国性研究中，超过一半的人表示“每天或几乎每天”通常都在通过媒体互相联系（Arnett & Schwab，2012，2014）。当父母把发短信作为一种控制孩子的方式时，初显期成人通常会认为这种方式是过度干涉（Padilla-Walker & Nelson，2012）。然而，大多数初显期成人还是会把发短信作为在忙碌的日子里与父母保持联系的一种方式，一种既能得到父母的支持，又能给他们支配自己生活空间的方式（Stein et al.，2016）。

小结：情绪与社会性发展

学习目标 9.11　能够描述从青春期到成人初显期的自我认知过程，并解释这种模式的原因。

对于初显期成人来说，自尊心往往会较之前有所增强，因为他们已经面对着超越了青少年期的一些难题，比如对外表的困扰，另一个原因是他们对如何度过时间和与谁相处有了更多的选择权。

学习目标 9.12　能够描述在成人初显期人们为发展自尊可以采取的各种形式，并考虑文化和民族身份的模式。

在身份状态模型中，詹姆斯·马西娅（James Marcia）提出了四类身份发展：扩散、暂停、丧失和完成。研究表明，对大多数人来说，身份认同的状态要到成年以后才能实现。文化通过允许或限制年轻人在爱情和工作中做出选择的机会来影响身份发展。今天，全球化常常对身份发展产生文化上的影响，可能会导致双重文化身份。对少数民族成员来说，他们的民族认同有多种可能的形式，包括同化、边缘化、分离和双重文化。

学习目标 9.13　能够总结近几十年来美国性别观念的变化，包括对大学生性别刻板印象的研究结果。

在过去的半个世纪里，美国社会对性别角色的观念已经没有那么死板，尽管相当一部分成年人仍然认为女性大部分时间应该待在家里，男性应该是活跃在社会上的人。然而，性别歧视仍然存在于职业角色、对男子和妇女从事不同工作的期望以及对妇女工作表现不太有利的评价中。

学习目标 9.14　能够总结美国初显期成人的宗教信仰和行为，并与欧洲初显期成人现状进行对比。

宗教信仰和习俗在成人初显期的影响会逐渐减弱，并达到了人生的最低点。初显期成人倾向于持有高度个性化的宗教信仰，而不是坚持传统教义。欧洲初显期成人往往没有美国人那么虔诚，但即使在宗教信仰最少的国家，大多数初显期成人也相信有关来世的传统观念。

学习目标 9.15　能够解释初显期成人经常站在政治运动前沿的原因，并将这与他们参与传统政治进行对比。

与投票等常规政治举措相比，初显期成人其他的政治参与率较低。然而，初显期成人比年长者更有可能从事志愿工作，并参加类似革新和较为极端的政治运动，因为他们在意识形态上寻找身份，他们没有被限制社会责任。

学习目标 9.16　能够描述美国和欧洲初显期成人的离家模式，以及这种转变是如何影响与父母关系的。

在美国和北欧，初显期成人通常在 19 岁或 20 岁时搬出父母的家，独自生活，或与朋友、恋人一起生活。在南欧，初显期成人通常在家住的时间更长，并且喜欢这样做。当初显期成人搬出父母家时，他们与父母的关系通常会得到改善，因为初显期成人更善于接受父母的观点。

学习目标 9.17　能够描述亲密关系在初显期成人友谊中的作用以及初显期成人朋友间最常见的活动。

朋友对初显期成人来说很重要，尤其是对那些目前没有伴侣的人。亲密关系对友谊的重要性比在童年中期更重要。朋友之间常见的活动包括非结构化社交活动，其中可能包括饮酒和使用媒体。在 20 多岁的时候，与朋友的活动会逐渐减少，因为初显期成人形成了稳定的恋爱关系。

学习目标 9.18　能够解释恋爱关系和性行为在成人初显期是如何变化的。

在寻找恋人的过程中，当今初显期成人最看重的是有助于建立恋爱关系的个人品质，例如善良和值得信赖。同居现在在大多数西方国家是很普遍的。在北欧，同居关系和婚姻一样持久，但在美国，同居关系一般在 5 年内就会消失。在世界范围内，初显期成人的婚前性行为在不同的国家和文化中差异很大。性传播疾病在成人初显期比任何其他年龄组更常见，包括衣原体、人乳头瘤病毒（HPV）、带状疱疹病毒 II 型和 HIV / 艾滋病。

学习目标 9.19　能够解释初显期成人如何使用社交媒体和短信来保持社交联系。

在发达国家，大多数初显期成人每天都在使用 Facebook 等社交媒体，他们经常将这些媒体作为个人展示的舞台。他们中的大多数人报告说，社交媒体帮助他们保持与朋友和家人的定期联系，并允许他们在必要时获得他们的支持。发短信也有类似的功能，而且初显期成人比年长者更多地使用短信功能。

第十章

成年早期

第一节 生理发展

向成年期的过渡

成年的标志

衰老的开始

生理健康

超重与肥胖

锻炼的重要性

第二节 认知发展

成人智力

智商与职业成功

智力的文化概念

成年早期认知能力的提高

专业能力

创造力

第三节 情绪与社会性发展

成年早期的情感发展

亲密与孤立的对立：埃里克森的理论

斯滕伯格的爱情理论

成年早期的社会与文化背景

成年早期的婚姻

成年早期的离婚

单身成年人

同性恋的伴侣关系

成年早期的性行为

为人父母

工作

社会活动与媒体使用

进入成年早期的方式有很多，标志着人们进入成年早期的年龄也各不相同。成年早期的起始年龄之所以不同关键在于文化差异，一些文化在青少年期和成年早期之间存在一个成人初显期，而一些文化则没有成人初显期。发达国家有成人初显期，那里的人普遍受到高等教育，且多在30岁左右的年龄结婚生子。然而，在发展中国家，人生发展阶段里并没有一个规定的成人初显期，特别是在农村地区，很少有人能继续接受高等教育，他们选择结婚生子的平均年龄一般在十几岁或20岁。这些年轻人的人生阶段里没有成人初显期，他们在十八九岁或者20岁出头的年龄便直接从青少年跨越到成年，承担起成年人的工作，开始新的家庭生活。

更为复杂的是，当一个人达到了某种文化所认可的成年标准时，他就实现了成人初显期到成年早期的过渡，但是这一标准在不同的文化间有很大区别。发展中国家的传统文化认为婚姻标志着人完全进入成年期（Schlegel，2010）。相比之下，在发达国家，人们认为进入成年期的标志在于是否逐步达到了一系列标准，实现了自我独立与自我满足状态（Arnett，2011；Nelson & Luster，2015）。

成年早期的开始时间存在着文化上的差异，本章将主要探讨二三十岁到30多岁的年龄阶段。首先，我们会探讨不同文化中成年早期的概念差异以及成年早期的生理变化和健康问题。其次，我们将探讨成年早期的认知发展，包括智力发展、专业技能发展以及创造力的发展。最后，我们将介绍成年早期的情绪与社会性发展的内容，其中包括恋爱关系、为人父母、工作、社区活动参与，以及媒体的使用。

第一节 生理发展

学习目标

10.1 能够比较不同文化中年轻人的成年衡量标准。

10.2 能够详细说明身体开始出现老化的迹象以及时间。

10.3 能够解释肥胖的定义、诱因、后果以及预防的关键。

10.4 能够总结在成年早期锻炼的益处。

向成年期的过渡

世界上每一种文化都有一个专门的词表示“成年”，也都有特定的概念表示什么是成年人。然而，不同文化中成年的标准却大有不同，这一点反映着个人主义和集体主义不同的文化价值观。

成年的标志

学习目标 10.1 能够比较不同文化中年轻人的成年衡量标准。

你觉得自己成年了吗？是的、没有，还是大概已经成年了？从你的年龄来看，这个问题可能很难回答，但也可能不难回答。在成人的生命阶段中，没有明确的年龄来标志一个阶段的结束和另一个阶段的开始（Arnett，2016）。给成年早期的起始年龄做一个界定是一项非常复杂且具有挑战性的工作。如果将稳定的职业、婚姻和为人父母视为转变到成年早期的标准（也就是通常社会对于成年的标准），那么发展中国家的成年早期起始年龄将会早至十八九岁；而在发达国家则为 30 多岁。但是，这样一种定义对于未婚人士或未婚先育的人士来说又有何意义呢？如果使用一种完全不同的标准而不再以职业、婚姻和为人父母为标准来定义成年早期，结果又会如何？怎样才算是完全达到成年状态？人们又怎么知道自己已经完成了进入成年期的过渡了呢？

> “有时候我觉得自己已经成年了，然后我就会坐下来直接从盒子里挖冰激凌吃，我一直在想：‘当我不再直接从盒子里挖冰激凌吃，我就会知道自己是个成年人了。’……但我觉得在某些方面我确实是一个成年人。我是一个有责任感的人，我是说，我说到做到，而且诚实守信。我经济上独立。可是有时候我又经常会想：‘真不敢相信我都 25 岁了。’许多时候，我感觉自己还没有成年。”
>
> ——丽莎，25 岁（Arnett，2004，p.14）

在过去的 20 年里，许多研究考察了不同国家年轻人所认为的进入成年的关键特征。调查结果在包括阿根廷（Facio & Micocci，2003）、澳大利亚（Sirsch et al.，2009）、中国（Nelson et al.，2004）、捷克共和国（Macek，2007）、丹麦（Arnett & Padilla-Walker，2015）、以色列（Mayseless & Scharf，2003）、西班牙（Zacares et al.，2015）和美国（Arnett，1988，2003；Nelson，2003）几个国家中高度相似。在这些研究中，这些十几岁到 20 多岁的年轻人一致认为，向成年期过渡最重要的标志是：

- 为自己负责；
- 能独立做决定；
- 开始经济独立。

在许多文化中，经济独立是成年期的重要标准。

这三项标准不但在不同文化和国家间排名最高，而且在不同年龄、种族和社会阶层中认可度也最高（Arnett，2001，2003，2015；Nelson & Luster，2015）。

请注意这三项标准的共同点：它们都具有明显的个人主义特征。也就是说，这三项标准都强调学会独立自主，不依赖他人的重要性（Arnett，1998，2011）。发达国家的初显期成人所认可的成年标准反映了其所处社会的个人主义价值观（Douglass，2007）。

除了在不同文化中排名最高的这三个标准，研究还发现了一些独特的文化标准（Nelson & Luster，2015）。以色列的年轻人将“完成兵役”看作成年的一项重要标准，反映了以色列对义务服兵役的要求（Mayseless & Scharf，2003）。阿根廷的年轻人特别重视能够在经济上养家糊口，这也许是阿根廷数十年来经历的经济动荡的一种反映（Facio & Miccoci，2003）。韩国和中国把“为父母提供经济支持”看作成年的重要标准，这反映了亚洲社会的集体主义价值观，即履行对父母的赡养义务（Nelson et al.，2004；Zhong & Arnett，2014）。在印度，“情绪的自控能力”是排名最高的一项成年标准（Seiter & Nelson，2011）。这与印度文化中强调利他的集体主义价值观一致（Kakar & Kakar，2007）。

传统文化中通常以婚姻作为成年期的标志。下图为印度尼西亚的一对新娘和新郎。

那么传统文化又是如何界定成年标准的呢？传统文化对于进入成年的标志持有不同的观点吗？答案似乎是肯定的。人类学家发现，婚姻几乎是所有传统文化中向成年过渡的显著而明确的特征（Schlegel，2010）。人们只有在结婚后才被视为具有成年身份并享有成人特权，负起成人责任。相比之下，发达国家却很少有年轻人把婚姻看作过渡到成年期的重要标志。在发达国家，关于成年标准的调查结果显示婚姻的排名一直非常靠后（Arnett，2011）。

我们应该如何理解这种反差？一种可能的解释是，传统文化之所以将婚姻作为向成年期过渡的重要标志，是因为传统文化更推崇强调相互依赖（相互之间的义务）的集体主义价值观而不是独立的个人主义价值观，而婚姻则意味着一个人开始建立独立于原生家庭之外的新的相互依存关系（Arnett，1998，2015；Goodnow & Lawrence，2015）。婚姻是一个社会事件，而非简单的个体的心理过程，它意味着与配偶的所有亲属建立新的关系网络，在传统文化中尤其如此。比起西方文化，传统文化的家庭成员间联系得更为紧密，有更多日常接触。因此，重视人与人之间相互依存的文化会将婚姻视为进入成年期的最重要标志，因为婚姻确定并增强了人与人之间相互依存的关系。

这些结论仍主要基于人类学家的观察。如果直接询问生活在传统文化中的年轻人什么是进入成年的最重要标志，你可能会得到许多不同的答案。例如，苏珊·戴维斯（Susan Davis）和道格拉斯·戴维斯（Douglas Davis）（2007）问摩洛哥年轻人（9—20 岁）："你怎么知道自己长大了？"他们发现最常见的回答可以分为两类：①强调生理年龄或身体发育情况，例如男孩开始长胡子；②强调性格特质，例如自我控制能力的发展。尽管苏珊和道格拉斯认为从总体上来说，在摩洛哥文化中"一个人在结婚后就成年了"（p.59），但很少有摩洛哥年轻人的回答提及婚姻。这表明，我们还需要针对有关成年的概念对传统文化中的年轻人做进一步的调查，他们的观点可能与成年人的观念不符。

大多数人在 30 多岁时出现第一根白发。

衰老的开始

学习目标 10.2　能够详细说明身体开始出现老化的迹象以及时间。

就强度、耐力、反应时间和运动表现而言，成人初显期是人体拥有最高身体机能的生命阶段。在成年早期，人体机能依然保持较好的状态。的确，大多数运动表现的峰值在 30 多岁开始下降（Bruner et al.，2010）。但是当大多数普通人到了 30 多岁时，他们的身体机能在各个方面几乎没有明显下降。和成人初显期一样，成年早期同样有强大的免疫系统和较低的疾病感染率。此外，早期成年人不像初显期成人那样有风险性行为，例如过多的药物滥用和在无防范措施的情况下与多个性伴侣的性行为等（Claxton & Van Dulmen，2015；Johnston et al.，2014）。成年早期患如癌症和心脏病等常见的成年中期和成年后期的疾病风险也很低。对大多数人来说，成年早期可以说是一生中身体最健康的时期。然而，即使大多数人进入成年期后察觉不到自己身体机能的明显变化，衰老过程仍以许多方式悄然进行着，直到成年早期结束进入成年中期人们才会明显察觉到衰老。衰老在成年早期开始的最明显迹象可能是头发变白。人们出现第一根白发的时间差异很大，但是大多数人的第一根白发是在30多岁的时候出现的（Tobin，2010）。无论男女，成年早期也是头发开始变稀疏的时期，许多男性还会出现发际线后移的现象，特别是具有欧洲血统的男性，差不多一半的欧洲血统的男性在40岁时会经历严重脱发（Ellis & Sinclair，2008）。

在一些崇尚年轻外貌的文化中，人们发明了许多方法来掩盖成年早期出现的白发。在许多国家和地区，女性会染头发，有时男性也会这样做。据估计，西方和亚洲的成年女性中有1/3到一半的人会染发（Mendelsohn et al.，2009）。而许多男性选择植发或戴假发，因为他们认为成年后谢顶会使自己外观上的吸引力大打折扣（Cash，2009）。

皮肤和肌肉紧实度的变化也会影响外貌。进入成年期以后，随着人的生长激素水平逐渐下降，肌肉内的胶原蛋白会流失，皮肤便会变得松弛（Tobin，2017）。还有一些皮肤变化会引起皱纹的出现，尤其在眼睛、额头和脖子周围。浅色皮肤的人比深色皮肤的人更容易出现皮肤衰老的状况，如果浅色皮肤的人年轻的时候经常将皮肤暴露在直射的阳光下，那么他们的皮肤会老化得更快（Jackson & Aiken，2006）。头发衰老的情况可以改善，皮肤的衰老也可以抵抗，人们可以通过涂护肤霜、注射药物或接受激光治疗等方法延缓或改善皮肤衰老，永葆青春靓丽的外表（Darland et al.，2017）。

成年早期大多数生理上的衰老变化都很细微。心肌开始变得越来越僵硬，但是只有在人体剧烈运动后最大心率降低时这一变化才会被人们注意到，而这一过程反过来又减少了心脏输送给身体的氧气量（Haywood & Getchell，2001）。胆固醇和脂肪的沉积物开始在心血管系统的动脉中蓄积，对于饮食中含有高胆固醇和高脂肪的人来说更为严重，但是患心血管疾病的风险在中年期之前会很低（Yano et al.，2016）。

与心血管系统一样，成年早期呼吸系统的变化也在悄然进行。随着肺部、胸部、肋骨处的肌腱和肌肉逐渐硬化，肺活量（肺中可容纳的最大空气量）也逐渐下降。人的通常肺活量从25岁时开始下降，每10年下降约10%（Skloot，2017）。在成年早期，人只有在做了剧烈的体育锻炼后才能感受到肺活量的下降。

成年早期人体拥有较强的免疫系统，而此时免疫系统的功能也在悄悄衰退。胸腺（位于胸部上部的腺体）所产生的抗病**T细胞（T cells）**的数量逐渐减少，一般到50岁时T细胞的产生就基本停止了（Kugelberg，2016）。同样减少的还有**B细胞（B cells）**，B细胞是一种位于脊髓里的免疫细胞，可以产生抗体消灭细菌和病毒（Martin et al.，2015）。此外，成年早期人受伤后恢复的时间也要比成人初显期更长（Houglum，2010）。**图10.1**总结了成年早期身体衰老的迹象。

T细胞：在胸腺里产生的免疫细胞，可以抵抗身体疾病。

B细胞：骨髓里生产的免疫细胞，B细胞可以产生抗体消灭细菌和病毒。

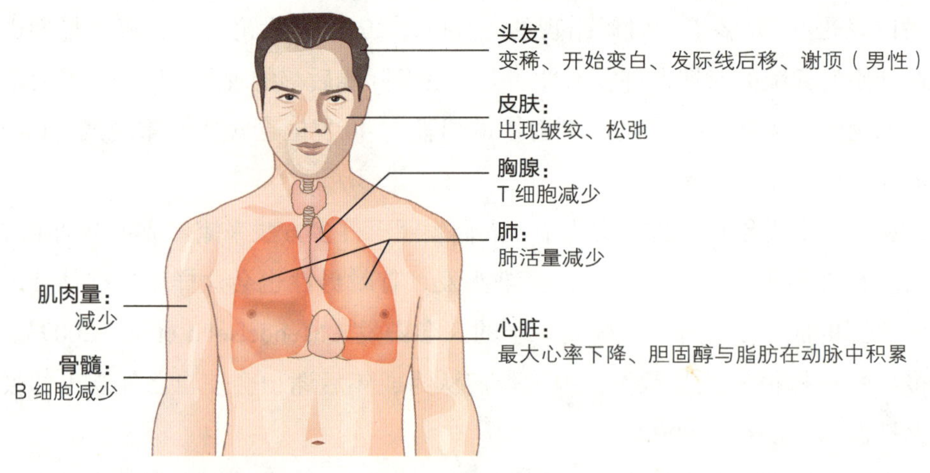

图 10.1 成年早期的衰老

生理健康

除了上述衰老的最初迹象外，年轻人的身体变化还表现为体重的增加，即使他们的饮食和运动习惯没有改变，也会如此。因此，对处于成年早期的人来说健身、饮食和肥胖问题变得越来越重要。

超重与肥胖

学习目标 10.3 能够解释肥胖的定义、诱因、后果以及预防的关键。

在人类历史中，能否获取足够的食物始终是一个重要问题。如今，许多发达国家的人却面临着另一种食物问题：食物过剩，特别高脂高糖的食物吃得过多。或许是因为备受食物匮乏、饥饿威胁的种系发展史，让我们在基因中就有对糖和脂肪的渴望，以获取满足感。高糖高脂的食物供应直到最近几十年才不再是难事，导致我们如今只要一有机会，就随时准备去享用这些食物。

如今，在发达国家，人们因粮食短缺而遭受饥饿的风险很低，然而我们从高脂高糖的食物中寻求满足感的渴望依然存在，因而许多发达国家的人都存在超重或肥胖的问题。

基础代谢率（BMR）：人体在安静状态时所消耗的能量。

肥胖的诱因。成年早期是肥胖出现的关键时期。从 25 岁开始，人的**基础代谢率（basal metabolic rate，BMR）**开始发生重要的生理变化。基础代谢率是指人体在安静状态时所消耗的能量（Kumagai & Yahagi，2013；Peitilainen et al.，2008）。普通人的基础代谢率从 25 岁开始下降直至 50 岁停止，这是身体自然衰老的一部分。由于人体不再像以前那样能够在安静状态下消耗许多能量，所以这种变化使体重更容易增加。因此，如果人们要想在 20 多岁到 30 岁保持体重不变，那么在这期间，人必须要么少吃要么多运动，或者两者都做到。

因此，在成年早期阶段，许多原本体重在健康范围内的人都会出现超重或肥

研究焦点：什么是超重？什么是肥胖？

科学研究的关键问题之一是找到衡量研究现象的方法。研究人员通常使用体重指数（BMI）作为衡量一个人是否被归类为“超重”或“肥胖”的指标。BMI是衡量体重占身高比率的一个指标，这个指标经济、省时且计算简单，用以下基本公式进行计算：体重（千克）/身高（米）的平方（要计算自己的体重指数，请访问 https://www.nhlbi.nih.gov/health/educational/lose_wt/BMI/bmicalc.htm.）。之所以用BMI作为衡量超重和肥胖的指标，是因为它是一种间接测量人体脂肪的方法。也就是说，一个人的BMI数值越高，他超出身高对应的正常脂肪数量的程度就越高。反过来，体脂过多又会导致多种健康风险增加，如高血压、糖尿病、心脏病和中风，甚至某些癌症。

然而BMI只是人体脂肪的间接度量。虽然对于大多数人来说，BMI可以较为准确地表示身体中脂肪的含量，但也有例外。例如，在同样的BMI数值下，女性的脂肪往往比男性多，而老年人的脂肪也比年轻人多。此外，尽管有些人的BMI低于超重范围，但他们的腹部脂肪含量却很高（肚子中间有一圈赘肉），腹部脂肪增多往往显示身体出现了健康问题。

使用BMI衡量超重和肥胖的另一个问题是分界点的确定。根据规定，BMI超过25的成年人被归类为超重，而BMI超过30的成年人则被归为肥胖。显然，并不是因为什么魔法使25或30成为理想的分界点。一个BMI数值为31的人出现的健康问题并不比一个BMI数值为29的人更多。尽管存在这样的问题，这种基于BMI数值的体重划分标准可以让人总体上了解自己当前的体重是否在健康范围内。

最后，我们有必要考虑一下可能存在的种族差异。例如，同等体重下，亚洲人的体脂通常比非亚洲人更高。因此，一些研究人员提出，亚洲人超重和肥胖的BMI的分界点应低于其他人种。然而目前国际上仍将BMI 25和BMI 30作为通用标准。

复习题：

1. BMI是（　　）的直接测量方式？
   A. 体重与身高的比率
   B. 体脂
   C. 心脏病风险
   D. 中风风险
2. 权威健康机构认定BMI在（　　）以上超重，（　　）以上为肥胖。
   A. 15；20　B. 20；25　C. 25；30　D. 30；35

胖的情况，而许多已经超重的人则会变得更胖。一项涉及上万名青少年的称为“青少年健康研究”（National Study of Adolescent Health）的美国全国性纵向研究追踪了从十几岁和24—32岁的青年（Gordon-Larsen et al., 2010）。结果发现，这些人中，他们的肥胖率由青春期的13%，上升到了成年早期的36%。如**图10.2**所示，肥胖率在性别和族裔群体之间存在着显著差异：女性的肥胖率高于男性（各个年龄段）；非裔美国人和拉丁裔美国人的肥胖率高于亚裔美国人和白人。成年早期肥胖率最高的是非裔美国女性，约为55%。

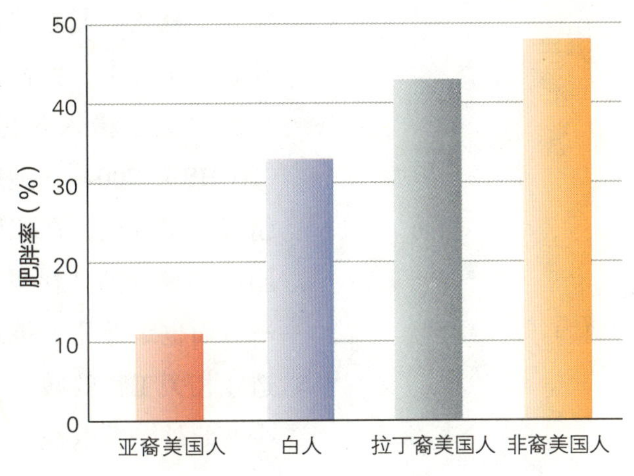

图10.2　24—32岁美国各种族的肥胖率

资料来源：Ogden et al.（2013）.

导致体重变化的另一个生物学因素是基因遗传。即使在饮食相同的情况下，人们增加或减少的体重也会有所不同（Das，2010）。一项对双胞胎的研究表明，即使同卵双胞胎（MZ）在不同的家庭中成长，他们的体重也比异卵双胞胎（DZ）更接近（Collaku et al.，2004）。研究人员还发现，动物和人类的体重水平都与一种特殊的蛋白质——瘦素有关（Zhang et al.，2006）。瘦素是一种由脂肪细胞产生，向身体发出饱腹的信号，它还影响着基础代谢率（BMR）的水平。瘦素水平相对较低的动物和人类体重会更重，体内脂肪含量更高并且节食减肥以后体重减轻得也相对较慢。有些人天生对瘦素有基于基因的抗性，因此他们也更容易肥胖（Crujeiras et al.，2015）。

肥胖率在世界范围内差异很大，并且与富裕程度密切相关。肥胖率最高的地区集中在最富有的国家——发达国家。肥胖率在世界上最贫穷的地区——非洲的水平最低。随着经济的发展，一些发展中国家（如中国和印度）的肥胖率正在上升（Bhurosy & Jeewon，2014；Poobalan & Aucott，2016）。导致发展中国家肥胖率增加的另一个原因是一些高脂肪和高糖分的西方食物在国内的流行，包括汉堡、炸薯条和炸鸡等快餐（Wright et al.，2016）。

在发达国家中往往呈现出相反的模式：经济地位最低、财富最少的人肥胖率最高（Ball & Crawford，2005；Shaikh et al.，2015）。我们该如何解释这种矛盾现象？造成这一现象的主要原因，一方面在于在经济发达的国家中，食品生产的工艺与技术更为完备和高效，不健康的食物价格低廉，因此穷人能以低成本摄取高热量的食物。另一方面在于社会经济地位的不同所引发的文化信仰和价值观差异。在发达国家，社会经济地位越高的人，越遵从健康生活方式的价值观，包括食用有机食品、低脂食品以及定期锻炼（Burgess et al.，2017；Caballero，2007）。在发达国家，女性在经济社会地位和肥胖的关联性上要高于男性，其中的原因尚不明确（CDC，2017；Ogden et al.，2010）。

近几十年来，发达国家的肥胖率急剧上升，尤其是美国和加拿大（State of Obesity.org，2017；Vanasse et al.，2006）。造成肥胖率上升的原因有很多，其中之一就是人们吃得比以前更多了。在一项比较 1970 年和 2000 年美国成年人饮食的研究中，女性在 2000 年比在 1970 年每天多摄入 300 卡路里的能量，而男性每天多摄入超过 150 卡路里的能量［National Center for Health Statistics（NCHS），2004］。造成这一结果的原因，一方面是在由单亲父母和双职工父母组成的家庭里，在家做饭已经不再常见，人们在正餐时间里吃得更多的是富含脂肪和糖分的“快餐”，例如汉堡包、热狗、比萨和汽水（Critser，2003）。另一方面也跟近几十年人们的体育活动有所减少有关（Donatelle，2016）。随着制造业相关工作的减少和信息技术方面工作的增加，需要体力活动的工作越来越少。此外，看电视成为人们在晚上的主要休闲活动，并逐渐取代了园艺和运动等更积极的活动追求。

> **批判性思考题：**既然摄入西方的快餐食品会给发展中国家带来肥胖问题和牙齿问题，你认为快餐企业将快餐产品投入发展中国家的市场这一行为合乎道德吗？

肥胖症的后果和治疗措施。从成年早期开始，肥胖症提升了各种健康问题的风险。由肥胖导致的常见健康问题有高血压、糖尿病、睡眠障碍和消化系统问题（Gregg et al.，2007；Hruby et al.，2016）。肥胖还会造成许多社会影响。职场中肥胖的人有可能会遭到嘲笑和歧视（Carr & Friedman，2005）。和体形正常的人相比，肥胖的人成年后更难找到伴侣；和其他体形正常的女性相比，肥胖的女性则更容易陷入抑郁（Merten & Wickrama，2008）。

一旦人们变得超重甚至肥胖，是否有行之有效的减肥方法来应对呢？答案是肯定的，关于减肥的书籍、教程、食品、饮料以及药物早已不胜枚举并都自诩有减肥功效，然而，现实效果却参差不齐（Binks & Chin，2017；Casazza et al.，2013）。将运动与低脂饮食相结合的减肥疗程通常可以在短期内有效地减轻体重，但大多数人最终会反弹至原来的体重，甚至在两年内变得更胖（Alfaris et al.，2016；Baetge et al.，2017）。科学的全餐才是最有效的节食计划（Casazza et al.，2013）。通过外科手术缩小或限制消化系统对治疗严重肥胖症非常有效，但任何手术都要承担风险且花费高昂，所以要三思而后行（le Roux & Heneghan，2018）。

发达国家的人经常吃高脂高糖的快餐。

肥胖症大行其道，这促使研究者不断努力研制可以控制体重增加或者促进体重减少的药物。其中一些药物已被证明是有效的，但人们服用这些药物可能会出现各种各样的副作用，包括头痛、失眠、精神不振和便秘（Mayo Clinic，2017；NIDDK，2017）。当前也有研究致力于通过基因工程研发一种味道跟高脂高糖食物一样但不会使人长胖的新型食品。然而尽管人们做了如此多的努力，目前还没有可以使人轻松减重的神奇药丸或者替代食物。

锻炼的重要性

学习目标 10.4　能够总结在成年早期锻炼的益处。

由于在发达国家大多数人都是坐着办公的白领，他们不用做诸如播种收割、取水砍柴这样的农活，也不在工厂里做机械重复的劳动，所以除非自己主动出去运动，平时他们的运动量微乎其微。儿童比青少年更喜欢运动，在发达国家，人的体育运动量从 20 多岁到 30 多岁持续递减（Gordon-Larsen et al.，2010；Weiss，2004）。

经常运动的人也会收获颇多益处，尤其是进行有氧运动，即能够至少持续 30 分钟并大大提升心率的运动（Shiraev & Barclay，2012）。有氧运动包括跑步、

成年早期的规律运动可以减少成年中期的健康风险。图为丹麦的一条自行车骑行道。

内啡肽：大脑中产生的化学物质，可以使人产生愉悦的感觉并增加幸福感。

有氧运动：能在至少30分钟内大幅度提高心率的剧烈运动。

游泳和有氧舞蹈等，还包括足球和篮球等许多常见运动。有氧运动可以消耗脂肪，这有助于减肥（Steger et al.，2015）。它还可以在几个小时内增加人体新陈代谢速度，这意味着人们即使在停止有氧运动很长时间后仍会继续消耗卡路里（Janssen et al.，2004）。

运动还可以从其他方面增强人的健康水平。纵向研究表明，成年早期经常运动可以降低成年中期患各种疾病的风险，包括糖尿病、心脏病和某些癌症（Byrne et al.，2016）。一项对丹麦成年人几十年的追踪研究表明，如果人在成年期定期运动，或者将运动水平从低级提升到中高级，那么人的死亡率就偏低（Schnohr et al.，2003）。

锻炼还有益于心理健康，因为它会使大脑产生一种名叫**内啡肽（endorphins）**的化学物质，这种物质可以使人产生愉悦的感觉并增加幸福感（Corbin et al.，2005）。经常运动的人焦虑和抑郁的概率较低（Bernstein & McNally，2016）。运动还可以促进人的认知功能（Padilla et al.，2014）。

尽管锻炼有这么多益处，但在发达国家特别是美国，大部分成年人仍做不到有规律地锻炼。据此，卫生部门建议人们每周至少进行2.5小时的中强度**有氧运动（aerobic exercise）**，同时加强诸如俯卧撑和举重之类的肌肉强化训练。在美国约有一半的成年人能够达到有氧运动的指标，但是只有20%的人同时达到有氧运动和肌肉强化训练标准（CDC，2013）。社会经济地位（SES）较低的成年人相较于高SES水平的成年人运动量更少。造成这种现象的原因有很多，一个现实原因是社会经济地位较低的人更少接触到运动设备（通常要付费购买），而且他们居住的社区也不太安全（Stuij，2015）。在社会经济地位一样群体中，女性运动量要少于男性。

既然运动能带来这么多益处，那么如何解释人们运动参与度较低的事实呢？其中很大一部分原因是现代生活的快节奏，尤其是成年早期和成年中期的生活（Artinian et al.，2010）。想象一个生活在发达国家的35岁女性的典型生活。她一大早起床去上班，大部分工作时间都在坐着。工作结束，开车经过了堵车高峰期后她终于回到了家，体验了心理学家里德·拉尔森（Reed Larson）所说的“六点尖峰时刻（the 6 o'clock crash）”的心理感受（Larson & Richards，1994）。她向丈夫和孩子们打招呼，和他们玩耍一会儿。然后是时候做饭了，于是她又开始做晚饭并打扫卫生。这些事情结束后，她还需要给孩子们辅导功课，或者要开车送他们上音乐课、足球课或做一些其他事情。晚上孩子们要洗个澡上床睡觉，要给他们读睡前故事。孩子们入睡后，她和丈夫昏昏欲睡地躺在床上看了半个小时的电视，最后筋疲力尽地睡去。

究竟什么时候她才能挤出时间做些运动呢？也许她本可以不看那半个小时

的电视，在街区里慢跑几圈，但如果她不去你也很难责怪她。

现在再想象一下，她是一个单身母亲，必须独自承担所有家务和家庭责任，那她每天去锻炼的可能性更小也就不足为奇了，这在一定程度上能够解释为什么低社会经济水平的人群锻炼较少。单身母亲比已婚夫妇收入低得多，因为单身母亲只有自己一方的收入维持家用，而不像其他家庭有夫妇两个人共同分担生活压力。由于单身母亲还得独自承担所有家务，所以她们的运动时间比已婚夫妇要少。

小结：生理发展

学习目标 10.1　能够比较不同文化中年轻人的成年衡量标准。

在发达国家，标志着一个人进入成年的三个普遍标准是承担个人责任、独立做出决定和经济独立。亚洲文化中的初显期成人认为，能给父母经济上的支持是成年的标准。在许多传统文化中，婚姻是人步入成年主要的标志。此外，还有一些特定的文化标准，例如，在以色列完成义务服兵役标志着一个人进入成年阶段。

学习目标 10.2　能够详细说明身体开始出现老化的迹象以及时间。

人在成年早期的身体状态一般处在健康状态，但是从一系列明显变化如头发变白、皮肤松弛、免疫系统功能慢慢下降等体现了衰老的进程。

学习目标 10.3　能够解释肥胖的定义、诱因、后果以及预防的关键。

成年人的 BMI 值超过 25 属于超重，超过 30 属于肥胖。在发达国家，青年人患肥胖症的概率急剧增加，造成肥胖的一部分原因是人的基础代谢率降低。而且也跟久坐、缺乏规律运动、过量摄入高糖高脂食物有关系。在美国，女性、低社会经济地位的群体、非裔美国人和拉丁裔美国人以及具有遗传易胖体质的人更容易出现肥胖。肥胖症给年轻人带来了健康问题的风险，同时也给他们造成了不良的社会后果。目前治疗肥胖的有效方法包括为肥胖患者提供健康的膳食，严重肥胖者可以考虑手术治疗。

学习目标 10.4　能够总结在成年早期锻炼的益处。

包括有氧运动在内的有规律的运动可帮助人减肥并降低各种疾病的风险。运动还可以提升人的幸福感，减少焦虑和抑郁，从而促进心理健康。

第二节　认知发展

学习目标

10.5 能够概述童年期和青少年期的智商分数与成年早期的职业成功的内在关系。

10.6 能够描述不同文化中智力概念的不同构成。

10.7 能够定义专业能力，并解释人们在成年早期初次获得专业能力的原因。

10.8 能够解释创造力如何与专业能力相关以及如何随着年龄而变化。

成人智力

虽然大多数认知发展研究的焦点是童年期的认知进步或老年期的认知衰退，但成年早期也是认知发生重要变化的时期。各种智力可能以不同的方式发展或下降。

智商与职业成功

学习目标 10.5　能够概述童年期和青少年期的智商分数与成年早期的职业成功的内在关系。

童年期和青少年期进行的智力测试在一定程度上与其学业成绩相关。智力测试的结果也能预测成年期的成功。纵向智力研究的元分析发现，童年时期的智力测验得分能很好地预测人在成年期的收入与社会地位水平（Strenze，2007）。智力测验得分排名分布在后 25% 的成年人，做大部分工作都可能难以成功，特别是涉及信息技术方面的工作。智力测验得分在前 25% 的成年人通常在职业生涯中包括收入、升职和奖励方面有更好的表现。

对排名在前 1% 的高智商的儿童的追踪研究表明，智商是预测成年后是否有成就的一个强有力的指标（Benbow & Lubinski，2009）。举一个经典的例子，路易斯·特曼（Louis Terman）是斯坦福 - 比奈智商测试的创始人之一。从 20 世纪 20 年代开始，他对智商达到 140 以上的 1500 名儿童（这 1500 名儿童后来被称为“白蚁”）进行了研究（智商达到 140 的人占总人口比例不足 1%）。研究跟踪了这些“白蚁”（Termites）长达数十年，直到他们成年，同时也跟踪了智商为均值的儿童作为对照组。结果整体来看，“白蚁”们取得了学业和职业上的巨大成功：拥有数十项专利、出版了上百本书籍，还取得了许多其他值得称赞的成绩（Terman & Oden，1959）。相比对照组，“白蚁”们成年后出现各种个人问题的可能性也很低，包括酗酒、离婚、精神问题。自从这项研究问世，其他对超高智商儿童的研究都证明了上述发现（Benbow & Lubinski，2009；Plomin et al.，2016）。

尽管如此，智力测验却不能预测所有人成年后的职业成就。成人在工作中或者人际关系上遇到的所有问题，很少能靠智力测验找到解决方法（Labouvie-Vief，2006；Rode et al.，2008）。这是因为成年人的认知挑战通常是复杂的，常常需要在有限的和模糊的信息中做出最恰当的决策。此外，不同文化对智力的侧重点也有所不同，下面我们将对此展开讨论。

智力的文化概念

学习目标 10.6 能够描述不同文化中智力概念的不同构成。

虽然大量研究表明智商与职业成功之间存在相关性，但是这些研究几乎都集中在发达国家。一些学者认为非西方文化的人们对智力的构成看法会有所不同。最先提出更全面、更有以文化为基础的智力观的心理学家是我们在第七章提到的罗伯特·斯滕伯格，他提出了智力三元论（Sternberg，2004，2007，2010，2015；Sternberg & Grigorenko，2004，2005）。斯滕伯格的智力理论，将跨文化的智力理念加以概念化，对智力做了详细的划分。例如在中国人看来，智力包括的特质有谦逊、自知之明以及不拘泥于传统评判的约束等。

对拥有不同文化的非洲国家的研究显示，智力包括那些促进人与人之间和谐、帮助维系社会责任的能力。例如，赞比亚人认为合作能力和顺从性在评判智力时非常重要（Serpell，2001）。在肯尼亚，人们将对家庭的责任和社会生活的参与度被视为智力的重要方面（Super & Harkness，1993）。在津巴布韦，用来表达“智力”的词语“ngware”的字面意思是“谨慎的”“小心的”，强调处理社会关系的能力（Sternberg & Grigorenko，2004）。总的来说，在亚非文化中智力概念的共同点都包含了社会元素及诸如知识这样的认知元素（Sternberg，2007）。

斯滕伯格还认为智力包括实践层面，以解决人们日常生活中所遇到的困难和挑战。这在尤皮克人（Yup'ik）的生活中得到了充分展现，尤皮克人是阿拉斯加州的原著居民，主要以狩猎和打鱼为生。斯滕伯格的好帮手，艾莲娜·格里戈莲科（Elena Grigorenko）（2004）对此展开了研究，证实了斯滕伯格的观点。格里戈莲科和她的同事们走访了尤皮克的当地成年人和老人，询问他们解决日常生活中面对突发状况时必备的知识。根据这些访谈，研究人员整理出了关于尤皮克人的实践能力测验，内容涵盖了如何打猎捕鱼，哪里可以找到可食用的浆果，以及关于天气知识。这项研究要求青少年完成这个操作智力测验和另一个标准智商测验。研究人员还调查了青少年、成年及老年不同年龄阶段的尤皮克人，向他们询问智商高的人最需要具备哪些特质，然后要求尤皮克的成年人和老年人按照他们的标准给那些做过测试的青少年的智力进行评估。

结果显示，尤皮克青少年的操作智力测验中的表现与他们被尤皮克中年人和老年人提名的可能性之间存在相关性。此外，青少年的实践能力测试的表现相比标准智商测验的表现更能预测出谁有可能被选作高智商人群。对于这种现象，研究人员认为，在一些文化中，实践能力是智力的重要组成部分。智力具有文化特殊性，仅靠标准智商测验无法完全评估一个人的智商。

在公布研究结果时，研究人员预测其他分数不高的人可能会反驳实践能力测验并不能真正地衡量智力高低。于是他们是这样回复的：

“鉴于这些知识和技能被认为与我们所研究的文化相适应，我们认为我们测量的是智力，即常常使用的术语智力，是一种反映了文化适应性的建构。或许有人会进一步争论说，民俗知识不应该算在内，但是它对于我们所处的文化来说意义巨大，而且是我们赖以生存的根本。如果智力与人的生存技能无关，那智力跟什么有关？又应该跟什么有关？”

成年早期认知能力的提高

在人的一生中，我们的认知发展完全成熟是在什么时候？皮亚杰认为，认知成熟的顶峰是在 15—20 岁的形式运算时期。其他研究认为，在成人初显期，认知仍然在一些重要的方面继续发展。这里我们将会了解认知发展的两个方面：专业能力的获取以及创造力的提高。这两方面的发展通常会在成年早期达到成熟。

专业能力

学习目标 10.7　能够定义专业能力，并解释人们在成年早期初次获得专业能力的原因。

专业能力：某一特定领域广泛的知识与技能。

从成人初显期到成年早期，认知发展方式发生改变的关键在于获得**专业能力**（expertise）。专业能力指特定的领域里的广泛的知识与技能（Chi et al.，2014；Ullen et al.，2016）。根据相关学者研究，在大多数领域中，如果人们想获得专业能力要花费大约 10 年的时间进行学习与实践（Feldhusen，2005）。因为大部分人刚开始在特定领域工作的起始年龄一般在 20 多岁，所以他们开始获得专业能力的年龄在工作的第一个 10 年后，也就是在差不多 30 多岁。专业技能在成年中期会持续发展。

专业能力的获得使人们在解决自己领域的问题时更加迅速和高效（Chi et al.，2014）。专业人士在自己头脑中建立了一个自己领域的知识与经验库，以便下次会遇到他们熟悉的相关知识和与他们经验类似的情况，这使他们面临要解决的新问题时能更快地决策。他们不仅知道过去什么行得通，也知道什么行不通，因此在寻求解决问题的方法时，掌握专业能力的人会比新手走更少的弯路（Masunaga & Horn，2001）。

神经心理学领域的研究开始阐释成年早期专业能力的发展之下潜在的脑部发育（Chi et al.，2014）。正如我们在第八章所看到的，青春期发生了大量的脑部发育，神经元之间的突触联结大量增加，接着大脑会对多余的突触进行修剪，因此突触联结的数量会锐减。大脑内突触的修剪过程一直持续到 20 多岁，但是到了二十八九岁，大脑发育已经成熟，这意味着过量和旺盛期已成为过去，大脑内突触修剪也不再高速进行。然而，神经心理学的研究人员特别留意了成年早期大脑额叶的持续发展与专业能力发展之间的联系。一项研究表明，数学相关专业且专业水平较高的成年人在解决数学问题时，他们的大脑活动集中在前额叶的特定区域，而非专业人员在解决同样的数学问题时，他们的大脑活动区域则比较广泛，没有那么集中（Jeon & Frederici，2016）。由此看来，成熟的大脑额叶辅之以对特定大脑区域的训练使人注意力集中明确目标，而这些都有助于专业能力的发展。

然而专业能力的发展存在很大的个体差异。一项新研究提出专业能力的发展被基因和环境间的交互作用所引导与限制（Ullen et al.，2016）。确切来说，这一理论认为，对大脑一定区域进行特意的规律的训练，随着时间的推移会提升人的专业技能，但这仅局限于已经在此区域掌握较高能力的人。这一理论与我们在本书中已经探讨过的研究相一致，两者强调了基因和环境在人的发展中的重要性。

创造力

学习目标 10.8　能够解释创造力如何与专业能力相关以及如何随着年龄而变化。

创造力：将想法或素材以一种全新的、有文化意义的方式整合到一起的能力。

认知发展在成年早期的另一重要体现是**创造力（creativity）**的发展。一个有创造力的人能够将想法或素材以一种全新的有文化意义的方式整合到一起。电器发明家和作曲家展现的就是创造力。

创造力容易定义却不好衡量。因为创造力意味着提出新观点新想法，因此很难去编制一个相关的测试。测试是以“标准答案”作为得分标准的，但是创造力涉及想到前人所未想的内容，是没有标准答案的。评估创造力高低的标准不是产生作品的多少，也不是一个人“最好的”作品的时机，而是由该领域专家或者作品的反响决定。例如，音乐作曲的创造力要看音乐作品的演出效果；学术上的创造力要看学术论文在其他发表过的论文中引用的次数。

利用多种创造力衡量方法，研究人员发现成年早期是创造力极强的人生阶段。大量研究表明，拥有杰出成就的人，他们的创造力在成年早期快速发展，三四十岁时达到顶峰，然后在中老年期逐渐下降（Dennis，1996；Dixon，2003；Runco，2014；Simonton，1996，2000）。

为什么成年早期是一个如此具有创造力的时期呢？答案或许可以从创造力和专业技能之间的联系中找到。正如前面提到的，人只有获得某一领域的专业技能后才能产出有创造力的作品（Baer，2015）。大多数人会在 20 多岁进入一个专业领域，所以他们会在十年后能达到创造力繁盛的时期。拥有了专业技能，人们便能够

成年早期是创造力迅速发展的阶段。如图所示，一名印度尼西亚年轻人使用蜡染的传统工艺在布料上作画。

从解决问题发展到发现问题，同时，利用他们的专业知识与技能以全新的角度去思考问题（Arlin，1989；Feldhusen，2005；Hu et al.，2010）。在成年早期阶段，人们能更好地将专业技能和创造力进行结合，接受新观点、容忍不明确性、更愿意承担智力冒险（Lubart，2003；Sternberg，2016）。

但是既然人在成年中期及以后专业能力可以持续发展，为什么创造力的发展不能贯穿一生？很明显，这是一种“娴熟衍生了刻板”（“Familiarity breeds rigidity”）的现象。这一现象由一位早期研究创造力的学者提出（Mednick，1963）。起初，专业知识与技能之所以能够促进创造力发展，是因为其为创造性工作提供了原材料。然而，最终专业知识却成了创造力的阻碍。人们面临的问题、概念、材料以及观点都已不再新奇，并且也很难再去用新的角度思考问题。逐年积累的专业知识慢慢会使人陷入思维定式而无法走出一条创新之路。当人们发现很难再从全新的角度看待事物时，认知弹性开始减弱。

尽管成年早期是创造力极强的阶段，但创造力发展依然存在类型差异和个体差异（Simonton，2010）。不同领域的创造力高峰期有所不同。运动员、音乐家、发明家、数学家、物理学家的创造力巅峰期在他们 20 多岁和 30 多岁的时候（Gardner，1993；Runco，2014）。相比较下，小说家的创造力巅峰在四五十岁，甚至 60 多岁时才出现。

一般认为，创造力在成年早期达到巅峰，不过也有例外（Csikszentmihalyi & Nakamura，2005）。贝多芬（Beethoven）在 54 岁时完成了他最优秀的作品《第九交响曲》。毕加索（Picasso）在他七八十岁时完成了他最重要的画作。西格蒙德·弗洛伊德（Sigmund Freud）在 1930 年出版了最具影响力的著作《文明及其不满》，那时他已经 74 岁了。乔伊斯·卡罗尔·奥茨（Joyce Carol Oates）（b. 1938）70 多岁时仍能写出有感染力、知名度高、广受好评的小说。拥有高创造力的人通常一生都在创作，即使他们的创造力巅峰出现在成年早期（Dixon，2003；Feldhusen，2005）。

> **批判性思考题：** 回想一下过去 20 年里那些迅速在世界各地流行开来的科技发明，发明家们的年龄与这里关于专业技能和创造力的发展描述一致吗？

小结：认知发展

学习目标 10.5 能够概述童年期和青少年期的智商分数与成年早期的职业成功的内在关系。

童年期和青少年期的智商可以从很多方面准确地预测人在成年早期的发展，包括收入与职业地位。纵向研究表明，在童年期拥有较高的智力测验得分的人在成年后一般会获得职业成功并且出现个人问题和精神问题的可能性也较低。

学习目标 10.6 能够描述不同文化中智力概念的不同构成。

许多文化中都将社交技能和社会责任纳入智力概念当中。斯滕伯格认为，智力的含义还包括实践的层面，在特定文化下，智力反映的重要知识和技能都具有文化特点。

学习目标 10.7 能够定义专业能力，并解释人们在成年早期初次获得专业能力的原因。

专业能力被定义为某一特定领域的广泛的知识与技能。掌握专业能力通常需要 10 年的时间，所以专业能力会在人从成人初显期进入成年早期时，在一个领域长期工作一段时间后得以发展。

学习目标 10.8 能够解释创造力如何与专业能力相关以及如何随着年龄而变化。

通常，当一个人对某一领域足够了解并且具备充足的技能去进行创造性工作时，他才具备了专业技能。因此，尽管创造力发展的巅峰期在不同领域与不同个体之间存在差异，但一般会在成年早期达到巅峰。成年早期之后，创造力通常会下降，这就是“娴熟衍生了刻板”（“Familiarity breeds rigidity”）现象。

第三节　情绪与社会性发展

学习目标

10.9 能够描述埃里克森关于成年早期的情感和心理发展理论。

10.10 能够描述斯滕伯格关于爱情的理论的三个特质及其随着时间发生的变化。

10.11 能够比较不同文化的婚姻传统并明确西方文化中预测满意度的因素。

10.12 能够描述导致成年早期离婚的最常见原因并解释社会中离婚率较高的一些原因。

10.13 能够正确评价关于单身青年的几种普遍误解，并总结单身主义的文化和种族差异。

10.14 能够比较同性恋伴侣关系与异性亲密关系，描述这些伴侣关系近些年如何变化。

10.15 能够解释为什么成年早期是性行为的高峰期，区别男女性观念的差异。

10.16 能够总结为人父母的社会和情绪影响并描述单亲父母面临的独特挑战。

10.17 能够列举舒伯理论中职业发展理论的各个阶段并解释人格与性别对塑造职业目标的影响。

10.18 能够解释成年早期社会参与和观看电视之间的关系。

成年早期的情感发展

在人的一生中，情感关系的建立是人类发展的重要组成部分，而成年早期是情感发展的关键时期。在成年早期，大多数人会对作为生活伴侣的另一个人做出承诺，其与伴侣的情感关系会成为年轻人的情感生活中心，并且会影响其他方面的发展，包括亲子关系与工作。这里我们会介绍两种爱情理论。本节后面部分，我们将探讨爱情与婚姻的其他方面。

亲密与孤立的对立：埃里克森的理论

学习目标 10.9　能够描述埃里克森关于成年早期的情感和心理发展理论。

亲密与孤立：在埃里克森的人格发展阶段理论中，成年早期的情感与心理的中心问题，即能否将自我同一性与他人同一性进行融合，从而发展一段持久、牢固又亲密的关系。

根据埃里克森的人格发展阶段理论，**亲密与孤立**（intimacy versus isolation）是成年早期的情感和心理挑战（Erikson，1950）。在前几个章节我们已经了解到，青少年期和成人初显期涉及自我同一性的整合，包括对爱情、职业、思想意识等各方面的协调整合。埃里克森认为，建立一段亲密关系，意味着将自我同一性与他人同一性进行融合，从而发展一段持久、牢固又亲密的关系。健康的亲密关系并不意味着在奉献他人的时候“丧失自我”；相反，它意味着在拥有牢固自我同一性的前提下，在不失去自我的同时与另一个人在情感上达到真正的亲密。如果不具备这种建立亲密关系的能力，则会陷入孤立。

根据埃里克森的理论，亲密与孤独是成年早期的情感和心理核心挑战。

一些研究结果支持埃里克森的观点，认为成年早期的亲密关系建立在前一阶段的自我同一性发展的基础之上（Beyers & Seiffge-Krenke，2010；Kroger，2002；Markstrom & Kalmanir，2001）。例如，一项针对青少年和初显期成人（年龄在 12—24 岁）的研究表明，对所有这一年龄阶段的人来说，从自我同一性的发展状况可以预测他们未来的亲密关系状态（Montgomery，2005）。关于自我同一性与亲密关系二者关系的研究，很多分析对此进行了总结。其中，安妮 · 阿瑟斯（Annie Arseth）和她的同事（2009）认为同一性的发展有时会先于亲密关系的建立，但是二者也可以共同发展，相互促进。值得注意的是，关于这个话题的研究仅限于西方（亲密关系的建立被视为爱情与婚姻的基础）。这一理论并不适用于所有文化，这一点我们将在稍后看到。

大量对自我同一性与亲密关系的研究重点聚焦在性别差异上。研究指出，女性比男性更早出现亲密关系问题，所以女性通常会在实现自我同一性发展之前进入亲密关系，或者同时进行自我同一性发展过程和亲密关系建立过程，反观男性，他们则倾向于在形成亲密关系后完成自我同一性发展（Arseth et al.，2009；Lytle et al.，1997）。对女性而言，自我同一性与亲密关系之间的联系往往表现得比男性更为复杂，因为女性在面对亲密关系时，更有可能将自我实现目标，尤其会将教育、职业因素一同考虑在内（Frisén & Wängqvist，2011）。

斯滕伯格的爱情理论

学习目标 10.10 能够描述斯滕伯格关于爱情的理论的三个特质及其随着时间发生的变化。

另一个关于成年早期的爱情心理发展理论是斯滕伯格的**爱情三角理论**（triangular theory of love）（Sternberg，1986，1987，1988，2013；Sternberg & Weis，2006）。斯滕伯格认为不同类型的爱情是由三种基本要素以不同的形式构成的。这三种基本要素分别是激情、亲密和承诺。激情（passion）涉及外表吸引力与性需求。激情既可以是心理上的也可以是生理上的反应，它会引发一些强烈的情绪，如焦虑、欢喜、愤怒和嫉妒。亲密（intimacy）是一种亲近的感受和情感的互联，包括相互理解、相互支持，以及跟对方进行深入的沟通，尤其是一些从未向其他人敞开的话题。承诺（commitment）即向爱人承诺不管在爱情过程中出现什么起伏，都会长久地爱着对方。当激情与亲密出现波动时，承诺起到了维持一段长久爱情

爱情三角理论：斯滕伯格认为不同类型的爱情是由三种基本要素以不同的形式构成的。这三种基本要素分别是激情、亲密和承诺。

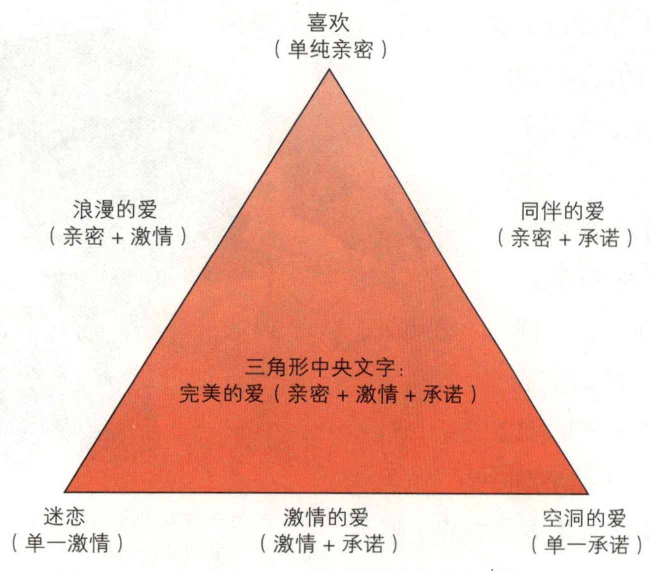

图 10.3　斯滕伯格的爱情三角理论

亲密、激情、承诺三种成分以不同的方式组成七种不同的爱。

资料来源：Sternberg(1988)，p.122.

的作用。

这三种爱情特质可以组成七种不同形式的爱，如**图 10.3** 所示。

• 喜欢（liking）即单纯亲密，没有激情与承诺。这种爱往往是友谊之爱。友谊之爱包含一定程度的亲密但是缺乏激情和恒久的承诺。大多数人一生中会经历很多段不太持久的友谊。

• 迷恋（infatuation），只有激情的爱，没有亲密和承诺。迷恋通常会表现为明显的生理和心理上的唤醒，以及对性的渴望，但对伴侣没有情感上的亲密和永恒的承诺。

• 空洞的爱（empty love），只有承诺，没有激情和亲密。这种爱适用于结婚许多年的夫妻，以及在一起很久后失去激情与亲密但没有分开的人。这种爱还适用于父母包办的婚姻中，刚结为夫妻的没有自由恋爱的新婚夫妇。但是，以空洞之爱为开端的包办婚姻有可能最终发展出激情与亲密。

• 浪漫的爱（romantic love），由激情和亲密组成，但是缺乏承诺。当人们谈及“坠入情网”时指的就是这种爱。浪漫的爱通常热烈而让人欢喜，但往往不会持久。

• 同伴的爱（companionate love），有亲密和承诺，但没有激情，通常适用于已婚的或者长期关系中的伴侣，虽然慢慢失去了对彼此的激情但依然保持着亲密和承诺。同伴的爱通常还适用于友情和亲情之间。

• 激情的爱（fatuous love），涉及激情和承诺，但缺乏亲密，这种爱适用于“龙卷风”式的爱情，两个人初次见面还没来得及相互了解，几周内就陷入热恋，结为夫妻。

• 完美的爱（perfect love），将爱情的三个要素整合进爱情关系里。当然，即使一段关系已经达到完美的爱，随着时间的流逝，激情和亲密会慢慢衰退，承诺也可能遭到背叛。但是完美的爱仍是许多人理想的爱情。

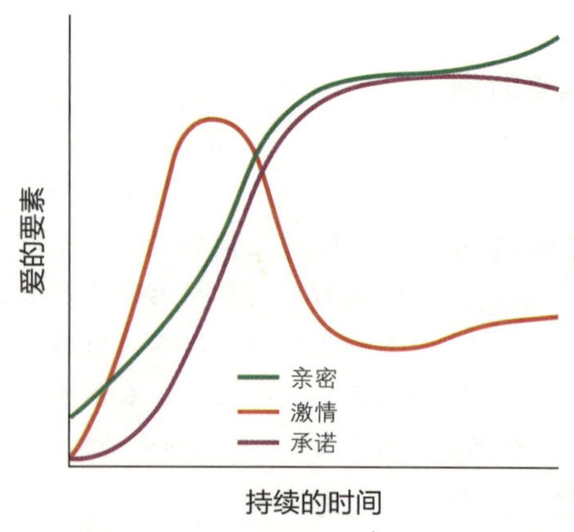

图 10.4　一段爱情发展历程中，三种爱的要素的变化

在斯滕伯格理论中，激情的发展最早达到高峰然后开始消退，然而亲密和承诺随着时间慢慢提升，趋于稳定。

资料来源：Sternberg（1986）.

在成年早期，上述任何一种类型的爱都有可能发生。然而，根据斯滕伯格（1986）的理论，组成不同类型爱的三种要素随着爱情持续的时间遵循着一定的发展规律。如**图 10.4** 所示，激情会最先达到高峰然后开始衰退。这一结果适用于对新婚夫妇对婚姻幸福感和满意度的研究，该研究发现已婚夫妻结婚头两年对婚姻的幸福感和满意度最高

（Cherlin，2009）。这一时期夫妻间充满激情，深深“坠入爱河”，回味着新婚的甜蜜。然而在大多数爱情中，随着伴侣之间对彼此越来越熟悉，以及日常生活中压力与冲突的积累，激情会很快消退。相较而言，亲密与承诺虽然起点较低、发展较慢，但是接下来会保持长期稳定的发展。由于大多数人第一次结婚或者建立其他长期伴侣关系的时期一般在成年早期，这一时期人们将充分感受到爱情中的激情，同时，爱情中的亲密与承诺也在这一时期逐渐发展。

成年早期的社会与文化背景

在成年早期阶段，人们开始将社会生活的重点放在发展新的家庭关系上。通常这意味着结婚生子，但也有例外。比方说，一些人选择保持单身，还有一些人没有结婚但有了孩子。职业是成年早期的又一重要社会背景，人们在成年早期开始谋求一份工作，发展自己的事业。除了家庭与工作，许多人还会参与社区活动，他们当中的大多数人也会花时间关注媒体，尤其是看电视。

成年早期的婚姻

学习目标 10.11　能够比较不同文化的婚姻传统并明确西方文化中预测满意度的因素。

婚姻是人类的普遍命题。所有文化都有婚姻，婚姻在所有文化中都意味着经济和性的社会单元，被赋予了永久结合的美好愿望（Ember & Ember，2017）。在大多数社会中约 90% 的人最终都会结婚或者建立其他长期伴侣关系（Fletcher et al.，2015）。

为什么婚姻无处不在？人们对此已做出了多种解释（Fletcher et al.，2015；Thornton，2009）。一种解释是所有文化都通过性别进行了社会角色分工，婚姻可以将男女结合从而实现角色的互补。另一种解释是婚姻可以减少性的竞争与冲突，因为人们通过婚姻可以拥有社会所认可的规律的性生活。最具有说服力的解释是婚姻对于人类这个物种来说是必需品，因为人类婴儿的依赖期很长，在此期间如果得不到保护和供养，母亲和婴儿会很容易遇到危险和伤害（Buss，2007）。对其他动物来说也是如此，拥有稳定配偶的物种将更有可能得以生存，因为母亲不可能同时养活自己和刚出生的幼崽儿，所以在幼崽儿出生后的一段时间里，母亲需要一个伴侣带回食物或者在自己出去找食物时照看幼崽儿。

尽管婚姻是人类的普遍现象，但它在各个文化之间和文化内部仍有很大的不同。婚姻在文化间的明显的不同主要表现在选择婚姻伴侣的方式、伴随婚姻的经济上的往来以及个人可以拥有的配偶数量等方面。

配偶选择上的文化差异。在第九章，我们探讨了初显期成人如何选择伴侣，我们注意到亲密度和一致性认同共同构成了“灵魂伴侣”的选择条件。但是谈婚论嫁，又是什么在决定着人们的择偶标准呢？

心理学家戴维·巴斯（David Buss）（Buss，2003；Buss et al.，1990）在这个问题上对来自 37 个国家的超过 10000 名年轻人进行了大量的研究。这 37 个国家分布在世界各地，包括非洲、亚洲、东西欧、南北美洲。问卷被翻译成 37 种不同的语言，并且尽可能地将问卷中的所有词语例如“爱情”一词在各种语言的问卷中翻译得准确而贴合。在一些国家，由于年轻人不识字，调查者还得将问题大声朗读给他们听。

尽管面临上述困难与挑战，调查显示各个国家中男女择偶观具有明显的一致性，对此，**表 10.1** 做了总结。结果显示，“相互间的吸引—爱情”在各国所有择偶标准中居于第一位，紧接着是“人品可靠”“情绪稳定与成熟”，以及“性格开朗”。这种跨文化的一致性在某种程度上令人意外，因为在许多文化中爱情并不是婚姻的基础，这一点我们将很快看到。还有一点让人意外的是，宗教与政治背景的相似性在择偶标准中排名很低，然而现实中许多人却倾向于与自己宗教和政治背景相似的人结婚。此外，“良好的经济条件”的排名也很低。

表 10.1　全世界配偶选择中不同特质的重要性

男性的排序	女性的排序
1. 相互间的吸引—爱情	1. 相互间的吸引—爱情
2. 人品可靠	2. 人品可靠
3. 情绪稳定与成熟	3. 情绪稳定与成熟
4. 性格开朗	4. 性格开朗
5. 健康状况良好	5. 教育与智力
6. 教育与智力	6. 社交能力
7. 社交能力	7. 英俊的外表
8. 渴望家庭与子女	8. 渴望家庭与子女
9. 文雅、整洁	9. 志向与勤奋
10. 美貌	10. 文雅、整洁

资料来源：Hatfield & Rapson（2015）.

这些跨文化择偶观的相似性非常显著，然而其不同点也不容忽视。其中最鲜明的不同在于贞洁观的问题（婚前一直保持处子之身）。在亚洲文化中，贞洁在择偶中非常重要。然而，在西方（如芬兰、法国、德国、挪威），贞洁通常不那么重要。此外，尽管“相互间的吸引—爱情”排名最高，但这并不适用于所有国家。例如，中国女性将它排到第八，而南非的男性把它排到第十。

不同性别间择偶观也存在显著的不同，这些不同在其他研究中也有所反映（Perilloux et al.，2011）。尽管男女都很看重外表，但比起女性，男性将此看得更为重要。相反，女性更看重结婚对象的抱负心与财务状况（尽管这些特质在男女择偶观中排名较低）。总的来说，一个国家中男女越是性别平等，那么他们的择偶偏好越是相似（Toro-Morn & Sprecher，2003）。择偶观在代际之间也存在不同，年轻的男性女性的择偶观要比年长的男女择偶观更加相似（Henry et al.，2013）。这表明在最近几十年中，性别平等不断发展，性别角色的划分已不再明显。

西方以外的婚姻有一个重要的变化是一夫多妻制（polygyny），在这种文化习俗中，男性可以拥有不止一个妻子。这种婚姻形式在世界上许多地方都存在，包括亚洲部分地区。但是一夫多妻制在非洲最为常见。在一项对 22 个非洲国家的调查中，各国一夫多妻制所占比例的中位数为 30%（Riley Bove，2009）。一夫多妻制在农村比在城市更为常见。女性受教育程度越高，接受一夫多妻制婚姻的可能性就越低。正是因为一夫多妻制与居住地的经济条件和教育呈负相关，所以随着非洲经济的持续发展，一夫多妻制的习俗可能会消失。然而，就目前来看，一夫多妻仍是影响非洲成年人发展的主要问题。相反，一妻多夫制（polyandry），即女性可以拥有不止一位丈夫的习俗在各个地区都极为罕见（Fletcher et al.，2015）。

婚姻中文化差异的另一重要方面涉及谁来选择结婚对象的问题。婚姻的基础是浪漫的爱情，这种观念在西方仅有 300 年历史。在其他地区，这种观念出现得更晚（Hatfield et al.，2015）。婚姻更多地被看作两个家庭的结合，而不是两个个体的结合（Buunk et al.，2008）。父母或其他长辈通常有权力去安排晚辈的婚姻。有时候需要经过晚辈的同意，有时候则不需要。**包办婚姻（arranged marriage）**中最重要的考量因素通常不包括男女之间是否相爱（他们通常都不认识对方，甚至也不知道跟对方能不能相处得来）。而双方家庭的社会地位、宗教背景与财富状况才是决定一段婚姻是否合意的基础。其中，经济因素的考量通常被放在第一位。然而，婚姻的文化预期与许多因素有关，包办婚姻并不一定没有其他婚姻幸福。在对印度包办婚姻和“爱情婚姻”（自主选择伴侣的婚姻）的分析中，在婚后第一年，“爱情婚姻”的夫妇更为幸福；然而十年过后，包办婚姻的人则更为幸福。

包办婚姻：结婚的对象不由结婚双方自由选择，而是由双方家庭根据社会地位、宗教背景、财富状况等选择。

包办婚姻并不是婚姻涉及经济因素的唯一体现。据人类学家研究，大约在 75% 的文化中，婚姻里都含有明确的经济交易行为（Ember & Ember，2017）。这些交易主要包括聘礼、婚姻劳役、嫁妆三种形式。

聘礼（bride price）是婚姻中常见的经济要求，在近乎一半将经济因素作为婚姻考量的文化中，都会有这一现象（Ember & Ember，2017）。聘礼指由新郎及其亲属送给新娘及其亲属的礼金和财物（如牲畜或者食物）。例如，在东非的许多文化中，用牛作为聘礼。在尼泊尔，聘礼包括一头活猪、几袋大米，还有大量的酒水（Hardman，2000）。随着世界经济的发展，礼金已经逐渐成为聘礼的最主要形式。对聘礼的要求在世界各地广为存在，但在非洲文化中尤其

聘礼：婚姻中常见的经济要求，指由新郎及其亲属给新娘及其亲属的礼金和财物。

在印度以及其他有包办婚姻的文化中，人们先结婚后恋爱，而不是先恋爱后结婚。

婚姻劳役：指新郎在婚前或婚后指定的一段时期内，义务为新娘家劳动。

嫁妆：指结婚时新娘家庭给新郎及其家庭的钱或财物的习俗。

普遍（Esen，2004）。

为什么聘礼的习俗会如此发展并在全世界变得普遍？世界上大多数文化中，已婚夫妇通常要与男方家庭生活，或生活在男方家附近。聘礼可以补偿女方家庭多年的抚养付出以及女方离开家庭跟丈夫生活给家庭造成的劳动力损失。

婚姻劳役（bride service）是婚姻中常见的又一经济交易类型，在全世界所有文化中约占20%（Ember & Ember，2017）。婚姻劳役指新郎在婚前或婚后指定的一段时期内，义务为新娘家劳动。在一些文化中，婚姻劳役比较简短。在因纽特群体中，新郎只需要在婚前为新娘家抓一只海豹（Condon，1988）。在其他一些地区，婚姻劳役却漫长且代价高昂。例如菲律宾的苏巴农人需要为新娘做3—6年的劳役。婚姻劳役有时候与聘礼结合在一起，新郎可以用聘礼来减少需要的婚姻劳役。与聘礼一样，婚姻劳役补偿了新娘家庭的抚养支出以及劳动力的损失。

嫁妆（dowry）是第三个与婚姻联系的普遍的经济交易。在将经济因素作为婚姻考量的文化中约占10%（Ember & Ember，2017）。嫁妆是结婚时新娘家庭给新郎和新郎家庭的钱或财物。嫁妆通常出现在强调男性价值和权威高于女性的文化里（Rastoqi & Therly，2016）。不同的是，聘礼和婚姻劳役是对新娘家庭失去了成年劳动力的补偿，而嫁妆则使家庭在丧失劳动力的基础上又增加了新娘家庭的经济负担。这加强了重男轻女文化的偏好（Diamond-Smith et al.，2008）。

尽管嫁妆的习俗在全世界文化中仅占10%，在人口超过10亿的印度，也有嫁妆的风俗。尽管嫁妆在印度是非法的，但是却作为一种习俗根深蒂固。在印度，因为新娘家庭没能按照约定拿出嫁妆而遭到虐待与谋杀的案件时有发生（Conteh，2016；Rastoqi & Therly，2006）。19世纪以前，在欧洲的富人阶层中，嫁妆也很常见（Anderson，2003）。如今，嫁妆的习俗依然残留在欧洲以及其他欧洲移民密集的一些国家，如美国和加拿大。按照风俗，新娘家庭要承担置办一场隆重的婚礼的费用。

西方的婚姻角色和婚姻满意度。现代西方婚姻观中，人们强调寻求灵魂伴侣，同时对爱人间的亲密与陪伴也有着很高的期待。这与世界其他地区的关于婚姻的历史和文化架构形成了鲜明的对比。即使是在西方，传统上婚姻也被冠以实用主义的目的而不是两个灵魂伴侣的结合（Cherlin，2009；Finkel et al.，2014）。

直到20世纪，实用主义的婚姻观才被理想婚姻观所取代，人们逐渐认同理想的婚姻应该由夫妻二人共同努力构建以成为亲密的情感伴侣和性伴侣。由于现代西方婚姻中对爱人的亲密度与陪伴的高期待，再加上婚姻中双方都希望

文化焦点：跨文化的婚姻与爱情关系

一些有包办婚姻传统的文化在全球化的影响下正逐渐改变婚姻观念。例如，印度是一个有6000年包办婚姻历史的国家（Prakasa & Rao，1979）。然而如今，将近40%的印度年轻人表示他们更倾向于自己选择伴侣（Allendorf & Pandian，2016；Netting，2010）。类似的改变也发生在其他有包办婚姻传统的文化中（Ahluwalia et al.，2009）。在这些文化中，越来越多的年轻人相信，他们应该有选择伴侣的自由，或者至少在父母为他们选择的过程中发挥重要作用。在全球化影响下，年轻人对幸福的个人选择和个人追求愈加重视。这些价值观很难与传统包办婚姻调和。

因此，许多有包办婚姻传统的文化已经开始做出改变。如今，在大部分东方文化中，最常见的改变是“半包办婚姻”的出现（Ahluwalia et al.，2009；Netting，2010）。这意味着父母虽然影响了子女对伴侣的选择，最终的决定权却交给孩子。父母可能会给子女介绍一个潜在的结婚对象，如果子女对对方印象良好，他们会自己约会。如果彼此相处融洽，他们就会结婚。半包办婚姻的另一个变化是年轻人自己寻找潜在伴侣，但是在决定长期发展考虑婚姻的时候需要征求父母的同意。

对方是在情感、社交以及性方面能给予理想的陪伴的灵魂伴侣，所以在结婚前几年，当两个人开始适应一起生活的现实并且经历冲突与妥协之后，不出意料地，夫妻的婚姻满意度通常会下降。对大多数美国夫妻来说，婚姻满意度在婚后第一年最高（Dew & Wilcox，2011；Finkel et al.，2014；Lavner & Bradbury，2010）。婚姻满意度在婚后前几年会持续下降，接着会进入一段平稳期，婚后9—10年会出现又一下降期。

然而，这只是一个婚姻满意度变化的整体模式，不同夫妻间关系也存在许多差异。那么怎样才能经营一段持久的、令人满意的婚姻呢？幸福婚姻的关键是不断地重复这六句话，并把它们贴在家里冰箱上：“我爱你。”“你看起来真不错。”“我能帮你吗？”“是我的错。”“我们出去吃吧。”“我真是幸运！”

这建议不错，我们在30多年后还要继续这么说。但是，研究又是怎样建议的呢？根据大量研究，以下因素可以预测婚姻满意度：

- 现实的期待（realistic expectations），如果夫妻在步入婚姻后对婚姻中会涉及的事情有一个现实的期待，并且对婚后生活的幻想降到最低，那么他们就会感到更加幸福（Finkel et al.，2014；McCarthy & McCarthy，2004）。常见的需要避免的幻想包括，夫妻间不需要沟通而应该凭感觉知道怎么让彼此幸福；以及男女之间生理的不同决定了夫妻之间很难甚至不可能彼此沟通。
- 共同的兴趣（shared interests），如今西方很多夫妻都期望是彼此的闲暇玩伴，如果伴侣跟自己有许多共同的兴趣爱好，那么他们的婚姻会更加幸福（Gottman & Silver，2015；Stutzer & Frey，2006）。

在西方国家，妻子的婚姻满意度取决于丈夫承担家庭责任的程度。

• 共同的角色与责任（shared roles and responsibilites），婚姻中旧有的性别角色分工已经消失。如今大多数西方夫妻如果能共同承担家庭责任，如共同做家务、照顾孩子，那么他们会更幸福（Goldscheider et al.，2015）。妻子对婚姻的满足感尤其受丈夫对家务的参与度和贡献度所影响，这是由于女性通常会比丈夫承担更多的家务（Esping-Anderson & Billari，2015）。

• 共同的权力（shared power），如今西方人在婚姻中希望夫妻平等，如果婚姻里一方总想主导另一方，那么他们的婚姻满意度就会很低（Gadassi et al.，2016；Gottman & Silver，2015）。拥有幸福婚姻的夫妻在产生意见分歧时都愿意妥协退让，并且在犯错的时候愿意承认错误并且道歉（Lavner & Bradbury，2010）。

正如你可能发现的那样，频繁的性接触并没有出现在上面的列表中。尽管婚姻幸福的夫妻拥有更多的性生活，但婚姻满意度与性生活的频率并不相关（Schoenfield et al.，2016）。

其他关于幸福婚姻的要素的理解则来自朱迪斯·沃勒斯坦（Judith Wallerstein）与桑德拉·布莱克斯利（Sandra Blakeslee）的研究（1995）。沃勒斯坦用数十年的时间研究离婚的原因及其后果，在那之后她决定研究美满婚姻的基础，为此她采访了50对高婚姻满意度的夫妻。一个有趣的发现是，即使是这些幸福夫妻的感情也经历过起起落落。他们中许多人说，结婚这些年来有过不满意的时候，也有过后悔与伴侣结婚的时候。把他们维系在一起的是基本的陪伴和共同解决问题的承诺。许多夫妻都谈到，随着时间的推移，夫妻双方都在发生改变。每当面临生活中遇到不同的挑战与危机时，彼此的相互适应在婚姻中非常必要。

成年早期的离婚

学习目标 10.12 能够描述导致成年早期离婚的最常见原因并解释社会中离婚率较高的一些原因。

情感破裂离婚：根据芭芭拉·怀特黑德的说法，这种离婚类型在今天的西方很常见，人们期望婚姻能够满足他们在爱和亲密感方面的情感需求，如果不能满足，他们会选择离婚。

近几十年来，离婚变得更普遍，一部分原因是现在西方人对婚姻的期待过高。灵魂伴侣的婚姻在若干年后通常会进入社会学家芭芭拉·怀特黑德（Barbara Whitehead）所说的**情感破裂离婚（expressive divorce）**（Whitehead，2001）。怀特黑德认为，人们希望婚姻能够满足他们在爱和亲密感方面的情感需要，如果不能满足这些需要，他们会选择离婚。

世界各地区的离婚率差异很大。即使在今天，离婚在大多数地区依然很少见，包括亚洲、北非、拉丁美洲以及南欧。离婚率在北欧、东欧，以及加拿大、美国、澳大利亚和新西兰最高（OECD，2017）。然而，离婚率在世界范围内上升，研究人员把这一趋势归因于不断发展的个人主义价值观（Abela et al.，2014）。

美国是世界上离婚率高的国家之一，其离婚率仅次于几个小国（OECD，2017）。为什么美国的离婚率如此之高？对此安德鲁·切尔林（Andrew Cherlin）（2009）认为，美国人比其他大多数欧洲国家的人都更相信婚姻。举例来说，在一项跨国调查中，只有 10% 的美国人认同“婚姻已经过时了”的观点，这比其他任何欧洲国家都要低（认同此观点的人数占比最高的是法国，为 36%）。然而，美国人也相信“情感破裂”一说。也就是说，美国人相信婚姻，认为婚姻应该能提供自我实现的机会。如果不能，就没必要保持婚姻关系。只有 25% 的美国人认为，父母应该为了孩子继续维持一段不幸福的婚姻。

由于美国的离婚率如此之高，许多美国的研究开始寻求离婚的原因以及后果。与高离婚率有关的因素有：结婚年龄小、父母离异、宗教参与度低（Amato & Cheadle，2005；Cherlin，2009；Gottman & Silver，2015）。如**图 10.5** 所示，结婚年龄小于 20 岁的人离婚的风险很高，结婚年龄在 25—34 岁的一般结婚年龄的人，离婚风险最低（Wolfinger，2015）。

社会经济地位也是影响离婚风险的重要因素。学历都低于高中水平的美国夫妻中有 1/3 会在 5 年内以离婚告终；高中及大专学历的夫妻，5 年内离婚人数占 1/4；而接受四年制大学教育的夫妻，5 年内离婚率仅为 13%（Cherlin，2009）。经济问题上的冲突往往是离婚的导火索，所以这大概解释了为什么教育水平低的夫妻更容易离婚。因为他们赚的钱更少，会面临更大的经济压力。在美国，相较白人，非裔美国人的离婚率尤其高，为 70%，而白人离婚率为 45%（Raley et al.，2015）。其中一部分原因是非裔美国人的收入水平更低。

夫妻双方的行为也与离婚率有关。在一项美国的研究中，2000 名已婚人员接受了访谈。研究在访问后的第三年、第六年和第九年对这些人员进行了追踪回访（Amato & Rogers，1997）。9 年期间，忠诚度、财务分歧、过量饮酒或滥用药物成为预测离婚的最重要的几个因子。同样重要的还有双方是否具备有效处理亲密关系问题的能力。离婚夫妻当中，女性常常会出现愤怒、悲伤和挫折感，觉得丈夫没有对她们的感受表现出足够的觉察和理解。

心理学家约翰·戈特曼（John Gottman）多年间对一些夫妻进行了追踪研究，以寻找离婚的相关因素（Gottman & Gottman，2017；Gottman & Silver，2015）。在戈特曼的一项研究中，他和他的同事招募了一批年轻的夫妻，丈夫平均年龄 30 岁，妻子平均年龄 28 岁。研究包括问卷调查以及对夫妻们日常冲突和对话的话题的观察。研究人员发现，基于夫妻对于婚姻满意度的问卷的回答、对离婚的

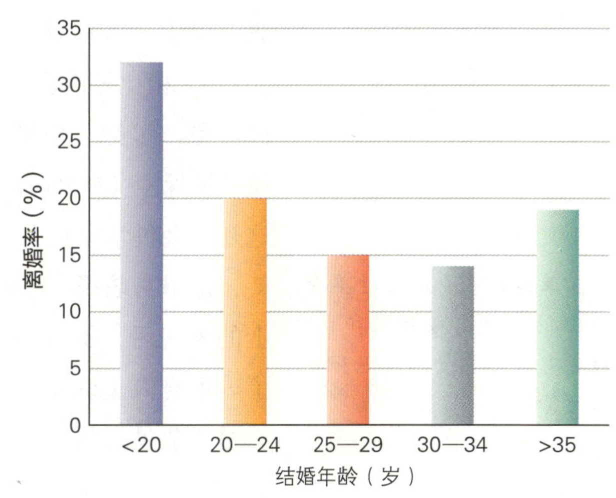

图 10.5　婚后 5 年内离婚率预估

资料来源：Wolfinger（2015）.

想法以及研究人员在观察期间对夫妻积极或消极影响（情绪表达）的评价，他们可以预测出这些夫妻是否会离婚，准确度高达 93%。夫妻关系陷入困顿的迹象包括：随意表达批评（如辱骂）、拒绝沟通，以及开始苛刻地抱怨（Gottman & Silver，2015）。

大多数人会围绕婚姻建立自己的社交圈和个人生活，所以离婚常常是一个非常困难的抉择（Amato，2010；Hetherington & Kelly，2002；Wilder，2016）。无论对男性还是女性来说，离婚后出现心理问题的风险都会增高，例如抑郁、焦虑、睡眠障碍和药物滥用等。离婚后，男性通常会离开家庭，许多人会怀念离婚前他们与孩子们的日常联系；而女性则承受着独自料理家务和照顾孩子的压力，并且通常会面临收入锐减的问题。总的来说，离婚后男性在社会功能上比起女性经历更严重地下降，要花更多的时间恢复。这可能是因为女性从家庭或朋友那里得到了更多的社会支持（Hetherington & Kelly，2002；Wilder，2016）。对男性、女性而言，离婚后一到两年是社会功能的低谷期，随后大多数人会逐渐恢复。对大多数人来说，走出一段失败婚姻的关键是去寻找一个新的伴侣（Cherlin，2017）。大多数离婚的美国年轻人会在 5 年内再婚（Cherlin，2009）。

单身成年人

学习目标 10.13　能够正确评价关于单身青年的几种普遍误解，并总结单身主义的文化和种族差异。

尽管婚姻是各文化中人们在成年早期社会生活的主要形式，大多数文化中依然存在不婚群体。一些人成年早期一直保持单身，一些人一生都保持单身。在不同国家中，40 岁还没有结婚，也没有长期同居关系的青年人占 10% 左右（Cherlin，2009）。

学者们普遍认为，婚姻对成年早期许多方面的发展有积极作用，包括健康、快乐、财富以及活跃的性生活（Hymowitz et al.，2013；Perelli-Harris et al.，2017）。相比较而言，30 岁之后保持单身的人比起已婚人士更容易出现一系列消极后果，包括心理健康问题、生理健康问题以及滥用药物。然而，心理学家贝拉·德保罗（Bella DePaulo）（2006，2012，2014）对这些结论提出了疑问，认为这是社会科学家和大众对单身人士的消极刻板印象，导致他们受到歧视和轻蔑对待，是**单身歧视（singlism）**（2006，p.2）。全面分析对比成年早期单身和已婚人士的表现后，她得出结论——那些声称支持婚姻反对单身的言论有些夸大其词了。单身人士确实在某些有关幸福和健康的测量方面不如已婚人士，但比那些结婚不久就分居、离婚或丧偶的人，单身人士要更健康幸福。此外，纵向研究表明，人的幸福水平会在婚后第一年里波动上升，但很快跌落到婚前的相同水平。这表明，婚姻并不能保障长期幸福（Perelli-Harris et al.，2017；Schmitt et al.，

单身歧视：大众对单身人士的一种消极刻板印象，往往导致他们受到歧视和轻蔑对待。

2007）。虽然幸福的婚姻益处很多，但不幸的婚姻也会让幸福感处于最低，甚至比离婚、丧偶更低。

研究显示，年轻人在看待自己的单身状态时，同时看到了优点和缺点（Arnett & Schwab，2014；Baumbusch，2004；DePaulo，2006；Lewis，2000）。一方面，他们享受着自己做决定的自由，可以随时做自己想做的事。另一方面，他们也错过了另一半的陪伴，他们对更换爱人和性伴侣感到厌倦，有时候他们会觉得自己与这个充满成双结对情侣的世界格格不入。

在美国，成年早期单身情况存在种族差异。41% 的非裔美国人在 40 岁时仍然没有结婚，拉丁裔美国人为 25%，白人为 20%（Social Security Administration，2014）。然而非裔美国人比其他两个组群的人有更高的同居率，所以这三个组群的长期伴侣关系的比率很相似。在亚洲一些国家，尤其在城市，单身的比率也很高而且不断上升（Jones，2010；Yamada，2017）。在日本东京和泰国曼谷，年龄在 30—34 岁的女性中有超过 1/3 的人没有结婚，年龄在 40—44 岁的女性中则有超过 20% 的人未婚。此外，与西方不同的是，亚洲的同居现象比较少见；几乎所有的未婚青年一直到 40 多岁都一直住在父母家里。

有很多原因可以解释亚洲单身青年增加的现象。最主要的原因是年轻女性获得了更多的机会，她们更喜欢单身的自由和快乐，而不是婚姻附属的女性所必须服从的传统义务（Rosenberg，2007；Yamada，2017）。在日本，30 多岁还单身的，被称为单身寄生族（parasite singles），暗讽他们的自私与不成熟（DePaulo，2006）。但他们却是全日本最幸福的人群，比起年龄更大的单身族和任何年龄的已婚族都要幸福（Rosenberg，2007）。

同性恋的伴侣关系

学习目标 10.14 能够比较同性恋伴侣关系与异性亲密关系，描述这些伴侣关系近些年如何变化。

尽管成年早期大部分的恋爱关系都是在男女之间产生，不过几乎所有文化中都存在同性恋者。对西方各国家的调查发现，有 1%—10% 的成年人是男同性恋或女同性恋（Garnets & Kimmel，2013）。可以说，还有更多的成年人对同性产生过性欲或经历过同性性行为（National Survey of Sexual Health and Behavior，2010）。

同性恋伴侣们跟异性恋伴侣在很多方面都有共同之处（Hyde & DeLamater，2005；Kurdek，2006；Perry et al.，2016）。与异性恋一样，大多数年轻的同性恋者也会寻求一段基于爱、感情和相互尊重的长期关系。同样地，同性恋者也倾向于寻找跟自己有共同点的伴侣。跟异性恋一样，同性恋关系在金钱、性、权力和家务等方面同样存在类似的冲突。

在有些西方国家，同性恋可以结婚。

同性恋在许多方面又与异性恋有着不同之处，而这其中，男同性恋又不同于女同性恋。大约一半的男同性恋伴侣之间是“开放式性关系”，也就是说伴侣可以与他人发生性关系但关系中不能投入感情。然而，女同性恋跟异性恋一样，基本上都很看重身体上的忠诚（Bonello & Cross，2010；Peplau & Beals，2004）。开放式性关系的存在一部分是由于对多样性生活的渴望，同时也源于对传统婚姻关系中一夫一妻制的挑战（Anderson，2012）。男同性恋伴侣比异性恋伴侣的性生活频率更高；女同性恋性生活频率最低（National Survey of Sexual Health and Behavior，2010）。

区别同性恋与异性恋的界限正在淡化。异性恋群体在许多文化中占多数。几个世纪以来，占多数的异性恋群体一直迫害和歧视同性恋群体。这种歧视今天依然存在，但近几十年来人们对同性恋的容忍度大为提升（Garnets & Kimmel，2013；Savin-Williams，2005）。同性恋婚姻在美国、许多欧洲国家以及几个南美国家已经合法化（Pew Research Center，2017）。尤其年轻人支持同性恋婚姻。年龄在18—30岁的美国人中有66%支持同性恋婚姻，而年龄在65岁及以上的美国人中支持同性恋婚姻的只有35%。但是，对同性恋婚姻的接受率在各个年龄阶段的人中都在上升（Pew Research Center，2013）。尽管如此，在世界上绝大多数地方同性恋婚姻依然未合法化。

成年早期的性行为

学习目标 10.15　能够解释为什么成年早期是性行为的高峰期，区别男女性观念的差异。

在几乎所有文化中，成年早期是人们性行为的高峰期。青少年期性行为在许多文化中都是禁止的（Schlegel，2010；Schlegel & Barry，1991）。即使被允许也很少发生，青少年很长一段时期都不会有性伴侣。但在成人初显期，有的地区可能不鼓励性行为（例如日本、韩国以及南欧），部分地区也可能接受性行为（如北欧），但是初显期成人也有很长一段时间没有伴侣。在许多文化中，人到了成年中期就会停止性生活。即使还有性生活，其频率也会比成年早期大大下降。在成年早期人们最有可能有稳定的性伴侣，通常是自己的配偶。这种性生活才是为大多数文化信仰所接受与支持的。

在大多数文化中，支持鼓励成年早期的性行为的主要原因不是为了促进婚姻关系的亲密度，而是为了确保夫妻能生儿育女。生育被当作婚姻生活的头等大事，父母们大都想要自己的孩子能传宗接代。因此，人们鼓励年轻夫妻们的性生活以尽快繁衍后代。例如，在印度，婚前性行为是被完全禁止的，而到了成年中期，人们则被要求停止性生活。然而成年早期是人一生中的性欲旺盛期（jouvana），性欲旺盛是成年早期的一个重要标签（Menon，2013；Menon & Shweder，1998）。人的性欲越旺盛越有可能会生育，而生育被认为是婚姻的中心目的。印度在成年早期之后禁止性行为，是由于更年期的妻子身体停止排卵所以不能再生育。

在西方，成年早期性生活很少放在生儿育女上。因为大多数西方夫妻只会要一到两个孩子，所以相对来说他们的性生活很少是为了怀孕生子。相反，活跃的性生活是为了促进夫妻间的亲密关系以及夫妻自身的享受与愉悦。西方的研究指出，年轻夫妻之间的性生活和谐可以促进并且反映夫妻间感情的亲密（Schoenfield et al.，2016；Yeh et al.，2006）。

性行为研究的一个里程碑——“美利坚性研究（Sex in America）”开始于 20 世纪 90 年代（Laumann et al.，1994；Michael et al.，1995）。尽管该研究距今已经 20 多年，它依然是关于青壮年性行为最全面的研究。研究团队对超过 3000 名年龄在 18—59 岁的美国人进行了访谈，最终发现青壮年在 20 岁末到 40 岁初有大量的稳定的性生活；大多数人（约 75%）在过去一年中拥有一个性伴侣；没有性伴侣和拥有多于一个性伴侣的人都相对较少，分别占 10% 和 15%。大多数人性生活频率为一个月几次到一周两三次不等。没有性生活和一周有超过四次性生活的人相对很少，分别占 8% 和 6%。很多最近的研究证实了这些结果（National Survey of Sexual Health and Behavior，2010）。

“美利坚性研究”中还有一项有趣的发现，那就是人的自慰行为可以持续到 30 多岁到 40 多岁。实际上，女性自慰行为会在 30 多岁达到高峰期。这时，约 50% 的女性偶尔或经常自慰。到了 40 多岁，这一比重略微下降，50 多岁则会急剧下降（约为 20%）。男性在任何年龄阶段的自慰频率都要高于女性。男性自慰的高频期在 20 多岁，这一时期约 70% 以上的男性会自慰，但是 30 多岁到 40 多岁男性自慰的人数依然占 60% 以上，直到 50 多岁，这一数字才下降到 50% 以下。成年期和青春期的自慰行为往往和其他性行为有关，包括性行为的频率。自慰不能代替性生活，它只是活跃的性生活的补充。

自慰只是“美利坚性研究”中性行为的性别差异的其中一个方面。性高潮的频率也有很大的性别差异。约 75% 的男性在 30 多岁到 40 多岁时仍然可以在稳定的性伴侣那里获得性高潮，相比之下，女性获得性高潮的比例只有 30%。男性的性幻想更频繁。在回答“你多久会想到一次性”这个问题上，超过一半的男性的答案是“每天”或者“一天几次”，而这样想的女性只占 19%。同样地，男性更有可能通过看限制级电影和视频、脱衣舞、性爱杂志来寻找性刺激。这项研究开始时互联网革命还未开始，但最近的研究表明，比起女性，男性更可能会浏览色情网站（Carroll et al.，2008；Scarcelli，2015）。

为人父母

学习目标 10.16 能够总结为人父母的社会和情绪影响并描述单亲父母面临的独特挑战。

人类历史上，大多数人都会把他们成年生活中的大部分时间和精力用在为人父母上，从子女的出生到成年加倍照顾与支持。过去，人们一般在 20 多岁结婚，一年后有了第一个孩子，接着每隔几年要一个孩子，一直到 40 多岁停止生育。在这期间，他们可能会有 8 个孩子，最小的孩子在父母将近 60 岁的时候长大成人，但是那时候大部分的人活不过 60 岁。如今在世界各地，生育数量减少，人类寿命延长，养育子女转变为整个人生历程中一个重要但相对较小的部分。城市与乡村之间也有显著的差异。在世界所有地区，城市的人比起乡村的人一般寿命更长，子女数量也更少［Population Reference Bureau（PRB），2014］。

养育与青年人角色。就像大多数青年人都会结婚一样，大部分青年人结婚后都会为人父母。在大部分国家，约 90% 的青年人会有至少一个孩子（Mascarenhas et al.，2012）。在发达国家情况会有所不同。到 40 岁至少有一个孩子的妇女比例在德国为 70%，美国为 80%，冰岛为 98%。而在发展中国家，40 岁时已为人父母的比例均超过 90%。这一方面是由于发展中国家的人们节育措施不够，另一方面是因为他们的文化更加重视生育子女。

对那些处于农村传统文化中的青年人来说，成为父母对巩固他们在社区的社会地位而言意义重大。生育能力被视为女性的主要目标与功能，女性要想被丈夫的家庭完全接纳就必须生下孩子。不能生育的妇女往往会成为众矢之的。对年轻男性来说，生育子女可以使他们被社区接纳并给他们带来更高的地位。在一些文化中，拥有后代也是标志人完全成年的必备条件。例如，在新几内亚的桑比亚，年轻的男性要想成为一个成年人必须从童年中期到成年早期经过七项仪式，而最终的成年礼发生在年轻男性第一次做父亲的时候（Herdt，1986）。

在绝大多数国家，超过 90% 的年轻人至少有一个孩子。

尽管在传统文化中教养子女是女性在成年早期的重心，但教养子女不单是女性的责任（Gottlieb & DeLoache，2017）。通常婆婆也可以帮忙，婆婆一般也在家里，要么在附近，有时候年轻女性的母亲也可以帮忙照顾孩子。其他亲属如姑姑、表妹以及邻居等也可以过来分担日常生活琐事，除了帮忙照顾孩子，还可以帮忙做饭、做农活以及其他家务。年长一些的孩子，在他们进入童年中期以后，也会帮忙照看孩子或做其他事情。父亲通常不会在照看孩子上有太多参与，但是也有例外。

对于发达国家以及发展中国家的城市的青年来说，成为父母通常是个主观明确的决定，因为这是他们可以选择的。与农村传统文化的年轻人不同，他们可以采取有效的避孕方式，使得他们能够拥有频繁的性生活而无须担心怀孕。此外，他们也不像农村的同龄人那样将孩子作为一种私有财产。农村经济中，儿童在很小的年纪就开始帮家里做活。他们耕地、喂养牲畜、帮忙售卖家里的农产品。然而，在发达国家，孩子为家庭做的经济贡献很少，抚养他们的成本却很高。孩子在吃穿、教育、娱乐以及医疗上的花费都由父母承担，而且要持续 18—25 年，这加起来是一笔很大的开销。一项国内研究表明，年龄在 25—39 岁的成年人中，66% 的人在成为父母后感到更多的经济压力（Arnett & Schwab，2014）。

此外，发达国家的父母通常要靠自己抚养孩子，并没有从伴侣的父母、其他亲属以及邻居那里获得太多帮助。然而，在其他种族中，年轻父母会得到许多家庭方面的帮助，例如非裔美国人和拉丁美洲人（Bertera & Crewe，2013；Oberlander et al.，2007）。发达国家给年轻父母的政府补助也大不相同，有的国家会放一年多的产假，孩子出生后还有育儿补贴。相比那些只有微薄生育补助的国家，在这种慷慨的补助政策鼓励下，新生儿的父母会在接下来的时间里更有幸福感（Glass et al.，2016）。

尽管生养孩子可能没有得到经济上的任何好处，人们却看到了为人父母带来的很多其他益处（Arnett & Schwab，2014；Nelson et al.，2014）。菲利浦·考恩（Philip Cowan）和卡洛琳·考恩（Carolyn Pape Cowan）（2000）采访了一些年轻的美国夫妇，他们发现这些夫妇在成为父母后受益良多，比方说懂得了付出与收获爱和关怀；变得不再自私并学会了牺牲并且在帮助孩子成长的过程中获得了满足感。然而正如**表 10.2** 所示，为人父母也给他们带来了一些困扰，如失去自由、经济压力、陪伴伴侣的时间变少等。

表 10.2 成为父母的看法：优点与缺点

优点	缺点
懂得了付出并收获爱与关怀	失去自由，选择受限
人生更有意义	留给家庭和工作的时间不足
变得不再自私并学会了牺牲	陪伴伴侣的时间减少
获得了帮助孩子学习或成长的满足感	担忧孩子的健康与安全
被更多地认可为一个负责任的成年人	财务压力
对死亡较少恐惧，因为生命会由孩子来延续	害怕孩子变坏或不开心

资料来源：Cowan & Cowan（2000）.

养育与成年早期的婚姻关系。在传统文化中，人们的性别角色从童年早期开始就存在差别。青年夫妻中，男女承担着不同的责任。女性负责操持家务、照看孩子、从事增加经济收入的工作，如料理农田或制作可以售卖的物品。男性则负责为他的妻子孩子提供经济保障。他们的角色不会有太多的重叠。

与之相反，在现如今的发达国家，性别角色很少界定得那么分明。在成年早期，夫妻常常共同分担许多过去只由一方承担的职责（Gottman & Gottman, 2017）。男性女性都会做饭洗衣，都外出工作维持家用。在美国，大部分人认为，当夫妻双方都有工作，并且共同承担家务和照顾孩子时，婚姻最为圆满，这与传统的家庭角色分工模式大不一样（Finkel et al., 2014; Russell, 2011）。

尽管如此，发达国家中传统性别角色的划分仍然以一种改良的形式存在。男女都会花时间照顾孩子，但女性会付出得更多些，即使在双职工家庭也是如此（Fillo et al., 2015）。在发达国家中，虽然夫妻都会做家务，但女性每周花在家务上的时间都比男性多（OECD, 2017）。男性工作的时间则比女性要长，而且女性更有可能会为了照顾孩子离开职场（Voicu et al., 2009）。研究发现，从许多方面来看，发达国家的性别角色分工会在第一个孩子降临时更加趋于传统（Cowan & Cowan, 2000; Dew & Wilcox, 2011; Le et al., 2017）。

孩子的降临在许多方面也会改变婚姻关系。正如我们前面所看到的那样，婚姻满意度在婚后前几年会呈下降趋势。"灵魂伴侣婚姻"的理想将在婚后几年难以维系，随着第一个孩子的出生，情况会变得愈加艰难和有挑战性（Doss & Rhoades, 2017）。灵魂伴侣的婚姻理想是要达到一种亲密无间的状态，需要伴侣们花大量时间相处，享受感情与性的亲密与陪伴。孩子降生后，理想会与照顾婴儿的现实相碰撞。众所周知，人类的婴儿是如此柔弱的小生物，他们无法自己照顾自己，出生后几年内都要依靠他人。

因此，成为父母后，夫妻之间便很难再有时间和精力去安静地吃一顿晚餐、散步、享受二人世界的亲密了。有太多事情需要去做了！孩子需要频繁地喂奶、学步，还得换尿布。孩子哭了，得赶快去安抚。父母夜里被孩子的啼哭声吵醒几次，每次都要爬起来给孩子喂奶、换尿布、哄孩子睡着。这一切都不利于婚姻亲密度的稳固建立。不断累积的家务琐事、经济压力以及疲劳使夫妻二人压力巨大，夫妻关系也变得剑拔弩张（Meijer & van den Wittenboer, 2007）。

随着孩子的降生，婚姻满意度会下降，但不会一直下降。

孩子出生后带来的一系列问题往往会引起婚姻满意度的下降（Lavner & Bradbury, 2010; Nelson et al., 2014）。女性下降的幅度比男性要大，这是因为女性在照顾孩子上比男性付出的要多，同时女性还要经受分娩后身体恢复的压力（Dew & Wilcox, 2011; Fillo et al., 2015）。一项最近的纵向研究对产前到产后 36 个月期间的夫妻进行了追踪（Le et al., 2016）。夫妻共同承担育儿责任会提高妻子的婚姻满意度。但这不适用于丈夫。

然而，不是所有夫妻在孩子降生后婚姻满意度都会下降（Cowan & Cowan, 2011）。对于那些婚姻里已经问题重重的夫妻来说，有了孩子后他们的婚姻满意度会进一步下滑（Feeney et al.,

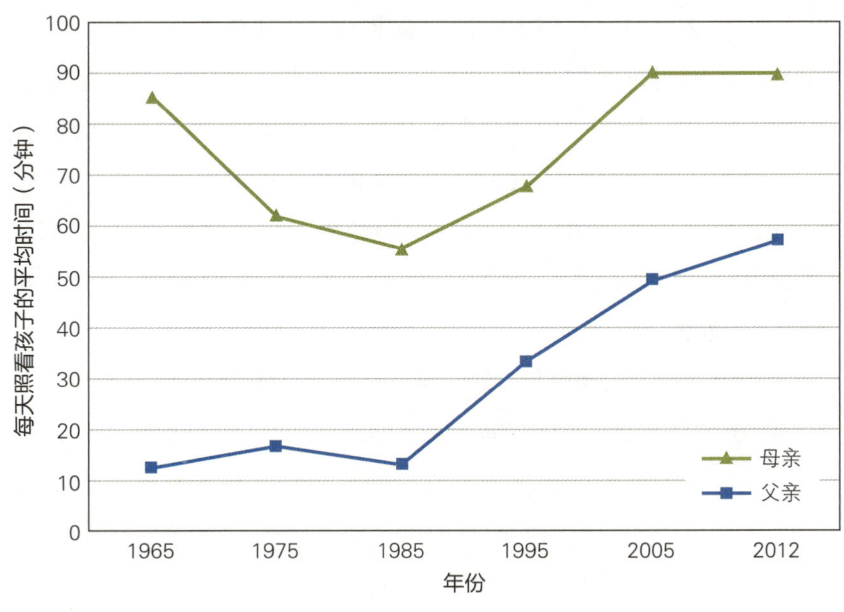

图 10.6　母亲和父亲照看子女的时间

资料来源：Cotter & Pepin（2017）.

2001）。而关系美满、相互支持的夫妻，即便是在成为父母的压力之下也能维持婚姻的幸福（Driver et al.，2003；Le et al.，2016）。虽然他们的婚姻关系也会有所变化，也会很少有时间与精力增进感情的亲密度，但他们会适应这种变化，以共同养育的形式来面对挑战。他们更为平等地共同承担育儿责任，彼此能相互支持（Feinberg et al.，2009；Finkel et al.，2014；McHale & Rotman，2007）。从总体来看，如**图 10.6** 所示，在美国，父亲母亲花费在照看子女上的时间是越来越接近的（Cotter & Pepin，2017）。

单亲父母。如今，单亲父母在西方比以往任何时候都要多。在所有国家中，单亲妈妈在所有单亲父母中约占 90%（Breivik et al.，2006）。当单亲妈妈生下孩子，她必须在没有孩子父亲帮助的情况下，独自承担照顾孩子的主要责任；在大多数离婚案件中，孩子的监护权都会判给母亲（Dufur et al.，2010）。

未婚生子的比例在欧洲、加拿大和美国尤其高。这些国家中超过 40% 的新生儿都是由单亲妈妈生育的（Haub，2013）。单亲妈妈的比例在很多国家中是 50 年前的好几倍。在美国，这一比例有着种族上的差异。非裔美国人单亲妈妈约占 70%，但是最近几十年白人单亲妈妈所占比例在急剧上升，目前已经超过了 40%。除了种族差异，美国的单亲妈妈率还存在着教育水平上的差异。超过一半（54%）的婴儿都是由受教育水平最低的单亲妈妈生育的。44% 的婴儿是由中等教育水平的母亲生育的，然而在接受高等教育（四年制大学或更高学历）的女性中，只有 6% 成为单亲妈妈（Wilcox & Marquart，2010）。低教育水平往往意味着低收入，所以如**图 10.7** 所示，单亲妈妈的比例在不同收入群体中有很大差异。

成为单亲妈妈不只意味着没有人帮助自己抚养孩子。单亲妈妈的模式在不同

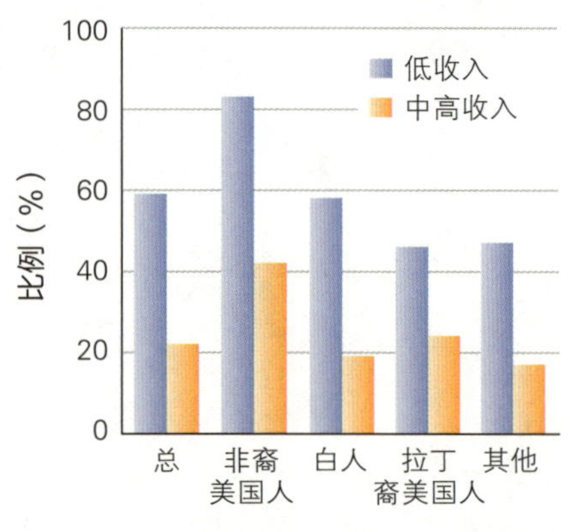

图 10.7 美国不同收入、不同种族的单亲家庭所占比例

资料来源：Kids Count Data Center（2017）.

的国家与文化中也有很大不同。在北欧，由于婚前同居都是合乎伦理规范的，未婚妈妈通常与孩子的父亲住在一起。虽然双方没有经过合法的婚姻，但他们都在孩子身边照顾孩子。在美国，从 20 世纪 80 年代兴起的“单亲妈妈”浪潮是由于同居生出的孩子的比例大幅增加（Hymowitz et al.，2013）。非裔的美国单亲妈妈经常会得到自己母亲的帮助，有时候也会受到男性亲属以及朋友的帮助（Taylor & Conger，2017；Woody & Woody，2007）。

即使不和孩子的母亲在一起，父亲有时候也会照顾孩子。在美国，约有 10% 的孩子与未婚爸爸生活（Doucet，2016）。此外，在一些西方国家，同性恋夫妇收养或生养宝宝的情况也越来越普遍。尽管同性恋婚姻有时不在合法婚姻范围内而被归为“单亲父母”，但事实上双方都有参与到抚养孩子的义务中（Goldberg，2010；Tasker，2005）。

对真正意义上的单亲父母来说，由于没有另一个成人的帮助，需要独自抚养孩子，所以他们的压力和负担相当大。鉴于前面提到的夫妻在适应和照顾孩子上面临的诸多挑战，不难想象独自面对这些挑战时有多么艰难。单亲妈妈往往收入较低，一部分是因为只有一个人维持家用，所以往往要面临家务与经济的双重压力（Garrett-Peters & Burton，2016）。然而，当单亲妈妈得到全社会支持（包括自己的母亲、朋友或其他家庭成员），她们的压力会有所减轻，会更有耐心地照顾孩子（Kotchick et al.，2005；Taylor & Conger，2017）。

工作

学习目标 10.17　能够列举舒伯理论中职业发展理论的各个阶段并解释人格与性别对塑造职业目标的影响。

尽管绝大多数地方的人在成年早期之前就从事一些工作了，但是人们通常在成年早期才开始正式全职工作。过去帮父母照看自己的弟弟妹妹、帮妈妈做家务的传统农村女孩，现在有了自己的孩子与家庭去照料；在饭店做过服务生的城市女孩长大成年后，在医院做了行政工作；那个跟着父亲出海捕鱼的农村小男孩，现在有了自己的船可以靠自己打鱼维持生活了；那个来自发达国家做过服装店柜台的小伙子，现在在一家快递公司做快递员。

从儿童、青少年到成年，工作的发展路径在发展中国家和发达国家存在着很大的差异。发展中国家的青少年通常会跟随父母一起从事工作。男孩通常跟随父亲或其他男性，女孩则跟随母亲或其他女性。由于这种文化下的经济体系较为单一，所以可供人们选择的职业种类很少。男孩学习男性的工作内容，如打猎、种地；女孩学习女性的工作内容，如照顾孩子、料理家务，或者做些园艺等其他工作。一方面，这种模式具有一种明确的职业保障，人们知道自己长大后会从事哪些有用且重要的工作，并逐渐学会那些工作所需要的技能。另一方面，这种模式也有局限性和狭隘性。不管乐意与否，男孩必须做男人们在做的工作；而女孩的工作就是学会照看孩子、料理家务，不管她们的个人喜好与追求如何。

发达国家的年轻人面临多种职业选择。复杂多样的经济意味着不管你是青少年还是初显期成人都有广阔的职业选择。然而，人们必须要从诸多职业选择中找到自己的一席之地，而且最好选择能让自己大展宏图的职业。很多年轻人想做医生、兽医、音乐人以及职业运动员（Schneider & Stevenson，1999）。高等教育是通往年轻人梦想工作大门的钥匙，而是否能获得高等教育则取决于国家政策以及父母的经济能力（Arnett，2016）。

接下来让我们来看一下发达国家的职业选择发展模式，以及影响职业选择的多种因素。

职业目标的发展。尽管在童年期和青春期人们就开始有各种各样的职业梦想，如成为著名的篮球明星、歌手、电影明星，但是真正的职业目标出现的时候是成年早期（Arnett，2015）。对年轻人来说，职业的选择必须考虑到其对以后人生的长期影响。

唐纳德·舒伯（Donald Super）（Super，1967，1976，1980，1992；Tracey et al.，2005）提出了职业目标发展理论，从青春期到成年期包括五个阶段。

• 结晶期（crystallization）14—18 岁，在这个初始阶段，青少年停止幻想，开始考虑如何将他们的兴趣和天赋，与他们现有的职业可能性匹配起来。在这个阶段，青少年可能会和家人、朋友讨论各种可能性，以此来搜寻那些他们感兴趣的职业信息。

• 明确期（specification）18—21 岁，这个阶段，职业选择会变得更加集中。如果一个年轻人在结晶期想做一份与孩子相关的工作，那么在明确期，他就会决定是成为儿童心理学家、教师、幼托人员，还是儿科医生。做出的选择通常表现为开始寻求获得向往职业所需要的教育或培训。

• 实现期（implementation）21—24 岁，这个阶段包括完成明确期时开始的培训，然后进入工作。这时候年轻人必须在“想做的工作”和“工作领域现有的工作”的矛盾之间做好协调与平衡。比如，你接受的培训是当老师，但毕业后会发现需要的教师人数已经饱和，所以你不得不在一个培训机构或公司里面工作。

• 稳定期（stabilization）25—35 岁，在这个阶段，青年人建立了自己的职业生涯，初始阶段对工作的适应期结束了，他们开始发展提升自己的专业能力。

• 巩固期（consolidation）35 岁以后，从这个阶段往后，职业发展意味着继续增长专业能力，并随着专业能力的提高寻求更高的职位。

尽管这个理论对研究者对职业发展的思考以及职业顾问给年轻人提供的建

议有着显著影响，但是这一理论提出的模式以及具体的年龄划分并不适用于所有人。舒伯理论中描述的线形模式慢慢变得不再具有普遍性。人们慢慢开始兼做两种或者更多的工作而不是只做一种工作。如今，大部分年轻人至少改变过一次自己的职业方向（Carnevale et al., 2013）。此外，对于女性以及越来越多的男性来说，当家庭里有孩子要去照顾时，他们往往会选择辞职或者减少工作时间来平衡工作与家庭需要（Fillo et al., 2015）。职业目标发展理论忽略了这些复杂性，并不符合如今女性的职业选择。

职业目标的影响因素。职业目标发展理论为年轻人如何发展职业生涯提供了一个总体的框架。但是年轻人在面临诸多职业备选方案时是如何做出选择的呢？有哪些因素影响着他们？许多研究对这一问题进行了探索，这些研究将重点放在了人格特征和性别上。

影响人们职业选择的因素之一是他们对于各种职业是否与其个性相匹配的判断。人们会选择他们认为与自己兴趣和天赋相一致的工作。著名职业理论家约翰·霍兰德（John Holland）（Holland, 1985, 1987, 1996; Gottfredson et al., 1993）对做不同工作的人具备的人格特质以及渴望做这些工作的青少年的人格特质进行了调查研究。结果如**表 10.3** 所示，霍兰德的理论描述了个体在与某种期望的职业相匹配时需要考虑的 6 种人格类型。

表 10.3　霍兰德理论

类型	人格特征	最佳职业
现实型（realistic）	身体素质高、解决问题的操作能力强、社会理解力低	与体力劳动或实际操作相关的工作，例如农业工作、卡车驾驶和建筑行业
研究型（intellectual）	概念和理论思考能力强，社交能力不足	数学和科学这些领域的研究工作
社会型（social）	言语技能和社交能力很强	需要与人打交道的工作，例如教育、社会工作和咨询
常规型（conventional）	严格遵守规定和指示，不喜欢没有章程的活动	职责明确、较少需要领导的工作，例如银行出纳和秘书
事业型（enterprising）	言语能力、社交能力、领导能力强	例如销售人员、政治家、经理、企业经营者
艺术型（artistic）	善于内省、富有想象力、敏感、不循规蹈矩	艺术类工作，例如绘画和小说创作

你可能会发现这些类型中存在重叠。显然，它们并不是相互排斥的。一个人可以同时具备艺术特质和社交特质；也可以同时有智力特质和进取心。霍兰德并没有宣称所有人都会被整齐地归入每一种清晰的类型。然而，霍兰德等人坚信如果大多数人能将自己的人格品质与那些能够让他们表现或发展那些品质的工作匹配起来，那他们的职业生涯就会是最幸福、最成功的（Vondracek & Porfelli, 2003）。职业咨询师利用霍兰德的理论为青少年寻找最适合自己的职业发展领域。

人们广泛使用的“斯特朗—坎贝尔职业兴趣调查表”（Strong-Campbell Vocational Interest Inventory）就是以霍兰德的观点为基础的。

还需强调的是这种职业选择方法的局限性。在任何一个特定的职业中，你会发现人们有着诸多不同的人格特质。想想你认识的老师，你可能会发现他们的个性即使有一些共同点但每个人表现的人格特质却大有不同。不同的性格使每个人都会在工作中表现出不同的优势和劣势。所以，或许并不是只有一种特定人格类型的人能胜任特定类型的工作。

同样，任何一个人的性格都可能会适合多样经济体中的多种工作。由于大多数人的人格都十分复杂，所以很难整齐地将其归入某一种类型，不同的职业可能需要特定的人将不同的优缺点组合。基于这个因素，对自己的人格特质进行评估有可能缩小你认为自己可能适合的职业范围。但是对大多数发达国家的人来说，职业选择的范围依然很大。

性别也对工作选择有显著的影响。尽管在 21 世纪职业女性的比重大幅上升，职业中性别分化现象依然存在（Kossek et al., 2016）。女性主要从事服务型职业，如教师、护士、行政助理以及幼儿陪护等工作。而男性主要从事科学技术领域的工作，包括化学家、外科医生、计算机软件工程师。从总体上看，“女性主导职业”一般意味着低收入低社会地位，而“男性主导职业”一般意味着收入与社会地位都很高。从事 STEM 领域，即科学、技术、工程及数学领域（Science, Technology, Engineering, and Mathematics）的女性尤其不足（Sassler et al., 2017）。

近些年来这一模式发生了很大改变，例如，女性跟男性一样有可能从事律师和医生的工作。然而，许多职业中的性别差异依然根深蒂固（Stout et al., 2016）。即使是在地位较高的职业中，女性的地位和收入依然不如男性。例如，同样都是内科医生，女性更可能做家庭医生而不是外科医生。

既然女性在整体受教育程度上高于男性，为什么职业选择的性别差异却依然存在？性别社会化（gender socialization）是一部分原因，儿童很早就知道哪些工作适合男性或女性，他们也通过这种方式了解性别角色的其他方面（Maccoby, 2002；Porfelli et al., 2008；Wang et al., 2016）。当他们到了选择职业方向的年纪，他们的性别同一性已经形成了，并且对他们的职业选择产生了有力的影响。一项对成人初显期女性的研究显示，即使是有数学天赋的女性也常常会避免涉足信息技术领域，因为她们认为信息技术是由男性主导的领域。这种认知反过来又会加剧信息技术领域男性居多的局面（Messersmith et al., 2008）。同样地，新西兰的一项研究表明，青春期少女不愿涉足计算机科学领域，因为她们认为学计算机的女性在别人看来没有性吸引力（Rommes et al., 2007）。

另一个重要的影响因素是，女性在成人初显期已经预见了今后工作和家庭平衡时可能面临的困难，而这也会影响到她们的职业选择（Lips & Lawson, 2009）。如**图 10.8**（OECD, 2017）所示，在发达国家，尽管男性现在比以前照顾孩子的

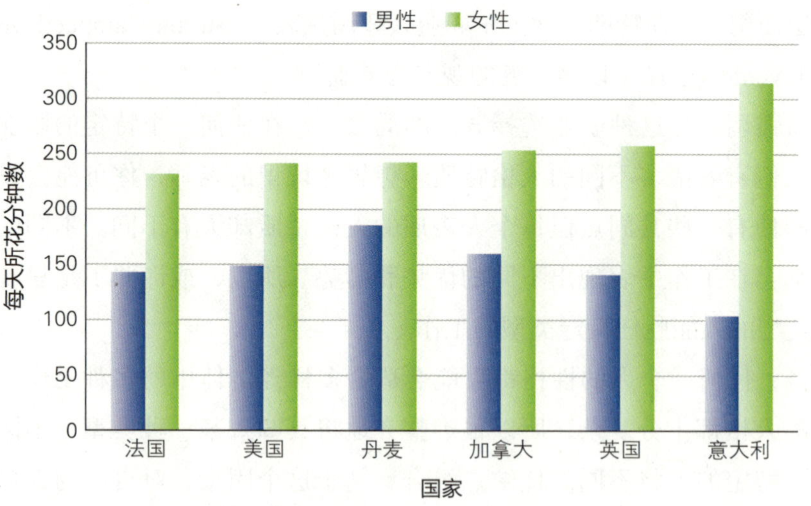

图 10.8 投入在无偿工作上的时间

资料：OECD（2017）.

时间更多，在男女双方都有全职工作的情况下，女性依然是家务和照看孩子的主力军。女性在工作单位完成第一班工作之后，回家还必须进行家务劳动，社会学家将这种情况称为**第二班**（second shift）。

第二班：指女性在工作单位完成分内的工作后，回到家必须要做的家务工作。

与女性相比，男性则很少会从工作中抽出时间来照看孩子。即使是在欧洲，政府为因照顾婴儿暂时离职的人员提供一年的全额工资补贴，也很少有男性会利用这项政策（Javornik & Kurowska，2017；Wall & Escobedo，2013）。然而，这并不意味着情况永远如此。女性进入职场的历史比较短，仅仅半个世纪而已，然而性别角色分工已经发生了巨大的变化，这是一个世纪以前人们预料不到的。未来这种变化还会继续。年轻男性认为他们愿意把更多的时间分配给家庭，而不是高声望或高薪的工作，持这种想法的年轻男性要多于年长男性，与年轻女性大致相当（Arnett & Schwab，2012）。此外，科技带来的职业上的变化使家中办公和弹性工作机制越来越普遍，因此男女双方将能更均衡、更得心应手地平衡家庭与工作需要。

批判性思考题：即使妻子与丈夫工作时间相当，为什么通常还是由妻子完成大部分的家务和照顾孩子的任务？你觉得这种情况在新一代年轻人中会发生改变吗？

社会活动与媒体使用

学习目标 10.18　能够解释成年早期社会参与和观看电视之间的关系。

由于需要抚养孩子以及职业奋斗，成年早期的大多数人的家庭和工作责任往往会很繁重。那么他们在这一阶段还有其他的生活重点吗？许多人会把时间放在社会活动和媒体使用上。成年早期发展阶段一个重要的特点就是社会角色与社会活动的高度参与。然而，发达国家中社会参与比重比以前有所下降，一个关键的原因是看电视休闲活动的流行。

有了孩子后，年轻人往往会有更多的社会参与。

社会参与。成年早期，由于人们需要履行家庭和工作职责，社会参与常常有所增加（Gray et al.，2012；Putnam，2000）。年轻夫妻在有了孩子后会参与孩子的活动，因为对孩子未来的关注而去参加更多的社团。父母们可能会成为男童子军或女童子军的领头人、儿童运动队的教练或者儿童学校的特殊服务志愿者。工作联系也会带来社会参与。例如，一个人可能会为了加强商业联系而加入一个社团。在美国，社团中年轻人的会员总数上升，年龄在 40 岁出头的会员人数最高（Barber et al.，2013；Putnam，2000）。然而，近几十年中，各个年龄的社会参与有了很明显的下降。

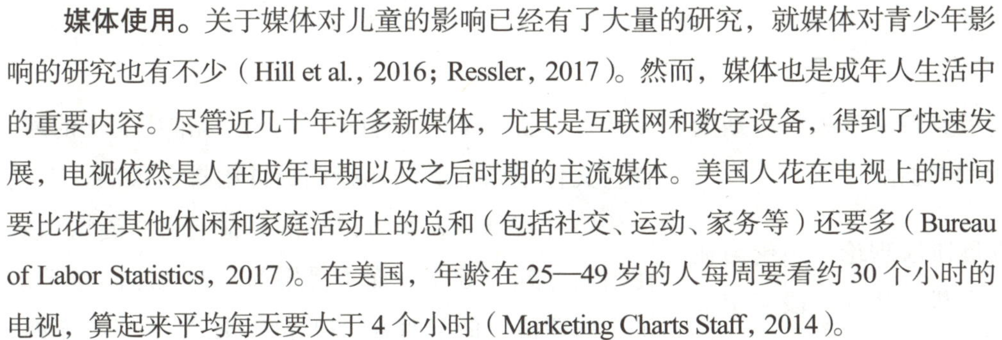

媒体使用。关于媒体对儿童的影响已经有了大量的研究，就媒体对青少年影响的研究也有不少（Hill et al.，2016；Ressler，2017）。然而，媒体也是成年人生活中的重要内容。尽管近几十年许多新媒体，尤其是互联网和数字设备，得到了快速发展，电视依然是人在成年早期以及之后时期的主流媒体。美国人花在电视上的时间要比花在其他休闲和家庭活动上的总和（包括社交、运动、家务等）还要多（Bureau of Labor Statistics，2017）。在美国，年龄在 25—49 岁的人每周要看约 30 个小时的电视，算起来平均每天要大于 4 个小时（Marketing Charts Staff，2014）。

显然，媒体使用已占据年轻人生活的大部分，那么媒体会影响人的发展吗？大量证据表明，答案是肯定的，尤其是相对于社区活动来说（Kim et al.，2013）。成年早期用大量时间看电视往往意味着缺少各种丰富的社交活动，包括参与公共集会、志愿者活动、宗教服务、拜访朋友、参加派对（Putnam，2000）。当然，在这里我们要知道，和其他事情一样，即使媒体的使用和社交活动之间有相关性，但是有相关性并不意味着有因果关系。然而，在电视发明以前，大多数人更多的时间都花在社会活动上。另外，根据第七章提到的加拿大的研究，在电视机被用作“多媒体播放器”后，所有社会活动都有所下降。这强有力地证明了二者的因果关系，而不仅仅是相关性（MacBeth，2007）。其他研究还发现看电视与儿童和成人肥胖有关系（Hamer et al.，2014）。

美国的年轻人每天大约要看大于 4 个小时的电视。

作为一项娱乐方式，究竟是什么使电视如此具有吸引力？是因为电视节目让人们感觉很好还是电视节目能给人们带来快乐？又或是电视节目让人感觉更充实且不那么无聊？奇怪的是，答案“并非如此”。相反，研究人员利用经验取样法（Experience Sampling Method，ESM），对成年人在看电视期间和看电视之后的情绪进行了研究，结果发现看电视会使人更加消极以及迟钝（Kubey，1994；Reineke & Hofmann，2016）。时间日记研究显示，人在看电视时的情绪与做家务时基本持平——都处于低落状态，低于其他休闲活动以及工作时的情绪状态。

那么，既然看电视会带来不良后果，为什么发达国家的人还是会花如此多的休闲时间看电视？对我们来说，原因仅仅是看电视是一种不需要付出太多便能轻松做到的行为。正如一个研究团队发现，“电视的吸引力主要在于它随处可得且要求不高，看电视不需要体力劳动，很少有震惊、意外，人们可以在舒适的家中，不需要体力上的付出，平静地看电视”（Robinson et al.，1999，p.149）。

小结：情绪与社会性发展

学习目标 10.9 能够描述埃里克森关于成年早期的情感和心理发展理论。

根据埃里克森的人格发展阶段理论，亲密与孤立的对立是成年早期的主要危机。建立一段亲密关系，意味着将自我同一性与他人同一性进行融合，从而发展一段持久、牢固又亲密的关系。研究显示，埃里克森的理论更适用于男性。对女性而言，亲密关系往往在自我同一性建立之前或同时实现。

学习目标 10.10 能够描述斯滕伯格关于爱情的理论的三个特质及其随着时间发生的变化。

这三种爱情特质分别是激情、亲密与承诺。根据斯滕伯格的理论，成年早期激情达到峰值，亲密与承诺则稳定增长。

学习目标 10.11 能够比较不同文化的婚姻传统并明确西方文化中预测满意度的因素。

不同国家的研究显示，世界各地的人们择偶观的标准具有很大的相似性，“相互间的吸引—爱情”以及“人品可靠”在各国所有择偶标准中居于前列。有些文化中婚前贞洁在择偶标准中排名很高，有些文化中则很低。在西方以外的其他地区，爱情一般在婚后才建立起来，而不是婚前。爱人之间对于亲密度的期待也低于西方。包办婚姻，特别是在亚洲，自古以来就很普遍，并延续至今，尽管如今包办婚姻演变成父母与子女都参与到伴侣选择的半包办婚姻的形式。在许多文化中，新郎要给新娘家庭聘礼或者做婚姻劳役以补偿新娘家劳动力的损失。但是一些文化中有新娘家庭要给新郎家嫁妆的习俗。美国的研究显示，婚姻满意度在结婚第一年最高，当灵魂伴侣婚姻的理想与现实生活的压力产生冲突之后，婚姻满意度会持续下降。

学习目标 10.12 能够描述导致成年早期离婚的最常见原因并解释社会中离婚率较高的一些原因。

导致高离婚率的因素包括结婚过早（25 岁之前）、原始家庭离异以及低宗教参与度。在美国，成年早期离婚率在非裔美国人和低教育水平人员间很高。相比其他西方国家，美国的年轻人更看重婚姻的价值，但同时他们认为夫妻不应该继续一段不幸福的婚姻。

学习目标 10.13 能够正确评价关于单身青年的几种普遍误解，并总结单身主义的文化和种族差异。

所有文化中大部分人都会结婚，但约有 10% 的人会选择单身。单身人士确实在某些有关幸福和健康的测量方面不如已婚人士，但比那些婚姻不幸或结婚后分居、离婚或丧偶的人，单身人士要更健康幸福。在一些亚洲城市，例如东京，单身率尤其高。在美国，非裔美国人很多是单身，但他们的同居率很高。所以他们拥有长期伴侣关系的比例与其他种族基本持平。

学习目标 10.14 能够比较同性恋伴侣关系与异性亲密关系，描述这些伴侣关系近些年如何变化。

尽管男同性恋的性生活频率要比女同性恋高，成年早期同性恋伴侣关系在许多方面与异性恋是一样的。近些年人们尤其是年轻人对同性恋的歧视开始减轻。在一些国家同性恋婚姻已经合法化，但同性恋歧视依然存在。

学习目标 10.15 能够解释为什么成年早期是性行为的高峰期，区别男女性观念的差异。

在所有文化中，成年早期是人们性行为的高峰期。为了延续后代几乎所有文化都鼓励年轻人去进行性生活。但是在西方，男女的性生活是为了促进夫妻的亲密度。根据美国的调查，相比女性，男性自慰的频率更高，性生活中更容易达到高潮，性幻想更频繁。在一生所有阶段中，女性在 30 多岁的时候自慰的频率最高。

学习目标 10.16 能够总结为人父母的社会和情绪影响并描述单亲父母面临的独特挑战。

孩子会给婚姻的亲密关系带来压力。在这种压力之下，本来就很稳固的婚姻会更稳固；而那些孩子出生前就问题重重的婚姻有了孩子后会更加不幸福。单亲父母家庭收入更低，因为家里只有一方的收入。单亲父母还要面临照看孩子和处理家务的双重责任，但是许多单亲父母可以从亲人朋友那里得到帮助。

学习目标 10.17 能够列举舒伯理论中职业发展理论的各个阶段并解释人格与性别对塑造职业目标的影响。

舒伯职业发展理论的各阶段有结晶期、明确期、实现期、稳定期、巩固期。霍兰德理论解释了职业选择基于个人人格特征是否与职业相匹配。但是大多数人格特征适合的职业范围很广，很多职业中也有性格各异的人。性别是职业选择的主要预测因素，尽管现在法律和医学等职业的性别差异已经大为改观，但是许多职业仍然存在严重的性别偏见。

学习目标 10.18 能够解释成年早期社会参与和观看电视之间的关系。

成年早期，人们开始进入成年人角色，社会参与随之增多。但是近几十年社会参与在各年龄层都有所下降，这主要是因为电视的出现与普及。看电视成为发达国家人的主要休闲活动，即使看电视几乎很少给人带来情绪上的满足。

第十一章

成年中期

第一节 生理发展

成年中期的生理变化

感觉能力的变化

生殖系统的变化

健康与疾病

健康问题

成年中期健康对后期健康发展的影响

成年中期健康状况的改善以及一个令人不安的例外

第二节 认知发展

智力、专业能力与职业发展

流体智力和晶体智力

专业能力的高峰

职业

成年中期的信息加工

加工速度

注意力与记忆力

第三节 情绪与社会性发展

情绪与自我发展

自我概念与自我接纳的变化

大多数虚构的中年危机

繁衍感

成年中期的性别问题

成年中期的社会与文化性发展

家庭关系

爱情与性

社区与休闲活动

美国人对 40—60 岁这一年龄段的看法普遍比较悲观。他们认为，在这一年龄段，等待人们的将会是体质下降、性能力衰退以及那让人痛苦不堪的“中年危机”。

但是也有文化认为，这一阶段是家庭关系和社会责任积极发展与变化的时期（Mitchell & Wister，2015；Shweder，1998）。我们可以看到，在这一阶段，成为祖父母是令人欣喜的重要转变。此外，在不同文化中，包括美国，成年中期是人生的黄金时期，也是人的专业能力、社会地位以及权威的全盛时期。虽然人们的身体机能会下降，但这种下降程度在 60 岁之前通常相对平缓，并更多地被社交和个人方面的成就所淡化。从总体上看，对绝大多数人来说，成年中期是人在工作满意度以及关系满意度达到最高峰的时期。总之，本章的内容或许是全书中最出乎大家意料的部分。

本章用成年中期指代 40—60 岁这个年龄段，这一阶段也被称为中年期。然而正如第一章所说的，并没有具体精确的数字去划分有关于人生阶段的起止年龄，所以上述年龄段这只是粗略的年龄范围。成年中期也是相对近期才发展出来的。在前面的章节我们已经知道，人类近代史上很少有人活过 60 岁，所以把 40—60 岁作为人生命阶段的中期有些牵强。但现在许多地方的人类预期寿命都接近 80 岁，所以如今把 40—60 岁定义为成年中期就有意义了。

第一节 生理发展

学习目标

11.1 能够描述成年中期视觉与听觉是如何衰退的，并且能够解释造成这些衰退的原因。

11.2 能够比较成年中期的男性和女性在生殖系统上的变化。

11.3 能够列举成年中期的主要疾病的名称，并且清楚这些疾病在性别、文化及种族上的发病率差异。

11.4 能够解释如何根据成年中期健康状况预测以后的健康状况。

11.5 能够总结各国间成年中期健康改善的模式，并且能够解释为什么低教育水平的美国白人是例外。

成年中期的生理变化

当你第一次见到一个人，哪些迹象能够帮助你判断这个人是否处于成年中期？这对我们自己来说很简单，我们只需要看看镜子就可以知道。但是怎么辨别别人是否已到中年？头发变白是一个很明显的迹象。人在成年早期头发开始变白，但到了成年中期，大部分人的头发变得花白或全白（Tobin，2010）。在成年早期到成年中期，人的头发还会变得越来越稀薄，谢顶问题将会持续，特别是有欧洲血统的男性（Ellis & Sinclair，2008）。皮肤的色泽开始暗淡，并且随着三层皮层之间脂肪的流失，我们的皮层不再紧实，皮肤将会开始松弛起皱（Giacomoni & Rein，2004）。受成年中期身体脂肪的增加和肌肉量的减少的生理趋势影响，成年人的肥胖率继续上升（Marcell，2003；Ogden et al.，2013）。本节我们的重点是感觉能力的下降和生殖系统的老化。

感觉能力的变化

学习目标 11.1 能够描述成年中期视觉与听觉是如何衰退的，并且能够解释造成这些衰退的原因。

在成年中期，人的身体继续老化。大多数人的感觉功能会发生退化，这种退化相对缓慢但又因人而异。有的人几乎没有退化，有的人则退化明显。

从总体上看，对于大多数人来说，视力是衰退最严重的感官能力。眼睛的晶状体变大，灵活性下降，透明度降低，这使得人很难清楚地对焦物体，在昏暗光线下也很难看清楚其他物体。眼球中的视杆细胞（光感受器）和视锥细胞（颜色感受器）到 60 岁会减少到一半左右，从而进一步地影响到视力（Bonnel et al.，

2003)。受这些变化影响最大的是阅读。成年中期以前，即使有人需要帮助才能看清东西，需要借助眼镜阅读的人也相对较少；但是到了 60 岁，大多数人阅读时需要戴眼镜（Zeberdast et al.，2017）。

人们用眼镜矫正视力的历史已经有好几百年了，但近年来又有了其他相关科技的发展。激光视力矫正手术可以治疗近视的问题（Price et al.，2016）。激光手术中一种叫作“单视力矫正术”的手术可以用来提高人们的视力以方便阅读。在该手术中，一只眼睛被矫正成近视，另一只眼睛被矫正为远视。大脑会根据情况自动判断出某一时刻需要近视眼还是远视眼。然而，即使有了这项技术，人们到了 60 岁大多还是会戴眼镜。

在发达国家，人们在 40 岁之后听力会持续下降，尤其是高音的听力能力（Davis et al.，2016；Quaranta et al.，2015）。和我们的头发一样，作为老化过程的一部分，内耳中的细微绒毛，即纤毛（cilia，它把声音传递至大脑），在成年中期会变得稀薄；鼓膜及内耳其他结构的弹性会减弱，使得它们对声音的敏感性降低，大脑的听觉皮层处理来自内耳的信息的效率也有所下降。

到了成年中期，大多数人需要借助眼镜阅读。

环境因素同样也会对成年中期的听力产生影响。成年中期男性的听力比女性下降得更快，一方面的原因是男性更有可能会在需要长期暴露在噪声下的环境中工作（Le et al.，2017）。摇滚明星就属于这一类。比如谁人乐队（the Who）中的彼得·汤森德（Pete Townshend）这样的表演者，由于长期在聒噪的扩音器前工作，在成年中期他们就丧失了大部分的听力。研究发现，非洲部落的人成年中期听力下降的程度要低于发达国家的人，这很明显是由于他们的日常生活环境中噪声更少（Jarvis & van Heerden，1967）。

听力衰退不仅仅导致感官功能的下降，它还会影响认知功能，导致人们理解和解释新的信息时变得更加困难（Martini et al.，2015）。听力衰退还会影响社交。许多中年人和老年人因为听力问题开始减少或避免社交接触。因为他们觉得无法跟别人对话是一件很羞耻的事情，这也给他们带来了压力（Pichora-Fuller et al.，2015）。

助听器用于弥补听力衰退问题已经有几十年的历史了。然而，最新的技术进步极大地提高了助听器的功能。最新的电子助听器更加小巧又有效，它可以根据用户当前的“听音目的”（如一对一对话、小组谈话、音乐）进行音量调节与降噪（Taylor & Hayes，2015）。然而这种最先进的助听器价格昂贵，所以能否使用它取决于中年人和老年人的经济能力。

批判性思考题：既然人在成年中期视力开始下降，那么在重审年龄在 50 岁的司机驾照时是否需要进行视力测验？

生殖系统的变化

学习目标 11.2 能够比较成年中期的男性和女性在生殖系统上的变化。

更年期：成年中期发生的生殖系统变化的时期。女性会出现绝经，即停止排卵与停经；男性会出现精子数量与质量缓慢下降。

绝经期：指女性在成年中期每月排卵与月经停止的时期。

成年中期的一个重要的生理变化发生在生殖系统上，表现为生育能力下降，即我们所熟知的**更年期**（climacteric）。女性的更年期尤其明显，这是因为女性在绝经期，即每月排卵和月经停止的时期，更年期会达到高峰。相比之下，男性的更年期更缓慢与稳定，因为男性在一生中都可以产生精子。

绝经期。**绝经期**（menopause）通常发生在 50 岁左右，但也有很大的个体差异，其出现的年龄在不同个体间从 30 岁出头到 60 岁不等。引起绝经的激素变化其实在绝经 10 年前就开始了，这段时期被称作近绝经期（perimenopause），在此期间雌激素和黄体酮的分泌持续下降（Ortmann et al.，2011）。当绝经期来临，这些激素的分泌会进一步下降。吸烟以及从未生育过的女性的绝经期会更早（Tawfik et al.，2015）。经常锻炼的女性绝经期会更晚（Grindler & Santoro，2015）。根据母女间以及双胞胎女性的研究，绝经期的时间还受基因影响（Kaczmarek et al.，2015）。

所有女性在成年中期都会经历激素分泌下降和停经。但是女性在绝经期和近绝经期的生理和心理体验上有很大不同。最常见的绝经期症状有潮热（hot flashes），即女性会突然流汗感觉热，脸部胸部会泛红，之后又会觉得寒冷。女性发生潮热的频率从每天都有到从未有过，个体间差异很大。但是大多数女性在绝经期都会偶尔经历潮热（Elkins & Mosca，2016）。其他常见绝经期症状包括：心境起伏、头痛、头晕、心悸。女性在绝经期和近绝经期抑郁的概率也会增高（Weber et al.，2014）。雌激素对记忆力也很关键，因此绝经会导致女性记忆力减退（Weber et al.，2014）。只有约 10% 的女性会出现严重的绝经期症状，许多女性可能没有任何症状（Sussman et al.，2015）。绝经期症状可能在近绝经期就会出现，但是一般会在绝经期前后，也就是激素水平急剧下降时出现。

绝经期的症状在不同文化间也存在差异（Melby et al.，2005）。例如，世界上大多数地区，女性都会经历潮热症状，其中非洲女性的潮热比例最高为 80% 以上，然而只有 15% 的日本女性会经历潮热（Obermeyer，2000）。印度女性和墨西哥的玛雅女性很少会有潮热症状（Beyene & Martin，2001；Menon，2002）。印度尼西亚的女性中，93% 会出现身体疼痛，但只有 5% 有潮热（Haines et al.，2005）。在美国，非裔美国女性比其他种族的女性更容易出现潮热，而拉丁裔女性更容易出现心悸症状（Fisher & Chervenak，2012）。

日本女性之所以绝经期症状更少，是因为她们的饮食中包含大量的大豆制品。而大豆含有植物雌激素，可以补充女性绝经期减少的雌激素（Taku et al.，2012）。此外，造成女性月经症状的文化差异尚不明确。

激素替代疗法。对于绝经期症状严重的女性来说，激素替代疗法（Hormone

Replacement Therapy，HRT）有时可以用来减轻她们的痛苦。从表面上看，这种疗法很有前景。雌激素和黄体酮水平下降给女性带来的痛苦可以通过激素替代来减轻。然而激素替代疗法的实际效果比预想中要复杂。一方面它对减轻绝经期症状极为有效，比方说潮热症状（Bernacchi et al.，2015；Thorley，2016）。此外，它还可以强健骨骼，降低结肠癌风险。有证据表明，激素替代疗法还有认知方面的益处（Erickson & Korol，2009）。另一方面，激素替代疗法会提高患中风、心脏病、乳腺癌的风险（Chlebowski，2017；Thorley，2016）。

至关重要的是妇女接受激素替代疗法的年龄。在绝经期接受激素替代疗法且疗程不超过 5 年的妇女会更多地受益于该疗法且副作用较少（Chlebowski，2017）。然而，目前对年龄超过 60 岁的女性一般不建议使用激素替代疗法，特别是有心脏病和乳腺癌家族史的妇女。对激素替代疗法作用的研究还在继续，新的疗法依然在继续研究，以解决女性的绝经期症状的同时不产生副作用。

其他治疗女性更年期症状的疗法还在研究中，包括大豆药物、运动和针灸（Chlebowski，2017；Fischer & Chervenak，2012）。

日本妇女绝经期症状更少，是由于他们的饮食中包含大量的大豆制品。

女性对绝经期的反应。不管绝经期会有什么样的症状，所有文化中的女性大多乐于接受生殖期的终止（Melby et al.，2005）。在妇女只需要生一到两个孩子的文化中，如欧洲和北美，大多数妇女都乐于接受绝经期的到来，因为它意味着不用再为月经和意外怀孕而烦恼。在妇女需要频繁生育的文化中，妇女们也乐于接受绝经期，因为她们可以不用再怀孕，开启了负担较轻的新生活。

许多传统文化中有月经禁忌，会限制妇女在月经期间的活动。这些限制适用于许多方面，包括准备食物、饮食、社交、宗教活动、沐浴以及性行为（Buckley & Gottlieb，1988；Knight，2013）。在这些有月经禁忌的国家中，绝经期意味着束缚的结束，因此也为妇女们所接受。

男性的生殖变化。男性有更年期吗？男性没有绝精期。尽管几十年前提出了**“男性更年期”（andropause）**的概念，用以描述男性成年中期睾丸素水平降低的现象，目前关于“男性更年期”的诊断、流行率与治疗还没有达成共识（Huhtaniemi，2014）。然而，男性在成年中期的生殖系统发生着缓慢的变化，睾丸素水平以每年 1% 的速度降低，由此会导致精神不振、性欲减退以及一系列性功能问题（Bribiesca，2016）。精子数量和质量也逐渐下降，普遍出现精子变异现象（Gunes et al.，2016）。因此，回忆我们在第二章学习过的内容，男性在中年及以后生出的孩子出现各种各样的问题的风险更高，包括癌症及精神疾病（Conti & Eisenberg，2016）。

男性更年期：一种已被提出但还未证实的概念，指男性在成年中期睾丸素水平下降的现象。

不仅人类男性没有绝精期，其他灵长类动物也没有，绝经期似乎是人类女性特有的。为什么会这样？进化生物学家贾雷德·戴蒙德（Jared Diamond，

1992）提出了两种解释：分娩对于人类女性的风险以及母亲死亡对于子女的风险。在人类的进化史中，生育几个孩子的妇女每次生产下一个孩子时都意味着置其他孩子于危险中。即使她有时间和精力去照顾婴儿和其他孩子，但一旦她去世了，她的孩子就很容易被忽略甚至夭折。自然选择了那些在某个时刻会停经的女性，因为比起那些因频繁生育存在死亡风险的女性，她们的孩子更容易生存下来。男性没有进化出绝精期，是因为终身繁育后代对他们的健康不会造成任何伤害。

健康与疾病

成人初显期与成年早期是人生阶段中的相对健康时期。许多人在成年中期依然保持健康，但是总体上看，随着身体的老化，保持身体健康变得越来越具有挑战性。

健康问题

学习目标 11.3 能够列举成年中期的主要疾病的名称，并且清楚这些疾病在性别、文化及种族上的发病率差异。

大多数人在整个成年中期都能保持总体健康，对于那些能够得到充足的营养以及现代医疗条件的人来说则更是如此。如**图 11.1** 所示，各国人在成年中期的健康水平略微下降，但是比起成年后期总体保持较高水平（WHO，2015）。尽管如此，在成年中期，许多健康风险会提升，包括睡眠问题、骨质疏松、心脏病以及癌症。

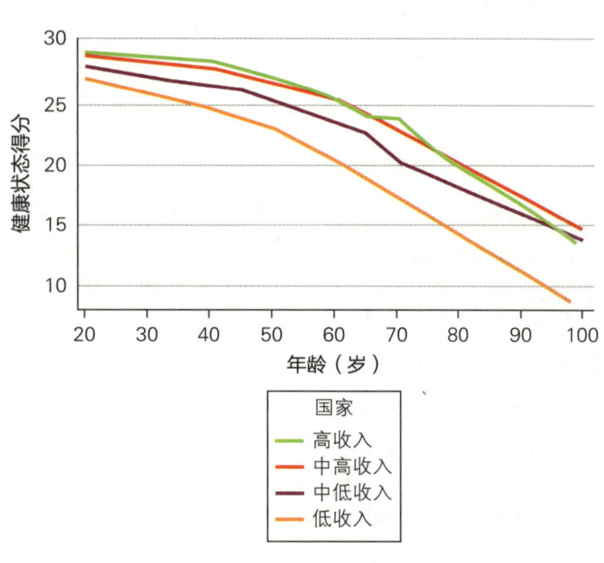

图 11.1 全世界范围内，各年龄层总体健康水平

资料来源：WHO（2015）.

睡眠问题。40 岁之后，许多人的夜晚睡眠问题会增加（Blumel et al.，2012）。他们会半夜醒来，并且很难再入睡。因此，他们很难进入深度睡眠，第二天也难以感到身体得到了完全的休息。成年中期睡眠问题在有其他身体和精神疾病的人群中更为普遍，包括肥胖症、心脏病和抑郁症（Friedman，2016）。约一半的男性会患有前列腺肿大，因此晚上会起夜数次（Barry et al.，2017）。即使没有睡眠问题，许多中年人依然睡眠不足。医疗权威建议最佳睡眠时间为 7—9 小时，但在美国的中年人中，至少有超过 1/3 的人睡眠时间不足 7 个小时。

骨质疏松。大多数人在三四十岁时骨量开始缓慢下降。雌激素可以增强骨骼，女性骨量会随着更年期到来雌激素水平下降而流失得更严重。骨量流失到一定程度，严重的就会引起**骨质疏松**（osteoporosis）即骨量减少和骨脆性增加问题（Black & Rosen，2016）。成年中期女性会流失大约 50% 的骨质，其中超过半数的骨质流失发生在绝经期后的 10 年里。

骨质疏松：一种常见于成年中期及以后的症状，在女性中较为普遍，钙流失的加速引起骨量变少、骨质变脆。

绝经期后雌激素水平下降使女性患骨质疏松的风险远高于男性。实际上，80% 的骨质疏松患者都是女性（Lee et al.，2013）。骨质疏松还与基因相关，这是基于同卵和异卵双胞胎在患骨质疏松上有更高的一致性的研究结果而提出的（Bjørnerem et al.，2015）。身材瘦小的女性更容易患骨质疏松，因为她们的骨头质量原本就比其他人低。非洲人比其他种族的人患骨质疏松的风险更低，因为非洲人的骨密度更高。

尽管生物学因素对骨质疏松有很大的影响，生活方式的影响也不容忽视。生活中提高骨质疏松风险的因素包含以下常见行为：吸烟、酗酒、不健康的饮食（缺乏钙质）以及缺乏锻炼（Weaver et al.，2016）。相反，健康的生活习惯，包括高钙饮食（如奶制品）以及定期锻炼可以有效地预防骨质疏松。对于有骨质疏松高风险的女性而言，可以通过药物治疗方式来增强骨质与骨密度。健康权威机构建议 50 岁以上的妇女每年进行骨密度体检，特别是那些有骨质疏松家族疾病史的女性。

癌症。对于年龄在 45—60 岁的人来说，癌症是导致死亡的头号因素［Centers for Disease Control and Prevention（CDC），2017］。成年中期之前癌症的发生率相对较低。然而，从成年早期到成年中期，癌症发生率增长了 10 倍（American Cancer Society，2017）。男性常见患前列腺癌，女性常见患乳腺癌。对所有人来说，排在第二位和第三位的最普遍的癌症分别是肺癌与结肠癌。

癌症是由于在人体某些部位上常规细胞的增殖过程发生变异，异常细胞开始快速增殖并失去控制，最终，这些异常细胞夺取了身体健康部位的养分，形成了肿瘤，扰乱了所在组织或器官的正常功能。患癌风险与直系血亲的联系表明，一些癌症有明显的基因基础（Huang et al.，2017）。许多环境因素也会提高患癌的风险，包括过度日晒、辐射、接触危险化学物质（如石棉）。肥胖和过量饮酒也会诱发癌症，但是日常生活中最容易导致癌症的行为是吸烟。吸烟不仅会诱发肺癌，还会诱发其他类型的癌症（Moolgavkar et al.，2012）。

成年中期的睡眠问题变得更加普遍。

过去 30 年间，人们针对有关癌症的治疗做了大量的研究，并取得了相应进步。常见的一种癌症治疗方法为化疗（chemotherapy）。化疗通过将有毒物质作用于身体中患癌的部分从而杀死癌细胞。另一种常见治疗方法为放疗（radiation therapy），即利用高能量射线杀死癌细胞的治疗手段。临床上常常将放疗、化疗以及外科手术（切除癌变部位）相结合治疗癌症。

在过去 40 年里，这些治疗方法加上早期的检测手段，已经大大提高了癌症患者的 5 年内生存率。然而，5 年内生存率具体要取决于癌症类型。在发达国家，许多癌症类型的 5 年生存率超过了 80%，其中包括前列腺癌、皮肤癌、乳腺癌（CDC，2017）。5 年生存率最低（20% 以下）的癌症为肺癌和胰腺癌。

癌症患者的 5 年内生存率在不同国家间也存在显著差异。在一项里程碑式的研究中，研究人员对来自 31 个国家的 200 多名癌症患者 5 年内生存率进行了调查，其中包括乳腺癌、前列腺癌、结肠癌、直肠癌等患者（Coleman et al.，2008）。结果发现，最富有的发达国家的 5 年内生存率最高，而最贫穷的国家 5 年内生存率最低。如**图 11.2** 中，展示了乳腺癌和前列腺癌患者的生存率模型。生存率最高的国家不仅有更先进的治疗癌症的科技，而且对早期癌症的检测与筛选率也更高。例如，研究中，年龄在 50—64 岁的美国女性中有 84% 会接受定期**乳房 X 线照射**（**mammogram**），即用 X 射线扫描来检测是否患乳腺癌。相比之下，只有 63% 的英国女性定期接受乳房 X 线照射。这也是美国 5 年内乳腺癌生存率最高的原因。

乳房 X 线照射：用于检测女性乳腺癌的 X 射线方法。

免疫疗法：一种治疗癌症的新型疗法。主要通过对患者的免疫细胞进行重新编辑，从而增强免疫系统对抗癌细胞的能力。

另一个令人振奋的癌症治疗方法是**免疫疗法**（**immunotherapy**）。正常情况下，免疫系统会识别所有外来物，如病毒和细菌，接着会做出应激反应，袭击与破坏外来物。然而，当身体患癌症时，免疫系统失灵了。这表现在免疫系统不能识别出癌细胞，或者没有足够的力量摧毁癌细胞，又或者癌细胞会释放一些物质来抑制免疫系统。免疫疗法可以克服这些困难。来自癌症患者自身免疫系统的细胞在实验室里重新编辑，以杀死特定的癌细胞，之后再用于患者体内（American Cancer Society，2017）。免疫疗法还可以增强免疫系统识别与杀死癌细胞的效力，以此增强免疫能力（Baumeister et al.，2016）。免疫疗法已经被用于治疗一些癌症，并且可能在未来逐渐发展的癌症研究领域广为应用。目前，用免疫疗法治疗各种癌症的成功率效果各异，高者可达 98%（治疗霍奇金淋巴瘤，一种血液癌），低可至几乎为零（治疗结肠癌和胰腺癌）。

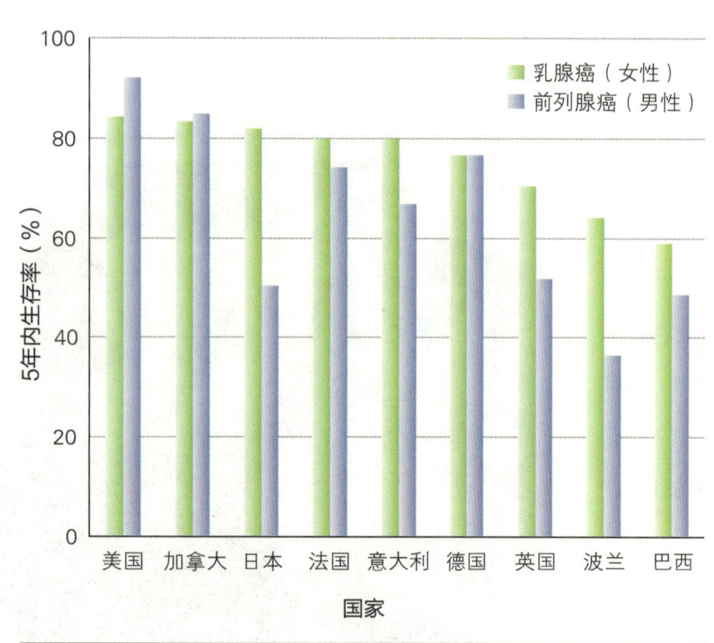

图 11.2 乳腺癌和前列腺癌的 5 年内生存率

为什么一些国家的患癌生存率高于其他国家？

资料来源：Coleman et al. (2008).

尽管人们在癌症治疗方面已经取得了很大进步，避免癌症致死的最好方法依然是预防，包括健康的饮食以及远离癌症风险因素。及早地检查对癌症的治疗至关重要。所以对男性来说，成年中期以后每年进行一次前列腺癌检查非常重要。至于女性的乳腺癌风险，专家们关于何时开始乳腺检查持有不同意见。对此，美国的梅奥诊所提供了一个三位一体的建议（Pruthi，2011）：

• 树立乳腺健康意识，女性在成年早期就要定期检查自己的胸部是否出现异常与变化，一旦发现问题立即通知医生进行进一步的检查；

• 40 岁后，每年在健康中心做一次临床的乳腺检查；

• 40 岁后，每年做一次乳腺 X 线照射。

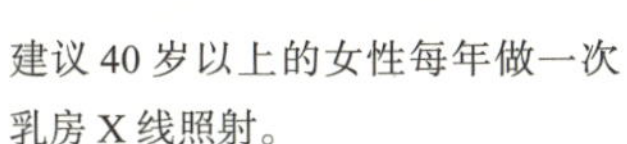

建议 40 岁以上的女性每年做一次乳房 X 线照射。

在女性何时应该做乳腺 X 线照射这一问题上一直众说纷纭，但是北欧的两个大型研究阐明了这一问题。其中一项研究对来自瑞典的 100 多万名女性进行了调查，对 1986—2005 年做过乳房 X 线照射的 40 多岁的女性和没做过的 40 多岁的女性，她们死于乳腺癌的概率（Hellquist et al.，2011）做了比较。结果发现，做过乳房 X 线照射的女性死于乳腺癌的概率比那些没有做过的女性要低 29%。另一项研究对挪威的女性进行了抽样调查，比较了每两年做一次乳房 X 线照射的女性和没做过的女性的乳腺癌死亡率，而挪威有免费提供乳房 X 线照射的项目（Kalager et al.，2010）。该研究发现，定期接受乳房 X 线照射检查可以降低 10% 的乳腺癌死亡率，虽然这一结果低于瑞典，但依然是一个很明显的对比。

乳房 X 线照射并不是一个完美的检测乳腺癌的工具。有可能会漏检或者导致副作用，也就是说，当人们在做了进一步检查后可能会发现它的诊断结果是错误的。目前，人们发明了一种更具有前瞻性的方法，叫作**风险分层（risk stratification）**，即对受遗传因素和日常生活高危因素影响的乳腺癌高风险的女性采取多次检测与检查的方式（Gagnon et al.，2016）。最新的技术使个人基因组的图谱更加精确详细，这将大大提高以后风险分层方法的治疗效力，这不仅可以应用于乳腺癌，还可以应用于其他类型的癌症。

风险分层：一种预防癌症的方法，即对受遗传因素和日常生活高危因素影响的癌症高风险人群采取多次检测与筛查的方式。

冠心病。冠心病（CHD）是导致全世界中年人死亡的第二大常见杀手（WHO，2014）。40 岁之前，冠心病发病率很小，然而到了成年中期发病率开始迅速升高。患冠心病的风险在成年中期之前就开始积累了，高脂肪饮食、吸烟、缺乏锻炼都会引发冠心病（Weiss et al.，2016）。日久天长，这些生活方式导致**动脉粥样硬化（atherosclerosis）**，即血小板在冠状动脉（通向心脏的动脉）中堆积，造成血液在动脉中流通不畅。动脉粥样硬化会导致高血压，并最终堵塞动脉造成心脏病发作。

动脉粥样硬化：血小板在冠状动脉（通向心脏的动脉）中堆积，造成血液在动脉中流通不畅。

心脏病发生率最高的国家中一类像丹麦，饮食中普遍含有高脂食物；还有些像俄罗斯，吸烟率非常高，这些生活方式会大大损伤心血管系统（WHO，2017）。而在一些国家，像日本和法国，心脏病发生率很低。这是因为，日本流行低脂饮食，而法国则有平均每天喝一两杯红酒或啤酒以防止冠心病的习惯。各国间男性患病风险均高于女性，这主要是因为男性吸烟率更高。在美国，由于高吸烟率和高脂饮食，非裔美国人和本地美国人的心脏病患病率均为最高（McClelland et al.，2015）。

一项对日本男性的经典研究生动地展示了饮食对冠心病的影响（Ilola，1990）。12000名日本本土男性参与了该研究，这些男性散居在两个日本城市和美国夏威夷的火奴鲁鲁、加利福尼亚州的旧金山。尽管有着类似的生理基础，这些男性心脏病患病率却因居住地不同而各不相同。生活在日本的男性，饮食主要为以鱼肉和米饭为主的低脂饮食，患心脏病的概率最低。生活在旧金山的日本男性心脏病患病率最高，主要因其日常饮食中有40%的食物都以高脂食物为主。生活在火奴鲁鲁的日本人心脏病患病率和饮食中脂肪含量都居于中间。

压力是诱发心脏疾病的又一因素。压力不仅可以对心脏功能有直接影响，还会诱发其他相关高危行为，如吸烟和暴饮暴食（Bekkouche et al.，2011）。压力与心脏病之间的关系是复杂的，但已有研究表明，对于个性消极容易陷入愤怒、焦虑、抑郁的人来说，压力更有可能诱发心脏病（Du et al.，2016；Stanley & Burrows，2008）。

研究还显示，有两种特殊类型的压力会引发心脏病：慢性压力（如长期居住在一个危险的社区）和急性压力（经历极端压力事件）。在一项研究中，对经历极端压力事件的女性做了创伤后应激障碍（PTSD）症状的筛检，然后时隔14年再次对她们进行检测（Kubzansky et al.，2009）。结果显示，有5项以上创伤后应激障碍症状的女性，在15年后患心脏病的概率增加了3倍。

为了降低人们患上心脏病的风险，人们采取了一些干预措施来对抗压力。一项研究将年龄在40—84岁的134名心脏病患者随机分成了3个对照组。其中第一组患者接受日常的医学治疗；第二组除了医学治疗外加上每周3次为期16周的有氧运动训练；第三组则接受医学治疗和每周一次为期16周的压力管理训练（Blumenthal et al.，2005）。在这样的干预治疗下，对比单纯接受医学治疗的组，有氧训练组和压力管理组都展现了更好的心脏功能，并伴随着抑郁水平的下降。

吸烟会大大提高心脏病风险。

心脏病发作来势汹汹，非常致命。但是如果能及早诊断，冠心病能够通过药物和手术得到有效的治疗。有一类叫作他汀（statins）类的药物可以有效降低胆固醇水平，从而减少血小板在动脉堆积造成的动脉堵塞（Collins et al.，2016）。常见的手术为支架植入术，即将球囊导管植入受阻的动脉，将末端球囊加压膨胀，撑开脂肪堵塞的狭窄的血管壁，使血管恢复畅通的外科手术疗法。法国人经常饮用红酒的习惯也有类似的作用，因为红酒可以抑制血小板沉积，疏通动脉血管。其他可以降低冠心病风险的生活习惯还有经常锻炼，维持健康体重（避免肥胖），每天少量服用阿司匹林（Siren et al., 2016）。最重要的是戒烟和避免高脂饮食。

成年中期健康对后期健康发展的影响

学习目标 11.4 能够解释如何根据成年中期健康状况预测以后的健康状况。

人在成年中期的健康状况各不相同，一些人感觉比以往任何时间都更要健康，一些人却开始出现严重的健康问题甚至因此而逝世。哪些因素可以使成年中期的健康向积极方向发展？乔治·维兰特（George Vaillant）（2002）的研究为21世纪的美国人提供了非常详细的答案。维兰特结合了三项研究的样本，包括哈佛大学男性毕业生、低收入城市家庭的男孩、高智商的女性。三项研究都开始于20世纪前几十年，并对样本进行了纵向的跟踪研究，从儿童期到成人初显期直到老年期，每隔一到两年就对所有样本进行一次评估。

纵向设计使维兰特能够识别出预测25—30年后健康结果的50岁中年人的特征。一些研究参与者到了75—80岁已经死亡，而维兰特根据其余参与者的情绪健康状况和身体健康状况，将他们的健康结果分为两类：健康幸福和伤病难过。最能预测50岁的人未来健康状况的特征是吸烟、酗酒和超重。50岁时，重度吸烟者、酗酒者和超重的人最有可能在25—30年后死亡，即使他们还活着，也最有可能经历长时间的病痛期。相反，多年的教育和稳定的婚姻是成年后期幸福的有利预测因素。一些性格特征也能很好地预测人在中年后的幸福状况，包括感恩和宽容、同情心、社交能力和眼光长远。

从1986年一直到2011年，另一项纵向研究即“美国人的生活变化”（American's Changing Lives, ACL）研究，跟踪了具有全国代表性的25岁及以上的美国人，每四年评估一次他们的身体健康状况（House et al., 2005; Insaf et al., 2014; Lee et al., 2012）。受教育程度和健康之间的关系在各个年龄段都很紧密，并且从成年早期到成年中期阶段变得更加紧密，在老年早期（60—70岁）依然联系紧密，直到80岁后才逐渐减弱。具体来说，受教育程度高的人在成年中期死亡的可能性最低，在成年中期和老年期出现慢性健康问题的可能性也较低。受教育程度低的人面临更大的死亡风险和慢性健康问题，主要是因为他们在青年和中年时期经历的压力更大，工作条件更差，并且更有可能有吸烟等不健康的行为。相比收入水平，教育程度更能预测成年中期到老年期人的健康状况。

成年中期健康状况的改善以及一个令人不安的例外

学习目标 11.5 能够总结各国间成年中期健康改善的模式，并且能够解释为什么低教育水平的美国白人是例外。

从总体上看，发达国家中年人的健康状况在不断改善。许多中年人越来越

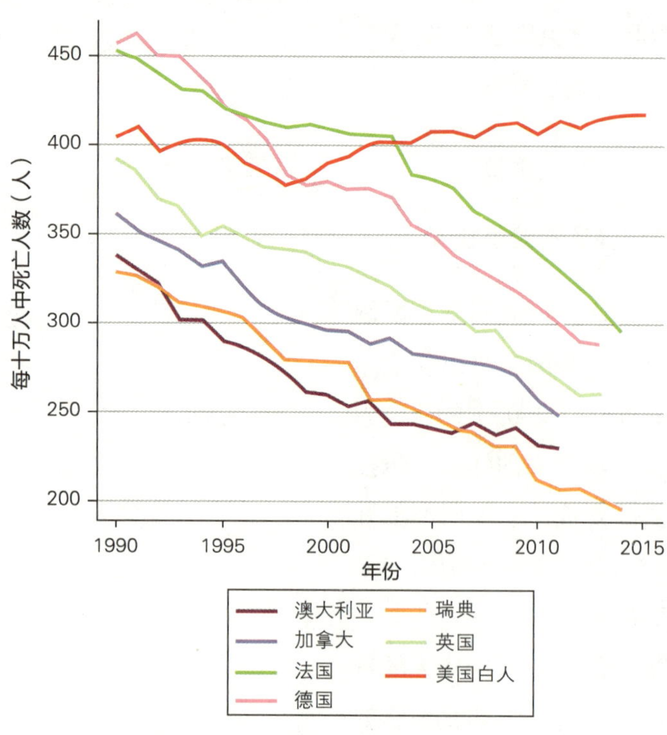

图 11.3 1990—2015 年，一些发达国家年龄在 45—54 岁的人死亡率的变化

资料来源：Case & Deaton (2017).

意识到健康饮食和规律锻炼对保持和提升健康的重要性。许多过去对中年人来说致命的疾病，如丙肝如今都可以经过医疗手段有效地治愈。因此，如**图 11.3** 所示，在发达国家，中年死亡率从 1990 年开始持续下降（Case & Deaton，2017）。

然而，这种良好的发展模式有个显而易见同时令人震惊的例外，即受教育程度较低（高中及高中以下）的美国白人，相比其他美国人或者其他国家的人死亡率大幅上升。如**图 11.4** 所示，近年来，非裔美国人和西班牙裔美国人的死亡率下降，这与国际格局一致；只有高中及高中以下学历的美国白人死亡率才大幅上升。这种令人不安的模式适用于 25—29 岁和 60—64 岁的成年人，但在 50—59 岁年龄段最为明显（Case & Deaton，2015，2017）。

如何解释这种现象？由于受教育程度较低的美国白人收入更少，而且失业的可能性也更大，所以用经济术语来解释这一模式可能更合适：经济危机促使他们的死亡率上升。然而，这种解释是站不住脚的。非裔美国人和拉丁裔美国人的收入比同等教育水平的白人低，失业率也更高，然而他们的死亡率却在下降，如**图 11.4** 所示。同样，近几十年来，法国中年人面临着巨大的经济挑战，他们的失业率高于美国，但死亡率却稳步下降，如**图 11.3** 所示。

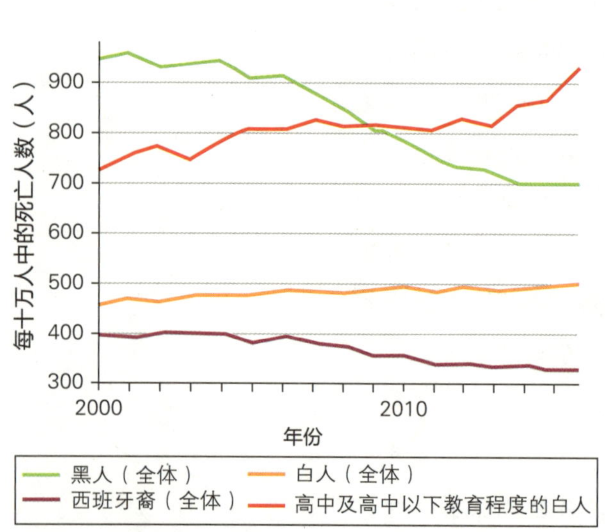

图 11.4 年龄在 50—54 岁的中年人的死亡率发展趋势：低受教育程度的美国白人的危机

资料来源：Case & Deaton（2017）.

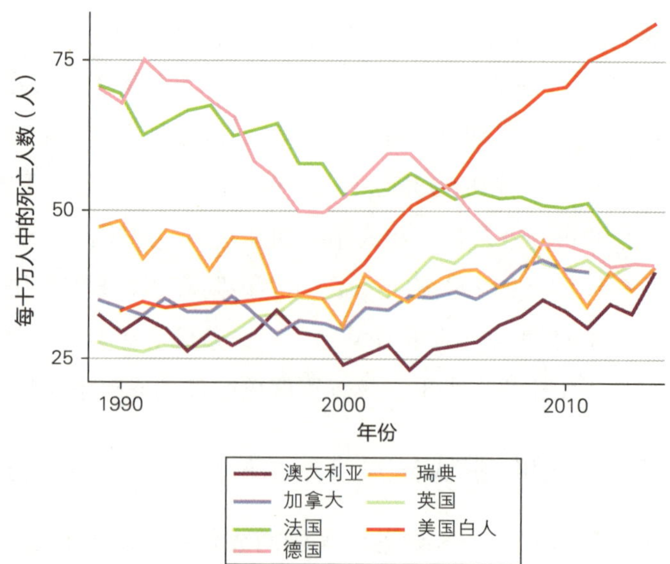

图 11.5 年龄在 50—54 岁的男性女性因药物、酒精、自杀导致的死亡率

资料来源：Case & Deaton（2017）.

复习题：

美国中年人的工作标准模式与保持健康的生活方式一直背道而驰。请至少列出三种方法，可以帮助他们将健康的生活方式融入忙碌的生活中。

经济学家安妮·凯斯（Anne Case）和安格斯·迪顿（Angus Deaton）将低学历中年白人死亡率上升的主要原因称为“绝望之死”，包括酗酒、吸毒过量和自杀。如**图 11.5** 所示，过去 20 年以来，死于这些因素的美国白人人数猛增，而其他发达国家中，因为这些原因而死亡的人数却有所下降。尤其是农村地区的白人，他们的受教育水平往往较低，死于过量服用海洛因等阿片类药物的人数大幅增加。由于未知的原因，在这一群体中，慢性疼痛的医学确诊人数急剧上升。因此，在过去 20 年里，用于止痛的阿片类药物的处方越来越普遍。当处方用完后，人们往往发现自己对阿片类药物已经上瘾，然后他们会寻找海洛因或其他违禁类药物来满足成瘾性，最终导致阿片类药物服用过量甚至死亡。

尽管这种说法可以作为解释低教育程度的中年白人的高死亡率原因之一，但它并不完全具有说服力。自杀在美国白人中的比例也有上升，原因尚不清楚。另外，为什么比起其他年龄组或不同种族的同龄人，受教育程度较低的美国白人阿片类药物成瘾的数量上升不少？对此，凯斯和迪顿（Case & Deaton，2017）认为，原因可能是结婚率的下降、更多短暂的人际关系以及越来越多的社会孤立所带来的“累积性剥夺”（accumulated deprivation）。然而，关于这一问题的理解仍然亟待研究。也期待更多的研究来扭转这一局面。

小结：生理发展

学习目标 11.1　能够描述成年中期视觉与听觉是如何衰退的，并且能够解释造成这些衰退的原因。

到了成年中期，眼睛的晶状体灵活性下降，透明度降低，眼球中的视杆细胞（光感受器）和视锥细胞（颜色感受器）减少从而导致视力问题与阅读障碍。由于内耳中纤毛的减少，以及耳鼓膜弹性减弱，人的听力也会下降。环境因素，如长期暴露在噪声中也会引起听力下降。

学习目标 11.2　能够比较成年中期的男性和女性在生殖系统上的变化。

女性在 10 年的围绝经期后，激素下降到最低程度，会在成年中期出现绝经期。女性绝经期的表现在世界各地存在显著差异，但是几乎所有文化中的女性都乐于接受月经的停止。男性在成年中期睾丸素会持续下降，然而其影响跟女性绝经期没有可比性。

学习目标 11.3　能够列举成年中期的主要疾病的名称，并且清楚这些疾病在性别、文化及种族上的发病率差异。

成年中期各种健康问题增加，如睡眠问题和女性特别容易出现的骨质疏松问题。成年中期两大死亡因素分别是癌症和冠心病。免疫疗法是癌症治疗的最新疗法，可以极大地降低一些癌症的死亡率。男性患心脏病的概率更高，在高脂饮食和高吸烟率的国家心脏病患病率更高。心脏病和癌症都可以通过戒烟和低脂饮食预防。

学习目标 11.4　能够解释如何根据成年中期健康状况预测以后的健康状况。

根据维兰特的纵向研究，成年中期的一些习惯如吸烟、酗酒、超重都会对后期的健康造成消极影响。其他因素包括婚姻稳定和乐于社交的性格因素则会对后期健康有积极作用。一个叫作“美国人的生活变化”的纵向研究强调了受教育程度对成年中期及以后的健康影响，指出了更高的教育水平可以预测其他健康因素，如更低的压力、更健康的工作状态、更低的吸烟率。

学习目标 11.5　能够总结各国间成年中期健康改善的模式，并且能够解释为什么低教育水平的美国白人是例外。

在发达国家，过去 20 年成年中期死亡率持续下降，除了一个例外——高中及高中以下的受教育程度的美国白人，他们的成年中期死亡率不降反升。造成这一群组的高死亡率的原因可以被概括为一种“绝望之死”，主要表现为酗酒、过度使用药物和自杀。尽管有人提出结婚率的下降、更多短暂的人际关系以及越来越多的社会孤立所带来的“累积性剥夺”可能解释了这一人群中出现“绝望之死”的原因，但具体原因仍尚不明确。

第二节　认知发展

学习目标

11.6 能够比较成年中期流体智力和晶体智力的变化。

11.7 能够解释专业能力在成年中期发展到达顶峰的原因。

11.8 能够总结成年中期工作情况的积极面和消极面，并且能够认识全球化给中年人的工作带来的影响。

11.9 能够描述成年中期人们的知觉速度是如何下降的。

11.10 能够比较成年中期注意力和记忆力的变化。

智力、专业能力与职业发展

成年中期的认知发展模式是复杂的。一方面，人们在成年中期对信息的反应速度要比年轻时更慢；另一方面，人们的总体信息储备能力下降，包括知识储备与专业领域的技能。工作的满意度和专业能力在成年中期常会达到巅峰，但失业人员的状况会更加严峻。

流体智力和晶体智力

学习目标 11.6　能够比较成年中期流体智力和晶体智力的变化。

成年中期智力会下降还是上升？大多数情况下智力会上升，但要取决于考虑的是何种智力。研究智力理论的学者雷蒙德·卡特尔（Raymond Cattell）（1963）提出并研究了两种智力类型——流体智力和晶体智力。

流体智力（fluid intelligence），是一种涉及信息处理能力，如短时记忆、辨别视觉刺激之间的关系（如几何形状的图案），以及合成新信息的速度的能力。在卡特尔的理论中，流体智力具有神经系统的生物学基础，虽然可以发展，但不能训练或被教授。例如，能够学习驾驶高速喷气式飞机的人首先必须具备较高的流体智力，培训则使他们能够发展必要的特定技能。

流体智力： 涉及信息处理能力的智力类型，如短时记忆、辨别视觉刺激之间的关系，以及合成新信息的速度。

相比之下，**晶体智力（crystallized intelligence）**代表着一个人基于文化的知识、语言和对社会习俗理解的文化积淀。这包括词汇、长期记忆中储存的文化信息和逻辑推理能力。例如，学者们在研究生涯中积累的知识就是晶体智力。根据卡特尔的理论，虽然生理机能会影响晶体智力，但它的发展更依赖于学习和文化知识的浸润（McArdle & Hamagami，2006；Shipstead et al.，2016）。

晶体智力： 一个人基于文化的知识、语言和对社会习俗理解的文化积淀。

西雅图的追踪研究提供了成年期阶段流体智力和晶体智力的最佳研究信息，该研究选取了超过 5000 名青年人和中年人作为样本，始于 1956 年一直至

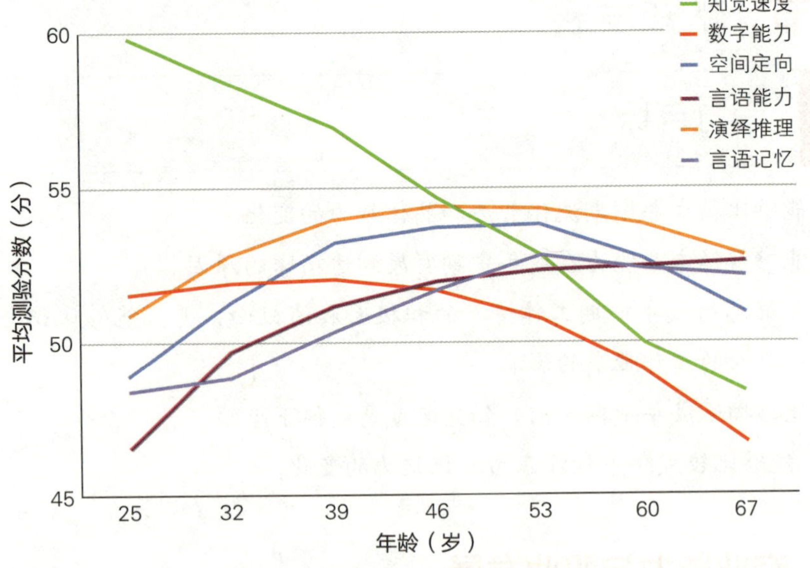

图 11.6 西雅图追踪研究中各项智力分测验的得分

知觉速度在成年中期有所下降，但是智力的大多数方面都有所提升。

资料来源：Willis & Schaie (1998).

今（Hülür et al.，2016；McArdle et al.，2002；Schaie，1994，1996，1998，2005，2012）。如**图 11.6** 所示，晶体智力三个分测验［言语能力（verbal ability）、演绎推理（inductive reasoning）、言语记忆（verbal memory）］的得分在成人初显期和成年早期逐渐上升，在成年中期达到顶峰，于老年期逐渐下降。然而，流体智力的三个分测验中，知觉速度（perceptual speed）在整个成年期急剧下降，数字能力（numeric ability）在成年中期略微下降，然后在老年期急速下降，空间定向（spatial orientation）能力在成年中期之前不断上升，之后逐渐下降。

总之，西雅图的追踪研究表明成年中期是一个多种智力达到顶峰的时期，尤其是晶体智力（Schaie，2012；Willis & Schaie，1999）。其他研究以不同研究方法也发现了相似的模式，不过结果也因横向或纵向研究设计略有不同。晶体智力在成年中期达到顶峰，与之相一致的是职业发展的研究。因为对大多数人来说，职业成就在成年中期会达到顶峰。这也是我们接下来将要探讨的另一话题。

批判性思考题：成年中期哪些工作特别需要流体智力？

专业能力的高峰

学习目标 11.7　能够解释专业能力在成年中期发展到达顶峰的原因。

许多领域的专业能力都需要到成年中期才能积累到一个较高的水平，专业能力由特定领域内的知识构成（Chi et al.，2014；Johnson & Proctor，2016）。

研究焦点：成年中期的智力：两种研究方法

人的一生中智力发展的相关认知主要基于西雅图纵向研究，这项研究已经开始了60年并且一直被研究至今。有关智力的纵向研究还有很多，但没有一项研究像西雅图纵向研究一样持续了那么久。关于智力的横向研究也有很多，不像纵向研究会随着时间对研究样本进行追踪，横向研究则是在某一时间点上进行研究。西雅图纵向研究一开始对年龄在22—70岁的成年人进行横向研究，然后对年轻的参与者进行纵向追踪。

横向研究的结果在很大程度上为西雅图纵向研究的结果提供了有力支撑。研究发现从成人初显期到成年中期晶体智力呈上升趋势，之后有所下降。而一些流体智力类型在整个成年期稳步下降。然而在对晶体智力的一些测试中显示，横向研究的数据与纵向研究的数据差异显著。

下面两张图显示了演绎推理能力和空间定向能力的平均测验分数。两张图表中的纵向数据和横向数据均来自西雅图纵向研究。正如你所看到的，纵向数据显示空间定向能力和演绎推理能力在成年中期到达高峰期，接着会有一个缓慢的下降。而横向数据显示这两项能力从成人初显期开始到成年中期稳定发展或下降，接着在老年期急剧下降。

为什么会有不一致的研究结果？横向研究其实不仅考察了年龄差异，同时也有由于生活在不同的历史时期而产生的影响。在社会科学研究中，不同群体的成员之间的差异不仅是由于年龄的原因，也可能是由于同辈效应（cohort effects），即生活在不同历史时期而产生的影响。在智力差异的情况下，我们知道同辈效应的影响可能是巨大的。例如，发达国家20多岁的人基本上都上过中学，其中大多数人接受过高等教育。相比之下，如今发达国家大多数80多岁的人从未上过中学，其中很少有人接受过任何形式的高等教育。因此，在演绎推理等测试中，20多岁的人会比80多岁的人有优势。因为年轻人在学校的时间要长得多，他们的推理能力也势必在学校得到了提升。

在横向研究中，很难区分年龄差异是由于年龄还是同辈效应。所以纵向研究比横向研究更有效，因为它排除了同辈效应的干扰。然而，纵向研究也有一定的局限性。通常，纵向研究的样本会随着时间的推移而流失，也就是说，有些人会因为疾病、死亡、兴趣缺乏或其他原因而退出。因此，经过多年的研究，那些留在研究中的人往往比那些退出研究的人或普通人群在生理和心理上更健康。这可以提高他们在智力测试中的表现。尽管存在这些局限性，一般认为纵向研究比横向研究能更有效地检验年龄差异，因为它避免了同辈效应。

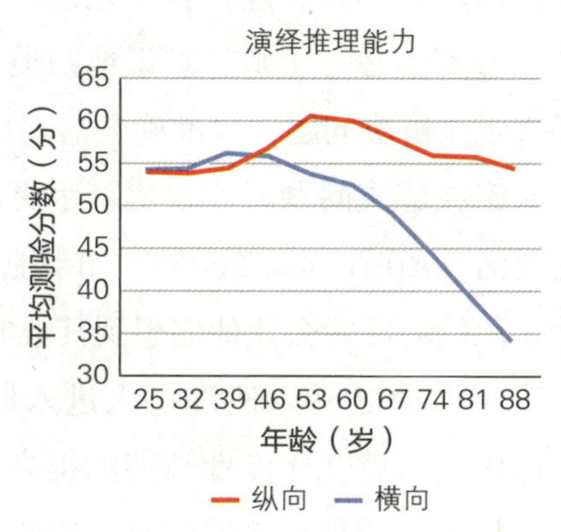

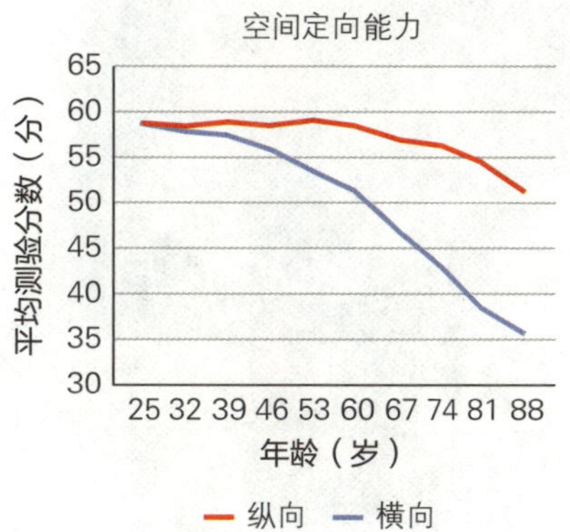

西雅图研究中的纵向与横向数据

资料来源：Schaie（1988）.

复习题：

1. 西雅图研究中的纵向和横向结果显示从成年初期到成年中期晶体智力（ ），流体智力（ ）。

   A. 下降；提升　　B. 下降；也下降

   C. 提升；下降　　D. 提升；也提升

2. 下列哪一研究方案设计涉及同辈效应的可能性？

   A. 横向研究

   B. 纵向研究

   B. 横向和纵向研究

   D. 既不是横向也不是纵向研究

例如，一名到了成年中期的护士要比刚刚从学校毕业的小护士专业能力强得多，因此也更有可能会被选作医院的护士长。学校里的中年教师一般比年轻教师专业能力更强，更有可能做校长。举一个更具体的例子，我们 20 岁、30 岁甚至 40 岁都不可能写出你们现在正在阅读的生命发展相关的著作。我们需要到 50 岁才能积累到相关的知识。专业能力是晶体智力的一种形式，它由特定领域内的知识积累和推理构成。

从认知角度来看，专业能力会让人们在处理信息时比初学者更快、更有效（Johnston & Proctor，2016）。中年人的知识和经验储备意味着，当面对之前遇到的类似的问题或麻烦时，他们会忽视无关信息，把注意力集中在更有可能解决问题的方面。试想一下，当你因为车子刹车发出奇怪的声音将车子送去修理时，有经验的汽车修理工是如何分析故障的。新手修理工可能要看一下汽车使用手册，并且会尝试各种解决办法。而经验丰富的修理工则会利用丰富的专业知识更快地锁定最有可能的故障原因，因为他们之前遇到过许多相同的噪声问题。

有了足够的专业能力，人们在解决大部分的问题时都会变成自动化的反应（Chi et al.，2014）。经验丰富的修理工不再需要从诸多可能的刹车噪声故障中一一排除，他们只需要听一听声音便能很快知道问题在哪儿。这种自动化使问题解决变得快速且有效。专家不必每次都有意识地归类，他们的经验使他们靠直觉来解决问题，且准确灵活。

到了成年中期，许多人获得了丰富的专业知识以指导新手。

专家在解决问题时不仅比新手更加自动化，也比新手更灵活（Arts et al.，2006）。如果他们的第一个策略不成功，他们的经验会让他们想到其他的策略。

成年中期之所以使许多人进入职业顶峰的人生阶段，原因之一就在于专业技能的提高。公司、大学、政府和其他组织的负责人通常是在中年才被任命的，因为在此之前人们需要发展所需的专业知识。然而，专业能力并不仅仅适用于精英阶层。在一项关于食品服务业从业人员专业知识的研究中，专业能力被定义为知识（菜单项和食品展示），组织技能（如高效处理订单），社交技能（如与顾客互动的信心）。研究发现，在所有这些领域，年轻人和中年人的专业能力都会随着年龄的增长而增加（Perlmutter et al.，1990）。

职业

学习目标 11.8　能够总结成年中期工作情况的积极面和消极面，并且能够认识全球化给中年人的工作带来的影响。

中年人的工作环境非常多样化。对许多人来说，这是工作满意度达到顶峰的时期。在少数情况下，这也可能是一个改变职业道路的时期。对一些人来说，成年中期是一个在长期致力于照顾孩子和经营家庭之后重返职场的时刻。对另一些人来说，这是一个离开工作岗位的时刻，要么是由于失业而非自愿离职，要么是自愿提前退休。在所有这些情况下，由于社会阶层和文化的不同，工作场所也因全球化而迅速变化。

工作巅峰与失业。美国和欧洲的多项研究发现，从高管到维修人员，从事各种工作的人的工作满意度在成年中期达到顶峰，尤其是 50 多岁时（Besen et al.，2013；Easterlin，2006；Riza et al.，2016）。当然，在大多数工作中，工资随着年龄的增长而增加，但成年中期人们享受工作的主要原因除了工资和晋升之外，更多的是工作本身的享受。当人们发展更多的专业知识时，他们会把自己的工作做得更好，并且获得满足感。他们也会获得更多的权力，并更多地参与决策，从而影响他们的工作。例如，一个做行政助理的人可能会在成年中期成为办公室经理管理其他几个人。中年人对工作更满意的另一个原因是许多人降低了对工作的目标和预期（Maddox-Daines，2016；Tangri et al.，2003）。中年工作者往往会意识到自己的职业生涯已经达到了可能要达到的职业高度，并且无论成就多高或多低都能接受。他们不再竭尽全力去追求最高成就，也不会因为达不到这些成就而感到沮丧。与年轻员工相比，中年人的高工作满意度体现在较低的缺勤率和更少的工作变动（Easterlin et al.，2006；Riza et al.，2016）。

工作满意度在成年中期达到巅峰。

然而，并不是每个人都对自己成年中期的工作和工作变动感到满意。有时这些变化是为了寻求新的挑战和机遇。例如，虽然科学技术通常被认为是年轻企业家的领域，但一项针对 500 家高科技和工程公司的研究得出结论，50 岁以上成为成功创始人的可能性是 25 岁以下的两倍（Wadwha，2012）。此外，在大公司工作的女性在成年中期辞职的可能性是男性的 2 倍，这通常是由于性别歧视对女性职业发

玻璃天花板：性别歧视给女性的职业发展带来的隐性限制。

职业倦怠：对工作感到失望、沮丧和厌倦的状态。

展采取的限制——**玻璃天花板**（glass ceiling）给女性带来的沮丧感（Barreto et al.，2009；Chisholm-Burns et al.，2017）。妇女中很多人自己经商而不是加入其他公司，她们中成功的比例很高（Ahuja，2005）。

另一些中年人因为幻想破灭、感到沮丧和厌倦而离职，这种现象叫作**"职业倦怠"**（burnout）。因职业倦怠而辞职的人往往会抱怨自己被工作压得喘不过气来，他们多从事"服务性工作"，如教学、医疗保健或社会服务，工作中人际关系紧张（Bakker & Heuven，2006；Lee，2017）。职业倦怠在美国比在西欧更为普遍，这可能是因为欧洲国家对工作时间和工作条件的法律规定往往更为严格，并且欧洲国家都在法律上要求雇主每年至少给所有工人几周的假期。

那些自愿离职并失业的中年人面临着一个特别艰难的处境。尽管他们有专业知识、低缺勤率和高生产率，但在各国，中年人失业的时间比年轻人更长（Bentolila & Jansen，2016）。中年工人比年轻工人要求更高的工资，且雇主可能看不到他们的长期价值。一些中年工人可能缺乏对发达国家大多数工作都很重要的信息技术技能，且雇主会认为比起年轻工人，他们学起来速度会更慢（Czaja，2006；Leonard et al.，2017）。当中年人失业后找到一份新工作时，此时的地位和薪水往往会低于他们之前的工作（Burgard et al.，2009）。这给他们增加了压力，因为他们中很多人都有多重经济责任，可能要帮助刚长大成人的子女，赡养父母，或者攒退休金。考虑到这些压力情况，中年失业比年轻失业更容易受到干扰，包括精神状况和身体状况的下降（Breslin & Mustard，2003；Burgard et al.，2009）。

发达国家人员的就业情况在中年后期存在着很大的差异。那些不工作的人可能是失业人员或者是全职父母，在孩子长大后再也没有复工，又或者是因为健康原因退休或者本来能继续工作却因受够了工作而提前退休的人员。

全球化与成年中期工作。世界经济的全球化对工作的性质产生了深刻的影响。世界各地经济联系的日益加强，使一些人的工作变得更加不稳定和不健康的同时也为其他人带来了新的就业机会。

对于中年人而言，全球化是从组织性职业走向多变性职业的主要影响因素（Gubler et al.，2014；Supeli & Creed，2016）。组织性职业生涯（organizational career）是19世纪的工业化国家发展出的一种普遍模式，到了20世纪开始逐渐推广。在这种模式下，雇员的整个职业生涯都会待在同一个领域，通常会跟随一个老板，在组织内部步步高升，随着时间推移，获得更多的职责、权力和工资。到了20世纪中叶，许多走上组织职业道路的工人都是工会的成员，因为工会会不断游说要求改善工人的工作条件，提高工人的工资和福利。

到20世纪末，组织性职业生涯逐渐消退，而多变性职业生涯（protean career）越来越普遍。与组织性职业生涯相比，多变性职业生涯具有灵活性、多变性和个性化的特点。多变性职业生涯的人不再局限在一家公司，而是会经常改变他们的职业发展路径。这种改变有时是自愿的，有时则是因为遭到解雇或"裁员”。如果一个人所从事的工作不再具有挑战性和趣味性，或者如果这个人在原来的领域找不到工作的话，那么他就可能会采取多变性职业生涯的模式，不仅可能改变其工作，也有可能改变其工作的领域。

对于受过高等教育并拥有专业知识的中年人来说，改变工作和职业道路是有吸引力和回报的。他们在全球化经济中会更有价值，因为全球化经济强调信息和技术并且会给那些熟练使用信息技术的人员高回报。由于高学历人员到了成年中期会获得更多的专业技能，所以他们会比那些年轻一辈更有价值也更有生产力。

相比之下，对于受教育程度较低的中年人来说，多变性职业使他们面临的失业风险会更大（Blustein，2013）。受教育程度较低的工人更有可能从事一些简单重复的工作，比如工厂工作。这种工作很少有较高报酬，而且这种工作最容易被自动化或转移到劳动力更便宜的发展中国家。随着全球化的加剧，会计和计算机编程等工作甚至也有可能在全球范围内转移到成本最低廉的地区。这对发展中国家受过教育的年轻人来说是个好消息。因为伴随着他们所在国家经济的发展，这些年轻人可以找到好工作。然而，对于发达国家的许多中年人来说这是一个坏消息。尽管他们仍然拥有大量的工作技能，并且想要或者迫切需要工作更久一些，他们还是会在成年中期失业。

尽管发展中国家的经济随着全球化发展而不断发展变化，世界上仍有很大一部分地区，特别是在亚洲和非洲，工作主要以农业为主（ILO，2011）。非机械化的农业劳作对任何年龄的人来说都是困难的，但到了中年这种状况尤甚。由于体力和耐力都有所下降，关节炎等健康问题也频频出现，从事农业劳作变得更加艰难。对他们来说，既没有组织性职业也没有多变性职业，他们只是为了生存而不得不从事体力劳动。

成年中期的信息加工

在成年中期，虽然晶体智力和专业能力会提升，但在某些方面的认知能力会下降。从成年早期到成年中期，各种信息加工能力都会下降，包括加工速度、注意力和记忆力。然而，并不是所有方面的记忆都会衰退。

加工速度

学习目标 11.9　能够描述成年中期人们的知觉速度是如何下降的。

在西雅图纵向研究中，有一项测验显示，从年轻人到中年人某项得分都有明显的下降，这就是知觉速度测验，如**图 11.6** 所示。知觉速度测验是对感官刺激做出快速而准确的反应能力的一系列测验，例如，当听到声音时按一个按钮，或在出现蓝光时用右手按按钮，而在红灯出现时用左手按按钮。其他研究也发现了类似的现象，那就是从成年早期到成年中期，人的知觉速度下降。这种下降通常集中在反应时间（reaction time）上，即人对刺激做出反应所需的时间（Rovio et al.，2016；Salthouse，2016）。在完成包括灯光、声音和按键等测验任务时中年人的反应时间通常会比年轻人多几毫秒。

从成年早期到成年中期反应时间的减少有什么现实意义吗？这只适用于某些特殊任务和特殊场合。很少有中年人能在考察快速反应能力的电子竞技中与年轻对手竞争成功（尽管也存在着群体差异，因为与年轻的对手不同，中年人并没有紧跟游戏的更新换代）。中年人驾驶汽车时对紧急情况的反应时间也可能比年轻人慢，例如当另一名驾驶员突然停车时快速刹车的反应（Tun & Lachman，2008）。然而，在日常生活中，很少有活动需要心理实验测试的那种快速反应时间。

注意力与记忆力

学习目标 11.10　能够比较成年中期注意力和记忆力的变化。

中年人的注意力在某些方面也会下降。认知功能的一个关键方面是选择性注意力，即将注意力集中在相关信息上而忽略不相关信息的能力。选择性注意力相关的测验表明，从成人初显期到成年中期选择性注意力会持续下降，并且在成年中期进一步下降（Salthouse，2016）。特别是随着年龄的增长，人们似乎越来越不能抑制对无关信息的反应。举例来说，在电脑屏幕上显示一系列字母并告知人们只对某些字母组合做出反应时，中年人比年轻人更有可能对错误的字母组合做出按键反应（Guerreiro et al.，2010）。

随着年龄的增长，分散性注意力也会下降。分散性注意力是一种能将注意力同时保持在两个或多个信息源上，并能够在它们当中来回转换焦点的能力（Getzmann et al.，2016）。例如，在实验中，要求人们将各组数字按“奇偶”或“多少”划分，初显期成人的表现要比中年人好（Radvansky et al.，2005）。注意的分配能力也可能存在群体差异。因为当今许多初显期成人是在各种媒体影响下成长起来的，这可能使他们一生都在实地操作如何处理不止一个信息源——一边阅读一边听音乐，或者一边玩电脑游戏一边打电话——而他们的中年长辈可能不会有这方面的经验。

从成人初显期到成年中期，分散性注意力下降。这是年龄差异还是群体差异？

注意力的退化可能对现实生活中的认知功能产生重要影响。当然，筛选不相关信息的能力是高效工作的关键，任何注意力的下降都会导

致生产力的下降。同样，对于许多活动来说，分散性注意力也很有价值。在现代社会，工作和休闲中都会经常要求和鼓励多重任务（multitasking），例如在会议期间回复电子邮件，边做晚饭边监督孩子的作业（Pinto & Tandel，2016）。

至于记忆，从成年早期到成年中期，人的信息处理能力似乎变化不大。在一些横向研究的实验中，当人们被要求记住一组单词时，实验结果显示中年人的短期记忆能力会有所下降（Salthouse，2016；Wang et al.，2011）。但是正如我们所看到的，西雅图纵向研究结果显示，成年中期人的言语记忆能力有所增强（Schaie，2005）。长期记忆的存储仍在继续。对事实性知识（factual knowledge，例如对历史事件的记忆）和过程性知识（procedural knowledge，例如如何玩桥牌游戏）的研究和西雅图词汇测试纵向研究都显示了这一点。事实性知识和过程性知识的增加都有利于专业能力的持续发展。

对成年早期到成年中期神经发育的研究显示了大脑组织是如何随着信息处理过程的变化而发生变化的。面对相同任务时，中年人似乎比年轻人使用了更多不同的大脑部位。在其中一项研究中，参与者需完成一项面孔匹配任务，该任务主要测验他们判断两张面孔是两个不同的人还是从不同角度看的同一个人的速度和准确性。年轻人主要使用大脑的枕叶，此部位专门处理视觉信息。而中年人不仅使用枕叶，还使用大脑前额叶皮层，该部位专门用于高阶功能，如整合信息和做出决定（Grady，2013；Grady et al.，1994）。类似地，其他研究表明，年轻人只需要一个大脑半球就能完成的任务，中年人则需要调动两个大脑半球来完成（Reuter-Lorenz，2013）。这些发现表明，中年人为了弥补身体衰老而导致的信息处理能力下降的方法是更大范围地利用大脑资源。

小结：认知发展

学习目标 11.6 能够比较成年中期流体智力和晶体智力的变化。

流体智力是一种与信息加工能力有关的智力类型，晶体智力则代表了一个人建立在文化基础之上的知识积累。成年中期流体智力会有所下降而晶体智力则会上升。

学习目标 11.7 能够解释专业能力在成年中期发展到达顶峰的原因。

专业能力到了成年中期会达到巅峰水平，因为专业能力是由特定领域内的多年的知识与经验积累发展而成。专业能力提升也是人在成年中期到达职业巅峰的原因之一。

学习目标 11.8 能够总结成年中期工作情况的积极面和消极面，并且能够认识全球化给中年人的工作带来的影响。

成年中期是工作满意度达到巅峰的时期。中年人在工作上会得到晋升，专业能力更强，也会获得更多的权力。中年失业者的状况比年轻人更艰难，他们可能长时间处于失业状态，尤其是那些缺乏全球化经济所需要的技能的中年人。

学习目标 11.9 能够描述成年中期人们的知觉速度是如何下降的。

成年中期知觉速度会下降，这在反应时间测验上尤其明显。然而，知觉速度的下降对现实生活的影响是有限的。

学习目标 11.10 能够比较成年中期注意力和记忆力的变化。

成年中期注意力在某些方面会退化，注意力退化表现在抑制无关信息的能力和分散性注意力的下降。记忆力在成年中期变化不大。处理相同任务时，中年人会比年轻人更大范围地利用大脑资源。

第三节 情绪与社会性发展

学习目标

11.11 能够明确成年中期自我接纳的变化及其文化差异。

11.12 能够总结中年危机是不是成年中期的普遍现象的证据。

11.13 能够定义繁衍感，并且能够解释繁衍感在成年中期的表现。

11.14 能够解释为什么一些文化中女性在成年中期地位得到提高，并且能够描述性别平等的文化差异。

11.15 能够描述成年中期家庭关系的文化差异。

11.16 能够描述成年中期婚姻满足感与离婚的典型模式，并且能够明确成年中期维持活跃的性生活所面临的挑战。

11.17 能够描述成年中期相关的社区与休闲活动，并且能够明确这些活动对生理和认知功能的影响。

情绪与自我发展

对大多数人来说，成年中期是情绪平稳的时期，一方面是由于生理原因，另一方面是由于生活的稳定性。就自我发展而言，成年中期生活满意度会上升到新的高度，自我接受度也得以提高。然而，对于大多数人来说，成年中期不仅仅是一个自我关注期，也是一个努力为年轻一辈的幸福做出贡献的时期。

自我概念与自我接纳的变化

学习目标 11.11　能够明确成年中期自我接纳的变化及其文化差异。

来自各种文化的大量研究表明，成年中期是一个自我满意度高于以往任何人生阶段的时期（Huang，2010；Sutin et al.，2013）。与人生的早期阶段相比，大多数人在成年中期似乎更能坦然地面对自己，不再竭力成为与众不同的人。与老年期不同，大多数人在成年中期还没有面临角色的丧失或身体健康和功能的严重缺陷。

自我概念是成年中期自我发展研究中取得显著进展的一个领域。成年中期自我接纳会比早前阶段更容易，从而促进人们心理健康和生活满意度的提高（Huang，2010；Lachman et al.，2015）。虽然成年中期是一个可能性受到很大限制的人生阶段，但大部分人都能接受他们当下的生活并努力履行他们的角色和责任。当被问及人生目标时，中年人往往不会提及对名誉和财富的远大梦想，而是好好地履行他们现有的角色责任，如父母、配偶和朋友（Bybee & Wells，2003）。

另一个取得进展的领域是自我同一性的发展。我们在前面的章节中已经看到，自我同一性的问题在人的一生中都很重要，在成年早期尤为重要（Arnett，2015）。对大部分人来说，青少年期和成人初显期的自我同一性的冲突到了成年早期已经得到了解决并趋于平静，同时自我理解也会增强（Labouvie-Vief，2006）。在一项针对精英大学毕业的美国女性的纵向研究中，成年中期女性的"身份确定性"（identity certainty）随着年龄的增长而稳步增加。具体来说，中年女性在调查中不太可能勾选她们在成年早期常有的心情，如"兴奋""骚动""对冲动和潜力感到困惑"等选项。相反她们更有可能勾选的选项有："做自己的感觉""安全感""担当感"（Stewart et al.，2001）。

一项针对十几岁到 70 多岁的美国人的大型横向研究也发现，在成年中期自我发展方面有类似的提升（Ryff，1995）。自我的 3 个品质在 50 多岁的时候会在达到高峰之前随着年龄不断增强。

- 自我接纳（self-acceptance） 增强，中年人能够更多意识到并且接纳自己是拥有积极和消极品质的混合体，并且在总体上要比年轻人对自己和自己的生活有更积极的感受。
- 自主性（autonomy） 增强，中年人没有年轻人那么看重别人对自己的评价，他们更倾向于依据自己的标准来评价自己。
- 环境掌控（environmental mastery） 增强，中年人比年轻人更相信自己能够胜任一系列角色，并能有效履行职责。

成年中期自我发展的促进还表现在心理适应性的提升上。例如，在一项针对 40—50 岁的德国成年人的大型研究中，大多数人在"灵活的目标调整"上有稳步提升，并且肯定自己可以很容易适应环境的改变（Brandtstadter，2006；Hajek & König，2016）。

自我发展在成年中期的明显提升，不只体现在个人主义文化中。很多 50 多岁的日本女性都致力于培养一种或多种艺术爱好，例如插花、书法、茶道、诗赋或者舞蹈（Lock，1998；Melby，2016）。而她们所培养的这些冥想艺术基于佛学。具体地说，这些艺术是一种远离日常生活同时培养自律并逃离欲望世界的方式。这种中老年的精神理想在日本有着悠久的传统。这不是对现实生活中阴郁和悲哀的逃避，而是一种全新的令人满足的自由。日本中年女性经常用"勇敢"或"勇气"来描述她们的现有生活。正如一位研究人员所言，"由于年龄带来了经验，人们能够随着年龄的增长学会'放手'，并心情愉悦"（Lock，1998，p.59）。

虽然在各种文化中的中年人都有着积极的自我发展，但不同文化间自我发展也有显著的差异。集体主义文化更多地强调与他人的联系而非自我发展。例如，在一项比较 50 多岁的美国人和韩国人的研究中，美国人在自我接纳和自主性等个人主义特征上水平更高（Keyes & Ryff，1998）。相比而言，韩国人更强调与他人的紧密关系，尤其是与家人的关系。他们与自己的成年子女保持联系，其个人成就感更多的是建立在子女的成功上而不是建立在自己的成功上。在各种文化中，保持最佳身体健康状态和良好社会关系（包括牢固的婚姻关系）的人最有可能在中年阶段得到自我发展（Lachman & Firth，2004；Lansford et al.，2005）。

亚洲父母的自我实现感往往来自子女的成功。

大多数虚构的中年危机

学习目标 11.12　能够总结中年危机是不是成年中期的普遍现象的证据。

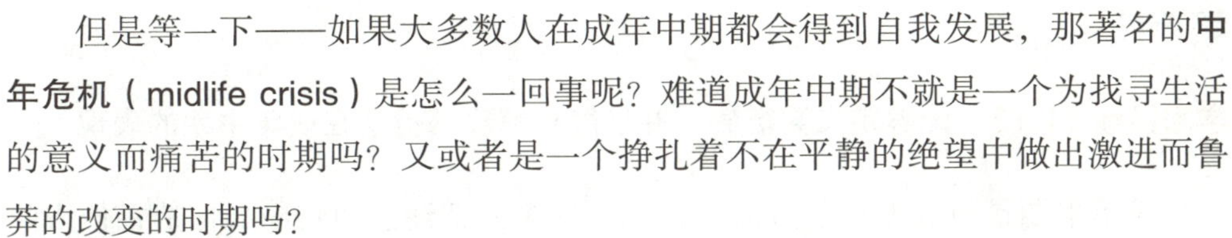

但是等一下——如果大多数人在成年中期都会得到自我发展，那著名的**中年危机（midlife crisis）**是怎么一回事呢？难道成年中期不就是一个为找寻生活的意义而痛苦的时期吗？又或者是一个挣扎着不在平静的绝望中做出激进而鲁莽的改变的时期吗？

毫无疑问，中年危机在好莱坞电影中是一个很流行的主题。但过去几十年的大量研究表明，中年危机大多是虚构的。该说法始于 20 世纪 30 年代，瑞士心理学家卡尔·荣格（Carl Jung）创造了这个术语，他认为中年危机是正常心理发展的一部分（Jung，1930）。荣格的结论主要基于自己在成年中期的心理挣扎，但要推及数十亿人，他的理论还存在不足。20 世纪 70 年代，荣格的主张在丹尼尔·莱文森（Daniel Levinson）（1978）的著作中得到了理论支持。莱文森也声称在他采访的男性中发现了 3/4 的人出现过中年危机。他认为中年危机表现为：感觉毫无意义，混乱困惑，对工作和家庭生活不满意和失望，恐惧变老和死亡。然而，莱文森只采访了 40 名男性（其中大多数受过高等教育）——所以其中 3/4 的人总共也只有 30 人，要把结论推及剩余的人依然证据不足。和荣格一样，莱文森也是从自己在成年中期的心理挣扎中得到启发的。

中年危机：成年中期的一种常见状态，会导致焦虑、不开心、批判性地重审自己的生活，由此可能引发人生剧变。

20 世纪 70 年代以来，许多研究一直在驳斥荣格和莱文森关于中年危机的说法（Brim et al.，2004；Lachman et al.，2015；Lachman & Kranz，2010）。在一项中年危机假说的早期测试中，根据莱文森的研究，研究人员开发出一套“中年危机量表”（Midlife Crisis Scale）并且把它应用到年龄在 30—60 岁的男性上。然而结果发现，关于中年危机的各项表现大多数人都不予认同（Costa & McCrae，1978）。采用访谈方法的后续研究同样未能找到证据，表明大多数人并未感到中年危机的存在，只有少数人在中年经历过危机（Farrell & Rosenberg，1981；Whitbourne，1986）。最近，一项针对 3000 多名 25—72 岁美国人的全国性研究发现，与 25—39 岁的年轻人相比，中年人（40—60 岁）不仅更不容易经历危机，而且更不容易感到紧张和担忧（Brim，1999）。此外，和其他许多研究一样，该研究显示成年中期是积极特征突显的高峰期，包括工作中的可控感、经济安全感和履行多重日常责任的自如感。这些只是众多研究中的几个例子，所有这些都指向同一个结论："普遍存在的中年危机的说法是错误的。"

当然，这并不意味着中年人永远不会经历危机。危机感可以由负面的生活经历引发，如失业、经济问题、离婚或健康问题（Lachman，2004）。然而引发危机的不是人到中年，而是消极的生活事件，这些事件在人生的任何阶段都可能经历（Lachman & Kranz，2010；Robinson，2016）。鉴于成年中期自我发展的良好状况，这个时期反而是危机处理能力最强的时期（Brim et al.，2004）。还需一提的是，对中年危机的研究主要集中在美国人的经历上，没有证据表明在美国以外的文化中，中年危机普遍是人生的一部分。

繁衍感

繁衍感对停滞感：根据埃里克森的理论，成年中期的中心危机以两种选择的对立为主要特点，即为下一代的幸福做贡献的动机（繁衍感）对抗只关注狭隘的自我利益而忽略他人（停滞感）的冲突。

学习目标 11.13　能够定义繁衍感，并且能够解释繁衍感在成年中期的表现。

成年中期是自我发展的好时期，也是许多人把注意力转向如何造福他人的时期。回想一下埃里克·埃里克森（1950）的生命周期理论，他为每个生命阶段提出了独特的危机或挑战，其中中年人的危机是**繁衍感对停滞感（generativity versus stagnation）**。埃里克森认为，繁衍感是为子孙后代的幸福做贡献的动机。根据埃里克森的说法，人们到了成年中期会更真切地意识到死亡，这种意识会刺激人们思考如何能在过世后仍以某种形式"活着"，进而中年人就会产生帮助年轻人的愿望，以使自己活着时候的影响会在离世后仍然以某种形式存在。另一条发展路径是停滞感，即专注于狭隘的自我利益，而不关心他人利益。

繁衍感包括向下一代传授技能。

一个成年人的繁衍感有多种表现方式（Erikson，1950；McAdams，2013；Peterson，2006）。或许最普遍的方式就是成为父母或祖父母（An & Cooney，2006）。成为父母要花费大量的时间和精力抚养孩子，帮助孩子度过婴儿期、童年期、青少年期、成人初显期；成为祖父母则要帮助后代并支持他们的健康发展。特别是在发展中国家和西方一些少数群体，如非裔美国人和拉丁裔美国人，祖父母承担着照顾孙子、孙女的日常责任，而父母则承担着日常生活的责任（Kelch-Oliver，2011；Villar et al.，2012）。

作为父母和祖父母，中年人的繁衍感往往体现在对家庭义务的履行上。发展中国家的父母往往会继续与成年子女保持高度依赖的关系。例如，在印度和中国等国家，尤其在农村地区，典型的模式是年轻夫妇搬入丈夫的父母家（Chaudhary & Sharma，2007）。在这种生活安排下，中年父母为年轻的已婚夫妇提供经济和社会支持，并在年轻夫妇第一个孩子出生后帮助他们照顾孩子。这几代人通常从事集体经济劳动，如耕作或经营小买卖。中年人的繁衍感体现在他们教子女和孙辈如何武装、捕鱼、烹饪、建造、销售、编织或者参与其他经济活动上。

成为导师、老师或组织领导也是繁衍感的表现方式（McAdams，2013）。处于领导地位的中年人可以运用他们的知识、技能、经验来帮助年轻人。在一项研究中，研究人员让来自中国、英国、伊朗和俄罗斯的20岁出头的初显期成人提名并描述一个自己钦佩的成年人。在以上所有四种文化中，初显期成人通常会选择中年人，他们的描述大多集中在“关爱和慷慨”的特质上（Robinson et al.，2016）。参与旨在使社会变得更好的社区组织也是繁衍感的体现（Pratt et al.，2018）。在少数情况下，繁衍感还表现为发明或艺术创作等形式（McAdams & Logan，2004）。

研究人员通过问卷调查中的自我人格描述到生活经历叙述的采访等多种研究方法，对美国人和加拿大人进行了研究。结果发现，总的来说，从成年早期到成年中期人的繁衍感会有所提高（Keyes & Ryff，1998；McAdams，2013；Peterson，2006）。其他纵向和横向研究中也发现了这一点。在前面提到的对精英大学毕业的美国女性的纵向研究发现，从她们上大学到成年中期，繁衍感从30岁到50岁都有所增加（Stewart et al.，2001）。非裔美国人和白人的比较研究发现，非裔美国人的繁衍感尤其高（Dillon & Wink，2004；Hart et al.，2001）。非裔美国人的宗教参与度往往很高，他们的繁衍感通常表现在参与教会以及祖父母角色上（Hart et al.，2001；Kelch-Oliver，2011）。成年中期的繁衍感预示着成年后期的良好的健康状况（Landes et al.，2014）。

成年中期的性别问题

学习目标 11.14　能够解释为什么一些文化中女性在成年中期地位得到提高，并且能够描述性别平等的文化差异。

在不同的文化中，与早期人生阶段一样，性别仍然是成年中期人生经历的一个重要决定因素。从总体上看，与之前的发展阶段相比，中年时期的性别角色不再那么受限制。尽管不平等现象仍然存在，但中年妇女在政治和经济领域上的影响力有所增加，这反映出全世界的性别平等的日益发展。

中年女性地位的提升。在许多文化中，对于中年女性来说，她们的自由、权威和幸福感都有所提高。例如，乌莎·梅农（Usha Menon）采访了印度19—78岁的女性（Menon，2013；Menon & Shweder，1998）。结果显示，所有年龄段的女性都同意人生中最好的时光是成熟的成年期（prauda），大约从30岁末一直持续到50岁。在这个人生阶段，女性的各种优秀品质达到顶峰，包括地位、控制力、责任、推理能力和生活满意度。

根据梅农的研究，在传统的印度家庭中，女性在成年早期并不快乐。她有许

如今，许多女性在中年阶段都处于权威地位。图为德国前总理安格拉·默克尔（Angela Merkel）。

多日常工作要做，包括打扫卫生、照顾孩子、为丈夫和父母（他们通常住在同一屋檐下）做饭。此外，她受婆婆的控制，必须服从婆婆的权威。她必须每天进行尊重公婆的仪式，包括为公婆做脚部按摩，只在他们吃完后才吃东西（而且只在她婆婆刚刚用过的盘子里吃东西），饭前喝婆婆洗脚时用的水（是的，你没有看错）。她很少离开家里的院子，也从不孤身一人。

然而，到了成年中期，女性的地位会急剧逆转。当她的大儿子结婚后，儿子的新娘搬进了家庭，现在她成了头号人物，一个对儿媳有权威的婆婆。而她的婆婆则必须将家里储存食物和衣物的钥匙移交给她。这意味着权力从一代传给下一代。现在，这名中年女性将主持家务，并将责任分配给他人。她在宗教事务上的权威也随之上升，因为她将负责主持诸如桑德亚（sandhya）之类的仪式。桑德亚是一种每天日落时举行的仪式，它会驱走邪恶的灵魂，并邀请掌管财富和好运的女神拉克希米（Lakshmi）进入家中。

在不同文化背景的中年女性中也发现了类似的模式，包括中国农村、危地马拉的玛雅人和美国的中产阶级等（Cruikshank，2013；Fry，1985；Gutmann & Huyck，1994；James et al.，1995）。在许多文化中，女性到了中年往往会得到更好的发展。然而，中年女性的地位和福祉的提高并不具普遍性，且不应过分夸大。在非洲古西等一夫多妻制文化中，男子到了中年往往娶另一个年轻的妻子，这会使第一任妻子受到伤害而只能依赖子女（LeVine & LeVine，1998）。在许多文化中，男性推崇年轻女性的美貌，认为中年女性不再具有吸引力，而男性身体吸引力的下降却往往被忽略。即使是在中年女性地位普遍很高的印度，对外貌描述的谚语也因性别而异（Kakar，1998）。一个40岁的女人被称为“teesi-kheesi”，意为“脸部凹陷、牙齿凸出的老女人”，而一个男人在60岁之前都是“satha-patha”，意思是“有男子气概的青年”。

两性平等的差异。即使在印度这样的文化中，中年妇女在家庭中也拥有很大的权力，但在家庭之外，她可能没有什么权力。中年女性在公共领域获得地位和权力的机会存在显著的文化差异与国家差异。每年，联合国人类发展计划署（UNDP，2017）都会根据出生时预期寿命、受教育年限和成人工作收入中位数等指标的性别差异，计算全球100多个国家的**性别发展指数（Gender Development Index，GDI）**。一般来说，经济发展最快的国家的GDI评级最高。在亚洲和非洲的许多发展中国家，从未有女性担任过最高政治权力领导人（如总统或总理）。在本文撰写之际，这种疑影重重的结果同样适用于美国、加拿大和许多欧洲国家。

性别发展指数：联合国衡量性别平等的指标，基于预期寿命、受教育年限和成人收入中位数等方面的性别差异。

尽管同男性相比，女性在成年中期获得政治和经济权力的机会在全世界范围内依然不平等，但在大多数国家，这一机会肯定远远高于50年前。1960年，世界上几乎没有女性担任政治领袖、学术带头人或首席执行官（Collins，2010）。如今，在大多数国家，女性担任总理、大学校长或公司领导已不再是新鲜事。女性的这些成就几乎都是在成年中期获得的。

然而，对许多女性来说，取得高成就是有代价的。女性比男性更难“拥有一切”，也就是说，女性更难在工作和家庭方面都达到她的目标。有孩子的男性和没有孩子的男性在事业上的成就没有什么不同。然而，女性在她们的职业发展中付出了**做母亲的代价**（motherhood penalty）。在许多国家，成为母亲会使女性在几个月到数年不等的一段时间内离开职场。而女性失业的时间越长，她的职业发展受到的阻碍就越大（Kahn et al.，2014）。到了成年中期，有孩子的女性获得管理职位的可能性要比获得同等级的男性小得多。最近的一项分析发现，在美国，这种模式在过去 30 年内几乎没有改变（Monte & Mykyta，2016）。在政府为儿童保育提供更大支持的欧洲国家，做母亲的代价依然存在但代价较轻（Abendroth et al.，2014）。

做母亲的代价：生育给女性在职业发展中带来的劣势，因为女性在养育孩子方面承担着更多的责任。

总的来说，女性的性别角色变化比男性大得多。也就是说，女性现在拥有广泛的就业机会，而这在半个世纪前几乎是做梦也想不到的。而且许多女性从事了过去只有男人才能从事的职业。然而，即使她们已经进入工作场所仍继续承担大部分家务。即使夫妻双方都是全职工作，在各个国家，女性仍然承担着大部分的家务活（Treas & Tai，2016）。

然而，对各种文化的研究表明，男性在成年中期性别角色也变得更加灵活和有渗透性（Fry，1985；Wiesner-Hanks，2011）。他们不再感受那么大的社会压力，也不必再为了顺应传统性别角色的期望而表现得强大与坚强，而是被允许表达更多的爱和敏感情绪。例如一项对 50—60 岁的美国成年人进行的纵向研究发现，女性最初比男性更多地关注孙子孙女，但随着男性的参与程度的逐渐增加，到了 60 多岁，这方面就没有性别差异了（Kahn et al.，2011）。

成年中期的社会与文化性发展

与成年早期一样，家庭关系仍然是成年中期社会生活的核心，但是家庭关系的性质发生了变化。对大多数人来说，中年是“上有老下有小”的时期，而且他们可能还要偶尔负责照顾孙子孙女。成年中期的婚姻满意度往往很高，但性生活因文化规范和身体健康状况差异很大。大多数中年人比年轻时有更多的闲暇时间，他们把这些时间花在参与社区活动、度假以及看电视这一最流行的消遣方式上。

家庭关系

学习目标 11.15 能够描述成年中期家庭关系的文化差异。

正如我们在第十章中所看到的，由于大多数人会在成年早期有孩子，所以成年早期是一个育儿责任特别强烈、育儿要求特别高的时期。到了成年中期，随着孩子们的成长，养育子女的重担在某种程度上会有所减轻。然而，新的家庭义务很快就出现了，因为孙子、孙女出生了，同时年迈的父母需要中年子女更多的照顾。

这些新的家庭义务是一个相对较新的历史现象。大约一个世纪以前，即使在发达国家，人们的预期寿命也只有 50 岁左右。这意味着四五十岁的人很少有父母还在世。例如，在 1900 年的美国，只有 10% 的中年人至少有一个父母仍然健在；到 2000 年，50% 的人父母都健在（U.S. Bureau of the Census，2006）。如今，在发展中国家，随着营养的改善和医疗保健的进步，人的预期寿命正在迅速增长。随着这些国家预期寿命的稳步增长，越来越多的中年人在老年期也有父母陪伴（OECD，2017）。同时，预期寿命的增长意味着与过去相比，现在的孩子更有可能有祖父母的陪伴，且祖父母的陪伴时间也会更长。

与成年子女的关系。中年时期的育儿方式多种多样，这取决于父母生孩子的年龄。到了成年中期，自己的孩子可能是刚出生的婴儿，也可能已经成年。然而，由于大多数父母都是在 20 多岁或 30 多岁的时候生孩子的，所以中年父母的孩子最有可能刚进入成人初显期或成年早期。

孩子长大后离开家还是留在父母家中，这是决定父母与子女之间关系的一个关键因素。正如我们所见，在亚洲、非洲和南美洲等地区有史以来最常见的模式是，年轻夫妇结婚后，儿子留在父母家里，妻子也搬来住。在这种模式影响下，父母在儿子成年后始终与他们保持密切关系，因为他们始终居住在一起；相比之下，女儿结婚后父母可能很少甚至永远见不到女儿，因为女儿结婚后会离开家。

如今，在世界许多地方，年轻人在整个成人初显期都待在家里，但情况却大不相同。他们没有伴侣，在整个 20 多岁的阶段或者大部分阶段一直单身，跟父母一起住。这种模式现在在南欧和日本很盛行（Douglass，2007；Moreno Mínguez et al.，2012；Pew Reasearch Center，2015；Rosenberg，2007）。这些国家的父母通常都乐于接受子女在成年后留在家里。事实上，他们的观点是，一个孩子在结婚前离开家是家庭关系出现问题的标志。当孩子们进入成年期，父母通常与孩子关系融洽。他们会放手让子女过自己的生活，不必再为监督或抚养子女操心，因此和之前相比，父母的重任减轻了不少（Douglass，2005；Fingerman & Yahirun，2015）。

在北欧以及美国、英国、加拿大等国家，孩子成年后便会离开家，这是占主导地位的文化模式（Douglass，2007；Iacovou，2011）。这些文化非常重视独立性，认为孩子在十八九岁便能够离开家庭独自生活（Arnett，1998；Arnett，2015）。当孩子成年后离开时，父母们通常会有失落和自由交汇的复杂体验。许多父母会怀念孩子的爱和陪伴，深深地感受到日常生活的失落和孤独感（Arnett & Schwab，2013）。尤其是对那些一直在家全心全意照顾孩子成长而从未出去工作过的全职母亲来说，这种失落与孤独的感受会更为强烈（Crowley et al., 2003; Dennerstein et al., 2002）。然而，当孩子离开家的时候，父母也会体验到一种新的自由与释放（Arnett & Fishel, 2014; Morfei et al., 2004）。他们不再需要协调自己和孩子的时间表。他们可以把以前用于养育子女的时间和精力放在自己的职业和娱乐上。已婚夫妇有了更多的时间陪伴彼此，因而婚姻的亲密感也得到了恢复或加强。孩子带来的焦虑压力（如熬夜等孩子回家）也减少了。

大约 40% 的美国年轻人在搬家后不到一年会重新回家（Fry, 2016）。大多数美国父母都非常乐于与刚回家或者一直留在家的孩子一起生活。在一项针对 18—29 岁年轻人的父母的全国性研究中，61% 的有孩子在家的父母表示，他们认为生活状态是“积极为主”，只有 6% 的父母表示生活以“消极为主”（Arnett & Schwab, 2013）。然而，一些父母也指出了和子女居住的负面影响，如“更多的经济压力”（约占 40%）和“自己的时间变少”（约占 29%）。

即使孩子离开了家，许多父母依然会在孩子的成人初显期和成年早期阶段继续提供各种各样的支持（Fingerman & Yahirun, 2015）。有时候父母会给予经济支持。许多刚成年的年轻人 20 多岁的时候会在求学或工作间隙需要父母给钱来应对一些危机，比如汽车大修理（Swartz, 2009）。在美国和欧洲国家，据报道，50%—60% 的中年人在过去一年中给刚成年的子女提供了一定程度的经济支持（Arnett & Schwab, 2013; Pew Research Center, 2015）。父母的收入越高，给孩子的经济支持就越多（Swartz, 2009）。有时，当孩子未能获得一份梦寐以求的工作或失恋的时候，父母还会提供情感支持（Murry et al., 2006）。父母给予的支持会在孩子 20 多岁的时候渐渐减少，一直到孩子 30 岁他们与父母的关系会更加平等（Arnett, 2015）。初显期成人的父母通常愿意给孩子提供一定程度的支持，因为他们认为这是帮助孩子过渡到一个稳定的成年生活的合理帮助。然而，由于一些中年父母本身存在经济问题或个人问题，他们也就不太可能给孩子提供支持（Fingerman & Yahirun, 2015）。

子女们通常在父母步入中年时，在爱情和工作中进入稳定的成人角色，完成从成人初显期到成年早期的过渡。婚姻对亲子关系的影响很大程度上取决于父母与孩子的伴侣相处得如何。当父母出于某种原因反对孩子的伴侣，或者父母与伴侣之间无法融洽相处时，父母与孩子的关系也会受到影响（Murry et al., 2006）。然而，不同文化背景中，随着亲密度的增加和冲突的减少，与父母的关系大多会随着时间的推移得到改善（Akiyama & Antonucci, 1999; Fingerman & Yahirun, 2015）。

与父母的关系。和与孩子的关系一样，中年人与父母的关系也因文化习俗的不同而大有不同。在许多传统文化中，虽然大部分管理家务的权力和责任转移到了中年夫妇身上，但中年夫妇仍然和丈夫的父母住在一起。在亚洲国家，中年人

文化焦点：跨文化中的成年中期的家庭关系

在成年中期，大部分人工作和人际关系的责任会达到顶峰。中年人有时被称为“三明治一代”，这是因为大部分中年人面临着“上有老下有小”的责任。在美国，由于照顾年迈父母的悠久历史传统，少数族裔的中年人尤其会感到这种压力（Cravey & Mitra，2011）。在发展中国家，中年人经常需要照顾年迈的父母，这一方面是因为文化传统，另一方面还因为老年人缺乏经济来源（UNDP，2014）。

通常会把照顾年迈的父母作为这个年龄段的一项职责（Ho et al.，2003；Maehara & Takamura，2007）。具体来说，儿媳应该尽心照顾丈夫的父母（Shuey & Hardy，2003；Yi et al.，2016）。然而，在亚洲国家，年迈的父母住在自己家或政府经营的养老机构中的现象越来越普遍（Dong，2016；Gui & Koropeckyi-Cox，2016）。为了获得更多的自由和独立，父母往往会和中年子女分开住，此时冲突也会相应减少（Sherrell et al.，2001）。

在大多数西方国家，中年人与父母同住的状况相对少见。在一项对 42—61 岁的美国人的调查中，8% 的人表示他们与父母同住（Fetterman，2008）。家里有老人的家庭大多有亚裔或拉丁裔的文化背景，他们有与父母同住的文化传统。在欧洲，与年迈父母生活在一起的情况存在着南北地区差异。一项对欧洲 11 个国家的比较研究发现，在个人主义更加盛行的北方，年迈的父母很少生活在中年子女的家中而是主要由政府负责照顾（Haberkern & Szydlik，2010）。在集体主义较为盛行的南方，照顾年迈的父母被视为家庭责任而非政府的责任，父母更多的是和他们的中年子女生活在一起。

中年人与父母往往是相互支持的关系（Kahn et al.，2011；Vincent et al.，2006）。也就是说，有时中年人帮助他们的父母，有时获得父母的帮助。具体谁帮助谁可能取决于谁拥有更多的资源以及各自的生活状况（Boyczuk & Fletcher，2016）。如果父母很富裕，他们可以为经济困难的中年子女提供经济援助；如果中年子女更富裕，那么子女可以给父母提供帮助。如果一个中年人经历了诸如失业或离婚这样的负面事件，父母会施以援手；如果父母遇到了诸如失去配偶或健康问题等事件，子女也会帮忙。与父母关系的渊源也很重要。当中年人回忆起小时候与父母在一起的生活，以及父母在自己成年早期给予的经济帮助，他们通常都愿意在父母步入老年后提供经济和社会支持（Silverstein et al.，2002）。在亚洲家庭中，中年人之所以会尽心照顾父母，原因之一就是他们知道父母在子女小时候为子女做出了很多牺牲（Kim & Lee，2003；Yi et al.，2016）。

中年人与父母的关系尤其要取决于父母的健康程度。如果父母在老年期身体健康，那么父母与子女之间可能是相互支持的关系；但如果父母出现健康问题，那么这种支持主要是孩子支持父母。总的来说，随着父母年龄的增加，他们会越来越需要帮助（Kunemund et al., 2005）。这种帮助通常集中在日常生活上。一项针对德国、意大利和美国的中年人的研究发现，在这 3 个国家中只有不到 30% 的人给年迈的父母经济上的援助，但超过一半的人会帮助父母跑腿、做家务或修理房子（Pew Research Center, 2015）。

同一项研究显示，大多数中年人（超过 80%）认为他们对年迈父母的照顾是有回报的，而认为照顾父母压力很大的中年人在 3 个国家中占 25%。尽管如此，对于中年人来说，照顾年迈父母的责任是在工作、社区、婚姻关系以及抚养子女等其他责任之上的责任，这可能会给他们带来压力（Grundy & Henretta, 2006; Steiner & Fletcher, 2017）。父母往往会在一些突发性紧急状况发生时需要子女的照顾，如心脏病发作、中风或受伤，而这些意外情况一旦发生所需要的护理时间不可预测。因此照顾父母更多的中年人疲惫和抑郁的概率更高（Goren et al., 2016; Killian et al., 2005）。他们的工作可能也会因此受到影响，因为他们必须离开工作岗位以处理父母面临的危机。有些人会因为觉得自己无法应付工作和照顾父母的双重压力而辞职（Takamura & Williams, 2002）。然而，那些没有辞职的人往往会发现他们把工作当成了一个可以抚慰情绪、转移注意力的避难所（Stephens & Franks, 1999）。

即使中年人有照顾年迈父母的文化期望，他们也会感受到照顾生病的父母的压力。一项研究比较了一些需要负责照顾有智力障碍的年迈父母的韩国、韩裔美国中年人和白人中年人（Youn et al., 1999）。研究结果显示，韩国人和韩裔美国人的焦虑和抑郁率要高于美国白人，这或许是因为他们觉得自己对父母的幸福负有更大的责任。

在一些富裕的发达国家，如丹麦、瑞典和日本，政府机构提供训练有素的专业人员去残疾的老年人的家中进行服务（Kim & Antonopolous, 2011）。美国的一些州也提供类似的服务，而且收费很低（Boris & Klein, 2015）。这些服务有助于减轻中年人照料老人的压力，也有助于老年人尽可能久地独立生活，这几乎是所有人都乐意去做的事。

许多文化中都有一个信仰，那就是孩子成年后应该照顾年迈的父母。图为一位中国女性在为她的母亲做饭。

帮助减轻中年人养老压力的另一种方式是在兄弟姐妹之间分担责任。一项关于中国农村赡养父母的研究发现，兄弟姐妹间会轮流负责父母的三餐和住宿（Zhang & Wang, 2010），他们轮流给父母做饭，轮流让父母跟自己住。在西方国家，兄弟姐妹也经常轮流承担照顾父母的责任。每个人在一段时间内照顾父母或者每个人承担不同领域的责任，如经济援助或经常探望（Fontaine et al.,

2009）。然而，在不同的文化中，女儿通常会承担照顾父母的大部分责任（Kahn et al.，2011）。

一般来说，人在成年早期和成年中期与兄弟姐妹接触的机会要比更早些时候或老年期要少（White，2001）。然而，对于未婚和没有子女的中年人来说，他们可能要更多地依赖兄弟姐妹来获得支持和陪伴（Cicirelli，1996；Van Volkom，2006）。当然，这种依赖需要兄弟姐妹相处得相当好，而事实往往并非如此。德国一项关于中年兄弟姐妹的研究发现，兄弟姐妹之间的关系是复杂的。但一般来说，如果兄弟姐妹认为自己受到父母的平等对待，那么他们之间的关系会更好，如果他们认为有谁受到父母的偏爱，情况则会不容乐观（Boll et al.，2005）。即使到了中年，兄弟姐妹对父母的认可和资源的竞争仍然存在。

成为祖父母。除了维持与孩子和父母的关系之外，大多数人在中年增加了一个新的家庭角色：祖父母。在发展中国家，多数妇女在 20 岁左右生下第一个孩子，她们的父母通常在 40 岁左右成为祖父母。在发达国家，大多数女性在 20 多岁或 30 岁出头生第一个孩子时，她们的父母通常在 50 多岁时成为祖父母。

祖父母的角色在世界各地差异很大，尤其取决于祖父母是否参与了对孙子孙女的日常照顾。在亚洲、非洲和拉丁美洲常见的多代家庭中，祖父母通常承担着日常家庭责任，包括照料小孩（Ice et al.，2008；Maehara & Takamura，2007）。祖母比祖父更有可能参与日常照顾孙辈的工作（Gottlieb & DeLoache，2017）。在这些地区的城市中，祖母经常在孩子母亲在外工作时照顾孩子（Parker & Short，2009）。在发达国家，祖父母也经常参与日常的儿童看护工作。在一项对 10 个欧洲国家的研究中，大约有一半的祖母和祖父在过去的一年中至少照顾过一个 16 岁以下的孙辈（Hank & Buber，2009）。在美国，每 4 个 5 岁或 5 岁以下的孩子中就有一个在过去一个月中由祖父母照顾过（Laughlin，2013）。

在单亲妈妈的家庭中，祖父母的参与尤其多。例如，在非裔美国家庭中，近 70% 的孩子是单亲妈妈所生，这些家庭中祖母经常参与日常的儿童看护工作（Kelch-Oliver，2011；Stevenson et al.，2007）。尽管非裔美国人的出生率与美国白人的出生率相似，但作为单身母亲，非裔美国人更有可能在十几岁或 20 岁出头的时候生第一个孩子。这些年轻的母亲非常需要自己母亲的支持，才能承担起照顾孩子的责任。通常，这种照料发生在多代家庭，包括祖母、女儿、女儿的子女，或许还有其他人（Oberlander et al.，2007）。非裔美国人的文化信仰强调祖母角色的价值和重要性，因此许多祖母期望高度参与照顾孙辈的工作（Stevenson et al.，2007）。

参与的程度在一定程度上还取决于祖父母与孙辈生活距离的远近。在居住流动性较高的发达国家，祖父母经常住在离孙辈很远的地方，可能只是偶尔见到孙辈（Hurme et al.，2010）。然而，即使很少看望孩子，孙辈们也常常把祖父母看作他们生活中重要的人，而祖父母也很重视他们与孙辈的关系。如今，离

非裔美国人到了成年中期经常需要照顾孙辈。

孙辈居住地很远的祖父母可以通过电子邮件、短信、电话和社交网站与孙辈经常保持联系（Tee et al., 2009）。但即使是在流动性最强的发达国家，大多数祖父母也会和至少一个孙辈住得很近，一个月能见到他们一次或更多次（Hurme et al., 2010; Pew Research Center, 2015）。

影响祖父母参与的另一个重要因素是他们与子女和儿媳相处关系的好坏，特别是与儿媳的关系（Fingerman, 2004; Xiao, 2016）。祖父母通常通过儿子儿媳与孙辈联系。因此，如果儿子儿媳和祖父母之间的关系紧张，祖父母对孙辈的探望可能会受到限制。当父母离婚时，爷爷奶奶经常会因为父母之间的冲突而减少或中断探望

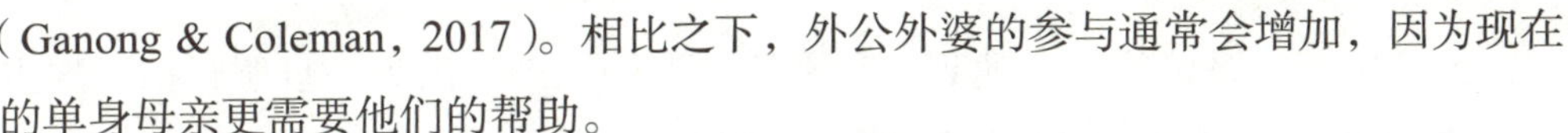

（Ganong & Coleman, 2017）。相比之下，外公外婆的参与通常会增加，因为现在的单身母亲更需要他们的帮助。

在大多数国家，祖父母的性别也非常重要。发达国家和发展中国家一样，祖母往往比祖父更关心孙辈，就像母亲比父亲更关心孩子一样。与祖父相比，祖母更愿意与孙辈一起参加娱乐、宗教和家庭活动，她们在情感上与孙辈也更亲近（Monserud, 2010; Silverstein & Marenco, 2001）。祖母们也更享受履行祖父母的角色责任。在许多国家，祖母和孙女的关系通常特别亲密（Brown & Rodin, 2004）。然而，如前文所述，随着祖父（及其孙辈）年龄的增长，祖父对照顾孙辈的参与程度也会逐渐增加（Kahn et al., 2011）。

在发达国家和发展中国家的城市地区，祖父母与孙辈的交往更多是基于选择而不是基于责任。因此，一些祖父母选择不参与或者很少参与隔代教养。他们可能忙于自己的工作和休闲活动，或者与孩子的关系冲突不断，又或者他们发现年幼的孩子在身边压力很大。在这种情况下，中年人可能更喜欢远距离的祖父母角色。然而，通常情况下，祖父母乐于在情感上更亲近孙辈，也乐于经常见到他们（Breheny et al., 2013）。祖母和祖父通常从他们作为祖父母的角色中获得极大的乐趣和意义，原因包括以下几点（AARP, 2002; Hebblethwaite & Norris, 2011; Mueller et al., 2002）。

- 传承家族历史。祖父母常常是故事和家族几代人历史细节的来源；
- 最小的责任，最大的乐趣。祖父母们通常能够享受和孙辈们在一起的时光，并为他们提供特殊的礼物和经历，而不需要“像训诫那样繁重的养育”；
- 聪明的祖父母。祖父母们喜欢被视为拥有良好判断力的人，这种判断力基于他们长期的生活经验；
- 减少对死亡的恐惧。目睹孙子孙女的成长使祖父母确信，自己的某些方面会在他们死后继续存在。

透过这些原因，你可以看到作为祖父母的乐趣是包含了传承家庭历史、供养他人和传授智慧的繁衍感等相关因素。

批判性思考题：如果以发展中国家的祖父母为基础，那么享受祖父母角色的理由又是什么呢？这与发达国家相比又有什么相似和不同之处呢？

爱情与性

学习目标 11.16 能够描述成年中期婚姻满足感与离婚的典型模式，并且能够明确成年中期维持活跃的性生活所面临的挑战。

人到中年，婚姻往往会达到一种平静和谐的状态，因为一旦照顾孩子的主要职责结束，夫妻双方则会有更多的时间相处。成年中期的性行为因文化期望和某种程度上的生理变化而有很大差异。

成年中期婚姻。如今，发达国家的预期寿命已接近 80 岁，发展中国家的预期寿命也在迅速上升，婚姻的存续时间比以往任何时候都要长——至少潜在是这样。那些在 20 多岁或 30 岁出头就结婚的人大多数到了 50 岁已经做了父母，并且已经维持了数十年的婚姻生活——如果他们身体一直健康而且没有离婚的话。

婚姻是人类历史上全新的规范生活模式。那么这种新的尝试结果又如何？在很大程度上，婚姻是件好事。数十年的研究表明，婚姻满意度呈 U 形分布，如**图 11.7** 所示。结婚第一年的婚姻满意度最高，第二年下降并在照顾年幼的孩子时达到最低点。到了成年中期，婚姻满意度一直保持相对较低的水平。一旦孩子们长大成人，婚姻满意度会急剧而稳定地上升，达到人生的最高水平。婚姻与良好心理健康之间的相关性随着时间的推移而增强，在老年期尤为明显（Amato, 2014；Lansford et al., 2005；Marks et al., 2004）。

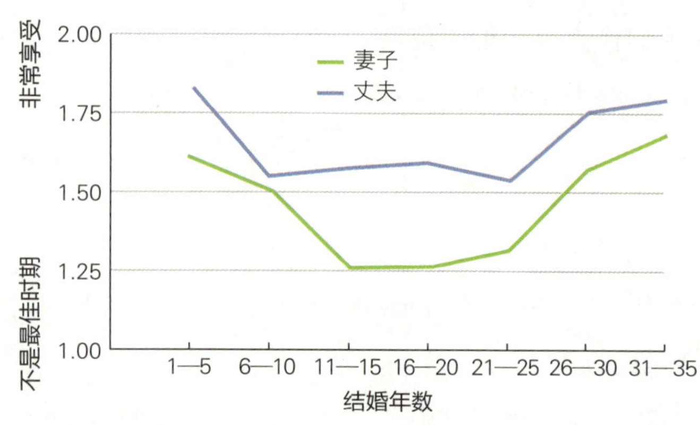

图 11.7 婚姻满意度与结婚年数

对大部分夫妻来说，随着子女的长大成人，婚姻满意度会有所上升。
资料来源：Vaillant & Vaillant（1993）.

然而一些学者认为这种模式具有误导性（Umberson et al., 2005；VanLaningham et al., 2001）。毕竟，婚姻最不幸福的人到成年中期就离婚了。这说明 U 形模式并不能说明大多数人在中年时婚姻质量有所提高，只是由于婚姻质量最差的人不会继续维持婚姻，才使得后期总体婚姻质量看起来更高了。此外，对单身人士的研究清楚地表明，在成年早期和成年中期，婚姻幸福的人比单身或离婚的人更幸福——但婚姻不幸的人是这几类人中最不幸福的（DePaulo, 2006, 2012）。

然而，这些并不能解释人到中年，当孩子离开家后，他们的婚姻满意度上升的现象。正如我们在第十章了解的，大多数离婚发生在成年中期之前。其他关于婚姻的研究也支持婚姻满意度在成年中期增长的结论。到了成年中期，大多数夫妇都有了更大的经济保障，日常照顾孩子的压力变少，花在家务上的时间减少，夫妻俩有了更多的休闲时间（Berscheid & Regan，2016）。许多夫妻达到了斯滕伯格的爱情理论中的“同伴的爱”（companionate love）的状态。在这种状态中，激情可能已经消退，但亲密和承诺的水平却很高（Cherlin，2009；Sternberg，1986）。美国一项涉及 2000 多名 40—59 岁中年人的研究中，近 3/4 的人认为他们的婚姻“完美”或“棒极了”（Brim，1999）。其他研究表明，中年已婚夫妇通常把伴侣视为他们的“最好的朋友”。大多数人觉得配偶在婚姻生活中不仅没有越来越乏味反而越来越有趣了（Levenson et al.，1993）。

成年中期婚姻满意度较高。

在一些文化中，人们并不看重婚姻中情感上的亲密，在中年结婚往往需要伴侣发展各自独立的活动和兴趣。正如本章前面所指出的，印度女性到了中年通常拥有作为一家之主的新地位，其中包括监督儿媳以及帮助照顾孙辈（Kakar，1998；Menon，2013）。在日本，一些女性投身于祖母的角色，而另一些女性则寻求培养自己的艺术能力（Lock，1998；Melby，2016）。在大多数传统文化中，比起跟妻子在一起，中年男性通常更喜欢和其他男性一起度过闲暇时间，聊天、玩游戏，也许还会喝酒（Davis & Davis，2007；Gilmore，1990）。

离婚与再婚。尽管大多数离婚发生在结婚后 10 年内，但在美国和加拿大，约 25% 的离婚发生在结婚 20 年或更久之后，而且离婚通常会发生在孩子离开家的时候。过去，夫妻在一起 20 多年后离婚是十分罕见的，但近几十年来，离婚率却急剧上升。尽管美国的总体离婚率自 1990 年以来有所下降，但**灰色离婚**（**gray divorce**）（夫妻年龄均超过 50 岁）的发生率却翻了一番（Brown & Lin，2012；Lin et al.，2016），如**图 11.8** 所示，虽然灰色离婚率仍然低于更年轻的年龄组的离婚率。导致离婚率上升的原因包括：人的寿命越长，在养育子女的后期岁月里，与不般配的配偶相处的意愿就越低；离婚的社会污名化降低；更多的妇女为职业女性，她们有能力离开不幸的婚姻并且养活自己。在至少离婚过一次的美国人中，灰色

灰色离婚：夫妻年龄均超过 50 岁的离婚。

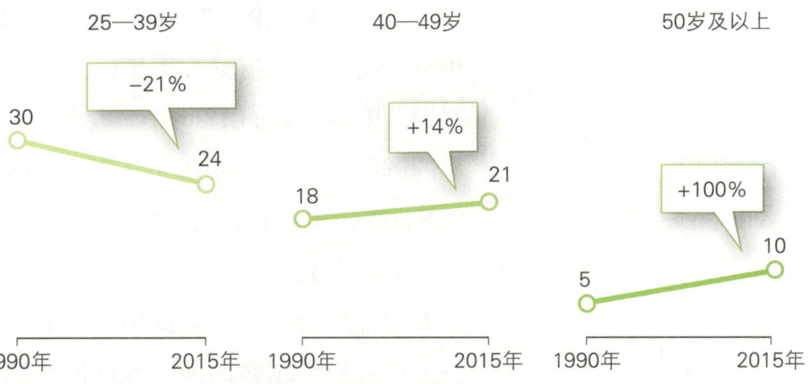

图 11.8　自 1990 年以来“灰色离婚”的增长率（%）

为什么 50 岁及以上人群中离婚率上升了这么多？

注：离婚率是调查前一年在该年龄段的成年人中，每 1000 名已婚人士中的离婚人数。

资料来源：Stepler（2017）.

离婚的比例尤其高（Stepler，2017）。

成年中期发生的离婚和成年早期的离婚有什么不同？尽管大多数研究都集中在成年早期的离婚上，美国有两项大型研究也包括了成年中期的离婚。一项研究追踪了14年的已婚夫妇样本，记录了其中成年早期和成年中期的离婚情况（Gottman & Levenson，2000）。成年早期的离婚往往充满了愤怒和冲突，夫妻双方都怨恨地指责对方是婚姻失败的原因。相反，成年中期的离婚往往发生在爱情已经冷淡的夫妻之间。他们不再享受彼此的陪伴，甚至会避免待在一起。根据斯滕伯格的理论，这些夫妻通常符合“空虚的爱”的特征，缺乏激情与亲密，最终承诺消失。

一项针对1000多名40—79岁的美国离婚人员的研究发现，他们的离婚动机各不相同。这些人在40多岁、50多岁或60多岁时离婚（AARP，2009）。男性最常提到的理由是“不爱了”（17%）或“价值观或生活方式不同”（14%），这些原因表明夫妻间只剩“空虚的爱”；另有14%的男性提到不忠的问题。相比之下，女性最常提及的离婚理由是言语或身体虐待（23%），酒精或药物滥用（18%）；另有17%的女性提到不忠的问题。男性和女性都表示感觉婚姻早已名存实亡，他们之所以待在一起直到中年，只是因为他们想等到孩子离开家以后再离婚。3/4的男性和女性都认为他们离婚的决定是正确的。

和年轻时一样，中年时期离婚的影响也是复杂多样的。总体而言，中年人比年轻人更能应对离婚所带来的压力，离婚后幸福感下降得更少，患抑郁症的风险也更小（Birditt & Antonucci，2012；Gottman & Levenson，2000；Marks & Lambert，1998）。在某些方面，中年离婚对女性来说更加艰难。因为许多中年女性在照顾年幼的孩子时放弃了多年的工作，离婚后会面临经济困难，而当她们不得不重新进入工作领域时，却没有好工作所必需的技能和经验（Hilton & Anderson，2009；Williams & Dunne-Bryant，2006）。在刚刚提到的对1000多名离婚人员的研究中，44%的女性表示她们面临经济问题，而身陷经济问题的男性只有11%（AARP，2009）。此外，40岁之后离婚的女性中，只有1/3的人选择再婚，而大多数男性在离婚时已经与新伴侣交往，而且他们中几乎所有人都会再婚（Russell et al.，2016）。尽管如此，许多女性发现中年离婚是日常的婚姻不幸的解脱。一些女性认为，离婚会激发许多积极的转变，使她们更好地独立和成长（Amato & Previti，2003；Baum et al.，2005）。

尽管在大多数文化中，大多数人在他们的成年中期会选择结婚，但也有许多人选择独身。有些人离婚后没有再婚，有些人在成年早期和中期一直保持单身。尽管越来越多的地区允许同性恋结婚，但大多数同性恋者在成年中期仍未结婚。中年同性恋者面临着不同于异性恋者的各种挑战（Hillman，2017）。同性恋者生活的社会中，从一个成年阶段过渡到下一个阶段的标志通常是结婚、为人父母和子女空巢这样的事件，这在异性恋者的生活中约定俗成，但同性恋者大多没有这样的经历。这种与众不同有时会引发被边缘化的感觉，但对同性恋者来说，这或许会给他们带来自由和灵活的感觉（Kimmel & Sang，2003）。例如，比起异性恋者，同性恋者更少会受性别角色的限制，因为他们早在成长早期就已经学会了如何跨越传统的性别界限。例如，比起女异性恋者，女同性恋者一般不会将更年期理解为标志她们身体吸引力和性快感下降的阶段（Hillman，2017）。

成年中期也可能是男女同性恋者第一次"出柜"的人生阶段（Hammack & Cohler，2009）。因为在过去的30年里，西方社会对少数性取向的容忍度有所提高。很多同性恋者之所以到成年中期才"出柜"，是因为年轻时害怕被污名化。现在同性恋污名化已经有所减弱，中年"出柜"会让同性恋者感到自己活得真实，找到了真正的自我。然而，中年"出柜"也可能十分艰难，因为成年中期原本异性恋生活的复杂结构已经建立多年（Barker et al.，2016），到了成年中期再去改变它会导致工作上地位与权力的丧失，以及与家人、朋友、子女关系的崩塌。尽管在过去30年里，西方国家对少数性取向的污名化已经大大减少，在许多国家对同性恋的偏见依然不减。

中年单身人士是一个多样的群体。他们中有的人离婚了，有的从未结过婚，有的处于长期同居关系，有的是少数性取向人士，虽已结婚多年但在法律上被禁止结婚。在大多数社会中，女性在中年单身的情况要比男性多，因为女性离婚后结婚的更少，而且男性在成年中期死亡的概率更大（Brim et al.，2004）。

许多中年单身人士希望结婚，所以他们往往会通过电子网络手段积极寻找伴侣。与其他年龄段的人相比，中年人更可能使用约会网站结识新伴侣（Fitzpatrick et al.，2009）。然而，在大多数情况下，中年单身人士会乐于过单身生活（DePaulo，2006，2012；Moore & Radtke，2015）。他们享受单身带来的自由与独立。对一些人来说，这种自由使他们更能专注于工作，并且取得更大的成就（Hewlett，2003）。

少数性取向者有时会跨越传统的性别界限。

单身成年人比其他人更有可能在中年拥有亲密的友谊（Adams & Ueno，2006；Rose，2007）。至少在对这一话题有过研究的西方国家中，对于大多数中年人来说，家人占据了他们工作之外的大部分时间，因此成年中期是最不可能拥有亲密友谊的人生阶段（Blieszner & Roberto，2007）。然而，单身中年人有更多的时间来交朋友，他们经常依靠朋友来获得社会支持（DePaulo，2015）。

成年中期性行为：也许有，也许没有。正如我们在第十章中所了解过的，成年早期的性行为在所有文化中都是可接受的，并且通常还会受到鼓励。毕竟如果在主要的生育年龄禁止性行为的话，没有文化可以长久存续。在一些文化中，年轻人的性行为主要被赋予传宗接代方面的意义；在另一些文化中，性行为也被视为是可以促进夫妻之间的亲密和和谐的方式。然而，在所有文化中，年轻人的性行为都被视为生活中美好而必要的一部分。

成年中期的性行为呢？到了中年，性行为不再被赋予繁育目的；有些人确实在成年中期生了孩子，但这种情况很少见。因此，人们可能会发现中年人的性行为在那些高度重视婚姻关系中的亲密关系的文化中最受鼓励。成年中期的性行为是延续和加强婚姻亲密关系的一种方式。或者，许多文化都会鼓励或至少允许中年人的性行为。因为性是令人愉悦的，没有什么特别的理由不允许人们享受性生活。

通过比较印度和美国，我们发现了一个和成年中期的性观念有关的有趣的文化差异。在传统的印度教生命阶段模型中，成年中期是成为"丛林居者"的阶段（Kakar，1998；Menon，2013）。这一阶段开始于第一个孙子出生时，对大多数印度人来说始于40多岁。作为一个"丛林居者"，一个人应该开始放弃对俗世中事物的依恋，逐渐转向宗教生活并且追求精神纯洁。对印度人来说，这种对更高精神生活的追求包括放弃性生活。事实上，如果最大的孩子是儿子，那么在第一个孙子出生之前，中年人的性行为就停止了。因为印度教徒认为父母和孩子在同一个家庭内发生性关系是错误的，而儿子通常会带着他们刚结婚的妻子到父母家里共同生活（Menon & Shweder，1998）。

在美国，很少有人会认为在成年中期克制性行为是有价值的典范。对美国人来说，贯穿成年期的性行为是一种增进婚姻情感亲密和相互愉悦的方式（Lamont，1997）。根据第十章描述的"美利坚性研究"，一项针对18—59岁人群的全国性研究表明，大多数美国人在40多岁和50多岁时性生活依然保持活跃。尽管他们性生活的频率与成人初显期和成年早期相比有所下降（Michael et al.，1995）。这种下降在非主流性取向人士和主流性取向人士中都会发生。

成年中期性生活的频率也有很大的不同，这取决于性别以及是否有合适的伴侣。"美利坚性研究"发现，在50多岁的女性中，超过一半的人在过去一年中只有过"几次"或更少的性生活，其中30%的人则"根本没有"性生活（Michael et al.，1995）。相比之下，50多岁的男性中1/3在过去一年有过"几次"或更少的性生活，只有10%的男性"根本没有"性生活。这种性别差异一部分是由于更多的男性在50多岁时死亡（剩下的一些女性没有伴侣），另一部分原因是一些50多岁的男性与年轻女性结婚或再婚。美国的另一项全国性研究发现，在过去半年时间里，有伴侣在身边的50多岁女性中，88%的人性生活活跃，相比之下，既没有结婚也没有同居的女

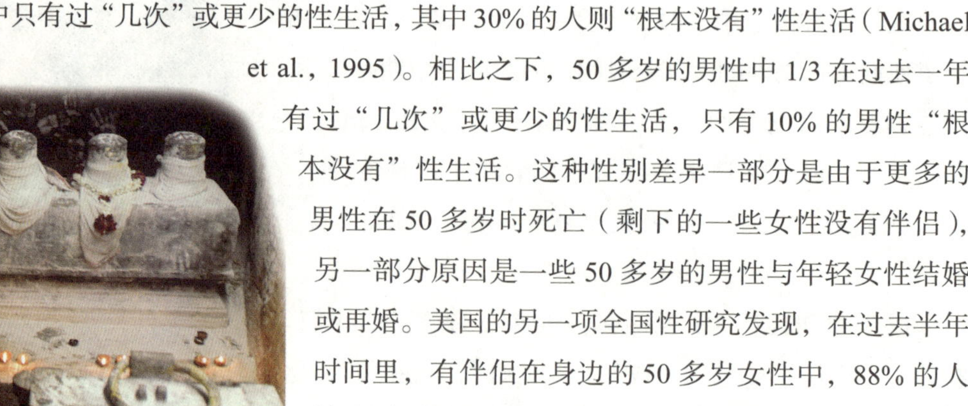
在传统印度教中，成年中期是人们将关注转向精神层面的时期。

性中只有 37% 的人有活跃的性生活（Brim，1999）。

不管他们所处的文化如何，想要继续享受性生活的中年人经常会发现他们在经历各种各样的身体变化，这使得性快感的体验更具挑战性。对于女性来说，由于本章前面提到的女性在成年中期雌激素水平下降，会导致性生活中生殖器不太容易被唤起，阴道需要更长时间来润滑（Thomas & Thurston，2016）。由于绝经期时阴道包括阴道口会收缩，在缺乏润滑的情况下，这可能会使性交疼痛。超过 1/3 的美国 40 多岁和 50 多岁的女性报告说她们存在性功能障碍（Smith et al.，2017）。

对于男性来说，中年性生活的主要问题是**功能性勃起障碍（erectile dysfunction）**。勃起需要血液流向阴茎，到了成年中期，生理变化导致阴茎血液流动减少。因此，勃起通常需要更多的刺激才能实现，而且可能更难持久。约一半的男性在 60 岁时会出现勃起问题（Vissamsetti & Pearce，2011）。由于吸烟、糖尿病、高血压或其他疾病导致身体健康状况差的男性患功能性勃起障碍的风险最高（Walther et al.，2017）。随着睾丸激素水平的下降，大多数男性在成年中期还会经历性欲减退（Gooren，2003；Hyde & DeLamater，2004）。

功能性勃起障碍：在性接触中无法勃起及无法持续勃起的障碍。

对男女来说，大多数性功能问题都有治疗方法。女性可以使用各种乳霜和凝胶来增加阴道润滑，男性可以用多种药物来刺激勃起。这些药物通过增加阴茎的血流量起作用，而且非常有效，成功率约为 70%（Arcaniolo et al.，2017）。对大多数男性来说，药物治疗似乎没有什么副作用。尽管大约 1/10 的男性会头痛，1/30 的男性会出现暂时性视力问题，到目前为止还没有发现长期的副作用（Vissamsetti & Pearce，2011）。睾丸激素凝胶已经被用来刺激男性和女性在成年中期及以后的性欲望。一些研究表明，这种凝胶可能是有效的，但也有可能产生副作用，如痤疮、毛发生长增加和心脏病发作风险增加（Dupree，2016；Hackett，2016）。这些治疗方法的发展也提出了一些棘手的问题：中年性行为哪些应该被视为正常、哪些不正常？成年中期及以后的性欲低下是不是一种需要治疗的疾病（Graham et al.，2017）？这是关于医学知识、文化价值观以及信仰的永恒话题，在未来人们将会对此进行持续探讨。

社区与休闲活动

学习目标 11.17 能够描述成年中期相关的社区与休闲活动，并且能够明确这些活动对生理和认知功能的影响。

除了在家庭关系、爱情和成年中期工作上花时间，大多数人都会把时间花在社区和休闲活动上。正如人们中年时在工作领域获得地位，他们可能会主动寻求或被要求在社区中担任有责任感和影响力的职位。随着照顾孩子的日常责任的减少，许多中年人可能会有更多的闲暇时间。

社区参与。在美国，社区组织成员的年龄从十几岁之后开始增加，40 多岁达到顶峰，并在 40 多岁或 50 多岁保持较高水平（Barber et al.，2013）。其社区参与包括参与社会组织、志愿者组织和政治宣传团体的成员。成年中期社区参与是否反映了本章前面描述的繁衍感？其中一些社区参与可能致力于下一代保护或改善生活质量，例如，致力于防止气候变化。然而，有些社区参与可能只是为了成年人自己的享受，例如，参加一个户外娱乐俱乐部或阅读小组。即使是为社会或政治事业而工作，也可能是因为他们想要改善自己生存的世界，或许还因为他们对即将留给后代的世界的关注（Hart et al.，2003；McAdams，2013）。

成年中期的休闲。把休闲作为生活的一部分是一种新观念。在所有人类文化中，总有一些节日使人们偶尔能从繁忙的工作和日常生活中休息一下，但这些节日通常很少，一年可能最多几次。通常情况下，人们每日辛勤工作是为了生存。工业化出现后，工作的时间更长了。工厂工作通常意味着一周 6 天，每天工作 12 小时。直到 20 世纪，发达国家的法律法规和工会才开始限制雇主要求雇员的工作时长，直到 20 世纪中叶，“40 小时周工作制”开始普及。在发展中国家，即使是现在，在工业环境下，工作通常意味着高时长，每周 6 天，且几乎没有闲暇时间（Chang，2008）。

在发达国家，休闲包括一年几个星期的节假日或休假。与 40 小时周工作制一样，假期也是现代人的发明。在农业经济中，假期很少，农作物生长季节总是有事情要做，农闲的时候每天仍要照料牲畜家禽。在工业化发展初期的几十年里，工厂里没有休假。直到 20 世纪，政府的法律和工会的要求相结合才使得每年给予雇员一定的带薪假期的做法得以普及。如今，除美国以外的所有发达国家都保证工人每年享有最低的带薪休假天数。

度假可以改善人的身体健康状况，并且帮助中年人减轻职业倦怠。

人到中年，假期怎么过？对一些人来说，他们在闲暇时间做的事情更多的是看电视和使用其他媒体、锻炼、运动以及进行社交活动（Hall，2007）。在中产阶级及中产以上阶层中，常见的活动是外出度假（Plagnol & Easterlin，2008）。中年人通常会利用假期的机会探望子女或者孙子孙女。

研究表明，休假可以提高认知功能和身体功能。得到休假的员工的工作满意度和工作生产力要高于没有休假的员工（Kuhnel & Sonnentag，2011）。假期可以增强心理健康和幸福感，帮助中年员工减轻职业倦怠（de Bloom et al.，2011）。而且度假的人的身体健康状况也更好（Stern & Konno，2009）。在一项针对 12000 多名 35—57 岁男性的研究中，人们评估了他们 5 年内的休假时间，然后跟踪了他们在接下来 9 年时间里的医疗记录（Gump & Matthews，2000）。结果发现，在 5 年评估期内每年都有休假的男性在未来 9 年内死于冠心病的可能性是从未休假的男性的 1/3。

小结：情绪与社会性发展

学习目标 11.11 能够明确成年中期自我接纳的变化及其文化差异。

在成年中期，由于人们自我满意度与自我接纳度的提高，自我的许多方面都在积极发展。许多人会降低他们的欲望并且致力于最大限度地利用他们已有的生活。由于人们的自我理解与自我接纳都变得成熟，自我同一性的挣扎会有所减轻。集体主义文化的中年人更多地强调与他人的联系而非自我发展，尽管在日本，那里的女性则更强调个人艺术能力的培养。

学习目标 11.12 能够总结中年危机是不是成年中期的普遍现象的证据。

中年危机的固有说法是错误的。相反，成年中期的生活可能会更加稳定，生活满意度也可能会更高。成年中期发生危机的可能性并不比人生其他阶段要高。

学习目标 11.13 能够定义繁衍感，并且能够解释繁衍感在成年中期的表现。

繁衍感是想要为下一代的幸福做出贡献的动机。繁衍感既可以通过成为父母或祖父母实现，也可以通过成为导师或教师的角色来实现。从成年早期到成年中期，繁衍感提升，非裔美国女性的繁衍感尤其高，这一部分跟她们参与教会有关。

学习目标 11.14 能够解释为什么一些文化中女性在成年中期地位得到提高，并且能够描述性别平等的文化差异。

在许多文化中，女性到了成年中期在家中将获得全新的自由与权威。经济发展程度越高的国家，性别平等程度越高。然而，即使在发达国家，中年女性在职场中要想位居高层依然经常面临许多阻碍。有子女的女性会发现，到了成年中期，她们不得不在职业发展中付出“做母亲的代价”。

学习目标 11.15 能够描述成年中期家庭关系的文化差异。

从成年早期到成年中期，成年人与父母的关系往往会得到改善。中年人有时会得到来自父母的各种帮助，然而随着时间的推移，这种支持的方向逐渐改变，特别是当父母出现健康问题时，他们会更需要中年子女的支持。年迈的父母是否跟子女一起生活，中年父母会与子女共同生活多久，这些问题主要取决于不同的文化期待。在子女的成人初显期到成年早期成长阶段，父母一般会很乐意为子女提供某种程度的支持，前提是父母本身拥有充足的资源。尽管在发达国家祖父母有较少的机会接触孙辈，但在各种文化中，祖父母与孙辈的关系一般比较亲密且有意义。

学习目标 11.16 能够描述成年中期婚姻满足感与离婚的典型模式，并且能够明确成年中期维持活跃的性生活所面临的挑战。

由于中年夫妇照顾孩子的压力和经济压力在成年中期都得以减轻，成年中期的婚姻质量一般会得到改善。导致成年中期的人们离婚的原因往往是感情冷淡而不是愤怒与冲突。尽管男性和女性更年期的生理变化会对性生活有所影响，确切地说，女性会出现性唤醒困难，而男性会出现功能性勃起障碍，但是许多中年人依然拥有活跃的性生活。

学习目标 11.17 能够描述成年中期相关的社区与休闲活动，并且能够明确这些活动对生理和认知功能的影响。

在美国，社区参与度在成年早期上升之后，到了成年中期会保持较高水平。对发达国家的人来说，成年中期的休闲时间经常被花在看电视、与家庭成员的社交或者跟朋友小聚上。假期进行的活动大同小异，人们还会在假期看望子女或孙辈。休假可以增强幸福感，提高认知功能和身体功能。

第十二章

老年期

第一节　生理发展

有关老年期的文化信仰

多老才算“老”？

全球老龄化模式：老龄化的全球浪潮

生理变化

外貌的变化

感官的变化

睡眠模式的变化

老年健康

慢性健康问题

保健和养生

健康老龄化：认识“变老”的新思路

第二节　认知发展

认知的变化和衰退

注意力和记忆力的变化

大脑的变化和相关疾病：痴呆症和阿尔茨海默病

关于认知变化的不同观点

智慧

认知衰退的应对措施

第三节　情绪与社会性发展

情绪和自我发展

积极的情绪和自我概念

和老年期有关的情绪理论

老年期的社会和文化背景

家庭关系

老年期的生活安排

爱与性

工作和退休

其他生活：闲暇时光、社区、宗教和媒体的使用

纳尔逊·曼德拉（Nelson Mandela）错过了他的中年时光。

1964 年，46 岁的他因领导人民反抗南非的白人政权而被政府关进监狱。尽管南非 80% 的人口是黑人，但是南非政府却是由少数白人掌控的，并且实行了种族隔离制度。自此，曼德拉被监禁了 26 年，最后于 1990 年被南非总统德克勒克释放，而此时的曼德拉已经 72 岁了。

南非总统弗雷德里克·威廉姆·德克勒克（Frederik Willem de Klerk）认为，由白人所主导的南非政府已统治南非长达一个世纪，这样的政府不可能继续维持下去。1993 年，曼德拉和德克勒克一同获得了诺贝尔和平奖。作为南非国会的领导人，曼德拉与德克勒克就向民主的和平过渡问题进行了谈判。1994 年，75 岁的曼德拉成为南非有史以来的第一位黑人总统。担任了 5 年总统后，曼德拉于 80 岁卸任。之后，为了在南非的农村地区修建学校和诊所，曼德拉积极地为曼德拉基金会筹集资金。他还作为一位调停者力求解决非洲其他国家的武装冲突。此外，由于他的儿子于 2005 年死于艾滋病，所以他还参与了同艾滋病的斗争。曼德拉于 2013 年去世，享年 95 岁。

纳尔逊·曼德拉的老年期是不凡的——事实上是卓越非凡的。曼德拉很好地展现了近代历史上老年期生活方式的变化。

首先，与以往相比，越来越多的人口能够达到“老年期”这个阶段。如今发达国家的人口预期寿命接近 80 岁，发展中国家的人口预期寿命也在迅速上升。其次，老年人普遍地比过去更健康也更有活力，一方面是由于医疗水平的提升，另一方面人们愈加意识到运动、饮食和认知行为对保持健康的重要性。当然，衰老的过程并没有停滞，处于老年期的人们在身体和认知方面所产生的问题比成年早期更加普遍。但很多人在老年期仍保持着积极的生活状态，因此他们晚年的生活满意度往往很高，而对于那些身体健康的人来说尤为如此。

在这一章中，我们将考察处于老年期的身体和认知逐渐老化所带来的后果，以及身体机能的变化和促进并保持身体健康的方式。我们还将探讨在老年期仍然处于重要地位的社会文化背景，包括家庭关系、爱情和性、工作等。我们将看到，老年期在很多方面可以称得上是人生中最多样化的阶段，一些人逐渐步入衰老，而另一些人则在 80 多岁的高龄甚至年龄更大的时候还能保持高水平的身体和认知功能。在这里，我们把 60 岁标记为“老年期”的开端，但正如前面章节中所提到的那样，成年的各个阶段并没有严格地年龄区分。

第一节 生理发展

学习目标

12.1 能够比较老年人的文化观点，并区分老年期的三个亚阶段。

12.2 能够界定老年人口抚养比，并解释其对发达国家的影响。

12.3 能够识别老年期身体老化的迹象，并区分原发性衰老和继发性衰老对外貌的影响。

12.4 能够总结老年期在视觉、听觉、味觉和嗅觉方面的变化。

12.5 能够描述老年期睡眠模式的变化。

12.6 能够识别与老年期有关的主要健康问题，并列举出一些治疗方案。

12.7 能够识别三种对健康产生积极影响的生活方式。

12.8 能够定义“健康老龄化”，并解释它与过去的老年概念有何不同。

有关老年期的文化信仰

如果老年期始于60岁左右，那么这可能是一个漫长的生命阶段，因为如今发达国家的许多人都能活到八九十岁甚至更老的年龄段。虽然60岁的人通常比80岁以上的人更健康，但老年期任何年龄组的身心健康都有很大的差异。随着人口平均寿命的提高和出生率的下降，世界范围内的老年人在总人口中的比例稳步增长。

多老才算“老”？

学习目标12.1 能够比较老年人的文化观点，并区分老年期的三个亚阶段。

许多文化都有尊重老年人的传统，西方对老年人的描述也在某些方面正变得越来越积极正面。由于老年期可能会持续很多年，所以人们认为老年期包含3个亚阶段。

和“老年期”有关的文化差异。西方文化史对于老年期的描述往往是暗淡且严肃的（Schott，2009；Whitbourne，2009）。我们可以回想一下希腊哲学家梭伦（Solon，约前638—约前559年）所提出的有关人类发展的阶段理论。梭伦认为，人类发展的每个阶段都会持续7年，在最后一个阶段，即63—70岁时，人们的中心任务是“为了防止不期而遇的死亡而做好准备”。12世纪，意大利诗人但丁（Dante，1265—1321年）描述了人生的四个阶段，最后一个阶段是从70岁便开始的“衰老”阶段。16世纪，莎士比亚（Shakespeare）通过《皆大欢喜》（*As You Like It*）中的角色——杰奎斯（Jaques），描绘了人生的七个阶段，最终

Plan for Your Future Financial Security

由于如今的老年人常被人们视为富有的群体，所以如今的广告商常常将老人的形象描绘得非常正面。（图中广告语：未来、财政、安全计划。）

年龄歧视：基于年龄而产生的偏见和歧视。

的阶段被称为晚年："终结这段古怪的、多事的人生历史的最后一幕，是孩提时代的再现，是全然的遗忘，我们没有了牙齿，没有了眼睛，没有了味觉，失去了一切。"（"Sans"在法语中是"没有"的意思。）

尽管近些年来大多数人对老年期的看法更加积极，但这段暗淡的历史也许仍然影响着我们对老年期的看法。西方国家的许多研究发现，老年人经常遭受**年龄歧视（ageism）**，这是一种基于年龄的偏见和歧视（Rosenthal，2014；Swift et al.，2017），偏见和歧视的对象包括工作任务的完成能力和外表吸引力等诸多方面。普通大众对老年人的态度和对年轻人的态度相比通常会更加消极。那些申请工作的老年人会经常性地被雇主低估，在他们看来，老年人已经处于一种衰退的状态，他们缺乏完成一件任务所需要的敏锐的认知能力和足够的体力（Macdonald & Levy，2016）。社会心理学研究为被试者创造了一种与认知功能有关的假设情境（例如，将物品放错地方），结果发现，当场景中的人物被定性为"年轻人"时，研究中的被试者会认为场景中的人所犯下的错误只是一种暂时的状态——当事人之所以会犯错只因他们在想别的事情，所以他的注意力被分散了；而当场景中的人为老年人时，那么他所犯下的错误都归咎于不可逆转的衰老。其他研究发现，老年人经常被他人忽视或过度保护，并且，在某些人看来，老年人在听力或理解简单的指令方面也有困难（Palmore，2001；Whitbourne & Sneed，2004）。许多老年人甚至也相信那些关于衰老的刻板印象，也因此，他们的身心健康会受到负面影响（Nelson，2016）。

虽然年龄歧视以及对老年期的负面看法在今天仍然十分普遍，但各国在如何看待这个生命阶段方面仍然存在着文化差异。在亚洲、非洲和拉丁美洲的许多文化中，人们对于老年期的观点是相当积极而且正面的。例如在日本，"敬老节"是一年一度的全国性的节日（Schmidt，2016）。此外，从中年到老年的过渡还伴有一种被称为"花甲"（kanreki）的仪式。这一仪式通常在人的60岁生日前后举行。它象征着这个人从以前照顾孩子和家务的责任中解脱出来，并且晋升为一个令人尊敬的新身份，即家庭和社会中的长者。在其他亚洲文化中，孝道的传统会一直延续到老年（Yi et al.，2016）。这意味着无论孩子多大，他们都应该服从并尊重父母。

批判性思考题：在你们的文化中有什么标志人们步入了老年期的仪式吗？如果让你来设计一个相关的仪式，你认为其中应该包括什么内容呢？

在世界上绝大多数的传统文化中，人的社会地位在一定程度上取决于年龄，即人越老，越有权威，便越受尊重。在那些由老年人控制着重要的家庭或社会资源以及几世同堂的大家庭结构俯拾皆是的文化中，老年人也更有可能拥有较高的地位（Menon，2013；Sangree，1989）。

即使在西方，人们对老年人的描绘也在某些方面变得更加积极正面。最近的许多广告都将老年人描绘成敢于冒险、思维活跃和聪明的人（Brooks et al.，2016）。这种在广告中对老年人的积极描述可能是由于他们的经济实力不断增强的缘故（Simcock，2012）。50 年前，由于老年人已经失去了工作，手中只有微薄的养老金，而且不得不独自支付不断增长的医疗费用，所以老年人一直都是发达国家的社会中最贫穷的群体（Pew Social Trends Staff，2010）。然而，20 世纪六七十年代社会福利和保健权益的增加使得老年人成为发达国家中最富有的群体。因此，对老年人进行负面描述的广告商可能会有疏远潜在客户和丢失生意机会的风险。

老年期的亚阶段。在进行下一步讨论之前，我们应该关注一下老年期的亚阶段。如果老年期是 60 岁以后的人生阶段，那么对于一些主要在发展中国家生活的人来说，这一阶段也许只会持续几年，但对于另一些主要在发达国家中生活的人来说，它可能持续几十年。而当一个生命阶段持续几十年时，身处这一过程中的人们往往会发生很大的变化，所以老年早期可能与后期存在着很大的不同。发展心理学家和人口统计学家把老年期划分为三个亚阶段：“低龄老人的年龄在 60—74 岁；中龄老人的年龄在 75—84 岁；高龄老人则为 85 岁及以上的

学者将老年期划分为三个阶段：低龄、中龄、高龄。

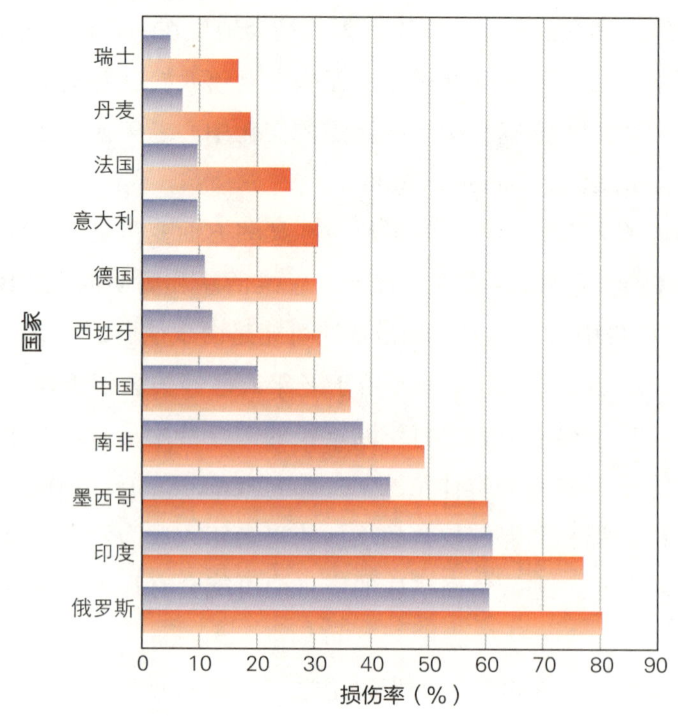

图 12.1 选定的发达国家和发展中国家的老年人的日常生活活动损伤率

资料来源：WHO（2015）.

老人（Baltes & Smith，2003；Heo et al.，2017；Neugarten，1974）。

这是一个重要的区分，因为这三组人的身体机能相差很大，尤其是高龄老人与另外两组人相比而言。在前两个年龄组中，人们的身体机能只是轻微地下降，但在最年长的年龄组中，身体机能的下降要严重得多。高龄老人的身心健康更容易出现各种问题，包括生理和认知残疾、社会隔离、心理障碍，尤其是抑郁症等。此外，高龄老人也比另外两个年轻组更有可能在进行如洗澡、穿衣、准备食物和吃饭、做家务和支付账单等**日常生活活动**（**activities of daily living，ADLs**）中碰壁（Ku et al.，2016；Lagergren et al.，2017）。**图 12.1** 显示了一系列发达国家和发展中国家的老年人随着年龄的变化在日常生活活动中会遇到的困难［World Health Organization（WHO），2015］。

日常生活活动：如洗澡、穿衣、准备食物和吃饭、做家务和支付账单等成年人的日常生活活动。

然而，即使是在高龄老人群体中，他们的身体机能状态也存在很大的差异。不仅仅是那些高龄老年人可能会在身体机能方面受到损害，许多中龄老年人甚至是那些低龄老年人都可能身患残疾并且出现生活自理能力障碍。因此，**老年学家**（**gerontologist**）提出了**"技能年龄"**（**functional age**）的概念，以表示老年人的实际能力和表现（Neugarten & Neugarten，1987；Starc et al.，2012）。尽管实际年龄和技能年龄是相关的，但是一些 90 岁的老年人也许比 65 岁的老年人有更年轻的技能年龄，因为他们的身体、认知和社会功能更健康。

老年学家：研究老龄化的专家。

技能年龄：表明老年人的实际身体机能和相关表现的年龄，可能高于或者低于实际年龄。

全球老龄化模式：老龄化的全球浪潮

学习目标 12.2　能够界定老年人口抚养比，并解释其对发达国家的影响。

对于老年人来说有一件事是毋庸置疑的：未来的老年人口会比现在多得多。因为几乎所有发达国家的出生率都低于 2.1，即每名妇女拥有子女的标准都少于 2.1 个，因此，这些国家的总人口将在 21 世纪有所下降。然而，即使人口总数下降，60 岁及以上老年人口的比例也将继续增长。在发展中国家，随着出生率下降和老年人寿命延长，人口也在逐渐地老龄化。到 2050 年，60 岁及以上老年人口数量将在人类历史上首次超过 15 岁以下儿童的总数。

值得一提的是，未来几十年里老年期可能会出现的变化是 65 岁及以上老年人与年轻成年人的比率，我们称其为**老年人口抚养比**（old-age dependency ratio，OADR）。比率通常表示为百分比，计算如下：

老年人口抚养比：在总人口中，65 岁及以上老年人口与 20—64 岁人口的比率。

$$老年人口抚养比 = \frac{65\text{ 岁及以上的人数}}{20—64\text{ 岁的人数}} \times 100\%$$

几乎在每一个国家，大多数 20—64 岁的人都是劳动力。他们从事经济活动，并向政府缴纳税款用以提供社会服务。社会服务包括老年养恤金和老年人医疗保障金等。然而在许多国家，大多数 65 岁及以上的人赋闲在家，他们依靠政府提供的养恤金和保障金来维持生活。由于生育率低于 2.1，人口也在逐渐减少，劳动力逐渐减少，而预期寿命的延长使得享受养恤金和医疗保健的人数却逐渐增加。

由于老年人口抚养比（OADR）的上升，发达国家在未来几十年面临着严峻的挑战。生育率特别低的国家如日本、韩国、俄罗斯、西班牙、意大利和希腊将面临最严峻的挑战，所有这些国家近几十年的出生率均为 1—1.1。相比之下，美国和加拿大的情况则不那么严重，因为它们的出生率更高；而且由于移民的原因，它们的总人口仍在增长，并且预计在 21 世纪将继续增长。

日本的老龄化问题最严重。日本的老年人口抚养比（OADR）为 44%（World Bank，2017）。这意味着在 20 岁以上的日本人中几乎每两人就有一个年龄在 65 岁及以上的老年人。到 2050 年，随着劳动力的继续减少和 65 岁以上人口的持续增长，日本的老年人口抚养比（OADR）预计将增加近一倍，达到 74%。如**图 12.2** 所示，到 2050 年，约 35% 的日本人口将在 65 岁及以上，是迄今为止世界上老年人口抚养比最高的数值。

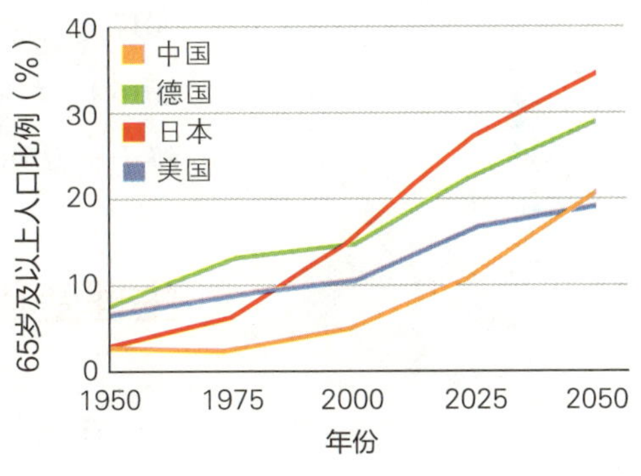

图 12.2　各国老年人口的增长率

资料来源：OECD（2017）.

日本在管理其人口问题方面的进度比较滞缓。许多公司仍然要求员工在 60 岁前退休，尽管这意味着大多数人至少有长达 20 多年的退休时间，有些人的退休时间可能会更长。然而，一些变化正在发生。“新老年人运动”（New Old People's Movement）已经兴起，这一运动的目的是鼓励老年人以更积极、更向上的态度生活，包括积极地参与社会工作（Yasuko & Megumi，2010）。

在未来的几十年里，和老年人相关的医疗保健系统也许会变得更加先进，因为大量的研究资金已被投入和老龄化相关的研究之中。目前发达国家 65 岁人口的预期寿命为 15—25 年［Organization for Economic Co-operation and Development（OECD），2017］。也就是说，65 岁的老人至少能活到 80—90 岁。

然而，随着年龄的增长，预期寿命的长短存在着性别差异。在世界范围内，65 岁妇女的预期寿命比男子长，通常长 5 年左右；尤其是在年龄最大的人群中，妇女的人数远超过男子。例如在美国 65—69 岁的人口中，男女比例是 100∶115，而在超过 85 岁的人口当中男女比例是 100∶200（U.S. Bureau of the Census，2017）。这种性别差异在一定程度上是由行为的不同引起的，显然过量吸烟和酗酒的男性要远远多于女性。但造成寿命性别差异的主要原因还是遗传，因为这种情况在老鼠和狗等许多其他哺乳动物中也有出现（Shock，1977）。

在美国，预期寿命的发展模式也有显著的种族差异（U.S. Bureau of the Census，2017）。总的来说，白人的预期寿命比非裔美国人长约 5 年。在这两个族裔群体中，预期寿命在过去的 40 年里都有所提高，但非裔美国人的预期寿命提高得比白人快，因此族裔群体之间的差距正在缩小。亚裔美国人和拉丁美洲人的预期寿命高于白人或非裔美国人。

从传统来讲，在所有的社会中，大多数的老年人都是并不富裕的群体，因为一旦他们停止工作，生活就失去了主要经济来源；直到最近，人类历史上才出现了养老金制度。20 世纪下半叶是发达国家通过养老金和医疗保健来消除老年贫困并取得巨大成功的典型时期。在美国，65 岁及以上的贫困人口占比从 1959 年的 35% 下降到 2016 年的 9%（Kaiser Family Foundation，2017）；在加拿大，老年贫困人口占比从 1971 年的 37% 下降到 2016 年的 7%（Conference Board of Canada，2017）。尽管如此，发达国家中仍有一部分老年人还处于贫困之中。非裔美国人和 65 岁及以上的拉丁美洲人的贫困人口数很可能是白人美国人的 2 倍（Kaiser Family Foundation，2017）。在所有发达国家中，老年妇女比老年男性更有可能陷入贫困（He et al.，2016）。大多数发展中国家没有老年人的养恤金制度，因此他们在经济上常常要依赖于子女和孙辈。

生理变化

在老年期，随着身体年龄的增长，老年人的身体机能在许多方面面临着更大的挑战。然而老龄化的进程存在很多差异。这一进程取决于遗传因素、生活方式和能否获得医疗服务。

外貌的变化

学习目标 12.3 **能够识别老年期身体老化的迹象，并区分原发性衰老和继发性衰老对外貌的影响。**

老年病理学家对原发性衰老和继发性衰老进行了细致的区分（Whitbourne & Whitbourne, 2017）。**原发性衰老（primary aging）**是不可避免的生物老化，因为世界上所有的生物体都会变老。**继发性衰老（secondary aging）**是指由于不健康饮食、锻炼不足、药物滥用等不健康的生活方式以及环境污染等环境影响而导致的身体机能下降。尽管在许多文化中，人们努力掩饰原发性衰老的影响，但是实际上我们所有人都终将受到它的影响。我们将看到，继发性衰老基本上可以避免，或者至少可以将它的影响降至最小。

原发性衰老：发生在所有生物体中不可避免的生物老化。

继发性衰老：由于不健康的饮食、锻炼不足、滥用药物等生活方式，以及污染等环境影响所造成的身体机能下降。

在某些方面，晚年出现的身体老化的迹象是在中年甚至更早便开始的变化的延续。无论男性还是女性，头发都会变得更白更细。实际上，并不是头发“变灰”或变白，而是它失去了之前使它看起来像其他颜色的色素。皮肤继续出现皱纹并持续松弛，骨质会继续疏松，尤其对于女性来说，骨质疏松会导致弯腰驼背。此外，新的衰老迹象首次出现。随着头顶毛发的逐渐稀疏，衰老可能会在一些令人惊讶而且不是特别受欢迎的地方出现，比如说女性的耳朵和下巴。许多人的皮肤上会出现“老年斑”，即大量的深色色素。老年斑是几十年的日晒积累而形成的，最容易在肤色浅的人身上出现以及会在身体中日晒最多的部位，比如说脸、胳膊和手等部位形成。不仅如此，皮肤上的痣也会越来越多。随着皮肤中的脂肪层开始变薄，静脉也越来越明显，肤色浅的人尤其如此。由于脊柱骨量的流失，60 岁后老年人的身高开始缓慢下降，男性约下降 3.81 厘米，女性约下降 5.08 厘米（Pfirrmann et al., 2006; U.S. National Library of Medicine, 2017）。颌骨骨质的减少会使脸看起来更瘦削。体重从中年的高峰开始下降，主要是因为调节饥饿的激素发生了变化，人们吃得更少了（Di Francesco et al., 2007; U.S. National Library of Medicine, 2017）。由于食物、茶、咖啡和烟草的累积，牙齿表面的牙釉质不断受损，这会导致牙齿变黄。在牙科护理技术进步之前，大多数人在老年期便失去了部分或全部的牙齿；即使在今天，仍有 24% 的美国人在 65—74 岁的时候会失去所有的天然牙齿，而这发生在 75 岁及以上的人中的概率则高达 31%（National Institute of Dental and Craniofacial Research, 2017）。在发展中国家，65 岁及以上的大多数人的牙齿则会全部脱落（Kanasi et al., 2016）。

发达国家的许多人在老年期甚至在中年期便会采取措施来掩盖或逆转衰老对外表的影响。他们染发，在皮肤上涂上面霜，用假牙代替脱落的牙齿。但是减缓衰老的最好方法是经常锻炼，保证健康饮食以及避免吸烟。

感官的变化

学习目标 12.4 能够总结老年期在视觉、听觉、味觉和嗅觉方面的变化。

老年期的人们，尤其是对于那些年龄较大的人来说，他们所有的感官功能都会衰退。对于其中一部分感官功能的衰退，目前存在各种疗效不同的治疗和补救措施。然而，这些治疗和补救措施主要存在于发达国家。

视力的变化。图 12.3 展示了视力系统的主要部分——角膜、晶状体、视网膜和视神经的功能在晚年发生衰退的变化。角膜变得混浊，这就导致视力衰退和对光亮较高的敏感性（Dugdale，2010）。从中年时期开始，晶状体变得更厚、更黄。老年人经常会患上**白内障（cataracts）**，这是由于晶状体逐渐增厚，从而导致视力变得模糊、混浊和扭曲失真。白内障是晚年时期最常见的视力障碍，约有 40% 的 70 岁左右老年人和 60% 的 80 岁及以上老年人患有白内障（National Eye Institute，2017）。原发性衰老是白内障发展的主要原因，但吸烟和日晒会增加患有白内障的风险。角膜功能的衰退没有补救方法，但如今发达国家的人们可以通过简单的手术，用人工晶状体替代晶状体。发展中国家的人们很少接受这种手术，因此对他们来说，白内障是老年期致盲的首要原因（WHO，2017）。

白内障：眼睛的晶状体逐渐增厚，使得视力变得混浊、不透明和扭曲。

在视网膜上，衰老尤其会对视网膜中心的黄斑产生影响。视网膜中心是视力最清晰的部位。随着这个区域的细胞老化，老年人可能会发生**黄斑变性（macular degeneration）**。在 70 岁及以上的美国人中，约有 4% 患此病，80 岁及以上的老年人中有 15% 罹患此病（National Eye Institute，2017）。衰老是黄斑变性发生的主要原因，但是吸烟会提升患病的风险；而健康的饮食，包括经常吃鱼和绿色蔬菜则能降低患此病的风险（Johnson & Schaefer，2006）。如果发现得早，老年人可以用激光手术或药物治疗，但如果不治疗，就会导致失明（Lim et al.，2012）。

黄斑变性：由于视觉系统老化，导致视野中心的清晰度下降。

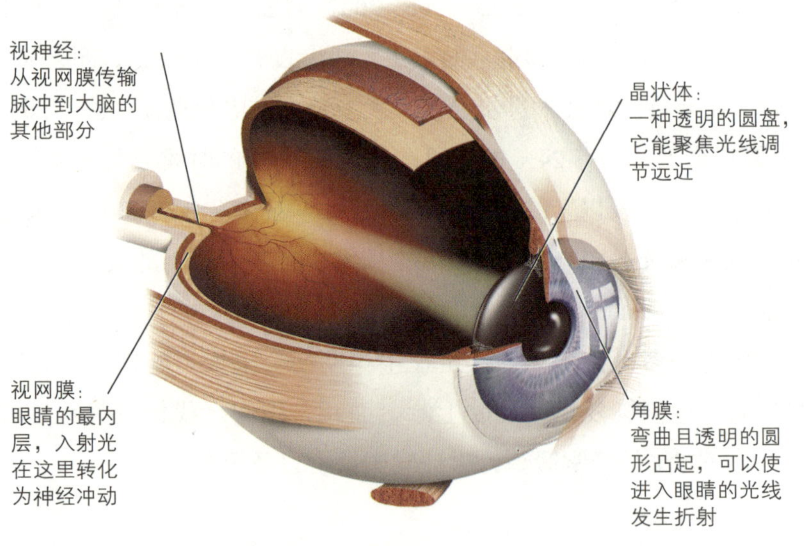

图 12.3 衰老对眼睛结构的影响

最后，随着年龄的增长，视神经向大脑传输视觉信息的效率逐渐降低，这是原发性衰老的一部分（Gawande，2007）。一些老年人的眼睛会出现积液压迫视神经的情况，这会导致**青光眼（glaucoma）**，从而造成周边视觉的丧失。美国青光眼的发病率在 70 岁左右的群体中约为 6%，在 80 岁及以上的群体中发病率约为 10%（National Eye Institute，2017）。青光眼可以用眼药水治疗，但如果不治疗，最终会导致失明。由于老年人是患上白内障、黄斑变性和青光眼的高危人群，所以对他们来说，定期进行眼科检查至关重要。

青光眼：因积液损害视神经而导致周边视觉丧失。

视力是大多数的人类活动的关键，因此晚年时期视力的下降对老年人的生活有着广泛的影响。视力或者说视觉清晰度的丧失使他们难以进行如开车这样的日常活动。据调查，80 岁及以上老年人的机动车事故大大增加，导致事故发生的一部分原因是视力问题（NHTSA，2018）。整理家务、准备饭菜和梳妆打扮可能会变得更加费力且容易出错。对于老年人群体来说，阅读会变得更加困难，他们可能需要大字排版的书籍或在电脑屏幕上使用特别大的字体。对于视力受损的人来说，看电视或去剧院等休闲活动可能没有那么愉快。幸运的是，主要的视力问题可以得到有效的治疗；不幸的是，发展中国家很少有人能够获得这些治疗（WHO，2013）。

听力的变化。对大多数人来说，听力在老年期逐步下降。25% 的 65—74 岁的美国人以及 50% 的 75 岁及以上的美国人有听力残疾问题（National Institute on Deafness and Other Communication Disorders，2017）。内耳中传递声音的毛发，也称为纤毛，它们会随着年龄的增长而变细。内耳的结构也不像以前那样灵活，工作效率也有所下降。从耳朵向大脑传输信息的听觉神经开始退化。对高频声音的听觉灵敏度率先下降，然后下降的是对不同声音模式的觉察能力（Hietanen et al.，2004）。一些老年人患有**耳鸣（tinnitus）**。耳鸣是指在没有外部声源的情况下听到铃声或嗡嗡声（Meikle et al.，2012）。大多数听力障碍仅仅是由原发性衰老引起的，但吸烟则再次增加了患病的风险。有时候老年人的听力损失是健康问题，如糖尿病或药物副作用造成的（Rigters et al.，2016）。

耳鸣：在没有外部声源的情况下，听到铃声或嗡嗡声的听觉系统问题。

助听器能够弥补因为年龄的增长而带来的听力损失问题，但是大多数老年人不愿意佩戴助听器。

和视力下降一样，听力下降也会对老年的日常活动产生多种不良影响，尤其是在社会功能方面。如果听不清楚声音，即使是简单的对话也很难进行，在背景噪声很大的情况下则更难听清。有时听力损失会导致社交恐惧，因为对于老年人来说，谈话是艰难而且紧张的，所以他们开始避免与他人接触。听力损失与孤独和抑郁有关（Manrique-Huarte et al.，2016）。此外，听力受损也与认知能力的下降有关联。当老年人的听力出现困难时，他们的注意力必须集中在听清楚他人所说的内容上，于是就会偏离对说话内容的理解和记忆（Fortunato et al.，2016）。

助听器有时被用来补偿听力的下降。然而大多数有听力损失的老年人都不愿意戴助听器。在 70 岁及以上的美国人中，只有 1/3 的听力障碍患者曾佩戴过助听器（National Institute on Deafness and Other Communication Disorders，2017）。有些人之所以这么抗拒佩戴助听器，是因为助听器会放大所有的声音，而不仅仅是他们想要听到的声音，这让他们难以继续对话。有一些人拒绝佩戴，因为他们担心戴上助听器会让自己显得“老”，这会让别人对他们产生不屑一顾或同情的情绪。然而最近的科研使得助听器看起来不那么明显了，这或许会减少他们因为佩戴助听器而产生的羞耻感（Whitbourne & Whitbourne，2017）。

味觉和嗅觉的变化。味觉和嗅觉在晚年时期也会下降（Dugdate，2010；U.S. National Library of Medicine，2017）。60 岁之后舌头上的味蕾数量下降，鼻子上的嗅觉感受器细胞减少，大脑中处理气味的嗅球开始萎缩。除了原发性衰老，由于吸烟以及某些疾病和药物的副作用，老年人的味觉和嗅觉也会减弱（Ogawa et al.，2017）。大约 1/3 的美国成年人在 80 岁时会出现味觉或嗅觉受损的现象（Hoffman et al.，2016）。

味觉和嗅觉的衰退使进食减少了乐趣，因为老年人发现他们的食物不再那么开胃，而且会经常怀念他们以前喜欢的味道。味觉和嗅觉障碍有时会导致老年人营养不良，因为他们吃得太少，不再像以前那样享受食物带来的乐趣（DiMaria-Ghalili et al.，2008）。如果老年人无法闻到预示危险的气味，如煤气烟雾或家庭火灾产生的烟雾，那么自身受到伤害的风险也会增加。对于味觉和嗅觉减弱的老年人，以下方法可能会有所帮助（U.S. National Library of Medicine，2017）。

- 如果目前的药物影响味觉和嗅觉，请咨询医生更换药物；
- 使用不同的香料和烹饪方式来提升食物的味道；
- 安装安全产品，如气体探测器，如果有气体泄漏就会发出警报。

睡眠模式的变化

学习目标 12.5　能够描述老年期睡眠模式的变化。

睡眠问题在 40 岁左右开始出现，但在 60 岁之后开始大幅加剧（Crowley，2011；Morgan，2017）。从中年到晚年，人们所需的睡眠时间略有下降。然而在老年期，许多人需要更长的时间才能入睡，夜间醒来的次数也更多。此外，随着年龄的增长，大多数人睡得更少。第一阶段——浅睡眠的时间增加，第四阶段——深度睡眠和快速眼动睡眠（REM sleep）的时间会减少（Kamel & Gammack，2006）。

从中年到晚年，人们的睡眠模式和觉醒的时间也会发生变化。随着年龄的增长，大多数人都喜欢早睡早起。也就是说，他们越来越喜欢“清晨型”睡眠而不是“夜晚型”睡眠。最近的一项分析发现，27个国家的老年人口都存在这种状况（Randler，2016）。

一个在老年期特别常见的睡眠问题是**睡眠呼吸暂停（sleep apnea）**，这是一种与睡眠相关的呼吸障碍，65岁及以上的人有一半以上会受到这一疾病的影响（Crowley，2011）。患有睡眠呼吸暂停症的人一晚上会出现很多次呼吸停止超过10秒的状况。这是由于通往肺部的气道关闭，当气道再次打开，睡眠者便会突然发出巨大的鼾声。睡眠呼吸暂停在肥胖或酗酒的老年人中尤其常见，而且总体上男性比女性更常见（Morgan，2017；Ye et al.，2009）。睡眠呼吸暂停症最常见的治疗方法是利用气道正压通气（CPAP）装置来帮助缓解这一症状。这是一种在睡眠期间通气装置向鼻腔吹入一股温和的气流以保持气道畅通的装置（Roux & Kryger，2010）。这种治疗通常非常有效，但有些人不喜欢这种有压力的感觉，因此拒绝佩戴该设备（Luyster et al.，2016）。迄今为止，开发有效治疗睡眠呼吸暂停症状的药物一直无果。

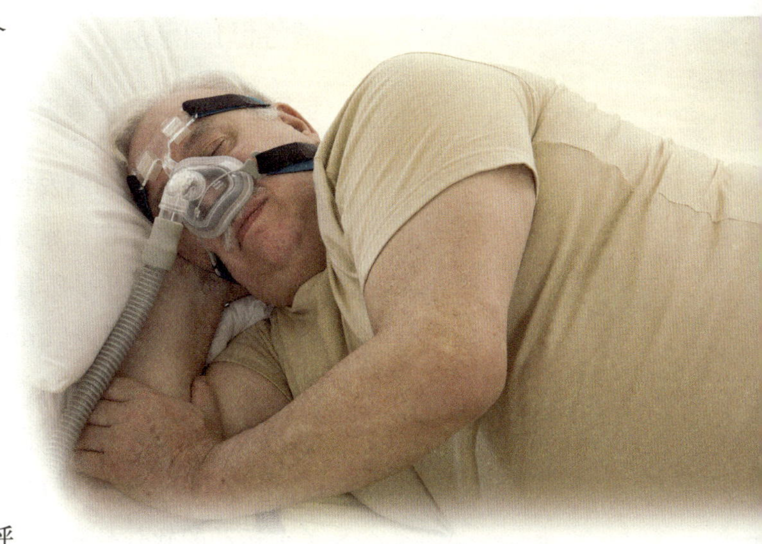

使用气道正压通气（CPAP）有助于缓解睡眠呼吸暂停问题。

睡眠呼吸暂停：一种与睡眠有关的呼吸系统疾病，指在晚上，随着通往肺部的气道关闭，呼吸停止超过10秒，当气道再次打开，睡眠者醒来时，会突然发出响亮的鼾声。

老年期睡眠模式的变化部分原因在于原发性衰老，但也有心理疾病的原因（Morgan，2017；Riedel & Lichstein，2000）。如抑郁或焦虑这样的心理问题，会影响睡眠。而身体状况如关节炎和骨质疏松症也会影响睡眠。另外几个方面也会导致睡眠障碍，包括“不宁腿”（restless legs），这是由于肌肉紧张和血液循环减少，导致睡眠时腿部不自主地运动。此外，原发性衰老会导致膀胱稳定收缩，以及前列腺的增大，这些变化导致了老年人在平日里频繁排尿。

为了解决睡眠问题，专家建议老年人为自己制订有规律的作息时间表，并且在睡前的几个小时避免摄入酒精或咖啡因（Crowley，2011；Morgan，2017）。白天有规律地锻炼可以提高晚上的睡眠质量。午睡应该避免，因为这会让老年人在晚上难以入睡（Foley et al.，2007）。有许多治疗睡眠障碍的药物，老年人比其他任何年龄段的人更常接受治疗（Fawcett，2016）。以前，这类药物会增加睡眠呼吸暂停症症状的严重程度，从而使睡眠问题长期恶化，但最新的药物似乎更有效，副作用也更少。

老年健康

尽管许多老年人在老年期仍然能够保持良好的健康状态，但老年期也是各种健康问题层出不穷的人生阶段。在这本书中，我们研究了老年人在老年期最常发生的一些健康问题。然后我们专注于研究如何提升老年人的保健质量和健康水平，阐明饮食和锻炼的重要性，以及讲述避免吸烟和酗酒的重要性等问题。

慢性健康问题

学习目标12.6 能够识别与老年期有关的主要健康问题，并列举出一些治疗方案。

由于原发性和继发性衰老相结合，老年人在老年期普遍存在着各种各样的健康问题。老年期最常见的三种慢性病是关节炎、骨质疏松症和高血压。对于三种疾病来说，几乎所有相关研究都是在资源最丰富的发达国家中进行的。

关节炎：关节疾病，尤其会影响臀部、膝盖、脖子、手和下背部的活动。

关节炎。关节炎（arthritis）是老年期常见的慢性病之一。它是一种关节疾病，尤其会影响臀部、膝盖、脖子、手和下背部的活动。发达国家约有半数65岁及以上成年人患关节炎。而且女性比男性更容易患关节炎，但是原因不明（Bolen et al., 2010）。大部分关节炎出现的原因只是因为成年累月地使用关节使得缓冲关节运动的软骨受到磨损。而作为减震器的关节内液也会因为关节的老化而减少。其所造成的结果便是关节僵硬和疼痛。因此，那些日常生活的简单活动，比如说打开一个罐子或转动钥匙等，会给患上关节炎的人带来很多困扰。

目前还没有彻底治愈关节炎的方法，所以治疗主要是通过药物来达到控制和减轻疼痛的目的。为了缓解关节炎引起的疼痛，特别是在身体的某一部位尤为剧烈的疼痛时，如髋关节或膝关节，通过手术植入人工关节来减轻痛苦的做法在发达国家很常见（Ashman et al., 2016）。目前，发达国家正在开发新的治疗方法，即通过注入一种合成液体来替代由于原发性衰老而失去的液体，但这种方法目前还处于试验阶段。

晚年时期，大多数女性会患上骨质疏松症。

运动也可以帮助缓解关节炎带来的疼痛。在一项研究中，患有关节炎的老年人被分成三组（Suomi & Collier, 2003）。其中两组参加了为期8周的运动项目，一个是水上运动，一个是陆上运动，而第三组是对照组。在8周的实验结束时，这两项锻炼计划的参与者比对照组的成员更可能在进行各种日常活动如散步、弯腰、举重和爬楼梯时，并不会感觉不适。

骨质疏松症。正如第十一章所指出的，由于绝经期雌激素水平急剧下降，中年妇女患骨质疏松症的风险急剧上升。尽管女性在绝经后的十年中骨量下降得最快，但这一过程在老年期仍在继续，女性患骨质疏松症的风险也在持续上升。从60岁约10%的患病率到90岁近70%的患病率，骨质疏松症的发病率随着年龄增长而稳步上升［International Osteoporosis Foundation（IOF），2017］。

骨质疏松症使老年妇女罹患骨折而死亡的风险更高（Lloret et al., 2016）。卫生当局建议，女性在绝经后可以定期进行骨密度检查，因为骨质疏松症可以通过定期加强骨骼运动，如举重和摄入富含钙的食物来延缓甚至逆转（Dolan et al., 2004；Nguyen, 2016）。男性也可能患骨质疏松症，但其发病率约为女性的1/5（IOF, 2017）。

高血压。老年期的第三个常见健康问题是高血压病，又称**高血压**

（hypertension）。在美国，70% 的 65 岁及以上的老年人患有高血压［Centers for Disease Control and Prevention（CDC），2017］，这一比例与其他发达国家相似。在某种程度上，老年期高血压发病率的上升是原发性衰老导致的。因为随着时间的推移，心肌会变得僵硬，这就使得泵血的效率降低。然而，继发性衰老也会导致高血压。这是由于人们摄入高胆固醇和高脂肪的食物，使得动脉壁硬化，并会积累斑块，压力会使血压升高。贫困人口在高脂饮食和持续压力的共同作用下更容易患高血压（Almeida et al.，2005）。在美国，由于高贫困率和高肥胖率，非裔美国人的高血压率尤其高（CDC，2017）。

高血压：该病经常由原发性衰老和继发性衰老的共同作用导致。

现今还没有发现高血压的直接症状。但是随着时间的推移，高血压使血液循环系统处于持续的压力之下并且长期处于紧张的状态。心脏被迫超负荷地工作，动脉会变得脆弱而且成为炎症的高发地。在中年期以及老年期，高血压患者心脏病发作和中风的风险更高（CDC，2017）。幸运的是，现在有治疗高血压的有效药物。但由于没有明显的症状，人们很容易忘记服用治疗高血压的药物。除此之外，这些药物可能会产生副作用。在一项研究中，85% 服用抗高血压药物的人产生了排尿过多和性欲降低等副作用，这导致他们中近一半的人停止服药（Tedla Bautista，2015）。

保健和养生

学习目标 12.7　能够识别三种对健康产生积极影响的生活方式。

幸运的是，几乎所有的老年期常见健康问题都有可以消除或者至少缓解症状的医疗干预措施。如图 12.4 所示（OECD，2009，p.169），在发达国家中，老年人消耗的医疗保健资源远远多于总人口中的其他任何年龄组。

每个发达国家都制定了一个政府项目，目的是为 65 岁及以上的成年人提供医疗保健。相比之下，发展中国家的大多数老年人不太可能获得哪怕是简单或廉价的医疗保健措施以减轻他们的痛苦和延长他们的生命。发达国家和发展中国家在预期寿命方面的巨大差异，主要是婴儿或儿童死亡率和老年期获得保健服务的情况［Mahfuz，2008；United Nations Development Programme（UNDP），2017］。

然而在 21 世纪，几乎所有的发达国家在老年人医疗保健项目的资金方面都面临着严重的财政挑战。每年医疗保健的新进展都使老年人生活得更健康、更长寿。这是一件非常好的事情，但是每一项新的进步要花费大量的资金，这无疑会增加老年人医疗保健的总成本。此外，正如我们在前面所看到的，每个发达国家的老年抚养比（OADR）都在迅速上升，这意味着每过 10 年，为 65 岁及以上老年人提供医疗

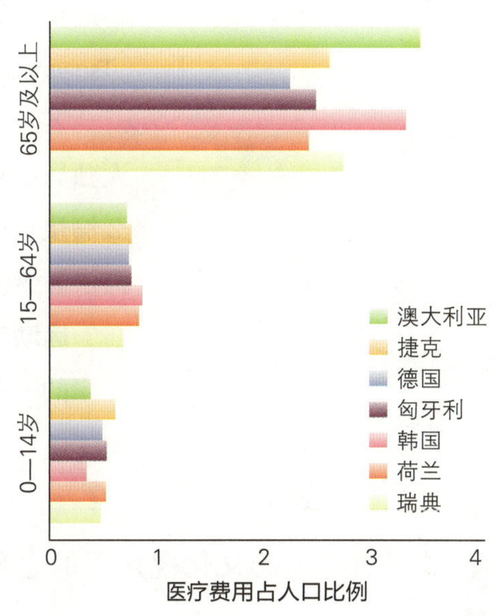

图 12.4　不同年龄组的医疗资源使用情况

65 岁及以上的人比其他年龄组的人消耗更多的医疗资源。

资料来源：OECD（2009）.

保健资金的 20—64 岁纳税人的比例就会降低。

尽管新的医疗干预措施颇有成效，但在老年期保持良好健康的最佳方法非常简单——健康饮食，定期锻炼，避免吸烟和过度饮酒等不健康行为。能做到这些，老年人甚至都不需要医疗保健措施。虽然这些做法的健康价值早已广为人知，但最近的研究才证明了它们的工作原理及其影响程度。

饮食对健康的影响。低脂低糖的均衡饮食对所有年龄的人来说都有益健康。然而保持良好的饮食习惯在老年期比在年轻阶段更重要，因为它可以延缓原发性衰老，还能在各种疾病风险增加的时候增强免疫系统。健康的食物含有能增进健康的特定微量营养素，如钙、锌和维生素 A、B_6、B_{12}、C、D 和 E。通常情况下，良好的饮食能提供足量的微量营养元素；研究发现，服用维生素补充剂在很大程度上并没有什么好处，甚至是有害的（Schwingshackl et al., 2017）。而最近的一些证据表明，维生素 D 补充剂可能有预防呼吸道疾病等好处，但这些说法受到质疑，相关说法和证据也不尽一致（Bolland & Avenell, 2017）。

另外，大量证据表明，高脂肪和高糖的不良饮食习惯会使人们面临各种疾病的风险增高。而且随着年龄的增长，患病的风险也在增加。不良的饮食习惯更容易导致肥胖，进而增加患病和死亡的风险，这对中老年人来说尤甚。心脏病是全世界成年人死亡的主要原因，而肥胖的成年人患心脏病的风险更高（Mandviwala et al., 2016）。在红肉消费量最高的国家，如波兰、罗马尼亚和俄罗斯，心脏病的发病率尤其高（Rosamond et al., 2007）。癌症是发达国家的第二大死亡原因，肥胖使各种癌症的风险增加了 50% 以上（Goodwin & Chlebowsky, 2016）。有些特定的食物与特定类型的癌症有关。例如，胃癌在日本、韩国和东欧部分地区发病率最高，显然，这是因为在这些国家中的人们食用了过量的烟熏或腌渍类的食物（Tsugane, 2005）。

老年期的社会环境有时会让人很难遵循健康的饮食习惯。发达国家的老年人独居的可能性比年轻人更高。独自购物和准备食物似乎更令人却步，也不那么愉快。由于这些原因，许多发达国家都有社会服务机构，能够定期为老年人提供健康的热餐，而且费用很低或不收费（Campbell et al., 2015）。

运动对健康的影响。与健康饮食一样，经常运动也是所有年龄段的人保持健康的一个重要方式，而且对于老年人来说更加重要，因为运动可以减缓原发

文化焦点：跨文化视角下的老年期健康

发展中国家的老年人口抚养比比发达国家低，因为发展中国家活到老年期的人口相对较少，而且他们有较高的出生率。然而发展中国家所面临的挑战是能否给国民提供最基本的医疗保健措施？因为医疗保健的费用昂贵，而且发展中国家缺乏资金来源，不能建设拥有最新医疗方法和技术的医疗系统。

性衰老的影响。研究已经发现特定运动类型与特定健康结果之间的联系。有氧运动（aerobic exercise），例如，快步走、慢跑或者动感单车练习，可以提高呼吸系统、心血管和消化系统的功能（Marcus et al., 2006; Roh et al. 2016）。有氧运动还能改善老年人的认知功能（Jonasson et al., 2016）。力量训练（strength training）通常包括举重等，可以增加肌肉和骨质并促进循环系统的功能（Englund et al., 2017）。此外，经常运动的老年人做日常生活中的各种任务时会更加轻松，比如从提购物袋到打开儿童安全头盔。水上运动结合了有氧运动和力量训练，对改善老年人的身体健康特别有效（Waller et al., 2016）。

在老年期经常运动可以减缓原发性衰老并降低死亡风险。

尽管经常运动有很多好处，但是运动的参与度会在成年期不断降低，到老年期会达到最低。在美国，65—74 岁的人中只有 14%、75 岁及以上的人只有 8% 的人达到了建议的有氧运动和力量训练指南中的标准（National Center for Health Statistics, 2017）。和营养一样，在运动方面也有一些老年期的特定障碍（Singh, 2004）。运动能够提高身体机能，但是对于身体机能已经有所下降的人来说，可能会发现运动变得困难并且不再那么令人愉悦。例如，关节炎可能会让人在做运动中的一些动作时非常痛苦。背部疼痛可能会让人在做有氧运动时变得困难甚至不能完成。从长远来看，运动可能会增加机体的能量感，但是运动在一开始就需要消耗一定的能量。

老年期驾驶。杰弗瑞一家每年都在新罕布什尔州度假。在几年前的一次度假中，杰弗瑞开车跟在他父亲后面。当他发现在他父亲后面开车就像在一个喝醉了的人后面开车时，他无比心慌。因为他的父亲会突然改变速度，并多次转向离开他原本的车道。后来，杰弗瑞把自己观察到的情况告诉了他父亲，并强烈要求父亲停止开车。在那之后，虽然他的父亲不再开车上高速，但他仍然不顾杰弗瑞的抗议和警告开着车在镇上四处乱转。直到 5 年后，一场健康危机导致他不得不依赖外部辅助才能生活，这时的他才最终停止驾驶汽车。

在停止开车前，杰弗瑞的父亲成功地避免了一场重大车祸，但许多老年人就没他这么幸运了。车祸是发达国家老年人健康的一大威胁。在美国，有特别详细的车祸统计数据：75 岁及以上的成年人的车祸死亡率甚至高于 16—20 岁的年轻人［National Highway Traffic Safety Administration（NHTSA），2017］。与 16—20 岁的年轻人相比，老年人撞车的次数较少，但撞车对老年人来说更有可能是致命的，因为他们的身体并没有 16—20 岁时那么有复原力。

我们在本章中看到，一些与驾驶相关的感官能力，包括视觉和听觉在晚年会下降。研究还表明，某些特定认知能力的下降，包括处理信息的速度、记忆力和执行功能的下降会导致老年人驾驶能力下降（Aksan et al.，2015；Waard et al.，2009）。然而，年龄较大的司机往往会认为自己的能力比实际情况要好（Molnar et al.，2013）。在一项研究中，65 岁及以上的驾驶员对他们的驾驶表现给予了很高的评价，不过实验室驾驶模拟显示他们犯了很多会提高他们车祸风险的错误（Freund et al.，2005）。

老年人往往很难放弃驾驶，因为放弃驾驶意味着他们失去了大部分的独立性（Rahman et al.，2016）。他们可能会因为健康状况下降而停止驾驶，但停止驾驶本身也可能会导致健康状况的下降。在一项评估老年人身体健康的研究中，老人们在 1 年、2 年、3 年和 5 年后多次接受评估，其中的许多被试人在过去的某个时期已经停止了驾驶（Edwards et al.，2009）。结果显示，停止驾驶预示着身体和社会功能的下降。老年人停止驾驶对照顾他们的人来说也是一大难题，因为停止驾驶的老年人通常依靠家人和朋友来接送他们，而不是使用公共交通或当地为老年人提供的特殊交通服务。干预项目可以有效帮助老年人安全地过渡到停止驾驶的阶段，并且不会对他们的心理健康和自我价值产生不良影响（Rapoport et al.，2017）。

需要补充的是，许多老年人仍然是优秀的司机。不同的人的驾驶技能的下降速度也有所不同。一直保持身心健康处于良好状态而且感觉灵敏的老年人的驾驶技能并不会下降（Miller et al.，2016）。此外，在老年期，许多人通过改变驾驶行为来弥补他们驾驶技能的下降，例如少开车、只在白天开车、避开高速公路、坚持走熟悉的路线等（Donorfio et al.，2008；Molnar et al.，2013）。很少有国家制定限制老年人驾驶的法律，因为反对限制的人认为，尽管撞车的风险随着年龄的增长而增加，但在每个年龄段都有许多驾驶技能仍然很强的人（Griffith，2007）。

应该避免的事：吸烟和酗酒。为了能在老年期健康、长寿，吸烟无疑是第一个应该避免的行为。如今的大多数人都意识到吸烟会导致肺癌，而且肺癌和任何其他类型的癌症相比会造成更多的死亡，是不容易治疗和治愈的癌症之一（National Cancer Institute，2017）。而且，吸烟也是对健康产生一系列其他惊人危害的来源（CDC，2014）。它不仅会导致肺癌，还会导致口腔癌、喉癌、食道癌、膀胱癌、肾癌、子宫颈癌、胰腺癌和胃癌。由于吸烟会损害心脏和动脉，所以它还会导致冠心病和心脏病发作。此外，它还能导致中风。在男性中，吸烟也会导致功能性勃起障碍（Chew et al.，2009）。

幸运的是，发达国家的吸烟率正在下降。在反对吸烟的公共卫生运动特别激烈的美国，吸烟者在成年人中的比例已经从 20 世纪 60 年代的约 50% 下降到今天的仅 15%（CDC，2017；Roeseler & Burns，2010）。然而烟草公司的市场开拓和营销重点放在了发展中国家这个新兴市场，发展中国家的吸烟率正在上升。

酒精也会损害健康，过度饮酒会产生破坏性影响，增加中风的风险，对肝脏和肾脏造成伤害。

健康老龄化：认识“变老”的新思路

学习目标 12.8 **能够定义“健康老龄化”，并解释它与过去的老年概念有何不同。**

关于老年期的大量研究记录下了伴随着年老而出现的身体机能衰退的状况。人的感觉变得不那么敏锐，有时身体会完全停止运转。各种健康问题的风险急剧上升，甚至对于许多人来说，进行日常活动也成了一项困难重重的挑战。老年期人们的认知能力还会减弱，患痴呆的可能性急剧增加。总之，变老是一件可怕的事情。

然而近些年来，理论家和研究者对老年期阐发了一种新的、更积极的观念。这一观念关注健康老龄化以及如何促进**健康老龄化（successful aging）**（Pruchno et al.，2015；Rowe & Kahn，2015）。健康的老龄化模型有三个组成部分：①保持身体健康，包括身患疾病和身怀残疾的低风险；②维持认知功能；③继续参与生活，包括通过有偿工作或志愿服务而产生的与他人的社交关系以及生产性活动（Rowe & Kahn，2015）。

健康老龄化：这是一种模型，以一种新的、更加积极的角度看待老年期。它包括三个部分：①保持身体健康；②维持认知功能；③继续参与生活。

该模型认为个体实现健康老龄化的机会在很大程度上取决于基因（Foebel & Pederson，2016）。然而，这一模型也强调了社会和文化框架的重要性，以及这些框架是如何促进或抑制健康老龄化的。社会和个人因素，如种族、性别、性取向和社会经济地位也会影响健康老龄化的前景。社会政策也非常重要，比如说，丰厚（或微薄）的退休金，高质量、可负担的医疗服务，以及公共交通的普及性（Rowe & Kahn，2015）等都会影响健康老龄化的发展。

然而社会的制度框架抵制变革。如今的社会制度迄今未能适应各国人口老龄化的方式，而正是这些适应各国人口老龄化的方式却有可能促进健康老龄化（Meija et al.，2017；Riley & Riley，2000）。例如，1888 年德国的第一次养老金规定退休年龄为 65 岁。130 多年后，尽管我们的经济、家庭生活、性别角色和社会关系的几乎所有方面都发生了变化，但大多数国家仍将 65 岁视为标准退休年龄。对于那些成功的健康老龄化的理论家来说，是时候重新思考这些陈旧的规定了，而且应该及时提出疑问：由于家庭生活需求值最大，30—40 岁的人们可以少工作一点，把工作时间延长到 60 岁甚至 70 岁，让那些每周工作时间更少、身体健康、工作效率更高的人继续工作，这样难道不是更有意义吗？如此一来，社会就可以更好地利用老年人的社会和认知优势，包括他们几十年以来所积累的专业知识、处理冲突的能力以及考虑到其他年龄群体的观点的能力，而这些都是他们自己曾经亲身经历过的。总而言之，目前尚未开发的**长寿红利（longevity dividend）**有着巨大的潜力，它将允许并鼓励老年人通过家庭角色、带薪工作和社区服务的结合来保持社会参与度和工作效率（Olshansky，2016；O'Neill，2017）。

长寿红利：老年人通过家庭角色、带薪工作和社区服务的结合来保持社会参与度和工作效率，以此为社会创造价值。

小结：生理发展

学习目标 12.1 能够比较老年人的文化观点，并区分老年期的三个亚阶段。

在许多亚洲国家和一些国家的传统文化中，人的地位在一定程度上取决于年龄。老年人会受到尊重并被视为权威。正如广告中所呈现的那样，西方对老年期的描述也变得越来越积极向上。发展心理学家将老年期分为三个亚阶段：低龄老人（60—74 岁）、中龄老人（75—84 岁）、高龄老人（85 岁及以上）。虽然老年人的身体机能下降得最快，但每个亚阶段的老年人在日常生活的活动（ADLs）方面可能会有所不同，所以现在的老年病理学家也经常提到“技能年龄”的概念。

学习目标 12.2 能够界定老年人口抚养比，并解释其对发达国家的影响。

老年人口抚养比（OADR）的计算方法是：65 岁及以上的人数除以 20—64 岁的人数，再乘以 100%。发达国家的人口死亡率正在上升，生育率下降和预期寿命延长，医疗干预是主要原因。由于老年人口抚养比不断上升，日本等国的社会福利体系面临着严重的压力。

学习目标 12.3 能够识别老年期身体老化的迹象，并区分原发性衰老和继发性衰老对外貌的影响。

身体衰老的迹象包括头发变白、头发稀疏、产生老年斑、体重下降，以及牙齿脱落。尽管暴晒和饮食之类的继发性衰老也会产生影响，但其中许多变化都是由原发性衰老造成的。

学习目标 12.4 能够总结老年期在视觉、听觉、味觉和嗅觉方面的变化。

在老年期，角膜、晶状体、视网膜和视神经的变化可能导致白内障、黄斑变性或青光眼。晚年时期，听力通常会下降，而助听器可能有助于补偿听力的下降。味觉和嗅觉也会下降，这对老年人的饮食和健康有负面影响。

学习目标 12.5 能够描述老年期睡眠模式的变化。

在老年期，许多人需要更长的时间才能入睡，夜间醒来的次数也更多，睡眠也不那么深。许多老年人也有睡眠呼吸暂停的经历。睡眠模式的变化受到正常的衰老以及心理和医疗条件的影响。

学习目标 12.6 能够识别与老年期有关的主要健康问题，并列举出一些治疗方案。

老年期常见的慢性病之一是关节炎，这是一种关节疾病，特别会影响臀部、膝盖、脖子、手和下背部的运动。这种疼痛无法治愈，但是通过药物和手术等手段可以进行积极的治疗。老年期骨量持续流失，这会增加罹患骨质疏松症的风险。骨质疏松症主要发生于女性群体之中。通过定期的骨骼强化运动，如举重以及摄入富含钙元素的饮食人们能够延缓骨质疏松甚至逆转。在老年期，由于原发性和继发性衰老，高血压的发病率会上升，并增加心脏病发作和中风的风险。

学习目标 12.7 能够识别三种对健康产生积极影响的生活方式。

健康饮食、定期锻炼、避免吸烟和过度饮酒等健康的习惯对老年期的健康都有积极的影响。

学习目标 12.8 能够定义“健康老龄化”，并解释它与过去的老年概念有何不同。

理论学家和研究人员最近开始将他们的注意力转向如何能够成功地促进健康老龄化，例如保持身体和认知健康，保持与他人的正常社交和积极地参与到生产性活动中去。在这个新领域，人们强调社会机构需要进行变革，以适应老年人不断变化的需求和能力。

第二节 认知发展

学习目标

12.9 能够描述老年期注意力和记忆力的变化。

12.10 能够解释大脑在老年期是如何变化的，并确定阿尔茨海默病的症状和产生的危险因素。

12.11 能够定义智慧，并总结有关年龄和文化对智慧的影响的相关研究。

12.12 能够描述干预研究对认知衰退的影响，并解释老年人如何适应生理和认知的变化。

认知的变化与衰退

和生理发展一样，认知程度也会在老年期下降，尤其是在 85 岁之后下降的幅度更大。然而，通过健康的饮食、锻炼和保持高水平的认知活动可以延缓衰老的过程、保持灵敏。

注意力和记忆力的变化

学习目标 12.9 能够描述老年期注意力和记忆力的变化。

老年期注意力和记忆力的信息处理能力有所下降。然而在衰退的程度和速度上，个体之间的差异很大，而且下降的程度也因所涉及的任务类型而有所不同。

注意力。注意力的下降从青少年期就开始了，在成年期不断下降，到老年期继续下降。注意力下降有几种不同的类型，包括选择性注意力（selective attention）、分散性注意力（divided attention）和持续性注意力。

选择性注意力是指排除无关信息的能力，这种能力会随着年龄的增长而逐渐下降。在一个被称为“斯特鲁普实验”（Stroop test）的经典心理学实验中，人们被要求指出屏幕上所闪现的单词的颜色，但是单词本身却呈现出相反的信息。例如，单词“蓝色”会以红色闪现。实验过程中，老年人比年轻人更难完成这项任务，因为实验要求老年人专注于相关信息，即单词的颜色是红色，而忽略不相关的信息，即单词本身是“蓝色”（Hogan，2003；James et al.，2016）。

分散性注意力就是同时跟踪多个信息源的能力。它也会随着年龄的增长而下降。例如，在要求人们同时执行两项任务的实验室任务中，比如在一个人一边在显示器上导航一边进行对话的模拟驾驶任务中，老年人的表现要比年轻人差（Verhaeghen et al.，2003）。然而通过训练，老年人的分散性注意力可以得到提高（Fraser & Bherer，2013）。

在晚年时期，人们对事实信息的记忆仍然相对强劲。

持续性注意力：长时间专注于一项任务的能力。

舌尖效应：感觉一些信息，比如邻居的名字就在嘴边，却无法将信息提取出来。

积极效应：倾向于以保持积极自我形象的方式回忆过去的事情，回忆愉快的事情（比如你曾经得到的奖励），而忘记不愉快的事情（比如你想要但没有得到的晋升）。

回忆爆发：指人们对10—30岁的自传体事件的回忆比30—50岁时更生动、更详细。

持续性注意力（sustained attention）。即要求人们在某一特定的时间段内专注于一项任务的能力。在持续注意力的实验室测试中，被试者会面对一系列的刺激，例如字母，要求他们只在看见特定图案时再按键（例如，一个字母A后面跟着一个字母X）。在这类任务中，老年人比年轻人反应更慢，犯的错误也更多（Rush et al., 2006；Staub et al., 2015）。

记忆力。人们对记忆力在晚年时期的情况进行了大量的研究。研究结果表明，记忆力衰老的程度和速度在一定程度上取决于所涉及的记忆类型。程序记忆（procedural memory）的下降相对较小，程序记忆是关于如何执行涉及运动技能的任务或活动的记忆，如演奏乐器、键盘打字或缝纫按钮（Muller et al., 2016）。即便是刚学会的任务，情况也是如此。在一项研究中，研究人员教18—95岁的被试者如何尽快拧掉螺帽。最年长的成年人在被教了2年后仍能完成任务，并且成绩没有任何下降（Smith et al., 2005）。

语义记忆（semantic memory），是一种与单词意义和事实信息相关的记忆，随年龄的增长，语义记忆没有多少衰退（Wiggs et al., 2006）。这种记忆可以被看作晶体智力的一个方面，它在老年期不会像流体智力那样下降很多。然而，语义记忆最终也会下降（Spaan, 2015）。长期记忆提取能力的下降使得老年期更频繁地出现**舌尖效应［tip-of-the-tongue（TOT）states］**，即感觉一些信息，比如邻居的名字就在嘴边，但却无法将信息提取出来（Abrams & Davis, 2016）。

尽管老年人往往相信他们能将很久以前的事件记得特别清晰，但是研究表明，情景记忆（episodic memory）会在老年期大幅下降，而对于最近的信息，如在过去的一年里所发生的重要事件，以及前几年显示在电视上的那些更遥远的事件等信息而言，情景记忆也同样衰退得厉害（MacLeod & Saunders, 2017）。一个与自传记忆（autobiographical memory）相关的研究表明，人们在回忆过去的事情时，倾向于保持积极的自我形象，回忆愉快的事情，比方说你曾经获得的奖励，却忘记不愉快的事情，比如说你想要但没有得到的升职机会；这种倾向被称为**积极效应（positivity effect）**（Kennedy et al., 2004；Piolino et al., 2006；Schryer & Ross, 2014）。这一领域的研究还表明，老年人对10—30岁发生的事情有**回忆爆发（reminiscence bump）**现象（Scherman, 2013）。也就是说，与30—50岁相比，人们对10—30岁的自传体事件的回忆更加生动和详细。在10—30岁这个年龄段的回忆之所以尤为生动，是因为对于许多人来说在这几年发生了很多重要的人生事件，比如进入青春期，第一次恋爱和第一次性经历，第一次工作，离开家独立生活，结婚和为人父母。甚至是这个年龄段发生的公共事件，比如说谁赢得了重大体育赛事，谁当选了高级政治领导，这类事件也更有可能被回忆起来（Koppel & Berndtsen, 2016；Scherman, 2013）。

老年期记忆衰退的一个特别有趣的方面是源记忆（source memory），也就是获取信息地点的记忆。在晚年时期，人们越来越难以记住他们在哪里学到的东西或什么时候第一次使用一个东西（Thomas & Bulevich，2006）。这种记忆困难会导致老年人“记住”从未真正发生过的事情（Dodson et al.，2007）。例如在一个实验中，研究人员向不同年龄的被试者展示了一份相关物品的清单，其中有糖果、饼干、蜂蜜等物件，然后向他们展示另一份清单，并询问新清单上的哪些物品是原来的清单上的。年长的被试者比年轻的被试者更有可能说他们看到了一个适用于物品类别的单词（例如“甜蜜”），但实际上这个单词并没有出现过（Jacoby & Rhodes，2006）。然而一些研究人员发现，当信息具有个人相关性时，老年人在源记忆中犯的错误并不比年轻人多（Hasher，2003）。

大脑的变化和相关疾病：痴呆症和阿尔茨海默病

学习目标 12.10　能够解释大脑在老年期是如何变化的，并确定阿尔茨海默病的症状和产生的危险因素。

老年期的大脑由于原发性衰老会发生各种变化，这会导致认知能力下降。但它们也会受到继发性衰老的影响，尤其是吸烟会产生负面影响，锻炼和认知刺激会产生正面影响。对许多人来说，神经系统的变化最终会导致大脑退化。这种情况不仅严重影响认知功能，而且会影响生活的各个方面。

老年期大脑的变化。大脑实际上会缩小，而且大脑的总体质量也会下降。这个过程始于 30 岁左右，但在 60 岁左右增速，因此到 80 岁时，大多数人的大脑峰值质量会下降 5%—10%（Persson et al.，2016；Raz et al.，2007）。从 30 岁到 70 岁，大脑和颅骨之间的空隙增加了一倍，大脑内部的空间也扩大了。某些大脑结构尤其会受到影响，最明显的是海马体（影响信息向长期记忆的存储）、小脑（参与平衡和协调）和额叶（负责计划和判断）。脑质量的下降是由于神经元死亡和新神经元替代不足，以及神经元髓鞘化的减少（Raz，2005）。神经元的新陈代谢贯穿整个生命过程，但在老年期，神经元的死亡率和再生率的占比会发生反转，神经元的死亡率要大于再生率（Manev & Manev，2005）。然而在老年期，大脑质量的损失有很大的差异性，保持身体机能和增加认知活动可以减少衰退并保留大脑的功能（Colcombe et al.，2006；Duzel et al.，2016；Kelly et al.，2014）。

某些神经递质在晚年时期会下降，最明显的是乙酰胆碱（acetylcholine）。它在记忆功能方面发挥着很大的作用（Heineman et al.，2017）。影响运动和运动协调的多巴胺（Dopamine）也会减少。老年期是患上帕金森病的风险增加的时期。由于多巴胺水平骤降，会导致控制运动出现严重困难（Erickson et al.，2012；Murre et al.，2013）。

阿尔茨海默病的诊断。在晚年时期被诊断为阿尔茨海默病的人患上**痴呆症**

痴呆症：一种神经疾病，会导致认知功能丧失，严重到足以干扰日常生活。

（dementia）的风险会增加，这种情况会导致认知功能丧失，严重到足以干扰日常生活。在发达国家，60 岁及以上的人群中只有 1%—2% 患有痴呆症，但在 75 岁之后发病率急剧上升，85 岁及以上的人超过 50% 会患有痴呆症（Cornutiu，2015）。在发展中国家，很少有人受到痴呆症的影响，因为活到晚年时期的人相对较少。但在亚洲和拉丁美洲国家，65 岁及以上的人患痴呆症的比例约为 5%，并且这一比例会随着预期寿命的增加而增加（Klaria et al.，2008）。

阿尔茨海默病：一种痴呆症，是大脑中的一种特殊的结构慢慢衰退造成的，包括淀粉样斑块的积累和神经纤维缠结的发展。

超过 70 种不同的痴呆症已经被医学界鉴别，但最常见的类型是**阿尔茨海默病**（Alzheimer's disease）。这是一种大脑结构衰退的独特模式。现如今对阿尔茨海默病的研究远远超过其他类型的痴呆症。

阿尔茨海默病的最早症状是对最近发生的事件、熟悉的名字和任务失去相关记忆（Sherman et al.，2016）。当然，正如我们所见，记忆衰退发生在晚年是原发性衰老的一部分，但患上阿尔茨海默病则意味着记忆衰退的程度更加突出和严重。比如说，患者甚至无法记住孙辈的名字或忘记之前光顾过很多次的杂货店的路线。有关近期事件的记忆会最先受影响，而和早期事件和人物相关的记忆也逐渐会被遗忘。最终，患者会丧失对最熟悉和最有价值的人、地点、事件和事实的相关记忆。这种丧失意识和最终失去一切记忆的状态，使得阿尔茨海默病对许多人来说是一种可怕的存在。

其他症状也会在阿尔茨海默病中出现，因此，患者的人格通常也会受到更加负面的影响，人会变得更焦虑和更具有攻击性，对其他人和以前喜欢的活动失去兴趣（Zhao et al.，2016）。在患病的过程中，大脑额叶受到的影响越来越大，额叶对社会不良行为上的抑制作用也被削弱，这就导致患者会做出一些可能让别人震惊或者沮丧的行为。比方说，之前表现得很有礼貌的人突然开始使用粗话并在大庭广众之下高声叫喊，或者在之前表现矜持的女性晚年开始大发雷霆。在接下来的阶段，患者说话的能力逐渐减弱直至丧失，他们控制身体功能的能力也会逐渐衰弱。该疾病最终是致命的，确诊为患上阿尔茨海默病后的男性的预期寿命约为 5 年，女性则为 6 年（Watto et al.，2014）。

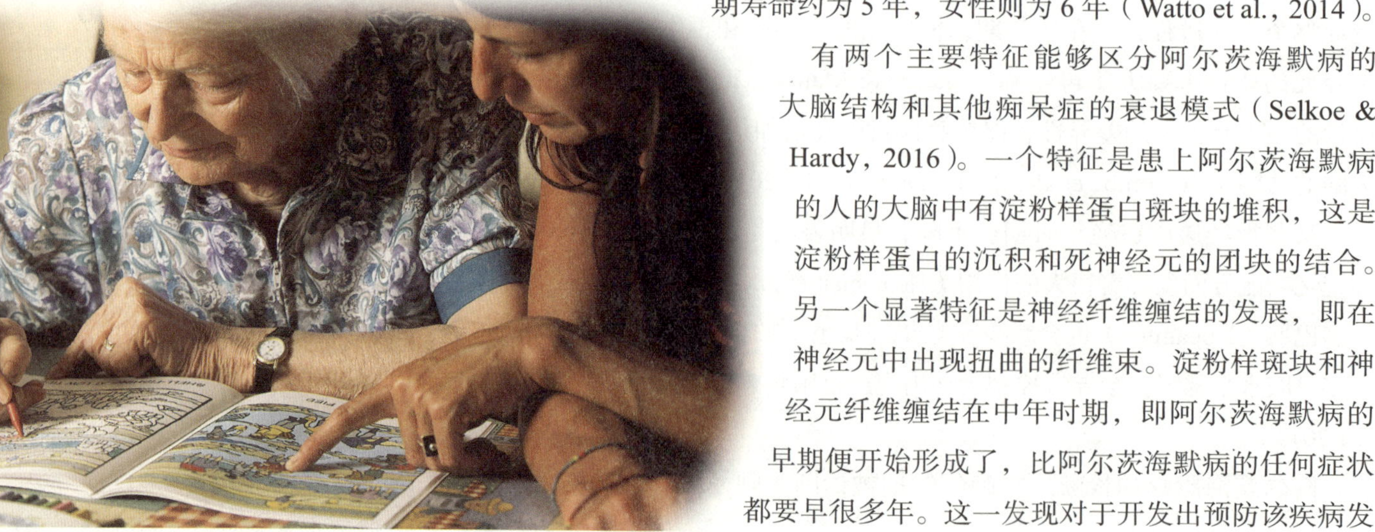

患有阿尔茨海默病的人会失去有关熟悉的名字和任务的记忆。

有两个主要特征能够区分阿尔茨海默病的大脑结构和其他痴呆症的衰退模式（Selkoe & Hardy，2016）。一个特征是患上阿尔茨海默病的人的大脑中有淀粉样蛋白斑块的堆积，这是淀粉样蛋白的沉积和死神经元的团块的结合。另一个显著特征是神经纤维缠结的发展，即在神经元中出现扭曲的纤维束。淀粉样斑块和神经元纤维缠结在中年时期，即阿尔茨海默病的早期便开始形成了，比阿尔茨海默病的任何症状都要早很多年。这一发现对于开发出预防该疾病发展的药物能够起到非常大的作用，目前大量的研究都集中在这个问题上（Bolster，2017）。

阿尔茨海默病的诊断是基于认知和行为功能的改变，尤其是严重的记忆丧失，这是无法用其他原因来解释的（Zhao et al.，2016）。只有到死后尸检才可以揭示淀粉样斑块和神经元纤维缠结的存在，如此一来我们才能对阿尔茨海默病做出明确诊断（Wattmo et al.，2014）。目前医学界正在研究一种新的诊断方法。这种新的方法可以通过血液、尿液、脊髓液测试，或者通过大脑活动的功能性磁共振成像（FMRI）来确定疾病的发展。

影响阿尔茨海默病风险的因素。是什么导致了阿尔茨海默病？有一种早发的阿尔茨海默病会发生在65岁之前。早发的疾病显然有遗传基础，因为医学界发现，这一疾病在家族中有很强的遗传性。事实上，研究人员已经确定了产生过多淀粉样蛋白而导致淀粉样斑块的特定基因（Pottier et al.，2016）。但这类阿尔茨海默病只占5%。

大多数阿尔茨海默病病例似乎也有部分遗传基础，但不像早发病例那般明显。载脂蛋白E基因（*ApoE* gene）是阿尔茨海默病产生的高危基因，并且已被医学界认证（Hersi et al.，2017；Marcora et al.，2016）。即使是在中年时期，即阿尔茨海默病首次发病前几年，携带载脂蛋白E基因的人与不携带该基因的人在回忆信息时，他们大脑活动功能的磁共振成像看起来也有所不同（Lowe et al.，2016）。

载脂蛋白E基因预示了人们患上阿尔茨海默病的风险，但并非每个携带该基因的人都会患上此病。一项跨文化研究为阿尔茨海默病的基因和环境之间的相互作用提供了一个很好的例子（Lahiri et al.，2007）。非裔美国人患阿尔茨海默病的概率比其他美国族裔都要高，而这项研究发现，携带载脂蛋白E基因的非裔美国人尤其容易患此病。然而，在约鲁巴人的样本中，即使他们拥有载脂蛋白E基因，患老年痴呆的概率也非常低。显然，关键的区别在于他们的饮食。非裔美国人吃高脂肪高糖的饮食，显然触发了载脂蛋白E基因表达的患病易感性，而约鲁巴人食用的是低脂肪的食物，他们主要的食物是蔬菜、水果，偶尔吃肉，因此载脂蛋白E基因没有表达出来。

地中海式饮食有助于降低患阿尔茨海默病的风险。

其他研究也表明，饮食是诱导阿尔茨海默病发展的一个重要因素（Hersi et al.，2017）。虽然高脂肪高糖的饮食会增加罹患此病的风险，但地中海地区常见的以西红柿、鱼和橄榄油为特色的"地中海式饮食"会降低患病风险。少量或适量饮酒也能降低患老年痴呆的风险。

保持高水平的认知活动似乎是另一个预防阿尔茨海默病的保护性因素（Wattmo et al., 2014）。受教育程度和患阿尔茨海默病的风险之间有很强的负相关性，没有四年制大学学位的人患上阿尔茨海默病的可能性是有学位的人的 2 倍。在过去的 20 年里，阿尔茨海默病的发病率在发达国家有所下降，对这一有利趋势的一种解释是，这些国家的人口接受高等教育的可能性越来越高（Langa, 2015; Shah et al., 2016）。

在老年期，通过工作或休闲活动而提升个人高水平的认知可以继续降低老年痴呆的风险。即使原发性衰老的确会影响大脑的功能，但晚年时期的认知活动就像是在给大脑做运动，从而使得大脑创建新的突触联结和**认知储备（cognitive reserve）**，可以使大脑保持正常运转（Kivipelto et al., 2017）。即使是在初成年期获得的教育也可以预测晚年时期大脑突触联结的密度，进而预测患阿尔茨海默病的概率（Bozzali et al., 2015）。不仅是那些在初成年期开始的教育能够形成可以在以后生活中使用的认知储备，而且对于那些受过高等教育的人来说，他们通常进入具有认知挑战性的职业，而这些职业则会继续建立他们的认知储备（Xu et al., 2015）。

认知储备：这是成年后期认知活动的结果。其功能类似一种大脑锻炼，即使是在大脑发生原发性衰老的时候也可以使大脑保持良好的功能。

认知活动可以建立一种储备，从而延缓认知老化，降低患阿尔茨海默病的风险。也许更令人惊讶的是，体育活动和锻炼对认知老化和患阿尔茨海默病风险的保护作用更大。例如，在一项对年龄在 71—93 岁的人所展开的研究中，那些每天至少步行 2 英里（约 3.2 千米）的人患阿尔茨海默病的可能性只有那些每天步行少于 1/4 的人的一半（Abbott et al., 2004）。有氧运动增加了大脑皮层的厚度，尤其是前额叶皮层。而前额叶皮层对认知功能起着重要的作用，比如规划和推理（Wood et al., 2016）等。有氧运动还增加了海马体的大小。海马体参与长时记忆。海马体的增大会使得记忆相应地改善（Erickson et al., 2011）。在最近对 24 项研究的结果所得出的结论中，其中 18 项研究表明，体育活动与患阿尔茨海默病风险呈反比关系（Stephen et al., 2017）。目前的研究集中于确定最能预防阿尔茨海默病发作的运动类型、强度和持续时间（Hersi et al., 2017）。

阿尔茨海默病的治疗和护理。目前还没有有效治愈阿尔茨海默病的方法，而且缓解症状的药物效果也十分有限。目前大多数药物都在寻求限制乙酰胆碱的流失。乙酰胆碱是参与记忆的神经递质，它会在阿尔茨海默病患者身体中急剧下降（Salomone et al., 2011; Wardet al., 2016）。然而，这些药物中最有效的也只对一半的阿尔茨海默病患者起作用，即便如此，症状的缓解也只是暂时的。其他新近研制的方法主要关注如何去除淀粉样斑块，也有开发一种疫苗抑制斑块的形成。然而目前为止，这些努力尚未取得成功。

目前阿尔茨海默病研究的新发现为更有效的治疗指明了道路。最有希望的新发现之一与淋巴系统有关。淋巴系统携带免疫细胞游走于全身，在这一过程中会清除废物和毒素。淋巴系统的存在已经有 300 年的历史了，但直到最近，人们才相信淋巴系统并没有延伸到大脑。现在的研究表明，它不仅包括大脑，而且淋巴系统的功能障碍可能导致阿尔茨海默病和其他神经紊乱，如帕金森病（Aspelund et al., 2015）。以小鼠为研究对象的研究表明，淋巴系统功能不良会导致大脑中淀粉样蛋白的积聚，这种蛋白与阿尔茨海默病有关（Peng et al., 2016）。其他研究表明，睡眠是至关重要的，动物在睡眠时从大脑中清除的淀粉样蛋白是醒着时的 2 倍（Xie et al., 2013）。目前的研究重点是如何增强大脑淋巴系统的功能，从而预防阿尔茨海默病，甚至在它开始发作时便及时地治愈它。

然而，就目前而言，阿尔茨海默病的发展是难以抑制的，因为它会逐渐破坏人的认知、身体和情感功能。这种身体和认知功能上的下降给负责照顾阿尔茨海默病患者的人（通常是患者的配偶或子女）带来很大压力（Storti et al., 2016）。阿尔茨海默病患者最终需要持续的照顾，因为他们会变得不能自己吃饭和穿衣，并且会失去对膀胱和肠道运动的控制导致大小便失禁。他们甚至认不出他们最爱的人，情绪也变得越来越不稳定。阿尔茨海默病的看护人在身心疲惫时，抑郁、焦虑和睡眠等问题的发生率很高（Goren et al., 2016）。通过向照护者提供疾病知识、如何应对症状的培训以及从持续的照护责任中偶尔放松一下，可以减轻照护者的负担（Callahan et al., 2006）。

关于认知变化的不同观点

老年期的认知变化不仅仅呈下降趋势，在许多文化中，老年期被视为智慧最终发展成熟的时期。对于经历过认知能力衰退的人来说，现今有很多适应这一状况的方法，促进有价值的活动可以继续。处于老年期的人们仍旧需要学习，事实上，老年期的学习有助于帮助人们保持认知能力的敏锐度。

智慧

学习目标12.11　能够定义智慧，并总结有关年龄和文化对智慧的影响的相关研究。

尽管老年期的认知发展常常涉及特定能力的衰退，但是在许多文化的传承中老年也与**智慧（wisdom）**相联系。比如，在亚洲文化中，年龄通常与权威、尊重呈正相关，即这个人物的年龄越高，那么他越有可能获得更高的尊重（Chadha, 2004）。在许多非洲文化中，上了年纪的男人被称为“大人”（big man），女人则被称为“大女人”（big woman），这一称呼表明了他们的地位和智慧，而不是根据腰围的大小来定义智慧。从部落首领、萨满到总理、首席执行官和最高法院法官，在世界各地，那些需要智慧的权威职位通常由处于老年期的人担任。在一项要求不同年龄的成年人说出拥有高级智慧的公众人物的研究中，大多数人选择了老年人，这些人物的平均年龄为 64 岁（Baltes et al., 1995）。

智慧：在个人行为和生活意义方面的专业知识。

在许多文化中，老年期的人常常在那些重要的职位中任职。图为印度政府官员与罢工工人正在谈话。

但智慧到底是什么呢？关于智慧的著述已经存在了几千年。几十年来，由德国心理学家保罗·巴尔特斯（Paul Baltes）和乌尔苏拉·施陶丁格（Ursula Staudinger）领导的社会科学家们一直在研究智慧的本质及其与年龄的关系（2005；Staudinger & Glück，2011）。在回顾了许多文化和许多历史时期关于智慧的概念后，巴尔特斯和施陶丁格得出结论，认为智慧可以被定义为“在个人行为和生活意义方面的专业知识”（Baltes & Staudinger，2000，p.124）。具体地说，这可能包括：对人性和人类状况的深刻洞察（insight）、对人类社会关系和情感的认识（knowledge）、将这种洞察力和知识应用于日常问题和生活决策的方式方法（strategies）、关注如何在最大限度上提升人类的价值（values），以及意识到和人类相关的问题往往是需要几经考虑、不能轻易回答的认识（awareness）（Staudinger，2013；Staudinger et al.，2005）。

使用智慧这一定义的研究通常采用的方法是向人们展示假想的情况，并根据刚才所描述的智慧维度对他们的反应进行评级。假设的情况涉及这样一些问题，比如接到一个朋友想要自杀的电话，或者决定给一个想要搬出父母家过上独立生活的 14 岁女孩什么建议。对各个年龄段的成年人进行的研究发现，只有一小部分回答被归类为“明智”，这一部分的占比通常小于 10%（Baltes & Staudinger，2000；Smith & Baltes，1990；Staudinger & Baltes，1996；Staudinger et al.，2005；Wink & Staudinger，2015）。此外，智慧通常与年龄无关。初显期成人和青少年以及中老年人一样，他们之中处于领导地位的人比其他人更有可能在智慧方面得到高分（Kramer，2003；Staudinger，2013）。

基于巴尔特斯模型和施陶丁格方法的研究为研究智慧的本质及其与年龄的关系提供了一个有趣的开端，但它留下了许多未解的问题。对假想情况的反应是衡量人们智慧的有效方法吗？至关重要的是，不同文化中的智慧是相同的，还是具有文化差异的？大多数使用巴尔特斯和施陶丁格方法的研究都是在德国样本上进行的。德国人的智慧和中国人的智慧、尼日利亚人的智慧、秘鲁人的智慧、埃及人的智慧真的会是相同的吗？

一个相关的问题是，老年人的智慧是否会因文化的社会变革速度而受到不同的重视呢？也就是说，在社会变化缓慢的文化中，老年期的人们所积累的智慧可能比在变化迅速的文化中更有价值。人类学家玛格丽特·米德（Margaret Mead）（1928）在近 100 年前的著作中提出，当变化的步伐变慢时，年轻人主要向老年人学习，此时，老年人的地位很高；但随着变革步伐的加快，年轻人相互间学习的情况越来越多，老年人的地位也因此在逐渐下降，因为他们的知识与当代问题的相关性越来越小。米德的观察在现在看来是有预见性的，因为在这个时代，那些希望学习如何下载音乐或制作网页的年轻人更有可能向同龄人而不是向自己的祖父母请教。然而，这一说法能在一定程度上解释为什么在西方国家老年人的地位似乎比在更传统的社会要低吗？还是说，老年期的智慧应该与贯穿历史和文化的人类问题有关，而与社会和技术变革无关？也许对智慧的研究将在未来几年向我们阐明这些问题的答案。

> **批判性思考题：** 如果人们接受的采访是关于他们在现实生活中对问题的反应，而不用巴尔特斯和施陶丁格方法中的假设情况，那么对于年龄模式的划分在智慧方面会有什么不同吗？

认知衰退的应对措施

学习目标 12.12　能够描述干预研究对认知衰退的影响，并解释老年人如何适应生理和认知的变化。

正如我们所看到的，一些发生在老年期的认知功能的衰退是原发性衰老包括大脑的萎缩和神经递质乙酰胆碱水平的下降而造成的。然而，成年人不仅仅在大脑方面比年轻人更老，在日常认知任务和挑战的水平方面也和年轻人有所不同。在发达国家，尽管人们在退休时间上有越来越多的变化，但是大多数人在他们到晚年时期之前便已经退休了。这意味着他们很少接受日常的认知刺激，而接受认知刺激是大部分工作任务的一部分。

那么，老年期的认知变化有多少是由原发性衰老引起的，又有多少是由继发性衰老，特别是由经常伴随着老年期的认知刺激减弱引起的呢？在过去的几十年里，为了阻止或逆转老年期的认知衰退，人们进行了几项主要的干预研究，这些研究显示了令人惊叹和充满希望的结果（Alves，2015；Stine-Morrow & Basak，2011）。

在老年期持续学习能够延缓认知能力的下降。

在老年期继续学习。这一干预项目是在老龄化研究的领导者雪莉·威利斯（Sherry Willis）和华纳·沙弗（Warner Schaie）的领导下进行的，其中还包括西雅图纵向研究的被试者。拥有纵向数据对研究设计至关重要，因为它使研究人员能够比较被试者目前在认知任务上的表现和他们几年前的表现。所有被试者的年龄都在 65 岁及以上。在测试中，他们接受了 5 次 1

小时的空间定位和推理技能训练。在干预之后，2/3 的被试者的表现得到了显著提高，其中 40% 的人的表现与 14 年前的水平相当（Schaie，2005）。此外，在 7 年后的评估中，尽管两组的分数都有所下降，但参与干预的被试者仍然比没有接受干预的同龄人表现更好。

在威利斯的另一项研究中，年龄在 65—84 岁的被试者被随机分配到干预组和对照组，干预组的被试者接受了 10 次 1 小时的训练以提高记忆力、推理能力和处理速度（Willis et al.，2006）。在最初的干预训练后的 1 年和 3 年中，干预组的被试者也接受了 4 次“强化”训练。干预的结果再一次是实质而持久的。研究开始的 5 年后和对照组相比，干预组的被试者在记忆任务上提高了 75%，在推理任务上提高了 40%，在处理速度任务上提高了 300%。这项研究还检验了干预对日常任务的影响，如查询电话号码或准备一顿饭，研究者发现，干预组的被试者比对照组参与者对自己完成这些任务的能力更有信心。

这些研究是最广为人知的，但是许多其他关于老年期认知功能的干预研究也显示了类似的结果（Alves，2015；Stine-Morrow & Basak，2011）。很明显，就像有规律的体育锻炼可以增强身体机能、减缓老年期的初级衰老一样，有规律的智力锻炼也可以增强智力，减缓认知能力的下降。智力锻炼可以包括填字游戏、打牌、看教育电视和读书等活动。

尽管保持精神和身体上的活跃可以减缓衰老过程，但身体和认知能力的衰退最终会因为原发性衰老的发生而发生。老年人该如何适应这些衰退，如何充分利用他们的身体和认知资源呢？保罗·巴尔特斯和他的同事提出了一个有影响力的模型（Baltes，2003；Baltes & Baltes，1990；Freund & Baltes，2002；Hahn & Lachmann，2014）。根据巴尔特斯和他的同事的研究，在老年期，对身体和认知能力下降最成功的适应涉及**选择补偿的最优化元模型**（selective optimization with compensation，SOC）的问题。也就是说，健康而成功的老龄化包括选择让你能够投入其中并有所享受的有价值的活动，并且放弃那些已经变得过于烦琐而费力的活动。通过这种方式减少活动范围，优化剩下的活动就变得更有可能，因为人的所有精力和注意力都可以集中在这些活动上。老年人还可以通过提出新策略或使用科技，找到弥补身体和认知能力下降的方法。

选择补偿的最优化元模型（SOC）：面对衰老，人们需要选择有价值的活动，并放弃其他没有意义的活动，还要优化剩余活动的功能，并通过提出新的策略或使用科技来弥补身体和认知能力的下降。

为了说明选择补偿的最优化元模型（SOC），巴尔特斯和同事描述了著名钢琴家阿图尔·鲁宾斯坦（Arthur Rubinstein）在晚年时期演奏时使用的方法（Baltes & Baltes，1990）。当被问及他是如何在七八十岁的时候还能保持世界顶级钢琴演奏家的声誉时，他解释说，他已经缩小了在音乐会中演奏的曲目范围（选择），而且他对剩下的每一段都进行了更多的练习（优化），并且为了使得对比更加有效，他在开始快速演奏之前他以非常慢的速度来演奏，因为他不能像年轻时那样快速地弹奏（补偿）。

很少有老年人会面临在众多观众面前表演的挑战，但模型也适用于日常生活中的活动。喜欢烹饪的人可能会决定在老年期尽量减少复杂的宴会，因为他们需要很多时间和精力去准备，而专注于简单的菜肴（选择），可以帮他们节省很多步骤（优化），并且可能会直接购买现成的材料（如准备酱汁），如此一来可以进一步削减步骤（补偿）。当一个人在老年期开始发现阅读长篇历史小说的压力太大时，他可能会选择少读一些（选择），一次少读几页（优化），并跳过太详细的部分（补偿）。模型也适用于社会认知。例如，当人们在老年期发现家庭聚会太多时，他们可能会选择少参加一些（选择），这样他们可以享受更多其他的聚会（优化），并且他们可以在聚会前得到额外的休息（补偿）。最近的一项研究强调了使用智能手机可以帮助老年人应用这一模型的方式，例如通过学习使用交通工具或叫外卖（Sun et al., 2016）。在这一模型中，健康老龄化的关键是了解自己的极限，并找到在这些极限内享受生活的方法。

小结：认知发展

学习目标 12.9 能够描述老年期注意力和记忆力的变化。

在老年期，有几种不同类型的注意力会下降，其中包括选择性注意力、分散性注意力和持续性注意力。记忆力衰退因其涉及的记忆类型而异。程序记忆和语义记忆下降幅度相对较小，但情景记忆和源记忆下降幅度较大。

学习目标 12.10 能够解释大脑在老年期是如何变化的，并确定阿尔茨海默病的症状和产生的危险因素。

老年期的大脑会萎缩，总质量会下降。乙酰胆碱和多巴胺等神经递质也在下降。阿尔茨海默病的最早症状是对最近发生的事件、熟悉的名字和任务失去记忆。人格和控制身体功能的能力经常受到负面影响。一种被称为载脂蛋白 E 基因的特殊基因显示出患阿尔茨海默病的风险，但并非每个携带该基因的人都会患上此病。高脂肪高糖的饮食会增加患此病的风险，而保持高水平的认知活动似乎是预防该病的保护性因素。

学习目标 12.11 能够定义智慧，并总结有关年龄和文化对智慧的影响的相关研究。

巴尔特斯和施陶丁格将智慧定义为“在行为和生活意义方面的专长”。关于对假想情况的反应的研究发现，智慧在年轻人和老年人中同样可能被发现。在社会变化缓慢的文化中，老年期积累的智慧可能比在变化迅速的文化中更有价值，因为如果变化缓慢，老年人的生活经历可能与年轻人当前的经历更相关。

学习目标 12.12 能够描述干预研究对认知衰退的影响，并解释老年人如何适应生理和认知的变化。

干预研究表明，定期的智力锻炼可以提高智力能力以及减缓随着年龄增长而出现的认知能力下降的速率。这些活动包括填字游戏、纸牌游戏、看教育类电视节目和读书等。在老年期，对身体和认知能力下降最成功的适应包括选择补偿的最优化元模型（SOC）。

第三节 情绪与社会性发展

学习目标

12.13 能够总结老年期情绪健康的证据及其与身体机能的关系。

12.14 能够区分埃里克森的理论和卡斯滕森的老年期社会情感选择理论。

12.15 能够描述老年人与子女、孙辈和重孙辈的关系是如何变化的。

12.16 能够对老年期生活状况的文化差异做出相应的评价。

12.17 能够解释恋爱关系和性行为在老年期发生了怎样的变化。

12.18 能够描述退休的变化，并确定退休对老年人的影响。

12.19 能够总结休闲活动、社区活动、宗教活动和媒体的使用在老年期所发生的变化。

情绪和自我发展

尽管处于老年期的很多人在生理和认知功能方面都面临着危机和挑战，但大量研究表明，老年期是情绪发展和自我发展都进行得非常顺利的时期。

积极的情绪和自我概念

学习目标 12.13 能够总结老年期情绪健康的证据及其与身体机能的关系。

根据美国已有的大量研究，老年期往往是一个知足常乐并恬淡的时期。例如，一项研究针对 25—74 岁的 2700 名美国人在过去 30 天中可能会出现的 6 个积极情绪和 6 个消极情绪的指标进行了评估（Mroczek，2001；Mroczek & Kolarz，1998）。评定积极情绪的指标包括“快乐”“平静”“平和”“精神状态良好”，而评定消极情绪的指标则包括“紧张”“绝望”“一文不值”。对于每一个评定指标，参与者将用 1（这种情绪没有出现过一次）到 5（这种情绪一直存在）的分数来表示他们在过去 30 天里以上情绪出现的频率。打完分数之后，所打分数将被相加，总分从 6 到 30。调查显示，积极情绪的分数在成人初显期到成年中期是稳定的，但在老年期则急剧上升，而消极情绪则在整个年龄范围内稳步下降。其他研究也得出了类似的结果；一项美国研究采用经验取样的方法，针对 20 多岁到 80 多岁的美国人展开了调查。项目组要求参与者记录下自己在一天中随机会出现的情绪。这项研究发现，出现积极情绪的报告数量在整个 80 多岁期间随着年龄的增长而稳步增长（Carstensen et al.，2011）。

然而，以老年期的情绪健康为话题的大多数研究都以美国人为样本。之所以会出现这一状况，也许是因为年龄模式和个人的幸福在很大程度上取决于文化背景、社会环境和经济条件。一项在 29 个欧洲国家所展开的研究发现，对于那些在最富裕的欧洲国家生活的成年人来说，他们所拥有的幸福感和年龄并不挂钩，但是在欠发达的国家，人们在老年期的幸福感则会出现波动或下降（Morgan et al.，2015）。

在世界上的所有社会中，老年期屡见不鲜的生理和认知问题往往会导致情绪的低落和自尊心的受损。同理，那些在老年期出现听力或视觉问题的人也更有可能出现抑郁症状（Keidser et al.，2015；Nollett et al.，2016）。例如，关节炎是引发抑郁的另一个风险因素（Quach et al.，2016）。当老年人的生理情况恶化到连穿衣吃饭这种日常必需行为都变得无比困难或根本无法做到时，人们的自尊心便会受损，而患上抑郁症的风险则会上升（Yang，2006）。对于那些生活在养老院或其他护理机构中的老年人来说，他们患上抑郁症的概率尤其高（Abrams et al.，2016）。除此之外，老年人为应对身体问题而服用的药物所产生的副作用也可能引起相应的抑郁症状。（Blackburn et al.，2017）。

在痴呆症的早期阶段，随着老年人意识到病情的恶化和治愈机会的渺茫，老年人患上抑郁症的概率非常高（Bhattacharjee et al.，2017）。不仅如此，照顾生病的配偶也会增加老年人抑郁的风险（Vertstaen et al.，2016）。丧偶通常发生在老年期，这也提高了失去伴侣的那一方罹患抑郁症的可能性（Bharati et al.，2016）。抛开可能会导致人们在老年期罹患抑郁症的所有风险因素不谈，更值得人们关注的是，老年期对于很多人来说是一个情绪高度健康发展的时期。

和老年期有关的情绪理论

学习目标 12.14　能够区分埃里克森的理论和卡斯滕森的老年期社会情感选择理论。

是什么让一些人在老年期拥有美好和平的情绪和前景光明的自我发展？两个重要的理论能够给出合理的解释。埃里克·埃里克森的理论认为，老年期是一个回顾人生并同自己和解的时期，而社会情感选择理论则主张，老年人对自我生活的满足取决于其是否将个人的情感联系和社会联系限制在那些能够尽情享受的范围之内。

埃里克森的理论。埃里克·埃里克森在他的生命周期理论中提出，老年期的主要挑战是**自我完整与绝望（ego integrity versus despair）**的对抗（Erikson，1950）。自我完整意味着回顾自己的生活并拥抱人生的种种结果，这份“结果”中包括那些成果斐然的选择、曾经犯下的错误和从前所经历的失望。它还意味着，人们要从自己所经历的人生中得出“我认真活过了”这般的结论。相比之下，老年期的绝望则会让人对自己的人生历程感到遗憾，在自我鞭笞中得出这样的结论：我的生活并不如意，木已成舟，无法回头。

自我完整与绝望：在埃里克森的生命周期理论中，老年期的主要危机是自我完整性的选择，这意味着回顾一个人的生活并接受所有的善果和恶果；恶果也可以被称为绝望，它意味着人生的遗憾和痛苦。

在一个经典的研究中，柏妮丝·诺嘉顿（Bernice Neugarten）（1972，1977）

采访了一些正处于老年期的美国人，并由此发现了多种多样的自我发展的道路，但最常见的是她所说的“统合人格”（integrated personality）。拥有统合人格的人会以满足的眼光回忆过去，审视现在，展望未来。这听起来与埃里克森关于自我完整的观点不谋而合，而在诺嘉顿的研究中关于统合人格的高流行度，以及许多在这个人生阶段发现高幸福感的研究表明，自我完整可能是老年期自我发展的常见结果。

社会情感选择理论：卡斯滕森的理论认为，老年人通过在社会交往中变得越来越有选择性，从而使他们的情感幸福感最大化。

社会情感选择理论。最近，劳拉·卡斯滕森（Carstensen，1995，1998；Carstensen et al.，2003；Carstnsen et al.，2011；English & Carstensen，2016）提出了情绪发展的另一种理论。卡斯滕森的**社会情感选择理论（socioemotional selectivity theory）**发现，老年期的人们变得对自身所拥有的社交关系越来越挑剔，并以此使得他们的情感幸福最大化。正如我们在前几章中所看到的，成年早期和成年中期都是人们拥有许多社会关系的人生阶段。青年人拥有复杂的友谊网络和紧密的家庭关系纽带，此外，他们和恋人、同事、同学，也许还有室友们都有着额外的关系纽带；年轻人通常同配偶、孩子、社区、邻居和同事都拥有紧密的联系，而中年人除了拥有年轻人所持有的关系之外，也许还有和孙子孙女之间的关系。然而，到了老年期，孩子们早已开始独立生活，老年人退休后也不再和同事打交道，社区参与度也逐渐下降。因此，从 60 多岁以后，人们的社会伴侣的数量稳步下降（English & Carstensen，2016）。与其同外界有各种各样的社会接触，老年人更喜欢从没有情感回报的关系中退出，而专注于对他们来说最重要的关系。

根据卡斯滕森和她同事（2011）的共同研究，老年期社会情感选择性增加的一个关键原因是人们的社交目标发生了变化。当人们正值壮年时，人们通常以知识作为社交选择的基础和目标。比方说，你和老板和同事之间有联系，因为你们需要齐心协力完成一个项目。在完成项目的过程中，每个人都想遂心如意地完成这一目标；你同邻居的关系十分热络，这是因为你们互相交换着对你来说有利用价值的信息，像当地的学校质量如何，以及哪里可以买到最便宜的二手车等。然而在老年期，随着人们和职场渐行渐远，人们不再承担作为一名同事和父母的日常责任，所以以知识为目标的社交的重要性也逐渐减弱。如**图 12.5** 所示，取而代之的社交目标变得愈加以情感为出发点。也就是说，老年人在社交时更渴望发展并维持一种低冲突、高共享的关系，然后放弃其他于自身情绪健康无益的社交关系。对他们中的大多数人来说，社交选择的改变给他们带来了不少好处。尽管他们的社交网络范围比壮年时要小得多，但他们的人际关系也随之变得更加简单幸福，因为人际关系而产生的冲突也变得更少（Antonnuci et al.，2013）。

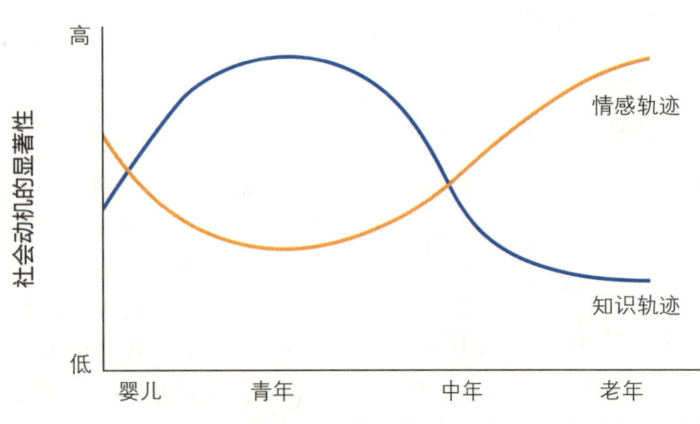

图 12.5 人际关系中的目标随着年龄的变化而产生变化

老年人在他们的关系中追求情感目标而不是知识目标。

资料来源：Carstensen et al.（1999）.

老年期的社会和文化背景

在老年期，大多数人的社交网络的范围更小，但更令人满意。

在不同的文化中，家庭关系在老年期仍然是社会生活的中心，大多数人在这个人生阶段都有孙辈，甚至可能有曾孙。对于已婚夫妇来说，老年期的离婚率很低，但丧偶却很常见，很多人在老年期还会再婚。尽管对于大多数发达国家的人来说，老年期主要是退休和享受休闲的时期，但一些老年人仍旧会继续工作到 60 多岁，甚至到 70 多岁和 80 多岁。在某些文化中，老年期的人们参与宗教活动的概率大幅增加。在大多数文化中，电视的使用在老年期比以往任何生活阶段都更为普遍。

家庭关系

学习目标 12.15　能够描述老年人与子女、孙辈和重孙辈的关系是如何变化的。

由于父母的角色逐渐从照顾孩子到被孩子照顾，从支持孩子到被孩子支持的方向转变，所以老人们同孩子的关系往往在老年期发生变化。大多数老年人都有孙辈，他们和孙辈之间的关系往往是简单的快乐和相互喜爱的幸福源泉。对于寿命足够长的老年人来说，他们或许会有曾孙，但他们同曾孙的关系通常不如与孙辈的关系那般亲密。

与成年子女的关系。在老年期，很少有人的父母仍然健在，但大多数的老年人仍旧同子女保持着密切的联系。在世界上的大部分地方，父母同至少一部分子女在孩子成年后继续生活在同一屋檐下。相比之下，在西方文化中占主导地位的传统是父母将孩子抚育成人之后便同孩子分道扬镳。然而，即使是在颂扬“独立精神”的西方文化中，老人与孩子的接触和联系也会持续到老年期。美国一项全国性研究显示，58% 的老年人每周至少见自己的孩子几次（Ward，2008）。在欧洲国家，老年人与孩子的接触甚至更为频繁，因为与美国相比，欧洲家庭出现搬家的次数更少，而且父母和子女之间往往住得更近；在南欧，这种现象尤为普遍。在一项比较了 4 个欧洲国家与年老父母接触的研究中，意大利的老年父母与子女的接触比 3 个北欧国家更频繁（Tomassini et al.，2004）。

世界上大多数地方的文化信仰普遍持有这样一种观点，即父母有义务在孩子成长过程中供养他们的孩子。但在孩子成年的过程中，这种义务的平衡逐渐转变。到了老年期，这一责任的方向便发生了逆转，孩子们开始担负起照顾父母的责任。正如我们在前面几章中看到的，在许多亚洲文化中，孝道（filial piety）是构建家庭关系的核心。孩子们有强烈的义务去尊重和服从父母的权威。当父母步入老年期，孝道便要求子女照顾和赡养父母，就像父母在他们年轻时照顾和供

在中国，儿子在传统意义上来说需要承担起照顾父母的责任，但是今天的许多老年人只有独女。

养他们一样（Zhan et al., 2008；Zhong & Arnett, 2014），这通常表现在孩子和父母同住。大多数非洲和拉丁美洲的文化也强烈要求成年子女照顾年迈的父母，就像父母在他们年轻时照顾他们一样（Flores et al., 2009）。

西方的情况也一样，在父母的老年期，父母和孩子之间的角色会发生互换，但是根据所提供的帮助的类型而有所不同。根据美国的一项全国性研究，老年期的父母认为他们的孩子主要为他们提供情感支持，但有 1/3 的父母在过去一个月内也在日常生活上得到帮助（Shapiro, 2004）。然而，经济援助主要是由父母向孩子提供，甚至当父母处于老年期时也是如此（Van Gaalen & Dykstra, 2006）。

美国和其他西方国家的父母通常会尽量减少对孩子的要求，即使他们在老年期需要更多的帮助，因为他们不希望依赖孩子，也不希望成为孩子的累赘（Birditt & Fingerman, 2013）。当孩子敦促父母接受他们不需要或不想要的帮助时，父母往往会感到不满和失落。然而，随着老人们的年龄逐渐超过 70 岁，一系列健康问题层出不穷，因此，这些高龄的父母往往更多地需要孩子的帮助，也更需要双方共同适应新的依赖关系的平衡（Fingerman et al., 2016），在父母一方去世，且一方不再有配偶来提供相互帮助的情况下来说更是如此（Isherwood et al., 2016）。

在赡养老人方面，东西方存在着明显的性别差异。在印度和日本等东方国家，年长的父母在传统意义上会同长子住在一起，由长子负责他们的经济来源和赡养事宜，而妻子负责老人的其他需求。与之相反，西方国家的研究一致表明，女儿比儿子更有可能照顾年迈的父母（Birditt & Fingerman, 2013）。在中国，有证据表明，女儿正逐渐成为年长父母的主要赡养支柱。这或许表明了一种偏离传统文化模式的改变（Chou, 2011；Yi et al., 2016）。这一情况的出现在一定程度上是由于中国近几十年的计划生育政策使得许多家庭只有一个女儿。

与孙辈和曾孙辈的关系。大多数人在成年中期第一次成为祖父母，但在老年期，随着孩子步入青少期、成人初显期和成年期，他们与孙辈的关系可能会发生变化。在发达国家 65 岁及以上的老年人中，大约有一半的人至少有一个 18 岁以上的孙辈（Sokolovsky, 2009）。老年人通常认为他们与成年孙辈的关系是饱满而积极的（Scharf, 2015）。

随着时间的推移，由于孙辈们都忙于应付成人的生活任务，两代人之间见面的次数越来越少，但对大多数人来说，早年建立起来的亲密感和亲情仍然很强烈。随着孙辈年龄的增长，祖父母会告诉他们更多关于家族历史、传统和习俗的事情，对于移民家庭来说尤为如此（Walker, 2015；Huang, 2014）。在祖孙的相处关系中，远在很久之前便形成的性别差异依然存在，大多数孙辈感觉与祖母，尤其是同母亲一方的祖母更为亲近，而不是与祖父（Attar-Schwartz & Khouri-Kassabri，2016）。有时，由于更频繁的接触及兴趣或性格的相似性，老年期的人们与某个特定的孙辈的关系变得尤为重要。

当老年期的人们到达七八十岁或者更高的年龄阶段时，他们可能会成为曾祖父母。在美国，非裔美国人比其他种族的人更有可能有重孙，因为他们往往在还很年轻的时期便有了孩子（Sun，2016）。虽然如此，他们与曾孙的关系往往不及与孙辈亲密，同曾孙们的接触也更少（Even-Zohar & Garby，2016）。在大多数老年人眼中，重孙的到来是家族薪火相传、绵延不断的象征。祖辈们往往是重孙眼中家族历史的开拓者和承载者，就像祖辈的祖先在他们眼中所承担的角色一样（Harris，2002）。

老年期的生活安排

学习目标 12.16 能够对老年期生活状况的文化差异做出相应的评价。

老年人一般住在哪里？他们的生活安排是如何影响他们的生活质量的？正如前面所提到的，一个世纪以前，在政府的养老金和医疗保健计划出现之前，老年人是人口中最贫穷的部分。所以当他们到达老年期，他们没有其他选择，只能与子女或其他亲戚同住，因为他们通常会因为各种原因而无法独自生活（Coontz，2016）。在发达国家，由于 20 世纪的社会福利制度，65 岁及以上的老年人现在是人口中最富裕的部分，所以他们通常不会因为经济需要而被迫和孩子一起生活。

一些生活无法自理的老年人接受相关机构的护理。

在西方国家，大多数老年期的人更愿意独立生活，而不是和孩子一起生活（Beswick et al.，2008）。然而，当老人已至耄耋之年，若是健康问题不断地积累，独立生活就会变得越来越困难。一般来说，如果老年人不能独立生活，他们更倾向于和自己的孩子同住。在欧洲对 10 个国家的老年人及其子女进行的一项研究中，大约 30% 的 60 岁及以上的老年人与成年子女生活在一起，另有 50% 的人住在距离孩子 25 公里以内（Hank，2011）。然而，北欧和南欧之间存在着重大差异。在北欧国家（丹麦、荷兰、瑞典），尽管另有 70% 的老年人住在距孩子 25 公里以内，但是只有 5% 的老年人和孩子住在一起。相比之下，在南欧国家（希腊、意大利、西班牙），老年人和成年子女同住的比例约为 45%，另外 45% 的老年人则居住在和子女距离 25 公里以内的地方。

如果老年人既不能独自生活，也不愿意和孩子一起生活，还有其他可实现的生活方式。在西方，随着预期寿命的增加，在过去的半个世纪里，各种各样的老年人生活设施如雨后春笋般涌现出来。养老院为每个老年人提供单独的公寓，并为居民提供一个公共用餐区以供用餐，还会根据老年人的需要提供家政服务、购物帮助和医疗预约以及相关的交通帮助和社会活动。由于大多数居民都患有痴呆症或其他严重的健康问题，所以养老院提供各种各样的帮助服务以及全面的医疗护理。在美国、加拿大和北欧，老年人在养老院、疗养院或类似设施中接受机构护理的比率要高于世界其他地区。然而，这种模式在不同国家内部也存在着差异，因为具有非洲、亚洲或拉丁文化背景的少数民族的老年人不太能够接受机构护理（Harrington & Curseen，2017）。

发达国家机构护理的费用非常昂贵。但是由于人们的寿命普遍延长，老年人占人口的比例正在稳步上升，所以许多国家都建立了在家中为老年人提供服务的项目，以便让他们能够独立生活更长时间。这些服务可能包括热饭、洗衣、清洁，以及物理治疗等医疗服务。在北欧国家，由于为老年人提供家庭服务的项目扩大，近 15 年来养老院安置的人数急剧下降（Palley，2017）。

对于进入疗养院的老年人来说，他们的生活质量有很大的不同，这取决于他们接受的护理质量。其中一个关键因素是他们对日常生活的选择权和控制力（Vaismoradi et al.，2016）。在一个经典的研究中，研究人员将疗养院的居民随机分为两组，其中一组有权决定他们的日常活动，而另一组则没有多余的选择。研究人员还鼓励让养老院的工作人员照顾他们（Langer & Rodin，1976）。18 个月后，两组的对比结果非常明显：选择范围狭窄的组别中有 30% 的老人死亡，而选择空间充裕的组别中只有 15% 的老人死亡。

物质上的满足感在老年期是最高的。

在亚洲国家，很少有养老院或老年人辅助生活设施。从传统意义上来讲，父母住在这样的地方由陌生人照顾，是对孝道的一种严重背叛。亚洲人认为这是一件可耻的事情，故尽力避而远之（Yi et al.，2016）。然而，这种模式可能会随着亚洲社会的变化而改变。根据许多研究，亚洲对于老年期的制度安排越来越普遍，因为父母通常只有一个孩子，而且孩子可能搬迁到远离父母的城市定居（Dong，2016；Gui & Koropecky-Cox，2016）。日益增长的个人主义可能也在侵蚀成年子女照顾年迈父母的孝道。近年来，中国社会中出现了家庭赡养协议（Family Support Agreement，FSA），这份自愿且合法的协议内容和成年子女承诺赡养父母有关（Chong & Liu，2016；Chou，2011）。然而，在大多数中国家庭中，老年人要么和成年子女住在一起，要么在日常生活中经常得到子女的帮助（Sereny，2011；Yu et al.，2016；Zhang & Wang，2010）。此外，大多数成年子女会向父母提供经济支持，这与西方的模式正好相反（Gui & Koropecky-Cox，2016）。

爱与性

学习目标 12.17 能够解释恋爱关系和性行为在老年期发生了怎样的变化。

威尔·杜兰特（Will Durant）和艾瑞尔·杜兰特（Ariel Durant）于 1913 年结婚。威尔结婚时已有 28 岁，而艾瑞尔只有 15 岁。艾瑞尔曾在威尔担任历史教师的学校读过书。在近 70 年的婚姻时光中，这对夫妇养育了一男一女两个孩子。两个人勠力同心，一同完成了一部 11 卷的巨著——《文明的故事》。这是一部涵盖了 2500 年的西方历史的文明故事。出版后，这本书成为有史以来最受欢迎的历史作品。1981 年，在共度了 66 年的婚姻后，这对夫妇在两周内相继去世，威尔享年 96 岁，艾瑞尔享年 83 岁。

他们的爱情故事动人心扉，但也世所罕见。对于大多数老年人来说，老年期的爱情道路更加坎坷。他们中的很多老人，在生命的最后几年没有爱人在侧，对于女性来说尤为如此。

婚姻、丧偶和再婚。在大多数文化中，婚姻通常被认为是一种将两个人系在一起的终身纽带，正如结婚誓言中提到的那样——“直到死亡将我们分开”。但最近几十年，死亡使大多数夫妇无法共度余生，因为寿命超过 60 岁的老人数量相对较少。直到 20 世纪，随着医疗的进步和预期寿命的延长，许多婚姻才得以延续到老年期。

总体而言，婚姻满意度在中年期到老年期呈上升趋势，并达到一生的最高点（Cooney et al.，2016）。出现这种模式有几个原因。第一，让双方为之不满的婚姻早在老年期就以离婚而告终，剩下的婚姻大多是更加牢固也更幸福的婚姻。第二，年龄较大的夫妻往往没有那么多形成压力和冲突的重大日常责任，比如照顾年幼的孩子和从事严格要求的工作等。第三，由于大多数人在老年期退休或主动减少工作时间，老夫老妻们有更多的时间享受共同的休闲活动以巩固婚姻纽带。第四，年纪大的夫妇更有可能冷静地解决他们的分歧，而不会盲目地发牢骚、闹脾气（Kulik et al.，2016）。第四点与前面讨论的情绪成熟的增长是一致的。

很少有夫妇能够如同威尔·杜兰特和艾瑞尔·杜兰特一般，几乎在同一时间相继离世。由于全世界妇女的预期寿命都较长，而且往往嫁给比她们大的男人（全世界平均约 2 岁），所以女性在老年期成为寡妇的可能性比男人成为鳏夫的可能性更大。在发达国家，65 岁及以上的男性大多已婚，但大多数女性是寡妇（Arber，2016）。

无论在哪一种文化中，丧偶都是一件令人痛苦而煎熬的事情（Jadhav & Weir，2017）。一段婚姻持续到老年期，夫妻二人可能已经共度了 30 年、40 年、50 年甚至更久的风风雨雨。对于在世之人来说，亲密之人已逝的事实会造成一种内心极度的不和谐和迷失。丧偶会使得人的社交生活发生变化。这不仅因为配偶不再常伴身侧，还因为现在与其他已婚夫妇的社交似乎有些尴尬（Isherwood et al., 2017），而那些曾经由已故配偶负责的任何日常工作现在必须由在世的配偶承担。

配偶死亡后的哀伤可能转化为抑郁症状而持续多年（Galatzer-Levy & Bonanno, 2012）。在配偶死亡后的几年中，健在配偶的死亡风险高于身边的同伴，因为丧偶的情感创伤会对身体功能产生影响（Brenn & Ytterstad, 2016）。丧偶对男人来说尤其痛苦。在配偶死亡后，他们比女性更有可能变得抑郁，而且他们需要更多的时间来恢复到以前的精神健康水平，如果他们没有再婚，那么自我疗伤的时间则会更长（Galatzer-Levy & Bonanno, 2012）。由于男性的朋友比女性少，家庭关系也不及女性那般亲密，所以当他们的配偶去世时，他们可以依靠的社会支持也更少。综上所述，男性在丧偶后死亡的风险比女性更大（Jadhav & Weir, 2017）。

在配偶去世后的几年里，在世之人深感孤独便成为家常便饭，即使是在抑郁消退之后，这种孤独感仍不会轻易消退（Isherwood et al., 2017）。许多寡妇和鳏夫应对孤独的一种方式就是继续和已故的配偶"交谈"。一项研究显示，在美国过去的 5 年里，丧偶的老年人中，有超过一半的人每个月至少会与配偶交谈几次（Carnelly et al., 2006）。即使是那些在 35 年前丧偶的人，偶尔也会和逝去之人交谈。但即使他们没有停止对逝去亲人的怀念，大多数寡妇和鳏夫也会在失去亲人后的几年内继续坚强生活，试图维持和加强他们与朋友和家人的社会关系（Jadhav & Weir, 2017）。

让丧偶之人继续生活的一种方式就是再婚。由于寡妇比鳏夫多得多，男女的性别差异太大，所以老年期的再婚率相对较低，男性在老年期再婚的可能性远远高于女性（Bookwala, 2012）。但是老年期的再婚往往比早期更成功，离婚的可能性更低，婚姻满意度也会更高（Carr, 2016）。然而，由于潜在的负面经济后果或来自孩子的抵制，抑或是仅仅因为对独立的追求，许多老年期的夫妇会选择同居或维持长期关系而不是结婚。

老年期的性行为。和成年中期的性行为一样，老年期的人们在性行为的可接受性和恰当性的看法上存在着广泛的文化差异。一项对 106 个部落文化的分析发现，老年性行为在那些仍然有婚姻伴侣的人之间是司空见惯的。相比之下，印度和一些东亚文化认为成年中后期的性行为是不恰当的，是对精神的玷污。现代西方对性存在着一种刻板印象，大部分人普遍认为老年人没有什么性欲，并觉得老年人之间的性行为是令人作呕或令人啼笑皆非的（Dhingra et al., 2016）。然而，对于老年期的性行为并没有严格的文化禁令，而且许多老年人仍然保持着较高的性活跃度。

老年期的性活动不仅取决于老人是否有伴侣，还取决于他们的生理健康。由于生理上的疾病和残疾在老年期变得更加普遍，所以那些认为自己的健康状况不佳的人的性行为率很低（Bancroft, 2007）。此外，老年期的性行为也会发生特定的生理变化。女性的阴道润滑度（vaginal lubrication）从中年便开始降低并一直持续到老年期，这就使得性交变得更加痛苦和不那么愉快［National Institute on Aging（NIA），2008］。而对于男性来说，他们的睾丸素（testosterone）水平从40—70岁下降了约1/3，这导致他们勃起需要更长的时间，也更难以维持。然而，性不仅仅是性交。美国一项关于45岁及以上的中年人和老年人的性行为的研究调查了参与者在过去6个月内进行各种性行为的频率。如**图12.6**所示（AARP，2009），接吻、拥抱和性触摸或爱抚的比例高于性交的比例。尽管性欲在老年期已经下降，但在美国的全国调查中，大多数65岁及以上的老年人仍然会有性欲（Lindau et al.，2007）。

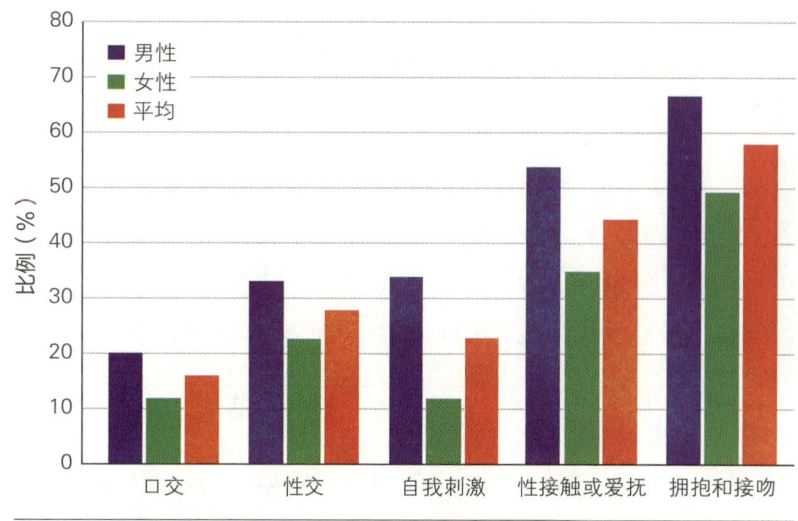

图12.6　中年人和老年人的性行为

在美国社会，许多45岁及以上的成年人会参与各种各样的性活动。这一数字显示了在过去6个月内，每周进行一次或更多的性活动的成年人的比例。

资料来源：AARP（2009）.

> **批判性思考题：** 如果一个人在老年期向医生报告其失去了性欲，这应该被视为需要医疗的身体功能的紊乱还是衰老过程中的正常现象？答案是否取决于个人背后所代表的文化？

工作和退休

学习目标12.18　能够描述退休的变化，并确定退休对老年人的影响。

在整个人类历史中，人们一直为了工作忙碌拼搏，工作到他们再也不能工作为止。正如我们在前面所讨论的那样，过去的预期寿命相对较低，很少有人能活到我们现在所说的“老年期”。那些活到六七十岁或以上的人不得不继续工作以维持生计，或一旦他们不能自理，他们便不得不依靠子女或其他亲戚以求供养。

1888年，德国开始建立国家养老金制度，这之后，欧洲的其他国家相继效仿，直到20世纪初，众多发达国家纷纷开始建立国家养老金制度，美国则于1935年加入建立养老金制度的队列，时间相对较晚。在20世纪，发达国家的福利项目中增加了针对老年人的额外项目，尤其是医疗保健项目。与此同时，预期寿命也在稳步增长。到了21世纪初，发达国家的大多数人都经历了一段至少10年的退休期，在此期间他们赋闲在家，不再就业，只是通过国家的养老金计划、雇主养老金计划以及他们的个人储蓄和投资来维持生计，养活自己。

文化焦点：跨文化的工作和退休

即便是在一个世纪以前，退休也是一件罕见的事情。在发达国家65岁及以上的男性中，约有3/4的人仍有工作。例如，美国的平均“退休年龄”是74岁，但几乎没有人的寿命能延长至此（Hooyman & Kiyak，2011）。只有非常富有的人才能在年老时赋闲在家。

从20世纪60年代初直到今天，退休在发达国家是司空见惯的。然而，在发展中国家，退休仍然很少见，大多数人几乎从来没有退休过。

如今，发达国家的退休年龄的中位数为60—63岁，预期寿命从75岁到85岁。然而在发达国家中，65岁以上还在工作的人口比例也存在相当大的差异，法国人口中2%仍在工作，德国则为6%，加拿大为13%，美国为19%，日本占比最高为21%（OECD，2014）。随着人口老龄化的加速，这些比例可能会随着退休年龄的提高而上升。在包括美国在内的几个发达国家中，允许民众领取政府退休养恤金（美国的社会保险）的年龄线已提高至67岁，并且随着新的医疗干预措施的升级，未来人口的预期寿命将会更长，如此一来，进一步提高允许领取政府退休养恤金的年龄的压力将会加大。

关于何时退休的决定。对于“何时退休”这一问题，当事人需要基于多种因素进行考量，尤其需要考虑经济、身体健康和工作满意度等因素（或缺乏工作满意度）（Rix，2008）。他们一旦退休，经济安全和身体健康也是人们如何适应退休生活的主要决定因素（Whitbourne & Whitbourne，2010）。如果人们觉得自己有足够的钱来维持退休生活，人们会更加地享受退休；或者说，如果他们的身体状况很好，那么他们的退休的满意度会特别高。对于那些从事高地位工作并受过良好教育的人来说，他们的退休满意度非常高，这不仅是因为他们有更多的金钱资源，也因为他们通常比其他人在寻求生活情趣、享受退休活动等方面更加有成效（Banerjee，2016）。对于夫妻来说，退休是老年期婚姻满意度高的原因之一，因为他们的生活压力更小，也有更多的时间一起享受休闲活动。

虽然大多数老年人乐于接受退休并能很好地适应它，但大约1/4的人会出现多种多样的适应问题（Barbosa et al.，2016）。由于公司裁员或破产而被迫退休的老年人与那些自愿退休的人相比，被迫退休的人对退休后的生活不那么满意。选择退休的人在过渡时期通常会经历身心健康的改善，而非自愿退休的人则倾向于衰退（Rix，2008）。

过渡工作：老年人退休前从事的工作，通常比他们之前的工作时间更短、要求更少。

兼职。渐渐地，退休并不是一个人从全职工作到完全不工作的单一事件，而是一个在长达数年的时间里工作时间逐渐减少的漫长过程，或者是从全职工作到一系列兼职工作的过程，其间还穿插着赋闲的时期。现在很多人通过**过渡工作**

（bridge job）来完成从工作到退休的转变，也就是说，他们会适当地减少他们的工作时间但仍然持续工作，或者他们接受另一份要求更低、每周工作时间更少的工作（Cahill et al., 2011）。统计显示，约 60% 的美国人在完全退休前做过渡性工作，而欧洲只有 14%（Brunello & Langella, 2013），这一调查与其他人生阶段的研究一致。研究表明，美国人同欧洲人相比工作时间更多，休假时间也更少。

在老年期继续工作有什么好处？

经济考虑是老年人在超出传统的“退休年龄”时还选择继续奋战在工作岗位上的一个显而易见的原因，但对大多数老年人来说，经济因素并不是主要原因。一项研究对全美 55 岁及以上的工人进行了调查。调查显示，只有 33% 的人说他们继续工作的唯一原因是为了钱（AARP，2006）。根据老年人的看法，继续工作可以让他们在社交和学习新事物方面保持着较高的活跃度（Calvo，2006；Kojola & Moen，2016）。对女性来说，也许因为她们比男性更有可能在年轻的成年时期花费数年的时间离开劳动力市场，同时还肩负着照顾年幼的孩子的重任，所以她们比男性更倾向于将老年期的工作视为促进职业发展和个人成长的一种方式（Piktialis, 2008）。

虽然在老年期工作有很多好处，但在老人身上也会出现明显的障碍和问题。对老年人的刻板印象常常使雇主不愿意雇佣年长的员工。在雇主看来，相较于年轻的员工，年长员工的工作效率更低，思维也更加迟钝（Hooyman et al., 2017）。潜在的雇主也有合理的担忧，即与年轻的员工相比，年长的员工可能需要更多的技术培训，这会招致更高的医疗保健成本，而且老年人也不太可能在劳动力市场上活跃很长时间（Hardy，2006）。因此，老年人比年轻人更有可能自主创业（Hipple & Hammond, 2016）。

其他生活：闲暇时光、社区、宗教和媒体的使用

学习目标 12.19　能够总结休闲活动、社区活动、宗教活动和媒体的使用在老年期所发生的变化。

退休后，老年人有更多的时间进行旅游等休闲活动。许多人会花一些时间参加社区活动和宗教活动。但老年期的人每天的大部分时间都花在了媒体上。其中，电视的受众群体最为广泛。

休闲活动。随着工作时间的减少，处于老年期的人们有更多的时间用于休闲活动（Dorfman, 2016）。有时人们会尝试一些像画画等从未做过的事情。然而，老年期的休闲活动往往是人们在早年享受过的事情的延续，只不过现在他们有了更多的时间。以前喜欢打高尔夫的人现在每周有机会打三次，而不止是一次；

那个一直喜欢园艺的人现在在暖和的月份里几乎每天都花时间做园艺，而不是偶尔将它置于其他日常工作的旋涡之中。

由于老年人的平均退休时间比以往任何时候都要长，而且作为一个群体，他们现在比以往任何时候都有更高的经济能力，所以在过去的半个世纪里，一个巨大的产业如雨后春笋般涌现，为这些悠闲的老人提供休闲的机会。许多学院和大学专门为老年人开设了课程，在那里他们可以学习从烹饪技能到外语的一切知识（Manheimer，2008）。在英国，一项致力于老年人的学习，名为“老年大学”（University of the Third Age）的运动正在蓬勃发展（the Third Age movement，2017）。

旅行是老年人的一种常见的休闲方式。美国一个叫作“道路学者”（Road Scholar）的流行项目将老年人对学习的渴望和他们对旅行的渴望结合在一起，在世界各地赞助老年人进行“学习冒险”。在这个项目中，老年人将被带领到一个饱受赞誉的地方旅行并欣赏风景，同时还会在大学校园学习和当地风景名胜相关的专业知识。比如，道路学者会组织老年人去往伦敦研究建筑，在南极洲研究海豹，在伯利兹研究猴子，或在希腊研究古代艺术。道路学者在 90 个国家都设有项目，同 1500 个学术机构皆有合作（Road Scholar，2017）。近年来，道路学者开始提供更多的体能挑战项目，包括徒步旅行等活动，以吸引更多的早期退休人员和相对年轻的老年人的参与。

和道路学者相似的认知挑战休闲活动对老年人的身体、认知和社会功能有多种益处（Dorfman，2016；Ihle et al.，2016）。然而，并不是所有的老年人都有充裕的经济能力或有兴趣从事这种具有挑战性和相对繁重的休闲活动。大多数老年人的休闲时间都花在了要求要低得多的活动上，比如看电视、读书、探亲访友等（Hooyman et al.，2017）。老年人会比年轻人花更多的时间在日常活动上，如个人护理、购物和烹饪等（Principi et al.，2016）。对他们中的许多人来说，这些日常活动变成了一种休闲的形式，一些他们愿意花时间去做的事情，并为自己能够独立完成感到欣喜和满足。在老年期，随着体力的下降，休闲活动逐渐变得不那么剧烈，老年人更喜欢久坐（Hooyman et al.，2017）。

社区服务和公民参与。虽然大多数成年人在老年期会从各自的工作岗位上淡出，但仍有一些人继续从事着社区服务。在美国，参与志愿服务的人数比例在中年时达到顶峰，而 60 多岁的群体则保持着每年约有 40% 的人参与社区服务的高比例。参与社区服务的比例在 70 岁及以上的群体中下降到约 10%（Hooyman & Kiyak，2011）。在美国，宗教组织是志愿者服务社会的主要场所，对于处于老年期的人来说尤为如此（Krause et al.，2016）。这些组织为穷人提供衣食，探望患者，并为儿童和青少年提供青年团体等服务。其他能够为老年人提供志愿服务机会的组织有医院和环境组织等。非裔美国老年人志愿服务的比例高于其他种族的老年人，主要原因是他们在宗教方面更加虔诚，因此会通过教会更频繁地参与和服务团体有关的活动（Taylor et al.，2000）。

老年人参与志愿活动的高比例表明了人的创造力是如何延伸到老年期的（Kleiber & Nimrod，2008）。社区服务组织为大家的共同利益做出贡献，为了提高后代的福祉而付出共同的努力。然而，老年人也会从他们所提供的社区服务中受益。研究表明，志愿者从志愿活动中获得了多种心理益处，其中就包括更高的生活满意度、生活意义感和成就感、认知挑战和刺激（Infurna et al.，2016；Tanskanen & Danielsbacka，2016）。志愿服务甚至还能带来生理上的好处，包括更高的自我健康评估、更低的致残率和更低的死亡率（Kim Konrath，2016）。志愿服务所带来的影响可能是双向的，即健康和健康的老年人也更有可能成为志愿者（Morrow-Howell et al.，2009）。

老年人比其他年龄段的人有更多的闲暇时间。

除了志愿服务，老年期也是人们积极地参与公民组织活动的时期。这些公民组织活动的种类从读书俱乐部、花园俱乐部，到宗教集会和政治行动团体不等（Martinson & Minkler，2006）。老年人参与这些群体的部分原因可能在于老年人比年轻人有更多的闲暇时间，而且他们所承担的家庭和工作责任也更少，但这并不是全部。“同辈效应”（cohort effect）也是原因之一。如今这一代的老年人在参与公民活动的频率上是特殊的。罗伯特·普特南（Robert Putnam）（2000，2002，2004）利用历史分析的方法指出，美国的公民参与度在20世纪初相对较低，而在第二次世界大战后急剧上升；在那个时候，当代的老年人正处于他们的青少年期。普特南（2000）将他们称为“伟大的公民一代”，因为他们在年轻时创建了大量的新组织，如青年组织、商业俱乐部和政治行动组织等，而且吸引了大量的公民参与其中。在20世纪后期，公民参与度随着每一个群体的发展而稳步衰退，但在这杰出的一代人中，公民的参与甚至一直持续到老年期（Putnam，2000）。

与年轻人相比，如今的老年人不仅更有可能参加公民组织，也更有可能参加投票、为政治候选人捐款以及在线阅读政治新闻等促进其政治信仰的公民活动（Dozier et al.，2016）。这种状况不仅在美国存在，而且在其他发达国家中也有出现。在发达国家中，老年人参与投票选举的概率最高，而青年人和年轻人的参与度则最低（Nygård et al.，2016；Sloam，2016）。

从各个国家来看，65岁及以上的老年人最有可能参加投票。这是罗马尼亚的一位选民。

宗教参与。对于美国老年期的人来说，宗教参与是最常见的公民参与形式。各种调查报告显示，65岁及以上的美国人中约有1/4的人每周都会参与宗教活动，另有40%的人至少会偶尔参加（Pew Research Center，2015）。80 岁之后，宗教活动的参与率往往会下降。造成参与率下降的主要原因是健康的恶化和出行的不便，而不是信仰的消失。在欧洲，信奉宗教和参加宗教活动的人数往往比世界其他地区要少，在北欧则尤其如此。但不可否认的是，欧洲的老年人往往比年轻人更虔诚（Sowa et al.，2016）。

从**图 12.7** 可以看出，老年期不仅仅宗教参与度最高，而且信奉各类宗教信仰和参与宗教实践的比例同其他年龄段相比也是最高的。在美国的一项全国性调查中，超过 70% 的 60 岁及以上的老年人认为，宗教信仰对他们来说“非常重要”，人数占比是所有年龄段中最高的；青年人（18—29 岁）则最低，只有不到 50% 的比例（Pew Research Center，2010）。年长的美国人也比其他年龄段的人更有可能祈祷，依靠他们的宗教信仰来处理个人问题，还会看和宗教相关的电视节目（Pew Research Center，2015）。他们对宗教的高度虔诚的部分原因是一种同辈效应，另一部分是因为他们作为特殊的一代人，参与公民活动的人数更多更广，除此之外，年龄效应也会影响宗教虔诚度，正如我们将在研究焦点的专题中看到的那样：随着年龄的增长，人们会变得更虔诚吗？

长期以来，非裔美国人的宗教虔诚度一直很高，而老年群体的宗教虔诚度最高。他们的基督教信仰可以追溯到奴隶制时代，历史渊源非常深厚。当时的人们从《圣经》故事中得到安慰，因为在他们眼中，这些故事与他们正在经历着的困境大致相符。以古犹太人被古埃及人囚禁的故事为例，在这般困境中，他们便希望能有一个类似的自由和胜利的幸福结局。渐渐地，教会发展成为一个机构。在教会中，人们可以互相扶持，从信仰中获得勇气以更好地面对日常生活的煎熬和挣扎。对于如今的人来说，宗教的作用仍然在于此。许多非裔美国人教会为老年人提供各种各样的社会服务，包括膳食服务、家政服务、交通服务以及加强他们同政府服务机构的联系等（Idler，2006；Taylor et al.，2017）。对于年长的非裔美国人来说，长期以来，教会一直是他们获得地位、取得权威和赢得尊重的地方，这些优待是他们在更为发达广阔的社会中无法获得的。

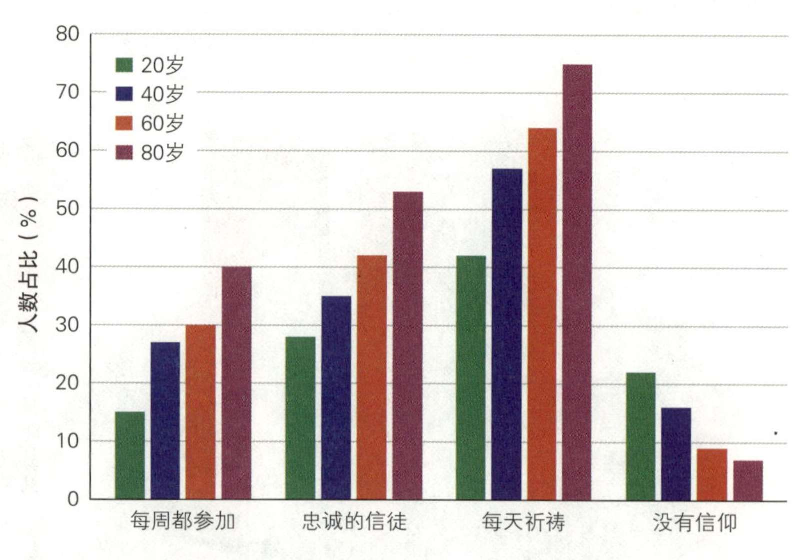

图 12.7 美国人的年龄和宗教信仰

美国人年纪越大，就越虔诚。

资料来源：Smith & Snell（2009）.

跨越文化和国家，女性在信仰和实践上都比男性更虔诚（DeBono & Kuschpel，2014；Idler，2006）。然而，在大多数宗教信仰中，年长的男性通常占据宗教领袖的位置。级别最高的神父、牧师、拉比（犹太人的学者）和阿訇几乎都是年长的男性，

研究焦点：随着年龄的增长，人们会变得更虔诚吗？

许多研究发现，美国的老年人在宗教信仰和宗教实践方面比任何年轻人都更虔诚。这意味着什么呢？

对于任何涉及年龄差异的研究发现都有两种可能的解释。

（1）年龄效应：人的性格会因为年龄的变化而产生差异。在这种情况下，年龄效应则意味着，随着人们年龄的增长，人们会变得更加虔诚。如果这种解释是正确的，那么如今那些未成年人、青年人和中年人在老年期也会变得更加虔诚。

（2）同辈效应：一个历史时期的人与另一个历史时期的人是不同的。在这种情况下，同辈效应意味着现在的老年期的人属于特别虔诚的一代或一个群体，而美国社会的信教率在他们之后的每一个群体中都在稳步下降。如果这种解释是正确的，那么今天新兴的年轻人和中年人在老年期的宗教信仰就会比今天的老年人少，因为他们属于宗教信仰较少的群体。

那么，哪种解释是对美国宗教信仰年龄差异最合理的解释呢？回答这个问题，我们需要纵向数据，即随着时间的推移跟踪相同的组群，看看他们是如何随着年龄变化的。幸运的是，很久之前，盖洛普公司（Gallup organization）便对美国的宗教信仰和习俗进行了 60 多年的全国性调查。

为了解决宗教虔诚程度随年龄的变化是一种年龄效应还是一种同辈效应的问题，盖洛普公司 60 多年来的数据可以按群体或世代来组织：最伟大的一代（1928 年以前出生）、沉默的一代（1928—1945 年出生）、婴儿潮一代（1946—1964 年出生）、X 世代（1965—1980 年出生）和千禧一代（1981 年或之后出生）。在很大程度上，盖洛普公司的数据支持这样一种解释，即老年人对宗教的狂热更多的是由于年龄效应，而不是同辈效应。例如，在信仰方面，在 20 世纪 70 年代后期，56% 的沉默的一代（当时 30—47 岁）表示宗教信仰对他们来说“非常重要”。30 年后，同一代（现在 60—77 岁）有 67% 的人回应说他们的宗教信仰对他们来说“非常重要”。在其他组群中也发现了同样的随年龄增长的模式。

但是，对于这一问题也许会有第三种解释。虔诚的宗教信仰在很多方面都与健康的身体机能有紧密的关系，宗教信仰甚至能够降低死亡率。从这一解释出发便意味着，对于那些宗教信仰程度较高的人来说，可能是选择效应（selection effect）在起作用，即具有某些特征的人比具有其他特征的人更有可能留在样本中。在这种情况下，这意味着虔诚之人的寿命和那些不虔诚的人相比更有可能延长到老年期。因此，老年期似乎比年轻时期更富有宗教色彩，这不仅是因为有些人会随着年龄的增长而变得更虔诚，还因为高度虔诚的人的寿命也会因为宗教变得更长。似乎年龄效应和选择效应都涉及老年人对宗教的高度虔诚。

然而，完全排除同辈效应将是一个错误的决定。对于 20 世纪晚期的研究来说，同辈效应对宗教虔诚并没有明显的影响并不意味着在 21 世纪就不会有同辈效应。社会是不断变化的，21 世纪的美国可能会以影响其居民宗教信仰的方式发生改变。如今新兴的成年人对宗教的虔诚程度极低，这使得该领域的同辈效应在未来几十年非常值得研究。

复习题：

1. 几十年来，盖洛普民意调查中关于宗教虔诚度的数据表明，随着年龄的增长，宗教虔诚度的增长主要是由于：（ ）

A. 年龄效应　　B. 同辈效应

C. 预测效果　　D. 以上皆非

而女性往往被完全排除在宗教机构的领导之外。例如，在天主教会，大多数教皇都是在老年期选举产生的，女性不允许担任教皇、主教或神父等。

在西方，老年期是一个宗教信仰高度虔诚的时期，在东方也是如此。影响亚洲 2500 余年的儒家哲学认为，责任和义务应该是人生的主要价值。但对于耄耋之年的老年人来说，儒家哲学鼓励他们将世俗抛诸脑后，把自己的注意力转向精神上的沉思（Lock，1998；Ryff et al.，2015）。同样，在亚洲大部分地区的历史上产生巨大影响力的佛教看来，老年期是遁世、瞻仰来生（转世）的时期。印度教是印度绝大多数人的宗教，在印度教看来，老年期是一个人应该成为桑亚撒（sanyasa）的时期。身处老年期的人应该放弃世俗之事，在耐心等待死亡的同时寻求精神上的平静和纯洁（Arnett，2016；Kakar，1998）。

关于宗教信仰是如何影响美国老年人的生活问题，如今已经有相当多的研究。结果证明，宗教信仰对身心健康始终都是积极的。老年期的虔诚会提升自我自尊心、生活满意度、整体幸福感和意义感（Wilmoth et al.，2013；Ysseldyk et al.，2013）。老年人的宗教信仰虔诚度越高，他们罹患抑郁症的可能性就越小，如果他们不幸患上抑郁症，那么高度虔诚的宗教信仰也会帮助他们恢复得更快（Idler，2006）。不仅如此，宗教信仰还能降低老年人的孤独感，让他们不那么惧怕死亡（Koenig，2007）。较高的宗教信仰虔诚度对免疫系统和血压有积极的影响（Atchley，2009）。同理，在老年期进行的宗教活动可以降低身体残疾的可能性，延长预期寿命（Hunter & Merrill，2013）。宗教对于老年人的这种广泛的积极影响似乎是由于宗教在提供心理希望、生活意义和情绪控制方面的心理好处，以及在提供直接的社会援助和支持方面的社会益处（Bosworth et al.，2003；Wilmoth et al.，2014）。宗教虔诚的积极影响在老年期逐渐增强（Idler，2006）。

然而，值得注意的是，处于老年期的欧洲人似乎并没有因为宗教信仰虔诚度较低而产生身心困扰。事实上，在整个成年期，欧洲人比世界上其他任何地方的人都更幸福。对于那些年长的欧洲人来说，富裕、牢固的家庭关系和慷慨的社会福利制度可能和美国人从宗教信仰和习俗中找到的安慰一样多（Nygård & Jakobsson，2013；Rifkin，2004）。

媒体的使用。 到目前为止，电视这一媒体形式在老年群体中的受众最为广泛。事实上在老年期，看电视是人们最常见的日常活动，而美国老年人（65 岁及以上的人）花费在看电视上的时间比任何其他年龄段的人都多，平均时间超过 4 小时（Bureau of Labor Statistics，2017）。而在这些老年人中，女性老年人看电视的时间又比男性老年人多。除此之外，非裔美国人的时间占比又比白人多。这种不同在这些老年人还年轻时便延续了下来。老年人群体特别喜欢新闻节目；戏剧的受众也很广泛，特别是在女性群体中备受欢迎，而男性多喜欢体育节目。游戏节目则是男女咸宜（Nimrod，2017；Robinson et al.，2004）。

尽管美国电视节目中很少有老年人的身影，但老年人是电视节目的“忠实粉丝”。一则和节目内容有关的分析报告显示，不论是虚构还是真实的电视节目，出现在其中的人物大多都是年轻人，老年人是最不可能出现在任何年龄组中的群体（Nelson，2016；Signorielli，2004）。以老年人为特色的电视节目和广告倾向于反映文化信仰和相关的风俗情结。一项比较美国和中国的电视广告差异的研究发现，美国的广告强调老年人自身的独立性，而中国的广告则更多地以孝道和家庭义务为主题（Lin，2001）。

电视的发展是如何改变老年人的社会地位的？图为在越南生活的一家人围坐在电视机前。

如今，电视被认为是加速全球化的一支主要力量。有证据表明，电视在老年人和年轻人群体中受众颇多。卢克梅里·杰科迪（Rukmalie Jayakody）（2008）的一项研究提供了一个令人信服的例子；杰科迪针对一个刚刚引进电视的越南村庄进行了研究。研究表明，引入电视节对于村庄生活有着立竿见影的影响，对于村里的长者而言则更是如此。从传统的视角出发，村民们对孝道颇为尊崇，这便鞭策着村民尊敬长者。然而，这种情况开始随着电视的引进而悄然发生着改变。由于村庄中没有既定的书面语言，所以长期以来，村中的长老们一直是讲述故事的重要角色；但引入电视后，年轻人更热衷于从电视上获取知识，聆听故事。同样，在以前，老年人通常被视为知识的来源，但如今电视显然更胜一筹。例如，关于如何提高作物产量和使用杀虫剂的电视节目比老年人的农业经验和记忆更有说服力。

老年人还相信，电视会通过影响子孙后代间接地影响自身。他们的成年子女受到电视的启发，努力追求更好的生活方式和更广阔的机会。后辈们渐渐地移居到城市，留下老人照顾孙辈。而孙辈们被他们所追随的电视角色的个人主义价值观所深深地吸引，他们的价值观则向着个人主义慢慢靠拢，同集体主义愈加疏离。如今的越南正加速城市化和经济的发展。无论如何，农村正发生着翻天覆地的变化，而电视似乎加速了这一进程。

老年人使用媒体的另外一种方式是互联网。在所有的年龄段中，老年人使用互联网的可能性最小。例如，65 岁及以上的美国人中有 41% 的人从不上网，而 18—29 岁的人中只有 1% 的人从不接触互联网（Anderson & Perrin，2016）。由于互联网在人们成年后才被广泛使用，故老年人经常感觉自己像“数字移民”，面对着互联网浑身不自在。然而有大量证据表明，老年人能够通过各种方式学习使用互联网来增强他们的身体健康并提升生活质量。许多发达国家的医生如今都在倡导**电子健康**（e-health），即利用互联网和电子设备加强健康服务提供者和患者，特别是老年人之间的沟通（Mair et al.，2012）。细心的指导和耐心的鼓励可以帮助老年人克服一开始不愿意使用互联网的抵触心理，并鼓励他们利用互联网

电子健康：利用互联网和电子设备来提升健康服务质量并加强治疗机构和患者之间的联系，特别是老年人之间的相互联系。

来加强与医疗人员的定期联系（Kampmeijer et al.，2016）。互联网的使用还可以丰富老年人的社会生活，使他们能够同可能离家万里的子女、孙辈和朋友保持紧密的联系（Arazi，2009；Yu et al.，2016）。在一家以色列养老院开展了一项研究发现（老人的平均年龄为 80 岁），与对照组相比，那些参加了计算机技能和互联网浏览课程的老年人在包括生活满意度、抑郁和孤独等的方面中皆表现出了积极的效果（Shapira et al.，2007）。

小结：情绪与社会性发展

学习目标 12.13　能够总结老年期情绪健康的证据及其与身体机能的关系。

在美国人中，老年期的积极情绪会上升，消极情绪会下降。然而，有严重身体和认知问题的老年人的自尊心会下降并有罹患抑郁症的风险。而照顾生病的配偶也会提升老年人患上抑郁症的风险，与此同时，丧偶也会导致另一方有患上抑郁症的风险。

学习目标 12.14　能够区分埃里克森的理论和卡斯滕森的老年期社会情感选择理论。

埃里克森提出，老年期的主要挑战是自我完整与绝望的对抗。自我完整是指老年人能积极地回顾自己的人生，并坦然地接受人生的结果，而绝望则是对自己的人生历程感到遗憾和痛苦，并由此得出“自己并没有走好人生之路，而且如今无法回头”的消极结论。卡斯滕森的社会情感选择理论指出，为了让自己的情感幸福最大化，老年人在社会交往中会变得越来越挑剔。卡斯滕森认为，在老年期，随着老年人一步步地从工作环境中抽离，并且不再像同事和父母那样承担着日常照顾家人的责任，以知识为基础的社交目的变得越来越无足轻重，这使得老年人更以情感作为社交目标的基础。

学习目标 12.15　能够描述老年人与子女、孙辈和重孙辈的关系是如何变化的。

在不同的文化背景中，处于老年期的人们与他们的孩子仍然有很频繁的接触。随着时间的推移，父母和孩子之间也许会出现角色互换的现象，即处于老年期的父母更加依赖于孩子的照顾和支持。孙辈在成人生活中摸爬滚打，忙忙碌碌，这便使得祖父母和孙辈之间的联系不那么紧密，但对大多数人来说，事实恰好相反。与此相比，老年期的人们同重孙辈的关系往往不如与孙辈亲密，相应地，他们之间的联系和接触也更少。

学习目标 12.16　能够对老年期生活状况的文化差异做出相应的评价。

老年人的生活境况是多种多样的：有的老年人独自居住，有的和孩子同住，还有的住在老年人生活辅助中心或疗养院。一般来讲，在孝道备受推崇的亚洲文化中，老年人会和孩子一同生活。然而，由于独生子女家庭如雨后春笋般涌现，这种生活模式正悄然发生着变化。也许孩子会选择住在离家千万里的远方。

学习目标 12.17 能够解释恋爱关系和性行为在老年期发生了怎样的变化。

从成年中期到老年期，人们的婚姻满意度呈上升趋势，并在老年期达到人生的最高点。对于那些在老年期丧偶的老年人来说，特别是女性，丧偶后的生活是一个痛苦而艰难的转变。老年期的再婚率较低，但老年期的再婚满意度往往更高。老年期，人们在性行为的可接受性和合理性的看法方面存在广泛的文化差异。性行为在很大程度上取决于身体健康。一项美国的相关研究报告显示，在老年期发生的接吻、拥抱、性触摸和爱抚的频率要高于性交频率。

学习目标 12.18 能够描述退休的变化，并确定退休对老年人的影响。

对于何时退休这一问题，老年人会基于很多因素来进行细致的考量。他们特别会从自身的经济条件、身体健康和对这份工作的满意程度出发来进行考虑。许多上了年纪的美国人通过参与非全日制工作让自己逐渐步入退休状态。大多数老年人能够很好地适应退休生活，但那些非自愿退休的人对退休生活的满意度则不如那些自愿退休的人。对于那些主动选择退休的人来说，他们的身心健康通常会在这一过渡时期得到改善，而那些非自愿退休的人则倾向于衰退。

学习目标 12.19 能够总结休闲活动、社区活动、宗教活动和媒体的使用在老年期所发生的变化。

尽管人们处于老年期，但他们仍有机会享受在早年所进行过的休闲活动。许多老年人热衷于旅游，但他们的大部分闲暇时间都被电视、阅读和探亲访友等活动占据。在老年期，加入公民组织，参与志愿活动和宗教活动的老年人的比例很高。此外，老年人观看电视的频率也很高，互联网的使用可以提升老年人的保健力度并提高他们的生活质量。

第十三章

死亡与哀悼

第一节 生物学上的死亡

死亡和衰老的生物学过程

导致死亡的主要原因

超越死亡？延长人类寿命的尝试

死亡的社会文化背景

死亡的地点：家和医院

有关生命结束的选择和决定

第二节 对死亡的情绪反应

丧亲和哀伤

哀伤的情感弧线

哀伤的变化

面对死亡

死亡阶段论

第三节 关于死亡和来世的信仰

毕生发展的死亡信仰

童年期和青少年期的死亡信仰

成年期的死亡信仰

关于来世的信仰和哀悼仪式

人们对死后的生命有什么看法？

主要宗教的哀悼仪式

祭奠和缅怀死者

智人（homo sapines）区别于其他生物的最大优势在于，我们很早便懂得死亡是所有的生命都在劫难逃的归宿。我们的大脑让我们得以预测未来，给了我们规划和在世界各地生存繁衍的能力。但预知未来也让我们意识到，在人生尽头等待着我们的是死亡；对于死亡，人们除了等待别无他法。然而，我们对这一残酷现实的反应不是绝望和顺从，而是创造：死亡使得人们迸发出艺术创造力，让人们在建筑、绘画、雕塑、文学等领域颇有造诣。死亡还激发了不同的信念，让人们相信死亡并不是人生终点的信仰。关于“死亡之后会发生什么”的信仰千奇百怪，但几乎在所有的文化中都有一种信仰——有些东西确实存在于死亡之外。

在这一章中，我们对死亡的各个方面展开了研究。我们先考察了导致成年人死亡的三种主要原因——心脏病、中风和癌症，以及近些年来试图推迟死亡和延长人类寿命的尝试。接着，在先进的医疗技术大大延长了死亡过程的时代，我们将一起来探讨有关死亡的社会文化背景，并提出具有挑战性的社会和伦理问题。我们还将在情感层面一同探究死亡、丧亲和哀伤的相关知识。最后，我们将以对来世信仰和重要宗教的哀悼仪式的研究来结束这一章。最后一章中包括了讨论世界各地的人们在日常生活中是如何纪念逝者这一问题。

第一节 生物学上的死亡

学习目标

13.1 能够说明死亡原因在历史上的变化，并确定当今时代导致死亡的三种主要原因。

13.2 能够解释端粒和自由基在衰老过程中的作用，并及时回顾为了延缓衰老而付出的努力过程。

13.3 能够比较在家死亡和在医院死亡的好处和坏处。

13.4 能够总结在临终关怀和死亡方面存在的选择和争议。

死亡和衰老的生物学过程

这一章出现在本书的末尾，被安排在和老年期有关的章节之后。当然，这么安排并不意味着老年期就是死亡的高峰期。虽然当今的大多数人都能活到老年期，但在人类历史上，死亡的过程是分布在整个生命周期之内的，而且诱发死亡的主要原因是传染病。在如今的发达国家，死亡主要是在年轻时发生的意外事故引起的，中年期和老年期的心脏病、中风和癌症也难辞其咎。随着时间的推移，人们对衰老的生物学过程也有了更深入的了解，这将促使人们为延长人类寿命而付出相应的努力。

导致死亡的主要原因

学习目标 13.1 能够说明死亡原因在历史上的变化，并确定当今时代导致死亡的三种主要原因。

直到 20 世纪，从世界范围内来看，婴儿期是死亡的高峰期，而且由于幼儿容易感染传染病，所以学步期和幼儿早期也是死亡的高风险时期（Floud et al., 2011）。年轻妇女经常因分娩而死亡，而年轻男子则常死于战争（Diamond, 1992）。人们成年后，随着年龄的增长，人们越来越容易受到各种如斑疹、伤寒、白喉、肺结核和天花等恶性传染病的侵袭。

在本书中出现的大部分相关研究的时间跨度并不长，最长的也只持续了几十年；但在许多发达国家，关于死亡的原因已被系统地记录了至少 150 年。这些记录表明，直到 20 世纪早期，传染病一直都是人类死亡的主要原因。20 世纪，由于包括疫苗和抗生素在内的医学进步和卫生条件的改善，因传染病而死亡的人数骤降。19 世纪中期，世界上超过一半的死亡案例都是由传染病造成的；到 21 世纪初，这一比例仅为 5%（Floud et al., 2011）。随着因传染病而死亡的人数

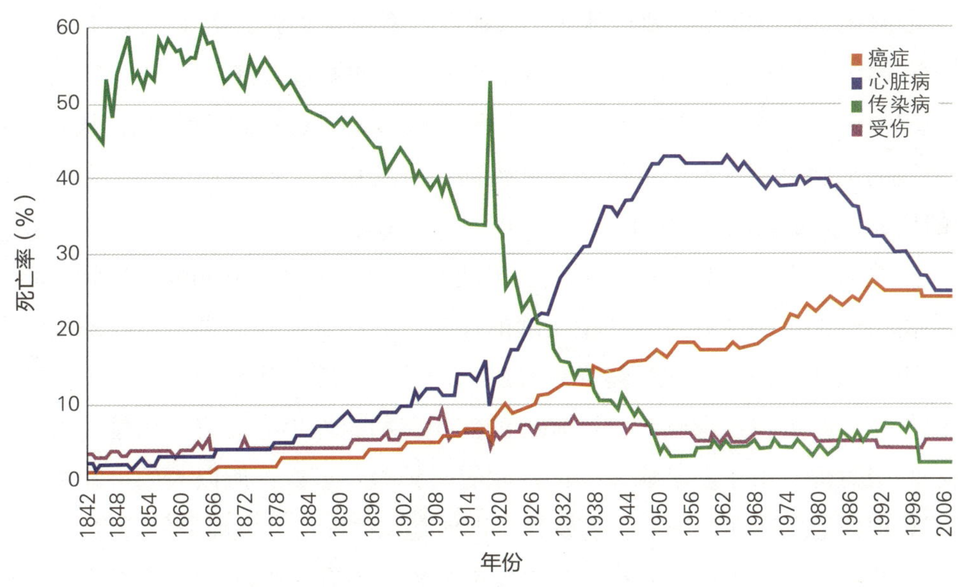

图 13.1　从 1842 年至 2006 年的马萨诸塞州人口的死因

由于传染病得到有效预防和治疗，心脏病和癌症造成的死亡有所增加。

资料来源 :Massachusetts Department of Public Health（2008）.

逐渐减少，人类的预期寿命稳步上升。人们的预期寿命增加以后，导致他们死亡的多是那些在以往非常罕见的死亡原因，像心脏病、中风和癌症等。中年期和老年期是心脏病、中风和癌症的易感时期，但在 20 世纪之前，很少有人会因为上述疾病而死亡，因为大多数人在中老年期之前可能就会因传染病而逝世了。**图 13.1** 显示了从 19 世纪 40 年代到现在死亡原因的变化。图中所显示的数据来自马萨诸塞州，在那里，我们得到了这一整段时期的可靠记录（Cáceres，2008）。

如今，导致死亡的主要原因会因年龄和国家的差异而大相径庭。在一些发展中国家，特别是在非洲，传染病仍然是造成死亡的主要原因，对于 5 岁以下儿童来说尤甚。然而在发达国家，5 岁以下儿童的死亡案例比较少见，就算有，也是由于事故造成的，且主要是汽车事故（WHO，2017）。在发达国家，在童年中期发生的死亡事件比其早期发生的死亡更为罕见，而且事故再次成为造成死亡的主要原因。在青少年期、成人初显期、成年早期发达国家最常见的死亡原因是车祸、杀人和自杀。

在发达国家，汽车事故是导致年轻人死亡的主要原因。

由于心脏病、中风和癌症的发病率随着年龄的增长而增加，在发达国家，中年期和老年期的死亡率远远高于生命早期（WHO，2017）。现在让我们更详细地研究一下心脏病、中风和癌症这三种主要死亡原因。接着，我们再研究在某些国家和某些年龄组中很常见的死亡原因——自杀。

心脏病。心脏病是导致全球成年人死亡的第一大杀手（WHO，2017）。正如我们在第十一章看到的，癌症是导致中年人死亡的罪魁祸首。但65岁之后，心脏病成为头号死因。在心脏病中，由于斑块（atherosclerosis）的堆积，从心脏输送血液的动脉逐渐变窄，最终会切断流向心脏的血液。高脂肪的饮食会加速斑块的形成，而定期的运动可以降低斑块形成的风险。

随着动脉逐渐硬化，患者可能会出现心绞痛（angina pectoris）症状。心绞痛会使得胸部、颈部和左臂产生剧烈的疼痛。而心脏血管的进一步收缩最终会完全阻滞血液的循环，并最终导致心脏病的发作。心脏病发作表明，由于缺乏血液供应，心脏组织濒临死亡。发作的症状包括急性疼痛无力、头晕、意识模糊和呼吸急促。由于心脏病发作的症状有时候微不可查，所以人们可能根本就没有意识到他们正在经历心脏病发作。即使是在医疗条件发展较好的发达国家，也有大约一半的心脏病患者在到达医院前死亡，另有30%的患者在接受治疗的一年内死亡（Hooyman & Kiyak，2017）。

在各个国家，男性在中年期和老年期死于心脏病的比例都高于女性。在美国，非裔美国人的发病率最高，亚裔美国人和拉丁美洲人的发病率最低（CDC，2017）。发达国家之间因心脏病而死亡的比率也有差异，东欧国家，如匈牙利和俄罗斯的死亡率最高；日本和一些南欧国家，如意大利和西班牙，这些地区的比例则最低。

这一差异可以用饮食来解释。非裔美国人和东欧人患心脏病的比例相对较高，因为他们倾向于食用高脂肪高糖的食物；南欧人、亚裔美国人和日本人往往吃低脂、低糖的食物，而且喜食鱼类，所以他们患心脏病的比率相对较低（De Meersman & Stein，2007）。鱼类中含有有益于心脏的欧米伽-3脂肪酸（Omega-3 fatty acids），健康专家建议我们每周至少吃两次鱼（Mayo Clinic，2017）。我们承认，这些科学信息成了我们频繁地享用寿司的借口。

导致心脏病组间差异的另一个重要因素是吸烟。吸烟会在很多方面对身体健康造成极大的损害，其中便包括对心脏功能的损害。自1950年以来，美国的心脏病死亡率急剧下降，从这里就可以看出吸烟对心脏病的影响：因心脏病而死亡的概率下降非常显著。据统计，1950年之后，心脏病死亡率只有1950年的1/3（Weintraub，2010）。如**图13.2**所示（Office of Disease Prevention and Health Promotion，2017），21世纪以来，各种族心脏病死亡率持续下降。但事实上，考虑到引起心脏病的一些风险因素在这段时间里正在逐渐恶化并非好转，从这种角度出发，这种下降便十分令人担忧。最值得注意的是，肥胖率在过去几十年里以惊人的速度攀升，而肥胖是心脏病的首要风险因素之一。随着人们越来越依赖快餐食品，人们的饮食变得越来越简单随便。然而，吸烟率的下降比肥胖的增加所产生的影响更大。如今，只有15%的美国成年人吸烟，而在20世纪60年代，这一比例约为50%（CDC，2017；Roeseler & Burns，2010）。公共场所禁烟

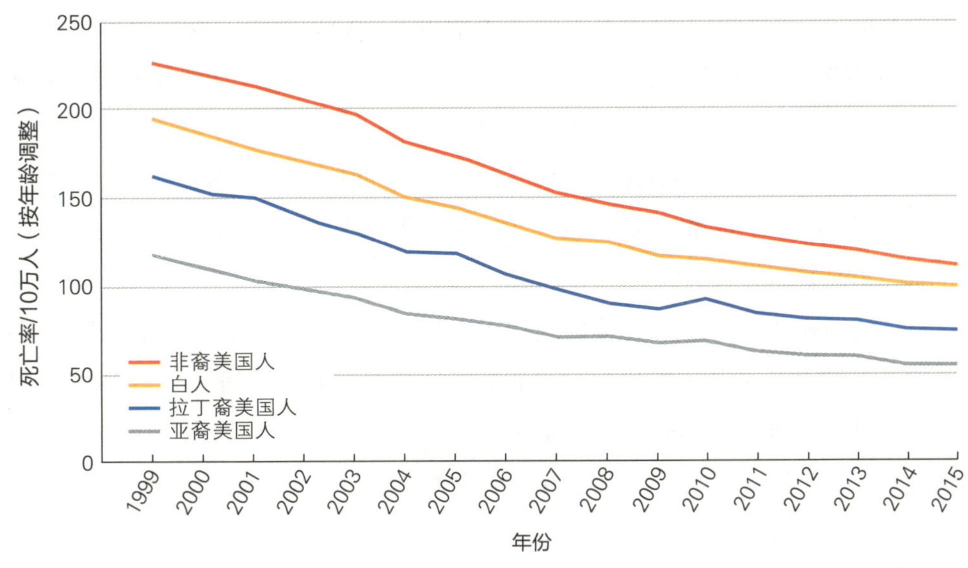

图 13.2　因心脏病而死亡的人数在减少

所有种族的心脏病死亡率都有所下降。这种下降主要是吸烟率的相应下降造成的。

资料来源 :Office of Disease Prevention and Health Promotion（2017）.

的影响也证实了吸烟对心脏病的重要性。许多研究表明，当一个州或国家禁止在公共场所吸烟时，心脏病发作率在第一年就会下降一半以上（Weintraub，2010）。除此之外，那些控制血压和降低胆固醇的药物也有助于减少心脏病的发作，但减少吸烟才是至关重要的。

中风。除了那些最贫穷的国家，中风是导致全世界成年人死亡的第二大杀手（WHO，2017）。发生中风时，血凝块会阻塞大脑的血液流动，随即扰乱患者的认知和生理功能。如果不进行治疗和清除，堵塞的血凝块可能会导致血管破裂，从而造成严重的脑损伤甚至死亡。女性的中风发病率高于男性，由于未知原因，中风对女性的影响也更为严重（Girigiala et al.，2017）。吸烟是导致中风的主要原因之一。近几十年来，随着吸烟率的下降，美国中风的发病率骤降（Mozaffarian et al.，2016）。此外，肥胖和高血压也会增加中风的风险。在美国，非裔美国人的中风发病率高于白人，部分原因是他们有更高的肥胖率和高血压发病率（Howard et al.，2016）。

当发生中风时，人们必须立即采取措施在血栓破裂前清除或移除血栓。美国中风协会（The American Stroke Association）（2017）建议使用“FAST”来帮助人们识别自己和他人的中风症状，并立即寻求医疗干预：如果患者出现脸部下垂（Face drooping）、手臂无力（arm weakness）、言语困难（speech difficulties）的情况，那么便需要抓紧时间拨打 911（time to call 911）！其他症状还包括突然性的精神错乱；四肢突然麻木，尤指身体一侧突然麻木；还有突如其来的剧烈头痛。如果患者能够在中风后 6 小时内得到治疗，无论是通过药物溶解凝块，还是通过手术移除凝块，都可以避免中风所带来的最糟糕的影响（American

Stroke Association，2017）。然而，如果人们没有意识到中风的发生而不予治疗，一旦血管破裂或者破坏严重，那便有可能造成患者的死亡；如果中风患者能够活下来，能否恢复正常也是无法预测的。

癌症。癌症和心脏病、中风一样，在成年中期比早期更常见，但高发期是老年期，大约 70% 的癌症死亡发生在 65 岁及以上的人群中（National Cancer Institute，2017）。老年期癌症发病率高的原因是什么？在整个生命过程中，身体都在替换已经死亡的细胞。20 多岁之后，细胞替代的过程变得越来越低效和不准确，到老年期，三种基因的出错率变得很高：在细胞替代期间修复 DNA 复制错误的稳定基因（stability genes）；以前功能正常但现在产生异常细胞复制的癌基因（oncogenes）；以及抑制癌基因活性的肿瘤抑制基因（tumor suppressor）（Campisi，2005；Wu et al.，2017）。

癌症一旦发生，身体受影响部位的癌细胞就会以极快的速度繁殖。最终，这些细胞会形成肿瘤。而肿瘤则会耗尽健康细胞的资源，逐渐损害受累部位的功能，进而损害整个身体系统，最终导致患者死亡。

癌症的症状因人而异，但通常包括体重减轻、疲劳和虚弱（Hooyman & Kyak，2017）。然而在老年期，这些症状经常被医院肤浅地诊断为抑郁、痴呆症或仅仅是原发性衰老的先兆。因此，有这些症状的人大概率不会接受癌症的相关检查。在大多数发达国家，患者可以通过筛查检测癌症。医学权威建议老年期的人每年都要进行癌症和其他潜在健康问题的检查。

总的来说，癌症在男性中比在女性中更常见，部分原因是男性更可能吸烟（WHO，2017）。在吸烟人数最多的发达国家，如日本和俄罗斯，癌症的发病率最高，因为吸烟不仅会导致肺癌，还会导致各种其他类型的癌症。从某种程度上来说，癌症受遗传因素的影响，对于那些年纪轻轻便不幸罹患癌症的人来说则更是如此（Huang et al.，2017）。在很大程度上，癌症是人体衰老和细胞复制能力下降的结果。

自杀。除了本节描述的疾病能够导致人的死亡之外，人们也会选择自杀。自杀在发达国家是造成人口死亡的主要原因，但在发展中国家则相对少见。在大多数发达国家，老年人是自杀率最高的群体。而在那些 80 岁以上、因衰老或疾病而使得生活质量下降的老年人中，自杀率尤其高。但在日本和韩国，自杀是导致 15—39 岁人群死亡的主要原因，这个年龄段的自杀率比任何更年长的年龄段要高得多（Arnett et al.，2014）。

自杀率在世界上几乎所有的国家中都存在着明显的性别差异，即女性比男性有更高的自杀倾向，但男性比女性更有可能完成自杀（WHO，2017）。这似乎主要是由于男性比女性选择了更致命的方式（如火器、药物过量）。

在美国，自杀率存在显著的种族差异（Curtin et al.，2016）。白人群体的自杀率高于任何其他种族，且这一比率还会随着年龄的增长而上升，到 75 岁及以上的年龄段时达到峰值。然而，非裔美国男性的自杀率则在25—44岁达到峰值，并在成年中后期逐步下降。相比之下，非裔美国女性的自杀率是美国社会中所有性别和种族中最低的，也许是她们强烈的宗教信仰及时扼杀了她们自杀的念头（Lawrence et al., 2016）。亚裔美国人和拉丁裔美国人的自杀率也相对较低。

超越死亡？延长人类寿命的尝试

学习目标 13.2 能够解释端粒和自由基在衰老过程中的作用，并及时回顾为了延缓衰老而付出的努力过程。

本杰明·富兰克林（Benjamin Franklin）在大约200年前总结道："世界上只有两件事情不可避免——死亡和纳税。"诚然，税收不太可能在短期内消失，但死亡呢？我们一定会走向死亡吗？衰老是一个我们都必将经历的生物过程，而这一过程最终会导致死亡。但是，我们可不可以通过理解衰老这个生物学过程从而学会延缓甚至逆转衰老呢？

近几十年来，关于衰老的生理过程人们已经积累了很多知识。经过研究，我们已经确认了几种导致衰老的重要因素。首先，让我们先来探究两个关键性因素，以及人们是如何通过改变它们来延长寿命的。接着，让我们一起来探讨另外两种关于延长寿命的策略。

衰老的来源：细胞时钟和自由基。导致衰老的一个重要因素在于，我们身体的细胞似乎存在一个限制细胞自我复制次数的**细胞时钟（cellular clock）**。在人类的整个生命周期中，细胞通过细胞复制创造新的细胞来取代那些老化和死亡的细胞。然而，大约复制50次之后，细胞便失去了复制的能力。这个原理首先由生物学家莱昂纳多·海弗利克（Leonard Hayflick）发现，故被称为**海弗利克极限（Hayflick limit）**（1965，1998，2004）。

细胞时钟：细胞自我复制次数的内在限制。

海弗利克极限：细胞自我复制能力的50倍极限。

海弗利克极限的来源似乎存在于细胞染色体末端的DNA序列中，也就是被称为**端粒（telomere）**的部分（Thoms et al., 2007）。随着细胞每复制一次，端粒就会变得稍短一些，最终短到无法再进行复制。从短期来看，端粒的缩短提供了优势，因为它有助于防止基因变异，否则变异可能在细胞复制的过程中频繁发生（Greider, 2016）。但从长期来看，当细胞到达海弗利克极限时，端粒就会短得难以进行复制。研究证实，端粒的缩短与癌症等多种疾病有关（Chung et al., 2007）。一项针对健康的百岁老人，也就是那些没有心脏病、癌症、中风或糖尿病的百岁老人（至少活到100岁的人）的研究发现，他们的端粒明显比那些患有两种或两种以上疾病的百岁老人长（Effros, 2009）。

端粒：染色体末端细胞DNA中的一部分，它随着细胞的每次复制而变得稍短一些，最终短到无法再进行复制。

> **批判性思考题：**如果人类能保持很久的健康，你想活到200岁吗？如果这意味着你必须工作到170岁呢？

研究焦点：端粒的生长特征

我们现在已经知道，端粒的逐渐缩短是导致衰老的关键原因。细胞每复制一次，染色体末端的端粒就会缩短一些。当它们短到无法继续复制时，细胞就会死亡。但是如果人类有办法逆转这一过程呢？如果人们可以诱导端粒继续生长，使它们不会变得太短而导致无法复制，结果又会怎样呢？

最新的研究为上述问题提供了潜在的重要证据。这些证据证实了我们所提出的这些问题也许不仅仅是一种虚无缥缈的推测。在一项研究中，研究人员从31名宫颈癌女性中提取生物样本。这些女性被随机分为两组，一组接受6次电话咨询，另一组接受常规治疗而没有电话咨询（Biegler et al., 2011）。6次电话咨询的重点是减缓压力、调节情绪、促进健康，解决人际关系和性生活问题。在研究一开始和4个月后，研究人员调查了两组人员随时间而发生的变化，目的是观察咨询对于患者来说是否有任何效果。

结果表明，心理咨询具有积极的心理作用。在4个月的时间里，咨询组的女性比对照组的女性的生活质量提高得更多。而且她们的免疫系统也有所改善。这些发现虽然振奋人心，但并不令人惊讶，因为它们已经在其他研究中被多次记录过了。

真正让人惊讶的是端粒的变化。在对两组女性的全部数据进行检查的过程中，研究人员意外地发现，咨询组的女性在4个月的实验周期结束时的端粒比开始时更长。这种咨询似乎促进了端粒的生长，从而延长了她们细胞的寿命。

这项研究虽然具有开创性，但我们必须谨慎解读。你知道为什么这项研究很难推及普通大众之中吗？首先，样本的数量和范围非常小；在接受咨询的小组中，只有15名女性的端粒生长了。其次，这些女性都患有宫颈癌。人们早就知道，压力会导致端粒过早地缩短，而罹患宫颈癌的诊断无疑会被患者视为一种压力。因此，只有那些端粒因压力而提前缩短的人，才有可能逆转端粒的衰老，而那些端粒缩短只是正常衰老的一部分的人则没有这种可能性。

但这项研究确立了一个重要的原则，即端粒的缩短不是不可逆的，也可能不是不可避免的。另一项研究为这一原则提供了额外的支持。该研究报告称，对于那些由于压力而导致端粒提前缩短的人，运动也能够帮助他们的端粒再度生长（Jin et al., 2011）。未来的相关研究可能会提供更多的信息，详细地说明到底是什么原因导致端粒缩短，以及如何逆转这一过程以减缓衰老和延长寿命。

复习题：

1. 上文描述的研究表明，端粒：（ ）
   A. 不管人们经历了什么，都会随着年龄的增长而萎缩
   B. 可以延长，如果人们的经历有所改变
   C. 如果人们服用某些药物，可以减缓他们的变化速度
   D. 随着年龄增长，可能发生癌变
2. 以下哪项是本研究的局限性？
   A. 样本小
   B. 样本中没有男性
   C. 参与者处于不寻常的压力之下
   D. 以上皆有

有没有一种能让端粒再生的方法可以帮助细胞不受海弗利克极限的限制呢？最新的研究提供了相应的线索：一种叫作端粒酶（telomerase）的酶能够调节端粒的长度。在实验室研究中，科学家已经成功地提高了某些动物的端粒酶功

能，从而阻止端粒的缩短（Effros，2009；Nandakumar & Cech，2013）。其他的研究主要致力于发现那些能够控制端粒酶活性的基因，并关注如何通过改善这些基因来调节端粒的长度，但这项研究还处于早期阶段（Sahin & DePinho，2012；Roake et al.，2016）。最近的研究也表明，端粒在缩短后可能会再次生长，正如“研究焦点：端粒的生长特征”中描述的那样。

导致原发性衰老的另一个主要因素是**自由基（free radicals）**的积累（Thavanati et al.，2008）。自由基会损伤细胞。我们的细胞需要氧气来生存，但在代谢过程中，不稳定的分子产生了一个孤电子（unpaired electron），这些分子就是自由基。当自由基以不稳定的状态漂浮在细胞中，自由基便会破坏细胞运转所需的 DNA 和其他结构。专家认为，自由基是导致许多老年期高发致命疾病的重要原因。这些疾病包括心脏病、癌症和阿尔茨海默病（Valko et al.，2016）。

自由基：不稳定分子，会对 DNA 和细胞功能所需的其他结构造成损害。

有没有阻止自由基形成或发展的方法？有充分的证据表明，由于**抗氧化剂（antioxidants）**的存在，自由基的活性减弱了。抗氧化剂可以吸收自由基中的多余电子，从而防止自由基破坏细胞。抗氧化剂，如胡萝卜素、维生素 E 和维生素 C，天然地存在于许多食物中，尤其是水果和蔬菜之中，这就是为什么吃水果和蔬菜能促进健康和长寿。相关的动物研究表明，高剂量的抗氧化药物可以增强身体功能。对于蠕虫来说，抗氧化药物甚至可以延长 50% 的寿命（Zhang et al.，2017）。然而，对人类的研究表明，摄入过多的抗氧化剂对于延长寿命收效甚微（Kedziora-Kornatowski et al.，2007；Moser & Chun，2016）。事实上，一些研究表明，维生素 E 等抗氧化剂的补充可能在实际上对健康有害（Miller et al.，2009；Schwingshackl et al.，2017）。研究人员正在研究是否有可能在某些细胞中插入一种基因，从而产生作为抗氧化剂的酶。

抗氧化剂：许多水果和蔬菜中含有的物质，能吸收自由基中的多余电子，从而防止自由基损伤细胞。

人类生长激素：生命早期几十年身体生长发育的关键因素，在大约 25 岁之后的稳步下降将导致原发性衰老。

衰老能被逆转吗？减缓或逆转衰老过程的另外两种方法是激素替代和限制卡路里的摄入。本次研究的重点是人类生长激素和脱氢表雄酮。

人类生长激素（human growth hormone，hGH）是对人生最初几十年的生理发育有着重要影响的激素，但它在大约 25 岁之后的稳步下降会导致原发性衰老。在动物和人类接受人类生长激素补充剂的实验研究中，有时能够产生显著的效果，包括提升了人们的肌肉质量、增加了骨密度、减少了脂肪并提升了活动水平（Hooyman & Kiyak，2017）。然而，这些影响并不持久；并且研究已经发现，经常使用生长激素会有一些令人不快的副作用，包括刺激毛发过多地生长，造成一定程度的肝损伤，以及手、脚和面骨的异常生长。

抗氧化剂，天然存在于很多的水果和蔬菜中，可以对抗自由基造成的细胞损伤。

长时间限制卡路里的摄入可以延长寿命。你愿意试一试吗？

脱氢表雄酮：参与肌肉生长、骨密度和心血管系统功能的激素。

脱氢表雄酮（DHEA）是一种与肌肉生长、骨密度和心血管系统功能密切相关的激素。它由肾上腺产生，然后转化为性激素、雌激素和睾丸激素。约 30 岁之前，脱氢表雄酮的分泌量都会持续上升，然后随着年龄的增长而减少。因此，到 80 岁时，体内的脱氢表雄酮含量只有 30 岁时的 5% 左右。在小鼠身上，注射脱氢表雄酮可以提高活动水平和学习速度。而在人类方面，实验研究未能证明脱氢表雄酮补充剂对老年人有明显的益处，但研究仍在继续（Nair et al., 2006；Naqvi et al., 2013）。

另一种延长寿命的方法是限制卡路里的摄入。对于各种各样的动物物种所展开的研究证明，减少 30%—50% 的卡路里摄入可使它们的寿命延长 50%（Martini et al., 2008）。例如，限制卡路里摄入的老鼠比其他老鼠寿命长 30%，肌肉质量和体力活动水平也更高（Hooyman & Kiyak，2017）。在持续了 6 年的恒河猴实验中，那些卡路里限制为 30% 的猴子比其他猴子活得更长，活动水平更高，体脂更少，脱氢表雄酮水平也更高（Messaoudi et al., 2006）。关于限制卡路里摄入的研究相对较少，因为这类研究的志愿者并不多，但目前的证据表明，限制卡路里的摄入可以通过多种方式增强身体机能（Most et al., 2016）。一项对 18 名中年人的研究表明，他们在 6 年的时间里减少了卡路里摄入量，这对健康有各种益处，包括更好的心血管功能和更低的血压（Fontana et al., 2004）。另一项研究发现，在 2 年内减少 25% 的卡路里可以延缓细胞的衰老（Meydani et al., 2016）。目前正在研究既不需要人们长期处于饥饿状态，又能让人们从卡路里限制中受益的方法（Chung et al., 2013；Most et al., 2016）。

死亡的社会文化背景

死亡是发达国家和发展中国家之间差距最大的领域之一。如今，发展中国家的大多数人都和历史长河中的人并无不同，他们或是在家中自然地逝去，或因事故、战争而死。相比之下，如今发生在发达国家的死亡通常和科技息息相关。一般来说，先进的医疗技术总是试图延续垂死之人的生命，而死亡往往发生在这样的背景之下。首先，我们来一起研究以家庭和医院作为死亡地点的社会文化背景。其次，我们将一起探索临终关怀作为一种接受度日渐上升的替代方法。接下来，我们的关注点将放在使用医学方法让垂死之人慢慢走向死亡而不是继续活着所带来的难题。最后，由于用以指导他人在垂死之人丧失行为能力时采取哪些步骤的书面计划的日渐流行，我们将一起关注这方面的事宜。

死亡的地点：家和医院

学习目标 13.3 能够比较在家死亡和在医院死亡的好处和坏处。

在人类历史的大部分时光中，死亡大多发生于家中。大多数人死于传染病，而且他们在逝世前经历了一段相对较短的疾病期，持续时间从几天到几周不等。如今，发展中国家的大多数人死于家中，因为他们很少能在医院或诊所获得医疗服务（World Health Organization，2014）。在发达国家，大多数人对于在家中逝去怀有强烈的感情和意愿（Gomes et al.，2013）。然而，实际上，发达国家约 60% 的人都是在医院死亡的，另有 20% 的人则死于养老院（Grunier et al.，2007）。

在家中逝去符合许多人的意愿，因为濒临死亡的人往往渴望在安全和舒适的家中由他们熟悉和珍爱的人照料以面对死亡所带来的不确定性和痛苦（Germino，2003；Jack et al.，2016）。然而，在家中死亡的现实情况对于人们来说相当具有挑战性，对于照料者来说尤为如此。因为造成发达国家人们死亡的主要原因并不是传染病，而是心脏病和癌症，而且现代药物和医疗技术能够延长患者的生命，让他们的寿命比之前要长得多。早些时期，死亡通常是在几个月甚至几年的时间里缓慢而逐渐发生的。在这段时间中，随着临终者健康状况的逐渐下降，家庭护理人员经常需要帮助他们进行日常活动，如吃饭、使用卫生间、洗澡和服药等（Turner et al.，2016）。

照料任务通常会给照料者带来巨大的生理和心理压力，甚至在家庭成员死亡近一年后，照料者的报告依然显示他们的压力水平比那些在医院死亡的家庭成员要高（Hirooka et al.，2017；Pertl et al.，2016）。如果照料者能够得到卫生保健专业人员的支持，那么这种压力就会减轻，但即便如此，大多数家庭也不适合为临终者提供良好的生理和医疗需求（Jack et al.，2016）。大多数老年人已然预料到了家庭护理的困难。即使老年人更愿意在家中死亡，他们也承认，这将给他们的家庭成员带来不小的负担（Gott et al.，2004）。

医院可以在患者病危时提供必要的医疗护理，但医疗护理也有其缺点。垂死的人们和他们的家人经常抱怨医疗护理没有人情味而且不人道。因为医务人员关注的重点是如何利用技术和药物尽可能地延长病患的寿命而不是关注病患和家属们的情感和社会需求，即使对于那些将死之人也是一样（Open Society Institute，2003；Pandini et al.，2016）。即使在治疗即将死亡的重病患者时，许多医生也不同患者或家属讨论死亡的可能性，也不制订临终护理计划（Spencer et al.，2017）。在医院里死去通常意味着患者要忍受孤独、恐惧和未经治疗的疼痛（Grunier et al.，2007；Weitzen et al.，2003）。

有关生命结束的选择和决定

学习目标 13.4　能够总结在临终关怀和死亡方面存在的选择和争议。

鉴于家庭和医院在临终关怀方面存在的缺陷和局限性，许多人会另择他法。临终关怀能够提供人性化的环境，让病危的人有尊严地度过生命的最后一程。安乐死引起了不小的争议，因为人们要考虑患者从病情中恢复的可能性。如今，发达国家的许多老年人在生病之前就已经为他们的临终护理等相关事宜制定了指示，这样他们的亲人就不会因为代表他们而在临终事宜上进退两难。

临终关怀：在生命结束时，强调濒死者及其家人在身体、情感、社会和精神方面的需要，以替代住院治疗。

对临终患者的临终关怀。为了回应人们对临终医院护理的普遍不满，**临终关怀（hospice）**在发达国家越来越受欢迎。临终关怀的目标不仅是解决医疗问题，还包括安慰临终者及关注其家人的生理需求、情感需求、社会和精神需求[National Hospice and Palliative Care Organization（NHPCO），2015]。只有当医护人员停止延长对患者生命的医疗干预，并且患者的弥留时间只有 6 个月甚至更短时，医院才会对患者实施临终关怀。医疗努力的重点是缓和，也就是说，努力缓和患者的痛苦，并以一种让患者有尊严地死去的方式提供护理。

有时候，临终关怀是在一个独立的并致力于临终关怀的机构中实施的，但更多的情况下，临终关怀是在家庭、医院或疗养院中实施的。临终关怀在家里进行的情况比在其他任何环境下都要普遍，这让患者们能够在自己珍爱的家庭成员中安详地离去（NHPCO，2015）。同没有临终关怀支持的家庭成员相比，得到临终关怀支持的家庭成员两年后的心理状态会更好（Jack et al.，2016；Spencer et al.，2017）。

姑息治疗：对绝症患者的一种护理，着重于减轻患者的痛苦，并让患者有尊严地死去。

除了**姑息治疗（palliative care）**，临终关怀还有以下特点（NHPCO，2015）：

- 拥有跨学科护理团队，包括医务人员、咨询师和志愿者；
- 能够为患者及其家属提供心理和精神咨询；
- 能够为家庭成员提供家庭临终关怀、家政支持、定期缓解等数个小时时长的护理；
- 能够为临终者提供心理支持和安慰，有时包括音乐疗法和庆祝生日与节假日等特殊节日和事件；
- 能够在患者死后延续对其家人和朋友的照顾。

临终关怀近年来在发达国家得到了极大的发展，研究表明，部分原因是临终患者及其家人对临终关怀的反应比标准的医院护理要积极乐观得多（Muramatsu et al.，2008；NHPCO，2015）。临终关怀项目得以扩展的另一个关键原因是，它比标准的医院护理要便宜得多（Morrison et al.，2008）。随着医疗费用的不断上涨，几乎每个发达国家都面临着未来几十年人口迅速老龄化的前景，因此，临终关怀可能会得到进一步的发展。

尽管有证据表明临终关怀拥有种种优势，但是目前在美国只有约 40% 的死亡案例和临终关怀项目挂钩（NHPCO，2015）。此外，临终关怀往往只适用于平均长度只有 20 天的生命末期。在临终关怀方面，美国国内也存在着明显的种族差异。在 2010 年去世的医疗保险受益人中，46% 的白人接受了临终关怀，相比之下，只有 37% 的拉丁裔美国人、34% 的非裔美国人、31% 的印第安人和 28% 的亚裔美国人接受了临终关怀（Johnson，2013）。

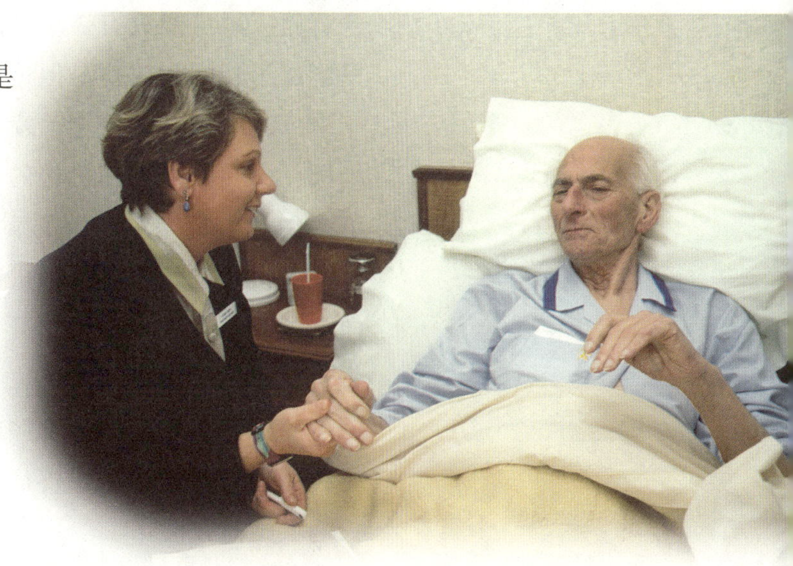

临终关怀不仅关心一个病人膏肓的人的医疗问题，而且关心情感、社会和精神问题。

到目前为止，各种各样的原因限制了临终关怀的发展。医生接受的训练是治愈患者，延续他们的生命。有些医生往往对康复的前景持乐观的态度，即使患者身患绝症，他们也不愿意停止医疗干预（Hooyman & Kiyak，2017；Spencer et al.，2017）。许多患者和他们的家人不愿意接受临终关怀，因为这意味着放弃治愈的希望，承认死亡即将到来（Buss et al.，2017；Waldrop，2006）。为了回应这些担忧，一些临终关怀服务提供"开放获取"（open access）政策，将临终关怀与化疗和透析等持续治疗努力结合起来（Wright & Katz，2007）。

安乐死。很少有人反对临终关怀的方法，因为它似乎为患者提供了一种人道的、富有同情心的、有尊严的方式来结束生命。然而，一些相关的方法在大众眼中却是有违道德且离经叛道的。**安乐死（euthanasia）**的意思是"安详和乐的死亡"，是指结束一个不治之症或重度残疾患者的生命，主要有两种类型：

安乐死：结束一个不治之症或重度残疾患者生命的做法。

- 被动安乐死（passive euthanasia） 包括不再为了延长个体的生命而进行医疗干预。例如，结束癌症患者的化疗，将呼吸机从大脑已经停止活动但在医疗帮助下肺部仍能正常工作的患者身上移走。被动安乐死允许死亡发生，但并不会主动地导致死亡。
- 主动安乐死（active euthanasia） 不仅包括停止治疗，还包括采取措施加速死亡。当医务人员为垂死的人提供不受痛苦地死去的医疗手段时，就可能发生这种情况，例如，医生应绝症患者的请求，向其提供一种可以结束生命的药物处方。这也被称为协助自杀（assisted suicide）。或者，医务人员或同濒死之人的近亲可能采取深思熟虑的步骤以结束生命，例如注射致命药物等。

这似乎是两种完全不同的安乐死。然而在实践中，两者之间的区别模糊不清。以一个假设的例子为例：一位 92 岁的妇女被诊断出结肠癌晚期。医生告诉她，她可能只有 3 个月的生命了。在她的要求下，医生在 2 个月的时间里尝试了化疗和放疗，但这些治疗让她备受煎熬，而且对于逆转癌症也无济于事，所以她要求停止治疗。出院后，她回到了家中。她的儿子休假搬来与她同住，在临终关怀机构的人员和其他家庭成员的帮助下协同照顾她。在接下来的几个星期里，她的病情逐渐恶化。一天清晨，她在痛苦中哭着醒来，对儿子说她已经做好了死去的准备，并恳求儿子减轻她的痛苦。医生知晓后便派了一名护士，并给她开了一瓶大剂量的吗啡。护士负责吗啡的使用，并告诉儿子如果疼痛持续下去该如何增大药量。在吗啡的作用下，患者进入了深度睡眠状态。在白天晚些时候醒来时，病患仍感觉昏昏沉沉，失去了方向感，但仍然拼命地抱怨疼痛。她的儿子又为她服了一剂吗啡，增大药量的当天晚上她就去世了。

所以，到底发生了什么？由于对临终患者的治疗结束了，患者才在预期的时间内死亡，这种做法属于被动安乐死吗？由于医生提供了足够剂量的吗啡来结束她的生命，而且使用吗啡结束患者的生命也许比她自然死亡要来得更快，这种做法属于主动安乐死吗？

法律舞台上和在现实世界中一样，不同类型的安乐死之间的区别一开始看起来很清楚，但经过后来的证明却发现并非如此。在几乎所有的国家，被动安乐死是合法的，但主动安乐死是不合法的（Gupta & Naskar，2013）。在美国，美国医学协会支持被动安乐死，但反对医生参与主动安乐死（American Medical Association，2017）。然而，法院在判决是否应该为濒死者提供药物缓解痛苦方面，通常会接受医生的决定，甚至到了"临终镇静"（terminal sedation）的程度（Hooyman & Kiyak，2017）。提供药物来减轻疼痛在法律上是可以接受的，而提供药物意图致人死亡则不行，但在实践中，人们几乎不可能知道疼痛的减轻在哪里结束，死亡的加速在哪里发生。因此，医生和患者以及患者家属做出的临终决定很少受到法院的质疑。

主动安乐死在加拿大、大部分欧洲国家和美国的几个州是合法的（Emanuel et al.，2016）。这些法律有几个共同特征：

- 患者明确表示了想死的意愿；
- 患者的身体或（和）精神痛苦严重，不太可能得到改善；
- 患者已经尝试或拒绝了所有其他治疗方案；
- 患者已经咨询了第二名医生，以确保满足以上条件（Dees et al.，2010）。

这些法律在实践中有多成功？2001 年，荷兰是第一个将主动安乐死合法化的国家，超过半数的荷兰医生报告说他们实施了主动安乐死。实施的对象通常是晚期癌症患者（Emanuel et al.，2016）。然而，在匿名调查中，许多荷兰医生承认他们并不是很在意法律规定的条件，特别是患者需要咨询第二名医生的要求（Miller & Kim，2016；Onwuteaka-Philipsen et al.，2005）。一些医生也承认曾经为那些并非身患绝症，只是“厌倦了生活”的老年人提供协助自杀的服务（Miller & Kim，2016；Rurup et al.，2005）。这一发现为批评人士提供了谈资，他们担心允许主动安乐死的法律会将社会推向滑坡，这可能导致老年患者感到自己有义务早点离世而不是顺其自然（Jost，2005；Stek，2017）。

简化死亡：预先指示。也许安乐死中最具争议的部分还会涉及这样的情况：即将死亡的人丧失了行动能力，因此无法决定应该或不应该提供哪种治疗。在这种情况下，往往由医务人员和家属来决定，他们可能会与患者的要求产生矛盾。

一种日益流行的方法——**预先指示（advance directive）**，即关于临终关怀的书面和口头指示（Huang et al.，2016；Mitty et al.，2008），能够用于避免这种困境。预先指示可以包括生前遗嘱（living will）。生前遗嘱是一份文件，说明患者在疾病晚期、昏迷或脑死亡时需要或不需要的治疗。生前遗嘱可能包括**拒绝复苏（Do Not Resuscitate，DNR）**条款，表明如果患者心脏停止跳动或停止呼吸，医务人员不得试图延长生命（Scott & Caughlin，2012）。预先指示还可以指定一名保健代理人（health care proxy），即被指定在丧失行为能力时代表濒死者做出治疗决定的人（通常是家属）。

预先指示：关于临终关怀的书面和口头指示。

拒绝复苏（DNR）：如果患者心脏停止跳动或停止呼吸，医务人员不得试图延长其生命的生前遗嘱条款。

虽然预先指示逐渐在全世界流行，但受众并不广泛。根据最近一项针对50岁及以上美国人的全国性调查，44%的白人有预先指示，相比之下，只有29%的拉丁裔和24%的非裔美国人准备了预先指示（Huang et al.，2016）。出现这种种族差异的原因在于，年长的拉丁裔和非裔美国人的受教育程度较低，而且比白人更虔诚。其他研究也报告了类似的种族差异，发现非裔美国老年人甚至不太可能知道有预先指示这种选择（Bires et al.，2017；Portanova et al.，2017）。

虽然在大多数发达国家预先指示已经得到法律批准，并已经得到医疗当局的推荐，但它们并不能解决所有的临终困境。即使患者有预先的指示，监督他们治疗的医生也可能不知道它的存在（Jones et al.，2016）。其他的研究已经发现，即使医生知道患者的预先指示，但他们往往不愿意照做，一方面是因为医生由于相关的法律漏洞而对预先指示敬而远之，另一方面是因为他们一直接受的训练是尽其所能拯救患者，而不是放任他们死去（Bires et al.，2017）。

许多老年人预先准备了一套预防丧失行为能力的指示，但医生往往忽略。

小结：生物学上的死亡

学习目标 13.1 能够说明死亡原因在历史上的变化，并确定当今时代导致死亡的三种主要原因。

20世纪以前，由于婴幼儿容易感染传染病，所以死亡大都发生在婴儿期（infancy）、学步期（toddlerhood）和童年早期（early childhood）。在20世纪，由于死亡多发生于人生的后期，所以心脏病、中风和癌症导致的死亡在发达国家变得更为普遍。心脏病是全世界成年人的头号死亡原因，但近几十年来，由于吸烟人数的相应减少，美国心脏病的发病率骤降。中风会导致脑部出现血凝块。血凝块导致血管破裂通常是致命的，但若能够迅速治疗，这种破裂是可以避免的。癌症在老年期最为常见，部分原因是受遗传因素的影响，但在高吸烟率的人群中，癌症的发病率更高。自杀是成年期死亡的另一个主要原因，但不同人群的自杀率差别很大。

学习目标 13.2 能够解释端粒和自由基在衰老过程中的作用，并及时回顾为了延缓衰老而付出的努力过程。

当到达海弗利克极限时，端粒就会变短，细胞也会停止复制。研究发现，端粒的缩短和癌症等多种疾病相关。一些研究报告称，在某些条件下，一种叫作端粒酶的酶会增加。这种酶可以调节端粒的长度。自由基会破坏DNA和细胞运转所需的其他结构。自由基的活性由于抗氧化剂的存在而减弱，抗氧化剂吸收自由基中的多余电子，从而防止自由基破坏细胞。许多天然食物，特别是水果和蔬菜中的抗氧化剂含量很高，但研究显示，摄入抗氧化剂和补品的风险大于好处。在动物和人类接受生长激素补充的实验研究中，有时会产生显著的结果，但这些影响并不持久，而且经常使用生长激素被发现有一些令人失望的副作用。对脱氢表雄酮补充剂的研究到目前为止还没有显示出益处。在各种各样的动物物种研究中，减少30%—50%的卡路里摄入可使寿命延长50%，但尚不清楚这是否也适用于人类。

学习目标 13.3 能够比较在家死亡和在医院死亡的好处和坏处。

大多数人宁愿在家中死亡，但在发达国家很少有人这样做。在家中死亡通常是一种缓慢而渐进的过程，这使得照料者在帮助临终患者的日常活动中承受着不小的压力。有些医院会提供先进的临终医疗护理，但往往被认为是没有人情味和非人道的。

学习目标 13.4 能够总结在临终关怀和死亡方面存在的选择和争议。

临终关怀提供了人性化的环境，让病危的人有尊严地度过生命的最后一段旅程。安乐死，即当患者的病情没有康复的可能性或者被下了死亡判决书时，医生便可能以停止医疗干预或采取医疗的手段来导致患者的死亡。但是主动安乐死已经引起了高度争议。目前，发达国家的许多老年人在向着老年期靠近时会制订预先指示，这样他们的亲人就不会因为他们而进退两难。然而，医生经常忽略他们的预先指示。

第二节 对死亡的情绪反应

学习目标

13.5 能够描述与哀伤相关的情绪反应是如何随时间的推移而产生变化的。

13.6 能够描述哀伤过程中的变化，并确定影响这些变化的因素。

13.7 能够总结库伯勒-罗丝的死亡和临终理论，并指出其局限性。

丧亲和哀伤

在人的一生中，几乎所有人都会经历所爱或者所珍视之人的逝去。丧亲是失去所爱之人的经历，哀伤是伴随丧亲而来的心理反应。哀伤也许是我们一生中终会经历的最强烈和最复杂的心理过程。在人类历史中，没有一种简单的方法能够将哀伤的过程和感受描述清楚，我希望你们牢记这一点。首先让我们一起来研究哀伤过程的一般模式，然后一起探究有关哀伤多样性的主要来源。

哀伤的情感弧线

学习目标 13.5 能够描述与哀伤相关的情绪反应是如何随时间的推移而产生变化的。

在丧亲的最初几个小时、几天，甚至几周内，人们内心的哀伤往往伴随着震惊、麻木和怀疑。起初，我们会难以接受丧亲的事实，这种抗拒通常伴随着对逝者音容笑貌的强烈思念和渴望。

随着最初的震惊慢慢消退，继之而来的往往是一连串强烈的、令人不安的和不断变化的情绪。情绪中可能包括哀伤、愤怒、焦虑、孤独、内疚和无助（Macieiewski et al.，2016；Scannell-Desch，2003）。这些强烈的情绪会以类似于抑郁症的状态交替出现，比如无精打采、漫无目的、混乱无序。仅仅是早上从床上爬起来，完成一天的任务可能就会让人难以承受。有些人可能会出现睡眠困难、食欲不振的症状。

一段时间过后，也许是几周后，也许是几个月后，强烈的哀伤情绪开始消退，丧亲之人能够恢复以前的日常活动和社会关系（Lotterman et al.，2014）。在世的人可能会采取新的日常活动作为重新整顿生活的一部分。现在所爱的人已经逝去，他们可以建立新的关系以提供因所爱的人的死亡而失去的支持和伙伴。在世之人的身份也可以改变，以接纳亲人逝世的事实。例如，一个丧偶的女人如今可能认为自己是一名寡妇而不是某个人的妻子。杰弗瑞的母亲去世后，在好几年的时光中，他的父亲继续戴着结婚戒指。当杰弗瑞的父亲摘下它时，它象征着杰弗瑞的父亲已经接受了身份改变的事实，现在自己已经成为一个鳏夫了。

对大多数人来说，哀伤会随着时间的推移而消退，但当在世之人对死者有一种亲密的依恋时，这种失落感和渴望可能永远不会完全消失（Worden，2009）。与其说在世之人能从损失中恢复过来，不如说他们能学会接受损失。他们还可能持续地保持对死者心理存在的感知。

延长哀伤障碍：在失去所爱之人 6 个月后出现的强烈的、长期的哀伤症状，并伴随着某种形式的功能障碍。

孤独的在世之人有没有可能哀伤“过度”或哀伤的持续时间“过长”？近年来，这一问题一直是研究型精神病学家热烈讨论和辩论的话题。现有的相关研究已经提出了**延长哀伤障碍**（prolonged grief disorder）的诊断。人们将其定义为“在失去所爱之人 6 个月以上后所出现的强烈的、长期的哀伤症状，并伴随着某种形式的功能障碍”（Prigerson & Maciejewski，2017；Maciejewski et al.，2016）。这些症状的例子包括对痛失所爱的思虑过重，难以信任他人，以及认为生活是空虚和没有意义的。如果哀伤的程度或持续的时间超出了正常范围，那么这似乎是一种让哀伤看起来是病态的方式。但延长哀伤障碍的支持者认为，这反而是一种能够吸引人们关注哀伤模式的方式，并且值得临床关注（Maciejewski et al.，2016）。然而，当哀伤的时间超过 6 个月时，患者若是要求进行诊断会引发一些麻烦的问题：持续时间超过 6 个月的哀伤是“不正常”而且需要治疗的吗？还是说这仅仅意味着在世之人对死者的爱是深厚而强烈的，或者说在世之人拥有较为偏激而强烈的情感？对于那些哀伤超过 6 个月的人，是否应该提供药物来改善他们的精神状态，或者只要他们没有伤害自己或他人的风险，便可以放任自流，让他们以他们自己的方式独自哀伤？一项国际调查显示（Breen et al.，2015），75% 的成年人认为持续、强烈的哀伤可以被认定为是一种精神疾病，但许多受访者也担心，用医学诊断来指定某种形式的哀伤可能会给那些哀伤被确定为不在正常范围内的人带来污名。哀伤是复杂和多样的，对于我们来说，哀伤没有“最好的形式”（Wortman & Boerner，2011）。因为哀伤在情感上具有挑战性，世界各地的文化都发展了哀悼仪式来呈现它，使它变得容易理解和忍受，对于这一问题，我们将在本章的后面进行相关的研究。

哀伤的变化

学习目标 13.6 能够描述哀伤过程中的变化，并确定影响这些变化的因素。

在哀伤的一般模式中存在着大量的变化。哀伤的形式和程度的变化取决于死亡的人是谁以及死亡的方式。

关于逝去之人是谁的问题，如果在世之人对逝去之人的依恋越强烈，那么在世之人的哀伤就可能越强烈。一般来说，最令人悲痛的死亡是父母、孩子和配偶的死亡。父母一方的死亡会对孩子造成多年的深刻影响（Dowdney，2000；Lotterman et al.，2014）。孩子的哀伤程度和形式在一定程度上取决于父母去世时他们的年龄，以及孩子们从父母那里得到了多少支持；但一般来说，无论父母的死亡是近期发生的还是由来已久，父母任意一方的去世都会使他们面临情绪紊乱的风险，患上抑郁症的风险极高（Salloum，2015；Shear，2009）。同样，经历过孩子死亡的父母往往会有严重而持久的情绪反应。即使在数年后，他们的内心也在备受煎熬。与此同时，孩子的死亡也会提升他们离婚的风险（Kreicbergs et al.，2004；Lotterman et al.，2014）。死去孩子的兄弟姐妹也会遭受痛苦，因为他们不仅失去了兄弟姐妹，父母对他们的关注也在渐渐减少（Werner-Lin & Biank，2013）。

哀伤的程度在一定程度上取决于死亡是突然的还是渐进的。

配偶的死亡对丧偶者有着深远的影响，但这些影响是复杂的，且因性别而异。在老年人中，丧偶者的各种心理问题是已婚同龄人的近 10 倍，其中包括抑郁、焦虑、滥用药物以及记忆力和注意力方面的认知困难等（Hooyman & Kiyak，2017）。在配偶死亡后的第一年，丧偶者的死亡率是已婚同龄人的 7 倍（Subramanian et al.，2008）。

因为男人往往比他们配偶年长，而且女人往往比男人的寿命更长，所以超过 80% 的已婚女性比她们的丈夫寿命长（Hooyman & Kiyak，2017；OECD，2009）。这种情况在不同文化、国家和历史时期都是一致的。丧偶妇女在丈夫去世后往往在经济上备受挣扎。如果在老年期丧偶，她们不太可能再婚（Rehl et al.，2016；Schulz et al.，2006）。然而，当她们加强与孩子和朋友的关系，为自己建立新的生活时，她们往往表现出长足的适应力（Cheng，2006；Isherwood et al.，2016；Rossi et al.，2007）。相比之下，男性在丧偶之后更有可能经历身心健康问题，他们恢复平静的速度也更慢（Berg et al.，2009；Galatzer-Levy & Bonanno，2012）。鳏夫在晚年再婚的可能性是寡妇的 7 倍，一部分原因是鳏夫可以选择的女性比寡妇可以选择的男性要多得多；另一部分原因在于，男性认为，在没有配偶的前提下，自己独自面对生活挑战的能力远不及女性（Bookwala，2012）。然而，许多男人在成为鳏夫后会发展出新的关系和创造性的反应。因此，认识到每一种性别的不同反应是很重要的（Jadhav & Weir，2017；Stokes，2016）。

批判性思考题：你认为为什么男人在丧偶时会经历更深重的情感障碍，并且恢复得比女人慢？利用你在本书中学到的、有助于解释这一现象的知识来解释这一问题。

死亡的方式也会影响哀伤的程度。由于突然的死亡通常会打破在世之人对世界是仁慈的、公正的、可预测的假设，所以突然性死亡往往会引起特别强烈的悲痛之感，并且在数年后对人的心理健康仍有不良影响（Burton et al., 2000）。自杀对于人的心理健康来说尤其具有毁灭性的影响，因为它不仅会勾起在世之人的哀伤，还会引起他们内心深处对已死之人的内疚感和羞耻感（Peters et al., 2016）。

与此相反，当人因病而亡或者寿终正寝时，仍在人世的人们有足够的时间和充足的心理准备来应对预期性哀伤。他们已经接受了"死亡是不可避免"的这一事实，并开始在情感上适应它。特别是对那些照顾着长期患病的亲人的家庭成员来说，悲痛也许和自己能够回归正常生活的解脱相结合（Keene & Prokos, 2008）。

面对死亡

除了应对所爱的人的死亡，我们还必须面对自己的死亡。对于那些身患绝症的人来说，这种意识变得尤为强烈。

死亡阶段论

学习目标 13.7 能够总结库伯勒－罗丝的死亡和临终理论，并指出其局限性。

伊丽莎白·库伯勒－罗丝（Elizabeth Kübler-Ross）（1969，1982）在描述人们意识到命不久矣时的心理反应具有重要影响。根据她对 200 名绝症患者的采访，她提出，当人们和死亡仅仅是咫尺之隔时会经历 5 个连续的情感阶段：

1. 否认。许多被诊断为绝症的人一开始拒绝相信患上绝症这一事实。他们可能会这样想："不，这不可能是真的。""一定是哪个环节弄错了，也许我的检查结果和其他人的弄混了。"库伯勒－罗丝建议家人和健康专家不要鼓励患者去否认，因为这样做会阻止患者继续为可能即将到来的死亡做准备。然而，其他治疗师则认为否认具有更加积极的意义。否认被视为一种保护自我的方式，使得患者能够适应临终诊断的心理打击（Schachter, 2009）。

在中国文化中，悲伤的过程通常侧重于死亡将如何改变与他人的关系。

2. 愤怒。当否认结束后，接着出现的情感就是愤怒。这个人可能会这样想："这不公平。""我是一个好人。看看那些作恶多端的人，他们还生龙活虎的。"在这一阶段，人们通常会对家人、医务人员、上帝或健康的人感到无端的愤怒。

3. 讨价还价。愤怒最终也会消退，现在这个身患绝症的人试图从上天那里争取到更多的时间。一般来说，将死之人讨价还价的对象是上帝、命运或某种模糊的精神实体。“只要让我活着，我保证我会无私奉献，治愈他人。再给我一年时间，让我看看我的孩子成家立业吧。拜托，让我和我的家人再过一个节日。”

4. 抑郁。讨价还价之后，沮丧的情绪油然而生。尽管人们试图讨价还价，但这也无法阻止病情的逐步恶化。侵入性医疗在生理方面不仅会带来痛苦，还会导致患者丧失尊严。将死之人意识到死神的脚步越来越近，但却无能为力。

5. 接受。最后，这个人开始接受死亡。当患者放弃抵抗后，人们可能会有一种平和的感觉，或者根本没有任何感觉，只留下一种解脱感，一种只想和自己最珍贵的人待在一起的渴望。

库伯勒－罗丝的理论对临终患者的护理产生了巨大的影响。许多保健专业人员发现，这一理论在了解和照顾患者方面很有用。然而在随后的研究中，这一理论并没有得到很好的证实。很少有人会像库伯勒－罗丝所说的那样依次经历这 5 个阶段，而且很多人只是偶尔或根本没有经历其中的一个阶段。该理论还莫名其妙地忽视了恐惧作为对患者被诊断出绝症时会出现的反应，而研究表明，恐惧是非常常见的（Krikorian et al.，2012；Langner，2002）。当然，库伯勒－罗丝的理论完全忽略了文化背景，而其他研究表明，人们通常通过文化信仰的框架来解释即将到来的死亡（Hooyman & Kiyak，2011）。几乎所有的文化都有某种形式的宗教信仰，而宗教几乎总是对我们死后会发生的事情做出某种解释，通常包括对来世的承诺。

尽管库伯勒－罗丝的理论缺乏有效性，但它不仅影响了临终患者的护理，也影响了美国文化对死亡的看法。根据鲁斯·哥尼斯伯格（Ruth Konigsberg）（2011）的说法，尽管大量的研究都与之相矛盾，但这个理论的应用却极其广泛，从我们如何从爱人的死亡中恢复过来，到面对突如其来的灾难的一般反应，再到失去心爱的体育明星，都可以利用五个阶段的情感理论去解释。

正如哥尼斯伯格所描述的，人类对绝症的反应是千变万化的，并不存在共通的一系列阶段，也并不存在某一种健康的应对方式。哥尼斯伯格还举例说明了其他文化中的人们是如何应对绝症和哀伤的。他举例说，中国文化关注的是死亡将如何改变与他人的关系，而不是关注个人的情绪。

小结：对死亡的情绪反应

学习目标 13.5　能够描述与哀伤相关的情绪反应是如何随时间的推移而产生变化的。

哀伤的早期反应通常包括震惊、麻木和怀疑；随后，这些强烈的情绪会以类似于抑郁症的状态交替出现。渐渐地，哀伤逐渐消退，虽然损失和思念的感觉可能永远不会完全消失，但失去亲人的人能够恢复之前的日常活动和社会关系。延长哀伤障碍被认为是一种适用于那些经历了强烈的哀伤症状并持续了6个月以上的人的诊断方法。但有人提出了这样一个问题：是否应该把长时间的哀伤定义为一种精神障碍呢？

学习目标 13.6 能够描述哀伤过程中的变化，并确定影响这些变化的因素。

死亡的人以及死亡发生的原因不同，随之而产生的哀伤也有不同。父母任何一方的逝世、丧子或丧偶，抑或是突然的死亡，这些都是最令人哀伤的死亡事件。一般来说，男性和女性处理丧偶哀伤的方式不同，男性比女性更有可能经历身心健康问题。

学习目标 13.7 能够总结库伯勒 – 罗丝的死亡和临终理论，并指出其局限性。

库伯勒 – 罗丝提出，人们在面对即将到来的死亡时要经历5个阶段：否认、愤怒、讨价还价、抑郁和接受。她的理论很有影响力，但在后来的研究中并没有得到很好的证实。因为很少有人会经历这5个阶段，很多人经常或根本没有经历过这5个阶段。还有一些人会有其他的情绪反应，比如恐惧和人际关系方面的顾虑。

第三节 关于死亡和来世的信仰

学习目标

13.8 能够描述儿童对死亡的理解从童年期到青少年期是如何变化的。

13.9 能够描述成年期对死亡的信仰和恐惧是如何变化的。

13.10 能够解释不同国家和美国国内的人对于来世的个人信仰的不同。

13.11 能够比较印度教、佛教、犹太教、基督教的哀悼仪式。

13.12 能够描述各种宗教用来祭奠、缅怀死者的仪式和传统。

毕生发展的死亡信仰

在人类发展的过程中，关于死亡的看法和信仰是如何变化的？让我们一起来探究人们对死亡的认识和焦虑随着年龄的增长所产生的变化。正如即将在本章节中揭示的那样，人们对死亡的认识和焦虑之间的关系并不总是紧密相连的。

童年期和青少年期的死亡信仰

学习目标 13.8 能够描述儿童对死亡的理解从童年期到青少年期是如何变化的。

到了 3 岁或 4 岁时，大多数孩童对死亡都有了一定程度上的初印象。他们不一定知道某个家庭成员、邻居或家庭的一位朋友去世了，但他们一定见过死去的生物，像死去的宠物、一只死鸟，或者至少是一只死虫子。尽管如此，他们真的明白死亡意味着什么吗？

即使是在幼儿时期，大多数孩子也在一定程度上有过和死亡相关的经历，但他们真的明白死亡是什么吗？

事实证明，对于死亡意味着什么这一问题，儿童只是一知半解（Irish et al.，2014；Kenyon，2001）。在幼儿时期，多数儿童意识到死虫不会死而复生，由此知道死亡是永恒的。然而对于大多数孩子来说，直到童年中期，他们才能意识到死亡是不可避免且不可逆转的（Bates & Kearney，2015）。从童年中期到青少年期，他们逐渐意识到，会死亡的不仅仅是虫子和坏人，而是包括“自己”在内的所有生物。

儿童之所以对死亡只有一个模糊且朦胧的理解，是因为大多数的文化都习惯使用委婉语来表示死亡，以此对孩子隐瞒死亡的全部真相。这种做法的目的是保护他们不受死亡的恐惧和失去亲人的痛苦的威胁（Carter，2016；Cicirelli，2006）。因此，成年人可能会跟孩子说“奶奶不在人世了”或者家里的宠物只是“睡着了”，而不是直截了当地说他们死了。此外，几乎所有的文化都对来生有信仰。这些大同小异的信仰让死亡看起来既不是永恒的，也不是不可避免的，孩子们在他们还很小的时候便在各自的文化中领教了这些信仰（Wass，2004）。

在青少年时期，关于死亡的信念和看法变得更加抽象和复杂，这也反映了青少年在认知发展方面的成长和收获。在他们描述对死亡的想法时，青少年经常使用诸如“永恒之光”和“虚无”之类的抽象概念，而儿童通常不会（Brent et al.，1996；Irish et al.，2014；Wenestam & Wass，1987）。青少年也比儿童更可能讨论关于死亡的宗教概念，如转世、天堂和地狱，以及死后灵魂是否存在等问题（Carter，2016；Smith & Snell，2010）。

在某些方面，青少年比儿童更了解死亡。但他们真的了解人类终有一死的现实吗？这个问题更难回答。回想一下，青少年期在每一个孩子眼中都是充满着个人传说的人生阶段。在这一时期，青少年们相信他们是独一无二的、特别的，世间倒霉的事情不会发生在他们身上。然而，患有绝症的青少年一般都很清楚，留给他们的时间是有限的，所以他们想要充分利用余下的人生（Bates & Kearney，2015）。例如，在比利时，主动安乐死没有较低的年龄限制；一项研究发现，患有癌症的青少年能够对寻求协助死亡的利弊进行权衡和推理（Pousset et al.，2009）。该领域的研究人员得出结论，试图保护患有绝症的儿童和青少年使其不了解他们的病情和治疗的真相是错误的，大多数人更愿意被告知自己的身体状况并参与他们的护理决定（Bates & Kearney，2015）。

成年期的死亡信仰

学习目标 13.9　能够描述成年期对死亡的信仰和恐惧是如何变化的。

人生回顾：根据罗伯特·巴特勒的说法，人生回顾是在老年期人们开始反思自己的生活并接受它的过程。

你可能会觉得，年纪越大的人离死亡越近，所以他们愈加惧怕死亡的到来。然而，研究表明，上述情况并不属实。对于死亡的焦虑在成人初显期达到了最高点，然后随着年龄的增长而下降，在老年期则降至最低（Chopik，2017；Krause et al.，2016）。在人生阶段的早期，人们对死亡的恐惧似乎主要是出于自己还有未完成的计划和目标。在老年期，特别是在 80 岁及以上的人中，大多数人觉得他们的寿命接近尾声，他们不再觉得自己需要继续活下去来实现他们为自己设定的目标（Cicirelli，2006）。心理学家罗伯特·巴特勒（Robert Butler）将老年期视为**“人生回顾”（life review）**的时期。在这个时期，人们将回顾自己的人生并努力同自己和解，无所谓自己所经历的人生是低潮还是高潮（Butler，2002）。同样，埃里克森（1950）提出，老年期的主要危机是自我完整与绝望的对抗（ego integrity versus despair）。研究表明，大多数人会在老年期达到自我完整的境界，不管他们所经历的生活到底是万事顺遂还是跌宕起伏，他们都会拥抱他们的人生尽力同自己和解。虽然老年人可能不害怕死亡本身，但他们往往还残存着一些与死亡有关的恐惧，如苦难和痛苦、失去自我控制以及他们的死亡对所爱的人的影响（Irish et al., 2014; Kwak et al., 2008）。

在生命的每个阶段，宗教信仰最坚定的人对死亡的焦虑程度最低，因为他们比其他人更有可能相信幸福的来生的存在（Irish et al., 2014）。死亡焦虑最高的群体不是那些无神论者和不可知论者，而是那些疑虑深重的信徒和心口不一的宗教活动参与者（Cicirelli, 2006）。显然，他们对宗教的参与足以让他们思考死亡，但并不足以提供安慰。在不同文化中，女性对死亡的焦虑程度也始终高于男性，但原因尚不明确（Russac et al., 2007）。

除了死亡焦虑的变化之外，在成年的过程中，人们对死亡的想法还会以其他方式改变（Cicirelli, 2006）。在成人初显期，人们对死亡的恐惧往往集中在对自己孩子的担忧上。这份恐惧既包括对孩子死亡的恐惧，也包括对父母在成年中期去世后孩子会变得脆弱的恐惧。人们往往会意识到，他们的生命已然过半，剩下的时日远比度过的时日要少。对一些人来说，这增强了他们对死亡的意识，使他们重新审视自己的生活，思考着自己的生活是否需要做出改变，以便充分利用他们剩下的岁月。

在老年期，人们对死亡更加熟悉，因为这是死亡集中的生命阶段，特别是在发达国家。在老年期，人活得越久，就越有可能目睹父母、朋友和兄弟姐妹的死亡。这种经历拉近了他们同死亡的距离，使得他们比年轻人更勤于思考和谈论死亡（Hayslip & Hansson, 2003; Irish et al., 2014）。通过相互安慰和幽默地谈论死亡能帮助他们更有效地面对死亡，还能够促使他们解决实际问题，如立遗嘱和安排个人财产的分配等（Kastenbaum, 2007）。

关于来世的信仰和哀悼仪式

本书致力于解释在人类发展的过程中发生了什么。开始到结束，子宫到坟墓，欲望到尘土，这些都是人生的必经之路。但智人的一个显著特征在于，我们是世界上唯一相信死亡并不是人生终点的生物；我们的一部分——灵魂、精神、我们脱离肉体的本质在我们死后将继续存在。在这里，我们调查了不同国家的人们对来生的看法。接着，我们将了解主要宗教的哀悼仪式和追悼仪式是如何反映来世的信仰并帮助哀悼者继续生活下去的。

人们对死后的生命有什么看法？

学习目标 13.10　能够解释不同国家和美国国内的人对于来世的个人信仰的不同。

几千年来，人们的生活方式发生了巨大的变化；但在同一时期，人们解释死亡的方式却惊人地持久和稳定。早在几千年前，古埃及人和古希腊人就有了来世的信仰，这在一些主要的宗教中仍然很明显。最值得注意的是，他们相信死亡是一个道德事件。这两个古老的文明都相信，人在死后，人们会根据自己的道德行为对其进行评判，而我们来世的归宿则取决于这种评判的结果。各大宗教对来世的信仰各不相同，但都有共同的信仰。如今的主要宗教的许多信仰可以追溯到3500年前到2000年前。关于来世的信仰是所有主要宗教传统的一部分，包括印度教、佛教、犹太教、基督教等。

这些信念有一些惊人的相似之处。首先，死亡在任何宗教中都不意味着结束。在某些宗教中，肉体以某种方式在死后继续存在，而在某些宗教中则不是这样，但所有的宗教中都相信灵魂仍然存在。其次，在每一种宗教中，灵魂在来世的命运都取决于人所过的道德生活。对于印度教和佛教而言，好人会获得更高贵的转世身份；对于基督教而言，好人能够进入天堂，而坏人会受到惩罚；在印度教和佛教中，坏人的来世会处于较低的地位；对于犹太教、基督教来说，他们在死后会遭受地狱般的折磨。基督教似乎排除在这一规则之外，因为它认为人的信仰是决定来世奖励最重要的标准，但即使在基督教中，信仰和行为也应该一视同仁，合二为一。也就是说，遵循信仰的一个重要部分是过一种良好的道德生活。

但是每个人究竟相信来世的什么内容呢？毕竟除了犹太教，这些宗教都有上亿的信徒，所以每种宗教的来世信仰都有一定的差异。接下来，让我们仔细研究世界各地的人们对来世信仰的报告。

世界各地关于来世的信仰。在过去的20年里，国际社会调查项目（http://www.issp.org/）对世界32个国家的人们进行了多次调查，涉及的话题非常广泛，包括他们的来世信仰。根据这个调查，如**图13.3**所示，对于问题“你相信来世吗？”回答“绝对相信”的比例从匈牙利的12%到土耳其的90%。加上“大概相信”和“绝对相信”，比例从匈牙利的37%到土耳其的95%。

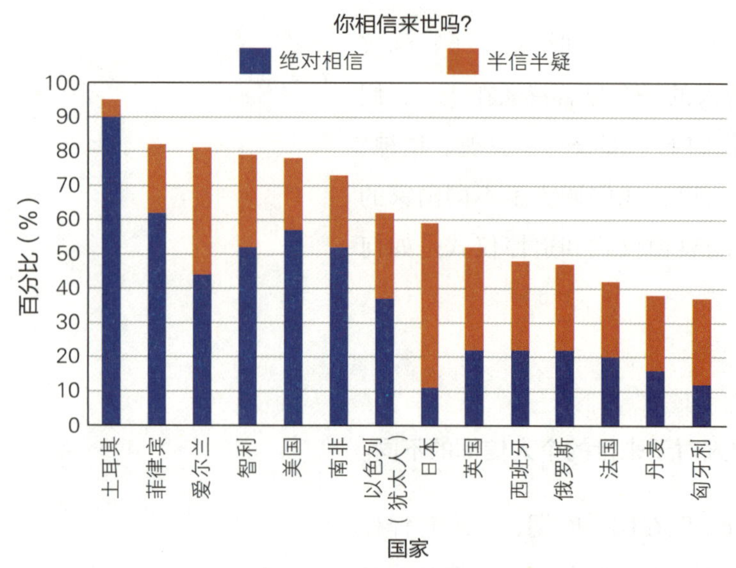

图13.3 国际社会调查项目（ISSP）对来世信仰的调查

资料来源：ISSP（2012）.

在各国的调查结果中我们还可以看到其他一些模式。在两个东方经济发达的国家——土耳其和菲律宾中，“相信”的回应是最高的，美国也是如此。长期以来，人们发现美国比其他大多数发达国家更笃信宗教，而且美国有大量拉丁裔人口（18%），拉丁裔人口比一般人口更笃信宗教（Pew Forum on Religion and Public Life，2008）。在匈牙利和俄罗斯等东欧国家，“不相信”的回答最多。因为在20世纪的几十年里，当无神论成为官方政策时，这些国家的宗教仪式受到了压制。在丹麦和法国等富裕的北欧国家，“不相信”的回答也很多。在这些国

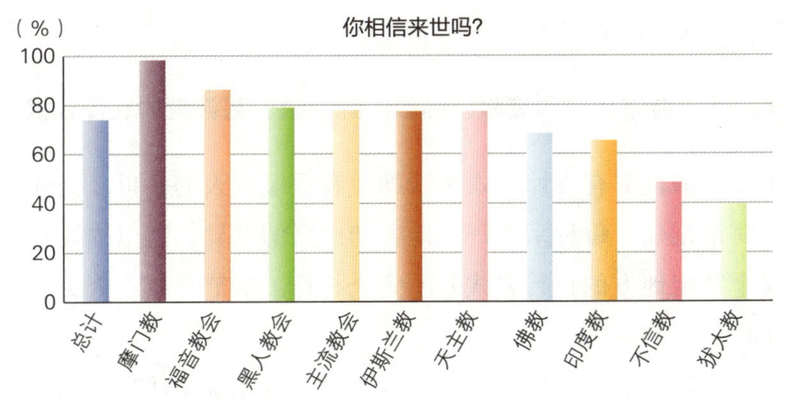

图 13.4 美国的来世信仰

资料来源：Pew Research Center（2008）.

家过去的一个世纪中，人们参与有组织的宗教活动的频率已经大大下降，如今很少有人积极地参与宗教活动（Zuckerman，2008）。

美国的来世信仰。皮尤宗教和公共生活论坛（Pew Forum on Religion and Public Life）（2008）的调查提供了美国关于来世信仰的详细信息。由于美国有来自不同国家的移民，皮尤调查提供了许多不同宗教信徒的来世信仰信息。

如**图 13.4** 所示，在皮尤调查中，大约 3/4 的美国人说他们相信来世。来世信仰在基督教的两个分支——新教徒（福音派和主流新教教堂的平均比例为 82%）和天主教徒（平均为 77%）中最高，但在印度教徒（65%）和佛教徒（68%）中也较高。只有 39% 的犹太人表示相信来世，这与犹太教对现世生活的关注一致。值得注意的是，甚至 48% 的无宗教信仰的人说他们相信来世。

> **批判性思考题：**关于来世的文化或宗教信仰会如何影响一个人对所爱之人死亡的看法？

在宗教团体中，人们相信地狱（59%）的可能性比相信天堂（74%）的可能性要小。调查还发现，61% 的印度教徒相信**转世**（reincarnation），即死后重生，62% 的佛教徒相信涅槃（nirvana），即从死亡和重生的轮回中解脱出来。

转世：相信人死后灵魂会以另一种形式返回世间。

也许是因为美国是许多宗教团体的“大熔炉”，美国人对宗教和来世的不同观点向来都是宽容的。皮尤调查发现，在所有信仰中，大多数受访者都同意“许多宗教都可以通向永生”。这种观点与基督教等传统教义有直接矛盾，而后者强调相信自己的信仰是来世得到奖赏的要求。

主要宗教的哀悼仪式

学习目标 13.11　能够比较印度教、佛教、犹太教、基督教的哀悼仪式。

每个主要的宗教都有哀悼仪式来帮助生者适应亲人的去世。当你读到哀悼仪式这一章时请记住，每种宗教都有地方和地区的差异，这里描述的仪式可能与它们在每个特定地方的执行方式并不完全相符。本节介绍了人类来世信仰的显著多样性。

印度教。在印度教中，转世是信徒关于来世的核心信仰。当一个人死后，虽然身体不再运转，但灵魂会以新的形式返回尘世。逝者也许会作为人类或者作为动物转世，转世的身份取决于逝者的一生中所积累的善恶的整体道德平衡。然而，在灵魂返回地球之前的一段时间中，它的肉体在来生的归宿仍有待确定。此时，印度教的哀悼仪式至关重要，因为生者对这些仪式的虔诚会对灵魂在来生的状态产生关键性的影响（Hockey & Katz，2001）。这些仪式非常复杂，而这里只描述一个简略的版本。

大多数印度人在家中逝去。当死亡即将来临的时候，家人会日夜守夜，唱赞美诗，祈祷，读印度经文。人们会把神圣的骨灰撒在将死之人的额头上，还会往将死之人的嘴里滴入几滴牛奶或圣水。

当人死亡时，逝者的家人会点燃一盏灯，不断地烧香。死者的拇指被绑在一起，脚趾也是一样。宗教画被挂在墙上，而镜子则用来表示哀悼者在这段时间不应该想着自己。亲戚们被召集在一起向死者告别，并在遗体旁高唱圣歌。

火化：死后把尸体烧成灰烬。

之后，尸体会被带走并进行**火化**（cremated），也就是将尸体烧成灰烬。火化有时在明火上进行，但越来越多的火化在指定的地点进行，人们称其为火葬场（crematorium）。无论死者是男是女，只有男人才会去火葬现场。火葬之后，哀悼者都将进行沐浴，洗去自己与死亡有关的不洁。

火化大约 12 个小时后，家庭成员返回火葬场收集骨灰，骨灰随着鲜花被撒在神圣的水体中，最好是在神圣的恒河中。在接下来的日子里，家庭成员不能拜访彼此的家、参加节日或寺庙，或安排婚礼。墙上依然挂着宗教画，所有的宗教偶像都用白布盖着。大约在死者去世一周后，家人们将聚在一起分享死者最喜欢的食物并在死者的照片前供奉一部分。

追悼会在死者去世 31 天后举行。之后，所有的人都将加入打扫逝者的房间的活动中，精神不洁的时期就此结束。尽管一些家庭会遵守上述禁令长达一年，但印度教传统通常不鼓励延长哀悼时间，并鼓励生者在第 31 天之后继续正常生活。

佛教。和印度教一样，佛教也信仰转世；而且和印度教相同，死后火葬是规定的做法。此外，两种宗教中都相信死亡之后的时期至关重要，人们必须严格遵循哀悼仪式，目的是减少灵魂在死亡和重生之间的过渡时期的痛苦并且确保灵魂有尽可能有利的转世。佛教和印度教一样，不同地区和教派的丧礼也有不同，所以下面的信息简明扼要地描述了相关的形式（Wilson，2009）。

转世是印度教信仰的重要组成部分。

在佛教的哀悼仪式中，僧人扮演着重要的角色。当死亡临近时，他们赶到死者的家，安慰死者和他的家人。僧侣们开始吟诵关于生命短暂和死亡不可避免的诗句。在死者死后，会有一个沐浴仪式。仪式上，亲戚和朋友将水倒在死者的一只手上，然后遗体将被放在棺材里，人们还会在遗体的身边放上鲜花、蜡烛和熏香，也许还会放一张死者的照片。

火化通常在 3 天内进行。每天，僧侣们都会到死者的家中为死者的灵魂诵经。死者的家人给他们提供食物。邻居和家人也每天来这里聚餐，互诉衷肠，并聆听僧侣们的祈祷。

火化当天，僧侣们在死者家中主持祈祷仪式，然后带领送葬者前往火化仪式举行的寺庙。在那里，人们会为逝者诵念更多祷文。之后，哀悼者将带着点燃的木头、熏香和蜡烛走向棺材，将它们抛在下面，火化过程便开始了。过程结束之后，骨灰将被收集并保存在一个骨灰盒中。

在火葬仪式完成的晚上举行最后一场盛宴。现在，代替祈祷的是音乐，而盛宴的目的是通过生者之间的友谊，驱散死者灵魂的悲伤和恐惧。在一些佛教传统中，为死者的祈祷将持续 49 天，每 7 天便祷告一次；另一些则是每 10 天一次，持续 100 天。只要这些仪式继续进行，人们就相信它们有益于死者的灵魂。

犹太教。在犹太教中，死者的眼睛要闭上，尸体会被盖住放在地板上，并在尸体附近点燃蜡烛（Wahlhaus，2005）。由于尸体不能被单独留在房中，所以不同的家庭成员会一直待在它旁边。守丧者禁止在同一间屋子里吃喝，因为死者不能够再享受他们正在享受的乐趣，所以在同一间屋子里吃喝会被视为对死者的嘲弄。同样的道理，葬礼上不会有鲜花，他人也不会送花给逝者的家人。尸体将被埋在坟墓里，而不是火化。葬礼后通常会有一顿“吊唁餐”，餐食包括鸡蛋和面包（象征生命），仅供家庭成员享用。客人们可能会在餐后前来吊唁。

在佛教的哀悼仪式中，僧侣扮演着重要的角色，如图所示的柬埔寨僧侣就是其中之一。

尽管犹太教不像其他主要宗教那样重视死后的生命，但犹太教的哀悼传统具有高度的仪式化的特征。传统上，在听到亲人或好友去世的

在犹太教中，当一个家庭成员去世时，其他家庭成员会连续11个月每天背诵犹太祈祷文。

消息时，人们会撕破自己的衣服以示哀悼，但现在通常会以系上黑丝带而代之。葬礼后，家庭成员进入为期7天的紧张时期，人们称为“服丧期”（sitting shiva）（shiva意为“七”）。在这段时间里，他们只坐在低凳子上或地板上，不工作，不洗澡，不刮胡子，不剪头发，不化妆，不做爱，也不换衣服，屋子里的镜子也会被遮住。参与祈祷仪式的成员包括家人和朋友。

服丧期之后，另一段仪式将持续到葬礼后30天，称为“schloshim”（意思是“30”）。哀悼者不得刮胡子、剪头发、参加聚会或听音乐。更进一步的仪式将持续到父母死亡后一年，并且只对父母的死亡进行观察。在此期间，已故父母的子女不得参加聚会、戏剧演出或音乐会。此外，他们必须在11个月的时间里每天背诵一种叫作珈底什（Kaddish）的犹太祷文。

基督教。基督教在世界上拥有比其他任何宗教都多的信徒（约20亿人），而且基督教的哀悼仪式通常具有地方色彩。然而，在基督教中有两种主要的哀悼仪式：天主教和新教的仪式（Hunter，2007）。

在天主教会中，当一个人生病或濒临死亡时，有一个传统的仪式叫作敷擦圣油仪式（Anointing of the Sick），也称涂油礼。这个仪式的目的是给患者和可能即将经历逝世之痛的家庭成员带来安慰、宽恕患者没有悔改的任何罪过，并为人的灵魂过渡到永生做好准备。仪式可以在家里、医院或教堂举行，由牧师主持。牧师首先诵读一段《圣经》经文，然后将双手放在濒死者的头上，然后赐福油并涂在濒死者的前额上。

人死后，生者会在家里或教堂里举行守夜（vigil），也叫守灵（wake）。家人和朋友聚在一起分享食物和饮料，为逝者祈祷，缅怀逝者的一生，互相安慰。死者会被装在棺材里，而棺材通常是敞开的，里面通常伴有蜡烛、鲜花和十字架。在一些文化中，如果生者在家中守丧，镜子则会被盖上或朝向墙壁。守夜的时间从几个小时到两天。

守夜结束的第二天，生者会参加安魂曲弥撒（Requiem Mass）。弥撒结束后，棺材立即被带到墓地埋葬。在墓地里，牧师将圣水洒在棺材和坟墓上。牧师还会说一些特别的祈祷文，要求死者的灵魂安息并接受上帝的怜悯。葬礼后，按照惯例，人们会再次聚集在死者的家中，吃饭、纪念和安慰生者。

新教的葬礼仪式在某些方面类似于天主教的葬礼仪式，但远没有那么标准化和仪式化而且更加多变。典型的元素包括由牧师带领祈祷，静听音乐，阅读经文。在新教葬礼仪式中有一个很独特的常见元素，就是通常会有悼词（eulogy），这是一种关于死者生平的特殊布道，通常由牧师来主持。葬礼后，哀悼者继续前往坟墓，如果遗体将被埋葬，在那里可能会有一个简短的祈祷和经文诵读，棺木被放下进入坟墓。如果尸体已火化，这部分服务可能包括撒灰。

祭奠和缅怀死者

学习目标 13.12 能够描述各种宗教用来祭奠、缅怀死者的仪式和传统。

当我们所爱的人去世时，我们会万分哀伤，我们会为他们哀悼，我们会永远想念他们。在悼念仪式和规定的哀悼期结束后，我们将努力使生活回归正常，但我们永远不会忘记那些已故的人。所有的人类文化都有祭奠和缅怀死者的习俗。

对印度教徒来说，祭奠死者的仪式是生命中极其重要的一部分（Knipe，2008）。时值已故家庭成员的忌日时，生者便会准备一顿逝者在生前曾享用的菜肴。这些食物会在一个由男性（通常是长子）主持的仪式上作为祭品上桌。人们会在家里的屋顶上为祖先的灵魂准备一种叫作品达（pinda）的特殊食物，也就是饭团。如果乌鸦吃掉了饭团，人们就会接受这种供品，因为乌鸦被认为是死神阎罗王的使者。此外，每年有一个为期 16 天的时期叫作“祖先的两周”（Fortnight of the Ancestors）用来纪念死者。

佛教祭奠死者的仪式与存在了数千年的祖先崇拜传统混合在一起。例如在中国，祭祖仪式一年要举行好几次。举行的时间包括中国的新年和季节性节日，如秋、冬、春季的节日（Chung & Wegars，2009）。在这些节日里，人们会向祖先献上食物和其他礼物，表达对祖先庇佑的感激、祈求家人免受不幸和灾难，并祈求未来的好运和繁荣。这些祭拜先人的做法是中国孝道的一种体现。人们不仅应该在父母和其他长辈生前服从和尊敬他们，在他们死后也应该被世世代代地缅怀和尊敬。

每一年，生者除了向死者表达敬意外，还有一段时间，人们相信死者的灵魂会拜访生者。这个时期被称为鬼月（Ghost Month）。据说在这个时候，阴间的大门会打开。在这个月里，鬼魂可以在地球上自由游荡，寻找食物和娱乐（Zhang，2009）。家家户户向祖先祈祷，并准备精美的食物作为祭品。为了祭奠祖先，他们还焚烧纸张，这些纸张被制成有价值的物品，如金钱、汽车、房屋和电视。历史学家认为，这是对过去一种习俗的呼应。在过去，贵重物品实际上是和死者一起被埋葬的。

在犹太人的传统中，人们会在已故者的忌日上缅怀和祭奠父母、兄弟姐妹、配偶或孩子的死亡，这一习俗被称为“逝世周年纪念日”（Yahrzeit）（Marcus，2004）。这是一个特殊的纪念日。在这一天，人们将会点燃专用的蜡烛并让它持续燃烧 24 小时；在葬礼上吟诵的祈祷文在这一天要吟诵 3 次（前一天晚上、这一天的早上和下午），许多人在这一天会奔赴犹太教堂。一些人会遵守在耶和华节那天禁食的习俗，或者至少不吃肉和喝酒。许多犹太教堂的墙壁上会有

墨西哥的亡灵节，家人有时会在亲人的墓地野餐。

一个特别的纪念牌匾上的灯，上面写着死去的犹太教成员的名字。每一盏灯都将在他们个人的逝世周年纪念日上点亮。

在基督教传统中，人们会在10月的最后一个晚上开始为期3天的缅怀和纪念死者的活动。这个传统始于许多世纪前的爱尔兰，人们相信此时是精神世界和尘世最为接近的时候，灵魂也因此最有可能在尘世间游荡。人们会点燃篝火和南瓜灯来吓跑女巫和鬼魂。最终，这个夜晚被人们称为万圣节前夜（All Hallows' Eve）（hallows 的意思是“灵魂”），或者万圣节。11月1日，万圣节前夜的后一天，是万圣节（All Saints' Day）。在这一天，圣人和烈士的生命将被世人铭记和赞扬。第二天，也就是11月2日，是万灵节（All Souls Day）。在这一天里，人们会为死去的亲人祈祷。然而，如今很少有基督徒遵守这些传统。

在墨西哥，一种独特的基督教祭奠逝者的文化形式沿袭了下来，它被称为亡灵节（Día de los Muertos），也就是逝世之日（the Day of the Dead）（Beatty，2009）。这一天，朋友和家人会聚在一起为死者祈祷并纪念死者。亡灵节是一个庆祝的日子，在这一天吃饭和聚会是很稀松平常的事情。在这个节日，家庭可能会在家里建造小巧的神龛或祭坛。有时，家人将前往墓地陪伴死者的灵魂。在那里，他们会打扫和装饰坟墓，也许还会把死者最喜欢的食物和饮料作为祭品。庆祝者可能会回忆起死者生活中的幽默事件和故事。在墨西哥的某些地区，一家人会在墓地野餐，而在另一些地区，一家人会整夜守在墓地旁。这个节日的一个常见象征是头骨。人们认为，这个传统起源于前基督时代，在当时展示头骨象征死亡和重生是很普遍的。如今的头骨通常是用糖或巧克力做的，上面刻着已故亲人的名字。

总而言之，主要的宗教有着不同的祭奠和缅怀死者的方式。虽然习俗不同，可这些习俗都让生者有一种同死者保持心理接触的安慰之感。所爱之人的死亡是人类难以接受的经历之一，而缅怀逝者的仪式则为我们提供了安慰和表达情感的方式。尽管激发这些情感的人已不在我们身边，但这种情感亘古不变。

文化焦点：跨文化视角下的祭奠和缅怀死者

关于死亡和来世的文化信仰是能够体现出人类文化具有创造力的显著的例子之一。世界各地的人们普遍相信，我们死后将面临一个神圣的道德判断，或者我们死后的命运取决于我们的宗教信仰，或者我们将以不同的形式一次又一次地复活。在许多文化中，人们对刚去世的亲人以及如何尊敬他们有着特别强烈的信念。

小结：关于死亡和来世的信仰

学习目标 13.8 能够描述儿童对死亡的理解从童年期到青少年期是如何变化的。

儿童能够认识到死亡是永恒的，但直到童年中期他们才能意识到死亡是不可避免的。在青少年时期，关于死亡的信念会变得更加抽象和复杂，这反映了青少年在认知发展方面有了更加深入且普遍的收获。

学习目标 13.9 能够描述成年期对死亡的信仰和恐惧是如何变化的。

死亡焦虑会在人们的成人初显期便达到峰值，然后会随着年龄的增长而下降，在老年期降至最低，因为许多成年人在变老的过程中经历了一个回顾人生的阶段，并开始接受他们曾经经历过的生活。老年期的人对死亡也更熟悉，所以他们比年轻人花更多的时间谈论死亡或者计划死后的安排。

学习目标 13.10 能够解释不同国家和美国国内的人对于来世的个人信仰的不同。

有关死后重生的信仰因国家而异，但大多数国家的人都相信来世的存在。美国人比其他发达国家的人更相信死后生命的存在，而只有不到一半的美国犹太人持这种信念。

学习目标 13.11 能够比较印度教、佛教、犹太教、基督教的哀悼仪式。

哀悼仪式对印度教徒和佛教徒来说非常重要，因为他们相信这些仪式对于灵魂在来生的状态来说大有裨益。这两个宗教都实行火葬。为纪念死者而设的服丧期等犹太人哀悼传统极具仪式化。基督教的仪式包括涂油礼、守夜和弥撒。

学习目标 13.12 能够描述各种宗教用来祭奠、缅怀死者的仪式和传统。

祭奠缅怀死者的仪式和传统存在于所有的宗教传统中。它们各不相同，但很多仪式都包括为逝者奉上食物、点燃蜡烛以纪念逝者、祈祷和扫墓。

后　记

朋友们，我们来到了这段漫长旅程的终点。站在井口之上，现在的你对人类的发展有什么看法？思考一下你在阅读本书的过程中所了解到的人类经历。如今你知道，在许多文化中，婴儿经常在白天被人们抱在怀里哄逗，晚上则在母亲身畔入眠；如今你明白，蹒跚学步的孩子被认为处于“可怕的两岁”（terrible twos），他们在这个年龄阶段所接受的是鼓励式教育，他们的表达欲并不会被刻意抑制；现在你也知道，许多女孩在童年中期就需要担负起照顾兄弟姐妹的责任；如今你们也明白，在发达国家，青少年期和成年期之间出现了一个叫作“成人初显期”（emerging adulthood）的人生阶段，而且这个阶段也正在迅速延伸到发展中国家；现在你知道，在印度，已婚夫妇的性生活通常在中年时走向尽头，但这个人生阶段仍然被视为个人成长新机会的积极时期；现在你明白了，孝道是亚洲文化的核心价值观，突出体现于赡养父母的义务。除此之外，你也明白了更多的相关知识。

也许最重要的是，你们已经认识到，文化在塑造我们每个人的人生道路上起到了至关重要的作用。我们所有人都是由相同的基本生物材料组成——46条人类染色体。然而，我们如何生活、如何经历每个生命阶段却因我们的出生背景而大相径庭。在本书中，我们看到了许多关于生物影响对人类发展的重要性的例子。但归根结底，文化因素的影响通常会胜过生物因素的影响。因为文化是以人类潜能作为原材料，并将其塑造成某种生活方式的重要因素，而所产生的生活方式中包括关于什么是最重要的观念以及我们应该遵循什么价值观等诸多想法。

我们可以从近期的人类历史中看出文化对生物学所产生的影响。全球化影响着所有的人。在过去的一个世纪里，人类生物学没有任何改变。在人类物种中建立起生物变化之前需要经过数个世纪的进化。然而，全球化及其带来的信息和技术的传播，以惊人的速度改变了我们所有人，对于发展中国家的人们来说尤甚。他们在几十年的时间里正经历着发达国家在几百年的过程中逐渐形成的经济和文化现代化。如今，发展中国家的儿童肯定会经历一个与他们的祖父母所熟悉的生活大相径庭的未来，前景也许是光明的抑或是黑暗的。

几年前，由于我们被邀请去拜访印度一所大学的同事，所以我们专程去了一趟印度。某一天，我们开车去了一个当地乡村，同事所在的大学在那里建了一个幼儿园。在许多方面，村民们依然保留着传统的生活模式。他们的房子大多很简陋，而且没有电。年轻的妇女会把家里的脏衣服带到湖边用手擦洗、捶捣。年轻人则会扛着一捆捆的棍子从河边走过。我们来到一户人家，这里的女家长和她的女儿及儿媳们坐在院子里的一堆小火旁聊天并为外出在田里的丈夫们做午餐。她们都穿着非常漂亮的手工纱丽（见上页图）而且她们还给了我们一块她们做的面包。

你可能会想，这一幕可能是在过去的几年里拍摄的。从某种角度出发你的观点是正确的。然而，从村子里可以看到，远处有两座闪闪发光的塔楼：那是一家瑞典公司的办公大楼，这家公司正在印度扩张业务，并于最近买下了村子的部分土地。在这个村子里，并不是所有的房子都是简单的小木屋——有些是砖房，前面还停放着汽车。通过与村民交谈我们了解到，许多家庭成员和邻居都是为了寻找工作机会和追求城市生活的舒适而移居到城市。与此同时，城市居民搬进了村里的砖房公寓楼，寻找便宜的地方居住，以求远离城市生活的不适和压力。

我们得出了一个直白且令人纠结的结论——村里的传统生活注定无法长存。女人在湖边洗衣服，男人抱着包裹，女族长和女儿们蹲在做饭用的火旁——这些都不可能在经济发展、城市化和全球化的浪潮中生存下来，而这股浪潮已经在不远的地方达到了高峰。可以说，这个村庄是全世界的缩影。随着贫穷国家经济的发展，越来越多的人，尤其是年轻人，从农村迁移到城市，传统的乡村生活正在衰退。正如本书所指出的那样，2010年，城市人口首次超过农村人口。而这一趋势必将持续下去。

参观这个村庄时，尽管我们努力不把村民的生活浪漫化，但我们仍有一种失落感。村民们的日常生活是艰苦的，他们需要付出难以想象的体力。电冰箱、电炉、电灯、电视、医疗保健、汽车、电脑和智能手机给我们的生活增添了舒适、安逸和乐趣，我们无法对它们产生埋怨之情。然而，如果全球化以一种逐渐缩小人类文化差异范围的方式继续下去，那么我们也会失去一些东西。越来越多的人直至所有人都会以相似的方式生活，并对生与死的本质有相似的信念。

诚然，没有办法知道100年、1000年或100万年后人类物种的未来会是什么样子。当然，正如你们在本书中所看到的那样，在如今的人类历史上仍然存在着巨大和非凡的文化差异。我们坚信，鉴于我们人类在过去的5万年中在设计和不断完善自己的生活方式方面表现出的惊人的创造力，再迅猛的全球化也不会扼杀人类文化创新的能力。

术　语

accommodation

顺应：指改变原有图式以适应新的信息。

active genotype → environment effects

主动基因型→环境效应：在基因型→环境效应理论中，当人们寻找符合他们基因型特征的环境时所产生的类型。

activities of daily living（ADLs）

日常生活活动：如洗澡、穿衣、准备食物和吃饭、做家务和支付账单等成年人的日常生活活动。

actual self

现实自我：对真实自我的感知，与可能自我形成对比。

adolescence

青少年期：从青春期开始到接近成年状态之间的生命周期。在此期间，年轻人准备在他们的文化中承担成人的角色和责任。

adolescent egocentrism

青少年自我中心主义：一种青少年很难区分他们对自己的想法和对他人想法的自我中心主义类型。

adolescent-limited delinquent（ALD）

青少年有限性犯罪：未表现出问题的青少年，其青少年时期的不良行为是暂时的。

advance directive

预先指示：关于临终关怀的书面和口头指示。

aerobic exercise

有氧运动：能在至少 30 分钟内大幅度提高心率的剧烈运动。

age graded

年龄划分：基于相似年龄而分组。

ageism

年龄歧视：基于年龄而产生的偏见和歧视。

AIDS（acquired immune deficiency syndrome）

艾滋病：获得性免疫缺陷综合征，这是一种由人类免疫缺陷病毒（HIV）引起的性传播感染（STI），会损害人类的免疫系统。

allele

等位基因：位于一对同源染色体相同位置上控制同一性状不同形态的基因。

Alzheimer's disease

阿尔茨海默病：一种痴呆症，是大脑中的一种特殊的结构慢慢衰退造成的，包括淀粉样斑块的积累和神经纤维缠结的发展。

ambivalence

矛盾情绪：同时感受到两种相反情绪的状态。

amniocentesis

羊膜穿刺术：一种产前检查方法，用针从胎盘中抽出含有胎儿细胞的羊水样本，以便检测出可能的产前问题。

amnion

羊膜：子宫内充满液体的保护膜，保护子宫内正在发育的有机体。

androgen

雄激素：从青春期开始男性具有较高水平的雄激素，主要负责促进男性第一性征和第二性征的发育。

andropause

男性更年期：一种已被提出但还未证实的概念，指男性在成年中期睾丸素水平下降的现象。

anemia

贫血症：饮食中缺铁会引起疲劳、易怒和注意力不集中等问题。

animism

泛灵论：倾向于将人类的思想、情感和力量赋予到无生命的物体上。

anorexia nervosa

神经性厌食症：以自己故意节食为特征的进食障碍。

anoxia

缺氧症：分娩过程或分娩后不久因缺氧而造成的严重的神经损伤。

antioxidants

抗氧化剂：许多水果和蔬菜中含有的物质，能吸收自由基中的多余电子，从而防止自由基损伤细胞。

Apgar scale

阿普加量表：一种新生儿健康评估量表，包括肤色（身体颜色）、脉搏（心率）、对刺激的反应（反射性反应）、肌张力（肌肉紧张性）和呼吸（呼吸强度）。

apprenticeship

学徒制：在欧洲很常见的一种培训方式，青少年新手与某一行业有丰富经验的师父签约，通过在师父手下工作，学习进入该行业所需的技能。

arranged marriage

包办婚姻：结婚的对象不由结婚双方自由选择，而是由双方家庭根据社会地位、宗教背景、财富状况等选择。

arthritis

关节炎：关节疾病，尤其会影响臀部、膝盖、脖子、手和下背部的活动。

assimilation

同化：改变新信息以适应现有图式的认知过程。

assisted reproductive technologies（ART）

辅助生殖技术：治疗不孕症的方法，包括人工授精、生育药物和体外受精。

asthma

哮喘：一种慢性肺部疾病，发病特征为气喘、咳嗽和呼吸短促。

atherosclerosis

动脉粥样硬化：血小板在冠状动脉（通向心脏的动脉）中堆积，造成血液在动脉中流通不畅。

attachment theory

依恋理论：鲍尔比的情绪与社会发展理论，强调婴儿与最初照顾者之间关系的重要性。

attention-deficit/hyperactivity disorder（ADHD）

注意力缺陷 / 多动障碍：诊断包括注意力不集中、多动症和冲动等问题。

authoritarian parents

专制型父母：在育儿风格分类中，要求高、反应能力低的父母。

authoritative parents

权威型父母：在育儿风格分类中，要求高、反应能力强的父母。

Autism Spectrum Disorder（ASD）

自闭症谱系障碍：一种发展性障碍，表现为对社交关系缺乏兴趣、语言发展异常和重复性动作。

autonomy

自主性：独立自主的品质以及独立思考的能力。

axon

轴突：神经元的一部分，负责传递电脉冲并释放神经递质。

B cells

B 细胞：骨髓里生产的免疫细胞，B 细胞可以产生抗体消灭细菌和病毒。

babbling

咿呀声：重复的前语言辅音—元音组合，如“ba-ba-ba”或“do-do-do”，婴儿大约 6 个月大时开始发出此类声音。

basal metabolic rate（BMR）

基础代谢率：人体在安静状态时所消耗的能量。

Bayley Scales of Infant Development

贝利婴儿发育量表：广泛应用于 3 个月至 3 岁半婴儿的发育评估。

behavior genetics

行为遗传学：人类发展研究领域中的一门学科，主要通过比较拥有不同数量基因的人来确定基因对行为的影响程度。

bicultural identity

双重文化身份：身份认同有两个不同的方面，例如，一个是本地文化，一个是全球文化；或者一个是自己的种族，另一个是其他种族。

binge drinking

酗酒：男性连续喝 5 杯以上，女性连续喝 4 杯以上。

binocular vision

双目视觉：将两只眼睛的图像合并成一个图像的能力。

biological measurements

生物测量法：包括基因、激素和大脑活动的测量。

blastocyst

囊胚：约 100 个细胞组成的球状物，在受孕后 1 周左右形成。

blended learning

混合学习：一种让学生部分在线学习，部分在课堂上面对面学习的教育方法。

body mass index (BMI)

身体质量指数：测量体重与身高的比值。

bonding

联结：人类出生后的最初几分钟和几个小时对母婴关系至关重要。

Brazelton Neonatal Behavioral Assessment Scale (NBAS)

布雷泽尔顿新生儿行为评估量表：包含 27 个题目，总体评级定为“令人担忧”“正常”“优越”。

breech presentation

臀位：分娩时胎儿的体位，脚或臀部先从产道出来的体位，而不是头部先出来。

bride price

聘礼：婚姻中常见的经济要求，指由新郎及其亲属给新娘及其亲属的礼金和财物。

bride service

婚姻劳役：指新郎在婚前或婚后指定的一段时期内，义务为新娘家劳动。

bridge job

过渡工作：老年人退休前从事的工作，通常比他们之前的工作时间更短、要求更少。

Broca's area

布罗卡区：人类大脑左额叶中专门生成语言的部分。

bulimia

贪食症：以自我诱导催吐为特征的进食障碍。

bullying

欺凌：虐待同伴的形式，包括攻击、重复和权力失衡。

burnout

职业倦怠：对工作感到失望、沮丧和厌倦的状态。

cardiac output

心输出量：从心脏流出的血液量。

case study

案例研究：对一个人或少数人的生活进行详细的考察。

cataracts

白内障：眼睛的晶状体逐渐增厚，使得视力变得混浊、不透明和扭曲。

cellular clock

细胞时钟：细胞自我复制次数的内在限制。

centration

中心化：皮亚杰提出的术语，指幼儿的思维仅仅集中在认知问题的某一个显著方面，而往往忽视其他重要方面。

cephalocaudal principle

头尾原则：生物发育原则，即生长倾向于从头部开始，然后向下延伸到身体的其他部分。

cerebellum

小脑：大脑底部与平衡和运动有关的结构。

cerebral cortex

大脑皮层：大脑的外部，包括两个半球和四个具有不同功能的区域。

cesarean delivery, or C–section

剖宫产：一种分娩方式，即剖开母亲的腹部，直接从子宫中取出胎儿。

child maltreatment

虐待儿童：忽视或虐待儿童，包括身体虐待、情感虐待和性虐待。

chorionic villus sampling（CVS）

绒毛取样：用于诊断遗传问题的产前技术，包括在怀孕5—10周时通过在子宫中插入一根管子来采集细胞样本。

chromosomes

染色体：细胞核中呈香肠状的结构，包含成对的基因，生殖细胞除外。

civilization

文明：是人类社会生活的一种形式，始于大约5000年前，包括城市、文字、职业专门化和国家的出现。

classification

分类：理解物体可以同时分属多个类或组的能力，例如，一个物体既可以被归为红色物体类，也可以被归为圆形物体类。

climacteric

更年期：成年中期发生的生殖系统变化的时期。女性会出现绝经，即停止排卵与停经；男性会出现精子数量与质量缓慢下降。

clique

小团体：一群互相熟悉的朋友，一起做事，形成一个固定的社会团体。

coercive cycle

强制性循环：父母和孩子之间的一种关系模式，在这种模式下，孩子的不服从行为会引起父母的严厉反应，这反过来又使孩子对父母的控制更加抗拒，从而引起更严重的反应。

cognitive reserve

认知储备：这是成年后期认知活动的结果。其功能类似一种大脑锻炼，即使是在大脑发生原发性衰老的时候也可以使大脑保持良好的功能。

cognitive–developmental approach

认知发展方法：重点关注认知能力如何随着年龄的发展而变化，由皮亚杰首创，后来被其他研究人员采用。

cohabitation

同居：未婚恋人居住在一起。

cohort effect

同辈效应：在科学研究中，根据不同年龄段的人在不同群体或历史群体中成长这一事实来解释他们之间的群体差异。

colic

疝气：每当小孩子在哭闹、剧烈活动、咳嗽和便秘时，由于腹腔内的压力增加，肠管等内容物自内环口进入腹股沟甚至阴囊从而形成。

collectivistic

集体主义：服从、群体和谐等文化价值观。

colostrum

初乳：哺乳动物母亲在婴儿出生后的头几天里分泌的黏稠的黄色液体，富含蛋白质和抗体，可以增强婴儿的免疫系统能力。

coming out

“出柜”：性少数群体承认自己的性取向，然后向朋友、家人和其他人披露真相的过程。

commercial sexual exploitation

商业性剥夺：强迫人们从事性工作的做法。

concordance rate

一致率：用百分比来表示家庭成员在表现型上的相似程度。

concrete operations stage

具体运算阶段：皮亚杰的理论认为儿童能够进行有系统、有逻辑的心理活动的认知阶段。

conservation

守恒：能够理解即使物质的物理外观发生变化，其数量仍保持不变的思维能力。

contexts

情境：对人类发展的差异有影响的外部条件或周遭环境，包括社会经济地位、性别和种族，以及家庭、学校、工作、宗教机构和媒体。

conventional reasoning

传统推理：科尔伯格道德发展理论的第二个层次，其道德推理以他人期望为基础。

cooing

咕咕声：婴儿在 2 个月大的时候就会发出“呜呜”“啊呼”“咯咯”的声音。

coregulation

共同调节：父母与子女之间的关系模式，在这种关系中，父母为儿童行为提供大量指导，但儿童能够进行大量独立的、自我指导的行为。

corporal punishment

体罚：对儿童的身体惩罚。

corpus callosum

胼胝体：连接大脑两个半球的神经纤维带。

correlation

相关性：两个变量之间的统计关系，通过一个已知变量可预测另一个变量。

correlational design

相关设计：在单一场合收集变量的数据。

cosleeping

同床睡：一种文化习俗，也被称为同床共枕，指婴儿或年龄稍大的孩子同父母一方或双方睡在一起。

creativity

创造力：将想法或素材以一种全新的、有文化意义的方式整合到一起的能力。

cremated

火化：死后把尸体烧成灰烬。

cross-sectional design

横向研究：在同一时间点收集不同年龄段人的数据。

crossing over

交叉：在减数分裂开始时，成对染色体之间遗传物质的交换。

crowd

群体：庞大的，基于声誉的青少年群体。

crystallized intelligence

晶体智力：一个人基于文化的知识、语言和对社会习俗理解的文化积淀。

cultural models

文化模式：与共同文化活动有关的认知结构。

cultural-developmental model

文化发展模型：一个理解人类发展的模型，包括三个原则：①人类总是在一种文化中发展；②为了全面理解人类发展，有必要研究不同文化中的人；③当今世界各地人们的文化身份变得更加复杂。

culture

文化：一个群体的习俗、信仰、艺术和科技的总体模式。

custom complex

习俗情结：反映潜在文化信仰的独特文化行为模式。

cyberbullying

网络欺凌：通过电子手段在互联网上进行欺凌。

cytoplasm

细胞质：卵子中的一种液体，如果卵子受精的话，这种液体为受精卵前两周的生长提供营养，直到它到达子宫并开始从母体吸取营养。

deferred imitation

延迟模仿：能够重复先前观察到的行为。

delivery

娩出：分娩过程的第二阶段，在此期间胎儿被推出子宫颈并通过产道。

demandingness

要求：父母为孩子的行为制定规则和期望的程度，并要求他们遵守这些规则。

dementia

痴呆：一种神经疾病，会导致认知功能丧失，严重到足以干扰日常生活。

dendrite

树突：神经元的一部分，负责接收神经递质。

dependent variable

因变量：在实验中，通过对比实验组和对照组来计算实验结果的测量结果。

depressed mood

抑郁情绪：持续一段时间的悲伤，没有任何其他相关的抑郁症状。

depth perception

深度知觉：辨别环境中物体的相对距离的能力。

developed countries

发达国家：世界上经济发达和富裕的国家，收入和教育的中位数水平高。

developing countries

发展中国家：收入和教育水平低于发达国家，但经济正在快速增长的国家。

developmental cascade

发展级联：生活中的某个问题随着时间的推移演变成一系列问题。

developmental quotient（DQ）

发育商：婴儿发育的评估总分表明了发育的进展。

DHEA

脱氢表雄酮：参与肌肉生长、骨密度和心血管系统功能的激素。

digital device

数字设备：允许通过电话、短信、互联网、视频、电视和直接视频对话进行联系的电子设备。

disengaged parents

脱离型父母：在育儿风格分类中，要求和反应能力都很低的父母。

dishabituation

去习惯化：在习惯化之后，当出现新的刺激时，婴儿的注意力就会恢复。

disorganized-disoriented attachment

混乱—迷茫型依恋：亲子依恋的一种类型。当母亲离开房间时，孩子可能会感到茫然和冷漠，也会爆发出愤怒，而在母亲回来时孩子会表现出恐惧。

displacement effect

位移效应：在媒体研究中的词汇，代表着媒体的使用占用了可能花在其他事情上的时间。

divided attention

分散性注意力：同一时间专注多件任务的能力。

divorce mediation

离婚调解：专业调解员与离婚父母会面，帮助他们协商达成双方都能接受的协议。

dizygotic（DZ）twins

异卵双胞胎：一个女性排出两个卵子，并且两个卵子都被精子受精，称为异卵双胞胎。

DNA（deoxyribonucleic acid）

脱氧核糖核酸：一种呈长链状的细胞物质，储存和传递所有生命形式中的遗传信息。

Do Not Resuscitate（DNR）

拒绝复苏：如果患者心脏停止跳动或停止呼吸，医务人员不得试图延长其生命的生前遗嘱条款。

dominant–recessive inheritance

显性—隐性遗传：一种遗传模式，一对染色体中包含一个显性基因和一个隐性基因，但只有显性基因在表现型中表达。

Down syndrome

唐氏综合征：第 21 对染色体上携带了一条额外的染色体而导致的遗传疾病。

dowry

嫁妆：指结婚时新娘家庭给新郎及其家庭的钱或财物的习俗。

dyscalculia

计算障碍：指在处理数字上存在神经方面的问题。

dyslexia

阅读障碍：学习障碍的一种，包括发音困难、拼写困难，以及对单词中字母顺序的错误理解。

e–health

电子健康：利用互联网和电子设备来提升健康服务质量并加强治疗机构和患者之间的联系，特别是老年人之间的相互联系。

early intervention program

早期干预计划：针对那些入学后可能出现问题的幼儿，旨在防止问题的扩大。

ecological niche

生态位：一个特定物种进化所处的环境条件。

ecological theory

生态学理论：布朗芬布伦纳的理论认为，人类发展是由社会环境中 5 个相互关联的系统构成的。

ecological validity

生态效度：测量方法与被研究对象的日常生活之间的契合程度。

ectoderm

外胚层：胚胎时期细胞的外层，最终将发育成皮肤、头发、指甲、感觉器官和神经系统（大脑和脊髓）。

EEG（electroencephalogram）

脑电图：测量大脑皮层电脉冲活动的装置，使研究人员能够测量大脑皮层的整体活动，以及特定部位的活动。

ego integrity versus despair

自我整合与绝望：在埃里克森的生命周期理论中，老年期的主要危机是自我完整性的选择，这意味着回顾一个人的生活并接受所有的善果和恶果；恶果也可以被称为绝望，它意味着人生的遗憾和痛苦。

egocentrism

自我中心主义：无法区分自己的视角和他人的视角的认知困难。

elaboration

细致化处理法：一种通过增强转译信息各部分的联系，从而达到助记的方法。

electronic fetal monitoring（EFM）

电子胎儿监护：一种跟踪胎儿心跳的方法，可以通过母亲的腹部从外部进行跟踪，也可以通过将导线穿过子宫颈并将传感器放在胎儿的头皮上进行直接跟踪。

embryonic disk

胚盘：在囊胚中，细胞的内层会继续形成胚胎。

embryonic period

胚胎期：产前发育的第 3—8 周。

emerging adulthood

成人初显期：主要存在于发达国家，介于青少年期和成年早期之间，人们逐渐在爱情和工作中承担起成年人的责任。

emotional contagion

情绪感染：婴儿在出生几天后，听到另一个婴儿的哭声时自己也会哭。

emotion self–regulation

情绪自我调节：控制自己情绪的能力。

empathy

同理心：理解并对他人的痛苦做出有益回应的能力。

endoderm

内胚层：胚胎时期细胞的内层，最终将发育成消化系统和呼吸系统。

endorphins

内啡肽：大脑中产生的化学物质，可以使人产生愉悦的感觉并增加幸福感。

epidural

硬膜外麻醉：分娩过程中，将麻醉剂注入脊髓液中，以帮助母亲控制疼痛，同时保持警觉。

epigenetics

表观遗传学：发育过程中，基因与环境之间持续的相互作用。

episiotomy

外阴切开术：分娩过程中，为了扩大阴道口的切口手术。

erectile dysfunction

功能性勃起障碍：在性接触中无法勃起及无法持续勃起的障碍。

estradiol

雌二醇：在女孩青春期发育中最重要的雌激素。

estrogen

雌激素：从青春期开始女性具有较高水平的雌激素，主要负责促进女性第一性征和第二性征的发育。

ethnicity

种族：一种群体认同，包括文化起源、文化传统、民族、宗教以及语言等。

ethnographic research

民族志研究：一种将在研究对象中花费大量时间的研究设计。

ethology

动物行为学：研究动物行为的学科。

euthanasia

安乐死：结束一个不治之症或重度残疾患者生命的做法。

eveningness

夜晚型：喜欢晚睡晚起。

evocative genotype → environment effects

唤起基因型→环境效应：在基因型→环境效应理论中，当一个人的遗传特征引起环境中其他人的反应时所产生的类型。

evolutionary psychology

进化心理学：心理学的一个分支，研究人类的功能和行为模式是如何通过适应进化条件而产生的。

executive function

执行功能：在不分心的情况下解决认知问题的能力，以及随着问题性质的变化调整自己策略的能力。

Experience Sampling Method（ESM）

经验抽样法：一种研究方法，包括需要一个人戴着一个寻呼机，通常持续一周。寻呼机会在一天中随机发出哔哔声，研究人员会记录下他们在经历那一刻的各种特征。

experimental design

实验设计：将接受某种干预的实验组与未接受任何干预的对照组进行比较。

expertise

专业能力：某一特定领域广泛的知识与技能。

expressive divorce

情感破裂离婚：根据芭芭拉 · 怀特黑德的说法，这种离婚类型在今天的西方很常见，人们期望婚姻能够满足他们在爱和亲密感方面的情感需求，如果不能满足，他们会选择离婚。

externalizing problems

外化问题：涉及他人的问题，比如攻击行为。

extremely low-birth-weight

超低出生体重：指新生儿出生时体重低于 1 千克。

false self

虚假自我：一个人可能会意识到自我，同时意识到这种自我并不代表他 / 她的实际想法和感受。

familismo

家庭主义：拉丁美洲人的文化信仰，强调家庭成员之间的爱、亲密和相互义务。

family process

家庭质量：家庭成员之间关系的质量。

fast mapping

快速映射：在被告知一个物体的名称后，能够很快学会并记住代表这个事物的单词。

feared self

恐惧自我：想象可能成为害怕成为的人。

fetal alcohol spectrum disorder（FASD）

胎儿酒精谱系障碍：孕妇在怀孕期间大量饮酒导致的一系列问题，包括面部畸形、心脏问题、肢体畸形，以及各种认知问题。

fetal period

胎儿期：产前发育阶段，从第 9 周到出生这段时期。

filial piety

孝顺：孩子应该尊重、服从他们的父母，这在亚洲文化中很常见。

fine motor development

精细动作发展：运动能力的发展，包括精细调节的手部动作，如抓取和操纵物体。

fluid intelligence

流体智力：涉及信息处理能力的智力类型，如短时记忆、辨别视觉刺激之间的关系，以及合成新信息的速度。

Flynn effect

弗林效应：在 20 世纪的西方国家，人们智商得分的中位数急剧上升。以第一次发现这一现象的学者詹姆斯 · 弗林的名字命名。

fMRI（functional magnetic resonance imaging）

功能性磁共振成像：一种监测大脑活动的方法，即一个人躺在一台布满磁场的机器里，以记录在不同的刺激下大脑中血流量和氧气消耗的变化。

follicle

卵泡：在女性生理周期中，由卵子以及围绕卵子并提供营养的其他细胞组成。

fontanel

囟门：颅骨上的软点，在出生过程中颅骨松散地连接在一起，以帮助新生儿通过产道。

Forceps

产钳：分娩时用来将婴儿的头部从子宫中拉出的钳子。

formal operations

形式运算阶段：皮亚杰的理论中的一个阶段，青少年从 11 岁开始学会系统地思考可能性和假设的认知阶段。

foster care

寄养：由经过国家机构批准的成年人接管对受虐待儿童的照顾。

free radicals

自由基：不稳定分子，会对 DNA 和细胞功能所需的其他结构造成损害。

functional age

技能年龄：表明老年人的实际身体机能和相关表现的年龄，可能高于或者低于实际年龄。

gametes

配子：两性特有的参与生殖的细胞（女性卵巢中的卵细胞和男性睾丸中的精子）。

gender constancy

性别恒常性：认为性别是一种生物性特征，无法改变。

Gender Development Index（GDI）

性别发展指数：联合国衡量性别平等的指标，基于预期寿命、受教育年限和成人收入中位数等方面的性别差异。

gender identity

性别认同：意识到自己是男性或女性。

gender roles

性别角色：对男性或女性特有的外表和行为的文化期望。

gender schema

性别图式：基于性别的组织和处理信息的认知结构，包括对男性和女性的外貌和行为的期望。

gender-intensification hypothesis

性别强化假说：假设男女在心理和行为上的差异在青春期变得更加突出，因为要求他们遵守文化规定的性别角色的社会压力不断强化。

gender

性别：男性与女性的文化分类。

gene

基因：DNA 片段，包含生物体生长和功能的编码指令。

generativity versus stagnation

繁殖感对停滞感：根据埃里克森的理论，成年中期的中心危机以两种选择的对立为主要特点，即为下一代的幸福做贡献的动机（繁衍感）对抗只关注狭隘的自我利益而忽略他人（停滞感）的冲突。

genetic mutation

基因突变：是构成基因的 DNA 序列的永久性改变。

genome

基因组：生物体遗传信息的全部存储。

genotype

基因型：生物体独特的基因遗传。

germinal period

胚芽期：受孕后的前 2 周。

gerontologist

老年学家：研究老龄化的专家。

gestation

妊娠：产前发育阶段，从受孕开始经过的时间。

gifted

大才：在智商测试中，智商得分高于 130 分的人。

glass ceiling

玻璃天花板：性别歧视给女性的职业发展带来的隐性限制。

glaucoma

青光眼：因积液损害视神经而导致周边视觉丧失。

globalization

全球化：世界各地在贸易、旅游、移民和通信等方面的联系日益紧密。

goodness-of-fit

适配度：一种理论原则，即如果儿童气质与环境需求匹配恰当，儿童就会发展得很好。

graduated driver licensing（GDL）

获取驾驶证：根据安全驾驶记录，年轻人逐步获得驾驶权，而不是一次性全部获得。

grammar

语法：语言独特的规则系统。

gray divorce

灰色离婚：夫妻年龄均超过 50 岁的离婚。

gross motor development

大肌肉动作发展：运动能力的发展，包括平衡和姿势，以及爬行这种全身运动。

guided participation

引导参与：当两个人（通常是成人和儿童）参与一项具有文化价值的活动时的互动，由经验丰富的一方引导经验不足的一方。

habituation

习惯化：一个刺激多次重复出现以后，对它的注意会逐渐减弱。

handedness

利手：在大肌肉运动和精细运动中使用左手或右手的偏好。

Hayflick limit
海弗利克极限：细胞自我复制能力的 50 倍极限。

heritability
遗传力：基因在多大程度上决定了特定人群中不同个体之间的差异，数值范围为 0—1.00。

hippocampus
海马体：大脑边缘系统的一部分，将信息从短时记忆转换为长时记忆。

holophrase
单词句：用单独的词汇来代表一个完整的句子。

hominin line
原始人类路线：导致现代人类出现的进化路线。

Homo sapiens
智人：现代人类。

homophobia
恐同症：对性少数群体的恐惧和仇恨。

hospice
临终关怀：在生命结束时，强调濒死者及其家人在身体、情感、社会和精神方面的需要，以替代住院治疗。

hostile aggression
报复性攻击：一种带有愤怒迹象的攻击行为，并欲对他人造成痛苦或伤害。

human development
人类发展：人一生中成长和变化的方式；包括生理、认知、心理和社会功能的发展。

human growth hormone（hGH）
人类生长激素：生命早期几十年身体生长发育的关键因素，在大约 25 岁之后的稳步下降将导致原发性衰老。

hunter-gatherer
狩猎采集：经济生活以狩猎（主要为男性）和采集可食用植物（主要为女性）为基础的社会经济体系。

hypertension
高血压：该病经常由原发性衰老和继发性衰老的共同作用导致。

hypothalamus
下丘脑：大脑边缘系统中类似花生大小的结构，负责调节饥饿、口渴、激素和性欲。

hypothesis
假设：研究人员对所研究的问题做出的一种推测性论断。

hypothetical-deductive reasoning
假设演绎推理：皮亚杰提出的专业术语，指将科学思维应用于认知任务的过程。

ideal self
理想自我：想成为的人。

identity status model
身份状态模型：埃里克森的身份发展理论研究模型将身份发展分为四类：扩散、暂停、丧失和完成。

identity versus identity confusion
自我同一性冲突：在埃里克森的理论中，人们面对青春期的危机会有两种结果：建立明确的认同；或经历认同混淆，即无法形成稳定安全的认同。

imaginary audience
假想观众：相信别人会敏锐地注意到自己的外表和行为。

immunotherapy
免疫疗法：一种治疗癌症的新型疗法。主要通过对患者的免疫细胞进行重新编辑，从而增强免疫系统对抗癌细胞的能力。

imprinting
印刻：与出生后看到的第一个移动物体形成的瞬间而持久的联系，常见于鸟类。

in vitro fertilization（IVF）
体外受精：这是一种治疗不孕症的方法，包括使用药物刺激卵巢中多个卵泡的生长，从中提取卵子并将其与精子结合，然后将最有希望的受精卵移入子宫。

incomplete dominance
不完全显性：一种显性—隐性遗传形式。其表型主要受显性基因的影响，但也在一定程度上受隐性基因自变量的影响。

independent variable

自变量：在实验中，自变量被用于区分实验组和对照组。

individualistic

个人主义：独立、自我表达等文化价值观。

industry versus inferiority

勤奋与自卑：埃里克森理论中的童年中期阶段，在这一阶段，儿童要学会有效地使用文化资源，但如果成人过于挑剔，就会使其产生一种无法有效工作的感觉。

infant-directed（ID）speech

儿向语：许多文化中成年人对婴儿的一种特殊讲话形式，这种讲话的音调比正常讲话的音调高，语调夸张，单词和短语被重复。

infantile amnesia

婴儿健忘症：无法记住 4 岁或 5 岁之前发生的事情。

infertility

不孕症：经过至少一年的规律性交后仍不能怀孕。

infinite generativity

无限生成性：能够掌握某种语言的单词符号，并以几乎无限多的新方法将之组合起来的能力。

information processing approaches

信息加工取向：一种理解认知功能的方法，侧重关注存在于所有年龄段的认知过程，而不是从不连续的阶段来看待认知发展。

informed consent

知情同意：科学研究中的标准程序，要求告知被调查者将涉及的内容，包括任何可能的风险，并给予他们是否选择参与的机会。

initiative vs. guilt

主动性对内疚感：在埃里克森的生命周期理论中，代指童年早期的阶段。在这一阶段中，孩子们开始有目的地计划活动，又因过度内疚而影响主动性。

insecure-avoidant attachment

不安全—逃避型依恋：亲子依恋的一种类型。母亲和孩子之间的互动相对较少，孩子对于母亲离去的反应甚微，而当陌生人抱起他们时，孩子可能会拒绝被抱起。

insecure-resistant attachment

不安全—反抗型依恋：亲子依恋的一种类型。当母亲在场时，孩子很少会进行探索行为，当母亲离开房间时会表现出极大的悲伤，而当母亲回来时表现出矛盾心理。

instrumental aggression

工具性攻击：当孩子想要某样东西时，会用攻击性的行为或语言来得到它的一种攻击类型。

intellectual disability

智力障碍：智商测验成绩在 70 分以下的人的认知能力水平。

intelligence quotient（IQ）

智商分数：通过智力测验得出的智力得分，相对于同龄人的表现计算得出。

intelligence

智力：获取知识、推理和解决问题的能力。

intermodal perception

知觉统合：各种感官信息的整合和协调。

internalizing problems

内化问题：将痛苦向内转化为自我的问题，如抑郁和焦虑。

intervention

干预：改变被调查者态度或行为的方案。

interview

访谈：被调查者通常可以自由地提供他们自己的答案。

intimacy versus isolation

亲密与孤独：在埃里克森的人格发展阶段理论中，成年早期的情感与心理的中心问题，即能否将自我同一性与他人同一性进行融合，从而发展一段持久、牢固又亲密的关系。

intimacy

亲密度：两个人分享个人知识、思想和感情的程度。

intrauterine insemination

人工授精：将精子直接注入子宫的过程。

kangaroo care

袋鼠式护理：相关专家建议母亲或父亲在早产儿和低出生体重儿出生后的最初几周内，每天将婴儿贴在胸前2—3小时。

knowledge economy

知识经济：以信息、技术和服务为基础的经济，大多数新工作要求人们接受中学以上的教育或培训。

kwashiorkor

夸希奥科病：儿童的蛋白质缺乏症，导致嗜睡、易怒、头发稀疏、身体肿胀等症状，如果不加以治疗可能致命。

labor

阵痛：分娩过程的第一个阶段。在此阶段子宫颈扩张，子宫肌肉收缩以推动胎儿进入阴道朝向子宫颈。

language acquisition device（LAD）

语言习得机制：乔姆斯基认为，大脑具有一种先天机能，它使儿童能够快速地感知和掌握所处语言中的语法规则。

lateralization

偏侧化：大脑两个半球功能的专门化。

learning disabilities

学习障碍：阻碍学习特殊技能（如阅读或数学）的认知障碍。

let-down reflex

放乳反射：当母亲看到婴儿哭闹、张开的嘴巴，甚至想到母乳喂养时，在体内发生的一种能使乳汁释放到乳头末端的反射。

life review

人生回顾：根据罗伯特·巴特勒的说法，人生回顾是在老年期人们开始反思自己的生活并接受它的过程。

life-course-persistent delinquent（LCPD）

生活过程—持续性犯罪：从出生开始就表现出的问题模式，并持续到成年的犯罪。

long-term memory

长时记忆：随着时间的推移积累和保留的知识。

longevity dividend

长寿红利：老年人通过家庭角色、带薪工作和社区服务的结合来保持社会参与度和工作效率，以此为社会创造价值。

longitudinal design

纵向研究：在不同的时间节点追踪同一个被试，并多次收集数据。

low birth weight

低出生体重：新生儿体重低于2.5千克。

macular degeneration

黄斑变性：由于视觉系统老化，导致视野中心的清晰度下降。

major depression disorder

重度抑郁症：临床诊断包括一系列特定的症状，如情绪抑郁、食欲障碍、睡眠障碍和疲劳。

majority culture

主流文化：在一个国家中，制定规范和标准并掌握一定的政治、经济、知识地位，以及媒体权威的文化群体。

mammary glands

乳腺：在女性体内，分泌乳汁以喂养婴儿的腺体。

mammogram

乳房X线照射：用于检测女性乳腺癌的X射线方法。

marasmus

消瘦症：由于缺乏营养而使身体消瘦的疾病。

maternal blood screening

母体血液筛查：通过检测胎儿的蛋白质、激素和DNA片段来检测各种危险因素，包括脊柱裂和唐氏综合征。

maturation

成熟：一种认为先天的、以生物学为基础的程序是发展背后的驱动力的概念。

media multitasking

媒体多任务处理：同时使用多种媒体形式，例如在观看电视时玩电子游戏。

median

中位数：在数据分布中，该分数正好位于中间，一半分布在上面，一半在下面。

meiosis

减数分裂：产生配子的过程，通过染色体对的分离和复制，从原始细胞中产生 4 个新的配子，每个配子的染色体数目是原始细胞的一半。

menarche

月经初潮：女性第一次来月经。

menopause

绝经期：指女性在成年中期每月排卵与月经停止的时期。

mental representations

心理表征：皮亚杰提出的感觉运动发展阶段的一项关键成就。在这一阶段，学步儿首先考虑可能性的范围，然后采取最有可能达到预期效果的动作。

mental structure

心理结构：在皮亚杰的认知发展理论中，主要指思维组织成连贯模式的认知系统，从而所有的思维都具有相同的认知功能水平。

mesoderm

中胚层：胚胎时期细胞的中间层，最终将发育成肌肉、骨骼、生殖系统和循环系统。

metacognition

元认知：思考的能力。

metalinguistic skills

元语言技能：在语言理解中，认识语言潜在结构的技能。

metamemory

元记忆：对记忆如何进行的理解。

micronutrients

微量元素：人类身体生长所必需的元素，包括碘、铁、锌和维生素 A、维生素 B_{12}、维生素 C 和维生素 D。

midlife crisis

中年危机：成年中期的一种常见状态，会导致焦虑、不开心、批判性地重审自己的生活，由此可能引发人生剧变。

midwife

助产士：协助孕妇产前护理和分娩过程的人。

mitosis

有丝分裂：细胞复制的过程，其中染色体相互复制，细胞分裂为两个细胞，每个细胞具有与原始细胞相同数目的染色体。

mnemonics

记忆法：记忆策略，如复诵法、分类法和细致化处理法。

monozygotic（MZ）twins

同卵双胞胎：具有完全相同基因型的双胞胎。

morningness

清晨型：喜欢早睡早起。

Moro reflex

莫罗反射：当新生儿感觉到向后跌倒或听到巨大的声音时，他们会弓起背部，伸出手臂，然后迅速将手臂合在一起。

motherhood penalty

做母亲的代价：生育给女性在职业发展中带来的劣势，因为女性在养育孩子方面承担着更多的责任。

multifactorial

多因子：包括遗传因素和环境因素的结合。

multilingual

多语言：能够使用两种或两种以上的语言。

myelination

髓鞘化：神经元轴突周围髓鞘生长的过程。

myopia

近视：不能清楚地看到远处物体的视觉状态，也称为近视眼。

natural childbirth

自然分娩：一种避免医疗技术和干预措施的分娩方法。

natural experiment

自然实验：在自然的情况下进行的实验，为观察者提供有科学价值的信息。

natural selection

自然选择：一种进化过程，其中最能适应环境的后代会生存下来并繁衍自己后代的进化过程。

nature–nurture debate

先天与后天之争：学者们争论人类发展主要受到基因（先天）还是环境（后天）的影响。

Neolithic period

新石器时代：人类历史上的一个时期，从 1 万年前到 5000 年前的人类历史时代，动植物首次被驯化或培植。

neonatal jaundice

新生儿黄疸：由于肝脏不成熟，在生命的最初几天，新生儿的皮肤和眼球会出现发黄的症状。

neonatal period

新生儿期：婴儿出生后的头 28 天，也是孩子生命最脆弱的时期。

neonate

新生儿：从出生到 4 周大的婴儿。

neural tube

神经管：胚胎期外胚层的一部分，它将发育为脊髓和大脑。

neurogenesis

神经发生：神经元的产生。

neurons

神经元：神经系统的细胞。

neurotransmitter

神经递质：能使神经元在突触之间进行交流的化学物质。

normal distribution

正态分布：群体特征的典型分布，呈现为一个钟形曲线，其中大多数接近中间，比例在低极值和高极值处下降。

numeracy

计算能力：理解数字含义的能力。

obesity

肥胖：在儿童中，BMI 超过 21 被定义为肥胖。

object permanence

客体永久性：能够意识到即使我们没有与客体（包括人）有直接的感官或运动接触，客体（包括人）也会继续存在。

observations

观察法：通过视频或书面记录观察和记录人们的行为。

obstetrics

产科：专注于产前保健和分娩的医学领域。

old–age dependency ratio（OADR）

老年人口抚养比：在总人口中，65 岁及以上老年人口与 20—64 岁人口的比率。

online learning

在线学习：全部或大部分课程内容以电子方式提供的一种教育方法。

only child

独生子女：没有兄弟姐妹的子女。

ontogenetic

个体发育：一个物种中个体发展的典型模式。

opposable thumb

对生拇指：拇指可以与其他四指对合（人类独有），可以进行精细的运动。

oral rehydration therapy（ORT）

口服补液疗法：一种治疗婴儿腹泻的方法，包括饮用盐和葡萄糖与净水混合的溶液。

organization

分类法：一种助记的方法，包括把事物进行有意义的分类。

osteoporosis

骨质疏松：一种常见于成年中期及以后的症状，在女性中较为普遍，钙流失的加速引起骨量变少、骨质变脆。

overcontrol

过度控制：表现为过度的情绪自我调节。

overextension

过度延伸：用一个单独的词来代表各种相关的事物。

overproduction/synaptic exuberance

过度生成/突触繁茂：在神经元之间的树突联结爆发性生成。

overregularization

过度规范化：把语法规则应用到规则以外的词语当中。

overweight

超重：在儿童中，BMI 超过 18 被定义为超重。

ovum

卵子：在卵巢中发育的成熟生殖细胞，大约每 28 天发育一次。

oxytocin

催产素：由脑垂体分泌的激素，会引起分娩。

palliative care

姑息治疗：对绝症患者的一种护理，着重于减轻患者的痛苦，并让患者有尊严地死去。

parenting styles

育儿方式：父母对孩子表现出的行为，以及他们对这些行为的信念。

passive genotype → environment effects

被动基因型→环境效应：在基因型→环境效应理论中，这种类型是在一个生物学意义的家庭中，父母为他们的孩子提供了基因和环境而产生的。

peer reviewed

同行评议：在科学研究中，邀请其他研究学者审阅稿件，判断其研究价值、发表价值的制度。

peers

同伴：在某些方面有共同点的人，如年龄。

permissive culture

宽容型文化：容忍甚至鼓励青少年进行性活动的文化。

permissive parents

宽容型父母：在育儿风格分类中，要求低、反应能力强的父母。

personal fable

个人寓言：对个人独特性的信仰，通常包括认为自己不会遭受冒险的后果。

phenotype

表现型：生物体的实际特征，来源于它的基因型。

phonics approach

自然拼读法：一种阅读教学方法，提倡把单词分解成它们的组成音，称为音标，然后把音标组合成单词。

phylogenetic

系统发育：关于一个物种的发展。

placenta

胎盘：在子宫中，是母亲和胎儿之间的“守门人”，保护胎儿免受母亲血液中的细菌和废物的侵害，并产生维持子宫内膜血液和使母亲乳房产生乳汁的激素。

plasticity

可塑性：发展受环境影响的程度。

polygenic inheritance

多基因遗传：由于多个基因相互作用而引起表现型特征的表达。

polygyny

一夫多妻制：男性可以有不止一个妻子的文化传统。

population

总体：在研究中，接受调查的全部群体并从中选择样本。

positivity effect

积极效应：倾向于以保持积极自我形象的方式回忆过去的

事情，回忆愉快的事情（比如你曾经得到的奖励），而忘记不愉快的事情（比如你想要但没有得到的晋升）。

possible self

可能自我：对自我的潜在认识，可以包括理想自我和恐惧自我。

postconventional reasoning

后传统推理：科尔伯格道德发展理论的第三个层次，其道德推理以个人独立判断为基础，而不是别人的看法。

postpartum depression

产后抑郁症：有新生儿的父母，其悲伤和焦虑情绪强烈到会影响他们完成简单日常工作的能力。

pragmatics

语用学：语言的社会和文化背景，规定了人们在特定的社会环境中应当说什么和不应当说什么。

preconventional reasoning

前传统推理：科尔伯格道德发展理论的第一个层次，其道德推理以外部奖励和惩罚的可能性认知为基础。

preoperational stage

前运算阶段：根据皮亚杰的理论，从 2 岁到 7 岁这一年龄区间的认知阶段称为前运算阶段，在这一阶段内儿童能够象征性地描述世界（例如，通过语言的使用），但进行心理运算的能力有限。

preterm

早产儿：怀孕 37 周或以下出生的婴儿。

primary aging

原发性衰老：发生在所有生物体中不可避免的生物老化。

primary attachment figure

首要依恋对象：当儿童在环境中经历某种痛苦或威胁时所寻找的人。

primary emotions

初级情绪：基本的情绪，比如愤怒、悲伤、恐惧、厌恶、惊讶和快乐。

primary sex characteristics

第一性征：卵子和精子的产生及性器官的发育。

private speech

自我言语：在维果茨基的理论中，当孩子们在最近发展区学习并与指导者交谈时，他们会以自我引导或自我指导的方式自言自语。先是大声说话，然后自言自语。

procedure

过程：逐步进行研究和收集数据的方式。

prolonged grief disorder（PGD）

延长哀伤障碍：在失去所爱之人 6 个月后出现的强烈的、长期的哀伤症状，并伴随着某种形式的功能障碍。

prosocial behavior

亲社会行为：旨在帮助或造福他人的行为，包括善良、友好和分享。

protective factors

保护因素：年轻人在经历高风险环境下与低风险问题相关的特征。

proximodistal principle

近远原则：从身体中部向外生长的生物发育原则。

psychological control

心理控制：利用羞耻感和爱的撤回来影响孩子行为的育儿策略。

psychosexual theory

性心理理论：弗洛伊德的性心理理论认为性欲是心理发展的驱动力。

psychosocial theory

社会心理理论：埃里克森的理论，认为人类的发展是由融入社会和文化环境的需要所驱动的。

puberty ritual

青春期仪式：标志着童年期结束和青春期开始，是存在于许多文化中的正式习俗。

puberty

青春期：这一时期内，个体在骨骼、生理机能和外貌上会发生变化，使得个体发展为一个在生物学意义上成熟的个体，并具备了性繁殖的能力。

qualitative

定性数据：收集到的非数值型数据。

quantitative

定量数据：收集到的数值型数据。

questionnaire

问卷调查：一般为书面问题，被调查者通常从研究人员提供的答案中选择。

rapid eye movement（REM）sleep

快速眼动睡眠：睡眠周期的一个阶段，人的眼睛在眼皮下快速来回移动。处于快速眼动睡眠状态的人还会经历其他生理变化。

reaction range

反应范围：基因建立的可能发育路径范围；环境决定了在该范围内发育的位置。

reciprocal or bidirectional effects

相互或双向效应：在两个人之间的关系中，他们相互影响的原则。

reflex

反射：对某种刺激的自动反应。

rehearsal

复诵法：一种反复重复相同信息的助记法。

reincarnation

转世：相信人死后灵魂会以另一种形式返回世间。

relational aggression

关系攻击：通过社交排斥和恶意八卦损害他人在同龄人中的声誉的一种攻击。

reliability

信度：在科学研究中不同情况下测量结果的一致性。

reminiscence bump

回忆爆发：指人们对 10—30 岁的自传体事件的回忆比 30—50 岁时更生动、更详细。

research design

研究设计：为研究收集数据的时间、地点、对象而制订的总体计划。

research measurement

研究测量：收集数据的方法。

resilience

适应力：克服不利的环境条件，并在这些条件下实现健康发展。

responsiveness

反应能力：父母对孩子需求的敏感度，以及表达爱、温暖和关心的程度。

restrictive culture

限制型文化：强烈禁止青少年婚前性行为的文化。

reticular formation

网状结构：大脑下部的一部分，与注意力有关。

reversibility

可逆性：大脑逆转行为的能力。

risk stratification

风险分层：一种预防癌症的方法，即对受遗传因素和日常生活高危因素影响的癌症高风险人群采取多次检测与筛查的方式。

rooting reflex

觅食反射：该反射会帮助新生儿找到乳房。新生儿在脸颊或嘴巴侧面被乳房触碰时，它会使其转过头并张开嘴巴。

rote learning

机械式学习：重复记忆信息的学习方式。

ruminate

反刍：反复思考不好的经历和感觉。

sample

样本：科学研究中收集数据人群的子集。

scaffolding

支架理论：为学习者在最近发展区内提供的帮助，随着学习者技巧的娴熟而逐渐减少。

schemes

图式：处理、组织和解释信息的认知结构。

scientific method

科学方法：科学研究的过程，包括确定研究问题、形成研究假设、选择测量方法和制订研究设计方案、收集和分析数据、得出结论这一系列步骤。

second shift

第二班：指女性在工作单位完成分内的工作后，回到家必须要做的家务工作。

secondary aging

继发性衰老：由于不健康的饮食、锻炼不足、药物滥用等不健康的生活方式，以及污染等环境影响而造成的身体机能下降。

secondary emotions

次级情绪：需要在社会和文化中学习的情绪，如尴尬、羞愧和内疚，也被称为社会道德情绪。

secondary school

中学：在小学毕业后的青少年期的孩子就读的学校。

secondary sex characteristics

第二性征：青春期内不与生殖有直接关联的身体变化。

secondhand smoke

二手烟：在吸烟者附近的人吸入的烟。

secular trend

长期趋势：人口特征随时间出现的变化。

secular

世俗化：基于非宗教的信仰和价值观。

secure attachment

安全型依恋：亲子依恋最健康的类型。在这种依恋类型中，孩子把父母视为安全基础，在与父母分开时抗议，在父母回来时感到高兴。

secure base

安全基础：首要依恋对象所起到的作用；其使得孩子能够探索世界，当威胁出现时，孩子会向首要依恋对象寻求安慰。

selective association

选择性交往：在社会关系中，人们倾向于和自己相似的人在一起。

selective attention

选择性注意力：能够将注意力集中在相关信息上，不会被不相关的信息干扰。

selective optimization with compensation（SOC）

选择补偿的最优化元模型：面对衰老，人们需要选择有价值的活动，并放弃其他没有意义的活动，还要优化剩余活动的功能，并通过提出新的策略或使用科技来弥补身体和认知能力的下降。

self-concept

自我概念：一个人对自己的看法和评价。

self-esteem

自尊：人的整体价值感和幸福感。

self-medication

自我医疗：使用药物来缓解不愉快的情绪状态。

self-recognition

自我认知：一种认出镜子里的映像是自己的能力。

self-reflection

自我反省：像思考其他人和其他物体一样思考自己的能力。

self-socialization

自我社会化：人们寻求保持性别图式和行为一致性的过程。

semirestrictive culture

半限制型文化：禁止青少年婚前性行为，但是这些禁令并没有被严格执行，而且很容易逃避。

sensitive period

敏感时期：在发展过程中，某一特定领域的学习能力特别突出的时期。

sensorimotor stage

感知运动阶段：在皮亚杰的理论中，这一阶段发生在出生后头两年，其认知发展包括学习如何协调感官活动和肢体运动。

seriation

序列化：按逻辑顺序排列事物的能力，如从最短到最长、从最薄到最厚或从最亮到最暗。

sex chromosomes

性染色体：决定生物体是女性（XX）还是男性（XY）的染色体。

sex

性：男性和女性的生物学性状。

sexual minorities

性少数群体：包括女同性恋、男同性恋、双性恋或变性人的术语。

sexual orientation

性取向：一个人的性吸引力的倾向。

sexually transmitted infections (STI)

性传染病：通过性行为接触传播的疾病。

short–term memory

短时记忆：短时间内保留信息的能力。

singlism

单身歧视：大众对单身人士的一种消极刻板印象，往往导致他们受到歧视和轻蔑对待。

sleep apnea

睡眠呼吸暂停：一种与睡眠有关的呼吸系统疾病，指在晚上，随着通往肺部的气道关闭，呼吸停止超过 10 秒，当气道再次打开，睡眠者醒来时，会突然发出响亮的鼾声。

small for date

足月小样儿：出生体重不足同胎龄新生儿平均体重的 90% 的新生儿。

social comparison

社会比较：人们如何看待自己与他人之间的地位、能力或成就。

social contral

社会控制：社会义务和关系对个人行为的约束。

social information processing (SIP)

社会信息处理：在社交场合对他人意图、动机和行为的评估。

social referencing

社会参照：一个人善于观察他人对不确定情况的情绪反应，并利用这些信息来塑造自己的情绪反应。

social skills

社交技能：包括友好、乐于助人、合作和体贴等行为。

social smile

社交微笑：与他人互动时的快乐表现，首次出现在婴儿 2—3 个月大的时候。

social status

社会地位：在一个群体中，每个人在他人眼中的权力、权威和影响力的程度。

socialization

社会化：人们在现实生活中理解他们所属文化的行为和信仰的过程。

socioeconomic status (SES)

社会经济地位：人的社会阶层，包括受教育程度、收入水平和职业地位。

socioemotional selectivity theory

社会情感选择性理论：卡斯滕森的理论认为，老年人通过在社会交往中变得越来越有选择性，从而使他们的情感幸福感最大化。

sociomoral emotions

社会道德情绪：基于后天习得的和所处文化的是非标准而引发的情绪，也可称为次级情绪。

sound localization

声音定位：辨别声音来源的感知能力。

spermarche

首次遗精：青春期男孩睾丸中精子发育的表现。

state

国家：中央集权的政治制度，是文明的一个基本特征。

stereotype

刻板印象：仅仅因为某人是某个特定群体的一员就认定其具有某种特征。

Strange Situation

陌生情境法：依恋关系的实验评估，用来研究婴儿在陌生的环境中与母亲分离后的行为和情绪表现。

stranger anxiety

陌生焦虑：对不熟悉的人的恐惧反应，通常 6 个月大的婴儿表现明显。

stunting

发育迟缓：营养不良的儿童所经历的过程，比其所处年龄段的平均身材更矮小。

successful aging

健康老龄化：这是一种模型，以一种新的、更加积极的角度看待老年期。它包括三个部分：①保持身体健康；②维持认知功能；③继续参与生活。

sudden infant death syndrome（SIDS）

婴儿猝死综合征：因不明原因在出生后第一年内死亡，无明显疾病或紊乱。

surfactant

表面活性剂：肺部的一种物质，可促进呼吸并防止肺泡塌陷。

sustained attention

持续性注意力：长时间专注于一项任务的能力。

swaddling

襁褓：一种婴儿护理方法，包括用布或毯子紧紧地包裹婴儿。

synapse

突触：神经元之间的微小缝隙，通过这些缝隙进行神经交流。

synaptic density

突触密度：脑内神经元突触密度，3 岁左右达到高峰。

synaptic pruning

突触修剪：在大脑发育过程中，被使用的树突联结变得更强、更快，而那些未被使用的联结会逐渐消失。

T cells

T 细胞：在胸腺里产生的免疫细胞，可以抵抗身体疾病。

techniques of prenatal monitoring

产前监测技术：包括超声波、母体血液筛查、羊膜穿刺术和绒毛取样（CVS），它们能够监测胎儿的生长和健康情况，并发现产前问题。

teething

出牙期：婴儿长出新牙齿时所经历的不适和疼痛时期。

telegraphic speech

电报式言语：省略连接词（如“和”）的两个词汇组合。

telomere

端粒：染色体末端细胞 DNA 中的一部分，它随着细胞的每次复制而变得稍短一些，最终短到无法再进行复制。

temperament

气质：对物理环境和社会环境的先天反应，包括活动水平、易怒性、安抚性、情绪反应和社交能力。

teratogens

致畸物：会对产前发育造成有害影响的行为、环境或身体状况。

tertiary education

高等教育：高中以上的教育培训。

testosterone

睾丸素：男孩青春期发育中最重要的雄激素。

thalamus

丘脑：大脑边缘系统的一部分，专门接收感觉信息并将其从身体传递到大脑。

theory of genotype → environment effects

基因型→环境效应理论：该理论认为基因影响我们所经历的环境。

theory of mind

心理理论：理解自己和他人思维过程的能力。

theory of multiple intelligences

多元智力理论：加德纳的理论，其认为有八种不同类型的智力。

theory

理论：是一个框架，它以一种新颖的方式呈现出一套相互关联的思想，并有助于进一步深入研究。

time out

关禁闭：要求儿童在指定地点静坐一段时间的管教策略。

tinnitus

耳鸣：在没有外部声源的情况下，听到铃声或嗡嗡声的听觉系统问题。

tip-of-the-tongue（TOT）states

舌尖效应：感觉一些信息，比如邻居的名字就在嘴边，却无法将信息提取出来。

total fertility rate（TFR）

总生育率：总人口中每名妇女生育的人数。

traditional culture

传统文化：指发展中国家农村地区的人，他们较生活在城市的人而言，更倾向于继承其文化的历史传统。

triangular theory of love

爱情三角理论：斯滕伯格认为不同类型的爱情是由三种基本要素以不同的形式构成的。这三种基本要素分别是激情、亲密和承诺。

triarchic theory of intelligence

三元智力理论：斯滕伯格的理论认为，智力有三种不同但相关的形式。

trimester

一个妊娠期：产前发育的三个月期之一。

trophoblast

滋养层：在囊胚中，细胞的外层将继续形成，为胚胎提供保护和营养的结构。

trust versus mistrust

信任与不信任：在埃里克森的心理社会理论中，婴儿期是发展的第一阶段，其中的主要危机是婴儿需要与对其爱护、养育的照顾者建立稳定的依恋关系。

ultrasound

超声波：利用声波产生孕期胎儿图像的机器。

umbilical cord

脐带：连接胎盘和母亲子宫的结构。

undercontrol

自控问题：情绪自我调节不足的表现。

underextension

延伸不足：将一个泛指的词用于形容一个具体的事物。

unemployment

失业：成年人没有上学，没有工作的状态。

unstructured socializing

非结构化的社交：与朋友的社交没有明确的目标或活动，包括驾车兜风、参加聚会、非正式拜访朋友，以及与朋友外出等行为。

Upper Paleolithic period

旧石器时代晚期：从 5 万年前到 1 万年前的人类历史时期。在此期间不同的人类文化开始发展。

validity

效度：在科学研究中某种测量方法能够测量出所测量事物的程度。指测量工具或手段能够准确测出所需测量事物的程度。

vernix

胎儿皮脂：婴儿出生时，身上覆盖着这种油性的奶酪状物质，可以保护他们的皮肤在子宫内不会发生皲裂。

very low-birth-weight

极低出生体重：指新生儿出生时体重低于 1.5 千克。

VO_2max

VO_2 最大值：也称为最大摄氧量，指身体吸收氧气并将其输送到各器官的能力。

weaning

断奶：停止母乳喂养。

Wechsler Adult Intelligence Scale（WAIS）

韦氏成人智力量表：适用于 16 岁及以上的人的智力量表。

Wechsler Intelligence Scale for Children（WISC）

韦氏儿童智力量表：适用于6—16岁的未成年人的智力量表。

Wechsler Preschool and Primary Scale of Intelligence（WPPSI）

韦氏学前和小学智力量表：适用于3—7岁儿童的智力量表。

Wernicke's area

韦尼克区：人类大脑左颞叶中专门负责语言理解的部分。

wet nursing

奶妈喂养：在人类历史上一种很常见的文化习俗，即雇用哺乳期妇女而不是母亲来喂养婴儿。

whole-language approach

整体语言教学法：一种阅读教学方法，其重点是强调书面语言在整个段落中的意义，而不是将单词分解成最小的成分。

wisdom

智慧：在个人行为和生活意义方面的专业知识。

working memory

工作记忆：信息的短暂保留和处理。

X-linked inheritance

X 连锁遗传：一种在男性的 X 染色体上携带隐性特征的遗传模式。

zone of proximal development

最近发展区：儿童能够单独完成的技能或任务与在成人或更娴熟的同伴指导下所能完成的技能或任务之间的差距。

zygote

受精卵：受精后，精子与卵子结合形成的新细胞。

参考文献

Chapter 1

Abramovitz, R., Freedman, J. L., Henry, K., & Van Brunschot, M. (1995). Children's capacity to agree to psychological research: Knowledge of risks and benefits and voluntariness. *Ethics and Behavior, 5*, 25–48.

Arnett, J. J. (2002). The psychology of globalization. *American Psychologist, 57,* 774–483.

Arnett, J. J. (2005). The Vitality Criterion: A new standard of publication for *Journal of Adolescent Research. Journal of Adolescent Research, 20,* 3–7.

Arnett, J. J. (2008). The neglected 95%: Why American psychology needs to become less American. *American Psychologist, 63,* 602–614.

Arnett, J. J. (2015). *Emerging adulthood: The winding road from the late teens through the twenties* (2nd ed.). New York, NY: Oxford University Press.

Arnett, J. J. (2017). Life stages across history and cultures: Proposal for a field on indigenous life stage concepts. *Human Development, 59*(5), 290–316.

Baltes, P. B., Lindenberger, U., & Staudinger, U. M. (2006). Life span theory in developmental psychology. In W. Damon & R. M. Lerner (Eds.), *Handbook of child psychology* (Vol. 1., pp. 569–664). New York, NY: Wiley.

Bandura, A., Ross, D., & Ross, S. A. (1961). The transmission of aggression through imitation of aggressive models. *Journal of Abnormal and Social Psychology, 63,* 575–582.

Bornstein, M. H. (2010). *Handbook of cultural developmental science.* New York, NY: Psychology Press.

Bou Malham, P., & Saucier, G. (2016). The conceptual link between social desirability and cultural normativity. *International Journal of Psychology, 51*(6), 474–480.

Breger, L. (2000). *Freud: Darkness in the midst of vision.* New York, NY: Wiley & Sons.

Briggs, C. L. (2003). *Learning how to ask.* Cambridge, UK: Cambridge University Press.

Bronfenbrenner, U. (1980). *The ecology of human development.* Cambridge, MA: Harvard University Press.

Bronfenbrenner, U. (2000). Ecological theory. In A. Kazdin (Ed.), *Encyclopedia of psychology.* Washington, DC: American Psychological Association.

Bronfenbrenner, U. (Ed.). (2005). *Making human beings human: Bioecological perspectives on human development.* Thousand Oaks, CA: Sage.

Bronfenbrenner, U., & Morris, P. A. (1998). The ecology of developmental processes. In W. Damon (Series Ed.) and R. Lerner (Vol. Ed.), *Handbook of child psychology, Vol. 1: Theoretical models of human development* (pp. 993–1028). New York, NY: Wiley.

Cozby, P. C., & Bates, S. C. (2015). *Methods in behavioral research.* New York, NY: McGraw-Hill Education.

Crawford, C., & Krebs, D. (2008). *Foundations of evolutionary psychology.* New York, NY: Lawrence Erlbaum.

Darwin, C. (1859). *On the origin of species.* London, UK: John Murray.

DeParle, J. (2010, June 27). A world on the move. *The New York Times,* pp. WK1, 4.

Diamond, J. (1992). *The third chimpanzee: The evolution and future of the human animal.* New York, NY: Harper Perennial.

Douglass, C. B. (2005). *Barren states: The population " implosion" in Europe.* New York, NY: Berg.

Elder, T. E., Goddeeris, J. H., & Haider, S. J. (2016). Racial and ethnic infant mortality gaps and the role of socio-economic status. *Labour Economics, 43*, 42–54.

Ember, C. R., Ember, M., & Peregrine, P. N. (2011). *Anthropology* (13th ed.). New York, NY: Pearson.

Erikson, E. H. (1950). *Childhood and society.* New York, NY: Norton.

Fisher, C. B. (2003). A goodness–of–fit ethic for child assent to nonbeneficial research. *The American Journal of Bioethics, 3,* 27–28.

Friedman, H. S., & Martin, L. R. (2011). *The longevity project.* New York, NY: Penguin.

García Coll, C. G., Lamberty, G., Jenkins, R., McAdoo, H. P., Crnic, K., Wasik, B. H., & Garcia, H. V. (1996). An integrative model for the study of developmental competencies in minority children. *Child Development, 67*(5), 1891–1914. doi:http://www.jstor.org/stable/1131600

Gaskins, S. (2018). Children's work as a context for moral development. In L. A. Jensen (Ed.), *Oxford handbook of moral development: An interdisciplinary perspective.* New York, NY: Oxford University Press.

Gibbons, A. (2016, January 4). Grisly find suggests humans inhabited Arctic 45,000 years ago. *Science Magazine.* Retrieved from http://www.sciencemag.org/news/2016/01/grisly-find-suggests-humans-inhabited-arctic-45000-years-ago

Goodnow, J. J., & Lawrence, J. A. (2015). Children and cultural context. In R. M. Lerner (Series Ed.), M. H. Bornstein, & T. Leventhal (Vol. Eds.), *Handbook of child psychology and developmental science, Volume 4: Ecological settings and processes* (7th ed., pp. 746–786). New York, NY: Wiley.

Greenfield, P. M. (2005). Paradigms of cultural thought. In K. J. Holyoak & R. G. Morrison (Eds.), *The Cambridge handbook of thinking and reasoning* (pp. 663–682). New York, NY: Cambridge University Press.

Grunbaum, A. (2006). Is Sigmund Freud's psychoanalytic edifice relevant to the 21st century? *Psychoanalytic Psychology, 23,* 257–284.

Hammersley, M. (2016). *Reading ethnographic research.* New York: Routledge.

Harari, Y. N. (2015). *Sapiens: A brief history of humankind.* New York, NY: HarperCollins Publishers.

Hatfield, E., & Rapson, R. L. (2005). *Love and sex: Cross-cultural perspectives* (2nd ed.). Boston, MA: Allyn & Bacon.

Haub, C., & Gribble, J. (2011). The world at 7 billion. Washington, DC: Population Reference Bureau. Retrieved from http://www.prb.org/pdf11/world-at-7-billion.pdf

Haug, S., Castro, R. P., Kowatsch, T., Filler, A., & Schaub, M. P. (2017). Efficacy of a technology-based, integrated smoking cessation and alcohol intervention for smoking cessation in adolescents: Results of a cluster-randomised controlled trial. *Journal of Substance Abuse Treatment, 82*, 55–66.

Haun, D. B. M. (2015). Comparative and developmental cognitive anthropology: Studying the origins of cultural variability in cognitive function. In L. A. Jensen (Ed.), *Oxford handbook of human development and culture: An interdisciplinary perspective* (pp. 94–110). Oxford, UK: Oxford University Press.

Hermans, H. J. M. (2015). Human development in today's globalizing world: Implications for self and identity. In L. A. Jensen (Ed.), *Oxford handbook of human development and culture: An interdisciplinary perspective* (pp. 28–42). New York, NY: Oxford University Press.

Jensen, L. A. (2008). Coming of age in a multicultural world: Globalization and adolescent cultural identity formation. In D. L. Browning (Ed.), *Adolescent identities: A collection of readings* (pp. 3–17). Relational perspectives book series. New York, NY: Analytic Press.

Jensen, L. A. (2015). Cultural-developmental scholarship for a global world: An introduction. In L. A. Jensen (Ed.), *Oxford handbook of human development and culture.* New York, NY: Oxford University Press.

Jensen, L. A. (Ed.). (2011). *Bridging cultural and developmental psychology.* New York, NY: Oxford University Press.

Jensen, L. A., Arnett, J. J., & McKenzie, J. (2012). Globalization and cultural identity development in adolescence and emerging adulthood. In S. J. Schwartz, K. Luyckx, & V. L. Vignoles (Eds.), *Handbook of identity theory and research* (pp. 285–301). New York, NY: Springer Publishing Company.

Johnson, D. M. (2005). Mind, brain, and the upper Paleolithic. In C. E. Erneling & D. M. Johnson (Eds.), *The mind as a scientific object: Between brain and culture* (pp. 499–510). New York, NY: Oxford University Press.

Kağitçibaşi, C., & Yalin, C. (2015). Family in adolescence: Relatedness and autonomy across cultures. In L. A. Jensen

(Ed.), *Oxford handbook of human development and culture: An interdisciplinary perspective.* New York, NY: Oxford University Press.

Kakar, S. (1998). The search for the middle age in India. In R. A. Shweder (Ed.), *Welcome to middle age! (and other cultural fictions)* (pp. 75–98). Chicago, IL: University of Chicago Press.

Lerner, R. M. (2006). Developmental science, developmental systems, and contemporary theories of human development. In W. Damon & R. M. Lerner (Eds.), *Handbook of child psychology, Vol. 1: Theoretical models of human development* (5th ed., pp. 1–17). New York, NY: Wiley.

Lerner, R. M., Agans, J. P., DeSouza, L., & Gasca, S. (2013). Describing, explaining, and optimizing intraindividual change across the life span: A relational developmental systems perspective. *Review of General Psychology, 17*(2), 179–183.

Levinson, D. J. (1978). *The seasons of a man's life.* New York, NY: Knopf.

Machado, A., & Silva, F. J. (2007). Toward a richer view of the scientific method: The role of conceptual analysis. *American Psychologist, 62,* 671–681.

Marks, A. K., Ejesi, K., McCullough, M. B., & García Coll, C. (2015). Developmental implications of discrimination. In M. E. Lamb (Vol. Ed.) & R. M. Lerner (Ed.-in-Chief), *Handbook of child psychology and developmental science, Vol. 3: Socioemotional processes* (pp. 324–365). Hoboken, NJ: Wiley.

Martin, P., & Midgley, E. (2010). *Immigration in America, 2010.* Washington, DC: Population Reference Bureau.

McFalls, J. A. (2007). Population: A lively introduction. *Population Bulletin, 62,* 1–31.

McKinsey Global Institute. (2010). *Lions on the move: The progress and potential of Africa's economies.* Washington, DC: Author.

McLuhan, M. (1960). *The Gutenberg galaxy.* Toronto, Canada: University of Toronto Press.

Meredith, M. (2011). *Born in Africa: The quest for the origins of human life.* New York, NY: PublicAffairs.

Miller, J. G., Goyal, M., & Wice, M. (2015). Ethical considerations in research on human development and culture. In L. A. Jensen (Ed.), *The Oxford handbook of human development and culture: An interdisciplinary perspective* (pp. 14–27). New York, NY: Oxford University Press.

OECD Insights. (2016). The case of the shrinking country: Japan's demographic and policy challenges in five charts. Retrieved from http://oecdinsights.org/2016/04/11/the-case-of-the-shrinking-country-japans-demographic-and-policy-challenges-in-5-charts/.

Organisation for Economic Co-operation and Development (OECD). (2014). *Health at a glance 2014: OECD indicators.* Paris, France: Author.

Pinker, S. (2004). *The blank slate: The modern denial of human nature.* New York, NY: Penguin.

Population Reference Bureau. (2014). *World population data sheet, 2014.* Washington, DC: Author.

Price Waterhouse Coopers. (2011). The accelerating shift of global economic power: Challenges and opportunities. Retrieved from http://www.pwc.com/en_GX/gx/world-2050/pdf/world-in-2050-jan-2011.pdf

Ridley, M. (2010). *The rational optimist: How prosperity evolves.* New York, NY: Harper.

Robins, R. W., Gosling, S. D., & Craik, K. H. (1999). An empirical analysis of trends in psychology. *American Psychologist, 54,* 117–128.

Rose, P. (2004). The forest dweller and the beggar. *American Scholar, 73,* 5–11.

Rosnow, R. L., & Rosenthal, R. L. (2005). *Beginning behavioral research* (5th ed.). Upper Saddle River, NJ: Prentice Hall.

Rozin, P. (2006). Domain denigration and process preference in academic psychology. *Perspectives on Psychological Science, 1,* 365–376.

Salkind, N. J. (2016). *Exploring research, global edition.* Upper Saddle River, NJ: Pearson Education Limited.

Schwartz, S. J. (2016). Turning point for a turning point advancing emerging adulthood theory and research. *Emerging Adulthood, 4*(5), 307–317.

Schwartz, S. J., Lilienfeld, S. O., Meca, A., & Sauvigné, K. C. (2016). The role of neuroscience within psychology: A call for inclusiveness over exclusiveness. *American Psychologist, 71*(1), 52.

Sears, H. (2012). Canada. In J. J. Arnett (Ed.), *Adolescent psychology around the world.* New York, NY: Taylor & Francis.

Shaughnessy, J., Zechmeister, E., & Zechmeister, J. (2011). *Research methods in psychology* (11th ed.). New York, NY: McGraw-Hill.

Shreeve, J. (2010, July). The evolutionary road. *National Geographic*, 34–50.

Suárez-Orozco, C. (2015). Migration within and between countries: Implications for families and acculturation. In L. A. Jensen (Ed.), *Oxford handbook of human development and culture.* New York, NY: Oxford University Press.

Sullivan, C., & Cottone, R. R. (2010). Emergent characteristics of effective cross-cultural research: A review of the literature. *Journal of Counseling and Development, 88,* 357–362.

Syed, M. (2015). Emerging adulthood: Developmental stage, theory, or nonsense? In J. J. Arnett (Ed.), *Oxford handbook of emerging adulthood* (pp. 11–25). New York, NY: Oxford University Press.

Takahashi, K. (1986). Examining the strange-situation procedure with Japanese mothers and 12-month-old infants. *Developmental Psychology, 22*, 265–270.

Tomasello, M. (2010). Human culture in evolutionary perspective. In M. J. Gelfand, C. Chiu, & Y. Hong, *Advances in culture and psychology* (Vol. 1, pp. 5–51). New York, NY: Oxford University Press.

UNICEF. (2017). UNICEF Data: Monitoring the Situation of Children and Women. Retrieved from https://data.unicef.org/topic/nutrition/malnutrition/.

United Nations Development Programme (UNDP). (2015). *Human development report.* New York, NY: Author.

United Nations Development Programme (UNDP). (2018). *Human development report.* New York, NY: Author.

Wilson, E. O. (2012). *The social conquest of earth.* New York, NY: W.W. Norton.

World Bank. (2011). India's undernourished children: A call for action. Retrieved from http://web.worldbank.org/WBSITE/EXTERNAL/COUNTRIES/SOUTHASIAEXT/0,,contentMDK:20916955~pagePK:146736~piPK:146830~theSitePK:223547,00.html

World Bank. (2017). Data: Fertility Rate, Total (Births per Woman). Retrieved from https://data.worldbank.org/indicator/SP.DYN.TFRT.IN/.

Wrangham, R. (2009). *Catching fire: How cooking made us human.* New York, NY: Basic Books.

Zhong, J., & Arnett, J. J. (2014). Conceptions of adulthood among migrant women workers in China. *International Journal of Behavioral Development, 38,* 255–265.

Chapter 2

Abitz, M., Nielsen, R. D., Jones, E. G., Laursen, H., Graem, N., & Pakkenberg, B. (2007). Excess of neurons in the human newborn mediodorsal thalamus compared with that of the adult. *Cerebral Cortex, 17*(11), 2573–2578. doi:10.1093/cercor/bhl163

Abrejo, F. G., Shaikh, B. T., & Rizvi, N. (2009). And they kill me, only because I am a girl··· A review of sex-selective abortions in South Asia. *European Journal of Contraception and Reproductive Health Care, 14,* 10–16.

Alfirevic, Z., Navaratnam, K., & Mujezinovic, F. (2017). Amniocentesis and chorionic villus sampling for prenatal diagnosis. *The Cochrane Library*. Retrieved from http://onlinelibrary.wiley.com/doi/10.1002/14651858.CD003252.pub2/full

Bakker, M., Birnie, E., Robles de Medina, P., Sollie, K. M., Pajkrt, E., & Bilardo, C. M. (2017). Total pregnancy loss after chorionic villus sampling and amniocentesis: a cohort study. *Ultrasound in Obstetrics & Gynecology, 49*(5), 599–606.

Balen, F. V., & Inhorn, M. C. (2002). Interpreting infertility: A view from the social sciences. In M. C. Inhorn & F. V. Balen (Eds.), *Infertility around the globe: New thinking on childlessness, gender, and reproductive technologies* (pp. 3–32). Berkeley, CA: University of California Press.

Bartesaghi, R., Haydar, T. F., Delabar, J. M., Dierssen, M., Martínez-Cué, C., & Bianchi, D. W. (2015). New Perspectives for the rescue of cognitive disability in Down Syndrome. *Journal of Neuroscience, 35*(41), 13843–13852.

Batzer, F. R., & Ravitsky, V. (2009). Preimplantation genetic diagnosis: Ethical considerations. In V. Ravitsky, A. Fiester, & A. L. Caplan (Eds.), *The Penn Center guide to bioethics* (pp.

339–354). New York, NY: Springer.

Baumrind, D. (1993). The average expectable environment is not enough: A response to Scarr. *Child Development, 64,* 1299–1317.

Berney, T. (2009). Ageing in Down syndrome. In G. O'Brien & L. Rosenbloom (Eds.), *Developmental disability and ageing* (pp. 31–38). London, UK: Mac Keith Press.

Berry, R. J., Li, Z., Erickson, J. D., Li, S., Moore, C. A., Wang, H., … Correa, A. (1999). Prevention of neural-tube defects with folic acid in China. *New England Journal of Medicine, 341*, 1485–1490.

Better Health Channel. (2017). *Maternal serum screening.* Retrieved from http://www.betterhealth.vic.gov.au/BHCV2/bhcarticles.nsf/pages/Maternal_serum_screening

Bhatt, R. K. (2017). Chorionic Villus Sampling. *Journal of Fetal Medicine*, 1–6.

Borgaonkar, D. S. (1997). *Chromosomal variation in man: A catalog of chromosomal variants and anomalies* (8th ed.). New York, NY: Wiley.

Bortolus, R., Parazzini, F., Chatenoud, L., Benzi, G., Bianchi, M. M., & Marini, A. (1999). The epidemiology of multiple births. *Human Reproduction Update, 5,* 179–187.

Bouchard, T. J., & McGue, M. (2003). Genetic and environmental influences on human psychological differences. *Journal of Neurobiology, 54,* 4–45.

Brambati, B., & Tului, L. (2005). Chronic villus sampling and amniocentesis. *Current Opinion in Obstetrics and Gynecology, 17,* 197–201.

Brody, J. (2013, October 7). Breakthroughs in prenatal screening. *The New York Times*. Retrieved from http://well.blogs.nytimes. com/2013/10/07/breakthroughs-in-prenatal-screening/?_r=0

Brown, A. S., & Susser, E. S. (2002). In utero infection and adult schizophrenia. *Mental Retardation and Developmental Disabilities Research Reviews, 8*, 51–57.

Caetano, R., Ramisetty-Mikler, S., Floyd, L. R., & McGrath, C. (2006). The epidemiology of drinking among women of child-bearing age. *Alcoholism: Clinical and Experimental Research, 30*, 1023–1030.

Cameron, J. L. (2001). Effects of sex hormones on brain development. In C. A. Nelson & M. Luciana (Eds.), *Handbook of developmental cognitive neuroscience* (pp. 59–78).

Carey, B. (2014, February 27). Mental health risks seen for children of older fathers. *The New York Times*, p. A6.

Carlo, W. A. (2016). Prematurity and intrauterine growth restrictions. In Kliegman et al. (Eds.), *Nelson textbook of pediatrics* (pp. 821–829). Philadelphia, PA: Elsevier, Inc.

Carr, J. (2002). Down syndrome. In P. Howlin & O. Udwin (Eds.), *Outcomes in neurodevelopmental and genetic disorders* (pp. 169–197). New York, NY: Cambridge University Press.

Centers for Disease Control (CDC). (2011). *Spina bifida fact sheet.* Retrieved from http://www.cdc.gov/ncbddd/spinabifida/documents/spina–bifida- fact-sheet1209.pdf

Centers for Disease Control (CDC). (2017). *Fetal alcohol spectrum disorders (FASD).* Retrieved from https://www.cdc.gov/ncbddd/fasd/facts.html

Centers for Disease Control (CDC). (2017). *Preconception health and health care.* Retrieved from https://www.cdc.gov/preconception/women.html

Centers for Disease Control (CDC). (2017). *Weight gain during pregnancy.* Retrieved from https://www.cdc.gov/reproductivehealth/maternalinfanthealth/pregnancy-weight-gain.htm

Chabris, C. F., Lee, J. J., Cesarini, D., Benjamin, D. J., & Laibson, D. I. (2015). The fourth law of behavior genetics. *Current Directions in Psychological Science, 24*(4), 304–312.

Class, Q. A., Lichtenstein, P., Långström, N., & D'Onofrio, B. M. (2011). Timing of prenatal maternal exposure to severe life events and adverse pregnancy outcomes: A population study of 2.6 million pregnancies. *Psychosomatic Medicine, 73*(3), 234–241. doi:10.1097/PSY.0b013e31820a62ce

Collins, W. A., Maccoby, E. E., Steinberg, L., Hetherington, E. M., & Bornstein, M. H. (2000). Contemporary research on parenting: The case for nature and nurture. *American Psychologist, 55,* 218–232.

Coppus, A. (2016). Predictors of dementia and mortality in Down syndrome. *Journal of Intellectual Disability Research, 60*(7), 623.

Cornelius, M. D., Day, N. L., De Genna, N. M., Goldschmidt,

L., Leech, S. L., & Willford, J. A. (2011). Effects of prenatal cigarette smoke exposure on neurobehavioral outcomes in 10-year-old children of adolescent mothers. *Neurotoxicology and Teratology, 33*, 137–144.

Coughlin, C. R. (2009). Prenatal choices: Genetic counseling for variable genetic diseases. In V. Ravitsky, A. Fiester, & A. L. Caplan (Eds.), *The Penn Center guide to bioethics* (pp. 415–424). New York, NY: Springer.

Crow, J. F. (2003). There's something curious about parental–age effects. *Science, 301*, 606–607.

Currie, J., & Walker, R. (2011). Traffic congestion and infant health: Evidence from E-ZPass. *American Economic Journal: Applied Economics, 3,* 65–90.

D'Onofrio, B. M., Rickert, M. E., Frans, E., Kuja-Halkola, R., Almqvist, C., Sjölander, A., ··· Lichtenstein, P. (2013). Paternal age at childbearing and offspring psychiatric and academic morbidity. *JAMA Psychiatry, 71*(4), 432–438. doi:10.1001/jamapsychiatry.2013.4525

de Villarreal, L. E. M., Arredondo, P., Hernández, R., & Villarreal, J. Z. (2006). Weekly administration of folic acid and epidemiology of neural tube defects. *Maternal and Child Health Journal, 10*, 397–401.

DeCasper, A. J., & Spence, M. J. (1986). Prenatal maternal speech influences newborns' perception of speech sounds. *Infant Behavior and Development, 9*, 133–150.

Deputy, N. P., Sharma, A. J., & Kim, S. Y. (2015, November 6). Gestational weight gain—United States, 2012 and 2013. *Centers for Disease Control and Prevention: Morbidity and Mortality Weekly Report, 64*(43), 1215–1220. Retrieved from http://www.cdc.gov/mmwr/preview/mmwrhtml/mm6443a3.htm. doi:10.15585/mmwr.mm6443a3

Diamond, M. P., Legro, R. S., Coutifaris, C., Alvero, R., Robinson, R. D., Casson, P., ··· & Baker, V. (2015). Letrozole, gonadotropin, or clomiphene for unexplained infertility. *New England Journal of Medicine, 373*(13), 1230-1240.

Diener, M. (2000). Gifts from gods: A Balinese guide to early child rearing. In J. DeLoache & A. Gottlieb (Eds.), *A world of babies: Imagined childcare guides for seven societies* (pp. 91–116). New York, NY: Cambridge University Press.

DiPietro, J., Hilton, S., Hawkins, M., Costigan, K., & Pressman, E. (2002). Maternal stress and affect influence fetal neurobehavioral development. *Developmental Psychology, 38,* 659–668.

Eberhart-Phillips, J. E., Frederick, P. D., & Baron, R. C. (1993). Measles in pregnancy: A descriptive study of 58 cases. *Obstetrics and Gynecology, 82*, 797–801.

Ehrenberg, H. M., Dierker, L., Milluzzi, C., & Mercer, B. M. (2003). Low maternal weight, failure to thrive in pregnancy, and adverse pregnancy outcomes. *American Journal of Obstetrics and Gynecology, 189,* 1726–1730.

Espy, K. A., Fang, H., Johnson, C., Stopp, C., Wiebe, S. A., & Respass, J. (2011). Prenatal tobacco exposure: Developmental outcomes in the neonatal period. *Developmental Psychology, 47*, 153–169.

Ezkurdia, I., Juan, D., Rodriguez, J. M., Frankish, A., Diekhans, M., Harrow, J., ··· Tress, M. L. (2014). Multiple evidence strands suggest that there may be as few as 19,000 human protein-coding genes. *Human Molecular Genetics, 23,* 5866–5878.

Feldman-Salverlsberg, P. (2002). Is infertility an unrecognized public health and population problem? The view from the Cameroon grassfields. In M. C. Inhorn & F. van Balen (Eds.), *Infertility around the globe: New thinking on childlessness, gender, and reproductive technologies* (pp. 215–231). Berkeley, CA: University of California Press.

Field, T. (2010). Pregnancy and labor massage. *Expert Reviews in Obstetrics & Gynecology, 5*, 177–181.

Field, T. M. (2004). Massage therapy effects on depressed pregnant women. *Journal of Psychosomatic Obstetrics and Gynaecology, 25,* 115–122.

Field, T., Hernandez-Reif, M., & Diego, M. (2006). Newborns of depressed mothers who received moderate versus light pressure massage during therapy. *Infant Behavior and Development, 29*, 54–58.

Finn, C. A. (2001). Reproductive ageing and the menopause. *International Journal of Developmental Biology, 45,* 613–617.

Fisch, H., Hyun, G., Golden, R., Hensle, T. W., Olsson, C. A., & Liberson, G. L. (2003). The influence of paternal age on Down syndrome. *Journal of Urology, 169*, 2275–2278.

Fleming, T. P. (2006). The periconceptional and embryonic period. In P. Gluckman, & M. Hanson (Eds.), *Developmental origins of health and disease* (pp. 51–61). New York, NY: Cambridge University Press.

Franić, S., Dolan, C. V., Broxholme, J., Hu, H., Zemojtel, T., Davies, G. E., ⋯ & Ropers, H. H. (2015). Mendelian and polygenic inheritance of intelligence: A common set of causal genes? Using next-generation sequencing to examine the effects of 168 intellectual disability genes on normal-range intelligence. *Intelligence, 49*, 10–22.

Freedman, D. S., Khan, L. K., Serdula, M. K., Ogden, C. L., & Dietz, W. H. (2006). Racial and ethnic differences in secular trends for childhood BMI, weight, and height. *Obesity,* 301–308.

Gottesman, I. I. (2004). Postscript: Eyewitness to maturation. In L. E. DiLalla (Ed.), *Behavior genetics principles.* Washington, DC: American Psychological Association.

Gottlieb, A. (2000). Luring your child into this life: A Beng path for infant care. In J. DeLoache & A. Gottlieb (Eds.), *A world of babies: Imagined childcare guides for seven societies* (pp. 55–89). New York, NY: Cambridge University Press.

Gottlieb, A., & DeLoache, J. (2017). *A world of babies.* New York, NY: Cambridge University Press.

Gottlieb, G. (2004). Normally occurring environmental and behavioral influences on gene activity. In C. G. Coll, E. L. Bearer, & R. M. Lerner (Eds.), *Nature and nurture: The complex interplay of genetic and environmental influences on human behavior and development* (pp. 85–106). Mahwah, NJ: Erlbaum.

Gottlieb, G. (2007). Probabilistic epigenesis. *Developmental Science, 10,* 1–11.

Haffner, W. H. J. (2007). Development before birth. In M. L. Batshaw, L. Pellegrino, & N. J. Roizen (Eds.), *Children with disabilities* (pp. 23–33). Baltimore, MD: Paul H. Brookes.

Halpern, D. F. (2000). *Sex differences in cognitive abilities* (3rd ed.). Mahwah, NJ: Lawrence Erlbaum.

Hassold, T. J., & Patterson, D. (Eds.). (1999). *Down syndrome: A promising future, together.* New York, NY: Wiley-Liss.

Henrichs, J., Schenk, J. J., Barendregt, C. S., Schmidt, H. G., Steegers, E. A. P., Hofman, A., ⋯ Tiemeier, H. (2010). Fetal growth from mid- to late pregnancy is associated with infant development: The Generation R study. *Developmental Medicine & Child Neurology, 52,* 644–651.

Herculano-Houzel, S. (2009). The human brain in numbers: A linearly scaled-up primate brain. *Frontiers in Human Neuroscience, 3.* doi:10.3389/neuro.09.031.2009

Hille, E. T., Weisglas-Kuperus, N., Van Goudoever, J. B., Jacobusse, G. W., Ens-Dokkum, M. H., de Groot, L., ⋯ Kollée, L. A. (2007). Functional outcomes and participation in young adulthood for very preterm and very low birth weight infants: The Dutch project on preterm and small for gestational age infants at 19 years of age. *Pediatrics, 120*(3), e587–e595. doi:10.1542/peds.2006-2407

Hjelmstedt, A., Andersson, L., Skoog-Svanberg, A., Bergh, T., Boivin, J., & Collins, A. (1999). Gender differences in psychological reactions to infertility among couples seeking IVF- and ICSI-treatment. *Acta Obstet Gynecol Scand, 78,* 42–48.

Hodapp, R. M., Burke, M. M., & Urdano, R. C. (2012). What's age got to do with it? Implications of maternal age on families of offspring with Down syndrome. In R. M. Hodapp (Ed.), *International review of research in developmental disabilities* (pp. 111–143). New York, NY: Academic Press.

Honein, M. A., Paulozzi, L. J., & Erickson, J. D. (2001). Continued occurrence of Accutane®-exposed pregnancies. *Teratology, 64*(3), 142–147.

Honein, M. A., Paulozzi, L. J., Mathews, T. J., Erickson, J. D., & Wong, L. C. (2001). Impact of folic acid fortification of the U.S. food supply on the occurrence of neural tube defects. *The Journal of the American Medical Association, 285*, 2981–2986.

Insel, T. (2010). Rethinking schizophrenia. *Nature, 468,* 187–193.

Irner, T. B. (2012). Substance exposure in utero and developmental consequences in adolescence: A systematic review. Child Neuropsychology, 18, 521–549. Retrieved from http://dx.doi.org/10.1080/09297049.2011.628309

Jaakkola, J. J., & Gissler, M. (2004). Maternal smoking in pregnancy, fetal development, and childhood asthma. *American Journal of Public Health, 94*, 136–140.

James, C., Hadley, D. W., Holtzman, N. A., & Winkelstein, J. A. (2006). How does the mode of inheritance of a genetic condition influence families? A study of guilt, blame, stigma, and understanding of inheritance and reproductive risks in families with X-linked and autosomal recessive diseases. *Genetics in Medicine, 8,* 234–242.

James, D. K. (2010). Fetal learning: A critical review. *Infant and Child Development, 19,* 45–54.

Johnson, M. D. (2016). *Human biology: Concepts and current issues*. New York, NY: Pearson.

Jones, R. E., & Lopez, K. H. (2014). *Human reproductive biology* (4th ed.). Waltham, MA: Academic Press.

Jordan, B. (1994). *Birth in four cultures.* Long Grove, IL: Westland.

Karlsson, J. L. (2006). Specific genes for intelligence. In L. V. Wesley (Ed.), *Intelligence: New research* (pp. 23–46). Hauppauge, NY: Nova Science.

Leonard, L. (2002). Problematizing fertility: "Scientific" accounts and Chadian women's narratives. In M. C. Inhorn & F. van Balen (Eds.), *Infertility around the globe: New thinking on childlessness, gender, and reproductive technologies* (pp. 193–213). Berkeley, CA: University of California Press.

Lerner, R. M. (2015). Eliminating genetic reductionism from developmental science. *Research in Human Development, 12*(3–4), 178–188.

Lewis, R. (2005). *Human genetics* (6th ed.). New York, NY: McGraw-Hill.

Maheshwari, A., Hamilton, M., & Bhattacharya, S. (2008). Effect of female age on the diagnostic categories of infertility. *Human Reproduction, 23*, 538–542.

Mamluk, L., Edwards, H. B., Savović, J., Leach, V., Jones, T., Moore, T. H., ··· & Fraser, A. (2016). Effects of low alcohol consumption on pregnancy and childhood outcomes: a systematic review and meta-analysis. *The Lancet, 388*, S14.

Mange, E. J., & Mange, A. P. (1998). *Basic human genetics* (2nd ed.). Sunderland, MA: Sinauer Associates.

Marsh, M., & Ronner, W. (1996). *The empty cradle: Infertility in America from colonial times to the present.* Baltimore, MD: Johns Hopkins University Press.

Mascarenhas, M. N., Flaxman, S. R., Boerma, T., Vanderpoel, S., & Stevens, G. A. (2012). National, regional, and global trends in infertility prevalence since 1990: A systematic analysis of 277 health surveys. *PLoS Med, 9*(12), 1–12. doi:10.1371/journal.pmed.1001356

Mattson, S. N., Roesch, S. C., Fagerlund, Å., Autti-Rämö, I., Jones, K. L., May, P. A., ··· CIFASD. (2010). Toward a neurobehavioral profile of fetal alcohol spectrum disorders. *Alcoholism: Clinical and Experimental Research, 34*, 1640–1650.

McCartney, K., & Berry, D. (2009). Whether the environment matters more for children in poverty. In K. McCartney and R. A. Weinberg (Eds.), *Experience and development: A festschrift in honor of Sandra Wood Scarr* (pp. 99–124). New York, NY: Psychology Press.

McGue, M., & Christensen, K. (2002). The heritability of level and rate-of-change in cognitive functioning in Danish twins aged 70 years and older. *Experimental Aging Research, 28,* 435–451.

Mennella, J. A., Jagnow, C. P., & Beauchamp, G. K. (2001). Prenatal and postnatal flavor learning by human infants. *Pediatrics, 107,* e88. doi:10.1542/peds/107/6/e88

Merz, E., & Abramowicz, J. (2012). 3D/4D ultrasound in prenatal diagnosis: Is it time for routine use? *Clinical Obstetrics & Gynecology, 55*, 336–351.

Messinger, D. S., & Lester, B. M. (2008). Prenatal substance exposure and human development. In A. Fogel, B. J. King, & S. G. Shanker (Eds.), *Human development in the 21st century: Visionary policy ideas from systems scientists* (pp. 225–232). Bethesda, MD: Council on Human Development.

Meyers, C., Adam, R., Dungan, J., & Prenger, V. (1997). Aneuploidy in twin gestations: When is maternal age advanced? *Obstetrics and Gynecology, 89,* 248–251.

Monseur, B. C., Franasiak, J. M., Sun, L., Scott, R. T., & Kaser, D. J. (2017). Ongoing pregnancy rates (OPR) from 30,000 single vs. double intrauterine insemination (IUI) cycles according to sperm source, sexual orientation and partner status. *Fertility and Sterility, 108*(3), e117.

Moon, C., Cooper, R. P., & Fifer, W. P. (1993). Two-day-olds prefer their native language. *Infant Behavior and Development, 16,* 495–500.

Moore, K. L., Persaud, T. V. N., & Torchia, M. G. (2015). *Before we are born: Essentials of embryology and birth defects*. Philadelphia, PA: Saunders.

Morgan, M. A., Cragan, J. D., Goldenberg, R. L., Rasmussen, S. A., & Schulkin, J. (2010). Management of prescription and nonprescription drug use during pregnancy. *Journal of Maternal–Fetal and Neonatal Medicine, 23*, 813–819.

Muller, F., Rebiff, M., Taillandier, A., Qury, J. F., & Mornet, E. (2000). Parental origin of the extra chromosome in prenatally diagnosed fetal trisomy. *Human Genetics, 106*, 340–344.

Narayanan, U., & Warren, S. T. (2006). Neurobiology of related disorders: Fragile X syndrome. In S. O. Moldin & J. L. R. Rubenstein, *Understanding autism: From basic neuroscience to treatment* (pp. 113–131). Washington, DC: Taylor Francis.

National Center for Biotechnology Information. (2017). *Prenatal genetic counseling*. Retrieved from https://www.ncbi.nlm.nih.gov/books/NBK115507/

Naumova, A. K., & Taketo, T. (Eds.). (2016). *Epigenetics in Human Reproduction and Development*. London: World Scientific.

Neberich, W., Penke, L., Lenhart, J., & Asendorph, J. B. (2010). Family of origin, age at menarche, and reproductive strategies: A test of four evolutionary–developmental models. *European Journal of Developmental Psychology, 7*, 153–177.

Norman, R. L. (2014). Reproductive changes in the female lifespan. In J. J. Robert-McComb, R. Norman, & M. Zumwalt (Eds.), *The active female* (pp. 25–31). New York, NY: Springer.

Organization for Economic Cooperation and Development (OECD). (2009). *Health at a glance 2009: OECD indicators*. Author.

Pankow, L. J. (2008). Genetic theory. In B. A. Thyer, K. M. Sowers, & C. N. Dulmus (Eds.), *Comprehensive handbook of social work and social welfare: Vol. 2. Human behavior in the social environment* (pp. 327–353). Hoboken, NJ: John Wiley & Sons.

Pashigian, M. J. (2002). Conceiving the happy family: Infertility and marital politics in northern Vietnam. In M.C. Inhorn & F. van Balen (Eds.), *Infertility around the globe: New thinking on childlessness, gender, and reproductive technologies* (pp. 134–150). Berkeley, CA: University of California Press.

Patel, Z. P., & Niederberger, C. S. (2011). Male factor assessment in infertility. *Medical Clinics of North America, 95*, 223–234.

Pennington, B. F., Moon, J., Edgin, J., Stedron, J., & Nadel, L. (2003). The neuropsychology of Down syndrome: Evidence for hippocampal dysfunction. *Child Development, 74*, 75–93.

Pinker, S. (2004). *The blank slate: The modern denial of human nature*. New York, NY: Penguin.

Plomin, R. (2009). The nature of nurture. In K. McCartney and R. A. Weinberg (Eds.), *Experience and development: A festschrift in honor of Sandra Wood Scarr* (pp. 61–80). New York, NY: Psychology Press.

Plomin, R., DeFries, J. C., Knopic, V. S., & Neiderhiser, J. M. (2013). *Behavior genetics, 6th edition*. New York: Worth.

Plotkin, S. A., Katz, M., & Cordero, J. F. (1999). The eradication of rubella. *JAMA: Journal of the American Medical Association, 306*, 343–450.

Quinn, J. M. (2013). Dizygotic twin. *Encyclopædia Britannica*. Retrieved from https://www.britannica.com/science/dizygotic-twin

Reddy, U. M., & Mennuti, M. T. (2006). Incorporating first-trimester Down syndrome studies into prenatal screening. *Obstetrics and Gynecology, 107*, 167–173.

RESOLVE: The National Infertility Association. (2016). Insurance coverage of infertility treatments. Retrieved from http://www.resolve.org/about/insurance-coverage-of-infertility-treatments.html

Rhea, S. A., Corley, R. P., Heath, A. C., Iacono, W. G., Neale, M. C., & Hewitt, J. K. (2017). Higher Rates of DZ Twinning in a Twenty-First Century Birth Cohort. *Behavior Genetics, 47*(5), 581–584.

Righetti, P. L., Dell'Avanzo, M., Grigio, M., & Nicolini, U. (2005). Maternal/paternal antenatal attachment and fourth-dimensional ultrasound technique: A preliminary report. *British Journal of Psychology, 96*, 129–137.

Roberto, C. A., Steinglass, J., Mayer, L. E. S., Attia, E., & Walsh, B. T. (2008). The clinical significance of amenorrhea as a diagnostic criterion for anorexia nervosa. *International Journal of Eating Disorders, 41*, 559–563.

Rucker, J. H., & McGuffin, P. (2010). Polygenic heterogeneity: A complex model of genetic inheritance in psychiatric disorders. *Biological Psychiatry, 68,* 312–313.

Rückinger, S., Beyerlein, A., Jacobsen, G., von Kries, R., & Vik, T. (2010). Growth in utero and body mass index at age 5 years in children of smoking and non-smoking mothers. *Early Human Development, 86,* 773–777.

Sawnani, H., Jackson, T., Murphy, T., Beckerman, R., & Simakajornboon, N. (2004). The effect of maternal smoking on respiratory and arousal patterns in preterm infants during sleep. *American Journal of Respiratory and Critical Care Medicine, 169,* 733–738.

Scarr, S. (1993). Biological and cultural diversity: The legacy of Darwin for development. *Child Development, 54,* 424–435.

Scarr, S., & McCartney, K. (1983). How people make their own environments: A theory of genotype environment effects. *Child Development, 54,* 424–435.

Schmidt, L., Holstein, B., Christensen, U., & Boivin, J. (2005). Does infertility cause marital benefit? An epidemiological study of 2250 men and women in fertility treatment. *Patient Education and Counseling, 59*, 244–251.

Schoolcraft, W. (2010). *If at first you don't conceive: A complete guide to infertility from one of the nation's leading clinics.* New York, NY: Rodale Books.

Schorsch, M., Gomez, R., Hahn, T., Hoelscher-Obermaier, J., Seufert, R., & Skala, C. (2013). Success rate of inseminations dependent on maternal age? An analysis of 4246 insemination cycles. *Geburtshilfe und Frauenheilkunde, 73*(08), 808–811.

Schram, C. A. (2016). Outdated approach to a common problem. *Canadian Family Physician, 62*(9), 713–716.

Sembuya, R. (2010). Mother or nothing: The agony of infertility. *Bulletin of the World Health Organization, 88*, 881–882.

Sigman, M. (1999). Developmental deficits in children with Down syndrome. In H. Tager-Flusberg (Ed.), *Neurodevelopmental disorders: Developmental cognitive neuroscience* (pp. 179–195). Cambridge, MA: MIT Press.

Smits, J., & Monden, C. (2011). Twinning across the developing world. *PLOS One.* Retrieved from http://journals.plos.org/plosone/article?id=10.1371/journal.pone.0025239

Society for Assisted Reproductive Technology (SART). (2017). *National summary report.* Retrieved from https://www.sartcorsonline.com/rptCSR_PublicMultYear.aspx?ClinicPKID=0

Sokol, R. J., Delaney-Black, V., & Nordstrom, B. (2003). Fetal alcohol spectrum disorder. *JAMA: Journal of the American Medical Association, 290,* 2996–2999.

Stellar, C., Garcia-Moreno, C., Temmerman, M., & van der Poel, S. (2016). A systematic review and narrative report of the relationship between infertility, subfertility, and intimate partner violence. *International Journal of Gynecology & Obstetrics, 133*(1), 3–8.

Stiles, J., & Jernigan, T. L. (2010). The basics of brain development. *Neuropsychology Review, 20*(4), 327–348. doi:10.1007/s11065-010-9148-4

The Economist. (2010). *A special report on the human genome.* Retrieved from http://www.economist.com/node/16349358

The Economist. (2017). *Sex selection: Boy trouble.* January 21.

Thijssen, A., Creemers, A., Van der Elst, W., Creemers, E., Vandormael, E., Dhont, N., & Ombelet, W. (2017). Predictive factors influencing pregnancy rates after intrauterine insemination with frozen donor semen: a prospective cohort study. *Reproductive BioMedicine Online, 34*(6), 590–597.

Tough, S., Clarke, M., & Cook, J. (2007). Fetal alcohol spectrum disorder prevention approaches among Canadian physicians by proportion of native/Aboriginal patients: Practices during the preconception and prenatal periods. *Maternal and Child Health Journal, 11*, 385–393.

Turkheimer, E., Harden, K. P., D'Onofrio, B., & Gottesman, I. I. (2009). The Scarr-Rowe interaction between measured socioeconomic status and the heritability of cognitive ability. In K. McCartney & R. A. Weinberg (Eds.), *Experience and development: A festschrift in honor of Sandra Wood Scarr* (pp. 81–98). New York, NY: Psychology Press.

Tyson, J. E., Parikh, N. A., Langer, J., Green, C., & Higgins, R. D. (2008). Intensive care for extreme prematurity—Moving beyond gestational age. *New England Journal of Medicine, 358*(16), 1672–1681. doi:10.1056/NEJMoa073059

U.S. Department of Health and Human Services. (2017). *Infertility.* Retrieved from: https://www.womenshealth.gov/a-z-topics/infertility

Umrigar, A., Banijee, M., & Tsien, F. (2014). Down syndrome

(Trisomy 21). LSUHSC School of Medicine. Retrieved from http://www.medschool.lsuhsc.edu/genetics/down_syndrome.aspx

Varendi, H., Porter, R. H., & Winberg, J. (2002). The effect of labor on olfactory exposure learning with the first postnatal hour. *Behavioral Neuroscience, 116,* 206–211.

Vukasović, T., & Bratko, D. (2015). Heritability of personality: A meta-analysis of behavior genetic studies. *Psychological Bulletin, 141*(4), 769–785.

Wang, Y., Wang, X., Kong, Y., Zhang, J. H., & Zeng, Q. (2010). The great Chinese famine leads to shorter and overweight females in Chongqing Chinese population after 50 years. *Obesity, 18*, 588–592.

Warsh, C. K. (2011). *Gender, health, and popular culture: Historical perspectives*. Waterloo, Ontario: Wilfrid Laurier University Press.

Wilcox, A. J., Weinberg, C. R., & Baird, D. D. (1995). Timing of sexual intercourse in relation to ovulation: Effects on the probability of contraception, survival of the pregnancy, and sex of the baby. *New England Journal of Medicine, 333,* 1517–1519.

World Health Organization (WHO). (2011). *Cigarette consumption.* Retrieved February 21, 2011, from http://www.who.int/tobacco/en/atlas8.pdf

World Health Organization (WHO). (2013). *World malaria report.* Geneva, Switzerland: Author.

World Health Organization (WHO). (2015). *The global prevalence of anaemia.* Geneva, Switzerland: Author. Retrieved from http://www.who.int/nutrition/publications/micronutrients/global_prevalence_anaemia_2011/en

World Health Organization (WHO). (2017). *Genes and human disease.* Retrieved from http://www.who.int/genomics/public/geneticdiseases/en/index2.html#SCA

World Health Organization (WHO). (2017). *Iodine supplementation in pregnant and lactating women.* Retrieved from http://www.who.int/elena/titles/iodine_pregnancy/en

World Health Organization (WHO). (2017). *1 in 10 infants worldwide did not receive any vaccinations in 2016.* Retrieved from http://www.who.int/mediacentre/news/releases/2017/infants-worldwide-vaccinations/en/

World Health Organization (WHO). (2017). *Sex ratio*. Retrieved from http://www.searo.who.int/entity/health_situation_trends/data/chi/sex-ratio/en/

Zach, T., Pramanik, A., & Ford, S. P. (2001). Multiple births. *eMedicine.* Retrieved from www.mypage.direct.ca/csamson/multiples/2twinningrates.html

Chapter 3

Aldridge, M. A., Stillman, R. D., & Bower, T. G. R. (2001). Newborn categorization of vowel-like sounds. *Developmental Science, 4,* 220–232.

Alexander, G. M., & Hines, M. (2002). Sex differences in response to children's toys in nonhuman primates. *Evolution and Human Behavior, 23,* 467–479.

Alvarez, M. (2004). Caregiving and early infant crying in a Danish community. *Journal of Developmental and Behavioral Pediatrics, 25,* 91–98.

American Academy of Pediatrics (2011). Bright futures: Nutrition pocket guide. New York: Author.

American Academy of Pediatrics. (2011). *AAP issues new guidelines for identifying and managing newborn jaundice.* Retrieved from http://www.aap.org/family/jaundicefeature.htm

American Dental Association. (2006). Tooth eruption: The permanent teeth. *Journal of the American Dental Association, 137.* Retrieved from http://www.ada.org/~/media/ada/publications/files/patient_58.ashx

American Psychological Association. (2014). *Postpartum depression fact sheet*. Retrieved from http://www.apa.org/pi/women/programs/depression/postpartum.aspx

Anders, T. F., & Taylor, T. (1994). Babies and their sleep environment. *Children's Environments, 11,* 123–134.

Apgar, V. (1953, July–August). A proposal for a new method of evaluation of the newborn infant. *Current Researches in Anesthesia and Analgesia,* 260–267.

Arcangeli, T., Thilaganathan, B., Hooper, R., Khan, K. S., & Bhide, A. (2012). Neurodevelopmental delay in small babies at term: A systematic review. *Ultrasound in Obstetrics & Gynecology, 40,* 267–275.

Arditi-Babchuk, H., Eidelman, A. I., & Feldman, R. (2009).

Rapid eye movement (REM) in premature neonates and developmental outcome at 6 months. *Infant Behavior & Development, 32,* 27–32.

Aslin, R. N., Jusczyk, P. W., & Pisoni, D. B. (1998). Speech and auditory processing during infancy: Constraints on and precursors to language. In W. Damon (Ed.), *Handbook of child psychology* (5th ed., Vol. 2). New York, NY: Wiley.

Atkinson, J. (2000). *The developing visual brain.* Oxford, UK: Oxford University Press.

babycentre. (2017). Bonding after birth. Retrieved from https://www.babycentre.co.uk/a658/bonding-after-birth

Badr, L. K., Abdallah, B., & Kahale, L. (2015). A meta-analysis of preterm infant massage: An ancient practice with contemporary applications. *MCN: The American Journal of Maternal/Child Nursing, 40*(6), 344–358.

Balodis, I. M., Wynne-Edwards, K. E., & Olmstead, M. C. (2011). The stress-response-dampening effects of placebo. *Hormones and Behavior,* 59, 465–472.

Barr, R. G. (2009). *The phenomena of early infant crying and colic.* Paper presented at the Centre for Community and Child Health, Melbourne, Australia, March 2.

Barr, R. G., & Gunnar, M. (2000). Colic: The "transient responsivity" hypothesis. In R. G. Barr, B. Hopkins, & J. A. Green (Eds.), *Crying as a sign, a symptom, and a signal* (pp. 41–66). Cambridge, UK: Cambridge University Press.

Bartoshuk, L. M., & Beauchamp, G. K. (1994). Chemical senses. *Annual Review of Psychology, 45,* 419–449.

Basnet, S., Schneider, M., Gazit, A., Mander, G., & Doctor, A. (2010). Fresh goat's milk for infants: myths and realities—A review. *Pediatrics, 125*(4), e973–e977.

Bates, B., & Turner, A. N. (2003). Imagery and symbolism in the birth practices of traditional cultures. In L. Dundes (Ed.), *The manner born: Birth rites in cross-cultural perspective* (pp. 85–97). Walnut Creek, CA: AltaMira Press.

Bel, A., & Bel, B. (2007). Birth attendants: Between the devil and the deep blue sea. In B. Bel, J. Brouwer, B. T. Das, V. Parthasarathi, & G. Poitevin (Eds.), *Communication processes 2: The social and the symbolic* (pp. 353–385). Thousand Oaks, CA: Sage.

Bell, S. M., & Ainsworth, M. D. S. (1972). Infant crying and maternal responsiveness. *Child Development, 43,* 1171–1190.

Belluck, P. (2015, December 31). A study of risks and benefits is welcomed by all sides in a growing debate. *The New York Times,* pp. A10 & A14.

Bergström, M., Kieler, H., & Waldenström, U. (2009). Effects of natural childbirth preparation versus standard antenatal education on epidural rates, experience of childbirth and parental stress in mothers and fathers: A randomised controlled multicentre trial. *BJOG: An International Journal of Obstetrics & Gynaecology, 116,* 1167–1176.

Booth, D. A., Higgs, S., Schneider, J., & Klinkenberg, I. (2010). Learned liking versus inborn delight: Can sweetness give sensual pleasure or is it just motivating? *Psychological Science, 21,* 1656–1663.

Brazelton, T. B., Koslowski, B., & Tronick, E. (1976). Neonatal behavior among urban Zambians and Americans. *Journal of the American Academy of Child Psychiatry, 15,* 97–107.

Bryder, L. (2009). From breast to bottle: A history of modern infant feeding. *Endeavour 33,* 54–59.

Burnham, M., Goodlin-Jones, B., & Gaylor, E. (2002). Nighttime sleep–wake patterns and self–soothing from birth to one year of age: A longitudinal intervention study. *Journal of Child Psychology & Psychiatry & Allied Disciplines, 43,* 713–725.

Carter, K. C., & Carter, B. R. (2005). *Childbed fever. A scientific biography of Ignaz Semmelweis*. Edison, NJ: Transaction.

Casey Foundation. (2010). *2010 Kids Count data book.* Baltimore, MD: Annie E. Casey Foundation.

Cassidy, T. (2006). *Birth: The surprising history of how we are born.* New York, NY: Atlantic Monthly Press.

Cassidy, T. (2008). *Taking great pains: An abridged history of pain relief in childbirth.* Retrieved from http://wondertime.go.com/learning/article/childbirth-pain-relief.html

Cavallini, A., Fazzi, E., & Viviani, V. (2002). Visual acuity in the first two years of life in healthy term newborns: An experience with the Teller Acuity Cards. *Functional Neurology: New Trends in Adaptive & Behavioral Disorders, 17,* 87–92.

Centers for Disease Control and Prevention (CDC). (2013). Progress in increasing breastfeeding and reducing racial/ethnic differences. *MMWR, 62(5),* 77–80.

Centers for Disease Control and Prevention (CDC). (2014).

Breastfeeding report card. Retrieved from http://www.cdc.gov/breastfeeding/pdf/2013breastfeedingreportcard.pdf

Centers for Disease Control and Prevention (CDC). (2015). *Pregnancy and breastfeeding*. Retrieved from https://www.cdc.gov/westnile/faq/pregnancy.html

Centers for Disease Control and Prevention (CDC). (2016). *Diseases and conditions*. Retrieved from https://www.cdc.gov/breastfeeding/disease/

Centers for Disease Control and Prevention (CDC). (2017). *Infant mortality*. Retrieved from https://www.cdc.gov/reproductivehealth/maternalinfanthealth/infantmortality.htm

Charpak, N., Ruiz-Pelaez, J. G., & Figueroa, Z. (2005). Influence of feeding patterns and other factors on early somatic growth of healthy, preterm infants in home-based kangaroo mother care: A cohort study. *Journal of Pediatric Gastroenterology and Nutrition, 41,* 430–437.

Child Health USA. (2014). *Preterm birth and low birth weight.* Retrieved from https://mchb.hrsa.gov/chusa14/health-status-behaviors/infants/preterm-birth-low-birth-weight.html

Child Trends. (2014). *Low and very low birth weight infants.* Child Trends Data Bank. Retrieved from http://www.childtrends.org/?indicators=low-and-very-low-birthweight-infants

Cho, E. S., Kim, S. J., Kwon, M. S., Cho, H., Kim, E. H., Jun, E. M., & Lee, S. (2016). The effects of kangaroo care in the neonatal intensive care unit on the physiological functions of preterm infants, maternal–infant attachment, and maternal stress. *Journal of Pediatric Nursing, 31*(4), 430–438.

Clay, E. C., & Seehusen, D. A. (2004). A review of postpartum depression for the primary care physician. *Southern Medical Journal, 97,* 157–162.

Colen, C. G., & Ramey, D. M. (2014). Is breast truly best? Estimating the effects of breastfeeding on long-term child health and well-being in the United States using sibling comparisons. *Social Science Medicine, 109,* 55–65.

Colombo, J., & Mitchell, D. W. (2009). Infant visual habituation. *Neurobiology of Learning and Memory, 92,* 225–234.

Cosminsky, S. (2003). Cross-cultural perspectives on midwifery. In L. Dundes (Ed.), *The manner born: Birth rites in cross-cultural perspective* (pp. 69–84). Walnut Creek, CA: AltaMira Press.

Crncec, R., Matthey, S., & Nemeth, D. (2010). Infant sleep problems and emotional health: A review of two behavioural approaches. *Journal of Reproductive and Infant Psychology, 28,* 44–54.

Csibra, G., Davis, G., Spratling, M. W., & Johnson, M. H. (2000). Gamma oscillations and object processing in the infant brain. *Science, 290,* 1582–1585.

Davis, D. W. (2003). Cognitive outcomes in school-age children born prematurely. *Neonatal Network, 22,* 27–38.

Davis, K. F., Parker, K. P., & Montgomery, G. L. (2004). Sleep in infants and young children. Part I: Normal sleep. *Journal of Pediatric Health Care, 18,* 65–71.

Dayton, C. J., Walsh, T. B., Oh, W., & Volling, B. (2015). Hush now baby: Mothers' and fathers' strategies for soothing their infants and associated parenting outcomes. *Journal of Pediatric Health Care, 29*, 145–155.

de Gregorio, N., Friedl, T., Schramm, A., Reister, F., Janni, W., & Ebner, F. (2017). Comparison of Fetomaternal Outcome between 47 Deliveries Following Successful External Cephalic Version for Breech Presentation and 7456 Deliveries Following Spontaneous Cephalic Presentation. *Gynecologic and Obstetric Investigation.*

de Vonderweid, U., & Leonessa, M. (2009). Family centered neonatal care. *Early Human Development, 85,* S37–S38.

De Weerd, A. W., & van den Bossche, A. S. (2003). The development of sleep during the first months of life. *Sleep Medicine Reviews, 7,* 179–191.

DeMeo, J. (2006). *Saharasia: The 4000 BCE origins of child abuse, sex-repression, warfare and social violence, in the deserts of the old world* (Revised 2nd ed.). El Cerrito, CA: Natural Energy Works.

Dereymaeker, A., Pillay, K., Vervisch, J., De Vos, M., Van Huffel, S., Jansen, K., & Naulaers, G. (2017). Review of sleep-EEG in preterm and term neonates. *Early Human Development, 113*, 87–103.

Dieter, J. N., Field, T., Hernandez-Reif, M., Emory, E. K., & Redzepi, M. (2003). Stable preterm infants gain more weight and sleep less after five days of massage therapy. *Journal of Pediatric Psychology, 28*(6), 403–411.

Doyle, L. W., Faber, B., Callanan, C., Ford, G. W., & Davis, N. M. (2004). Extremely low birth weight and body size in early adulthood. *Archives of Disorders in Childhood, 89,* 347–350.

Ehrenreich, B. (2010). *Witches, midwives, and nurses: A history of women healers*. New York, NY: Feminist Press.

Eiden, R. D., & Reifman, A. (1996). Effects of Brazelton demonstrations on later parenting: A meta-analysis. *Journal of Pediatric Psychology, 21,* 857–868.

Eriksson, C., Hamberg, K., & Salander, P. (2007). Men's experiences of intense fear related to childbirth investigated in a Swedish qualitative study. *Journal of Men's Health & Gender, 4,* 409–418.

Erlandsson, K., & Lindgren, H. (2009). From belonging to belonging through a blessed moment of love for a child—The birth of a child from the fathers' perspective. *Journal of Men's Health,* 338–344.

Fearon, P., O'Connell, P., Frangou, S., Aquino, P., Nosarti, C., Allin, M., ··· Murray, R. (2004). Brain volumes in adult survivors of very low birth weight: A sibling–controlled study. Q *Pediatrics, 114,* 367–371.

Feldman, R., Weller, A., Sirota, L., & Eidelman, A. I. (2003). Testing a family intervention hypothesis: The contribution of mother–infant skin-to-skin (kangaroo care) to family interaction, proximity, and touch. *Journal of Family Psychology, 17,* 94–107.

Field, T. (2014). Massage therapy research review. *Contemporary Therapies in Clinical Practice, 20*, 224–229. Retrieved from http://dx.doi.org/10.1016/j.ctcp.2014.07.002

Field, T. M. (1998). Massage therapy effects. *American Psychologist, 53,* 1270–1281.

Field, T., Diego, M., & Hernandez-Reif, M. (2010). Preterm infant massage therapy: A review. *Infant Behavior and Development, 33,* 115–124.

Fildes, V. (1995). The culture and biology of breastfeeding: An historical review of Western Europe. In P. Stuart-Macadam & K. A. Dettwyler (Eds.), *Breastfeeding: Biocultural perspectives* (pp. 101–131). Hawthorne, NY: Aldein de Gruyter.

Fitelson, E., Kim, S., Baker, A. S., & Leight, K. (2011). Treatment of postpartum depression: Clinical, psychological and pharmacological options. *International Journal of Women's Health, 3,* 1–14. doi:10.2147/IJWH.S6938

Flaherty, E. G., Stirling, J., & The Committee on Child Abuse and Neglect. (2010). The pediatrician's role in child maltreatment prevention. *Pediatrics, 126,* 833–841. doi:10.1542/peds.2010-2087

Ford, C. S. (1945). *A comparative study of human reproduction.* New Haven, CT: Yale University Press.

Frankman, E. A., Wang, L., Bunker, C. H., & Lowder, J. L. (2009). Episiotomy in the United States: Has anything changed? *American Journal of Obstetrics and Gynecology, 537,* e1–e7.

Friedman, A. M., Ananth, C. V., Prendergast, E., D'Alton, M. E., & Wright, J. D. (2015). Variation in and factors associated with use of episiotomy. *JAMA, 313*(2), 197–199. doi:10.1001/jama.2014.14774

Futagi, Y., Toribe, Y., & Suzuki, Y. (2009). Neurological assessment of early infants. *Current Pediatric Reviews, 5,* 65–70.

Gavin, A. R., Hill, K. G., Hawkins, J. D., & Maas, C. (2011). The role of maternal early-life and later-life risk factors on offspring low birth weight: Findings from a three-generational study. *Journal of Adolescent Health, 49,* 166–171.

Genesoni, L., & Tallandini, M. A. (2009). Men's psychological transition to fatherhood: An analysis of the literature, 1989–2008. *Birth: Issues in Perinatal Care, 36,* 305–318.

Gewirtz, J. (1977). Maternal responding and the conditioning of infant crying: Directions of influence within the attachment–acquisition process. In B. C. Etzel, J. M. LeBlanc, & D. M. Baer (Eds.), *New developments in behavioral research* (pp. 31–57). Hillsdale, NJ: Lawrence Erlbaum.

Giscombe, C. L., & Lobel, M. (2005). Explaining disproportionately high rates of adverse birth outcomes among African Americans: The impact of stress, racism, and related factors in pregnancy. *Psychological Bulletin, 131,* 662–683.

Gottlieb, A., & DeLoache, J. (2017). *A world of babies.* New York, NY: Cambridge University Press.

Hall, B., Chesters, J., & Robinson, A. (2011). Infantile colic: A systematic review of medical and conventional therapies.

Journal of Paediatrics and Child Health, 48, 128–137. doi:10.1111/j.1440-1754.2011.02061.x

Hamilton, B. E., Martin, J. A., Osterman, M. J. K., Curtin, S. C., & Mathews, T. J. (2015). Births: Final data for 2014. *National vital statistics reports, 64*, No. 12. Hyattsville, MD: National Center for Health Statistics.

Harkness, S., Mavridis, C. J., Liu, J. J., & Super, C. (2015). Parental ethnotheories and the development of family relationships in early and middle childhood. In L. A. Jensen (Ed.), *Oxford handbook of human development and culture: An interdisciplinary perspective* (pp. 271–291). New York, NY: Oxford University Press.

Herrera, E., Reissland, N., & Shepherd, J. (2004). Maternal touch and maternal child-directed speech: Effects of depressed mood in the postnatal period. *Journal of Affective Disorders, 81,* 29–39.

Hiscock, H., & Jordan, B. (2004). Problem crying in infancy. *Medical Journal of Australia, 181,* 507–512.

Hodnett, E. D., Gates, S., Hofneyr, G. J., & Sakala, C. (2007). Continuous support for women during childbirth. *Cochrane Database of Systematic Reviews, 3.*

Hofman, P. L., Regan, F., Jackson, W. E., Jefferies, C., Knight, D. B., Robinson, E. M., & Cutfield, W. S. (2004). Premature birth and later insulin resistance. *New England Journal of Medicine, 351,* 2179–2186.

Hogan, M. C., Foreman, K. J., Naghavi, M., Ahn, S. Y., Wang, M., Makela, S. M., ··· Murray, C. J. L. (2010). Maternal mortality for 181 countries, 1980–2008: A systematic analysis of progress toward Millennium Development Goal 5. *The Lancet, 375,* 1–15.

Holsti, L., & Grunau, R. E. (2010). Considerations for using sucrose to reduce procedural pain in preterm infants. *Pediatrics, 125,* 1042–1049.

Hua, M. C., Chen, C. C., Yao, T. C., Tsai, M. H., Liao, S. L., Lai, S. H., ··· & Huang, J. L. (2016). Role of maternal allergy on immune markers in colostrum and secretory immunoglobulin A in stools of breastfed infants. *Journal of Human Lactation, 32*(1), 160–167.

Hunziker, U. A., & Barr, R. G. (1986). Increased carrying reduces infant crying: A randomized controlled trial. *Pediatrics, 77,* 641–648.

Iles, J., Slade, P., & Spiby, H. (2011). Posttraumatic stress symptoms and postpartum depression in couples after childbirth: The role of partner support and attachment. *Journal of Anxiety Disorders, 25,* 520–530.

Iliodromiti, S., Mackay, D. F., Smith, G. C. S., Pell, J. P., & Nelson, S. M. (2014). Apgar score and the risk of cause-specific infant mortality: A population-based cohort study. *The Lancet, 384,* 1749–1755.

Ip, S., Chung, M., Raman, G., Chew, P., Magula, N., DeVine, D., ··· Lau, J. (2007). *Breastfeeding and maternal and infant health outcomes in developed countries. Evidence Report/ Technology Assessment No. 153.* Rockville, MD. Agency for Healthcare Research and Quality.

Jones, E., & Kay, M. A. (2003). The cultural anthropology of the placenta. In L. Dundes (Ed.), *The manner born: Birth rites in cross-cultural perspective* (pp. 101–116). Walnut Creek, CA: AltaMira Press.

Kane, P., & Garber, J. (2004). The relations among depression in fathers, children's psychopathology, and father–child conflict: A meta-analysis. *Child Psychology Review, 24,* 339–360.

Keels, E., Sethna, N., Watterberg, K. L., Cummings, J. J., Benitz, W. E., Eichenwald, E. C., ··· & Puopolo, K. M. (2016). Prevention and management of procedural pain in the neonate: An Update. *Pediatrics*, peds-2015, 1–13.

Kellman, P. J., & Arterberry, M. E. (2006). Infant visual perception. In W. Damon & R. Lerner (Eds.), & D. Kuhn & R. Siegler (Vol. Eds.), *Handbook of child psychology: Vol. 2. Cognition, perception, and language* (6th ed., pp. 109–160). New York, NY: Wiley.

Kisilevsky, B. S., Hains, S. M., Lee, K., Xic, X., Huang, H., Ye, H. H., ··· Wang, Z. (2003). Effects of experience on fetal voice recognition. *Psychological Science, 14,* 220–224.

Klaus, M. H., & Kennell, J. H. (1976). *Maternal–infant bonding: The impact of early separation or loss on family development.* St. Louis, MO: Mosby.

Kostandy, R. R., Ludington-Hoe, S. M., Cong, X., Abouelfettoh, A., Bronson, C., Stankus, A., & Jarrell, J. R. (2008). Kangaroo care (skin contact) reduces crying response to pain in preterm neonates: Pilot results. *Pain Management Nursing,*

9, 55–65.

Lamb, M. E. (1994). Infant care practices and the application of knowledge. In C. B. Fisher & R. M. Lerner (Eds.), *Applied developmental psychology* (pp. 23–45). New York, NY: McGraw-Hill.

Lane, B. (2009). *Epidural rates in the U.S. and around the world: How many mothers choose to use an epidural to provide pain relief?* Retrieved from http://www.suite101.com/content/epidural-for-labor-a168170

Lee, G. Y., & Kisilevsky, B. S. (2014). Fetuses respond to father's voice but prefer mother's voice after birth. *Developmental Psychobiology, 56*(1), 1–11.

Leung, B. M., Letourneau, N. L., Giesbrecht, G. F., Ntanda, H., & Hart, M. (2017). Predictors of postpartum depression in partnered mothers and fathers from a longitudinal cohort. *Community Mental Health Journal, 53*(4), 420–431.

Levi-Strauss, C. (1967). *The scope of anthropology* (S. O. Paul & R. A. Paul, Trans.). London, UK: Jonathan Cape.

Levitin, D. (2007). *This is your brain on music.* New York, NY: Plume.

Lewis, M., & Ramsay, D. S. (1999). Effect of maternal soothing and infant stress response. *Child Development, 70,* 11–20.

Litovsky, R. Y., & Ashmead, D. H. (1997). Development of binatural and spatial hearing in infants and children. In R. H. Gilkey & T. R. Anderson (Eds.), *Binaural and spatial hearing in real and virtual environments* (pp. 571–592). Mahwah, NJ: Erlbaum.

Lohaus, A., Keller, H., Ball, J., Voelker, S., & Elben, C. (2004). Maternal sensitivity in interactions with three- and 12-month-old infants: Stability, structural composition, and developmental consequences. *Infant and Child Development, 13,* 235–252.

Lorenz, K. (1957). Companionship in bird life. In C. Scholler (Ed.), *Instinctive behavior: The development of a modern concept* (pp. 83–128). New York, NY: International Universities Press.

Ludington-Hoe, S. M. (2013). Kangaroo care as neonatal therapy. *Newborn and Infant Nursing Reviews, 13,* 73. doi:10.1053/j.nainr.2013.03.004

MacDorman, M. F., Declercq, E., Cabral, H., & Morton, C. (2016). Is the United States Maternal Mortality Rate Increasing? Disentangling trends from measurement issues. Short title: US Maternal Mortality Trends. *Obstetrics and Gynecology, 128*(3), 447–455.

MacDorman, M. F., Matthews, T. J., Mohangoo, A. D., & Zeitlin, J. (2014). International comparisons of infant mortality and related factors: United States and Europe, 2010. *National vital statistics reports: From the Centers for Disease Control and Prevention, National Center for Health Statistics, National Vital Statistics System, 63*(5), 1–6. PMID:25252091

MacDorman, M. F., Menacker, F., & Declercq, E. (2010). Trends and characteristics of home and other out-of-hospital births in the United States, 1990–2006. *National Vital Statistics Reports, 58*, 1–14, 16.

Marlier, L., Schaal, B., & Soussignan, R. (1998). Neonatal responsiveness to the odor of amniotic and lacteal fluids: A test of perinatal chemosensory continuity. *Child Development, 69,* 611–623.

Marlow, N., Wolke, D., Bracewell, M. A., & Samara, M. (2005). Neurologic and developmental disability at six years of age after extremely preterm births. *New England Journal of Medicine, 352,* 9–19.

Martin, A., Brooks-Gunn, J., Klebanov, P., Buka, S., & McCormick, M. (2008). Long-term maternal effects of early childhood intervention: Findings from the Infant Health and Development Program (IHDP). *Journal of Applied Developmental Psychology, 29,* 101–117.

Martin, J. A., Hamilton, B. E., Sutton, P. D., Ventura, S. J., Menacker, F., & Munson, M. L. (2005). Births: Final data for 2003. *National Vital Statistics Reports, 54,* 1–116.

Martin, J. A., Hamilton, B. E., Sutton, P. D., Ventura, S. J., Menacker, F., & Munson, M. L. (2003). Births: Final data for 2002. *National Vital Statistics Reports, 52*(10). Hyattsville, MD: National Center for Health Statistics.

Martins, C., & Gaffan, E. A. (2000). Effects of maternal depression on patterns of infant–mother attachment: A meta-analytic investigation. *Journal of Child Psychology and Psychiatry, 41,* 737–746.

Massoudi, P., Hwang, C. P., & Wickberg, B. (2016). Fathers' depressive symptoms in the postnatal period: Prevalence and correlates in a population-based Swedish study. *Scandinavian Journal of Public Health*, 1403494816661652.

Mayo Clinic staff. (2011). *Stages of labor: Baby, it's time!* Retrieved from http://www.mayoclinic.com/health/stages-of-labor/PR00106/NSECTIONGROUP=2

Mayo Clinic staff. (2017). *Labor pain: Weigh your options for relief.* Retrieved from http://www.mayoclinic.org/healthy-lifestyle/labor-and-delivery/in-depth/labor-pain/art-20044845?pg=1

McClure, V. S. (2000). *Infant massage—Revised edition: A handbook for loving parents.* New York, NY: Bantam.

McNamara, F., & Sullivan, C. E. (2000). Obstructive sleep apnea in infants. *Journal of Pediatrics, 136,* 318–323.

MedlinePlus. (2016). *Cesarean section.* Retrieved from https://www.nlm.nih.gov/medlineplus/cesareansection.html

Menella, J. (2000, June). *The psychology of eating.* Paper presented at the annual meeting of the American Psychological Society, Miami, FL.

Merewood, A., Mehta, S. D., Chamberlain, L. B., Phillipp, B. L., & Bauchner, H. (2005). Breastfeeding rates in U.S. baby-friendly hospitals: Results of a national survey. *Pediatrics, 116,* 628–634.

Merten, S., Dratva, J., & Achermann-Liebrich, U. (2005). Do baby-friendly hospitals influence breastfeeding duration on a national level? *Pediatrics, 116,* c702–c708.

Meyer, L. E., & Erler, T. (2011). Swaddling: A traditional care method rediscovered. *World Journal of Pediatrics, 7*, 155–160. doi:10.1007/s12519-011-0268-6

Mitchell, A., & Boss, B. J. (2002). Adverse effects of pain on the nervous systems of newborns and young children: A review of the literature. *Journal of Neuroscience and Nursing, 34,* 228–235.

Molina, G., Weiser, T. G., Lipsitz, S. R., Esquivel, M. M., Uribe-Leitz, T., Azad, T., ⋯ Haynes, A. B. (2015). Relationship between cesarean delivery rate and maternal and neonatal mortality. *JAMA, 314*, 2263–2270.

Montagu, D., Yamey, G., Visconti, A., Harding, A., & Yoong, J. (2011). Where do poor women in developing countries give birth? A multi-country analysis of demographic and health survey data. *PloS One, 6*(2), e17155. doi:10.1371/journal.pone.0017155

Muret-Wagstaff, S., & Moore, S. G. (1989). The Hmong in America: Infant behavior and rearing practices. In J. K. Nugent, B. M. Lester, & T. B. Brazelton (Eds.), *Biology, culture, and development* (Vol. 1, pp. 319–339). Norwood, NJ: Ablex.

Murkoff, H., & Mazel, S. (2016). *What to expect when you're expecting.* New York, NY: Workman.

Napier, K., & Meister, K. (2000). *Growing healthy kids: A parents' guide to infant and child nutrition.* New York, NY: American Council on Science and Health.

Newton, N., & Newton, M. (2003). Childbirth in cross-cultural perspective. In L. Dundes (Ed.), *The manner born: Birth rites in cross-cultural perspective* (pp. 9–32). Walnut Creek, CA: AltaMira Press.

Noia, G., Cesari, E., Ligato, M. S., Visconti, D., Tintoni, M., Mappa, I., ⋯ Caruso, A. (2008). Pain in the fetus. *Neonatal Pain, 2,* 45–55.

Nouraeyan, N., Lambrinakos-Raymond, A., Leone, M., & Sant'Anna, G. (2014). Surfactant administration in neonates: A review of delivery methods. *Canadian Journal of Respiratory Therapy: CJRT= Revue Canadienne de la Therapie Respiratoire: RCTR, 50*(3), 91–95.

Nugent, K. J., Petrauskas, B. J., & Brazelton, T. B. (Eds.). (2009). *The newborn as a person: Enabling healthy infant development worldwide.* Hoboken, NJ: John Wiley & Sons.

Nugent, K., & Brazelton, T. B. (2000). Preventive infant mental health: Uses of the Brazelton scale. In J. D. Osofsky & H. E. Fitzgerald (Eds.), *WAIMH handbook of infant mental health* (Vol. 2). New York, NY: Wiley.

Nuland, S. B. (2003). *The doctor's plague: Germs, childbed fever, and the strange story of Ignac Semmelweis.* New York, NY: Norton.

Nylen, K., Moran, T., Franklin, C., & O'Hara, M. (2006). Maternal depression: A review of relevant treatment approaches for mothers and infants. *Infant Mental Health Journal, 27,* 327–343.

Oates, M. R., Cox, J. L., Neema, S., Asten, P., Glangeaud-Freudenthal, N., Figueiredo, B., ⋯ TCS–PND Group. (2004). Postnatal depression across countries and cultures: A qualitative study. *British Journal of Psychiatry, 184,* s10–s16.

Ohgi, S., Arisawa, K., Takahashi, T., Kusomoto, T., Goto, Y., & Saito, A .T. (2003). Neonatal behavioral assessment scale as a predictor of later developmental disabilities of low birth-weight and/or premature infants. *Brain Development, 25,* 313–321.

Out, D., Pieper, S., Bakermans-Kranenburg, M. J., Zeskind, P. S., & van IJzendoorn, M. H. (2010). Intended sensitive and harsh caregiving responses to infant crying: The role of cry pitch and perceived urgency in an adult twin sample. *Child Abuse & Neglect, 34,* 863–873.

Parenting. (2017). Seven ways to bond with your baby. Retrieved from http://www.parenting.com/article/7-ways-to-bond-with-your-baby

Parsons, C. E., Young, K. S., Rochat, T. J., Kringelbach, M. L., & Stein, A. (2012). Postnatal depression and its effects on child development: A review of evidence from low- and middle-income countries. *British Medical Bulletin, 101,* 57–79. doi:10.1093/bmb/ldr047

Pascalis, O., & Kelly, D. J. (2009). The origins of face processing in humans: Phylogeny and ontogeny. *Perspectives on Psychological Science, 4,* 200–209.

Paterno, M. T., McElroy, K., & Regan, M. (2016). Electronic Fetal Monitoring and Cesarean Birth: A Scoping Review. *Birth, 43*(4), 277–284.

Peirano, P., Algarin, C., & Uauy, R. (2003). Sleep–wake states and their regulatory mechanism throughout early human development. *Journal of Pediatrics, 143*(Suppl.), S70–S79.

Porath, M., Korp, L., Wendrich, D., Dlugay, V., Roth, B., & Kribs, A. (2011). Surfactant in spontaneous breathing with nCPAP: Neurodevelopmental outcome at early school age of infants = 27 weeks. *Acta Paediatrica, 100,* 352–359.

Porges, S. W., & Lispitt, L. P. (1993). Neonatal responsivity to gustatory stimulation: The gustatory–vagal hypothesis. *Infant Behavior & Development, 16,* 487–494.

Porter, R. H., & Rieser, J. J. (2005). Retention of olfactory memories by newborn infants. In R. T. Mason, P. M. LeMaster, & D. Müller-Schwarze (Eds.), *Chemical Signals in Vertebrates* (pp. 300–307). New York, NY: Springer.

Pyykönen, A., Gissler, M., Løkkegaard, E., Bergholt, T., Rasmussen, S. C., Smárason, A., … & Albrechtsen, S. (2017). Cesarean section trends in the Nordic Countries—a comparative analysis with the Robson classification. *Acta Obstetricia et Gynecologica Scandinavica, 96*(5), 607–616.

Ramchandani, P., Stein, A., Evans, J., O'Connor, T. G., & the ALSPAC Study Team. (2005). Paternal depression in the postnatal period and child development: A prospective population study. *Lancet, 365,* 2201–2205.

Ravn, M. N. (2005). A matter of free choice? Some structural and cultural influences on the decision to have or not to have children in Norway. In C. B. Douglas (Ed.), *Barren states: The population" implosion" in Europe* (pp. 29–47). New York, NY: Berg.

Redshaw, M. E. (1997). Mothers of babies requiring special care: Attitudes and experiences. *Journal of Reproductive & Infant Psychology, 15,* 109–120.

Reid, C. (2004). Kangaroo care. *Neonatal Network, 23,* 53.

Richman, A. L., Miller, P. M., & LeVine, R. A. (2010). Cultural and educational variations in maternal responsiveness. In R. A. LeVine (Ed.), *Psychological anthropology: A reader on self in culture* (pp. 181–192). Malden, MA: Wiley-Blackwell.

Righetti-Veltema, M., Conne-Perreard, E., Bousquest, A., & Manzano, J. (2002). Postpartum depression and mother–infant relationship at 3 months old. *Journal of Affective Disorders, 70,* 291–306.

Rückinger, S., Beyerlein, A., Jacobsen, G., von Kries, R., & Vik, T. (2010). Growth in utero and body mass index at age 5 years in children of smoking and non-smoking mothers. *Early Human Development, 86,* 773–777.

Ryan, A. S., Zhou, W., & Arensberg, M. B. (2006). The effects of employment status on breastfeeding in the United States. *Women's Health Issues, 16,* 243–251.

Sansavani, A., Bertoncini, J., & Giovanelli, G. (1997). Newborns discriminate the rhythm of multisyllabic stressed words. *Developmental Psychology, 33,* 3–11.

Scarf, V., Catling, C., Viney, R., & Homer, C. (2016). Costing alternative birth settings for women at low risk of complications: A systematic review. *PloS one, 11*(2), e0149463.

Schaal, B., Marlier, L., & Soussignan, R. (2000). Human fetuses learn odours from their pregnant mother's diet. *Chemical Senses, 25,* 729–737.

Schott, J. M., & Rossor, M. N. (2003). The grasp and other primitive reflexes. *Journal of Neurological and Neurosurgical Psychiatry, 74,* 558–560.

Schulze, P. A., & Carlisle, S. A. (2010). What research does and doesn't say about breastfeeding: A critical review. *Early Child Development and Care, 180,* 703–718.

Selander, J. (2011). *Cultural beliefs honor placenta.* Retrieved from http://placentabenefits.info/culture.asp

Sellen, D. W. (2001). Comparison of infant feeding patterns reported for nonindustrial populations with current recommendations. *Journal of Nutrition, 131,* 2707–2715.

Shorten, A. (2010). Bridging the gap between mothers and medicine: "New insights" from the NIH Consensus Conference on VBAC. *Birth: Issues in Perinatal Care, Vol. 3,* 181–183.

Simkin, P. (2013). *The birth partner: A complete guide to childbirth for dads, doulas, and all other labor companions.* Boston, MA: The Harvard Common Press.

Simons, S. H. P., van Dijk, M., Anand, K. S., Roofhooft, D., van Lingen, R., & Tibboel, D. (2003). Do we still hurt newborn babies: A prospective study of procedural pain and analgesia in neonates. *Archives of Pediatrics & Adolescent Medicine, 157,* 1058–1064.

Singerman, J., & Lee, L. (2008). Consistency of the Babinski reflex and its variants. *European Journal of Neurology, 15,* 960–964.

Small, M. F. (1998). *Our babies, ourselves: How biology and culture shape the way we parent.* New York, NY: Anchor.

Snowden, J. M., Tilden, E. L., Snyder, J., Quigley, B., Caughey, A. B., & Cheng, Y. W. (2015). Planned out-of-hospital birth and birth outcomes. *New England Journal of Medicine, 373*(27), 2642–2653. doi:10.1056/NEJMsa1501738

Spence, M. J., & DeCasper, A. J. (1987). Prenatal experience with low-frequency maternal voice sounds influences neonatal perception of maternal voice samples. *Infant Behavior and Development, 10,* 133–142.

Srinath, B. K., Kumar, P., & Shah, P. S. (2016). Kangaroo care by fathers and mothers: Comparison of physiological and stress responses in preterm babies. *Journal of Perinatology, 36,* 401–404. doi:10.1038/jp.2015.196

St. James-Roberts, I., Bargn, J. G., Peter, B., Adams, D., & Hunt, S. (2003). Individual differences in responsivity to a neurobehavioural examination predict crying patterns of 1-week-old infants at home. *Developmental Medicine & Child Neurology, 45,* 400–407.

Stoll, B., Hansen, N. I., Adams-Chapman, I., Fanaroff, A. A., Hintz, S. R., Vohr, B., ··· Human Development Neonatal Research Network. (2004). Neurodevelopmental and growth impairment among extremely low-birth-weight infants with neonatal infection. *JAMA: Journal of the American Medical Association, 292,* 2357–2365.

Strang-Karlsson, S., Räikkönen, K., Pesonen, A.-K., Kajantie, E., Paavonen, J., Lahti, J., ··· Andersson, S. (2008). Very low birth weight and behavioral symptoms of Attention Deficit Hyperactivity Disorder in young adulthood: The Helsinki study of very-low-birth-weight adults. *American Journal of Psychiatry, 165,* 1345–1353.

Stremler, R., Hodnett, E., Kenton, L., Lee, K., Weiss, S., Weston, J., & Willan, A. (2013). Effect of behavioural-educational intervention on sleep for primiparous women and their infants in early postpartum: multisite randomised controlled trial. *BMJ, 346*, f1164.

Super, C. M., & Harkness, S. (2009). The developmental niche of the newborn in rural Kenya. In K. J. Nugent, B. J. Petrauskas, & T. B. Brazelton (Eds.), *The newborn as a person: Enabling healthy infant development worldwide* (pp. 85–97). Hoboken, NJ: John Wiley & Sons.

Tamaru, S., Kikuchi, A., Takagi, K., Wakamatsu, M., Ono, K., Horikoshi, T., Kihara, H., & Nakamura, T. (2011). Neurodevelopmental outcomes of very low birth weight and extremely low birth weight infants at 18 months of corrected age associated with prenatal risk factors. *Early Human Development, 87,* 55–59.

Thach, B. T. (2009). Does swaddling decrease or increase the risk for Sudden Infant Death Syndrome? *Journal of Pediatrics, 155,* 461–462.

Tharpe, A. M., & Ashmead, D. H. (2001). A longitudinal investigation of infant auditory sensitivity. *AJA: American*

Journal of Audiology, 10, 104–112.

Trehub, S. E. (2001). Musical predispositions in infancy. *Annals of the New York Academy of Sciences, 930,* 1–16.

Trehub, S. E., Thorpe, L. A., & Morrongiello, B. A. (1985). Infants' perception of melodies: Changes in a single tone. *Infant Behavior and Development, 8,* 213–223.

Tyano, S., Keren, M., Herrman, H., & Cox, J. (2010). *The competent fetus.* New York, NY: Wiley.

U.S. National Library of Medicine. (2017). *Newborn jaundice.* Retrieved from https://medlineplus.gov/ency/article/001559.htm

UNICEF. (2011). *Breastfeeding Initiatives Exchange.* Retrieved from http://www.unicef.org/programme/breastfeeding/

UNICEF. (2014). *The state of the world's children in numbers.* New York, NY: Author.

UNICEF. (2015, October). *Neonatal mortality.* Retrieved from http://data.unicef.org/child-mortality/neonatal.html

UNICEF (2017). *The Global Breastfeeding Collective.* Retrieved from https://www.unicef.org/nutrition/index_98470.html

United Nations Development Programme. (2006). *Human development report.* New York, NY: Author.

van IJzendoorn, M. H., & Hubbard, F. O. A. (2000). Are infant crying and maternal responsiveness during the first year related to infant–mother attachment at 15 months? *Attachment and Human Development, 2,* 371–391.

van Sleuwen, B. E., Engelberts, A. C., Boere-Boonekamp, M. M., Kuis, W., Schulpen, T. W. J., & L'Hoir, M. P. (2007). Swaddling: A systematic review. *Pediatrics, 120,* e1097–e1106.

Varendi, H., Christensson, K., Porter, R. H., & Wineberg, J. (1998). Soothing effect of amniotic fluid smell in newborn infants. *Early Human Development, 51,* 47–55.

Vouloumanos, A., & Werker, J. F. (2004). Tuned to the signal: The privileged status of speech for young infants. *Developmental Science, 7,* 270–276.

Vouloumanos, A., Hauser, M. D., Werker, J. F., & Martin, A. (2010). The tuning of human neonates' preference for speech. *Child Development, 81,* 517–527.

Walshaw, C. A. (2010). Are we getting the best from breastfeeding? *Acta Paediatria, 99,* 1292–1297.

Warnock, F. F., Castral, T. C., Brant, R., Sekilian, M., Leite, A. M., De La Presa Owens, S., & Schochi, C. G. S. (2010). Brief report: Maternal kangaroo care for neonatal pain relief: A systematic narrative review. *Journal of Pediatric Psychology, 35,* 975–984.

Watkin, P. M. (2011). The value of the neonatal hearing screen. *Paediatrics and Child Health, 21,* 37–41.

Weekley, A. (2007). *Placentophagia: Benefits of eating the placenta.* Retrieved from http://www.associatedcontent.com/article/289824/placentophagia_benefits_of_eating_the.html?cat=51

Weinberg, R. A. (2004). The infant and the family in the twenty-first century. *Journal of the American Academy of Child & Adolescent Psychiatry, 43,* 115–116.

Weiniger, C. F., Lyell, D. J., Tsen, L. C., Butwick, A. J., Shachar, B., Callaghan, W. M., … & Bateman, B. T. (2016). Maternal outcomes of term breech presentation delivery: impact of successful external cephalic version in a nationwide sample of delivery admissions in the United States. *BMC Pregnancy and Childbirth, 16*(1), 150.

Wendland-Carro, J., Piccinini, C. A., & Millar, W. S. (1999). The role of an early intervention on enhancing the quality of mother–infant interaction. *Child Development, 70,* 713–731.

Werner, L. A., & Marean, G. C. (1996). *Human auditory development.* Madison, WI: Brown & Benchmark.

Williams, A. L., Khattak, A. Z., Garza, C. N., & Lasky, R. E. (2009). The behavioral pain response to heelstick in preterm neonates studied longitudinally: Description, development, determinants, and components. *Early Human Development, 85,* 369–374.

Wolf, J. B. (2007). Is breast really best? Risk and total motherhood in the national breastfeeding awareness campaign. *Journal of Health Politics, Policy and Law, 32,* 595–563.

Wood, R. M., & Gustafson, G. E. (2001). Infant crying and adults' anticipated caregiving responses: Acoustic and contextual influences. *Child Development, 72,* 1287–1300.

World Health Organization (WHO). (2000). WHO Global Data Bank on Breastfeeding. Retrieved from http://www.who.int/nut/db_bfd.htm

World Health Organization (WHO). (2009). *Department of*

making pregnancy safer: Annual report. Geneva, Switzerland: Author.

World Health Organization (WHO). (2014). *World health statistics.* Geneva, Switzerland: Author.

World Health Organization (WHO). (2015, April 10). Caesarean sections should only be performed when medically necessary. Retrieved from http://www.who.int/mediacentre/news/releases/2015/caesarean-sections/en/

Zeifman, D. M., & St James-Roberts, I. (2017). Parenting the crying infant. *Current Opinion in Psychology, 15*, 149–154.

Zeskind, P. S., Klein, L., & Marshall, T. R. (1992). Adults' perceptions of experimental modifications of durations and expiratory sounds in infant crying. *Developmental Psychology, 28,* 1153–1162.

Chapter 4

AAP Task Force on Sudden Infant Death Syndrome. (2011). SIDS and other sleep-related infant deaths: Expansion of recommendations for a safe infant sleeping environment. *Pediatrics, 128,* e1341–e1367.

Abbott, S. (1992). Holding on and pushing away: Comparative perspectives on an eastern Kentucky child-rearing practice. *Ethos, 20*, 33–65.

Adamson, L., & Frick, J. (2003). The still face: A history of a shared experimental paradigm. *Infancy, 4,* 451–473.

Adolph, K. E., & Berger, S. E. (2005). Physical and motor development. In M. H. Bornstein & M. E. Lamb (Eds.), *Developmental science: An advanced textbook* (5th ed., pp. 223–281). Mahwah, NJ: Lawrence Erlbaum.

Adolph, K. E., & Berger, S. E. (2006). Motor development. In W. Damon & R. Lerner (Series Eds.), & D. Kuhn & R. Sieglery (Vol. Eds.), *Handbook of child psychology: Vol. 2. Cognition, perception and language* (6th ed., pp. 161–213). New York, NY: Wiley.

Adolph, K. E., & Robinson, S. R. (2013). The road to walking: What learning to walk tells us about development. In P. D. Zelazo (Ed.), *Oxford handbook of developmental psychology: Vol. 1: Body and mind* (pp. 403–446). New York, NY: Oxford University Press.

Adolph, K. E., Karasik, L. B., & Tamis-Lemonda, C. S. (2010). Motor skill. In M. H. Bornstein (Ed.), *Handbook of cultural developmental science* (pp. 61–88). New York, NY: Psychology Press.

Akhtar, N. (2005). Is joint attention necessary for early language learning? In B. D. Homer & C. S. Tamis-LeMonda (Eds.), *The development of social cognition and communication* (pp. 165–179). Mahwah, NJ: Lawrence Erlbaum.

Akhtar, N., & Tomasello, M. (2000). The social nature of words and word learning. In R. M. Golinkoff, K. Hirsh-Pasek, L. Bloom, L. B. Smith, A. L. Woodward, & N. Akhtar (Eds.), *Becoming a word learner: A debate on lexical acquisition* (pp. 115–135). New York, NY: Oxford University Press.

American Academy of Pediatrics. (2016). *American Academy of Pediatrics announces new safe sleep recommendations to protect against SIDS, sleep-related infant deaths.* Retrieved from https://www.aap.org/en-us/about-the-aap/aap-press-room/pages/american-academy-of-pediatrics-announces-new-safe-sleep-recommendations-to-protect-against-sids.aspx

Ashcraft, M. H. (2009). *Cognition.* Upper Saddle River, NJ: Prentice Hall.

Baildum, E. M., Hillier, V. F., Menon, S., Bamford, F. N., Moore, W. M. O., & Ward, B. S. (2000). Attention to infants in the first year. *Child: Care, Health and Development, 26,* 199–216.

Baillargeon, R. (2008). Innate ideas revisited: For a principle of persistence in infants' physical reasoning. *Perspectives on Psychological Science, 3*(Special issue: *From philosophical thinking to psychological empiricism*), 2–13.

Baird, A. A., Kagan, J., Gaudette, T., Walz, K. A., Hershlag, N., & Boas, D. A. (2002). Frontal lobe activation during object permanence: Data from near-infrared spectroscopy. *NeuroImage, 16,* 1120–1126.

Ball, H. L. (2017). The Atlantic divide: Contrasting UK and US recommendations on cosleeping and bed-sharing. Journal of Human Lactation, 33(4), 765–769.

Barajas, R. G., Martin, A., Brooks-Gunn, J., & Hale, L. (2011). Mother-child bed-sharing in toddlerhood and cognitive and behavioral outcomes. *Pediatrics,128*(2), e339–e347.

Bartick, M. (2014, December 19). Pediatric politics: How dire warnings against infant bed sharing "backfired." Retrieved from http://commonhealth.wbur.org/2014/12/dire-warnings-against-infant-bed-sharing-backfired

Bayley, N. (2005). *Bayley Scales of Infant and Toddler Development* (3rd ed.) (Bayley-III). San Antonio, TX: Harcourt Assessment.

Beckett, C., Maughan, B., Rutter, M., Castle, J., Colvert, E., Groothues, C., . . . Sonuga-Barke, E. J. S. (2006). Do the effects of early severe deprivation on cognition persist into early adolescence? Findings from the English and Romanian adoptees study. *Child Development, 77,* 696–711.

Bertenthal, B. I., & Campos, J. J. (1984). A reexamination of fear and its determinants on the visual cliff. *Psychophysiology, 21*(4), 413–417. doi:10.1111/j.1469-8986.1984.tb00218.x

Berthier, N. E., & Carrico, R. L. (2010). Visual information and object size in infant reaching. *Infant Behavior and Development, 33,* 555–566.

Bolzani, L. H., Messinger, D. S., Yale, M., & Dondi, M. (2002). Smiling in infancy. In M. H. Abel (Ed.), *An empirical reflection on the smile* (pp. 111–136). Lewiston, NY: Edwin Mellen Press.

Boschi-Pinto, C., Lanata, C. F., & Black, R. E. (2009). The global burden of childhood diarrhea. *Maternal and Child Health, 3,* 225–243.

Bowlby, J. (1969). *Attachment and loss, Vol. 1: Attachment*. New York, NY: Basic Books.

Brooks, R., & Meltzoff, A. N. (2005). The development of gaze following and its relation to language. *Developmental Science, 8,* 535–543.

Brown, A. M., & Miracle, J. A. (2003). Early binocular vision in human infants: Limitations on the generality of the Superposition Hypothesis. *Vision Research, 43,* 1563–1574.

Brownell, C. A., & Kopp, C. B. (2007). *Socioemotional development in the toddler years*. New York, NY: Guilford.

Bryant, G. A., & Barrett, H. C. (2007). Recognizing intentions in infant-directed speech: Evidence for universals. *Psychological Science, 18,* 746–751.

Buss, K. A., & Goldsmith, H. H. (1998). Fear and anger regulation in infancy: Effects on the temporal dynamics of affective expression. *Child Development, 69,* 359–374.

Calkins, S. D. (2002). Does aversive behavior during toddlerhood matter? The effects of difficult temperament on maternal perceptions and behavior. *Child Development, 67,* 523–540.

Call, J. (2001). Object permanence in orangutans, chimpanzees, and children. *Journal of Comparative Psychology, 115,* 159–171.

Camras, L. A., Lambrecht, L., & Michel, G. F. (1996). Infant "surprise" expressions as coordinative motor structures. *Journal of Nonverbal Behavior, 20,* 183–195.

Carlson, S. M., Zelazo, P. D., & Faja, S. (2013). Executive function. In P. D. Zelazo (Ed.), *The Oxford handbook of developmental psychology: Vol. 1. Body and mind* (pp. 706–743). New York, NY: Oxford University Press.

Cassidy, J., & Shaver, P. R. (2008). *Handbook of attachment: Theory, research, and clinical applications.* New York, NY: Guilford.

Centers for Disease Control and Prevention (CDC). (2010). Sudden infant death syndrome (SIDS) and infant vaccines. Retrieved from http://www.cdc.gov/vaccinesafety/Concerns/sids_faq.html

Centers for Disease Control and Prevention (CDC). (2017). Diarrhea: Common illness, global killer. Retrieved from https://www.cdc.gov/healthywater/pdf/global/programs/globaldiarrhea508c.pdf

Chang, H., & Shaw, D. S. (2016). The Emergence of Parent–Child Coercive Processes in Toddlerhood. *Child Psychiatry & Human Development, 47*(2), 226–235.

Chaplin, T. M., Klein, M. R., Cole, P. M., & Turpyn, C. C. (2017). Developmental change in emotion expression in frustrating situations: The roles of context and gender. *Infant and Child Development.*

Chen, X. (2011). Culture, peer relationships, and human development. In L. A. Jensen (Ed.), *Bridging cultural and developmental approaches to psychology* (pp. 92–111). New York, NY: Oxford University Press.

Chen, X., Cen, G., Li, D., & He, Y. (2005). Social functioning and adjustment in Chinese children: The imprint of historical time. *Child Development, 76,* 182–195.

Chen, X., Liu, J., Ellis, W., & Zarbatany, L. (2016). Social sensitivity and adjustment in Chinese and Canadian children.

Child Development, 87(4), 1115–1129.

Chen, X., Rubin, K. H., & Li, Z. (1995). Social functioning and adjustment in Chinese children: A longitudinal study. *Developmental Psychology, 31,* 531–539.

Chess, S., & Thomas, A. (1984). *Origins and evolution of behavior disorders.* New York, NY: Brunner/Mazel.

Cohn, J. F., & Tronick, E. Z. (1983). Three-month-old infants' reaction to stimulated maternal depression. *Child Development, 23,* 185–193.

Collier-Baker, E., & Suddendorf, T. (2006). Do chimpanzees and 2-year-old children understand double invisible displacement? *Journal of Comparative Psychology, 120,* 89–97.

Collins, W. A., & Hartup, W. W. (2013). History of research in developmental psychology. In P. D. Zelazo (Ed.), *The Oxford handbook of developmental psychology: Vol. 1: Body and mind* (pp. 13–34). New York, NY: Oxford University Press.

Courage, M. L., Howe, M. L., & Squires, S. E. (2004). Individual differences in 3.5 month olds' visual attention: What do they predict at 1 year? *Infant Behavior and Development, 127,* 19–30.

Crain, W. (2000). *Theories of development: Concepts and applications.* Upper Saddle River, NJ: Prentice Hall.

Cuevas, K., & Bell, M. A. (2014). Infant attention and early childhood executive function. *Child Development, 85,* 397–404. doi:10.1111/cdev.12126

Danckert, S. L., & Craik, F. I. (2013). Does aging affect recall more than recognition memory? *Psychology and Aging, 28*(4), 902.

Dasen, P., Inhelder, B., Lavalle, M., & Retschitzki, J. (1978). *Naissance de l'intelligence chez l'enfant Baoule de Cote d'Ivorie.* Berne, Switzerland: Hans Huber.

Daum, M. M., Prinz, W., & Aschersleben, G. (2011). Perception and production of object-related grasping in 6-month-olds. *Journal of Experimental Child Psychology, 108*(4), 810–818.

DeLoache, J. S., Chiong, C., Sherman, K., Islam, N., Vanderborght, M., Troseth, G. L.,... O'Doherty, K. (2010). Do babies learn from baby media? *Psychological Science, 21,* 1570–1574.

Demetriou, A., & Raftopoulos, A. (Eds.). (2004). *Cognitive developmental change: Theories, models and measurement.* New York, NY: Cambridge University Press.

Diamond, A., & Goldman-Rakic, P. S. (1989). Comparison of human infants and rhesus monkeys on Piaget's A-not-B task: Evidence for dependence on dorsolateral prefrontal cortex. *Experimental Brain Research, 74,* 24–40.

Diener, M. (2000). Gifts from gods: A Balinese guide to early child rearing. In J. DeLoache & A. Gottlieb (Eds.), *A world of babies: Imagined childcare guides for seven societies* (pp. 91–116). New York, NY: Cambridge University Press.

Dodge, K. A., Coie, J. D., & Lynam, D. (2006). Aggression and antisocial behavior in youth. In W. Damon & R. Lerner (Eds.), & N. Eisenberg (Vol. Ed.), *Handbook of child psychology: Vol. 3. Social, emotional and personality development* (6th ed., pp. 719–788). New York, NY: Wiley.

Domsch, H., Lohaus, A., & Thomas, H. (2010). Infant attention, heart rate, and looking time during habituation/dishabituation. *Infant Behavior & Development, 33,* 321–329.

Ekman, P. (2003). *Emotions revealed.* New York, NY: Times Books.

Ekman, P., Friesen, W. V., & Ellsworth, P. (2013). *Emotion in the human face: Guidelines for research and an integration of findings*. Elsevier.

Erikson, E. H. (1950). *Childhood and society.* New York, NY: Norton.

Fagan, J. F., Holland, C. R., & Wheeler, K. (2007). The prediction, from infancy, of adult IQ and achievement. *Intelligence, 35,* 225–231.

Fernald, A., & O'Neill, D. K. (1993). Peekaboo across cultures: How mothers and infants play with voices, faces, and expectations. In K. MacDonald (Ed.), *Parent–child play* (pp. 259–285). Albany, NY: State University of New York Press.

Finkel, M. (2007, July). Bedlam in the blood: Malaria. *National Geographic*, 32–67.

Flavell, J. H., Miller, P. H., & Miller, S. A. (2002). *Cognitive development* (4th ed.). Upper Saddle River, NJ: Prentice Hall.

Fogel, A., Hsu, H., Nelson-Goens, G. C., Shapiro, A. F., & Secrist, C. (2006). Effects of normal and perturbed social play on the duration and amplitude of different types of infant smiles. *Developmental Psychology, 42,* 459–473.

Fomon, S. J., & Nelson, S. E. (2002). Body composition of

the male and female reference infants. *Annual Review of Nutrition, 22,* 1–17.

Fontanel, B., & d'Harcourt, C. (1997). *Babies: History, art and folklore.* New York, NY: Harry N. Abrams.

Fox, N. A., Reeb-Sutherland, B. C., & Degnan, K. (2013). Personality and emotional development. In P. D. Zelazo (Ed.), *The Oxford handbook of developmental psychology: Vol. 2. Self and other* (pp. 15–44). New York, NY: Oxford University Press.

Friedlmeier, W., Corapci, F., & Benga, O. (2015). Early emotional development in cultural perspective. In L. A. Jensen (Ed.), *Oxford handbook of human development and culture: An interdisciplinary perspective.* New York, NY: Oxford University Press.

Gale, C. R., Godfrey, K. M., Law, C. M., Martyn, C. N., & O'Callaghan, F. J. (2004). Critical periods of brain growth and cognitive function in children. *Brain: A Journal of Neurology, 127,* 321–329.

Galler, J. R., Bryce, C. P., Waber, D., Hock, R. S., Exner, N., Eaglesfield, D., . . . Harrison, R. (2010). Early childhood malnutrition predicts depressive symptoms at ages 11–17. *Journal of Child Psychology and Psychiatry, 51,* 789–798.

Gartstein, M. A., Putnam, S. P., Aaron, E., & Rothbart, M. K. (2016). Temperament and Personality. In S. Malzman (Ed.), *Oxford handbook of treatment processes and outcomes in psychology: A multidisciplinary, biopsychosocial approach* (pp. 11–41). New York: Oxford University Press.

Gartstein, M. A., Slobodskaya, H. R., Zylicz, P. O., Gosztyla, D., & Nakagawa, A. (2010). A cross-cultural evaluation of temperament: Japan, USA, Poland and Russia. *International Journal of Psychology and Psychological Therapy, 10,* 55–75.

GBD 2013 Mortality and Causes of Death Collaborators. (2014). Global, regional, and national age-sex specific all-cause and cause-specific mortality for 240 causes of death, 1990–2013: A systematic analysis for the Global Burden of Disease Study 2013. *Lancet, 385,* 117–171. doi:10.1016/S0140-6736(14)61682-2

Geangu, E., Benga, O., Stahl, D., & Striano, T. (2010). Contagious crying beyond the first days of life. *Infant Behavior & Development, 33,* 279–288.

Gibson, E. J., & Walk, R. D. (1960). The "visual cliff." *Scientific American, 202,* 64–71.

Goldberg, W. A., & Keller, M. A. (2007). Co-sleeping during infancy and early childhood: Key findings and future directions. *Infant and Child Development, 16,* 457–469.

Goldin-Meadow, S. (2009). Using the hands to study how children learn language. In J. Colombo, L. Freund, & P. McCardle (Eds.), *Infant pathways to language: Methods, models, and research disorders* (pp. 195–210). New York, NY: Psychology Press.

Goldin-Meadow, S., & Alibali, M. W. (2013). Gesture's role in speaking, learning, and creating language. *Annual Review of Psychology, 64*, 257–283. doi:10.1146/annurev-psych-113011-143802

Goldin-Meadow, S., Goodrich, W., Sauer, E., & Iverson, J. (2007). Young children use their hands to tell their mothers what to say. *Developmental Science, 10*(6), 778–785. doi:10.1111/j.1467-7687.2007.00636.x

Goldsmith, H. H. (2009). Genetics of emotional development. In R. J. Davidson, K. R. Scherer, & H. H. Goldsmith (Eds.), *Handbook of affective sciences* (pp. 300–319). New York, NY: Oxford University Press.

Goldstein, M. H., Schwade, J., Briesch, J., & Syal, S. (2010). Learning while babbling: Prelinguistic object-directed vocalizations indicate a readiness to learn. *Infancy, 15*(4), 362–391.doi:10.1111/j.1532-7078.2009.00020.x

Gottlieb, A. (2000). Luring your child into this life: A Beng path for infant care. In J. DeLoache & A. Gottlieb (Eds.), *A world of babies: Imagined childcare guides for seven societies* (pp. 55–89). New York, NY: Cambridge University Press.

Gottlieb, A., & DeLoache, J. (2017). *A world of babies.* New York, NY: Cambridge University Press.

Grossman, K. E., Grossman, K., & Waters, E. (Eds.). (2005). *Attachment from infancy to adulthood: The major longitudinal studies.* New York, NY: Guilford.

Grote, V., Verduci, E., Scaglioni, S., Vecchi, F., Contarini, G., Giovannini, M., . . . & Agostoni, C. (2016). Breast milk composition and infant nutrient intakes during the first 12 months of life. *European Journal of Clinical Nutrition, 70*(2), 250–256.

Guernsey, L. (2007). *Into the minds of babes: How screen time affects children from birth to age 5.* New York, NY: Perseus.

Haan, M. d., & Matheson, A. (2009). The development and neural bases of processing emotion in faces and voices. In M. d. H. & M. R. Gunnar, *Handbook of Developmental Social Neuroscience* (pp. 107–121). New York, NY: Guilford.

Hack, M., Taylor, G., Drotar, D., Schluchter, M., Cartar, L., Wilson-Costello, D.,… Morrow, M. (2005). Poor predictive validity of the Bayley Scales of Infant Development for cognitive function of extremely low birth weight children at school age. *Pediatrics, 116,* 333–341.

Harnad, S. (2012). *Lateralization in the nervous system.* New York, NY: Academic Press.

Haun, D. B. M. (2015). Comparative and developmental cognitive anthropology: Studying the origins of cultural variability in cognitive function. In L. A. Jensen (Ed.), *Oxford handbook of human development and culture: An interdisciplinary perspective* (pp. 94–110). Oxford, UK: Oxford University Press.

Hawkins, A. J., Lovejoy, K. R., Holmes, E. K., Blanchard, V. L., & Fawcett, E. (2008). Increasing fathers' involvement in child care with a couple-focused intervention during the transition to parenthood. *Family Relations, 57,* 49–59.

Herrera, E., Reissland, N., & Shepherd, J. (2004). Maternal touch and maternal child-directed speech: Effects of depressed mood in the postnatal period. *Journal of Affective Disorders, 81,* 29–39.

Hewlett, B. S., & Roulette, J. W. (2014). Cosleeping beyond infancy: Culture, ecology, and evolutionary biology of bed-sharing among Aka foragers and Ngandu farmers in central Africa. In D. Narvaez et al. (Eds.), *Ancestral landscapes in human evolution: Culture, childrearing, and social well-being.* New York, NY: Oxford University Press.

Hildreth, K., Sweeney, B., & Rovee-Collier, C. (2003). Differential memory-preserving effects of reminders at 6 months. *Journal of Experimental Child Psychology, 84,* 41–62.

Hoffmann, A., Rüttler, V., & Nieder, A. (2011). Ontogeny of object permanence and object tracking in the carrion crow, corvus corone. *Animal Behaviour, 82*(2), 359–367.

Hood, B., Cole-Davies, V., & Dias, M. (2003). Looking and search measures of object knowledge in preschool children. *Developmental Psychology, 39,* 61–70.

Hopkins, B., & Westra, T. (1990). Motor development, maternal expectations and the role of handling. *Infant Behavior and Development, 13,* 117–122.

Horwitz, B. N., Neiderhiser, J. M., Ganiban, J. M., Spotts, E. L., Lichtenstein, P., & Reiss, D. (2010). Genetic and environmental influences on global family conflict. *Journal of Family Psychology, 24,* 217.

Hunnius, S., de Wit, T. C. J., Vrins, S., & von Hofsten, C. (2011). Facing threat: Infants' and adults' visual scanning of faces with neutral, happy, sad, angry, and fearful emotional expressions. *Cognition and Emotion, 25,* 193–205.

Hunt, E. (1989). Cognitive science: Definition, status, and questions. *Annual Review of Psychology, 40,* 603–629.

Iannelli, V. I. (2007). *Tummy time: Infants.* About.com Guide. Retrieved from http://pediatrics.about.com/od/infants/a/0607_tummy_time.htm

Inhelder, B., & Piaget, J. (1958). *The growth of logical thinking from childhood to adolescence.* New York, NY: Basic Books.

Ismail, F. Y., Fatemi, A., & Johnston, M. V. (2017). Cerebral plasticity: windows of opportunity in the developing brain. *European Journal of Paediatric Neurology, 21*(1), 23–48.

Iverson, R., Kuhl, P. K., Akahane-Yamada, R., Diesch, E., Tohkura, Y., & Kettermann, A. (2003). A perceptual interference account of acquisition difficulties for non-native phonemes. *Cognition, 87,* B47–B57.

Izard, C. E., & Ackerman, B. P. (2000). Motivational, organizational, and regulatory functions of discrete emotions. In M. Lewis & J. M. Haviland-Jones (Eds.), *Handbook of emotions,* (2nd ed., pp. 253–264). New York, NY: Guilford.

Johnson, M. C. (2000). The view from the Wuro: A guide to child rearing for Fulani parents. In J. DeLoache & A. Gottlieb (Eds.), *A world of babies: Imagined childcare guides for seven societies* (pp. 171–198). New York, NY: Cambridge University Press.

Johnson, M. D. (2016). *Human biology: Concepts and current issues.* New York, NY: Pearson.

Johnson, S. P. (2013). Object perception. In P. D. Zelazo (Ed.),

The Oxford handbook of developmental psychology: Volume 1: Body and mind (pp. 371–379). New York, NY: Oxford University Press.

Kahana-Kalman, R., & Walker-Andrews, A. S. (2001). The role of person familiarity in young infants' perception of emotional expressions. *Child Development,* 72, 352–369.

Kaplan, H., & Dove, H. (1987). Infant development among the Ache of Eastern Paraguay. *Developmental Psychology, 23,* 190–198.

Kaplan, S. (2017, February 23). Despite horror stories, remedy stayed on shelves. *The Boston Globe, A1& A8.*

Kavšek, M. (2004). Predicting later IQ from infant visual habituation and dishabituation: A meta-analysis. *Journal of Applied Developmental Psychology, 25,* 369–393.

Kavšek, M., & Bornstein, M. H. (2010). Visual habituation and dishabituation in preterm infants: A review and meta-analysis. *Research in Developmental Disabilities, 31,* 951–975.

Keating, D. (1990). Adolescent thinking. In S. Feldman & G. Elliott (Eds.), *At the threshold: The developing adolescent* (pp. 54–89). Cambridge, MA: Harvard University Press.

Keen, R. (2005). Using perceptual representations to guide reaching and looking. In J. J. Reiser, J. J. Lockman, & C. A. Nelson (Eds.), *Action as an organizer of learning and development: Minnesota Symposia on Child Psychology* (Vol. 33, pp. 301–322). Mahwah, NJ: Erlbaum.

Keller, M. A., & Goldberg, W. A. (2004). Co–sleeping: Help or hindrance for young children's independence? *Infant and Child Development, 13,* 369–388.

Kelly, Y., Nazroo, J., Sacker, A., & Schoon, I. (2006). Ethnic differences in achievement of developmental milestones by 9 months of age: The Millennium Cohort Study. *Developmental Medicine & Child Neurology, 48,* 825–830.

Kim, H. J., & Shin, J. I. (2015). A study of the correlation between BSID-III and KICDT for children with developmental delay. *Journal of Physical Therapy Science, 27*(1), 269–271.

Kinney, H. C., & Thach, B. T. (2009). Medical progress: The sudden infant death syndrome. *The New England Journal of Medicine, 361,* 795–805.

Knect, S., Jansen, A., Frank, A., van Randenborgh, J., Sommer, J., Kanowski, M., & Heinze, H. J. (2003). How atypical is atypical language dominance? *Neuroimage, 18,* 917–927.

Kostovic, I., & Vasung, L. (2009). Insights from in vitro magnetic resonance imaging of cerebral development. *Seminars in Perinatology, 33,* 220–233.

Kuhl, P. K. (2004). Early language acquisition: Cracking the speech code. *Nature Reviews Neuroscience, 5,* 831–843.

Kuhl, P. K. (2011). Early language learning and literacy: Neuroscience implications for education. *Mind, Brain, and Education, 5*(3), 128–142. doi:10.1111/j.1751-228X.2011.01121.x

Lamberti, L. M., Walker, C. L. F., Noiman, A., Victora, C., & Black, R. E. (2011). Breastfeeding and the risk for diarrhea morbidity and mortality. *BMC Public Health, 11*(Suppl. 3), S15.

Lampl, M., Johnson, M. L., & Frongillo, E. A., Jr. (2001). Mixed distribution analysis identifies saltation and stasis growth. *Annals of Human Biology, 28,* 403–411.

Le, H. N. (2000). Never leave your little one alone: Raising an Ifaluk child. In J. DeLoache & A. Gottlieb (Eds.), *A world of babies: Imagined childcare guides for seven societies* (pp. 199–222). New York, NY: Cambridge University Press.

Leakey, R. (1994). *The origins of humankind.* New York, NY: Basic Books.

Lee, H. M., Bhat, A., Scholz, J. P., & Galloway, J. C. (2008). Toy-oriented changes during early arm movements: IV: Shoulder-elbow coordination. *Infant Behavior and Development, 31,* 447–469.

Lee, S. A. S., Davis, B., & MacNeilage, P. (2010). Universal production patterns and ambient language influences in babbling: A cross-linguistic study of Korean- and English-learning infants. *Journal of Child Language, 37,* 293–318.

LeVine, R. A., Dixon, S., LeVine, S., Richman, A., Leiderman, P. H., Keefer, C. H., & Brazelton, T. B. (1994). *Child care and culture: Lessons from Africa.* New York, NY: Cambridge University Press.

LeVine, R. A., & LeVine, S. (2016). *Do parents matter? Why Japanese babies sleep soundly, Mexican siblings don't fight, and American families should just relax.* Philadelphia, PA: PublicAffairs.

Lewis, M. (2002). Early emotional development. In A. Slater & M. Lewis (Eds.), *Introduction to infant development* (pp. 216–232). New York, NY: Oxford University Press.

Lewis, M. (2008). The emergence of human emotions. In L. F. Barrett, J. M. Haviland-Jones, & M. Lewis (Eds.), *Handbook of emotions* (3rd ed., pp. 304–319). New York, NY: Guilford Press.

Lewis, M. (2010). The development of anger. In M. Potegal, G. Stemmler, & C. Spielberger (Eds.), *International handbook of anger: Constituent and concomitant biological, psychological, and social processes* (pp. 177–191). New York, NY: Springer.

Lewis, M., Ramsay, D. S., & Kawakami, K. (1993). Differences between Japanese infants and Caucasian American infants in behavioral and cortisol response to inoculation. *Child Development, 64,* 1722–1731.

Lewis, M., Takai-Kawakami, K., Kawakami, K., & Sullivan, M. W. (2010). Cultural differences in emotional responses to success and failure. *International Journal of Behavioral Development, 34*, 53–61.

Lewis, S. N., West, A. F., Stein, A., Malmberg, L.-E., Bethell, K., Barnes, J., & Leach, P. (2009). A comparison of father–infant interaction between primary and non-primary care giving fathers. *Child Care, Health, and Development, 35,* 199–207.

Lewkowitz, D. J., & Lickliter, R. (2013). *The development of intersensory perception.* New York, NY: Psychology Press.

Li, D. K., Petitti, D. B., Willinger, M., et al. (2003). Infant sleeping position and the risk of Sudden Infant Death Syndrome in California, 1997–2000. *American Journal of Epidemiology, 157,* 446–455.

Lipsitt, L. P. (2003). Crib death: A biobehavioral phenomenon? *Psychological Science, 12,* 164–170.

Ma, W., Golinkoff, R. M., Houston, D. M., & Hirsh-Pasek, K. (2011). Word learning in infant- and adult-directed speech. *Language Learning and Development, 7*(3), 209–225. doi:10. 1080/15475441.2011.579839

Mandel, D. R., Lusczyk, P. W., & Pisoni, D. B. (1995). Infants' recognition of the sound patterns of their own names. *Psychological Science, 6,* 314–317.

Markant, J. C., & Thomas, K. M. (2013). Postnatal brain development. In P. D. Zelazo (Ed.), *The Oxford handbook of developmental psychology: Vol. 1: Body and mind* (pp. 129–163). New York, NY: Oxford University Press.

Mayo Clinic. (2017). Infant and toddler health. Retrieved from http://www.mayoclinic.org/healthy-lifestyle/infant-and-toddler-health/in-depth/healthy-baby/art-20046200

Mazuka, R., Kondo, T., & Hayashi, A. (2008). Japanese mothers' use of specialized vocabulary in infant-directed speech: Infant-directed vocabulary in Japanese. In N. Masataka (Ed.), *The origins of language: Unraveling evolutionary forces* (pp. 39–58). New York, NY: Springer.

McKenna, J. J., & Gettler, L. T. (2017). Supporting a 'bottom-up,' new, no-holds-barred, psycho-anthro-pediatrics: Making room (scientifically) for bedsharing families. Sleep Medicine Reviews, 32, 1–3.

McKenna, J. J., & McDade, T. (2005). Why babies should never sleep alone: A review of the co-sleeping controversy in relation to SIDS, bedsharing, and breastfeeding. *Paediatric Respiratory Reviews, 6,* 134–152.

Meltzoff, A. N., & Williamson, R. A. (2013). Imitation: Social, cognitive, and theoretical perspectives. In P. D. Zelazo (Ed.), *The Oxford handbook of developmental psychology: Vol. 1. Body and mind* (pp. 651–682). New York, NY: Oxford University Press.

Menyuk, P., Liebergott, J., & Schultz, M. (1995). *Early language development in full-term and premature infants.* Hillsdale, NJ: Erlbaum.

Mesman, J., van IJzendoorn, M. H., Bakermans-Kranenburg, M. J. (2009). The many faces of the Still-Face Paradigm: A review and meta-analysis. *Developmental Review, 29,* 120–162.

Milan, S., Snow, S., & Belay, S. (2007). The context of preschool children's sleep: Racial/ethnic differences in sleep locations, routines, and concerns. *Journal of Family Psychology, 21*(Special issue: *Carpe noctem: Sleep and family processes*), 20–28.

Mileva-Seitz, V. R., Bakermans-Kranenburg, M. J., Battaini, C., & Luijk, M. P. (2017). Parent–child bed-sharing: The good, the bad, and the burden of evidence. *Sleep Medicine Reviews, 32*, 4–27.

Miller, H. C., Gipson, C. D., Vaughan, A., Rayburn-Reeves, R.,

& Zentall, T. R. (2009). Object permanence in dogs: Invisible displacement in a rotation task. *Psychonomic Bulletin & Review, 16,* 150–155.

Miller, P. E., Vasey, J. J., Short, P. F., & Hartman, T. J. (2009, January). Dietary supplement use in adult cancer survivors. In *Oncology nursing forum* (Vol. 36, No. 1, pp. 61–68). Oncology Nursing Society.

Mindell, J. A., Sadeh, A., Kohyama, J., & How, T. H. (2010). Parental behaviors and sleep outcomes in infants and toddlers: A cross-cultural comparison. *Sleep Medicine, 11,* 393–399.

Mireault, G. C., et al. (2014). Social looking, social referencing, and humor perception in 6- and 12-month-old infants. *Infant Behavior and Development, 37,* 536–545.

Moore, J. L. (2010). The neuropsychological functioning of prisoners of war following repatriation. In C. H. Kennedy & J. L. Moore (Eds.), *Military neuropsychology* (pp. 267–295). New York, NY: Springer.

Morelli, G. (2015). The evolution of attachment theory and cultures of human attachment in infancy and early childhood. In L. A. Jensen (Ed.), *Oxford handbook of human development and culture.* New York, NY: Oxford University Press.

Morelli, G., Rogoff, B., Oppenheim, D., & Goldsmith, D. (1992). Cultural variation in infants' sleeping arrangements: Question of independence. *Developmental Psychology, 39*, 604–613.

Morra, S., Gobbo, C., Marini, Z., & Sheese, R. (2008). *Cognitive development: Neo–Piagetian perspectives.* New York, NY: Taylor & Francis.

Mountain, G., Cahill, J., & Thorpe, H. (2017). Sensitivity and attachment interventions in early childhood: A systematic review and meta-analysis. *Infant Behavior and Development, 46*, 14–32.

Murkoff, H., & Mazel, S. (2014). *What to expect the first year (3rd edition).* New York, NY: Workman.

Napier, K., & Meister, K. (2000). *Growing healthy kids: A parents' guide to infant and child nutrition.* New York, NY: American Council on Science and Heath.

National Center for Health Statistics. (2005). *Health, United States, 2005. With chartbook on trends in the health of Americans.* Hyattsville, MD: Author.

National Sudden and Unexpected Infant/Child Death & Pregnancy Loss Resource Center. (2010). *Statistics overview.* Retrieved from http://sidcenter.org/Statistics.html

Newcombe, N., & Huttenlocher, J. (2006). Development of spatial cognition. In W. Damon & R. Lerner (Eds.), & D. Kuhn & R. Siegler (Vol. Eds.), *Handbook of child psychology: Vol. 2. Cognition, perception and language* (6th ed., pp. 734–776). New York, NY: Wiley.

Nolan, K., Schell, L. M., Stark, A. D., & Gomez, M. I. (2002). Longitudinal study of energy and nutrient intakes for infants from low-income, urban families. *Public Health Nutrition, 5,* 405–412.

Nwokah, E. E., Hsu, H., Davies, P., & Fogel, A. (1999). The integration of laughter and speech in vocal communication: A dynamic systems perspective. *Journal of Speech and Hearing Research, 42,* 880–894.

O'Connor, T. G., Rutter, M., Beckett, C., Keaveney, L., Dreppner, J. M., & English and Romanian Adoptees Study Team. (2000). The effects of global severe privation on cognitive competence: Extension and longitudinal follow-up. *Child Development, 71,* 376–390.

OECD. (2014). Infant mortality. Family database, Social Policy Division. Retrieved from www.oecd.org/social/family/database

Oller, D. K., Eilers, R. E., Urbano, R., & Cobo-Lewis, A. B. (1997). Development of precursors to speech in infants exposed to two languages. *Journal of Child Language, 24,* 407–425.

Oster, H., Hegley, D., & Nagel, L. (1992). Adult judgments and fine-grained analysis of infant facial expressions: Testing the validity of a priori coding formulas. *Developmental Psychology, 28,* 1115–1131.

Parish-Morris, J., Hirsch-Pasek, K., Golinkoff, R. M., & Hirch-Pasek. (2013). From coo to code: A brief story of language development. In P.D. Zelazo (Ed.), *The Oxford handbook of developmental psychology: Volume 1: Body and mind* (pp. 867–908). New York, NY: Oxford University Press.

Patterson, M. L., & Werker, J. F. (2002). Infants' ability to match dynamic phonetic and gender information in the face and voice. *Journal of Experimental Child Psychology, 81,* 93–115.

Piaget, J. (1936/1952). *The origins of intelligence in children.* New York, NY: Norton.

Piaget, J. (1954). *The construction of reality in the child.* New York, NY: Basic Books.

Piaget, J. (1972). Intellectual evolution from adolescence to adulthood. *Human Development, 15,* 1–12.

Piaget, J. (2002). The epigenetic system and the development of cognitive functions. In R. O. Gilmore, M. H. Johnson, & Y. Munakata (Eds.), *Brain development and cognition: A reader* (2nd ed., pp. 29–35). Malden, MA: Blackwell.

Pickett, K. E., Luo, Y., & Lauderdale, D. S. (2005). Widening social inequalities in risk for sudden infant death syndrome. *American Journal of Public Health, 95*(11), 1976.

Pluviano, S., Watt, C., & Della Sala, S. (2017). Misinformation lingers in memory: Failure of three pro-vaccination strategies. *PloS one, 12*(7), e0181640.

Pollitt, E., Golub, M., Gorman, K., Gratham-McGregor, S., Levitsky, D., Schurch, B., . . . Wachs, T. (1996). A reconceptualization of the effects of undernutrition on children's biological, psychosocial, and behavioral development. *Social Policy Report, 10,* 1–28.

Population Reference Bureau. (2014). *World population data sheet, 2014.* Washington, DC: Author.

Pretorius, E., Naude, H., & Van Vuuren, C. J. (2002). Can cultural behavior have a negative impact on the development of visual integration pathways? *Early Child Development and Care, 123*, 173–181.

Ramos, M. C., Guerin, D. W., Gottfried, A. W., Bathurst, K., & Oliver, P. H. (2005). Family conflict and children's behavior problems: The moderating role of child temperament. *Structural Equation Modeling, 12,* 278–298.

Rauscher, F. H. (2003). Can music instruction affect children's cognitive development? *ERIC Digest, EDO-PS-03-12.*

Rauscher, F. H., Shaw, G. L., & Ky, K. N. (1993). Listening to Mozart enhances spatial-temporal reasoning: Towards a neurophysiological basis. *Neuroscience Letters, 185,* 44–47.

Rechtman, L. R., Colvin, J. D., Blair, P. S., & Moon, R. Y. (2014). Sofas and infant mortality. *Pediatrics, 134*(5), e1293–e1300. doi:10.1542/peds.2014-1543

Reese, D. (2000). A parenting manual, with words of advice for Puritan mothers. In J. DeLoache & A. Gottlieb (Eds.), *A world of babies: Imagined childcare guides for seven societies* (pp. 29–54). New York, NY: Cambridge University Press.

Richman, A. L., Miller, P. M., & LeVine, R. A. (2010). Cultural and educational variations in maternal responsiveness. In R. A. LeVine (Ed.), *Psychological anthropology: A reader on self in culture* (pp. 181–192). Malden, MA: Wiley-Blackwell.

Rideout, V. (2013). *Zero to eight: Children's use of media in America, 2013.* Washington, DC: Common Sense Media.

Rose, S. A., Feldman, J. F., Jankowski, J. J., & Van Rossem, R. (2005). Pathways from prematurity and infant abilities to later cognition. *Child Development, 76,* 1172–1184.

Rodier, P. M. (2009). *Science under attack: Vaccines and autism.* Berkeley, CA: University of California Press.

Rothbart, M. K. (2004). Emotion-related regulation: Sharpening the definition. *Child Development, 75*, 334–339.

Rothbart, M. K., Ahadi, S. A., & Evans, D. E. (2000). Temperament and personality: Origins and outcome. *Journal of Personality and Social Psychology, 78,* 122–135.

Rothbart, M. K., Ahadi, S. A., Hershey, K. L., & Fisher, P. (2001). Investigations of temperament at three to seven years: The Children's Behavior Questionnaire. *Child Development, 72*(5), 1394–1408. doi:10.1111/1467-8624.00355

Rovee-Collier, C. K. (1999). The development of infant memory. *Current Directions in Psychological Science, 8,* 80–85.

Rutter, M., O'Connor, T. G., & English and Romanian Adoptees Study Team. (2004). Are there biological programming effects for psychological development? Findings from a study of Romanian adoptees. *Developmental Psychology, 40,* 81–94.

Saffran, J. R., Werker, J. F., & Werner, L. A. (2006). The infant's auditory world: Hearing, speech and the beginnings of language. In W. Damon & R. Lerner (Eds.), & D. Kuhn & R. Siegler (Vol. Eds.), *Handbook of child psychology: Vol. 2. Cognition, perception, and language* (6th ed., pp. 58–108). New York, NY: Wiley.

Sarrell, E. M., Horev, Z., Cohen, Z., & Cohen, H. A. (2005). Parents' and medical personnel's beliefs about infant teething. *Patient Education and Counseling, 57,* 122–125.

Savelsbergh, G. J. P., Ledebt, A., Smorenburg, A. R. P., & Deconinck, F. J. A. (2013). Upper limb activity in children with unilateral spastic cerebral palsy: The role of vision in movement strategies. *Developmental Medicine and Child Neurology, 55,* 38–42. doi:10.1111/dmcn.12305

Schmitow, C., & Stenberg, G. (2013). Social referencing in 10-month-old infants. *European Journal of Developmental Psychology, 10,* 533–545. doi:10.1080/17405629.2013.763473

Schott, J. M., & Rossor, M. N. (2003). The grasp and other primitive reflexes. *Journal of Neurological and Neurosurgical Psychiatry, 74,* 558–560.

Schwalb, D. W., Schwalb, B. J., & Lamb, M. E. (2013). *Fathers in cultural context.* New York, NY: Routledge.

Schweinle, A., & Wilcox, T. (2004). Intermodal perception and physical reasoning in young infants. *Infant Behavior & Development, 27,* 246–265.

Singh, L., Nestor, S., Parikh, C., & Yull, A. (2009). Influences of infant-directed speech on early word recognition. *Infancy, 14,* 654–666.

Slater, A., Field, T., & Hernandez-Reif, M. (2002). The development of the senses. In A. Slater & M. Lewis (Eds.), *Introduction to infant development.* New York, NY: Oxford University Press.

Small, M. F. (1998). *Our babies, ourselves: How biology and culture shape the way we parent.* New York, NY: Anchor.

Small, M. F. (2005). The natural history of children. In Sharna Olfman (Ed.), *Childhood lost: How American culture is failing our kids* (pp. 3–17). Westport, CT: Praeger.

Soderstrom, M. (2007). Beyond babytalk: Re-evaluating the nature and content of speech input to preverbal infants. *Developmental Review, 27,* 501–532.

Soken, N. H., & Pick, A. D. (1992). Intermodal perception of happy and angry expressive behaviors by seven-month-old infants. *Child Development, 63,* 787–795.

Spelke, E. S. (1979). Perceiving bimodally specified events in infancy. *Developmental Psychology, 5,* 626–636.

Spencer, J. P., Verejiken, B., Diedrich, F. J., & Thelen, E. (2000). Posture and the emergence of manual skills. *Developmental Science, 3,* 216–233.

Spinelli, M., Fasolo, M., & Mesman, J. (2017). Does prosody make the difference? A meta-analysis on relations between prosodic aspects of infant-directed speech and infant outcomes. *Developmental Review, 44,* 1–18.

Spock, B., & Needlman, R. (2004). *Dr. Spock's baby and child care* (8th ed.). New York, NY: Pocket.

Stahl, A. E., & Feigenson, L. (2015). Observing the unexpected enhances infants' learning and exploration. *Science, 348*(6230), 91–94.

Stenberg, C. R., Campos, J. J., & Emde, R. N. (1983). The facial expression of anger in seven-month-old infants. *Child Development*, 178–184.

Stiles, J., & Jernigan, T. L. (2010). The basics of brain development. *Neuropsychology Review, 20*(4), 327–348. doi:10.1007/s11065-010-9148-4

Super, C. M., & Harkness, S. (1986). The developmental niche: A conceptualization at the interface of child and culture. *International Journal of Behavior Development, 9,* 545–569.

Super, C. M., & Harkness, S. (2010). Culture and infancy. In G. Bremner & T. D. Wachs (Eds.), *Blackwell handbook of infant development* (Vol. 1, 2nd ed., 623–649). Oxford, England: Blackwell.

Super, C. M., Harkness, S., van Tijen, N., van der Vlugt, E., Fintelman, M., & Dijkstra, J. (1996). The three R's of Dutch childrearing and the socialization of infant arousal. In S. Harkness & C. M. Super (Eds.), *Parents' cultural belief systems: Their origins, expressions and consequences* (pp. 447–466). New York, NY: Guilford Press.

Super, C., & Harkness, S. (2015). Charting infant development: Milestones along the way. In L.A. Jensen (Ed.), *The Oxford handbook of human development and culture: An interdisciplinary perspective. Oxford library of psychology* (pp. 79–93). New York, NY: Oxford University Press.

Tennant, I. A., Barnett, A. T., Thompson, D. S., Kips, J., Boyne, M. S., Chung, E. E., . . . Forrester, T. E. (2014). Impaired cardiovascular structure and function in adult survivors of severe acute malnutrition. *Hypertension, 64*, 664–671. doi:10.1161/ HYPERTENSIONAHA.114.03230

Thelen, E. (2001). Dynamic mechanisms of change in early perceptual-motor development. In J. L. McClelland & R. S. Siegler (Eds.), *Mechanisms of cognitive development: Behavioral and neural perspectives* (pp. 161–184). Mahwah,

NJ: Erlbaum.

Thiessen, E. D., Hill, E. A., & Saffran, J. R. (2005). Infant-directed speech facilitates word segmentation. *Infancy, 7,* 53–71.

Thomas, A., & Chess, S. (1977). *Temperament and development.* New York, NY: Brunner/Mazel.

Thomas, A., Chess, S., & Birch, H. G. (1968). *Temperament and behavior disorders in children.* New York, NY: New York University Press.

Trainor, L. J., Austin, C. M., & Desjardins, R. N. (2000). Is infant-directed speech prosody a result of the vocal expression of emotion? *Psychological Science, 11,* 188–195.

Trajanovska, M., Manias, E., Cranswick, N., & Johnston, L. (2010). Parental management of childhood complaints: Over-the-counter medicine use and advice-seeking behaviours. *Journal of Clinical Nursing, 19,* 2065–2075.

Tronick, E. (2007). *The neurobehavioral and social-emotional development of infants and children.* New York, NY: W. W. Norton.

Tsola, M. E., & Anastassiou-Hadjicharalambous, X. (2011). Stranger anxiety. In S. Goldstein & J.A. Naglieri (Eds.), *Encyclopedia of child behavior and development* (pp. 1448–1448). New York: Springer.

UNICEF. (2014). *Committing to child survival: A promise renewed.* New York, NY: Author.

UNICEF. (2015, October). Neonatal mortality. Retrieved from http://data.unicef.org/child-mortality/neonatal.html

van Beinum, F. J. (2008). Frames and babbling in hearing and deaf infants. In B. L. Davis & K. Zajdó (Eds.), *The syllable in speech production* (pp. 225–241). New York, NY: Lawrence Erlbaum.

Vlaardingerbroek, J., van Goudoever, J. B., & van den Akker, C. H. P. (2009). Initial nutritional management of the preterm infant. *Early Human Development, 85,* 691–695.

Wang, S., Baillargeon, R., & Paterson, S. (2005). Detecting continuity violations in infancy: A new account and new evidence from covering and tube events. *Cognition, 95,* 129–173.

Warren, S. L., & Simmens, S. J. (2005). Predicting toddler anxiety/depressive symptoms: Effects of caregiver sensitivity of temperamentally vulnerable children. *Infant of Medical Health Journal, 26,* 40–55.

Waxman, S. R., & Lidz, J. L. (2006). Early word learning. In W. Damon & R. Lerner (Eds.), & D. Kuhn & R. Siegler (Vol. Eds.), *Handbook of child psychology: Vol. 2. Cognition, perception and language* (6th ed., pp. 299–335). New York, NY: Wiley.

Werker, J. F., & Fennell, C. T. (2009). Infant speech perception and later language acquisition: Methodological underpinnings. In J. Colombo, P. McCardle, & L. Freund (Eds.), *Infant pathways to language: Methods, models, and research disorders* (pp. 85–98). New York, NY: Psychology Press.

Wessel, L. (2017). Vaccine myths. *Science.* Retrieved from http://www.sciencemag.org/news/2017/04/four-vaccine-myths-and-where-they-came

Willinger, M., Ko, C.-W., Hoffman, J. J., Kessler, R. C., & Corwin, M. J. (2003). Trends in infant bed sharing in the United States. *Archives of Pediatrics and Adolescent Medicine, 157,* 43–49.

World Health Organization (WHO). (2014). *Comprehensive implementation plan on maternal, infant, and young child nutrition.* Geneva, Switzerland: Author. Retrieved from www.who.int/nutrition/publications/CIP_document/en/

World Health Organization (WHO). (2017). *Diarroeal disease.* Retrieved from http://www.who.int/mediacentre/factsheets/fs330/en/

World Health Organization (WHO). (2017). *1 in 10 infants worldwide did not receive any vaccinations in 2016.* Retrieved from http://www.who.int/mediacentre/news/releases/2017/infants-worldwide-vaccinations/en/

Wörmann, V., Holodynski, M., Kärtner, J., & Keller, H. (2012). A cross-cultural comparison of the development of the social smile: A longitudinal study of maternal and infant imitation in 6- and 12-week-old infants. *Infant Behavior and Development, 35*(3), 335–347. doi:http://dx.doi.org/10.1016/j.infbeh.2012.03.002

Wrangham, R. (2009). *Catching fire: How cooking made us human.* New York, NY: Basic Books.

Chapter 5

Adolph, K. E., & Berger, S. E. (2006). Motor development. In W. Damon & R. Lerner (Series Eds.), & D. Kuhn & R. Sieglery (Vol. Eds.), *Handbook of child psychology: Vol. 2. Cognition, perception and language* (6th ed., pp. 161–213). New York, NY: Wiley.

Adolph, K. E., & Robinson, S. R. (2013). The road to walking: What learning to walk tells us about development. In P. D. Zelazo (Ed.), *Oxford handbook of developmental psychology: Vol. 1: Body and mind* (pp. 403–446). New York, NY: Oxford University Press.

Ainsworth, M. D. S., Behar, M. C., Waters, E., & Wall, S. (1978). *Patterns of attachment: A psychological study of the strange situation.* Oxford, UK: Erlbaum.

Ainsworth, M. D. S., & Bell, S. M. (1969). Some contemporary patterns of mother–infant interaction in the feeding situation. In A. Ambrose (Ed.), *Stimulation in early infancy* (pp. 133–170). London, UK: Academic Press.

Ainsworth, M. S. (1977). Infant development and mother–infant interaction among Ganda and American families. In P. H. Leiderman, S. R. Tulkin, & A. Rosenfeld (Eds.), *Culture and infancy: Variations in the human experience* (pp. 119–149). New York, NY: Academic Press.

Akimoto, S. A., & Sanbonmatsu, D. M. (1999). Differences in self-effacing behavior between European and Japanese Americans: Effect on competence evaluations. *Journal of Cross-Cultural Psychology, 30,* 159–177.

Akshoomoff, N. A., Feroleto, C. C., Doyle, R. E., & Stiles, J. (2002). The impact of early unilateral brain injury on perceptual organization and visual memory. *Neuropsychologia, 40,* 539–561.

American Academy of Pediatrics (AAP). (2016). American Academy of Pediatrics announces new recommendations for children's media use. Retrieved from www.aap.org/en-us/about-the-aap/aap-press-room/pages/american-academy-of-pediatrics-announces-new-recommendations-for-childrens-media-use.aspx

American Academy of Pediatrics (AAP). (2016). *Guide to toilet training.* New York, NY: Bantam Books.

American Psychiatric Association. (2013). *Diagnostic and statistical manual of mental disorders* (5th ed.). Arlington, VA: American Psychiatric Association.

Ammaniti, M., Speranza, A. M., & Fedele, S. (2005). Attachment in infancy and in early and late childhood. *Attachment in Middle Childhood*, 115–136.

Arnett, J. J. (1998). Learning to stand alone: The contemporary American transition to adulthood in cultural and historical context. *Human Development, 41,* 295–315.

Atkinson, L., & Goldberg, S. (Eds.). (2004). *Attachment issues in psychopathology and intervention.* Mahwah, NJ: Erlbaum.

Atkinson, L., Chisholm, V. C., Scott, B., Goldberg, S., Vaughn, B. E., Blackwell, J., Dickens, S., & Tam, F. (1999). Maternal sensitivity, child functional level, and attachment in Down syndrome. *Monographs of the Society for Research in Child Development, 64,* 45–66.

Axia, G., Bonichini, S., & Benini, F. (1999). Attention and reaction to distress in infancy: A longitudinal study. *Developmental Psychology, 35,* 500–504.

Bakermans-Kranenburg, M. J., van Uzendoorn, M. H., Bokhorst, C. L., & Schuengel, C. (2004). The importance of shared environment in infant–father attachment: A behavioral genetic study of the attachment q-sort. *Journal of Family Psychology, 18,* 545–549.

Bandura, A., & Bussey, K. (2004). On broadening the cognitive, motivational, and sociostructural scope of theorizing about gender development and functioning: Comments on Martin, Buble and Szkrybalo (2002). *Psychological Bulletin, 130,* 691–701.

Barnett, D., Ganiban, J., & Cicchetti, D. (1999). Maltreatment, negative expressivity, and the development of type D attachments from 12 to 24 months of age. *Monographs of the Society for Research in Child Development, 64,* 97–118.

Barone, J. G., Jasutkar, N., & Schneider, D. (2009). Later toilet training is associated with urge incontinence in children. *Journal of Pediatric Urology, 5*(6), 458–461.

Barr, R., & Hayne, H. (2003). It's not what you know, it's who you know: Older siblings facilitate imitation during infancy. *Child Development, 70,* 1067–1081.

Barr, R., Marrott, H., & Rovee-Collier, C. (2003). The role of sensory preconditioning in memory retrieval by preverbal infants. *Learning and Behavior, 31,* 111–123.

Barrett, K. C., & Nelson-Goens, G. C. (1997). Emotion communication and the development of the social emotions. *New Directions for Child Development, 77,* 69–88.

Bauer, P. J. (2006). Event memory. In W. Damon & R. Lerner (Eds.), *Handbook of child psychology: Vol. 2. Cognition, perception and language* (6th ed., pp. 373–425). New York, NY: Wiley.

Bauer, P. J., San Souci, P., & Pathman, T. (2010). Infant memory. *Wiley Interdisciplinary Reviews: Cognitive Science, 1,* 267–277.

Bauer, P. J., Wenner, J. A., Dropik, P. I., & Wewerka, S. S. (2000). Parameters of remembering and forgetting in the transition from infancy to early childhood. *Monographs of the Society for Research in Child Development, 65,* 1–204.

Bauer, P. J., Wiebe, S. A., Carver, L. J., Waters, J. M., & Nelson, C. A. (2003). Developments in long-term explicit memory late in the first year of life: Behavioral and electrophysiological indices. *Psychological Science, 14,* 629–635.

Bauer, P. J., Wiebe, S. A., Waters, J. M., & Banston, S. K. (2001). Reexposure breeds recall: Effects of experience on 9-month-olds' ordered recall. *Journal of Experimental Child Psychology, 80*, 174–200.

Bayley, N. (2005). *Bayley Scales of Infant and Toddler Development, Third Edition* (Bayley-III). San Antonio, TX: Harcourt Assessment.

Bell, M. A., & Wolfe, C. D. (2007). The cognitive neuroscience of early socioemotional development. In C. A. Brownell & C. B. Kopp (Eds.), *Socioemotional development in the toddler years: Transitions and transformations* (pp. 345–369). New York, NY: Guilford Press.

Bellah, R. N., Madsen, R., Sullivan, W. M., Swidler, A., & Tipton, S. M. (1985). *Habits of the heart: Individualism and commitment in American life.* New York, NY: Harper & Row.

Berger, S. E., Adolph, K. E., & Lobo, S. A. (2005). Out of the toolbox: Toddlers differentiate wobbly and wooden handrails. *Child Development, 76,* 1294–1307.

Blom, N., van der Zanden, R., Buijzen, M., & Scheepers, P. (2016). Media exposure and health in Europe: Mediators and moderators of media systems. *Social indicators research, 126*(3), 1317–1342.

Bloom, L. (1998). Language acquisition in its developmental context. In W. Damon (Ed.), & D. Kuhn & R. S. Siegler (Vol. Eds.), *Handbook of child psychology: Vol. 2. Cognition, perception and language* (5th ed., pp. 309–370). New York, NY: Wiley.

Bloom, L., Lifter, K., & Broughton, J. (1985). The convergence of early cognition and language in the second year of life: Problems in conceptualization and measurement. In M. Barrett (Ed.), *Single word speech* (pp. 149–181). New York, NY: Wiley.

Bloom, P. (2000). *How children learn the meanings of words.* Cambridge, MA: MIT Press.

Blum, N. J., Taubman, B., & Nemeth, N. (2004). Why is toilet training occurring at older ages? A study of factors associated with later training. *Journal of Pediatrics, 145,* 107–111.

Bochner, S., & Jones, J. (2003). Augmentative and alternative forms of communication as stepping stones to speech. *Child Language Development: Learning to Talk, Second Edition*, 143–156.

Boer, F., Goedhardt, A. W., & Treffers, P. D. A. (2013). Siblings and their parents. In F. Boer, J. Dunn, & J. F. Dunn (Eds.), *Children's sibling relationships: Developmental and clinical issues* (pp. 41–54). New York, NY: Wiley.

Bornstein, M. H. (2006). Parenting science and practice. In W. Damon & R. Lerner (Eds.), & K. A. Renninger & L. E. Sigel (Vol. Eds.), *Handbook of child psychology: Vol. 4. Child psychology in practice* (6th ed., pp. 893–949). New York, NY: Wiley.

Bornstein, M. H., & Arterberry, M. E. (2010). The development of object categorization in young children: Hierarchical inclusiveness, age, perceptual attribute, and group versus individual analyses. *Developmental Psychology, 46,* 350–365. doi:10.1037/a0018411

Bornstein, M. H., Cote, L. R., Maital, S., Painter, K., Park, S.-Y., Pascual, L., ... Vyt, A. (2004). Cross-linguistic analysis of vocabulary in young children: Spanish, Dutch, French, Hebrew, Italian, Korean, and American English. *Child Development, 75*(4), 1115–1139. doi:10.1111/j.1467-8624.2004.00729.x

Bowlby, J. (1969/1982). *Attachment and loss: Vol. 1. Attachment*

(2nd ed.). New York, NY: Basic Books.

Bowlby, J. (1980). *Attachment and loss: Vol. 3. Loss: Sadness and depression.* New York, NY: Basic Books.

Bretherton, I., & Munholland, K. (1999). Internal working models in attachment relationships: A construct revisited. In J. Cassidy & P. R. Shaver (Eds.), *Handbook of attachment: Theory, research, and clinical applications* (pp. 89–111). New York, NY: Guilford Press.

Brotanek, J. M., Gosz, J., & Weitzman, M. (2007). Iron deficiency in early childhood in the United States: Risk factors and racial/ethnic disparities. *Pediatrics, 120,* 568–575.

Brown, R. (1973). *A first language: The early stages.* Cambridge, MA: Harvard University Press.

Brownell, C. A., & Kopp, C. B. (2007). *Socioemotional development in the toddler years*. New York, NY: Guilford.

Brownell, C. A., Svetloca, M., & Nicols, S. (2009). To share or not to share: When do toddlers respond to another's needs? *Infancy, 14*(1), 11–130.

Bugental, D. B., & Grusec, J. E. (2006). Socialization processes. In N. Eisenberg, W. Damon, & R. M. Lerner (Eds.), *Handbook of child psychology: Vol. 3. Social, emotional, and personality development* (6th ed., pp. 366–428, xxiv, 1128). Hoboken, NJ: John Wiley & Sons.

Buss, D. M. (2003). *The evolution of desire: Strategies of human mating* (Revised Ed.). New York, NY: Basic Books.

Buss, D. M. (2007). The evolution of human mating. *Acta Psychologica Sinica, 39 (Special issue: Evolutionary psychology),* 502–512.

Cabrera, N. J., Ryan, R. M., Mitchell, S. J., Shannon, J. D., & Tamis-LaMonda, C. T. (2008). Low-income nonresident father involvement with their toddlers: Variation by fathers' race and ethnicity. *Journal of Family Psychology, 22*(4), 643–651. doi:10.1037/0893-3200.22.3.643

Calkins, S. (2012). Caregiving as coregulation: Psychobiological processes and child functioning. In A. Booth, S. M. McHale, & N. Landale (Eds.), *Biosocial foundations of family processes* (pp. 49–59). New York, NY: Springer.

Campbell, A., Shirley, L., & Candy, J. (2004). A longitudinal study of gender-related cognition and behavior. *Developmental Science, 7,* 1–9.

Cassidy, J., & Shaver, P. R. (2010). *Handbook of attachment: Theory, research, and clinical applications.* New York, NY: Guilford.

Centers for Disease Control and Prevention (CDC). (2015). Infants & toddlers (ages 0–3)—Safety in the home & community. Retrieved from www.cdc.gov/parents/infants/safety.html

Centers for Disease Control and Prevention (CDC). (2017). Autism spectrum disorder (ASD). Retrieved from www.cdc.gov/ncbddd/autism/data.html

Chomsky, N. (1957). *Syntactic structures.* The Hague, Netherlands: Mouton.

Chomsky, N. (1969). *Aspects of the theory of syntax.* Cambridge, MA: MIT Press.

Chuang, M. E., Lamb, C. P., & Hwang, C. P. (2004). Internal reliability, temporal stability, and correlates of individual differences in parental involvement: A 15-year longitudinal study in Sweden. In R. D. Day & M. E. Lamb (Eds.), *Conceptualizing and measuring father involvement* (pp. 129–148). Mahwah, NJ: Erlbaum.

Coovadia, H. M., & Wittenberg, D. F. (2014). *Coovadia's paediatrics & child health: A manual for health professionals in developing countries.* Oxford University Press.

Courage, M. L., & Setliff, A. E. (2009). Debating the impact of television and video material on very young children: Attention, learning, and the developing brain. *Child Development Perspectives, 3*(1), 72–78.

Crain, W. (2000). *Theories of development: Concepts and applications.* Upper Saddle River, NJ: Prentice Hall.

Cummings, E. M., George, M. R., & Kouros, C. D. (2010). Emotional development. In I. B. Weiner & W. B. Craighead (Eds.), *Corsini encyclopedia of psychology* (pp. 1–2). New York, NY: Wiley.

Dale, P. S., & Goodman, J. C. (2005). Commonality and individual differences in vocabulary growth. In M. Tomasello & D. I. Slobin (Eds.), *Beyond nature–nurture: Essays in honor of Elizabeth Bates* (pp. 41–78). Mahwah, NJ: Erlbaum.

Daniels, H., Cole, M., & Wertsch, J. V. (Eds.). (2007). *The Cambridge companion to Vygotsky.* London, UK: Cambridge University Press.

Dawson, G., Meltzoff, A. N., Osterling, J., Rinaldi, J., & Brown, E. (1998). Children with autism fail to orient to naturally occurring social stimuli. *Journal of Autism & Developmental Disorders, 28,* 479–485.

de Villiers, P. A., & de Villiers, J. G. (1978). *Language acquisition.* Cambridge, MA: Harvard University Press.

Delaney, C. (2000). Making babies in a Turkish village. In J. DeLoache & A. Gottleib (Eds.), *A world of babies: Imagined childcare guides for seven societies* (pp. 117–144). New York, NY: Cambridge University Press.

Diamond, J. (1992). *The third chimpanzee: The evolution and future of the human animal.* New York, NY: Harper Perennial.

Diener, M. (2000). Gifts from gods: A Balinese guide to early child rearing. In J. DeLoache & A. Gottlieb (Eds.), *A world of babies: Imagined childcare guides for seven societies* (pp. 91–116). New York, NY: Cambridge University Press.

Dixon Jr., W. E., Salley, B. J., & Clements, A. D. (2006). Temperament, distraction, and learning in toddlerhood. *Infant Behavior and Development, 29*(3), 342–357.

Donovan, J., & Zucker, C. (2010, October). Autism's first child. *The Atlantic,* pp. 78–90.

Driessen, R., Leyendecker, B., Schölmerich, A., & Harwood, R. (2010). Everyday experiences of 18- to 36-month-old children from migrant families: The influence of host culture and migration experience. *Early Child Development and Care, 180*, 1143–1163.

Dunn, J. (1988). *The beginnings of social understanding.* Cambridge, MA: Harvard University Press.

Dunn, J., & Kendrick, C. (1982). *Siblings: Love, envy, and understanding.* London, UK: Grant McIntyre.

Dunn, J., & Munn, P. (1985). Becoming a family member: Family conflict and the development of social understanding in the second year. *Child Development, 56,* 480–492.

Edmonds, L. (2011). Telegraphic speech. In J. Kreutzer, J. DeLuca, & B. Kaplan (Eds.), *Encyclopedia of clinical neuropsychology.* New York, NY: Springer.

Edwards, C. P., Ren, L., & Brown, J. (2015). Early contexts of learning: Family and community socialization during infancy and toddlerhood. In L. A. Jensen (Ed.), *The Oxford handbook of human development and culture: An interdisciplinary perspective* (pp. 165–181). New York, NY: Oxford University Press.

Egeland, B., & Carlson, B. (2004). Attachment and psychopathology. In L. Atkinson & S. Goldberg (Eds.), *Attachment issues in psychopathology and intervention* (pp. 27–48). Mahwah, NJ: Erlbaum.

Feigenbaum, P. (2002). Private speech: Cornerstone of Vygotsky's theory of the development of higher psychological processes. Voices within Vygotsky's non-classical psychology: Past, present, future, 161–174.

Fernald, A., Perfors, A., & Marchman, V. A. (2006). Picking up speed in understanding: Speech processing efficiency and vocabulary growth across the 2nd year. *Developmental Psychology, 42,* 98–116.

Fine, C. (2010). *Delusions of gender: How our minds, society, and neurosexism create difference.* New York: Norton.

Fitneva, S., & Matsui, T. (2015). The emergence and development of language across cultures. In L. A. Jensen (Ed.), *The Oxford handbook of human development and culture: An interdisciplinary perspective* (pp. 111–126). New York, NY: Oxford University Press.

Flavell, J. H., Miller, P. H., & Miller, S. A. (2002). *Cognitive development* (4th ed.). Upper Saddle River, NJ: Prentice Hall.

Fomon, S. J., & Nelson, S. E. (2002). Body composition of the male and female reference infants. *Annual Review of Nutrition, 22,* 1–17.

Fraley, R. C., Roisman, G. I., Booth-LaForce, C., Owen, M. T., & Holland, A. S. (2013). Interpersonal and genetic origins of adult attachment styles: A longitudinal study from infancy to early adulthood. *Journal of Personality and Social Psychology, 104,* 817–838. doi:10.1037/a0031435

Friedlmeier, W., Corapci, F., & Benga, O. (2015). Early emotional development in cultural perspective. In L. A. Jensen (Ed.), *Oxford handbook of human development and culture: An interdisciplinary perspective.* New York, NY: Oxford University Press.

Fritz, G., & Rockney, R. (2004). Summary of the practice parameter for the assessment and treatment of children and adolescents with enuresis. *Work Group on Quality Issues: Journal of the American Academy of Child & Adolescent*

Psychiatry, 43, 123–125.

Ganger, J., & Brent, M. R. (2004). Reexamining the vocabulary spurt. *Developmental Psychology, 40,* 621–632.

Garrison, M. M., & Christakis, D. A. (2005). *A teacher in the living room? Educational media for babies, toddlers and preschoolers.* Menlo Park, CA: The Henry J. Kaiser Family Foundation.

Gaskins, S. (2015). Childhood practices across cultures: Play and household work. In L. A. Jensen (Ed.), *Oxford handbook of human development and culture: An interdisciplinary perspective.* New York, NY: Oxford University Press.

Gauvain, M., & Nicolaides, C. (2015). Cognition in childhood across cultures. In L. A. Jensen (Ed.), *Oxford handbook of human development and culture: An interdisciplinary perspective.* New York, NY: Oxford University Press.

Gazzaniga, M. (2008). *Human: The science behind what makes us unique.* New York, NY: Ecco.

Gentzler, A. L., Ramsey, M. A., Yuen Yi, C., Palmer, C. A., & Morey, J. N. (2014). Young adolescents' emotional and regulatory responses to positive life events: Investigating temperament, attachment, and event characteristics. *The Journal of Positive Psychology, 9*, 108–121.

George, C., & Solomon, J. (1999). Attachment and caregiving: The caregiving behavioural system. In J. Cassidy & P. R. Shaver (Eds.), *Handbook of attachment: Theory, research, and clinical applications* (pp. 649–670). New York, NY: Guilford Press.

Gilmore, D. (1990). *Manhood in the making: Cultural concepts of masculinity.* New Haven, CT: Yale University Press.

Goldfield, B. A., & Reznick, J. S. (1990). Early lexical acquisition: Rate, content and the vocabulary spurt. *Journal of Child Language, 17,* 171–183.

Goldman, B. D., & Buysse, V. (2007). Friendships in very young children. In *Contemporary perspectives on socialization and social development in early childhood education* (pp. 165–192). New York, NY: IAP.

Goode, E. (1999, May 20). Study finds TV trims Fiji girls' body image and eating habits. *The New York Times*, p. A1.

Gopnik, A., Meltzoff, A. N., & Kuhl, P. K. (1999). *The scientist in the crib: Minds, brains, and how children learn.* New York, NY: William Morrow.

Gottlieb, A., & DeLoache, J. (2017). *A world of babies.* New York, NY: Cambridge University Press.

Graham, A. M., Pfeifer, J. H., Fisher, P. A., Lin, W., Gao, W., & Fair, D. A. (2015). The potential of infant fMRI research and the study of early life stress as a promising exemplar. *Developmental Cognitive Neuroscience, 12,* 12–39.

Groh, A. M., Narayan, A. J., Bakermans-Kranenburg, M. J., Roisman, G. I., Vaughn, B. E., Fearon, R. M., & IJzendoorn, M. H. (2016). Attachment and Temperament in the Early Life Course: A Meta-Analytic Review. *Child development, 88,* 770–795.

Grolnick, W. S., McMenamy, J. M., & Kurowski, C. O. (2006). Emotional self-regulation in infancy and toddlerhood. In L. Balter & C. S. Tamis-Lamonda (Eds.), *Child psychology: A book of contemporary issues* (pp. 3–25). New York, NY: Psychology Press.

Haas, L. L., & Hwang, C. P. (2013). Fatherhood and social policy in Scandinavia. In D. W. Schwalb, B. J. Schwalb, & M. E. Lamb (Eds.), *Fathers in cultural context* (pp. 303–331). New York, NY: Routledge.

Hadjikhani, N., Chabris, C. F., Joseph, R. M., Clark, J., McGrath, L., Aharon, I., ... Harris, G. J. (2004). Early visual cortex organization in autism: An fMRI study. *Neuroreport: For Rapid Communication of Neuroscience Research, 15,* 267–270.

Halgunseth, L. C., Ispa, J. M., & Rudy, D. (2006). Parental control in Latino families: An integrated review of the literature. *Child Development, 77,* 1282–1297.

Harlow, H. F. (1958). The nature of love. *American Psychologist, 13,* 673–685.

Hart, B., & Risley, T. R. (1999). *The social world of children learning to talk.* Baltimore, MD: Paul H. Brookes.

Harter, S. (2006). The self. In W. Damon & R. Lerner (Eds.), & N. Eisenberg (Vol. Ed.), *Handbook of child psychology: Vol. 3. Social, emotional and personality development* (6th ed., pp. 505–570). New York, NY: Wiley.

Hatfield, E., Mo, Y. M., & Rapson, R. L. (2015). Love, sex, and marriage across cultures. In L. A. Jensen (Ed.), *The Oxford handbook of human development and culture* (pp. 570–585).

New York, NY: Oxford University Press.

Henrichs, J., Schenk, J. J., Barendregt, C. S., Schmidt, H. G., Steegers, E. A. P., Hofman, A., ... Tiemeier, H. (2010). Fetal growth from mid- to late pregnancy is associated with infant development: The Generation R study. *Developmental Medicine & Child Neurology, 52,* 644–651.

Hewlett, B. S., & Macfarlan, S. J. (2010). Fathers' roles in hunter-gatherer and other small-scale cultures. *The Role of the Father in Child Development, 413*, 434.

Hill, J., Inder, T., Neil, J., Dierker, D., Harwell, J., & Van Essen, D. (2010). Similar patterns of cortical expansion during human development and evolution. *Proceedings of the National Academy of Sciences, 107,* 13135–13140.

Hines, M. (2004). *Brain gender.* New York, NY: Oxford University Press.

Hines, M. (2011). Prenatal endocrine influences on sexual orientation and on sexually differentiated childhood behavior. *Frontiers in Neuroendocrinology, 32*, 170–182.

Hines, M. (2015). Gendered development. In R. M. Lerner (Series Ed.), & M. E. Lamb (Vol. Ed.), *Handbook of child psychology and developmental science: Vol. 3. Socioemotional processes* (7th ed., pp. 842–887). New York, NY: Wiley.

Ho, D. Y. F. (1987). Fatherhood in Chinese culture. In M. E. Lamb (Ed.), *The father's role: Cross-cultural perspectives* (pp. 227–245). Hillsdale, NJ: Erlbaum.

Hoff, E. (2009). *Language development.* Belmont, CA: Wadsworth.

Hoffman, M. L. (2000). *Empathy and moral development.* New York, NY: Cambridge University Press.

Holodynski, M. (2009). Milestones and mechanisms of emotional development. In *Emotions as bio-cultural processes* (pp. 139–163). New York, NY: Springer US.

Howe, N., Aquan-Assee, J., & Bukowski, W. M. (2001). Predicting sibling relations over time: Synchrony between maternal management styles and sibling relationship quality. *Merrill-Palmer Quarterly, 47,* 121–141.

Howes, C. (1985). Sharing fantasy: Social pretend play in toddlers. *Child Development, 56,* 1253–1258.

Howes, C. (1996). The earliest friendships. In W. M. Bukowski, A. F. Newcomb, & W. W. Hartup (Eds.), *The company they keep: Friendship in childhood and adolescence* (pp. 66–86). Boston, MA: Cambridge University Press.

Hughes, C., & Dunn, J. (2007). Children's relationships with other children. In C. A. Brownell & C. B. Kopp (Eds.), *Socioemotional development in the toddler years* (pp. 177–200). New York, NY: Guilford.

Huttenlocher, P. R. (2002). *Neural plasticity: The effects of environment on the development of the cerebral cortex.* Cambridge, MA: Harvard University Press.

Iglowstein, I., Jenni, O. G., Molinari, L., & Largo, R. H. (2003). Sleep duration from infancy to adolescence: Reference values and generational trends. *Pediatrics, 111,* 302–307.

Insel, T. (2013, August 19). *Director's Blog: Infantile Amnesia.* Retrieved from www.nimh.nih.gov/about/director/2013/infantile-amnesia.shtml

Jensen, L. A. (2015). Moral reasoning: Developmental emergence and life course pathways among cultures. In L. A. Jensen (Ed.), *The Oxford handbook of human development and culture: An interdisciplinary perspective* (pp. 230–254). New York, NY: Oxford University Press.

Johnson, M. C. (2000). The view from the Wuro: A guide to child rearing for Fulani parents. In J. DeLoache & A. Gottlieb (Eds.), *A world of babies: Imagined childcare guides for seven societies* (pp. 171–198). New York, NY: Cambridge University Press.

Kaerts, N., Vermandel, A., Van Hal, G., & Wyndaele, J. J. (2014). Toilet training in healthy children: Results of a questionnaire study involving parents who make use of day-care at least once a week. *Neurourology and Urodynamics, 33*, 316–323.

Kapadia, S., & Gala, J. (2015). Gender across cultures: Sex and socialization in childhood. In L. A. Jensen (Ed.), *Oxford handbook of human development and culture: An interdisciplinary perspective* (pp. 307–326). New York, NY: Oxford University Press.

Kelly, Y., Nazroo, J., Sacker, A., & Schoon, I. (2006). Ethnic differences in achievement of developmental milestones by 9 months of age: The Millennium Cohort Study. *Developmental Medicine & Child Neurology, 48,* 825–830.

Kenneally, C. (2007). *The first words: The search for the origins of language.* New York, NY: Viking.

Keunen, K., Counsell, S. J., & Benders, M. J. (2017). The emergence of functional architecture during early brain development. *NeuroImage*.

Kirkorian, H. L., Wartella, E. A., & Anderson, D. R. (2008). Media and young children's learning. *The Future of Children, 18*(1), 39–61.

Knickmeyer, C. R., & Baron-Cohen, S. (2006). Fetal testosterone and sex differences. *Early human development, 82*(12), 755–760.

Kochanska, G. (2002). Mutually responsive orientation between mothers and their young children: A context for the early development of conscience. *Current Directions in Psychological Science, 11,* 191–195.

Kopp, C. B. (1989). Regulation of distress and negative emotions: A developmental view. *Developmental Psychology, 25,* 343–354.

Kopp, C. B. (2003). *Baby steps: A guide to your child's social, physical, mental, and emotional development in the first two years.* New York, NY: Owl.

Laible, D. (2004). Mother–child discourse in two contexts: Links with child temperament, attachment security and socioemotional competence. *Developmental Psychology, 40,* 979–992.

Lamb, M. E. (2010). *The role of the father in child development.* New York, NY: Wiley.

Lamb, M. E., & Lewis, C. (2010). The role and significance of father-child relationships in two-parent families. In M. E. Lamb (Ed.), *The role of the father in child development* (pp. 94–153). New York, NY: Wiley.

Le, H. N. (2000). Never leave your little one alone: Raising an Ifaluk child. In J. DeLoache & A. Gottlieb (Eds.), *A world of babies: Imagined childcare guides for seven societies* (pp. 199–222). New York, NY: Cambridge University Press.

Leakey, R. (1994). *The origins of humankind.* New York, NY: Basic Books.

Leaper, C. (2015). Gender and social-cognitive development. In R. M. Lerner (Series Ed.), & L. S. Liben & U. Muller (Vol. Eds.), *Handbook of child psychology and developmental science: Vol. 2. Cognitive processes* (7th ed., pp. 806–853). New York, NY: Wiley.

LeVine, R. A. (1994). *Child care and culture.* Cambridge, UK: Cambridge University Press.

LeVine, R. A., & LeVine, S. (2016). *Do parents matter? Why Japanese babies sleep soundly, Mexican siblings don't fight, and American families should just relax.* Philadelphia, PA: PublicAffairs.

Lewis, M., & Brooks-Gunn, J. (1979). *Social cognition and the acquisition of self.* New York, NY: Plenum.

Lewis, M., & Ramsay, D. S. (2004). Development of self-recognition, personal pronoun use, and pretend play during the 2nd year. *Child Development, 75,* 1821–1831.

Lillard, A. S. (2015). The development of play. In R. M. Lerner (Series Ed.), L. S. Liben & U. Müller (Vol. Eds.), *Handbook of child psychology and developmental science: Vol. 2. Cognitive processes* (7th ed., pp. 425–468). New York, NY: Wiley.

Linebarger, D. L., & Walker, D. (2005). Infants' and toddlers' television viewing and language outcomes. *American Behavioral Scientist, 48*(5), 624–645.

Liston, C., & Kagan, J. (2002). Brain development: Memory enhancement in early childhood. *Nature, 419*(6910), 896–896.

Lord, C., & Bishop, S. L. (2010). Autism spectrum disorders. *Social Policy Report, 24*(2), 3–16.

Lorenz, K. Z. (1965). *Evolution and the modification of behavior.* Chicago, IL: University of Chicago Press.

Lovas, G. S. (2011). Gender and patterns of language development in mother-toddler and father-toddler dyads. *First Language, 31*(1), 83–108.

Lyons-Ruth, K., Bronfman, E., Parsons, E. (1999). Maternal frightened, frightening, or atypical behavior and disorganized infant attachment patterns. *Monographs of the Society for Research in Child Development, 64*(3, Serial No. 258), 67–96.

Ma, W., Golinkoff, R. M., Houston, D. M., & Hirsh-Pasek, K. (2011). Word learning in infant- and adult-directed speech. *Language Learning and Development, 7*(3), 209–225. doi:10.1080/15475441.2011.579839

Maccoby, E. E. (2002). Gender and group process: A developmental perspective. *Current Directions in Psychological Science, 11,* 54–57.

Macfie, J., Cicchetti, D., & Toth, S. L. (2001). The development of dissociation in maltreated preschool-aged children. *Development and Psychopathology, 13*, 233–254.

Main, M., & Solomon, J. (1990). Procedures for identifying infants as disorganized/disoriented during the Ainsworth Strange Situation. In M. T. Greenberg, D. Cicchetti, & E. M. Cummings (Eds.), *Attachment in the preschool years: Theory, research, and intervention* (pp. 121–160). Chicago, IL: University of Chicago Press.

Malti, T., Peplak, J., & Acland, E. (2018). Emotional experiences in context: Developmental perspectives. In L. A. Jensen (in press), *Oxford handbook of moral development: Interdisciplinary perspectives.* New York, NY: Oxford University Press.

Maratsos, M. (1998). The acquisition of grammar. In W. Damon (Ed.), & D. Kuhn & R. S. Siegler (Vol. Eds.), *Handbook of child psychology: Vol. 2. Cognition, perception and language* (5th ed., pp. 421–466). New York, NY: Wiley.

Markant, J. C., & Thomas, K. M. (2013). Postnatal brain development. In P. D. Zelazo (Ed.), *The Oxford handbook of developmental psychology: Volume 1: Body and mind* (pp. 129–163). New York, NY: Oxford University Press.

Markman, E. M., & Jaswal, V. K. (2004). Acquiring and using a grammatical form class: Lessons from the proper-count distinction. *Weaving a lexicon*, 371–409.

Marlowe, F. (2000). Paternal investment and the human mating system. *Behavioural Processes, 51,* 45–61.

Mascolo, M. F., & Fischer, K. W. (2007). The codevelopment of self and sociomoral emotions during the toddler years. In C. A. Brownell & C. B. Kopp (Eds.), *Socioemotional development in the toddler years* (pp. 66–99). New York, NY: Guilford.

Maynard, A. E., & Martini, M. I. (Eds.). (2005). *Learning in cultural context: Family, peers, and school.* New York, NY: Kluwer.

Mayo Clinic. (2017). Bed-wetting. Retrieved from www.mayoclinic.org/diseases-conditions/bed-wetting/basics/definition/con-20015089

McMurray, B. (2016). Nature, nurture or interacting developmental systems? Endophenotypes for learning systems bridge genes, language and development. *Language, cognition and neuroscience, 31*(9), 1093–1097.

Mead, M. (1930/2001). *Growing up in New Guinea.* New York, NY: Anchor.

Medina, J., Ojeda-Aciego, M., & Ruiz-Calviño, J. (2009). Formal concept analysis via multi-adjoint concept lattices. *Fuzzy Sets and Systems, 160*(2), 130–144.

MedlinePlus. (2016). *Kwashiorkor*. Retrieved from https://medlineplus.gov/ency/article/001604.htm

Meltzoff, A. N., & Moore, M. K. (1994). Imitation, memory, and the representation of persons. *Infant Behavior and Development, 17,* 83–99.

Menyuk, P., Liebergott, J., & Schultz, M. (1995). *Early language development in full-term and premature infants.* Hillsdale, NJ: Erlbaum.

Miller, P. J. (2014). Placing discursive practices front and center: A sociocultural approach to the study of early socialization. In C. Wainryb & H. E. Recchia (Eds.), *Talking about right and wrong: Parent-child conversations as contexts for moral development* (pp. 416–447). New York, NY: Cambridge University Press.

Miller, P. J., Fung, H., Lin, S., Chen, E. C.-H., & Boldt, B. R. (2012). How socialization happens on the ground: Narrative practices as alternate socializing pathways in Taiwanese and European-American families. *Monographs of the Society for Research in Child Development, 77*, 1–140.

Miller, P. J., Wiley, A. R., Fung, H., & Liang, C.-H. (1997). Personal storytelling as a medium of socialization in Chinese and American families. *Child Development, 68,* 557–568.

Minami, M., & McCabe, A. (1995). Rice balls and bear hunts: Japanese and North American family narrative patterns. *Journal of Child Language, 22,* 423–445.

Morelli, G. (2015). The evolution of attachment theory and cultures of human attachment in infancy and early childhood. In L. A. Jensen (Ed.), *Oxford handbook of human development and culture.* New York, NY: Oxford University Press.

Mountain, G., Cahill, J., & Thorpe, H. (2017). Sensitivity and attachment interventions in early childhood: A systematic review and meta-analysis. *Infant Behavior and Development, 46*, 14–32.

Murkoff, H. E., & Mazel, S. (2011). *What to expect the second year*. New York, NY: Workman.

Murkoff, H. E., Eisenberg, A., Mazel, S., & Hathaway, S. E. (2003). *What to expect the first year* (2nd ed.). New York, NY: Workman.

Murkoff, H., & Mazel, S. (2014). *What to expect the first year* (3rd ed.). New York, NY: Workman.

Murkoff, H., & Mazel, S. (2016). *What to expect when you're expecting*. New York, NY: Workman.

Nakano, H., & Blumstein, S. E. (2004). Deficits in thematic processes in Broca's and Wernicke's aphasia. *Brain and Language, 88,* 96–107.

NICHD Early Child Care Research Network. (2000). Factors associated with fathers' caregiving activities and sensitivity with young children. *Developmental Psychology, 14*, 200–219.

NICHD Early Child Care Research Network. (2005). Early child care and children's development in the primary grades: Results from the NICHD Study of Early Child Care. *American Educational Research Journal, 43*, 537–570.

NICHD Early Child Care Research Network. (2006). Infant-mother attachment classification: Risk and protection in relation to changing maternal caregiving quality. *Developmental Psychology, 42,* 38–58.

Nsamenang, A. B. (1992). Perceptions of parenting among the Nso of Cameroon. In *Father–child relations: Cultural and biosocial contexts* (pp. 321–344). New York, NY: De Gruyter.

Padrón, E., Carlson, E. A., & Sroufe, L. A. (2014). Frightened versus not frightened disorganized infant attachment: Newborn characteristics and maternal caregiving. *American Journal of Orthopsychiatry, 84,* 201–208.

Paquette, D. (2004). Theorizing the father–child relationship: Mechanisms and developmental outcomes. *Human Development, 47,* 193–219.

Parish-Morris, J., Hirsch-Pasek, K., Golinkoff, R. M., & Hirch-Pasek. (2013). From coo to code: A brief story of language development. In P. D. Zelazo (Ed.), *The Oxford handbook of developmental psychology: Vol. 1. Body and mind* (pp. 867–908). New York, NY: Oxford University Press.

Parke, R. D., & Buriel, R. (2006). Socialization in the family: Ethnic and ecological perspectives. In W. Damon & R. Lerner (Eds.), & N. Eisenberg (Vol. Ed.), *Handbook of child psychology: Vol. 3. Social, emotional and personality development* (6th ed., pp. 429–504). New York, NY: Wiley.

Parten, M. (1932). Social play among preschool children. *Journal of Abnormal Social Psychology, 27,* 243–269.

Piaget, J. (1923). *The language and thought of the child*. New York, NY: Harcourt Brace & Company.

Pierroutsakos, S. L., & Troseth, G. L. (2003). Video verite: Infants' manual investigation of objects on video. *Infant Behavior & Development, 26,* 183–199.

Pinker, S. (2004). *The blank slate: The modern denial of human nature*. New York, NY: Penguin.

Pinquart, M., Feussner, C., & Ahnert, L. (2013). Meta-analytic evidence for stability in attachments from infancy to early adulthood. *Attachment & Human Development, 15*(2), 189–218. doi:10.1080/ 14616734.2013.746257

Pipp, S., Fischer, K. W., & Jennings, S. (1987). Acquisition of self- and mother knowledge in infancy. *Developmental Psychology, 23,* 86–96.

Pizzamiglio, A. P., Saygin, S. L., Small, S., & Wilson, S. (2005). Language and the brain. In M. Tomasello & D. A. Slobin (Eds.), *Beyond nature-nurture* (pp. 237–260). Mahwah, NJ: Erlbaum.

Pleck, J. H. (2010). Paternal involvement: Revised conceptualization and theoretical linkages to child outcomes. In M. E. Lamb (Ed.), *The role of the father in child development* (pp. 58–93). New York, NY: Wiley.

Potegal, M., & Davison, R. J. (2003). Temper tantrums in young children, 1: Behavioral composition. *Journal of Developmental & Behavioral Pediatrics, 24,* 140–147.

Quinn, P. C., Eimas, P. D., & Rosenkranz, S. L. (1993). Evidence for representations of perceptually similar natural categories by 3-month-old and 4-month-old infants. *Perception, 22,* 463–475.

Raag, T. (2003). Racism, gender identities and young children: Social relations in a multi-ethnic, inner-city primary school. *Archives of Sexual Behavior, 32,* 392–393.

Raz, R., Roberts, A. L., Lyall, K., Hart, J. E., Just, A. C., Laden, F., & Weisskopf, M. G. (2014). Autism spectrum disorder and particulate matter air pollution before, during, and after pregnancy: A nested case–control analysis within the Nurses' Health Study II cohort. *Environmental Health Perspectives, 123*(3), 264–270. doi:10.1289/ehp.1408133

Redcay, E., Haist, F., & Courchesne, E. (2008). Functional neuroimaging of speech perception during a pivotal period in language acquisition. *Developmental Science, 11*(2), 237–252.

Reznick, J. S., Corley, R., & Robinson, J. (1997). A longitudinal study of intelligence in the second year. *Monographs of the Society for Research in Child Development, 62,* 1–154.

Rideout, V. (2013). *Zero to eight: Children's use of media in America, 2013.* Washington, DC: Common Sense Media.

Rideout, V. J., & Hamel, E. (2006). *The media family: Electronic media in the lives of infants, toddlers, preschoolers, and their parents.* Menlo Park, CA: The Henry J. Kaiser Family Foundation.

Riley Bove, C. V. (2009). Polygyny and women's health in sub-Saharan Africa. *Social Science & Medicine, 68,* 21–29.

Rochat, P. (2013). Self-conceptualization in development. In P. D. Zelazo (Ed.), *The Oxford handbook of developmental psychology: Vol. 2. Self and other* (pp. 378–397). New York, NY: Oxford University Press.

Rochat, P., & Hespos, S. J. (1997). Differential rooting responses by neonates: Evidence for an early sense of self. *Early Development and Parenting, 6,* 105–112.

Rogoff, B. (1990). Apprenticeship in thinking: *Cognitive development in social context.* New York, NY: Oxford University Press.

Rogoff, B. (1995). Observing sociocultural activities on three planes: Participatory appropriation, guided participation, and apprenticeship. In J. V. Wertsch, P. del Rio, & A. Alvarez (Eds.), *Sociocultural studies of the mind* (pp. 273–294). New York, NY: Cambridge University Press.

Rogoff, B. (1998). Cognition as a collaborative process. In D. Kuhn & R. S. Siegler (Eds.), *Handbook of child psychology: Vol. 2. Cognition, perception, and language* (5th ed., pp. 679–744). New York, NY: Wiley.

Rogoff, B. (2003). *The cultural nature of human development.* New York, NY: Oxford University Press.

Ross, H. S., & Lollis, S. P. (1989). A social relations analysis of toddler peer relationships. *Child Development, 60,* 1082–1091.

Rothbaum, F., & Wang, Y. Z. (2011). Cultural and developmental pathways to acceptance of self and acceptance of the world. In L. A. Jensen (Ed.), *Bridging cultural and developmental approaches to psychology.* New York, NY: Oxford University Press.

Rothbaum, F., Kakinuma, M., Nagaoka, R., & Azuma, H. (2007). Attachment and *amae*: Parent–child closeness in the United States & Japan. *Journal of Cross-Cultural Psychology, 38,* 465–486.

Rothbaum, F., Weisz, J., Pott, M., Miyake, K., & Morelli, G. (2000). Attachment and culture: Security in the United States and Japan. *American Psychologist, 55,* 1093–1104.

Rubenstein, J. M. (2017). *The cultural landscape: An introduction to human geography* (12th ed.). New York, NY: Pearson.

Rubin, K. H., Bukowski, W., & Parker, J. G. (2006). Peer interactions, relationships and groups. In W. Damon & R. Lerner (Eds.), & N. Eisenberg (Vol. Ed.), *Handbook of child psychology: Vol. 3. Social, emotional and personality development* (6th ed., pp. 571–645). New York, NY: Wiley.

Ruble, D. N., Martin, C. L., & Berenbaum, S. (2006). Gender development. In W. Damon & R. M. Lerner (Series Eds.), & N. Eisenberg (Vol. Ed.), *Handbook of child psychology: Vol. 3. Social, emotional and personality development* (6th ed., pp. 858–932). Hoboken, NJ: Wiley.

Rutter, M. (1996). Maternal deprivation. In M. H. Bornstein (Ed.), *Handbook of parenting: Vol. 4. Applied and practical parenting* (pp. 3–31). Mahwah, NJ: Erlbaum.

Samuels, H. R. (1980). The effect of an older sibling on infant locomotor exploration of a new environment, *Child Development, 51,* 607–609.

Scher, A., Epstein, R., & Tirosh, E. (2004). Stability and changes in sleep regulation: A longitudinal study from 3 months to 3 years. *International Journal of Behavioral Development, 28,* 268–274.

Schum, T. R., McAuliffe, T. L., Simms, M. D., Walter, J. A., Lewis, M., & Pupp, R. (2001). Factors associated with toilet training in the 1990s. *Ambulatory Pediatrics, 1,* 79–86.

Schumann, C. M., Carter Barnes, C., Lord, C., & Courchesne,

E. (2009). Amygdala enlargement in toddlers with autism related to severity of social and communication impairments. *Biological Psychiatry, 66*(10), 942–949. doi:10.1016/j.biopsych.2009.07.007

Shonkoff, J. P., & Phillips, D. A. (Eds.). (2000). *From neurons to neighborhoods: The science of early childhood development.* Washington, DC: National Academy Press.

Shumaker, D. M., Miller, C., Ortiz, C., & Deutsch, R. (2011). The forgotten bonds: The assessment and contemplation of sibling attachment in divorce and parental separation. *Family Court Review, 49*(1), 46–58.

Shwalb, D. W., & Shwalb, B. J. (2015). Fathering diversity within societies. In L. A. Jensen (Ed.), *Oxford handbook of human development and culture* (pp. 602–617). New York, NY: Oxford University Press.

Shweder, R. A., Goodnow, J. J., Hatano, G., LeVine, R. A., Markus, H. R., & Miller, P. J. (2006). The cultural psychology of development: One mind, many mentalities. In W. Damon & R. Lerner (Eds.), & R. M. Lerner (Vol. Eds.), *Handbook of child psychology: Vol. 1. Theoretical models of human development* (6th ed., pp. 716–792). New York, NY: Wiley.

Sidorowicz, L. S., & Lunney, G. S. (1980). Baby X revisited. *Sex Roles, 6,* 67–73.

Singer, J. L., & Singer, D. G. (1998). *Barney & Friends* as entertainment and education: Evaluating the quality and effectiveness of a television series for preschool children. In J. K. Asamen & G. L. Berry (Eds.), *Research paradigms, television and social behavior* (pp. 305–367). Thousand Oaks, CA: Sage.

Slobin, D. (1972, July). Children and language: They learn the same way around the world. *Psychology Today,* 71–76.

Slobin, D. I. (2014). The universal, the typological, and the particular in acquisition. In D. I. Slobin (Ed.), *The cross-linguistic study of language acquisition* (Vol. 5, pp. 1–40). New York, NY: Psychology Press.

Small, M. (2001). *Kids: How biology and culture shape the way we raise young children.* New York, NY: Anchor.

Small, M. F. (1998). *Our babies, ourselves: How biology and culture shape the way we parent.* New York, NY: Anchor.

Spitz, R. (1945). Hospitalism: An inquiry into the genesis of psychiatric conditions in early childhood. In A. Freud, H. Hartmann, & E. Kris (Eds.), *The psychoanalytic study of the child* (pp. 53–74). New York, NY: International Universities Press.

Sroufe, L. A., Egeland, B., Carlson, E. A., & Collins, W. A. (2005). *The development of the person: The Minnesota study of risk and adaptation from birth to adulthood.* New York, NY: Guilford.

Sullivan, C., & Cottone, R. R. (2010). Emergent characteristics of effective cross-cultural research: A review of the literature. *Journal of Counseling and Development, 88,* 357–362.

Sun, T., Collura, R. V., Ruvolo, M., & Walsh, C. A. (2006). Genomic and evolutionary analyses of asymmetrically expressed genes in human fetal left and right cerebral cortex. *Cerebral Cortex, 16*(suppl.1), i18–i25. doi:10.1093/cercor/bhk026

Super, C. M., & Harkness, S. (1986). The developmental niche: A conceptualization at the interface of child and culture. *International Journal of Behavioral Development, 9*(4), 545–569. doi:http://dx.doi.org/10.1177/016502548600900409

Svetlova, M., Nichols, S. R., & Brownell, C. A. (2010). Toddlers' prosocial behavior: From instrumental to empathic to altruistic helping. *Child Development, 81*(6), 1814–1827.

Symons, D. K. (2001). A dyad-oriented approach to distress and mother–child relationship outcomes in the first 24 months. *Parenting: Science and Practice, 1,* 101–122.

Tardif, T., Fletcher, P., Liang, W., Zhang, Z., Kaciroti, N., & Marchman, V. A. (2008). Baby's first 10 words. *Developmental Psychology, 44,* 929–938. doi:10.1037/0012-1649.44.4.929

Tennant, I. A., Barnett, A. T., Thompson, D. S., Kips, J., Boyne, M. S., Chung, E. E., ... Forrester, T. E. (2014). Impaired cardiovascular structure and function in adult survivors of severe acute malnutrition. *Hypertension, 64*, 664–671. doi:10.1161/HYPERTENSIONAHA.114.03230

Teti, D. M., Sakin, K., Kucera, E., Corns, K. M., & Eiden, R. D. (1996). And baby makes four: Predictors of attachment security among preschool-aged first-borns during the transition to sibling-hood. *Child Development, 68,* 579–596.

Thompson, R. A. (2006). The development of the person: Social understanding, relationships, conscience, self. In W. Damon & R. Lerner (Eds.), & N. Eisenberg (Vol. Ed.), *Handbook of child psychology: Vol. 3. Social, emotional and personality development* (6th ed., pp. 24–98). New York, NY: Wiley.

Thompson, R. A., & Goodvin, R. (2007). Taming the tempest in the teapot: Emotional regulation in toddlers. In C. A. Brownell & C. B. Kopp (Eds.), *Socioemotional development in the toddler years* (pp. 320–341). New York, NY: Guilford.

Tobach, E. (2004). Development of sex and gender: Biochemistry, physiology, and experience. In A. M. Paludi (Ed.), *Praeger guide to the psychology of gender* (pp. 240–270). Westport, CT: Praeger.

Tomblin, J. B., & Mueller, K. L. (2013). Language and genes. In *eLS*. Chichester, UK: John Wiley & Sons Ltd. Retrieved from www.els.net. doi:10.1002/9780470015902.a0006238.pub2

Twenge, J. M. (2006). *Generation me: Why today's young Americans are more confident, assertive, entitled—and more miserable than ever before.* New York, NY: Free Press.

van IJzendoorn, M. H., & Kroonenberg, P. M. (1988). Cross-cultural patterns of attachment: A meta-analysis of the Strange Situation. *Child Development, 59,* 147–156.

van IJzendoorn, M. H., & Sagi-Schwartz, A. (2008). Cross-cultural patterns of attachment: Universal and contextual dimensions. In J. Cassidy & P. Shaver (Eds.), *Handbook of attachment: Theory, research, and clinical applications* (2nd ed., pp. 880–905). New York, NY: Guilford Press.

van Ijzendoorn, M. H., Schuengel, C., & Bakermans-Kranenburg, M. J. (1999). Disorganized attachment in early childhood: Meta-analysis of precursors, concomitants and sequelae. *Development and Pscyhopathology, 11,* 225–249.

van IJzendoorn, M. H., Vereijken, C. M. J. L., Bakermans-Kraneburg, M. J., & Riksen-Walraven, J. M. (2004). Assessing attachment security with the Attachment Q Sort: Meta-analytic evidence for the validity of the Observer AQS. *Child Development, 75,* 1188–1213.

Volling, B. L. (2012). Family transitions following the birth of a sibling: An empirical review of changes in the firstborn's adjustment. *Psychological Bulletin, 138*(3), 497–528. doi:10.1037/a0026921

Vondra, J. L., & Barnett, D. (Eds.). (1999). Atypical attachment in infancy and early childhood among children at developmental risk. *Monographs of the Society for Research in Child Development, 64*(3, Serial No. 258).

Waismeyer, A., & Meltzoff, A. N. (2017). Learning to make things happen: Infants' observational learning of social and physical causal events. *Journal of Experimental Child Psychology, 162*, 58–71.

Warneken, F., & Tomasello, M. (2006). Altruistic helping in human infants and young chimpanzees. *Science, 311*(5765), 1301–1303. doi:10.1126/science.1121448

Warneken, F., & Tomasello, M. (2007). Helping and cooperation at 14 months of age. *Infancy, 11*(3), 271–294. doi:10.1080/15250000701310389

Waxman, S. R. (2003). Links between object categorization and naming: Origins and emergence in human infants. In D. H. Rakison & L. M. Oakes (Eds.), *Early category and concept development: Making sense of the blooming, buzzing confusion* (pp. 193–209). New York, NY: Oxford University Press.

Waxman, S. R., & Lidz, J. L. (2006). Early word learning. In W. Damon & R. Lerner (Eds.), & D. Kuhn & R. Siegler (Vol. Eds.), *Handbook of child psychology: Vol. 2. Cognition, perception and language* (6th ed., pp. 299–335). New York, NY: Wiley.

Weber, D. (2006). *Media use by infants and toddlers: A potential for play*. New York, NY: Oxford University Press.

Weinfeld, N. S., Whaley, G. J. L., & Egeland, B. (2004). Continuity, discontinuity, and coherence in attachment from infancy to late adolescence: Sequelae of organization and disorganization. *Attachment and Human Development, 6*, 73–97.

Weisleder, A., & Fernald, A. (2013). Talking to children matters: Early language experience strengthens processing and builds vocabulary. *Psychological Science, 24*(11), 2143–2152.

Werner, E., Dawson, G., Osterling, J., & Dinno, N. (2000). Recognition of autism spectrum disorder before one year of age. A retrospective study based on home videotapes. *Journal of Autism & Developmental Disorders, 30,* 157–162.

Westoff, C. F. (2003). *Trends in marriage and early childbearing in developing countries.* DHS Comparative Reports No. 5.

Calverton, MD: ORC Macro.

Winsler, A., Fernyhough, C., & Montero, I. (Eds.). (2009). *Private speech, executive functioning, and the development of verbal self-regulation.* Cambridge, UK: Cambridge University Press.

Wood, W., & Eagly, A. H. (2012). Biosocial construction of sex differences and similarities in behavior. *Advances in Experimental Social Psychology, 46*, 55–123. doi:10.1016/B978-0-12-394281-4.00002-7

Woodward, A. L., & Markman, E. M. (1998). Early word learning. In W. Damon (Ed.), & D. Kuhn & R. S. Siegler (Vol. Eds.), *Handbook of child psychology: Vol. 2. Cognition, perception and language* (5th ed., pp. 371–420). New York, NY: Wiley.

Woodward, E. H., & Gridina, N. (2000). *Media in the home, 2000: The fifth annual survey of parents and children.* Philadelphia, PA: The Annenberg Public Policy Center of the University of Pennsylvania. Retrieved from www.appcpenn.org/mediainhome/survey/survey7.pdf

World Health Organization, Multicentre Growth Reference Study Group. (2006). *WHO child growth standards: Length/height-for-age, weight-for-age, weight-for-length, weight-for-height and body mass index-for-age*. Geneva, Switzerland: World Health Organization. Retrieved from www.who.int/childgrowth/standards/en/

World Health Organization (WHO). (2016). Joint child malnutrition estimates—Levels and trends (2016 edition). Retrieved from www.who.int/nutgrowthdb/jme_brochure2016.pdf

Yow, W. Q., Li, X., Lam, S., Gliga, T., Chong, Y. S., Kwek, K., & Broekman, B. F. (2017). A bilingual advantage in 54-month-olds' use of referential cues in fast mapping. *Developmental science, 20*(1), e12482.

Zimmermann, M. B., Pieter, L. J., & Chandrakant, S. P. (2008). Iodine-deficiency disorders. *The Lancet, 372*, 1251–1262.

Chapter 6

Aikat, D. (2007). Violence, extent and responses to violence. In J. J. Arnett (Ed.), *Encyclopedia of children, adolescents, and the media* (Vol. 2, pp. 852–854). Thousand Oaks, CA: Sage.

Alaggia, R., & Vine, C. (Eds.). (2006). *Cruel but not unusual: Violence in Canadian families.* Waterloo, Ontario, Canada: Wilfrid Laurier University Press.

Alink, L. R. A., Mesman, J., van Zeijl, J., Stolk, M. N., Juffer, F., Koot, H. M., . . . van IJzendoorn, M. H. (2006). The early childhood aggression curve: Development of physical aggression in 10- to 50-month-old children. *Child Development, 77*, 954–966.

Alwin, D. F. (1988). From obedience to autonomy: Changes in traits desired in children, 1928–1978. *Public Opinion Quarterly, 52*, 33–52.

Amato, P. R., & Fowler, F. (2002). Parenting practices, child adjustment, and family diversity. *Journal of Marriage and the Family, 64*, 703–716.

American Dental Association. (2017). *Eruption charts.* Retrieved from http://www.mouthhealthy.org/en/az-topics/e/eruption-charts

Amsterlaw, J., & Wellman, H. (2006). Theories of mind in transition: A microgenetic study of the development of false belief understanding. *Journal of Cognition and Development, 7*, 139–172.

Anderson, C. M. (2000). The persistence of polygyny as an adaptive response to poverty and oppression in apartheid South Africa. *Cross-Cultural Research, 34,* 99–112.

Anderson, D. R., Huston, A. C., Schmitt, K., Linebarger, D. L., & Wright, J. C. (2001). Early childhood viewing and adolescent behavior: The recontact study. *Monographs of the Society for Research in Child Development, 66*(1), I–VIII, 1–147.

Asawa, L. E., Hansen, D. J., & Flood, M. F. (2008). Early childhood intervention programs: Opportunities and challenges for preventing child maltreatment. *Education and Treatment of Children, 31,* 73–110.

Aunola, K., & Nurmi, J.-E. (2004). Maternal affection moderates the impact of psychological control on a child's mathematical performance. *Developmental Psychology, 40*, 965–978.

Bagwell, C. L., & Schmidt, M. E. (2013). *Friendships in childhood and adolescence.* New York, NY: Guilford Press.

Balarajan, Y., Ramakrishnan, U., Özaltin, E., Shankar, A. H., & Subramanian, S. V. (2012). Anaemia in low-income and middle-income countries. *The Lancet, 378,* 2123–2135.

Bandura, A. (1977). *Social learning theory.* Englewood Cliffs, NJ: Prentice-Hall.

Bandura, A. (2002). Social cognitive theory in cultural context. *Applied Psychology: An International Review, 51*, 269–290.

Bandura, A. (2016). 50 The power of observational learning through social modeling. In R. Sternberg, S.T. Fiske, & D.J. Fosse (Eds.), *Scientists making a difference: One hundred eminent behavioral and brain scientists talk about their most important contributions* (pp. 235–239). New York: Cambridge University Press.

Bandura, A., & Bussey, K. (2004). On broadening the cognitive, motivational, and sociostructural scope of theorizing about gender development and functioning: Comments on Martin, Buble and Szkrybalo (2002). *Psychological Bulletin, 130,* 691–701.

Barber, B. K. (2002). *Intrusive parenting: How psychological control affects children and adolescents*. Washington, DC: American Psychological Association.

Barber, B. K., Stolz, H. E., & Olsen, J. A. (2005). Parental support, psychological control, and behavioral control: Assessing relevance across time, culture, and method: IV. Assessing relevance across time: U.S. analyses and results. *Monographs of the Society for Research in Child Development, 70*(4), 1–137.

Barnett, W. S., & Hustedt, J. T. (2005). Head Start's lasting benefits. *Infants and Young Children, 18,* 16–24.

Baumrind, D. (1968). Authoritative vs. authoritarian parental control. *Adolescence, 3*, 255–272.

Baumrind, D. (1971). Current patterns of parental authority. *Developmental Psychology Monograph, 4* (No. 1, Pt. 2), 1–103.

Baumrind, D. (1991). The influence of parenting style on adolescent competence and drug use. *Journal of Early Adolescence, 11*, 56–95.

Bem, S. L. (1981). Gender schema theory: A cognitive account of sex-typing. *Psychological Review, 88*, 354–364.

Bergstrom, A. (2007a). Food advertising, international. In J. J. Arnett (Ed.), *Encyclopedia of children, adolescents, and the media* (pp. 347–348). Thousand Oaks, CA: Sage.

Bergstrom, A. (2007b). Cartoons, educational. In J. J. Arnett (Ed.), *Encyclopedia of children, adolescents, and the media* (pp. 137–140). Thousand Oaks, CA: Sage.

Berko, J. (1958). The child's learning of English morphology. *Word, 14,* 150–177.

Bibok, M. B., Müller, U., & Carpendale, J. I. M. (2009). Childhood. In U. Müller, J. I. M. Carpendale, & L. Smith (Eds.), *The Cambridge companion to Piaget* (pp. 229–254). New York, NY: Cambridge University Press.

Birch, L. L., Fisher, J. O., & Davison, K. K. (2003). Learning to overeat: Maternal use of restrictive feeding practices promotes girls' eating in the absence of hunger. *American Journal of Clinical Nutrition, 78,* 215–220.

Black, M. M., Quigg, A. M., Hurley, K. M., & Pepper, M. R. (2011). Iron deficiency and iron-deficiency anemia in the first two years of life: Strategies to prevent loss of developmental potential. *Nutrition Reviews, 69*, S64–S70.

Black, R. E., Williams, S. M., Jones, I. E., & Goulding, A. (2002). Children who avoid drinking cow milk have lower dietary calcium intakes and poor bone health. *American Journal of Clinical Nutrition, 76,* 675–680.

Blakemore, J. E. O. (2003). Children's beliefs about violating gender norms: Boys shouldn't look like girls, and girls shouldn't act like boys. *Sex Roles, 48*, 411–419.

Bloom, L. (1998). Language acquisition in its developmental context. In W. Damon (Ed.), & D. Kuhn & R. S. Siegler (Vol. Eds.), *Handbook of child psychology* (5th ed.): *Vol. 2. Cognition, perception and language* (pp. 309–370). New York, NY: Wiley.

Bluestone, C., & Tamis-LaMonda, C. S. (1999). Correlates of parenting styles in predominately working- and middle-class African American mothers. *Journal of Marriage and the Family, 61*, 881–893.

Blumberg, F. C., & Fisch, S. M. (2013). Introduction: Digital games as a context for cognitive development, learning, and developmental research. *New Directions for Child and Adolescent Research, 139,* 1–9.

Boden, J. M., Horwood, L. J., & Fergusson, D. M. (2007). Exposure to childhood sexual and physical abuse and subsequent educational achievement outcomes. *Child Abuse & Neglect, 31*, 1101–1114.

Bornstein, M. H., & Bradley, R. H. (2014). *Socioeconomic status, parenting, and child development.* New York, NY: Routledge.

Bottenberg, P., Van Melkebeke, L., Louckx, F., & Vandenplas, Y. (2008). Knowledge of Flemish paediatricians about children's oral health—Results of a survey. *Acta Paediatrica, 97,* 959–963.

Bower, B. (1985). The left hand of math and verbal talent. *Science News, 127,* 263.

Bridgett, D. J., Burt, N. M., Edwards, E. S., & Deater-Deckard, K. (2015). Intergenerational transmission of self-regulation: A multidisciplinary review and integrative conceptual framework. *Psychological Bulletin, 141*(3), 602.

Brody, G. H. (2004). Siblings' direct and indirect contributions to child development. *Current Directions in Psychological Science, 13*(3), 124–126.

Brody, G. H., & Flor, D. L. (1998). Maternal resources, parenting practices, and child competence in rural, single-parent African American families. *Child Development, 69*(3), 803–816.

Brotanek, J. M., Gosz, J., & Weitzman, M. (2007). Iron deficiency in early childhood in the United States: Risk factors and racial/ ethnic disparities. *Pediatrics, 120,* 568–575.

Bryant, G. A., & Barrett, H. C. (2007). Recognizing intentions in infant-directed speech: Evidence for universals. *Psychological Science, 18,* 746–751.

Bugental, D. B., & Happaney, K. (2004). Predicting infant maltreatment in low-income families: The interactive effects of maternal attributions and child status at birth. *Developmental Psychology, 40,* 234–243.

Burdelski, M. (2012). Language socialization and politeness routines. In A. Duranti, E. Ochs, & B. B. Schieffelin (Eds.), *The handbook of language socialization* (pp. 275–295). Malden, MA: Blackwell.

Bushman, B. J., & Chandler, J. J. (2007). Violence, effects of. In J. J. Arnett (Ed.), *Encyclopedia of children, adolescents, and the media* (Vol. 2, pp. 847–850). Thousand Oaks, CA: Sage.

Bushman, B. J., Gollwitzer, M., & Cruz, C. (2015). There is broad consensus: Media researchers agree that violent media increase aggression in children, and pediatricians and parents concur. *Psychology of Popular Media Culture, 4*(3), 200.

Bussey, K. (1992). Lying and truthfulness: Children's definitions, standards, and evaluative reactions. *Child Development, 63,* 129–137.

Bussey, K., & Bandura, A. (2004). Social cognitive theory of gender development and functioning. In A. H. Eagly, A. Beall, & R. Sternberg (Eds.), *The psychology of gender* (2nd ed., pp. 92–119). New York, NY: Guilford Press.

Cabrera, N. J., & Garcia Coll, C. (2004). Latino fathers: Uncharted territory in need of much exploration. In M. E. Lamb (Ed.), *The role of the father in child development* (4th ed., pp. 98–120). Hoboken, NJ: Wiley.

Carlson, S. M. (2003). Executive function in context: Development, measurement, theory and experience. *Monographs of the Society for Research in Child Development, 68*(3), 138–151.

Carlson, S. M., Zelazo, P. D., & Faja, S. (2013). Executive function. In P. D. Zelazo (Ed.), *The Oxford handbook of developmental psychology: Volume 1: Body and mind* (pp. 706–743). New York, NY: Oxford University Press.

Carter-Saltzman, L. (1980). Biological and sociocultural effects on handedness: Comparison between biological and adoptive families. *Science, 209,* 1263–1265.

Chambers, M. L., Hewitt, J. K., Schmitz, S., Corley, R. P., & Fulker, D. W. (2001). Height, weight, and body mass index. In R. N. Emde & J. K. Hewitt (Eds.), *Infancy to early childhood: Genetic and environmental influences on developmental change* (pp. 292–306). New York, NY: Oxford University Press.

Chao, R., & Tseng, V. (2002). Parenting of Asians. In M. H. Bornstein (Ed.), *Handbook of parenting: Vol. 4. Social conditions and applied parenting* (pp. 59–93). Mahwah, NJ: Erlbaum.

Chen, X. (2011). Culture, peer relationships, and human development. In L. A. Jensen (Ed.), *Bridging cultural and developmental approaches to psychology* (pp. 92–111). New York, NY: Oxford University Press.

Chen, X., Cen, G., Li, D., & He, Y. (2005). Social functioning and adjustment in Chinese children: The imprint of historical time. *Child Development, 76,* 182–195.

Chi, D. L., Momany, E. T., Neff, J., Jones, M. P., Warren, J. J., Slayton, R. L.,... Damiano, P. C. (2011). Impact of chronic condition status and the severity on the time of first dental visit for newly Medicaid-enrolled children in Iowa. *Health Services Research, 46,* 572–595.

ChildStats.gov (2017). *Child injury and mortality.* Retrieved from https://www.childstats.gov/americaschildren/phys7.asp

Child Welfare Information Gateway. (2013). *Foster care statistics.* Retrieved from https://www.childwelfare.gov/pubs/factsheets/foster.pdf#page=1&view=Key Findings

Chomsky, N. (1969). *Aspects of the theory of syntax.* Cambridge, MA: MIT Press.

Cipriano, E. A., & Stifter, C. A. (2010). Predicting preschool effortful control from toddler temperament and parenting behaviour. *Journal of Applied Developmental Psychology, 31,* 221–230.

Clarke-Stewart, K., & Allhusen, V. (2002). Nonparental caregiving. In M. Bornstein (Ed.), *Handbook of parenting: Vol. 3. Being and becoming a parent* (2nd ed., pp. 215–252). Mahwah, NJ: Lawrence Erlbaum Associates.

Cole, P. M., Teti, L. O., & Zahn-Waxler, C. (2003). Mutual emotion regulation and the stability of conduct problems between preschool and early school age. *Development and Psychopathology, 15,* 1–18.

Collins, W. A., & Laursen, B. (2004). Parent–adolescent relationships and influences. In R. M. Lerner & L. Steinberg (Eds.), *Handbook of adolescent psychology* (2nd ed., pp. 331–361).

Combs-Ronto, L. A., Olson, S. L., Lunkenheimer, E. S., & Sameroff, A. J. (2009). Interactions between maternal parenting and children's early disruptive behaviour: Bidirectional associations across the transition from preschool to school entry. *Journal of Abnormal Child Psychology, 37,* 1151–1163.

Common Sense Media (2017). The Common Sense census: Media use among children ages 0 to 8. Washington, DC: Author

Coplan, R. J., Ooi, L. L., & Nocita, G. (2015). When one is company and two is a crowd: Why some children prefer solitude. *Child Development Perspectives, 9*(3), 133–137.

Coplan, R. J., Prakash, K., O'Neil, K., & Arner, M. (2004). Do you "want" to play? Distinguishing between conflicted shyness and social disinterest in early childhood. *Developmental Psychology, 40,* 244–258.

Courage, M., & Cowan, N. (Eds.). (2009). *The development of memory in infancy and childhood* (2nd ed.). New York, NY: Psychology Press.

Coyne, S. M., Radesky, J., Collier, K. M., Gentile, D. A., Linder, J. R., Nathanson, A. I.,... & Rogers, J. (2017). Parenting and digital media. *Pediatrics, 140*(Supplement 2), S112–S116.

Crick, N. R., Ostrov, J. M., Burr, J. E., Cullerton-Sen, C., Jansen-Yeh, E., & Ralston, P. (2006). A longitudinal study of relational and physical aggression in preschool. *Journal of Applied Developmental Psychology, 27,* 254–268.

Crum, W. (2010). Foster parent parenting characteristics that lead to increased placement stability or disruption. *Children and Youth Services Review, 32,* 185–190.

Curran, K., DuCette, J., Eisenstein, J., & Hyman, I. A. (2001, August). *Statistical analysis of the cross-cultural data: The third year.* Paper presented at the meeting of the American Psychological Association, San Francisco, CA.

David, B., Grace, D., & Ryan, M. K. (2004). The gender wars: A self-categorization perspective on the development of gender identity. In M. Bennett & S. Fabio (Eds.), *The development of the social self* (pp. 135–157). East Sussex, England: Psychology Press.

de Hoog, M. L., Kleinman, K. P., Gillman, M. W., Vrijkotte, T. G., van Eijsden, M., & Taveras, E. M. (2014). Racial/ethnic and immigrant differences in early childhood diet quality. *Public Health Nutrition, 17*(06), 1308–1317. doi:http://dx.doi.org/10.1017/S1368980013001183

Derom, C., Thiery, E., Vlientinck, R., Loos, R., & Derom, R. (1996). Handedness in twins according to zygosity and chorion type: A preliminary report. *Behavior Genetics, 26,* 407–408.

Dixon, H., Niven, P., Scully, M., & Wakefield, M. (2017). Food marketing with movie character toys: Effects on young children's preferences for unhealthy and healthier fast food meals. *Appetite, 117,* 342–350.

Dodge, K. A., Coie, J. D., & Lynam, D. (2006). Aggression and antisocial behavior in youth. In W. Damon & R. Lerner (Eds.), & N. Eisenberg (Vol. Ed.), *Handbook of child psychology: Vol. 3. Social, emotional and personality development* (6th ed., pp. 719–788). New York, NY: Wiley.

D'Souza, A. J., Russell, M., Wood, B., Signal, L., & Elder, D. (2016). Attitudes to physical punishment of children are changing. *Archives of Disease in Childhood, 101*(8), 690–693. doi:10.1136/ archdischild-2015-310119.

Dunfield, K. A., & Kuhlmeier, V. A. (2013). Evidence for partner choice in toddlers: Considering the breadth of other-oriented behaviours. *Behavioral and Brain Sciences,* 36, 88–89.

Dunn, D. M., Culhane, S. E., & Taussig, H. N. (2010). Children's appraisals of their experiences in out-of-home care. *Children and Youth Services Reviews, 32,* 1324–1330.

Dunn, J. (1988). *The beginnings of social understanding.* Cambridge, MA: Harvard University Press.

Dunn, J. (2004). Sibling relationships. In P. K. Smith & C. H. Hart (Eds.), *Handbook of childhood social development* (pp. 223–237). Malden, MA: Blackwell.

Dyer, S., & Moneta, G. (2006). Frequency of parallel, associative and cooperative play in British children of different socioeconomic status. *Social Behavior and Personality, 34*, 587–592.

Eckenrode, J., Zielinski, D., Smith, E., Marcynyszyn, L. A., Henderson, C. R., Jr., & Kitzman, H. (2001). Child maltreatment and the early onset of problem behaviors: Can a program of nurse home visitation break the link? *Development and Psychopathology, 13*, 873–890.

Edwards, C. P. (2005). Children's play in cross-cultural perspective: A new look at the "six cultures" study. In F. F. McMahon, D. E. Lytle, & B. Sutton-Smith (Eds.), *Play: An interdisciplinary synthesis* (pp. 81–96). Lanham, MD: University Press of America.

Eisenberg, N., & Fabes, R. A. (2006). Emotion regulation and children's socioemotional competence. In L. Balter & C. S. Tamis-LaMonda (Eds.), *Child psychology: A handbook of contemporary issues* (2nd ed., pp. 357–381). New York, NY: Psychology Press.

Eisenberg, N., & Valiente, C. (2004). Empathy-related responding: Moral, social and socialization correlates. In A. G. Miller (Ed.), *Social psychology of good and evil* (pp. 386–415). New York, NY: Guilford Press.

Eisenberg, N., Eggum, N. D., & Edwards, A. (2010). Empathy-related responding and moral development. In W. F. Arsenio & E. A. Lermerise (Eds.), *Emotions, aggression, and morality in children: Bridging development and psychopathology* (pp. 115–135). Washington, DC: American Psychological Association.

Eisenberg, N., Spinrad, T. L., & Eggum, N. D. (2010). Emotion-related self-regulation and its relation to children's maladjustment. *Annual Review of Clinical Psychology, 6*, 495–525.

Elliott, G. C., Cunningham, S. M., Linder, M., Colangelo, M., & Gross, M. (2005). Child physical abuse and self-perceived social isolation among adolescents. *Journal of Interpersonal Violence, 20*, 1663–1684.

Erikson, E. H. (1950). *Childhood and society.* New York, NY: Norton.

Espinosa-Hernández, G., Bissell-Havran, J., Van Duzor, A., & Halgunseth, L. C. (2017). Romantic relationships in Mexico: Understanding the role of parenting and respeto in adolescence. *Journal of Social and Personal Relationships, 34*(7), 1070–1079.

Everett, G. E., Olmi, D. J., Edwards, R. P., Tingstrom, D. H., Sterling-Turner, H. E., & Christ, T. J. (2007). An empirical investigation of time-out with and without escape extinction to treat escape- maintained noncompliance. *Behavior Modification, 31*, 412–434.

Fabiano, G. A., Pelham, W. E., Jr., Manos, M. J., Gnagy, E. M., Chronis, A. M., Onvango, A. N., . . . Swain, S. (2004). An evaluation of three time-out procedures for children with attention deficit/ hyperactivity disorder. *Behavior Therapy, 35*, 449–469.

Fasoli, A. D. (2017). From autonomy to divinity: The cultural socialization of moral reasoning in an evangelical Christian community. *Child Development.*

Ferguson, C. J. (2013). Spanking, corporal punishment and negative long-term outcomes: A meta-analytic review of longitudinal studies. *Clinical Psychology Review, 33*(1), 196–208.

Ferguson, G. M., & Iturbide, M. I. (2015). Family, food, and culture: Mothers' perspectives on Americanization in Jamaica. *Caribbean Journal of Psychology, 7*(1), 43–63.

Fergusson, D. M., Boden, J. M., & Horwood, L. J. (2008). Exposure to childhood sexual and physical abuse and adjustment in early adulthood. *Child Abuse & Neglect, 32*, 607–619.

Fergusson, D. M., McLeod, G. F., & Horwood, L. J. (2013). Childhood sexual abuse and adult developmental outcomes: Findings from a 30-year longitudinal study in New Zealand. *Child Abuse & Neglect, 37*, 664–674.

Fisch, S. M. (2014). *Children's learning from educational television: Sesame Street and beyond*. New York, NY: Routledge.

Fisch, S. M., Yeh, H., Zhou, Z., Jin, C., Hamed, M., Khadr, Z.,... Guha, M. L. (2010). Crossing borders: Learning from educational media in four countries. *Televizion, 23*, 42–45.

Fitneva, S., & Matsui, T. (2015). The emergence and development of language across cultures. In L. A. Jensen (Ed.), *The Oxford handbook of human development and culture: An interdisciplinary perspective* (pp. 111–126). New York, NY: Oxford University Press.

Flannery, K. A., & Liederman, J. (1995). Is there really a syndrome involving the co-occurrence of neurodevelopmental disorder, talent, non–right handedness and immune disorder among children? *Cortex, 31*, 503–515.

Flavell, J. H., Miller, P. H., & Miller, S. A. (2002). *Cognitive development* (4th ed.). Upper Saddle River, NJ: Prentice Hall.

Fong, V. L. (2002). China's one-child policy and the empowerment of urban daughters. *American Anthropologist, 104,* 1098–1109.

Frick, P. J., & Kimonis, E. R. (2008). Externalizing disorders of childhood. In J. E. Maddux & B. A. Winstead (Eds.), *Psychopathology: Foundations for a contemporary understanding* (2nd ed., pp. 349–374). New York, NY: Routledge/Taylor & Francis Group.

Friedman, C. K., Leaper, C., & Bigler, R. S. (2007). Do mothers' gender-related attitudes or comments predict young children's gender beliefs? *Parenting: Science and Practice, 7,* 357–366.

Ganger, J., & Brent, M. R. (2004). Reexamining the vocabulary spurt. *Developmental Psychology, 40*, 621–632.

Gaskins, S. (2015). Childhood practices across cultures: Play and household work. In L. A. Jensen (Ed.), *Oxford handbook of human development and culture: An interdisciplinary perspective* (pp. 185–197). New York, NY: Oxford University Press.

Gauvain, M., & Nicolaides, C. (2015). Cognition in childhood across cultures. In L. A. Jensen (Ed.), *Oxford handbook of human development and culture: An interdisciplinary perspective* (pp. 198–213). New York, NY: Oxford University Press.

Gauvain, M., Munroe, R. L., & Beebe, H. (2013). Children's questions in cross-cultural perspective: A four-culture study. *Journal of Cross-Cultural Psychology, 44*, 148–165.

GBD 2013 Mortality and Causes of Death Collaborators. (2014). Global, regional, and national age-sex specific all-cause and cause-specific mortality for 240 causes of death, 1990–2013: A systematic analysis for the Global Burden of Disease Study 2013. *Lancet, 385*, 117–171. doi:10.1016/S0140-6736(14)61682-2

Geeraert, L., Van den Noortgate, W., Grietens, H., & Onghena, P. (2004). The effects of early prevention programs for families with young children at risk for physical child abuse and neglect: A meta-analysis. *Child Maltreatment, 9*, 277–291.

Gershoff, E. T. (2016). Should parents' physical punishment of children be considered a source of toxic stress that affects brain development? *Family Relations, 65*(1), 151–162.

Gibbs, J. C. (2003). *Moral development and reality: Beyond the theories of Kohlberg and Hoffman.* Thousand Oaks, CA: Sage.

Gilbert, S. (2015, April 13). Dear diary. *The New York Times*, p. A16.

Giles-Sims, J., & Lockhart, C. (2005). Culturally shaped patterns of disciplining children. *Journal of Family Issues, 26*, 196–218.

Giménez-Dasí, M., Pons, F., & Bender, P. K. (2016). Imaginary companions, theory of mind and emotion understanding in young children. *European Early Childhood Education Research Journal, 24*(2), 186–197.

Gleason, J. B., Perlmann, R. Y., & Greif, E. B. (1984).

What's the magic word: Learning language through politeness routines. *Discourse Processes, 7*(4), 493–503. doi:10.1080/01638538409544603

Goldman, B. D., & Buysse, V. (2007). Friendships in very young children. In O. Saracho & B. Spodek (Eds.), *Contemporary perspectives on socialization and social development in early childhood education* (pp. 165–192). New York, NY: IAP.

Goldstein, M. H., Schwade, J., Briesch, J., & Syal, S. (2010). Learning while babbling: Prelinguistic object-directed vocalizations indicate a readiness to learn. *Infancy, 15*(4), 362–391. doi: 10.1111/j.1532-7078.2009.00020.x

Granger, K. L., Hanish, L. D., Kornienko, O., & Bradley, R. H. (2017). Preschool teachers' facilitation of gender-typed and gender-neutral activities during free play. *Sex Roles, 76*(7–8), 498–510.

Grimshaw, G. S., & Wilson, M. S. (2013). A sinister plot? Facts, beliefs, and stereotypes about the left-handed personality. *Laterality: Asymmetries of Body, Brain and Cognition, 18*, 135–151.

Grolnick, W. S., McMenamy, J. M., & Kurowski, C. O. (2006). Emotional self-regulation in infancy and toddlerhood. In L. Balter & C. S. Tamis-LaMonda (Eds.), *Child psychology: A book of contemporary issues* (pp. 3–25). New York, NY: Psychology Press.

Grusec, J. E., & Hastings, P. D. (Eds.). (2007). *Handbook of socialization: Theory and research.* New York, NY: Guilford Press.

Grusec, J., Chaparro, M. P., Johnston, M., & Sherman, A. (2014). The development of moral behavior from a socialization perspective. In M. Killen & J. G. Smetana (Eds.), *Handbook of moral development* (2nd ed., pp. 113–134). New York, NY: Psychology Press.

Guasti, M. T. (2000). An excursion into interrogatives in early English and Italian. In M. A. Friedemann & L. Rizzi (Eds.), *The acquisition of syntax* (pp. 105–128). Harlow, UK: Longman.

Gunnoe, M. L., & Mariner, C. L. (1997). Toward a developmental–contextual model of the effects of parental spanking on children's aggression. *Archives of Pediatrics and Adolescent Medicine, 151*, 768–775.

Halgunseth, L. C., Ispa, J. M., & Rudy, D. (2006). Parental control in Latino families: An integrated review of the literature. *Child Development, 77*(5), 1282–1297.

Halim, M. L., Ruble, D. N., Tamis-LeMonda, C. S., Zosuls, K. M., Lurye, L. E., & Greulich, F. K. (2014). Pink frilly dresses and the avoidance of all things "girly" : Children's appearance rigidity and cognitive theories of gender development. *Developmental Psychology, 50*(4), 1091–1101.

Han, M., Hallam, R., Hustedt, J. T., Vu, J. A., & Gaviria-Loaiza, J. (2017). Studying implementation process matters: Implementing an evidence-based-intervention in early head start. *NHSA Dialog, 19*(3).

Harkness, S., Mavridis, C. J., Liu, J. J., & Super, C. (2015). Parental ethnotheories and the development of family relationships in early and middle childhood. In L. A. Jensen (Ed.), *Oxford handbook of human development and culture: An interdisciplinary perspective* (pp. 271–291). New York, NY: Oxford University Press.

Hart, B., & Risley, T. R. (2003). The early catastrophe: The 30 million word gap by age 3. *American Educator, 27*(1), 4–9.

Hartup, W. W., & Abecassis, M. (2004). Friends and enemies. In P. K. Smith & C. H. Hart (Eds.), *Blackwell handbook of childhood social development* (pp. 285–306). Malden, MA: Blackwell.

Hassett, J. M., Siebert, E. R., & Wallen, K. (2008). Sex differences in rhesus monkey toy preference parallel those of children. *Hormones and Behavior, 54*, 359–364.

Hastings, P. D., McShane, K. E., Parker, R., & Ladha, F. (2007). Ready to make nice: Parental socialization of young sons' and daughters' prosocial behaviors with peers. *The Journal of Genetic Psychology: Research and Theory on Human Development, 168*, 177–200.

Hatano, K., Sugimura, K., & Crocetti, E. (2016). Looking at the dark and bright sides of identity formation: New insights from adolescents and emerging adults in Japan. *Journal of Adolescence, 47*, 156–168.

Haugaard, J. L., & Hazan, C. (2004). Recognizing and treating uncommon behavioral and emotional disorders in children and adolescents who have been severely maltreated: Reactive attachment disorder. *Child Maltreatment, 9*, 154–160.

Haun, D. B. M. (2015). Comparative and developmental cognitive anthropology: Studying the origins of cultural variability in cognitive function. In L. A. Jensen (Ed.), *Oxford handbook of human development and culture: An interdisciplinary perspective* (pp. 94–110). Oxford, UK: Oxford University Press.

Hayashi, A., Karasawa, M., & Tobin, J. (2009). The Japanese preschool's pedagogy of feeling: Cultural strategies for supporting young children's emotional development. *Ethos, 37*, 32–49.

Head Start. (2015). *Head Start program facts fiscal year 2015.* Retrieved from https://eclkc.ohs.acf.hhs.gov/hslc/data/factsheets/2015-hs-program-factsheet.html

Hepper, P. G., Wells, D. L., & Lynch, C. (2005). Prenatal thumb sucking is related to postnatal handedness. *Neuropsychologia, 43,* 313–315.

Herrenkohl, T. I., Mason, W. A., Kosterman, R., Lengua, L. J., Hawkins, J. D., & Abbott, R. D. (2004). Pathways from physical childhood abuse to partner violence in young adulthood. *Violence and Victims, 19*, 123–136.

Hickman, J. R., & Fasoli, A. D. (2015). The dynamics of ethical co-occurrence in Hmong and American evangelical families: New directions for The Ethics research. In L. A. Jensen (Ed.), *Moral development in a global world: Research from a cultural-developmental perspective* (pp. 141–169). New York, NY: Cambridge University Press.

Hill, J., Inder, T., Neil, J., Dierker, D., Harwell, J., & Van Essen, D. (2010). Similar patterns of cortical expansion during human development and evolution. *Proceedings of the National Academy of Sciences, 107,* 13135–13140.

Hines, M. (2015). Gendered development. In R. M. Lerner (Series Ed.), M. E. Lamb (Vol. Ed.), *Handbook of child psychology and developmental science* (7th ed.), *Vol. 3: Socioemotional processes* (pp. 842–887). New York, NY: Wiley.

Hinojosa, T., Sheu, C.-F., & Michael, G. F. (2003). Infant hand-use preference for grasping objects contributes to the development of a hand-use preference for manipulating objects. *Developmental Psychobiology, 43,* 328–334.

Howe, N., & Recchia, H. (2009). Individual differences in sibling teaching in early and middle childhood. *Early Education and Development, 20,* 174–197.

Huang, B., Biro, F. M., & Dorn, L. D. (2009). Determination of relative timing of pubertal maturation through ordinal logistic modeling: Evaluation of growth and timing parameters. *Journal of Adolescent Health, 45*(4), 383–388.

Hughes, C., & Dunn, J. (2007). Children's relationships with other children. In C. A. Brownell & C. B. Kopp (Eds.), *Socioemotional development in the toddler years* (pp. 177–200). New York, NY: Guilford.

Hulei, E., Zevenbergen, A., & Jacobs, S. (2006). Discipline behaviors of Chinese American and European American mothers. *Journal of Psychology: Interdisciplinary and Applied, 140*, 459–475.

Insel, T. (2013, August 19). *Director's blog: Infantile amnesia.* Retrieved from http://www.nimh.nih.gov/about/director/2013/infantile-amnesia.shtml

Ispa, J. M., & Halgunseth, L. C. (2004). Talking about corporal punishment: Nine low-income African American mothers' perspectives. *Early Childhood Research Quarterly, 19*, 463–484.

Jackson, L. M., Pratt, M. W., Hunsberger, B., & Pancer, S. M. (2005). Optimism as a mediator of the relation between perceived parental authoritativeness and adjustment among adolescents: Finding the sunny side of the street. *Social Development, 14*, 273–304.

Jenkins, J. M., Farkas, G., Duncan, G. J., Burchinal, M., & Vandell, D. L. (2016). Head Start at ages 3 and 4 versus Head Start followed by state pre-k: Which is more effective? *Educational Evaluation and Policy Analysis, 38*(1), 88–112.

Jennings, N. (2007). Advertising, viewer age and. In J. J. Arnett (Ed.), *Encyclopedia of children, adolescents, and the media* (pp. 55–57). Thousand Oaks, CA: Sage.

Jennings, W. G., & Reingle, J. M. (2012). On the number and shape of developmental/life-course violence, aggression, and delinquency trajectories: A state-of-the-art review. *Journal of Criminal Justice, 40,* 472–489.

Jensen, L. A. (2015). Moral reasoning: Developmental emergence and life course pathways among cultures. In Jensen, L. A. (Ed.), *The Oxford handbook of human development and culture: An interdisciplinary perspective* (pp.

230–254). New York, NY: Oxford University Press.

Jiao, S., Ji, G., & Jing, Q. (1996). Cognitive development of Chinese urban only children and children with siblings. *Child Development, 67*, 387–395.

Josselyn, S. A., & Frankland, P. W. (2012). Infantile amnesia: A neurogenic hypothesis. *Learning & Memory, 19*(9), 423–433.

Kagan, J., & Herschkowitz, E. C. (2005). *Young mind in a growing brain.* Mahwah, NJ: Erlbaum.

Kapadia, S., & Gala, J. (2015). Gender across cultures: Sex and socialization in childhood. In L. A. Jensen (Ed.), *Oxford handbook of human development and culture: An interdisciplinary perspective* (pp. 307–326). New York, NY: Oxford University Press.

Katz, L. F., & Windecker-Nelson, B. (2004). Parental meta-emotion philosophy in families with conduct-problem children: Links with peer relations. *Journal of Abnormal Child Psychology, 32,* 385–398.

Kazdin, A. E., & Benjet, C. (2003). Spanking children: Evidence and issues. *Current Directions in Psychological Science, 12*, 99–103.

Kesson, A. M. (2007). Respiratory virus infections. *Paediatric Respiratory Reviews, 8,* 240–248.

Killen, M., & Smetana, J. (2015). Morality: origins and development. In R. M. Lerner (Ed.), *Handbook of child psychology and developmental science, Vol. 3* (pp. 702–749). Hoboken, NJ: Wiley.

Kim, M., McGregor, K. K., & Thompson, C. K. (2000). Early lexical development in English- and Korean-speaking children: Language-general and language-specific patterns. *Journal of Child Language, 27,* 225–254.

Kinnally, W. (2007). Music listening, age effects on. In J. J. Arnett (Ed.), *Encyclopedia of children, adolescents, and the media* (pp. 585–586). Thousand Oaks, CA: Sage.

Kit, B. K., Akinbami, L. J., Isfahani, N. S., & Ulrich, D. A. (2017). Gross motor development in children aged 3–5 years, United States 2012. *Maternal and Child Health Journal*, 1–8.

Kitzmann, K. M., Cohen, R., & Lockwood, R. L. (2002). Are only children missing out? Comparison of the peer-related social competence of only children and siblings. *Journal of Social and Personal Relationships, 19*, 299–316.

Klass, C. S. (2008). *The home visitor's guidebook: Promoting optimal parent and child development* (3rd ed.). Baltimore, MD: Paul H. Brookes.

Knafo-Noam, A., Barni, D., & Schwartz, S. H. (2019). From "value transmission" to a complex but realistic model of parent-child value similarity: Reciprocal influences, genetics and environmental antecedents. In L. A. Jensen (Ed.), *The Oxford handbook of moral development: Interdisciplinary perspectives.* New York, NY: Oxford University Press.

Knaus, T. A., Kamps, J., & Foundas, A. L. (2016). Handedness in children with autism spectrum disorder. *Perceptual and Motor Skills, 122*(2), 542–559.

Knecht, S., Drager, B., Deppe, M., Bobe, L., Lohmann, H., Floel, A., . . . Henningsen, H. (2000). Handedness and hemispheric language dominance in healthy humans. *Brain, 135,* 2512–2518.

Konner, M. (2010). *The evolution of childhood: Relationships, emotion, mind*. Cambridge, MA: Harvard University Press.

Kubisch, S. (2007). Electronic games, age and. In J. J. Arnett (Ed.), *Encyclopedia of children, adolescents, and the media* (pp. 264–265). Thousand Oaks, CA: Sage.

Kushner, H. I. (2013). Why are there (almost) no left-handers in China? *Endeavour, 37*(2), 71–81.

Kushner, H. I. (2017). *On the other hand: Left hand, right brain, mental disorder, and history*. Baltimore, MD: Johns Hopkins University Press.

Lamb, M. E. (2010). *The role of the father in child development.* New York, NY: Wiley.

Lamb, M. E., & Lewis, C. (2005). The role of parent–child relationships in child development. In M. H. Bornstein & M. E. Lamb (Eds.), *Developmental psychology* (5th ed., pp. 429–468). Mahwah, NJ: Erlbaum.

Lamb, M. E., & Sutton-Smith, B. (2014). *Sibling relationships: Their nature and significance across the lifespan*. Psychology Press.

Lansford, J. E., Deater-Deckard, K., Dodge, K. A., Bates, J. E., & Pettit, G. S. (2004). Ethnic differences in the link between physical discipline and later adolescent externalizing behaviors. *Journal of Child Psychology and Psychiatry, 45*, 801–812.

Lansford, J. E., Malone, P. S., Dodge, K. A., Crozier, J. C., Pettit, G. S., & Bates, J. E. (2006). A 12-year prospective study of patterns of social information processing problems and externalizing behaviors. *Journal of Abnormal Child Psychology, 34*, 715–724.

Lavzer, J. L., & Goodson, B. D. (2006). The "quality" of early care and education settings: Definitional and measurement issues. *Evaluation Review, 30*, 556–576.

Leaper, C. (2013). Gender development during childhood. In P. D. Zelazo (Ed.), *The Oxford handbook of developmental psychology: Volume 2: Self and other* (pp. 326–377). New York, NY: Oxford University Press.

Leaper, C. (2015). Gender and social-cognitive development. In R. M. Lerner (Series Ed.), L. S. Liben & U. Muller (Vol. Eds.), *Handbook of child psychology and developmental science* (7th ed.): *Vol. 2: Cognitive processes* (pp. 806–853). New York, NY: Wiley.

Leathers, H. D., & Foster, P. (2004). *The world food problem: Tackling causes of undernutrition in the third world.* Boulder, CO: Lynne Rienner Publishers.

Leichtman, M. (2011). A global window on memory development. In L. Jenson (Ed.), *Bridging cultural and developmental approaches to psychology: New syntheses in theory, research, and policy* (pp. 49–70). New York, NY: Oxford University Press.

LeVine, R. A., & LeVine, S. (2016). *Do parents matter? Why Japanese babies sleep soundly, Mexican siblings don't fight, and American families should just relax*. Philadelphia, PA: PublicAffairs.

LeVine, R. A., & New, R. S. (Eds.). (2008). *Anthropology and child development: A cross-cultural reader*. Malden, MA: Blackwell.

LeVine, R. A., Dixon, S., LeVine, S. E., Richman, A., Keefer, C., Liederman, P. H., & Brazelton, T. B. (2008). The comparative study of parenting. In R. A. LeVine & R. S. New, *Anthropology and child development: A cross–cultural reader* (pp. 55–65). Malden, MA: Blackwell Publishing.

Li, F., Godinet, M. T., & Arnsberger, P. (2010). Protective factors among families with children at risk of maltreatment: Follow up to early school years. *Children and Youth Services Review, 33*, 139–148.

Liben, L. S., & Signorella, M. L. (1993). Gender-schematic processing in children: The role of initial interpretation of stimuli. *Developmental Psychology, 29*, 141–149.

Liben, L. S., Bigler, R. S., & Hilliard, L. J. (2013). Gender development. *Societal Contexts of Child Development: Pathways of Influence and Implications for Practice and Policy*, 3.

Lieber, E., Nihira, K., & Mink, I. T. (2004). Filial piety, modernization, and the challenges of raising children for Chinese immigrants: Quantitative and qualitative evidence. *Ethos, 32*, 324–347.

Lillard, A. S. (2008). *Montessori: The science behind the genius.* New York, NY: Oxford University Press.

Lillard, A. S. (2015). The development of play. In R. M. Lerner (Series Ed.), L. S. Liben & U. Müller (Vol. Eds.), *Handbook of child psychology and developmental science* (7th ed., pp. 425–468), *Vol. 2: Cognitive processes*. New York, NY: Wiley.

Lillard, A. S. (2016). *Montessori: The science behind the genius*. New York: Oxford University Press.

Lillard, A. S., & Else-Quest, N. (2006). Evaluating Montessori education. *Science, 313*, 1893–1894.

Lindsey, E., & Colwell, M. (2003). Preschooler's emotional competence: Links to pretend and physical play. *Child Study Journal, 33*, 39–52.

Linver, M. R., Brooks-Gunn, J., & Kohen, D. E. (2002). Family processes as pathways from income to young children's development. *Developmental Psychology, 38*, 719–734.

Liszkowski, U., Carpenter, M., & Tomasello, M. (2007). Pointing out new news, old news, and absent referents at 12 months of age. *Developmental Science, 10*(2), F1–F7. doi:10.1111/j.1467-7687.2006.00552.x

Loeber, R., Lacourse, E., & Homish, D. L. (2005). Homicide, violence, and developmental trajectories. In R. E. Tremblay, W. W. Hartup, & J. Archer (Eds.), *Developmental origins of aggression* (pp. 202–222). New York, NY: Guilford Press.

Lourenco, O. (2003). Making sense of Turiel's dispute with Kohlberg: The case of the child's moral competence. *New Ideas in Psychology, 21*, 43–68.

Love, J. M., Chazan-Cohen, R., Raikes, H., & Brooks-Gunn, J.

(2013). What makes a difference: Early Head Start evaluation findings in a developmental context. *Monographs of the Society for Research in Child Development, 78*(1), vii–viii.

Lum, T. Y., Yan, E. C., Ho, A. H., Shum, M. H., Wong, G. H., Lau, M. M., & Wang, J. (2016). Measuring filial piety in the 21st century: Development, factor structure, and reliability of the 10-item contemporary filial piety scale. *Journal of Applied Gerontology, 35*(11), 1235–1247.

Maccoby, E., & Martin, J. (1983). Socialization in the context of the family: Parent–child interaction. In P. H. Mussen (Ed.) & E. M. Hetherington (Vol. Ed.), *Handbook of child psychology: Vol. 4. Socialization, personality, and social development* (4th ed., pp. 1–101). New York, NY: Wiley.

Malti, T., Peplak, J., & Acland, E. (2019). Emotional experiences in moral context: Developmental perspective. In L. A. Jensen (Ed.), The Oxford handbook of moral development. New York, NY: Oxford University Press.

Markant, J. C., & Thomas, K. M. (2013). Postnatal brain development. In P. D. Zelazo (Ed.), *The Oxford handbook of developmental psychology: Volume 1: Body and mind* (pp. 129–163). New York, NY: Oxford University Press.

Marshall, T. C., Chuong, K., & Aikawa, A. (2011). Day-to-day experiences of amae in Japanese romantic relationships. *Asian Journal of Social Psychology, 14*(1), 26–35.

Martin, C. K., & Fabes, R. A. (2001). The stability and consequences of young children's same-sex peer interactions. *Developmental Psychology, 37*, 431–446.

Martin, C. L., & Ruble, D. (2004). Children's search for gender cues: Cognitive perspectives on gender development. *Current Directions in Psychological Science, 13*(2), 67–70.

Martin, C. L., Kornienko, O., Schaefer, D. R., Hanish, L. D., Fabes, R. A., & Goble, P. (2013). The role of sex of peers and gender-typed activities in young children's peer affiliative networks: A longitudinal analysis of selection and influence. *Child Development, 84*(3), 921–937.

Martini, M. (1996). "What's new?" at the dinner table: Family dynamics during mealtimes in two cultural groups in Hawaii. *Early Development and Parenting, 5*, 23–24.

Mascola, A. J., Bryson, S. W., & Agras, W. S. (2010). Picky eating during childhood: A longitudinal study to age 11 years. *Eating behaviors, 11*, 253–257.

Matlin, M. W. (2004). *The psychology of women* (5th ed.). Belmont, CA: Wadsworth.

Matsumoto, D., & Yoo, S. H. (2006). Toward a new generation of cross-cultural research. *Perspectives on Psychological Science, 1*, 234–250.

McAlister, A. R., & Peterson, C. C. (2013). Siblings, theory of mind, and executive functioning in children aged 3–6 years: New longitudinal evidence. *Child Development, 84*, 1442–1458.

Mead, M. (1935). *Sex and temperament in three primitive societies*. New York, NY: William Morrow.

Miller, J. G. (2004). The cultural deep structure of psychological theories of social development. In R. J. Sternberg & E. L. Grigorenko (Eds.), *Culture and competence: Contexts of life success* (pp. 111–138). Washington, DC: American Psychological Association.

Mintz, T. H. (2005). Linguistic and conceptual influences on adjective acquisition in 24- and 36-month-olds. *Developmental Psychology, 41*, 17–29.

Montroy, J. J., Bowles, R. P., Skibbe, L. E., McClelland, M. M., & Morrison, F. J. (2016). The development of self-regulation across early childhood.

Morawska, A., & Sanders, M. (2011). Parental use of time out revisited: A useful or harmful parenting strategy? *Journal of Child and Family Studies, 20*, 1–8.

Morelen, D., Zeman, J., Perry-Parrish, C., & Anderson, E. (2012). Children's emotion regulation across and within nations: A comparison of Ghanaian, Kenyan, and American youth. *British Journal of Developmental Psychology, 30*, 415–431.

Mosby, L., Rawls, A. W., Meehan, A. J., Mays, E., & Pettinari, C. J. (1999). Troubles in interracial talk about discipline: An examination of African American child rearing narratives. *Journal of Comparative Family Studies, 30*, 489–521.

Murray-Close, D., Ostrov, J., & Crick, N. (2007). A short-term longitudinal study of growth and relational aggression during middle childhood: Associations with gender, friendship, intimacy, and internalizing problems. *Development and Psychopathology, 19*, 187–203.

Murray-Close, D., Nelson, D. A., Ostrov, J. M., Casas,

J. F., & Crick, N. R. (2016). Relational aggression: A developmental psychopathology perspective. *Developmental Psychopathology*.

Nadeem, E., Waterman, J., Foster, J., Paczkowski, E., Belin, T. R., & Miranda, J. (2017). Long-term effects of pre-placement risk factors on children's psychological symptoms and parenting stress among families adopting children from foster care. *Journal of Emotional and Behavioral Disorders, 25*(2), 67–81.

NAEYC. (2010). *2010 NAEYC standards for initial and advanced early childhood professional preparation programs.* Washington, DC: NAEYC/National Association for the Education of Young Children.

National Center for Education Statistics (NCES). (2014). *The condition of education, 2014.* Washington, DC: U.S. Department of Education.

National Institute of Dental and Craniofacial Research. (2017). *Dental caries (tooth decay) in children (age 2 to 11).* Retrieved from https://www.nidcr.nih.gov/DataStatistics/FindDataByTopic/DentalCaries/DentalCariesChildren2to11.htm

Natsopoulos, D., Kiosseoglou, G., Xeroxmeritou, A., & Alevriadou, A. (1998). Do the hands talk on the mind's behalf? Differences in language between left- and right-handed children. *Brain and Language, 64,* 182–214.

Natsuaki, M. N., Ge, X., Reiss, D., & Neiderhiser, J. M. (2009). Aggressive behavior between siblings and the development of externalizing problems: Evidence from a genetically sensitive study. *Developmental Psychology, 45,* 1009–1018.

Navarro, R., Lee, S. H., Jiménez, A., & Cañamares, C. (2017). Cross-cultural children's subjective perceptions of well-being: Insights from focus group discussions with children aged under 9 years in Spain, South Korea and Mexico. *Child Indicators Research*, 1–26.

Nelson, D. A., Robinson, C. C., & Hart, C. H. (2005). Relational and physical aggression of preschool-age children: Peer status linkages across informants. *Early Education and Development, 16,* 115–139.

Newcombe, N., & Huttenlocher, J. (2006). Development of spatial cognition. In W. Damon & R. Lerner (Eds.), & D. Kuhn & R. Siegler (Vol. Eds.), *Handbook of child psychology: Vol. 2. Cognition, perception and language* (6th ed., pp. 734–776). New York, NY: Wiley.

NICHD Early Child Care Research Network. (2004). Trajectories of physical aggression from toddlerhood to middle childhood. *Monographs of the Society for Research in Child Development, 69* (Serial No. 278), vii–129.

NICHD Early Child Care Research Network. (2006). *Child care and child development: Results from the NICHD study of early child care and youth development.* New York, NY: Guilford.

Nurse Family Partnership. (2014). *From a desire to help people, to a plan that truly does.* Retrieved from http://www.nursefamilypartnership.org/about/program-history

Olds, D. L. (2010). The nurse–family partnership: From trials to practice. In A. J. Reynolds, A. J. Rolnick, M. M. Englund, & J. A. Temple (Eds.), *Childhood programs and practices in the first decade of life: A human capital integration* (pp. 49–75). New York, NY: Cambridge University Press.

Ollendick, T. H., Shortt, A. L., & Sander, J. B. (2008). Internalizing disorders in children and adolescents. In J. E. Maddux & B. A. Winstead (Eds.), *Psychopathology: Foundations for a contemporary understanding* (2nd ed., pp. 375–399). New York, NY: Routledge.

Onishi, K. H., & Baillargeon, R. (2005). Do 15-month-old infants understand false beliefs? *Science, 308*(5719), 255–258. doi:10.1126/science.1107621

O'Reilly, J., & Peterson, C. C. (2014). Theory of mind at home: Linking authoritative and authoritarian parenting styles to children's social understanding. *Early Child Development and Care, 184*(12), 1934–1947.

Organization for Economic Cooperation and Development (OECD). (2013). *Education at a glance: Indicators and annexes.* Retrieved from http://www.oecd.org/edu/educationataglance2013-indicatorsandannexes.htm#ChapterC

Pálmadóttir, H., & Johansson, E. M. (2015). Young children's communication and expression of values during play sessions in preschool. *Early Years, 35,* 289–302.

Pan, B. A., & Snow, C. E. (1999). The development of conversation and discourse skills. In M. Barrett (Ed.),

The development of language (pp. 229–249). Hove, UK: Psychology Press.

Parish-Morris, J., Hirsch-Pasek, K., Golinkoff, R. M., & Hirch-Pasek. (2013). From coo to code: A brief story of language development. In P. D. Zelazo (Ed.), *The Oxford handbook of developmental psychology: Volume 1: Body and mind* (pp. 867–908). New York, NY: Oxford University Press.

Parke, R. D., & Buriel, R. (2006). Socialization in the family: Ethnic and ecological perspectives. In W. Damon & R. Lerner (Eds.), & N. Eisenberg (Vol. Ed.), *Handbook of child psychology: Vol. 3. Social, emotional and personality development* (6th ed., pp. 429–504). New York, NY: Wiley.

Pelaez, M., Field, T., Pickens, J. N., & Hart, S. (2008). Disengaged and authoritarian parenting behavior of depressed mothers with their toddlers. *Infant Behavior and Development, 31*, 145–148.

Perner, J., & Roessler, J. (2012). From infants' to children's appreciation of belief. *Trends in Cognitive Sciences, 16*(10), 519–525. doi:10.1016/j.tics.2012.08.004

Peterson, C., & Whalen, N. (2001). Five years later: Children's memory for medical emergencies. *Applied Cognitive Psychology, 15*(Special issue: Trauma, Stress, and Autobiographical Memory), S7–S24.

Pew Commission on Children in Foster Care. (2004). *Safety, permanence and well-being for children in foster care.* Retrieved from http://pewfostercare.org/research/docs/FinalReport.pdf

Phelan, T. W. (2010). *1-2-3 magic: Effective discipline for children 2–12.* New York, NY: Child Management.

Piaget, J. (1936/1952). *The origins of intelligence in children.* New York, NY: Norton.

Piaget, J., & Inhelder, B. (1969). *The child's conception of space* (F. J. Langdon & J. L. Lunger, Trans.). New York, NY: W. W. Norton.

Piek, J. P., Dawson, L., Smith, L., & Gasson, N. (2008). The role of early fine and gross motor development on later motor and cognitive ability. *Human Movement Science, 27,* 668–681.

Pike, A., Coldwell, J., & Dunn, J. F. (2005). Sibling relationships in early/middle childhood: Links with individual adjustment. *Journal of Family Psychology, 19,* 523–532.

Pinker, S. (1994). *The language instinct.* New York, NY: Williams Morrow.

Pinquart, M. (2017). Associations of parenting dimensions and styles with externalizing problems of children and adolescents: An updated meta-analysis. *Developmental Psychology, 53*(5), 873–932.

Plant, R. W., & Siegel, L. (2008). Children in foster care: Prevention and treatment of mental health problems. In T. P. Gullotta & G. M. Blau (Eds.), *Family influences on childhood behavior and development: Evidence-based prevention and treatment approaches* (pp. 209–230). New York, NY: Routledge.

Population Reference Bureau. (2014). *World population data sheet, 2014.* Washington, DC: Author.

Powls, A., Botting, N., Cooke, R. W. I., & Marlow, N. (1996). Handedness in very-low birth-weight (VLBW) children at 12 years of age: Relation to perinatal and outcome variables. *Developmental Medicine and Child Neurology, 38,* 594–602.

Provins, K. A. (1997). Handedness and speech: A critical reappraisal of the role of genetic and environmental factors in the cerebral lateralization of function. *Psychological Review, 104,* 554–571.

Purdie, N., Carroll, A., & Roche, L. (2004). Parenting and adolescent self-regulation. *Journal of Adolescence, 27*, 663–676.

Raikes, H. H., Chazan-Cohen, R., Love, J. M., & Brooks-Gunn, J. (2010). Early Head Start impacts at age 3 and a description of the age 5 follow-up study. In A. J. Reynolds, A. J. Rolnick, & M. M. Englund (Eds.), *Childhood programs and practices in the first decade of life: A human capital integration* (pp. 99–118). New York, NY: Cambridge University Press.

Randell, A. C., & Peterson, C. C. (2009). Affective qualities of sibling disputes, mothers' conflict attitudes, and children's theory of mind development. *Social Development, 18,* 857–874.

Recchia, H. E., & Witwit, M. A. (2017). Family perspectives on siblings' conflict goals in middle childhood: Links to hierarchical and affective features of sibling relationships. *New Directions for Child and Adolescent Development, 2017*(156), 33–48.

Resnick, G. (2010). Project Head Start: Quality and links to child outcomes. In A. J. Reynolds, A. J. Rolnick, M. M. Englund, & J. A. Temple (Eds.), *Childhood programs and practices in the first decade of life: A human capital integration* (pp. 121–156). New York, NY: Cambridge University Press.

Reynolds, K. A., Kalkwarf, H., Summer, S., Khoury, P., Gavin, M., & Woo, J. G. (2017). Diet quality declines and differs by race in early childhood. *The FASEB Journal, 31*(1 Supplement).

Rideout, V. (2013). *Zero to eight: Children's use of media in America, 2013.* Washington, DC: Common Sense Media.

Robinson, C. C., Anderson, G. T., Porter, C. L., Hart, C. H., & Wouden-Miller, M. (2003). Sequential transition patterns of preschoolers' social interactions during child-initiated play: Is parallel-aware play a bi-directional bridge to other play states? *Early Childhood Research Quarterly, 18*, 3–21.

Rodriguez, A., Kaakinen, M., Moilanen, I., Taanila, A., McGough, J. J., Loo, S., & Järvelin, M. R. (2010). Mixed-handedness is linked to mental health problems in children and adolescents. *Pediatrics, 125*(2), e340–e348. doi:10.1542/peds.2009-1165

Rogoff, B. (2003). *The cultural nature of human development.* New York, NY: Oxford University Press.

Roopnarine, J. L., Hossain, Z., Gill, P., & Brophy, H. (1994). Play in the East Indian context. In J. L. Roopnarine, J. E. Johnson, & F. H. Hooper (Eds.), *Children's play in diverse cultures* (pp. 9–30). Albany, NY: State University of New York Press.

Rothbaum, F., & Wang, Y. Z. (2011). Cultural and developmental pathways to acceptance of self and acceptance of the world. In L. A. Jensen (Ed.), *Bridging cultural and developmental approaches to psychology: New syntheses in theory, research and policy* (pp. 187-211). New York, NY: Oxford University Press.

Rothbaum, F., Kakinuma, M., Nagaoka, R., & Azuma, H. (2007). Attachment and *amae*: Parent–child closeness in the United States & Japan. *Journal of Cross-Cultural Psychology, 38,* 465–486.

Rowland, A., Gerry, F., & Stanton, M. (2017). Physical punishment of children: time to end the defence of reasonable chastisement in the UK, USA and Australia. *The International Journal of Children's Rights, 25*(1), 165–195.

Rubin, K. H., & Pepler, D. J. (Eds.). (2013). *The development and treatment of childhood aggression.* New York, NY: Psychology Press.

Rubin, K. H., Burgess, K. B., & Hastings, P. D. (2002). Stability and social-behavioral consequences of toddlers' inhibited temperament and parenting behaviors. *Child Development, 73*, 483–495.

Russell, A., Hart, C. H., Robinson, C. C., & Olsen, S. F. (2003). Children's sociable and aggressive behavior with peers: A comparison of the U.S. and Australia, and contributions of temperament and parenting styles. *International Journal of Behavioral Development, 27,* 74–86.

Safe Kids Worldwide. (2017). *Unintentional childhood injury-related deaths.* Retrieved from http://www.safekidsgainesvillehall.org/unintentional-childhood-injury-related-deaths

Sandler, L. (2014). *One and only: The freedom of having an only child, and the joy of being one*. New York, NY: Simon and Schuster.

Scantlin, R. (2007). Educational television, effects of. In J. J. Arnett (Ed.), *Encyclopedia of children, adolescents, and the media* (pp. 255–258). Thousand Oaks, CA: Sage.

Schachter, S. C., & Ransil, B. J. (1996). Handedness distributions in nine professional groups. *Perceptual and Motor Skills, 82*, 51–63.

Schaeffer, C., Petras, H., & Ialongo, B. (2003). Modeling growth in boys' aggressive behavior across elementary school: Links to later criminal involvement, conduct disorder, and antisocial personality disorder. *Developmental Psychology, 39*, 1020–1035.

Scheibe, C. (2007). Advertising on children's programs. In J. J. Arnett (Ed.), *Encyclopedia of children, adolescents, and the media* (pp. 59–60). Thousand Oaks, CA: Sage.

Schiermeier, Q. (2015, October 29). China's birth rate won't be dramatically affected by end of one-child policy. *Nature News*. Retrieved from http://www.nature.com/news/china-s-birth-rate-won-t-be-dramatically-affected-by-end-of-one-child-policy-1.18687

Schug, J., Takagishi, H., Benech, C., & Okada, H. (2016). The development of theory of mind and positive and negative reciprocity in preschool children. *Frontiers in Psychology, 7*.

Schweinhart, L. J., Montie, J., Xiang, Z., Barnett, W. S., & Belfield, C. R. (2004). *Lifetime effects: The High/Scope Perry Preschool Study through age 40*. Boston, MA: Strategies for Children. Retrieved from www.highscope.org/Research/PerryProject/perrymain.htm

Scott, E., & Panksepp, J. (2003). Rough-and-tumble play in human children. *Aggressive Behavior, 29*, 539–551.

SesameWorkshop.org (2017). *Where we work*. Retrieved from http://www.sesameworkshop.org/

Shweder, R. A. (Ed.). (2009). *The child: An encyclopedic companion*. Chicago, IL: The University of Chicago Press.

Shweder, R. A., & Menon, U. (2014). Old questions for the new anthropology of morality: A commentary. *Anthropological Theory, 14*(3), 356–370.

Shweder, R. A., Mahapatra, M., & Miller, J. G. (1990). Culture and moral development. In J. W. Stigler, R. A. Shweder, & G. Herdt (Eds.), *Cultural psychology* (pp. 130–204). New York, NY: Cambridge University Press.

Silk, J. S., Morris, A. S., Kanaya, T., & Steinberg, L. (2003). Psychological control and autonomy granting: Opposite ends of a continuum or distinct constructs? *Journal of Research on Adolescence, 13*, 113–128.

Slaughter, V. (2015). Theory of mind in infants and young children: a review. *Australian Psychologist, 50*(3), 169–172.

Smith, W. B. (2011). *Youth leaving foster care: A developmental, relationship-based approach to practice*. New York, NY: Oxford University Press.

Soley, G., & Spelke, E. S. (2016). Shared cultural knowledge: Effects of music on young children's social preferences. *Cognition, 148*, 106–116.

Spera, C. (2005). A review of the relationship among parenting practices, parenting styles, and adolescent school achievement. *Educational Psychology Review, 17*, 125–146.

Steele, R. G., Nesbitt-Daly, J. S., Daniel, R. C., & Forehand, R. (2005). Factor structure of the Parenting Scale in a low-income African American sample. *Journal of Child and Family Studies, 14*, 535–549.

Steinberg, L. (2000, April). *We know some things: Parent–adolescent relations in retrospect and prospect*. Presidential address, presented at the biennial meeting of the Society for Research on Adolescence, Chicago, IL.

Steinberg, L., & Levine, A. (1997). *You and your adolescent: A parents' guide for ages 10 to 20* (Rev. ed.). New York, NY: HarperCollins.

Steur, F. B., Applefield, J. M., & Smith, R. (1971). Televised aggression and interpersonal aggression of preschool children. *Journal of Experimental Child Psychology, 11*, 442–447.

Straus, M. A., & Donnelly, D. A. (1994). *Beating the devil out of them: Corporal punishment in American families*. New York, NY: Lexington Books.

Suminar, D. R., & Hastjarjo, T. D. (2016). A theoritical model of theory of mind and pretend play. *International Journal of Applied Psychology, 6*(4), 85–93.

Swingley, D. (2010). Fast mapping and slow mapping in children's word learning. *Language Learning and Development, 6*, 179–183.

Takahashi, K., & Takeuchi, K. (2007). Japan. In J. J. Arnett, R. Ahmed, B. Nsamenang, T. S. Saraswathi, & R. Silbereisen (Eds.), *International encyclopedia of adolescence* (pp. 525–539). New York, NY: Routledge.

Tamis-LeMonda, C. S., Way, N., Hughes, D., Yoshikawa, H., Kalman, R. K., & Niwa, E. Y. (2008). Parents' goals for children: The dynamic coexistence of individualism and collectivism in cultures and individuals. *Social Development, 17*(1), 183–209.

Thacher, T. D., & Clarke, B. L. (2011, January). Vitamin D insufficiency. In *Mayo Clinic Proceedings* (Vol. 86, No. 1, pp. 50–60). Elsevier.

Tiberio, S. S., Capaldi, D. M., Kerr, D. C., Bertrand, M., Pears, K. C., & Owen, L. (2016). Parenting and the development of effortful control from early childhood to early adolescence: A transactional developmental model. *Development and Psychopathology, 28*(3), 837–853.

Tobin, J., Hsueh, Y., & Karasawa, M. (2009). *Preschool in three cultures revisited: China, Japan, and the United States*. Chicago, IL: University of Chicago Press.

Tomasello, M., & Rakoczy, H. (2003). What makes human

cognition unique? From individual to shared to collective intentionality. *Mind and Language, 18*, 121–147.

Tremblay, R. E. (2002). Prevention of injury by early socialization of aggressive behavior. *Injury Prevention, 8*(Suppl. IV), 17–21.

Tremblay, R. E., Vitaro, F., & Côté, S. M. (2017). The development of chronic physical aggression: A bio-psycho-social model for the next generation of preventive interventions. *Annual Review of Psychology, 69*(1).

Truglio, R. T. (2007). Sesame workshop. In J. J. Arnett (Ed.), *Encyclopedia of children, adolescents, and the media* (pp. 749–750). Thousand Oaks, CA: Sage.

Tseng, V. (2004). Family interdependence and academic adjustments in college: Youth from immigrant and U.S.-born families. *Child Development, 75*, 966–983.

Tudge, J. R. H., Doucet, F., Odero, D., Sperb, T. M., Piccinini, C. A., & Lopes, R. S. (2006). A window into different cultural worlds: Young children's everyday activities in the United States, Brazil, and Kenya. *Child Development, 77*, 1446–1469.

Tulving, E. (1983). *Elements of episodic memory*. Oxford, UK: Oxford University Press.

Turney, K., & Wildeman, C. (2017). Adverse childhood experiences among children placed in and adopted from foster care: Evidence from a nationally representative survey. *Child Abuse & Neglect, 64*, 117–129.

Tustin, K., & Hayne, H. (2016). Early memories come in small packages: Episodic memory in young children and adults. *Developmental Psychobiology, 58*(7), 852–865.

U.S. Department of Health and Human Services, Children's Bureau, Child Welfare Information Gateway. (2016). *Cycle of abuse*. Retrieved from https://www.childwelfare.gov/topics/can/impact/long-term-consequences-of-child-abuse-and-neglect/abuse/

Underwood, M. K. (2003). *Social-aggression among girls*. New York, NY: Guilford Press.

UNICEF. (2014). *The state of the world's children in numbers*. New York, NY: Author.

UNICEF. (2016). *State of the world's children*. Retrieved from https://www.unicef.org/sowc2016/

UNICEF. (2017). *Under-five mortality*. Retrieved from https://data.unicef.org/topic/child-survival/under-five-mortality/

UNICEF/WHO/World Bank Group (2017). Levels and trends in child malnutrition: Key findings of the 2017 edition. New York: Authors.

Uzefovsky, F., & Knafo-Noam, A. (2017). Empathy development throughout the life span. In J. Sommerville & J. Decety (Eds.), *Social cognition: Development across the life span* (pp. 71–97). New York: Psychology Press.

Vaish, A., Missana, M., & Tomasello, M. (2011). Three-year-old children intervene in third-party moral transgressions. *British Journal of Developmental Psychology, 29*(1), 124–130. doi:10.1348/026151010X532888

Valkenburg, P. M., & Buijzen, M. (2007). Advertising, purchase requests and. In J. J. Arnett (Ed.), *Encyclopedia of children, adolescents, and the media* (pp. 47–48). Thousand Oaks, CA: Sage.

Vandell, D. L., Burchinal, M. R., Belsky, J., Owen, M. T., Friedman, S. L., Clarke-Stewart, A., . . . Weinraub, M. (2005). *Early child care and children's development in the primary grades: Follow-up results from the NICHD Study of Early Child Care*. Paper presented at the biennial meeting of the Society for Research in Child Development, Atlanta, GA.

Vandell, D. L., Burchinal, M., & Pierce, K. M. (2016). Early child care and adolescent functioning at the end of high school: Results from the NICHD Study of Early Child Care and Youth Development. *Developmental Psychology, 52*(10).

Vias, C., & Dick, A. S. (2017). Cerebellar contributions to language in typical and atypical development: A review. *Developmental Neuropsychology, 42*(6), 404–421.

Wagner, C. L., & Greer, F. R. (2008). Prevention of rickets and vitamin D deficiency in infants, children, and adolescents. *Pediatrics, 122*(5), 1142–1152.

Walker, O. L., Degnan, K. A., Fox, N. A., & Henderson, H. A. (2015). Early social fear in relation to play with an unfamiliar peer: Actor and partner effects. *Developmental Psychology, 51*(11), 1588–1596.

Wang, Q. (2013). *The autobiographical self in time and culture*. New York, NY: Oxford University Press. doi:10.1093/acprof:oso/9780199737833.001.0001

Wang, S., & Tamis-LeMonda, C. (2003). Do childrearing values in Taiwan and the United States reflect cultural values of collectivism and individualism? *Journal of Cross-Cultural Psychology, 34*, 629–642.

Wang, Y., & Fong, V. L. (2009). Little emperors and the 4:2:1 generation: China's singletons. *Journal of the American Academy of Child & Adolescent Psychiatry, 48,* 1137–1139.

Warneken, F., & Tomasello, M. (2006). Altruistic helping in human infants and young chimpanzees. *Science, 311*(5765), 1301–1303. doi:10.1126/science.1121448

Way, N., Reddy, R., & Rhodes, J. (2007). Students' perceptions of school climate during the middle school years: Associations with trajectories of psychological and behavioral adjustment. *American Journal of Community Psychology, 40*(3–4), 194–213.

Wellman, H. M. (2017). The development of theory of mind: Historical reflections. *Child Development Perspectives*.

Whiting, B. B., & Edwards, C. P. (1988). Children of different worlds: The formation of social behavior. Cambridge, MA: Harvard University Press.

Williams, A. L., Khattak, A. Z., Garza, C. N., & Lasky, R. E. (2009). The behavioral pain response to heelstick in preterm neonates studied longitudinally: Description, development, determinants, and components. *Early Human Development, 85*, 369–374.

World Health Organization (WHO). (2008). *Worldwide prevalence of anaemia.* Geneva, Switzerland: Author.

World Health Organization (WHO). (2016). *Joint child malnutrition estimates - Levels and trends (2016 edition).* Retrieved from http://www.who.int/nutgrowthdb/jme_brochure2016.pdf

World Health Organization (WHO). (2017). *Prevention is better than treatment.* Retrieved from http://www.who.int/bulletin/volumes/93/9/15-020915/en/

Yang, B., Ollendick, T. H., Dong, Q., Xia, Y., & Lin, L. (1995). Only children and children with siblings in the People's Republic of China: Levels of fear, anxiety, and depression. *Child Development, 66*, 1301–1311.

Yoshikawa, H., Weiland, C., Brooks-Gunn, J., Burchinal, M. R., Espinosa, L. M., Gormley, W. T.,... Zaslow, M. J. (2013). *Investing in our future: The evidence base on preschool education*. Ann Arbor, MI: Society for Research in Child Development.

Zachrisson, H. D., Dearing, E., Lekhal, R., & Toppelberg, C. O. (2013). Little evidence that time in child care causes externalizing problems during early childhood in Norway. *Child Development, 84,* 1152–1170.

Zehle, K., Wen, L. M., Orr, N., & Rissel, C. (2007). "It's not an issue at the moment" : A qualitative study of mothers about childhood obesity. *MCN: The American Journal of Maternal/Child Nursing, 32,* 36–41.

Zhang, W., & Fuligni, A. J. (2006). Authority, autonomy, and family relationships among adolescents in urban and rural China. *Journal of Research on Adolescence, 16*(4), 527–537.

Zielinski, D. S. (2009). Child maltreatment and adult socioeconomic well-being. *Child Abuse & Neglect, 33*, 666–678.

Zigler, E., & Styfco, S. J. (Eds.). (2004). *The Head Start debates.* Baltimore, MD: Brookes.

Zosuls, K. M., Andrews, N. C., Martin, C. L., England, D. E., & Field, R. D. (2016). Developmental changes in the link between gender typicality and peer victimization and exclusion. *Sex Roles, 75*(5–6), 243–256.

Chapter 7

Adams, E. A., Kurtz-Costes, B. E., & Hoffman, A. J. (2016). Skin tone bias among African Americans: Antecedents and consequences across the life span. *Developmental Review, 40*, 93–116.

Ahmad, Q. I., Ahmad, C. B., & Ahmad, S. M. (2010). Childhood obesity. *Indian Journal of Endocrinology and Metabolism, 14*(1): 19–25. PMCID: PMC3063535

Akcinar, B., & Shaw, D. S. (2017). Independent contributions of early positive parenting and mother–son coercion on emerging social development. *Child Psychiatry & Human Development*, 1–11.

Albareda-Castellot, B., Pons, F., & Sebastián-Gallés, N. (2011). The acquisition of phonetic categories in bilingual infants: New data from an anticipatory eye movement paradigm. *Developmental Science, 14*(2), 395–401. doi:10.1111/j.1467-

7687.2010.00989.x

Alloway, T. P., Gathercole, S. E., & Pickering, S. J. (2006). Verbal and visuospatial short-term and working memory in children: Are they separable? *Child Development, 77*(6), 1698–1716. doi:10.1111/j.1467-8624.2006.00968.x

Amato, P. R., & Anthony, C. J. (2014). Estimating the effects of parental divorce and death with fixed effects models. *Journal of Marriage and Family, 76*(2), 370–386.

Amato, P. R., & Boyd, L. M. (2013). Children and divorce in world perspective. In A. Abela & J. Walker (Eds.), *Contemporary Issues in Family Studies: Global Perspectives on Partnerships, Parenting and Support in a Changing World* (pp. 227–243). Chichester, UK: Wiley-Blackwell.

Amato, P. R., Patterson, S., & Beattie, B. (2015). Single-parent households and children's educational achievement: A state-level analysis. Social Science Research, 53, 191–202.

American Academy of Pediatrics. (2011). ADHD: Clinical practice guidelines for the diagnosis, evaluation, and treatment of attention-deficit/hyperactivity disorder in children and adolescents. *Pediatrics, 128*, 1–16.

American Optometric Association. (2017). *Clinical eye care.* Retrieved from http://www.aoa.org/news/clinical-eye-care/outdoor-activity-may-reduce-risk-for-myopia-in-children?sso=y

Anderssen, N., Amlie, C., & Ytterøy, E. A. (2002). Outcomes for children with lesbian or gay parents. A review of studies from 1978 to 2000. *Scandinavian Journal of Psychology, 43*(4), 335–351. doi:10.1111/1467-9450.00302

Anglin, J. M. (1993). Vocabulary development: A morphological analysis. *Monographs of the Society for Research in Child Development, 58*(10, Serial No. 238).

Annear, S. (2016, July 12). Don't let your Pokémon game lead you into danger. *The Boston Globe.* Retrieved from https://www.bostonglobe.com/metro/2016/07/12/police-dont-let-your-pokemon-game-lead-you-into-danger/CwnnOp6KhLuliyBqnG866H/story.html

Appoh, L. Y. (2004). Consequences of early malnutrition for subsequent social and emotional behaviour of children in Ghana. *Journal of Psychology in Africa; South of the Sahara, the Caribbean, and Afro-Latin America, 14*, 87–94.

Appoh, L. Y., & Krekling, S. (2004). Effects of early childhood malnutrition on cognitive performance of Ghanaian children. *Journal of Psychology in Africa; South of the Sahara, the Caribbean, and Afro-Latin America, 14*, 1–7.

Arnett, J. J. (2011). Emerging adulthood(s): The cultural psychology of a new life stage. In L. A. Jensen (Ed.), *Bridging cultural and developmental psychology: New syntheses in theory, research, and policy.* New York, NY: Oxford University Press.

Aunio, P., Aubrey, C., Godfrey, R., Pan, Y., & Liu, Y. (2008). Children's early numeracy in England, Finland and People's Republic of China. *International Journal of Early Years Education, 16,* 203–221.

Azmitia, M., Kamprath, N., & Linnet, J. (1998). Intimacy and conflict: The dynamics of boys' and girls' friendships during middle childhood and early adolescence. In L. Meyer, H. Park, M. Gront-Scheyer, I. Schwartz, & B. Harry (Eds.), *Making friends: The influences of culture and development* (pp. 171–189). Baltimore, MD: Brookes Publishing.

Baker, C. (2011). *Foundations of bilingual education and bilingualism* (5th ed.). New York, NY: Multilingual Matters.

Baldry, A. C., & Farrington, D. P. (2004). Evaluation of an intervention program for the reduction of bullying and victimization in schools. *Aggressive Behavior, 30,* 1–15.

Baldry, A. C., Farrington, D. P., & Sorrentino, A. (2017). School bullying and cyberbullying among boys and girls: Roles and overlap. *Journal of Aggression, Maltreatment & Trauma*, 1–15.

Banerjee, R. (2005). Gender identity and the development of gender roles. In S. Ding & K. Littleton (Eds.), *Children's personal and social development* (pp. 142–179). Malden, MA: Blackwell.

Barrett, D. E., & Frank, D. A. (1987). *The effects of undernutrition on children's behavior.* New York, NY: Gordon & Breach.

Barry, H. III, Bacon, M. K., & Child, I. L. (1957). A cross-cultural survey of some sex differences in socialization. *Journal of Abnormal Social Psychology, 55,* 327–332.

Barzilay, S., Klomek, A. B., Apter, A., Carli, V., Wasserman, C., Hadlaczky, G., ... & Brunner, R. (2017). Bullying victimization and suicide ideation and behavior among adolescents in Europe: A 10-country study. *Journal of Adolescent Health.*

Bauer, P. J. (2013). Memory. In P. D. Zelazo (Ed.), *The Oxford handbook of developmental psychology: Volume 1: Body and mind* (pp. 505–541). New York, NY: Oxford University Press.

Beasley, R., Semprini, A., & Mitchell, E. A. (2015). Risk factors for asthma: Is prevention possible? *The Lancet, 386*(9998), 1075–1085.

Beck, I. L., & Beck, M. E. (2013). *Making sense of phonics: The hows and whys.* New York, NY: Guilford.

Becker, O. A., Salzburger, V., Lois, N., & Nauck, B. (2013). What narrows the stepgap? Closeness between parents and adult (step) children in Germany. *Journal of Marriage and Family, 75*(5), 1130–1148.

Bellah, R. N., Madsen, R., Sullivan, W. M., Swidler, A., & Tipton, S. M. (1985). *Habits of the heart: Individualism and commitment in American life.* New York, NY: Harper & Row.

Bender, H. L., Allen, J. P., McElhaney, K. B., Antonishak, J., Moore, C. M., Kelly, H. O., & Davis, S. M. (2007). Use of harsh physical discipline and developmental outcomes in adolescence. *Development and Psychopathology, 19,* 227–242.

Berch, D., & Mazzocco, M. (2007). Why is math so hard for some children? *The nature and origins of mathematical learning difficulties and disabilities.* Baltimore, MD: Paul H. Brookes.

Berge, J. M., Wall, M., Hsueh, T.-F., Fulkerson, J. A., Larson, N., & Neumark-Sztainer, D. (2014). The protective role of family meals for youth obesity: 10-year longitudinal associations. *The Journal of Pediatrics, 166*, 206–301. doi.org/10.1016/j.jpeds.2014.08.030

Berninger, V. W., & Chanquoy, L. (2012). What writing is and how it changes across early and middle childhood development. In E. L. Grigorenko, E. Mambrino, & D. D. Preis (Eds.), *Writing: A mosaic of new perspectives and views* (pp. 65–84). New York, NY: Psychology Press.

Berninger, V. W., Abbott, R. D., Jones, J., Wolf, B. J., Gould, L., Anderson-Youngstrom, M., ··· Apel, K. (2006). Early development of language by hand: Composing, reading, listening, and speaking connections; Three letter-writing modes; And fast mapping in spelling. *Developmental Neuropsychology, 29* (Special issue on writing), 61–92.

Best, D. L. (2001). Gender concepts: Convergence in cross-cultural research and methodologies. *Cross-cultural Research: The Journal of Comparative Social Science, 35,* 23–43.

Bialystok, E. (1993). Metalinguistic awareness: The development of children's representations in language. In C. Pratt & A. Garton (Eds.), *Systems of representation in children* (pp. 211–233). London, UK: Wiley.

Bialystok, E. (1997). Effects of bilingualism and biliteracy on children's emerging concepts of print. *Developmental Psychology, 33,* 429–440.

Bialystok, E. (1999). Cognitive complexity and attentional control in the bilingual mind. *Child Development, 70,* 636–644.

Bialystok, E. (2001). *Bilingualism in development: Language, literacy, and cognition.* New York, NY: Cambridge University Press.

Bialystok, E., & Martin, M. M. (2004). Attention and inhibition in bilingual children: Evidence from the dimensional change card sort task. *Developmental Science, 7*(3), 325–339. doi:10.1111/j.1467-7687.2004.00351.x

Birdsong, D. (2006). Age and second language acquisition and processing: A selective overview. *Language Learning, 56* (Suppl. s1), 9–49.

Blakemore, J. E. O. (2003). Children's beliefs about violating gender norms: Boys shouldn't look like girls, and girls shouldn't act like boys. *Sex Roles, 48,* 411–419.

Bosse, Y., & Hudson, T. J. (2007). Toward a comprehensive set of asthma susceptibility genes. *Annual Review of Medicine, 58,* 171–184.

Braine, L. G., Schauble, L., Kugelmass, S., & Winter, A. (1993). Representation of depth by children: Spatial strategies and lateral biases. *Developmental Psychology, 29,* 466–479.

Brant, A. M., Haberstick, B. C., Corley, R. P., Wadsworth, S. J., DeFries, J. C., & Hewitt, J. K. (2009). The development etiology of high IQ. *Behavior Genetics, 39,* 393–405.

Bray, J. H. (1999). From marriage to remarriage and beyond: Findings from the Developmental Issues in Stepfamilies

Research Project. In E. M. Hetherington (Ed.), *Coping with divorce, single parenting, and remarriage: A risk and resiliency perspective* (pp. 295–319). Mahwah, NJ: Erlbaum.

Brecher, J. (2016). The association between the 'fat mass and obesity associated gene' (fto) and obesity-linked eating behaviours in adults and children: A systematic review. *International Journal of Surgery, 36*, S49.

Brody, G. (2004). Siblings' direct and indirect contributions to child development. *Current Directions in Psychological Science, 13,* 124–126.

Bryant, B. E. (2014). Sibling relationships in middle childhood. In M. E. Lamb & B. Sutton-Smith (Eds.), *Sibling relationships: Their nature and significance across the lifespan* (pp. 87–122). London, England: Routledge.

Buhs, E. S., & Ladd, G. W. (2001). Peer rejection as antecedent of young children's school adjustment: An examination of mediating processes. *Developmental Psychology, 37,* 550–560.

Bukowski, W. M., Laursen, B., & Hoza, B. (2010). The snowball effect: Friendship moderates escalations in depressed affect among avoidant and excluded children. *Development and Psychopathology, 22*(4), 749–757. doi:http://dx.doi.org/10.1017/S095457941000043X

Bulman, G., & Fairlie, R. W. (2016). *Technology and education: Computers, software, and the internet* (No. w22237). National Bureau of Economic Research.

Bushman, B. J., & Chandler, J. J. (2007). Violence, effects of. In J. J. Arnett (Ed.), *Encyclopedia of children, adolescents, and the media* (Vol. 2, pp. 847–850). Thousand Oaks, CA: Sage.

Byrd, C. M. (2012). The measurement of racial/ethnic identity in children a critical review. *Journal of Black Psychology, 38*(1), 3–31.

Calkins, S. (2012). Caregiving as coregulation: Psychobiological processes and child functioning. In A. Booth, S. M. McHale, & N. Landale (Eds.), *Biosocial foundations of family processes* (pp. 49–59). New York, NY: Springer.

Caravita, S., & Cillessen, A. H. (2012). Agentic or communal? Associations between interpersonal goals, popularity, and bullying in middle childhood and early adolescence. *Social Development, 21* (2), 376–395.

Carlson, S. M., & Choi, H. P. (2009). Bilingual and bicultural: Executive function in Korean and American children. In K. G. Millett (Chair), *Cognitive Effects of Bilingualism: A Look at Executive Function and Theory of Mind.* Paper symposium presented at the biennial meeting of the Society for Research in Child Development, Denver, CO.

Carlson, S. M., Zelazo, P. D., & Faja, S. (2013). Executive function. In P. D. Zelazo (Ed.), *The Oxford handbook of developmental psychology: Volume 1: Body and mind* (pp. 706–743). New York, NY: Oxford University Press.

Case, R., & Okamato, Y. (Eds.). (1996). The role of central conceptual structures in the development of children's thought. *Monographs of the Society for Research in Child Development, 61*(1–2, Serial No. 246).

Cassidy, K. W., Werner, R. S., Rourke, M., Zubernis, L. S., & Balaraman, G. (2003). The relationship between psychological understanding and positive social behaviors. *Social Development, 12,* 198–221.

Centers for Disease Control and Prevention (CDC). (2006). School health policies and programs study (SHPPS). *Journal of School Health, 27*(8).

Centers for Disease Control and Prevention (CDC). (2017). *Attention-deficit/hyperactivity disorder (ADHD).* Retrieved from: https://www.cdc.gov/ncbddd/adhd/medicated.html

Centers for Disease Control and Prevention (CDC). (2017). *Childhood obesity causes & consequences.* Retrieved from: https://www.cdc.gov/obesity/childhood/causes.html

Centers for Disease Control and Prevention (CDC). (2017). *Common asthma triggers.* Retrieved from https://www.cdc.gov/asthma/triggers.html

Centers for Disease Control and Prevention (CDC). (2017). Health, United States, 2016 (Table 35). Atlanta, GA: Author.

Centers for Disease Control and Prevention (CDC). (2017). *Physical activity facts.* Retrieved from: https://www.cdc.gov/healthyschools/physicalactivity/facts.htm

Centers for Disease Control and Prevention (CDC). (2017). *2 to 20 years: Boys stature weight-for-age percentiles.* Retrieved from https://www.cdc.gov/growthcharts/data/set1clinical/cj41l021.pdf

Centers for Disease Control and Prevention (CDC). (2017). *2 to*

20 years: Girls stature weight-for-age percentiles. Retrieved from https://www.cdc.gov/growthcharts/data/set2clinical/cj41c072.pdf

Centers for Disease Control and Prevention (CDC). (2017). *Unmarried childbearing.* Retrieved from https://www.cdc.gov/nchs/fastats/unmarried-childbearing.htm

Chang, H., & Shaw, D. S. (2016). The emergence of parent–child coercive processes in toddlerhood. *Child Psychiatry & Human Development, 47*(2), 226–235.

Chang, L. (2008). *Factory girls: From village to city in a changing China.* New York, NY: Spiegel & Grau.

Chaudhary, N., & Sharma, N. (2007). India. In J. J. Arnett (Ed.), *International encyclopedia of adolescence* (pp. 442–459). New York, NY: Routledge.

Chen, X., Wang, L., & DeSouza, A. (2007). Temperament, socioemotional functioning, and peer relationships in Chinese and North American children. In X. Chen, D. C. French, & B. H. Schneider (Eds.), *Peer relationships in cultural context* (pp. 123–146). New York, NY: Cambridge University Press.

Chi, M. T. (1978). Knowledge structures and memory development. In R. S. Siegler (Ed.), *Children's thinking: What develops?* (pp. 73–96). Hillsdale, NJ: Erlbaum.

ChildStats.gov (2017). *Child injury and mortality.* Retrieved from https://www.childstats.gov/americaschildren/phys7.asp

ChildStats.gov. (2017). *Family structure and children's living arrangements.* Retrieved from https://www.childstats.gov/americaschildren15/tables/fam1b.asp

Chiñas, B. (1992). *The Isthmus Zapotecs: A matrifocal culture of Mexico.* New York, NY: Harcourt Brace Jovanovich College Publishers.

Cillessen, A. H. N., & Mayeux, L. (2004). From censure to reinforcement: Developmental changes in the association between aggression and social status. *Child Development, 75,* 147–163.

Clark, K. B., & Clark, M. P. (1947). Racial identification and preference in negro children. *Readings in Social Psychology,* 602–611.

Clarke-Stewart, A., & Brentano, C. (2006). *Divorce: Causes and consequences.* New Haven, CT: Yale University Press.

Coghill, D., Spiel, G., Baldursson, G., Döpfner, M., Lorenzo, M. J., Ralston, S. J., Rothenberger, A., & ADORE Study Group. (2006). Which factors impact on clinician-rated impairment in children with ADHD? *European Child & Adolescent Psychiatry, 15* (Suppl. 1), I30–I37.

Coie, J. (2004). The impact of negative social experiences on the development of antisocial behavior. In J. B. Kupersmidt & K. A. Dodge (Eds.), *Children's peer relations: From the development to intervention.* Washington, DC: American Psychological Association.

Cole, A., & Kerns, K. A. (2001). Perceptions of sibling qualities and activities in early adolescents. *Journal of Early Adolescence, 21,* 204–226.

Collins, W. A., Madsen, S. D., & Susman-Stillman, A. (2002). Parenting during middle childhood. In M. H. Bornstein (Ed.), *Handbook of parenting: Vol. 1* (2nd ed., pp. 73–101). Mahwah, NJ: Erlbaum.

Common Sense Media (2017). The Common Sense census: Media use among children ages 0 to 8. Washington, DC: Author.

Coyle, T. R., & Bjorklund, D. F. (1997). Age difference in, and consequences of, multiple and variable-strategy use on a multitrial sort-recall task. *Developmental Psychology, 33,* 372–380.

Coyne, S. (2007). Violence, longitudinal studies of. In J. J. Arnett (Ed.), *Encyclopedia of children, adolescents, and the media* (Vol. 2, pp. 859–860). Thousand Oaks, CA: Sage.

Cross, S. E., & Gore, J. S. (2003). Cultural models of the self. In E. S. Cross, S. J. Gore, & R. M. Leary (Eds.), *Handbook of self and identity* (pp. 536–564). New York, NY: Guilford Press.

Crystal, D. (2013). *The language revolution.* New York: Wiley.

Cui, Z., Huxley, R., Wu, Y., & Dibley, M. J. (2010). Temporal trends in overweight and obesity of children and adolescents from nine provinces in China from 1991–2006. *International Journal of Pediatric Obesity, 5,* 365–374.

D'Andrade, R. (1987). A folk model of the mind. In D. Holland & N. Quinn (Eds.), *Cultural models in language and thought* (pp. 112–148). New York, NY: Cambridge University Press.

Damon, W. (1983). *Social and personality development.* New York, NY: Norton.

Davies, P. T., Harold, G. T., Goeke-Morey, M. C., & Cummings, E. M. (2002). Child emotional security and interparental conflict. *Monography of the Society for Research in Child Development, 67*(3), i–v, vii–viii, 1–115.

de Hoog, M. L., Kleinman, K. P., Gillman, M. W., Vrijkotte, T. G., van Eijsden, M., & Taveras, E. M. (2014). Racial/ethnic and immigrant differences in early childhood diet quality. *Public Health Nutrition, 17*(06), 1308–1317. doi:http://dx.doi.org/10.1017/S1368980013001183

de Joyce, H. S., & Feez, S. (2016). *Exploring literacies*. London, UK: Palgrave Macmillan.

de Leeuw, R. N., & Buijzen, M. (2016). Introducing positive media psychology to the field of children, adolescents, and media. *Journal of Children and Media, 10*(1), 39–46.

DeHart, T., Pelham, B., & Tennen, H. (2006). What lies beneath: Parenting style and implicit self-esteem. *Journal of Experimental Social Psychology, 42,* 1–17.

DeRosier, M. E., & Thomas, J. M. (2003). Strengthening sociometric prediction: Scientific advances in the assessment of children's peer relations. *Child Development, 75,* 1379–1392.

Dijkstra, J. K., Cillessen, A. H., & Borch, C. (2013). Popularity and adolescent friendship networks: Selection and influence dynamics. *Developmental Psychology, 49*(7), 1242.

Dodge, K. A. (2008). Framing public policy and prevention of chronic violence in American youths. *American Psychologist,* 63, 573–590.

Doherty, I., & Landells, J. (2006). Literacy and numeracy. In J. Clegg & J. Ginsborg (Eds.), *Language and social disadvantage: Theory into practice* (pp. 44–58). Hoboken, NJ: John Wiley & Sons.

Donat, D. (2006). Reading their way: A balanced approach that increases achievement. *Reading & Writing Quarterly: Overcoming Learning Difficulties, 22,* 305–323.

Dunn, J. (2002). The adjustment of children in stepfamilies: Lessons from community studies. *Child and Adolescent Mental Health, 7,* 154–161.

Dunn, J. (2004). Sibling relationships. In P. K. Smith & C. H. Hart (Eds.), *Handbook of childhood social development* (pp. 223–237). Malden, MA: Blackwell.

Edwards, C. P. (2000). Children's play in cross-cultural perspective: A new look at the Six Cultures study. *Cross-Cultural Research: The Journal of Comparative Social Science, 34,* 318–338.

Elam, K. K., Sandler, I., Wolchik, S., & Tein, J. Y. (2016). Non-residential father–child involvement, interparental conflict and mental health of children following divorce: A person-focused approach. *Journal of Youth and Adolescence, 45*(3), 581–593.

Emery, R. E., Sbarra, D., & Grover, T. (2005). Divorce mediation: Research and reflections. *Family Court Review, 43*, 22–37.

Eppig, C., Fincher, C. L., & Thornhill, R. (2010). Parasite prevalence and the worldwide distribution of cognitive ability. *Proceedings of the Royal Society B, 277,* 3801–3808.

Erikson, E. H. (1950). *Childhood and society.* New York, NY: Norton.

Ervin, R. B., Wang, C. Y., Fryar, C. D., Miller, I. M., & Ogden, C. L. (2013). Measures of muscular strength in U.S. children and adolescents, 2012. *NCHS Data Brief, 139*, 1–8.

Espy, K. A. (1997). The Shape School: Assessing executive function in preschool children. *Developmental Neuropsychology, 13*(4), 495–499. doi:10.1080/87565649709540690

Everett, C. (2014). *Divorce mediation: Perspectives on the field.* London: Routledge.

Farr, R. H., Forssell, S. L., & Patterson, C. J. (2010). Parenting and child development in adoptive families: Does parental sexual orientation matter? *Applied Developmental Science, 14*(3), 164–178. doi:10.1080/10888691.2010.500958

Finley, G. E., & Schwartz, S. J. (2010). The divided world of the child: Divorce and long-term psychosocial adjustment. *Family Court Review, 48,* 516–527.

Fisch, S. M. (2014). *Children's learning from educational television: Sesame Street and beyond*. New York: Routledge.

Fitneva, S., & Matsui, T. (2015). The emergence and development of language across cultures. In L. A. Jensen (Ed.), *The Oxford handbook of human development and culture: An interdisciplinary perspective* (pp. 111–126). New York, NY: Oxford University Press.

Flavell, J. H., Beach, D. R., & Chinsky, J. M. (1966). Spontaneous verbal rehearsal in a memory task as a function of age. *Child Development, 37*, 283–299.

Flavell, J. H., Friedrichs, A., & Hoyt, J. (1970). Developmental changes in memorization process. *Cognitive Psychology, 1,* 324–340.

Flynn, J. R. (1999). The discovery of IQ gains over time. *American Psychologist, 54,* 5–20.

Flynn, J. R. (2012). Are we getting smarter? Rising IQ in the twenty-first century. Cambridge, UK: Cambridge University Press.

Foehr, U. (2007). Computer use, age differences in. In J. J. Arnett (Ed.), *Encyclopedia of children, adolescents, and the media* (Vol. 1, pp. 202–204). Thousand Oaks, CA: Sage.

Forsberg, C. (2017). Bullying and negotiated identities: Perspectives of 7th and 8th grade girls. *Children & Society* 31(5), 414–426.

Frayling, T. M., Timpson, N. J., Weedon, M. N., Zeggini, E., Freathy, R. M., Lindgren, C. M., . . . McCarthy, M. I. (2007). A common variant in the *FTO* gene is associated with body mass index and predisposes children and adult obesity. *Science, 316*, 889–894.

French, D. (2015). Cultural templates of adolescent friendships. In L. A. Jensen (Ed.), *Oxford handbook of human development and culture: An interdisciplinary perspective* (pp. 425–437). New York, NY: Oxford University Press.

Fuligni, A., Tseng, V., & Lam, M. (2005). Ethnic identity and the academic adjustment of adolescents from Mexican, Chinese, and European backgrounds. *Developmental Psychology, 41*(5), 799–811.

Galler, J. R., Waber, D., Harrison, R., & Ramsey, F. (2005). Behavioral effects of childhood malnutrition. *The American Journal of Psychiatry, 162,* 1760–1761.

Ganong, L., & Coleman, M. (2017). The dynamics of parenting in stepfamilies. In L. Ganong & M. Coleman (Eds.), *Stepfamily relationships* (pp. 125–142). New York: Springer.

Gardner, H. (1983). *Frames of mind.* New York, NY: Basic Books.

Gardner, H. (1999). Who owns intelligence? *Atlantic Monthly, 283,* 67–76.

Gardner, H. (2004). *Frames of mind: The theory of multiple intelligences.* New York, NY: Basic Books.

Gardner, H. (2011). Multiple intelligences: The first thirty years. *Harvard Graduate School of Education.*

Gaskins, S. (2015). Childhood practices across cultures: Play and household work. In L. A. Jensen (Ed.), *Oxford handbook of human development and culture: An interdisciplinary perspective* (pp. 185–197). New York, NY: Oxford University Press.

GBD 2013 Mortality and Causes of Death Collaborators. (2014). Global, regional, and national age-sex specific all-cause and cause-specific mortality for 240 causes of death, 1990–2013: A systematic analysis for the Global Burden of Disease Study 2013. *Lancet, 385*, 117–171. doi:10.1016/S0140-6736(14)61682-2

Geldhof, G. J., Little, T. D., & Columbo, J. (2010). Self-regulation across the lifespan. In *Handbook of lifespan development.* New York, NY: Wiley.

Gilmore, D. (1990). *Manhood in the making: Cultural concepts of masculinity.* New Haven, CT: Yale University Press.

Ginsburg, H. P., & Opper, S. (1979). *Piaget's theory of intellectual development.* Englewood Cliffs, NJ: Prentice Hall.

Gladwell, M. (1998, February 2). The Pima paradox. *The New Yorker,* pp. 44–57.

Goldberg, A. E. (2010). *Lesbian and gay parents and their children.* Washington, DC: American Psychological Association.

Goldberg, A. E. (2012). *Gay dads: Transitions to adoptive fatherhood.* New York, NY: New York University Press.

Goldberg, M. C., Maurer, D., & Lewis, T. L. (2001). Developmental changes in attention: The effects of endogenous cueing and of distracters. *Developmental Science, 4,* 209–219.

Goldstein, T. R., & Winner, E. (2012). Enhancing empathy and theory of mind. *Journal of Cognition and Development, 13*(1), 19–37.

Golmirzaei, J., Mahboobi, H., Yazdanparast, M., Mushtaq, G., Kamal, M. A., & Hamzei, E. (2016). Psychopharmacology of attention-deficit hyperactivity disorder: Effects and side effects. *Current Pharmaceutical Design, 22*(5), 590–594.

Goodnow, J. J., & Lawrence, J. A. (2015). Children and cultural context. In R. M.Lerner (Series Ed.), M. H. Bornstein & T. Leventhal (Volume Eds.), *Handbook of child psychology and developmental science, Volume 4: Ecological settings and processes* (7th ed., pp. 746–786). New York, NY: Wiley.

Gray-Little, B., & Hafdahl, A. R. (2000). Factors influencing racial comparisons of self-esteem: A quantitative review. *Psychological Bulletin, 126*(1), 26–54. doi:10.1037//0033-2909.126.1.26

Gray, C., Ferguson, J., Behan, S., Dunbar, C., Dunn, J., & Mitchell, D. (2007). Developing young readers through the linguistic phonics approach. *International Journal of Early Years Education, 15,* 15–33.

Green, E. G. T., Deschamps, J.-C., & Paez, D. (2005). Variation of individualism and collectivism within and between 20 countries: A typological analysis. *Journal of Cross-Cultural Psychology, 36,* 321–339.

Greenwood, V. (2011). Why are asthma rates soaring? *Scientific American,* March 22. Retrieved from http://www.scientificamerican.com/article/why-are-asthma-rates-soaring/

Gu, D., Reynolds, K., Wu, N., Chen, J., Duan, X., Reynolds, R. F., ... InterASIA Collaborative Group. (2005). Prevalence of the metabolic syndrome and overweight among adults in China. *Lancet, 365*, 1398–1405.

Guay, F., Chanal, J., Ratelle, C. F., Marsh, H. W., Larose, S., & Boivin, M. (2010). Intrinsic, identified, and controlled types of motivation for school subjects in young elementary school children. *British Journal of Educational Psychology, 80,* 711–735.

Guest, A. M. (2007). Cultures of childhood and psychosocial characteristics: Self-esteem and social comparison in two distinct communities. *Ethos, 35,* 1–32.

Guillaume, M., & Lissau, I. (2002). Epidemiology. In W. Burniat, T. Cole, I. Lissau, & E. M. E. Poskitt (Eds.), *Child and adolescent obesity: Causes and consequences, prevention and management* (pp. 28–49). Cambridge, MA: Cambridge University Press.

Hagen, J., & Hale, G. (1973). The development of attention in children. In A. Pick (Ed.), *Minnesota symposium on child psychology* (Vol. 7, pp. 117–140). Minneapolis, MN: University of Minnesota Press.

Hakuta, K. (1999). The debate on bilingual education. *Developmental and Behavioral Pediatrics, 20,* 36–37.

Han, C. (2011). Embitterment in Asia: Losing face, inequality, and alienation under historical and modern perspectives. In M. Linden & A. Maercker (Eds.), *Embitterment: Societal, psychological, and clinical perspectives* (pp. 168–176). New York, NY: Springer.

Hannon, T. S., Rao, G., & Arslanian, S. A. (2005). Childhood obesity and type 2 diabetes mellitus. *Pediatrics, 116*, 473–480.

Harkness, S., Mavridis, C. J., Liu, J. J., & Super, C. (2015). Parental ethnotheories and the development of family relationships in early and middle childhood. In L. A. Jensen (Ed.), *Oxford handbook of human development and culture: An interdisciplinary perspective* (pp. 271–291). New York, NY: Oxford University Press.

Harrist, A. W., Swindle, T. M., Hubbs-Tait, L., Topham, G. L., Shriver, L. H., & Page, M. C. (2016). The social and emotional lives of overweight, obese, and severely obese children. *Child Development, 87*(5), 1564–1580.

Harter, S. (2003). The development of self-representations during childhood and adolescence. In M. R. Leary & J. P. Tangney (Eds.), *Handbook of self and identity* (pp. 610–642). New York, NY: Guilford.

Harter, S. (2012). *The construction of the self: Developmental and sociocultural foundations.* New York, NY: Guilford.

Harter, S. (2015). *The construction of the self: Developmental and sociocultural foundations*. New York, NY: Guilford.

Hartup, W. W., & Abecassis, M. (2004). Friends and enemies. In P. K. Smith & C. H. Hart (Eds.), *Blackwell handbook of childhood social development* (pp. 285–306). Malden, MA: Blackwell.

Harvey, J. H., & Fine, M. A. (2004). *Children of divorce: Stories of loss and growth.* Mahwah, NJ: Lawrence Erlbaum Associates.

Heine, S. H., Lehman, D. R., Markus, H. R., & Kitayama, S. (1999). Is there a universal need for positive self-regard? *Psychological Review, 106*, 766–794.

Henrich, J., Heine, S. J., & Norenzayan, A. (2010). Beyond WEIRD: Towards a broad-based behavioral science. *Behavioral and Brain Sciences, 33*, 111–135.

Hensler, B. A., Schatschneider, C., Taylor, J., & Wagner, R. K. (2010). Behavioral genetic approach to the study of dyslexia. *Journal of Developmental and Behavioral Pediatrics, 31*(Special Issue: The genetics and genomics of childhood neurodevelopmental disorders: An update), 525–532.

Hetherington, E. M. (2014). Coping with divorce, single parenting, and remarriage: A risk and resiliency perspective. New York, NY: Psychology Press.

Hetherington, E. M., & Kelly, J. (2002) *For better or worse: Divorce reconsidered.* New York, NY: Norton.

Hetherington, E. M., & Stanley-Hagan, M. (2002). Parenting in divorced and remarried families. In M. H. Bornstein (Ed.), *Handbook of parenting, Vol. 3: Being and becoming a parent* (2nd ed., pp. 287–315). Mahwah, NJ: Erlbaum.

Heyman, G. D., & Legare, C. H. (2004). Children's beliefs about gender differences in the academic and social domains. *Sex Roles, 50,* 227–239.

Hill, D., Ameenuddin, N., Chassiakos, Y. L. R., Cross, C., Radesky, J., Hutchinson, J., ... & Swanson, W. S. (2016). Media use in school-aged children and adolescents. *Pediatrics*, e20162592.

Hillman, C. H. (Ed.). (2014). *The relation of childhood physical activity to brain health, cognition, and scholastic achievement.* Boston, MA: Wiley.

Hong, Z.-R., Veach, P. M., & Lawrenz, F. (2003). An investigation of the gender stereotyped thinking of Taiwanese secondary school boys and girls. *Sex Roles, 48,* 495–504.

Horton, D. M. (2001). The disappearing bell curve. *Journal of Secondary Gifted Education, 12,* 185–188.

Howard, R. W. (2001). Searching the real world for signs of rising population intelligence. *Personality & Individual Differences, 30,* 1039–1058.

Hoza, B., Kaiser, N., & Hurt, E. (2008). Evidence-based treatments for attention deficit/hyperactivity disorder (ADHD). In R. G. Steele, D. T. Elkin, & M. C. Roberts (Eds.), *Handbook of evidence-based therapies for children and adolescents: Bridging science and practice. Issues in clinical child psychology* (pp. 197–219). New York, NY: Springer.

Huesmann, L. R., & Eron, L. D. (Eds.). (2013). *Television and the aggressive child: A cross-national comparison.* London: Routledge.

Huesmann, L. R., Eron, L. D., Lefkowitz, M. M., & Walder, L. O. (1984). Stability of aggression over time and generations. *Developmental Psychology, 20,* 1120–1134.

Huesmann, L. R., Moise-Titus, J., Podolski, C., & Eron, L. D. (2003). Longitudinal relations between children's exposure to TV violence and their aggressiveness in young adulthood, 1977–1992. *Developmental Psychology, 39,* 201–221.

Hyder, A. A., & Lunnen, J. (2011). Reduction of childhood mortality through millennium development goal 4. *BMJ*, 342:d357.

Hymel, S., McDougall, P., & Renshaw, P. (2004). Peer acceptance/rejection. In P. K. Smith & C. H. Hart (Eds.), *Blackwell handbook of childhood social development* (pp. 265–284). Malden, MA: Blackwell.

Imada, T., Carlson, S. M., & Itakura, S. (2013). East–West cultural differences in context sensitivity are evident in early childhood. *Developmental Science, 16*(2), 198–208.

Institute of Medicine of the National Academies. (2005). *Preventing childhood obesity: Health in the balance.* Washington, DC: Author.

International Labour Organization (ILO). (2013). *Marking progress against child labour: Global estimates and trends 2000–2012.* Geneva, Switzerland: Author.

Ishihara, N. (2014). Is it rude language? Children learning pragmatics through visual narrative. *TESL Canada Journal, 30*(7), 135.

Israel, E. (2005). Introduction: The rise of the age of individualism—variability in the pathobiology, response to treatment, and treatment outcomes in asthma. *Journal of Allergy and Clinical Immunology, 115,* S525.

Iturralde, E., Margolin, G., & Spies Shapiro, L. A. (2013). Positive and negative interactions observed between siblings: Moderating effects for children exposed to parents' conflict. *Journal of Research on Adolescence, 23*(4), 716–729.

Jalonick, M. C. (2010, December 13). Obama signs historic school lunch nutrition bill. Retrieved from http://www.salon.

com/food/feature/2010/12/13/us_obama_child_nutrition

Janssen, I., Katzmarzyk, P. T., Ross, R., Leon, A. S., Skinner, J. S., Rao, D. C., Wilmore, J. H.,... Bouchard, C. (2004). Fitness alters the associations of BMI and waist circumference with total and abdominal fat. *Obesity Research, 12*, 525–537.

Janssen, M., et al. (2014). A short physical activity break from cognitive tasks increases selective attention in primary school children aged 10–11. *Mental Health and Physical Activity, 7,* 129–134.

Jeffrey, J. (2004, November). Parents often blind to their kids' weight. *British Medical Journal Online.* Retrieved from content.health.msn.com/content/article/97/104292.htm

Jenkins, J. M., Rabash, J., & O'Connor, T. G. (2003). The role of the shared family context in differential parenting. *Developmental Psychology, 39,* 99–113.

Jeynes, W. H. (2007). The impact of parental remarriage on children: A meta-analysis. *Marriage & Family Review, 40*(4), 75–102.

Johnson, J. S., & Newport, E. L. (1991). Critical period effects on universal properties of language: The status of subjacency in the acquisition of a second language. *Cognition, 39*, 215–258.

Johnson, M. D. (2008). *Human biology: Concepts and current issues.* Upper Saddle River, NJ: Prentice Hall.

Kağitçibaşi, C., & Yalin, C. (2015). Family in adolescence: Relatedness and autonomy across cultures. In L. A. Jensen (Ed.), *Oxford handbook of human development and culture: An interdisciplinary perspective.* New York, NY: Oxford University Press.

Kail, R. V. (2003). Information processing and memory. In M. H. Bornstein, L. Davidson, C. L. M. Keyes, K. A. Moore, and the Center for Child Well-Being (Eds.), *Well-being: Positive development across the life course* (pp. 269–280). Mahwah, NJ: Erlbaum.

Kapadia, S., & Gala, J. (2015). Gender across cultures: Sex and socialization in childhood. In L. A. Jensen (Ed.), *Oxford handbook of human development and culture: An interdisciplinary perspective.* New York, NY: Oxford University Press.

Karniol, R., & Gal-Disegni, M. (2009). The impact of gender-fair versus gender-stereotyped basal readers on 1st-grade children's gender stereotypes: A natural experiment. *Journal of Research in Childhood Education, 23*(4), 411–420. doi:10.1080/02568540909594670

Kelch-Oliver, K. (2011). The experiences of African American grandmothers in grandparent–headed families. *The Family Journal, 19,* 73–82.

Kelly, B., Halford, J. C. G., Boyland, E. J., Chapman, K., Bautista-Castaño, I., Berg, C., ··· Sumbebell, C. (2010). Television food advertising to children: A global perspective. *American Journal of Public Health, 100*, 1730–1736.

Kelly, J. B. (2003). Changing perspectives on children's adjustment following divorce: A view from the United States. *Childhood: A Global Journal of Child Research, 10*, 237–254.

Kelly, J. B., & Emery, R. E. (2003). Children's adjustment following divorce: Risk and resilience perspectives. *Family Relations, 52*, 352–362.

Kennedy, P. (2014, March 8). The fat drug: How humankind unwittingly joined an experiment on antibiotics and weight gain. *The New York Times,* pp. 1, 6.

Kirchner, G. (2000). *Children's games from around the world.* Boston, MA: Allyn & Bacon.

Kitsao-Wekulo, P., Holding, P., Taylor, G. H., Abubakar, A., Kvalsvig, J., & Connolly, K. (2013). Nutrition as an important mediator of the impact of background variables on outcomes in middle childhood. *Frontiers in Human Neuroscience, 7,* 713.

Klomsten, A. T., Skaalvik, E. M., & Espnes, G. A. (2004). Physical self-concept and sports: Do gender differences exist? *Sex Roles, 50*, 119–127.

Kotler, J. (2007). Television, prosocial content and. In J. J. Arnett (Ed.), *Encyclopedia of children, adolescents, and the media* (Vol. 2, pp. 817–819). Thousand Oaks, CA: Sage.

Kramer, L., Perozynski, L., & Chung, T. (1999). Parental responses to sibling conflict: The effects of development and parent gender. *Child Development, 70,* 1401–1414.

Kretschmer, T., Veenstra, R., Deković, M., & Oldehinkel, A. J. (2017). Bullying development across adolescence, its antecedents, outcomes, and gender-specific patterns. *Development and Psychopathology, 29*(3), 941–955.

Kreutzer, M., Leonard, C., & Flavell, J. H. (1975). An interview study of children's knowledge about memory. *Monographs of the Society for Research in Child Development, 40*(1, Serial No. 159).

Kvavilashvili, L., & Ford, R. M. (2014). Metamemory prediction accuracy for simple prospective and retrospective memory tasks in 5-year-old children. *Journal of Experimental Psychology, 127*, 65–81.

Lahat, A., Todd, R. M., Mahy, C. E. V., Lau, K., & Zelazo, P. D. (2010). Neurophysiological correlates of executive function: A comparison of European-Canadian and Chinese-Canadian 5-year-old children. *Frontiers in Human Neuroscience, 3*, 72.

Lan, X., Legare, C. H., Ponitz, C. C., Li, S., & Morrison, F. J. (2011). Investigating the links between the subcomponents of executive function and academic achievement: A cross-cultural analysis of Chinese and American preschoolers. *Journal of Experimental Child Psychology, 108*, 677–692.

Lancy, D. F. (2016). New studies of children's work, acquisition of critical skills, and contribution to the domestic economy. *Ethos, 44*(3), 202–222.

Landerl, K. (2013). Development of numerical processing in children with typical and dyscalculic arithmetic skills—a longitudinal study. *Frontiers in Psychology, 4, 459.*

Larson, R. W., Moneta, G., Richards, M. H., & Wilson, S. (2002). Continuity, stability, and change in daily emotional experience across adolescence. *Child Development, 73,* 1151–1165.

Larson, R., & Csikszentmihalyi, M. (2014). The experience sampling method. In M. Csikszentmihalyi, *Flow and positive psychology* (pp. 21–34). New York, NY: Springer.

Larson, R., & Richards, M. H. (1994). *Divergent realities: The emotional lives of mothers, fathers, and adolescents.* New York, NY: Basic Books.

Lautenbacher, L., & Perzanowski, M. S. (2017). Global asthma burden and poverty in the twenty-first century. *The International Journal of Tuberculosis and Lung Disease, 21*(11), 1093–1093.

Leaper, C. (2015). Gender and social-cognitive development. In R. M. Lerner (Series Ed.), & L. S. Liben & U. Muller (Vol. Eds.), *Handbook of child psychology and developmental science* (7th ed.), *Vol. 2: Cognitive processes* (pp. 806–853). New York, NY: Wiley.

Lee, K., Xu, F., Fu, G., Cameron, C. A., & Chen, S. (2001). Taiwan and Mainland Chinese and Canadian children's categorization and evaluation of lie and truth telling: A modesty effect. *British Journal of Developmental Psychology, 19*(4), 525–542. doi:10.1348/026151001166236

Legal Momentum. (2017). *Poverty rates for single mothers are higher in the U.S. than in other high income countries.* Retrieved from http://www.ncdsv.org/images/LM_PovertyRatesSingleMothersHigherUS_6-2011.pdf

Leon, K. (2003). Risk and protective factors in young children's adjustment to parental divorce: A review of the research. *Family Relations, 52*, 258–270.

Lerner, R. M., Theokas, C., & Jelicic, H. (2005). Youth as active agents in their own positive development: A developmental systems perspective. In W. Greve, L. Rothermund, & D. Wentura, *The adaptive self: Personal continuity and intentional self-development* (pp. 31–47). Göttingen, Germany: Hogrefe & Huber.

Lessow-Hurley, J. (2005). *The foundations of dual language instruction* (4th ed.). Boston, MA: Allyn & Bacon.

LeVine, R. A., & New, R. S. (Eds.). (2008). *Anthropology and child development: A cross-cultural reader.* Malden, MA: Blackwell.

Liben, L. S., & Bigler, R. S. (2002). The developmental course of gender differentiation: Conceptualizing, measuring, and evaluating constructs and pathways. *Monographs of the Society for Research in Child Development, 6*(4, Series. No. 271).

Liben, L. S., Bigler, R. S., & Krogh, H. R. (2001). Pink and blue collar jobs: Children's adjustments of job status and job aspirations in relation to sex of worker. *Journal of Experimental Child Psychology, 79,* 346–363.

Lipman, E. L., Boyle, M. H., Dooley, M. D., & Offord, D. R. (2002). Child well-being in single-mother families. *Journal of the American Academy of Child and Adolescent Psychiatry, 41*, 75–82.

Lips, H. M. (2017). *Sex and gender: An introduction*. New York: Waveland Press.

Loehlin, J. C., Horn, J. M., & Willerman, L. (1997). Heredity, environment, and IQ in the Texas Adoption Project. In R. J. Sternberg & E. L. Grigrenko (Eds.), *Intelligence, heredity, and environment* (pp. 105–125). New York, NY: Cambridge University Press.

Lucas, M. S., & Singer, H. (1975). Dialect in relation to oral reading achievement: Recoding, encoding, or merely a code? *Journal of Literacy Research, 7*(2), 137–148. doi:10.1080/10862967509547130

Luckie, M. (2010). School year around the world. Retrieved from http://californiawatch.org/k-12/how-long-school-year-compare-california-world

Lynn, R., & Mikk, J. (2007). National differences in intelligence and educational attainment. *Intelligence, 35,* 115–121.

Maccoby, E. E. (1984). Socialization and developmental change. *Child Development, 55,* 317–328.

Malina, R. M., Bouchard, C., & Bar-Or, O. (2004). *Growth, maturation and physical activity* (2nd ed.). Champaign, IL: Human Kinetics.

Malti, T., Peplan, J., & Acland, E. (2018). Emotional experiences in moral contexts: Developmental perspectives. In L. A. Jensen (Ed.), *The Oxford handbook of moral development: Interdisciplinary perspectives.* New York, NY: Oxford University Press.

Manning, M. L. (1998). Play development from ages eight to twelve. In D. P. Fromberg & D. Bergen, *Play from birth to twelve and beyond* (pp. 154–161). London, UK: Garland Publishing.

Mareschal, D., Butterworth, B., & Tolmie, A. (Eds.). (2013). *Educational neuroscience.* John Wiley & Sons.

Markus, H. R., & Kitayama, S. (2010). Cultures and selves: A cycle of mutual constitution. *Perspectives on Psychological Science, 5*(4), 420–430.

Marsh, H. W., & Ayotte, V. (2003). Do multiple dimensions of self-concept become more differentiated with age? The differential distinctiveness hypothesis. *Journal of Educational Psychology, 95,* 687–706.

Marti, E., & Rodriguez, C. (Eds.). (2012). *After Piaget.* New York, NY: Transaction Publishers.

Martinovic, D., Burgess, G. H., Pomerleau, C. M., & Marin, C. (2016). Computer games that exercise cognitive skills: What makes them engaging for children? *Computers in Human Behavior, 60,* 451–462.

Mayo Clinic. (2017). *Asthma attack.* Retrieved from: https://www.mayoclinic.org/diseases-conditions/asthma-attack/symptoms-causes/syc-20354268

Mayo Clinic. (2017). *Dyslexia.* Retrieved from http://www.mayoclinic.org/diseases-conditions/dyslexia/basics/definition/con-20021904

McCabe, A., Tamis-LaMonda, C., Bornstein, M., Brockmeyer Cates, C., Golinkoff, R., Guerra, A. W., ··· Song, L. (2013). Multilingual children: Beyond myths and towards best practices. *Social Policy Report, 27*(4), 1–19. Retrieved from www.srcd.org/publications/social-policy-report

McCardle, P. (2015). Bilingualism: Research and policy. In E. L. Grigorenko (Ed.), *The global context for new directions for child and adolescent development. New Directions for Child and Adolescent Development, 2015*(147), 41–48. doi:10.1002/cad.20088

McGuire, S., Manke, B., Eftekhari, A., & Dunn, J. (2000). Children's perceptions of sibling conflict during middle childhood: Issues and sibling (dis)similarity. *Social Development, 9,* 173–190.

McHale, S. M., Crouter, A. C., Tucker, C. J. (2001). Free-time activities in middle childhood: Links with adjustment in early adolescence. *Child Development, 72,* 1764–1778.

McHale, S., Dariotis, J., & Kauh, T. (2003). Social development and social relationships in middle childhood. In R. Lerner & M. Easterbrooks (Eds.), *Handbook of psychology: Developmental psychology* (Vol. 6., pp. 241–265). New York, NY: John Wiley & Sons.

Mead, G. H. (1934). *Mind, self, and society.* Chicago, IL: University of Chicago Press.

Mechelli, A., Crinion, J. T., Noppeney, U., O'Doherty, J., Ashburner, J., Frackowiak, R. S., & Price, C. J. (2004). Neurolinguistics: Structural plasticity in the bilingual brain. *Nature, 431*(7010), 757–757. doi:10.1038/431757a

Meisel, M. J. (2011). *First and second language acquisitions: Parallels and differences.* New York, NY: Cambridge University Press.

Miller-Johnson, S., Costanzo, P. R., Cole, J. D., Rose, M. R.,

& Browne, D. C. (2003). Peer social structure and risk-taking behaviour among African American early adolescents. *Journal of Youth & Adolescence, 32,* 375–384.

Miller, G. A. (1956). The magical number seven, plus or minus two: Some limits on our capacity for processing information. *Psychological Review, 63,* 81–97.

Miller, T. R., Finkelstein, A. E., Zaloshnja, E., & Hendrie, D. (2012). The cost of child and adolescent injuries and savings from prevention. In K. Liller (Ed.), *Injury prevention for children and adolescents* (pp. 21–81). Washington, DC: American Public Health Association.

MMWR. (2015). *Blood lead levels: United States 1990–2002.* Retrieved from https://www.cdc.gov/mmwr/preview/mmwrhtml/mm5420a5.htm

Mueller, N. T., Whyatt, R., Hoepner, L., Oberfield, S., Dominguez-Bello, M. G., Widen, E. M., ··· Rundle, A. (2014). Prenatal exposure to antibiotics, cesarean section and risk of childhood obesity. *International Journal of Obesity.* doi:10.1038/ijo.2014.180

National Center for Education Statistics (NCES). (2014). *The condition of education, 2014.* Washington, DC: U.S. Department of Education.

National Center for Education Statistics (NCES). (2016). *The condition of education 2016.* Retrieved from https://nces.ed.gov/pubs2016/2016144.pdf

National Center for Education Statistics (NCES). (2018). *The condition of education.* Washington, DC: Author.

National Institutes of Health. (2017). *Ear infections in children.* Retrieved from https://www.nidcd.nih.gov/health/ear-infections-children#9

National Resource Center on ADHD. (2014). *Statistical prevalence of ADHD.* Retrieved from http://www.help4adhd.org/about/statistics

Nesbitt, R. E. (2009). *Intelligence and how to get it: Why schools and cultures matter.* New York, NY: Norton.

Ng, M., et al. (2014). Global, regional, and national prevalence of overweight and obesity in children and adults during 1980–2013: A systematic analysis of the Global Burden of Disease Study 2013. *The Lancet, 309.* doi:10.1016/S0140-6736(14)60460-8

Nicholson, J. M., Sanders, M. R., Halford, W. K., Phillips, M., & Whitton, S. W. (2008). The prevention and treatment of children's adjustment problems in stepfamilies. In J. Pryor (Ed.), *The international handbook of stepfamilies: Policy and practice in legal, research, and clinical environments* (pp. 485–521). Hoboken, NJ: John Wiley & Sons.

Novik, T. S., Hervas, A., Ralston, S. J., Dalsgaard, S., Rodrigues Pereira, R., Lorenzo, M. J., & ADORE Study Group. (2006). Influence of gender on attention deficit/hyperactivity disorder in Europe—ADORE. *European Child & Adolescent Psychiatry, 15*(Suppl. 1), 5–24.

Nunes, T., & Bryant, P. (2015). The development of mathematical reasoning. In R. M. Lerner (Ed.), *Handbook of child psychology and developmental science* (pp. 715–762). Hoboken, NJ: Wiley.

OECD. (2014). *Obesity update.* Retrieved from http://www.oecd.org/health/Obesity-Update-2014.pdf

Ogbu, J. U. (2002). Cultural amplifiers of intelligence: IQ and minority status in cross-cultural perspective. In J. M. Fish (Ed.), *Race and intelligence: Separating science from myth* (pp. 241–278). Mahwah, NJ: Erlbaum.

Ogden, C. L., Carroll, M. D., Kit, B. K., & Flegal, K. M. (2014). Prevalence of childhood and adult obesity. *JAMA, 311*, 806–814.

Ogletree, S. M., Martinez, C. N., Turner, T. R., & Mason, M. (2004). Pokémon: Exploring the role of gender. *Sex Roles, 50*(11–12), 851–859.

Oken, E., & Lightdale, J. R. (2000). Updates in pediatric nutrition. *Current Opinion in Pediatrics, 12,* 282–290.

Olson, C. K. (2010). Children's motivations for video game play in the context of normal development. *Review of General Psychology, 14*, 180–187.

Olson, C. K., Kutner, L. A., & Warner, D. E. (2008). The role of violent video game content in adolescent development: Boys' perspectives. *Journal of Adolescent Research, 23,* 55–75.

Olweus, D. (2000). Bullying. In A. E. Kazdin (Ed.), *Encyclopedia of psychology* (Vol. 1, pp. 487–489). Washington, DC: American Psychological Association.

Oren, D. L. (1981). Cognitive advantages of bilingual children related to labeling ability. *The Journal of Educational*

Research, 163–169.

Osao, M., & Shimada, H. (2016). Evaluation of methods to prevent aggressive and bullying behaviors among children and adolescents in Japan. *International Journal of Psychology, 51*, 458.

Pacella, R., McLellan, M., Grice, K., Del Bono, E. A., Wiggs, J. L., & Gwiazda, J. E. (1999). Role of genetic factors in the etiology of juvenile-onset myopia based on the longitudinal study of refractive error. *Optometry and Vision Science, 76,* 381–386.

Palacios, D., & Berger, C. (2016). What is popular? Distinguishing bullying and aggression as status correlates within specific peer normative contexts. *Psicologia: Reflexão e Crítica, 29*.

Pan, C. W., Ramamurthy, D., & Saw, S. M. (2012). Worldwide prevalence and risk factors for myopia. *Ophthalmic and Physiological Optics, 32*(1), 3–16.

Paradis, J., & Genesee, F. (1996). Syntactic acquisition in bilingual children. *Studies in Second Language Acquisition, 18*(01), 1–25. doi:10.1017/S0272263100014662

Parameswaran, G. (2003). Age, gender, and training in children's performance of Piaget's horizontality task. *Educational Studies, 29,* 307–319.

Parke, R. D. (2004). Development in the family. *Annual Review of Psychology, 55,* 363–399.

Patterson, C. J. (2006). Children of lesbian and gay parents. *Current Directions in Psychological Science, 15*(5), 241–244. doi:10.1111/j.1467-8721.2006.00444.x

Patterson, G. R. (2002). The early development of coercive family process. In J. B Reid, G. R. Patterson, & J. Snyder (Eds.), *Antisocial behavior in children and adolescents: A developmental analysis and model for intervention* (pp. 25–44). Washington, DC: American Psychological Association.

Pearlman, D., Zierler, S., Meersman, S., Kim, H., Viner-Brown, S., & Caron, C. (2006). Race disparities in childhood asthma: Does where you live matter? *Journal of the National Medical Association, 98,* 239–247.

Pepler, D. (2014). Bullying: Overview. In T. Teo (Ed.), *Encyclopedia of Critical Psychology* (pp. 188–194). New York: Springer.

Pepler, D. J., Craig, W. M., Connolly, J. A., Yuile, A., McMaster, L., & Jiang, D. (2006). A developmental perspective on bullying. *Aggressive Behavior, 32,* 376–384.

Piaget, J. (1965). *The moral judgment of the child.* New York, NY: Free Press. (Original work published 1932).

Pons, F., Lawson, J., Harris, P. L., & de Rosnay, M. (2003). Individual differences in children's emotion understanding: Effects of age and language. *Scandinavian Journal of Psychology, 44*, 347–353.

Popkin, B. M. (2010). Recent dynamics suggest selected countries catching up to U.S. obesity. *The American Journal of Clinical Nutrition, 91*(1), 284S–288S.

Popp, D., Lauren, B., Kerr, M., Stattin, H., & Burk, W. K. (2008). Modeling homophily over time with an actor-partner independence model. *Developmental Psychology, 44*(4), 1028–1039.

Popp, M. S. (2005). *Teaching language and literacy in elementary classrooms.* Mahwah, NJ: Erlbaum.

Posner, M. I., & Rothbart, M. K. (2007). Numeracy. In M. I. Posner & M. K. Rothbart, *Educating the human brain* (pp. 173–187). Washington, DC: American Psychological Association.

Pouwels, J. L., Scholte, R. H., van Noorden, T. H., & Cillessen, A. H. (2016). Interpretations of bullying by bullies, victims, and bully-victims in interactions at different levels of abstraction. *Aggressive Behavior, 42*(1), 54–65.

Power, T. J., Watkins, M. W., Anastopoulos, A. D., Reid, R., Lambert, M. C., & DuPaul, G. J. (2017). Multi-informant assessment of ADHD symptom-related impairments among children and adolescents. *Journal of Clinical Child & Adolescent Psychology, 46*(5), 661–674.

Pozzoli, T., Gini, G., & Thornberg, R. (2016). Bullying and defending behavior: The role of explicit and implicit moral cognition. *Journal of School Psychology, 59*, 67–81.

Pressley, M., & Allington, R. L. (2014). Reading instruction that works: The case for balanced teaching. New York, NY: Guilford Publications.

Proctor, M. H., Moore, L. L., Gao, D., Cupples, L. A., Bradlee, M. L., Hood, M. Y., & Ellison, R. C. (2003). Television viewing and change in body fat from preschool to early adolescence:

The Framingham Children's Study. *International Journal of Obesity, 27*, 827–833.

Puhl, R. M., Heuer, C. A., & Brownell, K. D. (2010). Stigma and social consequences of obesity. In P. G. Kopelman, I. D. Caterson, & W. H. Dietz (Eds.), *Clinical obesity in adults and children* (pp. 25–40). New York, NY: Wiley.

Ramchandani, N. (2004). Diabetes in children: A burgeoning health problem among overweight young Americans. *American Journal of Nursing, 104*, 65–68.

Recchia, H. E., & Witwit, M. A. (2017). Family perspectives on siblings' conflict goals in middle childhood: Links to hierarchical and affective features of sibling relationships. *New Directions for Child and Adolescent Development, 2017*(156), 33–48.

Reeves, G., & Schweitzer, J. (2004). Pharmacological management of attention deficit hyperactivity disorder. *Expert Opinions in Pharmacotherapy, 5,* 1313–1320.

Richards, M. H., Crowe, P. A., Larson, R., & Swarr, A. (2002). Developmental patterns and gender differences in the experience of peer companionship in adolescence. *Child Development, 69,* 154–163.

Rideout, V. (2013). *Zero to eight: Children's use of media in America, 2013.* Washington, DC: Common Sense Media.

Rideout, V. J., Foehr, U. G., & Roberts, D. F. (2010). *Generation M^2: Media in the lives of 8- to 18-year-olds.* Menlo Park, CA: The Henry J. Kaiser Family Foundation.

Rigby, K. (2004). Bullying in childhood. In P. K. Smith & C. H. Hart (Eds.), *Blackwell handbook of childhood social development.* Malden, MA: Blackwell.

Riley, A. W., Lyman, L. M., Spiel, G., Döpfner, M., Lorenzo, M. J., Ralston, S. J., & ADORE Study Group. (2006). The Family Strain Index (FSI). Reliability, validity, and factor structure of a brief questionnaire for families of children with ADHD. *European Child & Adolescent Psychiatry, 15*(Suppl. 1), 72–78.

Roberts, J. D., Rodkey, L., Ray, R., Knight, B., & Saelens, B. E. (2017). Electronic media time and sedentary behaviors in children: Findings from the Built Environment and Active Play Study in the Washington DC area. *Preventive Medicine Reports, 6*, 149–156.

Robertson, J. (2008). Stepfathers in families. In J. Pryor (Ed.), *The international handbook of stepfamilies: Policy and practice in legal, research, and clinical environments* (pp. 125–150). Hoboken, NJ: John Wiley & Sons.

Robins, R. W., Tracy, J. L., Trzesniewski, K., Potter, J., & Gosling, S. D. (2001). Personality correlates of self-esteem. *Journal of Research in Personality, 35*, 463–482.

Rodgers, J. L., & Wanstrom, L. (2007). Identification of a Flynn effect in the NLSY: Moving from the center to the boundaries. *Intelligence, 35,* 187–196.

Roeder, M. B., Mahone, E. M., Larson, J. G., Mostofsky, S., Cutting, L. E., Goldberg, M. C., & Denckla, M. B. (2008). Left–right differences on timed motor examination in children. *Child Neuropsychology, 14,* 249–262.

Rogoff, B. (2003). *The cultural nature of human development.* New York, NY: Oxford University Press.

Rogoff, B., Correa-Chávez, M., & Cotuc, M. N. (2005). A cultural/historical view of schooling in human development. In D. B. Pillemer & S. H. White (Eds.), *Developmental psychology and social change: Research, history and policy* (pp. 225–263). New York, NY: Cambridge University Press.

Rosenberg, M. (1979). *Conceiving the self.* New York, NY: Basic Books.

Rosenquist, J. N., Lehrer, S. F., O'Malley, A. J., Zaslavsky, A. M., Smoller, J. W., & Christakis, N. A. (2015). Cohort of birth modifies the association between FTO genotype and BMI. *Proceedings of the National Academy of Sciences, 112*(2), 354–359. doi:10.1073/pnas.1411893111

Rothenberger, A., Coghill, D., Dopfner, M., Falissard, B., & Stenhausen, H. C. (2006). Naturalistic observational studies in the framework of ADHD health care. *European Child and Adolescent Psychiatry, 15*(Suppl. 1), 1–3.

Roy, A., & Wisnivesky, J. P. (2010). Comprehensive use of environmental control practices among adults with asthma. *Allergy and Asthma Proceedings, 31,* 72–77.

Rubin, K. H., Bowker, J. C., McDonald, K. L., & Menzer, M. (2013). Peer relationships in childhood. In P. D. Zelazo (Ed.), *The Oxford handbook of developmental psychology: Volume 2: Self and other* (pp. 242–274). New York, NY: Oxford University Press.

Rubin, K., Fredstrom, B., & Bowker, J. (2008). Future directions in friendship in childhood and early adolescence. *Social Development, 17*(4), 1085–1096.

Rudnicka, A. R., Kapetanakis, V. V., Wathern, A. K., Logan, N. S., Gilmartin, B., Whincup, P. H., … & Owen, C. G. (2016). Global variations and time trends in the prevalence of childhood myopia, a systematic review and quantitative meta-analysis: implications for aetiology and early prevention. *British Journal of Ophthalmology, 100*(7), 882–890.

Rudy, D., & Grusec, J. (2006). Authoritarian parenting in individualist and collectivist groups: Associations with maternal emotion and cognition and children's self esteem. *Journal of Family Psychology, 43,* 302–319.

Ruggeri, K., & Bird, C. E. (2014). *Single parents and employment in Europe*. Cambridge, UK: Rand Europe.

Rychlak, J. F. (2003). The self takes over. In J. F. Rychlak, *The human image in postmodern America* (pp. 69–82). Washington, DC: American Psychological Association.

Saarni, C. (1999). *The development of emotional competence.* New York, NY: Guilford.

Sabbagh, M. A., Xu, F., Carlson, S. M., Moses, L. J., & Lee, K. (2006). The development of executive functioning and theory of mind: A comparison of Chinese and U.S. preschoolers. *Psychological Science, 17*, 74–81.

Sack, C. S., & Goss, C. H. (2016). Nature versus nurture: Does genetic ancestry alter the effect of air pollution in children with asthma? *American Journal of Respiratory and Critical Care Medicine, Vol. 193, No.11.*

Sadker, M., & Sadker, D. (1994). *Failing at fairness: How America's schools cheat girls.* New York, NY: Scribner.

Safe Kids Worldwide. (2013). *Unintentional childhood injury-related deaths.* Retrieved from http://www.safekidsgainesvillehall.org/unintentional-childhood-injury-related-deaths

Saha, C., Riner, M. E., & Liu, G. (2005). Individual and neighborhood-level factors in predicting asthma. *Archives of Pediatrics and Adolescent Medicine, 159,* 759–763.

Salmivalli, C., & Voeten, M. (2004). Connections between attitudes, group norms, and behaviour in bullying situations. *International Journal of Behavioral Development, 28,* 246–258.

Sameroff, A. J., & Haith, M. M. (1996). *The five to seven year shift: The age of reason and responsibility.* Chicago, IL: University of Chicago Press.

Sandstrom, M. J., & Zakriski, A. L. (2004). Understanding the experience of peer rejection. In J. B. Kupersmidt & K. A. Dodge (Eds.), *Children's peer relations: From development to intervention.* Washington, DC: American Psychological Association.

Sang, B., Miao, X., & Deng, C. (2002). The development of gifted and nongifted young children in metamemory knowledge. *Psychological Science (China), 25,* 406–424.

Sax, L., & Kautz, K. J. (2003). Who first suggests the diagnosis of attention deficit/hyperactivity disorder? *Annals of Family Medicine, 1,* 171–174.

Saxe, G. B. (2002). Candy selling and math learning. In C. Desforges & R. Fox (Eds.), *Teaching and learning: The essential readings* (pp. 86–106). Malden, MA: Blackwell.

Sbarra, D. A., & Emery, R. E. (2008). Deeper into divorce: Using actor-partner analyses to explore systemic differences in coparenting conflict following custody dispute resolution. *Journal of Family Psychology, 22*(1), 144–152.

Scantlebury, N., Cunningham, T., Dockstader, C., Laughlin, S., Gaetz, W., Rockel, C., ... & Mabbott, D. (2014). Relations between white matter maturation and reaction time in childhood. *Journal of the International Neuropsychological Society, 20*(1), 99–112.

Scantlin, R. (2007). Educational television, effects of. In J. J. Arnett (Ed.), *Encyclopedia of children, adolescents, and the media* (pp. 255–258). Thousand Oaks, CA: Sage.

Schlegel, A., & Barry, H. (1991). *Adolescence: An anthropological inquiry.* New York, NY: Free Press.

Schneider, W. (2015). *Memory development from early childhood through emerging adulthood.* New York, NY: Springer International Publishing.

Schneider, W., & Bjorklund, D. F. (1992). Expertise, aptitude, and strategic remembering. *Child Development, 63*, 461–473.

Schwartz, M., Share, D. L., Leikin, M., & Kozminsky, E. (2008). On the benefits of bi-literacy: Just a head start in reading or specific orthographic insights? *Reading and Writing, 21,*

905–927.

Shapiro, L. J., & Azuma, H. (2004). Intellectual, attitudinal, and interpersonal aspects of competence in the United States and Japan. In R. J. Sternberg & E. L. Grigorenko (Eds.), *Culture and competence: Contexts of life success* (pp. 187–206). Washington, DC: American Psychological Association.

Shaywitz, B. A., Shaywitz, S. E., Blachman, B. A., Pugh, K. R., Fulbright, R. K., Skudlarski, P., … Gore, J. C. (2004). Development of left occipitotemporal systems for skilled reading in children after a phonologically-based intervention. *Biological Psychiatry, 55,* 926–933.

Shweder, R. A., Goodnow, J. J., Hatano, G., LeVine, R. A., Markus, H. R., & Miller, P. J. (2006). The cultural psychology of development: One mind, many mentalities. In W. Damon & R. Lerner (Eds.), & R. M. Lerner (Vol. Ed.), *Handbook of child psychology: Vol. 1. Theoretical models of human development* (6th ed., pp. 716–792). New York, NY: Wiley.

Siegler, R. S. (1995). How does change occur: A microgenetic study of number conservation. *Cognitive Psychology, 28,* 225–273.

Siegler, R. S. (1996). *Emerging minds: The process of change in children's thinking.* New York, NY: Oxford University Press.

Simmons, C. A. (2014). Playing with popular culture—an ethnography of children's sociodramatic play in the classroom. *Ethnography and Education*, 1–14.

Snowling, M. J. (2004). Reading development and dyslexia. In U. Goswami (Ed.), *Blackwell handbook of childhood cognitive development.* Malden, MA: Blackwell.

Spafford, C. S., & Grosser, G. S. (2005). *Dyslexia and reading difficulties* (2nd ed.). Boston, MA: Allyn & Bacon.

Spyrou, S. (2013). How single-parent children speak about poverty and social exclusion: Policy implications from a comparative, qualitative, cross-national project. *Child & Youth Services, 34*(1), 64–84.

Stafford, L. (2004). Communication competencies and sociocultural priorities of middle childhood. *Handbook of Family Communication*, 311–332.

Statistic Brain. (2014). *Youth sports statistics.* Retrieved from http://www.statisticbrain.com/youth-sports-statistics/

Statistics Canada. (2012). *2011 general social survey: Overview of families in Canada—selected tables on families in Canada.* Catalogue no. 89-650_X – no. 001.

Sternberg, R. (1983). Components of human intelligence. *Cognition, 15*, 1–48.

Sternberg, R. (1988). *The triarchic mind: A new theory of human intelligence.* New York, NY: Viking Penguin.

Sternberg, R. J. (2002). Intelligence is not just inside the head: The theory of successful intelligence. In J. Aronson (Ed.), *Improving academic achievement* (pp. 227–244). San Diego, CA: Academic Press.

Sternberg, R. J. (2003). Our research program validating the triarchic theory of successful intelligence: Reply to Gottfredson. *Intelligence, 31*, 399–413.

Sternberg, R. J. (2004). Culture and intelligence. *American Psychologist, 59*, 325–338.

Sternberg, R. J. (2005). The triarchic theory of successful intelligence. In D. P. Flanagan & P. L. Harrison (Eds.), *Contemporary intellectual assessment: Theories, tests and issues* (pp. 103–119). New York, NY: Guilford Press.

Sternberg, R. J. (2007). Intelligence and culture. In S. Kitayama & D. Cohen (Eds.), *Handbook of cultural psychology* (pp. 547–568). New York, NY: Guilford.

Sternberg, R. J. (2015). Multiple intelligences in the new age of thinking. In R. J. Sternberg (Ed.), *Handbook of intelligence* (pp. 229–241). New York, NY: Springer.

Stevenson, H. W., & Zusho, A. (2002). Adolescence in China and Japan: Adapting to a changing environment. In B. B. Brown, R. Larson, & T. S. Saraswathi (Eds.), *The world's youth: Adolescence in eight regions of the globe* (pp. 141–170). New York, NY: Cambridge University Press.

Stevenson, H. W., Lee, S., & Mu, X. (2000). Successful achievement in mathematics: China and the United States. In C. F. M. van Lieshout & P. G. Heymans (Eds.), *Developing talent across the lifespan* (pp. 167–183). Philadelphia, PA: Psychology Press.

Suárez-Orozco, C. (2004). Formulating identity in a globalized world. In M. Suárez-Orozco & D. B. Qin-Hilliard (Eds.), *Globalization: Culture and education in the new millennium* (pp. 173–202). Berkeley, CA: University of California Press.

Sugiyama, T., Horino, M., Inoue, K., Kobayashi, Y., Shapiro,

M. F., & McCarthy, W. J. (2016). Trends of child's weight perception by children, parents, and healthcare professionals during the time of terminology change in childhood obesity in the United States, 2005–2014. *Childhood Obesity, 12*(6), 463–473.

Sun, J., Dunne, M. P., Hou, X. Y., & Xu, A. Q. (2013). Educational stress among Chinese adolescents: Individual, family, school and peer influences. *Educational Review, 65*(3), 284–302.

Swanson, H., Saez, L., & Gerber, M. (2004). Literacy and cognitive functioning in bilingual and nonbilingual children at or not at risk for reading disabilities. *Journal of Educational Psychology, 96,* 3–18.

Tamay, Z., Akcay, A., Ones, U., Guler, N., Kilie, G., & Zencir, M. (2007). Prevalence and risk factors for allergic rhinitis in primary school children. *International Journal of Pediatric Otorhinolaryngology, 71,* 463–471.

Tedeschi, A., & Airaghi, L. (2006). Is affluence a risk factor for bronchial asthma and type 1 diabetes? *Pediatric Allergy and Immunology, 17,* 533–537.

Terry, W. S. (2003). *Learning and memory* (2nd ed.). Boston, MA: Allyn & Bacon.

Thorne, B. (1993). *Gender play: Girls and boys in school.* New Brunswick, NJ: Rutgers University Press.

Tiggemann, M., & Anesbury, T. (2000). Negative stereotyping of obesity in children: The role of controllability beliefs. *Journal of Applied Social Psychology, 30*, 1977–1993.

Trahan, L. H., Stuebing, K. K., Fletcher, J. M., & Hiscock, M. (2014). The Flynn effect: A meta-analysis. *Psychological Bulletin, 140,* 1332.

Tremblay, M. S., LeBlanc, A. G., Kho, M. E., Saunders, T. J., Larouche, R., Colley, R. C., ··· & Gorber, S. C. (2011). Systematic review of sedentary behaviour and health indicators in school-aged children and youth. *International Journal of Behavioral Nutrition and Physical Activity, 8*(1), 98.

Triandis, H. C. (1995). *Individualism and collectivism.* Boulder, CO: Westview Press.

Tsai, M. Y., Lin, L. L., Lee, V., Chen, C. J., & Shih, Y. F. (2009). Estimation of heritability in myopic twin studies. *Japanese Journal of Ophthalmology, 53*(6), 615–622.

Turkheimer, E., Harden, K. P., D'Onofrio, B., & Gottesman, I. I. (2009). The Scarr-Rowe interaction between measured socioeconomic status and the heritability of cognitive ability. In K. McCartney & R. A. Weinberg (Eds.), *Experience and development: A festschrift in honor of Sandra Wood Scarr* (pp. 81–98). New York, NY: Psychology Press.

U.S. Bureau of the Census. (2010). *Statistical abstract of the United States.* Washington, DC: Author.

U.S. Bureau of the Census. (2011). *Current population survey and annual social and economic supplements.* Washington, DC: Author.

U.S. Department of Health and Human Services. (2005). *CDC acute injury care research agenda: Guiding research for the future.* Atlanta, GA: National Center for Injury Prevention and Control.

UNESCO. (2017). *Education: Total net enrollment, lower secondary school.* Retrieved from http://data.uis.unesco.org/?ReportId=167.#

UNICEF. (2014). *The state of the world's children in numbers.* New York, NY: Author.

United Nations Development Programme. (2010). *Human development report.* New York, NY: Author.

Vaillancourt, T., & Hymel, S. (2006). Aggression and social status: The moderating roles of sex and peer-values characteristics. *Aggressive Behavior, 32,* 396–408.

Vaillancourt, T., Brendgen, M., Boivin, M., & Tremblay, R. E. (2003). A longitudinal confirmatory factor analysis of indirect and physical aggression: Evidence of two factors over time? *Child Development, 74,* 1628–1638.

van der Ploeg, R., Kretschmer, T., Salmivalli, C., & Veenstra, R. (2017). Defending victims: What does it take to intervene in bullying and how is it rewarded by peers? *Journal of School Psychology, 65*, 1–10.

van Dijk, A., Poorthuis, A. M., & Malti, T. (2017). Psychological processes in young bullies versus bully-victims. *Aggressive Behavior.*

Van Evra, J. (2007). School-age children, impact of media on. In J. J. Arnett (Ed.), *Encyclopedia of children, adolescents, and the media* (pp. 739–742). Thousand Oaks, CA: Sage.

Van Noorden, T. H., Haselager, G. J., Cillessen, A. H., & Bukowski, W. M. (2015). Empathy and involvement in bullying in children and adolescents: A systematic review. *Journal of Youth and Adolescence, 44*, 637–657.

Vidyasagar, T. R. (2004). Neural underpinnings of dyslexia as a disorder of visuospatial attention. *Clinical and Experimental Optometry, 87,* 4–10.

Vilette, B. (2002). Do young children grasp the inverse relationship between addition and subtraction? Evidence against early arithmetic. *Cognitive Development, 17,* 1365–1383.

Vinanen, A., Munhbayarlah, S., Zevgee, T., Narantsetseg, L., Naidansuren, T. S., Koskenvuo, M., … Terho, E. O. (2007). The protective effect of rural living against atopy in Mongolia. *Allergy, 62,* 272–280.

Visher, E. B., Visher, J. S., & Pasley, K. (2003). Remarriage families and step-parenting. In F. Walsh (Ed.), *Normal family processes* (pp. 153–175). New York, NY: Guilford.

Volk, A. A., Veenstra, R., & Espelage, D. L. (2017). So you want to study bullying? Recommendations to enhance the validity, transparency, and compatibility of bullying research. *Aggression and Violent Behavior, 36*, 34–43.

Wallerstein, J. S., & Johnson-Reitz, K. (2004). Communication in divorced and single-parent families. In A. L. Vangelisti (Ed.), *Handbook of family communication* (pp. 197–214). Mahwah, NJ: Erlbaum.

Wang, Y., & Lobstein, T. (2006). Worldwide trends in childhood overweight and obesity. *International Journal of Pediatric Obesity, 1,* 11–25.

Warren, R. (2007). Electronic media, children's use of. In J. J. Arnett (Ed.), *Encyclopedia of children, adolescents, and the media* (Vol. 1, pp. 286–288). Thousand Oaks, CA: Sage.

Weaver, S. E., & Coleman, M. (2010). Caught in the middle: Mothers in stepfamilies. *Journal of Social and Personal Relationships, 27*, 305–326.

Wechsler, D. (2014). Wechsler intelligence scale for children: Administration and scoring manual (5th ed.). Bloomington, MN: Pearson.

Weisgram, E. S., Bigler, R. S., & Liben, L. S. (2010). Gender, values, and occupational interests among children, adolescents, and adults. *Child Development, 81*(3), 778–796.

Weisner, T. S. (1996). The 5 to 7 transition as an ecocultural project. In A. J. Sameroff & M. M. Haith, *The five to seven year shift: The age of reason and responsibility* (pp. 295–326). Chicago, IL: University of Chicago Press.

Wentzel, K. R. (2003). Sociometric status and adjustment in middle school: A longitudinal study. *The Journal of Early Adolescence, 23,* 5–38.

Whitaker, R. C., Wright, J. A., Pepe, M. S., Seidel, K. D., & Dietz, W. H. (1997). Predicting obesity in young adulthood from childhood and parental obesity. *The New England Journal of Medicine, 337*, 869–873.

Whiting, B. B., & Edwards, C. P. (1988). *Children of different worlds: The formation of social behavior.* Cambridge, MA: Harvard University Press.

Whitman, J. S. (2010). Lesbians and gay men at midlife. In M. H. Guindon (Ed.), *Self-esteem across the lifespan: Issues and interventions* (pp. 235–248). New York, NY: Routledge.

Wigfield, A., Eccles, J. S., Yoon, K. S., Harold, R. D., Arbreton, A. J., Freedman-Doan, C., & Blumenfeld, P. C. (1997). Changes in children's competence beliefs and subjective task values across the elementary school years: A three-year study. *Journal of Educational Psychology, 89,* 451–469.

Williams, D. R. (2005). The health of U.S. racial and ethnic populations. *Journals of Gerontology, 60B*(Special Issue II), 53–62.

Wilson, A. D., Henriksen, R. C., Bustamante, R., & Irby, B. (2016). Successful black men from absent-father homes and their resilient single mothers: A phenomenological study. *Journal of Multicultural Counseling and Development, 44*(3), 189–208.

Wong, S., Chan, K., Wong, V., & Wong, W. (2002). Use of chopsticks in Chinese children. *Child: Care, Health, & Development, 28,* 157–161.

World Health Organization (WHO). (2010). WHO vaccine-preventable diseases: Monitoring system—2010 global summary. Geneva, Switzerland: Author.

World Health Organization (WHO). (2017). *Causes of asthma.* Retrieved from http://www.who.int/respiratory/asthma/causes/en/

World Health Organization (WHO). (2017). *Childhood overweight and obesity.* Retrieved from: http://www.who.int/dietphysicalactivity/childhood/en/

World Health Organization (WHO). (2017). *Facts and figures on childhood obesity.* Retrieved from: http://www.who.int/end-childhood-obesity/facts/en/

World Health Organization (WHO). (2017). *New assessment report on progress toward global immunization goals.* Retrieved from: http://www.who.int/immunization/global_vaccine_action_plan/sage_gvap_october_2017/en/

Xue, Y., & Meisels, S. J. (2004). Early literacy instruction and learning in kindergarten: Evidence from the early childhood longitudinal study—kindergarten classes of 1998–1999. *American Educational Research Journal, 41,* 191–229.

Yip, V., & Matthews, S. (2000). Syntactic transfer in a Cantonese–English bilingual child. *Bilingualism: Language and cognition, 3*(03), 193–208. doi:10.1017/s136672890000033x

Young-Hyman, D., Schlundt, D. G., Herman-Wenderoth, L., & Bozylinski, K. (2003). Obesity, appearance, and psychosocial adaptation in young African American children. *Journal of Pediatric Psychology, 28,* 463–472.

Zelazo, P. D., & Carson, S. M. (2012). Hot and cool executive function in childhood and adolescence: Development and plasticity. *Child Development Perspectives, 6,* 354–360.

Zelazo, P. D., Anderson, J. E., Richler, J., Wallner-Allen, K., Beaumont, J. L., Conway, K. P., ··· Weintraub, S. (2014). NIH Toolbox Cognition Battery (CB): Validation of executive function measures in adults. *Journal of the International Neuropsychological Society, 20*(06), 620–629. doi:10.1017/S1355617714000472

Zimmer-Gembeck, M. J., & Skinner, E. A. (2011). The development of coping across childhood and adolescence: An integrative review and critique of research. *International Journal of Behavioral Development, 35*(1), 1–17.

Zimmer, C. (2014, December 31). Gene linked to obesity hasn't always been a problem, study finds. *The New York Times.* Retrieved from http://www.nytimes.com/2015/01/01/science/gene-linked-to-obesity-hasnt-always-been-a-problem-study-finds.html

Chapter 8

Adachi, P. J., & Willoughby, T. (2017). The link between playing video games and positive youth outcomes. *Child Development Perspectives, 11(3), 202–206.*

Adams, P. E. (2010). Understanding the different realities, experience, and use of self-esteem between Black and White adolescent girls. *Journal of Black Psychology, 36*(3), 255–276. doi:10.1177/0095798410361454

Alberts, A., Elkind, D., & Ginsberg, S. (2007). The personal fable and risk-taking in early adolescence. *Journal of Youth and Adolescence, 36*, 71–76.

Alexander, B. (2001, June). Radical idea serves youth, saves money. *Youth Today,* 1, 42–44.

Allen, D. (2016). Japanese cram schools and entrance exam washback. *The Asian Journal of Applied Linguistics, 3*(1), 54–67.

American Psychiatric Association. (2013). *Diagnostic and statistical manual of mental disorders* (5th ed.). Arlington, VA: American Psychiatric Publishing.

Archibald, A. B., Graber, J. A., & Brooks-Gunn, J. (2003). Pubertal processes and physiological growth in adolescence. In G. Adams & M. Berzonsky (Eds.), *Blackwell handbook of adolescence.* Malden, MA: Blackwell.

Arciniega, G. M., Anderson, T. C., Tovar-Blank, Z. G., & Tracey, T. J. G. (2008). Toward a fuller conception of machismo: Development of a traditional machismo and caballerismo scale. *Journal of Counseling Psychology, 55*(1), 19–33. doi:10.1037/0022-0167.55.1.19

Arnett, J. J. (1999). Adolescent storm and stress, reconsidered. *American Psychologist, 54,* 317–326.

Aronson, P. J., Mortimer, J. T., Zierman, C., & Hacker, M. (1996). Adolescents, work, and family: An intergenerational-developmental analyses. *Understanding Families, 6,* 25–62.

Arriaga, P., Gaspar, A., & Esteves, F. (2011). Playing with violence: An updated review on the effects of playing violent electronic games. In M. M. Cruz-Cunha, V. H. Varvalho, & P. Tavares (Eds.), *Business, technological, and social dimensions of computer games: Multidisciplinary developments.* London, UK: IGI Global.

Avery, L., & Lazdane, G. (2008). What do we know about sexual and reproductive health among adolescents in Europe? *European Journal of Contraception and Reproductive Health, 13,* 58–70.

Baiocco, R., Fontanesi, L., Santamaria, F., Ioverno, S., Baumgartner, E., & Laghi, F. (2016). Coming out during adolescence: Perceived parents' reactions and internalized sexual stigma. *Journal of Health Psychology, 21*(8), 1809–1813.

Bakker, M. P., Ormel, J., Verhulst, F. C., & Oldehinkel, A. J. (2010). Peer stressors and gender differences in adolescents' mental health: The TRAILS study. *Journal of Adolescent Health, 46*(5), 444–450.

Barker, E., T., & Bornstein, M. H. (2010). Global self-esteem, appearance satisfaction, and self-reported dieting in early adolescence. *The Journal of Early Adolescence, 30*(2), 205–224.

Barrett, H. (2016). Female genital mutilation programme (e-FGM): E-learning to improve awareness and understanding of FGM by e-learning for healthcare. Free to all healthcare professionals including school nurses, practice nurses, health visitors and GPs. *Child Abuse Review, 25*(6), 479–480.

Barzilay, S., Klomek, A. B., Apter, A., Carli, V., Wasserman, C., Hadlaczky, G., . . . & Brunner, R. (2017). Bullying victimization and suicide ideation and behavior among adolescents in Europe: A 10-country study. *Journal of Adolescent Health, 179–186*. doi:10.1016/j.jadohealth.2017.02.002

Bauminger, N., Finzi-Dottan, R., Chason, S., & Har-Even, D. (2008). Intimacy in adolescent friendship: The roles of attachment, coherence, and self-disclosure. *Journal of Social and Personal Relationships, 25,* 409–428.

Becker, A. E. (2004). Television, disordered eating, and young women in Fiji: Negotiating body image and identity during rapid social change. *Culture, Medicine, and Psychiatry, 28,* 533–559.

Becker, A. E., Fay, K., Gilman, S. E., & Striegel-Moore, R. (2007). Facets of acculturation and their diverse relations to body shape concern in Fiji. *International Journal of Eating Disorders, 40,* 42–50.

Beddoe, C. (2015). World congress against the sexual exploitation of children and adolescents. In *The international encyclopedia of human sexuality* (pp. 1431–1444). New York, NY: Wiley.

Beentjes, J. W. J., Koolstra, C. M., Marseille, N., & van der Voort, T. H. A. (2001). Children's use of different media: For how long and why? In S. M. Livingstone & M. Bovill (Eds.), *Children and their changing media environment: A European comparative study* (pp. 85–112). Hillsdale, NJ: Lawrence Erlbaum.

Bellah, R. N., Madsen, R., Sullivan, W. M., Swidler, A., & Tipton, S. M. (1985). *Habits of the heart: Individualism and commitment in American life.* New York, NY: Harper & Row.

Bennik, E. C., Nederhof, E., Ormel, J., & Oldehinkel, A. J. (2013). Anhedonia and depressed mood in adolescence: Course, stability, and reciprocal relation in the TRAILS study. *European Child & Adolescent Psychiatry*, 1–8.

Berkman, N. D., Lohr, K. N., & Bulik, C. M. (2007). Outcomes of eating disorders: A systematic review of the literature. *International Journal of Eating Disorders, 40,* 293–309.

Berndt, T. J., & Mekos, D. (1995). Adolescents' perceptions of the stressful and desirable aspects of the transition to junior high school. *Journal of Research on Adolescence, 5*(1), 123–142.

Beyens, I., Vandenbosch, L., & Eggermont, S. (2015). Early adolescent boys' exposure to internet pornography: Relationships to pubertal timing, sensation seeking, and academic performance. *The Journal of Early Adolescence, 35*(8), 1045–1068.

Biehl, M. C., Natsuaki, M. N., & Ge, X. (2007). The influence of pubertal timing on alcohol use and heavy drinking trajectories. *Journal of Youth and Adolescence, 36,* 153–167.

Bois-Reymond, M., & Ravesloot, J. (1996). The roles of parents and peers in the sexual and relational socialization of adolescents. In K. Hurrelmann & S. Hamilton (Eds.), *Social problems and social contexts in adolescence: Perspectives across boundaries* (pp. 175–197). Hawthorne, NY: Aldine de Gruyter.

Bokhorst, C. L., Sumpter, S. R., & Westenberg, P. M. (2010). Social support from parents, friends, classmates, and teachers in children and adolescents aged 9 to 18 years: Who is perceived as most supportive. *Social Development 19*(2), 417–426. doi:10.1111/j.1467-9507.2009.00540.x

Borduin, C. M., Schaeffer, C. M., & Ronis, S. T. (2003). Multisystemic treatment of serious antisocial behavior in adolescents. In C. A. Essau (Ed.), *Conduct and oppositional defiant disorders: Epidemiology, risk factors, and treatment* (pp. 299–318). Mahwah, NJ: Lawrence Erlbaum.

Bridge, J. A., Yengar, S., Salary, C. B., et al. (2007). Clinical response and risk for reported suicidal ideation and suicide attempts in pediatric antidepressant treatment: A meta-analysis of randomized controlled trials. *JAMA, 63,* 332–339.

Bridges, L., & Moore, K. (2002). Religious involvement and children's well-being: What research tells us (and what it doesn't). *Child Trends Research Brief.* Washington, DC: Author. Retrieved from www.childtrends.org

Brown, B. B., & Braun, M. T. (2013). Peer relations. In *Research, applications, and interventions for children and adolescents* (pp. 149–164). New York, NY: Springer.

Brown, B. B., Herman, M., Hamm, J. V., & Heck, D. K. (2008). Ethnicity and image: Correlates of crowd affiliation among ethnic minority youth. *Child Development, 79,* 529–546.

Brown, J. D. (2006). Emerging adults in a media-saturated world. In J. J. Arnett & J. Tanner (Eds.), *Coming of age in the 21st century: The lives and contexts of emerging adults* (pp. 279–299). Washington, DC: American Psychological Association.

Brown, J. D., Steele, J., & Walsh-Childers, K. (Eds.). (2002). *Sexual teens, sexual media.* Mahwah, NJ: Erlbaum

Buckley, T., & Gottlieb, A. (1988). *Blood magic: The anthropology of menstruation.* Berkeley, CA: University of California Press.

Bushman, B. J. (2016). Violent media and hostile appraisals: A meta-analytic review. *Aggressive Behavior, 42*(6), 605–613.

Calzo, J. P., Sonneville, K. R., Haines, J., Blood, E. A., Field, A. E., & Austin, S. B. (2012). The development of associations among body mass index, body dissatisfaction, and weight and shape concern in adolescent boys and girls. *Journal of Adolescent Health, 51*(5), 517–523.

Cameron, E. L., Fox, J. D., Anderson, M. S., & Cameron, C. A. (2010). Resilient youths use humor to enhance socioemotional functioning during a day in the life. *Journal of Adolescent Research, 25*(5), 716–742.

Campbell, K., & Peebles, R. (2014). Eating disorders in children and adolescents: State of the art review. *Pediatrics, 134*(3), 582–592.

Campione-Barr, N., & Smetana, J. G. (2010). "Who said you could wear my sweater?" Adolescent siblings' conflicts and associations with relationship quality. *Child Development, 81,* 464–471.

Carlson, S. M., Zelazo, P. D., & Faja, S. (2013). Executive function. In P. D. Zelazo (Ed.), *The Oxford handbook of developmental psychology: Volume 1: Body and mind* (pp. 706–743). New York, NY: Oxford University Press.

Chan, H. Y., Brown, B. B., & Von Bank, H. (2015). Adolescent disclosure of information about peers: The mediating role of perceptions of parents' right to know. *Journal of Youth and Adolescence, 44*(5), 1048–1065.

Chatters, L. M., Taylor, R. J., Bullard, K. M., & Jackson, J. S. (2008). Spirituality and subjective religiosity among African Americans, Caribbean Blacks, and non-Hispanic Whites. *Journal for the Scientific Study of Religion,* 47(4), 725–737.

Chaudhary, N., & Sharma, P. (2012). India. In J. J. Arnett (Ed.), *Adolescent psychology around the world.* New York, NY: Taylor & Francis.

Cheung, A. H., Emslie, G. J., & Mayes, T. (2005). Review of the efficacy and safety of antidepressants in youth depression. *Journal of Child Psychology & Psychiatry,* 46(7), 735–754.

Chibber, R., El-saleh, E., & El harmi, J. (2011). Female circumcision: Obstetrical and psychological sequelae continues unabated in the 21st century. *Journal of Maternal-Fetal and Neonatal Medicine 24*(6), 833–836.

Choi, J., & Cho, R. M. (2016). Evaluating the effects of governmental regulations on South Korean private cram schools. *Asia Pacific Journal of Education, 36*(4), 599–621.

Cicirelli, V. G. (2013). *Sibling relationships across the life span.* New York, NY: Springer Science & Business Media.

Cingel, D. P., & Krcmar, M. (2014). Understanding the experience of imaginary audience in a social media environment. *Journal of Media Psychology, 26,* 155–160.

Colby, A., Kohlberg, L., Gibbs, J., & Lieberman, M. (1983). A longitudinal study of moral judgment. *Monographs of the Society for Research in Child Development, 48*(1–2).

Collins, H. (2014). *European vocational educational systems: A guide to vocational education and training in the European community.* London, UK: Routledge.

Collins, W. A., & Laursen, B. (2004). Parent–adolescent relationships and influences. In R. M. Lerner & L. Steinberg (Eds.), *Handbook of adolescent psychology* (2nd ed., pp. 331–361).

Common Sense Media. (2015). The Common Sense Census: Media use among teens and tweens. San Francisco: Author.

Compas, B. E., Ey, S., & Grant, K. E. (1993). Taxonomy, assessment, and diagnosis of depression during adolescence. *Psychological Bulletin, 114,* 323–344.

Condon, R. (1990). The rise of adolescence: Change and life stage dilemmas in the central Canadian arctic. *Human Organization, 49*(3), 266–279.

Connolly, J., & McIsaac, C. (2011). Romantic relationships in adolescence. In M. K. Underwood & J. H. Rosen (Eds.), *Social development: Relationships in infancy, childhood, and adolescence* (pp. 180–206). New York, NY: Guilford.

Conway, C. C., Rancourt, D., Adelman, C. B., Burk, W. J., & Prinstein, M. J. (2011). Depression socialization within friendship groups at the transition to adolescence: The roles of gender and group centrality as moderators of peer influence. *Journal of Abnormal Psychology, 120*(4), 857.

Costello, D. M., Swendsen, J., Rose, J. S., & Dierker, L. C. (2008). Risk and protective factors associated with trajectories of depressed mood from adolescence to early adulthood. *Journal of Consulting and Clinical Psychology, 76,* 173–183.

Craig, J. S., & Piquero, A. (2015). Crime and punishment in emerging adulthood. In J. J. Arnett (Ed.), *Oxford handbook of emerging adulthood* (pp. 323–348). New York, NY: Oxford University Press.

Csikszentmihalyi, M., & Larson, R. W. (1984). *Being adolescent: Conflict and growth in the teenage years.* New York, NY: Basic Books.

Davis, S., & Davis, D. (2012). Morocco. In J. J. Arnett (Ed.), *Adolescent psychology around the world.* New York, NY: Taylor & Francis.

De Hoon, S., & Van Tubergen, F. (2014). The religiosity of children of immigrants and natives in England, Germany, and the Netherlands: The role of parents and peers in class. *European Sociological Review, 38,* 194–206.

Denner, J., & Dunbar, N. (2004). Negotiating femininity: Power and strategies of Mexican American girls. *Sex Roles, 50,* 301–314.

Denner, J., & Guzmán, B. L. (Eds.). (2006). *Latina girls: Voices of adolescent strength in the United States.* New York: New York University Press.

DeRose, L. M., & Brooks-Gunn, J. (2006). Transition into adolescence: The role of pubertal processes. In L. Balter & C. S. Tamis-LeMonda (Eds.), *Child psychology: A handbook of contemporary issues* (2nd ed., pp. 385–414). New York, NY: Psychology Press.

Diaz, T., & Bui, N. H. (2017). Subjective well-being in Mexican and Mexican American women: The role of acculturation, ethnic identity, gender roles, and perceived social support. *Journal of Happiness Studies, 18*(2), 607–624.

Dishion, T. J., & Dodge, K. A. (2005). Peer contagion in interventions for children and adolescents: Moving towards an understanding of the ecology and dynamics of change. *Journal of Abnormal Child Psychology, 33,* 395–400.

Dishion, T. J., McCord, J., & Poulin, F. (1999). When interventions harm: Groups and problem behavior. *American Psychologist, 54,* 755–764.

Dolphin, T., & Lanning, T. (Eds.) (2011). *Rethinking apprenticeships.* London, UK: Institute for Public Policy Research.

Dorjee, T., Baig, N., & Ting-Toomey, S. (2013). A social ecological perspective on understanding “honor killing” : An intercultural moral dilemma. *Journal of Intercultural Communication Research, 42*(1), 1–21.

Due, P., Holstein, B. E., Lunch, J., Diderichsen, F., Gabhain, S. N., Scheidt, P., & Currie, C. (2005). The health behavior in school-aged children bullying working group. *European Journal of Public Health, 15,* 128–132.

Dustmann, C., & Schoenberg, U. (2008). Why does the German apprenticeship system work? In K. U. Mayer & H. Solga

(Eds.), *Skill information: Interdisciplinary and cross-national perspective* (p. 85–108). New York, NY: Cambridge University Press.

Eldin, A. S. (2009). Female mutilation. In P. S. Chandra, H. Herrman, J. Fisher, M. Kastrup, U. Niaz, M. B. Rondón, & A. Okasha (Eds.), *Contemporary topics in women's mental health: Global perspectives in a changing society* (pp. 485–498). Hoboken, NJ: Wiley & Sons.

Elkind, D. (1967). Egocentrism in adolescence. *Child Development, 38,* 1025–1034.

Elkind, D. (1978). Understanding the young adolescent. *Adolescence, 13,* 127–134.

Elkind, D. (1985). Egocentrism redux. *Developmental Review, 5,* 218–226.

Elson, M., & Ferguson, C. J. (2014). Twenty-five years of research on violence in digital games and aggression. *European Psychologist, 9,* 68–75. doi:10.1027/1016-9040/a000185

Engelmann, J. B., Moore, S., Capra, C. M., & Berns, G. S. (2012). Differential neurobiological effects of expert advice on risky choice in adolescents and adults. *Social Cognitive and Affective Neuroscience, 7*(5), 557–567.

Epperson, A. E., Depaoli, S., Song, A. V., Wallander, J. L., Elliott, M. N., Cuccaro, P., . . . & Schuster, M. (2016). Perceived physical appearance: Assessing measurement equivalence in Black, Latino, and White adolescents. *Journal of Pediatric Psychology, 42*(2), 142–152.

Eveleth, P. B., & Tanner, J. M. (1990). *Worldwide variation in human growth.* Cambridge, MA: Cambridge University Press.

Fasoli, A. D. (2017). From autonomy to divinity: The cultural socialization of moral reasoning in an evangelical Christian community. *Child Development.*

FDA. (2016). Antidepressant use in children, adolescents, and adults. Retrieved from http://www.fda.gov/Drugs/DrugSafety/InformationbyDrugClass/UCM096273

Ferguson, G. M., Hafen, C. A., & Laursen, B. (2010). Adolescent psychological and academic adjustment as a function of discrepancies between actual and ideal self-perceptions. *Journal of Youth and Adolescence, 39,* 1485–1497.

Fingerman, K. L., & Yahirun, J. J. (2015). Family relationships. In J. J. Arnett (Ed.), *Oxford handbook of emerging adulthood* (pp. 163–176). New York, NY: Oxford University Press.

Fisher, M. M., & Eugster, E. A. (2014). What is in our environment that effects puberty? *Reproductive Toxicology, 44,* 7–14.

Flanagan, C. A., Kim, T., Collura, J., & Kopish, M. A. (2015). Community service and adolescents' social capital. *Journal of Research on Adolescence, 25*(2), 295–309.

Floyd, F., & Bakeman, R. (2006). Coming-out across the life course: Implications of age and historical context. *Archives of Sexual Behavior, 35,* 287–297.

Fombonne, E., & Zinck, S. (2008). Psychopharmacological treatment of depression in children and adolescents. In J. R. Z. Abela & B. L. Hankin (Eds.), *Handbook of depression in children and adolescents* (pp. 207–223). New York, NY: Guilford Press.

Ford, C., & Beach, F. (1951). *Patterns of sexual behavior.* New York, NY: Harper & Row.

French, D. (2015). Cultural templates for child and adolescent friendships. In L. A. Jensen (Ed.), *Oxford handbook of human development and culture* (pp. 425–455). New York, NY: Oxford University Press.

French, D. C., Eisenberg, N., Vaughan, J., Purwono, U., & Suryanti, T. A. (2008). Religious involvement and the social competence and adjustment of Indonesian Muslim adolescents. *Developmental Psychology, 44,* 597–611.

French, D. C., Rianasari, J. M., Piadada, S., Nelwan, P., & Buhrmester, D. (2001). Social support of Indonesian and U.S. children and adolescents by family members and friends. *Merrill-Palmer Quarterly, 47,* 377–394.

Fuligni, A. J. (2011). Social identity, motivation, and well being among adolescents from Asian and Latin American backgrounds. In G. Carlo, L. J. Crockett, & M. A. Carranza (Eds.), *Health disparities in youth and families: Research and applications* (pp. 97–120). New York, NY: Springer.

Furman, W., & Hand, L. S. (2006). The slippery nature of romantic relationships: Issues in definition and differentiation. In A. C. Crouter & A. Booth (Eds.), *Romance and sex in adolescence and emerging adulthood: Risks and opportunities* (pp. 171–178). The Penn State University family issues symposia series. Mahwah, NJ: Lawrence Erlbaum.

Galambos, N. L. (2004). Gender and gender role development in adolescence. In R. Lerner & L. Steinberg (Eds.), *Handbook of adolescent psychology*. New York, NY: Wiley.

Galambos, N. L., Barker, E. T., & Krahn, H. J. (2006). Depression, anger, and self-esteem in emerging adulthood: Seven-year trajectories. *Developmental Psychology, 42(2), 350–365.*

Gauvain, M. (2015). Scaffolding in socialization. *New Ideas in Psychology, 23*(3), 129–139.

Ge, X., Natsuaki, M. N., Neiderhiser, J. M., & Reiss, D. (2007). Genetic and environmental influences on pubertal timing: Results from two national sibling studies. *Journal of Research on Adolescence, 17,* 767–788.

Gentile, D. A. (2011). The multiple dimensions of video game effects. *Child Development Perspectives, 5,* 75–81.

Gentile, D. A. (2014). *Media violence and children: A complete guide for parents and professionals.* Boston, MA: ABC-CLIO.

Gentile, D. A., & Bushman, B. J. (2012). Reassessing media violence effects using a risk and resilience approach to understanding aggression. *Psychology of Popular Media Culture, 1*(3), 138–151.

Gibbs, J. C., Basinger, K. S., Grime, R. L., & Snarey, J. R. (2007). Moral judgment development across cultures: Revisiting Kohlberg's universality claims. *Developmental Review, 27,* 443–500.

Giedd, J. N., Raznahan, A., Alexander-Bloch, A., Schmitt, E., Gogtay, N., & Rapoport, J. L. (2015). Child psychiatry branch of the national institute of mental health longitudinal structural magnetic resonance imaging study of human brain development. *Neuropsychopharmacology, 40*(1), 43–49.

Gilmore, D. (1990). *Manhood in the making: Cultural concepts of masculinity.* New Haven, CT: Yale University Press.

Giorgio, A., Watkins, K. E., Chadwick, M., James, S., Winmill, L., Douaud, G., et al. (2010). Longitudinal changes in grey and white matter during adolescence. *NeuroImage, 49*(1), 94–103.

Gottlieb, A., & DeLoache, J. (2017). *A world of babies: Imagined childcare guides for eight societies.* New York, NY: Cambridge University Press.

Graber, J. A. (2014). Pubertal timing and the development of psychopathology in adolescence and beyond. *Hormones and Behavior, 64*(2), 262–269.

Graber, J. A., Nichols, T. R., & Brooks-Gunn, J. (2010). Putting pubertal timing in developmental context: Implications for prevention. *Developmental Psychobiology, 52*(3), 254–262.

Granic, I., Dishion, T. J., & Hollerstein, T. (2003). The family ecology of adolescence: A dynamic systems perspective on normative development. In G. R. Adams & M. D. Berzonsky (Eds.), *Blackwell handbook of adolescence* (pp. 60–91). Malden, MA: Blackwell.

Gray, W. N., Simon, S. L., Janicke, D. M., & Dumont-Driscoll, M. (2011). Moderators of weight-based stigmatization among youth who are overweight and non-overweight: The role of gender, race, and body dissatisfaction. *Journal of Developmental & Behavioral Pediatrics, 32*(2), 110–116.

Greenberger, E., & Steinberg, L. (1986). *When teenagers work: The psychological social costs of adolescent employment.* New York, NY: Basic Books.

Grigorenko, E. L., Lipka, J., Meier, E., Mohatt, G., Sternberg, R. J., & Yanez, E. (2004). Academic and practical intelligence: A case study of the Yup'ik in Alaska. *Learning and Individual Differences, 14,* 183–207.

Hamilton, S. F., & Hamilton, M. A. (2000). Research, intervention, and social change: Improving adolescents' career opportunities. In L. J. Crockett & R. K. Silbereisen (Eds.), *Negotiating adolescence in times of social change* (pp. 267–283). New York, NY: Cambridge University Press.

Hamilton, S., & Hamilton, M. A. (2006). School, work, and emerging adulthood. In J. J. Arnett & J. L. Tanner (Eds.), *Coming of age in the 21st century: The lives and contexts of emerging adults* (pp. 257–277). Washington, DC: American Psychological Association.

Hardie, J. H., Pearce, L. D., & Denton, M. L. (2014). The dynamics and correlates of religious service attendance in adolescence. *Youth & Society,* 1–25, doi:0044118X13483777

Hardy, S. A., Walker, L. J., Olsen, J. A., Woodbury, R. D., & Hickman, J. R. (2014). Moral identity as moral ideal self: Links to adolescent outcomes. *Developmental Psychology, 50*(1), 45–57.

Harper, G. W., Bruce, D., Serrano, P., & Jamil, O. B. (2009). The role of the internet in the sexual identity development of gay and bisexual male adolescents. In P. L. Hammack & B. J. Cohler (Eds.), *The story of sexual identity: Narrative perspectives on the gay and lesbian life course* (pp. 297–326). New York, NY: Oxford University Press.

Harter, S. (1990). Processes underlying adolescent self-concept formation. In R. Montemayor, G. R. Adams, & T. P. Gullotta (Eds.), *From childhood to adolescence: A transitional period?* Newbury Park, CA: Sage.

Harter, S. (2006). The self. In W. Damon & R. Lerner (Eds.), & N. Eisenberg (Vol. Ed.), *Handbook of child psychology: Vol. 3. Social, emotional and personality development* (6th ed., pp. 505–570). New York, NY: Wiley.

Harter, S. (2012). The construction of the self: *Developmental and sociocultural foundations.* New York, NY: Guilford.

Harter, S. (2015). *The construction of the self: Developmental and sociocultural foundations.* New York, NY: Guilford.

Harter, S., Waters, P. L., & Whitesell, N. R. (1997). Lack of voice as a manifestation of false-self behavior among adolescents: The school setting as a stage upon which the drama of authenticity is enacted. *Educational Psychologist, 32,* 153–173.

Hatfield, E., & Rapson, R. L. (2005). *Love and sex: Cross-cultural perspectives* (2nd edition). Boston, MA: Allyn & Bacon.

Hatfield, E., Feybesse, C., Narine, V., & Rapson, R. L. (2016). Passionate love: Inspired by angels or demons? In K. Aumer (Ed.), *The psychology of love and hate in intimate relationships* (pp. 65–82). New York, NY: Springer.

Hautala, L. A., Junnila, J., Helenius, H., Vaananen, A.-M., Liuksila, P.-R., Raiha, H., et al. (2008). Towards understanding gender differences in disordered eating among adolescents. *Journal of Clinical Nursing, 17,* 1803–1813.

Henggeler, S. W. (2011). Efficacy studies to large-scale transport: The development and validation of multisystemic therapy programs. *Annual Review of Clinical Psychology 7,* 351–381.

Henggeler, S. W., Sheidow, A. J., & Lee, T. (2007). Multisystemic treatment of serious clinical problems in youths and their families. In D. W. Springer & A. R. Roberts (Eds.), *Handbook of forensic mental health with victims and offenders: Assessment, treatments, and research* (pp. 315–345). New York, NY: Springer.

Herman-Giddens, M., Slora, E., Wasserman, R., Bourdony, C., Bhapkar, M., Koch, G., & Hasemeier, C. (1997). Secondary sexual characteristics and menses in young girls seen in office practice: A study from the Pediatric Research in Office Settings Network. *Pediatrics, 88,* 505–512.

Herman-Giddens, M., Wang, L., & Koch, G. (2001). Secondary sexual characteristics in boys. *Archives of Pediatrics and Adolescent Medicine, 155,* 1022–1028.

Herpetz-Dahlmann, B., Wille, N., Holling, J., Vloet, T. D., Ravens-Sieberer, U. (BELLA Study Group [Germany]). (2008). Disordered eating behavior and attitudes, associated psychopathology and health-related quality of life: Results of the BELLA study. *European Child & Adolescent Psychiatry, 17*(Suppl. 1), 82–91.

Herting, M. M., Gautam, P., Spielberg, J. M., Kan, E., Dahl, R. E., & Sowell, E. R. (2014). The role of testosterone and estradiol in brain volume changes across adolescence: A longitudinal structural MRI study. *Human Brain Mapping, 35* (11), 5633–5645.

Hill, J., & Lynch, M. (1983). The intensification of gender-related role expectations during early adolescence. In J. Brooks-Gunn & A. Petersen (Eds.), *Girls at puberty: Biological and psychosocial perspectives* (pp. 201–228). New York, NY: Plenum.

Hofer, C., Eisenberg, N., Spinrad, T. L., Morris, A. S., Gershoff, E., Valiente, C., & Eggum, N. D. (2013). Mother–adolescent conflict: Stability, change, and relations with externalizing and internalizing behavior problems. *Social Development, 22*(2), 259–279.

Holt, C. L., Roth, D. L., Clark, E. M., & Debnam, K. (2014). Positive self-perceptions as a mediator of religious involvement and health behaviors in a national sample of African Americans. *Journal of Behavioral Medicine, 37*(1), 102–112.

Horn, S. (2003). Adolescents' reasoning about exclusion from social groups. *Developmental Psychology, 39,* 71–84.

Ichikawa, H., Toyoda, Y., Takeuchi, M., Tashiro, M., & Suzuki,

M. (2015). Do personal attributes and an understanding of sarcasm and metaphor explain problematic experiences on the internet?—A survey for the development of information literacy education tools. *Transactions on Networks and Communications, 3*(2), 158.

Inhelder, B., & Piaget, J. (1958). *The growth of logical thinking from childhood to adolescence.* New York, NY: Basic Books.

International Labour Organization (ILO). (2004). *Investing in every child. An economic study of the costs and benefits of eliminating child labour.* New York, NY: Author.

International Labour Organization (ILO). (2013). *Marking progress against child labour: Global estimates and trends 2000–2012.* Geneva, Switzerland: Author.

International Programme for the Elimination of Child Labour (IPEC). (2013). *Global child labour trends 2008 to 2012.* Geneva, Switzerland: ILO.

Jankowiak, W. R., & Fischer, E. F. (1992). A cross-cultural perspective on romantic love. *Ethology, 31,* 149–155.

Jensen, L. A. (1997). Different worldviews, different morals: America's culture war divide. *Human Development, 40,* 325–344.

Jensen, L. A. (2008). Coming of age in a multicultural world: Globalization and adolescent cultural identity formation. In D. L. Browning (Ed.), *Adolescent identities: A collection of readings* (pp. 3–17). Relational perspectives book series. New York, NY: Analytic Press.

Jensen, L. A. (2015). Moral reasoning: Developmental emergence and life course pathways among cultures. In L. A. Jensen (Ed.), *Oxford handbook of human development and culture: An interdisciplinary perspective.* New York, NY: Oxford University Press.

Jensen, L. A. (Ed.). (2011). *Bridging cultural and developmental psychology.* New York, NY: Oxford University Press.

Jensen, L. A., & McKenzie, J. (2016). The moral reasoning of U.S. evangelical and mainline Protestant children, adolescents, and adults: A cultural-developmental study. *Child Development, 87*, 446–464.

Ji, C., & Chen, T. J. (2008). Secular changes in stature and body mass index for Chinese youth in sixteen major cities, 1950s–2005. *American Journal of Human Biology, 20*, 530–537. doi:10.1002/ajhb.20770

Jimenez, M., Jackson, A. M., & Deye, K. (2015). Aspects of abuse: Commercial sexual exploitation of children. *Current Problems in Pediatric and Adolescent Health Care, 45*, 80–85.

Johnston-Robledo, I., & Chrisler, J. C. (2013). The menstrual mark: Menstruation as social stigma. *Sex Roles, 68*(1–2), 9–18.

Johnston, L. D., O'Malley, P. M., Miech, R. A., Bachman, J. G., & Schulenberg, J. E. (2014). *Monitoring the future national results on drug use: 1975–2013: Overview, key findings on adolescent drug use*. Ann Arbor, MI: Institute for Social Research, The University of Michigan.

Jones, M. D., Crowther, J. H., & Ciesla, J. A. (2014). A naturalistic study of fat talk and its behavioral and affective consequences. *Body Image, 11*, 337–345. doi:10.1016/j.bodyim.2014.05.007

Kağitçibaşi, C., & Yalin, C. (2015). Family in adolescence: Relatedness and autonomy across cultures. In L. A. Jensen (Ed.), *Oxford handbook of human development and culture: An interdisciplinary perspective.* New York, NY: Oxford University Press.

Kaiser Family Foundation. (2010). *Generation M^2: Media in the lives of 8- to 18-year-olds.* Menlo Park, CA: Kaiser Family Foundation.

Kaiser Family Foundation. (2015). Percent of children (ages 10–17) who are overweight or obese. Retrieved from http://kff.org/other/state-indicator/overweightobese-children

Kapadia, S., & Bhangaokar, R. (2015). An Indian moral worldview: Developmental patterns in adolescents and adults. In L. A. Jensen (Ed.), *Moral development in a global world: Research from a cultural-developmental perspective* (pp. 69–91). New York, NY: Cambridge University Press.

Keating, D. (2004). Cognitive and brain development. In L. Steinberg & R. M. Lerner (Eds.), *Handbook of adolescent psychology* (2nd ed., pp. 45–84). New York, NY: Wiley.

Keating, D. P. (2012). Cognitive and brain development in adolescence. *Enfance, 3,* 267–279.

Kember, D., & Watkins, D. (2010). Approaches to learning and teaching by the Chinese. In M. Harris (Ed.), *The Oxford handbook of Chinese psychology* (pp. 169–185). New York, NY: Oxford University Press.

King, P. E., & Boyatzis, C. J.. (2015). Religious and spiritual development. In M. E. Lamb (Volume Ed.) & R. M. Lerner (Ed.-in-Chief), *Handbook of child psychology and developmental science, Vol. 3: Socioemotional processes* (pp. 975–1021). Hoboken, NJ: Wiley.

King, P. E., Furrow, J. L., & Roth, N. (2002). The influence of families and peers on adolescent religiousness. *Journal of Psychology and Christianity, 21,* 109–120.

Klomek, A. B., Marrocco, F., Kleinman, M., Schonfeld, I. S., & Gould, M. S. (2007). Bullying, depression, and suicidality in adolescents. *Journal of the American Academy of Child & Adolescent Psychiatry, 46,* 40–49.

Kneer, J., Elson, M., & Knapp, F. (2016). Fight fire with rainbows: The effects of displayed violence, difficulty, and performance in digital games on affect, aggression, and physiological arousal. *Computers in Human Behavior, 54,* 142–148.

Kohlberg, L. (1958). *The development of modes of moral thinking and choice in the years 10 to 16.* Unpublished doctoral dissertation. University of Chicago.

Kohlberg, L. (1976). Moral stages and moralization: The cognitive-development approach. In T. Lickona (Ed.), *Moral development and behavior.* New York, NY: Holt, Rinehart and Winston.

Kosciw, J. G., Greytak, E. A., Bartkiewicz, M. J., Boesen, M. J., & Palmer, N. A. (2012). *The 2011 National School Climate Survey: The experiences of lesbian, gay, bisexual, and transgender youth in our nation's schools.* New York, NY: GLSEN. Retrieved from http://glsen.org/sites/default/files/2011%20National%20School%20Climate%20Survey%20Full%20Report.pdf

Kowalski, R. M., & Limber, S. P. (2007). Electronic bullying among middle school students. *Journal of Adolescent Health, 41,* S22–S30.

Kowalski, R. M., Limber, S., Limber, S. P., & Agatston, P. W. (2012). *Cyberbullying: Bullying in the digital age*. New York, NY: John Wiley & Sons.

Kuhn, D. (2008). Formal operations from a twenty-first century perspective. *Human Development, 51*(Special issue: Celebrating a Legacy of Theory with New Directions for Research on Human Development), 48–55.

Kuouvonen, A., & Kivivuori, J. (2001). Part-time jobs, delinquency and victimization among Finnish adolescents. *Journal of Scandinavian Studies in Criminology and Crime Prevention, 2*(2), 191–212.

Larson, R. W., Csikszentmihalyi, M., & Graef, R. (1980). Mood variability and the psycho-social adjustment of adolescents. *Journal of Youth & Adolescence, 9,* 469–490.

Larson, R. W., Moneta, G., Richards, M. H., & Wilson, S. (2002). Continuity, stability, and change in daily emotional experience across adolescence. *Child Development, 73,* 1151–1165.

Larson, R. W., Wilson, S., & Rickman, A. (2010). Globalization, societal change, and adolescence across the world. In R. Lerner & L. Steinberg (Eds.), *Handbook of adolescent psychology* (3rd ed., pp. 590–622). Hoboken, NJ: John Wiley & Sons.

Larson, R., & Csikszentmihalyi, M. (2014). The Experience Sampling Method. In M. Csikszentmihalyi, *Flow and positive psychology* (pp. 21–34). New York, NY: Springer.

Larson, R., & Richards, M. H. (1994). *Divergent realities: The emotional lives of mothers, fathers, and adolescents.* New York, NY: Basic Books.

Larson, R., Verman, S., & Dwokin, J. (2000, March). *Adolescence without family disengagement: The daily family lives of Indian middle-class teenagers.* Paper presented at the biennial meeting of the Society for Research on Adolescence, Chicago, IL.

Latzer, Y., Merrick, J., & Stein, D. (2011). *Understanding eating disorders: Integrating culture, psychology and biology*. Nova Science.

Laursen, B., Coy, K. C., & Collins, W. A. (1998). Reconsidering changes in parent–child conflict across adolescence: A meta-analysis. *Child Development, 69,* 817–832.

Laviola, G., & Marco, E. M. (2011). Passing the knife edge in adolescence: Brain pruning and specification of individual lines of development. *Neuroscience and Biobehavioral Reviews, 35*(8), 1631–1633.

Lawaetz, J. G., Hagen, C. P., Mieritz, M. G., Blomberg Jensen, M., Petersen, J. H., & Juul, A. (2015). Evaluation of 451

Danish boys with delayed puberty: Diagnostic use of a new puberty nomogram and effects of oral testosterone therapy. *The Journal of Clinical Endocrinology & Metabolism, 100*(4), 1376–1385.

Lawson, A. E., & Wollman, W. T. (2003). Encouraging the transition from concrete to formal operations: An experiment. *Journal of Research in Science Teaching, 40*(Suppl.), S33–S50.

Layton, E., Dollahite, D. C., & Hardy, S. A. (2011). Anchors of religious commitment in adolescents. *Journal of Adolescent Research, 26,* 381–413.

Leavitt, S. C. (1998). The Bikhet mystique: Masculine identity and patterns of rebellion among Bumbita adolescent males. In G. Herdt & S. C. Leavitt (Eds.), *Adolescence in Pacific island societies* (pp. 173–194). Pittsburgh, PA: University of Pittsburgh Press.

Lee, J. C., & Staff, J. (2007). When work matters: The varying impact of work intensity on high school dropouts. *Sociology of Education, 80,* 158–178.

Lee, M. M. C., Chang, K. S. F., & Chan, M. M. C. (1963). Sexual maturation of Chinese girls in Hong Kong. *Pediatrics, 32,* 389–398.

Legerski, J. P., Biggs, B. K., Greenhoot, A. F., & Sampilo, M. L. (2015). Emotion talk and friend responses among early adolescent same-sex friend dyads. *Social Development, 24*(1), 20–38.

Lenhart, A. (2015). *Teens, social media, and technology overview.* Washington, DC: Pew Research Center.

LeVine, D. N. (1966). The concept of masculinity in Ethiopian culture. *International Journal of Social Psychiatry, 12,* 17–23.

Lindsay, L. A., & Miescher, S. F. (Eds.). (2003). *Men and masculinities in modern Africa.* Portsmouth, NH: Heinemann.

Livadas, S., & Chrousos, G. P. (2016). Control of the onset of puberty. *Current Opinion in Pediatrics, 28*(4), 551–558.

Lloyd, C. (Ed.). (2005). *Growing up global: The changing transitions to adulthood in developing countries.* Washington, DC: National Research Council and Institute of Medicine.

Lloyd, C. B., Grant, M., & Ritchie, A. (2008). Gender differences in time use among adolescents in developing countries: Implications of rising school enrollment rates. *Journal of Research on Adolescence, 18,* 99–120.

Lock, J. (2015). An update on evidence-based psychosocial treatments for eating disorders in children and adolescents. *Journal of Clinical Child & Adolescent Psychology, 44*(5), 707–721.

Loeber, R., & Burke, J. D. (2011). Developmental pathways in juvenile externalizing and internalizing problems. *Journal of Research on Adolescence, 21,* 34–46.

Lynch, M. E. (1991). Gender intensification. In R. M. Lerner, A. C. Petersen, & J. Brooks-Gunn (Eds.), *Encyclopedia of adolescence* (Vol. 1). New York, NY: Garland.

Males, M. A. (2010). Teenage sex and pregnancy: Modern myths, unsexy realities. Santa Barbara, CA: ABC-CLIO.

Markant, J. C., & Thomas, K. M. (2013). Postnatal brain development. In P. D. Zelazo (Ed.), *The Oxford handbook of developmental psychology: Volume 1: Body and mind* (pp. 129–163). New York, NY: Oxford University Press.

Markus, H. R., & Kitayama, S. (2010). Cultures and selves: A cycle of mutual constitution. *Perspectives on Psychological Science, 5*(4), 420–430.

Markus, H., & Nurius, R. (1986). Possible selves. *American Psychologist, 41,* 954–969.

Marshall, E. A., & Butler, K. (2015). School-to-work transitions in emerging adulthood. In J. J. Arnett (Ed.), *Oxford handbook of emerging adulthood* (pp. 316–333). New York, NY: Oxford University Press.

Marti, E., & Rodriguez, C. (Eds.) (2012). *After Piaget.* New York, NY: Transaction Publishers.

Martin, J., & Sokol, B. (2011). Generalized others and imaginary audiences: A neo-Meadian approach to adolescent egocentrism. *New Ideas in Psychology, 29*(3), 364–375.

Marván, M. L., & Trujillo, P. (2010). Menstrual socialization, beliefs, and attitudes concerning menstruation in rural and urban Mexican women. *Health Care for Women International, 31,* 53–67.

Masino, S., & Ni.o-Zaraz.a, M. (2015). What works to improve the quality of student learning in developing countries? *International Journal of Educational Development.* doi:10.1016/j.ijedudev.2015.11.012

Mayberry, M. (2013). Gay-straight alliances youth empowerment and working toward reducing stigma of LGBT youth. *Humanity & Society, 37*(1), 35–54.

Maynard, A. E. (2008). What we thought we knew and how we came to know it: Four decades of cross-cultural research from a Piagetian point of view. *Human Development, 51*(1), 56–65.

McAuslan, P., Leonard, M., & Pickett, T. (2017). Using the media practice model to examine dating violence in emerging adults. *Psychology of Popular Media Culture*.

McCormack, M. (2012). *The declining significance of homophobia: How teenage boys are redefining masculinity and heterosexuality.* New York, NY: Oxford University Press.

McKenzie, J. (2015). Globalization and moral personhood: Dyadic perspectives of the moral self in rural and urban Thai communities. *Journal of Adolescent Research, 40,* 1–38.

McKenzie, J., & Jensen, L. A. (2017). Charting the moral life courses: A theory of moral development in U.S. evangelical and mainline Protestant cultures. *Culture & Psychology, 23(4), 433–460.*

Meeus, W. (2006). Netherlands. In J. J. Arnett, R. Ahmed, B. Nsamenang, T. S. Saraswathi, & R. Silbereisen (Eds.), *International encyclopedia of adolescence.* New York, NY: Routledge.

Melmed, S., Polonsky, K. S., Larsen, P. R., & Kronenberg, H. M. (2016). *Williams textbook of endocrinology*. London, UK: Elsevier Health Sciences.

Mendle, J., & Ferrero, J. (2012). Detrimental psychological outcomes associated with pubertal timing in adolescent boys. *Developmental Review, 32*(1), 49–66.

Michikyan, M., Dennis, J., & Subrahmanyam, K. (2014). Can you guess who I am? Real, ideal, and false self-presentation on Facebook among emerging adults. *Emerging Adulthood.* doi:2167696814532442

Miech, R.A., Johnston, L.D., Bachman, P.M., O'Malley, P.M., Bachman, J.G., Schulenberg, J.E., & Patrick, M.E. (2017). Monitoring the Future, national survey results on drug use, 1975–2016, Volume I: Secondary students. Ann Arbor, MI: Institute for Social Research, University of Michigan. Retrieved from http://monitoringthefuture.org//pubs/monographs/mtf-vol1_2016.pdf

Miller, P. H. (2011). Piaget's theory: Past, present, and future. In U. Goswami (Ed.), *The Wiley-Blackwell handbook of childhood cognitive development* (2nd ed., pp. 649–672). New York, NY: Wiley-Blackwell.

Mishna, F., Newman, P. A., Daley, A., & Solomon, S. (2009). Bullying of lesbian and gay youth: A qualitative investigation. *British Journal of Social Work, 39,* 1598–1614.

Moffitt, T. E. (2003). Life-course-persistent and adolescence-limited antisocial behavior: A 10-year research review and a research agenda. In B. B. Lahey & T. E. Moffitt (Eds.), *Causes of conduct disorder and juvenile delinquency* (pp. 49–75). New York, NY: Guilford.

Moffitt, T. E. (2007). A review of research on the taxonomy of life-course persistent versus adolescence-limited antisocial behavior. In D. J. Flannery, A. T. Vazsonyi, & I. D. Waldman (Eds.), *The Cambridge handbook of violent behavior and aggression* (pp. 49–74). New York, NY: Cambridge University Press.

Monitoringthefuture.org (2017). Table 3: Trends in the 30-day prevalence of various drugs. Retrieved from http://monitoringthefuture.org/data/16data/16drtbl3.pdf

Moore, K. A., Chalk, R., Scarpa, J., & Vandivere, S. (2002, August). Family strengths: Often overlooked, but real. *Child Trends Research Brief,* 1–8.

Morgan, E. (2015). Contemporary issues in sexual orientation and identity development in emerging adulthood. In J. J. Arnett (Ed.), *Oxford handbook of emerging adulthood.* New York, NY: Oxford University Press.

Mortimer, J. (2013). Work and its positive and negative effects on youth's psychosocial development. *Health and Safety of Young Workers*, 66–79.

Mortimer, J. T., Vuolo, M., Staff, J., Wakefield, S., & Xie, W. (2008). Tracing the timing of "career" acquisition in a contemporary youth cohort. *Work and Occupations, 35,* 44–84.

Motola, M., Sinisalo, P., & Guichard, J. (1998). Social habitus and future plans. In J. Nurmi (Ed.), *Adolescents, cultures, and conflicts* (pp. 43–73). New York, NY: Garland.

Murphy, J. W., Foxe, J. J., & Molholm, S. (2016). Neuro-oscillatory mechanisms of intersensory selective attention and task switching in school-aged children, adolescents and young adults. *Developmental Science, 19*(3), 469–487.

National Center for Education Statistics (NCES). (2014). *The condition of education, 2014.* Washington, DC: U.S. Department of Education.

National Center for Education Statistics (NCES). (2017). *The condition of education, 2017.* Washington, DC: U.S. Department of Education.

Newman, K. S., & Winston, H. (2016). *Reskilling America: Learning to labor in the 21st century.* New York, NY: Metropolitan Books.

Nichter, M. (2001). *Fat talk: What girls and their parents say about dieting.* Cambridge, MA: Harvard University Press.

Nickerson, A. B., & Nagle, R. J. (2005). Parent and peer attachment in late childhood and early adolescence. *Journal of Early Adolescence, 25,* 223–249.

NIMH (2017). *Eating disorders among children.* Retrieved from https://www.nimh.nih.gov/health/statistics/prevalence/eating-disorders-among-children.shtml

Nolen-Hoeksema, S., Wisco, B. E., & Lyubomirsky, S. (2008). Rethinking rumination. *Perspectives on Psychological Science, 3*(5), 400–424.

Noller, P. (2005). Sibling relationships in adolescence: Learning and growing together. *Personal Relationships, 12,* 1–22.

Noller, P., & Callan, V. (2015). *The adolescent in the family.* London, UK: Routledge.

Norman, R. L. (2014). Reproductive changes in the female lifespan. In J. J. Robert-McComb, R. Norman, & M. Zumwalt (Eds.), *The active female* (pp. 25–31). New York, NY: Springer.

Ochiai, E. (2015). Marriage practices and trends. In S. R. Quah (Ed.), *Routledge handbook of families in Asia* (pp. 123–137). New York, NY: Routledge.

Odeku, K., Rembe, S., & Anwo, J. (2009). Female genital mutilation: A human rights perspective. *Journal of Psychology in Africa, 19* (Special issue: Violence against children in Africa), 55–62.

Office of Disease Prevention and Health Promotion (2017). *Mental health and mental disorders: Adolescents engaging in disordered eating to control their weight.* Retrieved from https://www.healthypeople.gov/2020/data-search/Search-the-Data#objid=4811

Olson, C. K., Kutner, L. A., & Warner, D. E. (2008). The role of violent video game content in adolescent development: Boys' perspectives. *Journal of Adolescent Research, 23,* 55–75.

Orth, U., & Robins, R. W. (2014). The development of self-esteem. *Current Directions in Psychological Science, 23*(5), 381–387.

Osao, M., & Shimada, H. (2016). Evaluation of methods to prevent aggressive and bullying behaviors among children and adolescents in Japan. *International Journal of Psychology, 51,* 458.

Oyserman, D., Destin, M., & Novin, S. (2015). The context-sensitive future self: Possible selves motivate in context, not otherwise. *Self and Identity, 14*(2), 173–188.

Padilla-Walker, L. M., & Nelson, L. J. (2015). Moral worldviews of religious emerging adults: Three patterns of negotiation between development and culture. In L. A. Jensen (Ed.), *Moral development in a global world: Research from a cultural-developmental perspective* (pp. 92–116). New York, NY: Cambridge University Press.

Papadakis, A. A., Prince, R. P., Jones, N. P., & Strauman, T. J. (2006). Self-regulation, rumination, and vulnerability to depression in adolescent girls. *Development and Psychopathology, 18,* 815–829.

Papadimitriou, A. (2016). Timing of puberty and secular trend in human maturation. In P. Kumanov & A. Agarwal (Eds.), *Puberty* (pp. 121–136). New York: Springer.

Paris, F., Gaspari, L., & Sultan, C. (2017). Maturation of the hypothalamic-pituitary-ovarian axis and the onset of puberty. In C. Sultan & A. R. Genazzani (Eds.), *Frontiers in gynecological endocrinology, Vol. 4,* (pp. 57–65). New York, NY: Springer International Publishing.

Park, S. H., Shim, Y. K., Kim, H. S., & Eun, B. L. (1999). Age and seasonal distribution of menarche in Korean girls. *Journal of Adolescent Health, 25,* 97.

Patrick, M. E., & Schulenberg, J. E. (2014). Prevalence and predictors of adolescent alcohol use and binge drinking in the United States. *Alcohol Research: Current Reviews, 35*(2), 193–200.

Pepler, D. (2014). Bullying: Overview. In T. Teo (Ed.),

Encyclopedia of critical psychology (pp. 188–194). New York: Springer.

Pepler, D. J., Craig, W. M., Connolly, J. A., Yuile, A., McMaster, L., & Jiang, D. (2006). A developmental perspective on bullying. *Aggressive Behavior, 32,* 376–384.

Pepler, D. J., Jiang, D., Craig, W. M., & Connolly, J. A. (2008). Developmental trajectories of bullying and associated factors. *Child Development, 79,* 325–338.

Pew Research Center. (2015). *Changing attitudes on gay marriage.* Retrieved from http://www.pewforum.org/2015/07/29/graphics-slideshow-changing-attitudes-on-gay-marriage/

Phinney, J. S., Kim-Jo, T., Osorio, S., & Vilhjalmsdottir, P. (2005). Autonomy and relatedness in adolescent-parent disagreements: Ethnic and developmental factors. *Journal of Adolescent Research, 20,* 8–39.

Piaget, J. (1967). *Six psychological studies.* New York, NY: Random House.

Piaget, J. (1972). Intellectual evolution from adolescence to adulthood. *Human Development, 15,* 1–12.

Piat, M., Pearson, A., Sabetti, J., Steiger, H., Israel, M., & Lal, S. (2015). International training programs on eating disorders for professionals, caregivers, and the general public: A scoping review. *Journal of Eating Disorders, 3*(1), 28.

Piehler, T. F. (2016). Coercion and contagion in child and adolescent peer relationships. In T. J. Dishion & J. J. Snyder (Eds.), *The Oxford handbook of coercive relationship dynamics* (pp. 129–139). New York, NY: Oxford University Press.

Piquero, A. R., & Moffitt, T. E. (2014). Moffitt's developmental taxonomy of antisocial behavior. In *Encyclopedia of criminology and criminal justice* (pp. 3121–3127). New York, NY: Springer.

Pisetsky, E. M., Chao, Y. M., Dierker, L. C., May, A. M., & Striegel-Moore, R. H. (2008). Disordered eating and substance use in high school students: Results from the Youth Risk Behavior Surveillance System. *International Journal of Eating Disorders, 41,* 464–470.

Plant, T. M. (2015). Neuroendocrine control of the onset of puberty. *Frontiers in Neuroendocrinology, 38*, 73–88.

Pool, M. M., Koolstra, C. M., & van der Voort, T. H. A. (2003). The impact of background radio and television on high school students' homework performance. *Journal of Communication, 53,* 74–87.

Posner, R. B. (2006). Early menarche: A review of research on trends in timing, racial differences, etiology and psychosocial consequences. *Sex Roles, 54,* 315–322.

Pratt, M. W., Norris, J. E., Lawford, H., & Arnold, M. L. (2010). What he said to me stuck: Adolescents' narratives of grandparents and their identity development in emerging adulthood. In K. C. McLean, & M. Pasupathi (Eds.), *Narrative development in adolescence: Creating the storied self* (pp. 93–112). New York, NY: Springer Science + Business Media.

Priess, H. A., & Lindberg, S. A. (2014). Gender intensification. In R. Levesque (Ed.), *Encyclopedia of adolescence* (pp. 1135–1142). New York, NY: Springer.

Radmacher, K., & Azmitia, M. (2006). Are there gendered pathways to intimacy in early adolescents' and emerging adults' friendships? *Journal of Adolescent Research, 21,* 415–448.

Rafferty, Y. (2013). Child trafficking and commercial sexual exploitation: A review of promising prevention policies and programs. *American Journal of Orthopsychiatry, 83*(4), 559–575.

Ravens-Sieberer, U., Herdman, M., Devine, J., Otto, C., Bullinger, M., Rose, M., & Klasen, F. (2014). The European KIDSCREEN approach to measure quality of life and well-being in children: Development, current application, and future advances. *Quality of Life Research, 23*(3), 791–803.

Regan, P. C., Durvasula, R., Howell, L., Ureno, O., & Rea, M. (2004). Gender, ethnicity, and the developmental timing of the first sexual and romantic experiences. *Social Behavior & Personality, 32,* 667–676.

Regnerus, M., & Uecker, J. (2011). *Premarital sex in America: How young Americans meet, mate, and think about marrying.* New York, NY: Oxford University Press.

Reimuller, A., Shadur, J., & Hussong, A. M. (2011). Parental social support as a moderator of self-medication in adolescents. *Addictive Behaviors, 36,* 203–208.

Remue, J., Hughes, S., De Houwer, J., & De Raedt, R. (2014). To be or want to be: Disentangling the role of actual versus ideal self in implicit self-esteem. *PLOS ONE, 9*(9), e108837.

Richards, M. H., Crowe, P. A., Larson, R., & Swarr, A. (2002). Developmental patterns and gender differences in the experience of peer companionship in adolescence. *Child Development, 69,* 154–163.

Rieber, R. W., & Robinson, D. K. (Eds.). (2013). The essential Vygotsky. New York, NY: Springer Science & Business Media.

Rogoff, B., Najafi, B., & Mejía-Arauz, R. (2014). Constellations of cultural practices across generations: Indigenous American heritage and learning by observing and pitching in. *Human Development, 57*(2–3), 82–95.

Rojo-Moreno, L., Arribas, P., Plumed, J., Gimeno, N., Garc. a-Blanco, A., Vaz-Leal, F.,... Livianos, L. (2015). Prevalence and comorbidity of eating disorders among a community sample of adolescents: 2-year follow-up. *Psychiatry Research, 227*(1), 52–57.

Rote, W. M., & Smetana, J. G. (2015). Acceptability of information management strategies: Adolescents' and parents' judgments and links with adjustment and relationships. *Journal of Research on Adolescence, 25*(3), 490–505.

Ruiz, S. A., & Silverstein, M. (2007). Relationships with grandparents and the emotional well-being of late adolescent and young adult grandchildren. *Journal of Social Issues, 63,* 793–808.

Ryan, C., Huebner, D., Diaz, R. M., & Sanchez, J. (2009). Family rejection as a predictor of negative health outcomes in white and Latino lesbian, gay and bisexual young adults. *Pediatrics, 123,* 346–352.

Salas-Wright, C. P., Lombe, M., Vaughn, M. G., & Maynard, B. R. (2014). Do adolescents who regularly attend religious services stay out of trouble? Results from a national sample. *Youth & Society,* 1–26. doi:0044118X14521222

Samkange-Zeeb, F., & Blettner, M. (2009). Emerging aspects of mobile phone use. *Emerging Health Threats, 2,* e5.

Sanchez, D., Vandewater, E. A., & Hamilton, E. R. (2017). Examining marianismo gender role attitudes, ethnic identity, mental health, and substance use in Mexican American early adolescent girls. *Journal of Ethnicity in Substance Abuse,* 1–24.

Savin-Williams, R. C., & Joyner, K. (2014). The dubious assessment of gay, lesbian, and bisexual adolescents of Add Health. *Archives of Sexual Behavior 43*(3), 413–422.

Schlegel, A. (2010). Adolescent ties to adult communities: The intersection of culture and development. In L. Jensen (Ed.), *Bridging cultural and developmental approaches to psychology* (pp. 138–159). New York, NY: Oxford University Press.

Schlegel, A., & Barry III, H. (2015). The nature and meaning of adolescent transition rituals. In L. A. Jensen (Ed.), *Oxford handbook of human development and culture: An interdisciplinary perspective.* New York, NY: Oxford University Press.

Schlegel, A., & Barry III, H. (2017). Pain, fear, and circumcision in boys' adolescent initiation ceremonies. *Cross-Cultural Research.*

Schlegel, A., & Barry, H. (1991). *Adolescence: An anthropological inquiry.* New York, NY: Free Press.

Schlegel, A., & Hewlett, B. L. (2011). Contributions of anthropology to the study of adolescence. *Journal of Research on Adolescence, 21*(1), 281–289.

Schneider, B. (2006). In the moment: The benefits of the Experience Sampling Method. In M. Pitt-Catsouphes, E. E. Kossek, & S. Sweet (Eds.), *The work and family handbook: Multi-disciplinary perspectives, methods, and approaches* (pp. 469–488). Mahwah, NJ: Erlbaum.

Schneider, W. (2010). Metacognition and memory development in childhood and adolescence. In H. S. Waters & W. Schneider (Eds.), *Metacognition, strategy use, and instruction* (pp. 54–81). New York, NY: Guilford.

Schoenwald, S. K., Heiblum, N., Saldana, L., & Henggeler, S. W. (2008). The international implementation of multisystemic therapy. *Evaluation & the Health Professions, 31,* 211–225.

Sears, H. A., Simmering, M. G., & MacNeil, B. A. (2007). Canada. In J. J. Arnett (Ed.), *International encyclopedia of adolescence* (pp. 140–156). New York, NY: Routledge.

Shanahan, L., McHale, S. M., Osgood, D. W., & Crouter, A. C. (2007). Conflict frequency with mothers and fathers from middle childhood to late adolescence: Within- and between-families comparisons. *Developmental Psychology, 43,* 539–550.

Shapka, J. D., & Keating, D. P. (2005). Structure and change in self-concept during adolescence. *Canadian Journal of Behavioural Science, 37,* 83–96.

Sharma, T., Guski, L. S., Freund, N., & Gøtzsche, P. C. (2016). Suicidality and aggression during antidepressant treatment: Systematic review and meta-analyses based on clinical study reports. *BMJ, 352,* i65.

Shih, R. A., Miles, J. N., Tucker, J. S., Zhou, A. J., & D'Amico, E. J. (2010). Racial/ethnic differences in adolescent substance use: Mediation by individual, family, and school factors. *Journal of Studies on Alcohol and Drugs, 71*(5), 640.

Shirtcliff, E. A., Dahl, R. E., & Pollak, S. D. (2009). Pubertal development: Correspondence between hormonal and physical development. *Child Development, 80,* 327–337.

Shweder, R. A. (2003). *Why do men barbecue? Recipes for cultural psychology.* Cambridge, MA: Harvard University Press.

Shweder, R. A., & Menon, U. (2014). Old questions for the new anthropology of morality: A commentary. *Anthropological Theory, 14*(3), 356–370.

Shweder, R. A., Goodnow, J. J., Hatano, G., LeVine, R. A., Markus, H. R., & Miller, P. J. (2006). The cultural psychology of development: One mind, many mentalities. In W. Damon & R. Lerner (Eds.), & R. M. Lerner (Vol. Eds.), *Handbook of child psychology: Vol. 1. Theoretical models of human development* (6th ed., pp. 716–792). New York, NY: Wiley.

Shweder, R. A., Mahapatra, M., & Miller, J. G. (1990). Culture and moral development. In J. W. Stigler, R. A. Shweder, & G. Herdt (Eds.), *Cultural psychology* (pp. 130–204). New York, NY: Cambridge University Press.

Silenzio, V. M. B., Duberstein, P. R., Tang, W., Lu, N., Tu, X., & Homan, C. M. (2009). Connecting the invisible dots: Reaching lesbian, gay, and bisexual adolescents and young adults at risk for suicide through online social networks. *Social Science & Medicine, 69*(3), 469–474.

Silverman, M. H., Jedd, K., & Luciana, M. (2015). Neural networks involved in adolescent reward processing: An activation likelihood estimation meta-analysis of functional neuroimaging studies. *NeuroImage, 122*, 427–439.

Sinha, S. P., & Goel, Y. (2012). Impulsivity and selective attention among adolescents. *Journal of Psychosocial Research, 7*(1).

Sippola, L. K., Buchanan, C. M., & Kehoe, S. (2007). Correlates of false self in adolescent romantic relationships. *Journal of Clinical Child and Adolescent Psychology, 36,* 515–521.

Skoog, T., & Stattin, H. (2014). Why and under what contextual conditions do early-maturing girls develop problem behaviors? *Child Development Perspectives, 8*(3), 158–162.

Slonje, R., & Smith, P. K. (2008). Cyberbullying: Another main type of bullying? *Scandinavian Journal of Psychology, 49,* 147–154.

Smetana, J. G. (2005). Adolescent–parent conflict: Resistance and subversion as developmental processes. In L. Nucci (Ed.), *Conflict, contradiction, and contrarian elements in moral development and education* (pp. 69–91). Mahwah, NJ: Erlbaum.

Smink, F. R. E., van Hoeken, D., & Hoek, H. W. (2012). Epidemiology of eating disorders: Incidence, prevalence, and mortality rates. *Current Psychiatry Report, 14,* 404–414.

Smink, F. R., van Hoeken, D., & Hoek, H. W. (2013). Epidemiology, course, and outcome of eating disorders. *Current Opinion in Psychiatry, 26*(6), 543–548.

Smith, C., & Denton, M. L. (2005). *Soul searching: The religious and spiritual lives of American teenagers.* New York, NY: Oxford University Press.

Snarey, J. R. (1985). Cross-cultural universality of social moral development: A review of Kohlbergian research. *Psychological Bulletin, 97,* 202–232.

Sohn, K. (2017). Improvement in the biological standard of living in 20th century Korea: Evidence from age at menarche. *American Journal of Human Biology, 29*(1).

Sørensen, K., Mouritsen, A., Aksglaede, L., Hagen, C. P., & Morgensen, S. S. (2012). Recent secular trends in pubertal timing: Implications for evaluation and diagnosis of precocious puberty. *Hormone research in pediatrics 77*(3), 137–145.

Staff, J., Johnson, M. K., Patrick, M. E., & Schulenberg, J. E.

(2014). The Great Recession and recent employment trends among secondary students in the United States. *Longitudinal and Life Course Studies, 5*, 173.

Staff, J., Mont'Alvao, A., & Mortimer, J. T. (2015). Children at work. In R. Lerner (Ed.), *Handbook of child psychology and developmental science* (pp. 345–364). Hoboken, NJ: Wiley.

Stange, J. P., Hamilton, J. L., Abramson, L. Y., & Alloy, L. B. (2014). A vulnerability-stress examination of response styles theory in adolescence: Stressors, sex differences, and symptom specificity. *Journal of Clinical Child & Adolescent Psychology, 43*(5), 813–827.

Steele, J. (2006). Media practice model. In J. J. Arnett (Ed.), *Encyclopedia of children, adolescents, and the media.* Thousand Oaks, CA: Sage.

Steiger, A. E., Allemand, M., Robins, R. W., & Fend, H. A. (2014). Low and decreasing self-esteem during adolescence predict adult depression two decades later. *Journal of Personality and Social Psychology, 106*(2), 325.

Steinberg, L. (2010). Commentary: A behavioral scientist looks at the science of adolescent brain development. *Brain and Cognition, 72*(1), 160–164.

Steiner, H., & Hall, R. E. (2015). *Treating adolescents* (2nd ed.). Hoboken, NJ: John Wiley & Sons.

Stevens-Watkins, D., & Rostosky, S. (2010). Binge drinking in African American males from adolescence to young adulthood: The protective influence of religiosity, family connectedness, and close friends' substance use. *Substance Use & Misuse, 45,* 1435–1451.

Striegel-Moore, R. H., & Franko, D. L. (2006). Adolescent eating disorders. In C. A. Essau (Ed.), *Child and adolescent psychopathology: Theoretical and clinical implications* (pp. 160–183). New York, NY: Routledge.

Stromquist, N. P. (2007). Gender equity education globally. In S. S. Klein, B. Richardson, D. A. Grayson, L. H. Fox, C. Kramarae, D. S. Pollard, & C. A. Dwyer (Eds.), *Handbook for achieving gender equity through education* (2nd ed., pp. 33–42). Mahwah, NJ: Lawrence Erlbaum.

Susman, E. J., & Rogol, A. (2004). Puberty and psychological development. In R. M. Lerner & L. Steinberg (Eds.), *Handbook of adolescent psychology* (2nd ed., pp. 15–44). Hoboken, NJ: Wiley & Sons.

Sussman, S., Pokhrel, P., Ashmore, R. D., & Brown, B. B. (2007). Adolescent peer group identification and characteristics: A review of the literature. *Addictive Behaviors, 32,* 1602–1627.

Swanson, S. A., Crow, S. J., Le Grange, D., Swendsen, J., & Merikangas, K. R. (2011). Prevalence and correlates of eating disorders in adolescents: Results from the National Comorbidity Survey Replication—Adolescent Supplement. *Archives of General Psychiatry 68*(7), 714–723. doi:10.1001/archgenpsychiatry.2011.22

Taber-Thomas, B., & Perez-Edgar, K. (2015). Emerging adulthood brain development. In J. J. Arnett (Ed.), *Oxford handbook of emerging adulthood.* New York, NY: Oxford University Press.

Taga, K. A., Markey, C. N., & Friedman, H. S. (2006). A longitudinal investigation of associations between boys' pubertal timing and adult behavioral health and well-being. *Journal of Youth and Adolescence, 35,* 401–411.

Taipale, S. (2009). Does location matter? A comparative study of mobile phone use among young people in Finland. *Journal of New Media & Culture, 6*(1).

Takahashi, K., & Takeuchi, K. (2007). Japan. In J. J. Arnett (Ed.), *International encyclopedia of adolescence* (pp. 525–539). New York, NY: Routledge.

Tan, D. A., Haththotuwa, R., & Fraser, I. S. (2017). Cultural aspects and mythologies surrounding menstruation and abnormal uterine bleeding. *Best Practice & Research Clinical Obstetrics & Gynaecology, 40*, 121–133.

Tanon, F. (1994). *A cultural view on planning: The case of weaving in Ivory Coast.* Tilburg, Netherlands: Tilburg University Press.

Taylor, J. M., Veloria, C. N., & Verba, M. C. (2007). Latina girls: "We're like sisters—most times!" In B. J. Leadbeater & N. Way (Eds.), *Urban girls revisited: Building strengths* (pp. 157–174). New York, NY: New York University Press.

Thapar, A., Collishaw, S., Pine, D. S., & Thapar, A. K. (2012). Depression in adolescence. *The Lancet, 379*(9820), 1056–1067.

Thomas, H. J., Connor, J. P., & Scott, J. G. (2015). Integrating traditional bullying and cyberbullying: Challenges of definition and measurement in adolescents—a review. *Educational Psychology Review, 27*(1), 135–152.

Tiemeier, H., Lenroot, R. K., Greenstein, D. K., Tran, L., Pierson, R., & Giedd, J. N. (2009). Cerebellum development during childhood and adolescence: A longitudinal morphometric MRI study. *NeuroImage, 49,* 63–70.

Toubia, N. (2017). Female circumcision/female genital mutilation. *African Journal of Reproductive Health, 2*(2), 6–7.

Treatment for Adolescents with Depression Study (TADS) team, U.S. (2004). Fluoxetine, cognitive-behavioral therapy, and their combination for adolescents with depression: Treatment for Adolescents with Depression Study (TADS) randomized controlled trial. *JAMA: Journal of the American Medical Association, 29,* 807–820.

Treatment for Adolescents with Depression Study Team. (2007). Long-term effectiveness and safety outcomes. *Archives of General Psychiatry, 64,* 1132–1143.

Trinh, S. L., Ward, L. M., Day, K., Thomas, K., & Levin, D. (2014). Contributions of divergent peer and parent sexual messages to Asian American college students' sexual behaviors. *The Journal of Sex Research, 51*(2), 208–220.

Trost, K. (2012). Norway. In J. J. Arnett (Ed.), *Adolescent psychology around the world.* New York, NY: Taylor & Francis.

U.S. Bureau of the Census. (2009). *Statistical abstracts of the United States.* Washington, DC: U.S. Government Printing Office.

U.S. Department of Health and Human Services. (2016). *Trends in teenage pregnancy and childbearing.* Retrieved from http://www.hhs.gov/ash/oah/adolescent-health-topics/reproductive-health/teen-pregnancy/trends.html

Uddin, M., Koenen, K. C., de los Santos, R., Bakshis, E., Aiello, A. E., & Galea, S. (2010). Gender differences in the genetic and environmental determinants of adolescent depression. *Depression and Anxiety, 27*(7), 658–666.

UNESCO. (2017). *Education: Adjusted net enrollment ratio, lower secondary education.* Retrieved from http://data.uis.unesco.org/?ReportId=167

Ungar, M., Theron, L., & Didkowsky, N. (2011). Adolescents' precocious and developmentally appropriate contributions to their families' well-being and resilience in five countries. *Family Relations: An Interdisciplinary Journal of Applied Family Studies, 60*(2), 231–246.

United Nations Development Programme (UNDP). (2016). *Human development report.* New York, NY: Oxford University Press.

Unsworth, G., Devilly, G. J., & Ward, T. (2007). The effect of playing violent video games on adolescents: Should parents be quaking in their boots? *Psychology, Crime & Law, 13*(4), 383–394.

Vainio, A. (2015). Finnish moral landscapes: A comparison of nonreligious, liberal religious, and conservative religious adolescents. In L. A. Jensen (Ed.), *Moral development in a global world: Research from a cultural-developmental perspective.* New York, NY: Cambridge University Press.

Valkenberg, P. M., & Peter, J. (2011). Online communication among adolescents: An integrated model of its attractions, opportunities, and risks. *Journal of Adolescent Health 48*(2), 121–127.

van den Berg, S. M., & Boomsma, D. J. (2007). The familial clustering of age at menarche in extended twin families. *Behavior Genetics, 37,* 661–667.

Van Doorn, M. D., Branje, S. J. T., & Meeus, W. H. J. (2011). *Journal of Youth and Adolescence, 40*(1), 97–107.

Van Horn, K. R., & Cunegatto, M. J. (2000). Interpersonal relationships in Brazilian adolescents. *International Journal of Behavioral Development, 24,* 199–203.

Van Noorden, T. H., Haselager, G. J., Cillessen, A. H., & Bukowski, W. M. (2015). Empathy and involvement in bullying in children and adolescents: A systematic review. *Journal of Youth and Adolescence, 44,* 637–657.

Vandereycken, W., & Van Deth, R. (1994). *From fasting saints to anorexic girls: The history of self-starvation.* New York, NY: New York University Press.

Verma, S., & Larson, R. (1999). Are adolescents more emotional? A study of daily emotions of middle class Indian adolescents. *Psychology and Developing Societies, 11,* 179–194.

Volk, A., Craif, W., Bryce, W., & King, M. (2006). Adolescent risk correlates of bullying and different types of victimization.

International Journal of Adolescent Medicine and Health, 18, 575–586.

Wagner, D. V., Borduin, C. M., Sawyer, A. M., & Dopp, A. R. (2014). Long-term prevention of criminality in siblings of serious and violent juvenile offenders: A 25-year follow-up to a randomized clinical trial of multisystemic therapy. *Journal of Consulting and Clinical Psychology, 82*(3), 492.

Watson, P. (2014). *The age of atheists: How we have sought to live since the death of God.* New York, NY: Simon and Schuster.

Way, N. (2004). Intimacy, desire, and distrust in the friendships of adolescent boys. In N. Way & J. Y. Chu (Eds.), *Adolescent boys: Exploring diverse cultures of boyhood* (pp. 167–196). New York, NY: New York University Press.

Way, N., Reddy, R., & Rhodes, J. (2007). Students' perceptions of school climate during the middle school years: Associations with trajectories of psychological and behavioral adjustment. *American Journal of Community Psychology, 40,* 194–213.

Weichold, K., Silbereisen, R. K., & Schmitt-Rodermund, E. (2003). Short-term and long-term consequences of early vs. late physical maturation in adolescents. In C. Haywood (Ed.), *Puberty and psychopathology* (pp. 241–276). Cambridge, MA: Cambridge University Press.

Weiner, I. B. (1992). *Psychological disturbance in adolescence* (2nd ed.). New York, NY: Wiley.

Weir, K. F., & Jose, P. E. (2010). The perception of false self scale for adolescents: Reliability, validity, and longitudinal relationships with depressive and anxious symptoms. *British Journal of Developmental Psychology, 28,* 393–411.

Westling, E., Andrews, J. A., Hampson, S. E., & Peterson, M. (2008). Pubertal timing and substance use: The effects of gender, parental monitoring and deviant peers. *Journal of Adolescent Health, 42,* 555–563.

Whiting, B. B., & Edwards, C. P. (1988). *Children of different worlds: The formation of social behavior.* Cambridge, MA: Harvard University Press.

Whitman, J. S. (2010). Lesbians and gay men at midlife. In M. H. Guindon (Ed.), *Self-esteem across the lifespan: Issues and interventions* (pp. 235–248). New York, NY: Routledge.

Wilcox, W. B. (2008). Focused on their families: Religion, parenting, and child well-being. In K. K. Kline (Ed.), *Authoritative communities: The scientific case for nurturing the whole child* (pp. 227–244). The Search Institute series on developmentally attentive community and society. New York, NY: Springer.

Willemsen, R. H., & Dunger, D. B. (2016). Normal variation in pubertal timing: Genetic determinants in relation to growth and adiposity. In J.-P. Bourguignon & A.-S. Parent (Eds.), *Puberty from bench to clinic, Vol. 29* (pp. 17–35). Basel: Karger Publishers.

Wilson, J. Q., & Herrnstein, R. J. (1985). *Crime and human nature.* New York, NY: Simon and Schuster.

Wolak, J., Mitchell, K. J., & Finkelhor, D. (2007). Does online harassment constitute bullying? An exploration of online harassment by known peers and online-only contacts. *Journal of Adolescent Health, 41*(Suppl. 6), S51–S58.

World Health Organization (WHO). (2016). Health behavior of school-aged children (HBSC) report. Copenhagen, Denmark: Author.

Worthman, C. M. (1987). Interactions of physical maturation and cultural practice in ontogeny: Kikuyu adolescents. *Cultural Anthropology, 2,* 29–38.

Ybarra, M. L., Mitchell, K. J., Palmer, N. A., & Reisner, S. L. (2015). Online social support as a buffer against online and offline peer and sexual victimization among U.S. LGBT and non-LGBT youth. *Child Abuse & Neglect, 39,* 123–136.

Yeung, D. Y. L., Tang, C. S.-K., & Lee, A. (2005). Psychosocial and cultural factors influencing expectations of menarche: A study on Chinese premenarcheal teenage girls. *Journal of Adolescent Research, 20,* 118–135.

Youniss, J., & Smollar, J. (1985). *Adolescent relations with mothers, fathers, and friends.* Chicago, IL: University of Chicago Press.

Zimmerman, E. B., Woolf, S. H., & Haley, A. (2015). Understanding the relationship between education and health: A review of the evidence and an examination of community perspectives. *Population Health: Behavioral and Social Science Insights,* pp. 347–384. Rockville, MD: Agency for Health-care Research and Quality.

Chapter 9

Adams, G. R. (1999). *The objective measure of ego identity status: A manual on test theory and construction.* Guelph, Ontario, Canada: Author.

Aquilino, W. S. (2006). Family relationships and support systems in emerging adulthood. In J. J. Arnett & J. Tanner (Eds.), *Coming of age in the 21st century: The lives and contexts of emerging adults* (pp. 193–218). Washington, DC: American Psychological Association.

Arnett, J. J. (1996). *Metalheads: Heavy metal music and adolescent alienation.* Boulder, CO: Westview Press.

Arnett, J. J. (1997). Young people's conceptions of the transition to adulthood. *Youth & Society, 29,* 1–23.

Arnett, J. J. (1998). Learning to stand alone: The contemporary American transition to adulthood in cultural and historical context. *Human Development, 41,* 295–315.

Arnett, J. J. (2000). Emerging adulthood: A theory of development from the late teens through the twenties. *American Psychologist, 55,* 469–480.

Arnett, J. J. (2001). Conceptions of the transition to adulthood: Perspectives from adolescence to midlife. *Journal of Adult Development, 8,* 133–143.

Arnett, J. J. (2002). The psychology of globalization. *American Psychologist, 57,* 774–483.

Arnett, J. J. (2003). Conceptions of the transition to adulthood among emerging adults in American ethnic groups. *New Directions in Child and Adolescent Development, 100,* 63–75.

Arnett, J. J. (2004). *Emerging adulthood: The winding road from the late teens through the twenties.* New York, NY: Oxford University Press.

Arnett, J. J. (2005). The developmental context of substance use in emerging adulthood. *Journal of Drug Issues, 35,* 235–253.

Arnett, J. J. (2006). G. Stanley Hall's adolescence: Brilliance and nonsense. *History of Psychology, 9,* 186–197.

Arnett, J. J. (2007). The long and leisurely route: Coming of age in Europe today. *Current History, 106,* 130–136.

Arnett, J. J. (2011). Emerging adulthood(s): The cultural psychology of a new life stage. In L. A. Jensen (Ed.), *Bridging cultural and developmental psychology: New syntheses in theory, research, and policy.* New York, NY: Oxford University Press.

Arnett, J. J. (2014). Presidential address: The emergence of emerging adulthood: A personal history. *Emerging Adulthood, 2*(3), 155–162.

Arnett, J. J. (2015). *Emerging adulthood: The winding road from the late teens through the twenties* (2nd ed.). New York, NY: Oxford University Press.

Arnett, J. J., & Fishel, E. R. (2014). *Getting to 30: A parents' guide to the twentysomething years.* New York, NY: Workman.

Arnett, J. J., & Jensen, L. A. (2015). "There's more between heaven and earth" : Danish emerging adults' religious beliefs and values. *Journal of Adolescent Research, 30,* 661–682.

Arnett, J. J., & Schwab, J. (2012). *The Clark University Poll of Emerging Adults: Thriving, struggling, and hopeful.* Worcester, MA: Clark University. Retrieved from http://www.clarku.edu/clark-poll-emerging-adults/

Arnett, J. J., & Schwab, J. (2014). *Beyond emerging adulthood: The Clark University Poll of Established Adults.* Worcester, MA: Clark University. Retrieved from http://www.clarku.edu/clark-poll-emerging-adults/

Axelsson, A.-S. (2010). Perpetual and personal: Swedish youth adults and their use of mobile phones. *New Media & Society, 12,* 35–54.

Barber, B. K. (2013). Annual research review: The experience of youth with political conflict–challenging notions of resilience and encouraging research refinement. *Journal of Child Psychology and Psychiatry, 54*(4), 461–473.

Barry, C. M., & Abo-Zena, M. (2015). The experience of meaning making: The role of religiousness and spirituality in emerging adults' lives. In J. J. Arnett (Ed.), *Oxford handbook of emerging adulthood* (pp. 464–480). New York, NY: Oxford University Press.

Barry, C. M., Madsen, S. D., & Grace, A. (2015). Friendships in emerging adulthood. In J. J. Arnett (Ed.), *Oxford handbook of emerging adulthood.* New York, NY: Oxford University Press.

Bates, L. J., Allen, S., Armstrong, K., Watson, B., King, M. J., & Davey, J. (2014). Graduated driver licensing: An international review. *Sultan Qaboos University Medical Journal, 14*(4), e432.

Bean, J. C. (2011). *Engaging ideas: The professor's guide to integrating writing, critical thinking, and active learning in the classroom.* New York, NY: John Wiley & Sons.

Benetsky, M. J., Burd, C. A., & Rapino, M. A. (2015). *Young adult migration, 2007–09, 2010–12.* Washington, DC: U.S. Bureau of the Census.

Bina, M., Graziano, F., & Bonino, S. (2006). Risky driving and lifestyles in adolescence. *Accident Analysis & Prevention, 38,* 472–481.

Bonino, S., & Cattelino, E. (2012). Italy. In J. J. Arnett (Ed.), *Adolescent psychology around the world.* New York, NY: Taylor & Francis.

Botcheva, L., Kalchev, P., & Ledierman, P. H. (2007). Bulgaria. In J. J. Arnett, R. Ahmed, B. Nsamenang, T. S. Saraswathi, & R. Silbereisen (Eds.), *International encyclopedia of adolescence.* New York, NY: Routledge.

Braveman, P., Egerter, S., & Williams, D. R. (2011). The social determinants of health: Coming of age. *Annual Review of Public Health, 32,* 381–398.

Brescoll, V. L., Dawson, E., & Uhlmann, E. L. (2010). Hard won and easily lost: The fragile status of leaders in gender-stereotype-incongruent occupations. *Psychological Science, 21,* 1640–1642.

Brody, G. H., & Flor, D. L. (1998). Maternal resources, parenting practices, and child competence in rural, single-parent African American families. *Child Development, 69,* 803–816.

Brown, J. D. (2006). Emerging adults in a media-saturated world. In J. J. Arnett & J. Tanner (Eds.), *Coming of age in the 21st century: The lives and contexts of emerging adults* (pp. 279–299). Washington, DC: American Psychological Association.

Brown, J. D., Steele, J., & Walsh-Childers, K. (Eds.). (2002). *Sexual teens, sexual media.* Mahwah, NJ: Erlbaum.

Burt, K. B., & Paysnick, A. A. (2012). Resilience in the transition to adulthood. *Development and Psychopathology, 24*(02), 493–505.

Buss, D. M. (2013). The science of human mating strategies: An historical perspective. *Psychological Inquiry, 24*(3), 171–177.

Cavanaugh, C., Hargis, J., & Mayberry, J. (2016). Participation in the virtual environment of blended college courses: An activity study of student performance. *The International Review of Research in Open and Distributed Learning, 17*(3).

Cejka, M. A., & Eagly, A. H. (1999). Gender-stereotypic images of occupations correspond to the sex segregation of employment. *Personality and Social Psychology Bulletin, 25,* 413–423.

Centers for Disease Control and Prevention (CDC). (2013). *Sexually transmitted disease surveillance 2012.* Atlanta, GA: U.S. Department of Health and Human Services.

Centers for Disease Control and Prevention (CDC). (2015). *STDs in adolescents and young adults.* Retrieved from http://www.cdc.gov/std/stats14/adol.htm

Central Intelligence Agency (CIA). (2017). *World fact book.* Retrieved from https://www.cia.gov/library/publications/the-world-factbook/rankorder/2155rank.html

Cestac, J., Paran, F., & Delhomme, P. (2011). Young drivers' sensation seeking, subjective norms, and perceived behavioral control and their roles in predicting speeding intention: How risk-taking motivations evolve with gender and driving experience. *Safety Science, 49*(3), 424–432.

Chapman, L. K., & Steger, M. F. (2010). Race and religion: Differential prediction of anxiety symptoms by religious coping in African American and European American young adults. *Depression and Anxiety, 27*(3), 316–322.

Chaudhary, N., & Sharma, P. (2012). India. In J. J. Arnett (Ed.), *Adolescent psychology around the world.* New York, NY: Taylor & Francis.

Chen, X., Wang, L., & DeSouza, A. (2007). Temperament, socioemotional functioning, and peer relationships in Chinese and North American children. In X. Chen, D. C. French, & B. H. Schneider (Eds.), *Peer relationships in cultural context* (pp. 123–146). New York, NY: Cambridge University Press.

Clapp, J. D., Johnson, M., Voas, R. B., Lange, J. E., Shillington, A., & Russell, C. (2005). Reducing DUI among U.S. college students: Results of an environmental prevention trial. *Addiction, 100,* 327–334.

Clausen, J. S. (1991). Adolescent competence and the shaping of the life course. *American Journal of Sociology, 96*(4),

805–842.

Claxton, S. E., & van Dulmen, M. H. (2015). Casual sexual relationships and experiences. In J. J. Arnett (Ed.), *Oxford handbook of emerging adulthood*. New York, NY: Oxford University Press.

Core Institute. (2013). *Executive summary, core alcohol and drug survey—long form.* Retrieved from http://core.siu.edu/_common/documents/report0911.pdf

Cotter, D., Hermsen, J. M., & Vanneman, R. (2011). The end of the gender revolution? Gender role attitudes from 1977 to 2008. *American Journal of Sociology, 117*(1), 259–289.

Coyne, S. M., Padilla-Walker, L. M., & Howard, E. (2014). Media uses. In J. J. Arnett (Ed.), *Oxford handbook of emerging adulthood.* New York, NY: Oxford University Press.

Cunningham, M., & Thorton, A. (2007). Direct and indirect influences of parents' marital instability on children's attitudes toward cohabitation in young adulthood. *Journal of Divorce & Remarriage, 46,* 125–143.

Davis, K. (2010). Coming of age online: The developmental underpinnings of girls' blogs. *Journal of Adolescent Research, 25,* 145–171.

Davis, S., & Davis, D. (2012). Morocco. In J. J. Arnett (Ed.), *Adolescent psychology around the world.* New York, NY: Taylor & Francis.

Dennis, M. (2012). The impact of MOOCs on higher education. *College and University, 88*(2), 24.

Dilworth-Anderson, P., Boswell, G., & Cohen, M. D. (2007). Spiritual and religious coping values and beliefs among African American caregivers: A qualitative study. *Journal of Applied Gerontology,* 26, 355–369.

Dodds, R. M., Syddall, H. E., Cooper, R., Benzeval, M., Deary, I. J., Dennison, E. M., ... Kirkwood, T. B. (2014). Grip strength across the life course: Normative data from twelve British studies. *PloS One, 9*(12), e113637.

Doll, B., Brehm, K., & Zucker, S. (2014). *Resilient classrooms: Creating healthy environments for learning.* New York, NY: Guilford.

Douglass, C. B. (2005). *Barren states: The population "implosion" in Europe.* New York, NY: Berg.

Douglass, C. B. (2007). From duty to desire: Emerging adulthood in Europe and its consequences. *Child Development Perspectives, 1,* 101–108.

Duggan, M., & Brenner, J. (2013). *The demographics of social media users*. Washington, DC: Pew Research Center.

Ellison, N. C., Steinfield, C., & Lampe, C. (2007). The benefits of Facebook "friends": Social capital and college students' use of online social network sites. *Journal of Computer-Mediated Communication, 12,* 1143–1168.

Ericsson, K. A. (1990). Peak performance and age: An examination of peak performance in sports. In P. Baltes & M. M. Baltes (Eds.), *Successful aging* (pp. 164–196). Cambridge, MA: Cambridge University Press.

Erikson, E. H. (1950). *Childhood and society.* New York, NY: Norton.

Erikson, E. H. (1968). *Identity: Youth and crisis.* New York, NY: Norton.

Facio, A., & Micocci, F. (2003). Emerging adulthood in Argentina. In J. J. Arnett & N. Galabmos (Eds.), *New Directions in Child and Adolescent Development, 100,* 21–31.

Fackler, M. (2007, June 22). As Japan ages, universities struggle to fill classrooms. *The New York Times,* p. A3.

Fingerman, K. L., & Yahirun, J. J. (2015). Family relationships. In J. J. Arnett (Ed.), *Oxford handbook of emerging adulthood.* New York, NY: Oxford University Press.

Fingerman, K. L., Huo, M., Kim, K., & Birditt, K. S. (2016). Coresident and noncoresident emerging adults' daily experiences with parents. *Emerging Adulthood, 5*(5), 337–350.

Flanagan, C., & Botcheva, L. (1999). Adolescents' preference for their homeland and other countries. In F. D. Alsaker & A. Flammer (Eds.), *The adolescent experience: European and American adolescents in the 1990s* (pp. 131–144). Mahwah, NJ: Erlbaum.

Fry, R. (2013, August 1). *A rising share of young adults live in their parents' home.* Washington, DC: Pew Research Center.

Fry, R. (2016). *For first time in modern era, living with parents edges out other living arrangements for 18- to 34-year-olds.* Washington, DC: Pew Research Center.

Furman, W., & Simon, V. A. (2008). Homophily in adolescent romantic relationships. In M. J. Prinstein & K. A. Dodge

(Eds.), *Understanding peer influence in children and adolescents* (pp. 203–224). New York, NY: Guilford.

Galambos, N. L., Barker, E. T., & Krahn, H. J. (2006). Depression, anger, and self-esteem in emerging adulthood: Seven-year trajectories. *Developmental Psychology, 42,* 350–365.

Gans, J. (1990). *America's adolescents: How healthy are they?* Chicago, IL: American Medical Association.

Giang, M. T., & Wittig, M. A. (2006). Implications of adolescents' acculturation strategies for personal and collective self-esteem. *Cultural Diversity and Ethnic Minority Psychology, 12,* 725–739.

Gibbons, J. L., & Stiles, D. A. (2004). *The thoughts of youth: An international perspective on adolescents' ideal persons.* Greenwich, CT: IAP Information Age.

Glassman, T. J., Dodd, V., Miller, E. M., & Braun, R. E. (2010). Preventing high-risk drinking among college students: A social marketing case study. *Social Marketing Quarterly, 16,* 92–110.

Gliklich, E., Guo, R., & Bergmark, R. W. (2016). Texting while driving: A study of 1211 US adults with the Distracted Driving Survey. *Preventive Medicine Reports, 4,* 486–489.

Goldberg, P. H. (1968). Are women prejudiced against women? *Transaction, 5,* 28–30.

Goldscheider, F., & Goldscheider, C. (1999). *The changing transition to adulthood: Leaving and returning home.* Thousand Oaks, CA: Sage.

González-Iglesias, B., Gómez-Fraguela, J. A., & Sobral, J. (2015). Potential determinants of drunk driving in young adults. *Traffic Injury Prevention, 16*(4), 345–352.

Goodnow, J. J., & Lawrence, J. A. (2015). Children and cultural context. In R. M.Lerner (Series Ed.), M. H. Bornstein & T. Leventhal (Volume Eds.), *Handbook of child psychology and developmental science, Volume 4: Ecological settings and processes* (7th ed., pp. 746–786). New York, NY: Wiley.

Goossens, L., & Luyckx, K. (2007). Belgium. In J. J. Arnett, U. Gielen, R. Ahmed, B. Nsamenang, T. S. Saraswathi, & R. Silbereisen (Eds.), *International encyclopedia of adolescence* (pp. 64–76). New York, NY: Routledge.

Gordon-Larsen, P., Nelson, M. C., & Popkin, B. M. (2004). Longitudinal physical activity and sedentary behavior trends: Adolescence to adulthood. *American Journal of Preventative Medicine, 27,* 277–283.

Governors Highway Safety Association (GHSA). (2016). *Graduated driver licensing (GDL) laws.* Retrieved from http://www.ghsa.org/html/stateinfo/laws/license_laws.html

Gradisar, M., & Crowley, S. J. (2013). Delayed sleep phase disorder in youth. *Current Opinion in Psychiatry, 26*(6), 580.

Gray, J. S., & Coons, J. V. (2017). Trait and goal similarity and discrepancy in romantic couples. *Personality and Individual Differences, 107,* 1–5.

Grossman, P. J. (2013). Holding fast: The persistence and dominance of gender stereotypes. *Economic Inquiry, 51*(1), 747–763.

Grotevant, H. D., & Adams, G. R. (1984). Development of an objective measure to assess ego identity in adolescence: Validation and replication. *Journal of Youth and Adolescence, 13,* 419–438.

Guise, J. M. F., & Gill, J. S. (2007). "Binge drinking? It's good, it's harmless fun" : A discourse analysis of female undergraduate drinking in Scotland. *Health Education Research, 22,* 895–906.

Halpern, S. (1998). *The forgotten half revisited: American youth and young families,* 1988–2008. Washington, DC: American Youth Policy Forum.

Hämäläinen, J., Poikolainen, K., Isometsa, E., Kaprio, J., Heikkinen, M., Lindermman, S., & Aro, H. (2005). Major depressive episode related to long unemployment and frequent alcohol intoxication. *Nordic Journal of Psychiatry, 59,* 486–491.

Hamilton, S., & Hamilton, M. A. (2006). School, work, and emerging adulthood. In J. J. Arnett & J. L. Tanner (Eds.), *Coming of age in the 21st century: The lives and contexts of emerging adults* (pp. 257–277). Washington, DC: American Psychological Association.

Hammer, J. C., Fisher, J. D., Fitzgerald, P., & Fisher, W. A. (1996). When two heads aren't better than one: AIDS risk behavior in college-age couples. *Journal of Applied Social Psychology, 26,* 375–397.

Hatfield, E., Mo, Y.-M., & Rapson, R. L. (2015). Love, sex, and marriage across cultures. In L. A. Jensen (Ed.), *The Oxford handbook of human development and culture* (pp. 205–215). New York, NY: Oxford University Press.

Haynie, D. L., & Osgood, D. W. (2005). Reconsidering peers and delinquency: How do peers matter? *Social Forces, 84,* 1109–1130.

Hiekel, N., Liefbroer, A. C., & Poortman, A. R. (2014). Understanding diversity in the meaning of cohabitation across Europe. *European Journal of Population, 30*(4), 391–410.

Higher Education Research Institute (HERI). (2011). *The American freshman: National norms, Fall 2010.* Los Angeles, CA: Author.

Hirschi, T. (2002). *Causes of delinquency.* Piscataway, NJ: Transaction.

Hoeben, E. M., Meldrum, R. C., & Young, J. T. (2016). The role of peer delinquency and unstructured socializing in explaining delinquency and substance use: A state-of-the-art review. *Journal of Criminal Justice, 47*, 108–122.

Hooghe, M., & Wilkenfeld, B. (2008). The stability of political attitudes and behaviors across adolescence and early adulthood: A comparison of survey data on adolescents and young adults in eight countries. *Journal of Youth and Adolescence, 37,* 155–167.

Horne, J. (2014). Sleep hygiene: Exercise and other "do's and don'ts." *Sleep Medicine.*

Hundley, H. L., & Shyles, L. (2010). U.S. teenagers' perceptions and awareness of digital technology: A focus group approach. *New Media & Society, 12,* 417–433.

Hymowitz, K., Carroll, J. S., Wilcox, W. B., & Kaye, K. (2013). *Knot yet: The benefits and costs of delayed marriage in America.* Charlottesville, VA: National Marriage Project.

Iacovou, M. (2011). *Leaving home: Independence, togetherness, and income in Europe.* New York, NY: United Nations Population Division. Retrieved from http://www.un.org/en/development/desa/population/publications/pdf/expert/2011-10_Iacovou_Expert-paper.pdf

Jacobsen, W. C., & Forste, R. (2011). The wired generation: Academic and social outcomes of electronic media use among university students. *Cyberpsychology, Behavior, and Social Networking, 14*, 275–280.

Jaquez, S. D., Thakre, T. P., & Krishna, J. (2017). Delayed sleep phase syndrome. In S.V. Kathare & R.Q. Scott (Eds.), *Sleep disorders in adolescents* (pp. 7–25). New York, NY: Springer.

Jensen, L. A. (Ed.). (2015). *The Oxford handbook of human development and culture: An interdisciplinary perspective.* New York, NY: Oxford University Press.

Jochman, K. A., & Fromme, K. (2010). Maturing out of substance use: The other side of etiology. In L. Scheier (Ed.), *Handbook of drug use etiology: Theory, methods, and empirical findings* (pp. 565–578). Washington, DC: American Psychological Association.

Johnson, M. D. (2008). *Human biology: Concepts and current issues.* Upper Saddle River, NJ: Prentice Hall.

Johnston, L. D., O'Malley, P. M., Bachman, J. G., Schulenberg, J. E., & Miech, R. A. (2014). *Monitoring the Future national survey results on drug use, 1975–2013: Volume 2, college students and adults ages 19–55.* Ann Arbor, MI: Institute for Social Research, The University of Michigan.

Katchadourian, H., & Boli, J. (1985). *Careerism and intellectualism among college students.* San Francisco, CA: Jossey-Bass.

King, P. E., & Boyatzis, C. J. (2015). Religious and spiritual development. In M. E. Lamb (Volume Ed.) & R. M. Lerner (Ed.-in-Chief), *Handbook of child psychology and developmental science, Vol. 3: Socioemotional processes* (pp. 975–1021). Hoboken, NJ: Wiley.

Kins, E., Beyers, W., Soenens, B., & Vansteenkiste, M. (2009). Patterns of home leaving and subjective well-being in emerging adulthood: The role of motivational processes and parental autonomy support. *Developmental Psychology, 45,* 1416–1429.

Kite, M. E., Deaux, K., & Hines, E. (2008). Gender stereotypes. In F. L. Denmark & M. A. Paludi (Eds.), *Psychology of women: A handbook of issues and theories* (2nd ed., pp. 205–236). Westport, CT: Praeger.

Knox, D., Sturdivant, L., & Zusman, M. E. (2001). College student attitudes toward sexual intimacy. *College Student Journal, 35,* 241–243.

Kroeger, R. A., & Smock, P. J. (2014). Cohabitation. In J. Treas, J. Scott, & M. Richard (Eds.), *The Wiley Blackwell companion to the sociology of families* (pp. 217–235). New York, NY: Wiley.

Kroger, J. (2007). *Identity development: Adolescence through adulthood* (2nd ed.). Thousand Oaks, CA: Sage.

Kroger, J., Martinussen, M., & Marcia, J. E. (2010). Identity status change during adolescence and young adulthood: A meta-analysis. *Journal of Adolescence, 33,* 683–698.

Kuntsche, E., Rehm, J., & Gmel, G. (2004). Characteristics of binge drinkers in Europe. *Social Science & Medicine, 59,* 113–127.

Lapsley, D., & Woodbury, R. D. (2015). Social cognitive development in emerging adulthood. In J. J. Arnett (Ed.), *Oxford handbook of emerging adulthood.* New York, NY: Oxford University Press.

Lefkowitz, E. S., & Gillen, M. M. (2006). "Sex is just a normal part of life" : Sexuality in emerging adulthood. In J. J. Arnett & J. L. Tanner (Eds.), *Emerging adults in America: Coming of age in the 21st century* (pp. 235–255). Washington, DC: American Psychological Association.

Lefkowitz, E. S., Shearer, C. L., Gillen, M. M., & Espinosa-Hernandez, G. (2014). How gendered attitudes relate to women's and men's sexual behaviors and beliefs. *Sexuality & Culture 18*(4), 833–846.

Lerner, R. M. (2012). Developmental science: Past, present, and future. *International Journal of Developmental Science, 6*(1-2), 29–36.

Levine, A., & Dean, D.R. (2012). Generation on a tightrope: A portrait of today's college student. San Francisco, CA: Jossey-Bass.

Levy, F., & Murnane, R. (2012). *The new division of labor: How computers are creating the next job market.* Princeton, NJ: Princeton University Press.

Li, K., Liu, D., Haynie, D., Gee, B., Chaurasia, A., Seo, D. C., ... Simons-Morton, B. G. (2016). Individual, social, and environmental influences on the transitions in physical activity among emerging adults. *BMC Public Health, 16*(1), 682.

Lobel, T. E., Nov-Krispin, N., Schiller, D., Lobel, O., & Feldman, A. (2004). Perceptions of social status, sexual orientation, and value dissimilarity. Gender discriminatory behavior during adolescence and young adulthood: A developmental analysis. *Journal of Youth & Adolescence, 33,* 535–546.

Luyckx, K., Schwartz, S. J., Goossens, L., & Pollock, S. (2008). Employment, sense of coherence, and identity formation: Contextual and psychological processes on the pathway to sense of adulthood. *Journal of Adolescent Research, 23*(5), 566–591.

Maas, M. K., Shearer, C. L., Gillen, M. M., & Lefkowitz, E. S. (2015). Sex rules: Emerging adults' perceptions of gender's impact on sexuality. *Sexuality & Culture, 19*(4), 617–636.

Macek, P. (2007). Czech Republic. In J. J. Arnett (Ed.), *International encyclopedia of adolescence* (pp. 206–219). New York, NY: Routledge.

MacFarquhar, R., & Schoenhals, J. (2006). *Mao's last revolution.* Cambridge, MA: Harvard University Press.

Magolda, M. B., & Taylor, K. (2015). Developing self-authorship in emerging adulthood to navigate college. In J. J. Arnett (Ed.), *Oxford handbook of emerging adulthood.* New York, NY: Oxford University Press.

Maimon, D., & Browning, C. R. (2010). Unstructured socializing, collective efficacy, and violent behavior among urban youth. *Criminology: An Interdisciplinary Journal, 48,* 443–474.

Malebo, A., van Eeden, C., & Wissing, M. P. (2007). Sport participation, psychological well-being, and psychosocial development in a group of young black adults. *South African Journal of Psychology, 37,* 188–206.

Manning, W. D., & Stykes, B. (2015). *Twenty-five years of change in cohabitation in the U.S., 1987–2013.* Family Profiles Series FP-15-01. Bowling Green, OH: National Center for Family and Marriage Research, Bowling Green State University.

Marcia, J. (1966). Development and validation of ego identity status. *Journal of Personality and Social Psychology, 3,* 551–558.

Marcia, J. (1980). Identity in adolescence. In J. Adelson (Ed.), *Handbook of adolescent Psychology* (pp. 159–187). New York, NY: Wiley.

Marcia, J. (1989). Identity and intervention. *Journal of Adolescence, 12,* 401–410.

Marcia, J. E. (1999). Representational thought in ego identity, psychotherapy, and psychosocial developmental theory. In I. E. Siegel (Ed.), *Development of mental representation: Theories and applications* (pp. 391–414). Mahwah, NJ: Erlbaum.

Marcia, J. E. (2010). Life transitions and stress in the context of psychosocial development. In T. W. Miller (Ed.), *Handbook of stressful transitions across the lifespan* (pp. 19–34). New York, NY: Springer.

Marcia, J. E. (2014). From industry to integrity. *Identity, 14*(3), 165–176.

Markus, H., & Kitayama, S. (1991). Culture and the self: Implications for cognition, emotion, and motivation. *Psychological Review, 98,* 224–253.

Masten, A. S. (2001). Ordinary magic: Resilience processes in development. *American Psychologist, 56*(3), 227–238.

Masten, A. S. (2015). *Ordinary magic: Resilience in development.* New York, NY: Guilford Publications.

Masten, A. S., Obradovic, J., & Burt, K. B. (2006). Resilience in embracing emerging adulthood: Developmental perspectives on continuity and transformation. In J. J. Arnett & J. L. Tanner (Eds.), *Emerging adults in America: Coming of age in the 21st century* (pp. 173–190). Washington, DC: American Psychological Association.

Matthews, N., Kilgour, L., Christian, P., Mori, K., & Hill, D. M. (2015). Understanding, evidencing, and promoting adolescent well-being: An emerging agenda for schools. *Youth & Society, 47*(5), 659–683.

Mayseless, O., & Scharf, M. (2003). What does it mean to be an adult? The Israeli experience. In J. J. Arnett & N. Galambos (Eds.), *New directions in child and adolescent development* (Vol. 100, pp. 5–20). San Francisco, CA: Jossey-Bass.

Mazur, E., & Li, Y. (2016). Identity and self-presentation on social networking web sites: A comparison of online profiles of Chinese and American emerging adults. *Psychology of Popular Media Culture, 5*(2), 101–118.

Mazzoni, E., & Iannone, M. (2014). From high school to university: Impact of social networking sites on social capital in the transitions of emerging adults. *British Journal of Educational Technology, 45*(2), 303–315.

McDonough, P. M., & Calderone, S. (2006). The meaning of money: Perceptual differences between college counselors and low-income families about college costs and financial aid. *American Behavioral Scientist, 49,* 1703–1718.

McKnight, A. J., & Peck, R. C. (2002). Graduated licensing: What works? *Injury Prevention, 8*(Suppl. 2), ii32–ii38.

McLean, K. C., & Breen, A. V. (2015). Selves in a world of stories during emerging adulthood. In J. J. Arnett (Ed.), *Oxford handbook of emerging adulthood.* New York, NY: Oxford University Press.

McLean, K. C., & Syed, M. (2016). Personal, master, and alternative narratives: An integrative framework for understanding identity development in context. *Human Development, 58*(6), 318–349.

Meeus, W. (2007). Netherlands. In J. J. Arnett, R. Ahmed, B. Nsamenang, T. S. Saraswathi, & R. Silbereisen (Eds.), *International encyclopedia of adolescence* (pp. 666–680). New York, NY: Routledge.

Meeus, W. (2011). The study of adolescent identity formation 2000–2010: A review of longitudinal research. *Journal of Research on Adolescence, 21*(1), 75–94.

Mesquita, B., De Leersnyder, J., & Jasini, A. (2017). In S. Kitayama & D. Cohen (Eds.), The cultural psychology of acculturation. *Handbook of cultural psychology*. New York: Guilford.

Michikyan, M., Dennis, J., & Subrahmanyam, K. (2015). Can you guess who I am? Real, ideal, and false self-presentation on Facebook among emerging adults. *Emerging Adulthood, 3*(1), 55–64.

Millman, R. P. (2005). Excessive sleepiness in adolescents and young adults: Causes, consequences, and treatment strategies. *Pediatrics, 115,* 1774–1786.

Mills, N., Daker-White, G., Graham, A., Campbell, R., & the Chlamydia Screening Studies (ClaSS) Group. (2006). Population screening for *Chlamydia trachomatis* infection in the UK: A qualitative study of the experiences of those screened. *Family Practice, 23,* 550–557.

Modell, J. (1989). *Into one's own: From youth to adulthood in the United States, 1920–1975*. Berkeley, CA: University of California Press.

Moore, T., Kapur, N., Hawton, K., Richards, A., Metcalfe, C., & Gunell, D. G. (2016). Interventions to ameliorate the impact of unemployment and economic hardship on mental health in the general population: Systematic review. *Journal of Epidemiology and Community Health, 70*, A12–A13.

Moreno Mínguez, A., López Peláez, A., & Sánchez-Cabezudo, S. S. (2012). *The transition to adulthood in Spain: Economic crisis and late emancipation*. Barcelona, Spain: La Caixa Foundation.

Mossakowski, K. N. (2009). The influence of past unemployment duration on symptoms of depression among young women and men in the United States. *American Journal of Public Health, 99*(10), 1826–1832.

Murnane, R. J., & Levy, F. (1997). *Teaching the new basic skills: Principles for educating children to thrive in a changing economy.* New York, NY: Free Press.

Murnane, R. J., & Levy, F. (2004). *The new division of labor: How computers are creating the next job market.* Princeton, NJ: Princeton University Press.

National Center for Education Statistics (NCES). (2011). *The condition of education, 2011.* Washington, DC: U.S. Department of Education. Retrieved from www.nces.gov

National Center for Education Statistics (NCES). (2016). *The condition of education, 2016.* Washington, DC: U.S. Department of Education.

National Center for Education Statistics (NCES). (2018). *The condition of education, 2018.* Washington, DC: U.S. Department of Education. Retrieved from

National Highway Traffic Safety Administration (NHTSA). (2011). *Traffic safety facts.* Washington, DC: U.S. Department of Transportation.

National Highway Traffic Safety Administration (NHTSA). (2016). *Traffic safety facts.* Washington, DC: U.S. Department of Transportation.

National Highway Traffic Safety Administration (NHTSA). (2017). *Traffic safety facts.* Washington, DC: Author. Retrieved from https://crashstats.nhtsa.dot.gov/Api/Public/Publication/812384

National Highway Traffic Safety Administration (NHTSA). (2018). *Traffic safety facts.* Washington, DC: Author.

Nelson, L. J., & Chen, X. (2007). Emerging adulthood in China: The role of social and cultural factors. *Child Development Perspectives, 1,* 86–91.

Nelson, L. J., & Luster, S. S. (2015). "Adulthood" by whose definition? The complexity of emerging adults' conceptions of adulthood. In J. J. Arnett (Ed.), *Oxford handbook of emerging adulthood.* New York, NY: Oxford University Press.

Nelson, L. J., Badger, S., & Wu, B. (2004). The influence of culture in emerging adulthood: Perspectives of Chinese college students. *International Journal of Behavioral Development, 28,* 26–36.

Newman, K. S., & Winston, H. (2016). *Reskilling America: Learning to labor in the 21st century.* New York, NY: Metropolitan Books.

Nguyen, N. N., & Newhill, C. E. (2016). The role of religiosity as a protective factor against marijuana use among African American, White, Asian, and Hispanic adolescents. *Journal of Substance Use, 21*(5), 547–552.

Norona, J. C., Preddy, T. M., & Welsh, D. P. (2015). How gender shapes emerging adulthood. In J. J. Arnett (Ed.), *Oxford handbook of emerging adulthood.* New York, NY: Oxford University Press.

Núñez, J., & Flanagan, C. (2015). Political beliefs and civic engagement in emerging adulthood. In J. J. Arnett (Ed.), *Oxford handbook of emerging adulthood.* New York, NY: Oxford University Press.

Organisation for Economic Co-operation and Development (OECD). (2014). *OECD state extracts: Labor force statistics by sex and age.* Retrieved from

Organisation for Economic Co-operation and Development (OECD). (2016). *Education at a glance 2015: OECD indicators*. Paris, France: OECD Publishing. Retrieved from http://dx.doi.org/10.1787/eag-2015-en

Organisation for Economic Co-operation and Development (OECD). (2017). *Health at a glance.* Geneva, Switzerland: Author.

Organisation for Economic Co-operation and Development (OECD). (2017). *Participation rates of first-time voters.* Retrieved from https://www.oecd.org/els/family/CO_4_2_Participation_first_time_voters.pdf

Orth, U., & Robins, R. W. (2014). The development of self-esteem. *Current Directions in Psychological Science, 23*(5), 381–387.

Osgood, D. W. (2009). *Illegal behavior.* A presentation to the Committee on the Science of Adolescence of the National Academies. Washington, DC.

Owsianka, B., & Ganczak, M. (2015). Evaluation of human papilloma virus (HPV) vaccination strategies and vaccination coverage in adolescent girls worldwide. *Przegl Epidemiol, 69*(1), 53–58.

Padilla-Walker, L. M., & Nelson. L. J. (2012). Black hawk down? Establishing helicopter parenting as a distinct construct from other forms of parental control during emerging adulthood. *Journal of Adolescence, 35,* 1177–1190.

Padilla-Walker, L., & Nelson, L. (2017). *Flourishing in emerging adulthood: Positive development during the third decade of life.* New York, NY: Oxford University Press.

Pahl, K., & Way, N. (2006). Longitudinal trajectories of ethnic identity among urban Black and Latino adolescents. *Child Development, 77,* 1403–1415.

Paludi, M. A., & Strayer, L. A. (1985). What's in an author's name? Differential evaluations of performance as a function of author's name. *Sex Roles, 12,* 353–362.

Pandey, A., Umashankar, S., Dai, H., Pandit, C., Kunwar, M., Pandey, M., & Rai, N. (2015). Assessing health education techniques in enhancing the knowledge of HIV/AIDS among adolescents. *International STD Research and Review, 3*(1), 1–7.

Parker, E. D., Schmitz, K. H., Jacobs, D. R., Jr., Dengel, D. R., & Schreiner, P. J. (2007). Physical activity in young adults and incident hypertension over 15 years of follow-up: The CARDIA study. *American Journal of Public Health, 97,* 703–709.

Pascarella, E. T. (2006). How college affects students: Ten directions for future research. *Journal of College Student Development, 47,* 508–520.

Pascarella, E. T., Wolniak, G. C., Cruce, T. M., & Blaich, C. F. (2004). Do liberal arts colleges really foster good practices in undergraduate education? *Journal of College Student Development, 45,* 57–74.

Pascoe, C. J. (2007). *Dude, you're a fag: Masculinity and sexuality in high school.* Berkeley, CA: University of California Press.

Patrick, M. E., Schulenberg, J. E., O'Malley, P. M., Johnston, L. D., & Bachman, J. G. (2011). Adolescents' reported reasons for alcohol and marijuana use as predictors of substance use and problems in adulthood. *Journal of Studies on Alcohol and Drugs, 72*(1), 106.

Patton, G. C., Coffey, C., et al. (2009). Global patterns of mortality in young people: A systematic analysis of population health data. *Lancet, 374,* 881–892.

Peltzer, K., & Pengpid, S. (2015). Nocturnal sleep problems among university students from 26 countries. *Sleep and Breathing, 19*(2), 499–508.

Pew Research Center. (2011). *Is college worth it? College presidents, public assess value, quality and mission of higher education.* Washington, DC: Author.

Pew Research Center. (2014). The rising cost of not going to college. Washington, DC: Author. Retrieved from http://www.pewsocialtrends.org/2014/02/11/the-rising-cost-of-not-going-to-college/

Phinney, J. S. (1990). Ethnic identity in adolescents and adults: A review of research. *Psychological Bulletin, 108,* 499–514.

Phinney, J. S. (2000, March). *Identity formation among U.S. ethnic adolescents from collectivist cultures.* Paper presented at the biennial meeting of the Society of Research on Adolescence, Chicago, IL.

Phinney, J. S. (2006). Ethnic identity in emerging adulthood. In J. J. Arnett & J. L. Tanner (Eds.), *Emerging adults in America: Coming of age in the 21st century* (pp. 117–134). Washington, DC: American Psychological Association.

Phinney, J. S., & Baldelomar, O. A. (2011). Identity development in multiple cultural contexts. In L. A. Jensen (Ed.), *Bridging cultural and developmental psychology: New syntheses in theory, research and policy* (pp. 161–186). New York, NY: Oxford University Press.

Phinney, J. S., & Devich-Navarro, M. (1997). Variation in bicultural identification among African American and Mexican American adolescents. *Journal of Research on Adolescence, 7,* 3–32.

Picciano, A. G. (2015). Research in online and blended learning. In C. D. Djiuban, A. G. Picciano, C. R. Graham, & P. D. Moskal (Eds.), *Conducting research in online and blended learning environments: New pedagogical frontiers* (pp. 1–11). New York, NY: Routledge.

Piko, B. F., & Kov.cs, E. (2010). Do parents and school matter? Protective factors for adolescent substance use. *Addictive Behaviors, 35*(1), 53–56.

Plant, M., Miller, P., Plant, M., Gmel, G., Kuntsche, S., Bergmark, K., p Vidal, A. (2010). The social consequences of binge drinking among 24- to 32-year-olds in six European countries. *Substance Use & Misuse, 45,* 528–542.

Popenoe, D., & Whitehead, B. D. (2001). *The state of our unions, 2001: The social health of marriage in America.* Report of the National Marriage Project, Rutgers, New Brunswick, NJ. Retrieved from http://marriage.rutgers.edu

Prensky, M. (2010). *Teaching digital natives: Partnering for real learning*. New York, NY: Corwin Press.

Qin, D. B. (2009). Being "good" or being "popular" : Gender and ethnic identity negotiations of Chinese immigrant adolescents. *Journal of Adolescent Research, 24,* 37–66.

Quillian, L. (2003). The decline of male employment in low income Black neighborhoods, 1950–1990. *Social Science Research, 32,* 220–250.

Raacke, J., & Bonds-Raacke, J. (2008). MySpace and Facebook: Applying the uses and gratifications theory to exploring friend-networking sites. *CyberPsychology & Behavior, 11,* 169–174.

Radmacher, K., & Azmitia, M. (2006). Are there gendered pathways to intimacy in early adolescents' and emerging adults' friendships? *Journal of Adolescent Research, 21,* 415–448.

Raffaelli, M., & Iturbide, M. (2015). Adolescent risks and resiliences across cultures. In L. A. Jensen (Ed.), *The Oxford handbook of human development and culture* (pp. 341–354). New York, NY: Oxford University Press.

Regestein, Q., Natarajan, V., Pavlova, M., Kawasaki, S., Gleason, R., & Koff, E. (2010). Sleep debt and depression in female college students. *Psychiatry Research, 176*(1), 34–39.

Regnerus, M., & Uecker, J. (2011). *Premarital sex in America: How young Americans meet, mate, and think about marrying.* New York, NY: Oxford University Press.

Reifman, A., Arnett, J. J., & Colwell, M. J. (2006). Emerging adulthood: Theory, assessment, and application. *Journal of Youth Development, 1,* 1–12.

Reimers, F. M., & Chung, C. K. (2016). *Teaching and learning for the 21st century: Educational goals, policies, and curricula in six nations.* Cambridge, MA: Harvard Education Press.

Rhodes, J. R., & DuBois, D. L. (2008). Mentoring relationships and programs for youth. *Current Directions in Psychological Science, 17,* 254–258.

Rifkin, J. (2013). *The European dream: How Europe's vision of the future is quietly eclipsing the American dream*. New York: Wiley.

Roenneberg, T., Kuehnle, T., Juda, M., Kantermann, T., Allebrandt, K., Gordijn, M., & Merrow, M. (2007). Epidemiology of the human circadian clock. *Sleep Medicine Reviews, 11,* 429–438.

Rohlen, T. P. (1983). *Japan's high schools.* Berkeley, CA: University of California Press.

Rosen, L., Carrier, L. M., Miller, A., Rokkum, J., & Ruiz, A. (2016). Sleeping with technology: Cognitive, affective, and technology usage predictors of sleep problems among college students. *Sleep Health, 2*(1), 49–56.

Rutter, M. (1983). School effects on pupil progress: Research findings and policy implications. *Child Development, 54,* 1–29.

Rutter, M., Maughan, B., Mortimore, P., & Ouston, J. (1979). Fifteen thousand hours: Secondary schools and their effects on children. Cambridge, MA: Harvard University Press.

Sassler, S., Ciambrone, D., & Benway, G. (2008). Are they really mama's boys/daddy's girls? The negotiation of adulthood upon returning to the parental home. *Sociological Forum, 23,* 670–698.

Scharf, M., & Shulman, S. (2015). Closeness, distance, and rapprochement in sibling relationships. In J. J. Arnett (Ed.), *Oxford handbook of emerging adulthood* (pp. 190–202). New York, NY: Oxford University Press.

Scharf, M., Shulman, S., & Avigad-Spitz, L. (2005). Sibling

relationships in emerging adulthood and in adolescence. *Journal of Adolescent Research, 20,* 64–90.

Schlegel, A. (2010). Adolescent ties to adult communities: The intersection of culture and development. In L. Jensen (Ed.), *Bridging cultural and developmental approaches to psychology* (pp. 138–159). New York, NY: Oxford University Press.

Schneider, B. (2009). Inspiring youth to careers in science and medicine: Lessons from the Sloan study of youth and social development. *Journal of Public Health Management and Practice, 15*(6), S102–S106.

Schneider, B., & Stevenson, D. (1999). *The ambitious generation: America's teenagers, motivated but directionless.* New Haven, CT: Yale University Press.

Schultz, R., & Curnow, C. (1988). Peak performance and age among superathletes: Track and field, swimming, baseball, tennis, and golf. *Journal of Gerontology: Psychological Sciences, 43,* P113–P120.

Schwartz, S. J. (2015). Identity development in emerging adulthood. In J. J. Arnett (Ed.), *Oxford handbook of emerging adulthood.* New York, NY: Oxford University Press.

Schwartz, S. J. (2016). Turning point for a turning point: Advancing emerging adulthood theory and research. *Emerging Adulthood, 4*(5), 307–317.

Schwartz, S. J., Zamboanga, B. L., Luyckx, K., Meca, A., & Ritchie, R. A. (2013). Identity in emerging adulthood: Reviewing the field and looking forward. *Emerging Adulthood, 1*(2), 96–113.

Schwartz, S. J., Zamboanga, B. L., Luyckx, K., Meca, A., & Richie, R. (2015). Identity. In J. J. Arnett (Ed.), *Oxford handbook of emerging adulthood.* New York, NY: Oxford University Press.

Seifert, T. A., Pascarella, E. T., Goodman, K. M., Salisbury, M. H., & Blaich, C. F. (2010). Liberal arts colleges and good practices in undergraduate education: Additional evidence. *Journal of College Student Development, 51*(1), 1–22.

Seiffge-Krenke, I. (2010). Predicting the timing of leaving home and related developmental tasks: Parents' and children's perspectives. *Journal of Social and Personal Relationships, 27*(4), 495–518.

Sen, K., & Samad, A. Y. (Eds.). (2007). *Islam in the European Union: Transnationalism, youth, and the war on terror.* New York, NY: Oxford University Press.

Shigihara, A. M. (2015). "Strategic adulthood" : A case study of restaurant workers negotiating nontraditional life course development. *Advances in Life Course Research, 26,* 32–43.

Shope, J. T., & Bingham, C. R. (2008). Teen driving: Motor-vehicle crashes and factors that contribute. *American Journal of Preventative Medicine, 35*(3, Suppl. 1), S261–S271.

Shulman, S., & Connolly, J. (2015). The challenge of romantic relationships in emerging adulthood. In J. J. Arnett (Ed.), *Oxford handbook of emerging adulthood* (pp. 230–243). New York, NY: Oxford University Press.

Silva, J. M. (2013). *Coming up short: Working-class adulthood in an age of uncertainty.* New York, NY: Oxford University Press.

Simi, P. (2010). Why study white supremacist terror? A research note. *Deviant Behavior, 31*(3), 251–273.

Simi, P., Sporer, K., & Bubolz, B. F. (2016). Narratives of childhood adversity and adolescent misconduct as precursors to violent extremism: A life-course criminological approach. *Journal of Research in Crime and Delinquency, 53*(4), 536–563.

Simons-Morton, B. (2007). Parent involvement in novice teen driving: Rationale, evidence of effects, and potential for enhancing graduated driver licensing effectiveness. *Journal of Safety Research, 38,* 192–202.

Simons-Morton, B. G., Hartos, J. L., Leaf, W. A., & Preusser, D. F. (2006). Increasing parent limits on novice young drivers: Cognitive mediation of the effect of persuasive messages. *Journal of Adolescent Research, 21,* 83–105.

Simons-Morton, B. G., Ouimet, M. C., & Catalano, R. F. (2008). Parenting and the young driver problem. *American Journal of Preventative Medicine, 35*(3, Suppl. 1), S294–S303.

Sirois, F. M. (2015). A self-regulation resource model of self-compassion and health behavior intentions in emerging adults. *Preventive Medicine Reports, 2,* 218–222.

Sirsch, U., Dreher, E., Mayr, E., & Willinger, U. (2009). What does it take to be an adult in Austria? Views on adulthood in Austrian adolescents, emerging adults, and adults. *Journal of*

Adolescent Research, 24, 275–292.

Smith, C., & Denton, M. L. (2005). *Soul searching: The religious and spiritual lives of American teenagers.* New York, NY: Oxford University Press.

Smith, C., & Snell, P. (2010). *Souls in transition: The religious lives of emerging adults in America.* New York, NY: Oxford University Press.

Stanley, S. M., Rhoades, G. K., & Markman, H. J. (2006). Sliding versus deciding: Inertia and the premarital cohabitation effect. *Family Relations, 55,* 499–509.

Statista (2017). *Average number of text messages sent weekly by users in France in 2014, by age group.* Retrieved from https://www.statista.com/statistics/410970/text-message-weekly-volume-per-user-by-age/

Stein, C. H., Osborn, L. A., & Greenberg, S. C. (2016). Understanding young adults' reports of contact with their parents in a digital world: Psychological and familial relationship factors. *Journal of Child and Family Studies, 25*(6), 1802–1814.

Stone, A. L., Becker, L. G., Huber, A. M., & Catalano, R. F. (2012). Review of risk and protective factors of substance use and problem use in emerging adulthood. *Addictive Behaviors, 37*(7), 747–775.

Stones, M. J., & Kozma, A. (1996). Activity, exercise, and behavior. In J. E. Birren & K. W. Schaie (Eds.), *Handbook of psychology and aging* (4th ed., pp. 338–352). San Diego, CA: Academic Press.

Susuman, A. S., Lailulo, Y., Latief, A., & Odimegwu, C. (2017). A demographic approach to the family structure in Asia and Africa. *The Anthropologist, 29*(1), 42–58.

Swanson, J. A. (2016). Trends in literature about emerging adulthood: Review of empirical studies. *Emerging Adulthood, 4*(6), 391–402.

Syed, M. (2012). The past, present, and future of Eriksonian identity research: Introduction to the special issue. *Identity, 12*(1), 1–7.

Syed, M., & Azmitia, M. (2010). Narrative and ethnic identity exploration: A longitudinal account of emerging adults' ethnicity–related experiences. *Developmental Psychology, 46,* 208–219.

Syed, M., & Mitchell, L. J. (2015). How race and ethnicity shape emerging adulthood. In J. J. Arnett (Ed.), *Oxford handbook of emerging adulthood.* New York, NY: Oxford University Press.

Syltevik, L. J. (2010). Sense and sensibility: Cohabitation in "cohabitation land." *The Sociological Review, 58,* 444–462.

Takahashi, K., & Takeuchi, K. (2007). Japan. In J. J. Arnett, R. Ahmed, B. Nsamenang, T. S. Saraswathi, & R. Silbereisen (Eds.), *International encyclopedia of adolescence.* New York, NY: Routledge.

Talbani, A., & Hasanali, P. (2000). Adolescent females between tradition and modernity: Gender role socialization in south Asian immigrant families. *Journal of Adolescence, 23,* 615–627.

Tanaka, H., & Seals, D. R. (2003). Dynamic exercise performance in master athletes: Insight into the effects of primary human aging on physiological functional capacity. *Journal of Applied Physiology, 95,* 2152–2162.

Tanner, J. L. (2006). Recentering during emerging adulthood: A critical turning point in life span human development. In J. J. Arnett & J. L. Tanner (Eds.), *Emerging adults in America: Coming of age in the 21st century* (pp. 21–55). Washington, DC: American Psychological Association.

Tanner, J. L. (2015). Mental health in emerging adulthood. In J. J. Arnett (Ed.), *Oxford handbook of emerging adulthood.* New York, NY: Oxford University Press.

Tanon, F. (1994). *A cultural view on planning: The case of weaving in Ivory Coast.* Tilburg, Netherlands: Tilburg University Press.

Taylor, A. (2005). It's for the rest of your life: The pragmatics of youth career decision making. *Youth & Society, 36,* 471–503.

Taylor, D. J., Bramoweth, A. D., Grieser, E. A., Tatum, J. I., & Roane, B. M. (2013). Epidemiology of insomnia in college students: Relationship with mental health, quality of life, and substance use difficulties. *Behavior Therapy, 44*(3), 339–348.

Telama, R., Yang, X., Viikari, J., Välimäki, I., Wanne, O., & Raitakari, O. (2005). Physical activity from childhood to adulthood: A 21-year tracking study. *American Journal of Preventative Medicine, 28,* 267–273.

Thacher, P. V. (2008). University students and the "all nighter" :

Corrclates and patterns of students' engagement in a single night of total sleep deprivation. *Behavioral Sleep Medicine, 6,* 16–31.

U.S. Bureau of the Census. (2017). *American fact finder.* Retrieved from https://factfinder.census.gov/faces/tableservices/jsf/pages/productview.xhtml?src=bkmk

U.S. Department of Labor. (2012). Number of jobs held, labor market activity, and earnings growth among the youngest baby boomers: Results from a longitudinal survey summary. *Economic News Release,* Table 1. Retrieved from http://www.bls.gov/news.release/nlsoy.nro.htm

Umaña-Taylor, A. J. (2005). Self-esteem and ethnic identity among Latino adolescents. *Directions in Rehabilitation Counseling, 16,* 9–18.

UNAIDS. (2016). *Fact sheet.* Retrieved from http://www.unaids.org/en/resources/campaigns/HowAIDSchangedeverything/factsheet

UNAIDS. (2018). *Countries.* Retrieved from http://www.unaids.org/en/regionscountries/countries

Uusküla, A., Puur, A., Toompere, K., & DeHovitz, J. (2010). Trends in the epidemiology of bacterial sexually transmitted infections in eastern Europe, 1995–2005. *Sexually Transmitted Infections, 86*(1), 6–14.

Valencia-Martín, J. L., Galan, I., & Rodríguez-Artalejo, F. (2007). Binge drinking in Madrid, Spain. *Alcoholism: Clinical and Experimental Research, 31,* 1723–1730.

Valentine, D., Williams, M., & Young, R. K. (2013). *Age-related factors in driving safety.* Austin, TX: Center for Transportation Research.

Van Hoof, A. (1999). The identity status approach: In need of fundamental revision and qualitative change. *Developmental Review, 19,* 622–647.

Vaterlaus, J. M., Barnett, K., Roche, C., & Young, J. A. (2016). "Snapchat is more personal" : An exploratory study on Snapchat behaviors and young adult interpersonal relationships. *Computers in Human Behavior, 62,* 594–601.

Vaughan, K. (2005). The pathways framework meets consumer culture: Young people, careers, and commitment. *Journal of Youth Studies, 8,* 173–186.

Vedder, P., & Phinney, J. S. (2014). Identity formation in bicultural youth: A developmental perspective. In V. Benet-Martinez & Y. Hong (Eds.), *Oxford handbook of multicultural identity,* (pp. 335–354). New York, NY: Oxford University Press.

Veldhuizen, S., Wade, T. J., Cairney, J., Hay, J. A., & Faught, B. E. (2014). When and for whom are relative age effects important? Evidence from a simple test of cardiorespiratory fitness. *American Journal of Human Biology, 26*(4), 476–480.

Verkuyten, M. (2002). Multiculturalism among minority and majority adolescents in the Netherlands. *International Journal of Intercultural Relations, 26,* 91–108.

Wallace, J. M., Yamaguchi, R., Bachman, J. G., O'Malley, P. M., Schulenberg, J. E., & Johnston, L. D. (2007). Religiosity and adolescent substance use: The role of individual and contextual influences. *Social Problems, 54,* 308–327.

Waterman, A. S. (1999). Issues of identity formation revisited: United States and the Netherlands. *Developmental Review, 19,* 462–479.

Werner, E. E., & Smith, R. S. (1982). *Vulnerable but invincible: A study of resilient children.* New York, NY: McGraw-Hill.

Werner, E. E., & Smith, R. S. (2001). *Journeys from childhood to midlife: Risk, resilience, and recovery.* Ithaca, NY: Cornell University Press.

Williams, A. F., & Ferguson, S. A. (2002). Rationale for graduated licensing and the risks it should address. *Injury Prevention, 8* (Suppl. II), ii9–ii16.

Wilson, J. Q., & Herrnstein, R. J. (1985). *Crime and human nature.* New York, NY: Simon and Schuster.

Yang, C. C., Holden, S. M., & Carter, M. D. (2017). Emerging adults' social media self-presentation and identity development at college transition: Mindfulness as a moderator. *Journal of Applied Developmental Psychology, 52,* 212–221.

Yasui, M., Dorham, C. L., & Dishion, T. J. (2004). Ethnic identity and psychological adjustment: A validity analysis for European American and African American adolescents. *Journal of Adolescent Research, 19,* 807–825.

Zhong, J., & Arnett, J. J. (2014). Conceptions of adulthood among migrant women workers in China. *International Journal of Behavioral Development, 38,* 255–265.

Zhu, M., Cummings, P., Zhao, S., Coben, J. H., & Smith, G. S. (2015). The association of graduated driver licensing with miles driven and fatal crash rates per miles driven among adolescents. *Injury Prevention, 21*(e1), e23–e27.

Zumwalt, M. (2008). Effects of the menstrual cycle on the acquisition of peak bone mass. In J. J. Robert-McComb, R. Norman, & M. Zumwalt (Eds.), *The active female: Health issues throughout the lifespan* (pp. 141–151). Totowa, NJ: Humana Press.

Chapter 10

Abela, A., Walker, J., Amato, P. R., & Boyd, L. M. (2014). *Children and divorce in worldwide perspective.* New York, NY: Wiley.

Ahluwalia, M. K., Suzuki, L. A., & Mir, M. (2009). Dating, partnerships, and arranged marriages. In N. Tewari & A. N. Alvarez, *Asian American psychology: Current perspectives* (pp. 273–294). New York, NY: Taylor & Francis.

Alfaris, N., Minnick, A., Hong, P., & Wadden, T. A. (2016). A review of commercial and proprietary weight loss programs. In J. I. Mechanick & R. F. Kushner (Eds.), *Lifestyle Medicine* (pp. 105–120). New York, NY: Springer.

Allendorf, K., & Pandian, R. K. (2016). The decline of arranged marriage? Marital change and continuity in India. *Population and Development Review, 42*(3), 435–464.

Amato, P. (2010). Research on divorce: Continuing trends and new developments. *Journal of Marriage and the Family, 72,* 650–666.

Amato, P. R., & Cheadle, J. (2005). Divorce and child well-being across three generations. *Journal of Marriage and Family, 67,* 191–206.

Amato, P. R., & Rogers, S. J. (1997). A longitudinal study of marital problems and subsequent divorce. *Journal of Marriage and the Family, 59,* 612–624.

Anderson, E. (2012). *The monogamy gap: Men, love, and the reality of cheating.* New York, NY: Oxford University Press.

Anderson, S. (2003). Why dowry payments declined with modernization in Europe but are rising in India. *Journal of Political Economy, 111,* 269–279.

Arlin, P. K. (1989). Problem solving and problem finding in young artists and young scientists. In M. L. Commons, J. D. Sinnott, F. A. Richards, & C. Armon (Eds.), *Adult development, Vol. 1: Comparisons and applications of development models* (pp. 197–216). New York, NY: Praeger.

Arnett, J. J. (1997). Young people's conceptions of the transition to adulthood. *Youth & Society, 29,* 1–23.

Arnett, J. J. (1998). Learning to stand alone: The contemporary American transition to adulthood in cultural and historical context. *Human Development, 41,* 295–315.

Arnett, J. J. (2001). Conceptions of the transition to adulthood: Perspectives from adolescence to midlife. *Journal of Adult Development, 8,* 133–143.

Arnett, J. J. (2003). Conceptions of the transition to adulthood among emerging adults in American ethnic groups. *New Directions in Child and Adolescent Development, 100,* 63–75.

Arnett, J. J. (2011). Emerging adulthood(s): The cultural psychology of a new life stage. In L. A. Jensen (Ed.), *Bridging cultural and developmental psychology: New syntheses in theory, research, and policy.* New York, NY: Oxford University Press.

Arnett, J. J. (2015). Emerging adulthood: The winding road from the late teens through the twenties (2nd ed.). New York, NY: Oxford University Press.

Arnett, J. J. (2016). Does emerging adulthood theory apply across social classes? National data on a persistent question. *Emerging Adulthood, 4*(4), 227–235. doi:10.1177/2167696815613000

Arnett, J. J. (2016). Life stage concepts across history and cultures: Proposal for a new field on indigenous life stages. *Human Development, 59*(5), 290–316.

Arnett, J. J., & Padilla-Walker, L. M. (2015). Brief report: Danish emerging adults' conceptions of adulthood. *Journal of Adolescence, 38*, 39–44.

Arnett, J. J., & Schwab, J. (2012). *The Clark University Poll of Emerging Adults: Thriving, struggling, and hopeful.* Worcester, MA: Clark University. Retrieved from http://www.clarku.edu/clark-poll-emerging-adults/

Arnett, J. J., & Schwab, J. (2014). *Beyond emerging adulthood: The Clark University Poll of Established Adults.* Worcester, MA: Clark University. Retrieved from http://www.clarku.edu/

clark-poll-emerging-adults/

Årseth, A. K., Kroger, J., & Martinussen, M. (2009). Meta-analytic studies of identity status and the relational issues of attachment and intimacy. *Identity: An International Journal of Theory and Research, 9*, 1–32.

Artinian, N. T., Fletcher, G. F., Mozaffarian, D., Kris-Etherton, P., Van Horn, L., Lichtenstein, A. H.,... Burke, L. E. (2010). Interventions to promote physical activity and dietary lifestyle changes for cardiovascular risk factor reduction in adults: A scientific statement from the American Heart Association. *Circulation,122*(4), 406–441.

Baer, J. (2015). The importance of domain-specific expertise in creativity. *Roeper Review, 37*(3), 165-178.

Baetge, C., Earnest, C. P., Lockard, B., Coletta, A. M., Galvan, E., Rasmussen, C.,... Oliver, J. (2017). Efficacy of a randomized trial examining commercial weight loss programs and exercise on metabolic syndrome in overweight and obese women. *Applied Physiology, Nutrition, and Metabolism*, (999), 1–12.

Ball, K., & Crawford, D. (2005). Socioeconomic status and weight change in adults: A review. *Social Science & Medicine, 60,* 1987–2010.

Barber, C., Mueller, C. T., & Ogata, S. (2013). Volunteerism as purpose: Examining the long-term predictors of continued community engagement. *Educational Psychology, 33*(3), 314–333.

Baumbusch, J. L. (2004). Unclaimed treasures: Older women's reflections on lifelong singlehood. *Journal of Women and Aging, 16,* 105–121.

Benbow, C. P., & Lubinski, D. (2009). Extending Sandra Scarr's ideas about development to the longitudinal study of intellectuallyprecocious youth. In K. McCartney & R. A. Weinberg (Eds.), *Experience and development: A festschrift in honor of Sandra Wood Scarr* (pp. 231–252). New York, NY: Psychology Press.

Bernstein, E. E., & McNally, R. J. (2016). Acute aerobic exercise helps overcome emotion regulation deficits. *Cognition and Emotion*, 1–10.

Bertera, E. M., & Crewe, S. E. (2013). Parenthood in the twenty-first century: African American grandparents as surrogate parents. *Journal of Human Behavior in the Social Environment, 23*(2), 178–192.

Beyers, W., & Seiffge-Krenke, I. (2010). Does identity precede intimacy? Testing Erikson's theory of romantic development in emerging adults of the 21st century. *Journal of Adolescent Research, 25,* 387–415.

Bhurosy, T., & Jeewon, R. (2014). Overweight and obesity epidemic in developing countries: A problem with diet, physical activity, or socioeconomic status? *The Scientific World Journal, 2014.*

Binks, M., & Chin, S. H. (2017). What are the challenges in developing effective health policies for obesity? *International Journal of Obesity, 41*(6), 849–852.

Blair-Loy, M., Hochschild, A., Pugh, A. J., Williams, J. C., & Hartmann, H. (2015). Stability and transformation in gender, work, and family: Insights from the second shift for the next quarter century. *Community, Work & Family, 18*(4), 435–454.

Bonello, K., & Cross, M. C. (2010). Gay monogamy: I love you but I can't have sex with only you. *Journal of Homosexuality, 57,* 117–139.

Bray, G. A., & Champagne, C. M. (2004). Obesity and the metabolic syndrome. *Journal of the American Dietetic Association, 104,* 86–89.

Breivik, K., & Olweus, D. (2006). Adolescents' adjustment in four post-divorce family structures: Single mother, stepfather, joint physical custody and single father families. *Journal of Divorce & Remarriage, 44,* 99–124.

Bruner, M. W., Erickson, K., Wilson, B., & Côté, J. (2010). An appraisal of athlete development models through citation network analysis. *Psychology of Sport and Exercise, 11,* 133–139.

Bureau of Labor Statistics. (2017). *American time use survey: Leisure and sports.* Retrieved from https://www.bls.gov/TUS/CHARTS/LEISURE.HTM

Burgess, E., Hassmén, P., & Pumpa, K. L. (2017). Determinants of adherence to lifestyle intervention in adults with obesity: A systematic review. *Clinical Obesity*.

Buss, D. M. (2003). *The evolution of desire: Strategies of human mating* (revised ed.). New York, NY: Basic Books.

Buss, D. M. (2007). The evolution of human mating. *Acta*

Psychologica Sinica, 39 (Special issue: Evolutionary psychology), 502–512.

Buss, D. M., Abbott, M., Angleitner, A., Asherian, A., Biaggio, A., Bianco-Villasenor, et al. (1990). International preferences in selecting mates: A study of cultures. *Journal of Cross-Cultural Psychology, 21,* 5–47.

Buunk, A. P., Park, J. H., & Dubbs, S. L. (2008). Parent–offspring conflict in mate preferences. *Review of General Psychology, 12,* 47–62.

Byrne, D. W., Rolando, L. A., Aliyu, M. H., McGown, P. W., Connor, L. R., Awalt, B. M., . . . Yarbrough, M. I. (2016). Modifiable healthy lifestyle behaviors: 10-year health outcomes from a health promotion program. *American Journal of Preventive Medicine, 51*(6), 1027–1037.

Caballero, B. (2007). The global epidemic of obesity: An overview. *Epidemiology Review, 29,* 1–5.

Carnevale, A. P., Smith, N., & Strohl, J. (2013). *Recovery: Job growth and education requirements through 2020.* Washington, DC: Georgetown University Center on Education and the Work Force.

Carr, D., & Friedman, M. A. (2005). Is obesity stigmatizing? Body weight, perceived discrimination, and psychological well-being in the United States. *Journal of Health and Social Behavior, 46,* 244–259.

Carroll, J. S., Padilla-Walker, L. M., Nelson, L. J., Olson, C. D., Barry, C. M., & Madsen, S. D. (2008). Generation XXX: Pornography acceptance and use among emerging adults. *Journal of Adolescent Research, 23,* 6–30.

Casazza, K., Fontaine, K. R., Astrup, A., Birch, L. L., Brown, A. W., Bohan Brown, M. M., . . . & McIver, K. (2013). Myths, presumptions, and facts about obesity. *The New England Journal of Medicine, 2013*(368), 446–454.

Cash, T. F. (2009). Attitudes, behaviors, and expectations of men seeking medical treatment for male pattern hair loss: Results of multinational survey. *Current Medical Research and Opinion, 25,* 1811–1820.

Centers for Disease Control and Prevention. (2004). *Married adults are healthiest, new CDC report shows.* News release, National Center for Health Statistics, Hyattsville, MD, December 15, 2004.

Centers for Disease Control and Prevention. (2013). *FastStats: Exercise or physical activity.* Atlanta, GA: Author. Retrieved from http://www.cdc.gov/nchs/fastats/exercise.htm

Centers for Disease Control and Prevention (CDC). (2017). *Adult obesity facts.* Retrieved from https://www.cdc.gov/obesity/data/adult.html

Cherlin, A. J. (2009). *The marriage-go-round: The state of marriage and the family in America today.* New York, NY: Knopf.

Cherlin, A. J. (2017). Introduction to the special collection on separation, divorce, repartnering, and remarriage around the world. *Demographic Research, 37*, 1275–1296.

Chi, M. T., Glaser, R., & Farr, M. J. (Eds.) (2014). *The nature of expertise*. New York, NY: Psychology Press.

Claxton, S. E., & van Dulmen, M. H. (2015). Casual sexual relationships and experiences. In J. J. Arnett (Ed.), *Oxford handbook of emerging adulthood*. New York, NY: Oxford University Press.

Collaku, A., Rankinen, T., Rice, T., Leon, A. S., Rao, D. C., Skinner, J. S., Wilmore, J. H., & Bouchard, C. (2004). A genome-wide linkage scan for dietary energy and nutrient intakes. *American Journal of Clinical Nutrition, 79,* 881–886.

Condon, R. G. (1988). *Inuit youth: Growth and change in the Canadian Arctic.* New Brunswick, NJ: Rutgers University Press.

Conteh, J. A. (2016). Dowry and bride-price. In N. A. Naples (Ed.), *The Wiley Blackwell encyclopedia of gender and sexuality studies*. New York, NY: Wiley.

Corbin, C. B., Welk, G. J., Corbin, W. R., & Welk, K. A. (2005). *Concepts of physical fitness* (12th ed.). New York, NY: McGraw-Hill.

Cotter, D., & Pepin, J. A. (2017). *Trending toward traditionalism? Changes in youths' gender ideology.* Online symposium, Council on Contemporary Families. Retrieved from https://contemporaryfamilies.org/2-pepin-cotter-traditionalism/

Cowan, C. P., & Cowan, P. A. (2000). Working with couples during stressful transitions. In S. Dreman (Ed.), *The family on the threshold of the 21st century* (pp. 17–47). Mahwah, NJ: Erlbaum.

Critser, G. (2003). *Fat land.* Boston, MA: Houghton Mifflin.

Crujeiras, A. B., Carreira, M. C., Cabia, B., Andrade, S., Amil, M., & Casanueva, F. F. (2015). Leptin resistance in obesity: An epigenetic landscape. *Life Sciences, 140*, 57–63.

Csikszentmihalyi, M., & Nakamura, J. (2005). The role of emotions in the development of wisdom. In R. J. Sternberg & J. Jordan (Eds.), *A handbook of wisdom: Psychological perspectives* (pp. 220–242). New York, NY: Cambridge University Press.

Darland, A. M., Chubb, H. A., Sachs, D. L., & Helfrich, Y. R. (2017). Patient interest in and familiarity with anti-aging therapies: A survey of the general dermatology clinic population. *Journal of Cosmetic Dermatology*.

Das, U. N. (2010). Obesity: genes, brain, gut, and environment. *Nutrition, 26*(5), 459–473.

Davis, S. S., & Davis, D. A. (2007). Morocco. In J. J. Arnett, R. Ahmed, B. Nsamenang, T. S. Saraswathi, & R. Silbereisen (Eds.), *International encyclopedia of adolescence* (pp. 645–655). New York, NY: Routledge.

de Souza, R. J., Bray, G. A., Carey, V. J., Hall, K. D., LeBoff, M. S., Loria, C. M.,... Smith, S. R. (2012). Effects of 4 weight-loss diets differing in fat, protein, and carbohydrate on fat mass, lean mass, visceral adipose tissue, and hepatic fat: Results from the POUNDS LOST trial. *The American Journal of Clinical Nutrition, 95*(3), 614–625.

Dennis, W. (1966). Age and creative productivity. *Journal of Gerontology, 21,* 1–8.

DePaulo, B. (2006). *Singled out: How singles are stereotyped, stigmatized, and ignored, and still live happily ever after.* New York, NY: St. Martin's.

DePaulo, B. (2012). *Single people*. New York, NY: Oxford University Press.

DePaulo, B. (2014). A singles studies perspective on mount marriage. *Psychological Inquiry, 25*(1), 64–68.

Dew, J., & Wilcox, W. B. (2011). If momma ain't happy: Explaining declines in marital satisfaction among new mothers. *Journal of Marriage & the Family, 73,* 1–12.

Diamond-Smith, N., Luke, N., & McGarvey, S. (2008). "Too many girls, too much dowry" : Son preference and daughter aversion in rural Tamil Nadu, India. *Culture, Health & Sexuality, 10,* 697–708.

Dixon, R. A. (2003). Themes in the aging of intelligence: Robust decline with intriguing possibilities. In R. J. Sternberg, J. Lautrey, & T. I. Lubart (Eds.), *Models of intelligence: International perspectives* (pp. 151–167). Washington, DC: American Psychological Association.

Donatelle, R. (2016). *Health: The basics* (12th ed.). San Francisco, CA: Benjamin Cummings.

Doss, B. D., & Rhoades, G. K. (2017). The transition to parenthood: Impact on couples' romantic relationships. *Current Opinion in Psychology, 13*, 25–28.

Doucet, A. (2016). Single fathers. In C. L. Sheehan (Ed.), *The Wiley Blackwell encyclopedia of family studies* (pp. 1–4). New York, NY: Wiley.

Douglass, C. B. (2007). From duty to desire: Emerging adulthood in Europe and its consequences. *Child Development Perspectives, 1,* 101–108.

Driver, J., Tabares, A., & Shapiro, A. (2003). Interactional patterns in marital success and failure: Gottman laboratory studies. In F. Walsh (Ed.), *Normal family processes: Growing diversity and complexity* (3rd ed.). New York, NY: Guilford.

Dufur, M. J., Howell, N. C., Downey, D. B., Ainsworth, J. W., & Lapray, A. J. (2010). Sex differences in parenting behaviors in single-mother and single-father households. *Journal of Marriage and Family, 72,* 1092–1106.

Ellis, J. A., & Sinclair, R. D. (2008). Male pattern baldness: Current treatments, future prospects. *Drug Discovery Today, 13,* 791–797.

Ember, M., & Ember, C. (2017). *Cultural anthropology.* Upper Saddle River, NJ: Pearson.

Erikson, E. H. (1950). *Childhood and society.* New York, NY: Norton.

Esen, U. (2004). African women, bride price, and AIDS. *The Lancet, 363,* 1734–1734.

Esping-Andersen, G., & Billari, F. C. (2015). Re-theorizing family demographics. *Population and Development Review, 41*(1), 1–31.

Facio, A., & Micocci, F. (2003). Emerging adulthood in Argentina. In J. J. Arnett & N. Galambos (Eds.), *New Directions in Child and Adolescent Development, 100,* 21–31.

Feeney, J. A., Hohaus, L., Noller, P., & Alexander, R. P. (2001). *Becoming parents: Exploring the bonds between mothers, fathers, and their infants*. New York, NY: Cambridge University Press.

Feinberg, M. E., Kan, M. L., Goslin, M. C. (2009). Enhancing coparenting, parenting, and child self-regulation: Effects of family foundations 1 year after birth. *Prevention Science, 10*, 276–285.

Feldhusen, J. F. (2005). Giftedness, talent, expertise, and creative achievement. In R. J. Sternberg & J. E. Davidson (Eds.), *Conceptions of giftedness* (2nd ed., pp. 64–79). New York, NY: Cambridge University Press.

Fillo, J., Simpson, J. A., Rholes, W. S., & Kohn, J. L. (2015). Dads doing diapers: Individual and relational outcomes associated with the division of childcare across the transition to parenthood. *Journal of Personality and Social Psychology, 108*(2), 298.

Finkel, E. J., Hui, C. M., Carswell, K. L., & Larson, G. M. (2014). The suffocation of marriage: Climbing Mount Maslow without enough oxygen. *Psychological Inquiry, 25*(1), 1–41.

Fletcher, G. J., Simpson, J. A., Campbell, L., & Overall, N. C. (2015). Pair-bonding, romantic love, and evolution: The curious case of homo sapiens. *Perspectives on Psychological Science, 10*(1), 20–36.

Frisén A., & Wängqvist, M. (2011). Emerging adults in Sweden: Identity formation in the light of love, work, and family. *Journal of Adolescent Research, 26*, 200–221.

Gadassi, R., Bar-Nahum, L. E., Newhouse, S., Anderson, R., Heiman, J. R., Rafaeli, E., & Janssen, E. (2016). Perceived partner responsiveness mediates the association between sexual and marital satisfaction: A daily diary study in newlywed couples. *Archives of Sexual Behavior, 45*(1), 109–120.

Gardner, H. (1993). *Multiple intelligences: The theory in practice*. New York, NY: Basic Books.

Garnets, L., & Kimmel, D. C. (Eds.). (2013). *Psychological perspectives on lesbian, gay, and bisexual experiences*. New York, NY: Columbia University Press.

Garrett-Peters, R., & Burton, L. M. (2016). Tenuous ties: The nature and costs of kin support among low-income rural black mothers. *Women, Gender, and Families of Color, 4*(1), 4–35.

Glass, J., Simon, R. W., & Andersson, M. A. (2016). Parenthood and happiness: Effects of work-family reconciliation policies in 22 OECD countries 1. *American Journal of Sociology, 122*(3), 886–929.

Goldberg, A. E. (2010). *Lesbian and gay parents and their children*. Washington, DC: American Psychological Association.

Goldscheider, F., Bernhardt, E., & Lappegård, T. (2015). The gender revolution: A framework for understanding changing family and demographic behavior. *Population and Development Review, 41*(2), 207–239.

Goodnow, J. J., & Lawrence, J. A. (2015). Children and cultural context. In R. M. Lerner (Series Ed.), M. H. Bornstein & T. Leventhal (Volume Eds.), *Handbook of child psychology and developmental science, Volume 4: Ecological settings and processes* (7th ed., pp. 746–786). New York, NY: Wiley.

Gordon-Larsen, P., Nelson, M. C., & Popkin, B. M. (2004). Longitudinal physical activity and sedentary behavior trends: Adolescence to adulthood. *American Journal of Preventative Medicine, 27*, 277–283.

Gordon-Larsen, P., The, N. S., & Adair, L. S. (2010). Longitudinal trends in obesity in the United States from adolescence to the third decade of life. *Obesity, 18*(9), 1801–1804.

Gottfredson, G. D., Jones, E. M., & Holland, J. L. (1993). Personality and vocational interests: The relation of Holland's six interest dimensions to five robust dimensions of personality. *Journal of Counseling Psychology, 40*, 518–524.

Gottlieb, A., & DeLoache, J. (2017). *A world of babies: Imagined childcare guides for eight societies*. New York, NY: Cambridge University Press.

Gottman, J., & Gottman, J. (2017). The natural principles of love. *Journal of Family Theory & Review, 9*(1), 7–26.

Gottman, J., & Silver, N. (2015). *The seven principles for making marriage work: A practical guide from the country's foremost relationship expert*. New York: Harmony.

Gray, E., Khoo, S. E., & Reimondos, A. (2012). Participation in different types of volunteering at young, middle and older adulthood. *Journal of Population Research, 29*(4), 373–398.

Gregg, E. W., Cheng, Y. J., Narayan, K. M. V., Thompson, T. J., & Williamson, D. F. (2007). The relative contributions of different levels of overweight and obesity to the increased prevalence of diabetes in the United States: 1976–2004. *Preventative Medicine: An International Journal Devoted to Practice and Theory, 45,* 348–352.

Grigorenko, E. L., Lipka, J., Meier, E., Mohatt, G., Sternberg, R. J., & Yanez, E. (2004). Academic and practical intelligence: A case study of the Yup'ik in Alaska. *Learning and Individual Differences, 14,* 183–207.

Hamer, M., Weiler, R., & Stamatakis, E. (2014). Watching sport on television, physical activity, and risk of obesity in older adults. *BMC Public Health, 14*(1), 10.

Hardman, C. E. (2000). *Other worlds: Notions of self and emotion among the Lohorung Rai.* New York, NY: Berg.

Hatfield, E., & Rapson, R. L. (2005). *Love and sex: Cross-cultural perspectives* (2nd ed.). Boston, MA: Allyn & Bacon.

Hatfield, E., Mo, Y.-M., & Rapson, R. L. (2015). Love, sex, and marriage across cultures. In L. A. Jensen (Ed.), *The Oxford handbook of human development and culture* (pp. 205–215). New York, NY: Oxford University Press.

Haub, C. (2013). *Rising trend of births outside marriage.* Washington, DC: Population Reference Bureau. Retrieved from http://www.prb.org/Publications/Articles/2013/nonmarital-births.aspx

Haywood, K. M., & Getchell, N. (2001). *Life span motor development* (3rd ed.). Champaign, IL: Human Kinetics.

Henry, J., Helm, H. W., Jr., & Cruz, N. (2013). Mate selection: Gender and generational differences. *North American Journal of Psychology, 15* (1).

Herdt, G. (1987). *The Sambia: Ritual and gender in New Guinea.* New York, NY: Holt, Rinehart & Winston.

Hetherington, E. M., & Kelly, J. (2002) *For better or worse: Divorce reconsidered.* New York, NY: Norton.

Hill, D., Ameenuddin, N., Chassiakos, Y. L. R., Cross, C., Radesky, J., Hutchinson, J.,... Swanson, W. S. (2016). Media use in school-aged children and adolescents. *Pediatrics,* e20162592.

Hochschild, A. R. (1990). *The second shift.* New York, NY: William Morrow.

Hochschild, A. R. (1998). *The time bind: When work becomes home and home becomes work.* New York, NY: Henry Holt.

Holland, J. (1985). *Making vocational choice: A theory of careers* (2nd ed.). Englewood Cliffs, NJ: Prentice Hall.

Holland, J. L. (1987). Current status of Holland's theory of careers: Another perspective. *Career Development Quarterly, 36,* 24–30.

Holland, J. L. (1996). Exploring careers with a typology: What we have learned and some new directions. *American Psychologist, 51,* 397–406.

Houglum, P. A. (2010). *Therapeutic exercise for musculoskeletal injuries.* Champaign, IL: Human Kinetics.

Hruby, A., Manson, J. E., Qi, L., Malik, V. S., Rimm, E. B., Sun, Q.,... Hu, F. B. (2016). Determinants and consequences of obesity. *American Journal of Public Health, 106*(9), 1656–1662.

Hu, W., Shi, Q. Z., Han, Q., Wang, X., & Adey, P. (2010). Creative scientific problem finding and its developmental trend. *Creativity Research Journal, 22*(1), 46–52.

Hyde, J. S., & DeLamater, J. D. (2005). *Understanding human sexuality* (8th ed., rev.).

Hymowitz, K. S., Carroll, J. S., Wilcox, W. B., & Kaye, K. (2013). *Knot yet: The benefits and costs of delayed marriage in America.* Charlottesville, VA: National Marriage Project.

International Obesity Taskforce. (2008). *Global prevalence of adult obesity.* Retrieved from http://www.iotf.org/database/documents/GlobalPreva- lenceofAdultObesity16December08.pdf

Iyengar, S. (2010). *The art of choosing.* New York: Twelve.

Jackson, K. M., & Aiken, L. S. (2006). Evaluation of a multicomponent appearance-based sun-protective intervention for young women: Uncovering the mechanisms of program efficacy. *Health Psychology, 25,* 34–46.

Janssen, I., Katzmarzyk, P. T., Ross, R., Leon, A. S., Skinner, J. S., Rao, D. C., Wilmore, J. H.,... Bouchard, C. (2004). Fitness alters the associations of BMI and waist circumference with total and abdominal fat. *Obesity Research, 12,* 525–537.

Javornik, J., & Kurowska, A. (2017). Work and care opportunities under different parental leave systems: Gender and class inequalities in northern Europe. *Social Policy &*

Administration, 51(4), 617–637.

Jeon, H. A., & Friederici, A. D. (2016). What does "being an expert" mean to the brain? Functional specificity and connectivity in expertise. *Cerebral Cortex*, 1–13.

Johnston, L. D., O'Malley, P. M., Bachman, J. G., Schulenberg, J. E., & Miech, R. A. (2014). *Monitoring the Future national survey results on drug use, 1975–2013: Volume 2, College students and adults ages 19–55.* Ann Arbor, MI: Institute for Social Research, The University of Michigan.

Jones, G. W. (2010). Changing marriage patterns in Asia. Asia Research Institute. Retrieved from http://www.ari.nus.edu.sg/docs/wps/wps10_131.pdf

Kakar, S., & Kakar, K. (2007). *The Indians: Portrait of a people.* New York, NY: Penguin.

Kids Count Data Center. (2017). *Children in single-parent families.* Retrieved from http://datacenter.kidscount.org/data/tables/106-children-in-single-parent-families#detailed/2/2-52/false/573/any/429,430

Kim, Y., Hsu, S. H., & de Zúñiga, H. G. (2013). Influence of social media use on discussion network heterogeneity and civic engagement: The moderating role of personality traits. *Journal of Communication, 63*(3), 498–516.

Kossek, E. E., Su, R., & Wu, L. (2016). "Opting out" or "pushed out" ? Integrating perspectives on women's career equality for gender inclusion and interventions. *Journal of Management*, 0149206316671582.

Kotchick, B. A., Dorsey, S., & Heller, L. (2005). Predictors of parenting among African American single mothers: Personal and contextual factors. *Journal of Marriage and Family, 67,* 448–460.

Kroger, J. (2002). Commentary on "Feminist perspectives on Erikson's theory: Their relevance for contemporary identity development research." *Identity, 2,* 257–266.

Kubey, R. (1994). Media implications for the quality of family life. In D. Zillmann, J. Bryant, & A. C. Huston (Eds.), *Media, children, and the family: Social scientific, psychodynamic, and clinical perspectives* (pp. 61–69). Hillsdale, NJ: Lawrence Erlbaum.

Kugelberg, E. (2016). Immunometabolism: Unravelling the puzzle to longevity and immunity. *Nature Reviews Immunology, 16*(2), 74–75.

Kumagai, M., & Yahagi, N. (2013). Basal metabolic rate. In M. Gellman & J. R. Turner, (Eds.), *Encyclopedia of behavioral medicine* (pp. 176–177). New York: NY: Springer.

Labouvie-Vief, G. (2006). Emerging structures of adult thought. In J. J. Arnett & J. Tanner (Eds.), *Emerging adults in America: Coming of age in the 21st century* (pp. 59–84). Washington, DC: American Psychological Association.

Larson, R., & Richards, M. H. (1994). *Divergent realities: The emotional lives of mothers, fathers, and adolescents.* New York, NY: Basic Books.

Laumann, E. O., Gagnon, J. H., Michael, R. T., & Michaels, S. (1994). *The social organization of sexuality.* Chicago, IL: University of Chicago Press.

Lavner, J. A., & Bradbury, T. N. (2010). Patterns of change in marital satisfaction over the newlywed years. *Journal of Marriage and the Family, 72,* 1171–1187.

le Roux, C. W., & Heneghan, H. M. (2018). Bariatric surgery for obesity. *Medical Clinics of North America, 102*(1), 165–182.

Le, Y., McDaniel, B. T., Leavitt, C. E., & Feinberg, M. E. (2017). Longitudinal associations between relationship quality and coparenting across the transition to parenthood: A dyadic perspective. *Journal of Family Psychology, 30*(8), 918.

Lewis, M. (2000). The emergence of human emotions. In M. Lewis & J. M. Haviland-Jones (Eds.), *Handbook of emotions* (2nd ed., pp. 265–280). New York, NY: Guilford Press.

Lips, H., & Lawson, K. (2009). Work values, gender, and expectations about work commitment and pay: Laying the groundwork for the "motherhood penalty" ? *Sex Roles, 61,* 667–676.

Lubart, T. I. (2003). In search of creative intelligence. In R. J. Sternberg, J. Lautrey, & T. I. Lubart (Eds.), *Models of intelligence: International perspectives* (pp. 279–292). Washington, DC: American Psychological Association.

Lytle, L. J., Bakken, L., & Romig, C. (1997). Adolescent female identity development. *Sex Roles, 37,* 175–185.

MacBeth, T. M. (2007). Violence, natural experiments and. In J. J. Arnett (Ed.), *Encyclopedia of children, adolescents, and the media* (Vol. 2, pp. 864–867). Thousand Oaks, CA: Sage.

Maccoby, E. E. (2002). Gender and group process: A

developmental perspective. *Current Directions in Psychological Science, 11,* 54–57.

Macek, P. (2007). Czech Republic. In J. J. Arnett (Ed.), *International encyclopedia of adolescence* (pp. 206–219). New York, NY: Routledge.

MarketingCharts Staff. (2014). *Are young people watching less TV?* Retrieved from http://www.marketingcharts.com/television/are-young-people-watching-less-tv-24817/

Markstrom, C. A., & Kalmanir, H. M. (2001). Linkages between the psychosocial stages of identity and intimacy and the ego strengths of fidelity and love. *Identity, 1,* 179–196.

Martin, V., Wu, Y. C. B., Kipling, D., & Dunn-Walters, D. (2015). Ageing of the B-cell repertoire. *Phil. Trans. R. Soc. B, 370*(1676), 20140237.

Mascarenhas, M. N., Flaxman, S. R., Boerma, T., Vanderpoels, S., & Stevens, G. A. (2012). National, regional, and global trends in infertility prevalence since 1990: A systematic analysis of 277 health surveys. *PLOS Medicine, 9,* 1–12.

Masunaga, H., & Horn, J. (2001). Expertise and age-related changes in components of intelligence. *Psychology and Aging, 16,* 293–311.

Mayo Clinic (2017). *Healthy lifestyle: Weight loss.* Retrieved from https://www.mayoclinic.org/healthy-lifestyle/weight-loss/in-depth/weight-loss-drugs/art-20044832?pg=2

Mayseless, O., & Scharf, M. (2003). What does it mean to be an adult? The Israeli experience. In J. J. Arnett & N. Galambos (Eds.), *New directions in child and adolescent development* (Vol. 100, pp. 5–20). San Francisco, CA: Jossey-Bass.

McCarthy, B., & McCarthy, E. J. (2004). *Getting it right the first time: Creating a healthy marriage.* New York, NY: Brunner-Routledge.

McHale, J. P., & Rotman, T. (2007). Is seeing believing? Expectant parents' outlooks on coparenting and later coparenting solidarity. *Infant Behavior & Development, 30,* 63–81.

Mednick, S. A. (1963). Research creativity in psychology graduate students. *Journal of Consulting Psychology, 27,* 265–266.

Meijer, A. M., & van den Wittenboer, G. L. H. (2007). Contribution of infants' sleep and crying to marital relationship of first-time parent couples in the first year after childbirth. *Journal of Family Psychology, 21,* 49–57.

Mendelsohn, J. B., Li, Q.-Z., Ji, B.-T., Shu, X.-O., Yang, G., Li, H. L., . . . Chow, W. H. (2009). Personal use of hair dye and cancer risk in a prospective cohort of Chinese women. *Cancer Science, 100,* 1088–1091.

Menon, U. (2013). *Women, wellbeing, and the ethics of domesticity in an Odia Hindu temple town.* New Delhi: Springer.

Menon, U., & Shweder, R. A. (1998). The return of the “White Man's Burden” : The moral discourse of anthropology and the domestic life of Hindu women. In R. A. Shweder (Ed.), *Welcome to middle age! (And other cultural fictions)* (pp. 139–188). Chicago, IL: University of Chicago Press.

Merten, M. J., Wickrama, K. A. S., & Williams, A. L. (2008). Adolescent obesity and young adult psychosocial outcomes: Gender and racial differences. *Journal of Youth and Adolescence, 37,* 1111–1122.

Messersmith, E. E., Garrett, J. L., Davis-Kean, P. E., Malanchuk, O., & Eccles, J. S. (2008). Career development from adolescence through emerging adulthood: Insights from information technology occupations. *Journal of Adolescent Research, 23,* 206–227.

Michael, R. T., Gagnon, J. H., Laumann, E. O., & Kolata, G. (1995). *Sex in America: A definitive study.* New York, NY: Warner Books.

Montgomery, M. J. (2005). Psychosocial intimacy and identity: From early adolescence to emerging adulthood. *Journal of Adolescent Research, 20,* 346–374.

National Center for Health Statistics. (2004). *Health United States, 2003.* Atlanta, GA: Prevention.

National Institute of Diabetes and Digestive and Kidney Diseases (NIDDK) (2017). *Prescription medications to treat overweight and obesity.* Retrieved from https://www.niddk.nih.gov/health-information/weight-management/prescription-medications-treat-overweight-obesity

National Survey of Sexual Health and Behavior (NSSHB). (2010). Findings from the National Survey of Sexual Health and Behavior, Centre for Sexual Health Promotion, Indiana University. *Journal of Sexual Medicine, 7*(Supplement 5).

Nelson, L. J. (2003). Rites of passage in emerging adulthood: Perspectives of young Mormons. *New Directions in Child and Adolescent Development, 100,* 33–50.

Nelson, L. J., & Luster, S. S. (2015). "Adulthood" by whose definition? The complexity of emerging adults' conceptions of adulthood. In J. J. Arnett (Ed.), *Oxford handbook of emerging adulthood.* New York, NY: Oxford University

Nelson, L. J., Badger, S., & Wu, B. (2004). The influence of culture in emerging adulthood: Perspectives of Chinese college students. *International Journal of Behavioral Development, 28,* 26–36.

Nelson, S. K., Kushlev, K., & Lyubomirsky, S. (2014). The pains and pleasures of parenting: When, why, and how is parenthood associated with more or less well-being? *Psychological Bulletin, 140*(3), 846.

Netting, N. (2010). Marital ideoscapes in 21st-century India: Creative combinations of love and responsibility. *Journal of Family Issues, 31,* 707–726.

Ng, M., Fleming, T., Robinson, M., Thomson, B., Graetz, N., Margono, C.,...Abraham, J. P. (2014). Global, regional, and national prevalence of overweight and obesity in children and adults during 1980–2013: A systematic analysis for the Global Burden of Disease Study 2013. *The Lancet, 384*(9945), 766–781.

Oberlander, S. E., Black, M. M., & Starr, R. H., Jr. (2007). African American adolescent mothers and grandmothers: A multigenerational approach to parenting. *American Journal of Community Psychology, 39,* 37–46.

OECD. (2017). *Marriage and divorce rates.* Retrieved from https://www.oecd.org/els/family/SF_3_1_Marriage_and_divorce_rates.pdf

OECD. (2017). *Time spent in paid and unpaid work, by sex.* Retrieved from http://stats.oecd.org/index.aspx?queryid=54757

Ogden, C. L., Lamb, M. M., Carroll, M. D., & Flegal, K. M. (2010). Obesity and socioeconomic status in adults: United States, 2005–2008. *NCHS Data Brief, Number 50.* Atlanta, GA: Centers for Disease Control and Prevention. Retrieved from http://www.cdc.gov/nchs/data/databriefs/db50.pdf

Padilla, C., Pérez, L., & Andrés, P. (2014). Chronic exercise keeps working memory and inhibitory capacities fit. *Frontiers in Behavioral Neuroscience, 8.*

Peitilainen, K. H., Kaprio, J., Borg, P., Plasqui, G., Yki-Järvinen, H., Kujala, U. M.,...Rissanen, A. (2008). Physical inactivity and obesity: A vicious circle. *Obesity, 16,* 409–414.

Peplau, L. A., & Beals, K. P. (2004). The family lives of lesbians and gay men. In A. L. Vangelisti (Ed.), *Handbook of family communication* (pp. 233–248). Mahwah, NJ: Erlbaum.

Perelli-Harris, B., Styrc, M. E., Addo, F., Hoherz, S., Lappegard, T., Sassler, S., & Evans, A. (2017). Comparing the benefits of cohabitation and marriage for health in mid-life: Is the relationship similar across countries?

Perilloux, C., Fleischman, D. S., & Buss, D. M. (2011). Meet the parents: Parent-offspring convergence and divergence in mate preferences. *Personality and Individual Differences, 50,* 253–258.

Perry, N. S., Huebner, D. M., Baucom, B. R., & Hoff, C. C. (2016). The complex contribution of sociodemographics to decision-making power in gay male couples. *Journal of Family Psychology, 30*(8), 977.

Pew Research Center. (2013). *Gay marriage: Key data points from Pew research.* Retrieved from http://www.pewresearch.org/key-data-points/gay-marriage-key-data-points-from-pew-research/

Pew Research Center. (2017). *Gay marriage around the world.* Retrieved from http://www.pewforum.org/2017/06/30/gay-marriage-around-the-world-2013/

Plomin, R., DeFries, J. C., Knopik, V. S., & Neiderhiser, J. M. (2016). Top 10 replicated findings from behavioral genetics. *Perspectives on Psychological Science, 11*(1), 3–23.

Poobalan, A., & Aucott, L. (2016). Obesity among young adults in developing countries: A systematic overview. *Current Obesity Reports, 5*(1), 2–13.

Population Reference Bureau. (2014). *World population data sheet, 2014.* Washington, DC: Author.

Porfelli, E. J., Hartung, P. J., & Vondracek, F. W. (2008). Children's vocational development: A research rationale. *Career Development Quarterly, 57,* 25–37.

Prakasa, V. V., & Rao, V. N. (1979). Arranged marriages: An assessment of the attitudes of college students in India. In G.

Kurian (Ed.), *Cross-cultural perspectives on mate selection and marriage* (pp. 11–31). Westport, CT: Greenwood Press.

Putnam, R. (2000). *Bowling alone: The collapse and revival of American community.* New York, NY: Simon & Schuster.

Raley, R. K., Sweeney, M. M., & Wondra, D. (2015). The growing racial and ethnic divide in US marriage patterns. *The Future of Children/Center for the Future of Children, the David and Lucile Packard Foundation, 25*(2), 89.

Rastogi, M., & Therly, P. (2006). Dowry and its link to violence against women in India: Feminist psychological perspectives. *Trauma, Violence, & Abuse, 7,* 66–77.

Reinecke, L., & Hofmann, W. (2016). Slacking off or winding down? An experience sampling study on the drivers and consequences of media use for recovery versus procrastination. *Human Communication Research, 42*(3), 441–461.

Ressler, P. (Ed.). (2017). *International encyclopedia of media effects, 4 volumes*. New York: Wiley.

Riley Bove, C. V. (2009). Polygyny and women's health in sub-Saharan Africa. *Social Science & Medicine, 68,* 21–29.

Robinson, J. P., Godbey, G., & Putnam, R. D. (1999). *Time for life: The surprising ways Americans use their time.* State College, PA: Pennsylvania State University Press.

Rode, J. C., Arthaud-Day, M. L., Mooney, C. H., Near, J. P., & Baldwin, T. T. (2008). Ability and personality predictors of salary, perceived job success, and perceived career success in the initial career stage. *International Journal of Selection and Assessment, 16,* 292–299.

Rommes, E., Overbeek, G., Scholte, R., Engels, R., & de Kamp, R. (2007). "I'm not interested in computers" : Gender-biased occupational choices of adolescents. *Information, Communication & Society, 10,* 299–319.

Rosenberger, N. (2007). Rethinking emerging adulthood in Japan: Perspectives from long–term single women. *Child Development Perspectives, 1,* 92–95.

Runco, M. A. (2014). *Creativity: Theories and themes: Research, development, and practice*. London, England: Elsevier.

Russell, J. (2011, May 8). Equal time. *The Boston Globe, Sunday Magazine*, pp. 14–19.

Sassler, S., Glass, J., Levitte, Y., & Michelmore, K. M. (2017). The missing women in STEM? Assessing gender differentials in the factors associated with transition to first jobs. *Social Science Research, 63,* 192–208.

Scarcelli, C. M. (2015). "It is disgusting, but..." : Adolescent girls' relationship to internet pornography as gender performance. *Porn Studies, 2*(2-3), 237–249.

Schlegel, A. (2010). Adolescent ties to adult communities: The intersection of culture and development. In L. Jensen (Ed.), *Bridging cultural and developmental approaches to psychology* (pp. 138–159). New York, NY: Oxford University Press.

Schlegel, A., & Barry, H. (1991). *Adolescence: An anthropological inquiry.* New York, NY: Free Press.

Schmitt, M., Kliegel, M., & Shapiro, A. (2007). Marital interaction in middle and old age: A predictor of marital satisfaction? *The International Journal of Aging & Human Development, 65,* 283–300.

Schneider, B., & Stevenson, D. (1999). *The ambitious generation: America's teenagers, motivated but directionless.* New Haven, CT: Yale University Press.

Schnohr, P., Scharling, H., & Jensen, J. S. (2003). Changes in leisure-time physical activity and risk of death: An observational study of 7,000 men and women. *American Journal of Epidemiology, 158,* 639–644.

Schoenfeld, E. A., Loving, T. J., Pope, M. T., Huston, T. L., & Štulhofer, A. (2016). Does sex really matter? Examining the connections between spouses' nonsexual behaviors, sexual frequency, sexual satisfaction, and marital satisfaction. *Archives of Sexual Behavior*, 1–13.

Seiter, L. N., & Nelson, L. J. (2011). An examination of emerging adulthood in college students and nonstudents in India. *Journal of Adolescent Research, 26*(4), 506–536.

Serpell, R. (1996). Cultural models of childhood in indigenous socialization and formal schooling in Zambia. In C. P. Hwang, M. E. Lamb, & I. E. Sigel (Eds.), *Images of childhood* (pp. 129–142). Hillsdale, NJ: Lawrence Erlbaum.

Serpell, R. (2011). Social responsibility as a dimension of intelligence, and as an educational goal: Insights from programmatic research in an African society. *Child Development Perspectives, 5*(2), 126–133. doi: 10.1111/

j.1750-8606.2011.00167.x

Shaikh, R. A., Siahpush, M., Singh, G. K., & Tibbits, M. (2015). Socioeconomic status, smoking, alcohol use, physical activity, and dietary behavior as determinants of obesity and body mass index in the United States: Findings from the national health interview survey. *International Journal of MCH and AIDS, 4*(1), 22.

Shiraev, T., & Barclay, G. (2012). Evidence based exercise: Clinical benefits of high intensity interval training. *Australian Family Physician, 41*(12), 960.

Simonton, D. K. (2010). Creativity in highly eminent individuals. In J.C. Kaufman & R.J. Sternberg (Eds.), *Cambridge handbook of creativity* (pp. 174–188). New York: Cambridge University Press.

Simonton, D. K. (1996). Creativity. In J. E. Birren (Ed.), *Encyclopedia of gerontology* (pp. 341–351). San Diego, CA: Academic Press.

Simonton, D. K. (2000). Creativity: Cognitive, personal, developmental, and social aspects. *American Psychologist, 55,* 151–158.

Sirsch, U., Dreher, E., Mayr, E., & Willinger, U. (2009). What does it take to be an adult in Austria? Views of adulthood in Austrian adolescents, emerging adults, and adults. *Journal of Adolescent Research, 24,* 275–292.

Skloot, G. S. (2017). The effects of aging on lung structure and function. *Clinics in Geriatric Medicine, 33*(4), 447–457.

Social Security Administration. (2014). Research summary: Marriage trends and women's benefits, differences by race-ethnicity. Retrieved from http://www.ssa.gov/retirementpolicy/research/marriage-trends-race-ethnicity.html

State of Obesity.org (2017). *Obesity rates and trends overview.* Retrieved from https://stateofobesity.org/obesity-rates-trends-overview/

Steger, F. L., Ptomey, L. T., Schubert, M. M., Honas, J. J., Washburn, R. A., & Donnelly, J. E. (2015). Baseline diet quality is not associated with the weight loss response to aerobic exercise. *Medicine & Science in Sports & Exercise, 47*(5S), 638.

Sternberg, R. J. (1986). Triangular theory of love. *Psychological Review, 93,* 119–135.

Sternberg, R. J. (1987). Liking versus loving: A comparative evaluation of theories. *Psychological Bulletin, 102,* 331–345.

Sternberg, R. J. (1988). Triangulating love. In R. J. Sternberg & M. L. Barnes (Eds.), *The psychology of love* (pp. 119–138). New Haven, CT: Yale University Press.

Sternberg, R. J. (2004). Culture and intelligence. *American Psychologist, 59,* 325–338.

Sternberg, R. J. (2007). *Wisdom, intelligence, and creativity synthesized.* New York, NY: Cambridge University Press.

Sternberg, R. J. (2010). Assessment of gifted students for identification purposes: New techniques for a new millennium. *Learning and Individual Differences, 20,* 327–336.

Sternberg, R. J. (2015). Multiple intelligences in the new age of thinking. In S. Goldstein, D. Princiotta, & J. Naglieri (Eds.), *Handbook of Intelligence* (pp. 229–241). New York, NY: Springer.

Sternberg, R. J. (2016). A triangular theory of creativity. *Psychology of Aesthetics, Creativity, and the Arts.* Retrieved from http://dx.doi.org/10.1037/aca0000095

Sternberg, R. J., & Grigorenko, E. L. (2005). Intelligence and culture: How culture shapes what intelligence means, and the implications for a science of well-being. *Philosophical Transactions of the Royal Society B: Biological Sciences, 359*(1449), 1427–1434.

Sternberg, R. J., & Grigorenko, E. L. (Eds.). (2004). *Culture and competence.* Washington, DC: American Psychological Association.

Sternberg, R. J., & Weis, K. (Eds.). (2006). *The new psychology of love.* New Haven, CT: Yale University Press.

Sternberg, R. S. (2013). Searching for love. *The Psychologist, 26,* 98–101.

Stout, J. G., Grunberg, V. A., & Ito, T. A. (2016). Gender roles and stereotypes about science careers help explain women and men's science pursuits. *Sex Roles, 75*(9-10), 490–499.

Strenze, T. (2007). Intelligence and socioeconomic success: A meta–analytic review of longitudinal research. *Intelligence, 35,* 401–426.

Stuij, M. (2015). Habitus and social class: A case study on socialisation into sports and exercise. *Sport, Education and*

Society, 20(6), 780–798.

Stutzer, A., & Frey, B. (2006). Does marriage make people happy, or do happy people get married? *The Journal of Socio-Economics, 35,* 326–347.

Super, C. M., & Harkness, S. (1993). The developmental niche: A conceptualization at the interface of child and culture. In R. A. Pierce & M. A. Black (Eds.), *Life-span development: A diversity reader* (pp. 61–77). Dubuque, IA: Kendall/Hunt.

Super, D. (1992). Toward a comprehensive study of career development. In D. H. Montross & C. J. Shinkman (Eds.), *Career development: Theory and practice* (pp. 35–64). Springfield, IL: Charles C. Thomas.

Super, D. E. (1967). *The psychology of careers.* New York, NY: Harper & Row.

Super, D. E. (1976). *Career education and the meanings of work.* Washington, DC: U.S. Office of Education.

Super, D. E. (1980). A life-span life-space approach to career development. *Journal of Vocational Behavior, 16,* 282–298.

Tasker, F. (2005). Lesbian mothers, gay fathers, and their children: A review. *Developmental and Behavioral Pediatrics, 26,* 224–240.

Taylor, Z. E., & Conger, R. D. (2017). Promoting strengths and resilience in single-mother families. *Child Development, 88*(2), 350–358.

Terman, L. M., & Oden, M. H. (1959). *The gifted group at mid-life: Thirty-five years follow-up of the superior child.* Stanford, CA: Stanford University Press.

Thornton, A. (2009). Historical and cross-cultural perspectives on marriage. In H. E. Peters & C. M. Kamp Dush, *Marriage and family: Complexities and perspectives* (pp. 3–32). New York, NY: Columbia University Press.

Tobin, D. J. (2010). *Gerontobiology of the hair follicle.* New York, NY: Springer.

Tobin, D. J. (2017). Introduction to skin aging. *Journal of Tissue Viability, 26*(1), 37–46.

Toro-Morn, M., & Sprecher, S. (2003). A cross-cultural comparison of mate preferences among university students: The United States vs. the People's Republic of China (PRC). *Journal of Comparative Family Studies, 34,* 151–170.

Tracey, T. J. G., Robbins, S. B., & Hofsess, C. D. (2005). Stability and change in interests: A longitudinal study of adolescents from grades 8 through 12. *Journal of Vocational Behavior, 66,* 1–25.

Ullén, F., Hambrick, D. Z., & Mosing, M. A. (2016). Rethinking expertise: A multifactorial gene–environment interaction model of expert performance. *Psychological Bulletin, 142*(4), 427.

Vanasse, A., Demers, M., Hemiari, A., & Courteau, J. (2006). Obesity in Canada: Where and how many? *International Journal of Obesity, 30,* 677–683.

Vondracek, F. W., & Porfelli, E. J. (2003). The world of work and careers. In G. R. Adams & M. D. Berzonsky (Eds.), *Blackwell handbook of adolescence: Blackwell handbooks of developmental psychology* (pp. 109–128). Malden, MA: Blackwell.

Wall, K., & Escobedo, A. (2013). Parental leave policies, gender equity and family well-being in Europe: A comparative perspective. In *Family Well-Being* (pp. 103–129). Springer Netherlands.

Wallerstein, J. S., & Blakeslee, S. (1995). *The good marriage.* Boston, MA: Houghton Mifflin.

Wang, M. T., & Degol, J. L. (2016). Gender gap in science, technology, engineering, and mathematics (STEM): Current knowledge, implications for practice, policy, and future directions. *Educational Psychology Review*, 1–22.

Weiss, M. R. (Ed.). (2004). *Developmental sport and exercise psychology: A lifespan perspective.* Morgantown, WV: Fitness Information Technology.

Whitehead, B. (2001). How we mate. In M. Magnet (Ed.), *Modern sex: Liberation and its discontents* (pp. 5–26). Chicago, IL: Ivan R Dee.

Wilcox, W. B., & Marquart, E. (2010). *The state of our unions: Marriage in America, 2010.* Charlottesville, VA: National Marriage Project.

Wilder, S. E. (2016). Predicting adjustment to divorce from social support and relational quality in multiple relationships. *Journal of Divorce & Remarriage, 57*(8), 553–572.

Wolfinger, P. (2015). *Want to avoid divorce? Wait to get married, but not too long.* Institute for Family Studies blog. Retrieved from https://ifstudies.org/blog/want-to-avoid-divorce-wait-toget-married-but-not-too-long/

Woody, D., III, & Woody, D. J. (2007). The significance of social support on parenting among a group of single, low-income, African American mothers. *Journal of Human Behavior in the Social Environment, 15,* 183–198.

Wright, K. B., Mazzone, R., Oh, H., Du, J., Smithson, A. B., Ryan, D., . . . Stiller, C. (2016). The influence of U.S. chain restaurant food consumption and obesity in China and South Korea: An ecological perspective of food consumption, self-efficacy in weight management, willingness to communicate about weight/diet, and depression. *Health Communication, 31*(11), 1356–1366.

Yamada, M. (2017). Decline of real love and rise of virtual love: Love in Asia. *International Journal of Japanese Sociology, 26*(1), 6–12.

Yano, Y., Allen, N., Erus, G., Colangelo, L., Levine, D., Sidney, S., . . . Schreiner, P. (2016). Long-term blood pressure variability throughout young adulthood and mid-life cerebrovascular structure and function: The coronary artery risk *Development in Young Adults (CARDIA) Study.*

Yeh, H.-C., Lorenz, F. O., Wickrama, K. A. S., Cogner, R. D., & Elder, G. H., Jr. (2006). Relationships among sexual satisfaction, marital quality, and marital instability at midlife. *Journal of Family Psychology, 20,* 339–343.

Zacarés, J. J., Serra, E., & Torres, F. (2015). Becoming an adult: A proposed typology of adult status based on a study of Spanish youths. *Scandinavian Journal of Psychology, 56*(3), 273–282.

Zhang, W., & Fuligni, A. J. (2006). Authority, autonomy, and family relationships among adolescents in urban and rural China. *Journal of Research on Adolescence, 16,* 527–537.

Zhong, J., & Arnett, J. J. (2014). Conceptions of adulthood among migrant women workers in China. *International Journal of Behavioral Development, 38,* 255–265.

Chapter 11

Arnett, J. J., & Schwab, J. (2013). *Parents and their grown kids: Harmony, support, and (occasional) conflict.* Worcester, MA: Clark University. Retrieved from http://www.clarku.edu/clark-poll-emerging-adults/

AARP. (2002). *The Grandparent Study 2002 report*. Washington, DC: Author.

AARP. (2009). *The divorce experience: A study of divorce at midlife and beyond.* Washington, DC: Author.

Abendroth, A. K., Huffman, M. L., & Treas, J. (2014). The parity penalty in life course perspective: Motherhood and occupational status in 13 European countries. *American Sociological Review, 79*(5), 993–1014.

Adams, R. G., & Ueno, K. (2006). Middle-aged and older adult men's friendships. In V. H. Bedford & T. B. Formaniak (Eds.), *Men in relationships: A new look from a life course perspective* (pp. 103–124). New York, NY: Springer.

Ahuja, J. (2005). *Women's entrepreneurship in the United States.* Kansas City, MO: Kauffman Center for Entrepreneurial Leadership, Clearinghouse on Entrepreneurship Education. Retrieved from www.celcee.edu

Akiyama, H., & Antonucci, T. C. (1999). *Mother–daughter dynamics over the life course.* Paper presented at the meeting of the Gerentological Association of America, San Francisco, CA.

Amato, P., & Previti, D. (2003). People's reasons for divorcing: Gender, social class, the life course, and adjustment. *Journal of Family Issues, 24,* 602–626.

Amato, P. R. (2014). Marriage, cohabitation and mental health. *Family Matters*, (96), 5–13.

American Cancer Society. (2017). Cancer facts and figures. Retrieved from https://www.cancer.org/research/cancer-facts-statistics/all-cancer-facts-figures/cancer-facts-figures-2017.html

American Cancer Society. (2017). What is cancer immunotherapy? Retrieved from https://www.cancer.org/treatment/treatments-and-side-effects/treatment-types/immunotherapy/what-is-immunotherapy.html

An, J. S., & Cooney, T. M. (2006). Psychological well-being in mid to late life: The role of generativity development in parent–child relationships across the lifespan. *International Journal of Behavioral Development, 30,* 410–421.

Arcaniolo, D., Autorino, R., Balsamo, R., & De Sio, M. (2017). Optimum use of second line treatment options for erectile dysfunction. In Rané A., Turna B., Autorino R., Rassweiler J.

(Eds.), *Practical Tips in Urology* (pp. 157–177). London, UK: Springer.

Arnett, J. J. (1998). Learning to stand alone: The contemporary American transition to adulthood in cultural and historical context. *Human Development, 41,* 295–315.

Arnett, J. J. (2015). Emerging adulthood: The winding road from the late teens through the twenties (2nd ed.). New York, NY: Oxford University Press.

Arnett, J. J., & Fishel, E.R. (2014). Getting to 30: A parents' guide to the twentysomething years. New York: Workman.

Arts, J. A. R., Gijselaers, W. H., & Bohuizen, H. P. A. (2006). Understanding managerial problem-solving, knowledge use and information processing: Investigating stages from school to the workplace. *Contemporary Educational Psychology, 31,* 387–410.

Bakker, A. B., & Heuven, E. (2006). Emotional dissonance, burnout, and in-role performance among nurses and police officers. *International Journal of Stress Management,* 13, 423–440.

Barber, B. K. (2013). Annual research review: The experience of youth with political conflict–challenging notions of resilience and encouraging research refinement. *Journal of Child Psychology and Psychiatry, 54*(4), 461–473.

Barker, J. C., de Vries, B., & Herdt, G. (2006). Social support in the lives of lesbians and gay men at midlife and later. *Sexuality Research & Social Policy: A Journal of the NSRC, 3,* 1–23.

Barreto, M., Ryan, M. K., & Schmitt, M. T. (Eds.). (2009). *The glass ceiling in the 21st century: Understanding barriers to gender equality.* Washington, DC: American Psychological Association.

Barry, M. J., Fowler, F. J., O'leary, M. P., Bruskewitz, R. C., Holtgrewe, H. L., Mebust, W. K., ... Measurement Committee of the American Urological Association. (2017). The American Urological Association symptom index for benign prostatic hyperplasia. *The Journal of Urology, 197*(2), S189–S197.

Baum, N., Rahav, G., & Sharon, D. (2005). Changes in the self-concepts of divorced women. *Journal of Divorce and Remarriage, 43,* 47–67.

Baumeister, S. H., Freeman, G. J., Dranoff, G., & Sharpe, A. H. (2016). Coinhibitory pathways in immunotherapy for cancer. *Annual Review of Immunology, 34*, 539–573.

Bekkouche, N. S., Holmes, S., Whitttaker, K. S., & Krantz, D. (2011). Stress and the heart: Psychosocial stress and coronary heart disease. In R. J. Contrada & A. Baum, *The handbook of stress science: Biology, psychology, and health* (pp. 385–398). New York, NY: Springer.

Bentolila, S., & Jansen, M. (2016). *Long-term unemployment after the Great Recession: Causes and remedies*. London, UK: CEPR Press.

Berger, E. (2010). *Mammograms reduce breast cancer deaths, studies show.* Retrieved from http://www.cancer.org/Cancer/news/News/mammograms-reduce-breast-cancer-deaths-studies-show

Bernacchi, G., Spina, S., Cecchi, E., Genazzani, A. R., & Simoncini, T. (2015). Menopause and HRT: Doubts and certainties. In *Frontiers in gynecological endocrinology* (pp. 167–175). New York, NY: Springer International Publishing.

Berscheid, E. S., & Regan, P. C. (2016). *Psychology of interpersonal relationships*. New York, NY: Psychology Press.

Besen, E., Matz-Costa, C., Brown, M., Smyer, M. A., & Pitt-Catsouphes, M. (2013). Job characteristics, core self-evaluations, and job satisfaction: What's age got to do with it? *The International Journal of Aging and Human Development, 76*(4), 269–295.

Beyene, Y., & Martin, M. C. (2001). Menopausal experiences and bone density of Mayan women in Yucatan, Mexico. *American Journal of Human Biology, 13,* 47–71.

Birditt, K. S., & Antonucci, T. C. (2012). Till death do us part: Contexts and implications of marriage, divorce, and remarriage across adulthood. *Research in Human Development, 9*(2), 103–105.

Bjørnerem, Å., Bui, M., Wang, X., Ghasem-Zadeh, A., Hopper, J. L., Zebaze, R., & Seeman, E. (2015). Genetic and environmental variances of bone microarchitecture and bone remodeling markers: A twin study. *Journal of Bone and Mineral Research, 30*(3), 519–527.

Black, D. M., & Rosen, C. J. (2016). Postmenopausal

osteoporosis. *New England Journal of Medicine, 374*(3), 254–262.

Blieszner, R., & Roberto, K. A. (2007). Friendship across the life span: Reciprocity in individual and relationship development. In F. R. Lang & K. L. Fingerman (Eds.), *Growing together: Personal relationships across the life span* (pp. 159–182). Cambridge, UK: Cambridge University Press.

Blümel, J. E., Cano, A., Mezones-Holguín, E., Barón, G., Bencosme, A., Benítez, Z., ... Chedraui, P. (2012). A multinational study of sleep disorders during female mid-life. *Maturitas, 72*(4), 359–366.

Blustein, D. (2013). *The psychology of working: A new perspective for career development, counseling, and public policy*. New York, NY: Routledge.

Boll, T., Ferring, D., & Filipp, S. H. (2005). Effects of parental differential treatment on relationship quality with siblings and parents: Justice evaluations as mediators. *Social Justice Research, 18,* 155–182.

Bonnel, S., Mohand-Said, S., & Sahel, J.-A. (2003). The aging of the retina. *Experimental Gerontology, 38,* 825–831.

Boris, E., & Klein, J. (2015). *Caring for America: Home health workers in the shadow of the welfare state*. New York, NY: Oxford University Press.

Boyczuk, A. M., & Fletcher, P. C. (2016). The ebbs and flows: Stresses of sandwich generation caregivers. *Journal of Adult Development, 23*(1), 51–61.

Brandtstädter, J. (2006). Adaptive resources in later life: Tenacious goal pursuit and flexible goal adjustment. In M. Csikszentmihalyi & I. S. Csikszentmihalyi (Eds.), *A life worth living: Contributions to positive psychology* (pp. 143–164). New York, NY: Oxford University Press.

Breheny, M., Stephens, C., & Spilsbury, L. (2013). Involvement without interference: How grandparents negotiate intergenerational expectations in relationships with grandchildren. *Journal of Family Studies, 19*(2), 174–184.

Breslin, F. C., & Mustard, C. (2003). Factors influencing the impact of unemployment on mental health among young and older adults in a longitudinal, population-based survey. *Scandinavian Journal of Work, Environment, and Health, 29,* 5–14.

Bribiescas, R. G. (2016). *How men age: What evolution reveals about male health and mortality*. Princeton, NJ: Princeton University Press.

Brim, O. (1999). *The MacArthur Foundation study of midlife development.* Vero Beach, FL: MacArthur Foundation.

Brim, O. G., Ryff, C. D., & Kessler, R. (Eds.). (2004). *How healthy are we: A national study of well-being in midlife.* Chicago, IL: University of Chicago Press.

Brown, L. H., & Rodin, P. A. (2004). Grandparent–grandchild relationships and the life course perspective. In J. Demick & C. Andreoletti (Eds.), *Handbook of adult development* (pp. 459–474). New York, NY: Springer.

Brown, S. H., & Lin, I. (2012). *The gray divorce revolution: Rising divorce rates among middle-ages and older adults, 1990–2009.* Bowling Green, OH: National Center for Family & Marriage Research.

Buckley, T., & Gottlieb, A. (1988). *Blood magic: The anthropology of menstruation.* Berkeley, CA: University of California Press.

Burgard, S. A., Brand, J. E., & House, J. S. (2009). Perceived job insecurity and worker health in the United States. *Social Science & Medicine, 69,* 777–785.

Case, A., & Deaton, A. (2015). Rising morbidity and mortality in midlife among white non-Hispanic Americans in the 21st century. *Proceedings of the National Academy of Sciences, 112*(49), 15078–15083.

Case, A., & Deaton, A. (2017). *Mortality and morbidity in the 21st century*. Brookings Papers on Economic Activity, Conference Draft, March 23–24.

Cattell, R. B. (1963). Theory of fluid and crystallized intelligence: A critical experiment. *Journal of Educational Psychology, 54,* 1–22.

Centers for Disease Control and Prevention (CDC). (2017). Cancer survival: The start of global surveillance. Retrieved from https://www.cdc.gov/cancer/dcpc/research/articles/concord-2.htm

Centers for Disease Control and Prevention (CDC). (2017). 10 leading causes of death by age group. Retrieved from https://www.cdc.gov/injury/wisqars/pdf/10lcid_all_deaths_by_age_group_2010-a.pdf

Chang, L. (2008). *Factory girls: From village to city in a changing China.* New York, NY: Spiegel & Grau.

Chaudhary, N., & Sharma, N. (2007). India. In J. J. Arnett (Ed.), *International encyclopedia of adolescence* (pp. 442–459). New York, NY: Routledge.

Cherlin, A. J. (2009). *The marriage-go-round: The State of marriage and the family in America today.* New York, NY: Knopf.

Chi, M. T., Glaser, R., & Farr, M. J. (Eds.). (2014). *The nature of expertise*. New York, NY: Psychology Press.

Chisholm-Burns, M. A., Spivey, C. A., Hagemann, T., & Josephson, M. A. (2017). Women in leadership and the bewildering glass ceiling. *American Journal of Health-System Pharmacy, 74*(5), 312–324.

Chlebowski, R. T. (2017). Hormone Replacement Therapy: Risks, Benefits, and Who Should Get It. *Annual Review of Medicine, 69*(1), 1121–1145.

Cicirelli, V. G. (1996). Sibling relationships in middle and old age. In G. H. Brody (Ed.), *Sibling relationships: Their causes and consequences* (pp. 47–73). Westport, CT: Ablex.

Coleman, M. P., Quaresma, M., Berrino, F., Lutz, J. M., De Angelis, R., Capocaccia, R., ... CONCORD Working Group. (2008). Cancer survival in five countries: A worldwide population-based study (CONCORD). *Lancet Oncology, 9,* 730–756.

Collins, G. (2010). *When everything changed: The amazing journey of American women from 1960 to the present.* New York, NY: Back Bay Books.

Collins, R., Reith, C., Emberson, J., Armitage, J., Baigent, C., Blackwell, L., ... Evans, S. (2016). Interpretation of the evidence for the efficacy and safety of statin therapy. *The Lancet, 388*(10059), 2532–2561.

Conti, S. L., & Eisenberg, M. L. (2016). Paternal aging and increased risk of congenital disease, psychiatric disorders, and cancer. *Asian Journal of Andrology, 18*(3), 420–424.

Costa, P. T. J., & McCrae, R. R. (1978). Objective personality assessment. In M. Storandt, I. C. Spiegler, & M. F. Elias (Eds.), *The clinical psychology of aging* (pp. 119–143). New York, NY: Plenum.

Cravey, T., & Mitra, A. (2011). Demographics of the sandwich generation by race and ethnicity in the United States. *The Journal of Socio-Economics, 40*(3), 306–311.

Crowley, B., Hayslip, B., & Hobdy, J. (2003). Psychological hardiness and adjustment to life events in adulthood. *Journal of Adult Development, 10,* 237–248.

Cruikshank, M. (2013). *Learning to be old: Gender, culture, and aging*. London, UK: Rowman & Littlefield.

Czaja, S. J. (2006). Employment and the baby boomers: What can we expect in the future? In S. K. Whitbourne & S. L. Willis (Eds.), *The baby boomers grow up: Contemporary perspectives on midlife* (pp. 283–298). New York, NY: Psychology Press.

Davis, A., McMahon, C. M., Pichora-Fuller, K. M., Russ, S., Lin, F., Olusanya, B. O., ... Tremblay, K. L. (2016). Aging and hearing health: The life-course approach. *The Gerontologist, 56*(Suppl 2), S256–S267.

Davis, S. S., & Davis, D. A. (2007). Morocco. In J. J. Arnett, R. Ahmed, B. Nsamenang, T. S. Saraswathi, & R. Silbereisen (Eds.), *International encyclopedia of adolescence* (pp. 645–655). New York, NY: Routledge.

de Bloom, J., Geurts, S. A., Sonnentag, S., Taris, T., de Weerth, C., & Kompier, M. A. (2011). How does a vacation from work affect employee health and well-being? *Psychology & Health, 26*(12), 1606–1622.

Dennerstein, L., Dudley, E., & Guthrie, J. (2002). Empty nest or revolving door? A prospective study of women's quality of life in midlife during the phase of children leaving and re-entering the home. *Psychological Medicine, 32,* 545–550.

DePaulo, B. (2006). *Singled out: How singles are stereotyped, stigmatized, and ignored, and still live happily ever after.* New York, NY: St. Martin's.

DePaulo, B. (2015). *How we live now: Redefining home and family in the 21st century*. New York, NY: Simon and Schuster.

DePaulo, B. M. (2012). *Single people*. New York, NY: Oxford Univcrsity Press.

Diamond, J. (1992). *The third chimpanzee: The evolution and future of the human animal.* New York, NY: Harper Perennial.

Dillon, M., & Wink, P. (2004). American religion, generativity, and the therapeutic culture. In E. de St. Aubin, D. P.

McAdams, & T. C. Kim (Eds.), *The generative society: Caring for future generations* (pp. 153–174). Washington, DC: American Psychological Association.

Dong, X. (2016). Elder rights in China: Care for your parents or suffer public shaming and desecrate your credit scores. *JAMA Internal Medicine, 176*(10), 1429–1430.

Douglass, C. B. (2005). *Barren states: The population " implosion" in Europe.* New York, NY: Berg.

Douglass, C. B. (2007). From duty to desire: Emerging adulthood in Europe and its consequences. *Child Development Perspectives, 1,* 101–108.

Du, J., Zhang, D., Yin, Y., Zhang, X., Li, J., Liu, D., ... Chen, W. (2016). The personality and psychological stress predict major adverse cardiovascular events in patients with coronary heart disease after percutaneous coronary intervention for five years. *Medicine, 95*(15), e3364.

Dupree, J. M. (2016). Andrology: Testosterone therapy and sexual health in hypogonadal men. *Nature Reviews Urology.*

Easterlin, R. A. (2006). Life cycle happiness and its sources: Intersections of psychology, economics, and demography. *Journal of Economic Psychology, 27,* 463–482.

Elkins, G., & Mosca, Y. (2016). Menopause—Hot flashes. In G. Elkins (Ed.), *Clinician's guide to medical and psychological hypnosis: Foundations, applications, and professional issues* (pp. 311–315). New York, NY: Springer.

Ellis, J. A., & Sinclair, R. D. (2008). Male pattern baldness: Current treatments, future prospects. *Drug Discovery Today, 13,* 791–797.

Erickson, K. I., & Korol, D. L. (2009). The effects of hormone replacement therapy on the brains of postmenopausal women: A review of human neuro-imaging studies. In W. J. Chodzko-Zajko, A. F. Kramer, & L. Poon (Eds.), *Enhancing cognitive functioning and brain plasticity (aging, exercise, and cognition)* (pp. 133–158). Champaign, IL: Human Kinetics.

Erikson, E. H. (1950). *Childhood and society.* New York, NY: Norton.

Farrell, M. P., & Rosenberg, S. D. (1981). *Men at midlife.* Boston, MA: Auburn House.

Fetterman, M. (2008, June 25). Becoming "parent of your parent" an emotionally wrenching process. *USA Today.*

Fingerman, K. L. (2004). The role of offspring and in-laws in grandparents' ties to their grandchildren. *Journal of Family Issues, 25,* 1026–1049.

Fingerman, K. L., & Yahirun, J. J. (2015). Family relationships. In J. J. Arnett (Ed.), *Oxford handbook of emerging adulthood.* New York, NY: Oxford University Press.

Fisher, T. E., & Chervenak, J. L. (2012). Lifestyle alterations for the amelioration of hot flashes. *Maturitas, 71*(3), 217–220.

Fitzpatrick, J., Reifman, A., & Sharp, E. A. (2009). Midlife singles' willingness to date partners with heterogeneous characteristics. *Family Relations, 58,* 121–133.

Fontaine, R., Gramain, A., & Wittwer, J. (2009). Providing care for an elderly parent: Interactions among siblings. *Health Economics, 18,* 1011–1029.

Friedman, E. M. (2016). Self-reported sleep problems prospectively increase risk of disability: Findings from the Survey of Midlife Development in the United States. *Journal of the American Geriatrics Society, 64*(11), 2235–2241.

Fry, C. L. (1985). Culture, behavior, and aging in the comparative perspective. In J. E. Birren & K. W. Schaie (Eds.), *Handbook of the psychology of aging* (2nd ed., pp. 216–244). New York, NY: Van Nostrand Reinhold.

Fry, R. (2016). For first time in modern era, living with parents edges out other living arrangements for 18–34-year-olds. Washington, DC: Pew Research Center.

Gagnon, J., Lévesque, E., on Breast, T. C. A. C., & Screening, C. (2016). Recommendations on breast cancer screening and prevention in the context of implementing risk stratification: impending changes to current policies. *Current Oncology, 23*(6), e615–e625.

Ganong, L., & Coleman, M. (2017). Grandparents and Stepgrandparents. In L. Ganong & M. Coleman (Eds.), *Stepfamily relationships* (pp. 205–230). New York, NY: Springer.

Getzmann, S., Golob, E. J., & Wascher, E. (2016). Focused and divided attention in a simulated cocktail-party situation: ERP evidence from younger and older adults. *Neurobiology of Aging, 41,* 138–149.

Giacomoni, P. U., & Rein, G. (2004). A mechanistic model for the aging of human skin. *Micron, 35,* 179–184.

Gilmore, D. (1990). *Manhood in the making: Cultural concepts of masculinity.* New Haven, CT: Yale University Press.

Gooren, L. J. (2003). Androgen deficiency in the aging male: Benefits and risks of androgen supplementation. *Journal of Steroid Biochemistry and Molecular Biology, 85,* 349–355.

Goren, A., Montgomery, W., Kahle-Wrobleski, K., Nakamura, T., & Ueda, K. (2016). Impact of caring for persons with Alzheimer's disease or dementia on caregivers' health outcomes: Findings from a community based survey in Japan. *BMC Geriatrics, 16*(1), 122.

Gottlieb, A., & DeLoache, J. (2017). *A world of babies: Imagined childcare guides for eight societies*. New York, NY: Cambridge University Press.

Gottman, J. M., & Levenson, R. W. (2000). The timing of divorce: Predicting when a couple will divorce over a 14-year period. *Journal of Marriage and the Family, 62,* 737–745.

Grady, C. (2013). Trends in neurocognitive aging. *Nature Reviews: Neuroscience, 13*(7), 491–505.

Grady, C. L., Maisog, J. M., Horwitz, B., Ungerleider, L. G., Mentis, M. J., Salerno, J. A., ... Haxby, J. V. (1994). Age-related changes in cortical blood flow activation during visual processing of faces and location. *Journal of Neuroscience, 14*(3), 1450–1462.

Graham, C. A., Boynton, P. M., & Gould, K. (2017). Women's sexual desire. *European Psychologist*.

Grindler, N. M., & Santoro, N. F. (2015). Menopause and exercise. *Menopause, 22*(12), 1351–1358.

Grundy, E., & Henretta, J. (2006). Between elderly parents and adult children: A new look at the intergenerational care provided by the "sandwich generation." *Ageing & Society, 26,* 707–722.

Gubler, M., Arnold, J., & Coombs, C. (2014). Reassessing the protean career concept: Empirical findings, conceptual components, and measurement. *Journal of Organizational Behavior, 35,* S23–S40.

Guerreiro, M. J. S., Murphy, D. R., & Van Gerven, P. W. M. (2010). The role of sensory modality in age-related distraction: A critical review and a renewed view. *Psychological Bulletin, 136,* 975–1022.

Gump, B., & Matthews, K. (2000, March). *Annual vacations, health, and death.* Paper presented at the meeting of the American Psychosomatic Society, Savannah, GA.

Gunes, S., Hekim, G. N. T., Arslan, M. A., & Asci, R. (2016). Effects of aging on the male reproductive system. *Journal of Assisted Reproduction and Genetics, 33*(4), 441–454.

Gutmann, D. L., & Huych, M. H. (1994). Development and psychology in post-parental men: A community study. In E. Thompson, Jr. (Ed.), *Older men's lives* (pp. 65–84). Thousand Oaks, CA: Sage.

Haberkern, K., & Szydlik, M. (2010). State care provision, societal opinion and children's care of older parents in 11 European countries. *Ageing & Society, 30,* 299–323.

Hackett, G. I. (2016). Testosterone replacement therapy and mortality in older men. *Drug Safety, 39*(2), 117–130.

Hajek, A., & König, H. H. (2016). The role of flexible goal adjustment in the effect of informal caregiving on depressive symptoms: Evidence of a large population-based longitudinal study in Germany from 2002 to 2011. *Quality of Life Research*, 1–9.

Hall, R. L. (2007). On the move: Exercise, leisure activities, and midlife women. In V. Muhlbauer & J. C. Chrisler (Eds.), *Women over 50: Psychological perspectives* (pp. 79–94). New York, NY: Springer.

Hammack, P., & Cohler, B. (2009). *The story of sexual identity: Narrative perspectives on the gay and lesbian life course.* New York, NY: Oxford University Press.

Hank, K., & Buber, I. (2009). Grandparents caring for their grandchildren: Findings from the 2004 Survey of Health, Ageing, and Retirement in Europe. *Journal of Family Issues, 30*(1), 53–73.

Hart, D., Southerland, N., & Atkins, R. (2003). Community service and adult development. In J. Demick & C. Andreoletti (Eds.), *Handbook of adult development* (pp. 585–597). New York, NY: Kluwer.

Hart, H. M., McAdams, D. P., Hirsch, B. J., & Bauer, J. J. (2001). Generativity and social involvement among African Americans and White adults. *Journal of Research in Personality, 35,* 208–230.

Hebblethwaite, S., & Norris, J. (2011). Expressions of generativity through family leisure: Experiences of grandparents and adult grandchildren. *Family Relations: An Interdisciplinary Journal of Applied Family Studies, 60,* 121–133.

Hellquist, B. N., Duffy, S. W., Abdsaleh, S., Björneld, L., Bordás, P., Tabár, L., ... Jonsson, H. (2011). Effectiveness of population-based service screening with mammography for women ages 40 to 49 years. *Cancer, 117,* 714–722.

Hewlett, S. (2003). *Creating a life: What every women needs to know about having a baby and a career.* New York, NY: Miramax.

Hillman, J. (2017). The Sexuality and Sexual Health of LGBT Elders. *Annual Review of Gerontology & Geriatrics, 37,* 13–23.

Hilton, J. M., & Anderson, T. L. (2009). Characteristics of women with children who divorce in midlife compared to those who remain married. *Journal of Divorce & Remarriage, 50,* 309–329.

Ho, B., Friedland, J., Rappolt, S., & Noh, S. (2003). Caregiving for relatives with Alzheimer's disease: Feelings of Chinese-Canadian women. *Journal of Aging Studies, 17,* 301–321.

House, J. S., Lantz, P. M., & Herd, P. (2005). Continuity and change in the social stratification of aging and health over the life course: Evidence from a nationally representative longitudinal study from 1986 to 2001/2002 (Americans' Changing Lives Study). *Journal of Gerontology, 60B*(Special Issue II), 15–26.

Huang, C. (2010). Mean-level change in self-esteem from childhood through adulthood: Meta-analysis of longitudinal studies. *Review of General Psychology, 14,* 251–260. doi:10.1037/a0020543

Huang, Y., Liu, J., Yi, H., Shia, B. C., & Ma, S. (2017). Promoting similarity of model sparsity structures in integrative analysis of cancer genetic data. *Statistics in Medicine, 36*(3), 509–559.

Huhtaniemi, I. T. (2014, May). Andropause—Lessons from the European male ageing study. In *Annales d'endocrinologie* (Vol. 75, No. 2, pp. 128–131). London, UK: Elsevier Masson.

Hülür, G., Ram, N., Willis, S. L., Schaie, K. W., & Gerstorf, D. (2016). Cognitive aging in the Seattle Longitudinal Study: Within-person associations of primary mental abilities with psychomotor speed and cognitive flexibility. *Journal of Intelligence, 4*(3), 12.

Hurme, H., Westerback, S., & Quadrello, T. (2010). Traditional and new forms of contact between grandparents and grandchildren. *Journal of Intergenerational Relationships, 8*(Special issue: Grandparenting in Europe), 264–280.

Hyde, J. S., & DeLamater, J. D. (2004). *Understanding human sexuality* (9th ed.). Boston, MA: McGraw Hill.

Iacovou, M. (2011). *Leaving home: Independence, togetherness, and income in Europe.* New York, NY: United Nations Population Division. Retrieved from http://www.un.org/en/development/desa/population/publications/pdf/expert/2011-10_Iacovou_Expert-paper.pdf

Ice, G. H., Zidron, A., & Juma, E. (2008). Health and health perceptions among Kenyan grandparents. *Journal of Cross-Cultural Gerontology, 23*(Special issue: Aging and social change in Africa), 111–129.

Ilola, L. M. (1990). Culture and health. In R. W. Brislin (Ed.), *Applied cross-cultural psychology* (pp. 278–301). Newbury Park, CA: Sage.

Insaf, T. Z., Shaw, B. A., Yucel, R. M., Chasan-Taber, L., & Strogatz, D. S. (2014). Lifecourse Socioeconomic Position and Racial Disparities in BMI Trajectories Among Black and White Women: Exploring Cohort Effects in the Americans' Changing Lives Study. *Journal of Racial and Ethnic Health Disparities, 1*(4), 309–318.

International Labor Organization (ILO). (2011). *Global employment trends 2011.* Geneva, Switzerland: Author.

James, J. B., Lewkowicz, C., Libhaber, J., & Lachman, M. (1995). Rethinking the gender identity crossover hypothesis: A test of a new model. *Sex Roles, 32,* 185–207.

Jarvis, J. F., & van Heerden, H. G. (1967). The acuity of hearing in the Kalahari Bushman: A pilot study. *Journal of Laryngology and Otology, 81,* 63–68.

Johnson, A., & Proctor, R. W. (2016). *Skill Acquisition and training: Achieving expertise in simple and complex tasks.* New York, NY: Routledge.

Jung, C. G. (1930). The stages of life. In C. G. Jung (author) & W. S. Dell & C. F. Baynes (Trans.), *Modern man in search of a soul* (pp. 95–114). New York, NY: Harvest Books.

Kaczmarek, M., Pacholska-Bogalska, J., Kwaśniewski, W., Kotarski, J., Halerz-Nowakowska, B., & Goździka-Józefiak, A. (2015). A microsatellite polymorphism in IGF1 gene promoter and timing of natural menopause in Caucasian women. *International Journal of Medical Sciences, 12*(1), 32.

Kahn, J. R., García-Manglano, J., & Bianchi, S. M. (2014). The motherhood penalty at midlife: Long-term effects of children on women's careers. *Journal of Marriage and Family, 76*(1), 56–72.

Kahn, J. R., McGill, B. S., & Bianchi, S. M. (2011). Help to family and friends: Are there gender differences at older ages? *Journal of Marriage and Family, 73,* 77–92.

Kakar, S. (1998). The search for the middle age in India. In R. A. Shweder (Ed.), *Welcome to middle age! (And other cultural fictions)* (pp. 75–98). Chicago, IL: University of Chicago Press.

Kalager, M., Zelen, M., Langmark, F., & Adami, H.-O. (2010). Effect of screening mammography on breast-cancer mortality in Norway. *New England Journal of Medicine, 363,* 1203–1210.

Kelch-Oliver, K. (2011). The experiences of African American grandmothers in grandparent-headed families. *The Family Journal, 19,* 73–82.

Keyes, C. L. M., & Ryff, C. D. (1998). Generativity and adult lives: Social structural contours and quality of life consequences. In D. P. McAdams & E. de St. Aubin (Eds.), *Generativity and adult development: How and why we care for the next generation* (pp. 227–263). Washington, DC: American Psychological Association.

Khalil, D. N., Smith, E. L., Brentjens, R. J., & Wolchok, J. D. (2016). The future of cancer treatment: immunomodulation, CARs and combination immunotherapy. *Nature Reviews Clinical Oncology, 13*(5), 273–290.

Killian, T., Turner, J., & Cain, R. (2005). Depressive symptoms of caregiving women in midlife: The role of physical health. *Journal of Women and Aging, 17,* 115–127.

Kim, J.-S., & Lee, E.-H. (2003). Cultural and noncultural predictors of health outcomes in Korean daughter and daughter-in-law caregivers. *Public Health Nursing, 20,* 111–119.

Kim, K., & Antonopolous, R. (2011). *Unpaid and paid care: The effects of child care and elder care on the standard of living.* New York, NY: Levy Economics Institute.

Kimmel, D. C., & Sang, B. E. (2003). Lesbians and gay men in midlife. In L. D. Garnets & D. C. Kimmel (Eds.), *Psychological perspectives on lesbian, gay, and bisexual experiences* (2nd ed., pp. 602–628). New York, NY: Columbia University Press.

Knight, C. (2013). *Blood relations: Menstruation and the origins of culture.* New Haven, CT: Yale University Press.

Kubzansky, L. D., Koenen, K. C., Jones, C., & Eaton, W. W. (2009). A prospective study of posttraumatic stress disorder symptoms and coronary heart disease in women. *Health Psychology, 28,* 125–130.

Kühnel, J., & Sonnentag, S. (2011). How long do you benefit from vacation? A closer look at the fade-out of vacation effects. *Journal of Organizational Behavior, 32,* 125–143.

Künemund, H., Motel-Klingebiel, A., & Kohli, M. (2005). Do private intergenerational transfers increase social inequality in middle adulthood? Evidence from the German Aging Survey. *Journal of Gerontology: Social Sciences, 60B,* S30–S36.

Labouvie-Vief, G. (2006). Emerging structures of adult thought. In J. J. Arnett & J. Tanner (Eds.), *Emerging adults in America: Coming of age in the 21st century* (pp. 59–84). Washington, DC: American Psychological Association.

Lachman, M. E. (2004). Development in midlife. *Annual Review of Psychology, 55,* 305–331.

Lachman, M. E., & Firth, K. (2004). The adaptive value of feeling in control during midlife. In G. Brim, C. D. Ryff, & R. Kessler (Eds.), *How healthy we are: A national study of well-being in midlife.* Chicago, IL: University of Chicago Press.

Lachman, M. E., & Kranz, E. M. (2010). Midlife crisis. In *Corsini encyclopedia of psychology.* New York, NY: Wiley.

Lachman, M. E., Teshale, S., & Agrigoroaei, S. (2015). Midlife as a pivotal period in the life course: Balancing growth and decline at the crossroads of youth and old age. *International Journal of Behavioral Development, X,* 1–12.

Lamont, J. A. (1997). Sexuality. In D. E. Stewart & G. E. Robinson (Eds.), *A clinician's guide to menopause. Clinical practice* (pp. 63–75). Washington, DC: Health Press

International.

Landes, S. D., Ardelt, M., Vaillant, G. E., & Waldinger, R. J. (2014). Childhood adversity, midlife generativity, and later life well-being. *The Journals of Gerontology Series B: Psychological Sciences and Social Sciences*, gbu055.

Lansford, J. E., Antonucci, T. C., Akiyama, H., & Takahashi, K. (2005). A quantitative and qualitative approach to social relationships and well-being in the United States and Japan. *Journal of Comparative Family Studies, 36,* 1–22.

Laughlin, L. (2013). *Who's minding the kids? Child care arrangements: Spring 2011.* Current Population Reports, U.S. Census Bureau, Washington, DC (pp. 70–135).

Le, T. N., Straatman, L. V., Lea, J., & Westerberg, B. (2017). Current insights in noise-induced hearing loss: A literature review of the underlying mechanism, pathophysiology, asymmetry, and management options. *Journal of Otolaryngology—Head & Neck Surgery, 46*(1), 41–51.

Lee, H. J. (2017). How emotional intelligence relates to job satisfaction and burnout in public service jobs. *International Review of Administrative Sciences*, 0020852316670489.

Lee, J., Lee, S., Jang, S., & Ryu, O. H. (2013). Age-related changes in the prevalence of osteoporosis according to gender and skeletal site: The Korea National Health and Nutrition Examination Survey 2008–2010. *Endocrinology and Metabolism, 28*(3), 180–191.

Lee, P. L., Lan, W., & Lee, C. C. L. (2012). Physical activity related to depression and predicted mortality risk: Results from the Americans' Changing Lives study. *Educational Gerontology, 38*(10), 678–690.

Leonard, P., Fuller, A., & Unwin, L. (2017). A new start? Negotiations of age and chrononormativity by older apprentices in England. *Ageing & Society*, 1–26.

Levenson, R. W., Carstensen, L. L., & Gottman, J. M. (1993). Long-term marriage: Age, gender, and satisfaction. *Psychology and Aging, 8,* 301–313.

LeVine, R. A., & LeVine, S. (1998). Fertility and maturity in Africa: Gusii parents in middle adulthood. In R.A. Shweder (Ed.), *Welcome to middle age* (pp. 189–205). Chicago, IL: University of Chicago Press.

Levinson, D. J. (1978). *The seasons of a man's life.* New York, NY: Knopf.

Lin, I. F., Brown, S. L., Wright, M. R., & Hammersmith, A. M. (2016). Antecedents of gray divorce: A life course perspective. *The Journals of Gerontology Series B: Psychological Sciences and Social Sciences*, gbw164.

Liu, Y., Wheaton, A. G., Chapman, D. P., Cunningham, T. J., Lu, H., & Croft, J. B. (2016). Prevalence of healthy sleep duration among adults—United States, 2014. *MMWR Morb Mortal Wkly Rep 2016, 65,*137–141. doi:http://dx.doi.org/10.15585/mmwr.mm6506a1

Lock, M. (1998). Deconstructing the change: Female maturation in Japan and North America. In R. A. Shweder (Ed.), *Welcome to middle age! (And other cultural fictions)* (pp. 45–74). Chicago, IL: University of Chicago Press.

Maddox-Daines, K. (2016). Mid-career as a process of discovery. *Career Development International, 21*(1), 45–59.

Maehara, T., & Takemura, A. (2007). The norms of filial piety and grandmother roles as perceived by grandmothers and their grandchildren in Japan and South Korea. *International Journal of Behavioral Development, 31,* 585–593.

Marcell, J. J. (2003). Sarcopenia: Causes, consequences, and preventions. *Journals of Gerontology A: Biological and Medical Sciences, 58,* M911–M916.

Marks, N. F., & Lambert, J. D. (1998). Marital status continuity and change among young and midlife adults. *Journal of Family Issues, 19,* 652–686.

Marks, N. F., Bumpass, L. L., & Jun, H. (2004). Family roles and well-being during the middle life course. In O. G. Brim, C. D. Ryff, & R. C. Kessler (Eds.), *How healthy are we? A national study of well-being at midlife* (pp. 514–549). Chicago, IL: University of Chicago Press.

Martini, A., Castiglione, A., Bovo, R., Vallesi, A., & Gabelli, C. (2015). Aging, cognitive load, dementia and hearing loss. *Audiology and Neurotology, 19*(Suppl. 1), 2–5.

McAdams, D. P. (2013). The positive psychology of adult generativity: Caring for the next generation and constructing a redemptive life. In *Positive Psychology* (pp. 191–205). New York, NY: Springer.

McAdams, D. P., & Logan, R. L. (2004). What is generativity? In D. P. McAdams & E. de St. Aubin (Eds.), The generative society: Caring for future generations (pp. 15–31). Washington, DC: American Psychological Association.

McArdle, J. J., & Hamagami, F. (2006). Longitudinal tests of dynamic hypotheses on intellectual abilities measured over sixty years. In C. S. Bergeman & S. M. Boker (Eds.), *Methodological issues in aging research* (pp. 43–98). Mahwah, NJ: Lawrence Erlbaum.

McArdle, J. J., Ferrer-Caja, E., Hamagami, F., & Woodcock, R. W. (2002). Comparative longitudinal structural analyses of the growth and decline of multiple intellectual abilities over the life span. *Developmental Psychology, 38,* 115–142.

McClelland, R. L., Jorgensen, N. W., Budoff, M., Blaha, M. J., Post, W. S., Kronmal, R. A., ... Folsom, A. R. (2015). 10-year coronary heart disease risk prediction using coronary artery calcium and traditional risk factors: Derivation in the MESA (Multi-Ethnic Study of Atherosclerosis) with validation in the HNR (Heinz Nixdorf Recall) study and the DHS (Dallas Heart Study). *Journal of the American College of Cardiology, 66*(15), 1643–1653.

Melby, M. K. (2016). Lessons on aging: Hopes and concerns of Japanese women at midlife. *Journal of Women & Aging, 28*(2), 127–140.

Melby, M. K., Lock, M., & Kaufert, P. (2005). Culture and symptom reporting at menopause. *Human Reproduction Update, 11,* 495–512.

Menon, U. (2002). Middle adulthood in cultural perspective: The imagined and the experienced in three cultures. In M. E. Lachman (Ed.), *Handbook of midlife development* (pp. 40–74). New York, NY: Wiley.

Menon, U. (2013). The Hindu concept of self-refinement: Implicit yet meaningful. *Psychology & Developing Societies, 25*(1), 195–222.

Menon, U., & Shweder, R. A. (1998). The return of the "White Man's Burden" : The moral discourse of anthropology and the domestic life of Hindu women. In R.A. Shweder (Ed.), *Welcome to middle age! (And other cultural fictions)* (pp. 139–188). Chicago, IL: University of Chicago Press.

Michael, R. T., Gagnon, J. H., Laumann, E. O., & Kolata, G. (1995). *Sex in America: A definitive study.* New York, NY: Warner Books.

Mitchell, B. A., & Wister, A. V. (2015). Midlife challenge or welcome departure? Cultural and family-related expectations of empty nest transitions. *The International Journal of Aging and Human Development, 81*(4), 260–280.

Monserud, M. A. (2010). Continuity and change in grandchildren's closeness to grandparents: Consequences of changing intergenerational ties. *Marriage & Family Review, 46,* 366–388.

Monte, L. M., & Mykyta, L. (2016, June). *The occupational attainment of mid-career childless women, 1980–2012.* Paper presented at the Work and Family Researchers Network (WFRN) Conference. Working paper number: SEHSD-WP2016-20.

Moolgavkar, S. H., Holford, T. R., Levy, D. T., Kong, C. Y., Foy, M., Clarke, L., ... Feuer, E. J. (2012). Impact of reduced tobacco smoking on lung cancer mortality in the United States during 1975–2000. *Journal of the National Cancer Institute, 104*(7), 541–548.

Moore, J. A., & Radtke, H. L. (2015). Starting "real" life: Women negotiating a successful midlife single identity. *Psychology of Women Quarterly, 39*(3), 305–319.

Moreno Mínguez, A., López Peláez, A., & Sánchez-Cabezudo, S. S. (2012). *The transition to adulthood in Spain: Economic crisis and late emancipation.* Barcelona, Spain: La Caixa Foundation.

Morfei, M. Z., Hooker, K., Carpenter, J., Blakeley, E., & Mix, C. (2004). Agentic and communal generative behavior in four areas of adult life: Implications for psychological well-being. *Journal of Adult Development, 11,* 55–58.

Mueller, M., Wilhelm, B., & Elder, G. (2002). Variations in grandparenting. *Research on ChiAging, 24,* 360–388.

Murry, V. M., Hurt, T. R., Kogan, S. M., & Luo, Z. (2006). Contextual processes of romantic relationships: Plausible explanations for gender and race effects. In A. C. Crouter & A. Booth (Eds.), *Romance and sex in adolescence and emerging adulthood: Risks and opportunities* (pp. 151–160). Mahwah, NJ: Lawrence Erlbaum.

Oberlander, S. E., Black, M. M., & Starr, R. H., Jr. (2007). African American adolescent mothers and grandmothers: A multigenerational approach to parenting. *American Journal of*

Community Psychology, 39, 37–46.

Obermeyer, C. M. (2000). Menopause across cultures: A review of the evidence. *Menopause, 7,* 184–192.

Ogden, C. L., Carroll, M. D., Kit, B. K., & Flegal, K. M. (2013). Prevalence of obesity among adults. *NCHS Data Brief, Number 131.* Atlanta, GA: Prevention. Retrieved from http://www.cdc.gov/nchs/data/databriefs/db131.pdf

Organisation for Economic Co-operation and Development (OECD). (2017). Employment rate by age group. Retrieved from https://data.oecd.org/emp/employment-rate-by-age-group.htm#indicator-chart

Organisation for Economic Co-operation and Development (OECD). (2017). Life expectancy at age 65. Retrieved from https://data.oecd.org/healthstat/life-expectancy-at-65.htm

Parker, E. M., & Short, S. E. (2009). Grandmother coresidence, maternal orphans, and school enrollment in Sub-Saharan Africa. *Journal of Family Issues, 30,* 813–836.

Perlmutter, M., Kaplan, M., & Nyquist, L. (1990). Development of adaptive competence in adulthood. *Human Development, 33,* 185–197.

Peterson, B. (2006). Generativity and successful parenting: An analysis of young adult outcomes. *Journal of Personality, 74,* 847–869.

Pew Research Center. (2015). Family support in graying societies: How Americans, Germans and Italians are coping with an aging population. Washington, DC: Author.

Pichora-Fuller, M. K., Mick, P., & Reed, M. (2015, August). Hearing, cognition, and healthy aging: Social and public health implications of the links between age-related declines in hearing and cognition. *Seminars in Hearing, 36,* 122–139.

Pinto, C., & Tandel, K. Y. (2016). Cognitive reserve: Concept, determinants, and promotion. *Journal of Geriatric Mental Health, 3*(1), 44.

Plagnol, A. C., & Easterlin, R. A. (2008). Aspirations, attainments, and satisfaction: Life cycle differences between American women and men. *Journal of Happiness Studies, 9,* 601–619.

Pratt, M., Lawford, H. L., Matsuba, K. M., & Villar, F. (2018). The lifespan development of generativity. In L. A. Jensen (Ed.), *Oxford handbook of moral development: An interdisciplinary perspective*. New York, NY: Oxford University Press.

Price, M. O., Price, D. A., Bucci, F. A., Durrie, D. S., Bond, W. I., & Price, F. W. (2016). Three-year longitudinal survey comparing visual satisfaction with LASIK and contact lenses. *Ophthalmology, 123*(8), 1659–1666.

Pruthi, S. (2011). *Mammogram guidelines: What are they?* Retrieved from http://www.mayoclinic.com/health/mammogram-guidelines/AN02052

Quaranta, N., Coppola, F., Casulli, M., Barulli, M. R., Panza, F., Tortelli, R., ... Logroscino, G. (2015). Epidemiology of age related hearing loss: A review. *Hearing, Balance and Communication, 13*(2), 77–81.

Radvansky, G. A., Zacks, R. T., & Hasher, L. (2005). Age and inhibition: The retrieval situation models. Journal of Gerontology, 60B, P276–P278.

Reuter-Lorenz, P. A. (2013). Aging and cognitive neuroimaging: A fertile union. *Perspectives on Psychological Science*, 8(1), 68–71.

Riza, S. D., Ganzach, Y., & Liu, Y. (2016). Time and job satisfaction: A longitudinal study of the differential roles of age and tenure. *Journal of Management*, 0149206315624962.

Robinson, O. (2016). Emerging adulthood, early adulthood and quarter-life crisis: Updating Erikson for the 21st century. In R. Zukauskiene (Ed.), *Emerging adulthood in a European context.* London, UK: Routledge.

Robinson, O. C., Dunn, A., Nartova-Bochaver, S., Bochaver, K., Asadi, S., Khosravi, Z., ... Yang, Y. (2016). Figures of admiration in emerging adulthood: A four-country study. *Emerging Adulthood, 4*(2), 82–91.

Rose, S. M. (2007). Enjoying the returns: Women's friendships after 50. In J. C. Chrisler & V. Muhlbauer (Eds.), *Women over 50: Psychological perspectives* (pp. 112–130). New York, NY: Springer.

Rosenberger, N. (2007). Rethinking emerging adulthood in Japan: Perspectives from long-term single women. *Child Development Perspectives, 1,* 92–95.

Rovio, S. P., Pahkala, K., Nevalainen, J., Juonala, M., Salo, P., Kähönen, M., ... Taittonen, L. (2016). Cognitive performance in young adulthood and midlife: Relations with age, sex, and education—The Cardiovascular Risk in Young Finns Study. *Neuropsychology, 30*(5), 532.

Russell, L. T., Coleman, M., & Ganong, L. H. (2016). Remarriage: Starting over. In C.L. Shehan (Ed.), *The wiley blackwell encyclopedia of family studies*. New York, NY: Wiley.

Ryff, C. D. (1995). Psychological well-being in adult life. *Current Directions in Psychological Science, 4,* 99–104.

Salthouse, T. A. (2016). Continuity of cognitive change across adulthood. *Psychonomic Bulletin & Review, 23*(3), 932–939.

Schaie, K. W. (1994). The course of adult intellectual development. *American Psychologist, 49,* 304–313.

Schaie, K. W. (1996). *Intellectual development in adulthood: The Seattle Longitudinal Study.* New York, NY: Cambridge University Press.

Schaie, K. W. (1998). The Seattle Longitudinal Studies of Adult Intelligence. In M. P. Lawton & T. A. Salthouse (Eds.), *Essential papers on the psychology of aging* (pp. 263–271). New York, NY: New York University Press.

Schaie, K. W. (2005). *Developmental influences on adult intelligence: The Seattle Longitudinal Study.* New York, NY: Oxford University Press.

Schaie, K. W. (2012). *Developmental influences on adult intelligence: The Seattle Longitudinal Study*. New York, NY: Oxford University Press.

Sherrell, K., Buckwalter, K. C., & Morhardt, D. (2001). Negotiating family relationships: Dementia care as a midlife developmental task. *Families in Society: The Journal of Contemporary Social Services, 82*(4), 383–392.

Shipstead, Z., Harrison, T. L., & Engle, R. W. (2016). Working memory capacity and fluid intelligence maintenance and disengagement. *Perspectives on Psychological Science, 11*(6), 771–799.

Shuey, K., & Hardy, M. A. (2003). Assistance to aging parents and parents-in-law: Does lineage affect family allocation decisions? *Journal of Marriage and Family, 65,* 418–431.

Shweder, R. A. (1998). Introduction: Welcome to middle age! In R. A. Shweder (Ed.), *Welcome to middle age! (And other cultural fictions)* (pp. ix–xvii). Chicago, IL: University of Chicago Press.

Silverstein, M., & Marenco, A. (2001). How Americans enact thc grandparent role across the family life course. *Journal of Family Issues, 22,* 493–522.

Silverstein, M., Conroy, S., Wang, H., Giarrusso, R., & Bengtson, V. I. (2002). Reciprocity in parent–child relations over the adult life course. *Journal of Marriage and the Family, 60,* 912–923.

Siren, R., Eriksson, J. G., & Vanhanen, H. (2016). Observed changes in cardiovascular risk factors among high-risk middle-aged men who received lifestyle counselling: a 5-year follow-up. *Scandinavian Journal of Primary Health Care, 34*(4), 336–342.

Smith, R. L., Gallicchio, L., & Flaws, J. A. (2017). Factors affecting sexual function in midlife women: Results from the midlife women's health study. *Journal of Women's Health.*

Stanley, R. O., & Burrows, G. D. (2008). Psychogenic heart disease—Stress and the heart: A historical perspective. *Journal of the International Society for the Investigation of Stress, 24*(Special issue: Stress and the heart), 181–187.

Steiner, A. M., & Fletcher, P. C. (2017). Sandwich generation caregiving: A complex and dynamic role. *Journal of Adult Development, 24*(2), 133–143.

Stephens, M. A. P., & Franks, M. M. (1999). Parent care in the context of women's multiple roles. *Current Directions in Psychological Science, 8,* 149–152.

Stepler, R. (2017). *Led by Baby Boomers, divorce rates climb for America's 50+ population.* Washington, DC: Pew Research Center.

Stern, C., & Konno, R. (2009). Physical leisure activities and their role in preventing dementia: A systematic review. *International Journal of Evidence-Based Healthcare, 7,* 270–282.

Sternberg, R. J. (1986). Triangular theory of love. *Psychological Review, 93,* 119–135.

Stevenson, M., Henderson, T., & Baugh, E. (2007). Vital defenses: Social support appraisals of Black grandmothers parenting grandchildren. *Journal of Family Issues, 28,* 182–211.

Stewart, A. J., Ostrove, J. M., & Helson, R. (2001). Middle aging in women: Patterns of personality change from the 30s to the

50s. *Journal of Adult Development, 8,* 23–37.

Supeli, A., & Creed, P. A. (2016). The longitudinal relationship between protean career orientation and job satisfaction, organizational commitment, and intention-to-quit. *Journal of Career Development, 43*(1), 66–80.

Sussman, M., Trocio, J., Best, C., Mirkin, S., Bushmakin, A. G., Yood, R., ... Louie, M. (2015). Prevalence of menopausal symptoms among mid-life women: Findings from electronic medical records. *BMC Women's Health, 15*(1), 58.

Sutin, A. R., Terracciano, A., Milaneschi, Y., An, Y., Ferrucci, L., & Zonderman, A. B. (2013). The effect of birth cohort on well-being: The legacy of economic hard times. *Psychological Science, 24*(3), 379–385.

Swartz, T. T. (2009). Intergenerational family relations in adulthood: Patterns, variations, and implications in the contemporary United States. *Annual Review of Sociology, 35,* 191–212.

Takamura, J., & Williams, B. (2002). *Informal caregiving: Compassion in action.* Arlington, TX: Arc of the United States.

Taku, K., Melby, M. K., Kronenberg, F., Kurzer, M. S., & Messina, M. (2012). Extracted or synthesized soybean isoflavones reduce menopausal hot flash frequency and severity: Systematic review and meta-analysis of randomized controlled trials. *Menopause, 19*(7), 776–790.

Tangri, S., Thomas, V., & Mednick, M. (2003). Predictors of satisfaction among college-educated African American women in midlife. *Journal of Adult Development, 10,* 113–125.

Tawfik, H., Kline, J., Jacobson, J., Tehranifar, P., Protacio, A., Flom, J. D., ... Terry, M. B. (2015). Life course exposure to smoke and early menopause and menopausal transition. *Menopause 22*(10), 1076.

Taylor, B., & Hayes, D. (2015). Does current hearing aid technology meet the needs of healthy aging. *Hearing Review, 2*, 22–26.

Tee, K., Brush, A. J., Bernheim, I., & Kori, M. (2009). Exploring communication and sharing between extended families. *International Journal of Human–Computer Studies, 67,* 128–138.

Thomas, H. N., & Thurston, R. C. (2016). A biopsychosocial approach to women's sexual function and dysfunction at midlife: A narrative review. *Maturitas, 87*, 49–60.

Thorley, J. (2016). HRT for menopause: A delicate balance. *The Lancet Diabetes & Endocrinology, 4*(1), 25.

Tobin, D. J. (2010). *Gerontobiology of the hair follicle.* New York, NY: Springer.

Treas, J., & Tai, T. (2016). Gender inequality in housework across 20 European nations: Lessons from gender stratification theories. *Sex Roles, 74*(11–12), 495–511.

Tun, P. A., & Lachman, M. E. (2008). Age differences in reaction time and attention in a national telephone sample of adults: Education, sex, and task complexity matter. *Developmental Psychology, 44,* 1421–1429.

Tuwir, I., Kirwan, C., Mustafa, M. S., & O'Keefe, M. (2016). Stereopsis and patient satisfaction in myopic and hyperopic individuals selecting monovision correction by LASIK or LASEK. *J Clin Exp Ophthalmol, 7*(574), 2.

U.S. Bureau of the Census. (2006). *Statistical abstracts of the United States.* Washington, DC: U.S. Government Printing Office.

Umberson, D., Williams, K., Powers, D., Chen, M., & Campbell, A. (2005). As good as it gets? A life course perspective on marital quality. *Social Forces, 81,* 493–511.

United Nations Development Programme (UNDP). (2014). *Human development report.* New York, NY: Author.

United Nations Development Programme (UNDP). (2017). Human development report. New York, NY: Author. Retrieved from http://hdr.undp.org/sites/default/files/2016_human_development_report.pdf

Vaillant, G. E. (2002). *Aging well.* Boston, MA: Little, Brown.

Van Volkom, M. (2006). Sibling relationships in middle and older adulthood: A review of the literature. *Marriage & Family Review, 40,* 151–170.

VanLaningham, J., Johnson, D., & Amato, P. (2001). Marital happiness, marital duration, and the U-shaped curve: Evidence from the five-wave panel study. *Social Forces, 78,* 1313–1341.

Villar, F., Celdrán, M., & Triadó, C. (2012). Grandmothers offering regular auxiliary care for their grandchildren: An expression of generativity in later life? *Journal of Women & Aging, 24*(4), 292–312.

Vincent, J. A., Phillipson, C. R., & Downs, M. (2006). *The futures of old age.* Thousand Oaks, CA: Sage.

Vissamsetti, B., & Pearce, I. (2011). Erectile dysfunction. *Geriatric Medicine-Coventry, 41*(9), 467–471.

Wadhwa, V. (2012). *The immigrant exodus: Why America is losing the global race to capture entrepreneurial talent.* Philadelphia, PA: Wharton Digital Press.

Walther, A., Mahler, F., Debelak, R., & Ehlert, U. (2017). Psychobiological protective factors modifying the association between age and sexual health in men: Findings from the Men's Health 40+ Study. *American Journal of Men's Health,* 1557988316689238.

Wang, M., Gamo, N. J., Yang, Y., Jin, L. E., Wang, X. J., Laubach, M., ... Arnsten, A. F. (2011). Neuronal basis of age-related working memory decline. *Nature, 476*(7359), 210–213.

Weaver, C. M., Gordon, C. M., Janz, K. F., Kalkwarf, H. J., Lappe, J. M., Lewis, R., ... Zemel, B. S. (2016). The National Osteoporosis Foundation's position statement on peak bone mass development and lifestyle factors: A systematic review and implementation recommendations. *Osteoporosis International, 27*(4), 1281–1386.

Weber, M. T., Maki, P. M., & McDermott, M. P. (2014). Cognition and mood in perimenopause: A systematic review and meta-analysis. *Journal of Steroid Biochemistry and Molecular Biology, 142,* 90–98.

Weiss, E. P., Albert, S. G., Reeds, D. N., Kress, K. S., McDaniel, J. L., Klein, S., & Villareal, D. T. (2016). Effects of matched weight loss from calorie restriction, exercise, or both on cardiovascular disease risk factors: A randomized intervention trial. *The American Journal of Clinical Nutrition*, ajcn131391.

Whitbourne, S. K. (1986). *The me I know: A study of adult identity.* New York, NY: Springer-Verlag.

White, L. (2001). Sibling relationships over the life course: A panel analysis. *Journal of Marriage and Family, 63,* 555–568.

Wiesner-Hanks, M. E. (2011). *Gender in history: Global perspectives.* New York, NY: Wiley.

Williams, K., & Dunne-Bryant, A. (2006). Divorce and adult psychological well-being: Clarifying the role of gender and child age. *Journal of Marriage and Family, 68,* 1178 1196.

Willis, S. L., & Schaie, K. W. (1999). Intellectual functioning in midlife. In S. L. Willis & J. D. Reid (Eds.), *Life in the middle* (pp. 105–146). San Diego, CA: Academic Press.

World Bank. (2017). Employment in agriculture (% of total employment). Retrieved from http://data.worldbank.org/indicator/SL.AGR.EMPL.ZS

World Health Organization (WHO). (2014). *Fact sheet: Top 10 causes of death.* Geneva, Switzerland: Author. Retrieved from http://www.who.int/mediacentre/factsheets/fs310/en/

World Health Organization (WHO). (2015). World report on ageing and health. Geneva, Switzerland: Author.

World Health Organization (WHO). (2017). Cardiovascular diseases. Retrieved from http://www.who.int/mediacentre/factsheets/fs317/en/

Xiao, S. (2016). Intimate power: The intergenerational cooperation and conflicts in childrearing among urban families in contemporary China. *The Journal of Chinese Sociology, 3*(1), 18.

Yi, Z., George, L., Sereny, M., Gu, D., & Vaupel, J. W. (2016). Older parents enjoy better filial piety and care from daughters than sons in China. *American Journal of Medical Research, 3*(1), 244–244.

Youn, G., Knight, B. G., Jeon, H., & Benton, D. (1999). Differences in familism values among Korean, Korean American, and White American dementia caregivers. *Psychology and Aging, 14,* 355–364.

Zebardast, N., Friedman, D. S., & Vitale, S. (2017). The prevalence and demographic associations of presenting near-vision impairment among adults living in the United States. *American Journal of Ophthalmology, 174*, 134–144.

Zhang, W., & Wang, Y. (2010). Meal and residence rotation of elderly parents in contemporary rural Northern China. *Journal of Cross-Cultural Gerontology, 25,* 217–237.

Chapter 12

AARP. (2009). *The divorce experience: A study of divorce at midlife and beyond.* Washington, DC: Author.

Abbott, R. D., White, L. R., Ross, G. W., Masaki, K. M.,

Cub, J. D., & Petrovich, H. (2004). Walking and dementia in physically capable elderly men. *JAMA: Journal of the American Medical Association, 292,* 1147–1153.

Abrams, L., & Davis, D. K. (2016). The tip-of-the-tongue phenomenon. In H. H. Wright (Ed.), *Cognition, language and aging* (pp. 13–56). New York, NY: Benjamins.

Abrams, R. C., Nathanson, M., Silver, S., Ramirez, M., Toner, J. A., & Teresi, J. A. (2016). A training program to enhance recognition of depression in nursing homes, assisted living, and other long-term care settings: Description and evaluation. *Gerontology & Geriatrics Education*, 1–21.

Aksan, N., Anderson, S. W., Dawson, J., Uc, E., & Rizzo, M. (2015). Cognitive functioning differentially predicts different dimensions of older drivers' on-road safety. *Accident Analysis & Prevention, 75,* 236–244.

Almeida, D. M., Neupert, S. D., Banks, S. R., & Serido, J. (2005). Do daily stress processes account for socioeconomic health disparities? *Journal of Gerontology, 60B,* 34–39.

Alves, J. (2015). Neural effects of cognitive intervention in healthy aging and dementia. *Journal of Advanced Neuroscience Research, 2,* 28–35.

Anderson, M., & Perrin, G. (2016). 13% of Americans don't use the internet; Who are they? Washington, DC: Pew Research Center. Retrieved from http://www.pewresearch.org/fact-tank/2016/09/07/some-americans-dont-use-the-internet-who-are-they/

Antonucci, T. C., Ajrouch, K. J., & Birditt, K. S. (2013). The convoy model: Explaining social relations from a multidisciplinary perspective. *The Gerontologist*, gnt118.

Arazi, B. (2009). Enhancing elderly utilization of social networks. *International Journal of Disability and Human Development, 8,* 199–206.

Arber, S. (2016). Gender, marital status, and intergenerational relations in a changing world. In Z. Zimmer (Ed.), *Global ageing in the 21st century: Challenges, opportunities, and implications* (pp. 283–303). New York, NY: Routledge.

Arnett, J. J. (2016). Life stage concepts across history and cultures: Proposal for a new field on indigenous life stages. *Human Development, 59*(5), 290–316.

Ashman, B., Cruikshank, D., & Moran, M. (2016). Total hip replacement: Relieving pain and restoring function. *British Columbia Medical Journal, 58*(9), 505–513.

Aspelund, A., Antila, S., Proulx, S. T., Karlsen, T. V., Karaman, S., Detmar, M., . . . Alitalo, K. (2015). A dural lymphatic vascular system that drains brain interstitial fluid and macromolecules. *Journal of Experimental Medicine, 212*(7), 991–999.

Atchley, R. C. (2009). *Spirituality and aging.* Baltimore, MD: John Hopkins University Press.

Attar-Schwartz, S., & Khoury-Kassabri, M. (2016). The moderating role of cultural affiliation in the link between emotional closeness to grandparents and adolescent adjustment difficulties and prosocial behavior. *American Journal of Orthopsychiatry, 86*(5), 564.

Baltes, P. B. (2003). On the incomplete architecture of human ontogeny: Selection, optimization, and compensation as foundation for developmental theory. In U. M. Staudinger & U. Lindenberger (Eds.), *Understanding human development: Dialogues with lifespan psychology* (pp. 17–44). Boston, MA: Kluwer.

Baltes, P. B., & Baltes, M. M. (1990). Psychological perspectives on successful aging: The model of selective optimization with compensation. In P. B. Baltes & M. M. Baltes (Eds.), *Successful aging: Perspectives from the behavioral sciences* (pp. 1–34). New York, NY: Cambridge University Press.

Baltes, P. B., & Smith, J. (2003). New frontiers in the future of aging: From successful aging of the young old to the dilemmas of the fourth age. *Gerontology, 49,* 123–135.

Baltes, P. B., & Staudinger, U. M. (2000). Wisdom. *American Psychologist, 55,* 122–136.

Baltes, P. B., Staudinger, U. M., Maercker, A., & Smith, J. (1995). People nominated as wise: A comparative study of wisdom-related knowledge. *Psychology and Aging, 10,* 155–166.

Bancroft, J. (2007). Sex and aging. *The New England Journal of Medicine, 357,* 820–822.

Banerjee, S. (2016). *Trends in retirement satisfaction in the United States: Fewer having a great time.* Washington, DC: Employee Benefit Research Institute.

Barbosa, L. M., Monteiro, B., & Murta, S. G. (2016). Retirement adjustment predictors—a systematic review. *Work, Aging and Retirement*, waw008.

Beswick, A. D., Rees, K., Dieppe, P., Ayis, S., Gooberman-Hill, R., Horwood, J., & Ebrahim, S. (2008). Complex interventions to improve physical function and maintain independent living in elderly people: A systematic review and meta-analysis. *The Lancet, 371,* 725–735.

Bharathi, P., Sridevi, G., & Kumar, K. B. (2016). Depression among widows and widowers. *International Journal of Scientific Research, 4*(10).

Bhattacharjee, S., Oh, Y. M., Reiman, E. M., & Burke, W. J. (2017). Prevalence, patterns, and predictors of depression treatment among community-dwelling elderly individuals with dementia in the United States. *The American Journal of Geriatric Psychiatry*.

Birditt, K. S., & Fingerman, K. L. (2013). Parent–child and intergenerational relationships in adulthood. In M. A. Fine & F. D. Fincham (Eds.), *Handbook of family theories: A content-based approach* (pp. 71–86). New York, NY: Routledge.

Blackburn, P., Wilkins-Ho, M., & Wiese, B. (2017). Depression in older adults: Diagnosis and management. *British Columbia Medical Journal, 59*(3).

Bolen, J., et al. (2010). Differences in the prevalence and impact of arthritis among racial/ethnic groups in the United States. *Prevention of Chronic Disease, 7,* A64.

Bolland, M. J., & Avenell, A. (2017). Do vitamin D supplements help prevent respiratory tract infections? *BMJ.* doi:https://doi.org/10.1136/bmj.j456

Bolster, M. (2017). New AD research targets plaques and tangles. *Neurology Now*.

Bookwala, J. (2012). Marriage and other partnered relationships in middle and late adulthood. In R. Blieszner & V. H. Bedford (Eds.), *Handbook of Families and Aging.* New York, NY: ABC-CLIO.

Bowman, S. A. (2009). Socioeconomic characteristics, dietary and lifestyle patterns, and health and weight status of older adults in NHANES, 1999–2002: A comparison of Caucasians and African Americans. *Journal of Nutrition for the Elderly, 28,* 30–46.

Bozzali, M., Dowling, C., Serra, L., Spanò, B., Torso, M., Marra, C., ... Cercignani, M. (2015). The impact of cognitive reserve on brain functional connectivity in Alzheimer's disease. *Journal of Alzheimer's Disease, 44*(1), 243–250.

Brenn, T., & Ytterstad, E. (2016). Increased risk of death immediately after losing a spouse: Cause-specific mortality following widowhood in Norway. *Preventive Medicine, 89,* 251–256.

Brooks, M. E., Bichard, S., & Craig, C. (2016). What's the score? A content analysis of mature adults in Super Bowl commercials. *Howard Journal of Communications, 27*(4), 347–366.

Brunello, G., & Langella, M. (2013). Bridge jobs in Europe. *IZA Journal of Labor Policy, 2,* 11.

Bureau of Labor Statistics. (2017). *Economic news release. Table 11: Time spent in leisure and sports activities.* Retrieved from https://www.bls.gov/news.release/atus.t11.htm

Cahill, K. E., Giandrea, M. D., & Quinn, J. F. (2011). How does occupational status impact bridge job prevalence. *U.S. Bureau of Labor Statistics Working Paper* 447. Washington, DC: U.S. Bureau of Labor Statistics.

Callahan, C. M., Boustani, M. A., Unverzagt, F. W., Austrom, M. G., Damush, T. M., Perkins, et al. (2006). Effectiveness of collaborative care for older adults with Alzheimer disease in primary care: A randomized controlled trial. *JAMA: Journal of the American Medical Association, 295,* 2148–2157.

Calvo, E. (2006). *Does working longer make people healthier and happier?* Retrieved from http://www.bc.edu/centers/crr/issues/wob_2.pdf

Campbell, A. D., Godfryd, A., Buys, D. R., & Locher, J. L. (2015). Does participation in home-delivered meals programs improve outcomes for older adults? Results of a systematic review. *Journal of Nutrition in Gerontology and Geriatrics, 34*(2), 124–167.

Carnelly, K. B., Wortman, C. B., Bolger, N., & Burke, C. T. (2006). The time course of grief reactions to spousal loss: Evidence from a national probability sample. *Journal of Personality and Social Psychology, 91,* 476–492.

Carr, D. (2016). Marital transitions: Widowhood, divorce, and remarriage. In S. K. Whitbourne (Ed.), *The encyclopedia of adulthood and aging* (pp. 1–5). New York, NY: Wiley.

Carstensen, L. L. (1995). Evidence for a life-span theory of socioemotional selectivity. *Current Directions in*

Psychological Science, 5, 151–156.

Carstensen, L. L. (1998). A life-span approach to social motivation. In J. Heckhausen & C. Dweck (Eds.), *Motivation and self-regulation across the life span* (pp. 341–364). New York, NY: Cambridge University Press.

Carstensen, L. L., et al. (2011). Emotional experience improves with age: Evidence based on over 10 years of experience sampling. *Psychology and Aging, 26,* 21–33.

Carstensen, L. L., Fung, H. H., & Charles, S. T. (2003). Socioeconomic selectivity theory and the regulation of emotion in the second half of life. *Motivation and Emotion, 27,* 103–123.

Centers for Disease Control and Prevention (CDC). (2014). *Fact sheet: Adult cigarette smoking in the United States: Current estimates.* Retrieved from http://www.cdc.gov/tobacco/data_statistics/fact_sheets/adult_data/cig_smoking/

Centers for Disease Control and Prevention (CDC). (2017). *Current cigarette smoking among adults in the United States.* Retrieved from https://www.cdc.gov/tobacco/data_statistics/fact_sheets/adult_data/cig_smoking/

Centers for Disease Control and Prevention (CDC). (2017). *High blood pressure facts.* Retrieved from https://www.cdc.gov/bloodpressure/facts.htm

Chadha, N. K. (2004). Understanding intergenerational relationships of India. In E. Larkin, D. Friedlander, S. Newman, & R. Goff (Eds.), *Intergenerational relationships: Conversations on practice and research across cultures* (pp. 63–73). New York, NY: Haworth Press.

Chew, K.-K., Bremner, A., Stuckey, B., Earle, C., & Jamrozik, K. (2009). Is the relationship between cigarette smoking and male erectile dysfunction independent of cardiovascular disease? Findings from a population-based cross-sectional study. *Journal of Sexual Medicine, 6,* 222–231.

Chong, A. M. L., & Liu, S. (2016). Receive or give? Contemporary views among middle-aged and older Chinese adults on filial piety and well-being in Hong Kong. *Asia Pacific Journal of Social Work and Development, 26*(1), 2–14.

Chou, R. J. (2011). Perceived need and actual usage of the Family Support Agreement in rural China: Results from a nationally representative survey. *The Gerontologist, 51,* 295–309. doi:10.1093/geront/gnq062

Colcombe, S. J., Erickson, K. I., Scalf, P. E., Kim, J. S., Prakash, R., McAuley, E., et al. (2006). Aerobic exercise training increases brain volume in aging humans. *Journal of Gerontology, A. Biological Sciences and Medical Sciences, 61,* 1166–1170.

Conference Board of Canada. (2017). *Poverty rates.* Retrieved from http://www.conferenceboard.ca/hcp/details/society/elderly-poverty.aspx

Cooney, T. M., Proulx, C. M., & Snyder-Rivas, L. A. (2016). A profile of later life marriages: Comparisons by gender and marriage order. In G. Gianesini & L. B. Sampson (Eds.), *Divorce, separation, and remarriage: The transformation of family* (pp. 1–37). New York, NY: Emerald.

Coontz, S. (2016). *The social origins of private life: A history of American families, 1600–1900.* New York, NY: Verso Books.

Cornutiu, G. (2015). The epidemiological scale of Alzheimer's disease. *Journal of Clinical Medicine Research, 7*(9), 657–666.

Crowley, K. (2011). Sleep and sleep disorders in older adults. *Neuropsychology Review, 21,* 41–53.

DeBono, K. G., & Kuschpel, A. (2014). Gender differences in religiosity: The role of self-monitoring. *North American Journal of Psychology, 16*(2), 415–425.

Dhingra, I., De Sousa, A., & Sonavane, S. (2016). Sexuality in older adults: Clinical and psychosocial dilemmas. *Journal of Geriatric Mental Health, 3*(2), 131.

DiFrancesco, V., Fantin, F., Omizzolo, F., Residon, L., Bissoli, L., Bosello, L., & Zamboni, M. (2007). The anorexia of aging. *Digestive Diseases, 25,* 129–137.

DiMaria-Ghalili, R. A. (2008). Nutrition. In E. Capezuti, D. Zwicker, M. Mezey, T. T. Fulmer, D. Gray-Miceli, & M. Kluger (Eds.), *Evidence-based geriatric nursing protocols for best practice* (3rd ed., pp. 353–367). New York, NY: Springer.

Dodson, C. S., Bawa, S., & Slotnick, S. D. (2007). Aging, source memory, and misrecollections. *Journal of Experimental Psychology: Learning, Memory, and Cognition, 33,* 169–181.

Dolan, A. L., Koshy, E., Waker, M., & Goble, C. M. (2004). Access to bone densitometry increase general practitioners' prescribing for osteoporosis in steroid treated patients. *Annals of Rheumatoid Diseases, 63,* 183–186.

Dong, X. (2016). Elder rights in China: Care for your parents or suffer public shaming and desecrate your credit scores. *JAMA Internal Medicine, 176*(10), 1429–1430.

Donorfio, L. K. M., D'Ambrosio, L. A., Coughlin, J. F., & Mohyde, M. (2008). Health, safety, self-regulation, and the older driver: It's not just a matter of age. *Journal of Safety Research, 39,* 555–561.

Dorfman, L. T. (2016). Retirement, leisure activities in. In S. K. Whitbourne (Ed.), *The encyclopedia of adulthood and aging* (pp. 765–771). New York, NY: Wiley.

Dozier, D. M., Shen, H., Sweetser, K. D., & Barker, V. (2016). Demographics and internet behaviors as predictors of active publics. *Public Relations Review, 42*(1), 82–90.

Dugdale, D. C. (2010). Aging changes in the senses. *Medline Plus.*

Duzel, E., van Praag, H., & Sendtner, M. (2016). Can physical exercise in old age improve memory and hippocampal function? *Brain*, awv407.

Edwards, J. D., Lunsman, M., Perkins, M., Rebok, G. W., & Roth, D. L. (2009). Driving cessation and health trajectories in older adults. *Journals of Gerontology: Series A: Biological Sciences and Medical Sciences, 64A,* 1290–1295.

English, T., & Carstensen, L. L. (2016). *Socioemotional selectivity theory.* New York, NY: Springer.

Englund, D. A., Sharp, R. L., Selsby, J. T., Ganesan, S. S., & Franke, W. D. (2017). Resistance training performed at distinct angular velocities elicits velocity-specific alterations in muscle strength and mobility status in older adults. *Experimental Gerontology, 91*, 51–56.

Erickson, K. I., Miller, D. L., Weinstein, A. M., Akl, S. L., & Banducci, S. (2012). Physical activity and brain plasticity in late adulthood: A conceptual and comprehensive review. *Ageing Research, 3*(1), e6.

Erickson, K. I., Voss, M. W., Prakash, R. S., Basak, C., Szabo, A., Chaddock, L., … Wojcicki, T. R. (2011). Exercise training increases size of hippocampus and improves memory. *Proceedings of the National Academy of Sciences, 108*(7), 3017–3022.

Even-Zohar, A., & Garby, A. (2016). Great-grandparents' role perception and its contribution to their quality of life. *Journal of Intergenerational Relationships, 14*(3), 197–219.

Fawcett, J. (2016). The pharmacologic management of the elderly patient. *Psychiatric Annals, 46*(2), 84.

Fingerman, K. L., Kim, K., Tennant, P. S., Birditt, K. S., & Zarit, S. H. (2016). Intergenerational support in a daily context. *The Gerontologist, 56*(5), 896–908.

Flores, Y. G., Hinton, L., Barker, J. C., Franz, C. E., & Velasquez, A. (2009). Beyond familism: A case study of the ethics of care of a Latina caregiver of an elderly parent with dementia. *Health Care for Women International, 30,* 1055–1072.

Foebel, A. D., & Pedersen, N. L. (2016). Genetic influences on functional capacities in aging. *The Gerontologist, 56*(Suppl. 2), S218–S229.

Foley, D. J., Vitiello, M. V., Bliwise, D. L., Ancoli-Israel, S., Monjan, A. A., & Walsh, J. K. (2007). Frequent napping is associated with excessive daytime sleepiness, depression, pain, and nocturia in older adults: Findings from the National Sleep Foundation "2003 Sleep in America" poll. *American Journal of Geriatric Psychology, 15,* 344–350.

Fortunato, S., Forli, F., Guglielmi, V., De Corso, E., Paludetti, G., Berrettini, S., & Fetoni, A. R. (2016). A review of new insights on the association between hearing loss and cognitive decline in ageing. *Acta Otorhinolaryngologica Italica, 36*(3), 155.

Fraser, S., & Bherer, L. (2013). Age-related decline in divided-attention: From theoretical lab research to practical real-life situations. *Wiley Interdisciplinary Reviews: Cognitive Science, 4*(6), 623–640.

Freund, A. M., & Baltes, P. B. (2002). Life-management strategies of selection, optimization, and compensation: Measurement by self-report and construct validity. *Journal of Personality and Social Psychology, 82,* 642–662.

Freund, B., Colgrove, L. A., Burke, B. L., & McLeod, R. (2005). Self-rated performance among elderly drivers referred for driving evaluation. *Accident Analysis and Prevention, 37,* 613–618.

Galatzer-Levy, I. R., & Bonanno, G. A. (2012). Beyond normality in the study of bereavement: Heterogeneity in depression outcomes following loss in older adults. *Social*

Science & Medicine, 74(12), 1987–1994.

Gawande, A. (2007, April 30). The way we age now. *The New Yorker,* 49–59.

Goodwin, P. J., & Chlebowski, R. T. (2016). Obesity and cancer: Insights for clinicians. *Journal of Clinical Oncology, 34*(35), 4197–4202.

Goren, A., Montgomery, W., Kahle-Wrobleski, K., Nakamura, T., & Ueda, K. (2016). Impact of caring for persons with Alzheimer's disease or dementia on caregivers' health outcomes: Findings from a community based survey in Japan. *BMC Geriatrics, 16*(1), 122.

Griffith, G. (2007). *Older drivers: A review of licensing requirements and research findings.* Retrieved from http://www.parliament.nsw.gov.au/prod/parlment/publications.nsf/0/EFE9D4AB5C456905CA257376000D7777/$File/Older%20drivers%20final%20&%20INDEX.pdf

Gui, T., & Koropeckyj-Cox, T. (2016). "I am the only child of my parents" : Perspectives on future elder care for parents among Chinese only-children living overseas. *Journal of Cross-Cultural Gerontology, 31*(3), 255–275.

Gureje, O., Ogunniyi, A., Baiyewu, O., Price, B., Unverzagt, F. W., & Evans, R. M. (2006). *APOE epsilon4* is not associated with Alzheimer's disease in elderly Nigerians. *Annals of Neurology, 59,* 182–185.

Hahn, E. A., & Lachman, M. E. (2014). Everyday experiences of memory problems and control: The adaptive role of selective optimization with compensation in the context of memory decline. *Aging, Neuropsychology, and Cognition*, 1–17.

Hank, K. (2011). Societal determinants of productive aging: A multilevel analysis across 11 European countries. *European Sociological Review, 27*(4), 526–541.

Hardy, M. (2006). Older workers. In R. Binstock & L. George (Eds.), *Handbook of aging and the social sciences* (6th ed., pp. 201–218). New York, NY: Academic Press.

Harrington, S. E., & Curseen, K. A. (2017). Caregiver: Roles in health management. In L. Cummings-Vaughn & D. Cruz-Oliver (Eds.), *Ethnogeriatrics* (pp. 145–158). New York, NY: Springer.

Harris, G. (2002). *Grandparenting: How to meet its responsibilities*. Los Angeles, CA: The Americas Group.

Hasher, L. (2003, February 28). Commentary in "The wisdom of the wizened." *Science, 299,* 1300–1302.

He, W., Goodkind, D., & Kowal, P. (2016). *An aging world: International population reports.* Washington, DC: U.S. Bureau of the Census.

Heineman, J., Hamrick-King, J. H. J., & Sewell, B. S. (2017). Review of the aging of physiological systems. In K. L. Mauk (Ed.), *Gerontological nursing: Competencies for care* (pp. 67–105). New York, NY: Johnson & Bartlett Learning.

Heo, J., Chun, S., Kim, B., Ryu, J., & Lee, Y. (2017). Leisure activities, optimism, and personal growth among the young-old, old-old, and oldest-old. *Educational Gerontology*, 1–11.

Hersi, M., Irvine, B., Gupta, P., Gomes, J., Birkett, N., & Krewski, D. (2017). Risk factors associated with the onset and progression of Alzheimer's disease: A systematic review of the evidence. *Neurotoxicology*.

Hietanen, A., Era, P., Sorri, M., & Heikkinen, E. (2004). Changes in hearing in 80-year-old people: A 10-year follow-up study. *International Journal of Audiology, 43,* 126–135.

Hipple, S. F., & Hammond, L. A. (2016). Self-employment in the United States. *Spotlight on Statistics*. Washington, DC: U.S. Bureau of Labor Statistics.

Hoffman, H. J., Rawal, S., Li, C. M., & Duffy, V. B. (2016). New chemosensory component in the U.S. National Health and Nutrition Examination Survey (NHANES): First-year results for measured olfactory dysfunction. *Reviews in Endocrine and Metabolic Disorders, 17*(2), 221–240.

Hogan, M. J. (2003). Divided attention in older but not younger adults is impaired by anxiety. *Experimental Aging Research, 29,* 111–136.

Hooyman, N. R., Kawamoto, K. Y., & Kiyak, H. A. (2017). *Social gerontology: A multidisciplinary perspective* (10th ed.). Boston, MA: Pearson.

Hunter, B. D., & Merrill, R. M. (2013). Religious orientation and health among active older adults in the United States. *Journal of Religion and Health, 52*(3), 851–863.

Idler, E. L. (2006). Religion and aging. In R. Binstock & L. K. George (Eds.), *Handbook of aging and the social sciences* (6th ed., pp. 277–300). New York, NY: Academic Press.

Ihle, A., Grotz, C., Adam, S., Oris, M., Fagot, D., Gabriel, R., &

Kliegel, M. (2016). The association of timing of retirement with cognitive performance in old age: The role of leisure activities after retirement. *International Psychogeriatrics*, 1–11.

Infurna, F. J., Okun, M. A., & Grimm, K. J. (2016). Volunteering is associated with lower risk of cognitive impairment. *Journal of the American Geriatrics Society, 64*(11), 2263–2269.

International Osteoporosis Foundation (IOF). (2017). *Facts and statistics.* Retrieved from https://www.iofbonehealth.org/facts-statistics

Isherwood, L. M., King, D. S., & Luszcz, M. A. (2017). Widowhood in the fourth age: Support exchange, relationships and social participation. *Ageing and Society*, 1–25.

Isherwood, L. M., Luszcz, M. A., & King, D. S. (2016). Reciprocity in material and time support within parent–child relationships during late-life widowhood. *Ageing and Society, 36*(08), 1668–1689.

Jacoby, L. L., & Rhodes, M. G. (2006). False remembering in the aged. *Current Directions in Psychological Science, 15,* 49–53.

Jadhav, A., & Weir, D. (2017). Widowhood and depression in a cross-national perspective: Evidence from the United States, Europe, Korea, and China. *The Journals of Gerontology. Series B, Psychological Sciences and Social Sciences.*

James, T., Strunk, J., Arndt, J., & Duarte, A. (2016). Age-related deficits in selective attention during encoding increase demands on episodic reconstruction during context retrieval: An ERP study. *Neuropsychologia, 86*, 66–79.

Jayakody, R. (2008). The aging experience, social change, and television. In K. W. Schaie & R. P. Abeles (Eds.), *Social structures and aging individuals: Continuing challenges* (pp. 285–301). New York, NY: Springer.Johnson, E. J., & Schaefer, E. J. (2006). Potential role of dietary n-3 fatty acids in the prevention of dementia and macular degeneration. *American Journal of Clinical Nutrition, 83,* 1494S–1498.

Jonasson, L. S., Nyberg, L., Kramer, A. F., Lundquist, A., Riklund, K., & Boraxbekk, C. J. (2016). Aerobic exercise intervention, cognitive performance, and brain structure: Results from the Physical Influences on Brain in Aging (PHIBRA) study. *Frontiers in Aging Neuroscience, 8.*

Kaiser Family Foundation. (2017). *Poverty rates by age.* Retrieved from http://kff.org/other/state-indicator/poverty-rate-by-age/?currentTimeframe=0&sortModel=%7B%22colId%22:%22Location%22,%22sort%22:%22asc%22%7D

Kakar, S. (1998). The search for the middle age in India. In R. A. Shweder (Ed.), *Welcome to middle age! (And other cultural fictions)* (pp. 75–98). Chicago, IL: University of Chicago Press.

Kalaria, R. N., Maestre, G. E., Arizaga, R., Friedland, R. P., Galasko, D., Hall, K., & World Federation of Neurology Dementia Research group. (2008). Alzheimer's disease and vascular dementia in developing countries: Prevalence, management, and risk factors. *Lancet Neurology, 7,* 812–826.

Kamel, N. S., & Gammack, J. K. (2006). Insomnia in the elderly: Cause, approach, and treatment. *American Journal of Medicine, 119,* 463–469.

Kampmeijer, R., Pavlova, M., Tambor, M., Golinowska, S., & Groot, W. (2016). The use of e-health and m-health tools in health promotion and primary prevention among older adults: A systematic literature review. *BMC Health Services Research, 16*(5), 290.

Kanasi, E., Ayilavarapu, S., & Jones, J. (2016). The aging population: Demographics and the biology of aging. *Periodontology 2000, 72*(1), 13–18.

Keidser, G., Seeto, M., Rudner, M., Hygge, S., & Rönnberg, J. (2015). On the relationship between functional hearing and depression. *International Journal of Audiology, 54*(10), 653–664.

Kelly, M. E., Loughrey, D., Lawlor, B. A., Robertson, I. H., Walsh, C., & Brennan, S. (2014). The impact of exercise on the cognitive functioning of healthy older adults: A systematic review and meta-analysis. *Ageing Research Reviews, 16*, 12–31.

Kennedy, Q., Mather, M., & Carstensen, L. L. (2004). The role of motivation in the age-related positivity effect in autobiographical memory. *Psychological Science, 15*(3), 208–214.

Kim, E. S., & Konrath, S. H. (2016). Volunteering is prospectively associated with health care use among older adults. *Social Science & Medicine, 149*, 122–129.

Kivipelto, M., Mangialasche, F., & Ngandu, T. (2017). Can lifestyle changes prevent cognitive impairment? *The Lancet Neurology*.

Kleiber, D., & Nimrod, G. (2008). Expressions of generativity and civic engagement in a "learning in retirement" group. *Journal of Adult Development, 15,* 76–86.

Koenig, H. G. (2007). *Spirituality in patient care* (2nd ed.). Philadelphia, PA: Templeton Foundation Press.

Kojola, E., & Moen, P. (2016). No more lock-step retirement: Boomers' shifting meanings of work and retirement. *Journal of Aging Studies, 36*, 59–70.

Koppel, J., & Berntsen, D. (2016). The reminiscence bump in autobiographical memory and for public events: A comparison across different cueing methods. *Memory, 24*(1), 44–62.

Kramer, D. A. (2003). The ontogeny of wisdom in its variations. In J. Demick & C. Andreoletti (Eds.), *Handbook of adult development* (pp. 131–151). New York, NY: Springer.

Krause, N., Ironson, G., & Hill, P. C. (2016). Volunteer work, religious commitment, and resting pulse rates. *Journal of Religion and Health*, 1–13.

Ku, P. W., Fox, K. R., Gardiner, P. A., & Chen, L. J. (2016). Late-life exercise and difficulty with activities of daily living: An 8-year nationwide follow-up study in Taiwan. *Annals of Behavioral Medicine, 50*(2), 237–246.

Kulik, L., Walfisch, S., & Liberman, G. (2016). Spousal conflict resolution strategies and marital relations in late adulthood. *Personal Relationships, 23*(3), 456–474.

Lagergren, M., Johnell, K., Schön, P., & Danielsson, M. (2017). Towards a postponement of activities of daily living dependence and mobility limitations: Trends in healthy life years in old age in Sweden. *Scandinavian Journal of Public Health*, 1403494817698287.

Lahiri, D. K., Maloney, B., Basha, M. R., Ge, Y. W., & Zawia, N. H. (2007). How and when environmental agents and dietary factors affect the course of Alzheimer's disease: The "LEARn" model (latent early-life associated regulation) may explain the triggering of AD. *Current Alzheimer Research, 4,* 219–228.

Langa, K. M. (2015). Is the risk of Alzheimer's disease and dementia declining? *Alzheimer's Research & Therapy, 7*(1), 34.

Langer, E., & Rodin, J. (1976). The effects of choice and enhanced personal responsibility for the aged: A field experiment in an institutional setting. *Journal of Personality and Social Psychology, 34,* 191–198.

Lim, L. S., Mitchell, P., Seddon, J. M., Holz, F. G., & Wong, T. Y. (2012). Age-related macular degeneration. *The Lancet, 379*(9827), 1728–1738.

Lin, C. A. (2001). Cultural values reflected in Chinese and American television advertising. *Journal of Advertising, 30,* 83–94.

Lloret, A., Coiffier, G., Couchouron, T., Perdriger, A., & Guggenbuhl, P. (2016). Risk factors of mortality during the first year after low energy osteoporosis fracture: A retrospective case-control study. *Clinical Cases in Mineral and Bone Metabolism, 13*(2), 123.

Lock, M. (1998). Deconstructing the change: Female maturation in Japan and North America. In R. A. Shweder (Ed.), *Welcome to middle age! (And other cultural fictions)* (pp. 45–74). Chicago, IL: University of Chicago Press.

Löwe, L. C., Gaser, C., Franke, K., & Alzheimer's Disease Neuroimaging Initiative. (2016). The effect of the APOE genotype on individual brain age in normal aging, mild cognitive impairment, and Alzheimer's disease. *PloS One, 11*(7), e0157514.

Luyster, F. S., Dunbar-Jacob, J., Aloia, M. S., Martire, L. M., Buysse, D. J., & Strollo, P. J. (2016). Patient and partner experiences with obstructive sleep apnea and CPAP treatment: A qualitative analysis. *Behavioral Sleep Medicine, 14*(1), 67–84.

Macdonald, J. L., & Levy, S. R. (2016). Ageism in the workplace: The role of psychosocial factors in predicting job satisfaction, commitment, and engagement. *Journal of Social Issues, 72*(1), 169–190.

MacLeod, M. D., & Saunders, J. (2017). Episodic memory and age-related deficits in inhibitory effectiveness. *Experimental Aging Research, 43*(1), 34–54.

Mahfuz, K. (2008). Determinants of life expectancy in developing countries. *Journal of Developing Areas, 41,* 185–204.

Mair, F. S., May, C., O'Donnell, C., Finch, T., Sullivan, F.,

& Murray, E. (2012). Factors that promote or inhibit the implementation of e-health systems: An explanatory systematic review. *Bulletin of the World Health Organization, 90,* 357–364.

Mandviwala, T., Khalid, U., & Deswal, A. (2016). Obesity and cardiovascular disease: A risk factor or a risk marker? *Current Atherosclerosis Reports, 18*(5), 1–10.

Manev, R., & Manev, H. (2005). The meaning of mammalian adult neurogenesis and the function of newly added neurons: The "small world" network. *Medical Hypotheses, 64,* 114–117.

Manheimer, R. J. (2008). Gearing up for the big show: Lifelong learning programs are coming of age. In R. B. Hudson (Ed.), *Boomer bust? Economic and political issues of the graying society* (Vol. 2, pp. 99–112). Westport, CT: Praeger.

Manrique-Huarte, R., Calavia, D., Huarte Irujo, A., Girón, L., & Manrique-Rodríguez, M. (2016). Treatment for hearing loss among the elderly: Auditory outcomes and impact on quality of life. *Audiology and Neurotology, 21*(Suppl. 1), 29–35.

Marcora, E., Renton, A. E., Beecham, G. W., Boerwinkle, E., Cantwell, L., Cruchaga, C., … Kauwe, K. (2016). Alzheimer's disease sequencing project: Search for Alzheimer's disease resilience genes that may modify disease susceptibility in specific APOE genotype backgrounds. *Alzheimer's & Dementia: The Journal of the Alzheimer's Association, 12*(7), P162–P163.

Marcus, B. H., Williams, D. M., Dubbert, P. M., Sallis, J. F., King, A. C., Yancey, A. K., et al. (2006). Physical activity intervention studies: What we know and what we need to know: A scientific statement from the American Heart Association Council on nutrition, physical activity, and metabolism (Subcommittee on Physical Activity); Council on Cardiovascular Disease in the Young; and the Interdisciplinary Working Group on Quality of Care and Outcomes Research. *Circulation, 114,* 2739–2752.

Martinson, M., & Minkler, M. (2006). Civic engagement and older adults: A critical perspective. *The Gerontologist, 46,* 318–324.

Mead, M. (1928/1978). *Culture and commitment.* Garden City, NY: Anchor.

Meikle, M. B., Henry, J. A., Griest, S. E., Stewart, B. J., Abrams, H. B., McArdle, R., … Vernon, J. A. (2012). The tinnitus functional index: Development of a new clinical measure for chronic, intrusive tinnitus. *Ear and Hearing, 33*(2), 153–176.

Mejía, S. T., Ryan, L. H., Gonzalez, R., & Smith, J. (2017). Successful aging as the intersection of individual resources, age, environment, and experiences of well-being in daily activities. *The Journals of Gerontology Series B: Psychological Sciences and Social Sciences*, gbw148.

Menon, U. (2013). The Hindu concept of self-refinement: Implicit yet meaningful. *Psychology & Developing Societies, 25*(1), 195–222.

Miller, S. M., Taylor-Piliae, R. E., & Insel, K. C. (2016). The association of physical activity, cognitive processes and automobile driving ability in older adults: A review of the literature. *Geriatric Nursing, 37*(4), 313–320.

Molnar, L. J., Charlton, J. L., Eby, D. W., Bogard, S. E., Langford, J., Koppel, S., … & Man-Son-Hing, M. (2013). Self-regulation of driving by older adults: Comparison of self-report and objective driving data. *Transportation Research Part F: Traffic Psychology and Behaviour, 20,* 29–38.

Morgan, J., Robinson, O., & Thompson, T. (2015). Happiness and age in European adults: The moderating role of gross domestic product per capita. *Psychology and Aging, 30,* 544–551.

Morgan, K. (2017). *Sleep and ageing.* New York: Routledge.

Morrow-Howell, N., Hong, S. I., & Tang, F. (2009). Who benefits from volunteering? Variations in perceived benefits. *The Gerontologist, 49,* 91–102.

Mostofsky, E., Mukamal, K. J., Giovannucci, E. L., Stampfer, M. J., & Rimm, E. B. (2016). Key findings on alcohol consumption and a variety of health outcomes from the nurses' health study. *American Journal of Public Health, 106*(9), 1586–1591.

Mroczek, D. K. (2001). Age and emotion in adulthood. *Current Directions in Psychological Science, 10,* 87–90.

Mroczek, D. K., & Kolarz, C. M. (1998). The effect of age on positive and negative affect: A developmental perspective on happiness. *Journal of Personality and Social Psychology, 75,* 1333–1349.

Müller, N. C., Genzel, L., Konrad, B. N., Pawlowski, M., Neville, D., Fernández, G., … Dresler, M. (2016). Motor skills enhance procedural memory formation and protect against age-related decline. *PloS One, 11*(6), e0157770.

Murre, J. M., Janssen, S. M., Rouw, R., & Meeter, M. (2013). The rise and fall of immediate and delayed memory for verbal and visuospatial information from late childhood to late adulthood. *Acta Psychologica, 142*(1), 96–107.

National Cancer Institute. (2017). *Common cancer types.* Retrieved from https://www.cancer.gov/types/common-cancers

National Center for Health Statistics. (2017). *Summary health statistics, national interview survey.* Retrieved from https://ftp.cdc.gov/pub/Health_Statistics/NCHS/NHIS/SHS/2014_SHS_Table_A-14.pdf

National Eye Institute. (2017). *Age-related macular degeneration.* Retrieved from https://nei.nih.gov/eyedata/amd

National Eye Institute. (2017). *Cataracts.* Retrieved from https://nei.nih.gov/eyedata/cataract

National Eye Institute. (2017). *Glaucoma, open-angle.* Retrieved from https://nei.nih.gov/eyedata/glaucoma

National Highway Traffic Safety Administration (NHTSA). (2017). *Traffic safety facts.* Washington, DC: Author.

National Highway Traffic Safety Administration (NHTSA). (2018). *Traffic safety facts.* Washington, DC: Author.

National Institute of Dental and Craniofacial Research. (2017). Tooth loss in seniors (ages 65 and over). Retrieved from https://www.nidcr.nih.gov/DataStatistics/FindDataByTopic/ToothLoss/ToothLossSeniors65andOlder.htm

National Institute on Aging (NIA). (2008). *Age page: Menopause.* Washington, DC: NIA. Retrieved from http://www.nia.nih.gov/HealthInformation/Publication/menopause.htm

National Institute on Deafness and Other Communication Disorders. (2017). *Quick statistics about hearing.* Retrieved from https://www.nidcd.nih.gov/health/statistics/quick-statistics-hearing

Nelson, T. (2004). *Ageism: Stereotyping and prejudice against older persons.* Cambridge, MA: MIT Press.

Nelson, T. D. (2016). Promoting healthy aging by confronting ageism. *American Psychologist, 71*(4), 276.

Nelson, T. D. (2016). The age of ageism. *Journal of Social Issues, 72*(1), 191–198.

Neugarten, B. L. (1972). Personality and the aging process. *The Gerontologist, 12,* 9–15.

Neugarten, B. L. (1974). Age groups in American society and the rise of the young-old. *The Annals of the American Academy of Political and Social Science, 415*(1), 187–198.

Neugarten, B. L. (1977). Personality and aging. In J. E. Birren & K. W. Schaie (Eds.), *Handbook for the psychology of aging* (pp. 626–649). New York, NY: Van Nostrand Reinhold.

Neugarten, B., & Neugarten, D. (1987, May). The changing meanings of age. *Psychology Today, 21(5),* 29–33.

Nguyen, V. H. (2016). Osteoporosis prevention and osteoporosis exercise in community-based public health programs. *Osteoporosis and Sarcopenia.*

Nimrod, G. (2017). Older audiences in the digital media environment. *Information, Communication & Society, 20*(2), 233–249.

Nollett, C. L., Bray, N., Bunce, C., Casten, R. J., Edwards, R. T., Hegel, M. T., … Smith, D. J. (2016). High prevalence of untreated depression in patients accessing low-vision services. *Ophthalmology, 123*(2), 440–441.

Nygård, M., & Jakobsson, G. (2013). Political participation of older adults in Scandinavia—the civic voluntarism model revisited? A multi-level analysis of three types of political participation. *International Journal of Ageing and Later Life, 8*(1), 65–96.

O'Neill, D. (2017). Protecting the global longevity dividend. *The Lancet Global Health, 5*(2), e116–e117.

OECD. (2009). *Health at a glance 2009: OECD indicators.* Author.

OECD. (2014). *Health at a glance 2014: OECD indicators.* Paris, France: Author.

OECD. (2017). *Historical population data and projections (1950–2050).* Retrieved from https://stats.oecd.org/Index.aspx?DataSetCode=POP_PROJ#

OECD. (2017). Life expectancy at age 65. Retrieved from https://data.oecd.org/healthstat/life-expectancy-at-65.htm

Ogawa, T., Annear, M. J., Ikebe, K., & Maeda, Y. (2017). Tasterelated sensations in old age. *Journal of Oral Rehabilitation*.

Olshansky, S. J. (2016). Articulating the case for the longevity dividend. *Cold Spring Harbor Perspectives in Medicine, 6*(2), a025940.

Palley, H. A. (2017). Examining some international trends in long-term care services policy for the elderly. *Journal of Aging and Geriatric Medicine*.

Palmore, E. (2001). The ageism survey: First findings. *Gerontologist, 41*, 572–575.

Peng, W., Achariyar, T. M., Li, B., Liao, Y., Mestre, H., Hitomi, E., ... Benveniste, H. (2016). Suppression of glymphatic fluid transport in a mouse model of Alzheimer's disease. *Neurobiology of Disease, 93*, 215–225.

Persson, N., Ghisletta, P., Dahle, C. L., Bender, A. R., Yang, Y., Yuan, P., ... Raz, N. (2016). Regional brain shrinkage and change in cognitive performance over two years: The bidirectional influences of the brain and cognitive reserve factors. *Neuroimage, 126*, 15–26.

Pew Research Center. (2010). *Religion among the millennials.* Washington, DC: Author.

Pew Research Center. (2015). Religious Landscape study: Attendance at religious services. Retrieved from http://www.pewforum.org/religious-landscape-study/attendance-at-religious-services/

Pew Social Trends Staff. (2010). *The return of the multi-generational family household.* Retrieved from http://pewsocialtrends.org/2010/03/18/the-return-of-the-multi-generational-family-household/

Pfirrmann, C. W., Metzdorf, A., Elfering, A., Hodler, J., & Boos, N. (2006). Effect of aging and degeneration on disc volume and shape: A quantitative study in asymptomatic volunteers. *Journal of Orthopedics Research, 24*, 1086–1094.

Piktialis, D. S. (2008). Redesigning work for an aging labor force: Employer and employee perspectives. In R. B. Hudson (Ed.), *Boomer bust? Economic and political issues of the graying society* (Vol. 2, pp. 17–32). Westport, CT: Praeger.

Piolino, P., Desgranges, B., Clarys, D., Guillery-Girard, B., Taconnat, L., Isingrini, M., & Eustache, F. (2006). Autobiographical memory, autoneotic consciousness, and self-perspective in aging. *Psychology and Aging, 21*, 510–525.

Pottier, C., Ravenscroft, T. A., Brown, P. H., Finch, N. A., Baker, M., Parsons, M., ... van Blitterswijk, M. (2016). TYROBP genetic variants in early-onset alzheimer's disease. *Neurobiology of Aging, 48*, 222–e9.

Principi, A., Santini, S., Socci, M., Smeaton, D., Cahill, K. E., Vegeris, S., & Barnes, H. (2016). Retirement plans and active ageing: Perspectives in three countries. *Ageing & Society*, 1–27.

Pruchno, R., Heid, A. R., & Genderson, M. W. (2015). Resilience and successful aging: Aligning complementary constructs using a life course approach. *Psychological Inquiry, 26*(2), 200–207.

Putnam, R. (2000). *Bowling alone: The collapse and revival of American community.* New York, NY: Simon & Schuster.

Putnam, R. (2002). Bowling together. *The American Prospect, 13*, 20–22.

Putnam, R. (2004). *Democracies in flux.* New York, NY: Oxford University Press.

Quach, L. T., & Burr, J. A. (2016). Arthritis, depression, and falls among community-dwelling older adults: Evidence from the health and retirement study. *Journal of Applied Gerontology*, 0733464816646683.

Rahman, M. M., Strawderman, L., Adams-Price, C., & Turner, J. J. (2016). Transportation alternative preferences of the aging population. *Travel Behaviour and Society, 4*, 22–28.

Randler, C. (2016). Ontogeny of morningness–eveningness across the adult human lifespan. *The Science of Nature, 103*(1-2), 3.

Rapoport, M. J., Cameron, D. H., Sanford, S., & Naglie, G. (2017). A systematic review of intervention approaches for driving cessation in older adults. *International Journal of Geriatric Psychiatry*.

Raz, N. (2005). The aging brain observed in vivo: Differential changes and their modifiers. In R. Cabeza, L. Nyberg, & D. Park (Eds.), *Cognitive neuroscience of aging: Linking cognitive and cerebral aging* (pp. 19–57). New York, NY: Oxford University Press.

Raz, N., Rodrigue, K., Kennedy, K., & Acker, J. (2007, March). Vascular health and longitudinal changes in brain and cognition in middle-aged and older adults. *Neuropsychology, 21,* 149–157.

Riedel, B., & Lichstein, K. (2000). Insomnia in older adults. In S. K. Whitbourne (Ed.), *Psychopathology in later life* (pp. 299–322). New York, NY: Wiley.

Rifkin, J. (2004). *The European dream.* New York, NY: Tarcher.

Rigters, S. C., Metselaar, M., Wieringa, M. H., Baatenburg de Jong, R. J., Hofman, A., & Goedegebure, A. (2016). Contributing determinants to hearing loss in elderly men and women: Results from the population-based Rotterdam study. *Audiology and Neurotology, 21*(Suppl. 1), 10–15.

Riley, M. W., & Riley, J. W. (2000). Age integration conceptual and historical background. *The Gerontologist, 40*(3), 266–270.

Rix, S. E. (2008). Will the boomers revolutionize work and retirement? In R. Hudson (Ed.), *Boomer bust? Economic and political issues of the graying society* (Vol. 1, pp. 77–94). Westport, CT: Praeger.

Road Scholar. (2017). *Road Scholar experience.* Retrieved from https://www.roadscholar.org/roadscholar-experience/

Robinson, J. D., Skill, T., & Turner, J. W. (2004). Media usage patterns and portrayals of seniors. In J. F. Nussbaum & J. Coupland (Eds.), *Handbook of communication and aging research* (2nd ed., 423–446). Mahwah, NJ: Lawrence Erlbaum.

Roeseler, A., & Burns, D. (2010). The quarter that changed the world. *Tob Control, 19*(Suppl. 1), i3–i15.

Roh, J., Rhee, J., Chaudhari, V., & Rosenzweig, A. (2016). The role of exercise in cardiac aging. *Circulation Research, 118*(2), 279–295.

Rosamond, W., Flegal, K., Friday, F., Furie, K., Go, A., Greenlund, K., . . . Hong, Y. (2007). Heart disease, and stroke statistics—2007 update: A report from the American Heart Association Statistics Committee and Stroke Statistics Subcommittee. *Circulation, 115,* E69–E171.

Rosenthal, E. R. (2014). *Women, aging, and ageism.* London, England: Routledge.

Roux, F. J., & Kryger, M. H. (2010). Medication effects on sleep. *Clinics in Chest Medicine, 31*(2), 397–405.

Rowe, J. W., & Kahn, R. L. (2015). Successful aging 2.0: Conceptual expansions for the 21st century. *Journal of Gerontology, 70,* 593–596.

Rush, B. K., Barch, D. M., & Braver, T. S. (2006). Accounting for cognitive aging: Context processing, inhibition or processing speed? *Aging, Neuropsychology, and Cognition, 13,* 588–610.

Ryff, C., et al. (2015). Adult development in Japan and the United States: Comparing theories and findings about growth, maturity, and well-being. In L. A. Jensen (Ed.), *Oxford handbook of human development and culture: An interdisciplinary perspective.* New York, NY: Oxford University Press.

Salomone, S., Caraci, F., Leggio, G. M., Fedotova, J., & Drago, F. (2011). New pharmacological strategies for treatment of Alzheimer's disease: Focus on disease-modifying drugs. *British Journal of Clinical Pharmacology, 73,* 504–517.

Sangree, W. H. (1989). Age and power: Life-course trajectories and age structuring of power relation in East and West Africa. In D. J. Kertzer & K. W. Schaie (Eds.), *Age structuring in comparative perspective* (pp. 23–46). Hillsdale, NJ: Erlbaum.

Schaie, K. W. (2005). *Developmental influences on adult intelligence: The Seattle Longitudinal Study.* New York, NY: Oxford University Press.

Scharf, M. (2015). Maturing and aging together: Emerging adult grandchildren–grandparents relationships. In J. J. Arnett (Ed.), *Oxford handbook of emerging adulthood* (pp. 203–212). New York, NY: Oxford University Press.

Scherman, A. Z. (2013). Cultural life script theory and the reminiscence bump: A reanalysis of seven studies across cultures. *Nordic Psychology, 65,* 103–119.

Schmidt, C. (2016). Civil religion and second modernity in Japan: A sociological analysis. In Y. Sugita (Ed.), *Social commentary on state and society in modern Japan* (pp. 7–30). Singapore: Springer.

Schott, B. (2009, October 19). On the division of our three score and ten. *The New York Times* blog post. Retrieved from http://www.nytimes.com/interactive/2009/09/08/opinion/20091019opart.html

Schryer, E., & Ross, M. (2014). Does the age-related positivity effect in autobiographical recall reflect differences in appraisal or memory? *The Journals of Gerontology Series B: Psychological Sciences and Social Sciences, 69*(4), 548–556.

Schwingshackl, L., Boeing, H., Stelmach-Mardas, M., Gottschald, M., Dietrich, S., Hoffmann, G., & Chaimani, A. (2017). Dietary supplements and risk of cause-specific death, cardiovascular disease, and cancer: A systematic review and meta-analysis of primary prevention trials. *Advances in Nutrition: An International Review Journal, 8*(1), 27–39.

Selkoe, D. J., & Hardy, J. (2016). The amyloid hypothesis of Alzheimer's disease at 25 years. *EMBO Molecular Medicine, 8*(6), 595–608.

Sereny, M. (2011). Living arrangements of older adults in China: The interplay among preferences, realities, and health. *Research on Aging, 33,* 172–204.

Shah, H., Albanese, E., Duggan, C., Rudan, I., Langa, K. M., Carrillo, M. C., … Saxena, S. (2016). Research priorities to reduce the global burden of dementia by 2025. *The Lancet Neurology, 15*(12), 1285–1294.

Shapira, N., Barak, A., & Gal, I. (2007). Promoting older adults' well–being through internet training and use. *Aging & Mental Health, 11,* 477–484.

Shapiro, A. (2004). Revisiting the generation gap: Exploring the relationships of parent/adult-child dyads. *International Journal of Aging and Human Development, 58,* 127–146.

Sherman, J. C., Flynn, S., Henderson, C., Gair, J., Shabo, L., Janmohamed, A., … Lust, B. (2016). Assessing symptoms of cognitive and linguistic decline in prodromal Alzheimer's disease: A new study of mild cognitive impairment. *Alzheimer's & Dementia: The Journal of the Alzheimer's Association, 12*(7), P566–P567.

Shock, N. W. (1977). Biological theories of aging. In J. E. Birren & K. W. Schaie (Eds.), *Handbook of the psychology of aging* (pp. 103–115). New York, NY: Van Nostrand Reinhold.

Signorielli, N. (2004). Aging on television: Messages relating to gender, race and occupation in prime time. *Journal of Broadcasting & Electronic Media, 48,* 279–301.

Simcock, P. (2012). Seeing ourselves as the adman sees us? The representation and portrayal of older people in advertising. In A. Hetsroni (Ed.), *Advertising and reality: A global study of representation and content* (pp. 129–142). New York, NY: Bloomsbury.

Singh, M. A. F. (2004). Exercise and aging. *Clinical Geriatric Medicine, 20,* 201–221.

Sloam, J. (2016). Diversity and voice: The political participation of young people in the European Union. *The British Journal of Politics and International Relations, 18*(3), 521–537.

Smith, C. D., Walton, A., Loveland, A. D., Umberger, G. H., Kryscio, R. J., & Gash, D. M. (2005). Memories that last in old age: Motor skill learning and memory preservation. *Neurobiology of Aging, 26,* 883–890.

Smith, J., & Baltes, P. B. (1990). Wisdom-related knowledge: Age-cohort differences in responses to life-planning problems. *Developmental Psychology, 26,* 494–505.

Sokolovsky, J. (2009). Ethnic elders and the limits of family support in a globalizing world. In J. Sokolovsky (Ed.), *The cultural context of aging: Worldwide perspectives* (pp. 289–301). New York, NY: Praeger.

Sowa, A., Golinowska, S., Deeg, D., Principi, A., Casanova, G., Schulmann, K., … Gelenkamp, H. (2016). Predictors of religious participation of older Europeans in good and poor health. *European Journal of Ageing, 13*(2), 145–157.

Spaan, P. E. (2015). Episodic and semantic memory functioning in very old age: Explanations from executive functioning and processing speed theories. *Cogent Psychology, 2*(1), 1109782.

Starc, V., Leban, M., Šinigoj, P., Vrhovec, M., Potočnik, N., Fernlund, E., … Center, P. C. (2012). Can functional cardiac age be predicted from the ECG in a normal healthy population? *Computing in Cardiology, 39*, 101–104.

Staub, B., Doignon-Camus, N., Marques-Carneiro, J. E., Bacon, E., & Bonnefond, A. (2015). Age-related differences in the use of automatic and controlled processes in a situation of sustained attention. *Neuropsychologia, 75*, 607–616.

Staudinger, U. M. (2013). The need to distinguish personal from general wisdom: A short history and empirical evidence. In *The scientific study of personal wisdom* (pp. 3–19). Dordrecht, Netherlands: Springer.

Staudinger, U. M., & Baltes, P. B. (1996). Interactive minds: A facilitative setting for wisdom-related performance? *Journal of Personality and Social Psychology, 71,* 746–762.

Staudinger, U. M., & Glück, J. (2011). Psychological wisdom

research: Commonalities and differences in a growing field. *Annual Review of Psychology, 62*, 215–241.

Staudinger, U. M., Dorner, J., & Mickler, C. (2005). In R. J. Sternberg & J. Jordan (Eds.), *A handbook of wisdom: Psychological perspectives* (pp. 191–219). New York, NY: Cambridge University Press.

Stephen, R., Hongisto, K., Solomon, A., & Lönnroos, E. (2017). Physical activity and Alzheimer's disease: A systematic review. *The Journals of Gerontology Series A: Biological Sciences and Medical Sciences*, glw251.

Stine-Morrow, E. A. L., & Basak, C. (2011). Cognitive interventions. In W. Schaie & S. Willis (Eds.), *Handbook of aging* (pp. 153–170). New York, NY: Academic Press.

Storti, L. B., Quintino, D. T., Silva, N. M., Kusumota, L., & Marques, S. (2016). Neuropsychiatric symptoms of the elderly with Alzheimer's disease and the family caregivers' distress. *Revista Latino-Americana de Enfermagem, 24*.

Sun, R. (2016). Intergenerational age gaps and a family member's well-being: A family systems approach. *Journal of Intergenerational Relationships, 14*(4), 320–337.

Sun, Y., McLaughlin, M. L., & Cody, M. J. (2016, July). Using the smartphone to support successful aging: Technology acceptance with selective optimization and compensation among older adults. In *International conference on human aspects of IT for the aged population* (pp. 490–500). Springer International Publishing.

Suomi, R., & Collier, D. (2003). Effects of arthritis exercise programs on functional fitness and perceived activities of daily living measures in older adults with arthritis. *Archives of Physical Medicine and Rehabilitation, 84,* 1589–1594.

Swift, H. J., Abrams, D., Lamont, R. A., & Drury, L. (2017). The risks of ageism model: How ageism and negative attitudes toward age can be a barrier to active aging. *Social Issues and Policy Review, 11*(1), 195–231.

Tanskanen, A. O., & Danielsbacka, M. (2016). Do volunteering and charity pay off? Well-being benefits of participating in voluntary work and charity for older and younger adults in Finland. *Research on Ageing and Social Policy, 4*(2), 2–28.

Taylor, R. J., Chatters, L. M., Lincoln, K. D., & Woodward, A. T. (2017). Church-based exchanges of informal social support among African Americans. *Race and Social Problems, 9*(1), 53–62.

Taylor, R., Chatters, L., & Levin, J. (2004). *Religion in the lives of African Americans.* Thousand Oaks, CA: Sage.

Tedla, Y. G., & Bautista, L. E. (2015). Drug side effect symptoms and adherence to antihypertensive medication. *American Journal of Hypertension*, hpv185, 772–779.

The Third Age Movement. (2017). *The U3A movement.* Retrieved from https://www.u3a.org.uk/u3a-movement.html

Thomas, A. K., & Bulevich, J. B. (2006). Effective cue utilization reduces memory errors in older adults. *Psychology and Aging, 21,* 379–389.

Tomassini, C., Kalogirou, S., Grundy, E., Fokkema, T., Martikainen, P., van Groenou, M. B., & Karisto, A. (2004). Contacts between elderly parents and their children in four European countries: Current patterns and future prospects. *European Journal of Ageing, 1,* 54–63.

Tsugane, S. (2005). Salt, salted food intake, and risk of gastric cancer: Epidemiologic evidence. *Cancer Science, 96,* 1–6.

U.S. Bureau of the Census. (2017). *Statistical abstract of the United States.* Washington, DC: Author.

U.S. National Library of Medicine. (2017). *Aging changes in body shape.* Retrieved from https://medlineplus.gov/ency/article/003998.htm

U.S. National Library of Medicine. (2017). *Aging changes in the senses.* Retrieved from https://medlineplus.gov/ency/article/004013.htm

United Nations Development Programme (UNDP). (2017). *Human development report.* New York, NY: Author.

Vaismoradi, M., Wang, I. L., Turunen, H., & Bondas, T. (2016). Older people's experiences of care in nursing homes: A meta-synthesis. *International Nursing Review, 63*(1), 111–121.

Van Gaalen, R. I., & Dykstra, P. A. (2006). Solidarity and conflict between adult children and parents: A latent class analysis. *Journal of Marriage and the Family, 68,* 947–960.

Verhaeghen, P., Steitz, D. W., Sliwinski, M. J., & Cerella, J. (2003). Aging and dual-task performance: A meta-analysis. *Psychology and Aging, 18,* 443–460.

Verstaen, A., Sapozhnikova, A., Lwi, S., Otero, M., Brown, C., Connelly, D., & Levenson, R. (2016). Emotional behavior in dementia patients and spousal caregivers: Relationship with caregiver depression. *Journal of Neurochemistry, 138*, 257.

Waard, D., Dijksterhuis, C., & Brookhuis, K. A. (2009). Merging into heavy motorway traffic by young and elderly drivers. *Accident Analysis and Prevention, 41,* 588–497.

Walker, W. S. (2015). Collecting folk histories. *The Public Historian, 37*(3), 45–75.

Waller, B., Ogonowska-Słodownik, A., Vitor, M., Rodionova, K., Lambeck, J., Heinonen, A., & Daly, D. (2016). The effect of aquatic exercise on physical functioning in the older adult: A systematic review with meta-analysis. *Age and Ageing, 45*(5), 593–601.

Ward, R. A. (2008). Multiple parent–adult child relations and well-being in middle and later life. *The Journals of Gerontology, 63,* S239–S247.

Ward, S. E., Dawson, L. A., Konneh, M., & MacDonald, G. (2016). Alzheimer's disease therapeutics: Are we making progress towards a disease-modifying treatment for patients? Highlights from the Society for Medicines Research Symposium, held June 20, 2016. *Drugs of the Future, 41*(7), 461–466.

Wattmo, C., Londos, E., & Minthon, L. (2014). Risk factors that affect life expectancy in Alzheimer's disease: A 15-year follow-up. *Dementia and Geriatric Cognitive Disorders, 38,* 286–299.

Whitbourne, S. K. (2009, November). Fulfillment at any age. *Psychology Today* blog post. Retrieved from http://www.psychologytoday.com/blog/fulfillment-anyage/200911/rewriting-shakespeares-view-later-life-no-longer-sans-everything

Whitbourne, S. K., & Sneed, J. R. (2004). The paradox of well-being, identity processes, and stereotype threat: Ageism and its potential relationships to the self in later life. In T. Nelson (Ed.), *Ageism: Stereotyping and prejudice against older persons* (pp. 247–276). Cambridge, MA: MIT Press.

Whitbourne, S. K., & Whitbourne, S. B. (2010). *Adult development and aging: Biopsychosocial perspectives*. New York, NY: John Wiley & Sons.

Whitbourne, S. K., & Whitbourne, S. B. (2017). *Adult development and aging: Biopsychosocial perspectives.* Upper Saddle River, NJ: Pearson.

Wiggs, C. L., Weisgberg, J., & Martin, A. (2006). Repetition priming across the adult lifespan—the long and short of it. *Aging, Neuropsychology, and Cognition, 13,* 308–325.

Willis, S., Tennstedt, S., Marsiske, M., Ball, K., Elias, J., Koepke, K., ... Wright, E. (2006). Long-term effects of cognitive training on everyday functional outcomes in older adults. *JAMA: Journal of the American Medical Association, 296,* 2805–2814.

Wilmoth, J. D., Adams-Price, C. E., Turner, J. J., Blaney, A. D., & Downey, L. (2014). Examining social connections as a link between religious participation and well-being among older adults. *Journal of Religion, Spirituality & Aging, 26*(2-3), 259–278.

Wink, P., & Staudinger, U. M. (2015). Wisdom and psychosocial functioning in later life. *Journal of Personality, 84*, 306–318.

Winn, R., & Newton, N. (1982). Sexual activity in aging: A study of 106 cultures. *Archives of Sexual Behavior, 11,* 283–298.

Wong, M. G. (2014). The Chinese American family. In M. M. Suarez-Orozco (Ed.), *The new immigrant and the American family: Interdisciplinary perspectives on the new immigration* (pp. 158–183). New York, NY: Routledge.

Wood, K. N., Nikolov, R., & Shoemaker, J. K. (2016). Impact of long-term endurance training vs. guideline-based physical activity on brain structure in healthy aging. *Frontiers in Aging Neuroscience, 8*.

World Bank (2017). *Age dependency ration, old (% of working age population).* Retrieved from https://data.worldbank.org/indicator/SP.POP.DPND.OL

World Health Organization (WHO). (2013). *Universal eye health: A global action plan for 2014–2019.* Geneva, Switzerland: Author.

World Health Organization (WHO). (2013). *World malaria report.* Geneva, Switzerland: Author.

World Health Organization (WHO). (2015). *World report on ageing and health.* Geneva, Switzerland: Author.

World Health Organization (WHO). (2017). *Causes of blindness and visual impairment.* Retrieved from http://www.who.int/blindness/causes/en/

Xie, L., Kang, H., Xu, Q., Chen, M. J., Liao, Y., Thiyagarajan, M.,

... Takano, T. (2013). Sleep drives metabolite clearance from the adult brain. *Science, 342*(6156), 373–377.

Xu, W., Yu, J. T., Tan, M. S., & Tan, L. (2015). Cognitive reserve and Alzheimer's disease. *Molecular Neurobiology, 51*(1), 187–208.

Yang, Y. (2006). How does functional disability affect depressive symptoms in late life? The role of perceived social support and psychological resources. *Journal of Health and Social Behavior, 47,* 355–372.

Yasuko, S., & Megumi, F. (2010). *Living to a grand old age in Japan.* Retrieved from http://generalhealthtopics.com/living-grand-old-age-japan-352.html

Ye, L., Pien, G. W., & Weaver, T. E. (2009). Gender differences in the clinical manifestation of obstructive sleep apnea. *Sleep Medicine, 10,* 1075–1084.

Yi, Z., George, L., Sereny, M., Gu, D., & Vaupel, J. W. (2016). Older parents enjoy better filial piety and care from daughters than sons in China. *American Journal of Medical Research, 3*(1), 244–272.

Ysseldyk, R., Haslam, S. A., & Haslam, C. (2013). Abide with me: Religious group identification among older adults promotes health and well-being by maintaining multiple group memberships. *Aging & Mental Health, 17*(7), 869–879.

Yu, H., Wu, L., Chen, S., Wu, Q., Yang, Y., & Edwards, H. (2016). Caregiving burden and gain among adult-child caregivers caring for parents with dementia in China: The partial mediating role of reciprocal filial piety. *International Psychogeriatrics*, 1–11.

Yu, R. P., Ellison, N. B., McCammon, R. J., & Langa, K. M. (2016). Mapping the two levels of digital divide: Internet access and social network site adoption among older adults in the USA. *Information, Communication & Society, 19*(10), 1445–1464.

Zhan, H. J., Feng, X., & Luo, B. (2008). Placing elderly parents in institutions in urban China: A reinterpretation of filial piety. *Research on Aging, 30,* 543–571.

Zhang, W., & Wang, Y. (2010). Meal and residence rotation of elderly parents in contemporary rural Northern China. *Journal of Cross–Cultural Gerontology, 25,* 217–237.

Zhao, Q. F., Tan, L., Wang, H. F., Jiang, T., Tan, M. S., Tan, L., ... Yu, J. T. (2016). The prevalence of neuropsychiatric symptoms in Alzheimer's disease: Systematic review and meta-analysis. *Journal of Affective Disorders, 190*, 264–271.

Zhong, J., & Arnett, J. J. (2014). Conceptions of adulthood among migrant women workers in China. *International Journal of Behavioral Development, 38,* 255–265.

Chapter 13

American Medical Association. (2017). *Euthanasia.* Retrieved at: https://www.ama-assn.org/delivering-care/euthanasia

American Stroke Association. (2017). *Stroke warning signs and symptoms.* Retrieved from http://www.strokeassociation.org/STROKEORG/WarningSigns/Stroke-Warning-Signs-and-Symptoms_UCM_308528_SubHomePage.jsp

American Stroke Association. (2017). *Quick stroke treatment for saving the brain.* Retrieved from http://www.strokeassociation.org/STROKEORG/AboutStroke/Treatment/Stroke-Treatment_UCM_492017_SubHomePage.jsp

Arnett, J. J., Žukauskienė, R., & Sugimura, K. (2014). The new life stage of emerging adulthood: Implications for mental health. *The Lancet: Psychiatry, 1,* 569–576.

Bates, A. T., & Kearney, J. A. (2015). Understanding death with limited experience in life: Dying children's and adolescents' understanding of their own terminal illness and death. *Current Opinion in Supportive and Palliative Care, 9*(1), 40.

Beatty, A., & Brandes, S. (2009). Skulls to the living, bread to the dead: The Day of the Dead in Mexico and beyond. *Journal of the Royal Anthropological Institute, 15,* 209–211.

Berg, A. I., Hoffman, L., Hassing, L. B., McClearn, G. E., & Johansson, B. (2009). What matters, and what matters most, for change in life satisfaction in the oldest-old? A study of over 6 years among individuals 80+. *Aging & Mental Health, 13,* 191–201.

Biegler, K. A., Nelson, E., Osann, K., Hsieh, S., & Wenzel, L. (2011, April). *Longitudinal associations between telomere length, chronic stress, and immune system stance in cervical cancer survivors.* Poster presented at the annual meeting of the American Association for Cancer Research, Orlando, FL.

Bires, J. L., Franklin, E. F., Nichols, H. M., & Cagle, J. G. (2017). Advance care planning communication: Oncology patients and providers voice their perspectives. *Journal of Cancer Education*, 1–8.

Bookwala, J. (2012). Marriage and other partnered relationships in middle and late adulthood. In R. Blieszner & V. H. Bedford (Eds.), *Handbook of Families and Aging.* New York, NY: ABC-CLIO.

Breen, L. J., Penman, E. L., Prigerson, H. G., & Hewitt, L. Y. (2015). Can grief be a mental disorder? An exploration of public opinion. *The Journal of Nervous and Mental Disease, 203*(8), 569–573.

Brent, S. B., Speece, M. W., Lin, C., Dong, Q., & Yang, C. (1996). The development of the concept of death among Chinese and U.S. children 3–17 years of age: From binary to "fuzzy" concepts? *Omega, 33,* 67–83.

Burton, A., Hayley, W., & Small, B. (2006). Bereavement after caregiving or unexpected death: Effects on elderly spouses. *Aging & Mental Health, 10,* 319–326.

Buss, M. K., Rock, L. K., & McCarthy, E. P. (2017, February). Understanding palliative care and hospice: A review for primary care providers. In *Mayo Clinic Proceedings* (Vol. 92, No. 2, pp. 280–286). Elsevier.

Butler, R. N. (2002). The life review. *Journal of Geriatric Psychiatry, 35,* 7–10.

Cáceres, I. A. (2008). *Massachusetts deaths 2006.* Massachusetts Department of Public Health Bureau of Health Information, Statistics, Research, and Evaluation. Retrieved from http://www.mass.gov/Eeohhs2/docs/dph/research_epi/death_report_08.pdf

Campisi, J. (2005). Aging, tumor suppression and cancer: High-wire act. *Mechanics of Aging and Development, 126,* 51–58.

Carter, M. (2016). *Helping children and adolescents think about death, dying and bereavement.* New York, NY: Jessica Kingsley Publishers.

Centers for Disease Control and Prevention (CDC). (2017). Current cigarette smoking among adults in the United States. Retrieved from https://www.cdc.gov/tobacco/data_statistics/fact_sheets/adult_data/cig_smoking/

Centers for Disease Control and Prevention (CDC). (2017). *Mortality rates.* Retrieved from https://www.cdc.gov/nchs/products/databriefs/db267.htm

Cheng, C. (2006). Living alone: The choice and health of older women. *Journal of Gerontological Nursing, 32,* 24–25.

Chopik, W. J. (2017). Death across the lifespan: Age differences in death-related thoughts and anxiety. *Death Studies, 41*(2), 69–77.

Chung, K. W., et al. (2013). Recent advances in calorie restriction research on aging. *Experimental Gerontology, 48,* 1049–1053.

Chung, S. A., Wei, A. Q., Connor, D. E., Webb, G. C., Molloy, T., Pajic, M., & Diwan, A. D. (2007). Nucleus pulposus cellular longevity by telomerase gene therapy. *Spine, 15,* 1188–1196.

Chung, S. F., & Wegars, P. (Eds.). (2009). *Chinese American death rituals: Respecting the ancestors.* New York, NY: AltaMira Press.

Cicirelli, V. G. (2006). Fear of death in mid-old age. *Journal of Gerontology: Psychological Sciences, 61B,* P75–P81.

Curtin, S. C., Warner, M., & Hedegaard, H. (2016). *Suicide rates for females and males by race and ethnicity: United States, 1999 and 2014.* Atlanta, GA: Centers for Disease Control and Prevention.

De Meersman, R., & Stein, P. (2007). Vagal modulation and aging. *Biological Psychology, 74,* 165–173.

Diamond, J. (1992). *The third chimpanzee: The evolution and future of the human animal.* New York, NY: Harper Perennial.

Dowdney, L. (2000). Annotation: Childhood bereavement following parental death. *Journal of Child Psychology and Psychiatry and Allied Disciplines, 41,* 819–830.

Effros, R. B. (2009). Kleemeier award lecture 2008: The canary in the coal mine: Telomeres and human healthspan. *Journal of Gerontology: Biological Sciences, 64A,* 511–515.

Emanuel, E. J., Onwuteaka-Philipsen, B. D., Urwin, J. W., & Cohen, J. (2016). Attitudes and practices of euthanasia and physician-assisted suicide in the United States, Canada, and Europe. *JAMA, 316*(1), 79–90.

Erikson, E. H. (1950). *Childhood and society.* New York, NY: Norton.

Floud, R., Fogel, R. W., Harris, B., & Hong, S. C. (2011). *The changing body: Health, nutrition, and human development in the Western world since 1700.* New York, NY: Cambridge University Press.

Fontana, L., Meyer, T. E., Klein, S., & Holloszy, J. O. (2004). Long-term calorie restriction is highly effective in reducing the risk of atherosclerosis in humans. *Proceedings of the National Academy of Sciences of the United States of America, 101,* 6659–6663.

Gatrad, A. R. (1994). Muslim customs surrounding death, bereavement, postmortem examinations, and organ transplants. *BMJ, 309,* 521.

Germino, B. B. (2003). Dying at home. In I. Corless, B. B. Germino, & M. A. Pittman (Eds.), *Dying, death, and bereavement: A challenge for the living* (pp. 105–116). New York, NY: Springer.

Girijala, R. L., Sohrabji, F., & Bush, R. L. (2017). Sex differences in stroke: Review of current knowledge and evidence. *Vascular Medicine, 22*(2), 135–145.

Gomes, B., Calanzani, N., Gysels, M., et al. (2013). Heterogeneity and changes in preferences for dying at home: A systematic review. *BMC Palliat Care, 12*, 7. doi:10.1186/1472-684X-12-7

Gott, M., Seymour, J., Bellamy, G., Clark, D., & Ahmedzai, S. (2004). Older people's views about home as a place of care at the end of life. *Palliative Medicine, 18,* 460–467.

Greider, C. W. (2016). Regulating telomere length from the inside out: The replication fork model. *Genes & Development, 30*(13), 1483–1491.

Grunier, A., Vincent, M., Weitzen, S., Truchil, R., Teno, J., & Roy, J. (2007). Where people die: A multilevel approach to understanding influence on site of death in America. *Medical Care Research & Review, 64,* 351–378.

Gupta, S., & Naskar, A. (2013). Euthanasia: An Indian and international perspective. *ZENITH International Journal of Multidisciplinary Research, 3*(7), 15–24.

Hayflick, L. (1965). The limited in vitro lifetime of human diploid cell strains. *Experimental Cell Research, 37,* 614–636.

Hayflick, L. (1998). How and why we age. *Experimental Gerontology, 33,* 639–653.

Hayflick, L. (2004). Anti-aging is an oxymoron. *Journal of Gerontology: Biological Sciences, 59A,* B573–B578.

Hayslip, B., & Hansson, R. (2003). Death awareness and adjustment across the life span. In C. D. Bryant (Ed.), *Handbook of death and dying* (pp. 437–447). Thousand Oaks, CA: Sage.

Hirooka, K., Fukahori, H., Taku, K., Togari, T., & Ogawa, A. (2017). Quality of death, rumination and posttraumatic growth among bereaved family members of cancer patients in home palliative care. *Psycho-Oncology*.

Hockey, J. L., & Katz, J. (2001). *Grief, mourning and death rituals.* London, UK: McGraw Hill.

Hooyman, N. R., & Kiyak, H. A. (2011). *Social gerontology: A multidisciplinary perspective* (9th ed.). Boston, MA: Pearson.

Hooyman, N. R., & Kiyak, H. A. (2017). *Social gerontology: A multidisciplinary perspective* (11th ed.). Boston, MA: Pearson.

Howard, G., Kissela, B. M., Kleindorfer, D. O., McClure, L. A., Soliman, E. Z., Judd, S. E., . . . Howard, V. J. (2016). Differences in the role of black race and stroke risk factors for first vs. recurrent stroke. *Neurology, 86*(7), 637–642.

Huang, I. A., Neuhaus, J. M., & Chiong, W. (2016). Racial and ethnic differences in advance directive possession: Role of demographic factors, religious affiliation, and personal health values in a national survey of older adults. *Journal of Palliative Medicine, 19*(2), 149–156.

Huang, Y., Liu, J., Yi, H., Shia, B. C., & Ma, S. (2017). Promoting similarity of model sparsity structures in integrative analysis of cancer genetic data. *Statistics in Medicine, 36*(3), 509–559.

Hunter, J. (2007). Bereavement: An incomplete rite of passage. *OMEGA—Journal of Death and Dying, 56,* 153–173.

International Social Survey Programme (ISSP). (2012). *Religion III, variable report.* Unter Sachsenhausen, Germany: Leibniz Institute for Social Sciences.

Irish, D. P., Lundquist, K. F., & Nelsen, V. J. (Eds.). (2014). *Ethnic variations in dying, death and grief: Diversity in universality*. New York, NY: Taylor & Francis.

Isherwood, L. M., Luszcz, M. A., & King, D. S. (2016). Reciprocity in material and time support within parent–child relationships during late-life widowhood. *Ageing & Society, 36*(8), 1668–1689.

Jack, B. A., Mitchell, T. K., Cope, L. C., & O'Brien, M. R. (2016). Supporting older people with cancer and life-limiting conditions dying at home: A qualitative study of patient and family caregiver experiences of hospice at home care. *Journal of Advanced Nursing, 72*(9), 2162–2172.

Jin, G., Yoo, S. S., Cho, S., Jeon, H. S., Lee, W. K., Kang, H. G., . . . Kim, C. H. (2011). Dual roles of a variable number of tandem repeat polymorphism in the TERT gene in lung cancer. *Cancer Science, 102*(1), 144–149.

Johnson, K. S. (2013). Racial and ethnic disparities in palliative care. *Journal of Palliative Medicine, 16*(11), 1329–1334.

Jones, F. M., Sabin, T. L., & Torma, L. M. (2016). Improving the advance directive request and retrieval process in critical access hospitals: Honoring the patient's wishes. *Journal of Nursing Care Quality, 31*(3), 275–281.

Jost, K. (2005). Right to die. *The CQ Researcher,* 423–438.

Kastenbaum, R. (2007). *Death, society, and human experience* (9th ed.). Boston, MA: Allyn & Bacon.

Kedziora-Kornatowski, K., Szewczyk-Golec, K., Czuczejko, J., van Marke de Lumen, K., Pawluk, H., Motyl, J., . . . Kedziora, J. (2007). Effect of melatonin on the oxidative stress in erythrocytes of healthy young and elderly subjects. *Journal of Pineal Research, 42,* 153–158.

Keene, J. R., & Prokos, A. H. (2008). Widowhood and the end of spousal caregiving: Relief or wear and tear? *Aging & Society, 28,* 551–570.

Kenyon, B. L. (2001). Current research in children's conceptions of death: A critical review. *Omega, 43,* 63–91.

Knipe, D. M. (2008). Make that sesame on rice, please! Appetites of the dead in Hinduism. *Indian Folklore Research Journal, 5,* 27–45.

Konigsberg, R. D. (2011). *The truth about grief: The myth of its five stages and the new science of loss.* New York, NY: Simon & Schuster.

Krause, N., Pargament, K. I., & Ironson, G. (2016). In the shadow of death: Religious hope as a moderator of the effects of age on death anxiety. *The Journals of Gerontology Series B: Psychological Sciences and Social Sciences*, gbw039.

Kreicbergs, U., Valdimarsdottir, U., Onelov, E., Henter, J.-I., & Steineck, G. (2004). Anxiety and depression in parents 4–9 years after the loss of a child owing to a malignancy: A population-based follow-up. *Psychological Medicine, 34,* 1431–1441.

Krikorian, A., Limonero, J. T., & Maté, J. (2012). Suffering and distress at the end-of-life. *Psycho-Oncology, 21*(8), 799–808.

Kübler-Ross, E. (1969). *On death and dying.* New York, NY: Macmillan.

Kübler-Ross, E. (1982). *Working it through.* New York, NY: Macmillan.

Kwak, J., Haley, W. E., & Chiraboga, D. A. (2008). Racial differences in hospice use and in-hospital death among Medicare and Medicaid dual-eligible nursing home residents. *The Gerontologist, 48,* 32–41.

Lawrence, R. E., Oquendo, M. A., & Stanley, B. (2016). Religion and suicide risk: A systematic review. *Archives of Suicide Research, 20*(1), 1–21.

Lotterman, J. H., Bonanno, G. A., & Galatzer-Levy, I. (2014). The heterogeneity of long-term grief reactions. *Journal of Affective Disorders, 167*, 12–19.

Maciejewski, P. K., Maercker, A., Boelen, P. A., & Prigerson, H. G. (2016). "Prolonged grief disorder" and "persistent complex bereavement disorder," but not "complicated grief," are one and the same diagnostic entity: An analysis of data from the Yale Bereavement Study. *World Psychiatry, 15*(3), 266–275.

Marcus, I. G. (2004). *The Jewish life cycle: Rites of passage from biblical to modern times*. Seattle, WA: University of Washington Press.

Martini, C., Pallottini, V., DeMarinis, E., Marino, M., Cavallini, G., Donati, A., . . . Trentalance, A. (2008). Omega-3 as well as caloric restriction prevent the age-related modifications of cholesterol metabolism. *Mechanisms of Ageing and Development, 129,* 722–727.

Mayo Clinic (2017). Omega-3 fatty acids: How eating fish helps your heart. Retrieved from https://www.mayoclinic.org/diseases-conditions/heart-disease/in-depth/omega-3/art-20045614

Messaoudi, I., Warner, J., Fischer, M., Park, B., Hill, B., Mattison, J., . . . Nikolich-Zugich, J. (2006). Delay of T cell senescence by caloric restriction in aged long-lived nonhuman primates. *Proceedings of the National Academy of Sciences, 103,* 19448–19453.

Meydani, S. N., Das, S. K., Pieper, C. F., Lewis, M. R., Klein, S., Dixit, V. D.,... Fuss, P. J. (2016). Long-term moderate calorie restriction inhibits inflammation without impairing cell-mediated immunity: A randomized controlled trial in non-obese humans. *Aging, 8*(7), 1416–1426.

Miller, D. G., & Kim, S. Y. (2017). Euthanasia and physician-assisted suicide not meeting due care criteria in the Netherlands: A qualitative review of review committee judgments. *BMJ open, 7*(10), e017628.

Miller, P. E., Vasey, J. J., Short, P. F., & Hartman, T. J. (2009, January). Dietary supplement use in adult cancer survivors. In *Oncology nursing forum* (Vol. 36, No. 1, pp. 61–68). Oncology Nursing Society.

Mitty, E. L., & Ramsey, G. (2008). Advance directives. In E. Capezuti, D. Zwicker, & T. Fulmer (Eds.), *Evidence-based geriatric nursing protocols for best practice* (3rd ed., pp. 539–563). New York, NY: Springer.

Morrison, R. S., Penrod, J. D., Cassel, J. B., Caust-Ellenbogen, M., Litke, A., Spragens, L.,... Meier, D. E. (2008). Cost savings associated with U.S. hospital palliative care consultation programs. *Archives of Internal Medicine, 168,* 1784–1790.

Moser, M. A., & Chun, O. K. (2016). Vitamin C and heart health: A review based on findings from epidemiologic studies. *International Journal of Molecular Sciences, 17*(8), 1328.

Most, J., Tosti, V., Redman, L. M., & Fontana, L. (2016). Calorie restriction in humans: An update. *Ageing research reviews.*

Mozaffarian, D., Benjamin, E. J., Go, A. S., Arnett, D. K., Blaha, M. J., Cushman, M.,... Howard, V. J. (2016). Executive summary: Heart Disease and Stroke Statistics—2016 update: A report from the American Heart Association. *Circulation, 133*(4), 447.

Muramatsu, N., Hoyem, R. L., Yin, H., & Campbell, R. T. (2008). Place of death among older Americans: Does state spending on home and community-based services promote home death? *Medical Care, 46,* 829–838.

Nair, K. S., Rizza, R. A., O'Brien, P., Dhatariay, K. K., Short, K. R., Nehra, A.,... Jensen, M. D. (2006). DHEA in elderly women and DHEA or testosterone in elderly men. *New England Journal of Medicine, 355,* 1647–1659.

Nandakumar, J., & Cech, T. R. (2013). Finding the end: Recruitment of telomerase to telomeres. *Nature Reviews: Molecular Cell Biology, 14,* 69–82. doi:10.1038/nrm3505

Naqvi, R., et al. (2013). Preventing cognitive decline in healthy older adults. *CMAJ.* doi:10.1503/cmaj.121448

National Cancer Institute. (2017). *Annual report to the nation.* Washington, DC: Author.

National Hospice and Palliative Care Organization. (2015). *Facts and figures.* Alexandria, VA: Author.

OECD. (2009). *Health at a glance 2009: OECD indicators.* Author.

Office of Disease Prevention and Health Promotion. (2017). *Heart disease and stroke.* Retrieved from https://www.healthypeople.gov/2020/topics-objectives/topic/heart-disease-and-stroke/national-snapshot?topicId=21

Onwuteaka-Philipsen, B. D., van der Heide, A., Muller, M. T., Rurup, M., Rietjens, J. A. C., & Georges, J.-J. (2005). Dutch experience of monitoring euthanasia. *British Medical Journal, 331,* 691–693.

Open Society Institute. (2003). *Project on death in America.* New York, NY: Author.

Pandini, S., et al. (2016). Biases in palliative care access for elderly patients dying in hospital: A prospective study in acute care. *Progress in Palliative Care, 24*(6), 310–314.

Pertl, M., Hannigan, C., Brennan, S., Robertson, I., & Lawlor, B. (2016). Moderators of the effect of stress exposure on executive functioning in spousal dementia caregivers. *European Health Psychologist, 18*(S), 523.

Peters, K., Cunningham, C., Murphy, G., & Jackson, D. (2016). "People look down on you when you tell them how he died"：Qualitative insights into stigma as experienced by suicide survivors. *International Journal of Mental Health Nursing.*

Pew Forum on Religion & Public Life. (2008). *U.S. religious landscape survey.* Washington, DC: Author.

Portanova, J., Ailshire, J., Perez, C., Rahman, A., & Enguidanos, S. (2017). Ethnic differences in advance directive completion and care preferences: What has changed in a decade? *Journal of the American Geriatrics Society.*

Pousset, G., Bilsen, J., De Wilde, J., et al. (2009). Attitudes of adolescent cancer survivors toward end-of-life decisions for minors. *Pediatrics, 124,* e1142–e1148.

Prigerson, H. G., & Maciejewski, P. K. (2017). Rebuilding consensus on valid criteria for disordered grief. *JAMA Psychiatry, 74*(5), 435–436.

Rehl, K. M., Moor, C. C., Leitz, L. Y., & Grable, J. E. (2016). Widows' voices: The value of financial planning. *Journal of Financial Service Professionals, 70*(1), 53–60.

Roake, C. M., & Artandi, S. E. (2016). DNA repair: Telomere-lengthening mechanism revealed. *Nature, 539*(7627), 35–36.

Roeseler, A., & Burns, D. (2010). The quarter that changed the world. *Tob Control, 19*(Suppl. 1), i3–i15.

Rossi, N. E., Bisconti, T. L., & Bergeman, C. S. (2007). The role of dispositional resilience in regaining life satisfaction after the loss of a spouse. *Death Studies, 31,* 863–883.

Rurup, M. L., Muller, M. T., Onwuteaka-Philipsen, B. D., van der Heide, A., van der Wal, G., & van der Maas, P. J. (2005). Requests for euthanasia or physician-assisted suicide from older persons who do not have a severe disease: An interview study. *Psychological Medicine, 35,* 665–671.

Russac, R. J., Gatliff, C., Reece, M., & Spottswood, D. (2007). Death anxiety across the adult years: An examination of age and gender effects. *Death Studies, 31,* 549–561.

Sahin, E., & DePinho, R. A. (2012). Axis of ageing: Telomeres, p53, and mitochondria. *Nature Reviews: Molecular Cell Biology, 13,* 397–404. doi:10.1038/nrm3352

Salloum, A. (2015). *Grief and trauma in children: An evidence-based treatment manual.* New York, NY: Routledge.

Scannell-Desch, E. (2003). Women's adjustment to widowhood: Theory, research, and methods. *Journal of Psychosocial Nursing and Mental Health Services, 41,* 28–36.

Schachter, S. R. (2009). Cancer patients facing death: Is the patient who focuses on living in denial of his/her death? In M. K. Bartalos (Ed.), *Speaking of death: America's new sense of mortality* (pp. 42–77). Westport, CT: Praeger.

Schulz, R., Boerner, K., Shear, K., Zhang, S., & Gitlin, L. N. (2006). Predictors of complicated grief among dementia caregivers: A prospective study of bereavement. *American Journal of Geriatric Psychiatry, 14,* 650.

Scott, A. M., & Caughlin, J. P. (2012). Managing multiple goals in family discourse about end-of-life health decisions. *Research on Aging, 34*(6), 670–691.

Shear, M. K. (2009). Grief and depression: Treatment decisions for bereaved children and adults. *American Journal of Psychiatry, 166,* 746–748.

Smith, C., & Snell, P. (2010). *Souls in transition: The religious lives of emerging adults in America.* New York, NY: Oxford University Press.

Spencer, K. L., Hammad Mrig, E., Matlock, D. D., & Kessler, E. R. (2017). A qualitative investigation of cross-domain influences on medical decision making and the importance of social context for understanding barriers to hospice use. *Journal of Applied Social Science, 11*(1), 48–59.

Stek, M. (2017). Euthanasia, physician assisted suicide in the Netherlands in dementia and late life psychiatric illness. *European Psychiatry, 41*, S11.

Stokes, J. E. (2016). The influence of intergenerational relationships on marital quality following the death of a parent in adulthood. *Journal of Social and Personal Relationships, 33*(1), 3–22.

Subramanian, S. V., Elwert, F., & Christakis, N. (2008). Widowhood and mortality among the elderly: The modifying role of neighborhood concentration of widowed individuals. *Social Science & Medicine, 66,* 873–884.

Thavanati, P. K. R., Kanala, K. R., deDios, A. E., & Garza, J. M. C. (2008). Age-related correlation between antioxidant enzymes and DNA damage with smoking and body mass index. *Journal of Gerontology: Biological Sciences, 63A,* 360–364.

Thoms, K. M., Kuschal, C., & Emmert, S. (2007). Lessons learned from DNA repair defective syndromes. *Experimental Dermatology, 16,* 532–544.

Turner, M., King, C., Milligan, C., Thomas, C., Brearley, S. G., Seamark, D., . . . Payne, S. (2016). Caring for a dying spouse at the end of life: "It's one of the things you volunteer for when you get married" : A qualitative study of the oldest careers' experiences. *Age and Ageing, 45*(3), 421–426.

Valko, M., Jomova, K., Rhodes, C. J., Kuča, K., & Musílek, K. (2016). Redox- and non-redox-metal-induced formation of free radicals and their role in human disease. *Archives of*

Toxicology, 90(1), 1–37.

Wahlhaus, E. (2005). The psychological benefits of the traditional Jewish mourning rituals: Have the changes instituted by the Progressive movement enhanced or diminished them? *European Judaism, 38,* 95–109.

Waldrop, D. P. (2006). At the eleventh hour: Psychosocial dynamics in short hospice stays. *The Gerontologist, 46,* 106–114.

Wass, H. (2004). A perspective on the current state of death education. *Death Studies, 28,* 289–308.

Weintraub, W. S. (2010). Do more cardiac rehabilitation visits reduce events compared with fewer visits? *Circulation, 121*(1), 8–9.

Weitzen, S., Teno, J., Fennell, M., & Mor, V. (2003). Factors associated with site of death: A national study of where people die. *Medical Care, 41,* 323–335.

Wenestam, C. G., & Wass, H. (1987). Swedish and U.S. children's thinking about death: A qualitative study and cross-cultural comparison. *Death Studies, 11,* 99–121.

Werner-Lin, A., & Biank, N. M. (2013). Holding parents so they can hold their children: Grief work with surviving spouses to support parentally bereaved children. *OMEGA-Journal of Death and Dying, 66*(1), 1–16.

Wilson, J. (2009). *Mourning the unborn dead: A Buddhist ritual comes to America.* New York, NY: Oxford University Press.

Worden, W. J. (2009). *Grief counseling and grief therapy: A handbook for the mental health practitioner* (4th ed.). New York, NY: Springer.

World Health Organization (WHO). (2014). *World health statistics.* Geneva, Switzerland: Author.

World Health Organization (WHO). (2017). *Fact sheet: Top 10 causes of death.* Geneva, Switzerland: Author. Retrieved from http://www.who.int/mediacentre/factsheets/fs310/en/

World Health Organization (WHO). (2017). *Suicide rates: Age-standardized rates: Male-female ratio.* Retrieved from http://www.who.int/gho/mental_health/suicide_rates_male_female/en/

World Health Organization (WHO). (2017). *World health statistics.* Geneva, Switzerland: Author.

Wortman, C. B., & Boerner, K. (2011). Beyond the myths of coping with loss: Prevailing assumptions versus scientific evidence. In H. S. Friedman (Ed.), *Oxford handbook of health psychology* (pp. 438–476). New York, NY: Oxford University Press.

Wright, A. A., & Katz, I. T. (2007). Letting go of the rope: Aggressive treatment, hospice care, and open access. *New England Journal of Medicine, 357,* 324–327.

Wu, W. K., Li, X., Wang, X., Dai, R. Z., Cheng, A. S., Wang, M. H.,... Wong, S. H. (2017). Oncogenes without a neighboring tumor-suppressor gene are more prone to amplification. *Molecular Biology and Evolution, 34*(4), 903.

Zhang, H., Yin, M., Huang, L., Wang, J., Gong, L., Liu, J., & Sun, B. (2017). Evaluation of the cellular and animal models for the study of antioxidant activity: A review. *Journal of Food Science, 82*(2), 278–288.

Zhang, W. (2009). How do we think about death? A cultural glance of superstitious ideas from Chinese and Western ghost festivals. *International Education Studies, 2,* 68–71.

Zuckerman, P. (2008). *Society without God: What the least religious nations can tell us about contentment.* New York, NY: New York University Press.

答　案

第一章

1. C
2. A

第二章

1. D
2. C

第三章

1. B
2. C

第四章

1. D
2. B

第五章

1. B
2. D

第六章

1. C
2. C

第七章

1. B

第八章

1. B

第九章

1. B
2. C

第十章

1. A
2. C

第十一章

1. C
2. A

第十二章

1. A

第十三章

1. B
2. D

感谢以下指导专家和编写人员

Alabama

Darlene Earley Andrews, *Southern Union State Community College*

Sarah Luckadoo, *Jefferson State Community College*

Lillian Russell, *Alabama State University*

Carroll Tingle, *University of Alabama*

Alaska

Karen Gibson, *University of Alaska AnchorageArizona*

Richard Detzel, *Arizona State University* and *Northern Arizona University*

Elaine Groppenbacher, *Chandler Gilbert Community College* and *Western International University*

California

Patricia Bellas, *Irvine Valley College*

Bella DePaulo, *University of California, Santa Barbara*

Ann Englert, *Cal Poly, Pomona*

Lenore Frigo, *Shasta College*

Mary Garcia-Lemus, *Cal Poly San Luis Obispo*

Mary Gauvain, *University of California, Riverside*

Arthur Gonchar, *University of La Verne*

Brian Grossman, *San Jose State University*

Richard Kandus, *Mt. San Jacinto College*

Michelle Pilati, *Rio Hondo College*

Wendy Sanders, *College of the Desert*

Emily Scott-Lowe, *Pepperdine University*

Susan Siaw, *Cal Poly, Pomona*

Colorado

Silvia Sara Canetto, *Colorado State University*

Jessica Herrick, *Mesa State College*

Diana Joy, *Community College of Denver*

David MacPhee, *Colorado State University*

Peggy Norwood, *Community College of Aurora*

Connecticut

Carol LaLiberte, *Asnuntuck Community College*

Edward Keane, *Housatonic Community College*

Florida

Maggie Anderson, *Valencia College*

Diane Ashe, *Valencia College*

Diana Ciesko, *Valencia College*

Debra Hollister, *Valencia College*

Sorah Dubitsky, *Florida International University*

Shayn Lloyd, *Tallahassee Community College*

Haili Marotti, *Edison State Community College*

Daniel McConnell, *University of Central Florida*

Seth Schwartz, *University of Miami*

Anne Van Landingham, *Orlando Tech*

Lois Willoughby, *Miami Dade College*

Georgia

Jennie Dilworth, *Georgia Southern University*

Dorothy Marsil, *Kennesaw State University*

Nicole Rossi, *Augusta State University*

Amy Skinner, *Gordon College*

Sharon Todd, *Southern Crescent Technical College*

Hawaii

Katherine Aumer, *Hawaii Pacific University*

Illinois

Gregory Braswell, *Illinois State University*

Carolyn Fallahi, *Waubonsee Community College*

Lisa Fozio-Thielk, *Waubonsee Community College*

Christine Grela, *McHenry County College*

Lynnel Kiely, *City Colleges of Chicago: Harold Washington College*

Kathy Kufskie, *Southwestern Illinois College*

Mikki Meadows, *Eastern Illinois University*

Michelle Sherwood, *Eastern Illinois University*

Beth Venzke, *Concordia University Chicago*

Indiana

Kimberly Bays, *Ball State University*

Bradley Mitchell, *Ivy Tech Community College Northwest*

Iowa

Shawn Haake, *Iowa Central Community College*

Brenda Lohman, *Iowa State University*

Jennifer Meehan Brennom, *Kirkwood Community College*

James Rodgers, *Hawkeye Community College*

Kari Terzino, *Iowa State University*

Kansas

Joyce Frey, *Pratt Community College*

David P. Hurford, *Pittsburg State University*

Kentucky

Myra Bundy, *Eastern Kentucky University*

Janet Dean, *Asbury University*

George Martinez, *Kentucky Community and Technical College*

Louisiana

Kim Herrington, *Louisiana State University at Alexandria*

Eartha Johnson, *Dillard University*

Maine

Diane Lemay, *University of Maine at Augusta*

Elena Perrello, *The University of Maine* and *Husson University*

Ed Raymaker, *Eastern Maine Community College*

Maryland

Diane Finley, *University of Maryland University College*

Stacy Fruhling, *Anne Arundel Community College*

Carol Miller, *Anne Arundel Community College*

Gary Popoli, *Harford Community College*

Terry Portis, *Anne Arundel Community College*

Rachelle Tannenbaum, *Anne Arundel Community College*

Nicole Williams, *Anne Arundel Community College*

Massachusetts

Claire Ford, *Bridgewater State University*

Barbara Madden, *Fitchburg State University*

Candace J. Schulenburg, *Cape Cod Community College*

Michigan

Nancy Hartshorne, *Delta College*

H. Russell Searight, *Lake Superior State University*

Minnesota

Jarilyn Gess, *Minnesota State University Moorhead*

Dana Gross, *St. Olaf College*

Rodney Raasch, *Normandale Community College*

Mississippi

Linda Fayard, *Mississippi Gulf Coast Community College*

Donna Carol Gainer, *Mississippi State University*

Linda Morse, *Mississippi State University*

Missouri

Scott Brandhorst, *Southeast Missouri State University*

Sabrina Brinson, *Missouri State University*

Steven Christiansen, *St. Louis Community College*

Peter J. Green, *Maryville University*

Nebraska

Susan Sarver, *University of Nebraska-Lincoln*

Nevada

Bridget Walsh, *University of Nevada, Reno*

New Jersey

Christine Floether, *Centenary College*

Carmelo Nina, *William Paterson University*

Melissa Sapio, *Montclair State University*

New Mexico

Katherine Demitrakis, *Central New Mexico Community College*

New York

Paul Anderer, *SUNY Canton*

Rachel Annunziato, *Fordham University*

Sybillyn Jennings, *Russell Sage College-The Sage Colleges*

Judith Kuppersmith, *College of Staten Island*

Jonathan Lang, *Borough of Manhattan Community College*

Steven McCloud, *Borough of Manhattan Community College*

Julie McIntyre, *The Sage Colleges*

Elisa Perram, *The Graduate Center, The City University of New York*

North Carolina

Paul Foos, *University of North Carolina, Charlotte*

Donna Henderson, *Wake Forest University*

Amy Holmes, *Davidson County Community College*

Jason McCoy, *Cape Fear Community College*

Andrew Supple, *University of North Carolina at Greensboro*

Maureen Vandermaas-Peeler, *Elon University*

Ohio

Amie Dunstan, *Lorain County Community College*

Jamie Harmount, *Ohio University*

James Jackson, *Clark State Community College*

James Jordan, *Lorain County Community College*

William Kimberlin, *Lorain County Community College*

Jennifer King-Cooper, *Sinclair Community College*

Carol Miller, *Sinclair Community College*

Michelle Slattery, *North Central State College*

Oklahoma

Matthew Brosi, *Oklahoma State University*

Yuthika Kim, *Oklahoma City Community College*

Gregory Parks, *Oklahoma City Community College*

John Phelan, *Western Oklahoma State College*

Oregon

Alishia Huntoon, *Oregon Institute of Technology*

Pennsylvania

Melissa Calderon, *Community College of Allegheny County*

Martin Packer, *Duquesne University*

Rhode Island

Clare Sartori, *University of Rhode Island*

South Carolina

Brantlee Haire, *Florence-Darlington Technical College*

Salvador Macias, *University of South Carolina Sumter*

Megan McIlreavy, *Coastal Carolina University*

Tennessee

Clark McKinney, *Southwest Tennessee Community College*

Texas

Terra Bartee, *Cisco College*

Wanda Clark, *South Plains College*

Trina Cowan, *Northwest Vista College*

Stephanie Ding, *Del Mar College*

Jim Francis, *San Jacinto College-South*

Robert Gates, *Cisco College*

Jerry Green, *Tarrant County College-Northeast Campus*

Heather Hill, *St. Maryi-s University*

Michael Miller, *Navarro College*

Jean Raniseski, *Alvin Community College*

Darla Rocha, *San Jacinto College*

Victoria Van Wie, *Lone Star College-CyFair*

Kristin Wilborn, *University of Houston*

Kim Wombles, *Cisco College*

Utah

Ann M. Berghout Austin, *Utah State University*

Thomas J. Farrer, *Brigham Young University*

Sam Hardy, *Brigham Young University*

Shirlene Law, *Utah State University*

Volkan Sahin, *Weber State University*

Julie Smart, *Utah State University*

Virginia

Christopher Arra, *Northern Virginia Community College-Woodbridge*

Geri M. Lotze, *Virginia Commonwealth University*

Stephan Prifti, *George Mason University*

Steve Wisecarver, *Lord Fairfax Community College*

Washington

Pamela Costa, *Tacoma Community College*

Dan Ferguson, *Walla Walla Community College*

Amy Kassler, *South Puget Sound Community College*

Staci Simmelink-Johnson, *Walla Walla Community College*

Wyoming

Ruth Doyle, *Casper College*

Australia

Laurie Chapin, *Victoria University*

Canada

Lillian Campbell, *Humber College*

Lauren Polvere, *Concordia University*

Reviewer Conference Participants

Ann Englert, *California State Polytechnic University, Pomona*

Kathleen Hopkins, *SUNY Rockland Community College*

David P. Hurford, *Pittsburg State University*

Richard Kandus, *Mt. San Jacinto College*

Yuthika Kim, *Oklahoma City Community College*

Dorothy Marsil, *Kennesaw State University*

Julie McIntyre, *The Sage Colleges*

Carol Miller, *Anne Arundel Community College*

Steve Wisecarver, *Lord Fairfax Community College*

Text Focus Groups

Teneinger Abrom-Johnson, *Prairie View A&M University*

Triin Anton, *University of Arizona*

A. Nayena Blankson, *Valencia Community College*

Gina Brelsford, *Penn State Harrisburg*

Guyla Davis, *Ouachita Baptist University*

Mark Davis, *University of West Alabama*

Ann Englert, *California State Polytechnic University, Pomona*

Jessica Hehman, *University of Redlands*

Diana Joy, *Community College of Denver*

Richard Kandus, *Mt. San Jacinto College*

Yuthika Kim, *Oklahoma City Community College*

Carolyn Lorente, *North Virginia Community College*

Connie Manos-Andrea, *Inver Hills Community College*

Dorothy Marsil, *Kennesaw State University*

Denise McClung, *West Virginia University at Parkersburg*

David F. McGrevy, *San Diego Mesa College and University of San Diego*

Julie McIntyre, *The Sage Colleges*

Robin Montvilo, *Rhode Island College*

Natasha Otto, *Morgan State University*

Rachel M. Petty, *University of the District of Columbia*

Marc Wolpoff, *Riverside City College*

Christine Ziegler, *Kennesaw State University*

Supplements Focus Group

Darin LaMar Baskin, *Houston Community College*

Trina Cowan, *Northwest Vista College*

Mark Evans, *Tarrant County College*

Jerry Green, *Tarrant County College*

David P. Hurford, *Pittsburg State University*

Diana Joy, *Community College of Denver*

Rose Mary Istre, *San Jacinto College*

Yuthika Kim, *Oklahoma City Community College*

Franz Klutschkowski, *North Central Texas College*

Dorothy Marsil, *Kennesaw State University*

Darla Rocha, *San Jacinto College-North*

Student Reviewers

Kacie Farrar

Easha Khanam

Christina Kroder

Heather Lacis

Samantha Piterniak

Kaleigh Sankowski

Student Focus Group Participants

Krista Anderson
Noelle Armstrong
Tori Bailey
Alaynah Bakosh
Kevin Barnes
Blake Bender
Heather Bennett
Ashlie Bogenschutz
Chelsea Boyd
Bianca Brown
Jasmine Brown
Kelsie Brown
Victor Calderon
Myndi Casey
Flor Cerda
Kolbi Chaffin
Jose Gabriel Checo
Percilla Colley
Nicole Collier
Alexandria Cornell
Brandon Culver
Jayson De Leon
Cody Decker
Tiarra Edwards
Michelle England
Nicole Evans
Emma Fialka-Feldman
Hope Foreback
Bailey Francis
Leslie Frantz
David Garcia
Shannon Gogel
Eric Gould
Che Grippon
Dolly M. Guadalupe
Lucia Guerrero
Daniel Guillen
Cassandra Hagan
Jamie Hall
Ashton Hooper
Antony Karanja
Jesse Klaucke
Joshua Laboy
Ashley Lacy
Abta Laylor
Janella Leach
Julien Lima
Kelsey Love
Erica Lynn
Chelsey Mann
Melissa Methaney
Nick McCommon
Kristie McCormick
Emily McWilliams
Claudia Mendez
Krystle Mercado
Ashley Minning
Paul Mitchell
Sarah Mocherniak
Francisco Moncada
Isaiah Moore
Juan Moreno
Austin Morris
Jodie Mudd
Tia Nguyen
Jacob Nieves
Tiffany Potemra
Veronica Poul
Michelle Richardson
David Riffle
Trey Robb
Kristin Serkowski
Richard Stillman
Amber Thichangthong
Marilyn Toribio
Tugce Tuskan
Kelci Wallace
Edyta Werner
Ashley Williams